මහමෙව්නාවේ බෝධිඥාන ත්‍රිපිටක ග්‍රන්ථ මාලා 04

සූත්‍ර පිටකයට අයත්

# ආශ්චර්යවත් ශ්‍රී සද්ධර්මය

## මජ්ඣිම නිකායේ
(පළමු කොටස)

## මූල පණ්ණාසකය
(මුල් සූත්‍ර දේශනා පනහ)

පරිවර්තනය
කිරිබත්ගොඩ ඤාණානන්ද ස්වාමීන් වහන්සේ

ප්‍රකාශනය
මහාමේඝ ප්‍රකාශකයෝ
වඩුවාව, යටිගල්ඔළුව, පොල්ගහවෙල.
දුර : 037 2053300, 076 8255703
ඊ-මේල් : mahameghapublishers@gmail.com

ශ්‍රී. බු.ව. 2546 ව්‍යවහාර වර්ෂ : 2003

මහමෙව්නාවේ බෝධිඥාන ත්‍රිපිටක ග්‍රන්ථ මාලාව - 04

## සූත්‍ර පිටකයට අයත් ආශ්චර්යවත් ශ්‍රී සද්ධර්මය

# මජ්ඣිම නිකාය - පළමු කොටස

# මූල පණ්ණාසකය

පරිවර්තනය : පූජ්‍ය කිරිබත්ගොඩ ඥාණානන්ද ස්වාමීන් වහන්සේ

© සියලුම හිමිකම් ඇවිරිණි.

**ප්‍රථම මුද්‍රණය** : ශ්‍රී බුද්ධ වර්ෂ 2546/ ව්‍යවහාරික වර්ෂ 2003

- පරිගණක අකුරු සැකසුම සහ ප්‍රකාශනය -
මහාමේඝ ප්‍රකාශකයෝ
වඩුවාව, යටිගල්ඔළුව, පොල්ගහවෙල.
දුර : (+94) 37 20 53 300, (+94) 76 82 55 703
ඊ-මේල් : mahameghapublishers@gmail.com

Mahamevnawa Bodhiñāna Tripitaka Series, Volume 04

The Wonderful Dhamma in the Suttantapitaka

# Majjhima Nikāya

(part-1)

## Mūlapannāsaka

With the Sinhala Translation
By

**VEN. KIRIBATHGODA ÑĀNĀNANDA BHIKKHU**

PUBLISHED BY:
Mahamegha Publishers
Waduwawa, Yatigal-oluwa, Polgahawela, Sri Lanka.
Tel : (+94) 37 20 53 300, (+94) 76 82 55 703
e-mail : mahameghapublishers@gmail.com

B. E. 2546                                                               C.E. 2003

"ධම්මෝ හි වාසෙට්ඨා, සෙට්ඨෝ ජනේතස්මිං
දිට්ඨේ චේව ධම්මේ, අභිසම්පරායේච."

වාසෙට්ඨයෙනි, මෙලොවෙහි ත්, පරලොවෙහි ත් ජනයා අතර
ධර්මය ම ශ්‍රේෂ්ඨ වෙයි !

- අපගේ ශාස්තෘන් වහන්සේ

# පටුන

## මජ්ඣිම නිකාය - පළමු කොටස
### මූල පණ්ණාසකය
(මුල් සූත්‍ර දේශනා පනහ)

### 1. මූලපරියාය වර්ගය

| | | |
|---|---|---|
| 1.1.1. | මූලපරියාය සූත්‍රය | 15 |
| | හැම දේකටම මුල් වුන දේ ගැන වදාළ දෙසුම | |
| 1.1.2. | සබ්බාසව සූත්‍රය | 41 |
| | හැම ආශ්‍රවයන් ගැනම වදාළ දෙසුම | |
| 1.1.3. | ධම්මදායාද සූත්‍රය | 52 |
| | ශ්‍රී සද්ධර්මය දායාද කරගැනීම පිළිබඳව වදාළ දෙසුම | |
| 1.1.4. | භයභේරව සූත්‍රය | 61 |
| | භය බිරාන්ත වීමට හේතුවන කරුණු ගැන වදාළ දෙසුම | |
| 1.1.5. | අනංගණ සූත්‍රය | 73 |
| | අංගණ (උපක්ලේශ) නැතිවීම ගැන වදාළ දෙසුම | |
| 1.1.6. | ආකංඛෙය්‍ය සූත්‍රය | 88 |
| | කැමති වන්නේ නම් යනුවෙන් වදාළ දෙසුම | |
| 1.1.7. | වත්ථූපම සූත්‍රය | 94 |
| | ඇඳුමක් උපමාවට ගෙන වදාළ දෙසුම | |
| 1.1.8. | සල්ලේඛ සූත්‍රය | 103 |
| | නිකෙලෙස් ජීවිතයක් ගැන වදාළ දෙසුම | |
| 1.1.9. | සම්මා දිට්ඨි සූත්‍රය | 117 |
| | සම්මා දිට්ඨිය යනු කුමක්දැයි විස්තර වශයෙන් වදාළ දෙසුම | |
| 1.1.10. | සතිපට්ඨාන සූත්‍රය | 140 |
| | සම්මා සතිය පිහිටුවා ගැනීම ගැන වදාළ දෙසුම | |

## 2. සීහනාද වර්ගය

| | | |
|---|---|---|
| 1.2.1. | **චූළ සීහනාද සූත්‍රය** | 163 |
| | සිංහයෙකුගේ නාදයක් බඳු වූ කුඩා දෙසුම | |
| 1.2.2. | **මහා සීහනාද සූත්‍රය** | 173 |
| | සිංහයෙකුගේ නාදයක් බඳු වූ විස්තරාත්මක දෙසුම | |
| 1.2.3. | **මහා දුක්ඛක්ඛන්ධ සූත්‍රය** | 200 |
| | දුක් ගොඩක් ගැන වදාළ විස්තරාත්මක දෙසුම | |
| 1.2.4. | **චූළ දුක්ඛක්ඛන්ධ සූත්‍රය** | 211 |
| | දුක් ගොඩක් ගැන වදාළ කුඩා දෙසුම | |
| 1.2.5. | **අනුමාන සූත්‍රය** | 220 |
| | නුවණින් විමසා ගලපා බැලීම ගැන වදාළ දෙසුම | |
| 1.2.6. | **චේතෝඛිල සූත්‍රය** | 239 |
| | සිතක ඇණෙන උල් ගැන වදාළ දෙසුම | |
| 1.2.7. | **වනපත්ථ සූත්‍රය** | 250 |
| | වන සෙනසුන මුල්කොට වදාළ දෙසුම | |
| 1.2.8. | **මධුපිණ්ඩික සූත්‍රය** | 256 |
| | මී පිඬුවක් සේ මිහිරි ලෙස වදාළ දෙසුම | |
| 1.2.9. | **ද්වේධා විතක්ක සූත්‍රය** | 267 |
| | සිතිවිලි දෙකොටසකට වෙන් කොට බැලීම ගැන වදාළ දෙසුම | |
| 1.2.10. | **විතක්ක සණ්ඨාන සූත්‍රය** | 278 |
| | කුසල් සිතිවිලි පිහිටුවා ගැනීම ගැන වදාළ දෙසුම | |

## 3. ඕපම්ම වර්ගය

| | | |
|---|---|---|
| 1.3.1. | **කකචූපම සූත්‍රය** | 282 |
| | කියත උපමා කොට වදාළ දෙසුම | |
| 1.3.2. | **අලගද්දූපම සූත්‍රය** | 295 |
| | සර්පයා උපමා කොට වදාළ දෙසුම | |
| 1.3.3. | **වම්මික සූත්‍රය** | 319 |
| | තුඹසක් මුල් කොට ගෙන වදාළ දෙසුම | |
| 1.3.4. | **රථවිනීත සූත්‍රය** | 325 |
| | පුහුණු වෙච්ච වාහනය උපමා කොට වදාළ දෙසුම | |
| 1.3.5. | **නිවාප සූත්‍රය** | 335 |
| | නිල් තණකොළ කොරටුව උපමා කොට වදාළ දෙසුම | |

8

| | | |
|---|---|---|
| 1.3.6. | අරියපරියේසන සූත්‍රය | 348 |
| | ශ්‍රේෂ්ඨත්වය සොයා කළ පර්යේෂණය ගැන වදාළ දේසුම | |
| 1.3.7. | චූල හත්ථිපදෝපම සූත්‍රය | 369 |
| | ඇතෙකුගේ පියවර සටහන උපමා කොට වදාළ කුඩා දේසුම | |
| 1.3.8. | මහා හත්ථිපදෝපම සූත්‍රය | 383 |
| | ඇතෙකුගේ පියවර සටහන උපමා කොට වදාළ විස්තරාත්මක දේසුම | |
| 1.3.9. | මහා සාරෝපම සූත්‍රය | 393 |
| | සාරවත් අරටුව උපමා කොට වදාළ විස්තරාත්මක දේසුම | |
| 1.3.10. | චූල සාරෝපම සූත්‍රය | 402 |
| | සාරවත් අරටුව උපමා කොට වදාළ කුඩා දේසුම | |

## 4. මහා යමක වර්ගය

| | | |
|---|---|---|
| 1.4.1. | චූල ගෝසිංග සූත්‍රය | 411 |
| | ගෝසිංග සල් වනයේ දී වදාළ කුඩා දේසුම | |
| 1.4.2. | මහා ගෝසිංග සූත්‍රය | 420 |
| | ගෝසිංග සල් වනයේ දී වදාළ විස්තරාත්මක දේසුම | |
| 1.4.3. | මහා ගෝපාලක සූත්‍රය | 431 |
| | ගොපල්ලා උපමා කොට වදාළ විස්තරාත්මක දේසුම | |
| 1.4.4. | චූල ගෝපාලක සූත්‍රය | 441 |
| | ගොපල්ලා උපමා කොට වදාළ කුඩා දේසුම | |
| 1.4.5. | චූල සච්චක සූත්‍රය | 445 |
| | සච්චක නිසා වදාළ කුඩා දේසුම | |
| 1.4.6. | මහා සච්චක සූත්‍රය | 458 |
| | සච්චක නිසා වදාළ විස්තරාත්මක දේසුම | |
| 1.4.7. | චූල තණ්හාසංඛය සූත්‍රය | 480 |
| | තණ්හාව ගෙවා දැමීම ගැන වදාළ කුඩා දේසුම | |
| 1.4.8. | මහා තණ්හාසංඛය සූත්‍රය | 487 |
| | තණ්හාව ගෙවා දැමීම ගැන වදාළ විස්තරාත්මක දේසුම | |
| 1.4.9. | මහා අස්සපුර සූත්‍රය | 509 |
| | අස්සපුර නම් කුඩා නගරයේ දී වදාළ විස්තරාත්මක දේසුම | |
| 1.4.10. | චූල අස්සපුර සූත්‍රය | 523 |
| | අස්සපුර නම් කුඩා නගරයේ දී වදාළ කුඩා දේසුම | |

## 5. චූළ යමක වර්ගය

| | | |
|---|---|---|
| 1.5.1. | සාලෙය්‍යක සූත්‍රය | 530 |
| | සාලා නම් ගමේ වැසියන්ට වදාළ දෙසුම | |
| 1.5.2. | වේරඤ්ජක සූත්‍රය | 539 |
| | වේරඤ්ජා නම් ගමේ වැසියන්ට වදාළ දෙසුම | |
| 1.5.3. | මහා වේදල්ල සූත්‍රය | 548 |
| | ප්‍රශ්නෝත්තර සාකච්ඡාවක් වශයෙන් වදාළ විස්තරාත්මක දෙසුම | |
| 1.5.4. | චූළ වේදල්ල සූත්‍රය | 560 |
| | ප්‍රශ්නෝත්තර සාකච්ඡාවක් වශයෙන් වදාළ කුඩා දෙසුම | |
| 1.5.5. | චූළ ධම්මසමාදාන සූත්‍රය | 570 |
| | යහපත්-අයහපත් දේ සමාදන් වීම ගැන වදාළ කුඩා දෙසුම | |
| 1.5.6. | මහා ධම්මසමාදාන සූත්‍රය | 576 |
| | යහපත්-අයහපත් දේ සමාදන් වීම ගැන වදාළ විස්තරාත්මක දෙසුම | |
| 1.5.7. | වීමංසක සූත්‍රය | 586 |
| | නුවණින් විමසීම ගැන වදාළ දෙසුම | |
| 1.5.8. | කෝසම්බිය සූත්‍රය | 592 |
| | කොසඹෑ නුවර දී වදාළ දෙසුම | |
| 1.5.9. | බ්‍රහ්මනිමන්තනික සූත්‍රය | 600 |
| | බ්‍රහ්මයාගේ ආරාධනාව මුල් කරගෙන වදාළ දෙසුම | |
| 1.5.10. | මාරතජ්ජනීය සූත්‍රය | 609 |
| | මාරයාට තර්ජනය කිරීම ගැන වදාළ දෙසුම | |

මජ්ඣිම නිකායට අයත් මූල් සූත්‍ර දේශනා පනහ
මෙතෙකින් සමාප්ත වේ.

## දසබලසෙලප්පභවා නිබ්බානමහාසමුද්දපරියන්තා
## අට්ඨංග මග්ගසලිලා ජිනවචනනදී චිරං වහතූති

දසබලයන් වහන්සේ නමැති ශෛලමය පර්වතයෙන් පැන නැගී
අමා මහ නිවන නම් වූ මහා සාගරය අවසන් කොට ඇති
ආර්ය අෂ්ටාංගික මාර්ගය නම් වූ සිහිල් දිය දහරින් හෙබි
උතුම් ශ්‍රී මුඛ බුද්ධ වචන ගංගාව (ලෝ සතුන්ගේ සසර දුක් නිවාලමින්)
බොහෝ කල් ගලාබස්නා සේක්වා !

**(සළායතන සංයුත්තය - උද්දාන ගාථා)**

සූත්‍ර පිටකයට අයත්

# මජ්ඣිම නිකාය

## පළමු කොටස

## මූල පණ්ණාසකය

(මුල් සූත්‍ර දේශනා පනහ)

නමෝ තස්ස භගවතෝ අරහතෝ සම්මාසම්බුද්ධස්ස
**ඒ භාග්‍යවත් අරහත් සම්මා සම්බුදුරජාණන් වහන්සේට නමස්කාර වේවා!**

# සූත්‍ර පිටකයට අයත්

# මජ්ඣිම නිකායේ

## මූල පණ්ණාසකය
## (මුල් සූත්‍ර දේශනා පනහ)

## 1. මූලපරියාය වර්ගය

### 1.1.1.
### මූලපරියාය සූත්‍රය
#### හැම දෙයකට ම මුල් වුන දේ ගැන වදාළ දෙසුම

**මා** හට අසන්නට ලැබුනේ මේ විදිහටයි. ඒ දවස්වල භාග්‍යවත් බුදුරජාණන් වහන්සේ වැඩසිටියේ උක්කට්ඨා නුවර අසල සුභග නම් වනාන්තරයේ විශාල සල් ගසක් සෙවණකයි. එදා භාග්‍යවතුන් වහන්සේ "පින්වත් මහණෙනි" කියල භික්ෂූන් වහන්සේලා ව ඇමතුවා. "එසේය, ස්වාමීනී" කියල ඒ භික්ෂූන් වහන්සේලා භාග්‍යවතුන් වහන්සේට පිළිතුරු දුන්නා. ඒ වෙලාවෙ තමයි භාග්‍යවතුන් වහන්සේ මේ දේශනාව වදාළේ.

"පින්වත් මහණෙනි, හැම දේකට ම මුල්වෙච්ච දේවල් ගැනයි මා ඔබට දැන් දේශනා කරන්නේ. මෙය හොඳින් අහගෙන ඉන්න ඕන. ඒ වගේ ම නුවණින් තේරුම් ගන්නත් ඕන. දැන් මා පවසන්නම්."

"එසේ ය, ස්වාමීනී" කියල ඒ භික්ෂූන් වහන්සේලාත් භාග්‍යවතුන් වහන්සේට පිළිතුරු දුන්නා. භාග්‍යවතුන් වහන්සේ මේ මූලපරියාය නම් දේශනය වදාළේ ඒ වෙලාවේ දී ය.

**(අශ්‍රැතවත් පෘථග්ජනයාගේ ස්වභාවය ගැන වදාළ කොටස)**

පින්වත් මහණෙනි, අශ්‍රැතවත් පෘථග්ජනයා ගැන දැනගෙන ඉන්න ඕන. මොහු ආර්යයන් වහන්සේලා හඳුනන්නෙ නැහැ. ආර්ය ධර්මය තේරුම් ගන්න දක්ෂත් නැහැ. ආර්ය ධර්මයේ හික්මෙන්නෙත් නැහැ. සත්පුරුෂයන් වහන්සේලා හඳුනන්නෙ නැහැ. සත්පුරුෂ ධර්මය තේරුම් ගන්න දක්ෂත් නැහැ. සත්පුරුෂ ධර්මයක හික්මෙන්නෙත් නෑ.

(1)

ඒ නිසා ම අශ්‍රුතවත් පෘථග්ජනයා පොළොවට පස් වී යන පඨවි ධාතුව මුලාවෙන් හඳුනගන්නේ පඨවි ධාතුව වශයෙන් ම යි. ඉතින් පඨවි ධාතුව, පඨවි ධාතුව හැටියට ම මුළාවෙන් හඳුනගෙන,

1. පඨවි ධාතුව ගැන රැවටෙන විදිහේ හැඟීම් ම යි (මඤ්ඤනා) ඇති කරගන්නේ.
2. පඨවි ධාතුව තුළ 'මම කියල ආත්මයක් තියෙනවා' කියල ම යි ඔහුට හැඟෙන්නෙ.
3. පඨවි ධාතුවෙන් 'මම කියල ආත්මයක් චුත වෙනවා' කියල ම යි ඔහුට හැඟෙන්නෙ.
4. පඨවි ධාතුව 'මගේ දෙයක්' කියල ම යි ඔහුට හැඟෙන්නෙ.
5. එතකොට ඔහු පඨවි ධාතුව 'මම, මගේ, මගේ ආත්මය' කියල සතුටින් පිළිගන්නවා.

පින්වත් මහණෙනි, ඇයි එයා එහෙම කරන්නෙ? පඨවි ධාතුව පිළිබඳව පිරිසිඳ අවබෝධයක් හෙවත් යථාර්ථයෙන් ලත් අවබෝධයක් ඔහු තුළ නැතිකම නිසා කියලයි මේ ගැන කියන්න තියෙන්නෙ.

(2)

පින්වත් මහණෙනි, ඒ අශ්‍රැතවත් පෘථග්ජනයා වතුරේ දිය වී යන ස්වභාවයට අයිති ආපෝ ධාතුව මුලාවෙන් හඳුනගන්නේ ආපෝ ධාතුව කියල ම යි. මේ විදිහට ආපෝ ධාතුව, ආපෝ ධාතුව හැටියට ම මුළාවෙන් හඳුනගෙන,

1. ආපෝ ධාතුව ගැන රැවටෙන විදිහේ හැඟීම් ම යි ඇති කරගන්නේ.

2. ආපෝ ධාතුව තුළ 'මම කියල ආත්මයක් තියෙනවා' කියල ම යි ඔහුට හැඟෙන්නෙ.

3. ආපෝ ධාතුවෙන් 'මම කියල ආත්මයක් චුත වෙනවා' කියල ම යි ඔහුට හැඟෙන්නෙ.

4. ආපෝ ධාතුව 'මගේ දෙයක්' කියල ම යි ඔහුට හැඟෙන්නෙ.

5. එතකොට ඔහු ආපෝ ධාතුව 'මම, මගේ, මගේ ආත්මය' කියල සතුටින් පිළිගන්නවා.

පින්වත් මහණෙනි, ඇයි එයා එහෙම කරන්නෙ? ආපෝ ධාතුව පිළිබඳව පිරිසිඳ අවබෝධයක් හෙවත් යථාර්ථයෙන් ලත් අවබෝධයක් ඔහු තුළ නැතිකම නිසා කියලයි මේ ගැන කියන්න තියෙන්නෙ.

(3)

පින්වත් මහණෙනි, අශ්‍රැතවත් පෘථග්ජනයා උණුසුම් ස්වභාවයට අයිති තේජෝ ධාතුව මුලාවෙන් හඳුනගන්නේ තේජෝ ධාතුව කියල ම යි. මේ විදිහට තේජෝ ධාතුව, තේජෝ ධාතුව හැටියට ම මුලාවෙන් හඳුනගෙන,

1. තේජෝ ධාතුව ගැන රැවටෙන විදිහේ හැඟීම් ම යි ඇති කරගන්නේ.

2. තේජෝ ධාතුව තුළ 'මම කියල ආත්මයක් තියෙනවා' කියල ම යි ඔහුට හැඟෙන්නෙ.

3. තේජෝ ධාතුවෙන් 'මම කියල ආත්මයක් චුත වෙනවා' කියල ම යි ඔහුට හැඟෙන්නෙ.

4. තේජෝ ධාතුව 'මගේ දෙයක්' කියල ම යි ඔහුට හැඟෙන්නෙ.

5. එතකොට ඔහු තේජෝ ධාතුව 'මම, මගේ, මගේ ආත්මය' කියල සතුටින් පිළිගන්නවා.

පින්වත් මහණෙනි, ඇයි එයා එහෙම කරන්නෙ? තේජෝ ධාතුව පිළිබඳව පිරිසිඳ අවබෝධයක් හෙවත් යථාර්ථයෙන් ලත් අවබෝධයක් ඔහු තුළ නැතිකම නිසා කියලයි මේ ගැන කියන්න තියෙන්නෙ.

(4)

පින්වත් මහණෙනි, අශ්‍රැතවත් පෘථග්ජනයා හමාගෙන යන ස්වභාවයට අයිති වායෝ ධාතුව මුළාවෙන් හඳුනගන්නේ වායෝ ධාතුව කියල ම යි. මේ විදිහට වායෝ ධාතුව, වායෝ ධාතුව හැටියට ම මුළාවෙන් හඳුනගෙන,

1. වායෝ ධාතුව ගැන රැවටෙන විදිහේ හැඟීම් ම යි ඇති කරගන්නේ.
2. වායෝ ධාතුව තුළ 'මම කියල ආත්මයක් තියෙනවා' කියල ම යි ඔහුට හැඟෙන්නෙ.
3. වායෝ ධාතුවෙන් 'මම කියල ආත්මයක් චුත වෙනවා' කියල ම යි ඔහුට හැඟෙන්නෙ.
4. වායෝ ධාතුව 'මගේ දෙයක්' කියල ම යි ඔහුට හැඟෙන්නෙ.
5. එතකොට ඔහු වායෝ ධාතුව 'මම, මගේ, මගේ ආත්මය' කියල සතුටින් පිළිගන්නවා.

පින්වත් මහණෙනි, ඇයි එයා එහෙම කරන්නෙ? වායෝ ධාතුව පිළිබඳව පිරිසිඳ අවබෝධයක් හෙවත් යථාර්ථයෙන් ලත් අවබෝධයක් ඔහු තුළ නැතිකම නිසා කියලයි මේ ගැන කියන්න තියෙන්නෙ.

(5)

පින්වත් මහණෙනි, අශ්‍රැතවත් පෘථග්ජනයා ඉපදී සිටින සත්වයන් ගැන මුළාවෙන් හඳුනගන්නේ ඉපදිච්ච සත්වයන් ගේ බාහිරින් පෙනෙන ස්වභාවයට අනුව ම යි. මේ විදිහට ඉපදිච්ච සත්වයන්, ඉපදිච්ච සත්වයන් හැටියට ම මුළාවෙන් හඳුනගෙන,

1. ඉපදිච්ච සත්වයන් ගැන රැවටෙන විදිහේ හැඟීම් ම යි ඇති කරගන්නේ.
2. ඉපදිච්ච සත්වයන් තුළ 'මම කියල ආත්මයක් තියෙනවා' කියල ම යි ඔහුට හැඟෙන්නෙ.
3. ඉපදිච්ච සත්වයන්ගෙන් 'මම කියල ආත්මයක් චුත වෙනවා' කියල ම යි ඔහුට හැඟෙන්නෙ.
4. ඉපදිච්ච සත්වයන් 'මගේ' කියල ම යි ඔහුට හැඟෙන්නෙ.
5. එතකොට ඔහු ඉපදිච්ච සත්වයන් 'මම, මගේ, මගේ ආත්මය' කියල සතුටින් පිළිගන්නවා.

පින්වත් මහණෙනි, ඇයි එයා එහෙම කරන්නෙ? ඉපදිච්ච සත්වයන්ගේ ස්වභාවය පිළිබඳව පිරිසිඳ අවබෝධයක් හෙවත් යථාර්ථයෙන් ලත් අවබෝධයක් ඔහු තුළ නැතිකම නිසා කියලයි මේ ගැන කියන්න තියෙන්නෙ.

**(6)**

පින්වත් මහණෙනි, අශ්‍රැතවත් පෘථග්ජනයා දෙවියන් ගැන මුළාවෙන් හඳුනගන්නේ දෙවියන්ගේ බාහිරින් පෙනෙන ස්වභාවය අනුවයි. මේ විදිහට දෙවියන්, දෙවියන් හැටියට ම මුළාවෙන් හඳුනගෙන,

1. දෙවියන් ගැන රැවටෙන විදිහේ හැඟීම් ම යි ඇති කරගන්නේ.
2. දෙවියන් තුළ 'මම කියල ආත්මයක් තියෙනවා' කියල ම යි ඔහුට හැඟෙන්නෙ.
3. දෙවියන් තුළින් 'මම කියල ආත්මයක් චුත වෙනවා' කියල ම යි ඔහුට හැඟෙන්නෙ.
4. දෙවියන් 'මගේ' කියල ම යි ඔහුට හැඟෙන්නෙ.
5. එතකොට ඔහු දෙවියන් 'මම, මගේ, මගේ ආත්මය' කියල සතුටින් පිළිගන්නවා.

පින්වත් මහණෙනි, ඇයි එයා එහෙම කරන්නෙ? දෙවියන්ගේ ස්වභාවය පිළිබඳව පිරිසිඳ අවබෝධයක් හෙවත් යථාර්ථයෙන් ලත් අවබෝධයක් ඔහු තුළ නැතිකම නිසා කියලයි මේ ගැන කියන්න තියෙන්නෙ.

**(7)**

පින්වත් මහණෙනි, අශ්‍රැතවත් පෘථග්ජනයා ලෝකාධිපති දෙවියන් ගැන මුළාවෙන් හඳුනගන්නේ ලෝකාධිපති දෙවියන්ගේ බාහිරින් පෙනෙන ස්වභාවය අනුවයි. මේ විදිහට ලෝකාධිපති දෙවියන්, ලෝකාධිපති දෙවියන් හැටියට ම මුළාවෙන් හඳුනගෙන,

1. ලෝකාධිපති දෙවියන් ගැන රැවටෙන විදිහේ හැඟීම් ම යි ඇති කරගන්නේ.
2. ලෝකාධිපති දෙවියන් තුළ 'මම කියල ආත්මයක් තියෙනවා' කියල ම යි ඔහුට හැඟෙන්නෙ.
3. ලෝකාධිපති දෙවියන් තුළින් 'මම කියල ආත්මයක් චුත වෙනවා' කියල ම යි ඔහුට හැඟෙන්නෙ.

4. ලෝකාධිපති දෙවියන් 'මගේ' කියල ම යි ඔහුට හැඟෙන්නෙ.

5. එතකොට ඔහු ලෝකාධිපති දෙවියන් 'මම, මගේ, මගේ ආත්මය' කියල සතුටින් පිළිගන්නවා.

පින්වත් මහණෙනි, ඇයි එයා එහෙම කරන්නෙ? ලෝකාධිපති දෙවියන්ගේ ස්වභාවය පිළිබඳව පිරිසිඳ අවබෝධයක් හෙවත් යථාර්ථයෙන් ලත් අවබෝධයක් ඔහු තුළ නැතිකම නිසා කියලයි මේ ගැන කියන්න තියෙන්නෙ.

(8)

පින්වත් මහණෙනි, අශ්‍රැතවත් පෘථග්ජනයා මහා බ්‍රහ්මයා ගැන මුළාවෙන් හඳුනගන්නේ මහා බ්‍රහ්මයාගේ බාහිරින් පෙනෙන ස්වභාවය අනුවයි. මේ විදිහට මහා බ්‍රහ්මයා, මහා බ්‍රහ්මයා හැටියට ම මුළාවෙන් හඳුනගෙන,

1. මහා බ්‍රහ්මයා ගැන රැවටෙන විදිහේ හැඟීම් ම යි ඇති කරගන්නේ.

2. මහා බ්‍රහ්මයා තුළ 'මම කියල ආත්මයක් තියෙනවා' කියල ම යි ඔහුට හැඟෙන්නෙ.

3. මහා බ්‍රහ්මයා තුළින් 'මම කියල ආත්මයක් චුත වෙනවා' කියල ම යි ඔහුට හැඟෙන්නෙ.

4. මහා බ්‍රහ්මයා 'මගේ' කියල ම යි ඔහුට හැඟෙන්නෙ.

5. එතකොට ඔහු මහා බ්‍රහ්මයා 'මම, මගේ, මගේ ආත්මය' කියල සතුටින් පිළිගන්නවා.

පින්වත් මහණෙනි, ඇයි එයා එහෙම කරන්නෙ? මහා බ්‍රහ්මයාගේ ස්වභාවය පිළිබව පිරිසිඳ අවබෝධයක් හෙවත් යථාර්ථයෙන් ලත් අවබෝධයක් ඔහු තුළ නැතිකම නිසා කියල යි මේ ගැන කියන්න තියෙන්නෙ.

(9)

පින්වත් මහණෙනි, අශ්‍රැතවත් පෘථග්ජනයා ආභස්සර දෙවියන් ගැන මුළාවෙන් හඳුනගන්නේ ආභස්සර දෙවියන්ගේ බාහිරින් පෙනෙන ස්වභාවය අනුවයි. මේ විදිහට ආභස්සර දෙවියන්, ආභස්සර දෙවියන් හැටියට මුළාවෙන් හඳුනගෙන,

1. ආභස්සර දෙවියන් ගැන රැවටෙන විදිහේ හැඟීම් ම යි ඇති කරගන්නේ.

මජ්ඣිම නිකාය - 1 (මූලපරියාය වර්ගය) (1.1 මූලපරියාය සූත්‍රය) 21

2. ආභස්සර දෙවියන් තුළ 'මම කියල ආත්මයක් තියෙනවා' කියල යි ඔහුට හැඟෙන්නෙ.

3. ආභස්සර දෙවියන් තුළින් 'මම කියල ආත්මයක් චුත වෙනවා' කියල ම යි ඔහුට හැඟෙන්නෙ.

4. ආභස්සර දෙවියන් 'මගේ' කියල ම යි ඔහුට හැඟෙන්නෙ.

5. එතකොට ඔහු ආභස්සර දෙවියන් 'මම, මගේ, මගේ ආත්මය' කියල සතුටින් පිළිගන්නවා.

පින්වත් මහණෙනි, ඇයි එයා එහෙම කරන්නෙ? ආභස්සර දෙවියන්ගේ ස්වභාවය පිළිබඳව පිරිසිඳ අවබෝධයක් හෙවත් යථාර්ථයෙන් ලත් අවබෝධයක් ඔහු තුළ නැතිකම නිසා කියලයි මේ ගැන කියන්න තියෙන්නෙ.

(10)

පින්වත් මහණෙනි, අශ්‍රැතවත් පෘථග්ජනයා සුභකිණ්ණ දෙවියන් ගැන මුළාවෙන් හඳුනගන්නේ සුභකිණ්ණ දෙවියන්ගේ බාහිරින් පෙනෙන ස්වභාවය අනුව ම යි. ඉතින් මේ විදිහට සුභකිණ්ණ දෙවියන්, සුභකිණ්ණ දෙවියන් හැටියට ම මුළාවෙන් හඳුනගෙන,

1. සුභකිණ්ණ දෙවියන් ගැන රැවටෙන විදිහේ හැඟීම් ම යි ඇති කරගන්නේ.

2. සුභකිණ්ණ දෙවියන් තුළ 'මම කියල ආත්මයක් තියෙනවා' කියල ම යි ඔහුට හැඟෙන්නෙ.

3. සුභකිණ්ණ දෙවියන් තුළින් 'මම කියල ආත්මයක් චුත වෙනවා' කියල ම යි ඔහුට හැඟෙන්නෙ.

4. සුභකිණ්ණ දෙවියන් 'මගේ' කියල ම යි ඔහුට හැඟෙන්නෙ.

5. එතකොට ඔහු සුභකිණ්ණ දෙවියන් 'මම, මගේ, මගේ ආත්මය' කියල සතුටින් පිළිගන්නවා.

පින්වත් මහණෙනි, ඇයි එයා එහෙම කරන්නෙ? සුභකිණ්ණ දෙවියන්ගේ ස්වභාවය පිළිබඳව පිරිසිඳ අවබෝධයක් හෙවත් යථාර්ථයෙන් ලත් අවබෝධයක් ඔහු තුළ නැතිකම නිසා කියලයි මේ ගැන කියන්න තියෙන්නෙ.

(11)

පින්වත් මහණෙනි, අශ්‍රැතවත් පෘථග්ජනයා වේහප්ඵල දෙවියන් ගැන

මුළාවෙන් හඳුනගන්නේ වේහප්ඵල දෙවියන්ගේ බාහිර ස්වභාවය අනුවයි. ඉතින් මේ විදිහට වේහප්ඵල දෙවියන්, වේහප්ඵල දෙවියන් හැටියට ම මුළාවෙන් හඳුනගෙන,

1. වේහප්ඵල දෙවියන් ගැන රැවටෙන විදිහේ හැඟීම් ම යි ඇති කරගන්නේ.
2. වේහප්ඵල දෙවියන් තුළ 'මම කියල ආත්මයක් තියෙනවා' කියල ම යි ඔහුට හැඟෙන්නෙ.
3. වේහප්ඵල දෙවියන් තුළින් 'මම කියල ආත්මයක් චුත වෙනවා' කියල ම යි ඔහුට හැඟෙන්නෙ.
4. වේහප්ඵල දෙවියන් 'මගේ' කියල ම යි ඔහුට හැඟෙන්නෙ.
5. එතකොට ඔහු වේහප්ඵල දෙවියන් 'මම, මගේ, මගේ ආත්මය' කියල සතුටින් පිළිගන්නවා.

පින්වත් මහණෙනි, ඇයි එයා එහෙම කරන්නෙ? වේහප්ඵල දෙවියන්ගේ ස්වභාවය පිළිබඳව පිරිසිඳ අවබෝධයක් හෙවත් යථාර්ථයෙන් ලත් අවබෝධයක් ඔහු තුළ නැතිකම නිසා කියලයි මේ ගැන කියන්න තියෙන්නෙ.

**(12)**

පින්වත් මහණෙනි, අශ්‍රැතවත් පෘථග්ජනයා අභිභූ දෙවියන් ගැන මුළාවෙන් දකින්නේ අභිභූ දෙවියන්ගේ බාහිරින් පෙනෙන ස්වභාවය අනුවයි. මේ විදිහට අභිභූ දෙවියන්, අභිභූ දෙවියන් හැටියට ම මුළාවෙන් හඳුනගෙන,

1. අභිභූ දෙවියන් ගැන රැවටෙන විදිහේ හැඟීම් ම යි ඇති කරගන්නේ.
2. අභිභූ දෙවියන් තුළ 'මම කියල ආත්මයක් තියෙනවා' කියල ම යි ඔහුට හැඟෙන්නෙ.
3. අභිභූ දෙවියන් තුළින් 'මම කියල ආත්මයක් චුත වෙනවා' කියල ම යි ඔහුට හැඟෙන්නෙ.
4. අභිභූ දෙවියන් 'මගේ' කියල ම යි ඔහුට හැඟෙන්නෙ.
5. එතකොට ඔහු අභිභූ දෙවියන් 'මම, මගේ, මගේ ආත්මය' කියල සතුටින් පිළිගන්නවා.

පින්වත් මහණෙනි, ඇයි එයා එහෙම කරන්නෙ? අභිභූ දෙවියන්ගේ

ස්වභාවය පිළිබඳව පිරිසිඳ අවබෝධයක් හෙවත් යථාර්ථයෙන් ලත් අවබෝධයක් ඔහු තුළ නැතිකම නිසා කියලයි මේ ගැන කියන්න තියෙන්නෙ.

(13)

පින්වත් මහණෙනි, අශ්‍රුතවත් පෘථග්ජනයා ආකාසානඤ්චායතන දෙවියන් ගැන මුළාවෙන් හඳුනගන්නේ ආකාසානඤ්චායතන දෙවියන්ගේ බාහිරින් පෙනෙන ස්වභාවය අනුවයි. මේ විදිහට ආකාසානඤ්චායතන දෙවියන් ආකාසානඤ්චායතන දෙවියන් හැටියට ම මුළාවෙන් හඳුනගෙන,

1. ආකාසානඤ්චායතන දෙවියන් ගැන රැවටෙන විදිහේ හැඟීම් ම යි ඇති කරගන්නේ.
2. ආකාසානඤ්චායතන දෙවියන් තුළ 'මම කියල ආත්මයක් තියෙනවා' කියල ම යි ඔහුට හැඟෙන්නෙ.
3. ආකාසානඤ්චායතන දෙවියන් තුළින් 'මම කියල ආත්මයක් චුත වෙනවා' කියල ම යි ඔහුට හැඟෙන්නෙ.
4. ආකාසානඤ්චායතන දෙවියන් 'මගේ' කියල ම යි ඔහුට හැඟෙන්නෙ.
5. එතකොට ඔහු ආකාසානඤ්චායතන දෙවියන් 'මම, මගේ, මගේ ආත්මය' කියල සතුටින් පිළිගන්නවා.

පින්වත් මහණෙනි, ඇයි එයා එහෙම කරන්නෙ? ආකාසානඤ්චායතන දෙවියන්ගේ ස්වභාවය පිළිබඳව පිරිසිඳ අවබෝධයක් හෙවත් යථාර්ථයෙන් ලත් අවබෝධයක් ඔහු තුළ නැතිකම නිසා කියලයි මේ ගැන කියන්න තියෙන්නෙ.

(14)

පින්වත් මහණෙනි, අශ්‍රුතවත් පෘථග්ජනයා විඤ්ඤාණඤ්චායතන දෙවියන් ගැන මුළාවෙන් හඳුනගන්නේ විඤ්ඤාණඤ්චායතන දෙවියන්ගේ බාහිරින් පෙනෙන ස්වභාවය අනුවයි. මේ විදිහට විඤ්ඤාණඤ්චායතන දෙවියන්, විඤ්ඤාණඤ්චායතන දෙවියන් හැටියට මුළාවෙන් හඳුනගෙන,

1. විඤ්ඤාණඤ්චායතන දෙවියන් ගැන රැවටෙන විදිහේ හැඟීම් ම යි ඇති කරගන්නේ.
2. විඤ්ඤාණඤ්චායතන දෙවියන් තුළ 'මම කියල ආත්මයක් තියෙනවා' කියල ම යි ඔහුට හැඟෙන්නෙ.

3. විඤ්ඤාණඤ්චායතන දෙවියන් තුළින් 'මම කියල ආත්මයක් චුත වෙනවා' කියල ම යි ඔහුට හැඟෙන්නෙ.

4. විඤ්ඤාණඤ්චායතන දෙවියන් 'මගේ' කියල ම යි ඔහුට හැඟෙන්නෙ.

5. එතකොට ඔහු විඤ්ඤාණඤ්චායතන දෙවියන් 'මම, මගේ, මගේ ආත්මය' කියල සතුටින් පිළිගන්නවා.

පින්වත් මහණෙනි, ඇයි එයා එහෙම කරන්නෙ? විඤ්ඤාණඤ්චායතන දෙවියන්ගේ ස්වභාවය පිළිබඳ ව පිරිසිඳ අවබෝධයක් හෙවත් යථාර්ථයෙන් ලත් අවබෝධයක් ඔහු තුළ නැතිකම නිසා කියල යි මේ ගැන කියන්න තියෙන්නෙ.

**(15)**

පින්වත් මහණෙනි, අශ්‍රැතවත් පෘථග්ජනයා ආකිඤ්චඤ්ඤායතන දෙවියන් ගැන මුළාවෙන් හඳුනගන්නේ ආකිඤ්චඤ්ඤායතන දෙවියන්ගේ බාහිරින් පෙනෙන ස්වභාවය අනුවයි. මේ විදිහට ආකිඤ්චඤ්ඤායතන දෙවියන්, ආකිඤ්චඤ්ඤායතන දෙවියන් හැටියට ම මුළාවෙන් හඳුනාගෙන,

1. ආකිඤ්චඤ්ඤායතන දෙවියන් ගැන රැවටෙන විදිහේ හැඟීම් ම යි ඇති කරගන්නේ.

2. ආකිඤ්චඤ්ඤායතන දෙවියන් තුළ 'මම කියල ආත්මයක් තියෙනවා' කියල ම යි ඔහුට හැඟෙන්නෙ.

3. ආකිඤ්චඤ්ඤායතන දෙවියන් තුළින් 'මම කියල ආත්මයක් චුත වෙනවා' කියල ම යි ඔහුට හැඟෙන්නෙ.

4. ආකිඤ්චඤ්ඤායතන දෙවියන් 'මගේ' කියල ම යි ඔහුට හැඟෙන්නෙ.

5. එතකොට ඔහු ආකිඤ්චඤ්ඤායතන දෙවියන් 'මම, මගේ, මගේ ආත්මය' කියල සතුටින් පිළිගන්නවා.

පින්වත් මහණෙනි, ඇයි එයා එහෙම කරන්නෙ? ආකිඤ්චඤ්ඤායතන දෙවියන්ගේ ස්වභාවය පිළිබඳව පිරිසිඳ අවබෝධයක් හෙවත් යථාර්ථයෙන් ලත් අවබෝධයක් ඔහු තුළ නැතිකම නිසා කියලයි මේ ගැන කියන්න තියෙන්නෙ.

**(16)**

පින්වත් මහණෙනි, අශ්‍රැතවත් පෘථග්ජනයා නේවසඤ්ඤානාසඤ්ඤායතන දෙවියන් ගැන මුළාවෙන් හඳුනගන්නේ නේවසඤ්ඤානාසඤ්ඤායතන

දෙවියන්ගේ බාහිරින් පෙනෙන ස්වභාවය අනුවයි. මේ විදිහට නේවසඤ්ඤා-නාසඤ්ඤායතන දෙවියන්, නේවසඤ්ඤානාසඤ්ඤායතන දෙවියන් හැටියට මුළාවෙන් හඳුනගෙන,

1. නේවසඤ්ඤානාසඤ්ඤායතන දෙවියන් ගැන රැවටෙන විදිහේ හැඟීම් ම යි ඇති කරගන්නේ.
2. නේවසඤ්ඤානාසඤ්ඤායතන දෙවියන් තුළ 'මම කියල ආත්මයක් තියෙනවා' කියල ම යි ඔහුට හැඟෙන්නෙ.
3. නේවසඤ්ඤානාසඤ්ඤායතන දෙවියන් තුළින් 'මම කියල ආත්මයක් චුත වෙනවා' කියල ම යි ඔහුට හැඟෙන්නෙ.
4. නේවසඤ්ඤානාසඤ්ඤායතන දෙවියන් 'මගේ' කියල ම යි ඔහුට හැඟෙන්නෙ.
5. එතකොට ඔහු නේවසඤ්ඤානාසඤ්ඤායතන දෙවියන් 'මම, මගේ, මගේ ආත්මය' කියල සතුටින් පිළිගන්නවා.

පින්වත් මහණෙනි, ඇයි එයා එහෙම කරන්නෙ? නේවසඤ්ඤා-නාසඤ්ඤායතන දෙවියන්ගේ ස්වභාවය පිළිබඳව පිරිසිඳ අවබෝධයක් හෙවත් යථාර්ථයෙන් ලත් අවබෝධයක් ඔහු තුළ නැතිකම නිසා කියලයි මේ ගැන කියන්න තියෙන්නෙ.

**(17)**

පින්වත් මහණෙනි, අශ්‍රැතවත් පෘථග්ජනයා තමන් දකින දේවල් ගැන මුළාවෙන් හඳුනගන්නේ ඒ තමන් දකින දේවල්වල බාහිරින් පෙනෙන ස්වභාවය අනුවයි. මේ විදිහට තමන් දකින දේවල්, දකින දේවල් හැටියට මුළාවෙන් හඳුනගෙන,

1. දකින දේවල් ගැන රැවටෙන විදිහේ හැඟීම් ම යි ඇති කරගන්නෙ.
2. දකින දේවල් තුළ 'මම කියල ආත්මයක් තියෙනවා' කියල ම යි ඔහුට හැඟෙන්නෙ.
3. දකින දේවල් තුළින් 'මම, කියල ආත්මයක් චුත වෙනවා' කියල ම යි ඔහුට හැඟෙන්නෙ.
4. දකින දේවල් 'මගේ' කියල ම යි ඔහුට හැඟෙන්නෙ.

5. එතකොට ඔහු දකින දේවල් 'මම, මගේ, මගේ ආත්මය' කියල සතුටින් පිළිගන්නවා.

පින්වත් මහණෙනි, ඇයි එයා එහෙම කරන්නෙ? දකින දේවල්වල ස්වභාවය පිළිබඳව පිරිසිඳ අවබෝධයක් හෙවත් යථාර්ථයෙන් ලත් අවබෝධයක් ඔහු තුළ නැතිකම නිසා කියලයි මේ ගැන කියන්න තියෙන්නෙ.

**(18)**

පින්වත් මහණෙනි, අශ්‍රැතවත් පෘථග්ජනයා අසන දේවල් ගැන මුළාවෙන් හඳුනගන්නේ අසන දේවල්වල බාහිරින් දැනෙන ස්වභාවය අනුවයි. මේ විදිහට අසන දේවල්, අසන දේවල් හැටියට මුළාවෙන් හඳුනගෙන,

1. අසන දේවල් ගැන රැවටෙන විදිහේ හැඟීම් ම යි ඇති කරගන්නෙ.
2. අසන දේවල් තුළ 'මම කියල ආත්මයක් තියෙනවා' කියල ම යි ඔහුට හැඟෙන්නෙ.
3. අසන දේවල් තුළින් 'මම, කියල ආත්මයක් චුත වෙනවා' කියල ම යි ඔහුට හැඟෙන්නෙ.
4. අසන දේවල් 'මගේ' කියල ම යි ඔහුට හැඟෙන්නෙ.
5. එතකොට ඔහු අසන දේවල් 'මම, මගේ, මගේ ආත්මය' කියල සතුටින් පිළිගන්නවා.

පින්වත් මහණෙනි, ඇයි එයා එහෙම කරන්නෙ? අසන දේවල්වල ස්වභාවය පිළිබඳව පිරිසිඳ අවබෝධයක් හෙවත් යථාර්ථයෙන් ලත් අවබෝධයක් ඔහු තුළ නැතිකම නිසා කියලයි මේ ගැන කියන්න තියෙන්නෙ.

**(19)**

පින්වත් මහණෙනි, අශ්‍රැතවත් පෘථග්ජනයා නාසයට දැනෙන දේවල්, දිවෙන් රස විඳින දේවල්, කයින් පහස ලබන දේවල් ගැන මුළාවෙන් හඳුනගන්නේ ඒ දේවල් ගැන බාහිරින් දැනෙන ස්වභාවය අනුවයි. මේ විදිහට නාසයට දැනෙන දේවල්, දිවෙන් රස විඳින දේවල්, කයින් පහස ලබන දේවල්, ඒ හැටියටම මුළාවෙන් හඳුනගෙන,

1. නාසයට දැනෙන දේවල් ගැන, දිවට දැනෙන දේවල් ගැන, කයට දැනෙන දේවල් ගැන රැවටෙන විදිහේ හැඟීම් ම යි ඇති කරගන්නෙ.

2. මේ දේවල් තුළ 'මම කියල ආත්මයක් තියෙනවා' කියල ම යි ඔහුට හැඟෙන්නෙ.

3. මේ දේවල් තුළින් 'මම, කියල ආත්මයක් චුත වෙනවා' කියල ම යි ඔහුට හැඟෙන්නෙ.

4. මේ දේවල් 'මගේ' කියල ම යි ඔහුට හැඟෙන්නෙ.

5. එතකොට ඔහු මේ දේවල් 'මම, මගේ, මගේ ආත්මය' කියල සතුටින් පිළිගන්නවා.

පින්වත් මහණෙනි, ඇයි එයා එහෙම කරන්නෙ? නාසයට දැනෙන දේවල්වල, දිවට දැනෙන දේවල්වල, කයට දැනෙන දේවල්වල ස්වභාවය පිළිබඳව පිරිසිඳ අවබෝධයක් හෙවත් යථාර්ථයෙන් ලත් අවබෝධයක් ඔහු තුළ නැතිකම නිසා කියලයි මේ ගැන කියන්න තියෙන්නෙ.

**(20)**

පින්වත් මහණෙනි, අශ්‍රැතවත් පෘථග්ජනයා සිතට සිතෙන අරමුණු ගැන මුළාවෙන් හඳුනගන්නේ ඒ අරමුණුවල බාහිරින් පෙනෙන ස්වභාවය අනුවයි. මේ විදිහට සිතින් දැනගන්නා දේවල්, සිතින් දැනගන්නා දේවල් හැටියට මුළාවෙන් හඳුනගෙන,

1. සිතින් දැනගන්නා දේවල් ගැන රැවටෙන විදිහේ හැඟීම් ම යි ඇති කරගන්නෙ.

2. සිතින් දැනගන්නා දේවල් තුළ 'මම කියල ආත්මයක් තියෙනවා' කියල ම යි ඔහුට හැඟෙන්නෙ.

3. සිතින් දැනගන්නා දේවල් තුළින් 'මම, කියල ආත්මයක් චුත වෙනවා' කියල ම යි ඔහුට හැඟෙන්නෙ.

4. සිතින් දැනගන්නා දේවල් 'මගේ' කියල ම යි ඔහුට හැඟෙන්නෙ.

5. එතකොට ඔහු සිතින් දැනගන්නා දේවල් 'මම, මගේ, මගේ ආත්මය' කියල සතුටින් පිළිගන්නවා.

පින්වත් මහණෙනි, ඇයි එයා එහෙම කරන්නෙ? සිතින් දැනගන්න දේවල්වල ස්වභාවය පිළිබඳව පිරිසිඳ අවබෝධයක් හෙවත් යථාර්ථයෙන් ලත් අවබෝධයක් ඔහු තුළ නැතිකම නිසා කියලයි මේ ගැන කියන්න තියෙන්නෙ.

**(21)**

පින්වත් මහණෙනි, අශ්‍රැතවත් පෘථග්ජනයා එකම ස්වභාවයේ සත්වයන් ගැන මුළාවෙන් හඳුනගන්නේ එකම ස්වභාවයේ සත්වයන්ගේ බාහිරින් පෙනෙන ස්වභාවය අනුවයි. මේ විදිහට එක ම ස්වභාවයේ සත්වයන්, එකම ස්වභාවයේ සත්වයන් හැටියට ම මුළාවෙන් හඳුනගෙන,

1. එකම ස්වභාවයේ සත්වයන් ගැන රැවටෙන විදිහේ හැඟීම් ම යි ඇති කරගන්නේ.
2. එකම ස්වභාවයේ සත්වයන් තුළ 'මම කියල ආත්මයක් තියෙනවා' කියල ම යි ඔහුට හැඟෙන්නෙ.
3. එකම ස්වභාවයේ සත්වයන් තුළින් 'මම කියල ආත්මයක් චුත වෙනවා' කියල ම යි ඔහුට හැඟෙන්නෙ.
4. එකම ස්වභාවයේ සත්වයන් 'මගේ' කියල ම යි ඔහුට හැඟෙන්නෙ.
5. එතකොට ඔහු එකම ස්වභාවයේ සත්වයන් 'මම, මගේ, මගේ ආත්මය' කියල සතුටින් පිළිගන්නවා.

පින්වත් මහණෙනි, ඇයි එයා එහෙම කරන්නෙ? එකම ස්වභාවයේ සත්වයන්ගේ ස්වභාවය පිළිබඳව පිරිසිඳ අවබෝධයක් හෙවත් යථාර්ථයෙන් ලත් අවබෝධයක් ඔහු තුළ නැතිකම නිසා කියලයි මේ ගැන කියන්න තියෙන්නෙ.

**(22)**

පින්වත් මහණෙනි, අශ්‍රැතවත් පෘථග්ජනයා විවිධාකාර වූ සත්වයන් ගැන මුළාවෙන් හඳුනගන්නේ විවිධාකාර සත්වයන් ගේ බාහිරින් පෙනෙන ස්වභාවය අනුවයි. මේ විදිහට විවිධාකාර සත්වයන්, විවිධාකාර සත්වයන් හැටියට මුළාවෙන් හඳුනගෙන,

1. විවිධාකාර සත්වයන් ගැන රැවටෙන විදිහේ හැඟීම් ම යි ඇති කරගන්නේ.
2. විවිධාකාර සත්වයන් තුළ 'මම කියල ආත්මයක් තියෙනවා' කියල ම යි ඔහුට හැඟෙන්නෙ.
3. විවිධාකාර සත්වයන් තුළින් 'මම කියල ආත්මයක් චුත වෙනවා' කියල ම යි ඔහුට හැඟෙන්නෙ.
4. විවිධාකාර සත්වයන් 'මගේ' කියල ම යි ඔහුට හැඟෙන්නෙ.

5. එතකොට ඔහු විවිධාකාර ස්වභාවයේ සත්වයන් 'මම, මගේ, මගේ ආත්මය' කියල සතුටින් පිළිගන්නවා.

පින්වත් මහණෙනි, ඇයි එයා එහෙම කරන්නෙ? විවිධාකාර වූ සත්වයන්ගේ ස්වභාවය පිළිබඳව පිරිසිඳ අවබෝධයක් හෙවත් යථාර්ථයෙන් ලත් අවබෝධයක් ඔහු තුළ නැතිකම නිසා කියලයි මේ ගැන කියන්න තියෙන්නෙ.

(23)

පින්වත් මහණෙනි, අශ්‍රැතවත් පෘථග්ජනයා හැමදෙයක් ගැනම මුළාවෙන් හඳුනගන්නේ හැමදේකම බාහිරින් පෙනෙන ස්වභාවය අනුවයි. මේ විදිහට හැමදෙයක් ගැනම මුළාවෙන් හඳුනගෙන,

1. හැමදෙයක් ගැනම රැවටෙන විදිහේ හැඟීම් ම යි ඇති කරගන්නේ.

2. හැමදෙයක් තුළම 'මම කියල ආත්මයක් තියෙනවා' කියල ම යි ඔහුට හැඟෙන්නෙ.

3. හැමදෙයක් තුළින්ම 'මම කියල ආත්මයක් චුත වෙනවා' කියල ම යි ඔහුට හැඟෙන්නෙ.

4. හැමදෙයක් ම 'මගේ' කියල ම යි ඔහුට හැඟෙන්නෙ.

5. එතකොට ඔහු හැම දෙයක්ම 'මම, මගේ, මගේ ආත්මය' කියල සතුටින් පිළිගන්නවා.

පින්වත් මහණෙනි, ඇයි එයා එහෙම කරන්නෙ? හැමදෙයකම ඇති ස්වභාවය පිළිබඳව පිරිසිඳ අවබෝධයක් හෙවත් යථාර්ථයෙන් ලත් අවබෝධයක් ඔහු තුළ නැතිකම නිසා කියලයි මේ ගැන කියන්න තියෙන්නෙ.

(24)

පින්වත් මහණෙනි, අශ්‍රැතවත් පෘථග්ජනයා නිවන ගැන පවා මුළාවෙන් හඳුනගන්නේ නිවන ගැන බාහිරින් අසන දේවල් අනුවයි. මේ විදිහට නිවන ඔහු ඇසූ ආකාරයේ නිවනක් හැටියටම මුළාවෙන් හඳුනගෙන,

1. නිවන ගැන රැවටෙන විදිහේ හැඟීම් ම යි ඇති කරගන්නේ.

2. නිවන තුළ 'මම කියල ආත්මයක් තියෙනවා' කියල ම යි ඔහුට හැඟෙන්නෙ.

3. නිවන තුළින් 'මම කියල ආත්මයක් චුත වෙනවා' කියල ම යි ඔහුට හැඟෙන්නෙ.

4. නිවන 'මගේ' කියල ම යි ඔහුට හැඟෙන්නෙ.

5. එතකොට ඔහු නිවන 'මම, මගේ, මගේ ආත්මය' කියල සතුටින් පිළිගන්නවා.

පින්වත් මහණෙනි, ඇයි එයා එහෙම කරන්නෙ? නිවනේ ස්වභාවය පිළිබඳව පිරිසිඳ අවබෝධයක් හෙවත් යථාර්ථයෙන් ලත් අවබෝධයක් ඔහු තුළ නැතිකම නිසා කියලයි මේ ගැන කියන්න තියෙන්නෙ.

**(අශ්‍රැතවත් පෘථග්ජනයා ගේ ස්වභාවය විස්තර කිරීම අවසන් විය.)**

පින්වත් මහණෙනි, තවම රහත් නො වූ, ඒ වුනාට අනෙක් මාර්ගඵල අවබෝධ කරගත් භික්ෂුවක් ඉන්නවා. උතුම් නිවන අවබෝධ කරගැනීමටම යි ඒ භික්ෂුවගේ හිත යොමු වෙලා තියෙන්නේ. ඒ භික්ෂුව පොළොවට පස් වී යන ස්වභාවයට අයිති පඨවි ධාතුව ගැන අනිත්‍ය වූ, දුක් වූ, අනාත්ම වූ පඨවි ධාතුවක් හැටියට අවබෝධයෙන් ම දකිනවා. පඨවි ධාතුව ගැන, පඨවි ධාතුව හැටියට ම අවබෝධයෙන් දැකීම නිසා,

1. පඨවි ධාතුවට රැවටෙන විදිහේ හැඟීම් ඇති කරගන්නෙ නෑ.

2. පඨවි ධාතුව තුළ 'මම කියල ආත්මයක් තියෙනවා' කියන වැරදි හැඟීමට ඉඩදෙන්නෙ නෑ.

3. පඨවි ධාතුව තුළින් 'මම කියල ආත්මයක් චුත වෙනවා' කියන වැරදි හැඟීමට ඉඩදෙන්නෙ නෑ.

4. පඨවි ධාතුව 'මගේ' කියන වැරදි හැඟීමට ඉඩදෙන්නෙ නෑ.

5. එතකොට ඒ භික්ෂුව පඨවි ධාතුව 'මම, මාගේ, මාගේ ආත්මය' කියල සතුටින් පිළිගන්නා වැරැද්දට ඉඩදෙන්නෙ නෑ.

පින්වත් මහණෙනි, ඇයි ඒ භික්ෂුවට එහෙම කරන්නට පුළුවන් වෙන්නෙ? ඒ පඨවි ධාතුව පිළිබඳව පිරිසිඳ අවබෝධයක් හෙවත් යථාර්ථයෙන් ලත් අවබෝධයක් ඔහු තුළ ඇති කරගත යුතු බව දන්න නිසා කියලයි මේ ගැන කියන්න තියෙන්නෙ.

ආපෝ ධාතුව ....(පෙ).... තේජෝ ධාතුව ....(පෙ).... වායෝ ධාතුව ....(පෙ).... ඉපදුන සත්වයන් ....(පෙ).... දෙවියන් ....(පෙ).... ලෝකාධිපති

දෙවියන් ....(පෙ).... මහා බ්‍රහ්මයා ....(පෙ).... ආභස්සර දෙවියන් ....(පෙ).... සුභකිණ්ණ දෙවියන් ....(පෙ).... වේහප්ඵල දෙවියන් ....(පෙ).... අභිභූ දෙවියන් ....(පෙ).... ආකාසානඤ්චායතන දෙවියන් ....(පෙ).... විඤ්ඤාණඤ්චායතන දෙවියන් ....(පෙ).... ආකිඤ්චඤ්ඤායතන දෙවියන් ....(පෙ).... නේවසඤ්ඤා-නාසඤ්ඤායතන දෙවියන් ....(පෙ).... දකින දේවල් ....(පෙ).... අසන දේවල් ....(පෙ).... නාසයට දැනෙන දේවල්, දිවට දැනෙන දේවල්, කයට දැනෙන දේවල් ....(පෙ).... සිතට දැනෙන දේවල් ....(පෙ).... එක ම ස්වභාවයේ සත්වයන් ....(පෙ).... විවිධාකාර ස්වභාවයේ සත්වයන් ....(පෙ).... නිවන ගැන අවබෝධයෙන් තේරුම් ගන්නේ නිවන හැටියට ම යි. මේ විදිහට නිවන ගැන, නිවන හැටියටම අවබෝධයෙන් තේරුම් ගැනීම නිසා,

1. නිවන ගැන රැවටෙන විදිහේ හැඟීම් ඇති කරගන්නෙ නෑ.
2. නිවන තුළ 'මම කියල ආත්මයක් තියෙනවා' කියන වැරදි හැඟීමට ඉඩ දෙන්නෙ නෑ.
3. නිවන තුළින් 'මම කියල ආත්මයක් චුත වෙනවා' කියන වැරදි හැඟීමට ඉඩදෙන්නෙ නෑ.
4. නිවන 'මගේ' කියන වැරදි හැඟීමට ඉඩදෙන්නෙ නෑ.
5. එතකොට ඒ භික්ෂුව නිවන 'මම, මගේ, මගේ ආත්මය' කියල සතුටින් පිළිගන්නා වරදට ඉඩදෙන්නෙ නෑ.

පින්වත් මහණෙනි, ඇයි ඒ භික්ෂුවට එහෙම කරන්න පුළුවන් වෙන්නෙ? නිවන පිළිබඳව පිරිසිඳ අවබෝධයක් හෙවත් යථාර්ථයෙන් ලත් අවබෝධයක් ඔහු තුළ ඇති කරගත යුතු බව දන්න නිසා කියලයි මේ ගැන කියන්න තියෙන්නෙ.

**(මාර්ගඵල ලාභී, එහෙත් රහත් නොවූ ශ්‍රාවකයා ගැන විස්තරය අවසන් විය.)**

(1)

පින්වත් මහණෙනි, රහතන් වහන්සේ නමක් ඉන්නවා. ඒ රහත් භික්ෂුව ආශ්‍රවයන් ක්ෂය කරලයි ඉන්නෙ. නිවන් මග සම්පූර්ණ කරලයි ඉන්නෙ. නිවන් අවබෝධ කරගන්නට කළ යුතු සියල්ල කරලයි ඉන්නෙ. කෙලෙස් බර වීසි කරලයි ඉන්නෙ. අනුපිළිවෙලින් නිවනට පත්වෙලයි ඉන්නෙ. භව බන්ධන නැති කරලයි ඉන්නෙ. පරිපූර්ණ අවබෝධයක් තුළින් දුකින් නිදහස් වෙලයි ඉන්නෙ.

ඉතින් ඒ භික්ෂුවත් පොළොවට පස් වී යන ස්වභාවයට අයිති පඨවි ධාතුව ගැන අනිත්‍ය වූ, දුක් වූ, අනාත්ම වූ පඨවි ධාතුවක් හැටියට අවබෝධයෙන් ම දකිනවා. පඨවි ධාතුව ගැන පඨවි ධාතුව හැටියටම අවබෝධයෙන් දැකීම නිසා,

1. පඨවි ධාතුවට රැවටෙන විදිහේ කිසි හැඟීමක් ඇතිවෙන්නෙ නෑ.
2. පඨවි ධාතුව තුළ 'මම කියල ආත්මයක් තියෙනවා' කියන වැරදි හැඟීම ඇතිවෙන්නෙ නෑ.
3. පඨවි ධාතුව තුළින් 'මම කියල ආත්මයක් චුත වෙනවා' කියන වැරදි හැඟීම ඇතිවෙන්නෙ නෑ.
4. පඨවි ධාතුව 'මගේ' කියන වැරදි හැඟීම ඇතිවෙන්නෙ නෑ.
5. එතකොට ඒ භික්ෂුව පඨවි ධාතුව 'මම, මාගේ, මාගේ ආත්මය' කියල සතුටින් පිළිගන්නෙ නෑ.

පින්වත් මහණෙනි, ඇයි ඒ භික්ෂුවට එහෙම කරන්නට පුළුවන් වුනේ? පඨවි ධාතුව පිළිබඳව පිරිසිඳ අවබෝධයක් හෙවත් යථාර්ථයෙන් ලත් අවබෝධයක් ඔහු තුළ ඇතිවෙලා තියෙන නිසා කියලයි මේ ගැන කියන්න තියෙන්නෙ.

ආපෝ ධාතුව ....(පෙ).... තේජෝ ධාතුව ....(පෙ).... වායෝ ධාතුව ....(පෙ).... ඉපදුන සත්වයන් ....(පෙ).... දෙවියන් ....(පෙ).... ලෝකාධිපති දෙවියන් ....(පෙ).... මහා බ්‍රහ්මයා ....(පෙ).... ආභස්සර දෙවියන් ....(පෙ).... සුභකිණ්ණ දෙවියන් ....(පෙ).... වේහප්ඵල දෙවියන් ....(පෙ).... අභිභූ දෙවියන් ....(පෙ).... ආකාසානඤ්චායතන දෙවියන් ....(පෙ).... විඤ්ඤාණඤ්චායතන දෙවියන් ....(පෙ).... ආකිඤ්චඤ්ඤායතන දෙවියන් ....(පෙ).... නේවසඤ්ඤා-නාසඤ්ඤායතන දෙවියන් ....(පෙ).... දකින දේවල් ....(පෙ).... අසන දේවල් ....(පෙ).... නාසයට දැනෙන දේවල්, දිවට දැනෙන දේවල්, කයට දැනෙන දේවල් ....(පෙ).... සිතට දැනෙන දේවල් ....(පෙ).... එක ම ස්වභාවයේ සත්වයන් ....(පෙ).... විවිධාකාර ස්වභාවයේ සත්වයන් ....(පෙ).... නිවන ගැන අවබෝධයෙන් තේරුම් ගන්නේ නිවන හැටියට ම යි. මේ විදිහට නිවන ගැන නිවන හැටියට ම අවබෝධයෙන් තේරුම් ගැනීම නිසා,

1. නිවන ගැන රැවටෙන විදිහේ කිසි හැඟීමක් ඇති වෙන්නෙ නෑ.
2. නිවන තුළ 'මම කියල ආත්මයක් තියෙනවා' කියන වැරදි හැඟීම ඇතිවෙන්නෙ නෑ.

3. නිවන තුළින් 'මම කියල ආත්මයක් චුත වෙනවා' කියන වැරදි හැඟීම ඇතිවෙන්නෙ නෑ.

4. නිවන 'මගේ' කියන වැරදි හැඟීම ඇතිවෙන්නෙ නෑ.

5. එතකොට ඒ භික්ෂුව නිවන 'මම, මගේ, මගේ ආත්මය' කියල සතුටින් පිළිගන්නෙ නෑ.

පින්වත් මහණෙනි, ඇයි ඒ භික්ෂුවට එහෙම කරන්න පුළුවන් වුනේ? නිවන පිළිබඳව පිරිසිඳ අවබෝධයක් හෙවත් යථාර්ථයෙන් ලත් අවබෝධයක් ඔහු තුළ ඇති වෙලා තියෙන නිසා කියලයි මේ ගැන කියන්න තියෙන්නෙ.

**(2)**

පින්වත් මහණෙනි, රහතන් වහන්සේ නමක් ඉන්නවා. ඒ රහත් භික්ෂුව ආශ්‍රවයන් නැති කරලයි ඉන්නෙ. නිවන් මග සම්පූර්ණ කරලයි ඉන්නෙ. නිවන් අවබෝධ කරගන්න කළ යුතු සියල්ල කරලයි ඉන්නෙ. කෙලෙස් බර වීසි කරලයි ඉන්නෙ. අනුපිළිවෙලින් නිවනට පත්වෙලයි ඉන්නෙ. භව බන්ධන නැති කරලයි ඉන්නෙ. පරිපූර්ණ අවබෝධයක් තුළින් දුකින් නිදහස් වෙලයි ඉන්නෙ. ඉතින් ඒ භික්ෂුවත් පොළොවට පස් වී යන ස්වභාවයට අයිති පඨවි ධාතුව ගැන අනිත්‍ය වූ, දුක් වූ, අනාත්ම වූ පඨවි ධාතුවක් හැටියට අවබෝධයෙන් ම දකිනවා. මේ විදිහට පඨවි ධාතුව ගැන පඨවි ධාතුව හැටියට ම අවබෝධයෙන් දැකීම නිසා,

1. පඨවි ධාතුවට රැවටෙන විදිහේ කිසි හැඟීමක් ඇතිවෙන්නෙ නෑ.

2. පඨවි ධාතුව තුළ 'මම කියල ආත්මයක් තියෙනවා' කියන වැරදි හැඟීම ඇතිවෙන්නෙ නෑ.

3. පඨවි ධාතුව තුළින් 'මම කියල ආත්මයක් චුත වෙනවා' කියන වැරදි හැඟීම ඇතිවෙන්නෙ නෑ.

4. පඨවි ධාතුව 'මගේ' කියන වැරදි හැඟීම ඇතිවෙන්නෙ නෑ.

5. එතකොට ඒ භික්ෂුව පඨවි ධාතුව 'මම, මාගේ, මාගේ ආත්මය' කියල සතුටින් පිළිගන්නෙ නෑ.

පින්වත් මහණෙනි, ඇයි ඒ භික්ෂුවට එහෙම කරන්නට පුළුවන් වුනේ? පඨවි ධාතුව පිළිබඳව ඔහු තුළ තිබූ රාගය ක්ෂය වීමෙන් 'වීතරාගී' වීම නිසා කියලයි මේ ගැන කියන්න තියෙන්නෙ.

ආපෝ ධාතුව ....(පෙ).... තේජෝ ධාතුව ....(පෙ).... වායෝ ධාතුව ....(පෙ).... ඉපදුන සත්වයන් ....(පෙ).... දෙවියන් ....(පෙ).... ලෝකාධිපති දෙවියන් ....(පෙ).... මහා බ්‍රහ්මයා ....(පෙ).... ආභස්සර දෙවියන් ....(පෙ).... සුභකිණ්ණ දෙවියන් ....(පෙ).... වේහප්ඵල දෙවියන් ....(පෙ).... අභිභූ දෙවියන් ....(පෙ).... ආකාසානඤ්චායතන දෙවියන් ....(පෙ).... විඤ්ඤාණඤ්චායතන දෙවියන් ....(පෙ).... ආකිඤ්චඤ්ඤායතන දෙවියන් ....(පෙ).... නේවසඤ්ඤානාසඤ්ඤායතන දෙවියන් ....(පෙ).... දකින දේවල් ....(පෙ).... අසන දේවල් ....(පෙ).... නාසයට දැනෙන දේවල්, දිවට දැනෙන දේවල්, කයට දැනෙන දේවල් ....(පෙ).... සිතට දැනෙන දේවල් ....(පෙ).... එක ම ස්වභාවයේ සත්වයන් ....(පෙ).... විවිධාකාර ස්වභාවයේ සත්වයන් ....(පෙ).... නිවන ගැන අවබෝධයෙන් තේරුම් ගන්නේ නිවන හැටියටම යි. මේ විදිහට නිවන ගැන නිවන හැටියටම අවබෝධයෙන් තේරුම් ගැනීම නිසා,

1. නිවන ගැන රැවටෙන විදිහේ කිසිම හැඟීමක් ඇතිවෙන්නෙ නෑ.

2. නිවන තුළ 'මම කියල ආත්මයක් තියෙනවා' කියන වැරදි හැඟීම ඇතිවෙන්නෙ නෑ.

3. නිවන තුළින් 'මම කියල ආත්මයක් චුත වෙනවා' කියන වැරදි හැඟීම ඇතිවෙන්නෙ නෑ.

4. නිවන 'මගේ' කියන වැරදි හැඟීම ඇතිවෙන්නෙ නෑ.

5. එතකොට ඒ භික්ෂුව නිවන 'මම, මගේ, මගේ ආත්මය' කියල සතුටින් පිළිගන්නෙ නෑ.

පින්වත් මහණෙනි, ඇයි ඒ භික්ෂුවට එහෙම කරන්න පුළුවන් වුනේ? නිවන පිළිබඳව ඔහු තුළ තිබූ රාගය ක්ෂය වීමෙන් 'වීතරාගී' වීම නිසා කියලයි මේ ගැන කියන්න තියෙන්නෙ.

(3)

පින්වත් මහණෙනි, රහතන් වහන්සේ නමක් ඉන්නවා. ඒ රහත් භික්ෂුව ආශ්‍රවයන් නැති කරලයි ඉන්නෙ. නිවන් මග සම්පූර්ණ කරලයි ඉන්නෙ. නිවන් අවබෝධ කරගන්න කළ යුතු සියල්ල කරලයි ඉන්නෙ. කෙලෙස් බර වීසි කරලයි ඉන්නෙ. අනුපිළිවෙලින් නිවනට පත්වෙලයි ඉන්නෙ. භව බන්ධන නැති කරලයි ඉන්නෙ. පරිපූර්ණ අවබෝධයක් තුළින් දුකින් නිදහස් වෙලයි ඉන්නෙ. ඉතින් ඒ භික්ෂුවත් පොළොවට පස් වී යන ස්වභාවයට අයිති පඨවි ධාතුව

ගැන අනිත්‍ය වූ, දුක් වූ, අනාත්ම වූ පඨවි ධාතුවක් හැටියට අවබෝධයෙන් ම දකිනවා. පඨවි ධාතුව ගැන, පඨවි ධාතුව හැටියටම අවබෝධයෙන් දැකීම නිසා,

1. පඨවි ධාතුවට රැවටෙන විදිහේ කිසිම හැඟීමක් ඇතිවෙන්නෙ නෑ.
2. පඨවි ධාතුව තුළ 'මම කියල ආත්මයක් තියෙනවා' කියන වැරදි හැඟීම ඇතිවෙන්නෙ නෑ.
3. පඨවි ධාතුව තුළින් 'මම කියල ආත්මයක් චුත වෙනවා' කියන වැරදි හැඟීම ඇතිවෙන්නෙ නෑ.
4. පඨවි ධාතුව 'මගේ' කියන වැරදි හැඟීම ඇතිවෙන්නෙ නෑ.
5. එතකොට ඒ භික්ෂුව පඨවි ධාතුව 'මම, මාගේ, මාගේ ආත්මය' කියල සතුටින් පිළිගන්නෙ නෑ.

පින්වත් මහණෙනි, ඇයි ඒ භික්ෂුවට එහෙම කරන්නට පුළුවන් වුනේ? පඨවි ධාතුව පිළිබඳව ඔහු තුළ තිබූ ද්වේෂය ක්ෂය වීමෙන් 'වීතදෝෂී' වීම නිසා කියලයි මේ ගැන කියන්න තියෙන්නෙ.

ආපෝ ධාතුව ....(පෙ).... තේජෝ ධාතුව ....(පෙ).... වායෝ ධාතුව ....(පෙ).... ඉපදුන සත්වයන් ....(පෙ).... දෙවියන් ....(පෙ).... ලෝකාධිපති දෙවියන් ....(පෙ).... මහා බ්‍රහ්මයා ....(පෙ).... ආභස්සර දෙවියන් ....(පෙ).... සුභකිණ්ණ දෙවියන් ....(පෙ).... වේහප්ඵල දෙවියන් ....(පෙ).... අභිභූ දෙවියන් ....(පෙ).... ආකාසානඤ්චායතන දෙවියන් ....(පෙ).... විඤ්ඤාණඤ්චායතන දෙවියන් ....(පෙ).... ආකිඤ්චඤ්ඤායතන දෙවියන් ....(පෙ).... නේවසඤ්ඤා-නාසඤ්ඤායතන දෙවියන් ....(පෙ).... දකින දේවල් ....(පෙ).... අසන දේවල් ....(පෙ).... නාසයට දැනෙන දේවල්, දිවට දැනෙන දේවල්, කයට දැනෙන දේවල් ....(පෙ).... සිතට දැනෙන දේවල් ....(පෙ).... එක ම ස්වභාවයේ සත්වයන් ....(පෙ).... විවිධාකාර ස්වභාවයේ සත්වයන් ....(පෙ).... නිවන ගැන අවබෝධයෙන් තේරුම් ගන්නේ නිවන හැටියටම යි. මේ විදිහට නිවන ගැන නිවන හැටියටම අවබෝධයෙන් තේරුම් ගැනීම නිසා,

1. නිවන ගැන රැවටෙන විදිහේ කිසිම හැඟීමක් ඇතිවෙන්නෙ නෑ.
2. නිවන තුළ 'මම කියල ආත්මයක් තියෙනවා' කියන වැරදි හැඟීම ඇතිවෙන්නෙ නෑ.

3. නිවන තුළින් 'මම කියල ආත්මයක් චුත වෙනවා' කියන වැරදි හැඟීම ඇතිවෙන්නෙ නෑ.

4. නිවන 'මගේ' කියන වැරදි හැඟීම ඇතිවෙන්නෙ නෑ.

5. එතකොට ඒ භික්ෂුව නිවන 'මම, මගේ, මගේ ආත්මය' කියල සතුටින් පිළිගන්නෙ නෑ.

පින්වත් මහණෙනි, ඇයි ඒ භික්ෂුවට එහෙම කරන්නට පුළුවන් වුනේ? නිවන පිළිබඳව ඔහු තුළ තිබූ ද්වේෂය ක්ෂය වීමෙන් 'වීතදෝෂී' වීම නිසා කියලයි මේ ගැන කියන්න තියෙන්නෙ.

(4)

පින්වත් මහණෙනි, රහතන් වහන්සේ නමක් ඉන්නවා. ඒ රහත් භික්ෂුව ආශ්‍රවයන් නැති කරලයි ඉන්නෙ. නිවන් මග සම්පූර්ණ කරලයි ඉන්නෙ. නිවන් අවබෝධ කරගන්ට කළ යුතු සියල්ල කරලයි ඉන්නෙ. කෙලෙස් බර වීසි කරලයි ඉන්නෙ. අනුපිළිවෙලින් නිවනට පත්වෙලයි ඉන්නෙ. භව බන්ධන නැතිකරලයි ඉන්නෙ. පරිපූර්ණ අවබෝධයක් තුළින් දුකින් නිදහස් වෙලයි ඉන්නෙ. ඉතින් ඒ භික්ෂුවත් පොළවට පස් වී යන ස්වභාවයට අයිති පඨවි ධාතුව ගැන අනිත්‍ය වූ, දුක් වූ, අනාත්ම වූ පඨවි ධාතුවක් හැටියට අවබෝධයෙන් ම දකිනවා. පඨවි ධාතුව ගැන, පඨවි ධාතුව හැටියටම අවබෝධයෙන් දැකීම නිසා,

1. පඨවි ධාතුවට රැවටෙන විදිහේ කිසිම හැඟීමක් ඇතිවෙන්නෙ නෑ.

2. පඨවි ධාතුව තුළ 'මම කියල ආත්මයක් තියෙනවා' කියන වැරදි හැඟීම ඇතිවෙන්නෙ නෑ.

3. පඨවි ධාතුව තුළින් 'මම කියල ආත්මයක් චුතවෙනවා' කියන වැරදි හැඟීම ඇති වෙන්නෙ නෑ.

4. පඨවි ධාතුව 'මගේ' කියන වැරදි හැඟීම ඇතිවෙන්නෙ නෑ.

5. එතකොට ඒ භික්ෂුව පඨවි ධාතුව 'මම, මාගේ, මාගේ ආත්මය' කියල සතුටින් පිළිගන්නෙ නෑ.

පින්වත් මහණෙනි, ඇයි ඒ භික්ෂුවට එහෙම කරන්නට පුළුවන් වුනේ? පඨවි ධාතුව පිළිබඳව ඔහු තුළ තිබූ මෝහය ක්ෂය වීමෙන් 'වීතමෝහී' වීම නිසා කියලයි මේ ගැන කියන්න තියෙන්නෙ.

ආපෝ ධාතුව ....(පෙ).... තේජෝ ධාතුව ....(පෙ).... වායෝ ධාතුව ....(පෙ).... ඉපදුන සත්වයන් ....(පෙ).... දෙවියන් ....(පෙ).... ලෝකාධිපති දෙවියන් ....(පෙ).... මහා බ්‍රහ්මයා ....(පෙ).... ආභස්සර දෙවියන් ....(පෙ).... සුභකිණ්ණ දෙවියන් ....(පෙ).... වේහප්ඵල දෙවියන් ....(පෙ).... අභිභූ දෙවියන් ....(පෙ).... ආකාසානඤ්චායතන දෙවියන් ....(පෙ).... විඤ්ඤාණඤ්චායතන දෙවියන් ....(පෙ).... ආකිඤ්චඤ්ඤායතන දෙවියන් ....(පෙ).... නේවසඤ්ඤා-නාසඤ්ඤායතන දෙවියන් ....(පෙ).... දකින දේවල් ....(පෙ).... අසන දේවල් ....(පෙ).... නාසයට දැනෙන දේවල්, දිවට දැනෙන දේවල්, කයට දැනෙන දේවල් ....(පෙ).... සිතට දැනෙන දේවල් ....(පෙ).... එක ම ස්වභාවයේ සත්වයන් ....(පෙ).... විවිධාකාර ස්වභාවයේ සත්වයන් ....(පෙ).... නිවන ගැන අවබෝධයෙන් තේරුම් ගන්නේ නිවන හැටියට ම යි. මේ විදිහට නිවන ගැන, නිවන හැටියටම අවබෝධයෙන් තේරුම් ගැනීම නිසා,

1. නිවන ගැන රැවටෙන විදිහේ කිසිම හැඟීමක් ඇතිවෙන්නෙ නෑ.
2. නිවන තුළ 'මම කියල ආත්මයක් තියෙනවා' කියන වැරදි හැඟීම ඇතිවෙන්නෙ නෑ.
3. නිවන තුළින් 'මම කියල ආත්මයක් චුත වෙනවා' කියන වැරදි හැඟීම ඇතිවෙන්නෙ නෑ.
4. නිවන 'මගේ' කියන වැරදි හැඟීම ඇතිවෙන්නෙ නෑ.
5. එතකොට ඒ භික්ෂුව නිවන 'මම, මගේ, මගේ ආත්මය' කියල සතුටින් පිළිගන්නෙ නෑ.

පින්වත් මහණෙනි, ඇයි ඒ භික්ෂුවට එහෙම කරන්න පුළුවන් වුණේ? නිවන පිළිබඳව ඔහු තුළ තිබූ මෝහය ක්ෂය වීමෙන් 'වීතමෝහී' වීම නිසා කියලයි මේ ගැන කියන්න තියෙන්නෙ.

**(රහතන් වහන්සේ ගැන වදාළ කොටස නිමා විය.)**

(1)

පින්වත් මහණෙනි, අරහත් වූ, සම්මා සම්බුදු වූ, තථාගතයන් වහන්සේත් පොළොවට පස් වී යන ස්වභාවයට අයිති පඨවි ධාතුව ගැන අනිත්‍ය වූ, දුක් වූ, අනාත්ම වූ පඨවි ධාතුවක් හැටියට අවබෝධයෙන් ම දකිනවා. පඨවි ධාතුව ගැන පඨවි ධාතුව හැටියට ම අවබෝධයෙන් ම දැකීම නිසා,

1. පඨවි ධාතුවට රැවටෙන විදිහේ කිසි හැඟීමක් ඇතිවෙන්නෙ නෑ.

2. පඨවි ධාතුව තුළ 'මම කියල ආත්මයක් තියෙනවා' කියන වැරදි හැඟීම ඇතිවෙන්නෙ නෑ.

3. පඨවි ධාතුව තුළින් 'මම කියල ආත්මයක් චුත වෙනවා' කියන වැරදි හැඟීම ඇතිවෙන්නෙ නෑ.

4. පඨවි ධාතුව 'මගේ' කියන වැරදි හැඟීම ඇතිවෙන්නෙ නෑ.

5. එතකොට අරහත් වූ, සම්මා සම්බුදු වූ, තථාගතයන් වහන්සේ පඨවි ධාතුව 'මම, මගේ, මගේ ආත්මය' කියල සතුටින් පිළිගන්නෙ නෑ.

පින්වත් මහණෙනි, ඇයි තථාගතයන් වහන්සේට එහෙම කරන්නට පුළුවන් වුනේ? ඒ පඨවි ධාතුව පිළිබඳව පිරිසිඳ අවබෝධයක් හෙවත් යථාර්ථයෙන් ලත් අවබෝධයක් තථාගතයන් වහන්සේ තුළ ඇතිවෙලා තියෙන නිසා කියලයි මේ ගැන කියන්න තියෙන්නෙ.

ආපෝ ධාතුව ....(පෙ).... තේජෝ ධාතුව ....(පෙ).... වායෝ ධාතුව ....(පෙ).... ඉපදුන සත්වයන් ....(පෙ).... දෙවියන් ....(පෙ).... ලෝකාධිපති දෙවියන් ....(පෙ).... මහා බ්‍රහ්මයා ....(පෙ).... ආභස්සර දෙවියන් ....(පෙ).... සුභකිණ්ණ දෙවියන් ....(පෙ).... වේහප්ඵල දෙවියන් ....(පෙ).... අභිභූ දෙවියන් ....(පෙ).... ආකාසානඤ්චායතන දෙවියන් ....(පෙ).... විඤ්ඤාණඤ්චායතන දෙවියන් ....(පෙ).... ආකිඤ්චඤ්ඤායතන දෙවියන් ....(පෙ).... නේවසඤ්ඤා-නාසඤ්ඤායතන දෙවියන් ....(පෙ).... දකින දේවල් ....(පෙ).... අසන දේවල් ....(පෙ).... නාසයට දැනෙන දේවල්, දිවට දැනෙන දේවල්, කයට දැනෙන දේවල් ....(පෙ).... සිතට දැනෙන දේවල් ....(පෙ).... එක ම ස්වභාවයේ සත්වයන් ....(පෙ).... විවිධාකාර ස්වභාවයේ සත්වයන් ....(පෙ).... නිවන ගැන අවබෝධයෙන් ම තේරුම් ගන්නේ නිවන හැටියටම යි. මේ විදිහට නිවන ගැන, නිවන හැටියටම අවබෝධයෙන් තේරුම් ගැනීම නිසා,

1. නිවන ගැන රැවටෙන විදිහේ කිසිම හැඟීමක් ඇතිවෙන්නෙ නෑ.

2. නිවන තුළ 'මම කියල ආත්මයක් තියෙනවා' කියන වැරදි හැඟීම ඇතිවෙන්නෙ නෑ.

3. නිවන තුළින් 'මම කියල ආත්මයක් චුත වෙනවා' කියන වැරදි හැඟීම ඇතිවෙන්නෙ නෑ.

4. නිවන 'මගේ' කියන වැරදි හැඟීම ඇතිවෙන්නෙ නෑ.

5. එතකොට අරහත් වූ, සම්මා සම්බුදු වූ, තථාගතයන් වහන්සේ නිවන 'මම, මගේ, මගේ ආත්මය' කියල සතුටින් පිළිගන්නෙ නෑ.

පින්වත් මහණෙනි, ඇයි ඒ තථාගතයන් වහන්සේට එහෙම කරන්න පුළුවන් වුණේ? එම නිවන පිළිබඳව පිරිසිඳ අවබෝධයක් හෙවත් යථාර්ථයෙන් ලත් අවබෝධයක් තථාගතයන් වහන්සේ තුළ ඇති වෙලා තියෙන නිසා කියලයි මේ ගැන කියන්න තියෙන්නෙ.

**(2)**

පින්වත් මහණෙනි, අරහත් වූ, සම්මා සම්බුදු වූ, තථාගතයන් වහන්සේත් පොළොවට පස් වී යන ස්වභාවයට අයිති පඨවි ධාතුව ගැන අනිත්‍ය වූ, දුක් වූ, අනාත්ම වූ පඨවි ධාතුවක් හැටියට අවබෝධයෙන්ම දකිනවා. පඨවි ධාතුව ගැන, පඨවි ධාතුව හැටියටම අවබෝධයෙන් දැකීම නිසා,

1. පඨවි ධාතුවට රැවටෙන විදිහේ කිසිම හැඟීමක් ඇතිවෙන්නෙ නෑ.

2. පඨවි ධාතුව තුළ 'මම කියල ආත්මයක් තියෙනවා' කියන වැරදි හැඟීම ඇතිවෙන්නෙ නෑ.

3. පඨවි ධාතුව තුළින් 'මම කියල ආත්මයක් චුත වෙනවා' කියන වැරදි හැඟීම ඇතිවෙන්නෙ නෑ.

4. පඨවි ධාතුව 'මගේ' කියන වැරදි හැඟීම ඇතිවෙන්නෙ නෑ.

5. එතකොට අරහත් වූ, සම්මා සම්බුදු වූ, තථාගතයන් වහන්සේ පඨවි ධාතුව 'මම, මගේ, මගේ ආත්මය' කියල සතුටින් පිළිගන්නෙ නෑ.

පින්වත් මහණෙනි, ඇයි තථාගතයන් වහන්සේට එහෙම කරන්න පුළුවන් වුනේ? 'ආශාව තමයි මේ හැම දුකකට ම මුල' කියල අවබෝධ කරගැනීමෙන් භවයෙන් තමයි ඉපදීම හැදෙන්නෙ. ඉපදුණු කෙනාට තමයි දිරීම, මරණය තියෙන්නෙ කියලත් අවබෝධ කළා. ඒ නිසා "පින්වත් මහණෙනි, තථාගතයන් වහන්සේ හැම තණ්හාවක් ම ක්ෂය කිරීමෙන්, ඇල්ම දුරු කිරීමෙන්, ඇල්ම නිරුද්ධ කිරීමෙන්, අත්හැරීමෙන්, දුරින් ම දුරු කිරීමෙන්, අනුත්තර වූ සම්මා සම්බුද්ධත්වයට පත්වෙච්ච නිසා කියලයි මේ ගැන කියන්න තියෙන්නෙ."

ආපෝ ධාතුව ....(පෙ).... තේජෝ ධාතුව ....(පෙ).... වායෝ ධාතුව ....(පෙ).... ඉපදුන සත්වයන් ....(පෙ).... දෙවියන් ....(පෙ).... ලෝකාධිපති

දෙවියන් ....(පෙ).... මහා බ්‍රහ්මයා ....(පෙ).... ආභස්සර දෙවියන් ....(පෙ).... සුභකිණ්ණ දෙවියන් ....(පෙ).... වේහප්ඵල දෙවියන් ....(පෙ).... අභිභූ දෙවියන් ....(පෙ).... ආකාසානඤ්චායතන දෙවියන් ....(පෙ).... විඤ්ඤාණඤ්චායතන දෙවියන් ....(පෙ).... ආකිඤ්චඤ්ඤායතන දෙවියන් ....(පෙ).... නේවසඤ්ඤා-නාසඤ්ඤායතන දෙවියන් ....(පෙ).... දකින දේවල් ....(පෙ).... අසන දේවල් ....(පෙ).... නාසයට දැනෙන දේවල්, දිවට දැනෙන දේවල්, කයට දැනෙන දේවල් ....(පෙ).... සිතට සිතෙන දේවල් ....(පෙ).... එක ම ස්වභාවයේ සත්වයන් ....(පෙ).... විවිධාකාර ස්වභාවයේ සත්වයන් ....(පෙ).... නිවන ගැන අවබෝධයෙන් ම තේරුම් ගන්නේ නිවන හැටියට ම යි. මේ විදිහට නිවන ගැන, නිවන හැටියට ම අවබෝධයෙන් තේරුම් ගැනීම නිසා,

1. නිවන ගැන රැවටෙන විදිහේ කිසිම හැඟීමක් ඇතිවෙන්නෙ නෑ.
2. නිවන තුළ 'මම කියල ආත්මයක් තියෙනවා' කියන වැරදි හැඟීම ඇතිවෙන්නෙ නෑ.
3. නිවන තුළින් 'මම කියල ආත්මයක් චුත වෙනවා' කියන වැරදි හැඟීම ඇතිවෙන්නෙ නෑ.
4. නිවන 'මගේ' කියන වැරදි හැඟීම ඇතිවෙන්නෙ නෑ.
5. එතකොට අරහත් වූ, සම්මා සම්බුදු වූ, තථාගතයන් වහන්සේ නිවන 'මම, මගේ, මගේ ආත්මය" කියල සතුටින් පිළිගන්නෙ නෑ.

පින්වත් මහණෙනි, ඇයි තථාගතයන් වහන්සේට එහෙම කරන්න පුළුවන් වුනේ? 'ආශාව තමයි මේ හැම දුකකටම මුල' කියල අවබෝධ කරගැනීමෙන් භවයෙන් තමයි ඉපදීම හැදෙන්නෙ. ඉපදුණු කෙනාට තමයි දිරීම, මරණය තියෙන්නෙ කියලත් අවබෝධ කළා. ඒ නිසා "පින්වත් මහණෙනි, තථාගතයන් වහන්සේ හැම තණ්හාවක් ම ක්ෂය කිරීමෙන්, ඇල්ම දුරු කිරීමෙන්, ඇල්ම නිරුද්ධ කිරීමෙන්, අත්හැරීමෙන්, දුරින්ම දුරු කිරීමෙන්, අනුත්තර වූ සම්මා සම්බුද්ධත්වයට පත්වෙච්ච නිසා කියලයි මේ ගැන කියන්න තියෙන්නෙ."

භාග්‍යවතුන් වහන්සේ මේ දේශනය වදාළා. එහෙත් මෙයට සවන් දුන් ඒ භික්ෂූන් වහන්සේලාට භාග්‍යවතුන් වහන්සේ වදාළ මේ පරම ගම්භීර ධර්ම දේශනය වටහා ගත නොහැකි වූ නිසා මේ දේශනාව සතුටින් පිළිගත්තේ නෑ.

සාදු! සාදු!! සාදු!!!

**හැම දෙයකට ම මුල් වුන දේ ගැන වදාළ දෙසුම නිමා විය.**

# 1.1.2
# සබ්බාසව සූත්‍රය
## හැම ආශ්‍රවයන් ගැන ම වදාළ දෙසුම

**මා** හට අසන්නට ලැබුනේ මේ විදිහටයි. ඒ දවස්වල භාග්‍යවතුන් වහන්සේ වැඩසිටියේ සැවැත් නුවර ජේතවනය නම් වූ අනේපිඬු සිටුතුමාගේ ආරාමයේ. එදා භාග්‍යවතුන් වහන්සේ "පින්වත් මහණෙනි" කියල භික්ෂූන් වහන්සේලා ඇමතුවා. "පින්වතුන් වහන්ස" කියල ඒ භික්ෂූන් වහන්සේලා භාග්‍යවතුන් වහන්සේට පිළිතුරු දුන්නා. ඒ වෙලාවෙ තමයි භාග්‍යවතුන් වහන්සේ මේ දේශනාව වදාළේ.

"පින්වත් මහණෙනි, හැම ආශ්‍රවයන්ම සංවර කරගන්නට උපකාරී වන කරුණු තමයි මා ඔබට දැන් කියා දෙන්නෙ. ඉතින් ඔබ මෙය ඉතා හොඳින් අහගෙන ඉන්න. නුවණින් තේරුම් ගන්න. මා දැන් කියා දෙන්නම්." "එහෙමයි ස්වාමීනී" කියල ඒ භික්ෂූන් වහන්සේලා භාග්‍යවතුන් වහන්සේට පිළිතුරු දුන්නා. ඒ වෙලාවෙ තමයි භාග්‍යවතුන් වහන්සේ මේ දේශනාව වදාළේ.

"පින්වත් මහණෙනි, ආශ්‍රවයන් ක්ෂය කිරීම ගැන මා කියා දෙන්නෙ දැනගන්න කෙනාටත්, දැකගන්න කෙනාටත් විතරයි. එහෙම නැතිව දන්නෙ නැති, දකින්නෙ නැති කෙනාට නෙවෙයි. පින්වත් මහණෙනි, මොකක් දැනගන්න, මොකක් දැකගන්න කෙනාගෙ ද ආශ්‍රවයන් ක්ෂය වෙන්නෙ? යෝනිසෝ මනසිකාරයත්, අයෝනිසෝ මනසිකාරයත් යන දෙක දැනගන්න, දැකගන්න කෙනාගේ තමයි ආශ්‍රවයන් නැති වෙන්නෙ.

පින්වත් මහණෙනි, හට නොගත් ආශ්‍රවයන් පවා අයෝනිසෝ මනසිකාරයෙන් තමයි හටගන්නෙ. හටගෙන තියෙන ආශ්‍රවයනුත් වර්ධනය වෙනවා. එහෙත් යෝනිසෝ මනසිකාරයේ යෙදෙන කෙනා තුළ නූපන් ආශ්‍රවයන් හටගන්නෙත් නෑ. හටගෙන තියෙන ආශ්‍රවයන් පවා නැතිවෙලා යනවා.

පින්වත් මහණෙනි, ආශ්‍රව ජාතියක් තියෙනවා, ඒවා නැති කරන්නට ඕන දර්ශනයෙනුයි. තව ආශ්‍රව ජාතියක් තියෙනවා, ඒවා නැති කරන්නට ඕන සංවර වීමෙනුයි. තව ආශ්‍රව ජාතියක් තියෙනවා, ඒවා නැති කරන්නට ඕන නුවණින් යුක්තව පාවිච්චි කිරීමෙනුයි. තව ආශ්‍රව ජාතියක් තියෙනවා, ඒවා නැති කරන්න ඕන වීරියෙන් යුක්තව ඉවසීමෙනුයි. තව ආශ්‍රව ජාතියක් තියෙනවා, ඒවා නැති කරන්නට ඕන බැහැර කිරීමෙන් ම යි. තව ආශ්‍රව ජාතියක් තියෙනවා, ඒවා නැති කරන්නට ඕන දුරු කිරීමෙන් ම යි. තවත් ආශ්‍රව ජාතියක් තියෙනවා, ඒවා නැති කරන්නට ඕන සමථ විදර්ශනා භාවනාවෙන් ම යි.

### (දර්ශනයෙන් ප්‍රහාණය කළ යුතු ආශ්‍රව)

පින්වත් මහණෙනි, දර්ශනයෙන් නැති කරල දාන්නෙ කොයි ආශ්‍රව ද? පින්වත් මහණෙනි, මේ ගැන කියද්දි, අශ්‍රැතවත් පෘථග්ජනයා ගැනත් දැන ගෙන ඉන්න ඕන. මේ තැනැත්තා ආර්යයන් වහන්සේලා හඳුනන්නෙ නෑ. ආර්ය ධර්මයක් තේරුම් ගන්න දක්ෂත් නෑ. ආර්ය ධර්මයක හික්මෙන්නෙත් නෑ. සත්පුරුෂයන් වහන්සේලා හඳුනන්නෙ නෑ. සත්පුරුෂ ධර්මයක් තේරුම් ගන්න දක්ෂත් නෑ. සත්පුරුෂ ධර්මයක හික්මෙන්නෙත් නෑ.

ඉතින්, මේ අශ්‍රැතවත් පෘථග්ජනයා නුවණින් සිහි කරන්න ඕන මොනවා ද කියල දන්නෙ නෑ. සිහි නොකළ යුත්තේ මොනව ද කියල දන්නෙත් නෑ. මේ විදිහට මේ පුද්ගලයා නුවණින් සිහිකරන්න ඕන දේ දන්නෙ නැති නිසා, සිහිකරන්න හොඳ නැති දේත් දන්නෙ නැති නිසා කරන්නෙ මේකයි. යම් දෙයක් සිහි නොකළ යුතු නම්, ඒක තමයි සිහි කරන්නෙ. හැබැයි යම් දෙයක් සිහි කළ යුතු නම්, ඒක සිහි කරන්නෙ නෑ.

පින්වත් මහණෙනි, සිහි කරන්න හොඳ නැතිවුනත්, අශ්‍රැතවත් පෘථග්ජනයා විසින් සිහි කර කර ඉන්න දේ මොකක් ද?

පින්වත් මහණෙනි, යම් දෙයක් සිහි කරන කොට, නැති කාම ආශ්‍රවයන් පවා උපදිනවා නම්, තියෙන කාම ආශ්‍රවයන් තවත් වැඩි වෙනවා නම්, නැති භවාශ්‍රවයන් පවා උපදිනවා නම්, තියෙන භව ආශ්‍රවයන් තවත් වැඩි වෙනවා නම්, නැති අවිද්‍යා ආශ්‍රවයන් පවා උපදිනවා නම්, තියෙන අවිද්‍යා ආශ්‍රවයන් තවත් වැඩි වෙනවා නම්, අන්න ඒවා තමයි සිහිකරන්න හොඳ නැත්තෙ. නමුත් අශ්‍රැතවත් පෘථග්ජනයා සිහි කරන්නෙ ඒවා ම යි.

පින්වත් මහණෙනි, නුවණින් සිහි කළ යුතු ම වුනත්, අශ්‍රැතවත් පෘථග්ජනයා විසින් සිහි නොකර ඉන්න දේ මොකක් ද?

මජ්ඣිම නිකාය - 1 (මූලපරියාය වර්ගය) (1.2 සබ්බාසව සූත්‍රය) 43

පින්වත් මහණෙනි, යම් දෙයක් නුවණින් සිහි කරන කොට, නූපන් කාම ආශ්‍රවයන් උපදින්නෙ නැත්නම්, තියෙන කාම ආශ්‍රවයනුත් නැතිවෙලා යනවා නම්, නූපන් භවාශ්‍රවයන් උපදින්නෙ නැත්නම්, තියෙන භව ආශ්‍රවයනුත් නැතිවෙලා යනවා නම්, නූපන් අවිද්‍යා ආශ්‍රවයන් උපදින්නෙ නැත්නම්, තියෙන අවිද්‍යා ආශ්‍රවයනුත් නැතිවෙලා යනවා නම්, අන්න ඒවා තමයි නුවණින් සිහිකරන්න ඕන. නමුත් අශ්‍රැතවත් පෘථග්ජනයා විසින් සිහි නොකරන්නෙත් ඒවා ම යි.

ඉතින්, සිහිකරන්න හොඳ නැති දේ සිහි කර කර ඉන්න, නුවණින් සිහි කරන්න ඕන දේ සිහි කරන්නෙ නැති, අශ්‍රැතවත් පෘථග්ජනයාට නූපන් ආශ්‍රවයන් පවා උපදිනවා. තියෙන ආශ්‍රවයන් පවා වැඩි වෙලා යනවා.

ඒ අශ්‍රැතවත් පෘථග්ජනයා අයෝනිසෝ මනසිකාරයේ යෙදෙන්නෙ මෙහෙමයි.

'ඉස්සර මං ඉඳල තියෙනවා ද? ඉස්සර මං ඉඳල නැද්ද? ඉස්සර මං හිටියා නම් කවුරු වෙලා ඉන්න ඇද්ද? ඉස්සර මං හිටියා නම් කොයි විදිහට ඉන්න ඇද්ද? ඉස්සර මං කවුරු කවුරු විදිහට ඉන්න ඇද්ද?

අනාගතේ මං ඉඳීවි ද? අනාගතේ මං ඉන්න එකක් නැද්ද? අනාගතේ මං කවුරු වෙලා ඉඳීවි ද? අනාගතේ මං කොහොම ඉඳීවි ද? අනාගතේ මං කවුරු කවුරු වෙලා ඉඳීවි ද?'

ඒ අශ්‍රැතවත් පෘථග්ජනයාට මේ වර්තමාන කාලෙ පවා තමන් ගැන 'අරක කොහොම ද? මේක කොහොම ද?' කියන ස්වභාවය තමයි තියෙන්නෙ. 'ඇත්තෙන් ම මං ඉන්නවා ද? මං නැද්ද? මං කවුද? මං කොහොම කෙනෙක් ද? ඇත්තෙන් ම මේ සත්වයා ඇවිත් ඉන්නෙ කොහේ ඉඳල ද? ඊට පස්සේ කොහේ යාවි ද?'

පින්වත් මහණෙනි, අශ්‍රැතවත් පෘථග්ජනයා ඔය විදිහට වැරදි පිළිවෙලට හිත හිත ඉන්න නිසා මෙන්න මේ දෘෂ්ටි හයෙන් මොකක් හරි දෘෂ්ටියක් ඔහු තුළ ඇති වෙනවා.

1. අශ්‍රැතවත් පෘථග්ජනයාට 'මට ආත්මයක් තියෙනවා' කියන දෘෂ්ටිය ඇතිවෙනවා. එතකොට ඔහුට හැඟීම් ඇතිවන්නේ ඒක ඇත්තක් වගේ ම යි. ස්ථිර දෙයක් වගේ ම යි.

2. අශ්‍රැතවත් පෘථග්ජනයාට 'මගේ ආත්මය නැති වෙලා යන එකක්' කියන

දෘෂ්ටිය ඇතිවෙනවා. එතකොට ඔහුට හැඟීම් ඇතිවන්නේ ඒක ඇත්තක් වගේ ම යි. ස්ථිර දෙයක් වගේ ම යි.

3. අශ්‍රැතවත් පෘථග්ජනයාට 'ආත්මයකින් තමයි මං ආත්මය හඳුනගන්නෙ' කියන දෘෂ්ටිය ඇතිවෙනවා. එතකොට ඔහුට හැඟීම් ඇතිවන්නේ ඒක ඇත්තක් වගේ ම යි. ස්ථිර දෙයක් වගේ ම යි.

4. අශ්‍රැතවත් පෘථග්ජනයාට 'ආත්ම නොවන දෙය මං හඳුනගන්නෙ ආත්මයක් තුළින්' කියන දෘෂ්ටිය ඇතිවෙනවා. එතකොට ඔහුට හැඟීම් ඇතිවන්නේ ඒක ඇත්තක් වගේ ම යි. ස්ථිර දෙයක් වගේ ම යි.

5. අශ්‍රැතවත් පෘථග්ජනයාට 'මං ආත්මය හඳුනාගන්නෙ අනාත්මයක් තුළින්' කියන දෘෂ්ටිය ඇතිවෙනවා. එතකොට ඔහුට හැඟීම් ඇතිවන්නේ ඒක ඇත්තක් වගේ ම යි. ස්ථිර දෙයක් වගේ ම යි.

6. අශ්‍රැතවත් පෘථග්ජනයාට මේ විදිහේ දෘෂ්ටියකුත් ඇති වෙනවා. 'කතා බස් කරන, සැප දුක් විඳින, ආත්මයක් මා තුළ තියෙනවා. ඒ ඒ තැන හොඳ නරක කර්ම විපාක විඳින්නෙ ඒ ආත්මයෙන් තමයි. ඉතින්, මා තුළ තියෙන ඒ ආත්මය නිත්‍ය එකක්. ස්ථිර එකක්. සාදාකාලික එකක්. වෙනස් නොවන ස්වභාවයෙන් යුක්ත එකක්. හැමදාම එක ම විදිහට තියෙන එකක්' කියලා.

පින්වත් මහණෙනි, මේකට තමයි කියන්නෙ දෘෂ්ටිගත වෙනවා කියල. මේකට තමයි කියන්නෙ දෘෂ්ටිවලට හිර වෙලා යනවා කියල. මේකට තමයි කියන්නෙ දෘෂ්ටි කාන්තාරය කියල. මේකට තමයි කියන්නෙ දෘෂ්ටි හුල කියල. මේකට තමයි කියන්නෙ දෘෂ්ටි කම්පන කියල. මේකට තමයි කියන්නෙ දෘෂ්ටි බන්ධනය කියල.

පින්වත් මහණෙනි, අශ්‍රැතවත් පෘථග්ජනයා මේ විදිහට දෘෂ්ටි බන්ධනයත් එක්ක එකතු වෙලා ඉන්න නිසා ඉපදීමෙන් නිදහස් වෙන්නෙ නෑ. ජරා මරණයෙන් නිදහස් වෙන්නෙ නෑ. ශෝක වලින්, වැළපීම් වලින්, කායික දුක් වලින්, මානසික දුක් වලින්, සුසුම් හෙළීම් වලින් නිදහස් වෙන්නෙ නෑ. ඒ පුද්ගලයා කිසිම දුකකින් නිදහස් වෙන්නෙ නෑ කියලයි කියන්න තියෙන්නෙ.

### (ශ්‍රැතවත් ආර්ය ශ්‍රාවකයා)

පින්වත් මහණෙනි, ශ්‍රැතවත් ආර්ය ශ්‍රාවකයෙක් ඉන්නවා. මොහු ආර්යයන් වහන්සේලාව හඳුනනවා. ආර්ය ධර්මය තේරුම් ගන්න දක්ෂයි. ආර්ය ධර්මයේ හොඳින් හික්මෙනවා. සත්පුරුෂයන් වහන්සේලාව හඳුනනවා. සත්පුරුෂ ධර්මය

තේරුම් ගන්න දක්ෂයි. සත්පුරුෂ ධර්මයේ හොඳින් හික්මෙනවා.

ඉතින් මේ ශ්‍රැතවත් ආර්ය ශ්‍රාවකයා නුවණින් සිහි කරන්න ඕන මොනවා ද කියල දන්නවා. සිහි කරන්න හොඳ නැත්තෙ මොනවා ද කියලත් දන්නවා. මේ විදිහට මේ පුද්ගලයා නුවණින් සිහි කරන්න ඕන දේවල් දන්න නිසා, සිහි කරන්න හොඳ නැති දේවලුත් දන්න නිසා, යම් දෙයක් සිහි කරන්න හොඳ නැත්නම්, ඒ දේ සිහි කරන්නෙ නෑ. යම් දෙයක් සිහි කළ යුතු නම්, ඒ දේ විතරයි සිහි කරන්නෙ.

පින්වත් මහණෙනි, යම් දෙයක් සිහි කරන්නෙ නැත්නම් ඒ සිහිකරන්නට හොඳ නැති දේ මොනවා ද? පින්වත් මහණෙනි, යම් දෙයක් සිහි කරද්දී නූපන් කාම ආශ්‍රවයන් පවා උපදිනවා නම්, තියෙන කාම ආශ්‍රවයන් තවත් වැඩි වෙනවා නම්, නූපන් භවාශ්‍රවයන් පවා උපදිනවා නම්, තියෙන භව ආශ්‍රවයන් තවත් වැඩි වෙනවා නම්, නූපන් අවිද්‍යා ආශ්‍රවයන් පවා උපදිනවා නම්, තියෙන අවිද්‍යා ආශ්‍රවයන් තවත් වැඩි වෙනවා නම්, අන්න ඒවා තමයි සිහි කරන්න හොඳ නැත්තේ. ඒ නිසා ම යි ශ්‍රැතවත් ආර්ය ශ්‍රාවකයා ඒවා සිහි නොකරන්නෙ.

පින්වත් මහණෙනි, යම් දෙයක් සිහි කරනවා නම් එසේ නුවණින් සිහි කරන්න ඕන දේ මොනවා ද?

පින්වත් මහණෙනි, යම් දෙයක් නුවණින් සිහි කරන කොට, නූපන් කාම ආශ්‍රවයන් ඇතිවෙන්නෙ නැත්නම්, තියෙන කාම ආශ්‍රවයනුත් නැති වෙලා යනවා නම්, නූපන් භව ආශ්‍රවයන් ඇතිවෙන්නෙ නැත්නම්, තියෙන භව ආශ්‍රවයනුත් නැතිවෙලා යනවා නම්, නූපන් අවිද්‍යා ආශ්‍රවයන් ඇති වෙන්නෙ නැත්නම්, තියෙන අවිද්‍යා ආශ්‍රවයනුත් නැතිවෙලා යනවා නම්, අන්න ඒවා තමයි නුවණින් සිහි කරන්න ඕන. ශ්‍රැතවත් ආර්ය ශ්‍රාවකයා විසින් සිහි කරන්නෙත් ඒවා ම යි.

මේ විදිහට ශ්‍රැතවත් ආර්ය ශ්‍රාවකයා සිහි කරන්න හොඳ නැති දේ සිහි නොකර සිටින විට, නුවණින් සිහි කරන්න ඕන දේවල් විතරක් සිහි කරන විට, නූපන් ආශ්‍රව උපදින්නෙත් නෑ. තියෙන ආශ්‍රවත් නැතිවෙලා යනවා.

මේ විදිහට ශ්‍රැතවත් ආර්ය ශ්‍රාවකයා 'මේක තමයි දුක' කියල අවබෝධය ඇතිවෙන විදිහට නුවණින් හිතන්න පටන් ගන්නවා. 'මේක තමයි දුක හටගන්න කාරණේ' කියල අවබෝධය ඇතිවෙන විදිහට නුවණින් හිතන්න පටන් ගන්නවා. 'මේක තමයි දුක් නැති වී යාම' කියල අවබෝධය ඇති වෙන විදිහට නුවණින් හිතන්න පටන් ගන්නවා. 'මේක තමයි දුක් නැති වෙලා යන්න හේතු වෙන

වැඩපිළිවෙල' කියල අවබෝධය ඇති වෙන විදිහට නුවණින් හිතන්න පටන් ගන්නවා.

මේ විදිහට අවබෝධය ඇති වෙන අයුරින් නුවණින් හිතන්න පටන් ගත් ඔහු තුළ සසරට බැඳලා තියෙන බන්ධන තුනක් කැඩිල යනවා. සක්කාය දිට්ඨියත්, විචිකිච්ඡාවත්, සීලබ්බත පරාමාසත් කියන මේ තුනයි.

පින්වත් මහණෙනි, දර්ශනයෙන් නැති කරල දාන්න ඕන ආශ්‍රව ජාතියක් තියෙනවා කියල කිව්වෙ මේවටයි.

**(සංවර වීමෙන් නැති කර දැමිය යුතු ආශ්‍රව)**

පින්වත් මහණෙනි, සංවර වීම තුළින් නැති කරල දාන ආශ්‍රව මොනවාද?

පින්වත් මහණෙනි, මගේ ශාසනයට ඇතුළු වෙච්ච භික්ෂුව ඇස නම් වූ ඉන්ද්‍රිය සංවර කරගෙන ඉන්නෙ නුවණින් සළකාගෙන ම යි. පින්වත් මහණෙනි, ඇස නැමති ඉන්ද්‍රිය අසංවරව වාසය කළොත්, ඒ හේතුවෙන් යම් පීඩාකාරී දැවිලි ඇති වෙන ආශ්‍රව හටගන්නවා නම්, ඒ ඇස නැමති ඉන්ද්‍රිය සංවර කරගෙන ඉන්න කොට, ඒ පීඩාකාරී දැවිලි ඇතිවෙන ආශ්‍රව හටගන්නෙ නෑ. භික්ෂුව නුවණින් සලකා ගෙන ම යි, කන නමැති ඉන්ද්‍රිය සංවර කරගෙන ඉන්නෙ ....(පෙ).... නුවණින් සලකා ගෙන ම යි, නාසය නැමැති ඉන්ද්‍රිය සංවර කරගෙන ඉන්නෙ ....(පෙ).... නුවණින් සලකා ගෙන ම යි, දිව නැමැති ඉන්ද්‍රිය සංවර කරගෙන ඉන්නෙ ....(පෙ).... නුවණින් සලකා ගෙන ම යි, කය නැමැති ඉන්ද්‍රිය සංවර කරගෙන ඉන්නෙ ....(පෙ).... නුවණින් සලකා ගෙන ම යි, මනස නැමැති ඉන්ද්‍රිය සංවර කරගෙන ඉන්නේ. පින්වත් මහණෙනි, මනස නැමති ඉන්ද්‍රිය අසංවරව වාසය කළොත්, ඒ හේතුවෙන් යම් පීඩාකාරී දැවිලි ඇතිවෙන ආශ්‍රව හට ගන්නවා නම්, ඒ මනස නැමති ඉන්ද්‍රිය සංවර කරගෙන ඉන්න කොට, ඒ පීඩාකාරී දැවිලි ඇතිවෙන ආශ්‍රව හට ගන්නෙ නෑ.

පින්වත් මහණෙනි, අසංවරව වාසය කරන කෙනෙකුට ඒ හේතුවෙන් පීඩාකාරී දැවිලි ඇතිවෙන ආශ්‍රව හටගන්නා නමුත් සංවරව ඉන්න කෙනෙකුට ඒ හේතුවෙන් පීඩාකාරී දැවිලි ඇතිවෙන ආශ්‍රව හටගන්නේ නෑ.

පින්වත් මහණෙනි, මේවාට තමයි සංවර වීම තුළින් ප්‍රහාණය කළ යුතු ආශ්‍රව කියල කියන්නේ.

**(පාවිච්චියේ දී නුවණින් සළකල නැති කර දැමිය යුතු ආශ්‍රව)**

පින්වත් මහණෙනි, පාවිච්චියේ දී නුවණින් සළකල නැති කර දැමිය යුතු ආශ්‍රව මොනවා ද?

පින්වත් මහණෙනි, මේ ශාසනයෙහි භික්ෂුව සිවුරු පාවිච්චි කරන්නෙත් නුවණින් සළකල ම යි. 'මම මේ සිවුරු පාවිච්චි කරන්නෙ සීතලෙන් වළකින්න ඕන නිසා. උණුසුමින් වළකින්න ඕන නිසා. මැස්සන්ගෙන්, මදුරුවන්ගෙන්, අව්වෙන්, සුළඟින්, සර්පයන්ගෙන් වන කරදර වලින් වළකින්න ඕන නිසා. ලැජ්ජා ඇතිවෙන තැන් වසාගන්න ඕන නිසා' කියල.

පිණ්ඩපාතය වළඳන්නෙත් නුවණින් සළකා ගෙන ම යි. 'මං මේ දානෙ වළඳන්නෙ ඇඟ හදාගෙන සෙල්ලම් කරන්න නොවෙයි. ඇගේ පතේ හයිය පෙන්නන්ටත් නොවෙයි. ශරීරයේ කෙට්ටු තැන් මසින් පුරවගන්නත් නොවෙයි. ලස්සන වෙන්න හිතාගෙනත් නොවෙයි. කය පවත්වා ගන්න විතර ම යි. ජීවත් වෙන්න විතර ම යි. වෙහෙස නැති කරගන්න විතර ම යි. මං මේ ගත කරන උතුම් ජීවිතේට අනුග්‍රහ කරගන්න විතර ම යි. මං මේ දානෙ වළඳලා පරණ බඩගිනි දුක නැති කර ගන්නවා. එතකොට අලුතින් බඩගිනි දුක් ඇතිවෙන්නෙ නෑ. මට පහසුවෙන් ම යහපත් විදිහට ජීවිතේ ගත කරන්න පුළුවනි' කියලා.

කුටියක් පාවිච්චි කරන්නෙත් නුවණින් සළකල ම යි. 'මං මේ කුටියකට ආවෙ සීතලෙන් වළකින්න ඕන නිසා. උණුසුමින් වළකින්න ඕන නිසා, මැස්සන් ගෙන්, මදුරුවන්ගෙන්, අව්වෙන්, සුළඟින්, සර්පයන්ගෙන් වන කරදර වලින් වළකින්න ඕන නිසා. දේශගුණික පීඩා වලින් වළකින්න ඕන නිසා. නිදහසේ බණ භාවනා කරගන්න ඕන නිසා' කියලා.

ගිලන්පස, බේත් හේත් පාවිච්චි කරන්නෙත් නුවණින් සළකල ම යි. 'මං මේ ගිලන්පස පාවිච්චි කරන්නේ ඇගේ පතේ පීඩාවන් නැතිකර ගන්න විතරයි. ලෙඩ දුක් නැති කරගන්න විතරයි. පීඩාවකින් තොරව වාසය කරන්න විතර ම යි' කියලා.

පින්වත් මහණෙනි, යම් දෙයක් පාවිච්චියේ දී නුවණින් සළකන්නෙ නැත්නම්, පීඩාකාරී ප්‍රශ්න හැදෙන ආශ්‍රව හටගන්නවා. පාවිච්චියේ දී නුවණින් සළකනවා නම්, ඒ පීඩාකාරී ප්‍රශ්න හැදෙන ආශ්‍රව හටගන්නෙ නෑ.

පින්වත් මහණෙනි, පාවිච්චියේ දී නුවණින් සළකල නැති කර දැමිය යුතු ආශ්‍රවයන් කියල කිව්වෙ මේවට තමයි.

**(වීරියෙන් යුතුව ඉවසීමෙන් නැති කර දැමිය යුතු ආශ්‍රව)**

පින්වත් මහණෙනි, වීරියෙන් යුක්තව ඉවසීමෙන් නැති කර දැමිය යුත්තේ මොන ආශ්‍රව ද? පින්වත් මහණෙනි, මෙහි භික්ෂුව නුවණින් සළකල වීරිය ඇති කරගෙන ඉවසනවා. භික්ෂුව සීතලත් ඉවසගෙන ඉන්නවා. රස්නෙත් ඉවසගෙන

ඉන්නවා. බඩගින්නත් ඉවසගෙන ඉන්නවා. පිපාසයත් ඉවසගෙන ඉන්නවා. මැස්සන්ගේ කරදරත් ඉවසගෙන ඉන්නවා. මදුරු කරදරත් ඉවසගෙන ඉන්නවා. සර්පයන්ගේ කරදරත් ඉවසගෙන ඉන්නවා. නපුරු වචන වලින් බැණුම් අහන්න ලැබෙන කොට, ඒකත් ඉවසගෙන ඉන්නවා. ගොඩක් දරුණු, කර්කශ, නපුරු, අමිහිරි, අකමැති, මාරාන්තික දුක් වේදනා ශරීර වලට ලැබෙනවා. එතකොටත් ඒ භික්ෂුව නිශ්ශබ්දව ඉවසගෙන ඉන්නවා.

පින්වත් මහණෙනි, නමුත් මේ විදිහට වීරියෙන් යුක්ත වෙලා ඉවසගන්න බැරි වුනොත් අන්න ඒ කෙනාට පීඩාකාරී ප්‍රශ්න හැදෙන ආශ්‍රව හටගන්නවා.

යම් කෙනෙක්, වීරියෙන් යුක්තව මේ විදිහට ඉවසනවා නම්, පීඩාකාරී ප්‍රශ්න හැදෙන ආශ්‍රව හටගන්නෙ නෑ.

පින්වත් මහණෙනි, වීරියෙන් යුක්තව ඉවසීමෙන් නැති කර දැමිය යුතු ආශ්‍රව කියන්නෙ මේවට තමයි.

**(නුවණින් යුක්තව මගහැර යාමෙන් නැති කළ යුතු ආශ්‍රව)**

පින්වත් මහණෙනි, නුවණින් යුක්තව මගහැරල යෑමෙන් නැති කර දැමිය යුතු ආශ්‍රව මොනවා ද?

පින්වත් මහණෙනි, මෙහි භික්ෂුව හොඳට නුවණ පාවිච්චි කරල නපුරු අලියාව මගහැරල යනවා. නපුරු අශ්වයාව මගහැරල යනවා. නපුරු හරකාව මගහැරල යනවා. දරුණු බල්ලාව මගහැරල යනවා. සර්පයන්, කාණු, කටු, ලැහැබ්, හෙළවල්, ප්‍රපාත, අසූචි වළවල්, කුණු වතුර පිරිච්ච වළවල් මගහැරල යනවා.

නොගැලපෙන තැන්වල වාඩිවෙන්න ගියොත්, නොගැලපෙන තැන්වල හැසිරෙන්න ගියොත්, පව්ටු පුද්ගලයන්ගේ ආශ්‍රයට වැටෙන්න ගියොත්, ඒ හේතුවෙන් නුවණැති සබ්‍රහ්මචාරීන් වහන්සේලාගේ ගැරහීමට ලක්වෙනවා නම්, එබඳු වූ වාඩිවීමත්, එබඳු වූ හැසිරීමත්, එබඳු වූ පාප මිත්‍රයාවත් නුවණින් සලකළා ම යි දුරු කරන්නෙ.

පින්වත් මහණෙනි, යම් කෙනෙක් මෙවැනි දේවල් නුවණ පාවිච්චි කරල මගහැරල නොගියොත්, පීඩාකාරී ප්‍රශ්න ඇතිවෙන ආශ්‍රවයන් හටගන්නවා. නමුත් නුවණ පාවිච්චි කරල මේවායින් මගහැරල ගියොත්, ඒ තැනැත්තාට පීඩාකාරී ප්‍රශ්න ඇතිවෙන ආශ්‍රවයන් හටගන්නෙ නෑ.

පින්වත් මහණෙනි, නුවණ පාවිච්චි කරල මගහැරල දැමීමෙන් නැති කර දැමිය යුතු ආශ්‍රව කියල කියන්නෙ මේවාට තමයි.

### (නුවණ පාවිච්චි කරල දුරුකිරීමෙන් නැති කළ යුතු ආශ්‍රව)

පින්වත් මහණෙනි, නුවණ පාවිච්චි කරල දුරු කිරීමෙන් නැතිකර දැමිය යුතු ආශ්‍රව මොනවා ද?

පින්වත් මහණෙනි, මෙහි භික්ෂුව, කාම සිතුවිලි ඇතිවුනා ම ඉවසන්නෙ නෑ. නුවණ පාවිච්චි කරල අත්හරිනවා. දුරු කරනවා. අයින් කරනවා. නැත්තට ම නැති කරනවා. තරහ සිතුවිලි ඇතිවුනා ම ඉවසන්නෙ නෑ. නුවණ පාවිච්චි කරල ඒ තරහ සිතුවිලි අත්හරිනවා. දුරු කරනවා. අයින් කරනවා. නැත්තට ම නැති කරනවා. හිංසා සිතුවිලි ඇති වුනා ම ඉවසන්නෙ නෑ. නුවණ පාවිච්චි කරල ඒ හිංසා සිතුවිලි අත්හරිනවා. දුරු කරනවා. අයින් කරනවා. නැත්තට ම නැති කරනවා. ඇති වෙන සෑම පාපී අකුසලයක් ම ඉවසන්නෙ නෑ. නුවණ පාවිච්චි කරල ඒ පව් සිතුවිලි අත්හරිනවා. දුරු කරනවා. අයින් කරනවා. නැත්තට ම නැති කරනවා.

පින්වත් මහණෙනි, යම් හෙයකින් මේවා නුවණ පාවිච්චි කරල දුරු කළේ නැත්නම්, පීඩාකාරී ප්‍රශ්න හැදෙන ආශ්‍රව හටගන්නවා. මේ විදිහට නුවණ පාවිච්චි කරල ඒවා දුරු කළොත් පීඩාකාරී ප්‍රශ්න හැදෙන ආශ්‍රව හටගන්නෙ නෑ.

පින්වත් මහණෙනි, නුවණ පාවිච්චි කරල දුරු කිරීමෙන් නැති කළ යුතු ආශ්‍රව කිව්වෙ මේවාට යි.

### (සමථ-විදර්ශනා භාවනා තුළින් නැති කළ යුතු ආශ්‍රව)

පින්වත් මහණෙනි, (සමථ-විදර්ශනා) භාවනාවෙන් නැති කර දැමිය යුතු ආශ්‍රව මොනවා ද?

පින්වත් මහණෙනි, මෙහි භික්ෂුව නුවණ පාවිච්චි කරල (සමථ විදර්ශනා තුළින්) සමාධියක් ඇති කරගන්නවා. චිත්ත විවේකයක් ඇති කරගන්නවා. විදර්ශනා ප්‍රඥාවෙන් ලැබෙන අවබෝධය තුළින් විරාගී වෙනවා. තණ්හා නිරෝධයට ම යොමු වෙනවා. නිවනට ම යොමු වෙනවා. ඒ වෙලාවෙ ඔහු බලවත්ව සතිය පවත්වන කොට, වඩන්නෙ සති සම්බොජ්ඣංගය යි. නුවණ පාවිච්චි කරල ....(පෙ).... ත්‍රිලක්ෂණය හොඳට නුවණින් විමසන කොට වඩන්නෙ ධම්මවිචය සම්බොජ්ඣංගය යි. ....(පෙ).... බලවත්ව වීරිය පවත්වන කොට වඩන්නෙ විරිය සම්බොජ්ඣංගය යි ....(පෙ).... ප්‍රීතිය බලවත්ව පවත්වන කොට වඩන්නෙ ප්‍රීති සම්බොජ්ඣංගය යි ....(පෙ)....

කායික මානසික සැහැල්ලුව බලවත්ව පවත්වන කොට වඩන්නෙ පස්සද්ධි සම්බොජ්ඣංගය යි. ....(පෙ).... සමාධිය බලවත්ව පවත්වන කොට වඩන්නෙ සමාධි සම්බොජ්ඣංගය යි. නුවණින් සළකාගෙන ම යි සමාධිය වඩන්නෙ. චිත්ත විවේකයත් ඇති කරගන්නවා. විදර්ශනා ප්‍රඥාවෙන් ලැබෙන අවබෝධය තුළින් විරාගී වෙනවා. තණ්හා නිරෝධයට ම යොමු වෙනවා. නිවනට ම යොමු වෙනවා. ඒ වෙලාවෙ ඔහු බලවත්ව උපේක්ෂාව පවත්වන කොට, වඩන්නෙ උපේක්ෂා සම්බොජ්ඣංගය යි.

පින්වත් මහණෙනි, යම් හෙයකින් බොජ්ඣංග ධර්මයන් භාවනා වශයෙන් වඩන්නෙ නැත්නම් පීඩාකාරී ප්‍රශ්න හැදෙන ආශ්‍රව හටගන්නවා. යම් හෙයකින් බොජ්ඣංග ධර්මයන් භාවනා වශයෙන් වඩනවා නම් පීඩාකාරී ප්‍රශ්න හැදෙන ආශ්‍රව හටගන්නෙ නෑ.

පින්වත් මහණෙනි, (සමථ විදර්ශනා භාවනාව තුළින් දියුණු වන) බොජ්ඣංග භාවනාවෙන් නැතිකර දැමිය යුතු ආශ්‍රව කියන්නෙ මේවාටයි.

පින්වත් මහණෙනි, යම් දවසක භික්ෂුව තුළ යම් ආශ්‍රවයන් දර්ශනය තුළින් නැතිකර දැමිය යුතු නම්, ඒ ආශ්‍රවයන් දර්ශනය තුළින් නැති වෙලා ගිහින් නම්, යම් ආශ්‍රවයන් සංවර වීමෙන් නැති කළ යුතු නම්, සංවර වීමෙන් ඒ ආශ්‍රවයන් ද නැති වෙලා ගිහින් නම්, යම් ආශ්‍රවයන් නුවණින් සළකා පාවිච්චියෙන් නැති කළ යුතු නම්, නුවණින් සලකා පාවිච්චියෙන් ඒ ආශ්‍රවයන් ද නැති වෙලා ගිහින් නම්, යම් ආශ්‍රවයන් වීරියෙන් යුතුව ඉවසීමෙන් නැති කළ යුතු නම්, වීරියෙන් යුතුව ඉවසීමෙන් ඒ ආශ්‍රවයන් ද නැති වෙලා ගිහින් නම්, යම් ආශ්‍රවයන් නුවණින් සළකා මගහැර දැමීමෙන් ප්‍රහාණය කළ යුතු නම්, නුවණින් සළකා මගහැරීමෙන් ඒ ආශ්‍රවයන් ද නැති වෙලා ගිහින් නම්, යම් ආශ්‍රවයන් නුවණින් සළකා දුරු කිරීමෙන් ප්‍රහාණය කළ යුතු නම්, නුවණින් සලකා දුරු කිරීමෙන් ඒ ආශ්‍රවයන් ද නැති වෙලා ගිහින් නම්, යම් ආශ්‍රවයන් බොජ්ඣංග ධර්මයන් දියුණු කිරීමෙන් ප්‍රහාණය කළ යුතු නම්, බොජ්ඣංග ධර්මයන් දියුණු කිරීමෙන් ඒ ආශ්‍රවයන් ද ප්‍රහාණය වෙලා ගිහින් නම්,

පින්වත් මහණෙනි, අන්න ඒ භික්ෂුවටයි කියන්නෙ සියලු ආකාරයේ ආශ්‍රවයන්ගෙන් සංවර වූ කෙනා කියලා. තෘෂ්ණාව සිඳ දැම්ම කෙනා කියලා. හැම බන්ධනයක් ම ඉක්ම ගිය කෙනා කියලා. මාන්නය යනු මොකක් ද කියල පරිපූර්ණ වශයෙන් ම අවබෝධ කර ගෙන සියලු දුක් නිමාවට පත් කළ කෙනා කියලා.

භාග්‍යවතුන් වහන්සේ මේ උතුම් දේශනය වදාළා. ඒ දේශනය ගැන ඒ භික්ෂූන් වහන්සේලා ගොඩක් සතුටු වුනා. භාග්‍යවතුන් වහන්සේ වදාළ මේ දේශනය සතුටින් පිළිගත්තා.

සාදු! සාදු!! සාදු!!!

**හැම ආශ්‍රවයන් ගැන ම වදාළ දෙසුම නිමා විය.**

# 1.1.3.
# ධම්මදායාද සූත්‍රය
## ශ්‍රී සද්ධර්මය දායාද කර ගැනීම පිළිබඳව වදාළ දෙසුම

**මා** හට අසන්නට ලැබුනේ මේ විදිහට යි. ඒ දවස්වල භාග්‍යවත් බුදුරජාණන් වහන්සේ වැඩසිටියේ සැවැත් නුවර ජේතවනය නම් වූ අනේපිඬු සිටුතුමාගේ ආරාමයේ. එදා භාග්‍යවතුන් වහන්සේ "පින්වත් මහණෙනි" කියල භික්ෂූන් වහන්සේලාව ඇමතුවා. "පින්වතුන් වහන්ස" කියල ඒ භික්ෂූන් වහන්සේලා භාග්‍යවතුන් වහන්සේට පිළිතුරු දුන්නා. ඒ වෙලාවෙ තමයි භාග්‍යවතුන් වහන්සේ මේ දේශනාව වදාළේ.

"පින්වත් මහණෙනි, මා විසින් මනාකොට පවසන ලද මේ සද්ධර්මයේ සැබෑ හිමිකරුවන් වෙන්න! ලාභ සත්කාර, කීර්ති ප්‍රශංසා ආදී ආමිසයට හිමිකරුවන් වෙන්න එපා! මා තුළ ඔබ කෙරෙහි මහත් අනුකම්පාවක් තියෙනවා. 'ඇත්තෙන් ම මාගේ ශ්‍රාවකයන් මේ සද්ධර්මයට ම සැබෑ උරුමක්කාරයන් වෙනවා නම්, ලාභ සත්කාර, කීර්ති ප්‍රශංසා ආදී ආමිසයට උරුමක්කාරයන් නො වෙනවා නම් කොතරම් හොඳ ද' කියලා.

පින්වත් මහණෙනි, ඔබ උරුම කරගන්නේ ලාභ සත්කාර, කීර්ති ප්‍රශංසා ආදී ආමිසය නම්, ඔබ සද්ධර්මයේ සැබෑ උරුමක්කාරයන් වෙන්නෙ නැත්නම්, ඒ තුළින් ඔබත් නින්දාවට පත්වෙනවා. එනම් 'ශාස්තෘන් වහන්සේගේ ශ්‍රාවකයෝ ඉන්නේ ලාභ සත්කාර, කීර්ති ප්‍රශංසා ආදී ආමිසය උරුම කරගෙනයි. ඒ උදවියට සද්ධර්මයේ උරුමක්කාරකමක් නැහැ' කියලා.

එහෙම වුණෝතින් මට පවා නින්දා විඳින්නට සිදුවෙනවා. 'ශාස්තෘන් වහන්සේගේ ශ්‍රාවකයෝ ලාභ සත්කාර, කීර්ති ප්‍රශංසා ආදී ආමිසය විතරයි උරුම කරගෙන ඉන්නේ. ඔවුන්ට සද්ධර්මය උරුම කරගන්න වාසනාවක් නැහැ' කියලා.

පින්වත් මහණෙනි, ඇත්තෙන් ම ඔබ, මා විසින් මනාකොට කියා දීපු මේ සද්ධර්ම දායාදය උරුම කරගත්තොත්, ලාභ සත්කාර, කීර්ති ප්‍රශංසා ආදී ආමිසය උරුම නොකරගත්තොත්, ඔබටත් ඒ නිසා නින්දා විඳින්නට සිදුවෙන්නේ නෑ. 'ශාස්තෘන් වහන්සේගේ ශ්‍රාවකයෝ පවා සැබෑ ම උරුමක්කාරයන්ව සිටින්නේ සද්ධර්මයට ම යි. ලාභ සත්කාර, කීර්ති ප්‍රශංසා ආදී ආමිසයට නොවේ' කියල. ඒ හේතුවෙන් මට පවා නින්දා විඳින්නට සිදුවෙන්නෙ නෑ. 'ශාස්තෘන් වහන්සේගේ ශ්‍රාවකයොත් සැබෑ ම උරුමක්කාරයන්ව සිටින්නේ සද්ධර්මයට ම යි. ලාභ සත්කාර, කීර්ති ප්‍රශංසා ආදී ආමිසයට නොවේ' කියල.

ඒ නිසා පින්වත් මහණෙනි, සද්ධර්මයේ සැබෑ උරුමක්කාරයන් වෙන්න! ලාභ සත්කාර, කීර්ති ප්‍රශංසා ආදී ආමිසය උරුම කරගන්න එපා! මා තුළ ඔබ කෙරෙහි මහත් අනුකම්පාවක් තියෙනවා. 'ඇත්තෙන් ම මාගේ ශ්‍රාවකයන් මේ සද්ධර්මයට ම සැබෑ උරුමක්කාරයන් වෙනවා නම්, ලාභ සත්කාර, කීර්ති ප්‍රශංසා ආදී ආමිසයට උරුමක්කාරයන් නොවෙනවා නම් කොතරම් හොඳ ද' කියල.

පින්වත් මහණෙනි, මේ කරුණ ගැන තේරුම් ගත යුත්තේ මෙහෙමයි. මං දන් වළඳා අවසන් වුන වෙලාවක, මං ඇති වනතුරු හොඳට වළඳා, වැළඳීම අවසන් කරලා, වැළඳීම සම්පූර්ණ කරලා, බඩගිනි රහිතව, සම්පූර්ණයෙන් ම සුවපත් වෙලා ඉන්න වෙලාවක් කියලා හිතන්න. මගේ පිණ්ඩපාතයෙන් කොටසක් අහක දමන්න ඉතිරි වෙලත් තිබෙනවා කියල හිතන්න. ඒ වෙලාවෙ භික්ෂූන් දෙනමක් මං සමීපයට එනවා. දෙන්නම කුසගින්නෙන් පීඩාවට පත් වෙලා දුර්වල වෙලා ඉන්නෙ. ඉතින් මං ඒ භික්ෂූන්ට මෙහෙම කියනවා. 'පින්වත් මහණෙනි, මං ඇති වනතුරු වළඳලා ඉන්නෙ. වැළඳීම අවසන් කරලා, වැළඳීම සම්පූර්ණ කරලා, බඩගිනි රහිත වෙලා, සම්පූර්ණයෙන් ම සුවපත් වෙලයි ඉන්නෙ. මගේ පිණ්ඩපාතයෙන් කොටසකුත් අහක දමන්න ඉතිරි වෙලා තිබෙනවා. ඉතින් ඔබ කැමති නම් වළඳන්න. ඉතින් ඔබ වළඳන්නෙ නැතිනම්, මං මේක තණකොළ රහිත බිමක දානවා. එහෙමත් නැතිනම් පණුවන් රහිත වතුරක පා කර හරිනවා.

එතකොට ඒ භික්ෂූන්ගෙන් එක භික්ෂුවකට මෙහෙම හිතෙන්න පුළුවනි. 'භාග්‍යවතුන් වහන්සේත්, ඇති තරම් වළඳලයි වැඩඉන්නෙ. වැළඳීම අවසන් කරලා, වැළඳීම සම්පූර්ණ කරලා, බඩගිනි රහිත වෙලා, සම්පූර්ණයෙන් ම සුවපත් වෙලයි වැඩඉන්නෙ. භාග්‍යවතුන් වහන්සේගේ පිණ්ඩපාතයෙන් කොටසක් අහක දමන්න ඉතිරි වෙලත් තියෙනවා. ඉතින් අපි වළඳන්නෙ නැත්නම්, දැන් භාග්‍යවතුන් වහන්සේ ඒ දානෙ ටික තණකොළ නැති බිමක දමාවි. එහෙම නැත්නම්, පණුවන් නැති වතුරක පා කර යවාවි' කියල.

නමුත් භාග්‍යවතුන් වහන්සේ අපට මේ විදිහටයි වදාරලා තියෙන්නේ. 'පින්වත් මහණෙනි, සද්ධර්මයේ සැබෑ උරුමක්කාරයන් වෙන්න. ලාභ සත්කාර, කීර්ති ප්‍රශංසා ආදී ආමිසය උරුම කරගන්න එපා' කියලා. ඉතින් මේ පිණ්ඩපාතෙ කියල කියන්නෙත් එක්තරා ආමිසයක්. ඒ නිසා මේ දානෙ ටික වළඳන්නෙ නැතිව, කුසගින්නෙන් ඇති වෙච්ච දුර්වලතාව ඉවසගෙන මං මේ රෑ දවල් දෙක ගෙවන එක තමයි හොඳ. එහෙම හිතලා ඒ භික්ෂුව ඒ දානෙ ටික වළඳන්නෙ නැතිව, කුසගින්නෙන් ඇතිවෙච්ච දුර්වලකමින් ම ඒ රෑ දවල් දෙක ගෙවල දානවා.

ඒ වුණාට දෙවෙනි භික්ෂුවට මෙහෙම හිතෙනවා. 'භාග්‍යවතුන් වහන්සේත් ඇති තරම් වළඳලයි වැඩඉන්නෙ. වැළඳීම අවසන් කරලා, වැළඳීම සම්පූර්ණ කරලා, බඩගිනි රහිත වෙලා, සම්පූර්ණයෙන් ම සුවපත් වෙලයි වැඩඉන්නෙ. භාග්‍යවතුන් වහන්සේගේ පිණ්ඩපාතයෙන් කොටසක් අහක දමන්නටත් ඉතිරි වෙලා තියෙනවා. ඉතින් අපි වළඳන්නෙ නැත්නම්, දැන් භාග්‍යවතුන් වහන්සේ ඒ දානෙ ටික තණකොළ නැති බිමක දමාවි. එහෙම නැත්නම් පණුවන් නැති වතුරක පා කර යවාවි. ඒ නිසා මේ දානෙ ටික මම වළඳන එක තමයි හොඳ. එතකොට බඩගින්නෙන් ඇතිවෙච්ච දුර්වලකම නැතිකරගෙන මේ රෑ දවල් ගෙවා දමන්නට පුළුවනි.' ඉතින් ඒ භික්ෂුව ඒ දානෙ ටික වළඳල බඩගින්නෙන් ඇතිවෙච්ච දුර්වලකම නැති කරගෙන ඒ රෑ දවල් ගෙවා දමනවා.

පින්වත් මහණෙනි, දානෙ ටික වළඳලා බඩගින්නෙන් ඇතිවෙච්ච දුර්වලකම නැති කරගෙන ඒ රෑ දවල් ගෙවා දැමූ භික්ෂුවට වඩා, මම ප්‍රශංසා කරන්නෙ අර කලින් භික්ෂුවටයි. එයා තමයි වඩාත්ම පිදිය යුතු කෙනා. වඩාත්ම ප්‍රශංසා ලැබිය යුතු කෙනා. ඇයි මම එහෙම කියන්නෙ? පින්වත් මහණෙනි, ආශාවන් අඩුවෙන්, ලද දෙයින් සතුටු වෙමින්, කෙලෙස් ඉවත් කරමින්, පහසුවෙන් යැපීමටත්, වීර්යය දියුණු කරගැනීමටත් ඒ භික්ෂුවට සෑහෙන කාලෙකට ඒ කාරණය ගොඩාක් උපකාර වෙනවා.

ඒ නිසා පින්වත් මහණෙනි, මේ සද්ධර්මයේ සැබෑ හිමිකරුවන් වෙන්න! ලාභ සත්කාර, කීර්ති ප්‍රශංසා ආදී ආමිසයට හිමිකරුවන් වෙන්න එපා! මා තුළ ඔබ කෙරෙහි මහත් අනුකම්පාවක් තියෙනවා. 'ඇත්තෙන් ම මාගේ ශ්‍රාවකයන් මේ සද්ධර්මයට ම සැබෑ උරුමක්කාරයන් වෙනවා නම්, ලාභ සත්කාර, කීර්ති ප්‍රශංසා ආදී ආමිසයට උරුමක්කාරයන් නොවෙනවා නම් කොතරම් හොඳ ද' කියල."

භාග්‍යවතුන් වහන්සේ ඔය දේශනය වදාළා. ඊට පස්සේ සුගතයන් වහන්සේ ආසනයෙන් නැගිටලා කුටියට වැඩම කළා.

භාග්‍යවතුන් වහන්සේ කුටියට වැඩම කොට ස්වල්ප වෙලාවකට පසු ආයුෂ්මත් සාරිපුත්තයන් වහන්සේ "ප්‍රිය ආයුෂ්මත් මහණෙනි" යි කියල භික්ෂුසංඝයා ඇමතුවා. ඒ භික්ෂු පිරිස ද "ප්‍රිය ආයුෂ්මතුන් වහන්ස" කියල පිළිතුරු දුන්නා. එවිට ආයුෂ්මත් සාරිපුත්තයන් වහන්සේ මේ දේශනය වදාළා.

"ප්‍රිය ආයුෂ්මතුනි, ශාස්තෘන් වහන්සේ හුදෙකලාවේ සදහම් සුවයෙන් වැඩඉන්න කොට, කොයි කැරුණු නිසා ද ශ්‍රාවක පිරිස ඒ ආකාරයෙන් සදහම් සුවයක් පිණිස හික්මෙන්නේ නැත්තේ?

ඒ වගේ ම ශාස්තෘන් වහන්සේ හුදෙකලාවේ සදහම් සුවයෙන් වැඩඉන්න කොට, කොයි කරුණු නිසා ද ශ්‍රාවකයන් ඒ සදහම් සුවය පිණිස හික්මෙන්නේ?"

"ප්‍රිය ආයුෂ්මතුනි, කොතරම් දුරක් ගෙවා ගෙන නමුත් ආයුෂ්මත් සාරිපුත්තයන් ළඟට ඔය ප්‍රකාශ කළ කරුණෙහි අර්ථය දැනගන්න අපි එන්න සූදානම්. ඒ නිසා, ඔය පැවසූ කරුණේ තේරුම ආයුෂ්මත් සාරිපුත්තයන්ට ම වැටහෙන සේක්වා! ආයුෂ්මත් සාරිපුත්තයන්ගෙන් අසාගෙන මේ භික්ෂු පිරිස මතක තබාගන්නට කැමතියි."

"එහෙම නම් ප්‍රිය ආයුෂ්මතුනි, මනාකොට සවන් දෙන්න. නුවණින් තේරුම් ගන්න. මා කියා දෙන්නම්.

"එහෙමයි ප්‍රිය ආයුෂ්මතුනි" කියලා ඒ භික්ෂු පිරිස ආයුෂ්මත් සාරිපුත්තයන් වහන්සේ හට පිළිතුරු දුන්නා. එතකොට ආයුෂ්මත් සාරිපුත්තයන් වහන්සේ මේ කරුණ වදාළා.

ප්‍රිය ආයුෂ්මතුනි, ශාස්තෘන් වහන්සේ හුදෙකලාවේ සදහම් සුවයෙන් වැඩසිටිද්දී, ශ්‍රාවකයෝ ඒ ආකාර වූ සදහම් සුවයක් පිණිස නොහික්මෙන්නේ කුමන කරුණු මත ද?

ප්‍රිය ආයුෂ්මතුනි, මේ ශාසනයෙහි අපගේ ශාස්තෘන් වහන්සේ උතුම් විවේකයෙන් වැඩසිටිද්දී ශ්‍රාවකයන් විවේකය පිණිස හික්මෙන්නෙ නෑ. අපගේ ශාස්තෘන් වහන්සේ යම් යම් දේවල් පිළිබඳව ප්‍රහාණය කිරීම ගැන වදාරලා තියෙනවා නම්, ඒ දේවල් ප්‍රහාණය කරන්නේ නෑ. ඔවුන් සිව්පසය ම ගොඩගහගන්නවා. ධර්මයේ වටිනාකම හැල්ලු කරගන්නවා. චිත්ත දියුණුවට බාධක කරුණු පෙරටු කරගෙන ඉන්නවා. සදහම් සුවයෙන් සිටින එක සිතින් අත්හරිනවා. ප්‍රිය ආයුෂ්මතුනි, අන්න එවිටයි මහ තෙරුන් වහන්සේලාව කරුණු තුනකින් ගර්හාවට ලක්වන්නේ.

01. 'ශාස්තෘන් වහන්සේ හුදෙකලාවේ සදහම් සුවයෙන් වැඩසිටිද්දී, මේ මහ තෙරුන් වහන්සේලා සදහම් සුවයක් පිණිස පුහුණු වෙන්නේ නැහැ නොවේ ද' යි කියා මේ පළමු කරුණින් මහ තෙරුන් වහන්සේලා ගර්හාවට ලක්වෙනවා.

02. 'ශාස්තෘන් වහන්සේ ප්‍රහාණය කළ යුතු දේවල් මනාකොට පෙන්වා දී තිබෙද්දීත්, මේ මහ තෙරුන් වහන්සේලා ඒවා ප්‍රහාණය කරන්නෙ නැහැ නොවේ ද' යි කියා මේ දෙවෙනි කරුණිනුත් මහ තෙරුන් වහන්සේලා ගර්හාවට ලක්වෙනවා.

03. 'මේ උදවිය සිව්පසය ම ගොඩ ගහගන්නවා. ධර්මයේ වටිනාකම හැල්ලු කරගන්නවා. චිත්ත දියුණුවට බාධක කරුණු පෙරටු කරගෙන ඉන්නවා. සදහම් සුවයෙන් ඉන්න එක සිතින් අත්හැරල දාල ඉන්නවා නොවේ ද' යි කියා මේ තුන්වෙනි කරුණිනුත් මහ තෙරුන් වහන්සේලා ගර්හාවට ලක්වෙනවා.

ප්‍රිය ආයුෂ්මතුනි, මේ විදිහට මහ තෙරුන් වහන්සේලා කරුණු තුනකින් ගර්හාවට පත්වෙනවා.

ප්‍රිය ආයුෂ්මතුනි, ඔය ආකාරයෙන් ම සසුන් ගත වී තරමක කාලයක් ගෙවුන මධ්‍යම භික්ෂූන් ද කරුණු තුනකින් ගර්හාවට පත්වෙනවා.

01. 'ශාස්තෘන් වහන්සේ හුදෙකලාවේ සදහම් සුවයෙන් වැඩසිටිද්දී, සසුන් ගත වී තරමක කාලයක් ගෙවුන මේ මධ්‍යම භික්ෂූන් වහන්සේලා සදහම් සුවයක් පිණිස පුහුණු වෙන්නේ නැහැ නොවේ ද' යි කියා මේ පළමු කරුණින් මධ්‍යම භික්ෂූන් වහන්සේලා ගර්හාවට ලක්වෙනවා.

02. 'ශාස්තෘන් වහන්සේ ප්‍රහාණය කළ යුතු දේවල් මනාකොට පෙන්වා දී තිබෙද්දීත්, මේ මධ්‍යම භික්ෂූන් වහන්සේලා ඒවා ප්‍රහාණය කරන්නෙ නැහැ නොවේ ද' යි කියා මේ දෙවෙනි කරුණිනුත් මධ්‍යම භික්ෂූන් වහන්සේලා ගර්හාවට ලක්වෙනවා.

03. 'මේ උදවිය සිව්පසය ම ගොඩ ගහගන්නවා. ධර්මයේ වටිනාකම හැල්ලු කරගන්නවා. චිත්ත දියුණුවට බාධක කරුණු පෙරටු කරගෙන ඉන්නවා. සදහම් සුවයෙන් ඉන්න එක සිතින් අත්හැරල දාල ඉන්නව නොවේ ද' යි කියා මේ තුන්වෙනි කරුණිනුත් මධ්‍යම භික්ෂූන් වහන්සේලා ගර්හාවට ලක්වෙනවා.

ප්‍රිය ආයුෂ්මතුනි, මේ විදිහට මධ්‍යම භික්ෂූන් වහන්සේලා කරුණු තුනකින් ගර්හාවට පත්වෙනවා.

ප්‍රිය ආයුෂ්මතුනි, ඔය ආකාරයෙන් ම අලුතින් සසුන් ගත වූ නවක භික්ෂූන් ද කරුණු තුනකින් ගර්හාවට පත්වෙනවා.

01. 'ශාස්තෘන් වහන්සේ හුදෙකලාවේ සදහම් සුවයෙන් වැඩසිටිද්දී, මේ නවක පැවිද්දෝ එබඳු වූ සදහම් සුවයක් පිණිස පුහුණු වෙන්නේ නැහැ නොවේ ද' යි කියා මේ පළමු කරුණින් නවක පැවිද්දෝ ගර්හාවට ලක්වෙනවා.

02. 'ශාස්තෘන් වහන්සේ ප්‍රහාණය කළ යුතු දේවල් මනාකොට පෙන්වා දී තිබෙද්දීත්, මේ නවක පැවිද්දෝ ඒවා ප්‍රහාණය කරන්නෙ නැහැ නොවේ ද' යි කියා මේ දෙවෙනි කරුණිනුත් නවක පැවිද්දන් ගර්හාවට ලක්වෙනවා.

03. 'මේ උදවිය සිව්පසය ම ගොඩ ගහගන්නවා. ධර්මයේ වටිනාකම හැල්ලු කරගන්නවා. චිත්ත දියුණුවට බාධක කරුණු පෙරටු කරගෙන ඉන්නවා. සදහම් සුවයෙන් ඉන්න එක සිතින් අත්හැරල දාල ඉන්නවා නොවේ ද' යි කියා මේ තුන්වෙනි කරුණිනුත් නවක පැවිද්දන් ගර්හාවට ලක්වෙනවා.

ප්‍රිය ආයුෂ්මතුනි, මේ විදිහට නවක පැවිද්දනුත් කරුණු තුනකින් ගර්හාවට පත්වෙනවා.

ප්‍රිය ආයුෂ්මතුනි, ශාස්තෘන් වහන්සේ හුදෙකලාවේ සදහම් සුවයෙන් වැඩසිටිද්දී, ශ්‍රාවක පැවිද්දෝ එබඳු ම සදහම් සුවයක් පිණිස නොහික්මෙන්නේ ඔන්න ඔය ආකාරයට යි.

ප්‍රිය ආයුෂ්මතුනි, ශාස්තෘන් වහන්සේ හුදෙකලාවේ සදහම් සුවයෙන් වැඩසිටිද්දී, ශ්‍රාවකයෝ ඒ ආකාර වූ සදහම් සුවයක් පිණිස පුහුණු වෙන්නේ කුමන කරුණු මත ද? ප්‍රිය ආයුෂ්මතුනි, ශාස්තෘන් වහන්සේ හුදෙකලාවේ සදහම් සුවයෙන් වැඩසිටිද්දී, පැවිදි ශ්‍රාවකයන් ද ඒ ආකාර වූ සදහම් සුවයක් පිණිස පුහුණු වෙන්නේ මෙන්න මෙහෙමයි. ශාස්තෘන් වහන්සේ ප්‍රහාණය කළ යුතු දේ ගැන කියල දීල තියෙනවා. ඉතින්, ශ්‍රාවකයෝ ඒවා ප්‍රහාණය කරදමනවා. සිව්පසය ගොඩ ගහගන්නෙ නෑ. ධර්මයේ වටිනාකම හැල්ලු කරන්නෙ නෑ. චිත්ත දියුණුවට බාධක කරුණු අතහැරල දානවා. සදහම් සුවයෙන් සිටින එක ම පෙරටු කරගන්නවා.

ප්‍රිය ආයුෂ්මතුනි, එවිට මහ තෙරුන් වහන්සේලාව කරුණු තුනකින් ප්‍රශංසා ලබනවා.

01. 'ශාස්තෘන් වහන්සේ හුදෙකලාවේ සදහම් සුවයෙන් වැඩසිටිද්දී, මහ තෙරුන් වහන්සේලාත් එබඳු ම සදහම් සුවයක් පිණිස හික්මෙනවා නොවේ ද' යි කියා මේ පළමු ප්‍රශංසාවට ලක්වෙනවා.

02. 'ශාස්තෘන් වහන්සේ ප්‍රහාණය කළ යුතු දේ මනාකොට පෙන්වා දීල තියෙනවා, මහ තෙරුන් වහන්සේලාත් ඒවා ප්‍රහාණය කොට වැඩසිටිනවා නොවේ ද' යි කියා මේ දෙවෙනි ප්‍රශංසාවට ලක්වෙනවා.

03. 'මහ තෙරුන් වහන්සේලා සිව්පසය ගොඩ ගහගන්නෙ නෑ. ධර්මයේ වටිනාකම හැල්ලු කරන්නෙ නෑ. චිත්ත දියුණුවට බාධක කරුණු අතහැර දාල යි ඉන්නෙ. සදහම් සුවයෙන් සිටීම ම මුල් කරගෙනයි ඉන්නෙ' කියල මේ තුන්වෙනි ප්‍රශංසාවට පත්වෙනවා.

ප්‍රිය ආයුෂ්මතුනි, මේ විදිහට මහ තෙරුන් වහන්සේලා කරුණු තුනකින් ප්‍රශංසාව ලබනවා.

ප්‍රිය ආයුෂ්මතුනි, ඔය ආකාරයෙන් ම සසුන් ගත වී තරමක කාලයක් ගෙවුණු මධ්‍යම භික්ෂූන් ද කරුණු තුනකින් ප්‍රශංසා ලබනවා.

01. 'ශාස්තෘන් වහන්සේ හුදෙකලාවේ සදහම් සුවයෙන් වැඩසිටිද්දී, සසුන් ගත වී තරමක කාලයක් ගෙවුණු මධ්‍යම භික්ෂූන් වහන්සේලාත් එබඳු ම සදහම් සුවයක් පිණිස හික්මෙනවා නොවේ ද' යි කියා මේ පළමු ප්‍රශංසාවට ලක්වෙනවා.

02. 'ශාස්තෘන් වහන්සේ ප්‍රහාණය කළ යුතු දේවල් මනාකොට පෙන්වා දීල තියෙනවා, මේ සසුන් ගත වී තරමක කාලයක් ගෙවුණු මධ්‍යම භික්ෂූන් වහන්සේලාත් ඒවා ප්‍රහාණය කොට වැඩසිටිනවා නොවේ ද' යි කියා මේ දෙවෙනි ප්‍රශංසාවට ලක්වෙනවා.

03. 'සසුන් ගත වී තරමක කාලයක් ගෙවුණු මධ්‍යම භික්ෂූන් වහන්සේලා සිව්පසය ගොඩ ගහගන්නෙ නෑ. ධර්මයේ වටිනාකම හැල්ලු කරන්නෙ නෑ. චිත්ත දියුණුවට බාධක කරුණු අතහැර දාල යි ඉන්නෙ. සදහම් සුවයෙන් සිටීම ම මුල් කරගෙනයි ඉන්නෙ' කියල මේ තුන්වෙනි ප්‍රශංසාවට ලක්වෙනවා.

ප්‍රිය ආයුෂ්මතුනි, මේ විදිහට සසුන් ගත වී තරමක කාලයක් ගෙවුණු මධ්‍යම භික්ෂූන් වහන්සේලා කරුණු තුනකින් ප්‍රශංසාවට පත් වෙනවා.

ප්‍රිය ආයුෂ්මතුනි, ඔය ආකාරයෙන් ම අලුතින් සසුන් ගත වුන මේ නවක භික්ෂූන් ද කරුණු තුනකින් ප්‍රශංසාවට ලක්වෙනවා.

මජ්ඣිම නිකාය - 1 (මූලපරියාය වර්ගය) (1.3 ධම්මදායාද සූත්‍රය) 59

01. 'ශාස්තෘන් වහන්සේ හුදෙකලාවේ සදහම් සුවයෙන් වැඩසිටිද්දී, මේ නවක පැවිද්දන් ද එබඳු ම සදහම් සුවයක් පිණිස හික්මෙනවා නොවේ ද' යි කියා මේ පළමු ප්‍රශංසාවට ලක්වෙනවා.

02. 'ශාස්තෘන් වහන්සේ ප්‍රහාණය කළ යුතු දේවල් මනාකොට පෙන්වා දීල තියෙනවා, මේ නවක පැවිද්දන් ද ඒවා ප්‍රහාණය කර දමනවා නොවේ ද' යි කියා මේ දෙවෙනි ප්‍රශංසාවට ලක්වෙනවා.

03. 'මේ නවක පැවිද්දන් ද සිව්පසය ගොඩ ගහගන්නෙ නෑ. ධර්මයේ වටිනාකම හැල්ලු කරන්නෙ නෑ. චිත්ත දියුණුවට බාධක කරුණු අතහැර දාලයි ඉන්නෙ. සදහම් සුවයෙන් සිටීම ම මුල් කරගෙන යි ඉන්නෙ' කියල මේ තුන්වෙනි ප්‍රශංසාවට ලක්වෙනවා.

ප්‍රිය ආයුෂ්මතුනි, මේ විදිහට නවක භික්ෂූන් වහන්සේලා කරුණු තුනකින් ප්‍රශංසාවට පත්වෙනවා.

ප්‍රිය ආයුෂ්මතුනි, ශාස්තෘන් වහන්සේ හුදෙකලාවේ සදහම් සුවයෙන් වැඩ සිටිද්දී, ශ්‍රාවක පැවිද්දන් ද ඒ ආකාර වූ සදහම් සුවයක් පිණිස හික්මෙන්නේ ඔන්න ඔය විදිහට යි.

ප්‍රිය ආයුෂ්මතුනි, මේ ගැන කියන විට, ලෝභය ද පාපී දෙයකි. ද්වේෂය ද පාපී දෙයකි. මේ ලෝභයත්, ද්වේෂයත් ප්‍රහාණය කිරීම පිණිස යි මේ මධ්‍යම ප්‍රතිපදාව තියෙන්නෙ. මේ මධ්‍යම ප්‍රතිපදාව දහම් ඇස ලබාදෙනවා. නුවණ ලබාදෙනවා. සංසිඳීම ලබාදෙනවා. සුවිශේෂ ඥාණය ලබාදෙනවා. ආර්ය සත්‍ය අවබෝධය ලබාදෙනවා. අමා නිවන පිණිස පවතිනවා. ප්‍රිය ආයුෂ්මතුනි, එසේ සදහම් ඇස් ලබාදෙන, නුවණ ලබාදෙන, සංසිඳීම ඇති කරදෙන, විශිෂ්ට ඥාණය ලබාදෙන, ආර්ය සත්‍යාවබෝධය ඇති කරදෙන, නිවන පිණිස පවතින, ඒ මධ්‍යම ප්‍රතිපදාව කියන්නෙ කුමක් ද? ඒ මේ ආර්ය අෂ්ටාංගික මාර්ගය ම යි. එනම්; සම්මා දිට්ඨි, සම්මා සංකප්ප, සම්මා වාචා, සම්මා කම්මන්ත, සම්මා ආජීව, සම්මා වායාම, සම්මා සති, සම්මා සමාධි යන මෙය යි. ප්‍රිය ආයුෂ්මතුනි, සදහම් ඇස් ලබාදෙන, නුවණ ලබාදෙන, සංසිඳීම ඇති කරදෙන, විශිෂ්ට ඥාණය ලබාදෙන, ආර්ය සත්‍යාවබෝධය ඇති කරදෙන, නිවන පිණිස පවතින්නා වූ ඒ මධ්‍යම ප්‍රතිපදාව කියන්නෙ මේ ආර්ය අෂ්ටාංගික මාර්ගයටයි.

ප්‍රිය ආයුෂ්මතුනි, මේ ගැන කියන විට, ක්‍රෝධය ද පාපී දෙයකි. බද්ධ වෛරය ද පාපී දෙයකි. ....(පෙ).... ඇති ගුණ මැකීම ද පාපී දෙයකි. එකට

එක කිරීම ද පාපී දෙයකි. ....(පෙ).... ඊර්ෂ්‍යාව ද පාපී දෙයකි. තමාගේ දෙයක් තවත් කෙනෙක් පරිහරණය කරනවාට අකමැති වීම නම් වූ මසුරුකම ද පාපී දෙයකි. ....(පෙ).... ගුණවතුන් ලෙස රඟපෑම ද පාපී දෙයකි. කෛරාටිකකම ද පාපී දෙයකි. ....(පෙ).... ධර්මානුකූල අදහසට විරුද්ධව දැඩි මතයක සිටීම ද පාපී දෙයකි. අනුන්ට ඉහළින් පෙනී සිටීමේ අදහස ද පාපී දෙයකි. ....(පෙ).... මාන්නක්කාරකම ද පාපී දෙයකි. මාන්නයෙන් ඉදිමී සිටීම ද පාපී දෙයකි. ....(පෙ).... තමන් ගැන පමණට වඩා සිතට ගැනීම නම් වූ මදය ද පාපී දෙයකි. බාහිර කටයුතුවල යෙදෙමින් ධර්මයේ හැසිරීම ප්‍රමාද කිරීම නම් ප්‍රමාදය ද පාපී දෙයකි. මේ අකුසලයන් ප්‍රහාණය කිරීම පිණිස යි මේ මධ්‍යම ප්‍රතිපදාව තියෙන්නෙ. මේ මධ්‍යම ප්‍රතිපදාව දහම් ඇස ලබාදෙනවා. නුවණ ලබාදෙනවා. සංසිඳීම ලබාදෙනවා. සුවිශේෂ ඤාණය ලබාදෙනවා. ආර්ය සත්‍ය අවබෝධය ලබාදෙනවා. අමා නිවන පිණිස පවතිනවා. ප්‍රිය ආයුෂ්මතුනි, එසේ සදහම් ඇස් ලබා දෙන, නුවණ ලබාදෙන, සංසිඳීම ඇති කරදෙන, විශිෂ්ට ඤාණය ලබාදෙන, ආර්ය සත්‍යාවබෝධය ඇති කරදෙන, නිවන පිණිස පවතින, ඒ මධ්‍යම ප්‍රතිපදාව කියන්නෙ කුමක් ද? ඒ මේ ආර්ය අෂ්ටාංගික මාර්ගය ම යි. එනම්; සම්මා දිට්ඨි, සම්මා සංකප්ප, සම්මා වාචා, සම්මා කම්මන්ත, සම්මා ආජීව, සම්මා වායාම, සම්මා සති, සම්මා සමාධි යන මෙය යි. ප්‍රිය ආයුෂ්මතුනි, සදහම් ඇස් ලබාදෙන, නුවණ ලබාදෙන, සංසිඳීම ඇති කරදෙන, විශිෂ්ට ඤාණය ලබා දෙන, ආර්ය සත්‍යාවබෝධය ඇති කරදෙන, නිවන පිණිස පවතින්නා වූ ඒ මධ්‍යම ප්‍රතිපදාව කියන්නෙ මේ ආර්ය අෂ්ටාංගික මාර්ගයටයි.

ආයුෂ්මත් සාරිපුත්තයන් වහන්සේ මෙය වදාළා. ආයුෂ්මත් සාරිපුත්තයන් වහන්සේ වදාළ මේ දේශනාව ඒ භික්ෂූන් වහන්සේලා ගොඩාක් සතුටු සිතින් සාදු නාද දෙමින් පිළිගත්තා.

සාදු! සාදු!! සාදු!!!

**ශ්‍රී සද්ධර්මය දායාද කරගැනීම පිළිබඳව වදාළ දෙසුම නිමා විය.**

# 1.1.4.
# භයභේරව සූත්‍රය
## භය බිරාන්ත වීමට හේතු වන කරුණු ගැන වදාළ දෙසුම

**මා** හට අසන්නට ලැබුනේ මේ විදිහට යි. ඒ දවස්වල භාග්‍යවත් බුදුරජාණන් වහන්සේ වැඩසිටියේ සැවැත් නුවර ජේතවනය නම් වූ අනේපිඬු සිටුතුමාගේ ආරාමයේ. එදා ජානුස්සෝණි නම් බ්‍රාහ්මණයෙක් භාග්‍යවතුන් වහන්සේ වෙත පැමිණුනා. භාග්‍යවතුන් වහන්සේ සමඟ පිළිසඳර කතා කොට එකත්පස්ව ඉඳගත්තා. එකත්පස්ව හුන් ජානුස්සෝණි බ්‍රාහ්මණයා භාග්‍යවතුන් වහන්සේට මේ විදිහට පැවසුවා.

"භවත් ගෞතමයන් වහන්ස, මේ පින්වත් කුල පුත්‍රයන් ගිහි ජීවිතය අත්හැර ශාසනය කෙරෙහි පැහැදී පැවිදි වෙලා ඉන්නේ භවත් ගෞතමයන් වහන්සේ උදෙසා ම යි. ඉතින් ඒ භික්ෂූන්ට පුරෝගාමීව සිටින්නේ භවත් ගෞතමයන් වහන්සේ තමයි. ඒ භික්ෂූන්ට උපකාරීව සිටින්නේ ද භවත් ගෞතමයන් වහන්සේ තමයි. ඒ භික්ෂූන් යහපතෙහි සමාදන් කරවන්නේ ද භවත් ගෞතමයන් වහන්සේ තමයි. එතකොට ඒ භික්ෂු පිරිස භවත් ගෞතමයන් වහන්සේගේ ආකල්පවලට අනුව ම යි ඉන්නෙ."

"පින්වත් බ්‍රාහ්මණය, ඒක ඒ විදිහම යි. පින්වත් බ්‍රාහ්මණය, ඒක ඒ විදිහම යි. 'මා උදෙසා ම යි ඒ පින්වත් කුල පුතුන් ගිහි ජීවිතය අත්හැර ශාසනය කෙරෙහි ශ්‍රද්ධාවෙන් ම පැවිදි බවට පත්වෙලා ඉන්නේ. ඉතින් මම ඒ භික්ෂූන්ට පුරෝගාමී වෙනවා. මම ඔවුන්ට වඩාත් උපකාරී වෙනවා. මම ඔවුන්ව යහපතෙහි සමාදන් කරවනවා. ඇත්තෙන් ම ඒ භික්ෂු පිරිස මාගේ ආකල්ප වලට අනුව තමයි ඉන්නෙ."

"එහෙත් භවත් ගෞතමයන් වහන්ස, දුර ඈත පිහිටි අරණ්‍ය සේනාසනවල, වනාන්තරවල, කුටිවල වාසය කිරීම ඉතා දුෂ්කර දෙයක් නේද? හුදෙකලාවේ භාවනාවෙන් වාසය කිරීම දුෂ්කරයි නේද? චිත්ත ඒකාග්‍රතාවයෙහි ඇලී වාසය කිරීම දුෂ්කරයි නේද? මට හිතෙන්නේ සමාධිය නොලබන භික්ෂුව ගේ මනස මේ වනාන්තරය විසින් ගිලගන්නවා කියලයි."

"පින්වත් බ්‍රාහ්මණය, ඒක ඒ විදිහම යි. පින්වත් බ්‍රාහ්මණය, ඒක ඒ විදිහම යි. පින්වත් බ්‍රාහ්මණය, ඇත්තෙන් ම දුර ඈත අරණ්‍යවල, දුර ඈත වනාන්තරවල, වනගත කුටිවල වාසය කිරීම දුෂ්කර දෙයක්. හුදෙකලාවේ භාවනාවේ යෙදීම දුෂ්කර එකක්. චිත්ත ඒකාග්‍රතාවයට ඇලී සිටීම දුෂ්කර එකක්. මං හිතන්නෙත් සමාධිය නොලබන භික්ෂුවගේ මනස වනාන්තරය විසින් ගිල ගන්නවා කියලයි.

පින්වත් බ්‍රාහ්මණය, සම්බුද්ධත්වයට පෙර ම සම්බුදු නොවී, බෝධිසත්ව කෙනෙක් වශයෙන් සිටිය දී මට ඇතිවුණෙත් ඔය අදහස ම යි. ඒ කියන්නෙ දුර ඈත අරණ්‍යවල, දුර ඈත වනාන්තරවල, දුර ඈත වනගත කුටිවල වාසය කිරීම දුෂ්කර එකක්. ඒ වගේ තැන්වල හුදෙකලාවේ භාවනාවේ යෙදීම දුෂ්කර එකක්. චිත්ත ඒකාග්‍රතාවයේ ඇලී සිටීම දුෂ්කර එකක්. මං හිතන්නෙ සමාධිය නොලබන භික්ෂුවගේ මනස වනාන්තරය විසින් ගිලගන්නවා කියලයි."

පින්වත් බ්‍රාහ්මණය, එතකොට මම හිතුවෙ මෙහෙමයි. චරිතය අපිරිසිදු ශ්‍රමණ බ්‍රාහ්මණවරු ඉන්නවා. ඒ උදවියත් දුර ඈත අරණ්‍යවල, දුර ඈත වනගත කුටිවල වාසය කරනවා. ඇත්තෙන් ම චරිතය අපිරිසිදු කරගැනීම නම් වූ තමන්ගේ ම දෝෂය හේතු කරගෙන ම යි, ඒ පින්වත් ශ්‍රමණ බ්‍රාහ්මණයින් නොයෙකුත් භය බිරාන්ත පාපී දේවල් කැඳවගන්නෙ. ඉතින්, මම අපිරිසිදු චරිතයක් තියෙන කෙනෙක් නොවෙයි. මාත් දුර ඈත අරණ්‍යවල, දුර ඈත වනගත කුටිවල ඉන්න කෙනෙක්. ඒ වගේ ම මම පිරිසිදු චරිතයක් ඇති කෙනෙක්. ආර්යයන් වහන්සේලා පිරිසිදු චරිතයකින් යුක්තවයි දුර ඈත අරණ්‍යවල, දුර ඈත වනගත කුටිවල වාසය කරන්නෙ. ඉතින් මමත් ඔවුන් අතර කෙනෙක්. පින්වත් බ්‍රාහ්මණය, මම මා තුළින් ම පිරිසිදු චරිතවත් බව දකින නිසයි, දුර ඈත වනාන්තරවල, දුර ඈත වනගත කුටිවල කිසි බියක් සැකක් නැතුව ඉන්න පුළුවන් වුනේ.

පින්වත් බ්‍රාහ්මණය, ඉතින් මට මේ විදිහටත් හිතුනා. වචන භාවිතයේ පිරිසිදු නැති ශ්‍රමණ බ්‍රාහ්මණයින් ....(පෙ).... මානසිකව අපිරිසිදු වූ ශ්‍රමණ බ්‍රාහ්මණයන් ....(පෙ).... දිවි පැවැත්ම අපිරිසිදු ශ්‍රමණ බ්‍රාහ්මණයින් දුර ඈත අරණ්‍යවල, වනගත කුටිවල වාසය කරනවා. ඇත්තෙන් ම තමන්ගේ දිවි පැවැත්ම අපිරිසිදු කරගැනීම නම් වූ තමන්ගේ දෝෂය හේතු කරගෙන ම යි, ඒ පින්වත් ශ්‍රමණ බ්‍රාහ්මණයින් නොයෙකුත් භය බිරාන්ත පාපී දේවල් කැඳව ගන්නෙ. නමුත්, මම අපිරිසිදු දිවිපැවැත්මක් තියෙන කෙනෙක් නොවෙයි. මාත් දුර ඈත අරණ්‍යවල, දුර ඈත වනගත කුටිවල ඉන්න කෙනෙක්. මම පිරිසිදු දිවි පැවැත්මක් ඇති කෙනෙක්. ආර්යයන් වහන්සේලා පිරිසිදු දිවිපැවැත්මකින්

යුක්තවයි දුර ඈත අරණ්‍යවල, දුර ඈත වනගත කුටිවල වාසය කරන්නෙ. ඉතින් මමත් ඔවුන් අතර කෙනෙක්. පින්වත් බ්‍රාහ්මණය, මම මා තුළින් ම පිරිසිදු ජීවිතයක් දකින නිසයි, දුර ඈත වනාන්තරවල කිසි බියක් සැකක් නැතුව ඉන්න පුළුවන් වුනේ.

පින්වත් බ්‍රාහ්මණය, මට මේ විදිහටත් හිතුනා. රූප, ශබ්ද, ගන්ධ, රස, පහස යන කාම අරමුණුවලට ගොඩාක් ආශාව තියෙන, තියුණු රාග තියෙන ශ්‍රමණ බ්‍රාහ්මණයින් ඉන්නවා. දුර ඈත අරණ්‍යවල, වන ගත කුටිවල ඔවුනුත් වාසය කරනවා. ඉතින්, කාම අරමුණුවලට තිබෙන ආශාවත්, තියුණු රාගයත් නැමැති තමන්ගේ දෝෂය හේතු කරගෙන ම යි ඒ පින්වත් ශ්‍රමණ බ්‍රාහ්මණයින් නොයෙකුත් භය බිරාන්ත පාපී දේවල් කැඳවගන්නෙ. ඉතින් මම ඔය කාම අරමුණුවලට ගොඩාක් ආසා කරන, තියුණු රාග තියෙන කෙනෙක් නොවෙයි. ඉතින් මාත් දුර ඈත වනගත කුටිවල ඉන්න කෙනෙක්. මම ඔය ආකාර ආශාවන් නැති කෙනෙක්. ආර්යයන් වහන්සේලා ඔය ලෝභය නැතිවයි දුර ඈත අරණ්‍යවල, දුර ඈත වනගත කුටිවල වාසය කරන්නෙ. මමත් ඔවුන් අතර කෙනෙක්. පින්වත් බ්‍රාහ්මණය, මම මා තුළින් ම ලෝභ රහිත බව දැකගත් නිසයි දුර ඈත වනාන්තරවල කිසි බියක් සැකක් නැතුව ඉන්න පුළුවන් වුනේ.

පින්වත් බ්‍රාහ්මණය, ඉතින් මට මේ විදිහටත් හිතුනා. තරහ සිත් ඇති, දුෂ්ට අදහස් ඇති ශ්‍රමණ බ්‍රාහ්මණයින් ඉන්නවා. ඒ උදවියත් දුර ඈත අරණ්‍යවල, දුර ඈත වනගත කුටිවල වාසය කරනවා. තරහ සිතත්, දුෂ්ට අදහසුත් නැමැති තමන්ගේ දෝෂය හේතු කරගෙන ම යි ඒ පින්වත් ශ්‍රමණ බ්‍රාහ්මණයින් නොයෙකුත් භය බිරාන්ත පාපී දේවල් කැඳවගන්නෙ. නමුත් මම ඔය තරහ සිත් නැති කෙනෙක්. දුෂ්ට අදහස් නැති කෙනෙක්. මාත් දුර ඈත වනගත කුටිවල, අරණ්‍යවල ඉන්න කෙනෙක්. මම මෛත්‍රී සිත් ඇති කෙනෙක්. ආර්යයන් වහන්සේලා මෛත්‍රී සිතිනුයි දුර ඈත අරණ්‍යවල, දුර ඈත වනගත කුටිවල වාසය කරන්නෙ. ඉතින් මමත් ඔවුන් අතර කෙනෙක්. පින්වත් බ්‍රාහ්මණය, මා තුළ ඇති මෛත්‍රී සහගත සිත දකින නිසා දුර ඈත අරණ්‍යවල, දුර ඈත වනගත කුටිවල කිසි බියක් සැකක් නැතුවයි මම හිටියෙ.

පින්වත් බ්‍රාහ්මණය, මට මේ විදිහටත් හිතුණා. නිදිමතටත්, අලස බවටත් යට වුන ශ්‍රමණ බ්‍රාහ්මණවරු ඉන්නවා. ඒ උදවියත් දුර ඈත අරණ්‍යවල, දුර ඈත වනගත කුටිවල වාසය කරනවා. නිදිමතටත්, අලස බවටත් යට වී සිටීම නැමැති තමන්ගේ ම දෝෂය හේතු කරගෙන ම යි ඒ පින්වත් ශ්‍රමණ බ්‍රාහ්මණයින් නොයෙකුත් භය බිරාන්ත පාපී දේවල් කැඳවගන්නෙ. නමුත් මම නම් ඔය නිදිමතට, අලස බවට යටවෙන කෙනෙක් නොවෙයි. මාත් දුර ඈත

වනගත කුටිවල, දුර ඈත අරණ්‍යවල ඉන්න කෙනෙක්. නිදිමතත්, අලස බවත් දුරුකරගෙනයි මම ඉන්නෙ. ආර්යයන් වහන්සේලා නිදිමතෙන්, අලස බවෙන් තොරවයි දුර ඈත අරණ්‍යවලත්, වනගත කුටිවලත් වාසය කරන්නෙ. ඉතින් මමත් ඔවුන් අතර කෙනෙක්. පින්වත් බ්‍රාහ්මණය, මා තුළ නිදිමතත් අලස බවත් නැති වීම දකින නිසා දුර ඈත අරණ්‍යවල කිසි බියක් සැකක් නැතුවයි මම හිටියෙ.

පින්වත් බ්‍රාහ්මණය, මට මේ විදිහටත් හිතුනා. නොසන්සිඳුණු, කැළඹී ගිය සිත් ඇති ශ්‍රමණ බ්‍රාහ්මණයින් ඉන්නවා. ඒ උදවියත් දුර ඈත අරණ්‍යවල, දුර ඈත වනගත කුටිවල වාසය කරනවා. තමන්ගේ නොසංසිඳී ගිය, කැළඹුණු සිතේ දෝෂය නිසා ම යි ඒ පින්වත් ශ්‍රමණ බ්‍රාහ්මණයින් නොයෙකුත් භය බිරාන්ත පාපී දේවල් කැඳවගන්නෙ. නමුත් මම නම් නොසංසිඳී ගිය, කැළඹී ගිය සිත් නැති කෙනෙක්. මාත් දුර ඈත අරණ්‍යවල, දුර ඈත වනගත කුටිවල ඉන්න කෙනෙක්. මම සංසිඳුණු සිත් ඇති කෙනෙක්. ආර්යයන් වහන්සේලා සංසිඳීගිය සිතිනුයි දුර ඈත අරණ්‍යවල, දුර ඈත වනගත කුටිවල වාසය කරන්නෙ. ඉතින් මමත් ඔවුන් අතර කෙනෙක්. පින්වත් බ්‍රාහ්මණය, මා තුළ ඇති සංසිඳී ගිය සිත දකින නිසයි දුර ඈත අරණ්‍යවල කිසි බියක් සැකක් නැතුව මම හිටියෙ.

පින්වත් බ්‍රාහ්මණය, මට මේ විදිහටත් හිතුනා. සැක සංකා තියෙන, විචිකිච්ඡා තියෙන ශ්‍රමණ බ්‍රාහ්මණයින් ඉන්නවා. ඒ උදවියත් දුර ඈත අරණ්‍යවල, දුර ඈත වනගත කුටිවල වාසය කරනවා. සැක සංකා, විචිකිච්ඡා නැමැති තමන්ගේ ම දෝෂය හේතු කරගෙන ම යි ඒ පින්වත් ශ්‍රමණ බ්‍රාහ්මණයින් නොයෙකුත් භය බිරාන්ත පාපී දේවල් කැඳවගන්නෙ. ඉතින් මම නම් ඔය සැකය විචිකිච්ඡාව ඇති කෙනෙක් නොවෙයි. මාත් දුර ඈත අරණ්‍යවල, දුර ඈත වනගත කුටිවල ඉන්න කෙනෙක්. මං විචිකිච්ඡාවෙන් එතෙර වෙච්ච කෙනෙක්. ආර්යයන් වහන්සේලා විචිකිච්ඡාවෙන් එතෙර වෙලයි දුර ඈත අරණ්‍යවල, දුර ඈත වනගත කුටිවල වාසය කරන්නෙ. ඉතින් මමත් ඔවුන් අතර කෙනෙක්. පින්වත් බ්‍රාහ්මණය, මා තුළ විචිකිච්ඡාව නැති බව දකින නිසා දුර ඈත අරණ්‍යවල කිසි බියක් සැකක් නැතුවයි මම හිටියෙ.

පින්වත් බ්‍රාහ්මණය, මට මේ විදිහටත් හිතුනා. ඇතැම් ශ්‍රමණ බ්‍රාහ්මණවරු සිටින්නේ තමන්ව හුවා දක්වමින්, අනුන්ව හෙළා දකිමින්. ඒ උදවියත් දුර ඈත අරණ්‍යවල, දුර ඈත වනගත කුටිවල වාසය කරනවා. ඇත්තෙන් ම තමන් තුළ ම තිබෙන තමා හුවා දැක්වීමේ, අනුන් හෙළා දැකීමේ දෝෂය නිසා ම යි ඒ පින්වත් ශ්‍රමණ බ්‍රාහ්මණයින් භය බිරාන්ත පාපී දේවල් කැඳවගන්නෙ. නමුත්

මම නම් ඔය තමා හුවාදක්වලා, අනුන් හෙළා දකින කෙනෙක් නොවෙයි. මාත් දුර ඈත අරණ්‍යවල, දුර ඈත වනගත කුටිවල ඉන්න කෙනෙක්. මම තමා හුවා නොදක්වන, අනුන් හෙළා නොදකින කෙනෙක්. ආර්යයන් වහන්සේලා තමන්ව හුවා නොදක්වමින්, අනුන්ව හෙළා නොදකිමින් දුර ඈත වනගත කුටිවල වාසය කරන්නෙ. මමත් ඔවුන් අතර කෙනෙක්. පින්වත් බ්‍රාහ්මණය, මා තුළ තිබෙන තමා හුවා නොදක්වන, අනුන් හෙළා නොදකින බව දකින නිසයි, දුර ඈත අරණ්‍යවල, දුර ඈත වනගත කුටිවල කිසි බියක් සැකක් නැතුව මම හිටියෙ.

පින්වත් බ්‍රාහ්මණය, මට මේ විදිහටත් හිතුනා. තැති ගන්නා වූ, බියෙන් සැලෙන්නා වූ ස්වභාවයෙන් යුතු, ඇතැම් ශ්‍රමණ බ්‍රාහ්මණවරු ඉන්නවා. ඒ උදවියත් දුර ඈත අරණ්‍යවල, දුර ඈත වනගත කුටිවල වාසය කරනවා. ඇත්තෙන් ම තැතිගන්නා වූ, බියෙන් සැලෙන්නා වූ ස්වභාවය නැමැති තමන්ගේ ම දෝෂය නිසා ම යි, ඒ පින්වත් ශ්‍රමණ බ්‍රාහ්මණයින් භය බිරාන්ත පාපී දේවල් කැඳවගන්නෙ. නමුත් මම නම් ඔය තැති ගන්න, බියෙන් සැළෙන කෙනෙක් නොවෙයි. මාත් දුර ඈත අරණ්‍යවල, දුර ඈත වනගත කුටිවල වාසය කරනවා. මම ලොමු දූහැගැනීම් දුරුකරපු කෙනෙක්. ආර්යයන් වහන්සේලා ලොමු දූහැගැනීමෙන් තොරවයි දුර ඈත අරණ්‍යවල, දුර ඈත වනගත කුටිවල වාසය කරන්නෙ. මමත් ඔවුන්ගෙන් කෙනෙක්. පින්වත් බ්‍රාහ්මණය, මා තුළ ලොමු දූහැගැනීම් නැති බව දකින නිසා දුර ඈත අරණ්‍යවල දුර ඈත වනගත කුටිවල, කිසි බියක් සැකක් නැතුවයි මම හිටියෙ.

පින්වත් බ්‍රාහ්මණය, මට මේ විදිහටත් හිතුනා. ලාභ සත්කාර, කීර්ති ප්‍රශංසා කැමති වන ඇතැම් ශ්‍රමණ බ්‍රාහ්මණයින් ඉන්නවා. ඒ උදවිය ඒ වෙනුවෙන් ම දුර ඈත අරණ්‍යවල, දුර ඈත වනගත කුටිවල වාසය කරනවා. ඇත්තෙන් ම ලාභ සත්කාර, කීර්ති ප්‍රශංසාවලට කැමති වීම නම් වූ තමන්ගේ ම දෝෂය හේතු කරගෙන ම යි ඒ පින්වත් ශ්‍රමණ බ්‍රාහ්මණයින් භය බිරාන්ත පාපී දේවල් කැඳවගන්නෙ. නමුත් මම දුර ඈත අරණ්‍යවල, දුර ඈත වනගත කුටිවල වාසය කරන්නෙ ලාභ සත්කාර, කීර්ති ප්‍රශංසා බලාගෙන නොවෙයි. මම අල්පේච්ඡ කෙනෙක්. ආර්යයන් වහන්සේලා අල්පේච්ඡව ම යි දුර ඈත අරණ්‍යවල, දුර ඈත වනගත කුටිවල වාසය කරන්නෙ. මමත් ඔවුන්ගෙන් කෙනෙක්. පින්වත් බ්‍රාහ්මණය, මා තුළ අල්පේච්ඡ බව දකින නිසා දුර ඈත අරණ්‍යවල කිසි බියක් සැකක් නැතුවයි මම හිටියෙ.

පින්වත් බ්‍රාහ්මණය, මට මේ විදිහටත් හිතුනා. කම්මැලි, කිසිම වීරියක් නැති ඇතැම් ශ්‍රමණ බ්‍රාහ්මණයින් ඉන්නවා. ඒ උදවියත් දුර ඈත අරණ්‍යවල, දුර ඈත වනගත කුටිවල වාසය කරනවා. ඇත්තෙන් ම තමන්ගේ ම කම්මැලිකමත්,

කිසිම වීරියක් නැතිකමත් නැමැති දෝෂය හේතු කරගෙන ම යි ඒ පින්වත් ශ්‍රමණ බ්‍රාහ්මණයින් නොයෙකුත් භය බිරාන්ත පාපී දේවල් කැඳවගන්නෙ. මම කම්මැලි, කිසිම වීරියක් නැති කෙනෙක් නොවෙයි. මාත් දුර ඈත අරණ්‍යවල, දුර ඈත වනගත කුටිවල වාසය කරනවා. මම පටන් ගත්තු වීරියක් තියෙන කෙනෙක්. ආර්යයන් වහන්සේලා පටන් ගත්තු වීරියෙන් ම යි දුර ඈත අරණ්‍යවල, දුර ඈත වනගත කුටිවල වාසය කරන්නෙ. මමත් ඔවුන්ගෙන් කෙනෙක්. පින්වත් බ්‍රාහ්මණය, මා තුළ පටන් ගත් වීරිය ඇති බව දකින නිසා දුර ඈත අරණ්‍යවල, දුර ඈත වනගත කුටිවල කිසි බියක් සැකක් නැතුවයි මම හිටියෙ.

පින්වත් බ්‍රාහ්මණය, ඉතින් මට මේ විදිහටත් හිතුනා. සිහි මුළා වුන, සිහි නුවණින් තොර වූ ඇතැම් ශ්‍රමණ බ්‍රාහ්මණයින් ඉන්නවා. ඒ උදවියත් දුර ඈත අරණ්‍යවල, දුර ඈත වනගත කුටිවල වාසය කරනවා. ඇත්තෙන් ම තමන්ගේ ම සිහි මුළාවත්, සිහි නුවණ නැති බවත් නැමැති දෝෂය නිසා ම යි ඒ පින්වත් ශ්‍රමණ බ්‍රාහ්මණයින් නොයෙකුත් භය බිරාන්ත පාපී දේවල් කැඳවගන්නෙ. නමුත් මම නම් සිහි මුළා වුණු, සිහි නුවණ නැති කෙනෙක් නොවෙයි. මාත් දුර ඈත අරණ්‍යවල, දුර ඈත වනගත කුටිවල ඉන්න කෙනෙක්. මම සිහිය පිහිටුවා ගෙන සිහි නුවණින් යුක්තවයි ඉන්නෙ. ආර්යයන් වහන්සේලා සිහිය පිහිටුවා ගෙන සිහි නුවණින් යුක්තවයි දුර ඈත අරණ්‍යවල, දුර ඈත වනගත කුටිවල වාසය කරන්නෙ. මමත් ඔවුන්ගෙන් කෙනෙක්. පින්වත් බ්‍රාහ්මණය, මා තුළ තිබෙන පිහිටුවාගත් සිහිය ඇති බව දකින නිසා, සිහි නුවණින් යුක්ත බව දකින නිසා දුර ඈත අරණ්‍යවල කිසි බියක් සැකක් නැතුවයි මම හිටියෙ.

පින්වත් බ්‍රාහ්මණය, මට මේ විදිහටත් හිතුනා. සමාධිගත සිත් නැති, හැම අරමුණේ ම විසිරී ගිය සිත් ඇති ඇතැම් ශ්‍රමණ බ්‍රාහ්මණවරු ඉන්නවා. ඒ උදවියත් දුර ඈත අරණ්‍යවල, දුර ඈත වනගත කුටිවල වාසය කරනවා. ඇත්තෙන් ම තමන් තුළ ඇති එකඟ නොවූ සිතත්, විසිරී ගිය සිතත් නැමැති තමන්ගේ ම දෝෂය හේතු කරගෙන ම යි ඒ පින්වත් ශ්‍රමණ බ්‍රාහ්මණයින් නොයෙකුත් භය බිරාන්ත පාපී දේවල් කැඳවගන්නෙ. නමුත් මම නම් එකඟ සිත් නැති කෙනෙක් නොවෙයි. විසිරෙන සිත් ඇති කෙනෙකුත් නොවෙයි. මාත් දුර ඈත අරණ්‍යවල, දුර ඈත වනගත කුටිවල වාසය කරනවා. මම සමාධියකින් යුක්ත කෙනෙක්. ආර්යයන් වහන්සේලා සමාධියකින් යුක්තවයි දුර ඈත අරණ්‍යවල, දුර ඈත වනගත කුටිවල වාසය කරන්නෙ. මමත් ඔවුන්ගෙන් කෙනෙක්. පින්වත් බ්‍රාහ්මණය, මා තුළ තිබෙන සමාධි සම්පත්තිය දකින නිසා දුර ඈත අරණ්‍යවල, දුර ඈත වනගත කුටිවල කිසි බියක් සැකක් නැතුවයි මම හිටියෙ.

පින්වත් බ්‍රාහ්මණය, මට මේ විදිහටත් හිතුනා. ප්‍රඥා රහිත වූ, මෝඩ වූ, ඇතැම් ශ්‍රමණ බ්‍රාහ්මණයින් ඉන්නවා. ඒ උදවියත් දුර ඈත අරණ්‍යවල, දුර ඈත වනගත කුටිවල වාසය කරනවා. ඇත්තෙන් ම ප්‍රඥා රහිත, මෝඩකම නැමැති තමන්ගේ ම දෝෂය නිසා, ඒ පින්වත් ශ්‍රමණ බ්‍රාහ්මණයින් භය බිරාන්ත පාපී දේවල් කැඳවගන්නවා. නමුත් මම නම් ප්‍රඥා රහිත, මෝඩයෙකු නොවෙයි. මාත් ඉන්නෙ දුර ඈත අරණ්‍යවල, දුර ඈත වන ගත කුටිවල. මම ප්‍රඥාවෙන් යුක්ත කෙනෙක්. ආර්යයන් වහන්සේලා ප්‍රඥාවෙන් යුක්තවයි දුර ඈත අරණ්‍යවල, දුර ඈත වනගත කුටිවල වාසය කරන්නෙ. මමත් ඔවුන්ගෙන් කෙනෙක්. පින්වත් බ්‍රාහ්මණය, මා තුළ තිබෙන ප්‍රඥා සම්පත්තිය දැකීම නිසා දුර ඈත අරණ්‍යවල, දුර ඈත වනගත කුටිවල වාසය කරන්නට මට කිසි බියක් සැකක් ඇතිවුනේ නෑ.

පින්වත් බ්‍රාහ්මණය, මට මේ අදහසත් ඇති වුනා. සමහර දේවාල තියෙනවා, වනගත දෙවොල් තියෙනවා. වැඳුම් පිදුම් කරන විශාල ගස් තියෙනවා. ඒ තැන්වල ලොමු දහගන්වන බිහිසුණු අරමුණු ඇති කරවන හොල්මන් තියෙනවා කියල ප්‍රසිද්ධයි. හඳ ඇති පසළොස්වක රාත්‍රියටත්, තුදුස්වක රාත්‍රියටත්, අටවක රාත්‍රියටත්, ඒ තැන් හරි භයානකයිලු. ඉතින් මට හිතුන ඒ තැන්වලට ගිහින් රාත්‍රිය ගත කරල, ඒ භය බිරාන්ත දේවල් දකින්නට ඕන කියල. පින්වත් බ්‍රාහ්මණය, ඉතින් මම සමහර දවස්වල, පසළොස්වකට, තුදුස්වකට, අටවක රාත්‍රියට ඒ දේවාලවලට, ඒ වනගත දෙවොල්වලට යනවා. වැඳුම් පිදුම් කරන විශාල වෘක්ෂ ළඟට යනවා. ඒ භයානක, බිහිසුණු හොල්මන් තියෙනවයි කියන තැන්වලට ගිහින් මම තනියම රාත්‍රිය ගෙවනවා. පින්වත් බ්‍රාහ්මණය, මම ඒ විදිහට වාසය කරන කොට වනයේ ඉන්න සතෙක් හරි එනවා. එහෙම නැත්නම්, මොණරෙක් හරි, ගස්වල අතු කැලි පහළට දානවා. එහෙමත් නැත්නම්, හුළඟින් ගසාගෙන ඇවිත් රොඩු කැලි ටිකක් හරි වැටෙනවා. එතකොට මට මෙහෙමයි හිතුනේ. ඇත්තෙන් ම මේවා ම තමයි භය බිරාන්ත අරමුණු එනවා කියල කියන්නෙ.

පින්වත් බ්‍රාහ්මණය, මට මේ විදිහටත් හිතුනා. ඇත්තෙන් ම මම බියජනක අරමුණුවලට කැමතිව ඉන්න ඕන අසවල් දෙයකට ද? එහෙම නම් මම යම් යම් ඉරියව්වකින් ඉන්න විට, භය බිරාන්ත දේ එනවා නම්, ඒ ඒ ඉරියව්වේ ම ඉඳලා, ඒ භය බිරාන්ත දේ මම දුරු කරනවා කියල. පින්වත් බ්‍රාහ්මණය, මම සක්මන් කරමින් සිටිද්දී, භය බිරාන්ත අරමුණු එනවා. පින්වත් බ්‍රාහ්මණය, මම එතකොට නවතින්නෙත් නෑ. වාඩි වෙන්නෙත් නෑ. හාන්සි වෙන්නෙත් නෑ. සක්මන් කරමින් සිටිද්දී ම ඒ භය බිරාන්ත දේ, මම දුරුකරල දානවා.

පින්වත් බ්‍රාහ්මණය, මම හිටගෙන ඉන්න කොට භය බිරාන්ත දේවල් එනවා. එතකොට මම සක්මන් කරන්නෙත් නෑ. වාඩිවෙන්නෙත් නෑ. හාන්සි වෙන්නෙත් නෑ. හිටගෙන සිටිද්දී ම ඒ භය බිරාන්ත දේ දුරුකරල දානවා.

පින්වත් බ්‍රාහ්මණය, මම වාඩිවෙලා සිටින විටත්, භය බිරාන්ත දේ එනවා. එතකොට මම හාන්සි වෙන්නෙත් නෑ. හිටගන්නෙත් නෑ. සක්මන් කරන්නෙත් නෑ. වාඩි වී සිටිද්දී ම මං ඒ භය බිරාන්ත දේ දුරුකරල දානවා.

පින්වත් බ්‍රාහ්මණය, මම හාන්සි වෙලා සිටිද්දී භය බිරාන්ත දේ එනවා. එතකොට මම වාඩිවෙන්නෙත් නෑ. හිටගන්නෙත් නෑ. සක්මන් කරන්නෙත් නෑ. හාන්සි වෙලා සිටිද්දී ම මං ඒ භය බිරාන්ත දේ දුරුකරල දානවා.

පින්වත් බ්‍රාහ්මණය, සමහර ශ්‍රමණ බ්‍රාහ්මණයින් ඉන්නවා. ඒ උදවිය දවල් කියල හිතන්නෙ රාත්‍රියටයි. රාත්‍රිය කියල හිතන්නෙ දවල් කාලයටයි. ඒක ඒ ශ්‍රමණ බ්‍රාහ්මණයන්ගේ මං මුළා වූ පැවැත්මක් කියලයි මං කියන්නෙ. නමුත් පින්වත් බ්‍රාහ්මණය, මම රාත්‍රිය, රාත්‍රිය හැටියට ම හඳුනගන්නවා. දහවල, දහවල හැටියට ම හඳුනගන්නවා. පින්වත් බ්‍රාහ්මණය, ඉතා යහපත් ලෙස යම් කෙනෙක් ගැන කියනවා නම්, මුළා නොවන ස්වභාවයෙන් යුතු කෙනෙක් ලෝකයේ ඉපිද සිටිනවා, ඔහු බොහෝ දෙනාට හිත පිණිස, බොහෝ ජනතාවගේ සැපය පිණිස, ලෝකානුකම්පාවෙන්, දෙව් මිනිස් ප්‍රජාවගේ යහපත හා හිත සුව පිණිස සිටින කෙනෙක් ය කියලා, ඒ ආකාරයෙන් මුළා නොවන ස්වභාවයෙන් යුතු කෙනෙක් ලෝකයේ ඉපදුනා ය, ඔහු බොහෝ ජනතාවට හිත පිණිස, බොහෝ ජනතාවට සුව පිණිස, ලෝකානුකම්පාවෙන්, දෙව් මිනිස් ප්‍රජාවගේ යහපත හා හිත සුව උදෙසා කැපවෙලා ඉන්නවා ය කියා කියන්නේ මා ගැනයි.

පින්වත් බ්‍රාහ්මණය, මගේ පටන් ගත් වීරිය ඒ අයුරින් ම යි තිබුනෙ. හැකිලුනේ නෑ. හොඳට සිහිය පිහිටා තිබුනා. සිහි මුළා වුනේ නෑ. කය සැහැල්ලු වුනා. බර ගතියක් තිබුනෙ නෑ. සිත සමාහිත වෙලා එකඟ වුනා. පින්වත් බ්‍රාහ්මණය, ඉතින් මම කාමයන්ගෙන් වෙන් වෙලා, අකුසලයන් ගෙන් වෙන් වෙලා, විතර්ක සහිත, විචාර සහිත, මානසික විවේකයෙන් හටගත් ප්‍රීතිය හා සැපය ඇති, පළවෙනි ධ්‍යානයට පැමිණ වාසය කළා.

විතර්ක, විචාර සංසිඳුවාගෙන, වඩාත් සිත පහදවාගෙන, වඩාත් එකඟ කරගෙන, විතර්ක නැති, විචාර නැති, සමාධියෙන් හටගත් ප්‍රීතිය හා සැපය ඇති දෙවෙනි ධ්‍යානයටත් පැමිණ වාසය කළා.

ප්‍රීතිය ගැන ඇති ඇල්ම දුරු කරගෙන, උපේක්ෂාවෙන් වාසය කළා. සිහියත්, නුවණත් දියුණු කරගෙන, ඒ සමාධි සැපය කයෙනුත් වින්දා. ආර්යයන් වහන්සේලා ඒ සමාධියට කියන්නේ 'සිහි ඇති කෙනාගේ උපේක්ෂාවෙන් යුක්ත වූ සැප සේ වාසය කිරීම' කියල. ඒ තුන් වෙනි ධ්‍යානයටත් පැමිණ වාසය කළා.

සැපයත් ප්‍රහාණය කොට, දුකත් ප්‍රහාණය කොට මානසිකව ඇතිවන සොම්නස් දොම්නස් දෙක කලින් ම අතහැරල දුක් නැති, සැප නැති, ඉතා පිරිසිදු සිහියෙන් යුතු උපේක්ෂාව ඇති හතර වන ධ්‍යානයටත් පැමිණ වාසය කළා.

ඔය විදිහට මගේ සිත පිරිසිදු වුනා. ප්‍රභාෂ්වර වුනා. නීවරණ රහිත වුනා. උපක්ලේශ බැහැර වුනා. ගොඩාක් මෘදු වුනා. අවබෝධයට යෝග්‍ය විදිහට සකස් වුනා. ස්ථිරව පිහිටියා. කිසි දේකින් නොසෙල්වෙන ස්වභාවයට පත්වුනා. එතකොට මම නොයෙක් ආකාරයෙන් පෙර ගතකළ ජීවිත (පුබ්බේ නිවාස ඤාණය) ගැන දැනගන්නට සිත යොමු කළා. ඊට පස්සේ මම නොයෙක් ආකාරයෙන් පෙර ගතකළ ජීවිත සිහි කළා. ඒ මේ විදිහටයි. එක ජීවිතයක්, ජීවිත දෙකක්, ජීවිත තුනක්, ජීවිත හතරක්, ජීවිත පහක්, ජීවිත දහයක්, ජීවිත විස්සක්, ජීවිත තිහක්, ජීවිත හතළිහක්, ජීවිත පනහක්, ජීවිත සීයක්, ජීවිත දහසක්, ජීවිත ලක්ෂයක්, නොයෙක් සංවට්ට කල්ප, නොයෙක් විවට්ට කල්ප සිහි කළා. නොයෙක් සංවට්ට-විවට්ට කල්ප සිහි කළා. 'මං අසවල් තැන ඉපදුණා. එතකොට මගේ නම මේකයි. මගේ ගෝත්‍රය මේකයි. මගේ හැඩ රුව මේකයි. මං මේවා තමයි කෑවෙ, බීවෙ. මං සැප දුක් වින්දෙ මේ විදිහටයි. මං මේ විදිහට මැරිල ගියා. එතනින් චුත වෙලා අසවල් තැන ඉපදුනා. එතනදි මගේ නම මේකයි. ගෝත්‍රය මේකයි. මේ විදිහයි හැඩ රුව. මේව තමයි කෑවෙ, බීවෙ. මෙහෙමයි සැප දුක් වින්දෙ. මේ විදිහට මැරිල ගියා. එතනින් චුත වෙලා අසවල් තැන උපන්නා' කියල.

ඔය විදිහට සියලු ආකාරයෙන් යුතුව, කරුණු සහිතව, නොයෙක් ආකාරයෙන් පෙර ගතකළ ජීවිත සිහි කරන්න පුළුවන් වුනා. පින්වත් බ්‍රාහ්මණය, මම රෑ ප්‍රථම යාමයේ මේ පළමු වන විද්‍යාව වන පුබ්බේනිවාස ඤාණය ලබා ගත්තා. අවිද්‍යාව වැනසුනා. විද්‍යාව ඉපදුනා. අඳුර නැසුනා. ආලෝකය උදාවුනා. අප්‍රමාදීව වීරියෙන් යුතුව දිවි දෙවෙනි කොට ධර්මයේ හැසිරෙන කෙනෙකුට සිදුවිය යුතු අවබෝධයයි මා ලබාගත්තේ.

ඔය විදිහට මගේ සිත පිරිසිදු වුනා. ප්‍රභාෂ්වර වුනා. නීවරණ රහිත වුනා. උපක්ලේශ බැහැර වුනා. ගොඩාක් මෘදු වුනා. අවබෝධයට යෝග්‍ය විදිහට

සකස් වුනා. ස්ථිරව පිහිටියා. කිසි දේකින් නොසෙල්වෙන තත්වයට පත් වුනා. එතකොට මං සත්වයන්ගේ චුතියත්, උපතත් අවබෝධ කරගැනීමට සිත යොමු කළා. සාමාන්‍ය මිනිසුන්ගේ දැකීමේ හැකියාව ඉක්මවා ගිය දිබ්බචක්ඛු (දිවැස) ඤාණය පහළ වුනා. එතකොට මං චුත වෙන, උපදින සත්වයන් දැක්කා. කර්මානුරූපව මේ සත්වයන්ට යහපත්, අයහපත්, ලස්සන, කැත, සුගති, දුගති ලැබෙනවා. 'අනේ! මේ භවත් සත්වයෝ කයින් දුසිරිතේ යෙදිලා, වචනයෙන් දුසිරිතේ යෙදිලා, මනසින් දුසිරිතේ යෙදිලා, ආර්යයන් වහන්සේලාට නින්දා කරලා, මිථ්‍යා දෘෂ්ටික ආගම් අදහලා, මිථ්‍යා දෘෂ්ටික දේවල් පුරුදු කරලා, කය බිඳිල, මරණයට පත්වුනා ම සැප නැති දුගතිය වූ නිරයට ඇදගෙන වැටිලා, නිරයේ ඉපදිලා ඉන්නවා. නමුත් මේ භවත් සත්වයෝ කාය සුචරිතයෙහි යෙදිලා, වචී සුචරිතයෙහි යෙදිලා, මනෝ සුචරිතයෙහි යෙදිලා, ආර්යයන් වහන්සේලාට නින්දා නොකර, සම්මා දිට්ඨියෙන් යුතුව, සම්මා දිට්ඨියෙන් යුතු කටයුතු කරලා, කය බිඳිල, මරණයට පත්වුනා ම සුගතිය නම් වූ ස්වර්ග ලෝකෙ ඉපදිලා ඉන්නවා' කියලා. ඔය විදිහට සාමාන්‍ය මිනිසුන්ගේ දැකීමේ හැකියාව ඉක්මවා ගිය, දිවැස ලබාගෙන, මේ චුතවෙන උපදින සත්වයන් මම දැක්කා. ඔවුන් කර්මානුරූපව යහපත්, අයහපත්, ලස්සන, කැත, සුගති, දුගති ලබාගන්න බව මම දැක්කා.

පින්වත් බ්‍රාහ්මණය, රාත්‍රියේ මධ්‍යම යාමයේ දී මේ චුතූපපාත ඤාණය නම් වූ දෙවන විද්‍යාව මම ලබාගත්තා. අවිද්‍යාව වැනසුනා. විද්‍යාව ඉපදුනා. අඳුර නැසුනා. ආලෝකය උදාවුනා. අප්‍රමාදීව වීරියෙන් යුතුව දිවි දෙවෙනි කොට ධර්මයේ හැසිරෙන කෙනෙකුට සිදුවිය යුතු අවබෝධයයි මට ඇති වුනේ.

ඔය විදිහට මගේ සිත පිරිසිදු වුනා. ප්‍රභාෂ්වර වුනා. නීවරණ රහිත වුනා. උපක්ලේශ බැහැර වුනා. ගොඩාක් මෘදු වුනා. අවබෝධයට යෝග්‍ය විදිහට සකස් වුනා. ස්ථිරව පිහිටියා. කිසි දේකින් නොසෙල්වෙන තත්වයට පත් වුනා. එතකොට මම ආශ්‍රවයන් ක්ෂය වීමේ නුවණ ලබාගන්නට බලවත්ව සිත යොමු කළා. එතකොට මම 'මේක තමයි දුක' කියල යථාර්ථයෙන් ම දුක අවබෝධ කළා. 'මේක තමයි ප්‍රහාණය කළ යුතු දුකේ සකස් වීම' කියල යථාර්ථයෙන් ම දුක්ඛ සමුදය අවබෝධ කළා. 'මේක තමයි සාක්ෂාත් කළ යුතු දුකේ නිරුද්ධ වීම' කියල යථාර්ථයෙන් ම දුක්ඛ නිරෝධය අවබෝධ කළා. 'මේක තමයි සීල සමාධි ප්‍රඥා වශයෙන් වැඩිය යුතු දුක් නිරුද්ධ වන්නා වූ ප්‍රතිපදාව' කියල යථාර්ථයෙන් ම දුක් නිරුද්ධ වන්නා වූ ආර්ය අෂ්ටාංගික මාර්ගය ද අවබෝධ කළා. 'මේවා තමයි ආශ්‍රව' කියල යථාර්ථයෙන් ම අවබෝධ කළා. 'මේක තමයි ආශ්‍රවයන්ගේ

සකස් වීම' කියල යථාර්ථයෙන් ම අවබෝධ කළා. 'මේක තමයි ආශ්‍රවයන්ගේ නිරුද්ධ වීම' කියල යථාර්ථයෙන් ම අවබෝධ කළා. 'මේක තමයි ආශ්‍රව නිරුද්ධ වන්නා වූ ප්‍රතිපදාව' කියල යථාර්ථයෙන් ම අවබෝධ කළා. ඔය ආකාරයට යථාර්ථයෙන් දැනගන්නා විට, දැකගන්නා විට කාමාශ්‍රවයෙනුත් හිත නිදහස් වුනා. භවාශ්‍රවයෙනුත් හිත නිදහස් වුනා. අවිද්‍යාශ්‍රවයෙනුත් හිත නිදහස් වුනා. සියලු කෙලෙසුන්ගෙන් හිත නිදහස් වීම නිසා, නිදහස් වුණු බවට අවබෝධය ඇති වුනා. 'ඉපදීම නැති වී ගියා. උතුම් නිවන් මග සම්පූර්ණ කරගත්තා. ඒ වෙනුවෙන් කළ යුතු දේ කළා. මෙයින් බැහැර වූ වෙනත් උපතක් නැතැ'යි අවබෝධ වුනා. පින්වත් බ්‍රාහ්මණය, රාත්‍රියේ අවසන් යාමයේ මේ ආසවක්ඛය ඤාණය නම් වූ තුන්වන විද්‍යාව මම ලබාගත්තා. අවිද්‍යාව වැනසුනා. විද්‍යාව ඉපදුනා. අඳුර දුරුවෙලා ගියා. ආලෝකය උදාවුනා. අප්‍රමාදීව, වීරියෙන් යුතුව, දිවි දෙවෙනි කොට ධර්මයේ හැසිරෙන කෙනෙකුට සිදුවිය යුතු අවබෝධය මා තුළත් ඇති වුනා.

පින්වත් බ්‍රාහ්මණය, ඔබට මෙසේ සිතෙන්නට පුළුවනි. 'ඒ වුනාට ශ්‍රමණ ගෞතමයන් තවමත් ඉන්නවා ඇත්තෙ, රාගය දුරු නොකොට වෙන්න ඇති. ද්වේෂය දුරු නොකොට වෙන්න ඇති. මෝහය දුරු නොකොට වෙන්න ඇති. ඒ නිසා වෙන්න ඇති දුර ඈත අරණ්‍යවල, දුර ඈත වනගත කුටිවල තවමත් වාසය කරන්නෙ' කියල. පින්වත් බ්‍රාහ්මණය, ඔබ එහෙම හිතන්න එපා. පින්වත් බ්‍රාහ්මණය, මම විශේෂ යහපත් කරුණු දෙකක් දකිමිනුයි, දුර ඈත අරණ්‍යවල, දුර ඈත වනගත කුටිවල වාසය කරන්නෙ. එනම්, මට මේ ජීවිතයේ දී ම සැනසිල්ලේ වාසය කිරීම පිණිසත්, මා පසුපසින් එන, ජනතාවට අනුකම්පාව පිණිසත් ය."

"ඇත්තෙන් ම පින්වත් ගෞතමයන් වහන්සේ, තමා පසුපසින් එන ජනතාවට අනුකම්පාවෙන් යුක්තව ම යි, අරහත් සම්මා සම්බුදුරජාණන් වහන්සේ නමක් විසින් කළ යුතු විදිහට ම යි කරන්නෙ.

පින්වත් ගෞතමයන් වහන්ස, ඉතා ම සුන්දරයි! පින්වත් ගෞතමයන් වහන්ස, ඉතාම සුන්දරයි! පින්වත් ගෞතමයන් වහන්සේගේ ධර්ම දේශනාව, හරියට යටිකුරු කරල තිබිච්ච දෙයක් උඩට හැරෙව්වා වගෙයි. වහල තිබිච්ච දෙයක් විවෘත කළා වගෙයි. මං මුළා වූ කෙනෙකුට යා යුතු මග පෙන්වා දෙනවා වගෙයි. අඳුරේ සිටින ඇස් ඇති අයට රූප දකින්නට තෙල් පහනක් දරනවා වගෙයි. පින්වත් ගෞතමයන් වහන්සේ විසින් නොයෙක් ආකාරයෙන් මට ධර්මය කියල දුන්නා. ඇත්තෙන් ම මම පින්වත් ගෞතමයන් වහන්සේව සරණ යනවා. ශ්‍රී සද්ධර්මයත් සරණ යනවා. භික්ෂු සංඝයාත් සරණ යනවා.

පින්වත් ගෞතමයන් වහන්සේ අද පටන් දිවි ඇති තුරා තිසරණයට සැබැවින් ම පැමිණි උපාසකයෙක් ලෙස මාව පිළිගන්නා සේක්වා!"

සාදු! සාදු!! සාදු!!!

**භය බිරාන්ත වීමට හේතු වන කරුණු ගැන වදාළ දෙසුම නිමා විය.**

# 1.1.5.
# අනංගණ සූත්‍රය
## අංගණ (උපක්ලේශ) නැතිවීම ගැන වදාළ දෙසුම

මා හට අසන්නට ලැබුනේ මේ විදිහට යි. ඒ දිනවල භාග්‍යවතුන් වහන්සේ වැඩසිටියේ සැවැත් නුවර ජේතවනය නම් වූ අනේපිඬු සිටුතුමාගේ ආරාමයේ. එදා ආයුෂ්මත් සාරිපුත්තයන් වහන්සේ "ප්‍රිය ආයුෂ්මත් මහණෙනි" කියල භික්ෂුසංඝයා ඇමතුවා. "ප්‍රිය ආයුෂ්මතුන් වහන්ස" කියල ඒ භික්ෂු පිරිස ආයුෂ්මත් සාරිපුත්තයන් වහන්සේට පිළිතුරු දුන්නා. ඒ මොහොතේ දී තමයි ආයුෂ්මත් සාරිපුත්තයන් වහන්සේ මේ දේශනාව වදාළේ.

"ප්‍රිය ආයුෂ්මත්වරුනි, මේ ලෝකයේ පුද්ගලයන් හතර දෙනෙක් දකින්නට ලැබෙනවා. කවුද ඒ හතර දෙනා?

01. එක්තරා පුද්ගලයෙක් ඉන්නවා. මේ පුද්ගලයා තුළ උපක්ලේශ තියෙනවා. නමුත් තමන් තුළ උපක්ලේශ තියෙන බව මේ පුද්ගලයා අවබෝධයෙන් ම දන්නේ නැහැ.

02. තව පුද්ගලයෙක් ඉන්නවා. ඒ පුද්ගලයා තුළ උපක්ලේශ තියෙනවා. ඒ වගේ ම, ඒ පුද්ගලයා තමන් තුළ උපක්ලේශ තියෙන බව අවබෝධයෙන් ම දන්නවා.

03. තවත් පුද්ගලයෙක් ඉන්නවා. ඒ පුද්ගලයා තුළ උපක්ලේශ නෑ. නමුත් ඒ පුද්ගලයා තමන් තුළ උපක්ලේශ නැතිබව අවබෝධයෙන්ම දන්නේ නෑ.

04. මේ ලෝකෙ තවත් පුද්ගලයෙක් ඉන්නවා. ඒ පුද්ගලයා තුළත් උපක්ලේශ නෑ. ඒ වගේ ම තමන් තුළ උපක්ලේශ නැති බව අවබෝධයෙන් ම දන්නවා.

ප්‍රිය ආයුෂ්මත්වරුනි, යම් පුද්ගලයෙක් උපක්ලේශ තමා තුළ තිබෙද්දී, තමන් තුළ උපක්ලේශ තියෙන බව අවබෝධයෙන් ම දන්නේ නැත්නම්, උපක්ලේශ තියෙන පුද්ගලයන් දෙදෙනාගෙන් අන්න ඒ පුද්ගලයා වැටෙන්නේ දුර්වල පුද්ගලයන්ගේ ගණයටයි.

ඒ වගේ ම ප්‍රිය ආයුෂ්මත්වරුනි, යම් පුද්ගලයෙක් තුළ උපක්ලේශ තියෙන කොට ඒ පුද්ගලයා අවබෝධයෙන් ම දන්නවා නම්, තමන් තුළ උපක්ලේශ තියෙනවා කියලා, මේ උපක්ලේශ තියෙන පුද්ගලයන් දෙන්නා ගෙන් වඩාත් උසස් පුද්ගලයන්ගේ ගණයට වැටෙන්නේ මේ පුද්ගලයායි.

ප්‍රිය ආයුෂ්මත්වරුනි, උපක්ලේශ තමන් තුළ නැතිව තියෙද්දී, උපක්ලේශ තමන් තුළ නැති බව අවබෝධයෙන් ම දන්නෙ නැති පුද්ගලයෙක් ඉන්නවානෙ. උපක්ලේශ නැති පුද්ගලයන් දෙන්න අතරින්, අන්න ඒ පුද්ගලයා වැටෙන්නේ දුර්වල උදවියගේ ගණයටයි.

ප්‍රිය ආයුෂ්මත්වරුනි, තමන් තුළ උපක්ලේශ නැති විට ඒ පුද්ගලයා අවබෝධයෙන් ම දන්නවා නම් තමන් තුළ උපක්ලේශ නැතෙයි කියල, අන්න ඒ පුද්ගලයා අයිති වන්නේ වඩාත් උසස් පුද්ගලයන්ගේ ගණයටයි.

එතකොට ආයුෂ්මත් මහා මොග්ගල්ලානයන් වහන්සේ, ආයුෂ්මත් සාරිපුත්තයන් වහන්සේගෙන් මෙහෙම ඇහුවා.

"ප්‍රිය ආයුෂ්මත් සාරිපුත්ත, ඔය උපක්ලේශ සහිත පුද්ගලයන් දෙන්නා ගෙන් එක්කෙනෙක් වඩාත් දුර්වල කෙනෙක් කියලත්, අනික් කෙනා වඩාත් උසස් ය කියලත් පවසන්නට හේතුව මොකක් ද? කාරණේ මොකක් ද?"

ඒ වගේ ම ප්‍රිය ආයුෂ්මත් සාරිපුත්ත, ඔය උපක්ලේශ නැති පුද්ගලයන් දෙන්නාගෙන් එක්කෙනෙක් වඩාත් දුර්වල ය කියන්නටත්, අනෙක් කෙනා වඩාත් උසස් ය කියන්නටත් හේතුව මොකක් ද? කාරණය මොකක් ද?"

"ප්‍රිය ආයුෂ්මත්වරුනි, තමන් තුළ උපක්ලේශ තිබෙද්දී, තමන් තුළ උපක්ලේශ තියෙනවා කියල අවබෝධයක් නැති පුද්ගලයෙක් ගැන මා දැන් කිව්වා නෙව. අන්න ඒ පුද්ගලයා මෙන්න මේකයි කැමති විය යුත්තේ. 'ඒ උපක්ලේශයන්ගෙන් නිදහස් වෙන්නට ඕන' කියල එයා තුළ ඕනකමක් ඇති වෙන්නෙ නෑ. උත්සාහයක් ඇති කරගන්නෙ නෑ. වීරිය ඇති කරගන්නෙ නෑ. අන්තිමේ දී, ඒ තැනැත්තාට මැරෙන්න සිද්ධ වන්නෙ රාගයත් එක්ක ම යි. ද්වේෂයත් එක්ක ම යි. මෝහයත් එක්ක ම යි. උපක්ලේශත් එක්ක ම යි. කිළිටි වෙච්ච සිතක් එක්ක ම යි.

ප්‍රිය ආයුෂ්මතුනි, ඒක මෙන්න මේ වගේ දෙයක්. සාප්පුවකින් හරි, රන් කරුවෙකුගේ ගෙදරකින් හරි තඹ භාජනයක් ගෙනාවා කියල හිතමු. හැබැයි ඒ තඹ භාජනේ දූවිලි බැඳිච්ච, මළකඩ හැදිච්ච එකක්. ඉතින් ඒ අයිතිකාර උදවිය ඒ භාජනේ පාවිච්චි කරන්නෙ නැත්නම්, පිරිසිදු කරන්නෙත් නැත්නම්, දූවිලි තියෙන තැනක විසි කරලා තියෙනවා නම්, එතකොට ප්‍රිය ආයුෂ්මතුනි, ඒ තඹ භාජනේ කලක් යනකොට තවත් කිළිටි වෙලා, තවත් මළකඩ බැඳෙනවා නේද?"

"ප්‍රිය ආයුෂ්මතුනි, ඒක ඇත්ත."

"අන්න ඒ විදිහ ම යි ප්‍රිය ආයුෂ්මතුනි, උපක්ලේශ තියෙන පුද්ගලයා තමන් තුළ උපක්ලේශ තියෙන බව අවබෝධයෙන් ම දන්නෙ නැත්නම්, ඒ පුද්ගලයා මෙන්න මේකයි කැමති විය යුත්තේ. ඒ පුද්ගලයාට තමන්ගේ උපක්ලේශ වලින් නිදහස් වෙන්න ඕනකමක් ඇතිවෙන්නෙ නෑ. උත්සාහයක් ඇතිවෙන්නෙ නෑ. වීරියක් පටන් ගන්නෙ නෑ. අන්තිමේ දී, උන්නැහේට මැරෙන්න සිද්ධ වෙන්නෙ, රාගයත් එක්ක ම යි. ද්වේෂයත් එක්ක ම යි. මෝහයත් එක්ක ම යි. උපක්ලේශත් එක්ක ම යි. කිළිටි වෙච්ච සිතක් එක්ක ම යි.

නමුත් ප්‍රිය ආයුෂ්මතුනි, මං කිව්වනෙ අනිත් පුද්ගලයා ගැන. තමා තුළ උපක්ලේශ තියෙන කොට, තමා තුළ උපක්ලේශ තියෙන බව දන්න පුද්ගලයෙක් ඉන්නවා කියල. අන්න ඒ පුද්ගලයා මෙන්න මේකයි කැමැති විය යුත්තේ. ඒ උපක්ලේශ වලින් නිදහස් වෙන්න ඕන කමක් ඇතිවෙනවා. උත්සාහයක් ඇති වෙනවා. වීරිය පටන් ගන්නවා. ඒ නිසා ම ඒ පුද්ගලයාට රාගය නැතිව, ද්වේෂය නැතිව, මෝහය නැතිව, උපක්ලේශ නැතිව, කිළිටි සිතක් නැතිව මැරෙන්න අවස්ථාව ලැබෙනවා.

ප්‍රිය ආයුෂ්මතුනි, ඒක මෙන්න මේ වගේ දෙයක්. සාප්පුවකින් හරි, රන් කරුවෙකුගේ ගෙදරකින් හරි, තඹ භාජනයක් ගෙනාවා කියල හිතමු. හැබැයි ඒක දූවිලි බැඳිච්ච එකක්. මළකඩ හැදිච්ච එකක්. ඒත් ඒකෙ අයිතිකාරයෝ ඒ භාජනේ පාවිච්චියට ගන්නවා. හොඳට පිරිසිදු කරනවා. දූවිලි තියෙන තැන් වලට වීසි කරන්නෙ නෑ. අන්න එතකොට ප්‍රිය ආයුෂ්මතුනි, කලක් යනකොට ඒ තඹ භාජනේ හරිම ලස්සනට දිලිසෙන්න පටන් ගන්නවා නේද?"

"ප්‍රිය ආයුෂ්මතුනි, ඒක ඇත්ත"

"ප්‍රිය ආයුෂ්මතුනි, ඔන්න ඔය විදිහම යි, යම්කිසි පුද්ගලයෙක් තුළ උපක්ලේශ තිබුනත්, තමා තුළ උපක්ලේශ තිබෙන බව අවබෝධයෙන් ම

දන්නවා නම්, ඒ තැනැත්තා කැමති විය යුත්තේ මේක යි. ඒ උපක්ලේශයන් ගෙන් නිදහස් වෙන්න ඕනකමක් ඇති වෙනවා. උත්සාහයක් ඇතිවෙනවා. වීරිය පටන් ගන්නවා. ඒ තැනැත්තාට රාගයකින් තොරව, ද්වේෂයකින් තොරව, මෝහයකින් තොරව, උපක්ලේශ වලින් තොරව, කිළිටි සිතින් තොරව, මරණයට පත්වෙන්න අවස්ථාව ලැබෙනවා.

ප්‍රිය ආයුෂ්මතුනි, යම් පුද්ගලයෙක් තුළ උපක්ලේශ නෑ. නමුත් තමන් තුළ උපක්ලේශ නැති බව ඒ පුද්ගලයා දන්නෙ නෑ. ඒ නිසා ඒ පුද්ගලයා කැමැති විය යුත්තේ මෙයයි. ඔහු අරමුණු (රාගය ඇතිවන විදියට) සුභ වශයෙන් සිහි කරන්න පුරුදු වෙනවා. අරමුණු සුභ වශයෙන් සිහි කරන්න පුරුදු වෙච්ච නිසා රාගය විසින් ඔහුගේ සිත ගිල ගන්නවා. අන්තිමේ දී ඒ පුද්ගලයාට මැරෙන්න සිද්ධ වෙන්නෙ රාගයත් එක්ක ම යි. ද්වේෂයත් එක්ක ම යි. මෝහයත් එක්ක ම යි. කිළිටි වෙච්ච සිතක් එක්ක ම යි.

ප්‍රිය ආයුෂ්මතුනි, ඒක මෙන්න මේ වගේ දෙයක්. සාප්පුවකින් හරි, රන් කරුවෙකුගේ ගෙදරකින් හරි තඹ භාජනයක් අරගෙන ආවා කියල හිතමු. ඒක ඉතා පිරිසිදු දිලිසෙන එකක්. ඒ වුනාට ඒකෙ අයිතිකාරයො ඒ තඹ භාජනේ පාවිච්චි කරන්නෙ නෑ. පිරිසිදු කරන්නෙ නෑ. දූවිලි ගොඩේ විසි කරල තියෙනවා. ප්‍රිය ආයුෂ්මතුනි, ඉතින් කාලයක් යනකොට ඒ තඹ භාජනේ කිළිටි වෙලා, මලකඩ බැඳිල යනවා නේ ද?"

"ප්‍රිය ආයුෂ්මතුනි, ඒක ඇත්ත."

"අන්න ඒ විදිහ ම යි ප්‍රිය ආයුෂ්මතුනි, ඒ පුද්ගලයා උපක්ලේශ නැතිව හිටියත්, තමන් තුළ උපක්ලේශ නැති බව අවබෝධ නොවෙච්ච නිසා කැමති වෙන්න තියෙන්නෙ මෙච්චරයි. ඔහු අරමුණු (රාගය ඇතිවෙන විදියට) සුභ වශයෙන් සිහි කරන්න පුරුදු වෙනවා. සුභ වශයෙන් අරමුණු සිහි කරන්න පුරුදු වෙච්ච නිසා, රාගය විසින් ඔහුගේ සිත ගිලගන්නවා. අන්තිමේ දී ඒ තැනැත්තාට රාගයත් එක්ක ම යි, ද්වේෂයත් එක්ක ම යි, මෝහයත් එක්ක ම යි, උපක්ලේශත් එක්ක ම යි, කිළිටි වෙච්ච සිතක් එක්ක ම යි මැරෙන්න සිද්ධ වෙන්නෙ.

ප්‍රිය ආයුෂ්මතුනි, ඒ වගේ ම තමයි තව පුද්ගලයෙක් ඉන්නවා ඊට වෙනස්. තමා තුළ උපක්ලේශ නැති නම්, උපක්ලේශ නැති බව අවබෝධයෙන් ම දන්නවා. ඒ නිසා ඒ පුද්ගලයා කැමැති විය යුත්තේ මෙයයි. ඔහු අරමුණු (රාගය ඇතිවන ආකාරයට) සුභ වශයෙන් සිහි කරන්නේ නෑ. සුභ වශයෙන් අරමුණු සිහි කරන්නෙ නැති නිසා, රාගයට ඔහුගේ සිත ගිලගන්න බැරුව

යනවා. අන්න ඒ තැනැත්තා මරණයට පත්වෙන්නෙ රාගය නැතුවයි. ද්වේෂය නැතුවයි. මෝහය නැතුවයි. උපක්ලේශ නැතුවයි. කිළිටි සිතක් නැතුවයි.

ප්‍රිය ආයුෂ්මතුනි, ඒක මෙන්න මේ වගේ දෙයක්. සාප්පුවකින් හරි, රන් කරුවකුගේ ගෙදරකින් හරි, තඹ භාජනයක් අරගෙන ආවා කියල හිතමු. ඒක ගොඩාක් පිරිසිදු, දිලිසෙන එකක්. ඒ වගේ ම ඒකෙ අයිතිකාරයොත් ඒ තඹ භාජනේ පාවිච්චි කරනවා. පිරිසිදු කරනවා. දූවිලි තියෙන තැන්වල දාන්නේ නෑ. ප්‍රිය ආයුෂ්මතුනි, එතකොට, කලක් යනකොට ඒ තඹ භාජනේ ගොඩාක් පිරිසිදු වෙනවා. තවත් ලස්සනට දිලිසෙනවා නේද?"

"ඔව්, ප්‍රිය ආයුෂ්මතුනි, ඒක ඇත්ත"

"ප්‍රිය ආයුෂ්මතුනි, ඔය විදිහ ම තමයි, යම් පුද්ගලයෙක් තුළ උපක්ලේශ නැත්නම්, තමන් තුළ උපක්ලේශ නැති බව අවබෝධයෙන් ම දන්නවා නම්, ඔහු කැමති වෙන්න ඕන මෙච්චර යි. ඔහු අරමුණු (රාගය ඇතිවන ආකාරයට) සුභ වශයෙන් සිහි කරන්නේ නෑ. අරමුණු සුභ වශයෙන් සිහි නොකරන නිසා, රාගයට ඔහුගේ සිත ගිලගන්න බැරුව යනවා. අන්න ඒ තැනැත්තා රාගය නැතුව ම යි, ද්වේෂය නැතුව ම යි, මෝහය නැතුව ම යි, උපක්ලේශ නැතුව ම යි, කිළිටි සිතක් නැතුවයි මරණයට පත්වෙන්නෙ.

ප්‍රිය ආයුෂ්මත් මොග්ගල්ලාන, අර උපක්ලේශ සහිත පුද්ගලයන් දෙන්නා ගෙන් එක්කෙනෙක් ගොඩාක් දූර්වලයි කියන්නටත්, අනිත් එක්කෙනා ගොඩාක් උසස් කියන්නටත් හේතුව ඕක තමයි. කාරණෙත් ඕක තමයි. ඒ වගේ ම ප්‍රිය ආයුෂ්මත් මොග්ගල්ලාන, අර උපක්ලේශ නැති පුද්ගලයන් දෙන්නාගෙන් එක්කෙනෙක් ගොඩක් දූර්වලයි කියන්නටත්, අනෙක් කෙනා ගොඩක් උසස් කියන්නටත් හේතුව ඕක තමයි. කාරණය ඕක තමයි."

"ප්‍රිය ආයුෂ්මත් සාරිපුත්ත, 'උපක්ලේශ, උපක්ලේශ' කියල කියනවා. ඇත්තෙන් ම ප්‍රිය ආයුෂ්මතුනි, මේ උපක්ලේශ කියන නම යොදන්නෙ මොන වගේ දේකට ද?"

"ප්‍රිය ආයුෂ්මතුනි, ඔය උපක්ලේශ කියන නම යොදන්නෙ ලාමක ආශාවන්ට අනුව සිත පවත්වන්නට යෑමෙන් හටගන්නා පාපී අකුසල්වලටයි.

ප්‍රිය ආයුෂ්මතුනි, මේ විදිහෙ දේවල් දකින්නට ලැබෙනවා. ඔන්න එක්තරා භික්ෂුවක් ඉන්නවා. ඔහුට මේ විදිහේ ලාමක ආශාවක් ඇතිවෙනවා. 'මගේ අතින් මේ වැරැද්ද සිද්ධ වුනා. ඒ වුනාට මගේ අතින් මේ වැරැද්ද සිද්ධ වෙච්ච බව අනිත් භික්ෂූන් නොදන්නා එක තමයි හොඳ' කියල. ප්‍රිය ආයුෂ්මතුනි,

එතකොට මේ වගේ දෙයක් දකින්න ලැබෙනවා. අනෙක් භික්ෂූන් වහන්සේලාට අර භික්ෂුවගේ වරද දැනගන්න ලැබෙනවා. එතකොට ඒ භික්ෂුව 'දැන් මේ භික්ෂූන් වහන්සේලාත් මගෙන් වෙච්ච වැරැද්ද දැනගත්තා නෙව දැ' යි කියල කේන්ති ගන්නවා, අමනාප වෙනවා. ප්‍රිය ආයුෂ්මතුනි, අන්න ඒ කේන්තියත්, අමනාපයත් යන දෙක ම අයිති වෙන්නෙ උපක්ලේශ වලටයි.

ප්‍රිය ආයුෂ්මතුනි, මෙන්න මෙහෙම දේවලුත් දකින්නට ලැබෙනවා. යම් කිසි භික්ෂුවකට මේ විදිහෙ ලාමක ආශාවක් ඇතිවෙනවා. 'මගේ අතින් මේ වැරැද්ද සිද්ධ වෙච්ච බව ඇත්ත. ඒ වුනාට භික්ෂූන් වහන්සේලා මේ වැරැද්ද ගැන සංඝයා මැද්දේ මට චෝදනා කරන්නෙ නැතිව, රහසේ කතා කරන එක තමයි හොඳ' කියල. නමුත් ප්‍රිය ආයුෂ්මතුනි, සිද්ධ වෙන්නෙ වෙනින් දෙයක්. අර භික්ෂුවගේ වැරැද්ද ගැන භික්ෂූන් වහන්සේලා රහසේ කතා කරන්නෙ නැතිව, සංඝයා මැද්දෙ චෝදනා කරනවා. එතකොට ඒ භික්ෂුව 'මගේ වැරැද්ද ගැන භික්ෂූන් වහන්සේලා මාත් එක්ක පුද්ගලිකව කතා කරන්නෙ නැතිව සංඝයා මැද්දේ මට චෝදනා කළා නෙව' කියල කේන්ති ගන්නවා, අමනාප වෙනවා. ප්‍රිය ආයුෂ්මතුනි, ඒ කේන්තියත්, අමනාපයත් යන දෙක ම අයිති වෙන්නෙ උපක්ලේශ වලටයි.

ප්‍රිය ආයුෂ්මතුනි, මේ විදිහෙ දේකුත් දකින්න ලැබෙනවා. ඇතැම් භික්ෂුවකට ඇතිවෙන්නේ මේ විදියෙ ලාමක ආශාවක්. 'මගේ අතින් මේ වැරැද්ද සිද්ධ වුනා තමයි. ඒ වුනාට ඒ ගැන මට චෝදනා කළ යුත්තේ ඊට ගැලපෙන කෙනෙක් විසිනුයි. නොගැලපෙන පුද්ගලයන් ඒ ගැන මාත් එක්ක කතා කරන්න ඕන නෑ' කියල. නමුත් ප්‍රිය ආයුෂ්මතුනි, ඔහු හිතපු එක නෙවෙයි සිද්ධ වෙන්නෙ. අර භික්ෂුවට ගැලපෙන පුද්ගලයෙක් ඒ වැරැද්ද ගැන චෝදනා කරන්නේ නෑ. නොගැලපෙන කෙනෙක් තමයි චෝදනා කරන්නෙ. එතකොට අර භික්ෂුව 'මේක හරි වැඩක් නෙව. මට ගැලපෙන කෙනෙක් එපා යැ මේ වැරැද්ද ගැන මට චෝදනා කරන්න. නමුත් චෝදනා කරන්නෙ මේ ගැන මට නො ගැලපෙන කෙනෙකු විසින් නෙව' කියල කේන්ති ගන්නවා, අමනාප වෙනවා. ඉතින් ප්‍රිය ආයුෂ්මතුනි, අන්න ඒ කේන්තියත්, ඒ අමනාපයත් යන දෙක ම අයිති වෙන්නෙ උපක්ලේශ වලටයි.

ප්‍රිය ආයුෂ්මතුනි, මේ වගේ දේකුත් දකින්න ලැබෙනවා. යම්කිසි භික්ෂුවකට මේ විදිහේ ලාමක ආශාවක් ඇතිවෙනවා. 'අනේ ඇත්තෙන් ම ශාස්තෲන් වහන්සේ වෙන භික්ෂුවකගෙන් ධර්ම කරුණු විමස විමසා භික්ෂූන්ට දහම් දෙසන්නෙ නැතුව, මගෙන් ම විතරක් ධර්ම කරුණු විමස විමසා භික්ෂූන්ට දහම් දෙසනවා නම් කොයිතරම් හොඳයි ද' කියලා. නමුත් ප්‍රිය ආයුෂ්මතුනි,

සිද්ධ වෙන්නෙ වෙන දෙයක්. ශාස්තෘන් වහන්සේ ධර්මය දේශනා කරද්දී, අර භික්ෂුවගෙන් ධර්ම කරුණු විමසන්නෙ නෑ. වෙන භික්ෂුවකගෙන් ධර්ම කරුණු විමස විමසා ධර්මය දේශනා කරනවා. එතකොට ඒ භික්ෂුව 'ශාස්තෘන් වහන්සේ ධර්ම දේශනා කරද්දී ධර්ම කරුණු මගෙන් විමසන්නෙ නෑ නෙව, වෙන භික්ෂූන්ගෙන් ධර්ම කරුණු විමස විමසා නෙව ධර්මය දේශනා කරන්නෙ' කියල කේන්ති ගන්නවා, අමනාප වෙනවා. අන්න ඒ කේන්තියත්, අමනාපයත් යන දෙක ම අයිති වෙන්නෙ උපක්ලේශ වලටයි.

ප්‍රිය ආයුෂ්මතුනි, මේ වගේ දේවල් පවා දකින්න ලැබෙනවා. ඇතැම් භික්ෂුවක් තුළ ඇතිවෙන්නෙ මේ විදිහේ ලාමක ආශාවක්. 'මේ භික්ෂූන් ගමට දානෙට වඩිද්දී, වෙන භික්ෂුවක් ඉස්සරහින් වඩම්මවා ගෙන යන්නෙ නැතිව මාව ම ඉස්සරහින් වඩම්මවා ගෙන ගමට දානෙට වඩිනවා නම් ඒක නෙව හොඳ' කියල. නමුත් ප්‍රිය ආයුෂ්මතුනි, සිද්ධ වෙන්නෙ වෙනින් දෙයක්. ඒ භික්ෂූන් දානෙට වඩින කොට වෙනත් භික්ෂුවක් ඉස්සරහින් වඩම්මවා ගෙන යනවා. අර භික්ෂුවට ඉස්සරහින් වඩින්න ලැබෙන්නෙ නෑ. එතකොට ඒ භික්ෂුව 'මේ භික්ෂූන් වහන්සේලා ගමේ දානෙට වඩිනකොටත්, ඉස්සරහට ගන්නෙ වෙන භික්ෂුවක් ම යි. මාව ඉස්සරහින් වඩම්මවා ගෙන යන්නේ නැහැ නෙව' කියල කේන්ති ගන්නවා, අමනාප වෙනවා. ඉතින් ප්‍රිය ආයුෂ්මතුනි, අන්න ඒ කේන්තියත්, අමනාපයත් යන දෙක ම අයිති වෙන්නෙ උපක්ලේශ වලටයි.

ප්‍රිය ආයුෂ්මතුනි, මේ වගේ දේවලුත් දකින්න ලැබෙනවා. ඇතැම් භික්ෂුවකට මේ විදිහේ ලාමක ආශාවක් ඇති වෙනවා. 'දාන ශාලාවෙ දී මුල් පුටුවත්, ඉස්සෙල්ලා ම ලැබෙන දන්පැනුත් ලැබෙන්න ඕන මටයි. වෙන භික්ෂුවකට ඒ මුල් පුටුවත්, ඉස්සෙල්ල ම ලැබෙන දන්පැනුත් ලැබෙන්නේ නැත්නම් කොයිතරම් හොඳ ද' කියල. නමුත් ප්‍රිය ආයුෂ්මතුනි, සිද්ධ වෙන්නෙ වෙනින් දෙයක්. දාන ශාලාවෙ දී මුල් පුටුවත්, ඉස්සෙල්ල ම ලැබෙන දන්පැනුත් වෙන භික්ෂුවකට ලැබෙනවා. අර භික්ෂුවට මුල් පුටුව ලැබනේනේ නෑ. ඉස්සෙල්ල ම ලැබෙන දන්පැනුත් ලැබෙන්නේ නෑ. එතකොට ඒ භික්ෂුව, 'එතකොට මූලාසනේවත්, ඉස්සෙල්ල ම ලැබෙන දන්පැන්වත් මට ලැබෙන්නෙ නෑ. එහෙම නම් මූලාසනෙත්, ඉස්සෙල්ලම ලැබෙන දන්පැනුත් ලැබෙන්නෙ වෙන භික්ෂුවකට ඈ!' කියල කේන්ති ගන්නවා, අමනාප වෙනවා. ඉතින් ප්‍රිය ආයුෂ්මතුනි, අන්න ඒ කේන්තියත්, අමනාපයත් යන දෙක ම අයිති වෙන්නෙ උපක්ලේශ වලටයි.

ප්‍රිය ආයුෂ්මතුනි, මේ විදිහේ දේවල් පවා දකින්න ලැබෙනවා. ඇතැම් භික්ෂුවකට මේ ආකාරයේ ලාමක ආශාවක් ඇතිවෙනවා. 'අනේ! මං තමයි

දාන ශාලාවෙ දී දන් වැළඳුවාට පස්සෙ, අනුමෝදනා බණ කියන්නෙ. දන් ශාලාවේ දී දන් වැළඳුවාට පස්සෙ වෙන භික්ෂුවක් අනුමෝදනා බණ කියන්නෙ නැත්නම් කොයිතරම් හොඳ ද' කියලා. නමුත් ප්‍රිය ආයුෂ්මතුනි, සිද්ධ වෙන්නෙ වෙනින් දෙයක්. අර භික්ෂුවට දාන ශාලාවෙ දන් වළඳලා අවසන් වුනාට පස්සෙ අනුමෝදනා බණ කියන්නට ලැබෙන්නෙ නෑ. වෙනත් භික්ෂුවකටයි දාන ශාලාවේ දන් වැළඳුවට පස්සෙ අනුමෝදනා බණ ලැබෙන්නෙ. එතකොට ඒ භික්ෂුව 'දාන ශාලාවේ දී දන් වැළඳුවාට පස්සෙ, අනුමෝදනා බණ කියන්නෙත් වෙනින් භික්ෂුවක්. දාන ශාලාවේ දී දන් වැළඳුවාට පස්සෙ, අනුමෝදනා බණ ටිකවත් කියන්න මට ලැබෙන්නෙ නෑ නෙව' කියල කේන්ති ගන්නවා, අමනාප වෙනවා. ඉතින් ප්‍රිය ආයුෂ්මතුනි, අන්න ඒ කේන්තියත්, ඒ අමනාපයත් යන දෙක ම අයිති වෙන්නෙ උපක්ලේශ වලටයි.

ප්‍රිය ආයුෂ්මතුනි, මෙන්න මේ වගේ දේවලුත් දකින්න ලැබෙනවා. ඇතැම් භික්ෂුවකට ඇතිවෙන්නෙ මේ විදිහේ ලාමක ආශාවක්. 'මම තමයි අරමට වඩින භික්ෂූන් වහන්සේලාට බණ කියන්නෙ. අරමට වඩින භික්ෂූන් වහන්සේලාට වෙන භික්ෂුවක් බණ කියන්න අවශ්‍ය නෑ' කියලා. නමුත් ප්‍රිය ආයුෂ්මතුනි, සිද්ධ වෙන්නෙ ඊට වෙනස් දෙයක්. අරමට වඩින භික්ෂූන් වහන්සේලාට වෙන භික්ෂුවක් තමයි බණ කියන්නෙ. අරමට වඩින භික්ෂූන් වහන්සේලාට බණ කියන්න ඒ භික්ෂුවට අවස්ථාවක් ලැබෙන්නෙ නෑ. එතකොට ඒ භික්ෂුව 'අරමට වඩින භික්ෂූන් වහන්සේලාට බණ කියන්නෙත් වෙන භික්ෂුවක්. එතකොට අරමට වඩින භික්ෂූන් වහන්සේලාට බණ කියන්නටවත් මට ලැබෙන්නෙ නෑ' කියල කේන්ති ගන්නවා, අමනාප වෙනවා. ඉතින් ප්‍රිය ආයුෂ්මතුනි, අන්න ඒ කේන්තියත්, අමනාපයත් යන දෙක ම අයිති වෙන්නෙ උපක්ලේශ වලටයි.

ප්‍රිය ආයුෂ්මතුනි, මේ වගේ දේවල් පවා දකින්න ලැබෙනවා. ඇතැම් භික්ෂුවකට ඇතිවෙන්නෙ මේ විදිහේ ලාමක ආශාවක්. 'අරමට පැමිණෙන භික්ෂුණීන්ට බණ කියන්නෙ මං විතරයි ....(පෙ).... උපාසකවරුන්ට බණ කියන්නෙත් මං විතරයි ....(පෙ).... උපාසිකාවන්ට බණ කියන්නෙත් මං විතරයි. අරමට එන උපාසිකාවන්ට වෙන භික්ෂුවක් බණ කියන්නෙ නැත්නම් කොයිතරම් හොඳ ද' කියල. ප්‍රිය ආයුෂ්මතුනි, නමුත් සිද්ධ වෙන්නෙ මේ විදිහේ දෙයක්. අරමට එන උපාසිකාවන්ට වෙන භික්ෂුවක් බණ කියන්නෙ. අරමට එන උපාසිකාවන්ට බණ කියන්න අර භික්ෂුවට අවස්ථාවක් ලැබෙන්නෙ නෑ. එතකොට ඒ භික්ෂුව 'අරමට එන උපාසිකාවන්ට බණ කියන්නෙත් වෙන භික්ෂුවක්. අරමට එන උපාසිකාවන්ට බණ ටිකක් කියා ගන්නවත් අවස්ථාවක් නෑ නෙව' කියල කේන්ති ගන්නවා, අමනාප වෙනවා. ඉතින් ප්‍රිය ආයුෂ්මතුනි,

අන්න ඒ කේන්තියත්, අමනාපයත් කියන දෙක ම අයිති වෙන්නෙ උපක්ලේශ වලටයි.

ප්‍රිය ආයුෂ්මතුනි, මෙන්න මේ විදිහේ දේවල් පවා දකින්න ලැබෙනවා. ඇතැම් භික්ෂුවකට ඇතිවෙන්නෙ මේ විදියේ ලාමක ආශාවක්. 'අනේ! මට විතර ම යි මේ භික්ෂූන් වහන්සේලා හොඳ හොඳ පිරිකරත්, ගරු බුහුමනුත්, සත්කාර සම්මානත්, පුද පූජාත් ලබාදෙන්න ඕන. මේ භික්ෂූන් වහන්සේලා වෙනත් භික්ෂුවකට හොඳ හොඳ පිරිකරත්, ගරු බුහුමනුත්, සත්කාර සම්මානත්, පුද පූජාත් කරන්නෙ නැත්නම් කොයිතරම් හොඳ ද' කියලා. නමුත් ප්‍රිය ආයුෂ්මතුනි, සිද්ධ වෙන්නෙ වෙනත් දෙයක්. ඒ භික්ෂූන් ගරු බුහුමන්, පුද පූජා, සත්කාර සම්මාන, පිරිකර පූජාවන් කරන්නේ වෙන භික්ෂුවකටයි. ඒ භික්ෂූන් අර භික්ෂුවට ගරු බුහුමනුත්, සත්කාර සම්මානත්, පිරිකර පූජාවනුත් කරන්නෙ නෑ. එතකොට ඒ භික්ෂුව 'මේ භික්ෂූන් වහන්සේලා පුද පූජා, සත්කාර සම්මාන කරන්නේ වෙන භික්ෂුවකට. ඇයි මට පුද-පූජා, සත්කාර සම්මාන කළා ම නරක ද?' කියල කේන්ති ගන්නවා, අමනාප වෙනවා. ඉතින් ප්‍රිය ආයුෂ්මතුනි, අන්න ඒ කේන්තියත්, ඒ අමනාපයත් යන දෙක ම අයිති වෙන්නෙ උපක්ලේශ වලටයි.

ප්‍රිය ආයුෂ්මතුනි, මෙන්න මේ විදිහේ දේවල් පවා දකින්න ලැබෙනවා. ඇතැම් භික්ෂුවකට ඇතිවෙන්නෙ මේ විදිහේ ලාමක ආශාවක්. 'මේ භික්ෂුණීන් පුද-පූජාවලුයි, ගරු බුහුමනුයි, සත්කාර සම්මානයි කරන්න ඕන මට විතර ම යි. ....(පෙ).... මේ උපාසකවරු ....(පෙ).... මේ උපාසිකාවන් පුද පූජාවන්, ගරු බුහුමන්, සත්කාර සම්මාන කරන්න ඕන මට විතර ම යි. මේ උපාසිකාවන් වෙනත් භික්ෂුවකට පුද පූජා, ගරු බුහුමන්, සත්කාර සම්මාන කරන්න අවශ්‍ය නෑ' කියල. ප්‍රිය ආයුෂ්මතුනි, හැබැයි සිද්ධ වෙන්නෙ වෙනින් දෙයක්. ඒ උපාසිකාවන්ගෙන් පුද පූජා, ගරු බුහුමන්, සත්කාර සම්මාන ලැබෙන්නෙ වෙන භික්ෂුවකට. ඒ උපාසිකාවන්ගෙන් අර භික්ෂුවට පුද පූජා, ගරු බුහුමන්, සත්කාර සම්මාන ලැබෙන්නෙ නෑ. එතකොට ඒ භික්ෂුව 'මේ උපාසිකාවන් පුද පූජාවල්, ගරු බුහුමන්, සත්කාර සම්මාන කරන්නේ වෙනත් භික්ෂුවකට නෙව. මේ උපාසිකාවන් පුද පූජා, ගරු බුහුමන්, සත්කාර සම්මාන මට කළා නම් මොකද වෙන්නෙ?' කියල කේන්ති ගන්නවා, අමනාප වෙනවා. ඉතින් ප්‍රිය ආයුෂ්මතුනි, අන්න ඒ කේන්තියත්, අමනාපයත් යන දෙක ම අයිති වෙන්නෙ උපක්ලේශ වලටයි.

ප්‍රිය ආයුෂ්මතුනි, මෙන්න මේ විදිහේ දේවලුත් දකින්න ලැබෙනවා. ඇතැම් භික්ෂුවකට මේ විදිහේ ලාමක ආශාවක් ඇතිවෙනවා. 'මට විතර ම යි

හොඳ හොඳ සිවුරු ලැබෙන්න ඕන. වෙන භික්ෂුවකට හොඳ සිවුරු ලැබිල මොනවා කරන්න ද?' කියල. නමුත් ප්‍රිය ආයුෂ්මතුනි, සිද්ධ වෙන්නෙ වෙනින් දෙයක්. හොඳ හොඳ සිවුරු ලැබෙන්නෙ වෙන භික්ෂුවකටයි. අර භික්ෂුවට හොඳ හොඳ සිවුරු ලැබෙන්නෙ නෑ. එතකොට ඒ භික්ෂුව 'හොඳ හොඳ සිවුරු ටික ලැබෙන්නෙත් වෙන භික්ෂුවකටයි. හොඳ හොඳ සිවුරු මට ලැබෙන්නෙ නැහැ නෙව' කියල කේන්ති ගන්නවා, අමනාප වෙනවා. ප්‍රිය ආයුෂ්මතුනි, අන්න ඒ කේන්තියත්, ඒ අමනාපයත් යන දෙක ම අයිති වෙන්නෙ උපක්ලේශ වලටයි.

ප්‍රිය ආයුෂ්මතුනි, මෙන්න මේ විදිහේ දේවලුත් දකින්න ලැබෙනවා. ඇතැම් භික්ෂුවකට මෙවැනි ලාමක ආශාවක් ඇති වෙනවා. 'මට විතර ම යි ප්‍රණීත විදිහට දානෙ ටික ලැබෙන්න ඕන ....(පෙ).... මට විතර ම යි හොඳ හොඳ ආවාස ගෙවල් ලැබෙන්න ඕන ....(පෙ).... මට විතර ම යි හොඳ හොඳ ගිලන්පස, බෙහෙත් ටික ලැබෙන්න ඕන. අනිත් භික්ෂූන්ට හොඳ හොඳ ගිලන්පස, බෙහෙත් අවශ්‍ය වෙන්නෙ නෑ' කියල. නමුත් ප්‍රිය ආයුෂ්මතුනි, සිද්ධ වෙන්නෙ වෙනින් දෙයක්. අනිත් භික්ෂූන් වහන්සේලාට තමයි හොඳ හොඳ ගිලන්පස, බෙහෙත් ලැබෙන්නෙ. අර භික්ෂුවට හොඳ හොඳ ගිලන්පස, බෙහෙත් වර්ග ලැබෙන්නෙ නෑ. එතකොට ඒ භික්ෂුව 'හොඳ හොඳ ගිලන්පස, බෙහෙත් වර්ග ලැබෙන්නෙත් වෙන භික්ෂුවකට නෙව. මට හොඳ හොඳ ගිලන්පස, බෙහෙත් ලැබෙන්නෙ නැහැ නෙව' කියල කේන්ති ගන්නවා, අමනාප වෙනවා. ඉතින් ප්‍රිය ආයුෂ්මතුනි, අන්න ඒ කේන්තියත්, අමනාපයත් යන දෙක ම අයිති වෙන්නෙ උපක්ලේශ වලටයි.

ප්‍රිය ආයුෂ්මතුනි, හිතේ උපදින ලාමක ආශාවන්ට අනුව වැඩකරන්න ගිහින් හටගන්නා මේ පාපී අකුසල් වලටයි 'උපක්ලේශ' කියන නම දාල තියෙන්නෙ.

ප්‍රිය ආයුෂ්මතුනි, යම් භික්ෂුවක් තුළ ඔය ලාමක ආශාවන් ඇතිවෙලා, ඒ අනුව කටයුතු කරන්න ගිහිල්ලා හටගත් මේ පාපී අකුසල් ප්‍රහීණ වෙලා නෑ කියල දකින්න ලැබුනොත්, අසන්න ලැබුනොත්, ඒ භික්ෂුව කොයිතරම් අරණ්‍යවාසී කෙනෙක් වුනත්, කොයිතරම් ඈත වනාන්තරේක කුටියක හිටියත්, කොයිතරම් පිණ්ඩපාතෙන් ජීවත් වුනත්, කොයිතරම් ගෙපිළිවෙළින් පිඬු සිඟා වැඩියත්, කොයිතරම් පාංශුකූල සිවුරු දැරුවත්, කොයිතරම් රළු සිවුරු දැරුවත්, පින්වත් ස්වාමීන් වහන්සේලා ඒ භික්ෂුවට සත්කාර කරන්නෙ නෑ. ගරු කරන්නෙ නෑ. බුහුමන් දක්වන්නෙ නෑ. පූජා කරන්නෙ නෑ. ඇයි එහෙම වෙන්නෙ? ඒ ආයුෂ්මතුන්ගේ හිතේ ඇතිවෙච්ච ලාමක ආශාවන් අනුව හැසිරෙන්න ගිහින්,

හටගත්තු අකුසල් නැතිවෙලා නැති බව පේන නිසයි, අසන්න ලැබෙන නිසයි එහෙම වෙන්නෙ.

ප්‍රිය ආයුෂ්මතුනි, ඒක මෙන්න මේ වගේ දෙයක්. සාප්පුවකින් හරි, රන්කරුවෙකුගෙ ගෙදරකින් හරි, තඹ භාජනයක් ගෙනාවා කියල හිතමු. ඒක හරි ම පිරිසිදු එකක්. ලස්සනට දිලිසෙන එකක්. නමුත් ඒකෙ අයිතිකාරයො ඒ භාජනය ඇතුළට සර්ප කුණක් හරි, බලු කුණක් හරි, මිනී කුණක් හරි දානවා. දාල තව ලස්සන තඹ භාජනයකින් වහනවා. ඊට පස්සෙ ඒ භාජනය කඩ පිල් මැද්දෙන් මහා ඉහළින් උස්සගෙන යනවා. මිනිස්සුන්ට මේක දකින්න ලැබෙනවා. මේ ගැන කතා බස් කරන්න පටන් ගන්නවා. 'හැබෑට ම පින්වත්නි, ඔය මහ ඉහළින් උස්සගෙන යන්නෙ අපි කවුරුත් ආස කරන ජාතියක් වෙන්න ඕන' කියල. අන්තිමේ දී ඒ මිනිස්සු ඒ භාජනේ පියන ඇරල බලනවා. ඒ පියන අරිනකොට ම දකින්න ලැබෙන්නෙ අර ගඳ ගහන මළකුණ. ඒ එක්ක ම ඒ මිනිස්සු තුළ අමනාපයක් ඇතිවෙනවා. පිළිකුලක් ඇතිවෙනවා. අප්පිරියාවක් ඇතිවෙනවා. බඩගිනි වෙලා හිටිය උදවියගෙ බඩගින්නත් නැති වෙනවා. කාපු බීපු උදවිය ගැන කවර කතා ද? ප්‍රිය ආයුෂ්මතුනි, අන්න ඒ විදිහ ම යි යම් භික්ෂුවක් තුළ ඔය ලාමක ආශාවන් ඇතිවෙලා, ඒ අනුව කටයුතු කරන්න ගිහිල්ල ඇතිවෙච්ච මේ පාපී අකුසල් නැතිවෙලා නෑ කියල දකින්න ලැබුනොත්, අසන්න ලැබුනොත්, ඒ භික්ෂුව කොයිතරම් අරණ්‍යවාසී වුනත්, කොයිතරම් ඈත වනාන්තරේක කුටියක හිටියත්, කොයිතරම් පිණ්ඩපාතෙන් ජීවත් වුනත්, කොයිතරම් ගෙපිළිවෙළින් පිණ්ඩපාතෙ වැඩියත්, කොයිතරම් පාංශුකූල සිවුරු දැරුවත්, කොයිතරම් රළු සිවුරු දැරුවත්, පින්වත් ස්වාමීන් වහන්සේලා ඒ භික්ෂුවට සත්කාර කරන්නෙ නෑ. ගරු කරන්නෙ නෑ. බුහුමන් දක්වන්නෙ නෑ. පූජා කරන්නෙ නෑ. ඇයි එහෙම වෙන්නෙ? ඒ ආයුෂ්මතුන් ගේ හිතේ ඇතිවෙච්ච ලාමක ආශාවන්ට අනුව හැසිරෙන්න ගිහින්, හටගත් මේ අකුසල් නැතිවෙලා නැති බව පේන නිසයි, අසන්න ලැබෙන නිසයි.

ප්‍රිය ආයුෂ්මතුනි, යම් කිසි භික්ෂුවක් තුළ ඔය ලාමක ආශාවන් ඇති වන ගතිය, ඒ අනුව කටයුතු කරන්න ගිහින් පාපී අකුසලයන් ඇතිවන ගතිය ප්‍රහාණය වෙලා තියෙන බව දකින්න ලැබුනොත්, අසන්න ලැබුනොත්, ඒ භික්ෂුව ගමේ අරමක වැඩසිටියත්, ආරාධනාවන් පිළිගත්තත්, ගිහියන් පූජා කරන සිවුරු පරිහරණය කළත්, පින්වත් ස්වාමීන් වහන්සේලා ඒ භික්ෂුවට ගරු කරනවා. බුහුමන් දක්වනවා. සත්කාර කරනවා. පූජා කරනවා. ඇයි එහෙම කරන්නෙ? ඒ භික්ෂුව තුළින් ලාමක ආශාවන් අනුව කටයුතු කරන්න ගිහින් ඒ අනුව හටගන්නා පාපී අකුසලයන් ඇති වන ස්වභාවය ප්‍රහාණය වෙලා ගිය බව දකින්න ලැබෙන නිසයි, අසන්න ලැබෙන නිසයි.

ප්‍රිය ආයුෂ්මතුනි, ඕක මෙන්න මේ වගේ දෙයක්. සාප්පුවකින් හරි, රන්කරුවෙකුගේ ගෙදරකින් හරි තඹ භාජනයක් ගෙනාවා කියල හිතන්න. ඒක හරි පිරිසිදුයි. ලස්සනට දිලිසෙනවා. ඒකෙ අයිතිකාරයො ඒ භාජනයට ඇල් හාලේ බතුයි, ප්‍රණීත විදිහට උයාගත්ත සූප ව්‍යංජනයි දාලා, වෙන තඹ භාජනයකින් වහනවා. ඊට පස්සෙ මහා ඉහළින් කඩ පිල් මැද්දෙන් උස්සගෙන යනවා. මිනිස්සුන්ට ඒක දකින්න ලැබෙනවා. මිනිස්සු ඒ ගැන කතා වෙනවා. 'පින්වත්නි, හැබෑට ම මේ මහ ඉහළින් උස්සගෙන යන්නෙ මේ භාජනේ ඇතුළේ අපි කවුරුත් ආස කරන දෙයක් තියෙන නිසා වෙන්න ඕන.' අන්තිමේ දී ඔවුන් ඒ භාජනේ ඇරල බලනවා. ඒ භාජනේ අරිනවත් එක්ක ම ප්‍රණීත ව්‍යංජන පිරිවරා ගත්තු රසවත් ඇල් හාලේ බතයි දකින්න ලැබෙන්නෙ. ඒක දකිනකොට ම හරිම සතුටක් ඇතිවෙනවා. අප්පිරියාවක් නම් ඇතිවෙන්නෙ නෑ. හොඳට කාල බීලා, බඩ පිරිච්ච උදවියටත් පවා ආයෙමත් කන්න ආස හිතෙනවා. බඩගිනි උදවිය ගැන කවර කතා ද?

ප්‍රිය ආයුෂ්මතුනි, ඔන්න ඔය විදිහ ම යි යම් කිසි භික්ෂුවක් තුළ ඔය ලාමක ආශාවන් ඇතිවන ගතිය, ඒ අනුව කටයුතු කරන්න ගිහින් පාපී අකුසලයන් ඇතිවන ගතිය ප්‍රහාණය වෙලා තියෙන බව දකින්න ලැබුනොත්, අසන්න ලැබුනොත්, ඒ භික්ෂුව ගමේ අරමක වැඩසිටියත්, ආරාධනාවන් පිළිගත්තත්, ගිහියන් පූජා කරන සිවුරු පරිහරණය කළත්, පින්වත් ස්වාමීන් වහන්සේලා ඒ භික්ෂුවට ගරු කරනවා. බුහුමන් දක්වනවා. සත්කාර කරනවා. පූජා කරනවා. ඇයි එහෙම කරන්නෙ? ඒ භික්ෂුව තුළින් ලාමක ආශාවන් ඇතිවන ගතිය, ඒ අනුව කටයුතු කරන්න ගිහින් පාපී අකුසලයන් ඇතිවන ගතිය ප්‍රහාණය වෙලා ගිය බව දකින්න ලැබෙන නිසයි, අසන්න ලැබෙන නිසයි."

එතකොට ආයුෂ්මත් මහා මොග්ගල්ලානයන් වහන්සේ, මෙහෙම කිව්වා.

"ආයුෂ්මත් සාරිපුත්ත, මට මේ ගැන උපමාවක් මතක් වුනා."

"ප්‍රිය ආයුෂ්මත් මොග්ගල්ලාන, මොකක් ද ඒ උපමාව?"

"ප්‍රිය ආයුෂ්මතුනි, ගිරිබ්බජ කියල හඳුන්වන රජගහ නුවර තමයි මං ඒ දවස්වල හිටියේ. ඉතින් ප්‍රිය ආයුෂ්මතුනි, මං එදා සිවුරු පොරවාගෙන, පාත්තරෙත්, සිවුරුත් අරගෙන රජගහ නුවරට පිණ්ඩපාතෙ වැඩියා.

එදා එහේ කරත්ත හදන බාසුන්නැහේගේ 'සාමීති' කියන පුතා කරත්තයකට රෝදයක් සහිනවා. ඔතනට ආවා 'පණ්ඩුපුත්ත' කියන තාපසයා. එයත් ඉස්සර කරත්ත බාස් කෙනෙකුගේ පුතෙක්. ඉතින් ඒ කරත්ත බාස්

කෙනෙකුගේ පුතෙක් වෙච්ච පණ්ඩුපුත්ත තාපසයාටත් මේ විදිහේ අදහසක් ඇතිවුනා. 'කරත්ත බාස්ගේ පුතෙක් වන මේ සාමීතී, රෝදයක් සහිනවා. මේ රෝදයේ මේ පැත්තෙ ඇදයක් තියෙනවා. අනිත් පැත්තෙත් ඇදයක් තියෙනවා. මේ මේ දෝෂයන් සහිනවා නම් තමයි හොඳ, එතකොට තමයි මේ රෝදෙ ඇද කුද නැතිව, දොස් නැතිව, හොඳ හැටියට අරටුවේ පිහිටන්නෙ' කියලා. ඉතින් ප්‍රිය ආයුෂ්මතුනි, ඒ වෙලාවෙ අර පරණ කරත්ත බාස්ගේ පුතා වන පණ්ඩුපුත්ත තාපසයා හිතන හිතන විදිහට ම, මේ කරත්ත බාස්ගෙ පුතා වන සාමීති, ඒ ඒ ඇදත්, ඒ ඒ නැම්මත්, ඒ ඒ දෝෂත් සැහැලා දැම්මා.

ඉතින් ප්‍රිය ආයුෂ්මතුනි, එතකොට අර පරණ කරත්ත බාස්ගේ පුතා වෙච්චි පණ්ඩුපුත්ත තාපසයාට හරි ම සතුටුයි. උන්නැහේ සතුටින් මෙහෙම කිව්වා. 'ඇත්තෙන් ම මේක සහින්නෙ හදවතකින් හදවතක් දැනගෙන වගේ නෙව කියලයි මට හිතෙන්නෙ' කියලා.

'ප්‍රිය ආයුෂ්මතුනි, අන්න ඒ විදිහ ම යි. කිසිම ශ්‍රද්ධාවක් නැතුව, ලෞකික ජීවිතේ ම ගත කරන්නට හිතාගෙන ගිහි ජීවිතේ අත්හැරලා මරණ වෙන උදවිය ඉන්නවා. මහණ වුනාට පස්සෙ ඔවුන් හරි ම කපටියි. ගුණවතුන් හැටියට පෙනී ඉන්නවා. කට්ටකම් ම යි පුරුදු වෙලා තියෙන්නෙ. ඒ වගේ ම හරි ම අහංකාරයි. හිතට අරගෙන ඉන්නෙ. චපලයි. ආයෙ ඉතින් කතා කරල බේරෙන්න බෑ. කතාව පටන් ගත්තු ගමන් ම යි ඉන්නෙ. ඉන්ද්‍රිය සංවරත් නෑ. කන බොන එකේ ප්‍රමාණෙ දන්නෙත් නෑ. භාවනා කිරීමක් ඇත්තෙත් නෑ. නිදි වරා ගෙන ධර්මයේ හැසිරීමකුත් නෑ. මාර්ගඵල ලැබීමක් ගැන කිසිම බලාපොරොත්තුවක් නෑ. සීල සමාධි ප්‍රඥා ගැන කිසි ගෞරවයකුත් නෑ. සිව්පසය ගොඩගහගැනිල්ලක් විතරයි තියෙන්නෙ. නිවන් මග හැල්ලු කරනවා. ඉස්සරහට ඇදල ගන්නෙ හිත පිරිහෙන දේවල් ම යි. භාවනාවෙන් හුදෙකලාවේ ඉන්න කිසිම අදහසක් නෑ. කුසීතයි. වීරියක් නෑ. සිහි මුලාවෙනුයි ඉන්නෙ. නුවණින් තොරයි. සිතේ සංසිඳීමක් නෑ. විසුරුණු සිතින් ඉන්නේ. ප්‍රඥාවක් නෑ. මෝඩයි. ප්‍රිය ආයුෂ්මත් සාරිපුත්ත, මේ ධර්ම දේශනාවෙන් අන්න ඒ උදවිය ගේ හදවත් සැහැල දානවා කියලයි මට හිතෙන්නෙ.

ප්‍රිය ආයුෂ්මතුනි, මහත් ශ්‍රද්ධාවකින් ගිහි ජීවිතේ අත්හැරලා පැවිදි වෙන පින්වත් තරුණ දරුවන් ඉන්නවා. ඔවුන් මහණ වුනාට පස්සෙ කපටි නෑ. ගුණවතුන්ගේ වෙස් අරගෙන අමුතු රඟපෑමකුත් නෑ. කට්ටකම් පුරුදු වෙන්නෙත් නෑ. ආඩම්බරත් නෑ. හිතට අරගෙනත් නෑ. චපලත් නෑ. කට වාචාලත් නෑ. හැම තිස්සෙ ම දොඩවන්නෙත් නෑ. ඉන්ද්‍රිය සංවරයි. කන බොන එකේ ප්‍රමාණයත් දන්නවා. නිදි වරාගෙන බණ භාවනාත් කරනවා.

මාර්ගඵල අවබෝධයක් ලබාගන්න ම යි හිත හිත ඉන්නෙ. සීල සමාධි ප්‍රඥා ගැන ලොකු ගෞරවයක් තියෙනවා. සිව්පසය ගොඩගැහිල්ලකුත් නෑ. නිවන් මග හැල්ලුවට ලක් කරන්නෙත් නෑ. හිත පිරිහෙන විදිහේ දේවල් අත්හරිනවා. භාවනාවෙන් හුදෙකලාවේ කල් ගත කරන්න ම යි හිතන්නෙ. පටන්ගත් වීරිය තියෙනවා. ජීවිත පරිත්‍යාගයෙන් ධර්මයේ හැසිරෙනවා. සතිපට්ඨානයේ ම යි සිහිය පිහිටුවාගන්නෙ. අවබෝධයක් තියෙනවා. සිතත් සමාහිතයි. ප්‍රඥාවන්තයි. මෝඩ නෑ. ඉතින් ප්‍රිය ආයුෂ්මත් සාරිපුත්තයන් වහන්සේගේ මේ දේශනාව අහලා, අන්න ඒ පින්වත් භික්ෂූන් වහන්සේලා වචන වලිනුත්, මනසිනුත් මෙය පානය කරාවි කියලයි, අනුභව කරාවි කියලයි මට හිතෙන්නෙ. ඇත්තෙන් ම ප්‍රිය ආයුෂ්මතුනි, මේ පින්වත් ස්වාමීන් වහන්සේලාව අකුසල් වලින් බේරගෙන, කුසල් දහම්වල පිහිටුවන එක කොයිතරම් ලොකු දෙයක් ද?

ප්‍රිය ආයුෂ්මතුනි, මට මේ ගැන හිතෙන්නෙ මේ විදිහටයි. ලස්සනට ඉන්න කැමති, තරුණ දුවෙක් හරි, පුතෙක් හරි ඉන්නවා. ඉතින් එයාලා හිස පටන් හොඳට වතුර නානවා. ඊට පස්සෙ එයාලට නෙළුම් මල් මාලයක් හරි, පිච්ච මල් මාලයක් හරි, මොකක් හරි අළුත් මල් මාලයක් ලැබෙනවා. එතකොට එයාල හරි සතුටින් ඒවා දෝතින් ම පිළිගන්නවා. ශරීරයේ උත්තම අංගය වන 'හිස' මත ලස්සනට පැළඳගන්නවා.

ප්‍රිය ආයුෂ්මතුනි, අන්න ඒ විදිහම යි, මහත් ශ්‍රද්ධාවකින් ගිහි ජීවිතේ අතහැරලා මහණ වෙන පින්වත් තරුණ දරුවන් ඉන්නවා. ඉතින් මහණ වුනාට පස්සෙ කිසි කපටිකමක් නෑ. ගුණවතුන්ගේ වෙස් අරගෙන රඟපෑමක් නෑ. ආඩම්බර නෑ. හිතට අරගෙන නෑ. චපල නෑ. කට වාචාල නෑ. හැම තිස්සෙ ම දොඩවන්නෙ නෑ. ඉන්ද්‍රිය සංවරයි. කන බොන එකේ ප්‍රමාණය දන්නවා. නිදි වරාගෙන බණ භාවනා කරනවා. මාර්ග ඵල අවබෝධයක් ලබාගන්න ම යි හිත හිත ඉන්නෙ. සීල සමාධි ප්‍රඥා ගැන ලොකු ගෞරවයක් තියෙනවා. සිව්පසය ගොඩගැහිල්ලකුත් නෑ. නිවන් මග හැල්ලුවට ලක් කරන්නේ නෑ. හිත පිරිහෙන දේවල් අත්හරිනවා. හුදෙකලාවේ භාවනාවෙන් කල් ගත කරන්නට ම යි හිතන්නෙ. පටන් ගත් වීරියෙන් යුක්තයි. ජීවිත පරිත්‍යාගයෙන් ධර්මයේ හැසිරෙනවා. සතිපට්ඨානයේ ම යි සිහිය පිහිටුවාගන්නෙ. අවබෝධයක් තියෙනවා. සිතත් සමාහිතයි. ප්‍රඥාවන්තයි. මෝඩ නෑ. ඉතින්, ප්‍රිය ආයුෂ්මත් සාරිපුත්තයන් වහන්සේගේ මේ දේශනාව අහල, අන්න ඒ වගේ පින්වත් භික්ෂූන් වහන්සේලා වචන වලිනුත්, මනසිනුත් මෙය පානය කරාවි කියලයි, අනුභව කරාවි කියලයි මට නම් හිතෙන්නෙ. ඇත්තෙන් ම, ප්‍රිය ආයුෂ්මතුනි, මේ පින්වත් ස්වාමීන් වහන්සේලාව අකුසල් වලින් බේරගෙන කුසල් දහම්වල පිහිටුවන එක කොයිතරම් හොඳ දෙයක් ද?"

මේ ආකාරයෙන් ඒ මහ රහතන් වහන්සේලා දෙනම ඔවුනොවුන් වදාළ මේ සුන්දර ධර්මය ගැන ගොඩක් සතුටු වුනා. අනුමෝදන් වුනා.

සාදු! සාදු!! සාදු!!!

**අංගණ (උපක්ලේශ) නැතිවීම ගැන වදාළ දෙසුම නිමා විය.**

# 1.1.6.
# ආකංඛෙය්‍ය සූත්‍රය
## 'කැමති වන්නේ නම්' යනුවෙන් වදාළ දෙසුම

**මා** හට අසන්නට ලැබුනේ මේ විදිහටයි. ඒ දිනවල භාග්‍යවතුන් වහන්සේ වැඩසිටියේ සැවැත් නුවර ජේතවනය නම් වූ, අනේපිඬු සිටුතුමාගේ ආරාමයේ. එදා භාග්‍යවතුන් වහන්සේ "පින්වත් මහණෙනි"යි කියා, භික්ෂුසංඝයා ඇමතුවා. ඒ භික්ෂු පිරිස ද "පින්වතුන් වහන්සැ"යි කියා භාග්‍යවතුන් වහන්සේට පිළිතුරු දුන්නා. භාග්‍යවතුන් වහන්සේ මේ දෙසුම වදාළේ ඒ වෙලාවේ දී ය.

පින්වත් මහණෙනි, සිල්වත්ව වාසය කරන්න. නිවන් මගට මුල් වන ශික්ෂාපද වලින් යුතුව වාසය කරන්න. නිවන් මගට මුල් වන ශික්ෂා පද සංවරයෙන් සංවර වන්න. යහපත් ඇවතුම් පැවතුම් වලින් යුක්ත වන්න. ඉතා ම කුඩා වරදේ පවා බිය දකිමින්, සමාදන් වී සිටින ශික්ෂා පද තුළ හික්මෙන්න.

(01) ඒ වගේ ම පින්වත් මහණෙනි, භික්ෂුව කැමති නම් 'මම සබ්‍රහ්මචාරීන් වහන්සේලාට ප්‍රිය කෙනෙක් වෙනවා. කැමති කෙනෙක් වෙනවා. ගරු බුහුමන් ලබන සම්භාවනීය කෙනෙක් වෙනවා' කියල, ඒ භික්ෂුව සීලය ම යි සම්පූර්ණ කරන්න ඕන. තම සිත සමාධිමත් කිරීමෙහි නිතර නිතර යෙදෙන්න ඕන. ධ්‍යානයෙන් බැහැර නොවී ඉන්න ඕන. විදර්ශනා වඩන්න ඕන. හුදෙකලා වාසය ම යි දියුණු කරන්න ඕන.

(02) ඒ වගේ ම පින්වත් මහණෙනි, භික්ෂුව කැමති නම්, 'මම දැහැමි ලෙස සිවුරු, පිණ්ඩපාත, කුටි, ගිලන්පස ආදිය ලැබෙන කෙනෙක් වෙනවා' කියල, ඒ භික්ෂුව සීලය ම යි සම්පූර්ණ කරන්න ඕන. තම සිත සමාධිමත් කිරීමෙහි නිතර නිතර යෙදෙන්න ඕන. ධ්‍යානයෙන් බැහැර නොවී ඉන්න ඕන. විදර්ශනා වඩන්න ඕන. හුදෙකලා වාසය ම යි දියුණු කරන්න ඕන.

(03) ඒ වගේ ම පින්වත් මහණෙනි, භික්ෂුව කැමති නම්, 'මම සැදැහැවතුන් ගෙන් ලැබෙන සිවුරු, පිණ්ඩපාත, කුටි, ගිලන්පස ආදිය පාවිච්චි කරනවා.

ඉතින් ඔවුන්ගේ ඒ පූජාවන්ට මහත්ඵල මහානිසංස වෙන, පින් ලැබෙන විදිහට මං ඉන්නවා' කියල, ඒ භික්ෂුව සීලය ම යි සම්පූර්ණ කරන්න ඕන. තම සිත සමාධිමත් කිරීමෙහි නිතර නිතර යෙදෙන්න ඕන. ධ්‍යානයෙන් බැහැර නොවී ඉන්න ඕන. විදර්ශනා වඩන්න ඕන. හුදෙකලා වාසය ම යි දියුණු කරන්න ඕන.

(04) ඒ වගේ ම පින්වත් මහණෙනි, යම් භික්ෂුවක් කැමති නම්, 'මිය පරලොව ගිහින් සිටින මගේ නෑදෑයෝ මා ගැන පැහැදුන සිතින් සිහි කරනවා නම් ඒ උදවියගේ ඒ සිහි කිරීමට මහත්ඵල මහානිසංස ලැබෙන විදිහට මම ඉන්න ඕන' කියල, ඒ භික්ෂුව සීලය ම යි සම්පූර්ණ කරන්න ඕන. තම සිත සමාධිමත් කිරීමෙහි නිතර නිතර යෙදෙන්න ඕන. ධ්‍යානයෙන් බැහැර නොවී ඉන්න ඕන. විදර්ශනා වඩන්න ඕන. හුදෙකලා වාසය ම යි දියුණු කරන්න ඕන.

(05) ඒ වගේ ම පින්වත් මහණෙනි, යම් භික්ෂුවක් කැමති නම් 'භාවනාව කරගන්න බැරිවෙන වෙලාවල් එනවා. කම් සැපයේ සිත ඇලෙන අවස්ථාවල් එනවා. එතකොට මං ඒ අරතියට ඉඩදෙන්නෙ නෑ. ඒ අරතිය පාලනය කර කර තමයි මං ඉන්නෙ' කියල, ඒ භික්ෂුව සීලය ම යි සම්පූර්ණ කරන්න ඕන. තම සිත සමාධිමත් කිරීමෙහි නිතර නිතර යෙදෙන්න ඕන. ධ්‍යානයෙන් බැහැර නොවී ඉන්න ඕන. විදර්ශනා වඩන්න ඕන. හුදෙකලා වාසය ම යි දියුණු කරන්න ඕන.

(06) ඒ වගේ ම පින්වත් මහණෙනි, භික්ෂුව කැමති නම්, 'භය බිරාන්ත වෙන බිහිසුණු අරමුණු එන අවස්ථා තියෙනවා. එතකොට මං ඒ බිහිසුණු අරමුණු වලට යටවෙන්නෙ නෑ, බිහිසුණු අරමුණු හටගත්තා ම මං ඒවා මර්ධනය කර කරයි ඉන්නෙ' කියල, ඒ භික්ෂුව සීලය ම යි සම්පූර්ණ කරන්න ඕන. තම සිත සමාධිමත් කිරීමෙහි නිතර නිතර යෙදෙන්න ඕන. ධ්‍යානයෙන් බැහැර නොවී ඉන්න ඕන. විදර්ශනා වඩන්න ඕන. හුදෙකලා වාසය ම යි දියුණු කරන්න ඕන.

(07) ඒ වගේ ම පින්වත් මහණෙනි, භික්ෂුවක් කැමති නම්, 'ධ්‍යාන හතර මේ ජීවිතයේ දී ම කැමති සේ ලබාගෙන, පහසුවෙන් ලබාගෙන, නිදුකින් ලබාගෙන මම වාසය කරනවා' කියල, ඒ භික්ෂුව සීලය ම යි සම්පූර්ණ කරන්න ඕන. තම සිත සමාධිමත් කිරීමෙහි නිතර නිතර යෙදෙන්න ඕන. ධ්‍යානයෙන් බැහැර නොවී ඉන්න ඕන. විදර්ශනා වඩන්න ඕන. හුදෙකලා වාසය ම යි දියුණු කරන්න ඕන.

(08) ඒ වගේ ම පින්වත් මහණෙනි, භික්ෂුවක් කැමති නම්, 'මම රූප ධ්‍යාන ඉක්මවා ගිහින් ශාන්ත පැවැත්මක් වන අරූප ධ්‍යානයන් ද මේ ජීවිතයෙන් ස්පර්ශ කරල ඉන්නවා' කියල, ඒ භික්ෂුව සීලය ම යි සම්පූර්ණ කරන්න ඕන. තම සිත සමාධිමත් කිරීමෙහි නිතර නිතර යෙදෙන්න ඕන. ධ්‍යානයෙන් බැහැර නොවී ඉන්න ඕන. විදර්ශනා වඩන්න ඕන. හුදෙකලා වාසය ම යි දියුණු කරන්න ඕන.

(09) ඒ වගේ ම පින්වත් මහණෙනි, භික්ෂුවක් කැමති නම් 'සංයෝජන තුනක් ක්ෂය කිරීමෙන් මම සෝතාපන්න වෙනවා. ආයෙ කවදාවත් අපායේ නම් වැටෙන්නේ නෑ, මං ස්ථිරව ම නිවන් අවබෝධ කරගන්නවා' කියල, ඒ භික්ෂුව සීලය ම යි සම්පූර්ණ කරන්න ඕන. තම සිත සමාධිමත් කිරීමෙහි නිතර නිතර යෙදෙන්න ඕන. ධ්‍යානයෙන් බැහැර නොවී ඉන්න ඕන. විදර්ශනා වඩන්න ඕන. හුදෙකලා වාසය ම යි දියුණු කරන්න ඕන.

(10) ඒ වගේ ම පින්වත් මහණෙනි, භික්ෂුවක් කැමති නම්, 'මං සංයෝජන තුනක් නැති කරගෙන, රාග, ද්වේෂ, මෝහ දුර්වල කරගෙන සකදාගාමී කෙනෙක් වෙනවා. මං එක වතාවක් පමණක් මේ ලෝකෙට ඇවිදින් සියලු දුක් නිමා කරනවා" කියල, ඒ භික්ෂුව සීලය ම යි සම්පූර්ණ කරන්න ඕන. තම සිත සමාධිමත් කිරීමෙහි නිතර නිතර යෙදෙන්න ඕන. ධ්‍යානයෙන් බැහැර නොවී ඉන්න ඕන. විදර්ශනා වඩන්න ඕන. හුදෙකලා වාසය ම යි දියුණු කරන්න ඕන.

(11) ඒ වගේ ම පින්වත් මහණෙනි, භික්ෂුවක් කැමති නම්, 'ඕරම්භාගීය (කාම ලෝකය තුළ පහළට ඇද වැටෙන) බන්ධන පහ ම නැති කරල, මම ඕපපාතිකව (බඹලොව) උපදින කෙනෙක් වෙනවා. ආයෙමත් ඒ ලෝකයෙන් චුත වෙලා මම වෙන තැනක උපදින්නේ නෑ. මම එහෙදි ම පිරිනිවන් පානවා' කියල, ඒ භික්ෂුව සීලය ම යි සම්පූර්ණ කරන්න ඕන. තම සිත සමාධිමත් කිරීමෙහි නිතර නිතර යෙදෙන්න ඕන. ධ්‍යානයෙන් බැහැර නොවී ඉන්න ඕන. විදර්ශනා වඩන්න ඕන. හුදෙකලා වාසය ම යි දියුණු කරන්න ඕන.

(12) ඒ වගේ ම පින්වත් මහණෙනි, භික්ෂුවක් කැමති නම්, 'මම නොයෙක් ආකාරයෙන් ඉර්ධි බල ලබාගන්නවා. එතකොට මම තනියම ඉඳගෙන බොහෝ දෙනෙක් වගේ පේන්න සළස්වනවා. බොහෝ දෙනෙක් වගේ පෙන්නල තනියම ඉන්නවා. බිත්ති වලින්, තාප්ප වලින්, ගොඩනැගිලි වලින් පිටතට ආකාසයේ යනවා වගේ ඒවායේ නොවැදී යන කෙනෙක්

වෙනවා. වතුරෙ වගේ පොළොවේ කිමිදී වෙන තැනකින් මතුවෙන කෙනෙක් වෙනවා. පොළොවේ ඇවිදිනවා වගේ ජලය මත ඇවිදගෙන යන කෙනෙක් වෙනවා. ඒ වගේ ම පළඟක් බැඳගෙන අහසින් යනවා කුරුල්ලෙක් වගේ. මේ තරම් බල සම්පන්න මහානුභාව ඇති හිරු සඳු දෙක පවා මම අතින් පිරිමදිනවා. බ්‍රහ්ම ලෝකයට යනකම් ම මේ ජීවිතයෙන් හැමදෙයක් ම වසඟ කරගන්නවා' කියල, ඒ භික්ෂුව සීලය ම යි සම්පූර්ණ කරන්න ඕන. තම සිත සමාධිමත් කිරීමෙහි නිතර නිතර යෙදෙන්න ඕන. ධ්‍යානයෙන් බැහැර නොවී ඉන්න ඕන. විදර්ශනා වඩන්න ඕන. හුදෙකලා වාසය ම යි දියුණු කරන්න ඕන.

(13) ඒ වගේ ම පින්වත් මහණෙනි, භික්ෂුවක් කැමති නම්, 'මිනිසුන්ගේ සාමාන්‍ය ශ්‍රවණ පථය ඉක්මවා ගිය දිව්‍යමය සවන් දීමෙන්, දිව්‍ය වූත් මානුෂික වූත් ශබ්ද දෙක ම අසන කෙනෙක් වෙනවා' කියල, ඒ භික්ෂුව සීලය ම යි සම්පූර්ණ කරන්න ඕන. තම සිත සමාධිමත් කිරීමෙහි නිතර නිතර යෙදෙන්න ඕන. ධ්‍යානයෙන් බැහැර නොවී ඉන්න ඕන. විදර්ශනා වඩන්න ඕන. හුදෙකලා වාසය ම යි දියුණු කරන්න ඕන.

(14) ඒ වගේ ම පින්වත් මහණෙනි, භික්ෂුවක් කැමති නම්, 'බාහිර සත්වයන්ගේ, බාහිර පුද්ගලයන්ගේ සිත් සතන්වල ස්වභාවය මගේ සිතින් මම දැනගන්නවා. එතකොට සරාගී සිත, සරාගී සිතක් ය කියල මම දැනගන්නවා. එතකොට මම දැනගන්නවා විරාගී සිත, විරාගී සිතක් කියල. සදෝසී සිත, සදෝසී සිතක් ය කියල. වීතදෝසී සිත, වීතදෝසී සිතක් ය කියල. මෝහ සහිත සිත, මෝහ සහිත සිතක් ය කියල. වීතමෝහී සිත, වීතමෝහී සිතක් කියල. නිදිමත හා අලස බවින් හැකිළී ගිය සිත, නිදිමත හා අලස බවින් හැකිළී ගිය සිතක් ය කියල. විසිරී ගිය සිත, විසිරී ගිය සිතක් ය කියල. සමාධියෙන් වැඩුණු සිත, සමාධියෙන් වැඩුණු සිතක් ය කියල. සමාධියෙන් නොවැඩුණු සිත, සමාධියෙන් නොවැඩුණු සිතක් ය කියල. බලවත් නොවූ සමාධි සිත, බලවත් නොවූ සමාධි සිතක් ය කියල. ධ්‍යාන ලබා ශ්‍රේෂ්ඨත්වයට පත් වූ සිත, ධ්‍යාන ලබා ශ්‍රේෂ්ඨත්වයට පත් වූ සිතක් ය කියල. හොඳින් එකඟ වූ සිත, හොඳින් එකඟ වූ සිතක් ය කියල. හොඳින් එකඟ නොවූ සිත, හොඳින් එකඟ නොවූ සිතක් ය කියල. කෙලෙසුන්ගෙන් මිදුණු සිත, කෙලෙසුන්ගෙන් මිදුණු සිතක් ය කියල. කෙලෙසුන්ගෙන් නොමිදුණ සිත, කෙලෙසුන්ගෙන් නොමිදුණු සිතක් ය කියල මට දැනගන්න පුළුවන්' කියල, ඒ භික්ෂුව සීලය ම යි සම්පූර්ණ කරන්න ඕන. තම සිත සමාධිමත් කිරීමෙහි නිතර නිතර යෙදෙන්න ඕන.

ධ්‍යානයෙන් බැහැර නොවී ඉන්න ඕන. විදර්ශනා වඩන්න ඕන. හුදෙකලා වාසය ම යි දියුණු කරන්න ඕන.

(15) ඒ වගේ ම පින්වත් මහණෙනි, භික්ෂුවක් කැමති නම්, 'මම නොයෙක් ආකාරයේ පෙර ගත කළ ජීවිත ගැන සිහි කරන කෙනෙක් වෙනවා. එතකොට මම එක ඉපදීමක්, ඉපදීම් දෙකක්, ඉපදීම් තුනක්, ඉපදීම් හතරක්, ඉපදීම් පහක්, ඉපදීම් දහයක්, ඉපදීම් විස්සක්, ඉපදීම් තිහක්, ඉපදීම් හතලිහක්, ඉපදීම් පනහක්, ඉපදීම් සීයක්, ඉපදීම් දාහක්, ඉපදීම් ලක්ෂයක්, නොයෙක් සංවට්ට කල්ප, නොයෙක් විවට්ට කල්ප, නොයෙක් සංවට්ට-විවට්ට කල්ප සිහි කරනවා. එතකොට මට පුළුවනි දැනගන්න 'මම අසවල් තැනයි ඉපදුනේ. මේ විදිහටයි නම් තිබුනේ. මේ විදිහටයි ගෝත්‍ර නම් තිබුනේ. මේ විදිහටයි හැඩ රුව. මේවා තමයි කෑවේ බීවේ. මේ විදිහටයි සැප දුක් වින්දේ. මේ විදිහටයි මැරිල ගියේ. ඊට පස්සෙ මං එතනින් චුත වෙලා අසවල් තැන උපන්නා. මේ විදිහටයි නම් ලැබුනේ. මේ විදිහටයි ගෝත්‍ර නම් ලැබුනේ. මේ විදිහටයි හැඩරුව ලැබුනේ. මේවා තමයි කෑවේ බීවේ. මේ විදිහටයි සැප දුක් වින්දේ. මේ විදිහටයි මැරිල ගියේ. ඊට පස්සෙ එතනින් චුත වෙලා අසවල් තැන උපන්නා.' මේ විදිහට මම කරුණු සහිතව පැහැදිලි විස්තර ඇතිව, නොයෙක් ආකාරයෙන් පෙර ගත කළ ජීවිත ගැන සිහි කරන කෙනෙක් වෙනවා' කියල, ඒ භික්ෂුව සීලය ම යි සම්පූර්ණ කරන්න ඕන. තම සිත සමාධිමත් කිරීමෙහි නිතර නිතර යෙදෙන්න ඕන. ධ්‍යානයෙන් බැහැර නොවී ඉන්න ඕන. විදර්ශනා වඩන්න ඕන. හුදෙකලා වාසය ම යි දියුණු කරන්න ඕන.

(16) ඒ වගේ ම පින්වත් මහණෙනි, භික්ෂුවක් කැමති නම්, 'මම මිනිසුන්ගේ සාමාන්‍ය දර්ශන පථය ඉක්මවා ගිය පිරිසිදු වූ දිව්‍යස ලබාගන්නවා. එතකොට මට චුත වෙන, උපදින සත්වයන් දකින්න පුළුවනි. කර්මානුරූපව උසස් පහත්, ලස්සන කැත, සුගති දුගතිවල උපදින සත්වයන් දකින්න පුළුවනි. 'අනේ ඇත්තෙන් ම මේ භවත් සත්වයින් කයින් දුසිරිත් කරලා, වචනයෙන් දුසිරිත් කරලා, මනසින් දුසිරිත් කරලා, ආර්යයන් වහන්සේලාට නින්දා කරලා, මිථ්‍යා දෘෂ්ටික ආගම් අදහලා, මිථ්‍යා දෘෂ්ටික ක්‍රියාවන් කරල මැරිල ගිහින්, දුක් ඇති අපාය නම් වූ නිරයේ ඉපදිලා ඉන්නවා. ඒ වගේ ම මේ භවත් සත්වයන් කයින් සුසිරිත් කරලා, වචනයෙන් සුසිරිත් කරලා, මනසින් සුසිරිත් කරලා, ආර්යයන් වහන්සේලාට නින්දා නොකොට, සම්මා දිට්ඨියෙන් යුක්ත වෙලා, සම්මා දිට්ඨියෙන් යුතු ක්‍රියාවන් කරලා, මරණයට පත්වුනාට පස්සේ යහපත් ජීවිත ඇති ස්වර්ග

ලෝකෙ ඉපදිලා ඉන්නවා. ඉතින් මම ඔය විදිහට සාමාන්‍ය මිනිස් දර්ශන පථය ඉක්මවා ගිය දිවැස් ලබාගෙන, චුතවෙන උපදින සතුන් දකින කෙනෙක් වෙනවා. කර්මානුරූපව උසස් පහත්, ලස්සන කැත, සුගති දුගතිවල උපදින සත්වයන් දකින කෙනෙක් වෙනවා' කියල, ඒ භික්ෂුව සීලය ම යි සම්පූර්ණ කරන්න ඕන. තම සිත සමාධිමත් කිරීමෙහි නිතර නිතර යෙදෙන්න ඕන. ධ්‍යානයෙන් බැහැර නොවී ඉන්න ඕන. විදර්ශනා වඩන්න ඕන. හුදෙකලා වාසය ම යි දියුණු කරන්න ඕන.

(17) ඒ වගේ ම පින්වත් මහණෙනි, භික්ෂුවක් කැමති නම්, 'මම ආශ්‍රවයන් ක්ෂය කරල, ආශ්‍රව රහිත වෙලා, සමථ භාවනාව තුළින් නීවරණයන් ගෙන් සිත නිදහස් කරගෙන ලබන චේතෝ විමුක්තියත්, විදර්ශනා භාවනාව තුළින් ඇතිවෙන ප්‍රඥාවෙන් සංයෝජනයන්ගෙන් සිත නිදහස් කරගෙන ලබන පඤ්ඤා විමුක්තියත් මා තුළ ඇති කරගත් විශිෂ්ට වූ ඤාණයෙන් සාක්ෂාත් කරලා මේ ජීවිතයේ දී ම අරහත්වයට පත්ව වාසය කරන කෙනෙක් වෙනවා' කියල, ඒ භික්ෂුව සීලය ම යි සම්පූර්ණ කරන්න ඕන. තම සිත සමාධිමත් කිරීමෙහි නිතර නිතර යෙදෙන්න ඕන. ධ්‍යානයෙන් බැහැර නොවී ඉන්න ඕන. විදර්ශනා වඩන්න ඕන. හුදෙකලා වාසය ම යි දියුණු කරන්න ඕන.

පින්වත් මහණෙනි, සිල්වත්ව වාසය කරන්න කියල, නිවන් මගට මුල් වුන ශික්ෂාපද වලින් යුතුව වාසය කරන්න කියල, නිවන් මගට මුල් වන ශික්ෂාපද සංවරයෙන් සංවර වන්නට ම කියල, යහපත් ඇවතුම් පැවතුම් වලින් යුක්ත වන්න කියල, ඉතා ම කුඩා වරදේ පවා බිය දකිමින් සමාදන් වී සිටින ශික්ෂාපද තුළ හික්මෙන්නට කියල මා ඔබට කිව්වේ ඔන්න ඔය අර්ථය පිණිස ම යි.

භාග්‍යවතුන් වහන්සේ මේ දේශනය වදාළා. ඉතා සතුටට පත් ඒ භික්ෂු පිරිස ද, භාග්‍යවතුන් වහන්සේ වදාළ මේ උතුම් ධර්මය අසා සාදුකාර දෙමින් මහත් ආදර ගෞරවයෙන් පිළිගත්තා.

සාදු! සාදු!! සාදු!!!

**'කැමති වන්නේ නම්' යනුවෙන් වදාළ දෙසුම නිමා විය.**

# 1.1.7.
# වත්ථූපම සූත්‍රය
## ඇඳුමක් උපමාවට ගෙන වදාළ දෙසුම

මා හට අසන්නට ලැබුනේ මේ විදිහට යි. ඒ දිනවල භාග්‍යවතුන් වහන්සේ වැඩ සිටියේ සැවැත් නුවර ජේතවන නම් වූ අනේපිඬු සිටුතුමාගේ ආරාමයේ. එදා භාග්‍යවතුන් වහන්සේ "පින්වත් මහණෙනි" කියල භික්ෂුසංඝයා ඇමතුවා. "පින්වතුන් වහන්ස" කියල ඒ භික්ෂූන් වහන්සේලාත් භාග්‍යවතුන් වහන්සේට පිළිතුරු දුන්නා. ඒ මොහොතේ දී තමයි භාග්‍යවතුන් වහන්සේ මේ දෙසුම වදාළේ.

"පින්වත් මහණෙනි, කිලුටු වෙලා, අපිරිසිදු වෙච්ච ඇඳුමක් තියෙනවා කියල හිතමු. ඉතින් රෙදිවලට සායම් පොවන කෙනෙක් හිතනවා ඒ ඇඳුමට සායම් පොවන්න ඕන කියලා. එහෙම හිතලා නිල් පාට හරි, කහ පාට හරි, රතුපාට හරි, මදටිය පාට හරි සායම් තියෙන භාජනයක ඒ ඇඳුම දානවා. ඇත්තෙන් ම ඒ ඇඳුමට ලස්සනට සායම් අල්ලන්නේ නෑ. අවලස්සන පාටක් ම යි ඇතිවෙන්නෙ. ඇයි එහෙම වෙන්නෙ?

පින්වත් මහණෙනි, ඒක එහෙම වෙන්නෙ ඒ ඇඳුම අපිරිසිදු එකක් නිසා. පින්වත් මහණෙනි, අන්න ඒ විදිහම යි සිතක් වුනත් කිලුටු වෙලා ගියොත් කැමති වෙන්න තියෙන්නේ දුගතියේ උපතක් ම තමයි.

පින්වත් මහණෙනි, හොඳ පිරිසිදුවට බබලන ඇඳුමක් තියෙනවා කියල හිතමු. ඉතින් රෙදි වලට සායම් පොවන කෙනෙක් හිතනවා ඒ ඇඳුමට සායම් පොවන්න ඕන කියලා. එහෙම හිතල නිල් පාට හරි, කහ පාට හරි, රතුපාට හරි, මදටිය පාට හරි සායම් තියෙන භාජනයකට ඒ ඇඳුම දානවා. එතකොට ඒ ඇඳුමට හොඳට සායම් අල්ලනවා. ලස්සනට පාට වෙනවා. පිරිසිදු පාටකට හැරෙනවා. ඇයි එහෙම වෙන්නෙ?

පින්වත් මහණෙනි, ඒක එහෙම වෙන්නෙ, ඒ ඇඳුම පිරිසිදු එකක් නිසා. පින්වත් මහණෙනි, අන්න ඒ විදිහට ම යි සිතක් වුනත් කිලුටු වෙලා නැත්නම් කැමති වෙන්න තියෙන්නෙ සැප තියෙන ලෝකයක ඉපදීමක් තමයි.

පින්වත් මහණෙනි, මොනවයින් ද සිතක් කිලුටු වෙන්නෙ? තමන් සතු දේ තමා ළඟම තබා ගන්නටත්, අනුන් සතු දේ තමන් සතු කරගන්නටත් ලෝභකම ඇතිවෙනවා. අන්න ඒක සිතට කිලුටක්. ද්වේෂය ඇතිවෙනවා. අන්න ඒකත් සිතට කිලුටක්. ක්‍රෝධය ඇතිවෙනවා. අන්න ඒකත් සිතට කිලුටක්. වෛර බැඳගැනීම ඇතිවෙනවා. අන්න ඒකත් සිතට කිලුටක්. අනුන්ගේ ගුණවත්කම මතුවෙද්දී එය යටපත් කොට මකලා දානවා. අන්න ඒකත් සිතට කිලුටක්. එකට එක කරනවා. අන්න ඒකත් සිතට කිලුටක්. ඉරිසියාව ඇතිවෙනවා. අන්න ඒකත් සිතට කිලුටක්. තමන්ගේ දෙයක් තව කෙනෙක් පාවිච්චි කරනවට අකැමති මසුරුකම ඇතිවෙනවා. අන්න ඒකත් සිතට කිලුටක්. ගුණවතුන් හැටියට පෙනී ඉන්නවා. අන්න ඒකත් සිතට කිලුටක්. කපටිකම ඇතිවෙනවා. අන්න ඒකත් සිතට කිලුටක්. සාධාරණ අදහස්වලට විරුද්ධව දැඩිව ඉන්නවා. අන්න ඒකත් සිතට කිලුටක්. තරඟයට වැඩකරනවා. අන්න ඒකත් සිතට කිලුටක්. අහංකාරකමින් ඉන්නවා. අන්න ඒකත් සිතට කිලුටක්. අධික අහංකාරකමින් ඉන්නවා. අන්න ඒකත් සිතට කිලුටක්. හිතට අරගෙන ඉදිමිලා ඉන්නවා. අන්න ඒකත් සිතට කිලුටක්. බාහිර කටයුතු පෙරට ගෙන ධර්මයේ හැසිරීම ප්‍රමාද කරනවා. අන්න ඒකත් සිතට කිලුටක්.

පින්වත් මහණෙනි, ඒ භික්ෂුව තමන් සතු දේ ගැනත්, අනුන් සතු දේ ගැනත් ඇතිවෙන ලෝභකම නම් වූ අභිජ්ඣා විෂම ලෝභය සිත කිලුටු කරවන උපක්ලේශයක් බව අවබෝධ කරගෙන, සිත කිලුටු කරවන ඒ අභිජ්ඣා විෂම ලෝභය අත්හරිනවා. ද්වේෂය සිත කිලුටු කරවන උපක්ලේශයක් බව අවබෝධ කරගෙන, සිත කිලුටු කරවන ඒ ව්‍යාපාදය අත්හරිනවා. ක්‍රෝධය සිත කිලුටු කරවන උපක්ලේශයක් බව අවබෝධ කරගෙන, සිත කිලුටු කරවන ඒ ක්‍රෝධය අත්හරිනවා. වෛර බැඳ ගැනීම සිත කිලුටු කරවන උපක්ලේශයක් බව අවබෝධ කරගෙන, සිත කිලුටු කරවන ඒ බද්ධ වෛරය අත්හරිනවා. ගුණමකුකම සිත කිලුටු කරවන උපක්ලේශයක් බව අවබෝධ කරගෙන, සිත කිලුටු කරවන ඒ ගුණමකුකම අත්හරිනවා. එකට එක කිරීම සිත කිලුටු කරවන උපක්ලේශයක් බව අවබෝධ කරගෙන, සිත කිලුටු කරවන ඒ එකට එක කිරීම අත්හරිනවා. ඉරිසියාව සිත කිලුටු කරවන උපක්ලේශයක් බව අවබෝධ කරගෙන, සිත කිලුටු කරවන ඒ ඉරිසියාව අත්හරිනවා. මසුරුකම සිත කිලුටු කරවන උපක්ලේශයක් බව අවබෝධ කරගෙන, සිත කිලුටු කරවන ඒ මසුරුකම අත්හරිනවා. නැති ගුණ පෙන්වීම සිත කිලුටු කරවන උපක්ලේශයක් බව අවබෝධ කරගෙන,

සිත කිලුටු කරවන ඒ නැති ගුණ පෙන්වීම අත්හරිනවා. කපටිකම සිත කිලුටු කරවන උපක්ලේශයක් බව අවබෝධ කරගෙන, සිත කිලුටු කරවන ඒ කපටිකම අත්හරිනවා. සාධාරණ අදහස්වලට විරුද්ධව දැඩිව සිටීම සිත කිලුටු කරවන උපක්ලේශයක් බව අවබෝධ කරගෙන, සිත කිලුටු කරවන ඒ සාධාරණ අදහස් වලට විරුද්ධව දැඩිව සිටීම අත්හරිනවා. තරඟයට වැඩ කිරීම සිත කිලුටු කරවන උපක්ලේශයක් බව අවබෝධ කරගෙන, සිත කිලුටු කරවන ඒ තරඟයට වැඩ කිරීම අත්හරිනවා. අහංකාරකම සිත කිලුටු කරවන උපක්ලේශයක් බව අවබෝධ කරගෙන, සිත කිලුටු කරවන ඒ අහංකාරකම අත්හරිනවා. අධික අහංකාරකම සිත කිලුටු කරවන උපක්ලේශයක් බව අවබෝධ කරගෙන, සිත කිලුටු කරවන ඒ අධික අහංකාරකම අත්හරිනවා. හිතට අරගෙන ඉදිමී සිටීම සිත කිලුටු කරවන උපක්ලේශයක් බව අවබෝධ කරගෙන, සිත කිලුටු කරවන ඒ හිතට අරගෙන ඉදිමී සිටීම අත්හරිනවා. ධර්මයේ හැසිරෙන්න ප්‍රමාද වීම සිත කිලුටු කරවන උපක්ලේශයක් බව අවබෝධ කරගෙන, සිත කිලුටු කරවන ඒ ප්‍රමාදය අත්හරිනවා.

පින්වත් මහණෙනි, ඒ භික්ෂුව යම් දවසක තමන් සතු දේ ගැනත්, අනුන් සතු දේ ගැනත් ඇතිවෙන ලෝභකම නම් වූ අභිජ්ඣා විෂම ලෝභය සිත කිලුටු කරවන උපක්ලේශයක් බව අවබෝධ කරගෙන, සිත කිලුටු කරවන ඒ අභිජ්ඣා විෂම ලෝභය සිතින් ප්‍රහාණය වෙලා ගියා නම්, ද්වේෂය සිත කිලුටු කරවන උපක්ලේශයක් බව අවබෝධ කරගෙන, සිත කිලුටු කරවන ඒ ව්‍යාපාදය සිතින් ප්‍රහාණය වෙලා ගියා නම්, ක්‍රෝධය සිත කිලුටු කරවන උපක්ලේශයක් බව අවබෝධ කරගෙන, සිත කිලුටු කරවන ඒ ක්‍රෝධය සිතින් ප්‍රහාණය වෙලා ගියා නම්, වෛර බැඳ ගැනීම සිත කිලුටු කරවන උපක්ලේශයක් බව අවබෝධ කරගෙන, සිත කිලුටු කරවන ඒ බද්ධ වෛරය සිතින් ප්‍රහාණය වෙලා ගියා නම්, ගුණමකුකම සිත කිලුටු කරවන උපක්ලේශයක් බව අවබෝධ කරගෙන, සිත කිලුටු කරවන ඒ ගුණමකුකම සිතින් ප්‍රහාණය වෙලා ගියා නම්, එකට එක කිරීම සිත කිලුටු කරවන උපක්ලේශයක් බව අවබෝධ කරගෙන, සිත කිලුටු කරවන ඒ එකට එක කිරීම සිතින් ප්‍රහාණය වෙලා ගියා නම්, ඉරිසියාව සිත කිලුටු කරවන උපක්ලේශයක් බව අවබෝධ කරගෙන, සිත කිලුටු කරවන ඒ ඉරිසියාව සිතින් ප්‍රහාණය වෙලා ගියා නම්, මසුරුකම සිත කිලුටු කරවන උපක්ලේශයක් බව අවබෝධ කරගෙන, සිත කිලුටු කරවන ඒ මසුරුකම සිතින් ප්‍රහාණය වෙලා ගියා නම්, නැති ගුණ පෙන්වීම සිත කිලුටු කරවන උපක්ලේශයක් බව අවබෝධ කරගෙන, සිත කිලුටු කරවන ඒ නැති ගුණ පෙන්වීම සිතින් ප්‍රහාණය වෙලා ගියා නම්, කපටිකම සිත කිලුටු කරවන උපක්ලේශයක් බව අවබෝධ කරගෙන, සිත කිලුටු කරවන ඒ කපටිකම සිතින්

ප්‍රහාණය වෙලා ගියා නම්, සාධාරණ අදහස්වලට විරුද්ධව දැඩිව සිටීම සිත කිලුටු කරවන උපක්ලේශයක් බව අවබෝධ කරගෙන, සිත කිලුටු කරවන ඒ සාධාරණ අදහස්වලට විරුද්ධව දැඩිව සිටීම සිතින් ප්‍රහාණය වෙලා ගියා නම්, තරඟයට වැඩ කිරීම සිත කිලුටු කරවන උපක්ලේශයක් බව අවබෝධ කරගෙන, සිත කිලුටු කරවන ඒ තරඟයට වැඩ කිරීම සිතින් ප්‍රහාණය වෙලා ගියා නම්, අහංකාරකම සිත කිලුටු කරවන උපක්ලේශයක් බව අවබෝධ කරගෙන, සිත කිලුටු කරවන ඒ අහංකාරකම සිතින් ප්‍රහාණය වෙලා ගියා නම්, අධික අහංකාරකම සිත කිලුටු කරවන උපක්ලේශයක් බව අවබෝධ කරගෙන, සිත කිලුටු කරවන ඒ අධික අහංකාරකම සිතින් ප්‍රහාණය වෙලා ගියා නම්, හිතට අරගෙන ඉදිමී සිටීම සිත කිලුටු කරවන උපක්ලේශයක් බව අවබෝධ කරගෙන, සිත කිලුටු කරවන ඒ හිතට අරගෙන ඉදිමී සිටීම සිතින් ප්‍රහාණය වෙලා ගියා නම්, ධර්මයේ හැසිරෙන්න ප්‍රමාද වීම සිත කිලුටු කරවන උපක්ලේශයක් බව අවබෝධ කරගෙන, සිත කිලුටු කරවන ඒ ප්‍රමාදය සිතින් ප්‍රහාණය වෙලා ගියා නම්,

අන්න ඒ භික්ෂුව බුදුරජාණන් වහන්සේ කියන්නේ කවුද කියල අවබෝධයෙන් ම හඳුනාගෙන උන්වහන්සේ ගැන නොසෙල්වෙන පැහැදීමකින් යුක්ත වෙනවා. "ඒ අප ගේ භාග්‍යවතුන් වහන්සේ රාග, ද්වේෂ, මෝහ නැති පරම පිවිතුරු සිත් ඇති කෙනෙක් වන සේක (**අරහං**). බාහිර උපකාරයකින් තොරව තම බුද්ධි මහිමයෙන් ම චතුරාර්ය සත්‍යාවබෝධය ලබාගත් කෙනෙක් වන සේක (**සම්මා සම්බුද්ධෝ**). ඉතා පිරිසිදු අවබෝධ ඥාණයෙනුත්, ඊට අනුකූල ජීවිත පැවැත්මෙනුත් යුක්ත කෙනෙක් වන සේක (**විජ්ජා චරණ සම්පන්නෝ**). සුන්දර නිවන් මග සොයා ගෙන ඒ සුන්දර නිවනට පැමිණි කෙනෙක් වන සේක (**සුගතෝ**). සකල ලෝක ධාතුව ම පරිපූර්ණ වශයෙන් අවබෝධ කළ කෙනෙක් වන සේක (**ලෝකවිදූ**). දෙව් මිනිසුන් දමනය කිරීමෙහි අතිශයින් ම දක්ෂ කෙනෙක් වන සේක (**අනුත්තරෝ පුරිසදම්මසාරථී**). දෙව් මිනිස් ප්‍රජාවට නිවැරදි නායකත්වය සපයන කෙනෙක් වන සේක (**සත්ථා දේවමනුස්සානං**). අවබෝධ කරගත් සද්ධර්මය අන්‍යන්ට ද අවබෝධ කරවන කෙනෙක් වන සේක (**බුද්ධෝ**). මේ සියලු ගුණ දැරීමට භාග්‍යය ඇති කෙනෙක් වන සේක (**භගවා**)" කියල.

ඒ වගේ ම "සද්ධර්මය" කියන්නේ මොකක් ද කියලත් අවබෝධයෙන් ම හඳුනාගෙන සද්ධර්මය ගැනත් නොසෙල්වෙන පැහැදීමකින් යුක්ත වෙනවා. "අපගේ භාග්‍යවතුන් වහන්සේ විසින් මුල, මැද, අග ඉතා ම යහපත් විදිහට, ඉතා ම අර්ථවත්ව, පැහැදිලි වචන වලින් පරිපූර්ණ නිවන් මග පෙන්වා වදාළ නිසා

මේ සද්ධර්මය '**ස්වාක්ඛාත**' යි. මේ ජීවිතයේ දී ම අවබෝධ කරගන්න පුළුවන් නිසා මේ සද්ධර්මය '**සන්දිට්ඨික**' යි. ඕනෑ ම කාලයක දී අවබෝධ කරගන්න පුළුවන් නිසා මේ සද්ධර්මය '**අකාලික**' යි. ඇවිත් අවබෝධ කරගන්න කියල පෙන්වා දෙන්න පුළුවන් නිසා මේ සද්ධර්මය '**ඒහිපස්සික**' යි. තමා තුළින් ම අවබෝධ කර ගත යුතු නිසා මේ සද්ධර්මය '**ඕපනයික**' යි. බුද්ධිමත් උදවිය වෙන් වෙන් වශයෙන් අවබෝධ කරගත යුතු දෙයක් නිසා මේ සද්ධර්මය '**පච්චත්තං වේදිතබ්බෝ විඤ්ඤූහී**' ගුණයෙන් යුක්තයි කියල.

ඒ වගේ ම භික්ෂුව ශ්‍රාවක සංඝරත්නය කියන්නෙ කවුද කියලත් අවබෝධයෙන් ම හඳුනාගෙන "ශ්‍රාවක සංඝරත්නය" ගැනත් නොසෙල්වෙන පැහැදීමකින් යුක්ත වෙනවා. භාග්‍යවතුන් වහන්සේගේ ශ්‍රාවක සඟරුවන රාග, ද්වේෂ, මෝහ දුරුකරන ප්‍රතිපදාවෙන් යුක්ත නිසා '**සුපටිපන්න**' යි. භාග්‍යවතුන් වහන්සේ ගේ ශ්‍රාවක සඟරුවන සෘජු මාර්ගය වන ආර්ය අෂ්ටාංගික මාර්ගයේ ගමන් කරන නිසා '**උජුපටිපන්න**' යි. භාග්‍යවතුන් වහන්සේ ගේ ශ්‍රවක සඟරුවන චතුරාර්ය සත්‍යාවබෝධය ඇති කරවන ප්‍රතිපදාවකින් යුක්ත නිසා '**ඤායපටිපන්න**' යි. භාග්‍යවතුන් වහන්සේගේ ශ්‍රාවක සඟරුවන ඒ නිවන් මග අන්‍යන්ටත් කියා දෙන නිසා '**සාමීචිපටිපන්න**' යි. යුගල වශයෙන් ශ්‍රාවකයන් හතරකුත්, පුද්ගලයන් වශයෙන් ශ්‍රාවකයන් අට දෙනෙකුත් දකින්න ලැබෙනවා. භාග්‍යවතුන් වහන්සේගේ ශ්‍රාවක සංඝරත්නය දුර සිට රැගෙන ආ දන් පැන් ලැබීමට සුදුසු වූ '**ආහුනෙය්‍ය**' ගුණයෙන් යුක්තයි. ආගන්තුක සත්කාර ලැබීමට සුදුසු වූ '**පාහුනෙය්‍ය**' ගුණයෙන් යුක්තයි. පින් ලබා ගැනීම පිණිස දන් පැන් පිදීමට සුදුසු වූ '**දක්ඛිණෙය්‍ය**' ගුණයෙන් යුක්තයි. වැඳුම්-පිදුම් ලැබීමට සුදුසු වූ '**අඤ්ජලිකරණීය**' ගුණයෙන් යුක්තයි. ලෝකයේ උතුම් පින් කෙත වන නිසා '**අනුත්තරං පුඤ්ඤක්ඛෙත්තං ලෝකස්ස**' වන සේක කියලා.

ඉතින් පින්වත් මහණෙනි, ඔන්න ඔය විදියට යම් දවසක ආර්ය ශ්‍රාවකයා ගේ සිතින්, සිත කිලුටු කරන දේවල් බැහැර වුනොත්, වමනෙ දැම්මා වගේ වුනොත්, ඒවායින් නිදහස් වෙලා ගියොත්, දුරු වෙලා ගියොත්, එතකොට ඒ භික්ෂුව, "අනේ! මාත් බුදු සමිඳාණන් කෙරෙහි නොසෙල්වෙන ප්‍රසාදයකින් යුක්ත කෙනෙක් නේද?" කියල මහත් සතුටට පත්වෙනවා. ඒ ගැන අවබෝධයක් ඇතිවෙනවා. ඒ නිසා ම සිත පිනා යනවා. එතකොට ප්‍රීතියක් ඇතිවෙනවා. සිත ප්‍රීතිමත් වුනා ම ඇඟපත සැහැල්ලු වෙනවා. එතකොට සිතට ලොකු සැපයක් ඇතිවෙනවා. සැප ඇති සිත තමයි සමාධිමත් වෙන්නෙ.

ඒ වගේ ම "අනේ! මාත් ශ්‍රී සද්ධර්මය කෙරෙහි නොසෙල්වෙන ප්‍රසාදයකින් යුක්තයි නේද?" කියල මහත් සතුටට පත්වෙනවා. ඒ ගැන

අවබෝධයක් ඇතිවෙනවා. ඒ නිසා ම සිත පිනා යනවා. එතකොට ප්‍රීතියක් ඇතිවෙනවා. සිත ප්‍රීතිමත් වුනා ම ඇඟපත සැහැල්ලු වෙනවා. එතකොට සිතට ලොකු සැපයක් ඇතිවෙනවා. සැප ඇති සිත තමයි සමාධිමත් වෙන්නෙ.

ඒ වගේ ම "අනේ! මාත් ශ්‍රාවක සඟරුවන කෙරෙහි නොසෙල්වෙන ප්‍රසාදයකින් යුක්තයි නේද?" කියල මහත් සතුටට පත්වෙනවා. ඒ ගැන අවබෝධයක් ඇතිවෙනවා. ඒ නිසා ම සිත පිනා යනවා. එතකොට ප්‍රීතියක් ඇතිවෙනවා. සිත ප්‍රීතිමත් වුනා ම ඇඟපත සැහැල්ලු වෙනවා. එතකොට සිතට ලොකු සැපයක් ඇතිවෙනවා. සැප ඇති සිත තමයි සමාධිමත් වෙන්නෙ.

ඒ වගේ ම ඒ භික්ෂුව "අනේ! මගේ හිතෙත් කිලුටු තිබුනා. ඒත් දැන් ඒ කිලුටු ඔක්කොම සිතෙන් බැහැර වුනා. වමනෙ ගියා වගෙ වුනා. නැති වෙලා ගියා. දුරු වෙලා ගියා නේද" කියල මහත් සතුටට පත්වෙනවා. ඒ ගැන අවබෝධයක් ඇතිවෙනවා. ඒ නිසා ම සිත පිනා යනවා. එතකොට ප්‍රීතියක් ඇතිවෙනවා. සිත ප්‍රීතිමත් වුනා ම ඇඟපත සැහැල්ලු වෙනවා. එතකොට සිතට ලොකු සැපයක් ඇතිවෙනවා. සැප ඇති සිත තමයි සමාධිමත් වෙන්නෙ.

පින්වත් මහණෙනි, ඒ භික්ෂුව ඔය විදිහේ සීලයකිනුත්, ඔය විදිහේ සමාධියකිනුත්, ඔය විදිහේ ප්‍රඥාවකිනුත් යුක්තව ඉන්න කොට, කොයිතරම් රසවත්, සූප ව්‍යංජන පිරුන ඇල් හාලේ බතක් වැළඳුවත් ඒක ඒ භික්ෂුවගෙ නිවන් මගට අන්තරායක් වෙන්නෙ නෑ.

පින්වත් මහණෙනි, කිලුටු වෙලා අපිරිසිදු වෙච්ච ඇඳුමක් තියෙනවා කියල හිතමු. ඒ ඇඳුම හොඳ පිරිසිදු වතුරෙන් සේදුවා ම පිරිසිදුව බබලන්නට පටන් ගන්නවා. ඒ වගේ ම කෝවක දාලා හොඳ හැටියට පිරිසිදු කරගත්තු රත්තරන් හරි ම ලස්සනට බබලනවා. පින්වත් මහණෙනි, දැන් ඉතින් භික්ෂුවත් ඒ වගේ තමයි. ඒ භික්ෂුවත් ඔය විදිහේ සීලයකිනුත්, ඔය විදිහේ සමාධියකිනුත්, ඔය විදිහේ ප්‍රඥාවකිනුත් යුක්තව ඉන්න කොට, කොයිතරම් රසවත්, සූප ව්‍යංජන පිරුන ඇල් හාලේ බතක් වැළඳුවත් ඒක ඒ භික්ෂුවගෙ නිවන් මගට අන්තරායක් නම් වෙන්නෙ නෑ.

ඉතින් ඒ භික්ෂුව එක දිශාවක් පුරා ම මෛත්‍රී සහගත සිතුවිලි පතුරුවනවා. ඒ විදිහට ම දෙවෙනි, තුන්වැනි, හතරවැනි දිසාවන්ට ත් පතුරුවනවා. ඒ වගේ ම උඩ-යට-හරහට හැම දිශාවකට ම, සකල ලෝකයට ම මෛත්‍රී සිතුවිලි බහුල වශයෙන් පතුරුවනවා. සමාධිමත් සිතකින් යුක්තව ප්‍රමාණ රහිත කොට වෛර නැති, තරහ නැති, මෙත් සිතුවිලි පතුරුවනවා. ඒ වගේ ම කරුණාබර සිතුවිලි පතුරුවනවා. ....(පෙ).... අනුන්ගෙ දියුණුව දැක දැක සතුටු වන මුදිතා සිතුවිලි

පතුරුවනවා. ....(පෙ).... උපේක්ෂා සිතුවිලි පතුරුවනවා. ඒ වගේ ම දෙවෙනි, තුන්වැනි, හතරවැනි දිශාවන්ටත් පතුරුවනවා. ඒ වගේ ම උඩ-යට-හරහට හැම දිශාවට ම, සකල ලෝකයට ම උපේක්ෂා සිතුවිලි බහුල වශයෙන් පතුරුවනවා. සමාධිමත් සිතකින් යුක්තව ප්‍රමාණ රහිත කොට වෛර නැති, තරහ නැති උපේක්ෂා සිතුවිලි පතුරුවනවා.

ඒ භික්ෂුව අවබෝධ කරගන්නවා මෙන්න මෙහෙම. 'මේ තියෙන්නේ දුකක්' ය කියලා. 'මේ ලාමක වූ දුක හටගන්නෙ මෙහෙම යි' කියලා. 'උතුම් වූ බ්‍රහ්ම විහාර භාවනාවත් තියෙනවා' කියලා. 'ඒ බ්‍රහ්මවිහාර සඤ්ඤාවට වඩා උතුම් වූ අමා නිවනකුත් තියෙනවා' කියලා. මේ විදිහට දැනගන්න කොට, මේ විදිහට දැකගන්න කොට ඒ භික්ෂුවගේ හිත කාම ආශ්‍රවයෙනුත් නිදහස් වෙනවා. භව ආශ්‍රවයෙනුත් නිදහස් වෙනවා. අවිජ්ජා ආශ්‍රවයෙනුත් නිදහස් වෙනවා. සියලු ආශ්‍රවයන්ගෙන් ම සිත නිදහස් වෙලා ගියා ම, 'තමන් සියලු දුකින් නිදහස් වුනා!' කියල අවබෝධ වෙනවා. 'ඉපදීම නැති වුනා! නිවන් මග සම්පූර්ණ කරගත්තා! කළ යුතු දේ කළා! ආයෙත් නම් මට ඉපදීමක් නැහැ!' කියල අවබෝධ වෙනවා. පින්වත් මහණෙනි, අන්න ඒ භික්ෂුවටයි කියන්නේ "ජීවිතේ ඇතුළෙ තියෙන වතුරින් හොඳ හැටි නා ගත්තු කෙනා" කියලා.

එතකොට, ඒ වෙලාවේ භාග්‍යවතුන් වහන්සේට නුදුරින් සුන්දරික භාරද්වාජ කියන බ්‍රාහ්මණයා වාඩිවෙලා හිටියා. ඉතින් ඒ සුන්දරික භාරද්වාජ බ්‍රාහ්මණයා භාග්‍යවතුන් වහන්සේට මෙහෙම කිව්වා. "ඒත් භාග්‍යවතුන් වහන්සේ පවා 'බාහුකා' කියන ගංගාවෙන් පැන් පහසුවෙන්නට වඩිනවා නේද?"

"පින්වත් බ්‍රාහ්මණය, ඔය බාහුකා ගංගාව මොකක් ද? බාහුකා ගංගාවෙන් මොකක් ද කරන්නට පුළුවන්?"

"පින්වත් ගෞතමයන් වහන්ස, බාහුකා ගංගාව ගැන බොහෝ දෙනෙක් හිතාගෙන ඉන්නෙ පුණ්‍ය තොටුපොළක් හැටියටයි. පින්වත් ගෞතමයන් වහන්ස, ඔය බාහුකා ගංගාව පින් තොටුපොළක් හැටියට බොහෝ දෙනෙක් සම්මත කරගෙනත් ඉන්නවා. බොහෝ දෙනෙක් ඔය බාහුකා ගංගාවේ ගිලිලා නාලා පව් හෝදලත් දානවා."

ඒ වෙලාවේ භාග්‍යවතුන් වහන්සේ සුන්දරික භාරද්වාජ බ්‍රාහ්මණයාට මේ ගාථාවන් වදාළා.

1. බාහුකා ගංගාව, අධිකක්ක තීර්ථය, ගයා තීර්ථය, සුන්දරිකා ගංගාව, සරස්වතී ගංගාව, ප්‍රයාග තීර්ථය, බාහුමතී නදිය ආදී තැන් තියෙනවා තමයි.

2. පව් කරන අඥාන උදවිය ඔය වතුරකට හැම තිස්සේ ම බැහැගෙන හිටියත් පිරිසිදු වෙන්නෙ නම් නෑ. එබඳු කෙනෙකුට ඔය සුන්දරිකා ගඟ කුමක් කරන්න ද? ප්‍රයාග තීර්ථය කුමක් කරන්න ද? බාහුකා නදිය කුමක් කරන්න ද? වෛර කරන, නපුරුකම් කරන, පව්කම් කරන ඒ අඥානයාව පිරිසිදු කරන්නට ඔය වතුරට බැහැ.

3. කෙලෙස් රහිත පිරිසිදු කෙනාට හැම තිස්සෙම සුභ නැකත ම යි ලබලා තියෙන්නෙ. ඔහු ගේ ජීවිතේ හැමදාම පිරිසිදු පොහොය දවස වගෙයි. පිරිසිදු ජීවිතයක් ඇති කෙනාට තමන්ගේ පිරිසිදු ක්‍රියා කලාපය නිසා, පිරිසිදු පිළිවෙත් නිසා හැමදාම දියුණුවක් තියෙනවා. පින්වත් බ්‍රාහ්මණය, මෙතනදී ම අන්න ඒ වතුර ටික නාගන්න. සියලු සතුන් කෙරෙහි මෙත් පතුරන්න.

4. ඉදින් බොරු කියන්නෙ නැත්නම්, ඉදින් ප්‍රාණීන්ට හිංසා කරන්නෙ නැත්නම්, ඉදින් හොරකම් කරන්නෙ නැත්නම්, ශ්‍රද්ධාවත් තියෙනවා නම්, තමන්ගේ දෙයක් තව කෙනෙක් පාවිච්චි කරන කොට සතුටු වෙනවා නම්, ගයා තීර්ථයට ගිහින් කුමක් කරන්න ද? එතකොට ඔබේ නිවසේ තියෙන ළිඳ වුනත් ගයාවක් තමයි."

එතකොට සුන්දරික භාරද්වාජ බ්‍රාහ්මණයා මෙහෙම කිව්වා.

"පින්වත් ගෞතමයන් වහන්ස, හරි ම සුන්දරයි! පින්වත් ගෞතමයන් වහන්ස, හරි ම සුන්දරයි! පින්වත් ගෞතමයන් වහන්ස, මේ ගැන මට මේ විදිහටයි හිතෙන්නෙ.

යටිකුරු වෙච්ච දෙයක් උඩට හැරෙව්වා වගෙයි. සැඟවෙච්ච දෙයක් විවෘත කළා වගෙයි. මං මුළා වූ කෙනෙකුට මාර්ගය පෙන්වුවා වගෙයි. අඳුරේ සිටින ඇස් ඇති උදවියට රූප දකින්න තෙල් පහන් දැල්වුවා වගෙයි. ඔන්න ඔය විදිහටයි පින්වත් ගෞතමයන් වහන්සේ විසින් නොයෙක් ආකාරයෙන් ශ්‍රී සද්ධර්මය වදාළේ. ඉතින් මාත් පින්වත් ගෞතමයන් වහන්සේව සරණ යනවා. ශ්‍රී සද්ධර්මයත් සරණ යනවා. ශ්‍රාවක සඟරුවනත් සරණ යනවා. පින්වත් ගෞතමයන් වහන්සේ ළඟ මටත් පැවිදි වෙන්න තියෙනවා නම්, උපසම්පදා වෙන්න තියෙනවා නම් කොයිතරම් හොඳ ද?

ඉතින් සුන්දරික භාරද්වාජ බ්‍රාහ්මණයා භාග්‍යවතුන් වහන්සේ ළඟ පැවිදි වුනා. උපසම්පදා වුනා. ආයුෂ්මත් භාරද්වාජයන් වහන්සේ උපසම්පදා වෙලා

ටික දවසකින් හුදෙකලා වුනා. පිරිසෙන් වෙන් වුනා. අප්‍රමාදී වුනා. බලවත්ව වීරිය ඇති කරගත්තා. ජීවිත පරිත්‍යාගයෙන් ධර්මයේ හැසිරෙන කොට ඉතා සුළු කලකින් අරහත්වයට පත්වුනා. යම් පින්වත් කෙනෙක් ගිහි ගෙයින් වෙන් වෙලා මේ ශාසනයේ යහපත් මහණ ජීවිතේ ලබාගන්නෙ උතුම් අදහසක් ඇතිවයි. අන්න ඒ නිවන් මග සම්පූර්ණ කරගෙන මේ ජීවිතේ දී ම තම නුවණින් උතුම් අරහත්වයට පත්වෙලා වාසය කරන්න ඒ භික්ෂුවටත් පුළුවන් වුනා. 'ඉපදීම නැති වුනා! නිවන් මග සම්පූර්ණ කරගත්තා! කළ යුත්ත කළා! නිවන පිණිස කළ යුතු වෙන දෙයක් නැත' කියල අවබෝධ වුනා. දැන් ආයුෂ්මත් භාරද්වාජයන් වහන්සේත් රහතන් වහන්සේලා අතර කෙනෙක්!

සාදු! සාදු!! සාදු!!!

**ඇඳුමක් උපමා කරගෙන වදාළ දෙසුම නිමා විය.**

# 1.1.8.
# සල්ලේඛ සූත්‍රය
## නිකෙලෙස් ජීවිතයක් ගැන වදාළ දෙසුම

මා හට අසන්නට ලැබුනේ මේ විදිහටයි. ඒ දිනවල භාග්‍යවතුන් වහන්සේ වැඩසිටියේ සැවැත් නුවර ජේතවනය නම් වූ අනේපිඬු සිටුතුමාගේ ආරාමයේ. එදා ආයුෂ්මත් මහා චුන්දයන් වහන්සේ හැන්දෑවේ භාවනාවෙන් නැගිටලා, භාග්‍යවතුන් වහන්සේ ළඟට පැමිණුනා. භාග්‍යවතුන් වහන්සේට වන්දනා කොට එකත්පස්ව වාඩිවුනා. එකත්පස්ව වාඩිවුන ආයුෂ්මත් මහා චුන්දයන් වහන්සේ භාග්‍යවතුන් වහන්සේට මේ විදිහට ප්‍රකාශ කළා.

"ස්වාමීනී, භාග්‍යවතුන් වහන්ස, ආත්මය ගැන වාද ඇති කරගැනීම තුළින්, ලෝකය ගැන වාද ඇති කරගැනීම තුළින් විවිධාකාර ආකල්ප, දෘෂ්ටි මේ ලෝක සත්වයා තුළ හටගන්නවා. ඉතින් ස්වාමීනී, භික්ෂුවට නුවණින් සිහි කරන්න පටන් ගත්විට ඉස්සෙල්ලා ම නැති වෙන්නෙ ඔය දෘෂ්ටි නේද? දුරු වෙලා යන්නෙත් ඔය දෘෂ්ටි නේද?"

"පින්වත් චුන්ද, ආත්මය ගැන වාද ඇති කරගැනීම තුළින්, ලෝකය ගැන වාද ඇති කරගැනීම තුළින්, විවිධාකාර ආකල්ප, දෘෂ්ටි මේ ලෝක සත්වයා තුළ හටගන්නවා තමයි. ඉතින් ඔය දෘෂ්ටි උපදින්නේ යම් තැනක ද, ඔය දෘෂ්ටි කිඳා බැස තිබෙන්නෙ යම් තැනක ද, ඔය දෘෂ්ටි හැසිරෙන්නේ යම් තැනක ද, අන්න ඒ තැන 'මම නොවේ, මගේ නොවේ, මගේ ආත්මය නොවේ' කියල දියුණු කරපු ප්‍රඥාවෙන් යථාර්ථය ම දකින්න ඕන. එතකොට තමයි ඒ දෘෂ්ටි නැතිවෙලා යන්නෙ. එතකොට තමයි ඒ දෘෂ්ටි දුරු වෙන්නෙ.

පින්වත් චුන්ද, මේ විදිහේ දෙයක් දකින්න තියෙනවා. යම් භික්ෂුවකට පුළුවනි, කාමයන්ගෙන් වෙන් වෙලා, අකුසල් වලින් වෙන් වෙලා, විතර්ක විචාර පවතින, චිත්ත විවේකයෙන් ඇතිවුණු ප්‍රීතියත්, සැපයත් තියෙන පළවෙනි ධ්‍යානයට පැමිණ වාසය කරන්න. එතකොට ඔහු මෙහෙම හිතනවා. 'මං

තමයි නිකෙලෙස් ජීවිතයක් ගත කරන්නෙ' කියලා. නමුත් පින්වත් චුන්ද, බුද්ධ ශාසනය තුළ 'නිකෙලෙස් ජීවිතය' කියන්නෙ ඕකට නොවෙයි. බුද්ධ ශාසනය තුළ ඕකට කියන්නෙ 'මේ ජීවිතේ දී ම සුවසේ ඉන්නවා' කියලා.

පින්වත් චුන්ද, මේ විදිහේ දේකුත් දකින්නට ලැබෙනවා. ඒ කියන්නෙ, යම් භික්ෂුවක් විතර්ක, විචාර සංසිඳවලා, තමන් තුළ ම ප්‍රසන්න භාවය ඇතිවුණු සිතින්, වඩාත් එකඟ වූ සිතින් විතර්ක, විචාර රහිත සමාධියෙන් හටගත් ප්‍රීතිය හා සැපය ඇති දෙවෙනි ධ්‍යානයට පැමිණ වාසය කරන්න පුළුවනි. එතකොට ඔහුටත් මෙහෙම හිතෙනවා. 'මං ගත කරන්නෙ නිකෙලෙස් ජීවිතයක්' ය කියල. පින්වත් චුන්ද, බුද්ධ ශාසනය තුළ ඕකට 'නිකෙලෙස් ජීවිතය' කියල කියන්නෙ නෑ. බුද්ධ ශාසනය තුළ ඕකට කියන්නෙත් 'මේ ජීවිතේ දී ම සුවසේ ඉන්නවා' කියලා.

පින්වත් චුන්ද, මෙන්න මේ විදිහේ දේකුත් දකින්න ලැබෙනවා. මෙහි යම් භික්ෂුවක් ප්‍රීතිය ගැන ඇලෙන්නෙ නැතිව, උපේක්ෂාවෙන් යුක්තව, සිහි නුවණින් යුක්තව කයෙනුත් සමාධි සැපය විඳිනවා. ආර්යයන් වහන්සේලා ඒකට කිව්වේ 'උපේක්ෂාවෙන් යුක්තව, සිහියෙන් යුක්තව, සැප සේ ඉන්නවා' කියලා. අන්න ඒ තුන්වෙනි ධ්‍යානයටත් පැමිණ වාසය කරනවා. එතකොට ඔහුට මෙහෙම හිතෙනවා 'මං ගත කරන්නෙ නිකෙලෙස් ජීවිතයක් ය' කියලා. නමුත් පින්වත් චුන්ද, බුද්ධ ශාසනය තුළ නම් ඕකට කියන්නෙ 'නිකෙලෙස් ජීවිතයක්' කියල නොවෙයි. බුද්ධ ශාසනය තුළ ඕකට කියන්නෙ 'මේ ජීවිතය තුළ දී ම සුවසේ ඉන්නවා' කියලයි.

පින්වත් චුන්ද, මෙන්න මේ විදිහේ දේකුත් දකින්න ලැබෙනවා. මෙහි යම් භික්ෂුවක් සැප දුක දෙක ම නැති කරලා, මානසික සොම්නස් දොම්නස් දෙක කලින් ම අත්හැරලා, දුක සැප නැතිව ඉතා පිරිසිදු සිහියෙන් යුක්තව, උපේක්ෂාවෙන් යුක්තව හතර වෙනි ධ්‍යානයටත් පැමිණ වාසය කරනවා. එතකොට ඔහුටත් මෙහෙම හිතෙනවා. 'මං ගත කරන්නෙ නිකෙලෙස් ජීවිතයක් ය' කියල. නමුත් පින්වත් චුන්ද, බුද්ධ ශාසනය තුළ ඕකට කියන්නෙ 'නිකෙලෙස් ජීවිතයක්' කියල නම් නොවෙයි. බුද්ධ ශාසනය තුළ ඕකට කියන්නෙත් 'මේ ජීවිතය තුළ දී ම සුවසේ ඉන්නවා' කියලයි.

පින්වත් චුන්ද, මෙන්න මේ විදිහේ දේකුත් දකින්න ලැබෙනවා. මෙහි යම් භික්ෂුවක් රූප ගැන තියෙන සියලු සංඥා ඉක්ම යෑමෙන්, මානසිකව ඒ රූප ගැන ඇතිවෙන සියලු සංඥා නැති කිරීමෙන්, නොයෙක් සංඥාවන් සිහි නොකිරීමෙන්, 'අනන්ත වූ ආකාසය' කියල 'ආකාසානඤ්චායතනය' නම්

වූ අරූප ධ්‍යානයටත් පැමිණ වාසය කරනවා. එතකොට ඔහුටත් මෙහෙම හිතෙනවා, 'මං ගත කරන්නෙ නිකෙලෙස් ජීවිතයක් ය' කියලා. නමුත් පින්වත් චුන්ද, බුද්ධ ශාසනය තුළ ඕකට 'නිකෙලෙස් ජීවිතයක්' කියල කියන්නෙ නෑ. බුද්ධ ශාසනය තුළ නම් ඕකට කියන්නෙ 'ශාන්තව වාසය කරනවා' කියලයි.

පින්වත් චුන්ද, මෙන්න මෙහෙම දේකුත් දකින්න ලැබෙනවා. මෙහි ඇතැම් භික්ෂුවක් 'ආකාසානඤ්චායතන' සමාධියත් සම්පූර්ණයෙන් ම ඉක්මවලා යනවා. 'අනන්ත වූ විඤ්ඤාණය' කියල (දැනෙන දෙය අනන්තයි කියල හිතමින් ඇති කරගන්න සමාධිය) විඤ්ඤාණඤ්චායතන සමාධියට පැමිණ වාසය කරනවා. එතකොට ඔහුටත් මෙහෙම හිතෙනවා. 'මං ගත කරන්නෙ නිකෙලෙස් ජීවිතයක් ය' කියලා. නමුත් පින්වත් චුන්ද, බුද්ධ ශාසනය තුළ ඕකට 'නිකෙලෙස් ජීවිතය' කියල කියන්නෙ නෑ. බුද්ධ ශාසනය තුළ ඕකට කියන්නෙ 'ශාන්තව වාසය කරනවා' කියලයි.

පින්වත් චුන්ද, මෙන්න මේ විදිහේ දේකුත් දකින්න ලැබෙනවා. ඇතැම් භික්ෂුවක් 'විඤ්ඤාණඤ්චායතනය' සම්පූර්ණයෙන් ම ඉක්මවා යෑමෙන්, 'කිසිවක් නෑ' කියල ආකිඤ්චඤ්ඤායතන සමාධිය ඇති කරගෙන වාසය කරනවා. එතකොට ඔහුටත් මෙහෙම හිතෙනවා. 'මං ගත කරන්නෙ නිකෙලෙස් ජීවිතයක්' කියලා. නමුත් පින්වත් චුන්ද, බුද්ධ ශාසනය තුළ ඕකට කියන්නෙ 'නිකෙලෙස් ජීවිතය' කියලා නොවෙයි. බුද්ධ ශාසනය තුළ ඕකට කියන්නෙ 'ශාන්තව වාසය කරනවා' කියලයි.

පින්වත් චුන්ද, මෙන්න මේ විදිහේ දේකුත් දකින්න ලැබෙනවා. මෙහි ඇතැම් භික්ෂුවක් ආකිඤ්චඤ්ඤායතන සමාධියත් සම්පූර්ණයෙන් ම ඉක්මවා යෑමෙන් 'නේවසඤ්ඤානාසඤ්ඤායතන' සමාධියට පැමිණ වාසය කරනවා. එතකොට ඔහුට මෙහෙම හිතෙනවා 'මං ගත කරන්නේ නිකෙලෙස් ජීවිතයක්'ය කියලා. නමුත් පින්වත් චුන්ද, බුද්ධ ශාසනය තුළ නම් ඕකට කියන්නෙ 'නිකෙලෙස් ජීවිතය' කියලා නොවෙයි. බුද්ධ ශාසනය තුළ ඕකට කියන්නෙ 'ශාන්තව වාසය කරනවා' කියලයි.

පින්වත් චුන්ද, මේ බුදු සසුන තුළ ඔබ විසින් මේ අයුරිනුයි නිකෙලෙස් ජීවිතයක් ඇති කරගත යුත්තේ.

(1)

'අනිත් උදවිය සත්ව හිංසාවේ යෙදෙන්න පුළුවනි. ඒ වුනාට අපි නම් සත්ව හිංසාවෙන් වැළකී ඉන්නවා' කියල නිකෙලෙස් ජීවිතයක් ඇති කරගන්නට ඕන.

(2)

'අනිත් උදවිය සත්ව ඝාතනයේ යෙදෙන්න පුළුවනි. ඒ වුනාට අපි නම් සත්ව ඝාතනයෙන් වැළකී ඉන්නවා' කියල නිකෙලෙස් ජීවිතයක් ඇති කරගන්නට ඕන.

(3)

'අනිත් උදවිය සොරකම් කරන්න පුළුවනි. ඒ වුනාට අපි නම් සොරකමින් වැළකී ඉන්නවා' කියල නිකෙලෙස් ජීවිතයක් ඇති කරගන්න ඕන.

(4)

'අනිත් උදවිය බඹසර සීලයෙන් තොරව ඉන්න පුළුවනි. ඒ වුනාට අපි නම් බ්‍රහ්මචාරීව ඉන්නවා' කියල නිකෙලෙස් ජීවිතයක් ඇති කරගන්න ඕන.

(5)

'අනිත් උදවිය බොරු කියන්න පුළුවනි. ඒ වුනාට අපි නම් බොරු කීමෙන් වැළකිලා ඉන්නවා' කියල නිකෙලෙස් ජීවිතයක් ඇති කරගන්න ඕන.

(6)

'අනිත් උදවිය කේළාම් කියන්න පුළුවනි. ඒ වුනාට අපි නම් කේළාම් කීමෙන් වැළකිලා ඉන්නවා' කියල නිකෙලෙස් ජීවිතයක් ඇති කරගන්න ඕන.

(7)

'අනිත් උදවිය හිත් රිදෙන විදිහේ නපුරු වචන කතා කරන්න පුළුවනි. ඒ වුනාට අපි නම් නපුරු වචන වලින් වැළකිලා ඉන්නවා' කියල නිකෙලෙස් ජීවිතයක් ඇති කරගන්න ඕන.

(8)

'අනිත් උදවිය වැඩකට නැති හිස් දේවල් ගැන කතා කරන්න පුළුවනි. ඒ වුනාට අපි නම් වැඩකට නැති හිස් දේවල් ගැන කතා කිරීමෙන් වැළකිලා ඉන්නවා' කියල නිකෙලෙස් ජීවිතයක් ඇති කරගන්න ඕන.

(9)

'අනිත් උදවිය අන් සතු දේවල් තමා සතු කරගැනීමට ලෝභ සිත් ඇතිව ඉන්න පුළුවනි. නමුත් අපි නම් අනුන් සතු දේවල් ගැන ලෝභ සිත් ඇති කර

ගැනීමෙන් වැළකිලා ඉන්නවා' කියල නිකෙලෙස් ජීවිතයක් ඇති කරගන්න ඕන.

(10)

'අනිත් උදවිය ද්වේෂ සිත් ඇති කරගන්න පුළුවනි. ඒ වුනාට අපි නම් ද්වේෂ සිත් ඇති කර ගැනීමෙන් වැළකිලා ඉන්නවා' කියල නිකෙලෙස් ජීවිතයක් ඇති කරගන්න ඕන.

(11)

'අනිත් උදවිය මිථ්‍යා දෘෂ්ටික වෙන්න පුළුවනි. ඒ වුනාට අපි නම් සම්මා දිට්ඨියෙන් යුතුව ඉන්නවා' කියල නිකෙලෙස් ජීවිතයක් ඇති කරගන්න ඕන.

(12)

'අනිත් උදවිය මිථ්‍යා සංකල්ප ඇතිව ඉන්න පුළුවනි. ඒ වුනාට අපි නම් සම්මා සංකල්පනාවෙන් යුක්තව ඉන්නවා' කියල නිකෙලෙස් ජීවිතයක් ඇති කරගන්න ඕන.

(13)

'අනිත් උදවිය මිථ්‍යා වචන කතා කරන්න පුළුවනි. ඒ වුනාට අපි නම් සම්මා වාචා ඇති අය වෙනවා' කියල නිකෙලෙස් ජීවිතයක් ඇති කරගන්න ඕන.

(14)

'අනිත් උදවිය මිථ්‍යා කටයුතු වලින් යුක්ත වෙන්න පුළුවනි. ඒ වුනාට අපි නම් සම්මා කම්මන්තයෙන් යුතුව ඉන්නවා' කියල නිකෙලෙස් ජීවිතයක් ඇති කරගන්න ඕන.

(15)

'අනිත් උදවිය මිථ්‍යා ආජීවයෙන් ජීවත් වෙන්න පුළුවනි. ඒ වුණාට අපි නම් සම්මා ආජීවයෙන් ජීවත් වෙනවා' කියල නිකෙලෙස් ජීවිතයක් ඇති කරගන්න ඕන.

(16)

'අනිත් උදවිය මිථ්‍යා වීරියෙන් යුක්ත වෙන්න පුළුවනි. ඒ වුනාට අපි

නම් සම්මා වායාමයෙන් යුක්තව ඉන්නවා' කියල නිකෙලෙස් ජීවිතයක් ඇති කරගන්න ඕන.

(17)

'අනිත් උදවිය මිථ්‍යා සිහියෙන් යුක්තව ඉන්න පුළුවනි. ඒ වුනාට අපි නම් සම්මා සතියෙන් යුක්තව ඉන්නවා' කියල නිකෙලෙස් ජීවිතයක් ඇති කරගන්න ඕන.

(18)

'අනිත් උදවිය මිථ්‍යා සමාධියෙන් යුක්තව ඉන්න පුළුවනි. ඒ වුනාට අපි නම් සම්මා සමාධියෙන් යුක්තව ඉන්නවා' කියල නිකෙලෙස් ජීවිතයක් ඇති කරගන්න ඕන.

(19)

'අනිත් උදවිය මිථ්‍යා ඤාණයකින් යුක්ත වෙන්න පුළුවනි. ඒ වුනාට අපි නම් සම්මා ඤාණයෙන් යුක්තව ඉන්නවා' කියල නිකෙලෙස් ජීවිතයක් ඇති කරගන්න ඕන.

(20)

'අනිත් උදවිය මිථ්‍යා විමුක්තියක් තුළ ඉන්න පුළුවනි. ඒ වුනාට අපි නම් සම්මා විමුක්තියක් තුළ ම ඉන්නවා' කියල නිකෙලෙස් ජීවිතයක් ඇති කරගන්න ඕන.

(21)

'අනිත් උදවිය නිදිමතෙනුත්, අලස බවෙනුත් ඉන්නට පුළුවනි. ඒ වුනාට අපි නම් නිදිමතින් හා අලස බවෙන් තොරව ඉන්නවා' කියල නිකෙලෙස් ජීවිතයක් ඇති කරගන්න ඕන.

(22)

'අනිත් උදවිය ආඩම්බරකමින් ඉන්න පුළුවනි. ඒ වුනාට අපි නම් ආඩම්බරකම් නැතුව ඉන්නවා' කියල නිකෙලෙස් ජීවිතයක් ඇති කරගන්න ඕන.

(23)

'අනිත් උදවිය සැකයෙන් ඉන්න පුළුවනි. ඒ වුනාට අපි නම් සැකයෙන්

එතෙර වෙලා ඉන්නවා' කියල නිකෙලෙස් ජීවිතයක් ඇති කරගන්න ඕන.

(24)

'අනිත් උදවිය ක්‍රෝධ සිත් ඇතිව ඉන්න පුළුවනි. ඒ වුනාට අපි නම් ක්‍රෝධ සිතින් තොරව ඉන්නවා' කියල නිකෙලෙස් ජීවිතයක් ඇති කරගන්න ඕන.

(25)

'අනිත් උදවිය වෛර බැඳගන්නා ගතියෙන් ඉන්න පුළුවනි. ඒ වුනාට අපි නම් බද්ධ වෛරයෙන් තොරව ඉන්නවා' කියල නිකෙලෙස් ජීවිතයක් ඇති කරගන්න ඕන.

(26)

'අනිත් උදවිය ගුණමකුකමින් යුක්ත වෙන්න පුළුවනි. ඒ වුනාට අපි නම් ගුණමකු වෙන්නෙ නෑ' කියල නිකෙලෙස් ජීවිතයක් ඇති කරගන්න ඕන.

(27)

'අනිත් උදවිය එකට එක කරමින් ඉන්න පුළුවනි. ඒ වුනාට අපි නම් එකට එක කරන්නෙ නෑ' කියල නිකෙලෙස් ජීවිතයක් ඇති කරගන්න ඕන.

(28)

'අනිත් උදවිය ඉරිසියාවෙන් ඉන්න පුළුවනි. ඒ වුනාට අපි නම් ඉරිසියා කරන්නේ නෑ' කියල නිකෙලෙස් ජීවිතයක් ඇති කරගන්න ඕන.

(29)

'අනිත් උදවිය මසුරුකමින් ඉන්න පුළුවනි. ඒ වුනාට අපි නම් මසුරුකම් නැතුව ඉන්නවා' කියල නිකෙලෙස් ජීවිතයක් ඇති කරගන්න ඕන.

(30)

'අනිත් උදවිය කපටිකමින් ඉන්න පුළුවනි. ඒ වුනාට අපි නම් කපටිකම් නැතිව ඉන්නවා' කියල නිකෙලෙස් ජීවිතයක් ඇති කරගන්න ඕන.

(31)

'අනිත් උදවිය ගුණවතුන් හැටියට පෙනී සිටින්න පුළුවනි. ඒ වුනාට අපි නම් ඒ විදිහේ මායා නැතිව ඉන්නවා' කියල නිකෙලෙස් ජීවිතයක් ඇති

කරගන්න ඕන.

(32)

'අනිත් උදවිය සාධාරණ කරුණු වලට එකඟ නොවී, දැඩිව ඉන්න පුළුවනි. ඒ වුනාට අපි නම් සාධාරණ කරුණු වලට එකඟව, මෘදු විදිහට ඉන්නවා' කියල නිකෙලෙස් ජීවිතයක් ඇති කරගන්න ඕන.

(33)

'අනිත් උදවිය මාන්නක්කාරකමින් ඉන්න පුළුවනි. ඒ වුනාට අපි නම් නිහතමානීව ඉන්නවා' කියල නිකෙලෙස් ජීවිතයක් ඇති කරගන්න ඕන.

(34)

'අනිත් උදවිය මුරණ්ඩුකමින් ඉන්න පුළුවනි. ඒ වුනාට අපි නම් කීකරුව ඉන්නවා' කියල නිකෙලෙස් ජීවිතයක් ඇති කරගන්න ඕන.

(35)

'අනිත් උදවිය පව්ටු මිතුරන් ඇසුරු කරන්න පුළුවනි. ඒ වුනාට අපි නම් කල්‍යාණ මිත්‍ර ආශ්‍රයෙන් ඉන්නවා' කියල නිකෙලෙස් ජීවිතයක් ඇති කරගන්න ඕන.

(36)

'අනිත් උදවිය ප්‍රමාදීව ඉන්න පුළුවනි. ඒ වුනාට අපි නම් අප්‍රමාදීව ඉන්නවා' කියල නිකෙලෙස් ජීවිතයක් ඇති කරගන්න ඕන.

(37)

'අනිත් උදවිය ශ්‍රද්ධාවෙන් තොරව ඉන්න පුළුවනි. ඒ වුනාට අපි නම් ශ්‍රද්ධාවෙන් යුක්තව ඉන්නවා' කියල නිකෙලෙස් ජීවිතයක් ඇති කරගන්න ඕන.

(38)

'අනිත් උදවිය පව් කරන්න ලැජ්ජා නැති වෙන්න පුළුවනි. ඒ වුනාට අපි නම් පව් කරන්න ලැජ්ජා වෙනවා' කියල නිකෙලෙස් ජීවිතයක් ඇති කරගන්න ඕන.

(39)

'අනිත් උදවිය පව් කරන්න බය නැති වෙන්න පුළුවනි. ඒ වුනාට අපි නම්

පව් කරන්න බය ඇතුව ඉන්නවා' කියල නිකෙලෙස් ජීවිතයක් ඇති කරගන්න ඕන.

(40)

'අනිත් උදවිය අල්ප වූ දහම් දැනුමක් ඇතුව ඉන්න පුළුවනි. ඒ වුනාට අපි නම් බොහෝ සේ අසන ලද දහම් දැනුමකින් යුක්ත වෙලා ඉන්නවා' කියල නිකෙලෙස් ජීවිතයක් ඇති කරගන්න ඕන.

(41)

'අනිත් උදවිය කම්මැලිකමෙන් ඉන්න පුළුවනි. ඒ වුනාට අපි නම් පටන් ගත් වීරියෙන් ම ඉන්නවා' කියල නිකෙලෙස් ජීවිතයක් ඇති කරගන්න ඕන.

(42)

'අනිත් උදවිය සිහි මුලා වෙලා ඉන්න පුළුවනි. ඒ වුනාට අපි නම් හොඳ හැටියට සිහිය පිහිටුවා ගෙන ඉන්නවා' කියල නිකෙලෙස් ජීවිතයක් ඇති කරගන්න ඕන.

(43)

'අනිත් උදවිය ප්‍රඥාවක් නැතිව ඉන්න පුළුවනි. ඒ වුනාට අපි නම් ප්‍රඥාවෙන් යුතුව ඉන්නවා' කියල නිකෙලෙස් ජීවිතයක් ඇති කරගන්න ඕන.

(44)

'අනිත් උදවිය තමන් ගත් වැරදි දෘෂ්ටියට බැඳිලා එය දැඩි කොට ගෙන අත්හැර ගන්න බැරුව ඉන්න පුළුවනි. ඒ වුනාට අපි නම් වැරදි දෘෂ්ටි වලට බැඳෙන්නෙ නැතිව, ඒ දෘෂ්ටි ඕනෑ ම මොහොතක අත්හරින්න පුළුවන් විදිහට ඉන්නවා' කියල නිකෙලෙස් ජීවිතයක් ඇතිකරගන්න ඕන.

පින්වත් චුන්ද, කුසල් දහම් වඩන්න සිතක් ඇති කරගැනීම පවා ගොඩාක් උපකාර වෙනවා කියලයි මං කියන්නෙ. ඉතිං එහෙම නම් කයින්, වචනයෙන් කුසල් සිද්ධ කිරීමෙන් වෙන යහපත ගැන කතා කරන්න දෙයක් තියෙනවා ද?

පින්වත් චුන්ද, අන්න ඒ නිසා 'අනිත් උදවිය සතුන්ට හිංසා කරන්න පුළුවනි. ඒ වුනාට අපි නම් සත්ව හිංසාවෙන් තොර වෙලා ඉන්නවා' කියල සිතක් උපදවා ගන්න ඕන. 'අනිත් උදවිය ප්‍රාණඝාත කරන්න පුළුවනි, ඒ වුනාට අපි නම් ප්‍රාණඝාතයෙන් වැළකී ඉන්නවා' කියල සිතක් උපදවා ගන්න

ඕන ....(පෙ).... 'අනිත් උදවිය වැරදි දෘෂ්ටි වලට බැඳිල අත්හැරගන්න බැරිව ඉන්න පුළුවනි. ඒ වුනාට අපි නම් වැරදි දෘෂ්ටි වලට බැඳෙන්නෙ නැතිව ඕන ම මොහොතක දෘෂ්ටීන් අත්හරින්න පුළුවන් විදිහට ඉන්නවා' කියල සිතක් උපදවා ගන්න ඕන.

පින්වත් චුන්ද, ඒක මෙන්න මේ වගේ දෙයක්. භයානක මාර්ගයක් තියෙනවා කියල හිතමු. නමුත් ඒ මාර්ගය අත්හැර යන්න පුළුවන් වෙන යහපත් මාර්ගයකුත් තියෙනවා. ඒ වගේ ම පින්වත් චුන්ද, භයානක තොටුපොලක් තියෙනවා කියල හිතමු. ඒ තොටුපොල මගහැරල යන්න වෙන හොඳ තොටුපොලකුත් තියෙනවා වගෙයි.

පින්වත් චුන්ද, ඔන්න ඔය විදිහට ම යි සතුන්ට හිංසා කරන කෙනෙකුට එයින් මගහැරල යන්නයි අවිහිංසාව තියෙන්නෙ. ප්‍රාණඝාත කරන කෙනෙකුට එයින් මගහැරල යන්නයි ප්‍රාණඝාතයෙන් වැළකීම තියෙන්නෙ. සොරකම් කරන කෙනෙකුට එයින් මගහැරල යන්නයි, සොරකමින් වැළකීම තියෙන්නෙ. අබ්‍රහ්මචාරී කෙනෙකුට එයින් මගහැරල යන්නයි බඹසර ජීවිතය තියෙන්නෙ. බොරු කියන කෙනෙකුට එයින් මගහැරල යන්නයි බොරු කීමෙන් වැළකීම තියෙන්නෙ. කේළාම් කියන කෙනෙකුට එයින් මගහැරල යන්නයි කේළමෙන් වැළකීම තියෙන්නෙ. පරුෂ වචන කියන කෙනෙකුට එයින් මගහැරල යන්නයි පරුෂ වචන කීමෙන් වැළකීම තියෙන්නෙ. වැඩකට නැති කතා කියන කෙනෙකුට එයින් මගහැරල යන්නයි හිස් වචනයෙන් වැළකීම තියෙන්නෙ. අන්සතු දෙයට ලෝභ කරන කෙනෙකුට එයින් මගහැරල යන්නයි ලෝභ නැතිකම තියෙන්නෙ. තරහ සිත් තියෙන කෙනෙකුට එයින් මගහැරල යන්නයි තරහ සිත් නැති බව තියෙන්නෙ.

මිථ්‍යා දෘෂ්ටිය තියෙන කෙනෙකුට එයින් මගහැරල යන්නයි සම්මා දිට්ඨිය තියෙන්නෙ. මිථ්‍යා සංකල්ප තියෙන කෙනෙකුට එයින් මගහැරල යන්නයි සම්මා සංකල්ප තියෙන්නෙ. මිථ්‍යා වචන තියෙන කෙනෙකුට එයින් මගහැරල යන්නයි සම්මා වචන තියෙන්නෙ. මිථ්‍යා කටයුතු තියෙන කෙනෙකුට එයින් මගහැරල යන්නයි සම්මා කටයුතු තියෙන්නෙ. මිථ්‍යා ආජීවය තියෙන කෙනෙකුට එයින් මගහැරල යන්නයි සම්මා ආජීවය තියෙන්නෙ. මිථ්‍යා වීරිය තියෙන කෙනෙකුට එයින් මගහැරල යන්නයි සම්මා වායාම තියෙන්නෙ. මිථ්‍යා සිහිය තියෙන කෙනෙකුට එයින් මගහැරල යන්නයි සම්මා සතිය තියෙන්නෙ. මිථ්‍යා සමාධිය තියෙන කෙනෙකුට එයින් මගහැරල යන්නයි සම්මා සමාධිය තියෙන්නෙ. මිථ්‍යා ඤාණය තියෙන කෙනෙකුට එයින් මගහැරල යන්නයි සම්මා ඤාණය තියෙන්නෙ. මිථ්‍යා විමුක්ති තියෙන කෙනෙකුට එයින් මගහැරල යන්නයි සම්මා විමුක්ති තියෙන්නෙ.

නිදිමතින් හා අලසකමින් දුක් විඳින කෙනෙකුට එයින් මගහැරල යන්නයි නිදිමත හා අලස බව නැතිකම තියෙන්නෙ. ආඩම්බරකාරකම තියෙන කෙනෙකුට එයින් මගහැරල යන්නයි ආඩම්බර නැතිකම තියෙන්නෙ. සැකය තියෙන කෙනෙකුට එයින් මගහැරල යන්නයි සැකයෙන් එතෙර වීම තියෙන්නෙ. ක්‍රෝධ කරන කෙනෙකුට එයින් මගහැරල යන්නයි ක්‍රෝධ නැති බව තියෙන්නෙ. වෛර බැඳගන්න කෙනෙකුට එයින් මගහැරල යන්නයි බද්ධ වෛර නැතිකම තියෙන්නෙ. ගුණමකු කෙනෙකුට එයින් මගහැරල යන්නයි ගුණමකු රහිත බව තියෙන්නෙ. එකට එක කරන කෙනෙකුට එයින් මගහැරල යන්නයි එකටෙක නොකිරීම තියෙන්නෙ. ඉරිසියා කරන කෙනෙකුට එයින් මගහැරල යන්නයි ඉරිසියා නැති බව තියෙන්නෙ. මසුරු කෙනෙකුට එයින් මගහැරල යන්නයි මසුරු නැති බව තියෙන්නෙ. කපටි කෙනෙකුට එයින් මගහැරල යන්නයි කපටි නැති බව තියෙන්නෙ. ගුණවතුන් ලෙස පෙනී සිටින කෙනෙකුට එයින් මගහැරල යන්නයි මායා නැති බව තියෙන්නෙ. සාධාරණ කරුණු ඉදිරියේ නොනැමෙන කෙනාට එයින් මගහැරල යන්නයි සාධාරණ කරුණු ඉදිරියේ අවනත වීම තියෙන්නෙ. මාන්නක්කාර කෙනෙකුට එයින් මගහැරල යන්නයි නිහතමානීකම තියෙන්නෙ. අකීකරු කෙනෙකුට එයින් මගහැරල යන්නයි කීකරුකම තියෙන්නෙ. පව්ටු මිතුරන් ඉන්න කෙනෙකුට එයින් මගහැරල යන්නයි කල්‍යාණ මිත්‍ර ආශ්‍රය තියෙන්නෙ. ප්‍රමාදී කෙනාට එයින් මගහැරල යන්නයි අප්‍රමාදීකම තියෙන්නෙ.

ශ්‍රද්ධාව නැති කෙනාට එයින් මගහැරල යන්නයි ශ්‍රද්ධාව තියෙන්නෙ. පව් කරන්න ලැජ්ජා නැති කෙනාට එයින් මගහැරල යන්නයි පවට ලැජ්ජා ඇති බව තියෙන්නෙ. පව් කරන්න බය නැති කෙනාට එයින් මගහැරල යන්නයි පවට බය ඇති බව තියෙන්නෙ. අල්ප දහම් දැනුම ඇති කෙනාට එයින් මගහැරල යන්නයි බොහෝ සේ අසන ලද දහම් දැනුම තියෙන්නෙ. කම්මැලි කෙනාට එයින් මගහැරල යන්නයි පටන් ගත්ත වීරිය තියෙන්නෙ. සිහිමුලා වූ කෙනාට එයින් මගහැරල යන්නයි සිහිය පිහිටුවා ගැනීම තියෙන්නෙ. ප්‍රඥාව නැති කෙනාට එයින් මගහැරල යන්නයි ප්‍රඥාසම්පත්තිය තියෙන්නෙ. වැඩකට නැති දෘෂ්ටි වලට බැඳිල අත්හැරගන්න බැරුව ඉන්න කෙනෙකුට එයින් මගහැරල යන්නයි දෘෂ්ටි වලට නොබැඳීමත්, පහසුවෙන් අත්හැරීමත් තියෙන්නෙ.

පින්වත් චුන්ද, ඒක හරියට මෙන්න මේ වගේ දෙයක්. යම් තාක් අකුසල් තියෙනවා නම්, ඒ අකුසල් ඔක්කොම තියෙන්නෙ කෙනෙක්ව පහළට ඇදල දාන්නයි. නමුත් යම්තාක් කුසල් දහම් තියෙනවා නම්, ඒ කුසල් දහම් ඔක්කොම තියෙන්නෙ කෙනෙක්ව ශ්‍රේෂ්ඨත්වයට පත් කරවන්නටයි.

පින්වත් චුන්ද, ඔන්න ඔය විදිහ ම යි, සතුන්ට හිංසා කරන කෙනෙකුට ශ්‍රේෂ්ඨත්වය ලබා දෙන්නයි අහිංසාව තියෙන්නෙ. ප්‍රාණඝාතය කරන කෙනෙකුට ශ්‍රේෂ්ඨත්වය ලබා දෙන්නයි ප්‍රාණඝාතයෙන් වැළකීම තියෙන්නෙ ....(පෙ).... දෘෂ්ටි වලට බැඳිල අත්හැරගන්න බැරුව ඉන්න කෙනෙකුට ශ්‍රේෂ්ඨත්වය ලබා දෙන්නයි වැඩකට නැති දෘෂ්ටි වලට බැඳෙන්නෙ නැතිව, ඒවා අත්හැරීම තියෙන්නෙ.

පින්වත් චුන්ද, ඇත්තෙන් ම තමන් මඩේ එරිල සිටිද්දි, මඩේ එරිල ඉන්න තවත් කෙනෙක්ව තමන් විසින් ගොඩගන්නවා කියන එක සිද්ධ වෙන්ට පුළුවන් දෙයක් නම් නොවෙයි. ඒ වගේ ම පින්වත් චුන්ද, තමන් මඩේ එරිල හිටියේ නැත්නම් මඩේ එරුණු අනිත් උදවියව ගොඩට ගන්න පුළුවන් යන කරුණ සිදුවිය හැකි දෙයක්. පින්වත් චුන්ද, ඇත්තෙන් ම තමන් දමනය නොවී, තමන් නොහික්මී, තමන් නොපිරිනිවී, අනිත් උදවිය දමනය කරනවා ය, හික්මවනවා ය, පිරිනිවන්පාන්නට සළස්වනවා ය යන කරුණ සිද්ධ වෙන්න පුළුවන් දෙයක් නොවෙයි. ඒ වගේ ම පින්වත් චුන්ද, තමන් දමනය වෙලා, තමන් හික්මිලා, තමන් පිරිනිවීමට පත්වෙලා, අනිත් උදවිය දමනය කරනවා ය, හික්මවනවා ය, පිරිනිවන්පාන්න සළස්වනවා ය යන කරුණ සිද්ධ වෙන දෙයක්.

පින්වත් චුන්ද, ඔන්න ඔය වගේ ම යි සතුන්ට හිංසා කරන කෙනෙකුට පිරිනිවන්පාන්නටයි අහිංසාව තියෙන්නෙ. ප්‍රාණඝාත කරන කෙනෙකුට පිරිනිවන්පාන්නටයි ප්‍රාණඝාතයෙන් වැළකීම තියෙන්නෙ. සොරකම් කරන කෙනෙකුට පිරිනිවන්පාන්නටයි සොරකමින් වැළකීම තියෙන්නෙ. අබ්‍රහ්මචාරී කෙනෙකුට පිරිනිවන්පාන්නටයි බ්‍රහ්මචාරී ජීවිතය තියෙන්නෙ. බොරු කියන කෙනෙකුට පිරිනිවන්පාන්නටයි බොරුවෙන් වැළකීම තියෙන්නෙ. කේළාම් කියන කෙනෙකුට පිරිනිවන්පාන්නටයි කේළමින් වැළකීම තියෙන්නෙ. නපුරු වචන කියන කෙනෙකුට පිරිනිවන්පාන්නටයි නපුරු වචන කීමෙන් වැළකීම තියෙන්නෙ. වැඩකට නැති බොළඳ කතා කියන කෙනෙකුට පිරිනිවන්පාන්නටයි හිස් වචන වලින් වෙන්වීම තියෙන්නෙ. අනුන්ගේ දෙයට ලෝභ සිත් ඇතිකර ගන්න කෙනෙකුට පිරිනිවන්පාන්නටයි ලෝභ නැතිකම තියෙන්නෙ. තරහ සිත් ඇති කෙනෙකුට පිරිනිවන්පාන්නටයි තරහ සිත් නැති බව තියෙන්නෙ.

මිථ්‍යා දෘෂ්ටි ඇති කෙනෙකුට පිරිනිවන්පාන්නටයි සම්මා දිට්ඨිය තියෙන්නෙ. මිථ්‍යා සංකල්ප ඇති කෙනෙකුට පිරිනිවන්පාන්නටයි සම්මා සංකල්ප තියෙන්නෙ. මිථ්‍යා වචන ඇති කෙනෙකුට පිරිනිවන්පාන්නටයි සම්මා වචන තියෙන්නෙ. මිථ්‍යා කටයුතු ඇති කෙනෙකුට පිරිනිවන්පාන්නටයි සම්මා කම්මන්ත තියෙන්නෙ. මිථ්‍යා ආජීවය ඇති කෙනෙකුට පිරිනිවන්පාන්නටයි

සම්මා ආජීවය තියෙන්නෙ. මිථ්‍යා වීරිය ඇති කෙනෙකුට පිරිනිවන්පාන්නටයි සම්මා වායාමය තියෙන්නෙ. මිථ්‍යා සිහිය ඇති කෙනෙකුට පිරිනිවන්පාන්නටයි සම්මා සතිය තියෙන්නෙ. මිථ්‍යා සමාධිය ඇති කෙනෙකුට පිරිනිවන්පාන්නටයි සම්මා සමාධිය තියෙන්නෙ. මිථ්‍යා ඤාණ ඇති කෙනෙකුට පිරිනිවන්පාන්නටයි සම්මා ඤාණ තියෙන්නෙ. මිථ්‍යා විමුක්ති ඇති කෙනෙකුට පිරිනිවන්පාන්නටයි සම්මා විමුක්ති තියෙන්නෙ.

නිදිමතින් හා අලසකමින් දුක් විඳින කෙනෙකුට පිරිනිවන්පාන්නටයි නිදිමතින් හා අලස බවින් තොරවීම තියෙන්නෙ. ආඩම්බරකාර කෙනෙකුට පිරිනිවන්පාන්නටයි ආඩම්බර නැතිබව තියෙන්නෙ. සැක තියෙන කෙනෙකුට පිරිනිවන්පාන්නටයි සැකයෙන් එතෙරවීම තියෙන්නෙ. ක්‍රෝධ කරන කෙනෙකුට පිරිනිවන්පාන්නටයි ක්‍රෝධ නැතිබව තියෙන්නෙ. වෛර බඳින කෙනෙකුට පිරිනිවන්පාන්නටයි බද්ධ වෛර නැතිබව තියෙන්නෙ. ගුණමකු කෙනෙකුට පිරිනිවන්පාන්නටයි ගුණමකු නැතිබව තියෙන්නෙ. එකට එක කරන කෙනෙකුට පිරිනිවන්පාන්නටයි එකටෙක නොකිරීම තියෙන්නෙ. ඉරිසියා කරන කෙනෙකුට පිරිනිවන්පාන්නටයි ඉරිසියා නැති බව තියෙන්නෙ. මසුරු කෙනෙකුට පිරිනිවන්පාන්නටයි මසුරු නැති බව තියෙන්නෙ. කපටි කෙනෙකුට පිරිනිවන්පාන්නටයි කපටි නැති බව තියෙන්නෙ. නැති ගුණ පෙන්නා සිටින කෙනෙකුට පිරිනිවන්පාන්නටයි මායා නැති බව තියෙන්නෙ. සාධාරණ කරුණු ඉදිරියේ එකඟ නොවී දැඩිව ඉන්න කෙනෙකුට පිරිනිවන්පාන්නටයි සාධාරණ කරුණු ඉදිරියේ අවනත වීම තියෙන්නෙ. මාන්නක්කාර කෙනෙකුට පිරිනිවන්පාන්නටයි නිහතමානීකම තියෙන්නෙ. අකීකරු කෙනෙකුට පිරිනිවන් පාන්නටයි කීකරුකම තියෙන්නෙ. පවිටු මිතුරන් ගේ ඇසුර තියෙන කෙනෙකුට පිරිනිවන්පාන්නටයි කල්‍යාණ මිත්‍ර ආශ්‍රය තියෙන්නෙ. ප්‍රමාදී කෙනාට පිරිනිවන්පාන්නටයි අප්‍රමාදය තියෙන්නෙ.

ශ්‍රද්ධාව නැති කෙනෙකුට පිරිනිවන්පාන්නටයි ශ්‍රද්ධාව තියෙන්නෙ. පව් කරන්න ලැජ්ජා නැති කෙනෙකුට පිරිනිවන්පාන්නටයි පවට ලැජ්ජා ඇති බව තියෙන්නෙ. පව් කරන්නට බය නැති කෙනාට පිරිනිවන්පාන්නටයි පවට බය ඇති බව තියෙන්නෙ. අල්ප දහම් දැනුම ඇති කෙනාට පිරිනිවන්පාන්නටයි බොහෝ සේ අසන ලද දහම් දැනුම තියෙන්නෙ. කම්මැලි කෙනාට පිරිනිවන්පාන්නටයි පටන් ගත් වීරිය තියෙන්නෙ. සිහිමුලා වූ කෙනාට පිරිනිවන්පාන්නටයි සිහිය පිහිටුවා ගැනීම තියෙන්නෙ. ප්‍රඥාව නැති කෙනෙකුට පිරිනිවන්පාන්නටයි ප්‍රඥාසම්පත්තිය තියෙන්නෙ. වැඩකට නැති දෘෂ්ටි වලට බැඳිලා, අත්හැර ගන්නට බැරුව ඉන්න කෙනෙකුට පිරිනිවන්පාන්නටයි වැඩකට නැති දෘෂ්ටි වලට නොබැඳීමත්, පහසුවෙන් අත්හැරීමත් තියෙන්නෙ.

පින්වත් චුන්ද, ඔන්න මං දැන් නිකෙලෙස් ජීවිතය ගැන කියල දුන්නා. උතුම් සිතක් උපදවා ගැනීම ගැනත් කියල දුන්නා. ඒ වගේ ම වැරදි පාර අත්හැරල හරි පාරට වැටෙන හැටිත් කියල දුන්නා. ඒ වගේ ම ශ්‍රේෂ්ඨත්වයට පත්වෙන හැටිත් කියල දුන්නා. ඒ වගේ ම පිරිනිවන්පාන්නට ඕන කරන දේත් කියල දුන්නා.

පින්වත් චුන්ද, ශ්‍රාවකයින්ට ආදරේ ඇති, ශ්‍රාවකයන් ගැන අනුකම්පා ඇති ශාස්තෘන් වහන්සේ නමක් අනුකම්පාවෙන් යමක් කළ යුතු නම්, අන්න ඒ දෙය මං ඔබට කරල තියෙනවා. පින්වත් චුන්ද, ඔය තියෙන්නෙ ගස් සෙවණ. ඔය තියෙන්නෙ පාළු තැන්, පින්වත් චුන්ද, දූන් ඉතින් භාවනා කරන්න. ප්‍රමාද වෙන්න එපා. දූන් ප්‍රමාද වෙලා අන්තිමේ දී පසුතැවෙන්න එපා. මට ඔබ වෙනුවෙන් අනුශාසනා කරන්න තියෙන්නෙ ඔච්චරයි."

ශාස්තෘන් වහන්සේ මේ අසිරිමත් දෙසුම වදාළා. ආයුෂ්මත් මහා චුන්දයන් වහන්සේ භාග්‍යවතුන් වහන්සේ වදාළ මේ දෙසුම ගැන සතුටු වුනා. සාදු නාද නංවමින් ඉතා සතුටින් පිළිගත්තා.

(ගාථාවකි)

"හතළිස් හතර ආකාරයකින් දහම් පද වදාරණ ලදී. ඒ දහම් පද කරුණු පහකට ගොනු කොට වදාරණ ලදී. මේ නිකෙලෙස් ජීවිතය නමින් වදාළ දෙසුම මහා සාගරයක් සේ පරම ගම්භීර ය."

**සාදු! සාදු!! සාදු!!!**

**නිකෙලෙස් ජීවිතයක් ගැන වදාළ දෙසුම නිමා විය.**

# 1.1.9.
# සම්මාදිට්ඨි සූත්‍රය
## සම්මා දිට්ඨිය යනු කුමක් ද'යි විස්තර වශයෙන් වදාළ දෙසුම

මා හට අසන්නට ලැබුනේ මේ විදිහටයි. ඒ දිනවල භාග්‍යවතුන් වහන්සේ වැඩසිටියේ සැවැත් නුවර ජේතවනය නම් වූ, අනේපිඬු සිටුතුමාගේ ආරාමයේ ය. එහිදී ආයුෂ්මත් සාරිපුත්තයන් වහන්සේ 'ආයුෂ්මත් මහණෙනි' කියල භික්ෂුසංඝයා ඇමතුවා. ඒ භික්ෂූන් වහන්සේලා ද 'ප්‍රිය ආයුෂ්මතුන් වහන්ස' කියල ආයුෂ්මත් සාරිපුත්තයන් වහන්සේට පිළිතුරු දුන්නා. ආයුෂ්මත් සාරිපුත්තයන් වහන්සේ ඒ මොහොතේ දී තමයි මේ දේශනාව වදාළේ.

"ප්‍රිය ආයුෂ්මතුන් වහන්ස, 'සම්මා දිට්ඨිය, සම්මා දිට්ඨිය' කියල කියනවා. ප්‍රිය ආයුෂ්මතුන් වහන්ස, ආර්ය ශ්‍රාවකයෙක් සම්මා දිට්ඨියෙන් යුක්තයි කියල තේරුම් ගන්නේ කොහොම ද? ඔහුගේ දෘෂ්ටිය ඍජුව තියෙනවා කියල, සද්ධර්මය ගැන නොසෙල්වෙන ප්‍රසාදයකින් ඉන්නවා කියල, මේ සද්ධර්මය තුළට පැමිණුනා කියල තේරුම් ගන්නෙ කොහොම ද?"

"ප්‍රිය ආයුෂ්මත් සාරිපුත්තයන් වහන්ස, අපි ඔය කාරණයේ අර්ථය දැනගන්න, ඕනෑම දුරක ඉඳලා වුනත් ආයුෂ්මත් සාරිපුත්තයන් වහන්සේ ළඟට එන්න කැමතියි. ඇත්තෙන් ම ඔය ප්‍රකාශ කළ සදහම් කරුණේ අර්ථය ගැන ආයුෂ්මත් සාරිපුත්තයන් වහන්සේ අපට කියා දෙන්න. එවිට මේ භික්ෂු පිරිස ආයුෂ්මත් සාරිපුත්තයන් වහන්සේගෙන් ඒ අර්ථය අහගෙන මතක තියාගනීවි."

"එහෙම නම් ප්‍රිය ආයුෂ්මතුන් වහන්ස, හොඳට අහගන්න. හොඳින් සිහි කරන්න. මං කියා දෙන්නම්." "එසේ ය, ප්‍රිය අයුෂ්මතුන් වහන්ස" කියල ඒ භික්ෂූන් වහන්සේලා ආයුෂ්මත් සාරිපුත්තයන් වහන්සේට පිළිතුරු දුන්නා. ආයුෂ්මත් සාරිපුත්තයන් වහන්සේ ඒ වෙලාවේ මෙන්න මේ විදිහට වදාළා.

"ප්‍රිය ආයුෂ්මතුන් වහන්ස, යම් දවසක ආර්ය ශ්‍රාවකයා අකුසල් ගැන දන්නවා නම්, ඒ අකුසල්වල මුල් ගැනත් දන්නවා නම්, කුසල් ගැන දන්නවා

නම්, කුසල්වල මුල් ගැනත් දන්නවා නම්, එපමණකිනුත් ප්‍රිය ආයුෂ්මතුනි, ආර්ය ශ්‍රාවකයා සම්මා දිට්ඨියෙන් යුක්ත වෙනවා. ඔහුගේ ආකල්පය ඍජු වෙනවා. මේ සද්ධර්මය කෙරෙහි නොසෙල්වෙන ප්‍රසාදයකින් යුක්ත වෙනවා. මේ සද්ධර්මය වෙත ම පැමිණුන කෙනෙක් වෙනවා.

ප්‍රිය ආයුෂ්මතුනි, අකුසල් කියන්නෙ මොනවා ද? අකුසල මුල් කියන්නෙ මොනවා ද? කුසල් කියන්නෙ මොනවා ද? කුසල මුල් කියන්නෙ මොනවා ද?

ප්‍රිය ආයුෂ්මතුනි, සතුන් මැරීම අකුසලයක්. සොරකම් කිරීම අකුසලයක්. වැරදි විදිහට කාම සේවනයේ යෙදීම අකුසලයක්. බොරු කීම අකුසලයක්. කේළාම් කීම අකුසලයක්. නපුරු වචන කීම අකුසලයක්. හිස් වචන කීම අකුසලයක්. අනුන් සතු දේවල් ගැන ලෝභය ඉපදවීම අකුසලයක්. ද්වේෂය ඇති කරගැනීම අකුසලයක්. මිථ්‍යා දෘෂ්ටික අදහස් ඇතිව සිටීම අකුසලයක්. ප්‍රිය ආයුෂ්මතුනි, ඕවාටයි අකුසල් කියන්නෙ.

ප්‍රිය ආයුෂ්මතුනි, අකුසල් මුල් කියන්නෙ මොනවාද? ලෝභය අකුසලයට මුල් වෙන දෙයක්. ද්වේෂය අකුසලයට මුල් වෙන දෙයක්. මෝහය අකුසලයට මුල් වෙන දෙයක්. ප්‍රිය ආයුෂ්මතුනි, ඔන්න ඕවාට තමයි අකුසල් මුල් කියල කියන්නෙ.

ප්‍රිය ආයුෂ්මතුනි, කුසල් කියන්නෙ මොනවා ද? සතුන් මැරීමෙන් වැළකීම කුසලයක්. සොරකම් කිරීමෙන් වැළකීම කුසලයක්. වැරදි කාම සේවනයෙන් වැළකී සිටීම කුසලයක්. බොරු කීමෙන් වැළකී සිටීම කුසලයක්. කේළාම් කීමෙන් වැළකී සිටීම කුසලයක්. නපුරු වචන කීමෙන් වැළකී සිටීම කුසලයක්. හිස් වචන කීමෙන් වැළකී සිටීම කුසලයක්. අනුන් සතු දේවල් වලට ලෝභ නොකර සිටීම කුසලයක්. ද්වේෂ සිත් නැතුව සිටීම කුසලයක්. සම්මා දිට්ඨියෙන් යුක්ත වීම කුසලයක්. ප්‍රිය ආයුෂ්මතුනි, ඔන්න ඕවට තමයි 'කුසල්' කියන්නෙ.

ප්‍රිය ආයුෂ්මතුනි, කුසල් මුල් කියන්නෙ මොනවා ද? ලෝභ නැතිකම කුසලයට මුල් වෙන දෙයක්. ද්වේෂ සිත් නැති බව කුසලයට මුල් වෙන දෙයක්. මෝහය නැති බව කුසලයට මුල් වෙන දෙයක්. ප්‍රිය ආයුෂ්මතුනි, ඔන්න ඕවාට තමයි 'කුසල් මුල්' කියල කියන්නෙ.

ප්‍රිය ආයුෂ්මතුනි, යම් දවසක ආර්ය ශ්‍රාවකයා ඔය විදිහට අකුසල් ගැන දැනගත්තොත්, ඔය විදිහට අකුසල් මුල් ගැනත් දැනගත්තොත්, ඔය විදිහට කුසල් ගැන දැනගත්තොත්, ඔය විදියට කුසල් මුල් ගැනත් දැනගත්තොත්, අන්න ඒ ආර්ය ශ්‍රාවකයා සිතේ සැඟවුණු රාගය සම්පූර්ණයෙන් ම බැහැර කරලා,

සිතේ සැඟවුණු තරහ සම්පූර්ණයෙන් ම නැති කරල දාලා, 'මම වෙමි'යි යන වැරදි දැකීමෙන් යුතුව සිතේ සැඟවුණු මාන්නය සම්පූර්ණයෙන් ම උදුරල දාලා අවිද්‍යාව නැති කරලා, විද්‍යාව පහළ කරගෙන, මේ ජීවිතයේ දී ම සියලු දුක් නිමා කරන කෙනෙක් වෙනවා.

ප්‍රිය ආයුෂ්මතුනි, එපමණකිනුත් ආර්ය ශ්‍රාවකයා සම්මා දිට්ඨියෙන් යුක්ත කෙනෙක් වෙනවා. ඔහුගේ ආකල්පය ඍජු වෙනවා. මේ සද්ධර්මය කෙරෙහි නොසෙල්වෙන ප්‍රසාදයකින් යුක්ත වෙනවා. මේ සද්ධර්මයට ම පැමිණි කෙනෙක් වෙනවා."

## (01. කුසල් අකුසල් ගැන වදාළ කොටසයි නිමා වුනේ)

එවිට ඒ භික්ෂු පිරිස ආයුෂ්මත් සාරිපුත්තයන් වහන්සේ වදාළ මේ ධර්මය ගැන "සාදු! සාදු! ප්‍රිය ආයුෂ්මතුනි" යි කියා ඉතා සතුටින් පිළිගෙන අනුමෝදන් වුනා. ඉන්පසු ආයුෂ්මත් සාරිපුත්තයන් වහන්සේගෙන් තවත් ප්‍රශ්නයක් විමසුවා.

"ප්‍රිය ආයුෂ්මතුනි, ආර්ය ශ්‍රාවකයෙක් සම්මා දිට්ඨියෙන් යුක්තයි කියල කියන්න පුළුවන්, ඔහුගේ ආකල්පය ඍජුයි කියල කියන්න පුළුවන්, මේ සද්ධර්මය කෙරෙහි නොසෙල්වෙන ප්‍රසාදයකින් යුක්තයි කියල කියන්න පුළුවන්, මේ සද්ධර්මයට පැමිණුන කෙනෙක් ය කියල කියන්න පුළුවන් වෙන ක්‍රමයකුත් තියෙනවා ද?"

"එසේ ය, ප්‍රිය ආයුෂ්මතුනි, තව ක්‍රමයකුත් තියෙනවා. ප්‍රිය ආයුෂ්මතුනි, යම් දවසක ආර්ය ශ්‍රාවකයා ආහාර ගැන දන්නවා නම්, ආහාර හටගැනීම ගැන දන්නවා නම්, ආහාර නිරුද්ධ වීම ගැන දන්නවා නම්, ආහාර නිරුද්ධ වීම පිණිස හේතු වන ප්‍රතිපදාව දන්නවා නම්, ප්‍රිය ආයුෂ්මතුනි, එපමණකිනුත් ආර්ය ශ්‍රාවකයා සම්මා දිට්ඨියෙන් යුක්ත වෙනවා. ඔහුගේ ආකල්පය ඍජු වෙනවා. මේ සද්ධර්මය ගැන නොසෙල්වෙන ප්‍රසාදයෙන් යුක්ත කෙනෙක් වෙනවා. මේ සද්ධර්මය වෙත ම පැමිණි කෙනෙක් වෙනවා.

ප්‍රිය ආයුෂ්මතුනි, ආහාර කියන්නෙ මොනවා ද? ආහාර හටගැනීම කියල කියන්නෙ මොකක් ද? ආහාර නිරුද්ධ වීම කියල කියන්නෙ මොකක් ද? ආහාර නිරුද්ධ වීම පිණිස හේතු වන ප්‍රතිපදාව කියල කියන්නෙ මොකක් ද?

ප්‍රිය ආයුෂ්මතුනි, ආහාර වර්ග හතරක් තියෙනවා. උපන් සත්වයන්ගේ පැවැත්ම පිණිසත්, උපතකට සකස් වෙන සත්වයින්ට උදව් වීම පිණිසත්, තමයි

ඒ ආහාර හතර තියෙන්නෙ. මොනව ද ඒ ආහාර හතර? එනම්; ගොරෝසු හෝ සියුම් හෝ කබලිංකාර ආහාරය, ස්පර්ශ ආහාරය, මනස මුල් කරගත් චේතනාවකින් (මනෝ සංචේතනා) යුතු ආහාර, විඤ්ඤාණ ආහාරය. තණ්හාව ඇතිවීමෙනුයි ආහාර හටගන්නෙ. තණ්හාව නිරුද්ධ වීමෙන් තමයි, ආහාර නිරුද්ධ වෙන්නෙ. ආහාර නිරුද්ධ වෙන්නට හේතු වෙන ප්‍රතිපදාව තමයි මේ ආර්ය අෂ්ටාංගික මාර්ගය කියල කියන්නෙ. ඒ කියන්නෙ සම්මා දිට්ඨි, සම්මා සංකප්ප, සම්මා වාචා, සම්මා කම්මන්ත, සම්මා ආජීව, සම්මා වායාම, සම්මා සති, සම්මා සමාධි කියන මේ අංග අටයි.

ප්‍රිය ආයුෂ්මතුනි, යම් දවසක ආර්ය ශ්‍රාවකයා ඔය විදිහට ආහාර ගැන දැනගත්තොත්, ආහාර හටගැනීම ගැන දැනගත්තොත්, ඔය විදිහට ආහාර නිරුද්ධ වීම ගැන දැනගත්තොත්, ආහාර නිරුද්ධ වෙන්නට හේතු වන ප්‍රතිපදාව ගැන දැනගත්තොත්, අන්න ඒ ආර්ය ශ්‍රාවකයා සිතේ සැඟවුණු රාගය සම්පූර්ණයෙන් ම බැහැර කරලා, සිතේ සැඟවුණු තරහ සම්පූර්ණයෙන් ම නැති කරල දාලා, 'මම වෙමි' යි යන වැරදි දැකීමෙන් යුතුව සිතේ සැඟවුණු මාන්නය සම්පූර්ණයෙන් ම උදුරල දාලා, අවිද්‍යාව (ආර්ය සත්‍යය ගැන ඇති අනවබෝධය) නැති කරල දාලා, විද්‍යාව (ආර්ය සත්‍ය අවබෝධය) උපදවාගෙන, මේ ජීවිතේ දී ම සියලු දුක් නිමා කරන කෙනෙක් වෙනවා. ප්‍රිය ආයුෂ්මතුනි, එපමණකිනුත් ආර්ය ශ්‍රාවකයා සම්මා දිට්ඨියෙන් යුක්ත කෙනෙක් වෙනවා. ඍජු ආකල්ප තියෙන කෙනෙක් වෙනවා. මේ සද්ධර්මය ගැන නොසෙල්වෙන ප්‍රසාදයෙන් යුක්ත කෙනෙක් වෙනවා. මේ සද්ධර්මයට ම පැමිණි කෙනෙක් වෙනවා."

### (02. ආහාර සතර ගැන වදාළ කොටසයි නිමා වුනේ)

එවිට ඒ භික්ෂු පිරිස ආයුෂ්මත් සාරිපුත්තයන් වහන්සේ වදාළ මේ ධර්ම කාරණා ගැන ඉතා සතුටින් "සාදු! සාදු! ප්‍රිය ආයුෂ්මතුනි" යි කියා අනුමෝදන් වුනා. ඉන්පසු ආයුෂ්මත් සාරිපුත්තයන් වහන්සේගෙන් තවත් ප්‍රශ්නයක් විමසුවා.

"ප්‍රිය ආයුෂ්මතුනි, ආර්ය ශ්‍රාවකයෙක් සම්මා දිට්ඨියෙන් යුක්තයි කියල කියන්න පුළුවන්, ඔහුගේ ආකල්පය ඍජුයි කියල කියන්න පුළුවන්, මේ සද්ධර්මය කෙරෙහි නොසෙල්වෙන ප්‍රසාදයකින් යුක්තයි කියල කියන්න පුළුවන්, මේ සද්ධර්මයට පැමිණුන කෙනෙක් ය කියල කියන්න පුළුවන් වෙන ක්‍රමයකුත් තියෙනවා ද?"

"එසේ ය, ප්‍රිය ආයුෂ්මතුනි, තව ක්‍රමයකුත් තියෙනවා. ප්‍රිය ආයුෂ්මතුනි, යම් දවසක ආර්ය ශ්‍රාවකයා දුක ගැනත් දන්නවා නම්, දුකේ හටගැනීම ගැනත් දන්නවා නම්, දුක් නිරුද්ධ වීම ගැනත් දන්නවා නම්, දුක් නිරුද්ධ වීම පිණිස

හේතු වන ප්‍රතිපදාව ගැනත් දන්නවා නම්, ප්‍රිය ආයුෂ්මතුනි, එපමණකිනුත් ඒ ආර්ය ශ්‍රාවකයා සම්මා දිට්ඨියෙන් යුක්ත වෙනවා. ඔහුගේ ආකල්පය ඍජු වෙනවා. මේ සද්ධර්මය ගැන නොසෙල්වෙන ප්‍රසාදයකින් යුක්ත කෙනෙක් වෙනවා. මේ සද්ධර්මයට ම පැමිණුන කෙනෙක් වෙනවා.

ප්‍රිය ආයුෂ්මතුනි, දුක කියන්නේ මොකක් ද? දුකේ හටගැනීම කියලා කියන්නෙ මොකක් ද? දුකේ නිරුද්ධ වීම කියලා කියන්නෙ මොකක් ද? දුක නිරුද්ධ වීම පිණිස හේතු වන ප්‍රතිපදාව කියලා කියන්නෙ මොකක් ද?

ඉපදීමත් දුකක්, වයස්ගතවීමත් දුකක්, රෝග පීඩා ඇතිවීමත් දුකක්. මැරී යාමත් දුකක්, ශෝක වැළපීම් වගේ ම කායික දුක්, මානසික දුක්, සුසුම් හෙළීම් ආදියත් දුකක්. දුක් පීඩා ආදිය නොලබා සිටින්න කැමති වුනත්, ඒ කැමැත්ත ඉටු නොවීම ද දුකක්. සියලු දුක් ගැන හකුලා කිව්වොත්, උපාදානස්කන්ධ පහ ම දුකක්. ප්‍රිය ආයුෂ්මතුනි, ඔන්න ඕකටයි දුක කියල කියන්නෙ.

ප්‍රිය ආයුෂ්මතුනි, දුකේ හටගැනීම කියල කියන්නෙ මොකක් ද? යළිත් භවයක් සකසා දෙන, ආශ්වාදයෙන් ඇලෙන ස්වභාවයෙන් යුතු, උපනූපන් තැන සතුටින් පිළිගන්නා විදිහේ යම් තණ්හාවක් ඇද්ද, එයයි. ඒ කිව්වේ (රූප, ශබ්ද, ගන්ධ, රස, පහස) යන කාම අරමුණු පිළිබඳව ඇති කාම තණ්හාවත්, (පැවැත්ම ගැන තියෙන ආශාව නම් වූ) භව තණ්හාවත්, (නොපැවැත්ම ගැන තියෙන ආශාව නම් වූ) විභව තණ්හාවත් ය. ඔන්න ඕක තමයි ප්‍රිය ආයුෂ්මතුනි, දුකේ හටගැනීම කියලා කියන්නෙ.

ප්‍රිය ආයුෂ්මතුනි, දුක නිරුද්ධ වීම කියල කියන්නෙ මොකක් ද? ඔය තුන් ආකාර වූ තණ්හාව ම චුට්ටක්වත් ඉතුරු නැතිව ම, නොඇල්මෙන් නිරුද්ධ වීමක් ඇද්ද, අත්හැරීමක් ඇද්ද, දුරින් ම දුරු කිරීමක් ඇද්ද, එයින් නිදහස් වීමක් ඇද්ද, ආලය රහිත වීමක් ඇද්ද, ප්‍රිය ආයුෂ්මතුනි, ඔන්න ඕකටයි දුක නිරුද්ධ වීම කියල කියන්නෙ.

ප්‍රිය ආයුෂ්මතුන් වහන්ස, දුක නිරුද්ධ වීම පිණිස පවතින ප්‍රතිපදාව කියල කියන්නෙ මොකක් ද? මේ ආර්ය අෂ්ටාංගික මාර්ගය ම යි දුක නිරුද්ධ වීම පිණිස පවතින ප්‍රතිපදාව. ඒ කියන්නෙ සම්මා දිට්ඨී, සම්මා සංකප්ප, සම්මා වාචා, සම්මා කම්මන්ත, සම්මා ආජීව, සම්මා වායාම, සම්මා සති, සම්මා සමාධි කියන මේ අංග අටයි.

ප්‍රිය ආයුෂ්මතුන් වහන්ස, කවදා හරි ආර්ය ශ්‍රාවකයා ඔය විදිහට දුක ගැන දැනගත්තොත්, ඔය විදිහට දුකේ හටගැනීම ගැන දැනගත්තොත්, ඔය

විදියට දුකේ නිරුද්ධ වීම ගැන දැනගත්තොත්, ඔය විදිහට දුක නිරුද්ධ වීම පිණිස පවතින ප්‍රතිපදාව ගැන දැනගත්තොත්, අන්න ඒ ආර්ය ශ්‍රාවකයා සිතේ සැඟවුණු රාගය සම්පූර්ණයෙන් ම බැහැර කරලා, සිතේ සැඟවුණු තරහ සම්පූර්ණයෙන් ම දුරු කරලා, 'මම වෙමි' යි කියන වැරදි දෘෂ්ටියෙන් යුක්තව සිතේ සැඟවෙලා තිබිච්ච මාන්නය සම්පූර්ණයෙන් ම උදුරල දමලා, අවිද්‍යාව නැත්තට ම නැතිකරල දමලා, විද්‍යාව උපදවාගෙන, මේ ජීවිතේ දී ම ඔක්කෝම දුක් ටික නැති කරන කෙනෙක් වෙනවා.

ප්‍රිය ආයුෂ්මතුන් වහන්ස, එපමණකිනුත් ඒ ආර්ය ශ්‍රාවකයා සම්මා දිට්ඨියෙන් යුක්ත වෙනවා. ඔහුගේ ආකල්පය ඍජු වෙනවා. මේ සද්ධර්මය ගැන නො සෙල්වෙන ප්‍රසාදයෙන් යුක්ත කෙනෙක් වෙනවා. මේ සද්ධර්මයට ම පැමිණි කෙනෙක් වෙනවා."

(03. ආර්ය සත්‍ය ගැන වදාළ කොටසයි නිමා වුනේ)

එවිට ඒ භික්ෂු පිරිස ආයුෂ්මත් සාරිපුත්තයන් වහන්සේ වදාළ මේ ධර්මය ගැන ඉතා ම සතුටු වෙලා, සාදු නාද දෙමින් සතුටින් පිළිඅරගෙන අනුමෝදන් වුනා. ඊට පස්සෙ ආයුෂ්මත් සාරිපුත්තයන් වහන්සේගෙන් තවත් ප්‍රශ්නයක් විමසුවා.

"ප්‍රිය ආයුෂ්මතුනි, ආර්ය ශ්‍රාවකයෙක් සම්මා දිට්ඨියෙන් යුක්තයි කියල කියන්න පුළුවන්, ඔහුගේ ආකල්පය ඍජුයි කියල කියන්න පුළුවන්, මේ සද්ධර්මය කෙරෙහි නොසෙල්වෙන ප්‍රසාදයකින් යුක්තයි කියල කියන්න පුළුවන්, මේ සද්ධර්මයට පැමිණුන කෙනෙක් ය කියල කියන්න පුළුවන් වෙන ක්‍රමයකුත් තියෙනවා ද?"

"ඔව් ප්‍රිය ආයුෂ්මතුනි, තව ක්‍රමයකුත් තියෙනවා. ප්‍රිය ආයුෂ්මතුනි, කවදා හරි දවසක මේ ආර්ය ශ්‍රාවකයා ජරා මරණ ගැන දන්නවා නම්, ජරා මරණ හටගැනීම ගැනත් දන්නවා නම්, ජරා මරණ නිරුද්ධ වීම ගැනත් දන්නවා නම්, ජරා මරණ නිරුද්ධ වීම පිණිස හේතු වන ප්‍රතිපදාව ගැනත් හොඳට දන්නවා නම්, ප්‍රිය ආයුෂ්මතුනි, මෙපමණකිනුත් ඒ ආර්ය ශ්‍රාවකයා සම්මා දිට්ඨියෙන් යුක්ත කෙනෙක් වෙනවා. ඍජු ආකල්ප තියෙන කෙනෙක් වෙනවා. මේ සද්ධර්මය ගැන නොසෙල්වෙන ප්‍රසාදයකින් යුක්ත කෙනෙක් වෙනවා. මේ සද්ධර්මයට ම පැමිණිච්ච කෙනෙක් වෙනවා.

ප්‍රිය ආයුෂ්මතුනි, ජරා මරණ කියන්නේ මොනවා ද? ජරා මරණයන්ගේ හටගැනීම කියල කියන්නෙ මොකක් ද? මොකක් ද මේ ජරා මරණයන්ගේ

නිරුද්ධ වීම කියල කියන්නෙ? මේ ජරා මරණ නිරුද්ධ වෙන්න හේතු වන ප්‍රතිපදාව කියල කියන්නෙ මොකක් ද?

ප්‍රිය ආයුෂ්මතුනි, ඒ ඒ සත්ව ලෝකවල, ඒ ඒ සත්වයන් තුළ, යම් දිරා යාමක් තියෙනවා ද, ජරාවට පත්වෙන බවක් තියෙනවා ද, කැඩී බිඳී යාමක් තියෙනවා ද, කෙස් රැවුල් පැසීමක් තියෙනවා ද, ඇඟ රැළි වැටීමක් තියෙනවා ද, ආයුෂ ගෙවීයාමක් තියෙනවා ද, ඉන්ද්‍රියයන්ගේ මෝරා යාමක් තියෙනවා ද, ඔන්න ඕක තමයි ජරාව කියල කියන්නෙ.

ප්‍රිය ආයුෂ්මතුනි, මරණය කියල කියන්නෙ මොකක් ද? ඒ ඒ සත්ව ලෝකවල, ඒ ඒ සත්වයන්ගේ යම් කිසි චුත වීමක්, චුත වී යන බවක්, බිඳී යාමක් වේ ද, අතුරුදහන් වීමක්, මරණයට පත්වීමක්, කළුරිය කිරීමක් වේ ද, ස්කන්ධයන්ගේ බිඳී යාමක් වේ ද, මෘත ශරීරයේ අත්හැරීමක් වේ ද, ප්‍රිය ආයුෂ්මතුනි, මරණය කියල කියන්නෙ ඕකටයි. ඔය විදිහට මේ ජරාවත්, මේ මරණයත් යන මේකටයි ජරා මරණ කියල කියන්නෙ. උපත හටගැනීමෙනුයි ජරා මරණ හටගන්නෙ. ඉපදීම නිරුද්ධ වීමෙන් තමයි ජරා මරණ නිරුද්ධ වෙන්නෙ. මේ ආර්ය අෂ්ටාංගික මාර්ගය ම තමයි මේ ජරා මරණ නිරුද්ධ වීම පිණිස හේතු වන ප්‍රතිපදාව කියල කියන්නෙ. ඒ කියන්නෙ සම්මා දිට්ඨි, සම්මා සංකප්ප, සම්මා වාචා, සම්මා කම්මන්ත, සම්මා ආජීව, සම්මා වායාම, සම්මා සති, සම්මා සමාධි කියන මේ අංග අටයි.

ප්‍රිය ආයුෂ්මතුනි, යම් දවසක ආර්ය ශ්‍රාවකයා ඔය විදිහට ජරා මරණ ගැන දැනගත්තොත්, ඔය විදිහට ජරා-මරණ හටගැනීම ගැන දැනගත්තොත්, ඔය විදිහට ජරා මරණ නිරුද්ධ වීම ගැන දැනගත්තොත්, ඔය විදිහට ජරා මරණ නිරුද්ධ වන්නා වූ ප්‍රතිපදාව ගැන දැනගත්තොත්, අන්න ඒ ආර්ය ශ්‍රාවකයා සිතේ සැඟවුණු රාගය සම්පූර්ණයෙන් ම බැහැර කරලා, සිතේ සැඟවුණු ද්වේෂය සම්පූර්ණයෙන් ම දුරු කරලා, 'මම වෙමි' යි කියන වැරදි දැකීමෙන් යුතුව සිතේ සැඟවුණු මාන්නය සම්පූර්ණයෙන් ම උදුරල දාලා, අවිද්‍යාව (ආර්ය සත්‍යය ගැන ඇති අනවබෝධය) නැති කරල දාලා, විද්‍යාව (ආර්ය සත්‍යය අවබෝධය) උපදවාගෙන, මේ ජීවිතයේ දී ම සියලු දුක් නිමා කරන කෙනෙක් වෙනවා. ප්‍රිය ආයුෂ්මතුනි, මෙපමණකිනුත් ආර්ය ශ්‍රාවකයා සම්මා දිට්ඨියෙන් යුක්ත කෙනෙක් වෙනවා. ඍජු ආකල්ප තියෙන කෙනෙක් වෙනවා. මේ සද්ධර්මය ගැන නොසෙල්වෙන ප්‍රසාදයෙන් යුක්ත කෙනෙක් වෙනවා. මේ සද්ධර්මයට පැමිණි කෙනෙක් වෙනවා."

**(04. ජරා මරණ ගැන වදාළ කොටසයි නිමා වුනේ)**

එවිට ඒ භික්ෂු පිරිස ආයුෂ්මත් සාරිපුත්තයන් වහන්සේ වදාළ මේ ධර්මය ගැන "සාදු! සාදු! ප්‍රිය ආයුෂ්මතුනි" යි කියා ඉතා සතුටින් පිළිගෙන අනුමෝදන් වුනා. ඉන්පසු ආයුෂ්මත් සාරිපුත්තයන් වහන්සේගෙන් තවත් ප්‍රශ්නයක් විමසුවා.

"ප්‍රිය ආයුෂ්මතුනි, ආර්ය ශ්‍රාවකයෙක් සම්මා දිට්ඨියෙන් යුක්තයි කියල කියන්න පුළුවන්, ඔහුගේ ආකල්පය ඍජුයි කියල කියන්න පුළුවන්, මේ සද්ධර්මය කෙරෙහි නොසෙල්වෙන ප්‍රසාදයකින් යුක්තයි කියල කියන්න පුළුවන්, මේ සද්ධර්මයට ම පැමිණුන කෙනෙක් ය කියලා කියන්න පුළුවන් වෙන ක්‍රමයකුත් තියෙනවා ද?"

"එසේ ය, ප්‍රිය ආයුෂ්මතුනි, තව ක්‍රමයකුත් තියෙනවා. ප්‍රිය ආයුෂ්මතුනි, යම් දවසක ආර්ය ශ්‍රාවකයා ඉපදීම ගැනත් දන්නවා නම්, උපත හටගැනීම ගැනත් දන්නවා නම්, ඉපදීම නිරුද්ධ වීම ගැනත් දන්නවා නම්, උපත නිරුද්ධ වීම පිණිස හේතු වන ප්‍රතිපදාව ගැනත් දන්නවා නම් ප්‍රිය ආයුෂ්මතුනි, අන්න එපමණකිනුත් ඒ ආර්ය ශ්‍රාවකයා සම්මා දිට්ඨියෙන් යුක්ත වෙනවා. ඔහුගේ ආකල්පය ඍජු වෙනවා. මේ සද්ධර්මය ගැන නොසෙල්වෙන ප්‍රසාදයෙන් යුක්ත කෙනෙක් වෙනවා. මේ සද්ධර්මය වෙත ම පැමිණි කෙනෙක් වෙනවා.

ප්‍රිය ආයුෂ්මතුනි, ඉපදීම කියල කියන්නෙ මොකක් ද? ඉපදීම හටගන්නවා කියල කියන්නෙ මොකක් ද? ඉපදීම නිරුද්ධ වෙනවා කියල කියන්නෙ මොකක් ද? ඉපදීම නිරුද්ධ වීම පිණිස හේතු වන්නා වූ ප්‍රතිපදාව කියල කියන්නෙ මොකක් ද?

ඒ ඒ සත්ව ලෝකවල, ඒ ඒ සත්වයන්ගේ යම් ඉපදීමක්, පරිපූර්ණව ඉපදීමක්, උපතක් පිණිස පිළිසිඳගැනීමක්, උපතක් පිණිස පහළ වීමක්, ස්කන්ධයන්ගේ පහළ වීමක්, ඇස්, කන් ආදී ආයතනයන්ගේ ලැබීමක් තිබේ නම්, ප්‍රිය ආයුෂ්මතුනි, ඉපදීම කියල කියන්නෙ ඔන්න ඕකටයි. විපාක විඳීම පිණිස කර්ම සකස් වීම නම් වූ භවය හටගැනීමෙන් තමයි උපතක් හටගන්නෙ. භවය නිරුද්ධ වීමෙන් තමයි ඉපදීම නිරුද්ධ වෙන්නෙ. ඉපදීම නිරුද්ධ වීම පිණිස හේතු වන ප්‍රතිපදාව මේ ආර්ය අෂ්ටාංගික මාර්ගය ම යි. ඒ කියන්නෙ සම්මා දිට්ඨි, සම්මා සංකප්ප, සම්මා වාචා, සම්මා කම්මන්ත, සම්මා ආජීව, සම්මා වායාම, සම්මා සති, සම්මා සමාධි කියන මේ අංග අටයි.

ප්‍රිය ආයුෂ්මතුනි, යම් දවසක ආර්ය ශ්‍රාවකයා ඔය විදිහට ඉපදීම ගැන දැනගත්තොත්, ඔය විදිහට ඉපදීම හටගන්නා හැටි දැනගත්තොත්, ඔය විදිහට උපත නිරුද්ධ වීම ගැන දැනගත්තොත්, ඔය ආකාරයට උපත නිරුද්ධ වන්නා වූ ප්‍රතිපදාව ගැන දැනගත්තොත්, අන්න ඒ ආර්ය ශ්‍රාවකයා සිතේ සැඟවුණු රාගය

සම්පූර්ණයෙන් ම බැහැර කරලා, සිතේ සැඟවුණු තරහ සම්පූර්ණයෙන් ම දුරු කරලා, 'මම වෙමි' යි කියන වැරදි දෘෂ්ටියෙන් යුක්තව සිතේ සැඟවිලා තිබිච්ච මාන්නය සම්පූර්ණයෙන් ම උදුරල දමලා, අවිද්‍යාව නැත්තට ම නැතිකරල දමලා, විද්‍යාව උපදවාගෙන, මේ ජීවිතේ දී ම සියලු දුක් නිමා කරන කෙනෙක් වෙනවා.

ප්‍රිය ආයුෂ්මතුනි, එපමණකිනුත් ඒ ආර්ය ශ්‍රාවකයා සම්මා දිට්ඨියෙන් යුක්ත වෙනවා. ඔහුගේ ආකල්පය ඍජු වෙනවා. මේ සද්ධර්මය ගැන නොසෙල්වෙන ප්‍රසාදයෙන් යුක්ත කෙනෙක් වෙනවා. මේ සද්ධර්මයට ම පැමිණි කෙනෙක් වෙනවා."

### (05. ඉපදීම ගැන වදාළ කොටසයි නිමා වුනේ.)

එවිට ඒ භික්ෂු පිරිස ආයුෂ්මත් සාරිපුත්තයන් වහන්සේ වදාළ මේ ධර්මය ගැන "සාදු! සාදු! ප්‍රිය ආයුෂ්මතුනි" යි කියා ඉතා සතුටින් පිළිගෙන අනුමෝදන් වුනා. ඉන් පසු ආයුෂ්මත් සාරිපුත්තයන් වහන්සේගෙන් තවත් ප්‍රශ්නයක් විමසුවා.

"ප්‍රිය ආයුෂ්මතුනි, ආර්ය ශ්‍රාවකයෙක් සම්මා දිට්ඨියෙන් යුක්තයි කියල කියන්න පුළුවන්, ඔහුගේ ආකල්පය ඍජුයි කියල කියන්න පුළුවන්, මේ සද්ධර්මය කෙරෙහි නොසෙල්වෙන ප්‍රසාදයකින් යුක්තයි කියල කියන්න පුළුවන්, මේ සද්ධර්මයට පැමිණුන කෙනෙක් ය කියල කියන්න පුළුවන් වෙන ක්‍රමයකුත් තියෙනවා ද?"

"එසේ ය, ප්‍රිය ආයුෂ්මතුනි, තව ක්‍රමයකුත් තියෙනවා. ප්‍රිය ආයුෂ්මතුනි, යම් දවසක ආර්ය ශ්‍රාවකයා විපාක පිණිස කර්ම සකස්වීම (භවය) ගැනත් දන්නවා නම්, භවයේ හටගැනීම ගැනත් දන්නවා නම්, භවය නිරුද්ධ වීම ගැනත් දන්නවා නම්, භවය නිරුද්ධ වීම පිණිස හේතු වන ප්‍රතිපදාව ගැනත් දන්නවා නම්, ප්‍රිය ආයුෂ්මතුනි, මෙපමණකිනුත් ඒ ආර්ය ශ්‍රාවකයා සම්මා දිට්ඨියෙන් යුක්ත වෙනවා. ඔහුගේ ආකල්පය ඍජු වෙනවා. මේ සද්ධර්මය ගැන නොසෙල්වෙන ප්‍රසාදයෙන් යුක්ත කෙනෙක් වෙනවා. මේ සද්ධර්මය වෙත ම පැමිණි කෙනෙක් වෙනවා.

ප්‍රිය ආයුෂ්මතුනි, විපාක පිණිස කර්ම සකස් වීම නම් වූ භවය කියල කියන්නෙ මොකක් ද? භවයේ හටගැනීම කියල කියන්නෙ මොකක් ද? භවය නිරුද්ධ වීම කියල කියන්නෙ මොකක් ද? භවය නිරුද්ධ වීම පිණිස හේතු වන්නා වූ ප්‍රතිපදාව කියල කියන්නෙ මොකක් ද? ප්‍රිය ආයුෂ්මතුනි, භව තුනක්

තියෙනවා. කාම ලෝකයේ විපාක විඳීම පිණිස කර්ම සකස් වීම නම් වූ කාම භවයක් තියෙනවා. රූප ලෝකයේ විපාක විඳීම පිණිස කර්ම සකස් වීම නම් වූ රූප භවයක් තියෙනවා. අරූප ලෝකයේ විපාක විඳීම පිණිස කර්ම සකස් වීම නම් අරූප භවයකුත් තියෙනවා. ග්‍රහණය වීම නම් වූ උපාදාන හටගැනීම නිසා තමයි භවයක් හටගන්නෙ. උපාදාන නිරුද්ධ වීමෙන් භවය නිරුද්ධ වෙනවා. මේ ආර්ය අෂ්ටාංගික මාර්ගය ම තමයි භවය නිරුද්ධ වීම පිණිස හේතුවන ප්‍රතිපදාව කියල කියන්නෙ. ඒ කියන්නෙ සම්මා දිට්ඨි, සම්මා සංකප්ප, සම්මා වාචා, සම්මා කම්මන්ත, සම්මා ආජීව, සම්මා වායාම, සම්මා සති, සම්මා සමාධි කියන මේ අංග අටයි.

ප්‍රිය ආයුෂ්මතුනි, යම් දවසක ආර්ය ශ්‍රාවකයා ඔය විදිහට භවය ගැන දැනගත්තොත්, ඔය විදිහට භවය හටගැනීම ගැන දැනගත්තොත්, ඔය විදිහට භවය නිරුද්ධ වීම ගැන දැනගත්තොත්, ඔය විදිහට භවය නිරුද්ධ වීමට හේතුවන ප්‍රතිපදාව ගැන දැනගත්තොත්, අන්න ඒ ආර්ය ශ්‍රාවකයා සිතේ සැඟවුණු රාගය සම්පූර්ණයෙන් ම බැහැර කරලා, සිතේ සැඟවුණු තරහ සම්පූර්ණයෙන් ම දුරු කරලා, 'මම වෙමි'යි කියන වැරදි දෘෂ්ටියෙන් යුක්තව සිතේ සැඟවෙලා තිබ්බ්ච මාන්නය සම්පූර්ණයෙන් ම උදුරල දමලා, අවිද්‍යාව නැත්තට ම නැතිකරල දමලා, විද්‍යාව උපදවාගෙන, මේ ජීවිතේ දී ම සියලු දුක් නිමා කරන කෙනෙක් වෙනවා. මෙපමණකිනුත් ප්‍රිය ආයුෂ්මතුනි, ඒ ආර්ය ශ්‍රාවකයා සම්මා දිට්ඨියෙන් යුතු කෙනෙක් වෙනවා. ඔහුගේ ආකල්පය ඍජු වෙනවා. මේ සද්ධර්මය ගැන නොසෙල්වෙන ප්‍රසාදයෙන් යුක්ත කෙනෙක් වෙනවා. මේ සද්ධර්මයට ම පැමිණි කෙනෙක් වෙනවා."

**(06. විපාක පිණිස කර්ම සකස්වීම නම් වූ භවය ගැන වදාළ කොටසයි නිමා වුනේ)**

එවිට ඒ භික්ෂු පිරිස ආයුෂ්මත් සාරිපුත්තයන් වහන්සේ වදාළ මේ ධර්මය ගැන "සාදු! සාදු! ප්‍රිය ආයුෂ්මතුනි" යි කියා ඉතා සතුටින් පිළිගෙන අනුමෝදන් වුනා. ඉන්පසු ආයුෂ්මත් සාරිපුත්තයන් වහන්සේගෙන් තවත් ප්‍රශ්නයක් විමසුවා.

"ප්‍රිය ආයුෂ්මතුනි, ආර්ය ශ්‍රාවකයෙක් සම්මා දිට්ඨියෙන් යුක්තයි කියල කියන්න පුළුවන්, ඔහුගේ ආකල්පය ඍජුයි කියල කියන්න පුළුවන්, මේ සද්ධර්මය කෙරෙහි නොසෙල්වෙන ප්‍රසාදයකින් යුක්තයි කියල කියන්න පුළුවන්, මේ සද්ධර්මයට පැමිණුන කෙනෙක් ය කියල කියන්න පුළුවන් වෙන ක්‍රමයකුත් තියෙනවා ද?"

"එසේ ය, ප්‍රිය ආයුෂ්මතුනි, යම් දවසක ආර්ය ශ්‍රාවකයා ග්‍රහණය වීම හෙවත් උපාදාන ගැනත් දන්නවා නම්, උපාදානවල හටගැනීම ගැනත් දන්නවා

නම්, උපාදාන නිරෝධය ගැනත් දන්නවා නම්, උපාදාන නිරුද්ධ වීම පිණිස හේතු වන ප්‍රතිපදාව ගැනත් දන්නවා නම්, ප්‍රිය ආයුෂ්මතුනි, එපමණකිනුත් ඒ ආර්ය ශ්‍රාවකයා සම්මා දිට්ඨියෙන් යුක්ත වෙනවා. ඔහුගේ ආකල්පය ඍජු වෙනවා. මේ සද්ධර්මය ගැන නොවෙනස් වන ප්‍රසාදයෙන් යුක්ත කෙනෙක් වෙනවා. මේ සද්ධර්මයට ම පැමිණි කෙනෙක් වෙනවා.

ප්‍රිය ආයුෂ්මතුනි, උපාදාන කියන්නෙ මොකක් ද? උපාදානවල හටගැනීම කියල කියන්නෙ මොකක් ද? උපාදාන නිරුද්ධ වීම කියල කියන්නෙ මොකක් ද? උපාදාන නිරුද්ධ වීමට හේතු වන ප්‍රතිපදාව කියල කියන්නෙ මොකක් ද?

ප්‍රිය ආයුෂ්මතුනි, උපාදාන වර්ග හතරක් තියෙනවා. ඒවා තමයි, රූප, ශබ්ද, ගන්ධ, රස, ස්පර්ශ යන කාම අරමුණුවලට ග්‍රහණය වීම නම් වූ 'කාම උපාදානය'ත්, මතවාදවලට ග්‍රහණය වීම නම් වූ 'දිට්ඨි උපාදානය'ත්, සීල ව්‍රත වලට ග්‍රහණය වීම නම් වූ 'සීලබ්බත උපාදානය'ත්, 'මම, මගේ, මගේ ආත්මය' යන හැඟීමට ග්‍රහණය වීම නම් වූ 'අත්තවාද උපාදානය'ත් ය. තණ්හාව හටගැනීමෙනුයි උපාදාන හටගන්නෙ. තණ්හාව නිරුද්ධ වීමෙන් තමයි උපාදාන නිරුද්ධ වෙන්නෙ. උපාදාන නිරුද්ධ වීමට හේතු වන ප්‍රතිපදාවත් මේ ආර්ය අෂ්ටාංගික මාර්ගය ම යි. ඒ කියන්නේ සම්මා දිට්ඨි, සම්මා සංකප්ප, සම්මා වාචා, සම්මා කම්මන්ත, සම්මා ආජීව, සම්මා වායාම, සම්මා සති, සම්මා සමාධි කියන මේ අංග අටයි.

ප්‍රිය ආයුෂ්මතුනි, යම් දවසක ආර්ය ශ්‍රාවකයා ඔය විදිහට උපාදාන ගැන දැනගත්තොත්, ඔය විදිහට උපාදානවල හටගැනීම ගැන දැනගත්තොත්, ඔය විදිහට උපාදාන නිරුද්ධ වෙන හැටි දැනගත්තොත්, ඔය විදිහට උපාදාන නිරුද්ධ වීමට හේතු වන ප්‍රතිපදාව ගැනත් දැනගත්තොත් අන්න ඒ ආර්ය ශ්‍රාවකයා සිතේ සැඟවුණු රාගය සම්පූර්ණයෙන් ම බැහැර කරලා, සිතේ සැඟවුණු තරහ සම්පූර්ණයෙන් ම දුරු කරලා, 'මම වෙමි'යි කියන වැරදි දෘෂ්ටියෙන් යුක්තව සිතේ සැඟවෙලා තිබිච්ච මාන්නය සම්පූර්ණයෙන් ම උදුරල දමලා, අවිද්‍යාව නැත්තට ම නැතිකරල දමලා, විද්‍යාව උපදවාගෙන, මේ ජීවිතේ දී ම සියලු දුක් නිමා කරන කෙනෙක් වෙනවා. එපමණකිනුත් ප්‍රිය ආයුෂ්මතුන් වහන්ස, ආර්ය ශ්‍රාවකයා සම්මා දිට්ඨියෙන් යුතු කෙනෙක් වෙනවා. ඔහුගේ ආකල්පය ඍජු වෙනවා. මේ සද්ධර්මය ගැන නොවෙනස් වන ප්‍රසාදයකින් යුතු කෙනෙක් වෙනවා. මේ සද්ධර්මයට ම පැමිණි කෙනෙක් වෙනවා."

**(07. ග්‍රහණය වීම හෙවත් උපාදාන ගැන වදාළ කොටසයි නිමා වුනේ.)**

එවිට ඒ භික්ෂු පිරිස ආයුෂ්මත් සාරිපුත්තයන් වහන්සේ වදාළ මේ ධර්මය ගැන "සාදු! සාදු! ප්‍රිය ආයුෂ්මතුනි" යි කියලා ඉතා සතුටින් පිළිගෙන

අනුමෝදන් වුනා. ඉන්පසු ආයුෂ්මත් සාරිපුත්තයන් වහන්සේගෙන් තවත් ප්‍රශ්නයක් විමසුවා.

"ප්‍රිය ආයුෂ්මතුනි, ආර්ය ශ්‍රාවකයෙක් සම්මා දිට්ඨියෙන් යුක්ත යැයි කියල කියන්න පුළුවන්, ඔහුගේ ආකල්පය ඍජුයි කියල කියන්න පුළුවන්, මේ සද්ධර්මය කෙරෙහි නොසෙල්වෙන ප්‍රසාදයකින් යුක්තයි කියල කියන්න පුළුවන්, මේ සද්ධර්මයට ම පැමිණුන කෙනෙක් යැයි කියල කියන්න පුළුවන් වෙන ක්‍රමයකුත් තියෙනවා ද?"

"එසේ ය, ප්‍රිය ආයුෂ්මතුනි, තව ක්‍රමයකුත් තියෙනවා. ප්‍රිය ආයුෂ්මතුනි, යම් දවසක ආර්ය ශ්‍රාවකයා තණ්හාව ගැන දන්නවා නම්, තණ්හාවේ හටගැනීම ගැනත් දන්නවා නම්, තණ්හාවේ නිරුද්ධ වීම ගැනත් දන්නවා නම්, තණ්හාව නිරුද්ධ වීමට හේතු වන ප්‍රතිපදාව ගැනත් දන්නවා නම්, ප්‍රිය ආයුෂ්මතුනි, මෙපමණකිනුත් ඒ ආර්ය ශ්‍රාවකයා සම්මා දිට්ඨියෙන් යුක්ත කෙනෙක් වෙනවා. ඔහුගේ ආකල්පය ඍජු වෙනවා. මේ සද්ධර්මය ගැන නොසෙල්වෙන ප්‍රසාදයකින් යුක්ත කෙනෙක් වෙනවා. මේ සද්ධර්මයට ම පැමිණි කෙනෙක් වෙනවා.

ප්‍රිය ආයුෂ්මතුනි, තණ්හාව කියල කියන්නෙ මොකක් ද? තණ්හාවේ හටගැනීම කියල කියන්නෙ මොකක් ද? තණ්හාවේ නිරුද්ධ වීම කියල කියන්නෙ මොකක් ද? තණ්හාව නිරුද්ධ වීම පිණිස හේතු වන්නා වූ ප්‍රතිපදාව කියල කියන්නෙ මොකක් ද?

ප්‍රිය ආයුෂ්මතුනි, තණ්හාව සය ආකාරයි. ඒවා තමයි, රූප ගැන ඇතිවෙන ආශාව, ශබ්ද ගැන ඇතිවෙන ආශාව, ගඳසුවඳ ගැන ඇතිවෙන ආශාව, රසය ගැන ඇතිවෙන ආශාව, පහස ගැන ඇතිවෙන ආශාව, මනසට සිතෙන අරමුණු ගැන ඇතිවෙන ආශාව කියන මෙන්න මේවා. විඳීම හටගැනීම නිසා තමයි තණ්හාව හටගන්නෙ. විඳීම නිරුද්ධ වීමෙන් තමයි තණ්හාව නිරුද්ධ වෙන්නෙ. තණ්හාව නිරුද්ධ වීම පිණිස හේතු වන ප්‍රතිපදාව ආර්ය අෂ්ටාංගික මාර්ගය ම යි. ඒ කියන්නේ සම්මා දිට්ඨි, සම්මා සංකප්ප, සම්මා වාචා, සම්මා කම්මන්ත, සම්මා ආජීව, සම්මා වායාම, සම්මා සති, සම්මා සමාධි කියන මේ අංග අටයි.

ප්‍රිය ආයුෂ්මතුනි, යම් දවසක ආර්ය ශ්‍රාවකයා ඔය විදිහට තණ්හාව ගැන ත් දැනගත්තොත්, ඔය විදිහට තණ්හාවේ හටගැනීම ගැන දැනගත්තොත්, ඔය විදිහට තණ්හාවේ නිරුද්ධ වීම ගැන දැනගත්තොත්, ඔය විදිහට තණ්හාව නිරුද්ධ වීම පිණිස හේතු වන ප්‍රතිපදාව ගැනත් දැනගත්තොත් අන්න ඒ ආර්ය ශ්‍රාවකයා

සිතේ සැඟවුණු රාගය සම්පූර්ණයෙන් ම බැහැර කරලා, සිතේ සැඟවුණු තරහ සම්පූර්ණයෙන් ම දුරු කරලා, 'මම වෙමි' යි කියන වැරදි දෘෂ්ටියෙන් යුක්තව සිතේ සැඟවෙලා තිබිච්ච මාන්නය සම්පූර්ණයෙන් ම උදුරල දමලා, අවිද්‍යාව නැත්තට ම නැතිකරල දමලා, විද්‍යාව උපදවාගෙන, මේ ජීවිතේ දී ම සියලු දුක් නිමා කරන කෙනෙක් වෙනවා. එපමණකිනුත් ප්‍රිය ආයුෂ්මතුනි, මේ ආර්ය ශ්‍රාවකයා සම්මා දිට්ඨියෙන් යුතු කෙනෙක් වෙනවා. ඔහුගේ ආකල්පය ඍජු වෙනවා. මේ සද්ධර්මය ගැන නොසෙල්වෙන ප්‍රසාදයකින් යුක්ත කෙනෙක් වෙනවා. මේ සද්ධර්මයට ම පැමිණුන කෙනෙක් වෙනවා."

### (08. තණ්හාව ගැන වදාළ කොටසයි නිමා වුනේ)

එවිට ඒ භික්ෂු පිරිස ආයුෂ්මත් සාරිපුත්තයන් වහන්සේ වදාළ මේ ධර්ම කරුණු ගැන "සාදු! සාදු! ප්‍රිය ආයුෂ්මතුනි" යි කියා ඉතා සතුටින් පිළිගෙන අනුමෝදන් වුනා. ඉන්පසු ආයුෂ්මත් සාරිපුත්තයන් වහන්සේගෙන් තවත් ප්‍රශ්නයක් විමසුවා.

"ප්‍රිය ආයුෂ්මතුනි, ආර්ය ශ්‍රාවකයෙක් සම්මා දිට්ඨියෙන් යුතු යැයි කියල කියන්න පුළුවන්, ඔහුගේ ආකල්පය ඍජුයි කියල කියන්න පුළුවන්, මේ සද්ධර්මය කෙරෙහි නොසෙල්වෙන ප්‍රසාදයකින් යුක්තයි කියල කියන්න පුළුවන්, මේ සද්ධර්මයට ම පැමිණුන කෙනෙක් ය කියල කියන්න පුළුවන් වෙන ක්‍රමයකුත් තියෙනවා ද?"

"එසේ ය, ප්‍රිය ආයුෂ්මතුනි, තව ක්‍රමයකුත් තියෙනවා. ප්‍රිය ආයුෂ්මතුනි, යම් දවසක ආර්ය ශ්‍රාවකයා විඳීම ගැන දන්නවා නම්, විඳීම්වල හටගැනීම ගැන දන්නවා නම්, විඳීම් නිරුද්ධ වීම ගැන දන්නවා නම්, විඳීම නිරුද්ධ වීම පිණිස හේතු වන ප්‍රතිපදාවත් දන්නවා නම්, එපමණකිනුත් ප්‍රිය ආයුෂ්මතුනි, ඒ ආර්ය ශ්‍රාවකයා සම්මා දිට්ඨියෙන් යුතු කෙනෙක් වෙනවා. ඍජු ආකල්ප තියෙන කෙනෙක් වෙනවා. මේ සද්ධර්මය ගැන නොසෙල්වෙන ප්‍රසාදයකින් යුතු කෙනෙක් වෙනවා. මේ සද්ධර්මය වෙත ම පැමිණුන කෙනෙක් වෙනවා.

ප්‍රිය ආයුෂ්මතුනි, විඳීම් කියල කියන්නෙ මොනවාද? විඳීම්වල හටගැනීම කියල කියන්නෙ මොකක් ද? විඳීම් නිරුද්ධ වීම කියල කියන්නෙ මොකක් ද? විඳීම් නිරුද්ධ වීම පිණිස හේතු වන ප්‍රතිපදාව කියල කියන්නෙ මොකක් ද?

ප්‍රිය ආයුෂ්මතුනි, විඳීම් ආකාර හයකින් යුක්තයි. ඒවා තමයි, ඇසේ ස්පර්ශයෙනුත් විඳීම් හටගන්නවා, කනේ ස්පර්ශයෙනුත් විඳීම් හටගන්නවා, නාසයේ ස්පර්ශයෙනුත් විඳීම් හටගන්නවා, දිවේ ස්පර්ශයෙනුත් විඳීම් හටගන්නවා, කයේ ස්පර්ශයෙනුත් විඳීම් හටගන්නවා, මනසේ ස්පර්ශයෙනුත්

විඳීම් හටගන්නවා. ස්පර්ශය හටගැනීමෙන් තමයි විඳීම් හටගන්නෙ. ස්පර්ශය නිරුද්ධ වීමෙන් විඳීම් නිරුද්ධ වෙනවා. විඳීම් නිරුද්ධ වන්නා වූ මාර්ගය මේ ආර්ය අෂ්ටාංගික මාර්ගය ම යි. ඒ කියන්නේ සම්මා දිට්ඨි, සම්මා සංකප්ප, සම්මා වාචා, සම්මා කම්මන්ත, සම්මා ආජීව, සම්මා වායාම, සම්මා සති, සම්මා සමාධි කියන මේ අංග අටයි.

ප්‍රිය ආයුෂ්මතුනි, යම් දවසක ආර්ය ශ්‍රාවකයා ඔය විදිහට විඳීම් ගැන දැනගත්තොත්, ඔය විදිහට විඳීම්වල හටගැනීම දැනගත්තොත්, ඔය විදිහට විඳීම් නිරුද්ධ වීම ගැන දැනගත්තොත්, ඔය විදිහට විඳීම් නිරුද්ධ වීම පිණිස හේතු වන ප්‍රතිපදාව ගැන දැනගත්තොත්, අන්න ඒ ආර්ය ශ්‍රාවකයා සිතේ සැඟවුණු රාගය සම්පූර්ණයෙන් ම බැහැර කරලා, සිතේ සැඟවුණු තරහ සම්පූර්ණයෙන් ම දුරු කරලා, 'මම වෙමි' යි කියන වැරදි දෘෂ්ටියෙන් යුක්තව සිතේ සැඟවෙලා තිබ්බ්ච මාන්නය සම්පූර්ණයෙන් ම උදුරල දමලා, අවිද්‍යාව නැත්තට ම නැතිකරල දමලා, විද්‍යාව උපදවාගෙන, මේ ජීවිතයේ දී ම සියලු දුක් නැති කරල දාන කෙනෙක් වෙනවා. මෙපමණකිනුත් ප්‍රිය ආයුෂ්මතුනි, ආර්ය ශ්‍රාවකයා සම්මා දිට්ඨියෙන් යුතු වෙනවා. ඔහුගේ ආකල්ප සෘජු වෙනවා. මේ සද්ධර්මය ගැන නොසෙල්වෙන ප්‍රසාදයකින් යුතු කෙනෙක් වෙනවා. මේ සද්ධර්මයට ම පැමිණුන කෙනෙක් වෙනවා."

**(09. විඳීම් ගැන වදාළ කොටසයි නිමා වුනේ.)**

එවිට ඒ භික්ෂු පිරිස ආයුෂ්මත් සාරිපුත්තයන් වහන්සේ වදාළ මේ ධර්මය ගැන "සාදු! සාදු! ප්‍රිය ආයුෂ්මතුනි" යි කියා ඉතා සතුටින් පිළිගෙන අනුමෝදන් වුනා. ඉන්පසු ආයුෂ්මත් සාරිපුත්තයන් වහන්සේගෙන් තවත් ප්‍රශ්නයක් විමසුවා.

"ප්‍රිය ආයුෂ්මතුනි, ආර්ය ශ්‍රාවකයෙක් සම්මා දිට්ඨියෙන් යුතු යැයි කියල කියන්න පුළුවන්, ඔහුගේ ආකල්පය සෘජුයි කියල කියන්න පුළුවන්, මේ සද්ධර්මය කෙරෙහි නොසෙල්වෙන ප්‍රසාදයකින් යුක්තයි කියල කියන්න පුළුවන්, මේ සද්ධර්මයට ම පැමිණුන කෙනෙක් ය කියල කියන්න පුළුවන් වෙන ක්‍රමයකුත් තියෙනවා ද?"

"එසේ ය, ප්‍රිය ආයුෂ්මතුනි, තවත් ක්‍රමයකුත් තියෙනවා. ප්‍රිය ආයුෂ්මතුනි, යම් දවසක ආර්ය ශ්‍රාවකයා ස්පර්ශය ගැන දන්නවා නම්, ස්පර්ශයේ හටගැනීම ගැනත් දන්නවා නම්, ස්පර්ශයේ නිරෝධය ගැනත් දන්නවා නම්, ස්පර්ශය නිරුද්ධ වීමට හේතු වන ප්‍රතිපදාව ගැනත් දන්නවා නම්, ප්‍රිය ආයුෂ්මතුනි, මෙ පමණකිනුත් ඒ ආර්ය ශ්‍රාවකයා සම්මා දිට්ඨියෙන් යුතු කෙනෙක් වෙනවා. සෘජු ආකල්ප තියෙන කෙනෙක් වෙනවා. මේ සද්ධර්මය ගැන නොසෙල්වෙන

ප්‍රසාදයකින් යුතු කෙනෙක් වෙනවා. මේ සද්ධර්මයට ම පැමිණුන කෙනෙක් වෙනවා.

ප්‍රිය ආයුෂ්මතුනි, මොකක් ද ස්පර්ශය කියල කියන්නේ? ස්පර්ශය හටගැනීම කියල කියන්නෙ මොකක් ද? ස්පර්ශය නිරුද්ධ වීම කියල කියන්නෙ මොකක් ද? ස්පර්ශය නිරුද්ධ වීම පිණිස හේතු වන්නා වූ ප්‍රතිපදාව කියල කියල කියන්නෙ මොකක් ද?

ප්‍රිය ආයුෂ්මතුනි, ස්පර්ශය සය ආකාරයි. ඒවා තමයි ඇසේ ස්පර්ශය, කනේ ස්පර්ශය, නාසයේ ස්පර්ශය, දිවේ ස්පර්ශය, කයේ ස්පර්ශය, මනසේ ස්පර්ශය කියන මේවා. (ඇස, කන, නාසය, දිව, ශරීරය, සිත කියන) මේ ආයතන හය හටගැනීමෙන් තමයි ස්පර්ශය හටගන්නෙ. ආයතන හය නිරුද්ධ වීමෙන් තමයි ස්පර්ශය නිරුද්ධ වෙන්නෙ. ස්පර්ශය නිරුද්ධ වීම පිණිස හේතු වන ප්‍රතිපදාව මේ ආර්ය අෂ්ටාංගික මාර්ගය ම යි. ඒ කියන්නේ සම්මා දිට්ඨි, සම්මා සංකප්ප, සම්මා වාචා, සම්මා කම්මන්ත, සම්මා ආජීව, සම්මා වායාම, සම්මා සති, සම්මා සමාධි කියන මේ අංග අටයි.

ප්‍රිය ආයුෂ්මතුනි, යම් දවසක ආර්ය ශ්‍රාවකයා ඔය විදිහට ස්පර්ශය ගැන දැනගත්තොත්, ස්පර්ශය හටගැනීම ගැන දැනගත්තොත්, ස්පර්ශය නිරුද්ධ වීම ගැන දැනගත්තොත්, ස්පර්ශය නිරුද්ධ වීම පිණිස හේතුවන ප්‍රතිපදාව ගැන දැනගත්තොත්, අන්න ඒ ආර්ය ශ්‍රාවකයා සිතේ සැඟවුණු රාගය සම්පූර්ණයෙන් ම බැහැර කරලා, සිතේ සැඟවුණු තරහ සම්පූර්ණයෙන් ම දුරු කරලා, 'මම වෙමි' යි කියන වැරදි දෘෂ්ටියෙන් යුක්තව සිතේ සැඟවෙලා තිබ්ච්ච මාන්නය සම්පූර්ණයෙන් ම උදුරල දමලා, අවිද්‍යාව නැත්තට ම නැතිකරල දමලා, විද්‍යාව උපදවා ගෙන, මේ ජීවිතේ දී ම සියලු දුක් නිමා කරල දාන කෙනෙක් වෙනවා. මෙපමණකිනුත් ප්‍රිය ආයුෂ්මතුනි, ආර්ය ශ්‍රාවකයා සම්මා දිට්ඨියෙන් යුතු වෙනවා. ඍජු ආකල්ප තියෙන කෙනෙක් වෙනවා. මේ සද්ධර්මය ගැන නොසෙල්වෙන ප්‍රසාදයෙන් යුතු කෙනෙක් වෙනවා. මේ සද්ධර්මයට ම පැමිණුන කෙනෙක් වෙනවා."

### (10. ස්පර්ශය ගැන වදාළ කොටසයි නිමා වුනේ)

එවිට ඒ භික්ෂු පිරිස ආයුෂ්මත් සාරිපුත්තයන් වහන්සේ වදාළ මේ ධර්ම කාරණා ගැන "සාදු! සාදු! ප්‍රිය ආයුෂ්මතුනි" යි කියා ඉතා සතුටින් පිළිගෙන අනුමෝදන් වුනා. ඉන්පසු ආයුෂ්මත් සාරිපුත්තයන් වහන්සේගෙන් තවත් ප්‍රශ්නයක් විමසුවා.

"ප්‍රිය ආයුෂ්මතුනි, ආර්ය ශ්‍රාවකයෙක් සම්මා දිට්ඨියෙන් යුක්ත යැයි කියල කියන්න පුළුවන්, ඔහුගේ ආකල්පය ඍජුයි කියල කියන්න පුළුවන්, මේ සද්ධර්මය කෙරෙහි නොසෙල්වෙන ප්‍රසාදයකින් යුක්තයි කියල කියන්න පුළුවන්, මේ සද්ධර්මයට ම පැමිණුනා කියල කියන්න පුළුවන් වෙන ක්‍රමයකුත් තියෙනවා ද?"

"එසේ ය, ප්‍රිය ආයුෂ්මතුනි, තව ක්‍රමයකුත් තියෙනවා. ප්‍රිය ආයුෂ්මතුනි, යම් දවසක ආර්ය ශ්‍රාවකයා (ඇස, කන, නාසය, දිව, ශරීරය, සිත යන) ආයතන හය ගැන දන්නවා නම්, ආයතන හයේ හටගැනීම ගැනත් දන්නවා නම්, ආයතන හයේ නිරුද්ධ වීම ගැනත් දන්නවා නම්, ආයතන හය නිරුද්ධ වීම පිණිස හේතු වන ප්‍රතිපදාව ගැනත් දන්නවා නම්, ප්‍රිය ආයුෂ්මතුනි, මෙපමණකිනුත් ආර්ය ශ්‍රාවකයා සම්මා දිට්ඨියෙන් යුතු කෙනෙක් වෙනවා. ඍජු ආකල්ප තියෙන කෙනෙක් වෙනවා. මේ සද්ධර්මය ගැන නොසෙල්වෙන ප්‍රසාදයකින් යුතු කෙනෙක් වෙනවා. මේ සද්ධර්මයට ම පැමිණුන කෙනෙක් වෙනවා.

ප්‍රිය ආයුෂ්මතුනි, ආයතන හය කියල කියන්නෙ මොකක් ද? ආයතන හයේ හටගැනීම කියල කියන්නෙ මොකක් ද? ආයතන හයේ නිරුද්ධ වීම කියල කියන්නෙ මොකක් ද? ආයතන හය නිරුද්ධ වීම පිණිස හේතු වන ප්‍රතිපදාව කියල කියන්නෙ මොකක් ද?

ප්‍රිය ආයුෂ්මතුනි, ආයතන හයක් තියෙනවා. ඒවා තමයි ඇස කියන ආයතනය, කන කියන ආයතනය, නාසය කියන ආයතනය, දිව කියන ආයතනය, කය කියන ආයතනය, සිත කියන ආයතනය යන මේවා. නාමරූප හටගැනීමෙන් තමයි ආයතන හය හටගන්නෙ. නාමරූප නිරුද්ධ වීමෙන් තමයි ආයතන හය නිරුද්ධ වෙන්නෙ. ආයතන නිරුද්ධ වීමට හේතු වන ප්‍රතිපදාව තමයි මේ ආර්ය අෂ්ටාංගික මාර්ගය. ඒ කියන්නේ සම්මා දිට්ඨි, සම්මා සංකප්ප, සම්මා වාචා, සම්මා කම්මන්ත, සම්මා ආජීව, සම්මා වායාම, සම්මා සති, සම්මා සමාධි කියන මේ අංග අටයි.

ප්‍රිය ආයුෂ්මතුනි, යම් දවසක ආර්ය ශ්‍රාවකයා ඔය විදිහට ආයතන හය ගැන දැනගත්තොත්, ඔය විදිහට ආයතන හයේ හටගැනීම දැනගත්තොත්, ඔය විදිහට ආයතන හයේ නිරුද්ධ වීම ගැන දැනගත්තොත්, ඔය විදිහට ආයතන හයේ නිරුද්ධ වීම පිණිස හේතුවන ප්‍රතිපදාව ගැන දැනගත්තොත්, අන්න ඒ ආර්ය ශ්‍රාවකයා සිතේ සැඟවුණු රාගය සම්පූර්ණයෙන් ම බැහැර කරලා, සිතේ සැඟවුණු තරහ සම්පූර්ණයෙන් ම දුරු කරලා, 'මම වෙමි' යි කියන වැරදි දෘෂ්ටියෙන් යුක්තව සිතේ සැඟවෙලා තිබ්බ්ච මාන්නය සම්පූර්ණයෙන් ම උදුරල දමලා, අවිද්‍යාව නැත්තට ම නැතිකරල දමලා, විද්‍යාව උපදවාගෙන, මේ ජීවිතේ

දී ම සියලු දුක් නිමා කරන කෙනෙක් වෙනවා. මෙපමණකිනුත් ප්‍රිය ආයුෂ්මතුනි, ඒ ආර්ය ශ්‍රාවකයා සම්මා දිට්ඨියෙන් යුතු කෙනෙක් වෙනවා. ඔහුගේ ආකල්පය ඍජු වෙනවා. මේ සද්ධර්මය ගැන නොසෙල්වෙන ප්‍රසාදයෙන් යුතු කෙනෙක් වෙනවා. මේ සද්ධර්මයට ම පැමිණි කෙනෙක් වෙනවා."

### (11. ආයතන හය ගැන වදාළ කොටසයි නිමා වුනේ)

එවිට ඒ භික්ෂු පිරිස ආයුෂ්මත් සාරිපුත්තයන් වහන්සේ වදාළ මේ ධර්ම කාරණා ගැන "සාදු! සාදු! ප්‍රිය ආයුෂ්මතුනි" යි කියා ඉතා සතුටින් පිළිගෙන අනුමෝදන් වුනා. ඉන්පසු ආයුෂ්මත් සාරිපුත්තයන් වහන්සේගෙන් තවත් ප්‍රශ්නයක් විමසුවා.

"ප්‍රිය ආයුෂ්මතුනි, ආර්ය ශ්‍රාවකයා සම්මා දිට්ඨියෙන් යුක්තයි කියල කියන්න පුළුවන්, ඔහුගේ ආකල්පය ඍජුයි කියල කියන්න පුළුවන්, මේ සද්ධර්මය කෙරෙහි නොසෙල්වෙන ප්‍රසාදයකින් යුක්තයි කියල කියන්න පුළුවන්, මේ සද්ධර්මයට පැමිණුනා කියල කියන්න පුළුවන් වෙන ක්‍රමයකුත් තියෙනවා ද?"

"එසේය, ප්‍රිය ආයුෂ්මතුනි, තව ක්‍රමයකුත් තියෙනවා. ප්‍රිය ආයුෂ්මතුනි යම් දවසක ආර්ය ශ්‍රාවකයා නාමරූප ගැන දන්නවා නම්, නාමරූපයේ හටගැනීම ගැනත් දන්නවා නම්, නාමරූප නිරුද්ධ වීම ගැනත් දන්නවා නම්, නාමරූප නිරුද්ධ වීමට හේතු වන ප්‍රතිපදාව ගැනත් දන්නවා නම්, ප්‍රිය ආයුෂ්මතුනි, මෙපමණකිනුත් ආර්ය ශ්‍රාවකයා සම්මා දිට්ඨියෙන් යුතු කෙනෙක් වෙනවා. ඍජු ආකල්ප තියෙන කෙනෙක් වෙනවා. මේ සද්ධර්මය ගැන නොවෙනස් වන ප්‍රසාදයකින් යුතු කෙනෙක් වෙනවා. මේ සද්ධර්මයට ම පැමිණුන කෙනෙක් වෙනවා.

ප්‍රිය ආයුෂ්මතුනි, නාමරූප කියන්නෙ මොකක් ද? නාමරූප හටගැනීම කියල කියන්නෙ මොකක් ද? නාමරූප නිරුද්ධ වීම කියල කියන්නෙ මොකක් ද? නාමරූප නිරුද්ධ වීමට හේතු වන්නා වූ ප්‍රතිපදාව කියල කියන්නෙ මොකක් ද?

ප්‍රිය ආයුෂ්මතුනි, වේදනා, සංඥා, චේතනා, ස්පර්ශ, මනසිකාර යන මේවාටයි 'නාම' කියල කියන්නෙ. සතර මහා භූතත්, සතර මහා භූතයන් නිසා පවතින රූපත්, යන මෙයටයි 'රූප' කියල කියන්නෙ. ප්‍රිය ආයුෂ්මතුනි, මේ විදිහට මේ නාමයත්, මේ රූපයත් තමයි නාමරූප කියල කියන්නෙ. විඤ්ඤාණය හටගැනීමෙන් තමයි නාමරූප හටගන්නෙ. විඤ්ඤාණය නිරුද්ධ වීමෙන් තමයි නාමරූප නිරුද්ධ වෙන්නෙ. නාමරූප නිරුද්ධ වීමට හේතු වන

ප්‍රතිපදාව තමයි මේ ආර්ය අෂ්ටාංගික මාර්ගය. ඒ කියන්නේ සම්මා දිට්ඨි, සම්මා සංකප්ප, සම්මා වාචා, සම්මා කම්මන්ත, සම්මා ආජීව, සම්මා වායාම, සම්මා සති, සම්මා සමාධි කියන මේ අංග අටයි.

ප්‍රිය ආයුෂ්මතුනි, යම් දවසක ආර්ය ශ්‍රාවකයා ඔය විදිහට නාමරූප ගැන දැනගත්තොත්, ඔය විදිහට නාමරූප හටගැනීම ගැන දැනගත්තොත්, ඔය විදිහට නාමරූපයේ නිරුද්ධ වීම ගැන දැනගත්තොත්, ඔය විදිහට නාමරූප නිරුද්ධ වීමට හේතුවන ප්‍රතිපදාව ගැන දැනගත්තොත්, අන්න ඒ ආර්ය ශ්‍රාවකයා සිතේ සැඟවුණු රාගය සම්පූර්ණයෙන් ම බැහැර කරලා, සිතේ සැඟවුණු තරහ සම්පූර්ණයෙන් ම දුරු කරලා, 'මම වෙමි' යි කියන වැරදි දෘෂ්ටියෙන් යුක්තව සිතේ සැඟවෙලා තිබිච්ච මාන්නය සම්පූර්ණයෙන් ම උදුරල දමලා, අවිද්‍යාව නැත්තට ම නැතිකරල දමලා, විද්‍යාව උපදවාගෙන, මේ ජීවිතේ දී ම සියලු දුක් නිමා කරන කෙනෙක් වෙනවා. ප්‍රිය ආයුෂ්මතුනි, මෙපමණකිනුත් ඒ ආර්ය ශ්‍රාවකයා සම්මා දිට්ඨියෙන් යුතු වෙනවා. ඍජු ආකල්ප තියෙන කෙනෙක් වෙනවා. මේ සද්ධර්මය ගැන නොසෙල්වෙන ප්‍රසාදයෙන් යුක්ත කෙනෙක් වෙනවා. මේ සද්ධර්මය වෙත ම පැමිණි කෙනෙක් වෙනවා."

**(12. නාම-රූප ගැන වදාළ කොටසයි නිමා වුනේ)**

එවිට ඒ භික්ෂු පිරිස ආයුෂ්මත් සාරිපුත්තයන් වහන්සේ වදාළ මේ ධර්මය ගැන 'සාදු! සාදු! ප්‍රිය ආයුෂ්මතුනි' යි කියා ඉතා සතුටින් පිළිගෙන අනුමෝදන් වුනා. ඉන් පසු ආයුෂ්මත් සාරිපුත්තයන් වහන්සේගෙන් තවත් ප්‍රශ්නයක් විමසුවා.

"ප්‍රිය ආයුෂ්මතුනි, ආර්ය ශ්‍රාවකයෙක් සම්මා දිට්ඨියෙන් යුක්ත යැ යි කියල කියන්න පුළුවන්, ඔහුගේ ආකල්පය ඍජුයි කියල කියන්න පුළුවන්, මේ සද්ධර්මය කෙරෙහි නොසෙල්වෙන ප්‍රසාදයකින් යුක්තයි කියල කියන්න පුළුවන්, මේ සද්ධර්මයට පැමිණුන කෙනෙක් ය කියල කියන්න පුළුවන් වෙන ක්‍රමයකුත් තියෙනවා ද?"

"එසේ ය, ප්‍රිය ආයුෂ්මතුනි, තව ක්‍රමයකුත් තියෙනවා. ප්‍රිය ආයුෂ්මතුනි, යම් දවසක ආර්ය ශ්‍රාවකයා විඤ්ඤාණය ගැන දන්නවා නම්, විඤ්ඤාණයේ හටගැනීම ගැනත් දන්නවා නම්, විඤ්ඤාණයේ නිරෝධය ගැනත් දන්නවා නම්, විඤ්ඤාණයේ නිරුද්ධ වීමට හේතු වන ප්‍රතිපදාව ගැනත් දන්නවා නම්, ප්‍රිය ආයුෂ්මතුනි, මෙපමණකිනුත් ඒ ආර්ය ශ්‍රාවකයා සම්මා දිට්ඨියෙන් යුක්ත වෙනවා. ඔහුගේ ආකල්පය ඍජු වෙනවා. මේ සද්ධර්මය ගැන නොසෙල්වෙන ප්‍රසාදයෙන් යුක්ත කෙනෙක් වෙනවා. මේ සද්ධර්මය වෙත ම පැමිණි කෙනෙක් වෙනවා.

ප්‍රිය ආයුෂ්මතුනි, විඤ්ඤාණය කියන්නෙ මොකක් ද? විඤ්ඤාණයේ හටගැනීම කියල කියන්නෙ මොකක් ද? විඤ්ඤාණයේ නිරුද්ධ වීම කියල කියන්නෙ මොකක් ද? විඤ්ඤාණය නිරුද්ධ වීම පිණිස හේතු වන්නා වූ ප්‍රතිපදාව කියල කියන්නෙ මොකක් ද?

ප්‍රිය ආයුෂ්මතුනි, විඤ්ඤාණය හය ආකාරයි. එනම්, ඇසේ විඤ්ඤාණය, කනේ විඤ්ඤාණය, නාසයේ විඤ්ඤාණය, දිවේ විඤ්ඤාණය, කයේ විඤ්ඤාණය, මනසේ විඤ්ඤාණය යන මෙයයි. සංස්කාර හටගැනීමෙන් තමයි විඤ්ඤාණය හටගන්නෙ. සංස්කාර නිරුද්ධ වීමෙන් තමයි විඤ්ඤාණය නිරුද්ධ වෙන්නෙ. විඤ්ඤාණය නිරුද්ධ වීමට හේතු වන ප්‍රතිපදාව තමයි මේ ආර්ය අෂ්ටාංගික මාර්ගය. ඒ කියන්නේ සම්මා දිට්ඨි, සම්මා සංකප්ප, සම්මා වාචා, සම්මා කම්මන්ත, සම්මා ආජීව, සම්මා වායාම, සම්මා සති, සම්මා සමාධි කියන මේ අංග අටයි.

ප්‍රිය ආයුෂ්මතුනි, යම් දවසක ආර්ය ශ්‍රාවකයා ඔය විදිහට විඤ්ඤාණය ගැන දැනගත්තොත්, ඔය විදිහට විඤ්ඤාණයේ සකස් වීම ගැන දැනගත්තොත්, ඔය විදිහට විඤ්ඤාණයේ නිරුද්ධ වීම ගැන දැනගත්තොත්, ඔය විදිහට විඤ්ඤාණයේ නිරුද්ධ වීම පිණිස හේතුවන ප්‍රතිපදාව ගැන දැනගත්තොත්, අන්න ඒ ආර්ය ශ්‍රාවකයා සිතේ සැඟවුණු රාගය සම්පූර්ණයෙන් ම බැහැර කරලා, සිතේ සැඟවුණු තරහ සම්පූර්ණයෙන් ම දුරු කරලා, "මම වෙමි" යි කියන වැරදි දෘෂ්ටියෙන් යුක්තව සිතේ සැඟවෙලා තිබිච්ච මාන්නය සම්පූර්ණයෙන් ම උදුරල දමලා, අවිද්‍යාව නැත්තට ම නැතිකරල දමලා, විද්‍යාව උපදවාගෙන, මේ ජීවිතේ දී ම සියලු දුක් නිමා කරන කෙනෙක් වෙනවා. ඒ පමණකිනුත් ප්‍රිය ආයුෂ්මතුනි, ඒ ආර්ය ශ්‍රාවකයා සම්මා දිට්ඨියෙන් යුක්ත වෙනවා. ඔහුගේ ආකල්පය ඍජු වෙනවා. මේ සද්ධර්මය ගැන නොසෙල්වෙන ප්‍රසාදයෙන් යුක්ත කෙනෙක් වෙනවා. මේ සද්ධර්මය වෙත ම පැමිණි කෙනෙක් වෙනවා."

### (13. විඤ්ඤාණය ගැන වදාළ කොටසයි නිමා වුනේ)

එවිට ඒ භික්ෂු පිරිස ආයුෂ්මත් සාරිපුත්තයන් වහන්සේ වදාළ මේ ධර්මය ගැන 'සාදු! සාදු! ප්‍රිය ආයුෂ්මතුනි' යි කියා ඉතා සතුටින් පිළිගෙන අනුමෝදන් වුනා. ඉන් පසු ආයුෂ්මත් සාරිපුත්තයන් වහන්සේගෙන් තවත් ප්‍රශ්නයක් විමසුවා.

"ප්‍රිය ආයුෂ්මතුනි, ආර්ය ශ්‍රාවකයෙක් සම්මා දිට්ඨියෙන් යුක්ත යැ යි කියල කියන්න පුළුවන්, ඔහුගේ ආකල්පය ඍජුයි කියල කියන්න පුළුවන්, මේ සද්ධර්මය කෙරෙහි නොසෙල්වෙන ප්‍රසාදයකින් යුක්තයි කියල කියන්න

පුළුවන්, මේ සද්ධර්මයට පැමිණුන කෙනෙක් ය කියල කියන්න පුළුවන් වෙන ක්‍රමයකුත් තියෙනවා ද?"

"එසේ ය, ප්‍රිය ආයුෂ්මතුනි, තව ක්‍රමයකුත් තියෙනවා. ප්‍රිය ආයුෂ්මතුනි, යම් දවසක ආර්ය ශ්‍රාවකයා සංස්කාර ගැන දන්නවා නම්, සංස්කාරයන්ගේ හටගැනීම ගැනත් දන්නවා නම්, සංස්කාර නිරුද්ධ වීම ගැනත් දන්නවා නම්, සංස්කාර නිරුද්ධ වීමට හේතු වන ප්‍රතිපදාව ගැනත් දන්නවා නම්, ප්‍රිය ආයුෂ්මතුනි, මෙපමණකිනුත් ඒ ආර්ය ශ්‍රාවකයා සම්මා දිට්ඨියෙන් යුක්ත වෙනවා. ඔහුගේ ආකල්පය ඍජු වෙනවා. මේ සද්ධර්මය ගැන නොසෙල්වෙන ප්‍රසාදයෙන් යුක්ත කෙනෙක් වෙනවා. මේ සද්ධර්මය වෙත ම පැමිණි කෙනෙක් වෙනවා.

ප්‍රිය ආයුෂ්මතුනි, සංස්කාර කියන්නෙ මොනවා ද? සංස්කාරයන්ගේ හටගැනීම කියල කියන්නෙ මොකක් ද? සංස්කාර නිරුද්ධ වීම කියල කියන්නෙ මොකක් ද? සංස්කාර නිරුද්ධ වීම පිණිස හේතු වන්නා වූ ප්‍රතිපදාව කියල කියල කියන්නෙ මොකක් ද?

ප්‍රිය ආයුෂ්මතුනි, සංස්කාර තුන් විදිහකි. ඒව තමයි, කාය සංස්කාර (ආශ්වාස ප්‍රශ්වාස), වචී සංස්කාර (විතර්ක විචාර), චිත්ත සංස්කාර (සංඥා වේදනා) කියල කියන්නෙ. අවිද්‍යාව හටගැනීමෙන් තමයි සංස්කාර හටගන්නෙ. අවිද්‍යාව නිරුද්ධ වීමෙන් තමයි සංස්කාර නිරුද්ධ වෙන්නෙ. සංස්කාර නිරුද්ධ වීමට හේතු වන ප්‍රතිපදාව තමයි මේ ආර්ය අෂ්ටාංගික මාර්ගය. ඒ කියන්නේ සම්මා දිට්ඨි, සම්මා සංකප්ප, සම්මා වාචා, සම්මා කම්මන්ත, සම්මා ආජීව, සම්මා වායාම, සම්මා සති, සම්මා සමාධි කියන මේ අංග අටයි.

ප්‍රිය ආයුෂ්මතුනි, යම් දවසක ආර්ය ශ්‍රාවකයා ඔය විදිහට සංස්කාර ගැන දැනගත්තොත්, ඔය විදිහට සංස්කාර හටගැනීම ගැන දැනගත්තොත්, ඔය විදිහට සංස්කාර නිරුද්ධ වීම ගැන දැනගත්තොත්, ඔය විදිහට සංස්කාර නිරුද්ධ වීම පිණිස හේතුවන ප්‍රතිපදාව ගැන දැනගත්තොත්, අන්න ඒ ආර්ය ශ්‍රාවකයා සිතේ සැඟවුණු රාගය සම්පූර්ණයෙන් ම බැහැර කරලා, සිතේ සැඟවුණු තරහ සම්පූර්ණයෙන් ම දුරු කරලා, 'මම වෙමි' යි කියන වැරදි දෘෂ්ටියෙන් යුක්තව සිතේ සැඟවෙලා තිබ්බ්ච මාන්නය සම්පූර්ණයෙන් ම උදුරල දමලා, අවිද්‍යාව නැත්තට ම නැතිකරල දමලා, විද්‍යාව උපදවාගෙන, මේ ජීවිතේ දී ම සියලු දුක් නිමා කරන කෙනෙක් වෙනවා. ප්‍රිය ආයුෂ්මතුනි, එපමණකිනුත් ඒ ආර්ය ශ්‍රාවකයා සම්මා දිට්ඨියෙන් යුක්ත වෙනවා. ඔහුගේ ආකල්පය ඍජු වෙනවා. මේ සද්ධර්මය ගැන නොසෙල්වෙන ප්‍රසාදයෙන් යුක්ත කෙනෙක් වෙනවා.

මේ සද්ධර්මය වෙත ම පැමිණි කෙනෙක් වෙනවා."

## (14. සංස්කාර ගැන වදාළ කොටසයි නිමා වුනේ)

එවිට ඒ භික්ෂු පිරිස ආයුෂ්මත් සාරිපුත්තයන් වහන්සේ වදාළ මේ ධර්මය ගැන 'සාදු! සාදු! ප්‍රිය ආයුෂ්මතුනි' යි කියා ඉතා සතුටින් පිළිගෙන අනුමෝදන් වුනා. ඉන් පසු ආයුෂ්මත් සාරිපුත්තයන් වහන්සේගෙන් තවත් ප්‍රශ්නයක් විමසුවා.

"ප්‍රිය ආයුෂ්මතුනි, ආර්ය ශ්‍රාවකයෙක් සම්මා දිට්ඨියෙන් යුක්ත යැ යි කියල කියන්න පුළුවන්, ඔහුගේ ආකල්පය ඍජුයි කියල කියන්න පුළුවන්, මේ සද්ධර්මය කෙරෙහි නොසෙල්වෙන ප්‍රසාදයකින් යුක්තයි කියල කියන්න පුළුවන්, මේ සද්ධර්මයට පැමිණුන කෙනෙක් ය කියල කියන්න පුළුවන් වෙන ක්‍රමයකුත් තියෙනවා ද?"

"එසේ ය, ප්‍රිය ආයුෂ්මතුනි, තව ක්‍රමයකුත් තියෙනවා. ප්‍රිය ආයුෂ්මතුනි, යම් දවසක ආර්ය ශ්‍රාවකයා අවිද්‍යාව ගැන දන්නවා නම්, අවිද්‍යාව හටගැනීම ගැනත් දන්නවා නම්, අවිද්‍යාව නිරුද්ධ වීම ගැනත් දන්නවා නම්, අවිද්‍යාව නිරුද්ධ වීමට හේතු වන ප්‍රතිපදාව ගැනත් දන්නවා නම්, ප්‍රිය ආයුෂ්මතුනි, මෙපමණකිනුත් ඒ ආර්ය ශ්‍රාවකයා සම්මා දිට්ඨියෙන් යුක්ත වෙනවා. ඔහුගේ ආකල්පය ඍජු වෙනවා. මේ සද්ධර්මය ගැන නොසෙල්වෙන ප්‍රසාදයෙන් යුක්ත කෙනෙක් වෙනවා. මේ සද්ධර්මය වෙත ම පැමිණි කෙනෙක් වෙනවා.

ප්‍රිය ආයුෂ්මතුනි, අවිද්‍යාව කියන්නෙ මොකක් ද? අවිද්‍යාවේ හටගැනීම කියල කියන්නෙ මොකක් ද? අවිද්‍යාව නිරුද්ධ වීම කියල කියන්නෙ මොකක් ද? අවිද්‍යාව නිරුද්ධ වීම පිණිස හේතු වන්නා වූ ප්‍රතිපදාව කියල කියන්නෙ මොකක් ද?

ප්‍රිය ආයුෂ්මතුනි, අවබෝධ කළ යුතු 'දුක' ගැන අවබෝධයක් නැතිකම, ප්‍රහාණය කළ යුතු දුකේ හටගැනීම ගැන අවබෝධයක් නැතිකම, සාක්ෂාත් කළ යුතු වූ දුකේ නිරෝධය ගැන අවබෝධයක් නැතිකම, ප්‍රගුණ කළ යුතු දුක් නිරුද්ධ වීමට හේතු වන ප්‍රතිපදාව ගැන අවබෝධයක් නැතිකම යන මෙයයි අවිද්‍යාව කියල කියන්නෙ. ආශ්‍රව හටගැනීමෙන් තමයි අවිද්‍යාව හටගන්නෙ. ආශ්‍රව නිරුද්ධ වීමෙන් තමයි අවිද්‍යාව නිරුද්ධ වෙන්නෙ. අවිද්‍යාව නිරුද්ධ වීම පිණිස පවතින ප්‍රතිපදාව තමයි ආර්ය අෂ්ටාංගික මාර්ගය. ඒ කියන්නේ සම්මා දිට්ඨි, සම්මා සංකප්ප, සම්මා වාචා, සම්මා කම්මන්ත, සම්මා ආජීව, සම්මා වායාම, සම්මා සති, සම්මා සමාධි කියන මේ අංග අටයි.

ප්‍රිය ආයුෂ්මතුනි, යම් දවසක ආර්ය ශ්‍රාවකයා ඔය විදිහට අවිද්‍යාව ගැන දැනගත්තොත්, ඔය විදිහට අවිද්‍යාව හටගැනීම ගැන දැනගත්තොත්, ඔය විදියට අවිද්‍යාව නිරුද්ධ වීම ගැන දැනගත්තොත්, ඔය විදිහට අවිද්‍යාව නිරුද්ධ වීම පිණිස හේතුවන ප්‍රතිපදාව ගැන දැනගත්තොත්, අන්න ඒ ආර්ය ශ්‍රාවකයා සිතේ සැඟවුණු රාගය සම්පූර්ණයෙන් ම බැහැර කරලා, සිතේ සැඟවුණු තරහ සම්පූර්ණයෙන් ම දුරු කරලා, 'මම වෙමි' යි කියන වැරදි දෘෂ්ටියෙන් යුක්තව සිතේ සැඟවෙලා තිබිච්ච මාන්නය සම්පූර්ණයෙන් ම උදුරල දමලා, අවිද්‍යාව නැත්තට ම නැතිකරල දමලා, විද්‍යාව උපදවාගෙන, මේ ජීවිතේ දී ම සියලු දුක් නිමා කරන කෙනෙක් වෙනවා. ප්‍රිය ආයුෂ්මතුනි, මෙපමණකිනුත් ඒ ආර්ය ශ්‍රාවකයා සම්මා දිට්ඨියෙන් යුක්ත වෙනවා. ඔහුගේ ආකල්පය ඍජු වෙනවා. මේ සද්ධර්මය ගැන නොසෙල්වෙන ප්‍රසාදයෙන් යුක්ත කෙනෙක් වෙනවා. මේ සද්ධර්මය වෙත ම පැමිණි කෙනෙක් වෙනවා."

### (15. අවිද්‍යාව ගැන වදාළ කොටසයි නිමා වුනේ)

එවිට ඒ භික්ෂු පිරිස ආයුෂ්මත් සාරිපුත්තයන් වහන්සේ වදාළ මේ ධර්මය ගැන 'සාදු! සාදු! ප්‍රිය ආයුෂ්මතුනි' යි කියා ඉතා සතුටින් පිළිගෙන අනුමෝදන් වුනා. ඉන් පසු ආයුෂ්මත් සාරිපුත්තයන් වහන්සේගෙන් තවත් ප්‍රශ්නයක් විමසුවා.

"ප්‍රිය ආයුෂ්මතුනි, ආර්ය ශ්‍රාවකයෙක් සම්මා දිට්ඨියෙන් යුක්ත යැ යි කියල කියන්න පුළුවන්, ඔහුගේ ආකල්පය ඍජුයි කියල කියන්න පුළුවන්, මේ සද්ධර්මය කෙරෙහි නොසෙල්වෙන ප්‍රසාදයකින් යුක්තයි කියල කියන්න පුළුවන්, මේ සද්ධර්මයට පැමිණුන කෙනෙක් ය කියල කියන්න පුළුවන් වෙන ක්‍රමයකුත් තියෙනවා ද?"

"එසේ ය, ප්‍රිය ආයුෂ්මතුනි, තව ක්‍රමයකුත් තියෙනවා. ප්‍රිය ආයුෂ්මතුනි, යම් දවසක ආර්ය ශ්‍රාවකයා ආශ්‍රව ගැන දන්නවා නම්, ආශ්‍රව හටගැනීම ගැනත් දන්නවා නම්, ආශ්‍රව නිරුද්ධ වීම ගැනත් දන්නවා නම්, ආශ්‍රව නිරුද්ධ වීමට හේතු වන ප්‍රතිපදාව ගැනත් දන්නවා නම්, ප්‍රිය ආයුෂ්මතුනි, මෙපමණකිනුත් ඒ ආර්ය ශ්‍රාවකයා සම්මා දිට්ඨියෙන් යුක්ත වෙනවා. ඔහුගේ ආකල්පය ඍජු වෙනවා. මේ සද්ධර්මය ගැන නොසෙල්වෙන ප්‍රසාදයෙන් යුක්ත කෙනෙක් වෙනවා. මේ සද්ධර්මය වෙත ම පැමිණි කෙනෙක් වෙනවා.

ප්‍රිය ආයුෂ්මතුනි, ආශ්‍රව කියල කියන්නෙ මොනවා ද? ආශ්‍රව හටගැනීම කියල කියන්නෙ මොකක් ද? ආශ්‍රව නිරුද්ධ වීම කියල කියන්නෙ මොකක් ද? ආශ්‍රව නිරුද්ධ වීම පිණිස හේතු වන්නා වූ ප්‍රතිපදාව කියල කියන්නෙ මොකක් ද?

ප්‍රිය ආයුෂ්මතුනි, ආශ්‍රව වර්ග තුනක් තියෙනවා. ඒවා තමයි, කාම ආශ්‍රව, භව ආශ්‍රව, අවිජ්ජා ආශ්‍රව කියල කියන්නෙ. අවිද්‍යාව හටගැනීමෙන් තමයි ආශ්‍රව හටගන්නෙ. අවිද්‍යාව නිරුද්ධ වීමෙන් තමයි ආශ්‍රව නිරුද්ධ වෙන්නෙ. ආශ්‍රව නිරුද්ධ වීමට හේතු වන ප්‍රතිපදාව තමයි මේ ආර්ය අෂ්ටාංගික මාර්ගය. ඒ කියන්නේ සම්මා දිට්ඨි, සම්මා සංකප්ප, සම්මා වාචා, සම්මා කම්මන්ත, සම්මා ආජීව, සම්මා වායාම, සම්මා සති, සම්මා සමාධි කියන මේ අංග අටයි.

ප්‍රිය ආයුෂ්මතුනි, යම් දවසක ආර්ය ශ්‍රාවකයා ඔය විදිහට ආශ්‍රව ගැන දැනගත්තොත්, ඔය විදිහට ආශ්‍රව හටගැනීම ගැන දැනගත්තොත්, ඔය විදිහට ආශ්‍රව නිරුද්ධ වීම ගැන දැනගත්තොත්, ඔය විදිහට ආශ්‍රව නිරුද්ධ වීම පිණිස හේතුවන ප්‍රතිපදාව ගැන දැනගත්තොත්, අන්න ඒ ආර්ය ශ්‍රාවකයා සිතේ සැඟවුණු රාගය සම්පූර්ණයෙන් ම බැහැර කරලා, සිතේ සැඟවුණු තරහ සම්පූර්ණයෙන් ම දුරු කරලා, 'මම වෙමි' යි කියන වැරදි දෘෂ්ටියෙන් යුක්තව සිතේ සැඟවෙලා තිබ්බ්ච මාන්නය සම්පූර්ණයෙන් ම උදුරල දමලා, අවිද්‍යාව නැත්තට ම නැතිකරල දමලා, විද්‍යාව උපදවාගෙන, මේ ජීවිතේ දී ම සියලු දුක් නිමා කරන කෙනෙක් වෙනවා. ප්‍රිය ආයුෂ්මතුනි, මෙපමණකිනුත් ඒ ආර්ය ශ්‍රාවකයා සම්මා දිට්ඨියෙන් යුක්ත වෙනවා. ඔහුගේ ආකල්පය ඍජු වෙනවා. මේ සද්ධර්මය ගැන නොසෙල්වෙන ප්‍රසාදයෙන් යුක්ත කෙනෙක් වෙනවා. මේ සද්ධර්මය වෙත ම පැමිණි කෙනෙක් වෙනවා."

**(16. ආශ්‍රව ගැන වදාළ කොටසයි නිමා වුනේ)**

ආයුෂ්මත් සාරිපුත්තයන් වහන්සේ මේ දේශනාව වදාළා. ඒ භික්ෂූන් වහන්සේලා ඉතා ම සතුටට පත් වුනා. ආයුෂ්මත් සාරිපුත්තයන් වහන්සේ වදාළ මේ දේශනය සාදුකාර දෙමින් සතුටින් පිළිගත්තා.

**සාදු! සාදු!! සාදු!!!**

**සම්මා දිට්ඨිය යනු කුමක් දැ'යි විස්තර වශයෙන් වදාළ දෙසුම නිමා විය**

# 1.1.10.
# සතිපට්ඨාන සූත්‍රය
## සම්මා සතිය පිහිටුවා ගැනීම ගැන වදාළ දෙසුම

මා හට අසන්නට ලැබුනේ මේ විදිහටයි. ඒ දිනවල භාග්‍යවතුන් වහන්සේ වැඩසිටියේ කුරු ජනපදයේ, 'කම්මාස්සදම්ම' කියන කුරු ජනපදයට අයත් පුංචි නගරෙක. ඉතින් එදා භාග්‍යවතුන් වහන්සේ "පින්වත් මහණෙනි," කියල භික්ෂුසංඝයා ඇමතුවා. "පින්වතුන් වහන්ස" කියල ඒ භික්ෂූන් වහන්සේලා භාග්‍යවතුන් වහන්සේට පිළිතුරු දුන්නා. ඒ මොහොතේ දී තමයි භාග්‍යවතුන් වහන්සේ මේ දේශනාව වදාළේ.

පින්වත් මහණෙනි, සත්වයන්ගේ ජීවිත පිරිසිදු වීම පිණිස, ශෝක වැළපීම් වලින් තොරව ජීවත් වීම පිණිස, කායික මානසික දුක් දොම්නස් වලින් තොරව ජීවත්වීම පිණිස, සැබෑ ම ජීවිතාවබෝධය ඇති කරගැනීම පිණිස, ඒ අමා මහ නිවන සාක්ෂාත් කරගැනීම පිණිස එක ම එක මාර්ගයයි තියෙන්නෙ. අන්න ඒකට තමයි සතර සතිපට්ඨානය කියල කියන්නෙ. මොකක් ද ඒ සතර සතිපට්ඨානය?

පින්වත් මහණෙනි, මේ ශාසනයෙහි භික්ෂුව අකුසල් දුරු කරගන්න උවමනා වීරියෙන් යුතුව, ඒ වගේ ම හොඳ සිහි නුවණින් යුතුව, හොඳින් සිහිය පිහිටුවා ගෙන, මේ ජීවිතය නැමති ලෝකය ගැන තියෙන ඇලීම් ගැටීම් වලින් ඉවත් වෙලා, තමන්ගේ කය ගැන දකිමින් කායානුපස්සනා භාවනාවෙන් ඉන්නවා.

ඒ විදිහට ම අකුසල් දුරු කරගන්න උවමනා වීරියෙන් යුතුව, ඒ වගේ ම හොඳ සිහි නුවණින් යුතුව, හොඳින් සිහිය පිහිටුවා ගෙන, මේ ජීවිතය නැමති ලෝකය ගැන තියෙන ඇලීම් ගැටීම් වලින් ඉවත් වෙලා, විඳීම් ගැන දකිමින් වේදනානුපස්සනා භාවනාවෙන් ඉන්නවා.

ඒ විදිහට ම අකුසල් දුරු කරගන්න උවමනා වීරියෙන් යුතුව, ඒ වගේ ම හොඳ සිහි නුවණින් යුතුව, හොඳින් සිහිය පිහිටුවා ගෙන, මේ ජීවිතය නැමති ලෝකය ගැන තියෙන ඇලීම් ගැටීම් වලින් ඉවත් වෙලා, සිත ගැන දකිමින් චිත්තානුපස්සනා භාවනාවෙන් ඉන්නවා.

ඒ විදියට ම අකුසල් දුරු කරගන්න උවමනා වීරියෙන් යුතුව, ඒ වගේ ම හොඳ සිහි නුවණින් යුතුව, හොඳින් සිහිය පිහිටුවා ගෙන, මේ ජීවිතය නැමති ලෝකය ගැන තියෙන ඇලීම් ගැටීම් වලින් ඉවත් වෙලා, ධර්මයන් ගැන දකිමින් ධම්මානුපස්සනා භාවනාවෙන් ඉන්නවා.

පින්වත් මහණෙනි, ඒ භික්ෂුව කය ගැන දකිමින් කායානුපස්සනා භාවනාවෙන් ඉන්නෙ කොහොම ද?

(1)

පින්වත් මහණෙනි, මෙහි භික්ෂුව එක්කො අරණ්‍යකට යනවා. එහෙම නැත්නම් ගහක් යටට යනවා. එහෙමත් නැත්නම් පාළු තැනකට යනවා. එතන දී ඒ භික්ෂුව කය ඍජු කරගෙන, පළඟක් බැඳ ගෙන වාඩිවෙලා තමන් භාවනා කරන අරමුණ ගැන හොඳට සිහිය පිහිටුවා ගන්නවා. ඊට පස්සෙ ඒ භික්ෂුව හොඳ සිහියෙන් ම යි හුස්ම ගන්නෙ. හොඳ සිහියෙන් ම යි හුස්ම හෙළන්නෙ. ඉතින් ඒ භික්ෂුව දීර්ඝව හුස්ම ගන්නවා නම් දැන් තමන් දීර්ඝව හුස්ම ගන්න බව හොඳින් දැනගන්නවා. ඒ වගේ ම දීර්ඝව හුස්ම හෙළනවා නම් දැන් තමන් දීර්ඝව හුස්ම හෙළන බව හොඳින් දැනගන්නවා. හුස්ම ගන්නෙ කෙටියෙන් නම් තමන් දැන් කෙටියෙන් හුස්ම ගන්න බව දැනගන්නවා. හුස්ම හෙළන්නෙ කෙටියෙන් නම් තමන් දැන් කෙටියෙන් හුස්ම හෙළන බව දැනගන්නවා.

ඊට පස්සෙ ඒ භික්ෂුව 'මුළු කය ම හොඳින් තේරෙන විදිහට හුස්ම ගන්න ඕන' කියල හික්මෙනවා. 'මුළු කය ම හොඳින් තේරෙන විදිහට හුස්ම හෙළන්න ඕන' කියල හික්මෙනවා. 'ආශ්වාස ප්‍රාශ්වාස සැහැල්ලු වෙන විදිහට හුස්ම ගන්න ඕන' කියල හික්මෙනවා. 'ආශ්වාස ප්‍රාශ්වාස සැහැල්ලු වෙන විදිහට හුස්ම හෙළන්න ඕන' කියල හික්මෙනවා.

පින්වත් මහණෙනි, ඒක මෙන්න මේ වගේ දෙයක්. යතුගෑමෙහි දක්ෂ වඩුවෙක් ඉන්නවා. එහෙම නැත්නම් ඒ වඩු උන්නැහේගේ ගෝලයෙක් ඉන්නවා. ඉතින් ඔහු දීර්ඝව යතු ගාද්දි දැන් තමන් දීර්ඝව යතු ගාන බව හොඳින් දැනගන්නවා. යතු ගාන්නෙ කෙටියෙන් නම් තමන් දැන් කෙටියෙන් යතු ගාන බවත් හොඳින් දැනගන්නවා. පින්වත් මහණෙනි, ඔන්න ඔය වගේ ම යි, භික්ෂුවත් දීර්ඝව හුස්ම ගන්න කොට තමන් දැන් දීර්ඝව හුස්ම ගන්න බව

හොඳින් දැනගන්නවා. ....(පෙ).... ආශ්වාස ප්‍රාශ්වාස සැහැල්ලු වෙන විදිහට හුස්ම හෙළන්න ඕන කියල හික්මෙනවා.

ඒ භික්ෂුව තමන් ගේ කය ගැන දකිමින් කායානුපස්සනා භාවනාවෙන් ඉන්නෙ ඔන්න ඔය විදිහටයි. අනුන් ගේ කය ගැනත් (තමන්ගේ කය වගේ ම බව දකිමින්) කායානුපස්සනා භාවනාවෙන් ඉන්නවා. මේ විදිහට තමන් ගේ කය ගැනත් අනුන්ගේ කය ගැනත් දකිමින් කායානුපස්සනා භාවනාවෙන් ඉන්නවා.

මේ (ආශ්වාස ප්‍රශ්වාස) කය හටගන්නා හැටි දකිමින් ඉන්නවා. නැති වී යන හැටිත් දකිමින් ඉන්නවා. මේ විදිහට මේ කය හටගන්නා හැටිත්, නැති වී යන හැටිත් දකිමින් කායානුපස්සනා භාවනාවෙන් ඉන්නවා. මෙතන තියෙන්නෙ ඇති වී නැති වී යන විදිහේ (ආශ්වාස ප්‍රශ්වාස) කයක් විතරයි කියල ඒ භික්ෂුව ගේ සිහිය හොඳ හැටියට පිහිටනවා. අන්න ඒ සිහිය තමයි නුවණ වැඩෙන්න උපකාරී වෙන්නෙ. තවදුරටත් සිහිය වැඩෙන්න උපකාරී වෙන්නෙත් ඒ සිහිය ම යි. එතකොට ඒ භික්ෂුවට (ආශ්වාස ප්‍රශ්වාස) කයට ඇලෙන්නෙ නැතිව ඉන්නට පුළුවනි. මේ ජීවිතය නැමැති ලෝකෙ කිසි ම දේකට බැඳෙන්නෙ නැතිව ඉන්නට පුළුවනි.

පින්වත් මහණෙනි, ඔන්න ඔය විදිහට ත් ඒ භික්ෂුව කය ගැන දකිමින් කායානුපස්සනා භාවනාවෙන් වාසය කරනවා.

**(2)**

පින්වත් මහණෙනි, කායානුපස්සනා භාවනාව ගැන තවදුරටත් කියනවා නම්;

මෙහිලා භික්ෂුව ඇවිදගෙන යන කොට, තමන් දැන් ඇවිදින බව හොඳින් දැනගන්නවා. හිටගෙන ඉන්න කොට, තමන් දැන් හිටගෙන ඉන්න බව හොඳින් දැනගන්නවා. වාඩිවෙලා ඉන්න කොට, තමන් දැන් වාඩිවෙලා ඉන්න බව හොඳින් දැනගන්නවා. හාන්සි වෙලා ඉන්න කොට, තමන් දැන් හාන්සි වෙලා ඉන්න බව හොඳින් දැනගන්නවා. තමන්ගේ කය කොයි විදිහට තිබුනත් ඒ හැම විදිහක් ගැන ම ඒ විදිහට ම දැනගන්නවා.

ඔය විදිහට ඒ භික්ෂුව තමන්ගේ කය පිළිබඳව හෝ කායානුපස්සනා භාවනාවෙන් ඉන්නවා. අනුන්ගේ කය පිළිබඳව හෝ කායානුපස්සනා භාවනාවෙන් ඉන්නවා. තමන්ගේ හා අනුන්ගේ කය ගැන හෝ දකිමින් කායානුපස්සනා භාවනාවෙන් ඉන්නවා.

මේ (ඉරියව් පවත්වන) කය හටගන්නා හැටි දකිමින් ඉන්නවා. මේ කයෙහි (ඉරියව්) නැති වී යන හැටිත් දකිමින් ඉන්නවා. මේ කයෙහි (ඉරියව්) හටගන්නා හැටිත්, නැසී යන හැටිත් දකිමින් ඉන්නවා.

මෙතන තියෙන්නෙ ඇති වී නැති වී යන (ඉරියව් වලින් යුතු) කයක් විතරයි කියල ඒ භික්ෂුවගේ සිහිය හොඳ හැටියට පිහිටනවා. අන්න ඒ සිහිය තමයි නුවණ වැඩෙන්න උපකාරී වෙන්නෙ. තවදුරටත් සිහිය වැඩෙන්න උපකාරී වෙන්නෙත් ඒ සිහිය ම යි. එතකොට ඒ භික්ෂුවට (ඉරියව් පවත්වන) කයට ඇලෙන්නෙ නැතිව ඉන්න පුළුවනි. මේ ජීවිතය නම් වූ ලෝකයේ කිසි ම දෙයකට බැඳෙන්නෙ නැතිව ඉන්න පුළුවනි.

පින්වත් මහණෙනි, ඔන්න ඔය විදිහට ත් ඒ භික්ෂුව මේ කය ගැන දකිමින් කායානුපස්සනා භාවනාවෙන් වාසය කරනවා.

(3)

පින්වත් මහණෙනි, කායානුපස්සනා භාවනාව ගැන තවදුරටත් කියනවා නම්; මෙහි භික්ෂුව ඉස්සරහට ඇවිද ගෙන යද්දි, ආපසු හැරී එද්දි (තම සිත තුළ කෙලෙස් හටගන්නට ඉඩ නොදී) හොඳ කල්පනාවෙනුයි ඉන්නෙ. ඉස්සරහ බලන කොට, වටපිට බලන කොට, හොඳ කල්පනාවෙනුයි ඉන්නෙ. තමන්ගෙ අත්පා දිග හරින කොට, හකුළුවන කොට, හොඳ කල්පනාවෙනුයි ඉන්නෙ. දෙපට සිවුර, පාත්තරේ, අනිත් සිවුරු දරන කොට හොඳ කල්පනාවෙනුයි ඉන්නෙ. යමක් වළඳන කොට, පානය කරන කොට, හොඳින් හපන කොට, රස විඳින කොට, හොඳ කල්පනාවෙන් ම යි ඉන්නෙ. කොටින් ම වැසිකිළි කැසිකිළි යන විට පවා හොඳ කල්පනාවෙන් ම යි ඉන්නෙ. ඇවිද ගෙන යන කොට, හිටගෙන ඉන්න කොට, ඉඳගෙන ඉන්නකොට, සැතැපී ඉන්න කොට, නිදිවරන කොට, කතා බස් කරන කොට, නිහඬ ව ඉන්න කොට පවා හොඳ කල්පනා වෙන් ම යි ඉන්නෙ.

ඔන්න ඔය විදිහට ඒ භික්ෂුව තමන්ගෙ කය ගැන හෝ දකිමින් කායානුපස්සනා භාවනාවෙන් ඉන්නවා. ....(පෙ).... පින්වත් මහණෙනි, ඔය විදිහට ත් භික්ෂුව කය ගැන දකිමින් කායානුපස්සනා භාවනාවෙන් වාසය කරනවා.

(4)

පින්වත් මහණෙනි, කායානුපස්සනා භාවනාව ගැන තවදුරටත් කියනවා නම්; මෙහිලා භික්ෂුව යටි පතුලෙන් උඩටත්, හිස කෙස් වලින් පහළටත්, සමකින්

වටවෙලා තියෙන, නා නා ප්‍රකාර ජරාවල් වලින් පිරිල තියෙන මේ කය ගැන නුවණින් විමසල බලනවා. 'මේ ශරීරයේ තියෙන්නෙ කෙස්, ලොම්, නිය පොතු, දත්, සම, මස්, නහරවැල්, ඇට, ඇටලොඳ, වකුගඩු, හදවත, අක්මාව, දලබුව, බඩදිව, පෙණහැලි, මහා බඩවැල්, කුඩා බඩවැල් බොක්ක, අසූචි, පිත, සෙම, සැරව, ලේ, දහඩිය, තෙල්මන්ද, කඳුළු, වුරුණු තෙල්, කෙළ, සොටු, සඳමිඳුළු, මුත්‍රා තියෙනවා' කියලා.

පින්වත් මහණෙනි, ඒක මෙන්න මේ වගේ දෙයක්, මල්ලක් තියෙනවා. ඒ මල්ලෙ දෙපැත්තෙන් ම කට තියෙනවා. ඔය මල්ල පිරිල තියෙන්නෙ නා නා ප්‍රකාර ධාන්‍ය වලින්. එනම් හැල් වී, වී, මුං ඇට, මෑ ඇට, තල ඇට, හාල් වගේ දේවල් වලින්. ඉතින් ඔතනට හොඳට ඇස් පේන මිනිහෙක් එනවා. ඇවිදින් ඒ මල්ල ලිහනවා. ඒ මල්ලෙ ඇතුළෙ තියෙන දේවල් හොඳට බලනවා. 'මේ තියෙන්නෙ හැල් වී, මේ තියෙන්නෙ වී, මේ තියෙන්නෙ මුං ඇට, මේ තියෙන්නෙ මෑ අට, මේවා තල ඇට, මේවා හාල් ඇට' කියලා.

පින්වත් මහණෙනි, ඔන්න ඔය විදිහ ම යි. භික්ෂුව මේ කය දිහාත් ඔය විදිහට බලනවා. යටි පතුලෙන් උඩටත් හිස කෙස් වලින් පහළටත්, හමකින් වටවෙලා තියෙන නා නා ප්‍රකාර ජරාවලින් පිරිල තියෙන මේ කය ගැන නුවණින් විමසල බලනවා.

'මේ ශරීරයේ තියෙන්නෙ කෙස්, ලොම්, නිය පොතු, දත්, සම, මස්, නහරවැල්, ඇට, ඇටලොඳ, වකුගඩු, හදවත, අක්මාව, දලබුව, බඩදිව, පෙණහැලි, අතුණු, අතුණු බහන්, බොක්ක, අසූචි, පිත, සෙම, සැරව, ලේ, දහඩිය, තෙල් මන්ද, කඳුළු, වුරුණු තෙල්, කෙළ, සොටු, සඳ මිඳුළු, මුත්‍රා' කියල.

ඒ භික්ෂුව ඒ විදිහට තමන්ගෙ කය ගැන හෝ දකිමින් කායානුපස්සනා භාවනාවෙන් ඉන්නවා ....(පෙ).... පින්වත් මහණෙනි, ඔන්න ඔය විදිහට ත් භික්ෂුව කය ගැන දකිමින් කායානුපස්සනා භාවනාවෙන් වාසය කරනවා.

**(5)**

පින්වත් මහණෙනි, කායානුපස්සනා භාවනාව ගැන තවදුරටත් කියනවා නම්; මෙහි භික්ෂුව මේ කය තියෙන විදිහට ම, පිහිටල තියෙන විදිහට ම ධාතු ස්වභාව වශයෙන් නුවණින් විමසා බලනවා. ඒක කරන්නෙ මෙහෙම යි.

'මේ ශරීරයේ තියෙන්නෙ, පස්වෙලා යන ස්වභාවයට අයිති දේවල් (පඨවි ධාතු), දියවෙලා යන ස්වභාවයට අයිති දේවල් (ආපෝ ධාතු), රස්නෙ ගතියට අයිති දේවල් (තේජෝ ධාතු), හමාගෙන යන ස්වභාවයට අයිති දේවල් (වායෝ ධාතු)' කියල.

පින්වත් මහණෙනි, ඒක මෙන්න මේ වගේ දෙයක්. හරක් මරන්න දක්ෂ මිනිහෙක් ඉන්නවා. එහෙම නැත්නම් ඒ මිනිහගෙ ගෝලයෙක් ඉන්නවා. ඉතින් ඔහු එළදෙනක්ව මරනවා. ඒ හරක් මස වෙන් වෙන්ව කොටස් කරනවා. හතර මංහන්දියක ඒවා තියාගෙන වාඩිවෙලා ඉන්නවා.

පින්වත් මහණෙනි, ඔන්න ඔය විදිහ ම යි. භික්ෂුව ත් මේ කය තියෙන විදිහට ම, පිහිටල තියෙන විදියට ම, ධාතු ස්වභාව වශයෙන් නුවණින් විමස විමසා බලනවා.

'මේ ශරීරයේ තියෙන්නෙ පස්වෙලා යන ස්වභාවයට අයිති දේවල් (පඨවි ධාතු). දියවෙලා යන ස්වභාවයට අයිති දේවල් (ආපෝ ධාතු). රස්නෙ ගතියට අයිති දේවල් (තේජෝ ධාතු). හමාගෙන යන ස්වභාවයට අයිති දේවල් (වායෝ ධාතු)' කියල.

ඔය විදිහට ඒ භික්ෂුව තමන්ගේ කය ගැන හෝ දකිමින් කායානුපස්සනා භාවනාවෙන් ඉන්නවා ....(පෙ).... පින්වත් මහණෙනි, ඔන්න ඔය විදිහට ත් භික්ෂුව කය ගැන දකිමින් කායානුපස්සනා භාවනාවෙන් වාසය කරනවා.

**(6)**

පින්වත් මහණෙනි, කායානුපස්සනා භාවනාව ගැන තවදුරටත් කියනවා නම්; අමු සොහොනක දාල ගිය මළ සිරුරක් දකින්න ලැබෙනවා කියල හිතමු. ඉතින් ඒ මළ මිනිය එක දවසක් හරි, දවස් දෙකක් හරි, දවස් තුනක් හරි, කල් ගත වෙච්ච එකක්. ඉදිමිලා, නිල් වෙලා, සැරව හැදිලා තියෙන්නෙ. එතකොට භික්ෂුව තමන්ගේ මේ ශරීරයත්, ඒ මළකුණ එක්ක ගලපලා බලනවා. 'ඇත්තෙන් ම මේ කයත් ඒ විදිහට ම පත්වෙලා යන එකක්. මේ කයට වුණත්, ඒ ඉරණමින් නිදහස් වෙන්න පුළුවන්කමක් නෑ' කියල.

ඔය විදියට ඒ භික්ෂුව තමන්ගෙ කය ගැන හෝ දකිමින් කායානුපස්සනා භාවනාවෙන් ඉන්නවා. අනුන්ගේ කය ගැන හෝ (ඒ මළකුණට වෙච්ච දේ ම වෙන බව දකිමින්) කායානුපස්සනා භාවනාවෙන් ඉන්නවා. මේ විදිහට තමන්ගේ හා අනුන්ගේ කය ගැන හෝ දකිමින් කායානුපස්සනා භාවනාවෙන් ඉන්නවා.

(කුණු වෙලා යන) මේ කය හටගන්නා හැටි දකිමින් ඉන්නවා. (කුණු වෙලා යන) මේ කය නැසී යන හැටිත් දකිමින් ඉන්නවා. (කුණු වෙලා යන) මේ කය හටගන්නා හැටිත්, නැසී යන හැටිත් දකිමින් ඉන්නවා. මෙතන තියෙන්නෙ ඇති වී, නැති වී (කුණු වෙලා) යන විදිහේ කයක් විතරයි කියල

ඒ භික්ෂුවගේ සිහිය හොඳ හැටියට පිහිටනවා. අන්න ඒ සිහිය තමයි නුවණ වැඩෙන්න උපකාරී වෙන්නෙ. තවදුරටත් සිහිය වැඩෙන්න උපකාරී වෙන්නෙත් ඒ සිහිය ම යි.

එතකොට ඒ භික්ෂුවට (කුණු වෙලා යන) ඒ කයට ඇලෙන්නෙ නැතිව ඉන්න පුළුවනි. මේ ජීවිතය නම් වූ ලෝකයේ කිසි ම දෙයකට බැඳෙන්නෙ නැතිව ඉන්න පුළුවනි. පින්වත් මහණෙනි, ඔන්න ඔය විදිහට ත් භික්ෂුව කය ගැන දකිමින් කායානුපස්සනා භාවනාවෙන් වාසය කරනවා.

(7)

පින්වත් මහණෙනි, කායානුපස්සනා භාවනාව ගැන තවදුරටත් කියනවා නම්; අමු සොහොනක දාල ගිය මළ සිරුරක් දකින්නට ලැබෙනවා කියල හිතමු. ඉතින් ඒ මළ කුණ කාක්කො කකා ඉන්නවා, උකුස්සො කකා ඉන්නවා, ගිජුලිහිණියොත් කකා ඉන්නවා, හිවල්ලුත් කකා ඉන්නවා, බල්ලොත් කකා ඉන්නවා, එක එක ජාතියෙ සත්තු ඒ මළකුණ කකා ඉන්නවා. එතකොට භික්ෂුව තමන්ගේ මේ ශරීරයත්, ඒ මළකුණ එක්ක ගලපල බලනවා.

'ඇත්තෙන් ම මේ කයත් ඒ විදිහට ම පත්වෙලා යන එකක්. මේ කයට වුණත්, ඒ ඉරණමින් නිදහස් වෙන්න පුළුවන් කමක් නෑ' කියල.

ඔය විදිහට ඒ භික්ෂුව තමන්ගේ කය ගැන හෝ දකිමින් කායානුපස්සනා භාවනාවෙන් ඉන්නවා ....(පෙ).... පින්වත් මහණෙනි, ඔන්න ඔය විදිහට ත් භික්ෂුව කය ගැන දකිමින් කායානුපස්සනා භාවනාවෙන් වාසය කරනවා.

(8)

පින්වත් මහණෙනි, කායානුපස්සනා භාවනාව ගැන තවදුරටත් කියනවා නම්; අමු සොහොනක දාල ගිය මළ සිරුරක් දකින්නට ලැබෙනවා කියල හිතමු. ඒ මළ සිරුරේ ඇට සැකිල්ල පෑදිලා තියෙන්නෙ. ලේ මස් තැවරිලා නහර වැල් වලින් බැඳිලා තියෙන්නෙ.

එතකොට භික්ෂුව තමන්ගේ මේ ශරීරයත්, ඒ මළකුණ එක්ක ගලපල බලනවා. 'ඇත්තෙන් ම මේ කයත් ඒ විදිහට ම පත්වෙලා යන එකක්. මේ කයට වුණත්, ඒ ඉරණමින් නිදහස් වෙන්න පුළුවන්කමක් නෑ' කියල.

ඔය විදියට ඒ භික්ෂුව තමන්ගේ කය ගැන හෝ දකිමින් කායානුපස්සනා භාවනාවෙන් ඉන්නවා ....(පෙ).... පින්වත් මහණෙනි, ඔන්න ඔය විදිහට ත් භික්ෂුව කය ගැන දකිමින් කායානුපස්සනා භාවනාවෙන් වාසය කරනවා.

**(9)**

පින්වත් මහණෙනි, කායානුපස්සනා භාවනාව ගැන තවදුරටත් කියනවා නම්; අමු සොහොනක දාල ගිය මළ සිරුරක් දකින්නට ලැබෙනවා කියල හිතමු. ඉතින් ඒ මළ සිරුරේ මස් මොකවත් නෑ. ලේ විතරක් තැවරිලා තියෙනවා. නහර වැල් වලින් විතරක් බැඳිලා ඇට සැකිල්ලක් වෙලා තියෙනවා.

එතකොට භික්ෂුව තමන් ගේ මේ ශරීරයත්, ඒ මළකුණ එක්ක ගලපල බලනවා.

'ඇත්තෙන් ම මේ කයත් ඒ විදිහට ම පත්වෙලා යන එකක්. මේ කයට වුණත්, ඒ ඉරණමින් නිදහස් වෙන්න පුළුවන්කමක් නෑ' කියල.

ඔය විදියට ඒ භික්ෂුව තමන්ගේ කය ගැන හෝ දකිමින් කායානුපස්සනා භාවනාවෙන් ඉන්නවා ....(පෙ).... පින්වත් මහණෙනි, ඔන්න ඔය විදිහට ත් භික්ෂුව කය ගැන දකිමින් කායානුපස්සනා භාවනාවෙන් වාසය කරනවා.

**(10)**

පින්වත් මහණෙනි, කායානුපස්සනා භාවනාව ගැන තවදුරටත් කියනවා නම්, අමු සොහොනක දාල ගිය මළ සිරුරක් දකින්න ලැබෙනවා කියල හිතමු. ඉතින් ඒ මළ සිරුරේ ලේ මස් මොකවත් නෑ. නහරවැල් වලින් විතරක් බැඳුන ඇට සැකිල්ලක් වෙලා තියෙන්නෙ.

එතකොට භික්ෂුව තමන්ගේ මේ ශරීරයත්, ඒ මළකුණ එක්ක ගලපල බලනවා.

'ඇත්තෙන් ම මේ කයත් ඒ විදිහට ම පත්වෙලා යන එකක්. මේ කයට වුණත්, ඒ ඉරණමින් නිදහස් වෙන්න පුළුවන්කමක් නෑ' කියල.

ඔය විදියට ඒ භික්ෂුව තමන්ගේ කය ගැන හෝ දකිමින් කායානුපස්සනා භාවනාවෙන් ඉන්නවා ....(පෙ).... පින්වත් මහණෙනි, ඔන්න ඔය විදිහට ත් භික්ෂුව කය ගැන දකිමින් කායානුපස්සනා භාවනාවෙන් වාසය කරනවා.

**(11)**

පින්වත් මහණෙනි, කායානුපස්සනා භාවනාව ගැන තවදුරටත් කියනවා නම්, අමු සොහොනක දාල ගිය මළ සිරුරක් දකින්න ලැබෙනවා කියල හිතමු. ඉතින් ඒ මළ සිරුර දූන් දකින්න ලැබෙන්නෙ හැම පැත්තකට ම විසිරී ගිය ඇට සැකිල්ලක් හැටියටයි. අත් ඇට එක පැත්තක. පා ඇට එක පැත්තක.

කෙණ්ඩා ඇට තවත් පැත්තක. කළවා ඇට තවත් පැත්තක. උකුල් ඇට තව පැත්තක. කොඳු ඇට පේළිය තව පැත්තක. හිස් කබල තව පැත්තක.

එතකොට භික්ෂුව තමන්ගේ මේ ශරීරයත්, ඒ මළකුණ එක්ක ගලපල බලනවා.

'ඇත්තෙන් ම මේ කයත් ඒ විදිහට ම පත්වෙලා යන එකක්. මේ කයට වුණත්, ඒ ඉරණමින් නිදහස් වෙන්න පුළුවන්කමක් නෑ' කියල.

ඔය විදිහට ඒ භික්ෂුව තමන්ගේ කය ගැන හෝ දකිමින් කායානුපස්සනා භාවනාවෙන් ඉන්නවා ....(පෙ)....පින්වත් මහණෙනි, ඔන්න ඔය විදිහට ත් භික්ෂුව කය ගැන දකිමින් කායානුපස්සනා භාවනාවෙන් වාසය කරනවා.

**(12)**

පින්වත් මහණෙනි, කායානුපස්සනා භාවනාව ගැන තවදුරටත් කියනවා නම්; අමු සොහොනක දාල ගිය මළ සිරුරක් දකින්නට ලැබෙනවා කියල හිතමු. හැබැයි දැන් ඒ ශරීරයේ දකින්න ලැබෙන්නෙ හක් ගෙඩියේ පාටට හුරු සුදු පාට ඇට විතර ම යි.

එතකොට භික්ෂුව තමන්ගේ මේ ශරීරයත්, ඒ මළකුණ එක්ක ගලපල බලනවා.

'ඇත්තෙන් ම මේ කයත් ඒ විදිහට ම පත්වෙලා යන එකක්. මේ කයට වුණත්, ඒ ඉරණමින් නිදහස් වෙන්න පුළුවන්කමක් නෑ' කියල.

ඔය විදියට ඒ භික්ෂුව තමන්ගේ කය ගැන හෝ දකිමින් කායානුපස්සනා භාවනාවෙන් ඉන්නවා ....(පෙ).... පින්වත් මහණෙනි, ඔන්න ඔය විදිහට ත් භික්ෂුව කය ගැන දකිමින් කායානුපස්සනා භාවනාවෙන් වාසය කරනවා.

**(13)**

පින්වත් මහණෙනි, කායානුපස්සනා භාවනාව ගැන තවදුරටත් කියනවා නම්; අමු සොහොනේ අත්හැරල දාපු මළ සිරුරක් දකින්න ලැබෙනවා කියල හිතමු. නමුත් දැන් එතන තියෙන්නෙ අවුරුදු ගණනක් පරණ වෙච්ච ඇට ගොඩක් විතරයි.

එතකොට භික්ෂුව තමන්ගේ මේ ශරීරයත්, ඒ මළකුණ එක්ක ගලපල බලනවා.

'ඇත්තෙන් ම මේ කයත් ඒ විදිහට ම පත් වෙලා යන එකක්. මේ කයට වුණත්, ඒ ඉරණමින් නිදහස් වෙන්න පුළුවන් කමක් නෑ' කියල.

ඔය විදිහට ඒ භික්ෂුව තමන්ගේ කය ගැන හෝ දකිමින් කායානුපස්සනා භාවනාවෙන් ඉන්නවා ....(පෙ)....පින්වත් මහණෙනි, ඔන්න ඔය විදිහට ත් භික්ෂුව කය ගැන දකිමින් කායානුපස්සනා භාවනාවෙන් වාසය කරනවා.

(14)

පින්වත් මහණෙනි, කායානුපස්සනා භාවනාව ගැන තවදුරටත් කියනවා නම්; අමු සොහොනක දාල ගිය මළ සිරුරක් දකින්න ලැබෙනවා කියල හිතමු. නමුත් දැන් එතන තියෙන්නෙ කුණු වෙලා කුඩු ගොඩක් බවට පත්වෙච්ච ඇට ටිකක් විතරයි.

එතකොට භික්ෂුව තමන්ගේ මේ ශරීරයත්, ඒ මළකුණ එක්ක ගලපල බලනවා. 'ඇත්තෙන් ම මේ කයත් ඒ විදිහට ම පත්වෙලා යන එකක්. මේ කයට වුණත්, ඒ ඉරණමින් නිදහස් වෙන්න පුළුවන්කමක් නෑ' කියල.

ඔය විදිහට ඒ භික්ෂුව තමන්ගේ කය ගැන හෝ දකිමින් කායානුපස්සනා භාවනාවෙන් ඉන්නවා ....(පෙ)....පින්වත් මහණෙනි, ඔන්න ඔය විදිහට ත් භික්ෂුව කය ගැන දකිමින් කායානුපස්සනා භාවනාවෙන් වාසය කරනවා.

පින්වත් මහණෙනි, භික්ෂුව කය ගැන දකිමින් කායානුපස්සනා භාවනාවෙන් වාසය කරනවා කියල කියන්නෙ ඔන්න ඕකටයි.

**(කායානුපස්සනා භාවනා කොටස අවසන් විය)**

පින්වත් මහණෙනි, භික්ෂුව වේදනාවන් ගැන දකිමින් වේදනානුපස්සනාවෙන් වාසය කරන්නෙ කොහොම ද?

පින්වත් මහණෙනි, මෙහිලා භික්ෂුව සැප වේදනාවක් විඳින කොට, තමන් විඳින්නෙ සැප වේදනාවක් බව හොඳින් තේරුම් ගන්නවා. දුක් වේදනාවක් විඳින කොට තමන් විඳින්නෙ දුක් වේදනාවක් බවත් හොඳින් තේරුම් ගන්නවා. දුක්සැප රහිත වේදනාවක් විඳින කොට තමන් විඳින්නෙ දුක්සැප රහිත (මධ්‍යස්ථ) වේදනාවක් බවත් හොඳින් තේරුම් ගන්නවා.

(රූප, ශබ්ද, ගන්ධ, රස, පහස යන මේ පංච කාම ගුණවලට කියන්නෙ ආමිස කියල. අන්න ඒ ආමිස අරමුණු කරගත්) ආමිස සහිත වූ සැප විඳීමක් විඳින කොට තමන් දැන් විඳින්නෙ 'ආමිස සහිත සැප විඳීමක්' කියල හොඳින්

තේරුම් ගන්නවා. (නිරාමිස කියන්නෙ කලින් කී ආමිසයෙන් වෙන්වීමයි) නිරාමිස සැප විඳීමක් විඳින කොට තමන් දූන් විඳින්නෙ 'නිරාමිස සැප වේදනාවක්' කියල හොඳින් තේරුම් ගන්නවා. ආමිස සහිත දුක් වේදනාවක් විඳින කොට තමන් දූන් විඳින්නෙ 'ආමිස සහිත දුක් වේදනාවක්' කියල හොඳින් තේරුම් ගන්නවා. නිරාමිස දුක් වේදනාවක් විඳින කොට තමන් දූන් විඳින්නෙ 'නිරාමිස දුක් වේදනාවක්' කියල හොඳින් තේරුම් ගන්නවා.

ආමිස සහිත මධ්‍යස්ථ විඳීමක් විඳින කොට තමන් දූන් විඳින්නෙ 'ආමිස සහිත මධ්‍යස්ථ විඳීමක්' කියල හොඳින් තේරුම් ගන්නවා. නිරාමිස මධ්‍යස්ථ වේදනාවක් විඳින කොට තමන් දූන් 'නිරාමිස මධ්‍යස්ථ වේදනාවක් විඳින්නෙ' කියල හොඳින් තේරුම් ගන්නවා.

ඔය විදිහට ඒ භික්ෂුව තමන්ගේ වේදනාවන් ගැන හෝ දකිමින් වේදනානුපස්සනා භාවනාවෙන් ඉන්නවා. අනුන්ගේ වේදනාවන් ගැන හෝ (තිබෙන්නෙ ඔය ස්වභාවය ම යි කියල) දකිමින්, වේදනානුපස්සනා භාවනාවෙන් ඉන්නවා. මේ විදිහට තමන්ගේ වේදනා ගැනත්, අනුන්ගේ වේදනා ගැනත් දකිමින් වේදනානුපස්සනා භාවනාවෙන් ඉන්නවා.

මේ විඳීම් (හේතූන් නිසා) හටගන්නා හැටි හෝ දකිමින් ඉන්නවා. (හේතු නැති වීමෙන්) නැති වී යන හැටි හෝ දකිමින් ඉන්නවා. මේ විඳීම් හටගන්නා හැටිත්, නැතිවී යන හැටිත් දකිමින් ඉන්නවා. මෙතන තියෙන්නෙ ඇති වී නැති වී යන විදිහේ විඳීම් විතරයි කියල ඒ භික්ෂුවගේ සිහිය හොඳ හැටි පිහිටනවා. අන්න ඒ සිහිය තමයි නුවණ වැඩෙන්නට උපකාරී වෙන්නෙ. තවදුරටත් සිහිය වැඩෙන්නට උපකාරී වෙන්නෙත් ඒ සිහිය ම තමයි. එතකොට ඒ භික්ෂුවට ඒ විඳීම්වලට ඇලෙන්නෙ නැතිව ඉන්න පුළුවනි. මේ ජීවිතය නැමති ලෝකෙ කිසිම දෙයකට බැඳෙන්නෙ නැතිව ඉන්න පුළුවනි. පින්වත් මහණෙනි, ඔන්න ඔය විදිහටයි ඒ භික්ෂුව විඳීම් ගැන දකිමින් වේදනානුපස්සනා භාවනාවෙන් ඉන්නෙ.

**(වේදනානුපස්සනා භාවනා කොටස අවසන් විය)**

පින්වත් මහණෙනි, භික්ෂුව සිත ගැන දකිමින් චිත්තානුපස්සනා භාවනාවෙන් වාසය කරන්නේ කොහොම ද?

පින්වත් මහණෙනි, මෙහිලා භික්ෂුව රාග සහිත සිතක් ඇති වෙද්දී (සරාගී අරමුණකුත්, ඒ ගැන ආශාවෙන් සිතන්න පටන් ගැනීමත් නිසා, සරාගී සිතක් ඇතිවෙන බව දූන) 'දූන් රාග සිතක් තියෙනවා' කියල නුවණින් තේරුම් ගන්නවා.

රාගයෙන් තොර සිතක් තියෙද්දි, (ඒ රාග අරමුණේ ඇත්ත තත්වය අවබෝධ කරගෙන රාගය ප්‍රහාණය වීම නිසා) 'දැන් වීතරාගී සිතක් තියෙනවා' කියල නුවණින් තේරුම් ගන්නවා.

ද්වේෂ සිතක් තියෙද්දි (ද්වේෂය ඇතිවෙන අරමුණක් අල්ල ගෙන ඒ ගැන ම දිගින් දිගට සිතන්ට පුරුදු වීම නිසා ද්වේෂ සිත ඇතිවෙන බව දැන) 'දැන් සදෝසී සිතක් තියෙන බව' නුවණින් තේරුම් ගන්නවා.

ද්වේෂ රහිත සිතක් තියෙද්දි (මෛත්‍රී අරමුණෙහි සිත පිහිටීම නිසා ද්වේෂය ප්‍රහාණය වීමෙන්) 'දැන් ද්වේෂ රහිත සිතක් තියෙන බව' නුවණින් තේරුම් ගන්නවා.

මුළාවට පත්වන සිතක් තියෙද්දි (අයෝනිසෝ මනසිකාරයෙන් සිතීම නිසා මෝහ සිත හටගත් බව දැන) 'දැන් මුළාව සහිත සිතක් තියෙන බව' හොඳින් තේරුම් ගන්නවා.

මෝහයෙන් තොර සිතක් තියෙද්දි (අවබෝධ ඥානය ඇතිවීම නිසා මෝහය ප්‍රහාණය වීමෙන්) 'දැන් මෝහයෙන් තොර සිතක් තියෙන බව' නුවණින් තේරුම් ගන්නවා.

(නිදිමත හා අලස බව නිසා) හැකිළී ගිය සිතක් තියෙද්දි, 'දැන් හැකිළී ගිය සිතක් තියෙනවා' කියල නුවණින් තේරුම් ගන්නවා.

(නොයෙක් අරමුණුවල දුවමින් තිබෙන) විසිරී ගිය සිතක් තියෙද්දි 'දැන් විසිරී ගිය සිතක් තියෙනවා' කියල නුවණින් තේරුම් ගන්නවා.

(සමථ භාවනාව තුළින්) ධ්‍යාන බවට පත් වූ සිතක් තියෙද්දි, 'දැන් ධ්‍යාන සිතක් තියෙනවා' කියල නුවණින් තේරුම් ගන්නවා.

ධ්‍යාන තත්වයට පත් නොවූ සිතක් තියෙද්දි 'දැන් ධ්‍යාන තත්වයට පත් නොවූ සිතක් තියෙන බව' නුවණින් තේරුම් ගන්නවා.

සමාධියෙන් උසස් බවට පත් වූ සිතක් තියෙද්දි, 'දැන් තියෙන්නෙ සමාධියෙන් උසස් බවට පත් වූ සිතක්' කියල නුවණින් තේරුම් ගන්නවා.

අනුත්තර බවට පත් වූ සිතක් තියෙද්දි 'දැන් අනුත්තර බවට පත් වූ සිතක් තියෙන බව' නුවණින් තේරුම් ගන්නවා.

එකඟ වෙච්ච හිතක් තියෙද්දි 'දැන් එකඟ වෙච්ච හිතක් තියෙනවා' කියල නුවණින් තේරුම් ගන්නවා.

එකඟ නොවෙච්ච හිතක් තියෙද්දි 'දැන් එකඟ නැති හිතක් තියෙනවා' කියල නුවණින් තේරුම් ගන්නවා.

කෙලෙස් වලින් නිදහස් වුණු හිතක් තියෙද්දි 'දැන් කෙලෙස් වලින් නිදහස් වුණු හිතක් තියෙනවා' කියල නුවණින් තේරුම් ගන්නවා.

කෙලෙස් වලින් නිදහස් නොවුන හිතක් තියෙද්දි 'දැන් කෙලෙස් වලින් නිදහස් නොවුණු හිතක් තියෙනවා' කියල නුවණින් තේරුම් ගන්නවා.

පින්වත් මහණෙනි, ඔය විදිහට භික්ෂුව තමන්ගේ සිත ගැන හෝ දකිමින් චිත්තානුපස්සනා භාවනාවෙන් ඉන්නවා. ඒ වගේ ම අනුන්ගේ සිත ගැන හෝ (ඒ සිතේ තියෙන්නෙත් මේ ස්වභාවය ම නේද කියල) දකිමින් චිත්තානුපස්සනා භාවනාවෙන් ඉන්නවා. මේ විදිහට තමන්ගේ සිත ගැනත්, අනුන්ගේ සිත ගැනත් දකිමින් චිත්තානුපස්සනා භාවනාවෙන් ඉන්නවා.

මේ සිත හටගන්නා හැටිත් දකිමින් ඉන්නවා. නැසී යන හැටිත් දකිමින් ඉන්නවා. මේ සිත හටගන්නා හැටිත් නැසී යන හැටිත් දකිමින් ඉන්නවා. මෙතන තියෙන්නෙ ඇති වී නැති වී යන විදිහේ සිතක් විතරයි කියල, ඒ භික්ෂුවගේ සිහිය හොඳ හැටියට පිහිටනවා. නුවණ වැඩෙන්න උපකාරී වෙන්නෙත් අන්න ඒ සිහිය තමයි. තවදුරටත් සිහිය වැඩෙන්නට උපකාරී වෙන්නෙත් ඒ සිහිය ම තමයි.

එතකොට සිතට ඇලෙන්නෙ නැතිව ඉන්න ඒ භික්ෂුවට පුළුවනි. මේ ජීවිතය නම් වූ ලෝකයේ කිසි ම දෙයකට ඇලෙන්නෙ නැතිව ඉන්නත් පුළුවනි.

පින්වත් මහණෙනි, ඔන්න ඔය විදිහට යි භික්ෂුව සිත ගැන දකිමින් චිත්තානුපස්සනා භාවනාවෙන් වාසය කරන්නෙ.

**(චිත්තානුපස්සනා භාවනා කොටස අවසන් විය)**

(1)

පින්වත් මහණෙනි, භික්ෂුව ධර්මයන් පිළිබඳව දකිමින් ධම්මානුපස්සනා භාවනාවෙන් වාසය කරන්නෙ කොහොම ද?

පින්වත් මහණෙනි, මෙහි භික්ෂුව පංචනීවරණ කියන ධර්මයන් ගැන දකිමින්, ධම්මානුපස්සනා භාවනාවෙන් ඉන්නවා. පින්වත් මහණෙනි, භික්ෂුව පංචනීවරණ ධර්මයන් ගැන දකිමින් ධම්මානුපස්සනා භාවනාවෙන් ඉන්නෙ කොහොම ද?

පින්වත් මහණෙනි, මෙහි භික්ෂුව තමන් තුළ (රූප, ශබ්ද, ගන්ධ, රස, පහස කියන) පංචකාම අරමුණු ගැන ආශාවක් ඇතිවෙන කොට, දූන් තමන් තුළ 'කාමච්ඡන්දය' කියන නීවරණය තියෙනවා කියල නුවණින් තේරුම් ගන්නවා. තමන් තුළ කාමච්ඡන්දය ඇතිවෙන්නෙ නැත්නම්, දූන් තමන් තුළ කාමච්ඡන්දය නැතෙයි කියල නුවණින් තේරුම් ගන්නවා. කලින් හට නොගත් කාමච්ඡන්දය අලුතින් ඇතිවෙනවා නම්, ඒ ගැනත් නුවණින් තේරුම් ගන්නවා. තමන් තුළ තිබ්ච්ච කාමච්ඡන්දය (ධර්මයේ හැසිරීම නිසා) තමා තුළින් නැති වෙලා ගියොත් ඒකත් නුවණින් තේරුම් ගන්නවා. තමන් තුළින් නැතිවෙලා ගිය කාමච්ඡන්දය ආයෙ කවදාකවත් හටගන්නෙ නැත්නම්, ඒකත් නුවණින් තේරුම් ගන්නවා.

තමන් තුළ ගැටීම ඇති කරවන තරහක් ඇතිවෙන කොට, දූන් තමන් තුළ 'ව්‍යාපාදය' කියන නීවරණය තියෙනවා කියල නුවණින් තේරුම් ගන්නවා. තමන් තුළ තරහක් ඇතිවෙන්නෙ නැත්නම්, දූන් තමන් තුළ ව්‍යාපාදය නැතෙයි කියල නුවණින් තේරුම් ගන්නවා. කලින් හට නොගත් ව්‍යාපාදය අලුතින් ඇති වෙනවා නම්, ඒ ගැනත් නුවණින් තේරුම් ගන්නවා. තමන් තුළ තිබ්ච්ච තරහ (ධර්මයේ හැසිරීම නිසා) තමා තුළින් නැතිවෙලා ගියොත් ඒකත් නුවණින් තේරුම් ගන්නවා. තමන් තුළින් නැතිවෙලා ගිය ඒ ව්‍යාපාදය ආයෙ කවදාකවත් හටගන්නෙ නැත්නම්, ඒකත් නුවණින් තේරුම් ගන්නවා.

තමන් තුළ නිදිමත අලස බව ඇතිවෙන කොට, දූන් තමන් තුළ 'ථීනමිද්ධ' කියන නීවරණය තියෙනවා කියල නුවණින් තේරුම් ගන්නවා. තමන් තුළ නිදිමත අලස බව ඇතිවෙන්නෙ නැත්නම්, දූන් තමන් තුළ ථීනමිද්ධය නැතෙයි කියල නුවණින් තේරුම් ගන්නවා. කලින් හට නොගත් නිදිමත අලස බව අලුතින් ඇතිවෙනවා නම්, ඒ ගැනත් නුවණින් තේරුම් ගන්නවා. තමන් තුළ තිබුණු නිදිමත අලස බව (ධර්මයේ හැසිරීම නිසා) නැතිවෙලා ගියොත් ඒකත් නුවණින් තේරුම් ගන්නවා. තමන් තුළින් නැතිවෙලා ගිය ඒ නිදිමතත් අලස බවත් ආයෙ කවදාකවත් හටගන්නෙ නැත්නම්, ඒකත් නුවණින් තේරුම් ගන්නවා.

තමන් තුළ හිතේ විසිරීමත් පසුතැවිල්ලත් ඇති වෙන කොට, දූන් තමන් තුළ 'උද්ධච්ච කුක්කුච්ච' කියන නීවරණය තියෙනවා කියල නුවණින් තේරුම් ගන්නවා. තමන් තුළ හිතේ විසිරීමත් පසුතැවිල්ලත් ඇතිවෙන්නෙ නැත්නම් දූන් තමන් තුළ උද්ධච්ච කුක්කුච්චය නැතෙයි කියල නුවණින් තේරුම් ගන්නවා. කලින් හට නොගත් හිතේ විසිරීමත් පසුතැවිල්ලත් අලුතින් ඇතිවෙනවා නම්, ඒකත් නුවණින් තේරුම් ගන්නවා. තමන් තුළ තිබුණු හිතේ

විසිරීමත්, පසුතැවිල්ලත් (ධර්මයේ හැසිරීම නිසා) නැතිවෙලා ගියොත් ඒකත් නුවණින් තේරුම් ගන්නවා. තමන් තුළින් නැතිවෙලා ගිය ඒ හිතේ විසිරීමත්, පසුතැවිල්ලත් ආයෙ කවදාකවත් හටගන්නෙ නැත්නම්, ඒකත් නුවණින් තේරුම් ගන්නවා.

තමන් තුළ (ධර්ම මාර්ගය ගැන) සැක ඇතිවෙන කොට, දැන් තමන් තුළ 'විචිකිච්ඡාව' කියන නීවරණය තියෙනවා කියල නුවණින් තේරුම් ගන්නවා. තමන් තුළ (ධර්ම මාර්ගය ගැන) සැක ඇති වෙන්නෙ නැත්නම්, දැන් තමන් තුළ (මේ ධර්ම මාර්ගය ගැන) සැකයක් නැතෙයි කියල නුවණින් තේරුම් ගන්නවා. කලින් හට නොගත් සැක අලුතින් ඇතිවෙනවා නම්, ඒකත් නුවණින් තේරුම් ගන්නවා. තමන් තුළ තිබිච්ච සැකය (ධර්මයේ හැසිරීම නිසා) තමා තුළින් නැති වෙලා ගියොත් ඒකත් නුවණින් තේරුම් ගන්නවා. තමන් තුළ නැතිවෙලා ගිය සැකය ආයෙ කවදාකවත් හටගන්නෙ නැත්නම්, ඒකත් නුවණින් තේරුම් ගන්නවා.

මේ විදිහට ඒ භික්ෂුව තමන්ගේ පංච නීවරණ ධර්ම ගැන හෝ දකිමින් ධම්මානුපස්සනා භාවනාවෙන් ඉන්නවා. අනුන්ගේ පංච නීවරණ ධර්ම ගැන හෝ (තියෙන්නෙ මේ ස්වභාවය ම නේද කියල) දකිමින් ධම්මානුපස්සනා භාවනාවෙන් ඉන්නවා. මේ විදිහට තමන්ගේ ත් අනුන්ගේ ත් පංච නීවරණ ධර්ම ගැන දකිමින් ධම්මානුපස්සනා භාවනාවෙන් ඉන්නවා.

මේ පංච නීවරණ හටගන්නා ආකාරයත් දකිමින් ඉන්නවා. මේ පංච නීවරණ නැති වී යන හැටිත් දකිමින් ඉන්නවා. මේ පංච නීවරණ ධර්ම හටගන්නා හැටිත්, නැතිවී යන හැටිත් දකිමින් ඉන්නවා. මෙතන තියෙන්නෙ ඇතිවෙලා නැතිවෙලා යන විදිහේ පංච නීවරණ විතරයි කියල ඒ භික්ෂුවගේ සිහිය හොඳ හැටියට පිහිටනවා. නුවණ වැඩෙන්න උපකාරී වෙන්නෙත් අන්න ඒ සිහිය තමයි. තවදුරටත් සිහිය වැඩෙන්න උපකාරී වෙන්නෙත් ඒ සිහිය ම තමයි.

එතකොට ඒ භික්ෂුවට ඒ පංච නීවරණ ධර්මයන්ට ඇලෙන්නෙ නැතිව ඉන්න පුළුවනි. මේ ජීවිතය නම් වූ ලෝකයේ කිසිම දේකට ඇලෙන්නෙ නැතිව ඉන්න පුළුවනි. පින්වත් මහණෙනි, ඔන්න ඔය විදිහටයි ඒ භික්ෂුව පංච නීවරණ ධර්ම ගැන දකිමින් ධම්මානුපස්සනා භාවනාවෙන් ඉන්නෙ.

(2)

පින්වත් මහණෙනි, ධම්මානුපස්සනා භාවනාව ගැන තවදුරටත් කියනවා නම්; මෙහි භික්ෂුව පංච උපාදානස්කන්ධ ගැනත් දකිමින් ධම්මානුපස්සනා

භාවනාවෙන් ඉන්නවා. පින්වත් මහණෙනි, මෙහි භික්ෂුව උපාදානස්කන්ධ පහ ගැන දකිමින් ධම්මානුපස්සනා භාවනාවෙන් ඉන්නෙ කොහොම ද?

පින්වත් මහණෙනි, මෙහි භික්ෂුව 'මේකට තමයි රූපය කියන්නෙ. මෙන්න මේ විදිහටයි රූපය හටගන්නෙ. මෙහෙමයි රූපය නැතිවෙලා යන්නෙ.

මේකට තමයි වේදනාව කියන්නෙ. මෙන්න මේ විදිහටයි වේදනාව හටගන්නෙ. මෙහෙමයි වේදනාව නැතිවෙලා යන්නෙ.

මේකට තමයි සඤ්ඤාව කියන්නෙ. මෙන්න මේ විදිහටයි සඤ්ඤාව හටගන්නෙ. මෙහෙමයි සඤ්ඤාව නැතිවෙලා යන්නෙ.

මේවාට තමයි සංස්කාර කියන්නෙ. මෙන්න මේ විදිහටයි සංස්කාර හටගන්නෙ. මෙහෙමයි සංස්කාර නැතිවෙලා යන්නෙ.

මේකට තමයි විඤ්ඤාණය කියන්නෙ. මෙන්න මේ විදිහට යි විඤ්ඤාණය හටගන්නෙ. මෙහෙමයි විඤ්ඤාණය නැතිවෙලා යන්නෙ' කියල,

පින්වත් මහණෙනි, මේ විදිහට භික්ෂුව තමන්ගේ උපාදානස්කන්ධ පහ ගැන හෝ දකිමින් ධම්මානුපස්සනා භාවනාවෙන් ඉන්නවා. අනුන්ගේ උපාදානස්කන්ධ පහ ගැන හෝ (තියෙන්නෙ මේ ස්වභාවයේ ම නේද කියල) දකිමින් ධම්මනුපස්සනා භාවනාවෙන් ඉන්නවා. මේ විදිහට තමන්ගේ ත් අනුන්ගේ ත් උපාදානස්කන්ධ පහ ගැන දකිමින් ධම්මානුපස්සනා භාවනාවෙන් ඉන්නවා.

මේ උපාදානස්කන්ධ පහ හටගන්නා හැටිත් දකිමින් ඉන්නවා. මේ උපාදානස්කන්ධ පහ නැති වී යන ආකාරයත් දකිමින් ඉන්නවා. මේ උපාදානස්කන්ධ පහ ඇතිවෙලා නැතිවෙලා යන ආකාරයත් දකිමින් ඉන්නවා.

මෙතන තියෙන්නෙ ඇතිවෙලා නැතිවෙලා යන විදිහේ උපාදානස්කන්ධ පහක් විතරයි කියල ඒ භික්ෂුවගේ සිහිය හොඳ හැටියට පිහිටනවා. අන්න ඒ සිහිය තමයි නුවණ වැඩෙන්න උපකාරී වෙන්නෙ. තවදුරටත් සිහිය වැඩෙන්න උපකාරී වන්නෙත් ඒ සිහිය ම තමයි.

එතකොට ඒ භික්ෂුවට පංච උපාදානස්කන්ධයන්ට ඇලෙන්නෙ නැතිව ඉන්න පුළුවනි. මේ ජීවිතය නැමති ලෝකයේ කිසිම දේකට බැඳෙන්නෙ නැතිව ඉන්න පුළුවනි. පින්වත් මහණෙනි, ඔන්න ඔය විදිහටයි ඒ භික්ෂුව උපාදානස්කන්ධයන් පහ ගැන දකිමින් ධම්මානුපස්සනා භාවනාවෙන් ඉන්නෙ.

(3)

පින්වත් මහණෙනි, ධම්මානුපස්සනා භාවනාව ගැන තවදුරටත් කියනවා නම්; මෙහි භික්ෂුව තමන්ගේ ත් බාහිරත් ආයතන හය ගැන දකිමින් ධම්මානුපස්සනා භාවනාවෙන් ඉන්නවා. පින්වත් මහණෙනි, තමන්ගේ ත්, බාහිරත් ආයතන හය ගැන දකිමින් ධම්මානුපස්සනා භාවනාවෙන් ඉන්නෙ කොහොම ද?

පින්වත් මහණෙනි, මෙහි භික්ෂුව තමන්ගේ ඇසේ ස්වභාවය මොකක් ද කියල නුවණින් තේරුම් ගන්නවා. බාහිර රූපවල ස්වභාවය මොකක් ද කියලත් නුවණින් තේරුම් ගන්නවා. ඔය දෙක හේතු කොට ගෙන යම්කිසි කෙලෙස් බන්ධනයක් හටගන්නවා නම් ඒකත් නුවණින් තේරුම් ගන්නවා. කලින් හට නොගත් කෙලෙස් බන්ධන අලුතින් හටගන්න කොට ඒකත් නුවණින් තේරුම් ගන්නවා. කලින් හටගෙන තිබ්බ්ච කෙලෙස් බන්ධනය (අවබෝධ ඥානය තුලින්) නැතිවෙලා යනවා නම් ඒකත් නුවණින් තේරුම් ගන්නවා. තමන් තුළ නැති වෙලා ගිය ඒ කෙලෙස් බන්ධනය ආයෙ කවදාකවත් හටගන්නෙ නැත්නම් ඒකත් නුවණින් තේරුම් ගන්නවා.

තමන්ගේ කනේ ස්වභාවය මොකක් ද කියලත් නුවණින් තේරුම් ගන්නවා. බාහිර ශබ්දවල ස්වභාවය මොකක් ද කියලත් නුවණින් තේරුම් ගන්නවා ....(පෙ).... තමන්ගේ නාසයේ ස්වභාවය මොකක් ද කියලත් නුවණින් තේරුම් ගන්නවා. බාහිර ගඳසුවඳේ ස්වභාවය මොකක් ද කියලත් නුවණින් තේරුම් ගන්නවා. ....(පෙ).... තමන්ගේ දිවේ ස්වභාවය මොකක් ද කියලත් නුවණින් තේරුම් ගන්නවා. බාහිර රසයේ ස්වභාවය මොකක් ද කියලත් නුවණින් තේරුම් ගන්නවා. ....(පෙ).... තමන්ගේ කයේ ස්වභාවය මොකක් ද කියලත් නුවණින් තේරුම් ගන්නවා. බාහිර පහසේ ස්වභාවය මොකක් ද කියලත් නුවණින් තේරුම් ගන්නවා ....(පෙ).... තමන්ගේ සිතේ ස්වභාවය මොකක් ද කියලත් නුවණින් තේරුම් ගන්නවා. බාහිරව සිතට සිතෙන අරමුණුවල ස්වභාවය මොකක් ද කියලත් නුවණින් තේරුම් ගන්නවා. ඔය දෙක හේතු කොට ගෙන යම්කිසි කෙලෙස් බන්ධනයක් හටගන්නවා නම් ඒකත් නුවණින් තේරුම් ගන්නවා. කලින් හට නොගත් කෙලෙස් බන්ධනය අලුතින් හටගන්න කොට ඒකත් නුවණින් තේරුම් ගන්නවා. කලින් හටගෙන තිබ්බ්ච කෙලෙස් බන්ධනය (අවබෝධ ඥානය තුලින්) නැතිවෙලා යනවා නම් ඒකත් නුවණින් තේරුම් ගන්නවා. තමන් තුළ නැතිවෙලා ගිය ඒ කෙලෙස් බන්ධනය ආයෙ කවදාකවත් හටගන්නෙ නැත්නම් ඒකත් නුවණින් තේරුම් ගන්නවා.

මේ විදියට තමන්ගේ ආයතන ගැන හෝ දකිමින් ධම්මානුපස්සනා භාවනාවෙන් ඉන්නවා. අනුන්ගේ ආයතන ගැන හෝ (තියෙන්නෙ මේ ස්වභාවය ම යි කියල) දකිමින් ධම්මානුපස්සනා භාවනාවෙන් ඉන්නවා. මේ විදිහට තමන්ගේ ත්, අනුන්ගේ ත් ආයතන ගැන දකිමින් ධම්මානුපස්සනා භාවනාවෙන් ඉන්නවා.

මේ ආයතනයන් හටගන්නා ආකාරයත් දකිමින් ඉන්නවා, නැතිවෙලා යන ආකාරයත් දකිමින් ඉන්නවා. මේ ආයතන හටගන්නා ආකාරයත්, නැති වෙලා යන ආකාරයත් දකිමින් ඉන්නවා.

මෙතන තියෙන්නෙ ඇතිවෙලා නැතිවෙලා යන විදිහේ ආයතන හයක් විතරයි කියල ඒ භික්ෂුවගේ සිහිය හොඳ හැටියට පිහිටනවා. අන්න ඒ සිහිය තමයි නුවණ වැඩෙන්න උපකාරී වෙන්නෙ. තවදුරටත් සිහිය වැඩෙන්න උපකාරී වන්නෙත් ඒ සිහිය ම තමයි.

එතකොට ඒ භික්ෂුවට ආයතනවලට ඇලෙන්නෙ නැතිව ඉන්න පුළුවනි. මේ ජීවිතය නැමති ලෝකයේ කිසිම දෙයකට බැඳෙන්නෙ නැතිව ඉන්න පුළුවනි.

පින්වත් මහණෙනි, ඔන්න ඔය විදිහට යි ඒ භික්ෂුව තමාගේ ත් බාහිරත් ආයතන හය ගැන දකිමින් ධම්මානුපස්සනා භාවනාවෙන් ඉන්නෙ.

(4)

පින්වත් මහණෙනි, ධම්මානුපස්සනා භාවනාව ගැන තවදුරටත් කියනවා නම්; මෙහි භික්ෂුව (චතුරාර්ය සත්‍යාවබෝධය ඇති කරවන අංග වන) බොජ්ඣංග ධර්මයන් හත ගැන දකිමින් ධම්මානුපස්සනා භාවනාවෙන් ඉන්නවා.

පින්වත් මහණෙනි, මෙහි භික්ෂුව (චතුරාර්ය සත්‍යාවබෝධය ඇති කරවන අංග වන) බොජ්ඣංග ධර්මයන් හත ගැන දකිමින් ධම්මානුපස්සනා භාවනාවෙන් ඉන්නෙ කොහොම ද?

පින්වත් මහණෙනි, මෙහි භික්ෂුව තමා තුළ චතුරාර්ය සත්‍යාවබෝධය ඇති කරවන අංගයක් වශයෙන් සතිපට්ඨානයේ හොඳින් සිහිය පිහිටා තියෙන කොට, දැන් තමා තුළ සති සම්බොජ්ඣංගය තියෙනවා කියල නුවණින් තේරුම් ගන්නවා. ඒ සති සම්බොජ්ඣංගය තමන් තුළ පිහිටල නැත්නම්, තමන් තුළ සති සම්බොජ්ඣංගය නැතෙයි කියලත් නුවණින් තේරුම් ගන්නවා. කලින්

තමා තුළ නොතිබුණු සති සම්බොජ්ඣංගය අලුතින් හටගන්නවා නම් ඒකත් නුවණින් තේරුම් ගන්නවා. තමන් තුළ ඇතිවෙලා තියෙන සති සම්බොජ්ඣංගය (සමථ විදර්ශනා භාවනාව තුළින්) සම්පූර්ණත්වයට පත්වෙනවා නම්, ඒකත් නුවණින් තේරුම් ගන්නවා.

පින්වත් මහණෙනි, එමෙන් ම තමා තුළ චතුරාර්ය සත්‍යාවබෝධය ඇති කරවන අංගයක් වශයෙන් හේතුඵල ධර්මයන් නුවණින් විමසීම පවතින කොට, දූන් තමා තුළ ධම්මවිචය සම්බොජ්ඣංගය තියෙනවා කියල නුවණින් තේරුම් ගන්නවා. ඒ ධම්මවිචය සම්බොජ්ඣංගය තමන් තුළ පිහිටල නැත්නම්, තමන් තුළ ධම්මවිචය සම්බොජ්ඣංගය නැතෙයි කියලත් නුවණින් තේරුම් ගන්නවා. කලින් තමන් තුළ නොතිබුණු ධම්මවිචය සම්බොජ්ඣංගය අලුතින් ඇතිවෙනවා නම් ඒකත් නුවණින් තේරුම් ගන්නවා. තමන් තුළ ඇතිවෙලා තියෙන ධම්මවිචය සම්බොජ්ඣංගය (සමථ විදර්ශනා භාවනාව තුළින්) සම්පූර්ණත්වයට පත්වෙනවා නම්, ඒකත් නුවණින් තේරුම් ගන්නවා.

එමෙන් ම තමන් තුළ චතුරාර්ය සත්‍යාවබෝධය ඇති කරවන අංගයක් වශයෙන් වීරිය පවතින කොට, දූන් තමා තුළ වීරිය සම්බොජ්ඣංගය තියෙනවා කියල නුවණින් තේරුම් ගන්නවා. ඒ විරිය සම්බොජ්ඣංගය තමන් තුළ පිහිටල නැත්නම්, තමන් තුළ විරිය සම්බොජ්ඣංගය නැතෙයි කියලත් නුවණින් තේරුම් ගන්නවා. කලින් තමා තුළ නොතිබුන විරිය සම්බොජ්ඣංගය අලුතින් හටගන්නවා නම් ඒක ත් නුවණින් තේරුම් ගන්නවා. තමන් තුළ ඇතිවෙලා තියෙන විරිය සම්බොජ්ඣංගය (සමථ විදර්ශනා භාවනාව තුළින්) සම්පූර්ණත්වයට පත්වෙනවා නම්, ඒකත් නුවණින් තේරුම් ගන්නවා.

එමෙන් ම මෙහි භික්ෂුව තමා තුළ චතුරාර්ය සත්‍යාවබෝධය ඇති කරවන අංගයක් වශයෙන් ප්‍රීතිය පවතින කොට, දූන් තමා තුළ පීති සම්බොජ්ඣංගය තියෙනවා කියල නුවණින් තේරුම් ගන්නවා. ඒ පීති සම්බොජ්ඣංගය තමන් තුළ පිහිටල නැත්නම්, තමන් තුළ පීති සම්බොජ්ඣංගය නැතෙයි කියලත් නුවණින් තේරුම් ගන්නවා. කලින් තමා තුළ නොතිබුණු පීති සම්බොජ්ඣංගය අලුතින් හටගන්නවා නම් ඒකත් නුවණින් තේරුම් ගන්නවා. තමන් තුළ ඇතිවෙලා තියෙන පීති සම්බොජ්ඣංගය (සමථ විදර්ශනා භාවනාව තුළින්) සම්පූර්ණත්වයට පත්වෙනවා නම්, ඒකත් නුවණින් තේරුම් ගන්නවා.

එමෙන් ම තමන් තුළ චතුරාර්ය සත්‍යාවබෝධය ඇති කරවන අංගයක් වශයෙන් කායික මානසික සැහැල්ලු බව පවතින කොට, දූන් තමා තුළ පස්සද්ධි සම්බොජ්ඣංගය තියෙනවා කියල නුවණින් තේරුම් ගන්නවා.

තමන් තුළ පස්සද්ධි සම්බොජ්ඣංගය පිහිටල නැත්නම්, තමා තුළ පස්සද්ධි සම්බොජ්ඣංගය නැතෙයි කියලත් නුවණින් තේරුම් ගන්නවා. කලින් තමා තුළ නොතිබුණු පස්සද්ධි සම්බොජ්ඣංගය අලුතින් හටගන්නවා නම් ඒකත් නුවණින් තේරුම් ගන්නවා. තමන් තුළ ඇති වෙලා තියෙන පස්සද්ධි සම්බොජ්ඣංගය (සමථ විදර්ශනා භාවනාව තුළින්) සම්පූර්ණත්වයට පත්වෙනවා නම්, ඒකත් නුවණින් තේරුම් ගන්නවා.

එමෙන් ම තමන් තුළ චතුරාර්ය සත්‍යාවබෝධය ඇති කරවන අංගයක් වශයෙන් සමාධිය පවතින කොට, දැන් තමා තුළ සමාධි සම්බොජ්ඣංගය තියෙනවා කියල නුවණින් තේරුම් ගන්නවා. තමා තුළ සමාධි සම්බොජ්ඣංගය පිහිටල නැත්නම්, තමා තුළ සමාධි සම්බොජ්ඣංගය නැතෙයි කියලත් නුවණින් තේරුම් ගන්නවා. කලින් තමා තුළ නොතිබුණු සමාධි සම්බොජ්ඣංගය අලුතින් ඇතිවෙනවා නම්, ඒකත් නුවණින් තේරුම් ගන්නවා. ඇතිවෙලා තියෙන සමාධි සම්බොජ්ඣංගය (සමථ විදර්ශනා භාවනාව තුළින්) සම්පූර්ණත්වයට පත්වෙනවා නම්, ඒකත් නුවණින් තේරුම් ගන්නවා.

එමෙන් ම තමන් තුළ චතුරාර්ය සත්‍යාවබෝධය ඇති කරවන අංගයක් වශයෙන් උපේක්ෂාව පවතින කොට, තමා තුළ උපේක්ෂා සම්බොජ්ඣංගය තියෙනවා කියල නුවණින් තේරුම් ගන්නවා. තමන් තුළ උපේක්ෂා සම්බොජ්ඣංගය පිහිටල නැත්නම්, තමන් තුළ උපේක්ෂා සම්බොජ්ඣංගය නැතෙයි කියලත් නුවණින් තේරුම් ගන්නවා. කලින් තමා තුළ නොතිබුණු උපේක්ෂා සම්බොජ්ඣංගය අලුතින් හටගන්නවා නම්, ඒකත් නුවණින් තේරුම් ගන්නවා. තමන් තුළ ඇතිවෙලා තියෙන උපේක්ෂා සම්බොජ්ඣංගය (සමථ විදර්ශනා භාවනාව තුළින්) සම්පූර්ණත්වයට පත්වෙනවා නම්, ඒකත් නුවණින් තේරුම් ගන්නවා.

පින්වත් මහණෙනි, මේ විදිහට තමන් තුළ ඇති බොජ්ඣංග ධර්මයන් හත දකිමින් ධම්මානුපස්සනා භාවනාවෙන් ඉන්නවා. අනුන් තුළත් බොජ්ඣංග ධර්මයන් හටගන්නේ මේ ආකාරයෙන් ම බවත් දකිමින් ධම්මානුපස්සනා භාවනාවෙන් ඉන්නවා. තමා තුළත්, අනුන් තුළත් බොජ්ඣංග ධර්මයන් ඇති වෙන්නේ මේ ආකාරයෙන්ම බව දකිමින් ධම්මානුපස්සනා භාවනාවෙන් ඉන්නවා.

මේ බොජ්ඣංග ධර්මයන් හටගන්නා හැටිත් දකිමින් ඉන්නවා. නැති වෙලා යන ආකාරයත් දකිමින් ඉන්නවා. මේ බොජ්ඣංග ධර්මයන් හටගන්නා ආකාරයත්, නැතිවෙලා යන ආකාරයත් දකිමින් ඉන්නවා.

මෙතන තියෙන්නෙ ඇතිවෙලා නැතිවෙලා යන ස්වභාවයට අයිති බොජ්ඣංග ධර්මයන් විතරයි කියල ඒ භික්ෂුවගේ සිහිය හොඳ හැටියට පිහිටනවා. අන්න ඒ සිහිය තමයි නුවණ වැඩෙන්නට උපකාරී වෙන්නෙ. තවදුරටත් සිහිය වැඩෙන්න උපකාරී වන්නෙත් ඒ සිහිය ම තමයි.

එතකොට ඒ භික්ෂුවට බොජ්ඣංග ධර්මයන්ට පවා ඇලෙන්නෙ නැතිව ඉන්න පුළුවනි. මේ ජීවිතය නැමති ලෝකයේ කිසිම දේකට බැඳෙන්නෙ නැතිව ඉන්න පුළුවනි.

පින්වත් මහණෙනි, ඔන්න ඔය විදිහටයි ඒ භික්ෂුව බොජ්ඣංග ධර්මයන් ගැන දකිමින් ධම්මානුපස්සනා භාවනාවෙන් ඉන්නෙ.

(5)

පින්වත් මහණෙනි, ධම්මානුපස්සනා භාවනාව ගැන තවදුරටත් කියනවා නම්, මෙහි භික්ෂුව චතුරාර්ය සත්‍ය ධර්මයන් ද දකිමින් ධම්මානුපස්සනා භාවනාවෙන් ඉන්නවා. පින්වත් මහණෙනි, මෙහි භික්ෂුව චතුරාර්ය සත්‍ය ධර්මයන් දකිමින් ධම්මානුපස්සනා භාවනාවෙන් ඉන්නෙ කොහොම ද?

පින්වත් මහණෙනි, මෙහි භික්ෂුව 'මේක තමයි දුක' කියල ඒ ආකාරයෙන් ම යථාර්ථය අවබෝධ කරගන්නවා. 'මේක තමයි දුකේ හටගැනීම' කියල ඒ ආකාරයෙන් ම යථාර්ථය අවබෝධ කරගන්නවා. 'මේක තමයි ඒ දුක්වල නිරුද්ධ වීම' කියල ඒ ආකාරයෙන් ම යථාර්ථය අවබෝධ කරගන්නවා. 'මේක තමයි ඒ දුක් නැති කරන්න තියෙන මාර්ගය' කියල ඒ ආකාරයෙන් ම යථාර්ථය අවබෝධ කරගන්නවා.

පින්වත් මහණෙනි, ඔය විදිහටයි භික්ෂුව තමන් තුළ චතුරාර්ය සත්‍ය ධර්මයන් දකිමින් ධම්මානුපස්සනා භාවනාවෙන් වාසය කරන්නෙ. අනුන් තුළත් ඒ චතුරාර්ය සත්‍ය ධර්මයන් අවබෝධ වෙන්නේ ඒ ආකාරයට ම බව දකිමින් ධම්මනුපස්සනා භාවනාවෙන් වාසය කරනවා. තමා තුළත්, අනුන් තුළත් චතුරාර්ය සත්‍ය ධර්මයන් දකිමින් ධම්මානුපස්සනා භාවනාවෙන් වාසය කරනවා.

මේ චතුරාර්ය සත්‍ය ධර්මයන් ඇතිවෙන හැටිත් දකිමින් ඉන්නවා. නැති වී යන හැටිත් දකිමින් ඉන්නවා. මේ චතුරාර්ය සත්‍ය ධර්මයන් ඇතිවෙලා නැතිවෙලා යන හැටිත් දකිමින් ඉන්නවා.

මෙතන තියෙන්නෙ ඇතිවෙලා නැතිවෙලා යන විදිහේ චතුරාර්ය සත්‍ය ධර්මයක් ය කියල ඒ භික්ෂුවගේ සිහිය හොඳ හැටියට පිහිටනවා. අන්න ඒ

සිහිය තමයි නුවණ වැඩෙන්න උපකාරී වෙන්නෙ. තවදුරටත් සිහිය වැඩෙන්න උපකාරී වෙන්නෙත් ඒ සිහිය තමයි.

එතකොට ඒ භික්ෂුවට චතුරාර්ය සත්‍ය ධර්මයන්ට ඇලෙන්නෙ නැතිව ඉන්න පුළුවනි. මේ ජීවිතය නම් වූ ලෝකයේ කිසිම දෙයකට බැඳෙන්නෙ නැතිව ඉන්නත් පුළුවනි.

පින්වත් මහණෙනි, ඔන්න ඔය විදිහටයි භික්ෂුව චතුරාර්ය සත්‍යය ගැන දකිමින් ධම්මානුපස්සනා භාවනාවෙන් වාසය කරන්නෙ.

(ධම්මානුපස්සනා භාවනා කොටස අවසන් විය)

පින්වත් මහණෙනි, යම් කෙනෙක් දැන් මේ කියා දුන්න විදිහට ම මේ සතර සතිපට්ඨාන ධර්මයන් අවුරුදු හතක් පුරුදු කළොත්, මෙන්න මේ ප්‍රතිඵල දෙකෙන් එකක් ලබන්න ඔහු කැමති වෙන්න ඕන. එක්කො මේ ජීවිතේ දී ම අරහත්වයට පත්වෙනවා. එහෙම නැතිව කෙලෙස් ටිකක් ඉතිරි වුනොත් අනාගාමී වෙනවා.

පින්වත් මහණෙනි, හත් අවුරුද්දක කතාව පැත්තකින් තියමු. යම් කෙනෙක් දැන් මේ කියා දුන්න විදිහට ම මේ සතර සතිපට්ඨාන ධර්මයන් අවුරුදු හයක් පුරුදු කළොත් ....(පෙ).... අවුරුදු පහක් පුරුදු කළොත් ....(පෙ).... අවුරුදු හතරක් පුරුදු කළොත් ....(පෙ).... අවුරුදු තුනක් පුරුදු කළොත් ....(පෙ).... අවුරුදු දෙකක් පුරුදු කළොත් ....(පෙ).... අවුරුද්දක් පුරුදු කළොත් ....(පෙ).... පින්වත් මහණෙනි, එක අවුරුද්දක කතාව පැත්තකින් තියමු. යම් කෙනෙක් දැන් මේ කියා දුන්න විදිහට ම මේ සතර සතිපට්ඨාන ධර්මයන් හත් මාසයක් පුරුදු කළොත් මෙන්න මේ ප්‍රතිඵල දෙකෙන් එකක් ලබන්න ඔහු කැමති වෙන්න ඕන. එක්කො මේ ජීවිතේ දී ම අරහත්වයට පත්වෙනවා. එහෙම නැතිව කෙලෙස් ටිකක් ඉතිරි වුණොත් අනාගාමී වෙනවා.

පින්වත් මහණෙනි, හත් මාසයක කතාව පැත්තකින් තියමු. කවුරු හරි කෙනෙක් මේ දැන් කියා දුන් විදිහට හය මාසයක් හරි මේ සතර සතිපට්ඨාන ධර්මයන් පුරුදු කළොත් ....(පෙ).... පස් මාසයක් පුරුදු කළොත් ....(පෙ).... හතර මාසයක් පුරුදු කළොත් ....(පෙ).... තුන් මාසයක් පුරුදු කළොත් ....(පෙ).... දෙමාසයක් පුරුදු කළොත් ....(පෙ).... මාසයක් පුරුදු කළොත් ....(පෙ).... සති දෙකක් පුරුදු කළොත් ....(පෙ).... පින්වත් මහණෙනි, ඔය සති දෙකේ කතාව පැත්තකින් තියමු. කවුරු හරි කෙනෙක් මේ දැන් කියා දුන්න විදිහට සතියක් සතර සතිපට්ඨාන ධර්මයන් පුරුදු කළොත් මෙන්න මේ ප්‍රතිඵල දෙකෙන් එකක්

ලබන්න ඔහු කැමති වෙන්න ඕන. එක්කො මේ ජීවිතේ දී ම අරහත්වයට පත් වෙනවා. එහෙම නැතිව කෙලෙස් ටිකක් ඉතිරි වුනොත් අනාගාමී වෙනවා.

පින්වත් මහණෙනි, සත්වයන්ගේ ජීවිත පිරිසිදු වීම පිණිස, ශෝක වැළපීම් වලින් තොරව ජීවත් වීම පිණිස, කායික මානසික දුක් දොම්නස් වලින් තොරව ජීවත්වීම පිණිස, සැබෑ ම ජීවිතාවබෝධය ඇති කරගැනීම පිණිස, ඒ අමා මහ නිවන සාක්ෂාත් කරගැනීම පිණිස එක ම එක මාර්ගයයි තියෙන්නෙ. අන්න ඒකට තමයි 'සතර සතිපට්ඨානය' කියන්නෙ කියලා මං යමක් ප්‍රකාශ කළා නම්, අන්න ඒ කාරණේ තමයි දැන් මේ විස්තර වශයෙන් කියල දුන්නෙ.

භාග්‍යවතුන් වහන්සේ මේ දේශනාව වදාළා. ඒ භික්ෂූන් වහන්සේලා මේ උතුම් දේශනාවට සවන් දීලා ගොඩාක් සතුටු වුනා. භාග්‍යවතුන් වහන්සේ වදාළ මේ දේශනාව සාදු නාද නංවමින් සතුටින් අනුමෝදන් වුනා. පිළිගත්තා.

සාදු! සාදු!! සාදු!!!

**සම්මා සතිය පිහිටුවා ගැනීම ගැන වදාළ දෙසුම නිමා විය.**

## පළමු වෙනි මූලපරියාය වර්ගයයි.

# 2. සීහනාද වර්ගය

## 1.2.1.
## චූළ සීහනාද සූත්‍රය
### සිංහයෙකු ගේ නාදයක් බඳු වූ කුඩා දෙසුම

**මා** හට අසන්නට ලැබුනේ මේ විදිහට යි. ඒ දිනවල භාග්‍යවතුන් වහන්සේ වැඩසිටියේ සැවැත් නුවර ජේතවනය නම් වූ අනේපිඬු සිටුතුමාගේ ආරාමයේ. එහි දී භාග්‍යවතුන් වහන්සේ 'පින්වත් මහණෙනි' කියල, භික්ෂූන් වහන්සේලා ඇමතුවා. 'පින්වතුන් වහන්ස' කියල ඒ භික්ෂූන් වහන්සේලා භාග්‍යවතුන් වහන්සේට පිළිතුරු දුන්නා. ඒ මොහොතේ දී තමයි භාග්‍යවතුන් වහන්සේ මේ දෙසුම වදාළේ.

"පින්වත් මහණෙනි, මේ බුදු සසුනේ විතර ම යි පළමුවෙනි ශ්‍රමණයා ඉන්නෙ. දෙවෙනි ශ්‍රමණයා ඉන්නෙත් මේ බුදු සසුනෙ විතර ම යි. තුන්වෙනි ශ්‍රමණයා ඉන්නෙත් මේ බුදු සසුනෙ විතර ම යි. හතරවෙනි ශ්‍රමණයා ඉන්නෙත් මේ බුදු සසුනෙ විතර ම යි. ලෝකෙ තියෙන අනිත් ආගම් ඔක්කෝම ශ්‍රමණයන් වහන්සේලාගෙන් තොරයි." පින්වත් මහණෙනි, ඔබට මේ ගැන සිංහනාද කරන්නට ඔය කාරණය ම ප්‍රමාණවත්.

පින්වත් මහණෙනි, අන්‍යාගමික පූජකවරු ඔබෙන් මේ විදිහට අසන්නට පුළුවනි. ඒ කියන්නෙ "ඔය ආයුෂ්මතුන් වහන්සේලා මොකක් හරි දෙයක් නිසා කියනවා, පළමුවෙනි ශ්‍රමණයා ඉන්නේ බුද්ධ සාසනේ විතරයි කියලා. දෙවෙනි ශ්‍රමණයා ඉන්නෙත් බුදු සසුනේ විතරයි කියලා. තුන්වෙනි ශ්‍රමණයා ඉන්නෙත් බුදු සසුනේ විතරයි කියලා. හතරවෙනි ශ්‍රමණයා ඉන්නෙත් බුදු සසුනේ විතරයි කියලා. අනිත් හැම ආගමක් ම ශ්‍රමණයන්ගෙන් තොරයි කියලා. ඔය ආයුෂ්මතුන් වහන්සේලාට ඒ විදිහට කතා කරන්න පුළුවන් වෙලා තියෙන්නේ මොන අස්වැසිල්ලක් ලැබිල ද? මොන බලයක් ලැබිල ද?" කියලා.

පින්වත් මහණෙනි, ඒ විදිහට ප්‍රශ්න අහන අන්‍යාගම්කාර පූජක ඇත්තන්ට මෙන්න මේ විදිහටයි පිළිතුරු දෙන්න තියෙන්නෙ.

"පූජකවරුනි, අපගේ භාග්‍යවතුන් වහන්සේ යථාර්ථය දන්න කෙනෙක්. යථාර්ථය දකින කෙනෙක්. කෙලෙස් රහිත කෙනෙක්. සම්මා සම්බුදු කෙනෙක්. ඒ භාග්‍යවතුන් වහන්සේ අපට කරුණු හතරක් කියා දීලා තියෙනවා. ඇත්තෙන් ම ඒවා අප තුළ තියෙනවා. අපි ඒ බව දකිනවා. ඒ නිසයි අපි එහෙම කියන්නෙ. 'මේ බුදු සසුනෙ ම යි පළමුවෙනි ශ්‍රමණයා ඉන්නෙ' කියලා. 'මේ බුදු සසුනෙ ම යි දෙවෙනි ශ්‍රමණයත් ඉන්නෙ' කියලා. 'මේ බුදු සසුනෙ ම යි තුන්වෙනි ශ්‍රමණයත් ඉන්නෙ' කියලා. 'මේ බුදු සසුනෙ ම යි හතරවෙනි ශ්‍රමණයත් ඉන්නෙ' කියලා. අනිත් හැම ආගමක් ම ශ්‍රමණයන්ගෙන් තොරයි" කියල. අපි එහෙම කියන්න හේතුවෙච්ච කරුණු හතර මොනවා ද?

1. අපට ශාස්තෘන් වහන්සේ ගැන ප්‍රසාදය තියෙනවා.

2. අපට ශ්‍රී සද්ධර්මය ගැනත් ප්‍රසාදය තියෙනවා.

3. අපට මේ සීලයේත් සම්පූර්ණත්වයක් ඇති කරගන්නට පුළුවන්කම තියෙනවා.

4. ගිහිපැවිදි ශ්‍රාවකයින් වන අපි ඔවුනොවුන්ට ප්‍රිය මනාපව ධාර්මිකව ජීවත් වෙනවා.

පූජකවරුනි, යථාර්ථය දන්නා වූ යථාර්ථය දක්නා වූ අපගේ භාග්‍යවත් අරහත් සම්මා සම්බුදුරජාණන් වහන්සේ අපට ඔය කරුණු හතර කියා දීල තියෙනවා. ඉතින් ඔය කරුණු හතර අප තුළ දකිනවා. ඒක නිසයි අපි එහෙම කියන්නෙ 'මේ බුදු සසුනෙ ම යි පළමුවෙනි ශ්‍රමණයත් ඉන්නෙ' කියලා. 'මේ බුදු සසුනෙ ම යි දෙවෙනි ශ්‍රමණයත් ඉන්නෙ' කියලා. 'මේ බුදු සසුනෙ ම යි තුන්වෙනි ශ්‍රමණයත් ඉන්නෙ' කියලා. 'මේ බුදු සසුනෙ ම යි හතරවෙනි ශ්‍රමණයත් ඉන්නෙ' කියලා. අනිත් හැම ආගමක් ම ශ්‍රමණයන්ගෙන් තොරයි" කියලා.

එතකොට පින්වත් මහණෙනි, ඒ අන්‍යාගම්කාර පූජකවරු මේ විදියටත් ප්‍රශ්න අසන්නට පුළුවනි.

"එහෙම නම් ආයුෂ්මතුන් වහන්ස, ඉතින් අප තුළත් තියෙනවා නෙව අපගේ ශාස්තෘන් වහන්සේ ගැන ප්‍රසාදය. අප තුළත් තියෙනවා නෙව අපේ ආගම ගැන ප්‍රසාදය. අප තුළත් තියෙනවා නෙව සිල්. අපිත් ඒ සිල් පුරමින්

නෙව ඉන්නෙ. අපෙත් ගිහිපැවිදි උදවිය කවුරුත් පාහේ ප්‍රිය මනාපව හොඳින් ඉන්නවා නෙව. ඉතින් එහෙම එකේ ඔය කරුණ ගැන ඔබේත් අපේත් තියෙන විශේෂත්වය මොකක් ද? ඔබේත් අපේත් තියෙන විශේෂ වෙනස්කම මොකක් ද?" කියලා.

"පින්වත් මහණෙනි, අන්න ඒ වෙලාවට ඔය අන්‍යාගම්කාර පූජකවරුන් ගෙන් මෙන්න මේ විදිහටයි අසන්නට ඕන.

එහෙනම් පූජකවරුනි, ඔය කරුණ තුළ ඔබට තියෙන්නෙ එක ඉලක්කයක් ද? විවිධ ඉලක්කයන් ද?"

පින්වත් මහණෙනි, ඒ අන්‍යාගම්කාර පූජකවරු නියම විදිහට උත්තර දෙනවා නම්, මෙන්න මෙහෙමයි උත්තර දෙන්න ඕන.

"ආයුෂ්මතුන් වහන්ස, එක ම එක ඉලක්කයයි තියෙන්නෙ. විවිධ ඉලක්ක නෑ" කියලා.

එතකොට ඒ අන්‍යාගම්කාර පූජකවරුන්ගෙන් මේ විදියට ප්‍රශ්න කරන්න ඕන.

"හොඳයි, පූජකවරුනි, ඒ ඉලක්කය තියෙන්නෙ රාග සහිත කෙනාට ද, රාග රහිත කෙනාට ද?" කියලා.

එතකොට ඒ අන්‍යාගම්කාර පූජකවරු නියම විදියට කතා කරනවා නම් මෙන්න මේ විදියටයි උත්තර දෙන්න ඕන.

"ආයුෂ්මතුන් වහන්ස, ඒ ඉලක්කය තියෙන්නෙ වීතරාගී කෙනාට මිසක් සරාගී කෙනාට නෙවෙයි" කියලා.

"පූජකවරුනි, ඒ වගේ ම ඒ ඉලක්කය තියෙන්නෙ ද්වේෂ සහිත කෙනාට ද, ද්වේෂ රහිත කෙනාට ද?"

පින්වත් මහණෙනි, ඒ අන්‍යාගම්කාර පූජකවරු නියම විදියට උත්තර දෙනවා නම්, මෙන්න මේ විදියටයි උත්තර දෙන්න ඕන.

"ආයුෂ්මතුන් වහන්ස, ඒ ඉලක්කය තියෙන්නෙ ද්වේෂය නැති කෙනාට මිසක් ද්වේෂය ඇති කෙනාට නො වෙයි" කියලා.

"පූජකවරුනි, ඒ ඉලක්කය තියෙන්නේ මෝහය සහිත කෙනාට ද? මෝහය රහිත කෙනාට ද?"

පින්වත් මහණෙනි, ඒ අන්‍යාගම්කාර පූජකවරු නියම විදිහට උත්තර දෙනවා නම්, උත්තර දෙන්න ඕන මේ විදිහටයි.

"ආයුෂ්මතුන් වහන්ස, ඒ ඉලක්කය තියෙන්නෙ මෝහයෙන් තොර කෙනාට මිසක් මෝහ සහිත කෙනාට නොවෙයි" කියලා.

"පූජකවරුනි, ඒ ඉලක්කය තියෙන්නේ තෘෂ්ණාව තියෙන කෙනාට ද? තෘෂ්ණාව නැති කෙනාට ද?"

පින්වත් මහණෙනි, ඒ අන්‍යාගම්කාර පූජකවරු නියම විදිහට උත්තර දෙනවා නම්, උත්තර දෙන්න ඕන මේ විදිහටයි.

"ආයුෂ්මතුන් වහන්ස, ඒ ඉලක්කය තියෙන්නේ තෘෂ්ණා රහිත කෙනාටයි. තෘෂ්ණා සහිත කෙනාට නොවෙයි" කියලා.

"පූජකවරුනි, ඒ වගේ ම ඒ ඉලක්කය තියෙන්නෙ බැඳීම් සහිත කෙනාට ද, බැඳීම් රහිත කෙනාට ද?"

පින්වත් මහණෙනි, ඒ අන්‍යාගම්කාර පූජකවරු නියම විදිහට උත්තර දෙනවා නම්, මෙන්න මේ විදිහටයි උත්තර දෙන්න ඕන.

"ආයුෂ්මතුන් වහන්ස, ඒ ඉලක්කය තිබෙන්නේ බැඳීම් රහිත කෙනාටයි. බැඳීම් සහිත කෙනාට නොවෙයි" කියලා.

"පූජකවරුනි, ඒ ඉලක්කය තිබෙන්නෙ යථාර්ථය දකින කෙනාට ද? යථාර්ථය නොදකින කෙනාට ද?"

පින්වත් මහණෙනි, එතකොට ඒ අන්‍යාගම්කාර පූජකවරු නියම විදිහට උත්තර දෙනවා නම්, මෙන්න මේ විදිහටයි උත්තර දෙන්න ඕන.

"ආයුෂ්මතුන් වහන්ස, ඒ ඉලක්කය තිබෙන්නෙ යථාර්ථය දකින කෙනාට මිසක් යථාර්ථය නොදකින කෙනාට නොවෙයි" කියලා.

"එහෙනම් පූජකවරුනි, ඒ ඉලක්කය තියෙන්නේ ඇලීම් ගැටීම් වලට විරුද්ධ කෙනාට ද? ඇලීම් ගැටීම්වලට විරුද්ධ නැති කෙනාට ද?"

එතකොට පින්වත් මහණෙනි, ඒ අන්‍යාගම්කාර පූජකවරු නියම විදිහට පිළිතුරු දෙනවා නම්, මෙන්න මේ විදිහටයි පිළිතුරු දෙන්න ඕන.

"ආයුෂ්මතුන් වහන්ස, ඒ ඉලක්කය තියෙන්නේ ඇලීම් ගැටීම්වලට විරුද්ධ කෙනාටයි. ඇලීම් ගැටීම්වලට විරුද්ධ නැති කෙනාට නොවෙයි" කියලා.

"පූජකවරුනි, එහෙම නම් ඒ ඉලක්කය තියෙන්නෙ කෙලෙස් ඇතිවෙන විදිහට ඔහේ කල්පනා කර කර සිටීම පවත්වන, කෙලෙස් ඇතිවෙන විදිහට ඔහේ කල්පනා කර කර සිටීමට ඇලී ඉන්න කෙනාට ද, එහෙම නැත්නම් කෙලෙස් ඇතිවෙන විදිහට ඔහේ කල්පනා කර කර සිටීම නොපවත්වන, ඒ වගේ ම කෙලෙස් ඇතිවෙන විදිහට ඔහේ කල්පනා කර කර සිටීමට නොඇලී ඉන්න කෙනාට ද?"

එතකොට පින්වත් මහණෙනි, ඒ අන්‍යාගම්කාර පූජකවරු නියම විදිහට පිළිතුරු දෙනවා නම්, මෙන්න මේ විදිහටයි පිළිතුරු දෙන්න ඕන.

"ආයුෂ්මතුන් වහන්ස, ඒ ඉලක්කය තියෙන්නේ කෙලෙස් ඇතිවෙන විදිහට ඔහේ කල්පනා කර කර නොසිටින, කෙලෙස් ඇතිවෙන විදිහට ඔහේ කල්පනා කර කර සිටීමට නොඇලුණු කෙනාටයි. එහෙම නැතිව කෙලෙස් ඇතිවෙන විදිහට ඔහේ කල්පනා කර කර ඉන්න, කෙලෙස් ඇතිවෙන විදිහට ඔහේ කල්පනා කර කර සිටීමට ඇලී ඉන්න කෙනාට නොවෙයි" කියලා.

"පින්වත් මහණෙනි, මේ විදිහේ දෘෂ්ටි දෙකක් තියෙනවා.

1. භව දෘෂ්ටිය යි. (මෙයින් අදහස් වෙන්නේ 'මරණින් මතු සදාකාලික ජීවනය තිබේ'ය යන මතය හෙවත් ශාස්වත දෘෂ්ටියයි)

2. විභව දෘෂ්ටිය යි. (මෙයින් අදහස් කරන්නේ 'තමා තුළ ඇති ආත්මය මරණින් මතු සදහට ම නැති වී යයි' යන මතය හෙවත් උච්ඡේද දෘෂ්ටියයි.)

පින්වත් මහණෙනි, ඉතින් යම්කිසි ශ්‍රමණයෙක් හෝ බ්‍රාහ්මණයෙක් හෝ ඔය භව දෘෂ්ටියට ඇලී ගියොත්, ඔය භව දෘෂ්ටියට පැමිණුනොත්, ඔය භව දෘෂ්ටියේ බැසගත්තොත් ඊට පස්සෙ ඔවුන් විභව දෘෂ්ටියට විරුද්ධයි.

ඒ වගේ ම පින්වත් මහණෙනි, යම්කිසි ශ්‍රමණයෙක් හෝ බ්‍රාහ්මණයෙක් හෝ විභව දෘෂ්ටියට ඇලී ගියොත්, විභව දෘෂ්ටියට පැමිණුනොත්, විභව දෘෂ්ටියේ බැසගත්තොත් ඊට පස්සෙ ඔවුන් විරුද්ධ වෙන්නෙ භව දෘෂ්ටියටයි.

පින්වත් මහණෙනි, ඉතින් යම්කිසි ශ්‍රමණයෙක් හෝ බ්‍රාහ්මණයෙක් හෝ ඔය දෘෂ්ටි දෙකේ හටගැනීම ගැනත්, අභාවය ගැනත්, ආශ්වාදය ගැනත්, ආදීනවය ගැනත්, එයින් නිදහස් වීම ගැනත් යථාර්ථය අවබෝධ කළේ නැත්නම් ඔවුන් රාග සහිතයි. ඔවුන් ද්වේෂ සහිතයි. ඔවුන් මෝහ සහිතයි. ඔවුන් තණ්හා සහිතයි. ඔවුන් උපාදාන සහිතයි. ඔවුන් යථාර්ථය දැකීමෙන් තොරයි.

ඔවුන් ඇලීම් ගැටීම් දෙකට පක්ෂයි. ඔවුන් කෙලෙස් ඇතිවෙන විදිහට ඔහේ කල්පනා කර කර ඉන්න එකට කැමතියි. ඔවුන් ඉපදීමෙන් නිදහස් වෙන්නෙ නෑ. ජරාවෙන් නිදහස් වෙන්නෙ නෑ. මරණයෙන් නිදහස් වෙන්නෙ නෑ. සෝක කිරීම්වලින් නිදහස් වෙන්නෙ නෑ. කායික දුක්වලින්, මානසික දුක්වලින් නිදහස් වෙන්නෙත් නෑ. සුසුම් හෙළීම්වලින් නිදහස් වෙන්නෙත් නෑ. ඔවුන් ඒ කිසි ම දුකකින් නිදහස් වෙන්නෙ නෑ කියලයි කියන්න තියෙන්නෙ.

පින්වත් මහණෙනි, ඒ වගේ ම යම් කිසි ශ්‍රමණයෙක් හෝ බ්‍රාහ්මණයෙක් හෝ ඔය දෘෂ්ටි දෙකේ හටගැනීමත්, අභාවයට පත්වීමත්, ආශ්වාදයත්, ආදීනවයත්, එයින් නිදහස් වීමත් ගැන යථාර්ථය අවබෝධ කළොත් ඔවුන් රාග රහිතයි. ඔවුන් ද්වේෂ රහිතයි. ඔවුන් මෝහ රහිතයි. ඔවුන් තණ්හා රහිතයි. ඔවුන් උපාදාන රහිතයි. ඔවුන් යථාර්ථය දකිනවා. ඔවුන් ඇලීම් ගැටීම් දෙකට පක්ෂ නෑ. ඔවුන් කෙලෙස් ඇතිවෙන විදිහට ඔහේ කල්පනා කර කර ඉන්නෙ නැති එක (එනම්, අරමුණේ යථාර්ථය දකිමින් එයට නොඇලී සිටීම නම් වූ අරහත් ඵල විමුක්තිය) ට යි ඇලී වාසය කරන්නෙ. ඔවුන් තමයි ඉපදීමෙන් නිදහස් වෙන්නෙ. දිරීමෙන් නිදහස් වෙන්නෙ. මරණයෙන්, සෝක කිරීම්, වැළපීම්වලින්, කායික දුක්වලින්, මානසික දුක්වලින්, සෝ සුසුම්වලින් නිදහස් වෙන්නෙ. ඔවුන් ඔය හැම දුකකින්ම නිදහස් වෙනවා" කියලයි කියන්න තියෙන්නෙ.

පින්වත් මහණෙනි, මේ ග්‍රහණය වීම් (උපාදාන) හතරක් තිබෙනවා. ඒ හතර මොනවාද? ඒවා තමයි,

1. කාමයට ග්‍රහණය වෙනවා. (කාම උපාදාන)

2. මතවාදවලට ග්‍රහණය වෙනවා. (දිට්ඨි උපාදාන)

3. අර්ථ ශූන්‍ය සීලව්‍රතවලට ග්‍රහණය වෙනවා. (සීලබ්බත උපාදාන)

4. මම ය, මාගේ ය, මාගේ ආත්මය ය, යන හැඟීමට ග්‍රහණය වෙනවා (අත්තවාද උපාදාන) යන මේවා යි.

පින්වත් මහණෙනි, සමහර ශ්‍රමණ බ්‍රාහ්මණවරු ඉන්නවා. ඒ අය තමන්ව හඳුන්වාගන්නේ සියලු ග්‍රහණය වීම් අවබෝධ කරන විදිහට කරුණු කියා දෙන උදවිය හැටියටයි. නමුත් ඒ අය සියලු උපාදාන අවබෝධ කරගන්න හැටියට කරුණු කියා දෙන්නෙ නෑ. ඒ අය කාම උපාදාන අවබෝධ කරගන්නා හැටි කියාදෙනවා. දෘෂ්ටි උපාදාන අවබෝධ කරගන්න හැටි කියා දෙන්නෙ නෑ. සීලබ්බත උපාදාන අවබෝධ කරගන්න හැටි කියා දෙන්නෙ නෑ. අත්තවාද උපාදාන අවබෝධ කරගන්න හැටි කියා දෙන්නෙ නෑ. ඇයි එහෙම වෙන්නෙ?

ඒ පින්වත් ශ්‍රමණ බ්‍රාහ්මණයන්ට මේ උපාදාන තුනේ යථාර්ථය ගැන අවබෝධයක් නැහැ. ඒ නිසයි ඒ පින්වත් ශ්‍රමණ බමුණන් සියලු උපාදාන අවබෝධ කරගැනීම ගැන කියන උදවිය හැටියට තමන්ව හඳුන්වා දුන්නත්, මනාකොට සියලු උපාදාන අවබෝධ කරගන්න හැටි කියා දෙන්නෙ නැත්තෙ. ඒ නිසයි කාම උපාදාන අවබෝධ කරගන්න හැටි කියා දීලා, දිට්ඨි උපාදාන අවබෝධ කරගන්නා හැටි කියා දෙන්නෙ නැත්තෙ. සීලබ්බත උපාදාන අවබෝධ කරගන්න හැටි කියා දෙන්න නැත්තෙ. අත්තවාද උපාදාන අවබෝධ කරගන්න හැටි කියා දෙන්නෙ නැත්තෙ.

පින්වත් මහණෙනි, සමහර ශ්‍රමණ බ්‍රාහ්මණවරු ඉන්නවා. ඒ උදවියත් තමන් ගැන හඳුන්වා දෙන්නෙ නම් සියලු උපාදාන අවබෝධ කිරීමට කියා දෙන අය හැටියටයි. ඒ අය කාම උපාදාන අවබෝධ කිරීම ගැන කියා දෙනවා. දිට්ඨි උපාදානයත් අවබෝධ කිරීම ගැන කියා දෙනවා. නමුත් සීලබ්බත උපාදාන අවබෝධ කරන හැටි කියල දෙන්නෙ නෑ. අත්තවාද උපාදාන අවබෝධ කරන හැටි කියා දෙන්නෙත් නෑ. ඒකට හේතුව මොකක් ද?

ඒ පින්වත් ශ්‍රමණ බ්‍රාහ්මණයින්ට මේ සීලබ්බත, අත්තවාද උපාදාන දෙකේ යථාර්ථය අවබෝධ නොවීමයි. ඉතින් ඒ නිසා ඒ පින්වත් ශ්‍රමණ බ්‍රාහ්මණයන් සියලු උපාදාන අවබෝධ කිරීම ගැන කියන උදවිය හැටියට තමන්ව හඳුන්වා දුන්නට, ඒ සියලු උපාදාන අවබෝධ කරන හැටි කියා දෙන්නෙ නෑ. කාම උපාදාන අවබෝධ කරන හැටි කියාදෙනවා. දිට්ඨි උපාදාන අවබෝධ කරන හැටි කියාදෙනවා, සීලබ්බත උපාදාන අවබෝධ කරන හැටි කියාදෙන්නෙ නෑ. අත්තවාද උපාදාන අවබෝධ කරන හැටි කියාදෙන්නෙ නෑ.

පින්වත් මහණෙනි, තවත් ශ්‍රමණ බ්‍රාහ්මණවරු ඉන්නවා. ඒ අය තමන්ව හඳුන්වා දෙන්නෙ සියලු උපාදාන අවබෝධ කරන ආකාරය කියා දෙන අය හැටියටයි. නමුත් ඒ අය සියලු උපාදාන අවබෝධ කරන හැටි කියා දෙන්නෙ නෑ. ඒ අය කියා දෙන්නෙ කාම උපාදාන අවබෝධ කරන විදිහයි. දිට්ඨි උපාදාන අවබෝධ කරන විදිහයි. සීලබ්බත උපාදාන අවබෝධ කරන විදිහයි. නමුත් අත්තවාද උපාදාන අවබෝධ කරන හැටි කියා දෙන්නෙ නෑ. ඒකට හේතුව මොකක් ද?

ඒ පින්වත් ශ්‍රමණ බ්‍රාහ්මණයන්ට මේ අත්තවාද උපාදානය ගැන යථාර්ථ අවබෝධයක් නොවීමයි. ඉතින් ඒ නිසා ම ඒ පින්වත් ශ්‍රමණ බ්‍රාහ්මණයින් සියලු උපාදාන අවබෝධ කරන හැටි කියා දෙන උදවිය හැටියට තමන්ව හඳුන්වා දුන්නත් සියලු උපාදාන අවබෝධ කරන හැටි කියා දෙන්නෙ නෑ. ඒ අය කියා දෙන්නෙ කාම උපාදාන අවබෝධ කරන විදිහයි. දිට්ඨි උපාදානය අවබෝධ

කරන විදිහයි. සීලබ්බත උපාදානය අවබෝධ කරන විදිහයි. ඒ වුනත් අත්තවාද උපාදාන අවබෝධ කරන හැටි කියා දෙන්නෙ නෑ.

පින්වත් මහණෙනි, ඔය ආකාරයේ ආගමක් ගැන උගන්වන ශාස්තෘ වරයෙකු කෙරෙහි යම් පැහැදීමක් ඇතිවුනොත් ඒ පැහැදීම යහපත් එකක් නම් නොවෙයි කියලයි කියන්න තියෙන්නෙ. ඒ ආගම ගැන යම් පැහැදීමක් ඇතිවුණොත් ඒ පැහැදීමත් යහපත් එකක් නම් නොවෙයි කියලයි කියන්න තියෙන්නෙ. ඔවුන්ගේ ආගමේ යම් ආකාර හැසිරීමක් ඇත්නම් ඒකත් යහපත් එකක් නම් නොවෙයි කියලයි කියන්න තියෙන්නෙ. ඒ තමන්ගේ ආගමේ පිරිස සමග ඔවුන් ප්‍රිය මනාපව හිටියත් ඒකත් යහපත් එකක් නම් නොවෙයි කියලයි කියන්න තියෙන්නෙ.

ඒකට හේතුව මොකක් ද? පින්වත් මහණෙනි, සම්මා සම්බුදු නොවන කෙනෙක් විසින් කියපු දෙයක්, වැරදි විදිහට කියපු දෙයක්, වැරදි විදිහට උගන්වපු දෙයක්, එල නෙළන්න බැරි ආගමක්, උතුම් තත්වයට පත් නොවන ආගමක් අනුගමනය කරන්න ගියොත් සිද්ධ වෙන්නෙ ඔච්චර තමයි.

පින්වත් මහණෙනි, අරහත් සම්මා සම්බුදු වූ තථාගතයන් වහන්සේ ද තමන් වහන්සේ හඳුන්වා දෙන්නෙ සියලු උපාදාන අවබෝධ කරන හැටි කියාදෙන කෙනෙක් හැටියටයි. ඒ නිසා තථාගතයන් වහන්සේ සියලු උපාදාන අවබෝධ කරන හැටි හොඳින් කියල දෙනවා. කාම උපාදාන අවබෝධ කරන හැටි කියා දෙනවා. දිට්ඨී උපාදාන අවබෝධ කරන හැටි කියා දෙනවා. සීලබ්බත උපාදානය අවබෝධ කරන හැටි කියා දෙනවා. අත්තවාද උපාදානය අවබෝධ කරන හැටිත් කියා දෙනවා.

පින්වත් මහණෙනි, ඔය ආකාරයේ ධර්ම විනයකින් යුතු ශාස්තෘන් වහන්සේ කෙරෙහි යම් පැහැදීමක් ඇතිවුනොත් නම් ඒක ඉතා ම යහපත් පැහැදීමක් කියලයි කියන්න තියෙන්නෙ. ඒ ශ්‍රී සද්ධර්මය ගැන යම් පැහැදීමක් ඇතිවුණොත් ඒකත් ඉතා යහපත් පැහැදීමක් කියලයි කියන්න තියෙන්නෙ. ඒ සීලයේ සම්පූර්ණ කරගැනීමක් ඇතිවුනොත් ඒකත් ඉතා ම යහපත් දෙයක් කියලයි කියන්න තියෙන්නෙ. ඒ ශ්‍රාවකයන් අතර යම් ප්‍රිය මනාප බවක් ඇති වුනොත් ඒකත් ඉතා යහපත් දෙයක් කියලයි කියන්න තියෙන්නෙ. ඒකට හේතුව මොකක් ද?

පින්වත් මහණෙනි, සම්මා සම්බුදුරජාණන් වහන්සේ නමක් විසින් ප්‍රකාශ කරපු, මනාකොට කියා දීපු, මනාකොට උගන්වපු, නිවන පිණිස පවතින කෙලෙස් සංසිඳීම පිණිස පවතින සාසනයක් තිබීම නිසයි එහෙම වෙන්නෙ.

පින්වත් මහණෙනි, ඔය උපාදාන හතරේ මුල මොකක් ද? ඕවා සකස් වෙන්නෙ මොකෙන් ද? ඕවා ඉපදෙන්නෙ මොකෙන් ද? ඕවා හටගන්නෙ මොකෙන් ද? ඔය උපාදාන හතරේ ම මුල තණ්හාව යි. තණ්හාවෙනුයි සකස් වෙන්නෙ. තණ්හාවෙනුයි උපදින්නෙ. තණ්හාවෙනුයි හටගන්නෙ.

පින්වත් මහණෙනි, මේ තණ්හාවේ මුල මොකක් ද? තණ්හාව සකස් වෙන්නෙ මොකෙන් ද? තණ්හාව උපදින්නෙ මොකෙන් ද? තණ්හාව හටගන්නෙ මොකෙන් ද? තණ්හාවට මුල විඳීමයි. විඳීමෙනුයි සකස් වෙන්නෙ. විඳීමෙනුයි උපදින්නෙ. විඳීමෙනුයි හටගන්නෙ.

පින්වත් මහණෙනි, මේ විඳීමේ මුල මොකක් ද? විඳීම් සකස් වෙන්නෙ මොකෙන් ද? විඳීම් උපදින්නෙ මොකෙන් ද? විඳීම් හටගන්නෙ මොකෙන් ද? ස්පර්ශය තමයි විඳීම්වලට මුල. ස්පර්ශයෙනුයි සකස් වෙන්නෙ. ස්පර්ශයෙනුයි උපදින්නෙ. ස්පර්ශයෙනුයි හටගන්නෙ.

පින්වත් මහණෙනි, මේ ස්පර්ශයේ මුල මොකක් ද? ස්පර්ශය සකස් වෙන්නෙ මොකෙන් ද? ස්පර්ශය උපදින්නෙ මොකෙන් ද? ස්පර්ශය හටගන්නෙ මොකෙන් ද? ආයතන හය තමයි ස්පර්ශයට මුල. ආයතන හයෙනුයි සකස් වෙන්නෙ. ආයතන හයෙනුයි උපදින්නෙ. ආයතන හයෙනුයි හටගන්නෙ.

පින්වත් මහණෙනි, මේ ආයතන හයේ මුල මොකක් ද? ආයතන හය සකස් වෙන්නෙ මොකෙන් ද? ආයතන හය උපදින්නෙ මොකෙන් ද? ආයතන හය හටගන්නෙ මොකෙන් ද? නාමරූප තමයි ආයතන හයට මුල. නාමරූපයෙනුයි සකස් වෙන්නෙ. නාමරූපයෙනුයි උපදින්නෙ. නාමරූපයෙනුයි හටගන්නෙ.

පින්වත් මහණෙනි, මේ නාමරූපයේ මුල මොකක් ද? නාමරූප සකස් වෙන්නෙ මොකෙන් ද? නාමරූප උපදින්නෙ මොකෙන් ද? නාමරූප හටගන්නෙ මොකෙන් ද? මේ විඤ්ඤාණය තමයි නාමරූපයට මුල. විඤ්ඤාණයෙනුයි සකස් වෙන්නෙ. විඤ්ඤාණයෙනුයි උපදින්නෙ. විඤ්ඤාණයෙනුයි හටගන්නෙ.

පින්වත් මහණෙනි, මේ විඤ්ඤාණයේ මුල මොකක් ද? විඤ්ඤාණය සකස් වෙන්නෙ මොකෙන් ද? විඤ්ඤාණය උපදින්නෙ මොකෙන් ද? විඤ්ඤාණය හටගන්නෙ මොකෙන් ද? මේ සංස්කාර තමයි විඤ්ඤාණයට මුල. සංස්කාර වලිනුයි සකස් වෙන්නෙ. සංස්කාර වලිනුයි උපදින්නෙ. සංස්කාර වලිනුයි හටගන්නෙ.

පින්වත් මහණෙනි, මේ සංස්කාරවල මුල මොකක් ද? සංස්කාර මොකෙන් ද සකස් වෙන්නෙ? සංස්කාර මොකෙන් ද උපදින්නෙ? සංස්කාර

මොකෙන් ද හටගන්නෙ? මේ අවිද්‍යාව තමයි සංස්කාරවලට මුල. අවිද්‍යාවෙනුයි සකස් වෙන්නෙ. අවිද්‍යාවෙනුයි උපදින්නෙ. අවිද්‍යාවෙනුයි හටගන්නෙ.

පින්වත් මහණෙනි, යම් දවසක භික්ෂුවට අවිද්‍යාව ප්‍රහාණය වෙලා ගියොත්, විද්‍යාව ඉපදුනොත් අන්න ඒ භික්ෂුව අවිද්‍යාව දුරු වීම නිසා, විද්‍යාව ඉපදීම නිසා කාම උපාදානයට බැඳෙන්නෙ නෑ. දිට්ඨි උපාදානයට බැඳෙන්නෙ නෑ. සීලබ්බත උපාදානයට බැඳෙන්නෙ නෑ. අත්තවාද උපාදානයට බැඳෙන්නෙ නෑ. කිසි ම උපාදානයකට බැඳෙන්නෙ නැති නිසා කම්පා වෙන්නෙ නෑ. කම්පා වෙන්නෙ නැති නිසා තමා තුළ ම පිරිනිවීමට පත්වෙනවා. උපත නැති වුණා. නිවන් මග සම්පූර්ණ කරගත්තා. කළ යුතු දේ කරල අවසන් කළා. මේ අරහත්වය පිණිස කළ යුතු වෙන කිසිවක් නැති බව අවබෝධ කරගන්නවා"

භාග්‍යවතුන් වහන්සේ මේ දෙසුම වදාළා. එතැන වැඩසිටි ඒ පින්වත් භික්ෂූන් වහන්සේලා මේ දෙසුම අහල ගොඩාක් සතුටු වුනා. භාග්‍යවතුන් වහන්සේ වදාළ මේ දෙසුම සාදු නාද නංවමින් සතුටින් පිළිගත්තා.

**සාදු! සාදු!! සාදු!!!**

## සිංහයෙකුගේ නාදයක් බඳු කුඩා දෙසුම නිමා විය

# 1.2.2.
# මහා සීහනාද සූත්‍රය
## සිංහයෙකු ගේ නාදයක් බඳු වූ විස්තරාත්මක දෙසුම

මා හට අසන්නට ලැබුණේ මේ විදිහටයි. විශාලා මහනුවරට ආසන්නයේ 'බහි' කියල නගරයක් තියෙනවා. ඒ නගරයට බටහිර පැත්තට වෙන්නට වනාන්තරයක් තිබුනා. අන්න ඒ වනාන්තරේ තමයි ඒ දවස්වල භාග්‍යවතුන් වහන්සේ වැඩසිටියේ. ඔය දවස් වන විට සුනක්ඛත්ත කියන ලිච්ඡවි කුමාරයා මේ බුද්ධ ශාසනයේ මහණ වෙලා ඉඳලා, සිවුරු ඇරල ගිහිල්ල ටික කලක් වෙනවා. දැන් ඔහු විශාලා මහනුවරට ඇවිත් පිරිස් මැද්දෙ මෙන්න මේ විදිහට කියන්න පටන් අරන්.

"ඔය ශ්‍රමණ ගෞතමයන්ට මනුෂ්‍ය ජීවිතේට ඉහළින් දියුණු කරපු සුවිශේෂී අමුතු ඥානයක් නෑ. ශ්‍රමණ ගෞතමයන් තර්කානුකූලව කතා කරන්න දන්නවා. හොඳට විමසන්නත් දන්නවා. හරි නිර්මාණශීලී පුද්ගලයෙක්. ඒවා පාවිච්චි කරල තමයි ඔහු ධර්මය දේශනා කරන්නේ. ඒත් හැබැයි මෙහෙම දෙයක් නම් තියෙනවා. ඒ කිව්වෙ, ඔහු යම් ඉලක්කයක් පිණිස ධර්මය දේශනා කළා නම් කවුරු හෝ වේවා ඒ ධර්මය ඔහු කියා දුන් විදිහට අනුගමනය කළොත්, එයාට දුකින් නිදහස් වෙන්න නම් පුළුවනි" කියලා.

එදා උදේ වරුවේ ආයුෂ්මත් සාරිපුත්තයන් වහන්සේ සිවුරු පොරවා ගෙන, පාත්තරෙත්, සිවුරුත් අරගෙන විශාලා මහනුවර පිණ්ඩපාතෙ වැඩියා. ඒ වෙලාවෙ දී ත් මේ සුනක්ඛත්ත කියන ලිච්ඡවී පුත්‍රයා විශාලා මහනුවර මහ සෙනඟ මැද්දෙ මේ විදිහට කිය කියා හිටියා. "ඔය ශ්‍රමණ ගෞතමයන්ට මනුෂ්‍ය ජීවිතේට ඉහළින් දියුණු කරපු සුවිශේෂී අමුතු ඥානයක් නෑ. ශ්‍රමණ ගෞතමයන් තර්කානුකූලව කතා කරන්න දන්නවා. හොඳට විමසන්නත් දන්නවා. හරි නිර්මාණශීලී පුද්ගලයෙක්. ඒවා පාවිච්චි කරල තමයි ඔහු ධර්මය දේශනා කරන්නේ. ඒත් හැබැයි මෙහෙම දෙයක් නම් තියෙනවා. ඒ කිව්වෙ, ඔහු යම් ඉලක්කයක් පිණිස ධර්මය දේශනා කළා නම් කවුරු හෝ වේවා ඒ ධර්මය

ඔහු කියා දුන් විදිහට අනුගමනය කළොත්, එයාට දුකින් නිදහස් වෙන්න නම් පුළුවනි" කියල. ඉතින් ඔන්න ඔය කතාව ආයුෂ්මත් සාරිපුත්තයන් වහන්සේට අහන්න ලැබුනා.

ඉතින් ආයුෂ්මත් සාරිපුත්තයන් වහන්සේ විශාලා මහනුවර පිණ්ඩපාතෙ කරගෙන දන් වළඳලා, හවස් වරුවෙ භාග්‍යවතුන් වහන්සේ හමුවීමට ගියා. ගිහින් භාග්‍යවතුන් වහන්සේට වන්දනා කරල පැත්තකින් වාඩි වුනා. ඊට පස්සෙ ආයුෂ්මත් සාරිපුත්තයන් වහන්සේ භාග්‍යවතුන් වහන්සේට මෙහෙම කිව්වා.

"ස්වාමීනී, මේ සාසනේ මහණ වෙලා හිටපු අර සුනක්ඛත්ත කියන ලිච්ඡවී පුත්‍රයා දැන් සිවුරු ඇර ගිහින් ටික දවසක් වෙනවා නෙව. ඉතින් දැන් ඒ පුද්ගලයා විශාලා මහනුවර මහසෙනඟ මැද්දෙ මෙන්න මේ විදිහට කියන්න පටන් අරන්. 'ඔය ශ්‍රමණ ගෞතමයන්ට මනුෂ්‍ය ජීවිතේට ඉහළින් දියුණු කරපු සුවිශේෂී අමුතු ඥානයක් නෑ. ශ්‍රමණ ගෞතමයන් තර්කානුකූලව කතා කරන්න දන්නවා. හොඳට විමසන්නත් දන්නවා. හරි නිර්මාණශීලී පුද්ගලයෙක්. ඒවා පාවිච්චි කරල තමයි ඔහු ධර්මය දේශනා කරන්නේ. ඒත් හැබැයි මෙහෙම දෙයක් නම් තියෙනවා. ඒ කිව්වෙ, ඔහු යම් ඉලක්කයක් පිණිස ධර්මය දේශනා කළා නම් කවුරු හෝ වේවා ඒ ධර්මය ඔහු කියා දුන් විදිහට අනුගමනය කළොත්, එයාට දුකින් නිදහස් වෙන්න නම් පුළුවනි' කියලා."

"පින්වත් සාරිපුත්ත, ඔය සුනක්ඛත්ත කියන හිස් පුද්ගලයා ක්‍රෝධ කරන කෙනෙක්. ඔය කතාව කියන්නෙත් ක්‍රෝධයෙන් ම යි. පින්වත් සාරිපුත්ත, ඔය සුනක්ඛත්ත කියන හිස් පුද්ගලයා 'තථාගතයන් හට නින්දා කරන්න ඕන' කියල හිතාගෙන කරන ඔය කතාවෙන් තථාගතයන් වහන්සේ ගැන වර්ණනාවක් ම යි කරන්නේ. පින්වත් සාරිපුත්ත, කවුරු හරි මෙහෙම කිව්වොත්, 'තථාගතයන් වහන්සේ යම් ඉලක්කයක් පිණිස ධර්මය දේශනා කළා නම් කවුරු හෝ වේවා ඒ ධර්මය තථාගතයන් වහන්සේ කියා දුන් විදිහට අනුගමනය කළොත්, එයාට දුකින් නිදහස් වෙන්න නම් පුළුවනි' කියල, ඒක තථාගතයන් වහන්සේට කරන වර්ණනාවක්.

පින්වත් සාරිපුත්ත, ඔය සුනක්ඛත්ත කියන හිස් පුද්ගලයාට මා තුළ තියෙන මේ ගුණධර්ම සමූහය ගැන අවබෝධයක් හෙවත් ධර්මාන්වයක් ඇති කරගන්න බැරි වුනා නෙව. ඒ කියන්නෙ 'ඒ භාග්‍යවතුන් වහන්සේ අරහත්, සම්මාසම්බුද්ධයි, විජ්ජාචරණ සම්පන්නයි, සුගතයි, උතුම් වූ ලෝකවිදූ ගුණයෙන් යුක්තයි, අනුත්තරෝ පුරිසදම්ම සාරථීයි, දෙව් මිනිසුන්ටත් ශාස්තෘන් වහන්සේයි, බුද්ධයි, භගවත්'ය කියල.

ඒ වගේ ම පින්වත් සාරිපුත්ත, ඔය සුනක්ඛත්ත කියන හිස් පුද්ගලයාට මා තුළ තියෙන මේ ගුණධර්මත් හඳුනාගන්න බැරි වුනා නෙව. ඒ කියන්නෙ 'ඒ භාග්‍යවතුන් වහන්සේට නොයෙක් ආකාරයේ ඉර්ධි ප්‍රාතිහාර්ය පාන්නත් පුළුවනි. තනි කෙනෙක් හැටියට ඉඳගෙන, බොහෝ දෙනෙක් වගේ පෙනී ඉන්නත් පුළුවනි. බොහෝ දෙනෙක් වගේ ඉඳගෙන, තනි කෙනෙක් වගේ පෙනී සිටින්නත් පුළුවනි. නොපෙනී ඉඳල පෙනී ඉන්නත් පුළුවනි. පෙනී ඉඳල නොපෙනී සිටින්නත් පුළුවනි. කිසි බාධාවක් නැතුව බිත්තිවලින් එහා පැත්තට, ප්‍රාකාරවලින් එහා පැත්තට, පර්වතවලින් එහා පැත්තට යන්නත් පුළුවනි. හරියට ආකාසේ යනවා වගේ. මහ පොළොවේ කිමිදෙන්නත්, උඩට මතු වෙන්නත් පුළුවනි. හරියට ජලාශයක කිමිදෙනවා වගේ. පළඟක් බැඳගෙන අහසින් යන්නත් පුළුවනි. හරියට කුරුල්ලෙක් යනවා වගේ. කොටින් ම මේ සා මහා බල සම්පන්න හිරු සඳු දෙකත් අතින් පිරිමදින්න පුළුවනි. බඹලොව දක්වා ම හිතූ මනාපෙට ඕන දෙයක් කරන්නත් පුළුවනි' කියලා.

පින්වත් සාරිපුත්ත, ඔය සුනක්ඛත්ත කියන හිස් පුද්ගලයාට මා තුළ තියෙන මේ ගුණ ධර්මයත් තේරුම් ගන්න බැරි වුනා නෙව. ඒ කියන්නෙ, 'ඒ භාග්‍යවතුන් වහන්සේට දිව්‍ය කන් තියෙනවා. ඒක මිනිස් හැකියාව ඉක්මවා ගිය එකක්. ඒ දිව්‍ය කනෙන් උන්වහන්සේට දුර හෝ වේවා, ළඟ හෝ වේවා, දෙවියන්ගේ හෝ වේවා, මනුස්සයන්ගේ හෝ වේවා යම් කතා බහක් ඇද්ද, එය අහන්නත් පුළුවනි' කියල.

පින්වත් සාරිපුත්ත, ඔය සුනක්ඛත්ත කියන හිස් පුද්ගලයාට මා තුළ තියෙන මේ ගුණධර්මයත් අවබෝධ කරගන්න බැරි වුනා නෙව. ඒ කියන්නෙ 'ඒ භාග්‍යවතුන් වහන්සේට ඕනෑ ම සත්වයෙකුගේ, ඕනෑම පුද්ගලයකුගේ සිත ගැන තම සිතින් දැනගන්න පුළුවන්' කියලා. ඒ කියන්නේ රාග සිතක් නම් තියෙන්නෙ රාග සිතක් ය කියල දැනගන්නවා. වීතරාගී සිතක් නම් තියෙන්නෙ, වීතරාගී සිතක් ය කියල දැනගන්නවා. ද්වේෂ සිතක් නම් තියෙන්නෙ, ද්වේෂ සිතක් ය කියල දැනගන්නවා. ද්වේෂ රහිත සිතක් නම් තියෙන්නේ, ද්වේෂ රහිත සිතක් ය කියල දැනගන්නවා. මෝහ සිතක් නම් තියෙන්නෙ, මෝහ සිතක් ය කියල දැනගන්නවා. මෝහ රහිත සිතක් නම් තියෙන්නෙ, මෝහ රහිත සිතක් ය කියල දැනගන්නවා. හැකිලුන සිතක් නම් තියෙන්නෙ, හැකිලුන සිතක් ය කියල දැනගන්නවා. විසිරුණු සිතක් නම් තියෙන්නෙ, විසිරුණු සිතක් ය කියල දැනගන්නවා. ධ්‍යාන සහිත සිතක් නම් තියෙන්නෙ, ධ්‍යාන සහිත සිතක් ය කියල දැනගන්නවා. ධ්‍යාන රහිත සිතක් නම් තියෙන්නෙ, ධ්‍යාන රහිත සිතක් ය කියල දැනගන්නවා. ශ්‍රේෂ්ඨත්වයට පත් වූ සිතක් නම් තියෙන්නෙ, ශ්‍රේෂ්ඨත්වයට පත් වූ සිතක් ය කියල දැනගන්නවා. සමාධියෙන් උසස් බවට

පත් වූ සිතක් නම් තියෙන්නෙ, සමාධියෙන් උසස් බවට පත් වූ සිතක් ය කියල දැනගන්නවා. සමාධිගත සිතක් නම් තියෙන්නෙ, සමාධිගත සිතක් ය කියල දැනගන්නවා. එකඟ නැති සිතක් නම් තියෙන්නෙ, එකඟ නැති සිතක් ය කියල දැනගන්නවා. කෙලෙස් වලින් නිදහස් වූ සිතක් නම් තියෙන්නෙ, කෙලෙස් වලින් නිදහස් වූ සිතක් කියල දැනගන්නවා. කෙලෙස්වලින් නිදහස් නොවූ සිතක් නම් තියෙන්නෙ, කෙලෙස්වලින් නිදහස් නොවූ සිතක් ය කියල දැනගන්නවා' කියල.

පින්වත් සාරිපුත්ත, තථාගතයන් වහන්සේට මෙන්න මේ තථාගත බල දහය තියෙනවා. තථාගතයන් වහන්සේ ඔය දස තථාගත බලයන්ගෙන් යුක්තවයි ශ්‍රේෂ්ඨත්වය ප්‍රකාශ කරන්නෙ. පිරිස් මැද සිංහනාද කරන්නෙ. ඔය බලයන් ගෙන් යුක්තව ම යි උතුම් ධර්මචක්‍රය පවත්වන්නෙ. මොනවද ඒ බල දහය?

(1)

පින්වත් සාරිපුත්ත, මෙහිලා තථාගතයන් වහන්සේ සිද්ධ වෙන්න පුළුවන් දේ සිද්ධ වෙන්න පුළුවන් දේ හැටියටත්, සිද්ධ වෙන්න බැරි දේ සිද්ධ වෙන්න බැරි දේ හැටියටත් ඒ ආකාරයෙන් ම යථාර්ථයක් හැටියට ම අවබෝධ කරලයි ඉන්නෙ. ඉතින් පින්වත් සාරිපුත්ත, සිද්ධ වෙන්න පුළුවන් දේ සිද්ධ වෙන්න පුළුවන් දේ හැටියටත්, සිද්ධ වෙන්න බැරි දේ සිද්ධ වෙන්න බැරි දේ හැටියටත් තථාගතයන් වහන්සේ තුළ, ඒ ආකාරයෙන් ම යථාර්ථයෙන් ම ඇති වූ යම් අවබෝධයක් තියෙනවා ද, පින්වත් සාරිපුත්ත, අන්න ඒ අවබෝධයත් තථාගතයන් වහන්සේගේ තථාගත බලයක්. ඒ බලයට පැමිණිලා තමයි තථාගතයන් වහන්සේ ශ්‍රේෂ්ඨත්වය ප්‍රකාශ කරන්නෙ. පිරිස් මැද සිංහනාද කරන්නෙ. උතුම් ධර්ම චක්‍රය පවත්වන්නෙ.

(2)

පින්වත් සාරිපුත්ත, මෙන්න මේක තමයි ඊළඟ තථාගත බලය. පින්වත් සාරිපුත්ත, අතීත - අනාගත - වර්තමාන කාලයන්ට අයත්ව කෙරෙන කර්මයන්ට ලැබෙන විපාක ගැන හේතු වශයෙනුත්, තැන් වශයෙනුත් ඒ ආකාරයට ම යථාර්ථයක් හැටියට ම අවබෝධයක් තථාගතයන් වහන්සේට තියෙනවා. පින්වත් සාරිපුත්ත, අතීත - අනාගත - වර්තමාන කාලයන්ට අයත්ව කෙරෙන කර්මයන්ට ලැබෙන විපාක ගැන හේතු වශයෙනුත්, තැන් වශයෙනුත් ඒ ආකාරයෙන් ම තථාගතයන් වහන්සේ තුළ යම් අවබෝධයක් ඇද්ද, පින්වත් සාරිපුත්ත, අන්න ඒ අවබෝධයත් තථාගතයන් වහන්සේගේ තථාගත බලයක්. ඒ බලයට පැමිණිලා තමයි තථාගතයන් වහන්සේ ශ්‍රේෂ්ඨත්වය ප්‍රකාශ කරන්නෙ. පිරිස් මැද සිංහනාද කරන්නෙ. උතුම් ධර්ම චක්‍රය පවත්වන්නෙ.

(3)

පින්වත් සාරිපුත්ත, ඊළඟට තවත් තථාගත බලයක් තියෙනවා. ඕනෑ ම ආකාරයේ උපතක් කරා යෑමට හේතු වන සෑම වැඩපිළිවෙලක් ගැන ම තථාගතයන් වහන්සේට පරිපූර්ණ අවබෝධයක් තියෙනවා. ඉතින් පින්වත් සාරිපුත්ත, ඕනෑම ආකාරයේ උපතක් කරා යෑමට හේතු වන ඒ සියලු වැඩපිළිවෙලවල් ගැන තථාගතයන් වහන්සේ තුළ යම් අවබෝධයක් ඇද්ද, පින්වත් සාරිපුත්ත, අන්න ඒ අවබෝධයත් තථාගතයන් වහන්සේගේ තථාගත බලයක්. ඒ බලයට පැමිණිලා තමයි තථාගතයන් වහන්සේ ශ්‍රේෂ්ඨත්වය ප්‍රකාශ කරන්නෙ. පිරිස් මැද සිංහනාද කරන්නෙ. උතුම් ධර්ම චක්‍රය පවත්වන්නෙ.

(4)

පින්වත් සාරිපුත්ත, ඊළඟට තවත් තථාගත බලයක් තියෙනවා. නොයෙක් ස්වභාවයෙන් යුතු, විවිධාකාර ස්වභාවයෙන් යුතු මේ ලෝකය ගැන තථාගතයන් වහන්සේට පරිපූර්ණ අවබෝධයක් තියෙනවා. ඉතින් පින්වත් සාරිපුත්ත, නොයෙක් ස්වභාවයෙන් යුතු, විවිධාකාර ස්වභාවයෙන් යුතු මේ ලෝකය ගැන තථාගතයන් වහන්සේ තුළ යම් අවබෝධයක් ඇද්ද, පින්වත් සාරිපුත්ත, අන්න ඒ අවබෝධයත් තථාගතයන් වහන්සේගේ තථාගත බලයක්. ඒ බලයට පැමිණිලා තමයි තථාගතයන් වහන්සේ ශ්‍රේෂ්ඨත්වය ප්‍රකාශ කරන්නෙ. පිරිස් මැද සිංහනාද කරන්නෙ. උතුම් ධර්ම චක්‍රය පවත්වන්නෙ.

(5)

පින්වත් සාරිපුත්ත, ඊළඟට තවත් තථාගත බලයක් තියෙනවා. නොයෙක් ආකාරයේ ජීවිතවලට මේ සත්වයන් සකස් වෙවී යන ආකාරය ගැන තථාගතයන් වහන්සේට පරිපූර්ණ අවබෝධයක් තියෙනවා. ඉතින් පින්වත් සාරිපුත්ත, නොයෙක් ආකාරයේ ජීවිතවලට මේ සත්වයන් සකස් වෙවී යන ආකාරය ගැන තථාගතයන් වහන්සේට යම් අවබෝධයක් ඇද්ද, පින්වත් සාරිපුත්ත, අන්න ඒ අවබෝධයත් තථාගතයන් වහන්සේගේ තථාගත බලයක්. ඒ බලයට පැමිණිලා තමයි තථාගතයන් වහන්සේ ශ්‍රේෂ්ඨත්වය ප්‍රකාශ කරන්නේ. පිරිස් මැද සිංහනාද කරන්නෙ. උතුම් ධර්ම චක්‍රය පවත්වන්නෙ.

(6)

පින්වත් සාරිපුත්ත, ඊළඟට තවත් තථාගත බලයක් තියෙනවා. ඕනෑ ම සත්වයෙකුගේ, ඕනෑම පුද්ගලයෙකුගේ ජීවිතාභ්‍යන්තරයේ සැඟවී තියෙන හැබෑම හැකියාව දියුණු වෙන හැටිත්, පිරිහෙන හැටිත් ගැන තථාගතයන්

වහන්සේට පරිපූර්ණ අවබෝධයක් තියෙනවා. ඉතින් පින්වත් සාරිපුත්ත, ඕනෑම සත්වයෙකුගේ, ඕනෑම පුද්ගලයෙකු ගේ ජීවිතාභ්‍යන්තරයේ සැඟවී තියෙන හැබෑම හැකියාව දියුණු වෙන හැටිත්, පිරිහෙන හැටිත් ගැන තථාගතයන් වහන්සේට යම් පරිපූර්ණ අවබෝධයක් ඇද්ද, පින්වත් සාරිපුත්ත, අන්න ඒ අවබෝධයත් තථාගතයන් වහන්සේගේ තථාගත බලයක්. ඒ බලයට පැමිණිලා තමයි තථාගතයන් වහන්සේ ශ්‍රේෂ්ඨත්වය ප්‍රකාශ කරන්නෙ. පිරිස් මැද්දෙ සිංහනාද කරන්නෙ. උතුම් ධර්ම චක්‍රය පවත්වන්නෙ.

(7)

පින්වත් සාරිපුත්ත, ඊළඟට තවත් තථාගත බලයක් තියෙනවා. ධ්‍යාන ගැන, හිත කෙලෙස්වලින් නිදහස් කරගන්න ක්‍රම ගැන, සමාධි ගැන, සමාපත්ති ගැන, ඒවා පිරිහෙන්නෙ කොහොමද කියන එක ගැන, ඒවා පිරිසිදු කරගන්නෙ කොහොමද කියන එක ගැන, ඒ සමාපත්තිවලින් නැගී සිටීම ගැන පරිපූර්ණ අවබෝධයක් තථාගතයන් වහන්සේට තියෙනවා. ඉතින් පින්වත් සාරිපුත්ත, ධ්‍යාන ගැන, හිත කෙලෙස්වලින් නිදහස් කරගන්න ක්‍රම ගැන, සමාධි ගැන, සමාපත්ති ගැන, ඒවා පිරිහෙන්නේ කොහොමද කියන එක ගැන, ඒවා පිරිසිදු කරගන්නෙ කොහොමද කියන එක ගැන, ඒ සමාපත්ති වලින් නැගී සිටීම ගැන, තථාගතයන් වහන්සේ තුළ යම් අවබෝධයක් ඇද්ද, පින්වත් සාරිපුත්ත, අන්න ඒ අවබෝධයත් තථාගතයන් වහන්සේගේ තථාගත බලයක්. ඒ බලයට පැමිණිලා තමයි තථාගතයන් වහන්සේ ශ්‍රේෂ්ඨත්වය ප්‍රකාශ කරන්නෙ. පිරිස් මැද සිංහනාද කරන්නෙ. උතුම් ධර්ම චක්‍රය පවත්වන්නෙ.

(8)

පින්වත් සාරිපුත්ත, ඊළඟට තවත් තථාගත බලයක් තියෙනවා. තමන් කලින් ගත කළ අනේක වූ ජීවිත ගැන තථාගතයන් වහන්සේට කැමති තරමක් සිහි කරන්න පුළුවනි. ඒ කියන්නෙ එක ජීවිතයක්, ජීවිත දෙකක්, ජීවිත තුනක්, ජීවිත හතරක්, ජීවිත පහක්, ජීවිත දහයක්, ජීවිත විස්සක්, ජීවිත තිහක්, ජීවිත හතළිහක්, ජීවිත පනහක්, ජීවිත සීයක්, ජීවිත දහසක්, ජීවිත ලක්ෂයක් වුනත් සිහිකරන්න පුළුවනි. නොයෙක් ආකාරයෙන් නැසී යන කල්පයන්, නොයෙක් ආකාරයෙන් සකස් වෙවී යන කල්පයන්, නොයෙක් ආකාරයෙන් සකස් වෙවී නැසී යන කල්පයන් ගැන සිහි කරන්න පුළුවනි. "ඒ කාලෙ මෙන්න මේකයි මගේ නම. මෙන්න මේ ගෝත්‍රයේ තමයි මං ඉපදුනේ. මගේ හැඩරුව මෙන්න මේ වගෙයි. මේවා තමයි මම කෑවේ බීවෙ. මේ විදිහටයි මම සැප දුක් වින්දෙ. මෙන්න මේ විදිහටයි මං මැරිල ගියේ. ඉතින් මං එතනින් චුත වෙලා, අසවල් තැන උපන්නා. එහිදී මට ලැබුනෙ මෙන්න මේ නම. මං ඉපදුනේ මේ වංශෙ.

මගෙ හැඩරුව මෙන්න මේ වගේ. මං කෑවෙ බිව්වෙ මේවා. මං සැප දුක් වින්දෙ මේ විදිහට. මේ විදිහට තමයි මම මැරිල ගියේ. ඉතින්, මම එතනින් චුත වෙලා අසවල් තැන උපන්නා" කියල. ඔන්න ඔය විදිහට, හොඳ හැටියට විස්තර ඇතිව, තථාගතයන් වහන්සේට පුළුවනි කැමතිතරම් කාලයක් තමන් ගතකරපු අනේක ජීවිත ගැන ආපස්සට සිහි කරන්න. ඉතින් පින්වත් සාරිපුත්ත, තථාගතයන් වහන්සේට කැමති කරම් කාලයක් තමන් ගතකරපු ජීවිත ගැන ආපස්සට සිහි කරන්න පුළුවනි. ඒ කියන්නෙ එක ජීවිතයක්. ජීවිත දෙකක් ....(පෙ).... සිහිකරන්න පුළුවනි. ඔය විදිහට හොඳ හැටියට විස්තර ඇතිව කැමති තරම් කාලයක් තමන් ගතකරපු ජීවිත ගැන ආපස්සට සිහිකරන්න පුළුවන්කමක් ඇද්ද, පින්වත් සාරිපුත්ත, අන්න ඒ සිහිකිරීමත් තථාගතයන් වහන්සේගේ තථාගත බලයක්. ඒ බලයට පැමිණිලා තමයි තථාගතයන් වහන්සේ ශ්‍රේෂ්ඨත්වය ප්‍රකාශ කරන්නෙ. පිරිස් මැද්දෙ සිංහනාද කරන්නෙ. උතුම් ධර්ම චක්‍රය පවත්වන්නෙ.

(9)

පින්වත් සාරිපුත්ත, ඊළඟට තවත් තථාගත බලයක් තියෙනවා. තථාගතයන් වහන්සේට දිව්‍යස් තියෙනවා. ඒක සාමාන්‍ය මිනිස් හැකියාව ඉක්මවා ගිය ඉතාම පිරිසිදු එකක්. අන්න ඒ දිව්‍යසින් සත්වයන් දකින්න පුළුවනි. චුත වෙන හැටි, ආයෙමත් උපදින හැටි, පහත් උපතක් කරා යන හැටි, උසස් උපතක් කරා යන හැටි, ලස්සන කැත, සුගති දුගති වලට යන හැටිත් දකින්න පුළුවනි. කර්මානුරූපව මේ සත්වයන් උපදින හැටිත් දකින්න පුළුවනි. ඒ කියන්නෙ මෙන්න මේ විදිහට. "අනේ මේ හවත් සත්වයන් කයින් වැරදි කරලා, වචනයෙන් වැරදි කරලා, සිතින් වැරදි කරලා, ආර්ය උපවාද කර්ම කරලා, මිථ්‍යා දෘෂ්ටික ආගම් අදහලා, මිථ්‍යා දෘෂ්ටික විදිහට ජීවත් වෙලා ඒ උදවිය මැරුණට පස්සේ අපාය නම් වූ, දුගතිය නම් වූ, සැප නැති නිරයේ තමයි උපදින්නෙ. නමුත් මේ හවත් සත්වයන් නම් කයින් යහපත කරලා, වචනයෙන් යහපත කරලා, සිතින් යහපත කරලා, ආර්ය උපවාද කර්ම කරන්නෙ නැතිව, සම්මා දිට්ඨියෙන් යුතුව ජීවත් වෙලා මරණයට පත්වුනාට පස්සෙ සුගතිය කියන ස්වර්ග ලෝකෙ උපදිනවා" කියල. මේ විදිහට සාමාන්‍ය මිනිස් හැකියාව ඉක්මවා ගිය ඉතා පිරිසිදු දිව්‍යසින් සත්වයන් දකින්න පුළුවනි. ඒ කියන්නේ චුත වෙන, ආයෙමත් උපදින, හීන උසස්, ලස්සන කැත, සුගති දුගතිවල උපදින, කර්මානුරූපව උපතක් කරා යන සත්වයන් ගැන දකින්න පුළුවන්. පින්වත් සාරිපුත්ත, ඒ විදිහට දකින්න පුලුවන්කමත් තථාගතයන් වහන්සේගේ තථාගත බලයක්. ඒ බලයට පැමිණිලා තමයි තථාගතයන් වහන්සේ ශ්‍රේෂ්ඨත්වය ප්‍රකාශ කරන්නෙ. පිරිස් මැද සිංහනාද කරන්නෙ. උතුම් ධර්ම චක්‍රය පවත්වන්නෙ.

(10)

පින්වත් සාරිපුත්ත, ඊළඟට තවත් තථාගත බලයක් තියෙනවා. තවද තථාගතයන් වහන්සේ ආශ්‍රව නැති කරලා, ආශ්‍රව රහිතව මේ ජීවිතේ දී ම ඒ චිත්ත විමුක්තියත්, ප්‍රඥා විමුක්තියත්, තමන්ගේ ම දියුණු කරපු ඥානයෙන් අවබෝධ කරගෙන එය සාක්ෂාත් කරගෙනයි ඉන්නෙ. ඉතින් පින්වත් සාරිපුත්ත, තථාගතයන් වහන්සේ ආශ්‍රව ක්ෂය කිරීම තුළින් අනාශ්‍රව බවට පත්වෙලා, ඒ චිත්ත විමුක්තියත්, ප්‍රඥා විමුක්තියත් මේ ජීවිතය තුළ දී තමන් විසින් ම දියුණු කරගත් ඥානයෙන් ම අවබෝධ කරගෙන, සාක්ෂාත් කරගෙන ඉන්නවා නම් පින්වත් සාරිපුත්ත, අන්න ඒ ආසවක්ඛය ඤාණයත් තථාගතයන් වහන්සේගේ තථාගත බලයක්. ඒ බලයට පැමිණිලා තමයි තථාගතයන් වහන්සේ ශ්‍රේෂ්ඨත්වය ප්‍රකාශ කරන්නෙ. පිරිස් මැද සිංහනාද කරන්නෙ. උතුම් ධර්මචක්‍රය පවත්වන්නෙ.

පින්වත් සාරිපුත්ත, තථාගතයන් වහන්සේගේ තථාගත බල දහය කියල කියන්නෙ මේවාට තමයි. තථාගතයන් වහන්සේ ඔය බල වලින් යුක්ත වෙලා තමයි ශ්‍රේෂ්ඨත්වය ප්‍රකාශ කරන්නෙ. පිරිස් මැද සිංහනාද කරන්නෙ. උතුම් ධර්මචක්‍රය පවත්වන්නෙ.

ඉතින් පින්වත් සාරිපුත්ත, මේ ආකාරයෙන් සම්පූර්ණ කරගත් ගුණ දහම් තමා තුළ තිබෙන බව දන්නා, මේ විදිහට සම්පූර්ණ කරගත් ගුණ දහම් තමා තුළ තියෙන බව දකින මා ගැන, කවුරු හරි මෙහෙම කිව්වොත්, "ඔය ශ්‍රමණ ගෞතමයන්ට මනුස්ස ජීවිතේට ඉහළින් දියුණු කරපු සුවිශේෂී වූ අමුතු ඥානයක් නෑ. ශ්‍රමණ ගෞතමයන් තර්කානුකූලව කතා කරන්න දන්නවා. හොඳට විමසන්නත් දන්නවා. හරි නිර්මාණශීලී පුද්ගලයෙක්. ඒව පාච්චි කරල තමයි ඔහු ධර්මය දේශනා කරන්නෙ" කියලා. පින්වත් සාරිපුත්ත, ඒ තැනැත්තා ඔය වචනය අත්හැරියේ නැත්නම්, ඔය සිත අත්හැරියේ නැත්නම්, ඔය දෘෂ්ටිය ඇත්හැරියේ නැත්නම්, හිසෙන් ඔසවාගෙන ආ බරක් බිමින් තියනවා වගේ ඔහුට උපදින්න සිද්ධ වෙන්නේ නිරයේ.

පින්වත් සාරිපුත්ත, ඒක මෙන්න මේ වගේ දෙයක්. සීල සම්පන්න වූ, සමාධි සම්පන්න වූ, ප්‍රඥා සම්පන්න වූ භික්ෂුව මේ ජීවිතේ දී ම රහත් වෙනවා වගේ. පින්වත් සාරිපුත්ත, මේ ගැන මට කියන්න තියෙන්නෙත් ඒ විදිහට ම යි. ඒ තැනැත්තා ඔය වචනය අත්හැරියේ නැත්නම්, ඔය සිත අත්හැරියේ නැත්නම්, එය දෘෂ්ටිය ඇත්හැරියේ නැත්නම්, හිසෙන් ඔසවාගෙන ආ බරක් බිමින් තියනවා වගේ ඔහුට උපදින්න සිද්ධ වෙන්නේ නිරයේ.

පින්වත් සාරිපුත්ත, තථාගතයන් වහන්සේට විශාරද ඥාන හතරක් තියෙනවා. ඒ විශාරද ඥාන හතරෙන් යුතුව තමයි තථාගතයන් වහන්සේ

ශ්‍රේෂ්ඨත්වය ප්‍රකාශ කරන්නෙ. පිරිස් මැද සිංහනාද කරන්නෙ. උතුම් ධර්මචක්‍රය පවත්වන්නෙ. මොනවද ඒ විශාරද ඥාන හතර?

(1)

'ඔබවහන්සේ සම්මා සම්බුද්ධයි කියල ප්‍රතිඥා දෙනවා. නමුත් ඔබවහන්සේ මේ මේ ධර්මයන් අවබෝධ කොට නැහැ නෙව ද' යි කියල මේ ලෝකෙ කිසිම ශ්‍රමණයෙකුට, කිසිම බ්‍රාහ්මණයෙකුට, කිසිම දෙවියෙකුට, කිසිම මාරයෙකුට, කිසිම බ්‍රහ්මණයෙකුට, කිසිම කෙනෙකුට සම්බුද්ධත්වය අරභයා කරුණු සහිතව මට කිසිම අභියෝගයක් කරන්න බෑ. පින්වත් සාරිපුත්ත, කොටින් ම කියනවා නම් ඒ ගැන අල්පමාත්‍ර වූ සිදුරක්වත් මං දකින්නෙ නෑ. ඉතින් පින්වත් සාරිපුත්ත, මේ කාරණය ගැන අල්පමාත්‍ර සිදුරක්වත් නොදකින නිසා ම මම ඉන්නෙ හරිම නිදහස් සිතින්. කිසිම බයක් නැති සිතින්. විශාරද බවට පත්වෙලයි මම ඉන්නෙ.

(2)

'සියලු ආශ්‍රවයන් ක්ෂය වුණු කෙනෙක් කියල ඔබවහන්සේ ප්‍රතිඥා දෙනවා. නමුත් ඔබවහන්සේ තුළ මේ මේ ආශ්‍රවයන් ප්‍රහාණය වෙලා නැහැ නෙව' කියල මේ ලෝකෙ කිසිම ශ්‍රමණයෙකුට, කිසිම බ්‍රාහ්මණයෙකුට, කිසිම දෙවියෙකුට, කිසිම මාරයෙකුට, කිසිම බ්‍රහ්මයෙකුට, කිසිම කෙනෙකුට අරහත්වය අරභයා කරුණු සහිතව මට කිසිම අභියෝගයක් කරන්න බෑ. පින්වත් සාරිපුත්ත, කොටින් ම කියනවා නම් ඒ ගැන අල්පමාත්‍ර වූ සිදුරක්වත් මං දකින්නෙ නෑ. ඉතින් පින්වත් සාරිපුත්ත, මේ කාරණය ගැන අල්පමාත්‍ර සිදුරක්වත් නොදකින නිසා ම, මම ඉන්නෙ හරිම නිදහස් සිතින්. කිසිම බයක් නැති සිතින්. විශාරද බවට පත්වෙලයි මම ඉන්නෙ.

(3)

'ඉතින් ඔබවහන්සේ ප්‍රකාශ කොට තියෙනවා ධර්මාවබෝධ කරන කෙනෙකුට මේ මේ දේවල් අනතුරුදායකයි කියල. නමුත් එසේ අනතුරුදායක යැයි පවසන ලද දේ කළාට කිසි අනතුරක් නැහැ නෙව ද'යි කියල මේ ලෝකයේ කිසිම ශ්‍රමණයෙකුට, කිසිම බ්‍රහ්මණයෙකුට, කිසිම දෙවියෙකුට, කිසිම මාරයෙකුට, කිසිම බ්‍රාහ්මයෙකුට, කිසිම කෙනෙකුට නිවන් මගට අන්තරායකර කරුණු අරභයා කරුණු සහිතව මට කිසිම අභියෝගයක් කරන්න බෑ. පින්වත් සාරිපුත්ත, කොටින් ම ඒ ගැන අල්පමාත්‍ර වූ සිදුරක්වත් මං දකින්නෙ නෑ. ඉතින් පින්වත් සාරිපුත්ත, මේ කාරණය ගැන අල්පමාත්‍ර සිදුරක්වත් නොදකින නිසා, මම ඉන්නෙ හරිම නිදහස් සිතින්. කිසිම බයක් නැති සිතින්. විශාරද බවට පත්වෙලයි මම ඉන්නෙ.

(4)

'ඔබවහන්සේ යම් ඉලක්කයක් පිණිස නම් ධර්මය දේශනා කරල තියෙන්නෙ, එසේ දෙසන ලද ධර්මයට අනුව පිළිපදින තැනැත්තාගේ දුක් කෙළවර කිරීමට එය මැනැවින් උපකාර වෙන්නේ නැත' කියල මේ ලෝකේ කිසිම ශ්‍රමණයෙකුට, කිසිම බ්‍රහ්මණයෙකුට, කිසිම දෙවියෙකුට, කිසිම මාරයෙකුට, කිසිම බ්‍රාහ්මයෙකුට, කිසිම කෙනෙකුට ධර්ම මාර්ගය අරභයා කරුණු සහිතව මට කිසිම අභියෝගයක් කරන්න බෑ. පින්වත් සාරිපුත්ත, කොටින් ම කියනවා නම් ඒ ගැන අල්පමාත්‍ර වූ සිදුරක්වත් මං දකින්නෙ නෑ. ඉතින් පින්වත් සාරිපුත්ත, මේ කාරණය ගැන අල්පමාත්‍ර සිදුරක්වත් නොදකින නිසා හරි ම නිදහස් සිතින් තමයි මං ඉන්නෙ. කිසිම බයක් නැති සිතින්, විශාරද බවට පත්වෙලයි මම ඉන්නෙ.

පින්වත් සාරිපුත්ත, තථාගතයන් වහන්සේට මෙන්න මේ විශාරද ඥාන හතර තියෙනවා. ඔය විශාරද ඥාන හතරෙන් යුක්තව තමයි තථාගතයන් වහන්සේ ශ්‍රේෂ්ඨත්වය ප්‍රකාශ කරන්නෙ. පිරිස් මැද සිංහනාද කරන්නෙ. උතුම් ධර්මචක්‍රය පවත්වන්නෙ.

පින්වත් සාරිපුත්ත, ඉතින් මේ විදිහේ අවබෝධ ඥානයෙන් යුක්ත බව දන්නා වූ, දක්නා වූ මට කවුරු හරි මෙහෙම කිව්වොත්, 'ඔය ශ්‍රමණ ගෞතමයන්ට මනුෂ්‍ය ජීවිතේට ඉහළින් දියුණු කරපු සුවිශේෂ වූ අමුතු ඥානයක් නෑ. ශ්‍රමණ ගෞතමයන් තර්කානුකූලව කතා කරන්න දන්නවා. හොඳට විමසන්නත් දන්නවා. හරි ම නිර්මාණශීලී පුද්ගලයෙක්. ඒවා පාවිච්චි කරල තමයි ඔහු ධර්මය දේශනා කරන්නෙ' කියල. පින්වත් සාරිපුත්ත, ඒ තැනැත්තා ඔය වචනය අත්හැරියේ නැත්නම්, ඔය සිත අත්හැරියේ නැත්නම්, ඔය දෘෂ්ටිය අත්හැරියේ නැත්නම්, හිසෙන් ඔසවාගෙන ආ බරක් බිමින් තියනවා වගේ ඔහුට උපදින්න සිද්ධ වෙන්නේ නිරයේ.

පින්වත් සාරිපුත්ත, ඒක මෙන්න මේ වගේ දෙයක්. සීල සම්පන්න වූ, සමාධි සම්පන්න වූ, ප්‍රඥා සම්පන්න වූ භික්ෂුව මේ ජීවිතේ දී ම රහත් වෙනවා වගේ. පින්වත් සාරිපුත්ත, මේ ගැන මට කියන්ට තියෙන්නෙත් ඒ විදිහට ම යි. ඒ තැනැත්තා ඔය වචනය අත්හැරියේ නැත්නම්, ඔය සිත අත්හැරියේ නැත්නම්, ඔය දෘෂ්ටිය අත්හැරියේ නැත්නම්, හිසෙන් ඔසවාගෙන ආ බරක් බිමින් තියනවා වගේ ඔහුට උපදින්න සිද්ධ වෙන්නේ නිරයේ.

පින්වත් සාරිපුත්ත, මේ ලෝකෙ පිරිස් අටක් ඉන්නවා. කවුද ඒ පිරිස් අට? රජ කුලයේ පිරිස, බමුණු කුලයේ පිරිස, ගෘහපති පිරිස, ශ්‍රමණ පිරිස,

චාතුම්මහාරාජික දෙව් පිරිස, තාවතිංස දෙව් පිරිස, මාර පිරිස සහ බ්‍රහ්ම පිරිස. පින්වත් සාරිපුත්ත, මේ තමයි ඒ පිරිස් අට. පින්වත් සාරිපුත්ත, මේ විශාරද ඤාන හතරෙන් යුතු තථාගතයන් වහන්සේ ඔය අට පිරිස වෙත එළඹෙනවා. ඔවුන් අතරට පිවිසෙනවා.

පින්වත් සාරිපුත්ත, මට මතකයි නොයෙක් සිය ගණන් රාජවංශික පිරිස් ළඟට ගිහින් තියෙන බව. එහිදී ඒ පිරිස් අතර මං වාඩිවෙලත් ඉන්නවා. කතා බහත් කරනවා. සාකච්ඡාත් කරල තියෙනවා. පින්වත් සාරිපුත්ත, නමුත් මට එහිදී කිසිම විදිහේ භයක්වත්, තැති ගැනීමක්වත් ඇති වීම පිණිස, කොටින් ම අල්පමාත්‍ර වූ නිමිත්තක්වත් මා තුළ දකින්නේ නෑ. පින්වත් සාරිපුත්ත, එසේ අල්පමාත්‍ර වූ නිමිත්තක්වත් නොදකින නිසා මං ඉන්නෙ හරිම නිදහස් සිතින්. බිය රහිත සිතින්. විශාරද බවට පත්වෙච්ච සිතින්.

පින්වත් සාරිපුත්ත, මට මතකයි, නොයෙක් සිය ගණන් බමුණු කුලයේ පිරිස් ළඟට මම ගිහින් තියෙනවා. ....(පෙ).... ගෘහපති පිරිස් ළඟට ....(පෙ).... ශ්‍රමණ පිරිස් ළඟට ....(පෙ).... චාතුම්මහාරාජික පිරිස් ළඟට ....(පෙ).... තව්තිසා දෙව් පිරිස් ළඟට ....(පෙ).... මාර පිරිස් ළඟට ....(පෙ).... මට මතකයි නොයෙක් සිය ගණන් බ්‍රහ්ම පිරිස් ළඟට ගිහින් තියෙන බව. එහිදී ඒ පිරිස් අතර මං වාඩිවෙලත් ඉන්නවා. කතා බහත් කරනවා. සාකච්ඡාත් කරල තියෙනවා. පින්වත් සාරිපුත්ත, නමුත් මට එහිදී කිසිම විදිහේ භයක්වත්, තැති ගැනීමක්වත් ඇති වීම පිණිස, කොටින් ම අල්පමාත්‍ර වූ නිමිත්තක්වත් මා තුළ දකින්නේ නෑ. පින්වත් සාරිපුත්ත, එසේ අල්පමාත්‍ර වූ නිමිත්තක්වත් නොදකින මං ඉන්නෙ හරිම නිදහස් සිතින්. බිය රහිත සිතින්. විශාරද බවට පත්වෙච්ච සිතින්.

පින්වත් සාරිපුත්ත, ඉතින් මේ විදිහේ අවබෝධ ඤානයෙන් යුක්ත බව දන්නා වූ, දක්නා වූ මට කවුරු හරි මෙහෙම කිව්වොත්, 'ඔය ශ්‍රමණ ගෞතමයන්ට මනුෂ්‍ය ජීවිතේට ඉහළින් දියුණු කරපු සුවිශේෂ වූ අමුතු ඤානයක් නෑ. ශ්‍රමණ ගෞතමයන් තර්කානුකූලව කතා කරන්න දන්නවා. හොඳට විමසන්නත් දන්නවා. හරිම නිර්මාණශීලී පුද්ගලයෙක්. ඒවා පාවිච්චි කරල තමයි ඔහු ධර්මය දේශනා කරන්නෙ' කියල. පින්වත් සාරිපුත්ත, ඒ තැනැත්තා ඔය වචනය අත්හැරියේ නැත්නම්, ඔය සිත අත්හැරියේ නැත්නම්, ඔය දෘෂ්ටිය අත්හැරියේ නැත්නම්, හිසෙන් ඔසවාගෙන ආ බරක් බිමින් තියනවා වගේ ඔහුට උපදින්න සිද්ධ වෙන්නේ නිරයේ.

පින්වත් සාරිපුත්ත, ඒක මෙන්න මේ වගේ දෙයක්. සීල සම්පන්න වූ, සමාධි සම්පන්න වූ, ප්‍රඥා සම්පන්න වූ භික්ෂුව මේ ජීවිතේ දී ම රහත් වෙනවා වගේ. පින්වත් සාරිපුත්ත, මේ ගැන මට කියන්ට තියෙන්නෙත් ඒ විදිහට ම

යි. ඒ තැනැත්තා ඔය වචනය අත්හැරියේ නැත්නම්, ඔය සිත අත්හැරියේ නැත්නම්, ඔය දෘෂ්ටිය අත්හැරියේ නැත්නම්, හිසෙන් ඔසවාගෙන ආ බරක් බිමින් තියනවා වගේ ඔහුට උපදින්න සිද්ධ වෙන්නේ නිරයේ.

පින්වත් සාරිපුත්ත, උපත ලබන ක්‍රම හතරක් තියෙනවා. මොනවද ඒ හතර? බිත්තර ඇතුළෙ සතුන් උපදිනවා (අණ්ඩජ). මව් කුසේ සතුන් උපදිනවා (ජලාබුජ). තෙත් පරිසරයේ සතුන් උපදිනවා (සංසේදජ). මේ ක්‍රම වලින් තොරව ඕපපාතිකවත් පහළ වෙනවා (ඕපපාතික).

පින්වත් සාරිපුත්ත, අණ්ඩජ යෝනි කියල කියන්නෙ මොකක්ද? පින්වත් සාරිපුත්ත, සමහර සත්වයන් ඉන්නවා බිත්තර ඇතුළෙ වැඩිලා ඉපදෙනවා. අන්න ඒකට තමයි පින්වත් සාරිපුත්ත, 'අණ්ඩජ යෝනි' කියල කියන්නෙ.

පින්වත් සාරිපුත්ත, ජලාබුජ යෝනි කියල කියන්නෙ මොකක්ද? පින්වත් සාරිපුත්ත, සමහර සත්වයන් ඉන්නවා ගර්භාෂයක් ඇතුළෙ වැඩිලා, ඒකෙන් ඉපදෙන විදිහේ. අන්න ඒකට තමයි කියන්නේ 'ජලාබුජ යෝනි' කියලා.

පින්වත් සාරිපුත්ත, සංසේදජ යෝනි කියල කියන්නෙ මොකක්ද? කුණු වෙච්ච මස්වලත් සතුන් උපදිනවා. කුණු වෙච්ච ආහාරවලත් සතුන් උපදිනවා. අසූචිවලත් සතුන් උපදිනවා. කුණු වතුර පිරුන වළවල්වලත් සතුන් උපදිනවා. පින්වත් සාරිපුත්ත, අන්න ඒකට තමයි කියන්නේ 'සංසේදජ යෝනි' කියලා.

පින්වත් සාරිපුත්ත, ඕපපාතික යෝනි කියන්නෙ මොකක්ද? (ඉහත ක්‍රම වලින් තොරව) පහළ වෙන දෙවියන්, නිරයේ උපදින සතුන්, ඇතැම් මිනිසුන්, ඇතැම් ප්‍රේත කොටස් ඉන්නවා. පින්වත් සාරිපුත්ත, අන්න ඒකට තමයි කියන්නෙ 'ඕපපාතික යෝනි' කියලා. පින්වත් සාරිපුත්ත, මේ හතරට තමයි 'යෝනි' (සත්වයින් උපදින ක්‍රම) කියල කියන්නෙ.

පින්වත් සාරිපුත්ත, ඉතින් මේ විදිහේ අවබෝධ ඥානයෙන් යුක්ත බව දන්නා වූ, දක්නා වූ මට කවුරු හරි මෙහෙම කිව්වොත්, 'ඔය ශ්‍රමණ ගෞතමයන්ට මනුෂ්‍ය ජීවිතේට ඉහළින් දියුණු කරපු සුවිශේෂ වූ අමුතු ඥානයක් නෑ. ශ්‍රමණ ගෞතමයන් තර්කානුකූලව කතා කරන්න දන්නවා. හොඳට විමසන්නත් දන්නවා. හරිම නිර්මාණශීලී පුද්ගලයෙක්. ඒවා පාවිච්චි කරල තමයි ඔහු ධර්මය දේශනා කරන්නෙ' කියලා. පින්වත් සාරිපුත්ත, ඒ තැනැත්තා ඔය වචනය අත්හැරියේ නැත්නම්, ඔය සිත අත්හැරියේ නැත්නම්, ඔය දෘෂ්ටිය අත්හැරියේ නැත්නම්, හිසෙන් ඔසවාගෙන ආ බරක් බිමින් තියනවා වගේ ඔහුට උපදින්න සිද්ධ වෙන්නේ නිරයේ.

පින්වත් සාරිපුත්ත, ඒක මෙන්න මේ වගේ දෙයක්. සීල සම්පන්න වූ, සමාධි සම්පන්න වූ, ප්‍රඥා සම්පන්න වූ භික්ෂුව මේ ජීවිතේ දී ම රහත් වෙනවා වගේ. පින්වත් සාරිපුත්ත, මේ ගැන මට කියන්ට තියෙන්නෙත් ඒ විදිහට ම යි. ඒ තැනැත්තා ඔය වචනය අත්හැරියේ නැත්නම්, ඔය සිත අත්හැරියේ නැත්නම්, ඔය දෘෂ්ටිය අත්හැරියේ නැත්නම්, හිසෙන් ඔසවාගෙන ආ බරක් බිමින් තියනවා වගේ ඔහුට උපදින්න සිද්ධ වෙන්නේ නිරයේ.

පින්වත් සාරිපුත්ත, ගති පහක් තියෙනවා. ඒ පහ මොනවාද? නිරය, තිරිසන් යෝනිය, ප්‍රේත ජීවිත, මිනිස් ජීවිත, දිව්‍ය ජීවිත යන මේවා තමයි. පින්වත් සාරිපුත්ත නිරය ගැනත් මම දන්නවා. නිරයේ උපදින්න හේතු වන මගත්, නිරයේ උපදින්න හේතු වන වැඩපිළිවෙලත් මම දන්නවා. නිරයේ යන විදිහට ජීවිතේ ගත කරලා මරණින් පස්සේ සැප නැති දුගතිය කියල කියන නිරයේ උපත ලබනවා නම්, මං ඒකත් දන්නවා.

පින්වත් සාරිපුත්ත, තිරිසන් යෝනිය (තිරිසනුන්ව ඉපදීම) ගැනත් මම දන්නවා. තිරිසන් යෝනියෙ උපදින්න හේතු වන මගත් මම දන්නවා. තිරිසන් යෝනියේ උපදින්න හේතු වන වැඩපිළිවෙලත් මම දන්නවා. තිරිසන් යෝනියේ උපදින විදිහට ජීවත් වෙලා මරණින් පස්සෙ තිරිසන් යෝනියේ උපත ලබනවා නම්, මම ඒකත් දන්නවා.

පින්වත් සාරිපුත්ත, ප්‍රේත ජීවිත ගැනත් මම දන්නවා. ප්‍රේත ලෝකෙ උපදින්න හේතු වන මාර්ගයත් මම දන්නවා. ප්‍රේත ලෝකෙ උපදින්න හේතු වන වැඩපිළිවෙලත් මම දන්නවා. ප්‍රේත ලෝකෙ උපදින විදිහට ජීවත් වෙලා මරණින් පස්සෙ ප්‍රේත ලෝකෙ උපත ලබනවා නම්, මං ඒකත් දන්නවා.

පින්වත් සාරිපුත්ත, මම මනුස්ස ජීවිතය ගැනත් දන්නවා. මනුස්ස ලෝකෙ උපදින්න හේතු වන මාර්ගයත්, මනුස්ස ලෝකෙ උපදින්න හේතු වන වැඩපිළිවෙලත් මං දන්නවා. මනුස්ස ලෝකෙ උපදින විදිහට ජීවත් වෙලා මරණින් පස්සෙ මනුස්ස ලෝකෙ උපත ලබනවා නම්, මං ඒකත් දන්නවා.

පින්වත් සාරිපුත්ත, මම දෙවියන් ගැනත් දන්නවා. දිව්‍යලෝකෙ උපදින්න හේතු වන මාර්ගයත් දන්නවා. දිව්‍යලෝකෙ උපදින්න හේතු වන වැඩපිළිවෙලත් මම දන්නවා. දිව්‍යලෝකෙ උපදින විදිහට ජීවත් වෙලා මරණින් පස්සෙ ඉතා යහපත් ඉපදීම නම් වූ ස්වර්ග ලෝකෙ උපදිනවා නම්, මං ඒකත් දන්නවා.

පින්වත් සාරිපුත්ත, මම ගතිවලින් නිදහස් වූ 'නිවන' ගැනත් දන්නවා. නිවන් අවබෝධයට හේතු වන මාර්ගයත් දන්නවා. නිවන් අවබෝධයට හේතු

වන වැඩපිළිවෙලත් දන්නවා. නිවන් අවබෝධය වෙන විදිහට උවමනා කරන වැඩකටයුතු සම්පූර්ණ කරලා, ආශ්‍රවයන් ක්ෂය කරල දාලා, ආශ්‍රව රහිත වෙලා, චිත්ත විමුක්තියත්, ප්‍රඥා විමුක්තියත්, තමන්ගේ ම අවබෝධ ඥානයෙන් මේ ජීවිතේ දී ම අවබෝධ කරගෙන වාසය කරනවා නම් මම ඒකත් දන්නවා.

පින්වත් සාරිපුත්ත, මම සමහර පුද්ගලයන්ගේ සිත ගැන මගේ සිතින් විමසල හඳුනාගන්නවා. මේ පුද්ගලයා ඔය විදිහට ජීවත් වුනොත් නම්, දිගින් දිගට ම ඔය වැඩපිළිවෙලේ හිටියොත් නම්, මැරුණට පස්සේ සැප රහිත දුගතිය නම් වූ නිරයේ තමයි උපදින්න සිද්ධ වෙන්නෙ. ඉතින් මම පස්සෙ දවසක සාමාන්‍ය මිනිස් හැකියාව ඉක්මවා ගිය ඉතා පිරිසිදු දිවැස් නුවණින් බලද්දි, අර පුද්ගලයා මැරිල ගිහින් සැප නැති දුගතිය වන නිරයේ ඉපදිලා ගොඩාක් දුක් විඳ විඳ, වේදනා විඳ විඳ ඉන්නවා දකින්න ලැබෙනවා.

පින්වත් සාරිපුත්ත, ඒක මෙන්න මේ වගේ දෙයක්. මිනිහෙකුගේ ප්‍රමාණයට වඩා ගැඹුරු ගිනි අඟුරු වළක් තියෙනවා කියල හිතන්න. ඒක ගිනි දැල් නැතිව, දුම් නැතිව තියෙන ගිනි අඟුරු වළක්. ඒ වළට එන්න පාරකුත් තියෙනවා. ඔය පාර දිගේ මනුස්සයෙක් එනවා. හැබැයි ඒ මනුස්සය හොඳට ම පැවිල්ලට අහුවෙලා දුක් විඳිමින්, ක්ලාන්ත ගතියෙන් වතුර පිපාසෙ හැදිලා එන කෙනෙක්. ඉතින් හොඳින් ඇස් තියෙන කෙනෙකුට මේ පුද්ගලයාව දකින්න ලැබෙනවා. එතකොට එයා මෙහෙම හිතනවා. 'අනේ! මේ පුද්ගලයා ඔය විදිහට ඔය පාරෙන් ම ආවොත් නම්, ඔය එන පාර වෙනස් නොකළොත් නම්, මේ ගිනි අඟුරු වළටයි මේ කෙනා වැටෙන්නෙ' කියල. ඉතින් ඒ ආපු පුද්ගලයා අර ගිනි අඟුරු වළේ වැටිල දරුණු විදිහට දුක් විඳ විඳ ඉන්න හැටි පස්සෙ වෙලාවක දකින්න ලැබෙනවා. පින්වත් සාරිපුත්ත, අන්න ඒ විදිහ ම යි සමහර පුද්ගලයන් ගේ සිත ගැන මං මගේ සිතින් විමසල හඳුනාගන්නවා. 'මේ පුද්ගලයා ඔය විදිහට ජීවත් වුනොත් නම්, ඔය වැඩපිළිවෙල තුළ දිගින් දිගට ම හිටියොත් නම්, මැරුණට පස්සෙ ඒ ඇත්තට උපදින්න සිද්ධ වෙන්නෙ සැප නැති දුගතිය නම් වූ නිරයේ තමයි කියලා. ඉතින් මම පස්සෙ දවසක සාමාන්‍ය මිනිස් හැකියාව ඉක්මවා ගිය පිරිසිදු දිවැස් නුවණින් බලද්දී, අර පුද්ගලයා මැරිල ගිහින් සැප නැති දුගතිය කියල කියන නිරයේ ඉපදිලා ගොඩාක් දුක් විඳ විඳ, වේදනා විඳ විඳ ඉන්නවා දකින්න ලැබෙනවා.

පින්වත් සාරිපුත්ත, සමහර පුද්ගලයන්ගේ සිත ගැනත් මම මගේ සිතින් මේ විදිහට විමසල හඳුනාගන්නවා. 'මේ පුද්ගලයා ඔය විදිහට ජීවත් වුනොත් නම්, දිගින් දිගට ම ඔය වැඩපිළිවෙලේ හිටියොත් නම්, මැරුණට පස්සේ තිරිසනුන් අතරෙ තමයි උපදින්න සිද්ධ වෙන්නෙ' කියලා. ඉතින් මම පස්සෙ

දවසක සාමාන්‍ය මිනිස් හැකියාව ඉක්මවා ගිය දිව්‍යැස් නුවණින් බලද්දි, අර පුද්ගලයා මැරිල ගිහිල්ල තිරිසනුන් අතරෙ ඉපදිලා නොයෙක් විදිහේ දරුණු දුක් කම්කටොළු විඳිමින් ඉන්නවා දකින්න ලැබෙනවා.

පින්වත් සාරිපුත්ත, ඒක මෙන්න මේ වගේ දෙයක්. මිනිහෙකුගේ ප්‍රමාණයට වඩා ගැඹුරු අසූචි වළක් තියෙනවා. ඒ වල අසූචි වලින් පිරිලයි තියෙන්නෙ. ඒ වළ දිහාවට යන පාරකුත් තියෙනවා. ඉතින් ඔය පාර දිගේ එනවා පැවිල්ලට අහුවෙලා ක්ලාන්තය හැදිලා වතුර පිපාසයෙන් දුක් විඳින කෙනෙක්. එතකොට හොඳට ඇස් තියෙන පුරුෂයෙක් අර මනුස්සයාව දැකලා මෙන්න මෙහෙම කියනවා, 'අනේ! මේ මනුස්සයා ඔය පාරෙන් ම ආවොත් නම්, ඔය එන මාර්ගය වෙනස් නොකළොත් නම් මේ අසූචි වළට තමයි වැටෙන්න වෙන්නෙ' කියලා. ඉතින් පස්සෙ දවසක අර හොඳින් ඇස් තියෙන කෙනාට දකින්න ලැබෙනවා අර මනුස්සය අසූචි වළේ වැටිල දරුණු විදිහට දුක් විඳ විඳ ඉන්නවා. පින්වත් සාරිපුත්ත, ඔන්න ඔය විදිහ ම යි සමහර පුද්ගලයන්ගේ සිත ගැන මං මගේ සිතින් විමසල මෙන්න මේ විදිහට හඳුනාගන්නවා. 'මේ ඇත්තා ඔය විදිහට ජීවත් වුනොත් නම්, දිගින් දිගට ම ඔය වැඩපිළිවෙල තුළ ම හිටියොත් නම්, මැරුණට පස්සෙ ගිහිං උපදින්න සිද්ධ වෙන්නෙ තිරිසන් ලෝකෙ තමයි' කියලා. ඉතින් මම පස්සෙ දවසක සාමාන්‍ය මිනිස් හැකියාව ඉක්මවා ගිය ඉතා පිරිසිදු දිව්‍යැස් නුවණින් බලද්දි මට දකින්න ලැබෙනවා, අර පුද්ගලයා මැරිල තිරිසනුන් අතර ඉපදිලා ගොඩක් දුක් විඳ විඳ, වේදනා විඳ විඳ ඉන්න හැටි.

පින්වත් සාරිපුත්ත, සමහර ඇත්තන්ගේ සිත ගැනත් මං මගේ සිතින් මේ විදියට හඳුනාගන්නවා. 'මේ පුද්ගලයා ඔය විදියට ජීවත් වුනොත් නම්, දිගින් දිගට ම ඔය වැඩපිළිවෙල තුළ ම හිටියොත් නම්, මැරුණට පස්සෙ පෙරේත ලෝකෙ තමයි උපදින්න සිද්ධ වෙන්නෙ' කියලා. ඉතින් මම පස්සෙ දවසක සාමාන්‍ය මිනිස් හැකියාව ඉක්මවා ගිය දිව්‍යැස් නුවණින් බලද්දි, අර පුද්ගලයා පෙරේත ලෝකෙ ඉපදිලා ගොඩක් දුක් විඳ විඳ ඉන්නවා දකින්න ලැබෙනවා.

පින්වත් සාරිපුත්ත, ඒක මෙන්න මේ වගේ දෙයක්. කර්කශ පොළොවක හැදිච්ච ගහක් තියෙනවා. ඒ ගහේ පිළිවෙලකට කොළ හැදිලත් නෑ. ඒ නිසා සෙවණැල්ලත් පිළිවෙලකට නෑ. ඉතින් ඔය ගහ තියෙන පාර දිගේ එනවා පැවිල්ලකට අහුවෙච්ච, ක්ලාන්තය හැදිච්ච, හොඳට ම වතුර පිපාසය තියෙන කෙනෙක්. ඉතින් ඔය සිද්ධිය දකිනවා හොඳට ඇස් තියෙන පුරුෂයෙක්. දැකල මෙන්න මෙහෙම හිතනවා. 'මේ පුද්ගලයා ඔය පාරෙන් ආවොත්, දිගින් දිගට ම ආවොත්, මේ ගහ ළඟට තමයි එන්න තියෙන්නෙ' කියලා.

ඉතින් පස්සෙ දවසක අර ඇස් ඇති පුරුෂයාට දකින්න ලැබෙනවා ඒ ආපු පුද්ගලයා අර ගහ යට යාන්තමින් ඇති සෙවණෙ ඉඳගෙන හරි, හාන්සි වෙලා හරි ඉන්නවා. පින්වත් සාරිපුත්ත, ඔන්න ඔය විදිහ ම යි සමහර පුද්ගලයන්ගේ සිත ගැන මම මගේ සිතින් විමසලා මෙහෙම දැනගන්නවා, 'මේ පුද්ගලයා ඔය විදිහට ජීවත් වුනොත් නම්, දිගින් දිගට ම ඔය වැඩපිළිවෙල තුළ හිටියොත් නම්, පෙරේත ලෝකෙ තමයි උපදින්න සිද්ධ වෙන්නෙ' කියලා. ඉතින් මම පස්සෙ දවසක සාමාන්‍ය මිනිස් හැකියාව ඉක්මවා ගිය පිරිසිදු දිවැස් නුවණින් බලද්දි දකින්න ලැබෙනවා, අර පුද්ගලයා මැරිල ගිහිල්ලා පෙරේත ලෝකෙ ඉපදිලා ගොඩක් දුක් විඳ විඳ ඉන්නවා.

පින්වත් සාරිපුත්ත, සමහර පුද්ගලයන්ගේ සිත ගැනත් මම මගේ සිතින් මේ විදිහට හඳුනාගන්නවා. 'මේ පුද්ගලයා ඔය විදියට ජීවත් වුනොත් නම්, දිගින් දිගට ම ඔය වැඩපිළිවෙල තුළ හිටියොත් නම්, මැරුණට පස්සෙ මනුස්ස ලෝකෙ උපදින්න පුළුවන්කම ලැබෙනවා' කියලා. ඉතින් මම පස්සෙ දවසක සාමාන්‍ය මිනිස් හැකියාව ඉක්මවා ගිය පිරිසිදු දිවැස් නුවණින් බලද්දි අර මනුස්සයා මිනිසුන් අතර ඉපදිලා, සැප බහුල විඳීම් විඳ විඳ ඉන්නවා දකින්න ලැබෙනවා.

පින්වත් සාරිපුත්ත, ඒක මෙන්න මේ වගේ දෙයක්. හොඳ ලස්සන බිමක හැදිච්ච ගහක් තියෙනවා. ඒ ගහ පුරාවට හොඳට කොළ පිරිල තියෙනවා. ඒ නිසා ම හොඳ සෙවණැල්ලකුත් තියෙනවා. ඉතින් ඔය ගහ පිහිටල තියෙන පාර දිගේ එනව පෑවිල්ලට අහුවෙලා, ක්ලාන්තය හැදිලා වතුර පිපාසෙන් ඉන්න කෙනෙක්. ඔය වෙලාවෙ හොඳට ඇස් තියෙන කෙනෙක් අර මනුස්සයව දකිනවා. දැකල මෙන්න මෙහෙම හිතනවා. 'මේ පුද්ගලයා ඔය පාර දිගේ ම ආවොත් නම්, දිගින් දිගට ම ආවොත්, මේ ගහ ළඟට එන්න පුළුවනි' කියලා. ඉතින් පස්සෙ වෙලාවක අර ඇස් ඇති පුරුෂයාට දකින්න ලැබෙනවා අර පුද්ගලයා ඒ ගහ යට ට ගිහින්, ඒ ගස් සෙවණෙ වාඩිවෙලා හරි, හාන්සි වෙලා හරි, සැප බහුල විඳීම් විඳ විඳ ඉන්නවා.

පින්වත් සාරිපුත්ත, ඔන්න ඔය විදිහමයි මම සමහර පුද්ගලයන්ගේ සිත ගැන මම මගේ සිතින් විමසල හඳුනාගන්නවා, 'මේ පුද්ගලයා ඔය විදිහට ජීවත් වුනොත් නම්, ඔය වැඩපිළිවෙල තුළ දිගින් දිගට ම හිටියොත් නම්, මැරුණට පස්සේ මනුස්ස ලෝකෙ උපදින්න ලැබෙනවා' කියලා. ඉතින් මම පස්සෙ දවසක සාමාන්‍ය මිනිස් හැකියාව ඉක්මවා ගිය පිරිසිදු දිවැස් නුවණින් බලද්දි, දකින්න ලැබෙනවා අර පුද්ගලයා මැරිල ගිහින් මිනිසුන් අතර ඉපදිලා ඉතාමත් හොඳින් සැප විඳ විඳ ඉන්නවා.

පින්වත් සාරිපුත්ත, ඔන්න ඔය විදිහමයි මම සමහර පුද්ගලයන්ගේ සිත ගැන මම මගේ සිතින් විමසල හඳුනාගන්නවා, 'මේ පුද්ගලයා ඔය විදිහට ජීවත් වුනොත් නම්, ඔය වැඩපිළිවෙල තුළ දිගින් දිගට ම හිටියොත් නම්, මැරුණට පස්සේ ඉතා යහපත් ඉපදීමකින් යුතු ස්වර්ග ලෝකෙ උපදින්න ලැබෙනවා' කියලා. ඉතින් මම පස්සෙ දවසක සාමාන්‍ය මිනිස් හැකියාව ඉක්මවා ගිය පිරිසිදු දිවැස් නුවණින් බලද්දි, දකින්න ලැබෙනවා අර පුද්ගලයා මැරිල ගිහින් ඉතා යහපත් උපතකින් යුතු ස්වර්ග ලෝකයේ ඉපදිලා ඉතාමත් හොඳින් සැප විඳ විඳ ඉන්නවා.

පින්වත් සාරිපුත්ත, ඒක මෙන්න මේ වගේ දෙයක්. ලස්සන මාළිගාවක් තියෙනවා. ඒ මාළිගාව හොඳ ජනෙල් දොරවල් තියෙන ලස්සන එකක්. ඒක ඇතුළෙ පලස් අතුරලත් තියෙනවා. ඒ පලස් මත හොඳ ලස්සන ආසනයකුත් තියෙනවා. ඒ ආසනයේ දෙපැත්තේ රතු පාට විල්ලුද වලින් හදපු කොට්ට දෙකකුත් තියෙනවා. උඩින් ලස්සන රතු වියනක් බැඳලත් තියෙනවා. ඒ මාළිගාවට එන්න පාරකුත් තියෙනවා. ඉතින් පැවිල්ලට අහුවෙලා, ක්ලාන්තය හැදිලා, වතුර පිපාසෙ හැදිල ඉන්න කෙනෙක් ඒ පාර දිගේ එනවා. ඉතින් හොඳින් ඇස් තියෙන පුරුෂයෙකුට අර පුද්ගලයාව දකින්න ලැබෙනවා. එතකොට ඔහු මෙහෙම කියනවා. 'මේ පුද්ගලයා ඔය විදිහට ම ඔය පාරෙන් ම ආවොත් ඔය මාර්ගය වෙනස් නොකළොත් මේ මාළිගාවට ම යි මෙයාට එන්න වෙන්නෙ' කියලා. ඉතින් අර පුද්ගලයා අර මාළිගාවට ගිහින් ඒ ආසනේ වාඩිවෙලා හරි, හාන්සි වෙලා හරි අතිශයින් ම සැප විඳ විඳ ඉන්නවා පස්සෙ කාලෙක දකින්න ලැබෙනවා.

පින්වත් සාරිපුත්ත, ඔන්න ඔය විදිහට ම සමහර පුද්ගලයන් ගේ සිත ගැන මං මගේ සිතින් විමසල හඳුනාගන්නවා 'මේ පුද්ගලයා ඔය විදිහට ජීවත් වුනෝතින් නම්, දිගින් දිගට ම ඔය වැඩපිළිවෙල තුළ හිටියොත් නම්, මැරුණට පස්සේ ඉතා යහපත් උපතකින් යුතු ස්වර්ග ලෝකෙ උපදින්න ලැබෙනවා' කියලා. ඉතින් මම පස්සෙ දවසක සාමාන්‍ය මිනිස් හැකියාව ඉක්මවා ගිය පිරිසිදු දිවැස් නුවණින් බලද්දි, දකින්න ලැබෙනවා අර පුද්ගලයා මැරිල ගිහින් ඉතා යහපත් උපතකින් යුතු ස්වර්ග ලෝකයේ ඉපදිලා අතිශයින් ම සැප විඳ විඳ ඉන්නවා.

පින්වත් සාරිපුත්ත, සමහර පුද්ගලයන්ගේ සිත ගැන මම මගේ සිතින් විමසලා මෙහෙම දැනගන්නවා, 'මේ පුද්ගලයා ඔය විදිහට ජීවත් වුනෝතින් නම්, දිගින් දිගට ම ඔය වැඩපිළිවෙල තුළ හිටියොත් නම්, ආශ්‍රවයන් ක්ෂය කරලා, ආශ්‍රව රහිත වෙලා, මේ ජීවිතේදී තමන්ගේ ම නුවණින් චිත්ත

විමුක්තියත්, ප්‍රඥා විමුක්තියත්, සාක්ෂාත් කරලා එයට පැමිණ වාසය කරනවා' කියලා. පස්සෙ කාලෙකදී ඒ පුද්ගලයා ආශ්‍රවයන් ක්ෂය කරලා, ආශ්‍රව රහිත වෙලා, මේ ජීවිතේ දී තමන්ගේ ම විශේෂ ඥානයෙන් චිත්ත විමුක්තියත්, ප්‍රඥා විමුක්තියත් සාක්ෂාත් කරල වාසය කරමින් පුදුමාකාර සැපයක් විඳ විඳ ඉන්න අයුරු දකින්න ලැබෙනවා.

පින්වත් සාරිපුත්ත, ඒක මෙන්න මේ වගේ දෙයක්. සීතල වතුර තියෙන හොඳට පැදුන, නිල් කැටේ වගේ වතුර තියෙන පොකුණක් තියෙනවා. මේ පොකුණ වටේට ලස්සන සුදු වැලිතලාවකුත් තියෙනවා. ඔය පොකුණ ලඟින් ම ලස්සන කැලෑ පොඩ්ඩකුත් තියෙනවා. ඔතනට එන්න පාරකුත් තියෙනවා. ඉතින් ඔය පාර දිගේ එනවා පැවිල්ලට අහුවෙලා, ක්ලාන්තය හැදිලා, වතුර පිපාසය තියෙන මනුස්සයෙක්. ඉතින් හොඳින් ඇස් තියෙන කෙනෙකුට ඔය පුද්ගලයාව දකින්න ලැබෙනවා. එතකොට ඔහු මෙහෙම කියනවා. 'හරි! මේ පුද්ගලයා ඔය විදිහට ම ආවොත්, ඔය පාරෙන් ම ආවොත්, ඔය එන මාර්ගය වෙනස් කළේ නැත්නම් මේ පොකුණට තමයි මෙයා එන්නෙ' කියලා. ඉතින් පස්සෙ වෙලාවක ඒ ඇස් ඇති පුරුෂයාට දකින්න ලැබෙනවා අර මනුස්සයා ඒ පොකුණට බැහැලා, හොඳට වතුර නාලා, සීතල වතුර බීලා, ඇගේ පතේ ඔක්කොම අමාරු සංසිඳුවාගෙන, ඒ පොකුණෙන් ගොඩ වෙලා, අර කැලේ තියෙන ගස් සෙවණෙ වාඩි වෙලා හරි, හාන්සි වෙලා හරි පුදුමාකාර සැපයක් විඳ විඳ ඉන්නවා.

පින්වත් සාරිපුත්ත, ඔන්න ඔය විදිහට සමහර පුද්ගලයන්ගේ සිත ගැන මම මගේ සිතින් විමසලා මෙහෙම දැනගන්නවා, 'මේ පුද්ගලයා ඔය විදිහට ජීවත් වුණෝතින් නම්, දිගින් දිගට ම ඔය වැඩපිළිවෙල තුළ හිටියොත් නම්, ආශ්‍රවයන් ක්ෂය කරලා, ආශ්‍රව රහිත වෙලා, මේ ජීවිතේදී තමන්ගේ ම විශේෂ ඥානයෙන් චිත්ත විමුක්තියත්, ප්‍රඥා විමුක්තියත්, සාක්ෂාත් කරගෙන වාසය කරනවා' කියලා. ඉතින් පස්සෙ දවසක මට අර පුද්ගලයාව දකින්න ලැබෙනවා. ආශ්‍රවයන් ක්ෂය කරලා, ආශ්‍රව රහිත වෙලා, මේ ජීවිතේදී තමන්ගේ ම විශේෂ ඥානයෙන් චිත්ත විමුක්තියත්, ප්‍රඥා විමුක්තියත් සාක්ෂාත් කරගෙන වාසය කරමින් පුදුමාකාර සැපයක් විඳ විඳ ඉන්න හැටි. පින්වත් සාරිපුත්ත, පස් ආකාරයක ගති කියල කිව්වෙ මේවට තමයි.

පින්වත් සාරිපුත්ත, ඉතින් මේ විදිහේ අවබෝධ ඥානයෙන් යුක්ත බව දන්නා වූ, දක්නා වූ මට කවුරු හරි මෙහෙම කිව්වොත්, 'ඔය ශ්‍රමණ ගෞතමයන්ට මනුෂ්‍ය ජීවිතේට ඉහළින් දියුණු කරපු සුවිශේෂ වූ අමුතු ඥානයක් නෑ. ශ්‍රමණ ගෞතමයන් තර්කානුකූලව කතා කරන්න දන්නවා. හොඳට

විමසන්නත් දන්නවා. හරි ම නිර්මාණශීලී පුද්ගලයෙක්. ඒවා පාවිච්චි කරල තමයි ඔහු ධර්මය දේශනා කරන්නෙ' කියලා. පින්වත් සාරිපුත්ත, ඒ තැනැත්තා ඔය වචනය අත්හැරියේ නැත්නම්, ඔය සිත අත්හැරියේ නැත්නම්, ඔය දෘෂ්ටිය අත්හැරියේ නැත්නම්, හිසෙන් ඔසවාගෙන ආ බරක් බිමින් තියනවා වගේ ඔහුට උපදින්න සිද්ධ වෙන්නේ නිරයේ.

පින්වත් සාරිපුත්ත, ඒක මෙන්න මේ වගේ දෙයක්. සීල සම්පන්න වූ, සමාධි සම්පන්න වූ, ප්‍රඥා සම්පන්න වූ භික්ෂුව මේ ජීවිතේදී ම රහත් වෙනවා වගේ. පින්වත් සාරිපුත්ත, මේ ගැන මට කියන්ට තියෙන්නෙත් ඒ විදිහට ම යි. ඒ තැනැත්තා ඔය වචනය අත්හැරියේ නැත්නම්, ඔය සිත අත්හැරියේ නැත්නම්, ඔය දෘෂ්ටිය අත්හැරියේ නැත්නම්, හිසෙන් ඔසවාගෙන ආ බරක් බිමින් තියනවා වගේ ඔහුට උපදින්න සිද්ධ වෙන්නේ නිරයේ.

පින්වත් සාරිපුත්ත, (දුෂ්කරක්‍රියා කරන කාලෙ) ආකාර හතරකින් සමන්විත බ්‍රහ්මචාරී ජීවිතයක් මම ගතකළ බව මට මතකයි. මමත් ඒ කාලෙ තපස් රකින පුද්ගලයන් අතර ඉහළින් ම තපස් රැකපු කෙනෙක්. කටුක විදිහට ම තපස් රකින පුද්ගලයන්ට අතර මම උග්‍ර විදිහට ම කටුක තපස් රැකපු කෙනෙක්. පව් පිළිකුල් කරමින් තපස් රකින පුද්ගලයන් අතර ඉහළින් ම පව් පිළිකුල් කරපු කෙනෙක්. හුදෙකලා විවේකයෙන් තපස් රකින පුද්ගලයන් අතර මම ඉහළින් ම හුදෙකලා විවේකීව තපස් රැකපු කෙනෙක්.

පින්වත් සාරිපුත්ත, ඒ කාලෙ මගේ තපස් රැකීම මෙන්න මේ වගේ දෙයක්. මම නිර්වස්ත්‍රව හිටියා. ශිෂ්ට බව අත්හැරියා. අතින් තමයි ආහාර පිළිගත්තේ. 'එන්න ස්වාමීනී' කියල දෙන දානය මම පිළිගත්තෙ නෑ. 'සිටින්න ස්වාමීනී' කියල දෙන දානය මං පිළිගත්තෙ නෑ. මා වෙනුවෙන් සැකසූ දානය මම පිළිගත්තෙ නෑ. ආරාධනා කරල දෙන දානය මම පිළිගත්තේ නෑ. හැළියේ උඩින් දෙන දානය මම පිළිගත්තේ නෑ. එළිපත්තේ ඉඳන් දෙන දානෙ මං පිළිගත්තේ නෑ. කණු දෙකක් අතරෙ ඉඳන් දෙන දානය මං පිළිගත්තෙ නෑ. මෝල්ගසක් අතර හිටගෙන දෙන දානය මම පිළිගත්තෙ නෑ. දෙන්නෙක් කෑම කකා සිටිද්දි එක්කෙනෙක් ඇවිත් දෙන දානය මම පිළිගත්තෙ නෑ. ගර්භනී මව්වරුන් දෙන දානය මම පිළිගත්තෙ නෑ. දරුවන්ට කිරිපොවන තැනැත්තිය විසින් දෙන දානය මම පිළිගත්තෙ නෑ. පුරුෂයෙක් ළඟට ගිය ස්ත්‍රියක් දෙන දානය මම පිළිගත්තෙ නෑ. සම්මාදම් කරල දෙන දෙයින් හදන දානය මං පිළිගත්තෙ නෑ. දානෙ දෙන තැන බල්ලෙක්වත් හිටියොත්, ඌට නොදී මට දෙන දානය මං පිළිගත්තෙ නෑ. මැස්සො කැටිගැහිල පිරිලා ඉන්න තැන්වල ඉඳන් දෙන දානය මම පිළිගත්තෙ නෑ. මස් වැළඳුවෙත් නෑ. මාළු වැළඳුවෙත්

නෑ. සුරා බිව්වෙත් නෑ. රා බිව්වෙත් නෑ. ලෝණසෝවීරක කියන මත්පැන් ජාතිය පිළිගත්තෙත් නෑ.

සමහර දවස්වලට එක ගෙදරකින් එක බත් පිඬක් පමණක් අරගෙන යැපුණා. ගෙවල් දෙකකින් බත් පිඬු දෙකක් අරගෙන යැපුනා. ගෙවල් සතකින් බත් පිඬු සතක් අරගෙන යැපුනා. ඉතා කුඩා එක බත් හැන්දෙනුත් යැපුනා. ඉතා කුඩා බත් හැඳි දෙකකිනුත් යැපුනා. ඉතා කුඩා බත් හැඳි හතකිනුත් යැපුනා. ඇතැම් දවස්වලට මම දවසට එක් වරක් පමණක් දානෙ ගත්තා. දවස් දෙකකට වරක් දානෙ ගත්තා. දවස් හතකට ම එක වේලක් දානෙ ගත්තා. සති දෙකකටම එක වේලක් දානෙ ගත්තා. මේ විදිහටයි මම ඒ කාලෙ දානෙ ගත්තෙ.

මම ඒ කාලෙ අමු කොළ විතරක් වැළඳුවා. තණ හාල් විතරක් වැළඳුවා. හාල් විතරක් වැළඳුවා. ගස් පොතුවල කහට විතරක් වැළඳුවා. ගස්වල ලාටු විතරක් වැළඳුවා. සුණු සහල් විතරක් වැළඳුවා. බත් ඉව්වම හැදෙන පෙණ විතරක් වැළඳුවා. තල ඇට විතරක් වැළඳුවා. තණකොළ විතරක් වැළඳුවා. ගොම විතරක් වැළඳුවා. ගස්වල මුලුයි ගෙඩියි විතරක් වැළඳුවා. ගස් මුලට වැටිච්ච ගෙඩි විතරක් වැළඳුවා.

මම ඒ කාලෙ හණ වැහැරි විතරක් පොරෝගෙන හිටියෙ. නොයෙක් නූල් වලින් වියපු රෙදි පෙරෙව්වා. මිනී ඔතපු රෙදිත් පෙරෙව්වා. ගස්වල පොතු වලින් හදපු රෙදිත් පොරවලා තියෙනවා. අඳුන් දිවියන්ගේ හමත් පොරෝල තියෙනවා. අඳුන් මුවාගේ හමත් පොරෝල තියෙනවා. කුස තණ වලින් හදපු ගෝනිත් පොරෝගෙන හිටියා. එළුවන්ගේ හමත් පොරෝල තියෙනවා. කෙස් වලින් හදපු කබායත් පොරෝල තියෙනවා. අශ්ව ලෝම වලින් හදපු කබායත් පොරෝල තියෙනවා. බකමූණු පිහාටු වලින් හදපු කබායත් පොරෝල තියෙනවා. ඒ කාලෙ මම කෙස් රැවුල් උදුරන්නයි පුරුදු වෙලා හිටියේ. ආසනවල වාඩිවීම ප්‍රතික්ෂේප කළා. මම හිටියේ උඩුබැලි අතට. මම උක්කුටිකයෙන් (කකුලේ ඇඟිලි තුඩු වලින්) වාඩිවෙලා තමයි භාවනා කළේ. කටු ගහපු ලෑලි උඩ මම සක්මන් කළා. කටු ගහපු ලෑලි උඩ මං හාන්සි වෙලා හිටියා. දවසට තුන් වතාවක් වතුරෙ බැහැල කිමිදිලා තපස් රැක්කා.

මම ඔය විදිහට නොයෙක් ආකාරයට මේ ශරීරය බලවත්ව තැලෙන පොඩිවෙන, දැවෙන තැවෙන විදිහේ තපස් රැක්කා. පින්වත් සාරිපුත්ත, ඔන්න ඔය වගේ තාපස ජීවිතයක් තමයි මං ගත කළේ.

පින්වත් සාරිපුත්ත, මම ගත කරපු කටුක ජීවිතේ මෙන්න මේ විදිහයි. මම අවුරුදු ගාණක් ඇඟ පුරා දූවිලි එකතුවෙන්න හැරියා. ඇගේ දූවිලි තට්ටු

බැඳිල පතුරු ගැලවුණා. පින්වත් සාරිපුත්ත, අවුරුදු ගණනක් පරණ තිඹිරි කණුවක හැදිච්ච පතුරු වගෙයි. ඒ විදිහට ම මගේ ශරීරයේ අවුරුදු ගාණක් තිස්සේ දූවිලි බැඳිලා, පතුරු හැදිල තමයි තිබුනේ. නමුත් මට මගේ මේ දූවිලි පතුරු 'අතින් පිහදාල දාන්න ඕන කියල හරි, කවුරු හරි ඇවිදින් මේ දූවිලි පතුරු පිහදාල දානවා නම් හොඳයි' කියල හරි කවදාවත් හිතුනෙ නෑ. පින්වත් සාරිපුත්ත, ඔය වගේ රූක්ෂ, කටුක තපස් ජීවිතයක් තමයි මම ගත කළේ.

පින්වත් සාරිපුත්ත, පව පිළිකුල් කරන තාපස ජීවිතේ මම ගත කළේ මෙන්න මේ විදිහටයි. පින්වත් සාරිපුත්ත, හොඳට සිහිය පිහිටුවාගෙන ම යි ඉස්සරහට යන්නෙ. ආපස්සට එන්නෙත් සිහිය පිහිටුවාගෙන ම යි. පුංචි වතුර බිංදුවක් කෙරෙහිත් මගේ හිතේ දයාව පිහිටලා තිබුනා. 'මේ වැටන්න යන වතුර බිංදුවේ ඉන්න ක්ෂුද්‍ර ජීවියෙකුටවත් හිංසා වෙන්න එපා!' කියලා. පින්වත් සාරිපුත්ත, පවට පිළිකුල් කිරීම ඔන්න ඔය විදිහටයි මං තුළ තිබුනේ.

පින්වත් සාරිපුත්ත, මම විවේකයෙන් හුදෙකලා ජීවිතේ ගත කළේ මෙන්න මේ විදිහටයි. පින්වත් සාරිපුත්ත, මම සමහර වනාන්තරවල ඇතුළට ම ගිහිල්ල ඉන්නවා. එතකොට මට ගොපල්ලෙක්ව, සතුන් ඇතිකරන කෙනෙක්ව, තණකොළ ගෙනියන්ට එන කෙනෙක්ව, දර ගෙනියන්ට ආපු කෙනෙක්ව, කැලෑ මුරකරුවෙක්ව හරි දකින්න ලැබුනොත්, මම වනාන්තරෙන් වනාන්තරේට, වන ලැහැබෙන් වන ලැහැබට, මිටියාවතෙන් මිටියාවතට, කඳු ගැටෙන් කඳු ගැටේට පැනල දුවනවා. ඇයි මම එහෙම කරන්නෙ? 'ඒ උදවියට මාව දකින්නට නොලැබේවා!' කියල. 'මටත් ඒ උදවිය මූණ නොගැසේවා!' කියලයි. පින්වත් සාරිපුත්ත, ඒක මෙන්න මේ වගේ දෙයක්. වනාන්තරේ මුවෙක් ඉන්නවා. ඉතින් ඔය මුවා මිනිස්සු දැක්කා ම වනාන්තරෙන් වනාන්තරේට, වන ලැහැබෙන් වන ලැහැබට, මිටියාවතෙන් මිටියාවතට, කඳු ගැටෙන් කඳු ගැටේට පැනල දුවනවා. පින්වත් සාරිපුත්ත, අන්න ඒ විදිහට ම යි ගොපල්ලෙක් හරි, සතුන් ඇතිකරන කෙනෙක් හරි, තණකොළ ගෙනියන්න එන කෙනෙක් හරි, දර ගෙනියන්න ආපු කෙනෙක් හරි, කැලෑ මුරකාරයෙක් හරි මට දකින්න ලැබුනොත්, මම වනාන්තරෙන් වනාන්තරේට, වන ලැහැබෙන් වන ලැහැබට, මිටියාවතෙන් මිටියාවතට, කඳු ගැටෙන් කඳු ගැටේට පැනල ගියා. ඇයි එහෙම කළේ? 'ඒ උදවියට මාව දකින්නට නොලැබේවා!' කියලා. 'මටත් ඒ උදවියව දකින්න නො ලැබේවා!' කියලයි. පින්වත් සාරිපුත්ත, මං ගතකළ හුදෙකලා ජීවිතය ඔය වගේ එකක්.

පින්වත් සාරිපුත්ත, ඒ කාලෙ මම අපවිත්‍ර දේවල් පවා ආහාරයට ගත්තා. ගවයන් නැති වෙලාවට, ගොපල්ලන් පිටත්ව ගිය වෙලාවට මම ගව ගාල්වලට

යනවා. කිරි බොන පැටවුන්ගේ ගොම අනුභව කරන්නෙ වැළමිටයි, දණිස් දෙකයි බිම තියාගෙන. ඒ වගේ ම පින්වත් සාරිපුත්ත, මම මගේ ම මළ මූත්‍රා ආහාරයට ගත්තා. ඒ මළ මූත්‍රා හැදෙන එක ඉවර වෙනකල් ම මම ආහාරයට ගන්නෙ ඒවා විතරයි. පින්වත් සාරිපුත්ත, මම ගන්න ඒ ආහාරයට කියන්නෙ 'මහා විකට භෝජනය' කියලා.

පින්වත් සාරිපුත්ත, මම භයානක වනාන්තර ඇතුළට ම ගිහින් ඉන්නවා. ඒ වනාන්තරවල බිහිසුණු බව මේ විදිහයි. රාගය දුරු නොකළ කෙනෙක් ඒ වනාන්තර ඇතුළට ගියොත් පුදුම විදිහට භයට පත්වෙනවා. ඇඟේ මවිල් කෙලින් හිටිනවා. පින්වත් සාරිපුත්ත, මම ඒ වනාන්තරයට ගිහින් හිම වැටෙන සීතල රාත්‍රියට එළිමහනේ සක්මන් කර කර ඉන්නවා. මම දවල් කාලෙ වන ලැහැබක් ඇතුළෙ ඉන්නවා. ග්‍රීස්ම කාලෙ අන්තිම මාසෙ දවල්ට එළිමහනෙ තමයි ඉන්නේ. රෑට වන ලැහැබකට යනවා. ඉතින් පින්වත් සාරිපුත්ත, මම එහෙම ඉන්න කොට මම කවදාවත් අහල නැති මෙන්න මේ ආශ්චර්යමත් ගාථාව මගේ හිතට වැටහුනා.

> 'පාරිශුද්ධ ජීවිතයක් සොයමින් යන මුනිවරයෙක් වන මම නිර්වස්ත්‍රවයි ඉන්නෙ. පායන කාලෙට අව්වෙන් පිච්චි පිච්චි ඉන්නවා. හිම වැටෙන කාලෙට අධික සීතලේ තෙමි තෙමි ඉන්නවා. බිහිසුණු වනාන්තරයේ තනියම ඉන්නවා. සීතල නැති කරගන්න ගිනි ගොඩක් ළඟටවත් ගියේ නෑ.'

පින්වත් සාරිපුත්ත, මම සොහොනට ගිහිල්ලත් නිදාගන්නවා. කොට්ටෙට තියාගන්නෙ මිනී ඇට. පින්වත් සාරිපුත්ත, එතකොට ගොපලු කොලුපැටව් මා ළඟට ඇවිදින් මට කෙළ ගහනවා. මගේ ඇඟට මූත්‍රා කරනවා. පස් වලිනුත් ගහනවා. මගේ කන්වලට ඉරටුත් ගහනවා. පින්වත් සාරිපුත්ත, මට ඒ දරුවන් ගැන තරහ සිතක් නම් ඇතිවුනේ නෑ. පින්වත් සාරිපුත්ත, මේ විදිහයි මම ගතකරපු උපේක්ෂා සහගත තපස් ජීවිතය.

පින්වත් සාරිපුත්ත, මේ විදිහට කියන, මේ වගේ මත දරණ සමහර ශ්‍රමණ බ්‍රාහ්මණවරු ඉන්නවා. 'ආහාරයෙන් පිරිසිදු වෙන්න පුළුවන්'ය කියලා. ඉතින් ඒ උදවිය මෙහෙම කියනවා. "අපි ජීවත් වෙන්නෙ මසං ගෙඩි වලින් විතරයි" කියලා. නමුත් ඔවුන් මසං ගෙඩිත් කනවා. මසං වේලලා පිටි කරගෙනත් කනවා. වතුරෙ දාල මිරිකල ඉස්මත් බොනවා. මසංවලින් හදන එක එක කැවිලි ජාති තියෙනවා. ඒවත් කනවා. ඒත් පින්වත් සාරිපුත්ත, මම නම් ඒ කාලෙ එක ම එක මසං ගෙඩියක් විතරයි ආහාරයට ගත්තෙ. පින්වත් සාරිපුත්ත, ඔබට

හිතෙන්න පුළුවනි, "ඇත්තෙන් ම ඒ දවස්වල මසං ගෙඩි ලොකුවට තිබුනවත් ද" කියල. නෑ පින්වත් සාරිපුත්ත එහෙම වුනේ නෑ. ඔය අද දකින මසං ගෙඩියේ ප්‍රමාණය ම යි එදත් තිබුනේ. ඉතින් පින්වත් සාරිපුත්ත, මම එක ම එක මසං ගෙඩියකින් ජීවත් වෙනකොට මගේ මේ ශරීරය පුදුම විදිහට කෙට්ටු වෙලා ගියා. කළු වැල් පුරුක් වගෙයි පෙනුනෙ. ආසීතික වැල් පුරුක් වගෙයි පෙනුනෙ. මම ඔය විදිහට ඉතාමත් යාන්තමින් ආහාර ගත්තු නිසා මගේ ඇඟ පත හොඳට ම කෙට්ටු වෙලා ගියා. මම ආහාර කොයිතරම් අඩුවෙන් ගත්තද කිව්වොත්, මගේ තට්ටම් කෙට්ටු වෙලා ගියේ ඔටුවෙකුගේ පියසටහන් වගෙයි. වට්ටනාවලි කියල ගැට හැදිච්ච වැලි ජාතියක් තියෙනවා. මගේ කොඳු ඇට පේළියත් ඒ වගේ වුනා. ආහාර අඩුවෙන් ගත්තු නිසා තමයි ඒ විදිහට වුනේ. ඒ වගේ ම ගොඩාක් දිරපු ශාලාවක වහලෙ පරාල තියෙන්නෙ එහාට මෙහාට උස් පහත් වෙලා. ආහාර අඩුවෙන් ගැනීම කොච්චර ද කිව්වොත් මගේ පපුවෙ ඇට පෙනුනෙත් ඒ විදිහට ම යි. ඒ වගේ ම ගැඹුරු ළිඳක් තියෙනවා කියල හිතන්න. ඒ ළිඳ කොච්චර ගැඹුරු ද කිව්වොත් වතුර ටික යාන්තමට දිලිසෙනවා විතරයි පේන්නෙ. ඔය විදිහට ම මගේ ඇස් දෙක ඇස් වලේ යටට ම ගිලිල යාන්තමට දිළිසුනා. ආහාර අඩුවෙන් ගත්තු නිසා තමයි එහෙම වුනේ. ඒ වගේ ම අමුවෙන් කඩලා අව්වට වේලිලා මැලවිලා ගිය ලබු ගෙඩියක් ගැන හිතන්න. මගේ හිසේ හමත් අන්න ඒ විදිහට මැලවිලා, රැලි වැටිලා ගියා. ආහාර අඩුවෙන් ගත්තු නිසා තමයි එහෙම වුනේ.

පින්වත් සාරිපුත්ත, මම බඩේ හම අතින් පිරිමදින කොට, කොඳු ඇට පේළිය අතට අහුවෙනවා. කොඳු ඇට පේළිය පිරිමදින කොට බඩේ හම තමයි අතට අහු වුනේ. පින්වත් සාරිපුත්ත, ආහාර අඩුවෙන් ගත්තු නිසා ම තමයි බඩේ හමයි කොඳු ඇට පේළියයි එකට ඇලිලා ගියේ. මම වැසිකිළි කැසිකිළි යන්න හදන කොට එතන ම යටිකුරුව වැටුනා. පින්වත් සාරිපුත්ත, ආහාර අඩුවෙන් ගත්තු නිසා තමයි ඒ විදිහට වුනේ. පින්වත් සාරිපුත්ත, මේ ශරීරයේ අතපය මම පිරිමදින කොට ඇගේ මවිල්වල මුල් ඉදිරිලා ඒ මවිල් ගැලවිලා වැටෙනවා. ආහාර අඩුවෙන් ගැනීම කොච්චර ද කිව්වොත් ඒ නිසා ම යි එහෙම වුනේ.

පින්වත් සාරිපුත්ත, සමහර ශ්‍රමණ බ්‍රාහ්මණවරු ඉන්නවා. ඒ උදවිය මෙහෙමයි කියන්නෙ. මේ වගේ මතයක් තමයි දරන්නෙ. 'ආහාරයෙන් සත්වයන් පිරිසිදු වෙනවා'ය කියල. ඉතින් ඒ උදවිය මෙහෙම කියනවා. 'අපි නම් ජීවත් වෙන්නෙ මුං ඇට වලින් විතරයි' කියලා ....(පෙ).... 'අපි නම් ජීවත් වෙන්නෙ තල ඇටවලින් විතරයි' කියලා ....(පෙ).... 'අපි නම් ජීවත් වෙන්නෙ හාල් වලින්

විතරයි' කියලා. ඒත් ඔවුන් හාලුත් කනවා. හාල් පිටිත් කනවා. හාල් කැඳත් බොනවා. හාල්වලින් හදන එක එක කැවිලි ජාති තියෙනවා. ඒවාත් කනවා. පින්වත් සාරිපුත්ත, මම නම් අනුභව කළේ එක ම එක හාල් ඇටයක් විතරයි. පින්වත් සාරිපුත්ත, ඔබට හිතෙන්න පුළුවනි ඒ දවස්වල හාල් ඇට මෙයිට වඩා ලොකුවට තිබුනවත් ද කියල. නෑ පින්වත් සාරිපුත්ත, එහෙම දෙයක් වුනේ නෑ. මේ දවස්වල තියෙන හාල් ඇටේක ප්‍රමාණය ම යි ඒ දවස්වල තිබුනෙත්.

ඉතින් පින්වත් සාරිපුත්ත, එක ම එක හාල් ඇටයක් විතරක් මම ආහාරයට ගනිද්දි, මගේ මේ ශරීරය පුදුම විදිහට කෙට්ටු වෙලා ගියා. කළු වැල් පුරුක් වගෙයි පෙනුනෙ. ආසීතික වැල් පුරුක් වගෙයි පෙනුනේ. මම ඔය විදිහට ඉතාමත් යාන්තමින් ආහාර ගත්තු නිසා මගේ ඇඟ පත හොඳට ම කෙට්ටු වෙලා ගියා. මම ආහාර කොයිතරම් අඩුවෙන් ගත්තද කිව්වොත්, මගේ තට්ටම් කෙට්ටු වෙලා ගියේ ඔටුවෙකුගේ පියසටහන් වගෙයි. වට්ටනාවලි කියල ගැට හැදිච්ච වැලි ජාතියක් තියෙනවා. මගේ කොඳු ඇට පේළියත් ඒ වගේ වුනා. ආහාර අඩුවෙන් ගත්තු නිසා තමයි ඒ විදිහට වුනේ. ඒ වගේ ම ගොඩාක් දිරපු ශාලාවක වහලෙ පරාල තියෙන්නෙ එහාට මෙහාට උස් පහත් වෙලා. ආහාර අඩුවෙන් ගැනීම කොච්චරද කිව්වොත් මගේ පපුවෙ ඇට පෙනුනෙත් ඒ විදිහට ම යි. ඒ වගේ ම ගැඹුරු ළිඳක් තියෙනවා කියල හිතන්න. ඒ ළිඳ කොච්චර ගැඹුරු ද කිව්වොත් වතුර ටික යාන්තමට දිලිසෙනවා විතරයි පේන්නෙ. ඔය විදිහට ම මගේ ඇස් දෙක ඇස් වලේ යටට ම ගිලිල යාන්තමට දිළිසුනා. ආහාර අඩුවෙන් ගත්තු නිසා තමයි එහෙම වුනේ. ඒ වගේ ම අමුවෙන් කඩලා අව්වට වේලිලා මැලවිලා ගිය ලබු ගෙඩියක් ගැන හිතන්න. මගේ හිසේ හමත් අන්න ඒ විදිහට මැලවිලා, රැලි වැටිලා ගියා. ආහාර අඩුවෙන් ගත්තු නිසා තමයි එහෙම වුනේ.

පින්වත් සාරිපුත්ත, මම බඩේ හම අතින් පිරිමදින කොට, කොඳු ඇට පේළිය අතට අහුවෙනවා. කොඳු ඇට පේළිය පිරිමදින කොට බඩේ හම තමයි අතට අහුවුනේ. පින්වත් සාරිපුත්ත, ආහාර අඩුවෙන් ගත්තු නිසා ම තමයි බඩේ හමයි කොඳු ඇට පේළියයි එකට ඇලිලා ගියේ. මම වැසිකිළි කැසිකිළි යන්න හදන කොට එතන ම යටිකුරුව වැටුනා. පින්වත් සාරිපුත්ත, ආහාර අඩුවෙන් ගත්තු නිසා තමයි ඒ විදිහට වුනේ. පින්වත් සාරිපුත්ත, මේ ශරීරයේ අතපය මම පිරිමදින කොට ඇඟේ මවිල්වල මුල් ඉදිරිලා ඒ මවිල් ගැලවිලා වැටෙනවා. ආහාර අඩුවෙන් ගැනීම කොච්චර ද කිව්වොත් ඒ නිසා ම යි එහෙම වුනේ.

පින්වත් සාරිපුත්ත, ඒ විදිහට ජීවත් වෙලා, ඒ විදිහට ප්‍රතිපත්තියේ යෙදිලා, ඒ තරම් ම දුෂ්කර ක්‍රියාවක යෙදිලත් මට මනුෂ්‍ය ස්වභාවය ඉක්මවා

ගිය ශ්‍රේෂ්ඨ වූ අවබෝධ ඥානයක් ලබාගන්න පුළුවන් වුනේ නෑ. ඒකට හේතුව මොකක් ද? චතුරාර්ය සත්‍ය අවබෝධයට උපකාර වන මේ ආර්ය වූ, නිවන පිණිස පවතින්නා වූ, ඒ ආර්ය මාර්ගයේ යෙදෙන තැනැත්තාගේ දුක් මනාකොට ක්ෂය වීමට පමුණුවන්නා වූ, යම් ආර්ය ප්‍රඥාවක් ඇද්ද, අන්න ඒ ආර්ය වූ ප්‍රඥාව අවබෝධ නොකිරීම ම යි.

පින්වත් සාරිපුත්ත, සමහර ශ්‍රමණ බ්‍රාහ්මණවරු ඉන්නවා. ඒ උදවිය මෙන්න මේ වගේ මතයක් දරාගෙන, මේ වගේ දෙයක් කියාගෙනයි යන්නෙ. 'සංසාරෙ සැරිසැරීම නිසා තමයි ජීවිතයක් පිරිසිදු වෙන්නෙ' කියලා. පින්වත් සාරිපුත්ත, ඉතින් ඒක එහෙම නම්, මම සංසාරෙ සැරිසරන්න පටන්ගත්තු ගමන තුළ මේ සා දීර්ඝ කාලයක් තිස්සේ යම් තැනක සැරිසැරුවේ නැත්නම්, ඒ වගේ තැන් තියෙන්නෙ ඉතා ම අඩුවෙන්. සුද්ධාවාස දිව්‍යලෝකෙ ඇරෙන්න, එහෙම තැනක් සොයාගන්නවත් නෑ. ඉතින් පින්වත් සාරිපුත්ත, මම සුද්ධාවාස දිව්‍යලෝකෙ සැරිසැරුවා නම් ආයෙ කවදාවත් මේ ලෝකෙට එන්නෙ නෑ.

පින්වත් සාරිපුත්ත, සමහර ශ්‍රමණ බ්‍රාහ්මණවරු ඉන්නවා. ඒ උදවිය මෙන්න මේ වගේ මතයක් දරාගෙන, මේ වගේ දෙයක් කියාගෙනයි යන්නෙ. 'මේ සත්වයන් පිරිසිදු වෙන්නේ ඉපදීම නිසා' කියලා. පින්වත් සාරිපුත්ත, ඉතින් ඒ කාරණය එහෙම නම් මේ සා දීර්ඝ කාලයක් තිස්සෙ මං ඉපදුණු නැති තැනක් හොයාගන්නවා කියන එක ලේසි දෙයක් නොවෙයි. සුද්ධාවාස දෙවියන් අතර මම ඉපදුනේ නෑ. පින්වත් සාරිපුත්ත, සුද්ධාවාස දෙවියන් අතර මම ඉපදුණා නම්, ආයෙ කවදාවත් මේ ලෝකෙට එන්නෙ නෑ.

පින්වත් සාරිපුත්ත, සමහර ශ්‍රමණ බ්‍රාහ්මණවරු ඉන්නවා. ඒ උදවිය මෙන්න මේ වගේ මතයක් දරාගෙන, මේ වගේ දෙයක් කියාගෙනයි යන්නෙ. 'මේ සත්වයන් පිරිසිදු වෙන්නේ ඒ ඒ භවයන්හි වාසය කිරීම නිසා' කියලා. පින්වත් සාරිපුත්ත, ඉතින් ඒ කාරණය එහෙම නම් මේ සා දීර්ඝ කාලයක් තිස්සෙ මං වාසය කරපු නැති තැනක් හොයාගන්නවා කියන එක ලේසි දෙයක් නොවෙයි. සුද්ධාවාස දෙවියන් අතර මම වාසය කළේ නෑ. පින්වත් සාරිපුත්ත, සුද්ධාවාස දෙවියන් අතර මම වාසය කළා නම්, ආයෙ කවදාවත් මේ ලෝකෙට එන්නෙ නෑ.

පින්වත් සාරිපුත්ත, සමහර ශ්‍රමණ බ්‍රාහ්මණවරු ඉන්නවා. ඒ උදවිය මෙන්න මේ වගේ මතයක් දරාගෙන, මේ වගේ දෙයක් කියාගෙනයි යන්නෙ. 'සත්වයන් පිරිසිදු බවට පත්වෙන්නෙ යාග කිරීමෙන්' කියලා. ඒක එහෙම නම්, මේ සා දීර්ඝ සංසාරෙ මම නොකළ යාගයක් තියෙනවා නම්, එබඳු යාගයක් හොයාගන්නවා කියන එක ලේසි වැඩක් නොවෙයි. මම ඔටුනු පැළඳූ රජෙක්

හැටියට සිටිද්දි, ප්‍රභූ බ්‍රාහ්මණයෙක් වෙලා ඉන්දැද්දි, කොයිතරම් නම් යාග කන්දරාවක් කරල තියෙනවාද?

පින්වත් සාරිපුත්ත, සමහර ශ්‍රමණ බ්‍රාහ්මණවරු ඉන්නවා. ඒ උදවිය මෙන්න මේ වගේ මතයක් දරාගෙන, මේ වගේ දෙයක් තමයි කියාගෙන යන්නෙ. 'මේ සත්වයන් පිරිසිදු වෙන්නෙ ගිනි පූජා වලින්' කියලා. පින්වත් සාරිපුත්ත, ඒක එහෙම නම් මේ සා දීර්ඝ සංසාරෙ මම නොකරපු ගිනි පූජාවක් සොයාගන්නවා කියන එක ලේසි වැඩක් නොවෙයි. ඔටුනු පැළඳූ රජෙක් හැටියටත්, බ්‍රාහ්මණ ප්‍රභූ වරයෙක් හැටියටත්, මම සංසාරෙ ගෙවපු අවස්ථාවලදී කරල තියෙන ගිනි පූජා කන්දරාව මොනතරම්ද?

පින්වත් සාරිපුත්ත, සමහර ශ්‍රමණ බ්‍රාහ්මණවරු ඉන්නවා. ඔවුන් මෙන්න මේ වගේ මතයක් දරාගෙන, මේ වගේ දෙයක් කියාගෙනයි යන්නෙ. 'ඇත්තෙන් ම මේ පුද්ගලයා ගත කරන තරුණ කාලෙ නිසා, මේ කළු කෙස් තියෙන භද්‍ර යෞවන කාලෙ, ජීවිතේ මුල් අවදිය ගෙවන කාලෙ නිසා, ඥාන ශක්තිය බොහොම හොඳට තියෙනවා. ඒත් මෙයා වයසට යන කොට, ජරාජීර්ණ වෙලා මහළු වෙන කොට, අවුරුදු අසූවක්, අනූවක්, සීයක් විතර වෙන කොට ඔය ඥාන ශක්තිය පිරිහිලා යනවා කියලා. නමුත් පින්වත් සාරිපුත්ත, දැන් බලන්න මට අවුරුදු අසූවක් වෙනවා. මම දැන් ජරාජීර්ණ වෙලා මහළු වෙලා හොඳට ම වයසට ගිහින් ඉන්නෙ.

පින්වත් සාරිපුත්ත, අවුරුදු සීයක් ආයුෂ තියෙන, අවුරුදු සීයක් ම ජීවත් වෙන, වහා ම කරුණු කාරණා වැටහෙන විදිහේ නුවණකින් යුතු, හොඳ මතක ශක්තියක් තියෙන, හොඳ සිහියෙන් යුතු, ප්‍රඥාවෙන් ඉතාම දියුණු ශ්‍රාවකයින් හතර දෙනෙක් මගේ ළඟ ඉන්නවා කියල හිතන්න. ඒ ශ්‍රාවකයින් කොච්චර දක්ෂ ද කියල කිව්වොත්, හොඳට දුනු ශිල්පය ඉගෙන ගත්තු, ඒ ගැන ඉතාම දක්ෂ දුනුවායෙක් සැහැල්ලු ඊතලයක් අරගෙන බොහොම ලේසියෙන් තල් කොළයක් සිදුරු කරගෙන යන්න විදිනවා වගේ අර ශ්‍රාවකයින් හතර දෙනාටත් ඔය විදිහේ අතිශය බලවත් නුවණක් තියෙනවා. ඉතාම තියුණු මතක ශක්තියක් තියෙනවා. හොඳ සිහියක් තියෙනවා. ඉතින් ඔවුන් මගෙන් සතර සතිපට්ඨානය ගැන ප්‍රශ්න ඇහුවොත්, අහන අහන ප්‍රශ්නෙට උත්තර දෙන්න මට පුළුවනි. මං දෙන පිළිතුරු ඔවුන් ඒ විදිහට මතක තබා ගන්නවා හැර ඒවා ප්‍රශ්නවලට හරව ගන්නෙ නෑ. ඉතින් දන් පැන් වළඳන වේලාවත්, වැසිකිළි කැසිකිළි යන වේලාවත්, නිදාගන්න වේලාවත් හැර තථාගතයන් වහන්සේ ධර්ම දේශනා කළොත් තථාගතයන් වහන්සේගේ ඒ දහම් පද මතු කරන වචන අවසන් වෙන්නෙ නෑ. තථාගතයන් වහන්සේගේ ප්‍රශ්න විසඳීම් අවසන් වෙන්නෙ

නෑ. ඉතින් ඒ සියක් අවුරුදු ආයුෂ තියෙන, සියක් අවුරුද්දක් ජීවිත ගෙවපු ඒ ශ්‍රාවකයෝ අපවත් වුණා කියල හිතන්න. ඊට පස්සෙත් පින්වත් සාරිපුත්ත, තථාගතයන් වහන්සේගේ ශරීරය ඇඳක තබාගෙන හරි, තියාගෙන උපස්ථාන කරද්දීත්, තථාගතයන් වහන්සේගේ ප්‍රඥාවට නම් අල්පමාත්‍ර වෙනසක්වත් වෙන්නෙ නෑ.

පින්වත් සාරිපුත්ත, ලෝකයේ යම් කෙනෙක් ගැන හරි විදිහට කියනවා නම්, 'මේ ලෝකයෙහි බොහෝ ජනයාට හිත පිණිස, බොහෝ ජනයාට සුව පිණිස, ලෝකයා කෙරෙහි අනුකම්පා තියෙන, දෙව් මිනිස් ලෝකයාගේ යහපත සළසන, මුළාවෙන් තොරව සිටින කෙනෙක් ඉන්නවා'ය කියලා, මා ගැන තමයි ඒ විදිහට හඳුන්වා දෙන්න තියෙන්නෙ. 'මේ ලෝකයෙහි බොහෝ ජනයාට හිත පිණිස, බොහෝ ජනයාට සුව පිණිස, ලෝකයා කෙරෙහි අනුකම්පා තියෙන, දෙව් මිනිස් ලෝකයාගේ යහපත සළසන, මුළාවෙන් තොරව සිටින කෙනා'ය කියලා.

ඒ වෙලාවෙ භාග්‍යවතුන් වහන්සේගෙ පිටුපසින් ආයුෂ්මත් නාගසමාලයන් වහන්සේ පවන් සළමින් සිටියා. එතකොට ආයුෂ්මත් නාගසමාලයන් වහන්සේ භාග්‍යවතුන් වහන්සේගෙන් මෙහෙම ඇහුවා. "ස්වාමීනී, හරිම ආශ්චර්යයි! හරිම අද්භූතයි! ස්වාමීනී, මේ ධර්ම දේශනාව ඇහුවට පස්සෙ මගේ ඇගේ මවිල් කෙළින් වුණා. ස්වාමීනී මේ ධර්ම දේශනාවේ නම මොකක් ද?" "පින්වත් නාගසමාල, එහෙම නම් ඔබ මේ ධර්ම දේශනාව 'ලෝමහංසන පරියාය' කියල මතක තියාගන්න."

භාග්‍යවතුන් වහන්සේ මේ දේශනාව වදාළා. ආයුෂ්මත් නාගසමාලයන් වහන්සේ ඒ ගැන ගොඩාක් සතුටු වුනා. භාග්‍යවතුන් වහන්සේගේ මේ දේශනාව ඉතා සතුටින් පිළිගත්තා.

සාදු! සාදු!! සාදු!!!

**සිංහයෙකු ගේ නාදයක් බඳු වූ විස්තරාත්මක දේශනාව නිමා විය.**

# 1.2.3.
# මහා දුක්ඛක්ඛන්ධ සූත්‍රය
## දුක් ගොඩක් ගැන වදාළ විස්තරාත්මක දෙසුම

මා හට අසන්නට ලැබුනේ මේ විදිහටයි. ඒ දවස්වල භාග්‍යවතුන් වහන්සේ වැඩසිටියේ සැවැත්නුවර ජේතවනය නම් වූ අනේපිඬු සිටුතුමාගේ ආරාමයේ. එදා බොහෝ භික්ෂූන් වහන්සේලා උදේ වරුවේ සිවුරු පොරෝගෙන, පාත්තර සිවුරු අරගෙන සැවැත් නුවරට පිණ්ඩපාතෙ වැඩියා. එතකොට ඒ භික්ෂූන් වහන්සේලාට මෙහෙම හිතුනා. 'තවම සැවැත් නුවර පිණ්ඩපාතෙ වඩින්න වේලාසන වැඩියි. ඉතින් අපි අන්‍යාගම්කාර තාපසවරුන්ගේ වාසස්ථානයකට ගියොත් හොඳයි' කියලා.

ඉතින් ඒ භික්ෂූන් වහන්සේලා අන්‍යාගම්කාර තාපසවරුන්ගේ වාසස්ථානයකට වැඩියා. වැඩම කරලා අන්‍යාගම්කාර තාපසවරුන් සමග සුහද කතා බහක යෙදිලා පැත්තකින් වාඩිවුනා. පැත්තකින් වාඩිවුණු ඒ භික්ෂූන් වහන්සේලාට අර අන්‍යාගම්කාර තාපසවරු මෙහෙම කිව්වා.

"ආයුෂ්මතුනි, ශ්‍රමණ ගෞතමයන් වහන්සේ කාමයන් ගැන සම්පූර්ණයෙන් ම අවබෝධ කරගන්න කියල කියා දෙනවා. ඉතින් අපි කියා දෙන්නෙත් කාමයන් සම්පූර්ණයෙන් ම අවබෝධ කරගැනීම ගැන තමයි. ඒ වගේ ම ආයුෂ්මතුනි, ශ්‍රමණ ගෞතමයන් වහන්සේ රූප ගැන සම්පූර්ණයෙන් ම අවබෝධ කරන්න කියල කියා දෙනවා. ඉතින් අපි කියා දෙන්නෙත් රූප ගැන සම්පූර්ණයෙන් ම අවබෝධ කරන හැටි තමයි. ඒ වගේ ම ආයුෂ්මතුනි, ශ්‍රමණ ගෞතමයන් වහන්සේ වේදනාව ගැනත් සම්පූර්ණයෙන් ම අවබෝධ කරන්න කියල කියා දෙනවා. ඉතින් අපි කියා දෙන්නෙත් වේදනාව ගැන සම්පූර්ණයෙන් ම අවබෝධ කරන හැටි තමයි. ආයුෂ්මතුනි, ඉතින් එහෙම එකේ ශ්‍රමණ ගෞතමයන් වහන්සේගේ ධර්ම දේශනාවත්, අපේ ධර්ම දේශනාවත්, ශ්‍රමණ ගෞතමයන් වහන්සේගේ අනුශාසනාවත්, අපේ අනුශාසනාවත්, වෙනස් වෙන්නෙ කොහොමද? විශේෂ වෙන්නෙ කොහොමද? විවිධාකාර වෙන්නෙ කොහොමද?"

එතකොට ඒ භික්ෂූන් වහන්සේලා ඒ අන්‍යාගම්කාර තාපසයින්ගේ කතාව පිළිගත්තෙත් නෑ. ප්‍රතික්ෂේප කළෙත් නෑ. පිළිගන්නෙත් නැතිව ප්‍රතික්ෂේප කරන්නෙත් නැතිව ආපහු පිටත් වුනා. 'භාග්‍යවතුන් වහන්සේගෙන් ම මේ කතාවෙ තේරුම දැනගන්න ඕන' කියලා.

ඊට පස්සෙ ඒ භික්ෂූන් වහන්සේලා සැවැත් නුවර පිණ්ඩපාතෙ වැඩම කරලා දන් වළඳල අවසන් කරලා භාග්‍යවතුන් වහන්සේ ළඟට වැඩියා. වැඩම කොට භාග්‍යවතුන් වහන්සේට ආදරයෙන් වන්දනා කොට එකත්පස්ව වාඩිවුනා. එකත්පස්ව වාඩිවුනු ඒ භික්ෂූන් වහන්සේලා භාග්‍යවතුන් වහන්සේට මෙහෙම කිව්වා.

"ස්වාමීනී, අපි අද උදේ සිවුරු පොරෝගෙන පාත්තර සිවුරු අරගෙන සැවැත් නුවරට පිණ්ඩපාතෙ ගියා. එතකොට ස්වාමීනී, අපට මෙහෙම හිතුණා. 'සැවැත් නුවර පිණ්ඩපාතෙ යන්න තවම වේලාසන වැඩියි. ඒ නිසා අන්‍යාගම්කාර තාපසවරුන්ගේ වාසස්ථානයකට ගිහින් එනවා නම් හොඳයි' කියලා. ඉතින් ස්වාමීනී, අපි ඒ අන්‍යාගම්කාර තාපසවරුන්ගේ වාසස්ථානයකට ගියා. ගිහින් සුහද කතා බහේ යෙදිලා පැත්තකින් වාඩිවුනා. ඉතින් ස්වාමීනී, පැත්තකින් වාඩිවුණු අපට ඒ අන්‍යාගම්කාර තාපසවරු මෙන්න මෙහෙම කිව්වා. 'ආයුෂ්මතුනි, ශ්‍රමණ ගෞතමයන් වහන්සේ කාමයන් ගැන සම්පූර්ණයෙන් ම අවබෝධ කරගන්න කියල කියා දෙනවා. ඉතින් අපි කියා දෙන්නෙත් කාමයන් සම්පූර්ණයෙන් ම අවබෝධ කරගැනීම ගැන තමයි. ඒ වගේ ම ආයුෂ්මතුනි, ශ්‍රමණ ගෞතමයන් වහන්සේ රූප ගැන සම්පූර්ණයෙන් ම අවබෝධ කරන්න කියල කියා දෙනවා. ඉතින් අපි කියා දෙන්නෙත් රූප ගැන සම්පූර්ණයෙන් ම අවබෝධ කරන හැටි තමයි. ඒ වගේ ම ආයුෂ්මතුනි, ශ්‍රමණ ගෞතමයන් වහන්සේ වේදනා ගැනත් සම්පූර්ණයෙන් ම අවබෝධ කරන්න කියල කියා කියල දෙනවා. ඉතින් අපි කියා දෙන්නෙත් වේදනාව ගැන සම්පූර්ණයෙන් ම අවබෝධ කරන හැටි තමයි. ආයුෂ්මතුනි, ඉතින් ඒක එහෙම නම් ශ්‍රමණ ගෞතමයන් වහන්සේගේ ධර්ම දේශනාවත්, අපේ ධර්ම දේශනාවත්, ශ්‍රමණ ගෞතමයන් වහන්සේගේ අනුශාසනාවත්, අපේ අනුශාසනාවත්, වෙනස් වෙන්නෙ කොහොමද? විශේෂ වෙන්නෙ කොහොමද? විවිධාකාර වෙන්නෙ කොහොමද?' කියලා. ඉතින් ස්වාමීනී, ඒ අන්‍යාගම්කාර තාපසයන්ගේ කතාව අපි පිළිගත්තෙත් නෑ. ප්‍රතික්ෂේප කළෙත් නෑ. පිළිගත්තෙත් නැතිව ප්‍රතික්ෂේප කරන්නෙත් නැතිව අපි එතනින් පිටත් වුනා 'භාග්‍යවතුන් වහන්සේගෙන් ම මේ කතාවේ තේරුම දැනගන්න ඕන' කියල.

පින්වත් මහණෙනි, ඔය විදිහේ කතාවල් කියන අන්‍යාගම්කාර තාපසවරුන්ගෙන් මේ විදිහටයි අහන්න තියෙන්නෙ.

"හොඳයි තාපසවරුනි, එහෙම නම් කියන්න බලන්න කාමයන්ගේ ආශ්වාදය කියල කියන්නෙ මොකක්ද? කාමයන්ගේ ආදීනවය කියල කියන්නෙ මොකක්ද? කාමයන්ගෙන් නිදහස් වෙනවා කියල කියන්නෙ මොකක්ද? රූපයන්ගේ ආශ්වාදය කියල කියන්නෙ මොකක්ද? රූපයන්ගේ ආදීනවය කියල කියන්නෙ මොකක්ද? රූපයන්ගෙන් නිදහස් වෙනවා කියල කියන්නෙ මොකක්ද? වේදනාවේ ආශ්වාදය කියල කියන්නෙ මොකක්ද? වේදනාවේ ආදීනවය කියල කියන්නෙ මොකක්ද? වේදනාවෙන් නිදහස් වෙනවා කියල කියන්නෙ මොකක්ද?" කියලා.

පින්වත් මහණෙනි, ඒ අන්‍යාගම්කාර තාපසවරුන්ගෙන් ඔය ටික ඇහුවා නම්, උන්නැහේලාට කියාගන්න දෙයක් නැතිව යනවා. ආයෙ ඉතින් ලොකු කරදරේක වැටිල තමයි ඉවර වෙන්නෙ. ඇයි එහෙම වෙන්නෙ? පින්වත් මහණෙනි, ඔය කාරණා ඒ උදවිය තෝරා බේරාගන්න දන්නෙ නෑ. පින්වත් මහණෙනි, මම දකින්නෙ නෑ මේ දෙවියන් සහිත ලෝකෙ, මරුන් සහිත, බ්‍රහ්මයන් සහිත, ශ්‍රමණ බ්‍රාහ්මණයන් සහිත මේ දෙව් මිනිස් ප්‍රජාව තුළ මේ ප්‍රශ්නය විසඳලා සිත සතුටු කරන්න පුළුවන් වෙන කෙනෙක් ඉන්නවා ය කියලා. ඔය ප්‍රශ්නෙ විසඳගත්තොත් ඉතින් විසඳගන්න වෙන්නෙ තථාගතයන් වහන්සේ නමකගෙන් හෝ, තථාගත ශ්‍රාවකයන් වහන්සේ නමකගෙන් ම අහගෙන විතරයි.

පින්වත් මහණෙනි, කාමයන්ගේ ආශ්වාදය කියල කියන්නෙ මොකක්ද? පින්වත් මහණෙනි, මේ කාම ගුණ පහක් තියෙනවා. ඒ පහ මොනවාද? ඇසෙන් බලන රූප තියෙනවා බොහොම ලස්සන, සිත් ඇදගන්න, කැමැත්ත ඇතිවෙන, රාගය ඇති වෙන. කනෙන් අහන ශබ්ද තියෙනවා ....(පෙ).... නාසයෙන් දූනගන්න ගඳසුවඳ තියෙනවා ....(පෙ).... දිවෙන් දූනගන්න රස තියෙනවා ....(පෙ).... කයට දූනෙන පහස තියෙනවා බොහෝම හොඳ, සිත් ඇදගන්න, කැමැත්ත ඇතිවෙන, රාගය ඇති වෙන. පින්වත් මහණෙනි, ඔය පහට කියන්නෙ කාම ගුණ කියලයි. ඉතින් පින්වත් මහණෙනි, මේ කාම ගුණ පහ හේතු කරගෙන යම්කිසි සැපක්, සොම්නසක් ඇති වුනොත් ඒක තමයි කාමයන්ගේ ආශ්වාදය.

පින්වත් මහණෙනි, කාමයන්ගේ ආදීනවය මොකක්ද? පින්වත් මහණෙනි, ගිහි ජීවිතේ ගෙවන කෙනෙක් ජීවත් වෙන්න ශිල්ප ශාස්ත්‍ර ඉගෙන ගන්න ඕන. දෑතෙ වැඩ හරි, ගණන් හිලව් හදන එක හරි, වෙළහෙළදාම් හරි, ගොවිතැන් කිරීම හරි, ගව පාලනය හරි, ආණ්ඩුවේ රස්සාවක් හරි, හමුදාවට ගිහින් හරි, තව නොයෙක් රස්සාවල් වලින් තමයි ජීවිතය ගෙවන්න තියෙන්නෙ. ආයෙ

ඉතින් සීතලයි කියල බෑ. රස්නෙයි කියල බෑ. මදුරුවො, මැස්සො ඉන්නවා කියල බෑ. අව්, හුළං තියෙනවා, සර්පයො ඉන්නවා කියල බෑ. බඩගින්නෙන්, පිපාසෙන්, මැරි මැරී හරි රස්සාවල් කරන්න වෙනවා. පින්වත් මහණෙනි, මේක මේ ජීවිතේදී ම අත්දකින්න ලැබෙන කාමයන්ගේ ආදීනවයයි. දුක් ගොඩයි. කාමයන් නිසා ම යි, කාමයන් මුල් කරගෙන ම යි, කාම අවුලෙන් ම යි, කාම හේතුවෙන් ම යි ඔය ආදීනව ඇතිවෙන්නේ.

ඉතින් පින්වත් මහණෙනි, ඒ ගිහි ගෙදර ඉන්න කෙනා ඔය විදිහට මහන්සි වෙන්න ඕන. උත්සාහ කරන්න ඕන. වීර්යය කරන්න ඕන. නමුත් ආදායම් මොකුත් නැති වුනොත්, ප්‍රතිඵලයක් නැති වුනොත් එතකොට එයා ශෝක වෙනවා. ක්ලාන්තය හැදෙනවා. වැළපෙනවා. පපුවේ අත් ගගහ අඬනවා. පිස්සු හැදෙන්න වුනත් පුළුවනි. 'අයියෝ! මගේ උත්සාහය වතුරෙ ගියා, අයියෝ! මගේ මහන්සිය කිසි එලක් වුනේ නැහැ' කියලා. පින්වත් මහණෙනි, මේ ජීවිතේදී ම අත්දකින්න ලැබෙන මේ දුක් ගොඩ කාමයන්ගේ ආදීනවය ම යි. කාමයන් නිසා ම යි, කාමයන් මුල් කරගෙන ම යි, කාම අවුලෙන් ම යි, කාම හේතුවෙන් ම යි. මේ දුක් ගොඩ ඇතිවෙන්නේ.

පින්වත් මහණෙනි, ගිහි ගෙදර ඉන්න කෙනා ඔය විදිහට උත්සාහ කරන්න ඕන. මහන්සි වෙන්න ඕන. වීර්යය කරන්න ඕන. එතකොට අත මිට සරු වෙනවා. ඊට පස්සෙ දුක් දොම්නස් විඳින්නෙ, හරි හම්බුකරපු දේවල් ආරක්ෂා කරගන්න තියෙන අවුලට මැදි වෙලයි. 'අනේ! මම හරිහම්බ කරපු දේවල් ආණ්ඩුව ගන්නෙ නැත්නම්, හොර හතුරො ගන්නෙ නැත්නම්, ගින්නට පිච්චෙන්නෙ නැත්නම්, වතුරෙ ගහගෙන යන්නෙ නැත්නම්, අපි අකමැති උදවිය ගන්නෙ නැත්නම්' කියලා. ඉතින් ඒ පුද්ගලයා ඔය විදිහට තමන්ගේ දේපල ආරක්ෂා කරගෙන රැකගෙන ඉන්න කොට, ආණ්ඩුවෙන් හරි අර ගන්නවා. නැත්නම් හොරු අරගන්නවා, ගින්නට පිච්චෙනවා, එක්කො වතුරෙ ගහගෙන යනවා, එක්කො තමන් අකමැති උදවිය ඒවා අරගන්නවා, එතකොට එයා ශෝක කරනවා. කලන්තෙ හැදිල වැටෙනවා. විලාප තියනවා. පපුවෙ අත් ගගහ අඬා වැටෙනවා. පිස්සු හැදෙනවා. 'අයියෝ! මං හම්බ කරපු දේවල්, අයියෝ! මට ඒවා නැති වුනා' කියලා. පින්වත් මහණෙනි, මේ ජීවිතේදී ම අත්දකින ඔය දුක් ගොඩත් කාමයන් ගේ ආදීනවය ම යි. කාමයන් නිසා ම යි, කාමයන් මුල් කරගෙන ම යි, කාම අවුලෙන් ම යි, කාම හේතුවෙන් ම යි ඔය දුක් ගොඩ ඇතිවෙන්නෙ.

කාමයන්ගේ ආදීනව ගැන තවදුරටත් කියනවා නම් පින්වත් මහණෙනි, කාමයන් නිසාම, කාමයන් මුල්කරගෙන, කාම අවුල නිසාම, කාම හේතුවෙන්

මයි රජවරු, රජවරුත් එක්ක යුද්ධ කරන්නෙ, සිටුවරු සිටුවරුත් එක්ක යුද්ධ කරන්නේ. පූජකවරු පූජකවරුත් එක්ක රණ්ඩු අල්ලන්නේ. ගිහියො ගිහියොත් එක්ක රණ්ඩු අල්ලන්නේ. අම්මා පුතත් එක්ක රණ්ඩු අල්ලන්නේ. පුතා අම්මත් එක්ක රණ්ඩු අල්ලන්නේ. තාත්තා පුතත් එක්ක රණ්ඩු අල්ලන්නේ. පුතා තාත්තත් එක්ක රණ්ඩු අල්ලන්නේ. සහෝදරයා සහෝදරයත් එක්ක රණ්ඩු අල්ලන්නේ. සහෝදරයා සහෝදරියත් එක්ක රණ්ඩු අල්ලන්නේ. සහෝදරී සහෝදරයත් එක්ක රණ්ඩු අල්ලන්නේ. යාළුවා යාළුවන් එක්ක රණ්ඩු අල්ලන්නේ. ඔය විදිහට කලකෝලාහල කරගනිමින්, ආරවුල් හදාගනිමින් එකිනෙකාට අත්වලින් ගහ ගන්නවා. ගල්වලින් ගහ ගන්නවා. පොලුවලින් ගහ ගන්නවා. අවි ආයුධවලින් ගහ ගන්නවා. ඒවාට මැදිවෙලා මැරිල යනවා. මාරාන්තික දුක් විඳිනවා. පින්වත් මහණෙනි, මේ ජීවිතේදී ම අත්දකින්න ලැබෙන මේ දුක් ගොඩ කාමයන්ගේ ආදීනව ම යි. කාමයන් නිසා ම යි, කාමයන් මුල් කරගෙන ම යි, කාම අවුලෙන් ම යි, කාම හේතුවෙන් ම යි මේ දුක් හටගන්නේ.

කාමයන්ගේ ආදීනව ගැන තවත් කියනවා නම් පින්වත් මහණෙනි, කාමයන් නිසා ම, කාමයන් මුල් කරගෙන ම, කාම අවුල් නිසා ම, කාම හේතුවෙන් ම, අවි ආයුධ අරගෙන, යුද ඇඳුම් ඇඳගෙන, දෙපැත්තට බෙදිල රණ බිමට යනවා. ඊතල විදිද්දී, හෙල්ල පහරවල් වදිද්දී, කඩු කිනිසි ලෙල දෙද්දී, රණ බිමට යනවා. ඔවුන් එහි ගිහින් ඊතල වලින් විද ගන්නවා. හෙල්ල වලින් ඇනගන්නවා. කඩුවලින් හිස ගසා දානවා. අන්තිමේදී ඔවුන් මැරිල යනවා. එක්කො මාරාන්තික දුක් විඳිනවා. පින්වත් මහණෙනි, මේ ජීවිතේදී ම අත්දකින්න ලැබෙන මේ දුක් ගොඩ කාමයන්ගේ ආදීනවය ම යි. කාමයන් නිසා ම යි, කාමයන් මුල් කරගෙන ම යි, කාම අවුලෙන් ම යි, කාම හේතුවෙන් ම යි මේ දුක් ගොඩ ඇතිවෙන්නේ.

කාමයන්ගේ ආදීනව ගැන තවත් කියනවා නම් පින්වත් මහණෙනි, කාමය නිසා ම, කාමය මුල් කරගෙන ම, කාම අවුල නිසා ම, කාම හේතුන් නිසා ම, අවි ආයුධ අමෝරාගෙන, යුද ඇඳුම් ඇඳගෙන තාප්ප උඩින් බලකොටුවලට ඇතුල් වෙනවා. එතනදි ඊතල වලින් විදිද්දී, හෙල්ල පහරවල් විදිද්දී, කඩු කිණිසි ලෙළ දෙද්දී තමයි ඔවුන් එතනට පනින්නේ. එතනදී ඊතල වලින් විද ගන්නවා. හෙල්ල පහරවල් ඇන ගන්නවා. රත්වුණු තෙල් ඇඟවල්වලට හලනවා. උල්වලින් ඇන ගන්නවා. කඩුවෙන් හිසත් කපනවා. අන්තිමේදී එතනදී ම මැරිල යනවා. මාරාන්තික දුක්වලට ගොදුරු වෙනවා. පින්වත් මහණෙනි, මේ ජීවිතයේදී ම අත්දකින්න ලැබෙන මේ දුක් ගොඩ කාමයන්ගේ ආදීනවය ම යි. කාමයන් නිසා ම යි, කාමයන් මුල්කරගෙන ම යි, කාම අවුලෙන් ම යි, කාම හේතුවෙන් ම යි ඔය දුක් ගොඩ හටගන්නෙ.

කාමයන්ගේ ආදීනවය තවත් කියනවා නම්, පින්වත් මහණෙනි, කාමයන් නිසා ම, කාමයන් මුල් කරගෙන ම, කාම අවුලෙන් ම, කාමයන් හේතුකොට ගෙන ම ගෙවල් බිඳිනවා, ගම් පිටින් කොල්ල කනවා. ගෙවල්වලට පැනල මිනිස්සු බය කරල කොල්ල කනවා. පාරෙ යන මිනිස්සුන්ගෙන් මංකොල්ල කනවා. කාන්තාවන්ට බලහත්කාරකම් කරනවා. අන්තිමේදී ඒ හොරුන් ආණ්ඩුවට අහුවෙනවා. ඊට පස්සෙ විවිධාකාර වධ බන්ධන වලට අහුවෙනවා. ඔවුන්ට කස වලින් තලනවා. වේවැල් වලින් තලනවා. දඬු මුගුරු වලින් තලනවා. අත් කපල දානවා. කකුල් කපල දානවා, අත් කකුල් කපල දානවා. කන කපනවා. නාසයත් කපනවා. කන් නාසත් කපනවා. හිස් කබල චප්ප කරල දානවා. හිස් කබලෙ ඇටේ මතු වෙනකල් බොරළු දාල හූරනවා. යකඩ අඬුවකින් කට පළල් කරලා ගිනි පන්දම් ඔබනවා. ඇඟේ තෙල් පාන්කඩ ඔතල ගිනි තියනවා. අත්වල තෙල් පාන්කඩ ඔතල ගිනි තියනවා. බෙල්ලෙ ඉඳන් පහළට හම ගලෝලා, ඇදගෙන යනවා. බෙල්ලෙ ඉඳන් පහළටත්, කකුලෙ ඉඳන් උඩටත් හම ගලෝලා එකට ගැටගහනවා. දණිස් දෙකේත්, වැළමිටි දෙකෙත් යකඩ උල් ගහල පොළොවට හයි කරලා, ගින්නෙන් රත් කරනවා. කොකු වලින් ඇන ඇන මස් ලේ විසුරුවනවා. මුළු ශරීරයේ ම මස් චූටි කෑලිවලට ඉරල දානවා. ශරීරයේ තැනින් තැන සිදුරු කරල ලෝදිය දානවා. පැත්තට ඇල කරල බිම දාලා කනේ උලක් ගහල ඒ උලෙන් හිටවලා කකුල් දෙකෙන් වටේට කරකවනවා. ගල් වලින් තලලා ඇඟ ඇතුලේ ඇට කුඩු කරලා දානවා. ගින්නෙන් කකාරගත්තු තෙල් වලින් නාවනවා. බල්ලන්ට කන්න දානවා. උලේ ඉන්දවනවා. හිස ගසා දානවා. අන්තිමේදී ඒකෙන් ම මැරිල යනවා. එක්කො මාරාන්තික වධ විඳිනවා. පින්වත් මහණෙනි, මේ ජීවිතේ දී ම අත්දකින්න ලැබෙන මේ දුක් ගොඩ කාමයන්ගේ ආදීනවය ම යි. කාමයන් නිසා ම යි, කාමයන් මුල් කරගෙන ම යි, කාම අවුලෙන් ම යි, කාමයන් හේතුකරගෙන ම යි මේ දුක් ගොඩ ඇතිවෙන්නෙ.

කාමයන්ගේ ආදීනව ගැන තවදුරටත් කියනවා නම් පින්වත් මහණෙනි, කාමයන් නිසා ම, කාමයන් මුල් කරගෙන ම, කාම අවුල නිසා ම, කාමයන් හේතු කරගෙන ම, මේ සත්වයන් කයින් වැරදි කරනවා. වචනයෙන් වැරදි කරනවා. මනසින් වැරදි කරනවා. ඔවුන් කයින් වැරදි කරලා, වචනයෙන් වැරදි කරලා, මනසින් වැරදි කරලා, අන්තිමේදී මැරිලා ගිහින් සැප රහිත දුගතිය නම් වූ නිරයේ උපදිනවා. පින්වත් මහණෙනි, පරලොවදී අත්දකින්න සිදුවන ඒ දුක් ගොඩ කාමයන්ගේ ආදීනවය ම යි. කාමයන් නිසා ම යි. කාමයන් මුල් කරගෙන ම යි. කාම අවුලෙන් ම යි. කාමයන් හේතු කොටගෙන ම යි මේ දුක් ගොඩ හටගන්නෙ.

පින්වත් මහණෙනි, කාමයන්ගෙන් නිදහස්වීම කියන්නෙ මොකක්ද? පින්වත් මහණෙනි, මේ කාමයන් ගැන තියෙන ආශාව දුරුකර ගැනීම ම යි. ආශාව ප්‍රහාණය කර ගැනීම ම යි. ඒක තමයි කාමයන්ගේ නිදහස් වීම.

පින්වත් මහණෙනි, යම්කිසි ශ්‍රමණයෙක් වේවා, බ්‍රාහ්මණයෙක් වේවා, කාමයන්ගේ ආශ්වාදය ආශ්වාදය වශයෙනුත්, ආදීනවය ආදීනවය වශයෙනුත්, නිදහස් වීම නිදහස් වීම වශයෙනුත් ඔය විදිහට යථාර්ථයෙන් ම අවබෝධ කළේ නැත්නම්, ඇත්තෙන් ම ඔවුන් කාමයන් ගැන තමන් අවබෝධ කරනවා කියල හෝ, කාමයන් ගැන අනුන්ට අවබෝධ කරවනවා කියලා හෝ යම් කිසි වැඩපිළිවෙලක් තුළින් කාමයන් ගැන අවබෝධ කර ගන්නවා ය කියන කරුණ හෝ සිද්ධ වෙන දෙයක් නම් නොවෙයි. නමුත් පින්වත් මහණෙනි, යම්කිසි ශ්‍රමණයෙක් වේවා, බ්‍රාහ්මණයෙක් වේවා, දැන් ඔය කියා දීපු විදිහට කාමයන්ගේ ආශ්වාදය ආශ්වාදය හැටියටත්, ආදීනවය ආදීනවය හැටියටත්, නිදහස් වීම නිදහස් වීම හැටියටත් යථාර්ථයෙන් ම අවබෝධ කරගත්තොත් ඇත්තෙන් ම ඔවුන් කාමයන් ගැන තමනුත් අවබෝධ කරනවා. අනුන්ටත් අවබෝධ කරවනවා. යම්කිසි වැඩපිළිවෙලක් තුළින් ඒ කාමයන් අවබෝධ කරගන්නවා ය යන කරුණ සිද්ධ වෙන්න පුළුවන් දෙයක්.

පින්වත් මහණෙනි, මේ රූපයේ ආශ්වාදය මොකක්ද? පින්වත් මහණෙනි, සිටු කුමරියක් හෝ, බ්‍රාහ්මණ කුමරියක් හෝ සාමාන්‍ය පවුලක කුමරියක් හෝ ඉන්නවා කියල හිතන්න. ඇය වයස අවුරුදු පහළොවක දහසයක විතර දැරිවියක්. ඈ ගොඩාක් උසත් නෑ. ගොඩාක් මිටිත් නෑ. ගොඩාක් කෙට්ටුත් නෑ. ගොඩාක් මහතත් නෑ. ගොඩාක් කළුත් නෑ. ගොඩාක් සුදුත් නෑ. පින්වත් මහණෙනි, ඇත්තෙන් ම ඒ දැරිවි හැබෑට ම ලස්සනයි කියල කියන්න සුදුසුයි නේද?"

"එහෙමයි ස්වාමීනී."

"පින්වත් මහණෙනි, අන්න ඒ ලස්සන නිසා යම්කිසි සැපයක් සොම්නසක් ඇතිවෙනවා නම් ඒක තමයි රූපයේ ආශ්වාදය.

පින්වත් මහණෙනි, රූපයේ ආදීනවය මොකක්ද? ඒ දැරිවිව පස්සෙ කාලෙක දකින්න ලැබෙනවා අවුරුදු අසූවක් වෙලා, අවුරුදු අනූවක් වෙලා, අවුරුදු සීයක් වෙලා, ජරා ජීර්ණ වෙලා, වකුටු වෙලා, හැරමිටි ගහගෙන වෙව්ල වෙව්ල යනවා. ඇත්තෙන් ම දැන් ඈ ලෙඩෙක්. අර ලස්සන ඉවරයි. දත් කැඩිලා, කෙස් ඉදිලා, කෙස් වැටිලා, ඇඟ රැලි වැටිලා, ඉන්නො වගේ කලු පාට ලප හැදිලා, පින්වත් මහණෙනි, දැන් ඔබ මොකක්ද හිතන්නෙ? ඒ දැරිවිගෙ අර පරණ ලස්සන නැතිවෙලා ගිහින් ආදීනව මතු වුනා නේද?"

"එහෙමයි ස්වාමීනී."

"පින්වත් මහණෙනි, මේකත් රූපයේ තියෙන ආදීනවයක්.

රූපයේ ආදීනව ගැන තවත් කියනවා නම්, පින්වත් මහණෙනි, දූන් ඒ දූරිවි ම දකගන්න ලැබෙනවා මේ විදිහට. හොඳට ම ලෙඩ වෙලා, දුකට පත්වෙලා. තමන්ගේ ම මළ මූත්‍රා ගොඩේ වැටිලා. දූන් ඉතින් කවුරු හරි කෙනෙක් නැගිට්ටුවන්න ඕන. කවුරු හරි කෙනෙක් වාඩි කරවන්න ඕන. පින්වත් මහණෙනි, දූන් ඔබ මොකක්ද හිතන්නෙ? අර දූරිවිගේ තිබ්බ්ච අර පරණ ලස්සන අතුරුදහන් වෙලා ගිහින් ආදීනව මතු වුනා නේද?

"එහෙමයි ස්වාමීනී."

"පින්වත් මහණෙනි, මේකත් රූපයේ තියෙන ආදීනවයක්.

රූපයේ ආදීනව ගැන තවත් කියනවා නම්, පින්වත් මහණෙනි, අර දූරිවි ම මැරිල අමු සොහොනෙ දාල ගිහින් තියෙනවා. දූන් ඒ මළ සිරුර එක දවසක් හෝ, දවස් දෙකක් හෝ, දවස් තුනක් හෝ කල් ගත වෙච්ච එකක්. ඉදිමිලා, නිල් වෙලා, සැරව හැදිල තියෙනවා. පින්වත් මහණෙනි, දූන් ඔබ මොකක්ද හිතන්නෙ? ඒ කාලෙ දූරිවියක් හැටියට සිටිද්දි ඇගේ තිබ්බ්ච රූප සෝභාව අතුරුදහන් වෙලා ආදීනව මතු වුනා නේද?"

"එහෙමයි ස්වාමීනී."

"පින්වත් මහණෙනි, මේකත් රූපයේ තියෙන ආදීනවයක්.

රූපයේ ආදීනව ගැන තවත් කියනවා නම්, පින්වත් මහණෙනි, දූන් ඒ දූරිවි ම මැරිල අමුසොහොනෙ අත්හැරල දාල තියෙනවා. දූන් ඒ ශරීරය කාක්කො කන්න පටන් ගන්නවා. උකුස්සො කන්න පටන් ගන්නවා. ගිජුලිහිණියොත් කන්න පටන් ගන්නවා. බල්ලොත් කන්න පටන් ගන්නවා. හිවල්ලුත් කන්න පටන් ගන්නවා. එක එක ජාතියෙ සත්තුත් කන්න පටන් ගන්නවා. පින්වත් මහණෙනි, දූන් ඔබ මොකක්ද හිතන්නෙ? ඒ කාලෙ දූරිවියක් හැටියට සිටිද්දි ඇගේ තිබ්බ්ච රූපසෝභාව අතුරුදහන් වෙලා ආදීනව මතු වුනා නේද?"

"එහෙමයි ස්වාමීනී."

"පින්වත් මහණෙනි, මේකත් රූපයේ තියෙන ආදීනවයක්.

රූපයේ ආදීනව ගැන තවත් කියනවා නම් පින්වත් මහණෙනි, දූන් ඒ දූරිවි ම මැරිල අමු සොහොනෙ අත්හැරලා දාලා තියෙනවා. දූන් ඒ ශරීරයේ

නහර වැලින් බැඳිච්ච මස් ලේ ඇතිව ඇට සැකිල්ලක් වෙලා ....(පෙ).... මස් නැති, ලේ තැවරුන, නහර වැලින් බැඳුන ඇට සැකිල්ලක් වෙලා ....(පෙ).... මස් ලේ කොහෙත් ම නැති නහර වැලින් බැඳුණු ඇට සැකිල්ලක් වෙලා ....(පෙ).... ඒ ඇට සැකිල්ලේ ඇට හැම තැන ම විසිරිලා, අත් ඇට එක පැත්තක, කකුල් ඇට තව පැත්තක, කෙණ්ඩා ඇට තව පැත්තක, කලවා ඇට තව පැත්තක, කොඳු ඇට තව පැත්තක, උකුල් ඇට තව පැත්තක, හිස් කබල තව පැත්තක. පින්වත් මහණෙනි, දැන් ඔබ මොකක්ද හිතන්නෙ? ඒ කාලෙ දැරිවියක් හැටියට සිටිද්දි ඇගේ තිබ්ච්ච රූප සෝභාව අතුරුදහන් වෙලා ආදීනව මතු වුනා නේද?"

"එහෙමයි ස්වාමීනී."

"පින්වත් මහණෙනි, මේකත් රූපයේ තියෙන ආදීනවයක්.

රූපයේ ආදීනව ගැන තවත් කියනවා නම්, පින්වත් මහණෙනි, දැන් ඒ දැරිවි ම මැරිල අමු සොහොනෙ අත්හැරලා දාල තියෙනවා. හක් ගෙඩියේ පාටට සුදුපාට වෙච්ච ඇට ගොඩක් විතරයි තියෙන්නෙ ....(පෙ).... ඒ ඇටත් අවුරුදු ගණනක් පරණ වෙලා කැඩිල ගිහිල්ල තියෙන්නෙ ....(පෙ).... ඒ ඇටත් අන්තිමේදී කුඩු වෙලා පිටි බවට පත්වෙලා යනවා. පින්වත් මහණෙනි, දැන් ඔබ මොකක්ද හිතන්නෙ? ඒ කාලෙ දැරිවියක් හැටියට සිටිද්දි ඇගේ තිබ්ච්ච රූප සෝභාව අතුරුදහන් වෙලා ආදීනව මතුවුනා නේද?"

"එහෙමයි ස්වාමීනී."

"පින්වත් මහණෙනි, මේකත් රූපයේ තියෙන ආදීනවයක්.

පින්වත් මහණෙනි, මේ රූපයෙන් නිදහස් වීම කියන්නේ මොකක්ද? පින්වත් මහණෙනි, මේ රූපය කෙරෙහි තියෙන ආශාව දුරු කරගැනීම ම යි. ආශාව ප්‍රහාණය කර ගැනීම ම යි. මේක තමයි රූපයෙන් නිදහස් වීම කියන්නෙ.

පින්වත් මහණෙනි, යම්කිසි ශ්‍රමණයෙක් වේවා, බ්‍රාහ්මණයෙක් වේවා, රූපයේ ආශ්වාදය ආශ්වාදය වශයෙනුත්, ආදීනවය ආදීනවය වශයෙනුත්, නිදහස් වීම නිදහස් වීම වශයෙනුත් ඔය විදිහට යථාර්ථයෙන් ම අවබෝධ කළේ නැත්නම්, ඇත්තෙන් ම ඔවුන් රූපය ගැන තමන් අවබෝධ කරනවා කියලා හෝ රූපය ගැන අනුන්ට අවබෝධ කරවනවා කියල හෝ යම්කිසි වැඩපිළිවෙලක් තුළින් රූපය අවබෝධ කරගන්නවා ය කියලා හෝ යන කරුණ හෝ සිද්ධ වෙන දෙයක් නම් නොවෙයි. නමුත් පින්වත් මහණෙනි, යම්කිසි ශ්‍රමණයෙක් වේවා, බ්‍රාහ්මණයෙක් වේවා, දැන් ඔය කියා දීපු විදිහට රූපයේ

ආශ්වාදය ආශ්වාදය හැටියටත්, ආදීනවය ආදීනවය හැටියටත්, නිදහස් වීම නිදහස් වීම හැටියටත් යථාර්ථයෙන් ම අවබෝධ කරගත්තොත් ඇත්තෙන් ම ඔවුන් රූපය ගැන තමනුත් අවබෝධ කරගන්නවා. අනුන්ටත් අවබෝධ කරවනවා. යම්කිසි වැඩපිළිවෙලක් තුළ රූපය අවබෝධ කරගන්නවා ය කියන කරුණ සිද්ධ වෙන්න පුළුවන් දෙයක්.

පින්වත් මහණෙනි, වේදනාවන්ගේ ආශ්වාදය මොකක්ද? පින්වත් මහණෙනි, මෙහි භික්ෂුව කාමයෙන් වෙන්වෙලා, අකුසල් වලින් වෙන්වෙලා, විතර්ක විචාර සහිත, විවේකයෙන් හටගත් ප්‍රීතිය හා සැපය ඇති පළවෙනි ධ්‍යානය ඇතිව වාසය කරනවා. පින්වත් මහණෙනි, භික්ෂුව කාමයන්ගෙන් වෙන්වෙලා, අකුසල් වලින් වෙන්වෙලා, විතර්ක විචාර සහිත විවේකයෙන් හටගත් ප්‍රීතිය, සැපය ඇති පළවෙනි ධ්‍යානයට පැමිණ වාසය කරන වෙලාවේදී තමන්ට පීඩාවක් කිරීමට හිතන්නෙ නෑ. අනුන්ට පීඩාවක් කරන්ටත් හිතන්නෙ නෑ. දෙපැත්තට ම පීඩාවක් කරන්න හිතෙන්නෙත් නෑ. ඒ නිසා ඒ වෙලාවෙදී ඔහු විඳින්නෙ පීඩා රහිත විඳීමක්. පින්වත් මහණෙනි, මම වේදනාවන්ගේ ආශ්වාදය හැටියට කියන්නෙ පීඩාවලින් තොර විඳීම ම අවසන් කොට ඇති දෙයයි.

වේදනාවේ ආශ්වාදය ගැන තවත් කියනවා නම් පින්වත් මහණෙනි, භික්ෂුව විතර්ක විචාර සංසිඳුවලා, අභ්‍යන්තර ජීවිතය තුළ චිත්තප්‍රසාදය ඇතිකරගෙන සිත වඩාත් එකඟ කරගෙන, විතර්ක විචාර නැති, සමාධියෙන් හටගත් ප්‍රීතියත්, සැපයත් ඇති දෙවන ධ්‍යානය ....(පෙ).... තුන්වන ධ්‍යානය ....(පෙ).... හතරවන ධ්‍යානයත් ලබාගෙන වාසය කරනවා. පින්වත් මහණෙනි, භික්ෂුව කායික සැප දුක නැතිව, මානසික සොම්නස් දොම්නස් කලින් ම අත්හැරලා, දුක් සැප රහිත, ඉතා පිරිසිදු සිහිය ඇති, උපේක්ෂාව තියෙන හතරවන ධ්‍යානයට පැමිණිලා වාසය කරන වෙලාවට ඔහු තමන්ට පීඩාවක් කරන්න හිතන්නෙ නෑ. අනුන්ට පීඩා කරන්න හිතන්නෙත් නෑ. දෙපැත්තට ම පීඩා කරන්න හිතන්නෙ නෑ. ඒ නිසා ඒ වෙලාවෙදී ඔහු විඳින්නෙ පීඩා රහිත විඳීමක්. පින්වත් මහණෙනි, මම වේදනාවන්ගේ ආශ්වාදය හැටියට කියන්නෙ පීඩා වලින් තොරව විඳීම ම අවසන් කොට ඇති දෙයයි.

පින්වත් මහණෙනි, වේදනාවේ තියෙන ආදීනවය මොකක්ද? පින්වත් මහණෙනි, මේ වේදනා අනිත්‍යයි, දුකයි, වෙනස් වන ස්වභාවයට අයිතියි. මේක තමයි වේදනාවේ තිබෙන ආදීනවය.

පින්වත් මහණෙනි, මේ වේදනාවෙන් නිදහස් වෙනවා කියන්නෙ මොකක්ද? පින්වත් මහණෙනි, මේ වේදනාව ගැන තියෙන ආශාව දුරු කර

ගැනීම ම යි. ආශාව ප්‍රහාණය කරගැනීම ම යි. මේක තමයි වේදනාවෙන් නිදහස් වීම.

පින්වත් මහණෙනි, යම්කිසි ශ්‍රමණයෙක් වේවා, බ්‍රාහ්මණයෙක් වේවා, වේදනාවේ ආශ්වාදය ආශ්වාදය හැටියටත්, ආදීනවය ආදීනවය හැටියටත්, නිදහස් වීම නිදහස් වීම හැටියටත් ඔය විදිහට යථාර්ථයෙන් ම අවබෝධ කළේ නැත්නම්, ඇත්තෙන් ම ඔවුන් වේදනාව ගැන තමන් අවබෝධ කරනවා කියල හෝ වේදනා ගැන අනුන්ට අවබෝධ කරවනවා කියල හෝ යම්කිසි වැඩපිළිවෙලක් තුළින් වේදනා ගැන අවබෝධ කරගන්නවා ය කියන කරුණ සිද්ධ වෙන දෙයක් නම් නොවෙයි. නමුත් පින්වත් මහණෙනි, යම්කිසි ශ්‍රමණයෙක් වේවා, බ්‍රාහ්මණයෙක් වේවා, දැන් ඔය කියා දීපු විදිහට වේදනාවේ ආශ්වාදය ආශ්වාදය හැටියටත්, ආදීනවය ආදීනවය හැටියටත්, නිදහස් වීම නිදහස් වීම හැටියටත් යථාර්ථයක් වශයෙන් අවබෝධ කරගත්තොත් ඇත්තෙන් ම ඔවුන් වේදනාව ගැන තමනුත් අවබෝධ කරගන්නවා. අනුන්ටත් අවබෝධ කරවනවා. යම්කිසි වැඩපිළිවෙලක් තුළින් ඒ වේදනාවන් අවබෝධ කරගන්නවා ය යන කරුණ සිද්ධ වෙන්න පුළුවන් දෙයක්.

භාග්‍යවතුන් වහන්සේ මේ දේශනාව වදාළා. ඒ භික්ෂූන් වහන්සේලා මේ දේශනාව ගැන ගොඩාක් සතුටු වුනා. භාග්‍යවතුන් වහන්සේ වදාළ දේශනාව සතුටින් පිළිගත්තා.

සාදු! සාදු!! සාදු!!!

**දුක් ගොඩක් ගැන විස්තර වශයෙන් වදාළ දෙසුම නිමා විය.**

# 1.2.4.
# චූල දුක්ඛක්ඛන්ධ සූත්‍රය
## දුක් ගොඩක් ගැන වදාළ කුඩා දෙසුම

මා හට අසන්නට ලැබුනේ මේ විදිහටයි. ඒ දිනවල භාග්‍යවතුන් වහන්සේ වැඩසිටියේ ශාක්‍ය ජනපදයේ කපිලවස්තුවේ නිග්‍රෝධාරාමයේ. එදා මහානාම ශාක්‍ය රජු භාග්‍යවතුන් වහන්සේව බැහැදකින්න ගියා. ගිහින් භාග්‍යවතුන් වහන්සේට ආදරයෙන් වන්දනා කරලා පැත්තකින් වාඩිවුනා. පැත්තකින් වාඩි වූ මහානාම ශාක්‍ය රජු භාග්‍යවතුන් වහන්සේට මෙහෙම කිව්වා.

"ස්වාමීනී, භාග්‍යවතුන් වහන්සේ විසින් අපට කියා දීපු ධර්මයක් හැටියට බොහෝ කාලයක් තිස්සේ මම මේ ගැන දැනගෙන ඉන්නවා. එනම් 'ලෝභය කියන්නෙ සිත කිලුටු කරන දෙයක්, ද්වේෂය කියන්නෙ සිත කිලුටු කරන දෙයක්. මෝහය කියන්නෙ සිත කිලුටු කරන දෙයක්' කියලා.

ඉතින් ස්වාමීනී, 'ලෝභය කියන්නෙ සිත කිලුටු කරන දෙයක්, ද්වේෂය කියන්නෙ සිත කිලුටු කරන දෙයක්, මෝහය කියන්නෙ සිත කිලුටු කරන දෙයක්' ය කියල භාග්‍යවතුන් වහන්සේ විසින් අපට කියා දීපු ධර්මය මම දැනගෙන හිටියත්, සමහර දවස්වලට ලෝභය මගේ සිත යටකරල දානවා. ද්වේෂයත් මගේ සිත යටකරල දානවා. මෝහයත් මගේ සිත යටකරල දානවා. ස්වාමීනී, එතකොට මට මෙහෙම හිතෙනවා. සමහර දවස්වලට ලෝභය මේ සිත යටකරල දාන්නෙ මගේ සිතෙන් මොකක් දුරුවුනේ නැති නිසාද? ද්වේෂය සිත යටකරල දාන්නෙ මගේ සිතෙන් මොකක් දුරුවුනේ නැති නිසාද? මෝහයත් මගේ සිත යටකරල දාන්නේ මගේ සිතෙන් මොකක් දුරුවුනේ නැති නිසාද?' කියලා."

"පින්වත් මහානාම, සමහර දවස්වලට ලෝභය ඔබේ සිත යටකරල දානවා නම්, ද්වේෂය ඔබේ සිත යටකරල දානවා නම්, මෝහය ඔබේ සිත යටකරල දානවා නම්, ඔබ තුළ ප්‍රහාණය වෙලා නැත්තෙත් ඒවා ම යි. පින්වත් මහානාම, ඔබ තුළ ඔය ලෝභ, ද්වේෂ, මෝහ ප්‍රහාණය වෙලා ගියා නම්, ඔබ

කවදාවත් ගිහි ගෙදර ඉන්නෙ නෑ. කාම සම්පත් විඳින්නෙත් නෑ. පින්වත් මහානාම, ඔබ තුළ ඒ ලෝභ, ද්වේෂ, මෝහ නැති නොවුණු නිසා ම යි ගිහි ගෙදර ඉන්නෙ. කාම සම්පත් විඳින්නෙ.

පින්වත් මහානාම, ආර්ය ශ්‍රාවකයා දියුණු කරපු ප්‍රඥාවෙන්, යථාර්ථය දැක්කත්, මේ කාමයන්ගේ ආශ්වාදය චුට්ටයි කියල. මේ කාමයන් නිසා විඳින දුක් කම්කටොළු, පසුතැවිලි ගොඩක් තියෙනවා කියල. නමුත් ඒ ආර්ය ශ්‍රාවකයා කාමයන්ගෙන් වෙන් වී තිබෙන අකුසල ධර්මයන්ගෙන් වෙන් වී තිබෙන, ප්‍රීතිසැපයක් සාක්ෂාත් කළේ නැත්නම්, ඊට ඉහළ ශාන්ත සමාධියක්වත් සාක්ෂාත් කළේ නැත්නම්, ඒ තැනැත්තා ඒ තාක් ම ඉන්නෙ කාමයන්ට නොවැටෙන කෙනෙක් හැටියට නොවෙයි.

පින්වත් මහානාම, යම් දවසක ආර්ය ශ්‍රාවකයා දියුණු කරපු ප්‍රඥාවෙන් අවබෝධ කළොත් මේ කාමයේ තියෙන ආශ්වාදය නම් චුට්ටයි. නමුත් දුක් කම්කටොළු පීඩා ගොඩාක් තියෙනවා කියල. ඒ වගේම ඒ ආර්ය ශ්‍රාවකයා කාමයෙන් වෙන් වුන, අකුසලයෙන් වෙන් වුන ප්‍රීති සැපයකුත් සාක්ෂාත් කළොත්, ඊට වඩා ශාන්ත සමාධියක් හරි සාක්ෂාත් කළොත්, එතකොට නම් ඒ කෙනා කාමයන්ට වැටෙන්නෙ නෑ.

පින්වත් මහානාම, සම්බුද්ධත්වයට පත්වෙන්න කලින් මම බෝසත් බව තුළ සිටින කාලෙදී මටත් ඔය අදහස ඇති වුනා. කාමයන්ගේ ආශ්වාදය නම් හරි ම චුට්ටයි. ඒ වුනාට දුක් කම්කටොළු පීඩා ගොඩාක් තියෙනවා කියල දියුණු කරපු ප්‍රඥාවෙන් මම ඒ විදිහට යථාර්ථය දැක්කා. නමුත් කාමයන් ගෙන් වෙන් වෙලා, අකුසල් වලින් වෙන් වෙලා ඇතිවෙන ප්‍රීතිසැපයක් මට අත්දකින්න බැරි වුනා. ඊට වඩා ඉහළ ශාන්ත සමාධියක්වත් අත්දකින්න බැරි වුනා. ඒ තාක් ම මම ප්‍රතිඥා දුන්නෙ නෑ 'කාමයන්ට නොවැටෙන කෙනෙක් ය' කියලා.

පින්වත් මහානාම, යම් දවසක දියුණු කරන ලද ප්‍රඥාවෙන් මම යථාර්ථය දැක්කාද මේ කාමයන්ගේ ආශ්වාදය නම් චුට්ටයි, ඒ වුනාට දුක් පීඩා කරදර නම් ගොඩක් තියෙනවා කියල, ඒ වගේම මම කාමයන්ගෙන් වෙන් වෙලා, අකුසලයන්ගෙන් වෙන් වෙලා ප්‍රීති සැපයක් අත්දකින්න පටන් ගත්තා ද, ඊට වඩා ශාන්ත සමාධියකුත් අත්දකින්න පටන් ගත්තා ද, අන්න එතකොට තමයි මම ප්‍රතිඥා දුන්නෙ ආයෙත් නම් කාමයන්ට වැටෙන්නෙ නෑ කියලා.

පින්වත් මහානාම, කාමයන්ගේ ආශ්වාදය කියන්නෙ මොකක්ද? පින්වත් මහානාම, මේ කාම ගුණ පහක් තියෙනවා. ඒ පහ මොනවාද? ඇසෙන් බලන රූප තියෙනවා බොහොම ලස්සන, සිත ඇදගන්න, කැමැත්ත ඇති වෙන, රාගය

ඇතිවෙන. කනෙන් අහන ශබ්ද තියෙනවා ....(පෙ).... නාසයෙන් දැනගන්න ගඳ සුවඳ තියෙනවා ....(පෙ).... දිවෙන් දැනගන්න රස තියෙනවා ....(පෙ).... කයට දැනෙන පහස තියෙනවා බොහෝ ම හොඳ, සිත් ඇදගන්න, කැමැත්ත ඇති වෙන, රාගය ඇතිවෙන. පින්වත් මහානාම, ඔය පහට කියන්නෙ කාම ගුණ කියලයි. ඉතින් පින්වත් මහානාම, මේ කාම ගුණ පහ හේතු කරගෙන යම්කිසි සැපයක්, සොම්නසක් ඇති වුණොත් ඒක තමයි කාමයන්ගේ ආශ්වාදය.

පින්වත් මහානාම, කාමයන්ගේ ආදීනවය කියන්නේ මොකක්ද? පින්වත් මහානාම, ගිහි ජීවිතේ ගෙවන කෙනෙක් ජීවත් වෙන්න ශිල්ප ශාස්ත්‍ර ඉගෙන ගන්න ඕන. දැතෙ වැඩ හරි, ගණන් හිලව් හදන එක හරි, වෙළහෙළදාම් කරන එක හරි, ගොවිතැන හරි, ගව පාලනය හරි, ආණ්ඩුවේ රස්සාවකින් හරි, හමුදාවට ගිහින් හරි, තව නොයෙක් රස්සාවල් වලින් තමයි ජීවිතය ගෙවන්න තියෙන්නෙ. ආයෙ ඉතින් සීතලයි කියල බෑ. රස්නෙයි කියල බෑ. මදුරුවො, මැස්සො ඉන්නවා කියල බෑ. අව් හුළං තියෙනවා, සර්පයො ඉන්නවා කියල බෑ. බඩගින්නෙන්, පිපාසෙන්, මැරි මැරී හරි රස්සාවල් කරන්න වෙනවා. පින්වත් මහානාම, මේක මේ ජීවිතේදී ම අත්දකින්න ලැබෙන කාමයන්ගේ ආදීනවයයි. දුක් ගොඩයි. කාමයන් නිසා ම යි, කාමයන් මුල් කරගෙන ම යි, කාම අවුලෙන් ම යි, කාම හේතුවෙන් ම යි ඔය ආදීනව ඇතිවෙන්නේ.

ඉතින් පින්වත් මහානාම, ඒ ගිහි ගෙදර ඉන්න කෙනා ඔය විදිහට මහන්සි වෙන්න ඕන. උත්සාහ කරන්න ඕන. වීර්යය කරන්න ඕන. නමුත් ආදායම් මොකුත් නැති වුණොත්, ප්‍රතිඵලයක් නැති වුනොත් එතකොට ශෝක වෙනවා. කලන්තෙ හැදෙනවා. වැළපෙනවා. පපුවේ අත් ගගහ අඬනවා. පිස්සු හැදෙන්න වුණත් පුළුවනි. 'අයියෝ! මගේ උත්සාහය වතුරෙ ගියා, අයියෝ! මගේ මහන්සිය කිසි ඵලක් වුනේ නැහැ' කියලා. පින්වත් මහානාම, මේ ජීවිතේදී ම අත්දකින්න ලැබෙන මේ දුක් ගොඩ කාමයන්ගේ ආදීනවය ම යි. කාමයන් නිසා ම යි, කාමයන් මුල් කරගෙන ම යි, කාම අවුලෙන් ම යි, කාම හේතුවෙන් ම යි මේ දුක් ගොඩ ඇතිවෙන්නෙ.

පින්වත් මහානාම, ගිහි ගෙදර ඉන්න කෙනා ඔය විදිහට උත්සාහ කරන්න ඕන. මහන්සි වෙන්න ඕන. වීර්යය කරන්න ඕන. එතකොට අත මිට සරු වෙනවා. ඊට පස්සෙ දුක් දොම්නස් විඳින්නෙ, හරි හම්බකරපු දේවල් ආරක්ෂා කරගන්න තියෙන අවුලට මැදි වෙලයි. 'අනේ මං හරිහම්බ කරපු දේවල් ආණ්ඩුවට ගන්නෙ නැත්නම්, හොර හතුරො ගන්නෙ නැත්නම්, ගින්නට පිච්චෙන්නෙ නැත්නම්, වතුරෙ ගහගෙන යන්නෙ නැත්නම්, අපි අකමැති උදවිය ගන්නෙ නැත්නම්' කියලා. ඉතින් ඒ පුද්ගලයා ඔය විදිහට තමන්ගේ දේපල

ආරක්ෂා කරගෙන, රැකගෙන ඉන්න කොට, ආණ්ඩුවෙන් හරි අරගන්නවා. නැත්නම් හොරු අරගන්නවා, ගින්නට පිච්චෙනවා, එක්කො වතුරෙ ගහගෙන යනවා, එක්කො තමන් අකමැති උදවිය ඒවා අරගන්නවා. එතකොට එයා ශෝක කරනවා. කලන්තෙ හැදිලා වැටෙනවා. විලාප තියනවා. පපුවෙ අත් ගගහ අඬා වැටෙනවා. පිස්සු හැදෙනවා. 'අයියෝ! මං හම්බ කරපු දේවල්, අයියෝ! මට ඒවා නැති වුනා' කියලා. පින්වත් මහානාම, මේ ජීවිතේදී ම අත්දකින ඔය දුක් ගොඩත් කාමයන්ගේ ආදීනවය ම යි. කාමයන් නිසා ම යි, කාමයන් මුල් කරගෙන ම යි, කාම අවුලෙන් ම යි, කාම හේතුවෙන් ම යි ඔය දුක් ගොඩ ඇතිවෙන්නෙ.

කාමයන්ගේ ආදීනව ගැන තවදුරටත් කියනවා නම් පින්වත් මහානාම, කාමයන් නිසා ම යි, කාමයන් මුල්කරගෙන ම යි, කාම අවුලෙන් ම යි, කාම හේතුවෙන් ම යි රජවරු රජවරුත් එක්ක යුද්ධ කරන්නෙ, සිටුවරු සිටුවරුත් එක්ක යුද්ධ කරන්නෙ. පූජකවරු පූජකවරුත් එක්ක රණ්ඩු අල්ලන්නෙ. ගිහියො ගිහියොත් එක්ක රණ්ඩු අල්ලන්නෙ. අම්මා පුතත් එක්ක රණ්ඩු අල්ලන්නෙ. පුතා අම්මත් එක්ක රණ්ඩු අල්ලන්නෙ. තාත්තා පුතත් එක්ක රණ්ඩු අල්ලන්නෙ. පුතා තාත්තත් එක්ක රණ්ඩු අල්ලන්නෙ. සහෝදරයා සහෝදරයත් එක්ක රණ්ඩු අල්ලන්නෙ. සහෝදරයා සහෝදරියත් එක්ක රණ්ඩු අල්ලන්නෙ. සහෝදරී සහෝදරයත් එක්ක රණ්ඩු අල්ලන්නෙ. යාළුවා යාළුවත් එක්ක රණ්ඩු අල්ලන්නෙ. ඔය විදිහට කලකෝලාහල කර ගනිමින් ආරවුල් හදාගනිමින් එකිනෙකා අත්වලින් ගහ ගන්නවා. ගල්වලින් ගහ ගන්නවා. පොලුවලින් ගහ ගන්නවා. අවි ආයුධවලින් ගහ ගන්නවා. ඒවට මැදි වෙලා මැරිල යනවා. මාරාන්තික දුක් විඳිනවා. පින්වත් මහානාම, මේ ජීවිතේ දී ම අත්දකින්න ලැබෙන මේ දුක් ගොඩ කාමයන්ගේ ආදීනව ම යි. කාමයන් නිසා ම යි, කාමයන් මුල් කරගෙන ම යි, කාම අවුලෙන් ම යි, කාම හේතුවෙන් ම යි මේ දුක් හටගන්නෙ.

කාමයන්ගේ ආදීනව ගැන තවත් කියනවා නම් පින්වත් මහානාම, කාමයන් නිසා ම, කාමයන් මුල් කරගෙන ම, කාම අවුල් නිසා ම, කාම හේතුවෙන් ම, අවි ආයුධ අරගෙන, යුද ඇඳුම් ඇඳගෙන, දෙපැත්තට බෙදිල රණ බිමට යනවා. ඊතල විදිද්දි, හෙල්ල පහර විදිද්දි, කඩු කිනිසි ලෙල දෙද්දී, රණ බිමට යනවා. ඔවුන් එහි ගිහින් ඊතලවලින් විද ගන්නවා. හෙල්ලවලින් ඇන ගන්නවා. කඩුවලින් හිස ගසා දානවා. අන්තිමේදී ඔවුන් මැරිල යනවා. එක්කො මාරාන්තික දුක් විඳිනවා. පින්වත් මහානාම, මේ ජීවිතේ දී ම අත්දකින්න ලැබෙන මේ දුක් ගොඩ කාමයන්ගේ ආදීනවය ම යි. කාමයන් නිසා ම යි.

කාමයන් මුල් කරගෙන ම යි, කාම අවුලෙන් ම යි, කාම හේතුවෙන් ම යි මේ දුක් ගොඩ ඇතිවෙන්නෙ.

කාමයන්ගේ ආදීනව ගැන තවත් කියනවා නම් පින්වත් මහානාම, කාමය නිසා ම, කාමය මුල් කරගෙන ම, කාම අවුල නිසා ම, කාම හේතුව නිසා ම, අවිආයුධ අමෝරාගෙන, යුද ඇඳුම් ඇඳගෙන, තාප්ප උඩින් බලකොටු වලට ඇතුල් වෙනවා. එතනදී ඊතලවලින් විදිද්දි, හෙල්ල පහරවල් විදිද්දි, කඩු කිනිසි ලෙළ දෙද්දි තමයි ඔවුන් එතනට පනින්නේ. එතනදී ඊතල වලින් විද ගන්නවා. හෙල්ල පහරවල් ඇනගන්නවා. රත්වුණු තෙල් ඇඟවල් වලට හලා ගන්නවා. උල්වලින් ඇන ගන්නවා. කඩුවෙන් හිසත් කපනවා. අන්තිමේ දී එතනදී මැරිල යනවා. මාරාන්තික දුක්වලට ගොදුරු වෙනවා. පින්වත් මහානාම, මේ ජීවිතයේ දී අත්දකින්න ලැබෙන මේ දුක් ගොඩ කාමයන්ගේ ආදීනවය ම යි. කාමයන් නිසා ම යි, කාමයන් මුල් කරගෙන ම යි, කාම අවුලෙන් ම යි, කාම හේතුවෙන් ම යි ඔය දුක් ගොඩ හටගන්නේ.

කාමයන්ගේ ආදීනව ගැන තවත් කියනවා නම් පින්වත් මහානාම, කාමයන් නිසා ම, කාමයන් මුල් කරගෙන ම, කාම අවුලෙන් ම, කාමයන් හේතු කොටගෙන ම ගෙවල් බිඳිනවා. ගම් පිටින් කොල්ල කනවා. ගෙවල් වලට පැනල මිනිස්සු භය කරල කොල්ල කනවා. පාරෙ යන මිනිස්සුන් ගෙන් මංකොල්ල කනවා. කාන්තාවන්ට බලහත්කාරකම් කරනවා. අන්තිමේ දී ඒ හොරුන් ආණ්ඩුවට අහුවෙනවා. ඊට පස්සෙ විවිධාකාර වධ බන්ධනවලට අහුවෙනවා. ඔවුන්ට කසවලින් තලනවා. වේවැල්වලින් තලනවා. දඬු මුගුරු වලින් තලනවා. අත් කපල දානවා, කකුල් කපල දානවා, අත් කකුල් කපල දානවා, කන කපනවා, නාසයත් කපනවා. කන් නාසත් කපනවා, හිස් කබල චප්ප කරල දානවා. හිස් කබලෙ ඇටේ මතු වෙනකල් බොරළු දාල හූරනවා. යකඩ අඬුවකින් කට පළල් කරල ගිනි පන්දම් ඔබනවා. ඇගේ තෙල් පාන්කඩ ඔතල ගිනි තියනවා. අත්වල තෙල් පාන්කඩ ඔතල ගිනි තියනවා. බෙල්ලෙ ඉඳන් පහළට හම ගලෝල, ඇදගෙන යනවා. බෙල්ලෙ ඉඳන් පහළටත්, කකුලෙ ඉඳන් උඩටත් හම ගලෝල, එකට ගැට ගහනවා. දණිස් දෙකෙත්, වැලමිටි දෙකෙත් යකඩ උල් ගහල පොළවට හයි කරල ගින්නෙන් රත් කරනවා, කොකු වලින් ඇන ඇන මස් ලේ විසුරුවනවා. මුළු ශරීරයේ ම මස් චූටි කෑලි වලට ඉරල දානවා. ශරීරයේ තැනින් තැන සිදුරු කරල ලෝදිය දානවා. පැත්තට ඇල කරල බිම දාල කනේ උලක් ගහල, ඒ උලෙන් හිටෝලා, කකුල් දෙකෙන් වටේට කරකවනවා. ගල්වලින් තලල ඇඟ ඇතුලෙ ඇට කුඩු කරල දානවා. ගින්නෙන් කකාරගත්තු තෙල්වලින් නාවනවා. බල්ලන්ට කන්න දානවා. උලේ

ඉන්දවනවා. හිස ගසා දානවා. අන්තිමේ දී ඒකෙන් ම මැරිල යනවා. එක්කො මාරාන්තික වධ විඳිනවා. පින්වත් මහනාම, මේ ජීවිතේ දී ම අත්දකින්න ලැබෙන මේ දුක් ගොඩ කාමයන්ගේ ආදීනවය ම යි. කාමයන් නිසා ම යි, කාමයන් මුල් කරගෙන ම යි, කාම අවුලෙන් ම යි, කාමයන් හේතුකරගෙන ම යි මේ දුක් ගොඩ ඇතිවෙන්නේ.

කාමයන්ගේ ආදීනව ගැන තවත් කියනවා නම් පින්වත් මහානාම, කාමයන් නිසා ම, කාමයන් මුල් කරගෙන ම, කාම අවුල් නිසා ම, කාමයන් හේතු කරගෙන ම, මේ සත්වයන් කයින් වැරදි කරනවා. වචනයෙන් වැරදි කරනවා. මනසින් වැරදි කරනවා. ඔවුන් කයින් වැරදි කරලා, වචනයෙන් වැරදි කරලා, මනසින් වැරදි කරලා, අන්තිමේ දී මැරිල ගිහින් සැප රහිත දුගතිය නම් වූ නරකාදියේ උපදිනවා. පින්වත් මහානාම, පරලොව දී අත්දකින්න සිදුවන ඒ දුක් ගොඩ කාමයන්ගේ ආදීනව ම යි. කාමයන් නිසා ම යි, කාමයන් මුල් කරගෙන ම යි, කාම අවුලෙන් ම යි, කාමයන් හේතුකොටගෙන ම යි මේ දුක් ගොඩ හටගන්නේ.

පින්වත් මහානාම, එක් කාලෙක මම රජගහ නුවර ගිජුකුළු පව්වෙ හිටියා. ඒ දවස්වල ඉසිගිලි පර්වතයේ බෑවුමට වෙන්න තියෙන කළුගල් තලාවෙ හිටියා වාඩිවෙන ආසන ප්‍රතික්ෂේප කරපු නිගණ්ඨයො පිරිසක්. ඔවුන් හිටියෙ හිටගෙන විතරයි. හිතාමතා ඇති කරගත් නොයෙක් දුක් විඳ විඳ හිටියා. ඉතින් පින්වත් මහානාම, මම හවස් වරුවෙ භාවනාවෙන් නැගිටලා, ඉසිගිලි පර්වත බෑවුමේ කළුගල් තලාවෙ තපස් රකින නිගණ්ඨයන් ලඟට ගියා. ගිහින් නිගණ්ඨයන් ගෙන් මෙහෙම ඇහුවා.

"ඈ හැබෑට නිගණ්ඨවරුනි, ඔහේලා වාඩිවෙන ආසන ප්‍රතික්ෂේප කරලා, හිටගෙන විතරක් පුදුම විදිහට දුක් පීඩා දිදී, හිතාමතා ඇති කරගත් දුක් විඳවන්නෙ ඇයි?" කියලා. පින්වත් මහානාම, මම නිගණ්ඨයන්ගෙන් එහෙම ඇහුවා ම ඒ නිගණ්ඨයො මට මේ විදිහට උත්තර දුන්නා.

"ආයුෂ්මතුන් වහන්ස, නිගණ්ඨ නාතපුත්‍රයන් තමයි හැම දෙයක් ම දන්නෙ. හැම දෙයක් ම දකින්නෙ. පුදුම විදිහේ අවබෝධ ඥානයක් තියෙනවා. ඇවිදින කොටත්, හිටගෙන ඉන්නකොටත්, නිදාගෙන ඉන්නකොටත්, ඇහැරගෙන ඉන්නකොටත්, හැම තිස්සෙ ම ඔහුගේ අවබෝධ ඥානය විවෘතයි. එතුමා අපට මෙහෙම කිව්වා 'ඒයි නිගණ්ඨවරුනි, නුඹලා පෙර කරපු පාප කර්ම තියෙනවා. දැන් ඉතින් නුඹලා මේ කටුක දුෂ්කර ක්‍රියාවෙන් ඒ පව් ටික දිරෝපල්ලා. දැන් ඉතින් නුඹලා කයින් සංවර වෙයල්ලා. වචනයෙන් සංවර වෙයල්ලා. මනසින්

සංවර වෙයල්ලා. එතකොට අනාගතේට කර්මයන් කෙරෙන්නෙ නෑ. පුරාණ කර්ම ටික තපසින් නැති කරනවා. අලුතින් කර්ම කරන්නෙත් නැති නිසා අනාගතේට කර්ම රැස් වෙන්නෙත් නැහැ. අනාගතේට කර්ම රැස් වෙන්නෙ නැති නිසා කර්ම ක්ෂය වෙනවා. කර්ම ක්ෂය වීමෙන් දුක් ක්ෂය වෙනවා. දුක් ක්ෂය වීමෙන් වේදනා ක්ෂය වෙනවා. වේදනා ක්ෂය වීමෙන් හැම දුකක් ම දිරවල යනවා' කියලා. ඉතින් ඔය අදහසට අපි හරි කැමතියි. අපි එකඟයි. අපි සතුටුයි" කියලා.

පින්වත් මහානාම, එතකොට මම ඒ නිගණ්ඨයන්ගෙන් මේ විදිහට ඇහැව්වා.

"ඈ නිගණ්ඨවරුනි, ඇත්තෙන් ම ඔහේලා දන්නවා ද මේ දේ? අපි කලින් සංසාරෙ හිටපු උදවිය, නොහිටපු උදවිය නොවේ ය කියල?"

"ආයුෂ්මතුන් වහන්ස, ඒ ගැන නම් අපි දන්නෙ නෑ."

"එහෙම නම් නිගණ්ඨවරුනි, ඔහේලා මේ ගැන දන්නවා ද, අපි සංසාරෙ පව් කරපු උදවිය. පව් නො කරපු උදවිය නොවේ ය කියල?"

"ආයුෂ්මතුන් වහන්ස, අපි ඒ ගැන දන්නෙත් නෑ."

"එහෙම නම් නිගණ්ඨවරුනි, ඔහේලා මේ ගැන දන්නවා ද, අපි සංසාරෙ මෙන්න මේ විදිහේ පව් තමයි කරල තියෙන්නෙ කියලා?"

"ආයුෂ්මතුන් වහන්ස, අපි ඒ ගැන දන්නෙත් නෑ."

"එහෙම නම් නිගණ්ඨවරුනි, ඔහේලා මේ ගැන දන්නවා ද, දැන් ඉතින් මෙච්චර දුකක් දිරවල දැම්මා. මෙච්චර දුකක් දිරවන්න ඉතුරු වෙලා තියෙනවා. මේ දුකත් දිරවලා දැම්ම ම, හැම දුකක් ම දිරවලා දැම්මා වෙනවා කියලා?"

"ආයුෂ්මතුන් වහන්ස, අපි ඒ ගැන දන්නෙත් නෑ."

"එහෙම නම් මේ ජීවිතේ දී ම අකුසල් නැති කරල, කුසල් දියුණු කරගෙන ඉන්න හැටි දන්නවා ද කියල?"

"ආයුෂ්මතුන් වහන්ස, අපි ඒ ගැන දන්නෙත් නෑ."

"ඈ නිගණ්ඨවරුනි, ඔහේලා හරි උදවිය නෙව. සංසාරෙ කලින් හිටියා කියල දන්නවා ද, නොහිටිය අය නොවේ කියල දන්නවා ද යි ඇහුවා ම 'දන්නෙ නැහැ' යි කිව්වා. සංසාරෙ පව් කරපු උදවිය ද පව් නොකරපු උදවිය

ද කියල ඇහුවා ම, 'දන්නෙ නැතෙ'යි කිව්වා. කොයි කොයි ආකාරයේ පව් ද කෙරිල තියෙන්නෙ ඇහුවාම, ඒකත් 'දන්නෙ නැතෙ'යි කිව්වා. දූන් මෙච්චර දුක් දිරවලා තියෙනවා, දූන් දිරවන්න මෙච්චර ඉතුරු වෙලා තියෙනවා, මේ ටික දිරෙව්වා ම හැම දුකක් ම දිරවල යනවා ය කියල දන්නවා ද යි ඇහුව ම ඒකත් 'දන්නෙ නැතෙ'යි කිව්වා. මේ ජීවිතේ දී ම අකුසල් නැති කරල කුසල් දියුණු කරන හැටි දන්නවා ද කියල ඇහුවම 'දන්නෙ නැතෙ'යි කිව්වා. එහෙම නම්, නිගණ්ඨවරුනි ආයෙ දෙකක් නෑ. ඔහේල මීට කලින් රෞද්‍ර, ලේ තැවරුණ අත් ඇති, කෲර මිනිස්සු අතරෙ තමයි උපදින්න ඇත්තෙ. දූන් ඒ උදවිය තමයි නිගණ්ඨයන් අතර පැවිදි වෙලා ඉන්නෙ."

"ආයුෂ්මත් ගෞතමයන් වහන්ස, සැප විඳලා සැපයක් ලබාගන්න පුළුවන් කමක් නෑ. දුක් විඳලා තමයි සැප ලබන්න තියෙන්නෙ. ආයුෂ්මත් ගෞතමයන් වහන්ස, සැප විඳල සැපයක් ලබන්න පුළුවන් කමක් තියෙනවා නම්, මේ මගධ රටේ රජ්ජුරුවො වන සේනිය බිම්බිසාරයන්ටත්, ඒ සැපය ලබන්න පුළුවන් නෙව. ආයුෂ්මත් ගෞතමයන් වහන්සේට වඩා මගධ රජ්ජුරුවො වන සේනිය බිම්බිසාරයන් තමයි සැප සේ වාසය කරන්නෙ."

"ඒකාන්තයෙන් ම මේ නිගණ්ඨයින් කිසිම දෙයක් ගැන සළකන්නෙ නැතිව, බරපතල කතාවක් කිව්වා නෙව. 'ආයුෂ්මත් ගෞතමයන් වහන්ස, සැපයකින් සැපයක් ලබන්න පුළුවන්කමක් නෑ. දුක් විඳල ම යි සැප ලබන්න ඕන. ආයුෂ්මත් ගෞතමයන් වහන්ස, සැප විඳල සැපයක් ලබන්න පුළුවන්කමක් තිබෙනවා නම්, මේ මගධ රටේ රජ්ජුරුවො වන සේනිය බිම්බිසාරයන්ටයි, ඒ සැපය ලබන්න පුළුවන් වෙන්නෙ. ආයුෂ්මත් ගෞතමයන් වහන්සේට වඩා, මගධ රජ්ජුරුවො වන සේනිය බිම්බිසාරයන් සැප සේ වාසය කරන කෙනෙක් නෙව' කියලා.

එහෙම නම් ඒ ගැන අහන්න තියෙන්නෙ මගෙන් ම යි. ඔය දෙදෙනා අතුරෙන් ඇත්තෙන් ම කවුද සැප සේ වාසය කරන්නෙ? මගධේශ්වර වන සේනිය බිම්බිසාර රජ්ජුරුවො ද? ශ්‍රමණ ගෞතමයන් වහන්සේ ද? කියලා."

"ඇත්තෙන් ම ආයුෂ්මත් ගෞතමයන් වහන්ස, අපි නුවණින් සළකන්නෙ නැතුව ම යි, මේ බරපතල කතාව කියල තියෙන්නෙ. 'ආයුෂ්මත් ගෞතමයන් වහන්ස, සැපයකින් සැපයක් ලබන්න පුළුවන් කමක් නෑ. දුක් විඳල ම යි සැප ලබන්න තියෙන්නෙ. ආයුෂ්මත් ගෞතමයන් වහන්ස, සැපයෙන් සැපයක් ලබන්ට පුළුවන්කමක් තියෙනවා නම්, මගධ රජ්ජුරුවො වන සේනිය බිම්බිසාර යන්ට තමයි ඒ සැප ලබන්න පුළුවන් වෙන්නෙ. ආයුෂ්මත් ගෞතමයන්ට වඩා,

මගධ රජ්ජුරුවො වන සේනිය බිම්බිසාරයන් සැප සේ වාසය කරන කෙනෙක් නෙව' කියලා."

"එහෙම නම් නිගණ්ඨවරුනි, මම ඔහේලගෙන් මේ කාරණය විමසනවා. කැමති විදිහකට පිළිතුරු දෙන්න. නිගණ්ඨවරුනි, ඔහේලා මොකක් ද මේ ගැන හිතන්නෙ? මගධ රජ්ජුරුවන් වන සේනිය බිම්බිසාරයන්ට පුළුවන් ද කය සොලවන්නෙ නැතිව, වචන කතා කරන්නෙ නැතිව එක දිගට හත් දවසක් ඒකාන්ත සැපයකින් වාසය කරන්න?"

"ආයුෂ්මතුන් වහන්ස, ඒක නම් රජ්ජුරුවන්ට බැරි වැඩක්."

"හොඳයි නිගණ්ඨවරුනි, එහෙම නම් මේ ගැන මොකද හිතන්නෙ? මගධ රජ්ජුරුවො වන සේනිය බිම්බිසාරයන්ට පුළුවන් ද කය සොලවන්නෙ නැතිව, වචන කතා කරන්නෙ නැතිව, එක දිගට දවස් හයක් ....(පෙ).... දවස් පහක් ....(පෙ).... දවස් හතරක් ....(පෙ).... දවස් තුනක් ....(පෙ).... දවස් දෙකක් ....(පෙ).... දිවා රාත්‍රී එක දවසක් ඒකාන්ත සැපයකින් වාසය කරන්න පුළුවන්ද?"

"ආයුෂ්මතුන් වහන්ස, ඒක නම් රජ්ජුරුවන්ට පුළුවන් දෙයක් නොවෙයි."

"නමුත් නිගණ්ඨවරුනි, මට පුළුවනි මේ කය සොලවන්නේ නැතිව, වචන කතා කරන්නෙ නැතිව, දිවා රාත්‍රී එක දවසක් ඒකාන්ත සැපයකින් වාසය කරන්න. ඒ වගේ ම නිගණ්ඨවරුනි, මට පුළුවනි මේ කය සොලවන්නේ නැතිව, වචන කතා කරන්නෙ නැතිව, දවස් දෙකක් ....(පෙ).... දවස් තුනක් ....(පෙ).... දවස් හතරක් ....(පෙ).... දවස් පහක් ....(පෙ).... දවස් හයක් ....(පෙ).... රෑ දවල් දවස් හතක් ඒකාන්ත සැපයෙන් වාසය කරන්න. ඈ නිගණ්ඨවරුනි, දැන් ඔහේලා මොකද කියන්නෙ? ඕක නම් සැබෑ තත්වය කවුද සැප සේ වාසය කරන්නෙ? මගධ රජ්ජුරුවො වන සේනිය බිම්බිසාරයන් ද? මම ද?"

"ඔහොම බලද්දී නම් ඉතින් මගධ රජ්ජුරුවො වන සේනිය බිම්බිසාරයන්ට වඩා ආයුෂ්මත් ගෞතමයන් වහන්සේ තමයි සැපසේ ඉන්නෙ."

භාග්‍යවතුන් වහන්සේ මේ දේශනය වදාළා. මහානාම ශාක්‍ය රජතුමා ගොඩාක් සතුටු වුනා. භාග්‍යවතුන් වහන්සේ වදාළ මේ දේශනය ඉතා සතුටින් පිළිගත්තා.

**සාදු! සාදු!! සාදු!!!**

**දුක් ගොඩක් ගැන වදාළ කුඩා දෙසුම නිමා විය.**

# 1.2.5.
# අනුමාන සූත්‍රය
## නුවණින් විමසා ගළපා බැලීම ගැන වදාළ දෙසුම

මා හට අසන්නට ලැබුනේ මේ විදිහටයි. ඒ දිනවල ආයුෂ්මත් මහා මොග්ගල්ලානයන් වහන්සේ වැඩසිටියේ භග්ග රටේ සුංසුමාරගිරි නුවර අසල භේසකලා වනයේ මිගදායේ. එදා ආයුෂ්මත් මහාමොග්ගල්ලානයන් වහන්සේ "ප්‍රිය ආයුෂ්මත් මහණෙනි" කියලා භික්ෂූන් වහන්සේලා ඇමතුවා. "ප්‍රිය ආයුෂ්මතුන් වහන්ස" කියල ඒ භික්ෂූන් වහන්සේලාත් ආයුෂ්මත් මහා මොග්ගල්ලානයන් වහන්සේට පිළිතුරු දුන්නා. ඒ මොහොතේ දී තමයි ආයුෂ්මත් මහාමොග්ගල්ලානයන් වහන්සේ මේ දෙසුම වදාළේ.

ප්‍රිය ආයුෂ්මතුනි, යම් භික්ෂුවක් පින්වත් ස්වාමීන් වහන්සේලාගෙන් මේ විදියට ඉල්ලා හිටින්න පුළුවනි. "අනේ! ආයුෂ්මතුන් වහන්සේලා මටත් අවවාද කරන්න. මම ආයුෂ්මතුන් වහන්සේලාගේ ඒ දෙන අවවාදයට අනුව ඉන්නම්" කියලා. ඒ වුණත් ඒ භික්ෂුව අකීකරුයි නම්, අකීකරුකම ඇති කරවන ගතියෙන් යුක්ත නම්, ඉවසීමත් නැත්නම්, සංඝයාගේ අවවාදය ගෞරවයෙන් පිළිගන්නෙත් නැත්නම්, අර භික්ෂුවට අවවාද කළ යුතුයි කියලා ඒ පින්වත් ස්වාමීන් වහන්සේලාට හිතෙන්නෙ නෑ, අනුශාසනා කළ යුතුයි කියල හිතෙන්නෙ නෑ. ඒ පුද්ගලයාව විශ්වාස කළ යුතුයි කියල හිතෙන්නෙත් නෑ.

ප්‍රිය ආයුෂ්මතුනි, ඒ අකීකරුකම ඇති කරවන කරුණු මොනවා ද ?

(01). ප්‍රිය ආයුෂ්මතුනි, භික්ෂුව ලාභ, සත්කාර, කීර්ති, ප්‍රශංසා ආදිය ලැබීමේ ලාමක ආශාවෙන් යුක්තයි. ඒ භික්ෂුව ඒ ලාමක ආශාව නිසා සම්පූර්ණයෙන් ම නොමග ගිහිල්ලයි ඉන්නෙ. ඉතින් ප්‍රිය ආයුෂ්මතුනි, භික්ෂුව ලාමක ආශාවන්ගෙන් යුක්ත වුනොත්, ඒ ආශාවන්ට යට වුනොත් අන්න ඒක අකීකරු බව ඇති කරවන දෙයක්.

(02). අකීකරු බව ඇති කරවන දේ ගැන තවදුරටත් කිව්වොත්, ප්‍රිය ආයුෂ්මතුනි, භික්ෂුව තමන් ගැන මහා ඉහළින් හුවා දක්වනවා. අනුන්

ගැන හෙළා පෙළා කතා කරනවා. ප්‍රිය ආයුෂ්මතුනි, භික්ෂුවට තමන් ගැන ඉහළින් හුවා දක්වන එක තිබුනොත්, අනුන් හෙළා පෙළා කතා කරන එක තිබුනොත් අන්න ඒකත් අකීකරු බව ඇති කරවන දෙයක්.

(03). අකීකරු බව ඇති කරවන දේ ගැන තවදුරටත් කිව්වොත් ප්‍රිය ආයුෂ්මතුනි, භික්ෂුව ක්‍රෝධ කරනවා. හිතේ ඇති වෙන ක්‍රෝධයට යට වෙනවා. ප්‍රිය ආයුෂ්මතුනි, භික්ෂුව තුළ ක්‍රෝධ කරන බව තිබුනොත්, හිතේ ඇතිවෙන ක්‍රෝධයට යට වෙන ගතිය තිබුනොත්, අන්න ඒකත් අකීකරු බව ඇති කරවන දෙයක්.

(04). අකීකරු බව ඇති කරවන දේ ගැන තවදුරටත් කිව්වොත් ප්‍රිය ආයුෂ්මතුනි, භික්ෂුව ක්‍රෝධ කරනවා. ඒ ක්‍රෝධය නිසා ම බද්ධ වෛරය ඇති කර ගන්නවා. ප්‍රිය ආයුෂ්මතුනි, භික්ෂුව තුළ ක්‍රෝධ කරන ගතිය තිබුනොත්, ඒ ක්‍රෝධය නිසා ම බද්ධ වෛරය ඇති කර ගත්තොත්, අන්න ඒකත් අකීකරු බව ඇති කරවන දෙයක්.

(05). අකීකරුකම ඇති කරවන දේ ගැන තවදුරටත් කිව්වොත් ප්‍රිය ආයුෂ්මතුනි, භික්ෂුව ක්‍රෝධ කරනවා. ක්‍රෝධය නිසා ම රණ්ඩුවට යනවා. ප්‍රිය ආයුෂ්මතුනි, ඒ භික්ෂුව තුළ ක්‍රෝධ කිරීම තිබුනොත්, ක්‍රෝධය නිසා රණ්ඩුවට යන ගතිය තිබුනොත්, අන්න ඒකත් අකීකරු බව ඇති කරවන දෙයක්.

(06). අකීකරුකම ඇති කරවන දේ ගැන තවදුරටත් කිව්වොත් ප්‍රිය ආයුෂ්මතුනි, භික්ෂුව ක්‍රෝධ කරනවා. ක්‍රෝධය ඇවිස්සෙන දේ ම කියන්න පටන් ගන්නවා. ප්‍රිය ආයුෂ්මතුනි, ඒ භික්ෂුව ක්‍රෝධ කළොත් ක්‍රෝධය ඇවිස්සෙන දේ ම කියන්න පටන් ගත්තොත්, අන්න ඒකත් අකීකරු බව ඇති කරවන දෙයක්.

(07). අකීකරුකම ඇති කරවන දේ ගැන තවදුරටත් කිව්වොත් ප්‍රිය ආයුෂ්මතුනි, භික්ෂුවකගේ අඩුපාඩු තවත් භික්ෂුවක් විසින් පෙන්වා දෙන කොට අර භික්ෂුව තමන්ගේ අඩුපාඩු පෙන්වා දුන් භික්ෂුවට විරුද්ධ වෙනවා. ප්‍රිය ආයුෂ්මතුනි, භික්ෂුවකගේ අඩුපාඩු පෙන්වා දෙන කොට ඒ අඩුපාඩු පෙන්වා දෙන භික්ෂුවට විරුද්ධ වුනොත් අන්න, ඒකත් අකීකරු බව ඇති කරවන දෙයක්.

(08). අකීකරුකම ඇති කරවන දේ ගැන තවදුරටත් කිව්වොත් ප්‍රිය ආයුෂ්මතුනි, භික්ෂුවකගේ අඩුපාඩු තවත් භික්ෂුවක් විසින් පෙන්වා දෙන කොට ඒ අඩුපාඩු පෙන්වා දුන් භික්ෂුවට අපහාස කරන්න පටන් ගන්නවා. ප්‍රිය

ආයුෂ්මතුනි, භික්ෂුවකගේ අඩුපාඩු පෙන්වා දෙන කොට ඒ අඩුපාඩු පෙන්වා දෙන භික්ෂුවට අපහාස කරන්න ගත්තොත්, අන්න ඒකත් අකීකරු බව ඇති කරවන දෙයක්.

(09). අකීකරුකම ඇති කරවන දේ ගැන තවදුරටත් කිව්වොත් ප්‍රිය ආයුෂ්මතුනි, භික්ෂුවකගේ අඩුපාඩු තවත් භික්ෂුවක් විසින් පෙන්වා දෙන කොට ඒ අඩුපාඩු පෙන්වා දෙන භික්ෂුවගේ අඩුපාඩු එයා පෙන්නන්න පටන් ගන්නවා. ප්‍රිය ආයුෂ්මතුනි, භික්ෂුවකගේ අඩුපාඩු පෙන්වා දෙනකොට ඒ අඩුපාඩු පෙන්වා දෙන භික්ෂුවගේ අඩුපාඩු එයා පෙන්නන්න පටන් ගත්තොත්, අන්න ඒකත් අකීකරු බව ඇති කරවන දෙයක්.

(10). අකීකරු බව ඇති කරවන දේ ගැන තවදුරටත් කිව්වොත් ප්‍රිය ආයුෂ්මතුනි, භික්ෂුවකගේ අඩුපාඩු තව භික්ෂුවක් විසින් පෙන්වා දෙන කොට එයා ඒක වෙන දේකින් වහල දානවා. ඒකට අදාල නැති කතාවක් ඇදල ගන්නවා. කේන්ති ගන්නවා. තරහ ගන්නවා. කතා කරන්න බැරි තත්වයක් හදල දානවා. ප්‍රිය ආයුෂ්මතුනි, භික්ෂුවකගේ අඩුපාඩු පෙන්වා දෙනකොට වෙන කතාවකින් ඒක වහල දැම්මොත්, අදාළ නැති කතාවල් ඇදල ගත්තොත්, කෝප වුනොත්, තරහ ගත්තොත්, කතා කරන්න බැරි තත්වයක් හැදුවොත්, අන්න ඒකත් අකීකරු බව ඇති කරවන දෙයක්.

(11). අකීකරු බව ඇති කරවන දේ ගැන තවදුරටත් කිව්වොත් ප්‍රිය ආයුෂ්මතුනි, භික්ෂුවකගේ අඩුපාඩු තව භික්ෂුවක් විසින් පෙන්වා දෙන කොට ඒ අඩුපාඩුව තමන් ගෙන් සිදුවෙච්ච දෙයක් වෙලත් ඒක පිළිගන්නෙ නෑ. ප්‍රිය ආයුෂ්මතුනි, භික්ෂුවකගේ අඩුපාඩු පෙන්වා දෙන කොට ඒ අඩුපාඩු තමන්ගෙන් සිදුවෙච්ච දෙයක් වෙලත් ඒක පිළිගන්නෙ නැත්නම්, අන්න ඒකත් අකීකරුකම ඇති කරවන දෙයක්.

(12). අකීකරු බව ඇති කරවන දේ ගැන තවදුරටත් කිව්වොත් ප්‍රිය ආයුෂ්මතුනි, භික්ෂුව අනුන්ගේ තියෙන ගුණ මකනවා. එකට එක කරන කෙනෙක් වෙනවා. ප්‍රිය ආයුෂ්මතුනි, ඒ භික්ෂුව තුළ අනුන්ගේ තියෙන ගුණ මකන ගතිය තිබුනොත්, එකට එක කරන ගතිය තිබුණොත්, අන්න ඒකත් අකීකරු බව ඇති කරවන දෙයක්.

(13). අකීකරු බව ඇති කරවන දේ ගැන තවදුරටත් කිව්වොත් ප්‍රිය ආයුෂ්මතුනි, භික්ෂුව ඉරිසියා කරන කෙනෙක් වෙනවා. මසුරු කෙනෙක් වෙනවා. ප්‍රිය ආයුෂ්මතුනි, භික්ෂුව ඉරිසියා කරන කෙනෙක් වුණොත්, මසුරු කෙනෙක් වුනොත්, අන්න ඒකත් අකීකරු බව ඇති කරවන දෙයක්.

(14). අකීකරු බව ඇති කරවන දේ ගැන තවදුරටත් කිව්වොත් ප්‍රිය ආයුෂ්මතුනි, භික්ෂුව කෛරාටික වෙනවා. නැති ගුණ පෙන්නනවා. ප්‍රිය ආයුෂ්මතුනි, භික්ෂුව කෛරාටික වුනොත්, නැති ගුණ පෙන්නන්න ගියොත්, අන්න ඒකත් අකීකරු බව ඇති කරවන දෙයක්.

(15). අකීකරු බව ඇති කරවන දේ ගැන තවදුරටත් කිව්වොත් ප්‍රිය ආයුෂ්මතුනි, භික්ෂුව සාධාරණ කරුණු ඉදිරියේ නැමෙන්නෙ නෑ. අධික මාන්නෙන් ඉන්නවා. ප්‍රිය ආයුෂ්මතුනි, භික්ෂුව සාධාරණ කරුණු ඉදිරියේ නොනැමී හිටියොත්, අධික මාන්නයෙන් හිටියොත්, අන්න ඒකත් අකීකරු බව ඇති කරවන දෙයක්.

(16). අකීකරු බව ඇති කරවන දේ ගැන තවදුරටත් කිව්වොත් ප්‍රිය ආයුෂ්මතුනි, භික්ෂුව වරදවා ගත්තු තමන්ගේ වැරදි මතයට ම කැරකි කැරකී එනවා. ඒ මතයට ම දැඩිව බැඳිල ඉන්නවා. ඒ මතය අතහරින්න කොහෙත් ම කැමති නෑ. ප්‍රිය ආයුෂ්මතුනි, භික්ෂුව තමන් වැරදියට ගත්තු මතයට ම කැරකි කැරකී ආවොත් ඒ වැරදි මතයට ම බැඳිල ගියොත් ඒක අතහරින්න කොහෙත් ම අකමැති වුනොත්, අන්න ඒකත් අකීකරු බව ඇති කරවන දෙයක්.

ප්‍රිය ආයුෂ්මතුනි, මෙන්න මේ කරුණුවලට කියන්නේ 'අකීකරුකම ඇති කරවන දේ' කියලා.

ප්‍රිය ආයුෂ්මතුනි, භික්ෂුවක් පින්වත් ස්වාමීන් වහන්සේලා ගෙන් මේ විදිහට ඉල්ලා නොසිටින්න පුළුවනි. "අනේ! ආයුෂ්මතුන් වහන්සේලා මටත් අවවාද කරන්න. මම ආයුෂ්මතුන් වහන්සේලාගේ ඒ අවවාදයට අනුව ඉන්නම්" කියලා. නමුත් ඒ භික්ෂුව කීකරු නම්, කීකරුකම ඇති කරවන ගතිගුණවලින් යුක්ත නම්, ඉවසීම තියෙනවා නම්, සංඝයාගේ අවවාදය ගෞරවයෙන් පිළිගන්නවා නම් ඒ භික්ෂුවට අවවාද කළ යුතුයි කියලයි පින්වත් ස්වාමීන් වහන්සේලාට හිතෙන්නෙ. අනුශාසනා කළ යුතුයි කියලයි හිතෙන්නෙ. ඒ පුද්ගලයාව විශ්වාස කළ යුතුයි කියලයි හිතෙන්නෙ.

ප්‍රිය ආයුෂ්මතුනි, කීකරුකම ඇති කරවන්නේ කොයි දේවල් වලින්ද?

(01). ප්‍රිය ආයුෂ්මතුනි, භික්ෂුව ලාභ, සත්කාර, කීර්ති, ප්‍රශංසා ආදිය පතන ලාමක ආශාවන්ගෙන් යුක්ත නෑ. ඒ ලාමක ආශාවන්ට යටවෙලා නෑ. ප්‍රිය ආයුෂ්මතුනි, භික්ෂුව ලාමක ආශාවෙන් යුක්ත නැත්නම්, ඒ ලාමක ආශාවන්ට යටවෙලා නැත්නම්, අන්න ඒක කීකරු බව ඇති කරවන දෙයක්.

(02). කීකරුකම ඇති කරවන දේ ගැන තවදුරටත් කිව්වොත්, ප්‍රිය ආයුෂ්මතුනි, භික්ෂුව තමන් ගැන මහා ඉහළින් හුවා දක්වන්නේ නෑ. අනුන් ගැන හෙළාපෙළා කතා කරන්නේ නෑ. ප්‍රිය ආයුෂ්මතුනි, භික්ෂුව තමන් ගැන ඉහළින් හුවා දක්වන්නේ නැත්නම්, අනුන්ව හෙළා පෙළා කතා කරන්නේ නැත්නම්, අන්න ඒකත් කීකරු බව ඇති කරවන දෙයක්.

(03). කීකරුකම ඇති කරවන දේ ගැන තවදුරටත් කිව්වොත් ප්‍රිය ආයුෂ්මතුනි, භික්ෂුව ක්‍රෝධ කරන්නේ නෑ. ක්‍රෝධයට යටවෙන්නේ නෑ. ප්‍රිය ආයුෂ්මතුනි, භික්ෂුව ක්‍රෝධ කරන්නේ නැත්නම්, ක්‍රෝධයට යට වෙන්නේ නැත්නම්, අන්න ඒකත් කීකරු බව ඇති කරවන දෙයක්.

(04). කීකරුකම ඇති කරවන දේ ගැන තවදුරටත් කිව්වොත් ප්‍රිය ආයුෂ්මතුනි, භික්ෂුව ක්‍රෝධ කරන්නේ නෑ. ක්‍රෝධයෙන් ඇතිවන බද්ධ වෛරය ඇති කර ගන්නෙත් නෑ. ප්‍රිය ආයුෂ්මතුනි, භික්ෂුව ක්‍රෝධ කරන්නේ නැත්නම්, ඒ ක්‍රෝධයෙන් ඇතිවන බද්ධ වෛරය ඇති කරගන්නෙ නැත්නම්, අන්න ඒකත් කීකරු බව ඇති කරවන දෙයක්.

(05). කීකරුකම ඇති කරවන දේ ගැන තවදුරටත් කිව්වොත් ප්‍රිය ආයුෂ්මතුනි, භික්ෂුව ක්‍රෝධ කරන්නේ නෑ. ක්‍රෝධය නිසා ඇතිවෙන රණ්ඩුවලට යන්නෙත් නෑ. ප්‍රිය ආයුෂ්මතුනි, භික්ෂුව ක්‍රෝධ කරන්නේ නැත්නම්, ක්‍රෝධයෙන් ඇතිවන රණ්ඩුවලට යන්නෙත් නැත්නම්, අන්න ඒකත් කීකරු බව ඇති කරවන දෙයක්.

(06). කීකරුකම ඇති කරවන දේ ගැන තවදුරටත් කිව්වොත් ප්‍රිය ආයුෂ්මතුනි, භික්ෂුව ක්‍රෝධ කරන්නේ නෑ. ක්‍රෝධය ඇවිස්සෙන දේ ම කියන්න යන්නේ නෑ. ප්‍රිය ආයුෂ්මතුනි, භික්ෂුව ක්‍රෝධ කරන්නෙ නැත්නම්, ක්‍රෝධය ඇවිස්සෙන දේ කියන්න යන්නෙ නැත්නම්, අන්න ඒකත් කීකරු බව ඇති කරවන දෙයක්.

(07). කීකරු බව ඇති කරවන දේ ගැන තවදුරටත් කිව්වොත් ප්‍රිය ආයුෂ්මතුනි, භික්ෂුවකගේ අඩුපාඩු තවත් භික්ෂුවක් විසින් පෙන්වා දෙන කොට අර භික්ෂුව තමන්ගේ අඩුපාඩු පෙන්වා දුන් භික්ෂුවට විරුද්ධ වෙන්නෙ නෑ. ප්‍රිය ආයුෂ්මතුනි, භික්ෂුවකගේ අඩුපාඩු පෙන්වා දෙන කොට ඒ අඩුපාඩු පෙන්වා දෙන භික්ෂුවට විරුද්ධ වෙන්නෙ නැතනම්, අන්න ඒකත් කීකරු බව ඇති කරවන දෙයක්.

(08). කීකරුකම ඇති කරවන දේ ගැන තවදුරටත් කිව්වොත් ප්‍රිය ආයුෂ්මතුනි, භික්ෂුවකගේ අඩුපාඩු පෙන්වා දෙන තවත් භික්ෂුවක් විසින් කොට

ඒ අඩුපාඩු පෙන්වා දුන් භික්ෂුවට අපහාස කරන්න යන්නෙ නෑ. ප්‍රිය ආයුෂ්මතුනි, භික්ෂුවකගේ අඩුපාඩු පෙන්වා දෙන කොට ඒ අඩුපාඩු පෙන්වා දෙන භික්ෂුවට අපහාස කරන්නෙ නැත්නම්, අන්න ඒකත් කීකරු බව ඇති කරවන දෙයක්.

(09). කීකරු බව ඇති කරවන දේ ගැන තවදුරටත් කිව්වොත් ප්‍රිය ආයුෂ්මතුනි, භික්ෂුවකගේ අඩුපාඩු තවත් භික්ෂුවක් විසින් පෙන්වා දෙන කොට ඒ අඩුපාඩු පෙන්වා දුන් භික්ෂුවගේ අඩුපාඩු එයා පෙන්වන්න යන්නෙ නෑ. ප්‍රිය ආයුෂ්මතුනි, භික්ෂුවකගේ අඩුපාඩු පෙන්වා දෙන කොට ඒ අඩුපාඩු පෙන්වා දෙන භික්ෂුවගේ අඩුපාඩු එයා පෙන්නන්න යන්නෙ නැත්නම්, අන්න ඒකත් කීකරු බව ඇති කරවන දෙයක්.

(10). කීකරුකම ඇති කරවන දේ ගැන තවදුරටත් කිව්වොත් ප්‍රිය ආයුෂ්මතුනි, භික්ෂුවකගේ අඩුපාඩු තව භික්ෂුවක් විසින් පෙන්වා දෙන කොට එයා ඒක වෙන දේකින් වහල දාන්නෙ නෑ. ඒකට අදාල නැති කතාවක් ඇදල ගන්නෙ නෑ. කේන්ති ගන්නෙ නෑ. තරහ ගන්නෙ නෑ. කතා කරන්න බැරි තත්වයක් හදන්න යන්නෙ නෑ. ප්‍රිය ආයුෂ්මතුනි, භික්ෂුවකගේ අඩුපාඩු පෙන්වා දෙන කොට වෙන කතාවකින් ඒක වහල දාන්නෙ නැත්නම්, අදාළ නැති කතා ඇදල ගන්නෙ නැත්නම්, කෝප වෙන්නෙ නැත්නම්, තරහ වෙන්නෙ නැත්නම්, කතා කරන්න බැරි තත්වයක් හදන්නෙ නැත්නම්, අන්න ඒකත් කීකරු බව ඇති කරවන දෙයක්.

(11). කීකරු බව ඇති කරවන දේ ගැන තවදුරටත් කිව්වොත් ප්‍රිය ආයුෂ්මතුනි, භික්ෂුවකගේ අඩුපාඩු තව භික්ෂුවක් විසින් පෙන්වා දෙන කොට ඒ අඩුපාඩු තමන්ගෙන් සිදුවෙච්ච දෙයක් නම් ඒක ඒ විදිහට ම පිළිගන්නවා. ප්‍රිය ආයුෂ්මතුනි, භික්ෂුවකගේ අඩුපාඩු පෙන්වා දෙන කොට ඒ අඩුපාඩුව තමන්ගෙන් සිදුවෙච්ච දෙයක් නම් ඒක ඒ විදිහට ම පිළිගන්නවා නම්, අන්න ඒකත් කීකරු බව ඇති කරවන දෙයක්.

(12). කීකරු බව ඇති කරවන දේ ගැන තවදුරටත් කිව්වොත් ප්‍රිය ආයුෂ්මතුනි, භික්ෂුව අනුන්ගේ තියෙන ගුණ මකන්නෙ නෑ. එකට එක කරන්න යන්නෙ නෑ. ප්‍රිය ආයුෂ්මතුනි, ඒ භික්ෂුව අනුන්ගේ ගුණ මකන්නෙ නැත්නම්, එකට එක කරන්න යන්නෙ නැත්නම්, අන්න ඒකත් කීකරු බව ඇති කරවන දෙයක්.

(13). කීකරු බව ඇති කරවන දේ ගැන තවදුරටත් කිව්වොත් ප්‍රිය ආයුෂ්මතුනි, භික්ෂුව ඉරිසියා කරන කෙනෙක් නෙවෙයි. මසුරු කෙනෙකුත් නෙවෙයි.

ප්‍රිය ආයුෂ්මතුනි, භික්ෂුව ඉරිසියා කරන්නෙ නැත්නම්, මසුරු වෙන්නෙත් නැත්නම්, අන්න ඒකත් කීකරු බව ඇති කරවන දෙයක්.

(14). කීකරු බව ඇති කරවන දේ ගැන තවදුරටත් කිව්වොත් ප්‍රිය ආයුෂ්මතුනි, භික්ෂුව කෛරාටික නෑ. නැති ගුණ පෙන්නන්නෙත් නෑ. ප්‍රිය ආයුෂ්මතුනි, භික්ෂුව කෛරාටික නැත්නම්, නැති ගුණ පෙන්නන්න යන්නෙත් නැත්නම්, අන්න ඒකත් කීකරු බව ඇති කරවන දෙයක්.

(15). කීකරු බව ඇති කරවන දේ ගැන තවදුරටත් කිව්වොත් ප්‍රිය ආයුෂ්මතුනි, භික්ෂුව සාධාරණ කරුණු ඉදිරියේ නැමෙන කෙනෙක්. නිහතමානී කෙනෙක්. ප්‍රිය ආයුෂ්මතුනි, භික්ෂුව සාධාරණ කරුණු ඉදිරියේ නැමෙනවා නම්, නිහතමානී වෙනවා නම්, අන්න ඒකත් කීකරු බව ඇති කරවන දෙයක්.

(16). කීකරු බව ඇති කරවන දේ ගැන තවදුරටත් කිව්වොත් ප්‍රිය ආයුෂ්මතුනි, භික්ෂුව යම්කිසි මතයක් වරදවා අරගෙන ඒ මතයට ම කැරකි කැරකී යන්නෙ නෑ. ඒ මතයට ම දැඩිව බැඳිල ඉන්නෙත් නෑ. ඒ මතය පහසුවෙන් අතහරින්න පුළුවන්කම තියෙනවා. ප්‍රිය ආයුෂ්මතුනි, භික්ෂුව යම්කිසි මතයක් වරදවා අරගෙන කැරකි කැරකී ඒකට ම එන්නෙ නැත්නම්, ඒ මත දැඩිව ගන්නෙ නැත්නම්, ඒ මතය පහසුවෙන්ම අත්හරින්න පුළුවන් නම්, අන්න ඒකත් කීකරු බව ඇති කරවන දෙයක්.

ප්‍රිය ආයුෂ්මතුනි, මේවට තමයි 'කීකරුකම ඇති කරවන දේවල්' කියල කියන්නෙ.

ප්‍රිය ආයුෂ්මතුනි, භික්ෂුව මේ කරුණු ගැන මෙන්න මේ විදිහටයි තමා තුළින් ම ගලපා බලන්න ඕන.

(01). 'යම් පුද්ගලයෙක් ලාමක ආශාවන්ගෙන් යුක්ත නම්, ලාමක ආශාවන්ට යටවෙලා ඉන්නවා නම් ඒ පුද්ගලයා මට ප්‍රිය නෑ. මම කැමති නෑ. ඉතින් මමත් ලාමක ආශාවන්ගෙන් යුක්ත වුනොත්, ලාමක ආශාවන්ට යට වුනොත් අනිත් උදවියත් මාව අප්‍රිය කරාවි. මට අකමැති වේවි' කියලා. ප්‍රිය ආයුෂ්මතුනි, ඔන්න ඔය විදිහට දකින භික්ෂුව 'මම නම් ලාමක ආශාවන් ඇති කරගන්නෙ නෑ. ලාමක ආශාවන්ට යටවෙන්නෙ නෑ' කියල හිතට ගන්න ඕන.

(02). 'යම් පුද්ගලයෙක් තමන් ගැන මහ ඉහළින් හුවා දක්වනවා නම් අනුන්ව හෙළා පෙළා කතා කරනවා නම් ඒ පුද්ගලයාව මට ප්‍රිය නෑ. මම කැමති

නෑ. ඉතින්, මමත් තමන් ගැන මහ ඉහළින් හුවා දක්වන්න ගියොත්, අනුන් හෙළා පෙලා කතා කරන්න ගියොත් අනිත් උදවියටත් මාව අප්‍රිය වේවි. මට කැමති වෙන එකක් නෑ' කියලා. ප්‍රිය ආයුෂ්මතුනි, ඔය විදිහට මේ කාරණය ගැන දැනගන්න භික්ෂුව මම නම් 'තමන් ගැන මහ ඉහළින් හුවා දක්වන්නෙ නෑ. අනුන් හෙළා පෙළා කතා කරන්නෙ නෑ' කියලා හිතට ගන්න ඕන.

(03). 'යම් පුද්ගලයෙක් ක්‍රෝධ කරනවා නම්, ඒ ක්‍රෝධයට යටවෙනවා නම් මට ඒ පුද්ගලයාව ප්‍රිය නෑ. මම කැමති නෑ. ඉතින්, මමත් ක්‍රෝධ කළොත් ක්‍රෝධයට යටවුනොත් අනිත් උදවියටත් මාව අප්‍රිය වෙලා යාවි. මට කැමති වෙන එකක් නෑ' කියලා. ප්‍රිය ආයුෂ්මතුනි, අන්න ඒ විදිහට දැනගන්න භික්ෂුව 'මම නම් ක්‍රෝධ කරන්නෙ නෑ. මම නම් ක්‍රෝධයට යට වෙන්නෙ නෑ' කියල හිතට ගන්න ඕන.

(04). 'යම් පුද්ගලයෙක් ක්‍රෝධ කරනවා නම්, ඒ ක්‍රෝධයෙන් ම බද්ධ වෛර ඇති කරගන්නවා නම් මට ඒ පුද්ගලයාව ප්‍රිය නෑ. මම කැමති නෑ. ඉතින්, මමත් ක්‍රෝධ කරන්න ගියොත්, ඒ ක්‍රෝධයෙන් ම බද්ධ වෛරය ඇති කරගන්න ගියොත් අනිත් උදවියටත් මාව අප්‍රිය වෙලා යාවි. මට කැමති වෙන එකක් නෑ' කියල. ප්‍රිය ආයුෂ්මතුනි, අන්න ඒ විදිහට දැනගන්න භික්ෂුව 'මම නම් ක්‍රෝධ කරන්නෙ නෑ. ඒ ක්‍රෝධයෙන් ම බද්ධ වෛර ඇති කරගන්නෙ නෑ' කියල හිතට ගන්න ඕන.

(05). 'යම් පුද්ගලයෙක් ක්‍රෝධ කරනවා නම්, ඒ ක්‍රෝධය නිසා ම රණ්ඩු අල්ලනවා නම් ඒ පුද්ගලයාව මට ප්‍රිය නෑ. ඒ පුද්ගලයාට මම කැමති නෑ. ඉතින්, මමත් ක්‍රෝධ කරන්න ගියොත්, ක්‍රෝධය නිසා රණ්ඩු අල්ලන්න ගියොත් අනිත් උදවියටත් මාව අප්‍රිය වෙලා යාවි. මට කැමති නැති වේවි' ප්‍රිය ආයුෂ්මතුනි, අන්න ඒ විදිහට දැනගන්න භික්ෂුව 'මම නම් ක්‍රෝධ කරන්නෙ නෑ. ක්‍රෝධය නිසා රණ්ඩු අල්ලන්නෙ නෑ' කියල හිතට ගන්න ඕන.

(06). 'යම් පුද්ගලයෙක් ක්‍රෝධ කළොත්, ක්‍රෝධය ඇවිස්සෙන වචන කියන්න ගත්තොත් ඒ පුද්ගලයාව මට ප්‍රිය නෑ. ඒ පුද්ගලයාට මම කැමති නෑ. ඉතින්, මමත් ක්‍රෝධ කළොත් ක්‍රෝධය ඇවිස්සෙන වචන කියන්න ගත්තොත් අනිත් උදවියටත් මාව අප්‍රිය වෙලා යාවි. මට කැමති වෙන එකක් නෑ' ප්‍රිය ආයුෂ්මතුනි, අන්න ඒ විදිහට දැනගන්න භික්ෂුව 'මම නම් ක්‍රෝධ කරන්නෙ නෑ. මම නම් ක්‍රෝධය ඇවිස්සෙන වචන කියන්නෙ නෑ' කියල හිතට ගන්න ඕන.

(07). 'යම් පුද්ගලයෙකුගේ අඩුපාඩු තවත් කෙනෙක් පෙන්නල දෙන කොට, ඒ පෙන්නල දෙන එක්කෙනාට විරුද්ධ වෙනවා නම් මට ඒ පුද්ගලයාව ප්‍රිය නෑ. ඒ පුද්ගලයාට මම කැමති නෑ. ඉතින්, මගේ අඩුපාඩුවක් කවුරු හරි පෙන්නල දෙනකොට, මමත් ඒ පුද්ගලයාට විරුද්ධ වෙන්න ගියොත් අනිත් උදවියටත් මාව අප්‍රිය වෙලා යාවි. මට කැමති නැති වේවි' ප්‍රිය ආයුෂ්මතුනි, අන්න ඒ විදිහට දැනගන්න භික්ෂුව 'කවුරු හරි මගේ අඩුපාඩු පෙන්නලා දෙන කොට මම නම් එයාට විරුද්ධ වෙන්නෙ නෑ' කියල හිතට ගන්න ඕන.

(08). 'යම් පුද්ගලයෙකුගේ අඩුපාඩු පෙන්නලා දෙන කොට ඒ අඩුපාඩු පෙන්නා දෙන කෙනාට අපහාස කරනවා නම්, මට ඒ පුද්ගලයාව ප්‍රිය නෑ. ඒ පුද්ගලයාට මම කැමති නෑ. ඉතින්, මමත් මගේ අඩුපාඩු පෙන්නලා දෙන කෙනෙකුට අපහාස කරන්න ගියොත් අනිත් උදවියට මාවත් අප්‍රිය වෙලා යාවි. මට කැමති වෙන එකක් නෑ. ප්‍රිය ආයුෂ්මතුනි, අන්න ඒ විදිහට දැනගන්න භික්ෂුව 'මම නම් මගේ අඩුපාඩු පෙන්නල දෙන කෙනෙකුට අපහාස කරන්නෙ නෑ' කියල හිතට ගන්න ඕන.

(09). 'යම් පුද්ගලයෙකුගේ අඩුපාඩු පෙන්නලා දෙන කොට ඒ අඩුපාඩු පෙන්නා දෙන කෙනා ගේ අඩුපාඩු පෙන්නන්න යනවා නම් මට ඒ පුද්ගලයාව ප්‍රිය නෑ. ඒ පුද්ගලයාට මම කැමති නෑ. ඉතින්, මමත් මගේ අඩුපාඩු පෙන්නලා දෙන කෙනෙකුට එයාගෙ අඩුපාඩු පෙන්නන්න ගියොත් අනිත් උදවියට මාවත් අප්‍රිය වෙලා යාවි. මට කැමති වෙන එකක් නෑ.' ප්‍රිය ආයුෂ්මතුනි, අන්න ඒ විදිහට දැනගන්න භික්ෂුව 'මම නම් මගේ අඩුපාඩු පෙන්නල දෙන කෙනෙකුට එයාගේ අඩුපාඩු පෙන්නන්න යන්නෙ නෑ' කියල හිතට ගන්න ඕන.

(10). 'යම් පුද්ගලයෙකුගේ අඩුපාඩු පෙන්නල දෙන කොට එයා වෙන කතාවකින් ඒක වහනවා නම්, අදාල නැති කතා ඇදල ගන්නවා නම්, කෝප වෙනවා නම්, තරහ වෙනවා නම්, කතා කරන්න බැරි තත්වයක් ඇති කරනවා නම් මට ඒ පුද්ගලයාව ප්‍රිය නෑ. ඒ පුද්ගලයාට මම කැමති නෑ. ඉතින්, මගේ අඩුපාඩු පෙන්නල දෙන්න කවුරු හරි ආවොත් එතකොට මම ඒවා වෙන කතාවකින් වහන්න ගියොත්, අදාළ නැති කතා ඇදල ගන්න ගියොත්, කෝප වෙන්න ගියොත්, තරහ වෙන්න ගියොත්, කතා කරන්න බැරි තත්වයක් හදන්න ගියොත් අනිත් උදවියට මාවත් අප්‍රිය වෙලා යාවි. මටත් කැමති වෙන එකක් නෑ.' ප්‍රිය ආයුෂ්මතුනි, අන්න ඒ විදිහට දැනගන්න භික්ෂුව 'මම නම් මගේ අඩුපාඩු පෙන්නල

දෙන කොට වෙන කතාවලින් වහන්නෙ නෑ. ආදාළ නැති කතා ඇදල ගන්නෙ නෑ. කෝප වෙන්නෙ නෑ. තරහ වෙන්නෙ නෑ. කතා කරන්න බැරි තත්වයක් ඇති කරන්නෙ නෑ' කියල හිතට ගන්න ඕන.

(11). 'යම් පුද්ගලයෙකුගේ අඩුපාඩු පෙන්නල දෙනකොට, තමන් තුළ දකින්න තිබෙන ඒ අඩුපාඩු පිළිගන්නෙ නැත්නම් මට ඒ පුද්ගලයාව ප්‍රිය නෑ. ඒ පුද්ගලයාට මම කැමති නෑ. ඉතින්, මා තුළ තියෙන මගේ අඩුපාඩු යමෙකුන් විසින් පෙන්නලා දෙන කොට මමත් ඒ අඩුපාඩු පිළිගන්නෙ නැත්නම් අනිත් උදවියට මාව ප්‍රිය වෙන එකක් නෑ. මට කැමති වෙන එකක් නෑ.' ප්‍රිය ආයුෂ්මතුනි, අන්න ඒ විදිහට දැනගන්න භික්ෂුව 'මම නම් මගේ අඩුපාඩු පෙන්නල දෙන කොට ඒවා මා තුළ තියෙනවා නම් මම ඒ අඩුපාඩු තියෙන බව පිළිනොගෙන ඉන්නෙ නෑ' කියල හිතට ගන්න ඕන.

(12). 'යම් පුද්ගලයෙක් අනුන්ගේ ගුණ මකාගෙන එකට එක කරගෙන යනවා නම් මට ඒ පුද්ගලයාව ප්‍රිය නෑ. ඒ පුද්ගලයාට මම කැමති නෑ. ඉතින් මමත් අනුන්ගේ ගුණ මකන්න ගියොත්, එකට එක කරන්න ගියොත් අනිත් උදවියට මාවත් අප්‍රිය වෙලා යාවි. මට කැමති වෙන එකක් නෑ' ප්‍රිය ආයුෂ්මතුනි, අන්න ඒ විදිහට දැනගන්න භික්ෂුව 'මම නම් ගුණ මකු වෙන්නෙ නෑ. එකට එක කරන්නෙ නෑ' කියල හිතට ගන්න ඕන.

(13). 'යම් පුද්ගලයෙක් ඉරිසියා කරනවා නම්, මසුරු නම් මට ඒ පුද්ගලයාව ප්‍රිය නෑ. ඒ පුද්ගලයාට මම කැමති නෑ. ඉතින්, මමත් ඉරිසියා කරන්න ගියොත්, මසුරුකම් කරන්න ගියොත් අනිත් උදවියට මාවත් අප්‍රිය වෙලා යාවි. මට අකමැති වේවි.' ප්‍රිය ආයුෂ්මතුනි, අන්න ඒ විදිහට දැනගන්න භික්ෂුව 'මම නම් ඉරිසියා කරන්න යන්නෙ නෑ. මසුරු වෙන්න යන්නෙ නෑ' කියල හිතට ගන්න ඕන.

(14). 'යම් පුද්ගලයෙක් කෛරාටික නම්, ගුණවතෙක් විදිහට පෙන්නනවා නම් මට ඒ පුද්ගලයාව ප්‍රිය නෑ. මම ඒ පුද්ගලයාට කැමැති නැහැ. මමත් කෛරාටික වුනොත්, ගුණවතෙක් හැටියට පෙන්නන්න ගියොත් අනිත් උදවියට මාවත් අප්‍රිය වෙලා යාවි. මටත් කැමති වෙන එකක් නෑ.' ප්‍රිය ආයුෂ්මතුනි, අන්න ඒ විදිහට දැනගන්න භික්ෂුව 'මම නම් කෛරාටික වෙන්නෙ නෑ. ගුණවතුන් හැටියට පෙන්නන්න යන්නෙ නෑ' කියල හිතට ගන්න ඕන.

(15). 'යම් පුද්ගලයෙක් සාධාරණ අදහස් ඉදිරියේ නැමෙන්නෙ නැත්නම්, මාන්නාධික නම් මට ඒ පුද්ගලයාව ප්‍රිය නෑ. ඒ පුද්ගලයාට මම කැමති

නෑ. ඉතින්, මමත් සාධාරණ අදහස් ඉදිරියේ නොනැමී සිටින්න ගියොත්, මාන්නාධිකව සිටියොත් අනිත් උදවියට මාවත් අප්‍රිය වේවි. මට කැමති වෙන එකක් නෑ.' ප්‍රිය ආයුෂ්මතුනි, අන්න ඒ විදිහට දැනගන්නා භික්ෂුව 'මම නම් සාධාරණ කරුණු ඉදිරියේ නොනැමී ඉන්නෙ නෑ. නිහතමානීව ඉන්නවා' කියල හිතට ගන්න ඕන.

(16). 'යම් පුද්ගලයෙක් තමන් වැරදි විදිහට මතවාද අල්ලගෙන ඒකට ම කැරකි කැරකී එනවා නම්, ඒ මතවලට ම දැඩිව බැඳිල යනවා නම්, ලේසියෙන් අත්හරින්නෙ නැත්නම් මට ඒ පුද්ගලයාව ප්‍රිය නෑ. මම ඒ පුද්ගලයාට කැමති නෑ. ඉතින්, මමත් වැරදි විදිහට මතවාද ඇති කරගෙන, ඒවාට ම කැරකි කැරකී යන්න ගියොත්, ඒ මතවලට දැඩි විදිහට බැඳෙන්න ගියොත්, ලේසියෙන් අත්හරින්න බැරිවුනොත් අනිත් උදවියට මාවත් අප්‍රිය වෙලා යාවි. මට කැමති නැති වේවි.' ප්‍රිය ආයුෂ්මතුනි, අන්න ඒ විදියට දැනගන්න භික්ෂුව 'මම නම් වැරදි මතවාදවල එල්ලිලා ඒවාට ම කැරකි කැරකී යන්නෙ නෑ. ඒවාට ම බැඳෙන්නෙ නෑ. මම ඒ මත ඕනෑ ම එකක් ලේසියෙන් අත්හරින්න පුළුවන් ස්වභාවයෙන් ඉන්නවා' කියල හිතට ගන්න ඕන.

(01). ප්‍රිය ආයුෂ්මතුනි, එහිලා භික්ෂුව තමන් ගැන තමන් තුළින් ම මේ විදිහට විමසල බලන්න ඕන. 'ඇත්තෙන් ම මම ලාමක ආශාවන් තියෙන කෙනෙක්ද? ලාමක ආශාවන්ට යටවෙච්ච කෙනෙක්ද?' කියල. ප්‍රිය ආයුෂ්මතුනි, අන්න ඒ විදිහට නුවණින් විමසල බලන කොට භික්ෂුවට තමන් ගැන ම දැනගන්න පුළුවනි. 'ආ! මම ලාමක ආශා තියෙන කෙනෙක් නෙ. ලාමක ආශාවන්ට යටවෙච්ච කෙනෙක් නෙ' කියල. ප්‍රිය ආයුෂ්මතුනි, ඒ භික්ෂුව අන්න ඒ පාපී අකුසල් නැති කර දමන්න මහන්සි ගන්න ඕන.

ප්‍රිය ආයුෂ්මතුනි, භික්ෂුව නුවණින් විමසන කොට මේ විදිහට දැනගත්තොත් 'මම ලාමක ආශා ඇති කෙනෙක් නෙවෙයි. මම ලාමක ආශාවන්ට යටවෙච්ච කෙනෙක් නෙවෙයි' කියල, එතකොට ඒ භික්ෂුව දිවා රාත්‍රී දෙකේ මේ සදහම් මගේ පුරුදු වෙවී ප්‍රීතියෙන් සතුටින් ඉන්න ඕන.

(02). මේ ගැන තවදුරටත් කියනවා නම් ප්‍රිය ආයුෂ්මතුනි, භික්ෂුව තමන් ගැන තමන් තුළින් ම මේ විදිහට විමසල බලන්න ඕන. 'ඇත්තෙන් ම මම මහ ඉහළින් මං ගැන පුරාජේරුව කියන කෙනෙක් ද? අනුන්ව

හෙළා පෙළා කතා කරන කෙනෙක්ද?' කියලා. ප්‍රිය ආයුෂ්මතුනි, අන්න ඒ විදිහට නුවණින් විමසල බලද්දි භික්ෂුවට තමන් ගැනම දැනගන්න පුළුවනි. 'ආ! මමත් මහ ඉහළින් හිතාගෙන මං ගැන පුරාජේරුව කියන කෙනෙක් නෙ. අනුන්ව හෙළා පෙළා කතා කරන කෙනෙක් නෙ' කියල. ප්‍රිය ආයුෂ්මතුනි, එතකොට ඒ භික්ෂුව ඒ පාපී අකුසල් නැති කරන්න මහන්සි වෙන්න ඕන.

ඉතින් ප්‍රිය ආයුෂ්මතුනි, භික්ෂුව තමන් ගැන නුවණින් විමසා බලද්දි මෙන්න මේ විදිහට දැනගත්තොත් 'නෑ! මම නම් මහ ඉහළින් මං ගැන පුරාජේරුව කියන කෙනෙක් නෙවෙයි. අනුන්ව හෙළා පෙළා කතා කරන කෙනෙකුත් නෙවෙයි' කියලා. ඒ භික්ෂුව දිවා රාත්‍රී දෙකේ ම මේ සදහම් මගේ පුරුදු වෙවී ප්‍රීතියෙන් සතුටින් ඉන්න ඕන.

(03). මේ ගැන තවදුරටත් කියනවා නම් ප්‍රිය ආයුෂ්මතුනි, භික්ෂුව තමන් ගැන තමන් තුළින් ම මේ විදිහට විමසල බලන්න ඕන. 'ඇත්තෙන් ම මම ක්‍රෝධ කරන කෙනෙක්ද? ක්‍රෝධයට යටවෙන කෙනෙක්ද?' කියලා. ප්‍රිය ආයුෂ්මතුනි, අන්න ඒ විදිහට නුවණින් විමසල බලන කොට භික්ෂුවට තමන් ගැන දැනගන්න පුළුවනි. 'ආ! මමත් ක්‍රෝධ කරන කෙනෙක් නෙ. ක්‍රෝධයට යටවෙන කෙනෙක් නෙ' කියල. ප්‍රිය ආයුෂ්මතුනි, එතකොට ඒ භික්ෂුව ඒ පාපී අකුසල් නැති කරන්න මහන්සි වෙන්න ඕන.

ප්‍රිය ආයුෂ්මතුනි, භික්ෂුව තමන් ගැන නුවණින් විමසා බලද්දි මෙන්න මේ විදිහට දැනගත්තොත් 'නෑ! මම ක්‍රෝධ කරන කෙනෙක් නෙවෙයි. මම ක්‍රෝධයට යටවෙන කෙනෙකුත් නෙවෙයි' කියලා. ප්‍රිය ආයුෂ්මතුනි, ඒ භික්ෂුව දිවා රාත්‍රී දෙකේ ම මේ සදහම් මගේ පුරුදු වෙවී ප්‍රීතියෙන් සතුටින් ඉන්න ඕන.

(04). මේ ගැන තවදුරටත් කියනවා නම් ප්‍රිය ආයුෂ්මතුනි, භික්ෂුව තමන් ගැන තමන් තුළින් ම මේ විදිහට විමසල බලන්න ඕන. 'ඇත්තෙන් ම මම ක්‍රෝධ කරන කෙනෙක්ද? ක්‍රෝධයෙන් ඇතිවෙන බද්ධ වෛර තියෙන කෙනෙක්ද?' කියලා. ප්‍රිය ආයුෂ්මතුනි, අන්න ඒ විදිහට නුවණින් විමසල බලද්දි භික්ෂුවට තමන් ගැන ම දැනගන්න පුළුවනි. 'ආ! මාත් ක්‍රෝධ කරන කෙනෙක් නෙව. ක්‍රෝධයෙන් ඇතිවෙන බද්ධ වෛරය තියෙන කෙනෙක් නෙව' කියල. ප්‍රිය ආයුෂ්මතුනි, එතකොට ඒ භික්ෂුව ඒ පාපී අකුසල් නැති කර දමන්න මහන්සි වෙන්න ඕන.

ඉතින් ප්‍රිය ආයුෂ්මතුනි, භික්ෂුව තමන් ගැන නුවණින් විමසා බලද්දි මෙන්න මේ විදිහට දැනගත්තොත් 'නෑ! මම නම් ක්‍රෝධ කරන කෙනෙක්

නොවෙයි. ක්‍රෝධයෙන් වෛර බැඳගත්ත කෙනෙක් නෙවෙයි' කියලා. එතකොට ඒ භික්ෂුව දිවා රාත්‍රී දෙකේ මේ සදහම් පිළිවෙතේ පුරුදු වෙවී ප්‍රීතියෙන් සතුටින් ඉන්න ඕන.

(05). මේ ගැන තවදුරටත් කියනවා නම් ප්‍රිය ආයුෂ්මතුනි, භික්ෂුව තමන් ගැන තමන් තුළින් ම මේ විදිහට විමසල බලන්න ඕන. 'ඇත්තෙන් ම මම ක්‍රෝධ කරන කෙනෙක් ද? ක්‍රෝධය නිසා හැදෙන රණ්ඩුවලට යන කෙනෙක් ද?' කියලා. ප්‍රිය ආයුෂ්මතුනි, අන්න ඒ විදිහට නුවණින් විමසල බලද්දි භික්ෂුවට තමන් ගැන ම දැනගන්න පුළුවනි. 'ආ! මමත් ක්‍රෝධ කරන කෙනෙක් නෙව. මමත් ක්‍රෝධයෙන් හැදෙන රණ්ඩුවලට යන කෙනෙක් නෙව' කියලා. ප්‍රිය ආයුෂ්මතුනි, එතකොට ඒ භික්ෂුව ඒ පාපී අකුසල් නැති කර දමන්න මහන්සි ගන්න ඕන.

ඉතින් ප්‍රිය ආයුෂ්මතුනි, භික්ෂුව තමන් ගැන නුවණින් විමසා බලද්දි මෙන්න මේ විදිහට දැනගත්තොත් 'නෑ! මම නම් ක්‍රෝධ කරන කෙනෙක් නොවෙයි. ක්‍රෝධය නිසා ඇතිවෙන රණ්ඩුවලට යන කෙනෙක් නෙවෙයි' කියල, ප්‍රිය ආයුෂ්මතුනි, ඔය විදිහට දැනගත්තා ම ඒ භික්ෂුව දිවා රාත්‍රී දෙකේ මේ සදහම් පිළිවෙතේ පුරුදු වෙවී ප්‍රීතියෙන් සතුටින් ඉන්න ඕන.

(06). මේ ගැන තවදුරටත් කියනවා නම් ප්‍රිය ආයුෂ්මතුනි, භික්ෂුව තමන් ගැන තමන් තුළින් ම මේ විදිහට විමසල බලන්න ඕන. 'ඇත්තෙන් ම මම ක්‍රෝධ කරන කෙනෙක් ද? ක්‍රෝධය ඇවිස්සෙන වචන කියන කෙනෙක් ද?' කියලා. ප්‍රිය ආයුෂ්මතුනි, අන්න ඒ විදිහට නුවණින් විමසල බලද්දි ඒ භික්ෂුවට තමන් ගැන ම දැනගන්න පුළුවනි. 'ආ! මමත් ක්‍රෝධ කරන කෙනෙක් නෙව. ක්‍රෝධය ඇවිස්සෙන දේත් කියන්න යන කෙනෙක් නෙව' කියලා. ප්‍රිය ආයුෂ්මතුනි, එතකොට ඒ භික්ෂුව ඒ පාපී අකුසල් නැති කරන්න මහන්සි ගන්න ඕන.

ප්‍රිය ආයුෂ්මතුනි, භික්ෂුව තමන් ගැන නුවණින් විමසා බලද්දි මෙන්න මේ විදිහට දැනගත්තොත් 'නෑ! මම නම් ක්‍රෝධ කරන කෙනෙක් නොවෙයි. ක්‍රෝධය ඇවිස්සෙන දේ කියන කෙනෙකුත් නොවෙයි' කියල, ප්‍රිය ආයුෂ්මතුනි, ඔය විදිහට දැනගත්තා ම ඒ භික්ෂුව දිවා රාත්‍රී දෙකේ මේ සදහම් පිළිවෙතේ පුරුදු වෙවී ප්‍රීතියෙන් සතුටින් ඉන්න ඕන.

(07). මේ ගැන තවදුරටත් කියනවා නම් ප්‍රිය ආයුෂ්මතුනි, භික්ෂුව තමන් ගැන තමන් තුළින්ම මේ විදිහට විමසල බලන්න ඕන. 'ඇත්තෙන් ම

මගේ අඩුපාඩු කවුරු හරි මට පෙන්නල දුන්නොත් මම එයාට විරුද්ධ වෙන කෙනෙක් ද?' කියලා. ප්‍රිය ආයුෂ්මතුනි, අන්න ඒ විදිහට නුවණින් විමසල බලද්දි ඒ භික්ෂුවට තමන් ගැනම දැනගන්න පුළුවනි. 'ආ! මම වුනත් මගේ අඩුපාඩු කවුරු හරි පෙන්නල දෙනකොට ඒ කෙනාට විරුද්ධ වෙනවා නෙව' කියලා. ප්‍රිය ආයුෂ්මතුනි, එතකොට ඒ භික්ෂුව ඒ පාපී අකුසල් නැති කර දමන්න මහන්සි වෙන්න ඕන.

ඉතින් ප්‍රිය ආයුෂ්මතුනි, භික්ෂුව තමන් ගැන නුවණින් විමසා බලද්දි මෙන්න මේ විදිහට දැනගත්තොත් 'නෑ! මම එහෙම කෙනෙක් නෙවෙයි. මගේ අඩුපාඩු කවුරු හරි පෙන්නල දෙන කොට මම ඒ පුද්ගලයාට විරුද්ධ වෙන්නෙ නෑ' කියලා. ප්‍රිය ආයුෂ්මතුනි, ඔය විදිහට දැනගත්තා ම ඒ භික්ෂුව දිවා රාත්‍රී දෙකේ මේ සදහම් මගේ පුරුදු වෙවී ප්‍රීතියෙන් සතුටින් ඉන්ට ඕන.

(08). මේ ගැන තවදුරටත් කියනවා නම් ප්‍රිය ආයුෂ්මතුනි, භික්ෂුව තමන් තැන තමන් තුළින් ම මේ විදිහට විමසල බලන්න ඕන. 'ඇත්තෙන් ම මගේ අඩුපාඩු කවුරු හරි කියන කොට මම එයාට අපහාස කරන කෙනෙක් ද?' කියලා. ප්‍රිය ආයුෂ්මතුනි, අන්න ඒ විදිහට නුවණින් විමසල බලද්දි භික්ෂුවට තමන් ගැන ම දැනගන්න පුළුවනි. 'ආ! මමත් මගේ අඩුපාඩු කවුරු හරි පෙන්නල දෙන කොට මම එයාට අපහාස කරන කෙනෙක් නෙව' කියල. ප්‍රිය ආයුෂ්මතුනි, එතකොට ඒ භික්ෂුව ඒ පාපී අකුසල් නැති කර දමන්න මහන්සි ගන්න ඕන.

ඉතින් ප්‍රිය ආයුෂ්මතුනි, භික්ෂුව තමන් ගැන නුවණින් විමසා බලද්දි මෙන්න මේ විදිහට දැනගත්තොත් 'නෑ! මම එහෙම කෙනෙක් නෙවෙයි. මට කවුරු හරි අඩුපාඩු කියා දෙන්න ආවොත් මම නම් එයාට අපහාස කරන්න යන්නෙ නෑ' කියලා. ප්‍රිය ආයුෂ්මතුනි, ඔය විදිහට දැනගත්ත ම ඒ භික්ෂුව දිවා රාත්‍රී දෙකේ මේ සදහම් පිළිවෙතේ පුරුදු වෙවී ප්‍රීතියෙන් සතුටින් ඉන්න ඕන.

(09). මේ ගැන තවදුරටත් කියනවා නම් ප්‍රිය ආයුෂ්මතුනි, භික්ෂුව තමන් ගැන තමන් තුළින් ම මේ විදිහට විමසල බලන්න ඕන. 'ඇත්තෙන් ම කවුරු හරි මගේ අඩුපාඩු පෙන්නල දෙන්න ආවොත් මම එයාගේ අඩුපාඩු පෙන්නලා දෙන්න පටන් ගන්න කෙනෙක්ද?' කියලා. ප්‍රිය ආයුෂ්මතුනි, අන්න ඒ විදිහට නුවණින් විමසල බලද්දි ඒ භික්ෂුවට තමන් ගැන ම දැනගන්න පුළුවනි. 'ආ! මමත් මගේ අඩුපාඩු කවුරු හරි පෙන්නල දෙන

කොට එයාගේ අඩුපාඩු පෙන්නන්න පටන් ගන්නවා නේද?' කියලා. ප්‍රිය ආයුෂ්මතුනි, එතකොට ඒ භික්ෂුව ඒ පාපී අකුසලයන් නැති කරන්න මහන්සි ගන්න ඕන.

ඉතින් ප්‍රිය ආයුෂ්මතුනි, භික්ෂුව තමන් ගැන නුවණින් විමසා බලද්දී මෙන්න මේ විදිහට දැනගත්තොත් 'නෑ! මම එහෙම කෙනෙක් නෙවෙයි. කවුරු හරි මගේ අඩුපාඩු පෙන්නලා දෙන්න ආවොත් මම එයාගේ අඩුපාඩු පෙන්නන්න පටන් ගන්න කෙනෙක් නෙවෙයි' කියලා. ප්‍රිය ආයුෂ්මතුනි, ඔය විදිහට දැනගත්තා ම ඒ භික්ෂුව දිවා රාත්‍රී දෙකේ මේ සදහම් මගේ පුරුදු වෙවී ප්‍රීතියෙන් සතුටින් ඉන්න ඕන.

(10). මේ ගැන තවදුරටත් කියනවා නම් ප්‍රිය ආයුෂ්මතුනි, භික්ෂුව තමන් ගැන තමන් තුළින් ම මේ විදිහට විමසල බලන්න ඕන. 'ඇත්තෙන් ම කවුරු හරි මගේ අඩුපාඩු පෙන්නලා දෙන්න ආවොත් මම වෙන කතාවකින් ඒක වහල දාන කෙනෙක්ද? අදාළ නැති කතා ඇදල ගන්න කෙනෙක්ද? කෝප වෙන කෙනෙක්ද? තරහ වෙන කෙනෙක්ද? ආයෙත් ඒ ගැන කතා කරන්න බැරි තත්වයක් හදන කෙනෙක්ද?' කියලා. ප්‍රිය ආයුෂ්මතුනි, අන්න ඒ විදිහට නුවණින් විමසල බලද්දී භික්ෂුවට තමන් ගැන ම දැනගන්න පුළුවනි. 'ආ! කවුරු හරි මගේ අඩුපාඩු පෙන්නන්න ආවොත් මම වෙන කතාවකින් ඒක වහල දාන කෙනෙක් නෙව. අදාල නැති කතා ඇදල ගන්න කෙනෙක් නෙව. කෝප වෙන කෙනෙක් නෙව. කේන්ති ගන්න කෙනෙක් නෙව. ආයෙත් ඒ ගැන කතා කරන්න බැරි තත්වයක් හදන කෙනෙක් නෙව' කියලා. ප්‍රිය ආයුෂ්මතුනි, එතකොට ඒ භික්ෂුව ඒ පාපී අකුසලයන් නැති කරන්න මහන්සි ගන්න ඕන.

ඉතින් ප්‍රිය ආයුෂ්මතුනි, භික්ෂුව තමන් ගැන නුවණින් විමසා බලද්දී මෙන්න මේ විදිහට දැනගත්තොත් 'නෑ! මම නම් එහෙම කෙනෙක් නෙවෙයි. කවුරු හරි මගේ අඩුපාඩු පෙන්නන්න ආවොත් මම ඒක වෙන කතාවකින් වහන්නෙ නෑ. අදාළ නැති කතා ඇදල ගන්නෙ නෑ. කෝප වෙන්නෙ නෑ. තරහ ගන්නෙ නෑ. ආයෙ ඒ ගැන කතා කරන්න බැරි තත්වයක් හදන්නෙ නෑ' කියලා. ප්‍රිය ආයුෂ්මතුනි, ඔය විදිහට දැනගත්ත ම ඒ භික්ෂුව දිවා රාත්‍රී දෙකේ මේ සදහම් පිළිවෙතේ පුරුදු වෙවී ප්‍රීතියෙන් සතුටින් ඉන්න ඕන.

(11). මේ ගැන තවදුරටත් කියනවා නම් ප්‍රිය ආයුෂ්මතුනි, භික්ෂුව තමන් ගැන තමන් තුළින් ම මේ විදිහට විමසල බලන්න ඕන. 'ඇත්තෙන් ම කවුරු

හරි මගේ අඩුපාඩු පෙන්නන්න ආවොත් මා තුළ ඒ අඩුපාඩු තියෙද්දි මම ඒක නොපිළිගන්න කෙනෙක් ද?' කියලා. ප්‍රිය ආයුෂ්මතුනි, අන්න ඒ විදිහට නුවණින් විමසල බලද්දි ඒ භික්ෂුවට තමන් ගැන ම දැනගන්න පුළුවනි. 'ආ! මමත් කවුරු හරි මගේ අඩුපාඩු පෙන්නන්න ආවොත් මා තුළ ඒවා තියෙන බව දැක දැකත් මම ඒවා පිළිගන්නෙ නැති කෙනෙක් නේද?' කියලා. ප්‍රිය ආයුෂ්මතුනි, එතකොට ඒ භික්ෂුව ඒ පාපී අකුසලයන් නැති කරන්න මහන්සි වෙන්න ඕන.

ඉතින් ප්‍රිය ආයුෂ්මතුනි, භික්ෂුව තමන් ගැන නුවණින් විමසා බලද්දි මෙන්න මේ විදිහට දැනගත්තොත් 'නෑ! මම නම් එහෙම කෙනෙක් නෙවෙයි. කවුරු හරි මගේ අඩුපාඩු පෙන්නලා දෙන කොට ඒවා මා තුළ තියෙනවා නම් ඒක දැකලා මට ඒවා හදාගන්න පුළුවනි' කියලා. ප්‍රිය ආයුෂ්මතුනි, ඔය විදිහට දැනගත්ත ම ඒ භික්ෂුව දිවා රාත්‍රී දෙකේ මේ සදහම් පිළිවෙතේ පුරුදු වෙවී ප්‍රීතියෙන් සතුටින් ඉන්න ඕන.

(12). මේ ගැන තවදුරටත් කියනවා නම් ප්‍රිය ආයුෂ්මතුනි, භික්ෂුව තමන් ගැන තමන් තුළින් ම මේ විදිහට විමසල බලන්න ඕන. 'ඇත්තෙන් ම මම ගුණමකුවෙක්ද? එකට එක කරන කෙනෙක්ද?' කියලා. ප්‍රිය ආයුෂ්මතුනි, අන්න ඒ විදිහට නුවණින් සලකල බලද්දි ඒ භික්ෂුවට තමන් ගැන ම දැනගන්න පුළුවනි. 'ආ! මමත් ගුණමකුවෙක්නෙ. එකට එක කරන කෙනෙක් නෙ' කියලා. ප්‍රිය ආයුෂ්මතුනි, එතකොට ඒ භික්ෂුව ඒ පාපී අකුසල් නැති කරන්න මහන්සි වෙන්න ඕන.

ඉතින් ප්‍රිය ආයුෂ්මතුනි, භික්ෂුව තමන් ගැන නුවණින් විමසා බලද්දි මෙන්න මේ විදිහට දැනගත්තොත් 'නෑ! මම ඒ විදිහේ කෙනෙක් නෙවෙයි. මම ගුණමකුවෙක් නෙවෙයි. එකට එක කරන කෙනෙක් නෙවෙයි' කියලා. ප්‍රිය ආයුෂ්මතුනි, ඔය විදිහට දැනගත්ත ම ඒ භික්ෂුව දිවා රාත්‍රී දෙකේ මේ සදහම් පිළිවෙතේ පුරුදු වෙවී ප්‍රීතියෙන් සතුටින් ඉන්න ඕන.

(13). මේ ගැන තවදුරටත් කියනවා නම් ප්‍රිය ආයුෂ්මතුනි, භික්ෂුව තමන් ගැන තමන් තුළින් ම මේ විදිහට විමසල බලන්න ඕන. 'ඇත්තෙන් ම මම ඉරිසියාකාරයෙක් ද? මගේ දෙයක් කවුරුවත් පාවිච්චි කරනවාට අකමැති වෙන මසුරෙක්ද?' කියලා. ප්‍රිය ආයුෂ්මතුනි, අන්න ඒ විදිහට නුවණින් විමසා බලද්දි ඒ භික්ෂුවට තමන් ගැන ම දැනගන්න පුළුවනි. 'ආ! මමත් ඉරිසියාකාරයෙක් නෙව. මමත් මගේ දෙයක් තව කෙනෙක්

පාවිච්චි කරනවාට අකමැති මසුරෙක් නෙව' කියල. ප්‍රිය ආයුෂ්මතුනි, එතකොට ඒ භික්ෂුව ඒ පාපී අකුසලයන් නැතිකරන්න මහන්සි වෙන්න ඕන.

ඉතින් ප්‍රිය ආයුෂ්මතුනි, භික්ෂුව තමන් ගැන නුවණින් විමසා බලද්දී මෙන්න මේ විදිහට දැනගත්තොත් 'නෑ! මම එහෙම කෙනෙක් නෙවෙයි. මම ඉරිසියාකාරයෙක් නෙවෙයි. මම මසුරෙකුත් නෙමෙයි' කියලා. ප්‍රිය ආයුෂ්මතුනි, ඔය විදිහට දැනගත්ත ම ඒ භික්ෂුව දිවා රාත්‍රී දෙකේ මේ සදහම් පිළිවෙතේ පුරුදු වෙවී ප්‍රීතියෙන් සතුටින් ඉන්න ඕන.

(14). මේ ගැන තවදුරටත් කියනවා නම් ප්‍රිය ආයුෂ්මතුනි, භික්ෂුව තමන් ගැන තමන් තුළින් ම යි මේ විදිහට විමසල බලන්න ඕන. 'ඇත්තෙන් ම මම කපටියෙක්ද? නැති ගුණ බොරුවට පෙන්නගෙන ඉන්න කෙනෙක්ද?' කියලා. ප්‍රිය ආයුෂ්මතුනි, අන්න ඒ විදිහට නුවණින් විමසල බලද්දී ඒ භික්ෂුවට තමන් ගැන ම දැනගන්න පුළුවනි. 'ආ! මමත් කෛරාටිකයෙක් නෙව. නැති ගුණ බොරුවට පෙන්නන කෙනෙක් නෙව' කියලා. ප්‍රිය ආයුෂ්මතුනි, එතකොට ඒ භික්ෂුව ඒ පාපී අකුසලයන් නැති කරන්න මහන්සි වෙන්න ඕන.

ඉතින් ප්‍රිය ආයුෂ්මතුනි, භික්ෂුව තමන් ගැන නුවණින් විමසා බලද්දී මෙන්න මේ විදිහට දැනගත්තොත් 'නෑ! මම නම් එහෙම කෙනෙක් නෙවෙයි. මම කපටි කෙනෙක් නෙවෙයි. නැති ගුණ පෙන්නන කෙනෙකුත් නොවෙයි' කියල. ප්‍රිය ආයුෂ්මතුනි, ඔය විදිහට දැනගත්ත ම ඒ භික්ෂුව දිවා රාත්‍රී දෙකේ මේ සදහම් පිළිවෙතේ පුරුදු වෙවී ප්‍රීතියෙන් සතුටින් ඉන්න ඕන.

(15). මේ ගැන තවදුරටත් කියනවා නම් ප්‍රිය ආයුෂ්මතුනි, භික්ෂුව තමන් ගැන තමන් තුළින් ම යි මේ විදිහට විමසල බලන්න ඕන. 'ඇත්තෙන් ම මම සාධාරණ කරුණු ඉදිරියේ නොනැමෙන කෙනෙක්ද? මාන්නක්කාරයෙක්ද?' කියලා. ප්‍රිය ආයුෂ්මතුනි, අන්න ඒ විදිහට නුවණින් සලකල බලද්දී ඒ භික්ෂුවට තමන් ගැන ම දැනගන්න පුළුවනි. 'ආ! මමත් සාධාරණ කරුණු ඉදිරියේ නොනැමෙන කෙනෙක් නෙ. මාන්නක්කාරයෙක් නෙ' කියලා. ප්‍රිය ආයුෂ්මතුනි, එතකොට ඒ භික්ෂුව ඒ පාපී අකුසලයන් නැති කරන්න මහන්සි වෙන්න ඕන.

ඉතින් ප්‍රිය ආයුෂ්මතුනි, භික්ෂුව තමන් ගැන නුවණින් විමසා බලද්දී මෙන්න මේ විදිහට දැනගත්තොත් 'නෑ! මම එහෙම කෙනෙක් නෙවෙයි.

මම නම් සාධාරණ කරුණු ඉදිරියේ හිස නමන කෙනෙක්. නිහතමානී කෙනෙක්' කියලා. ප්‍රිය ආයුෂ්මතුනි, ඔය විදිහට දැනගත්ත ම ඒ භික්ෂුව දිවා රාත්‍රී දෙකේ මේ සදහම් පිළිවෙතේ පුරුදු වෙවී ප්‍රීතියෙන් සතුටින් ඉන්න ඕන.

(16). මේ ගැන තවදුරටත් කියනවා නම් ප්‍රිය ආයුෂ්මතුනි, භික්ෂුව තමන් ගැන තමන් තුළින් ම යි මේ විදිහට විමසල බලන්න ඕන. 'ඇත්තෙන් ම මමත් වැරදි විදිහට මතවාද අල්ලගෙන ඒකට ම කැරකි කැරකී එන කෙනෙක්ද? ඒ මතවලට ම දැඩිව බැඳිල ඉන්න කෙනෙක්ද? ලේසියෙන් ම ඒවා අතහරින්න බැරි කෙනෙක්ද?' කියලා. ප්‍රිය ආයුෂ්මතුනි, අන්න ඒ විදිහට නුවණින් සලකල බලද්දි ඒ භික්ෂුවට තමන් ගැන ම දැනගන්න පුළුවනි. 'ආ! මමත් වැරදි මතවල පැටලිලා, ඒවාට ම කැරකි කැරකී එන කෙනෙක් නෙව. ඒවාට ම දැඩිව බැඳෙන කෙනෙක් නෙව. ලේසියෙන් ම ඒවා අතහරින්න මට බැහැ නෙව' කියලා. ප්‍රිය ආයුෂ්මතුනි, එතකොට ඒ භික්ෂුව ඒ පාපී අකුසලයන් නැති කරන්න මහන්සි වෙන්න ඕන.

ඉතින් ප්‍රිය ආයුෂ්මතුනි, භික්ෂුව තමන් ගැන නුවණින් විමසා බලද්දි මෙන්න මේ විදිහට දැනගත්තොත් 'නෑ! මම එහෙම කෙනෙක් නෙවෙයි. මතවාදවල පැටලිලා ඒකට ම කැරකි කැරකි එන ගතියක් මා තුළ නෑ. මම ඒවාට දැඩිව බැඳෙන්නෙත් නෑ. මට ඒවා ලේසියෙන් ම අත්හැරලා දාන්න පුළුවනි' කියලා. ප්‍රිය ආයුෂ්මතුනි, ඔය විදිහට දැනගත්තා ම ඒ භික්ෂුව දිවා රාත්‍රී දෙකේ මේ සදහම් පිළිවෙතේ පුරුදු වෙවී ප්‍රීතියෙන් සතුටින් ඉන්න ඕන.

ඉතින් ප්‍රිය ආයුෂ්මතුනි, භික්ෂුව නුවණින් විමසා බලද්දි මේ පාපී අකුසල් ඔක්කොම තමන් තුළ තියෙනවා දැක්කොත් ඒ භික්ෂුව විසින් මේ ඔක්කොම පාපී අකුසල් නැති කර දමන්න මහන්සි ගන්න ඕන ම යි. ඒ වගේ ම ප්‍රිය ආයුෂ්මතුනි, යම් භික්ෂුවක් නුවණින් විමසන කොට ඒ හැම පාපී අකුසලයක් ම තමන්ට ප්‍රහාණය වෙලා කියල දැනගත්තොත් ප්‍රිය ආයුෂ්මතුනි, ඒ භික්ෂුව දිවා රාත්‍රී දෙකේ ම මේ සදහම් පිළිවෙතේ පුරුදු වෙවී ප්‍රීතියෙන් සතුටින් ඉන්න ඕන.

ප්‍රිය ආයුෂ්මතුනි, ඒක මේ වගේ දෙයක්. ලස්සනට ඉන්න කැමති තරුණ පුතෙක් හරි දුවක් හරි ඉන්නවා. ඉතින් එයාල කන්නාඩියක් ළඟට ගිහින් හරි, හොඳට පැදිලා තියෙන වතුර භාජනයක් ළඟට හරි ගිහිල්ලා තමන්ගේ මූණ බලනවා. එතකොට මූණෙ දකින්න ලැබුනොත් කුණු රොඩ්ඩක් හරි දූවිල්ලක් හරි එයා ඒවා අයින් කරනවා. ඊට පස්සේ එයාට තමන්ගේ මූණේ ඒ රොඩු

බොඩු මොකුත් නැතිවයි දකින්න ලැබෙන්නෙ. එතකොට එයාට හරි ම සතුටුයි. 'ෂා! කොච්චර දෙයක්ද? මගේ මූණ දැන් හරි ලස්සනයි නෙව' කියලා.

ප්‍රිය ආයුෂ්මතුනි, අන්න ඒ විදිහ ම යි නුවණින් විමසලා බලන කොට මේ පාපී අකුසල් ඔක්කොම තමන් තුළ තියෙනවා කියල භික්ෂුවට දකින්න ලැබෙනවා. එතකොට ඒ භික්ෂුව ඒ ඔක්කොම පාපී අකුසල් නැති කර දමන්න මහන්සි ගන්න ඕන ම යි. ඒ වගේ ම ප්‍රිය ආයුෂ්මතුනි, භික්ෂුව නුවණින් විමසා බලන කොට මේ පාපී අකුසල් හැම එකක් ම තමන් තුළ නැති වෙලා ගිය බව නම් දකින්නෙ, එතකොට ඒ භික්ෂුවට පුළුවනි දිවා රාත්‍රි දෙකේම සදහම් පිළිවෙතේ පුරුදු වෙවී ප්‍රීතියෙන් සතුටින් ඉන්න."

ආයුෂ්මත් මහාමොග්ගල්ලානයන් වහන්සේ තමයි මේ දෙසුම වදාළේ. ඒ භික්ෂූන් වහන්සේලා මේ ගැන ගොඩාක් සතුටු වුනා. ආයුෂ්මත් මහා මොග්ගල්ලානයන් වහන්සේගේ මේ දෙසුම සතුටින් පිළිගත්තා.

**සාදු! සාදු!! සාදු!!!**

**නුවණින් විමසා ගළපා බැලීම ගැන වදාළ දෙසුම නිමා විය.**

# 1.2.6.
# චේතෝඛිල සූත්‍රය
## සිතක ඇනෙන හුල් ගැන වදාළ දෙසුම

**මා** හට අසන්නට ලැබුනේ මේ විදිහටයි. ඒ දිනවල භාග්‍යවතුන් වහන්සේ වැඩසිටියේ සැවැත් නුවර ජේතවනය නම් වූ අනේපිඬු සිටුතුමාගේ ආරාමයේ. එදා භාග්‍යවතුන් වහන්සේ "පින්වත් මහණෙනි"යි කියල භික්ෂූන් වහන්සේලා ඇමතුවා. "පින්වතුන් වහන්ස" කියල ඒ භික්ෂූන් වහන්සේලත් භාග්‍යවතුන් වහන්සේට පිළිතුරු දුන්නා. ඒ මොහොතේදී භාග්‍යවතුන් වහන්සේ මේ දේශනාව වදාළා.

පින්වත් මහණෙනි, සිතක ඇනෙන හුල් පහක් තියෙනවා. ඒ හුල් පහ භික්ෂුවකගේ සිතින් ප්‍රහාණය වෙලා නැත්නම්, ඒ වගේ ම සිතකට බැඳෙන බන්ධන පහක් තියෙනවා. ඒ පහත් භික්ෂුව තුළ සම්පූර්ණයෙන් ම නැතිවෙලා නැත්නම්, ඒ භික්ෂුව ඇත්තෙන් ම මේ බුද්ධ සාසනයේ දියුණුව කරා, ගුණදහම් වැඩීමක් කරා, ලොකු දියුණුවක් කරා යනවා කියන එක සිද්ධ වෙන්න පුළුවන් දෙයක් නොවෙයි.

මොනවද ඒ භික්ෂුව තුළ ප්‍රහාණය වෙලා නැති සිතේ ඇනිලා තිබෙන හුල් පහ?

1. පින්වත් මහණෙනි, භික්ෂුව ශාස්තෘන් වහන්සේව සැකකරනවා. විශ්වාසයක් නෑ. අවබෝධයක් නෑ. පැහැදීමක් නෑ. පින්වත් මහණෙනි, ඒ භික්ෂුව තුළ ශාස්තෘන් වහන්සේ ගැන සැක කිරීමක් තියෙනවා නම්, අවිශ්වාසයක් තියෙනවා නම්, අවබෝධයක් නැත්නම්, පැහැදීමක් නැත්නම්, ඒ භික්ෂුවට වරදින් මිදෙන්න හිත නැමෙන්නෙ නෑ. අකුසල් දුරුකරලා කුසල් දියුණු කරගැනීමට වීරිය වඩන්න හිත නැමෙන්නෙ නෑ. හැමතිස්සෙම වීරියෙන් වාසය කරන්න හිත නැමෙන්නෙ නෑ. ඉතින් වරදින් මිදෙන්න ඔහුගේ සිත නැමෙන්නෙ නැත්තෙ යමක් නිසා ද, අකුසල් දුරුකරලා කුසල් දියුණු කරන්න ඔහුගේ සිත

නැමෙන්නෙ නැත්තෙ යමක් නිසා ද, නිතර ම වීරිය වඩන්න ඔහුගේ හිත නැමෙන්නෙ නැත්තෙ යමක් නිසා ද, ඒ තමයි ශාස්තෘන් වහන්සේ කෙරෙහි සැක කිරීම නැමැති 'හුල'. ප්‍රහාණය නොවී තිබෙන සිතේ ඇනුන පළවෙනි 'හුල' කියල කියන්නේ මෙයටයි.

2. සිතේ ඇනිච්ච තවත් හුලක් ගැන කියනවා නම්, පින්වත් මහණෙනි, භික්ෂුව ධර්මය ගැන සැකකරනවා. ධර්මය විශ්වාස කරන්නෙ නෑ. ධර්මය ගැන අවබෝධයක් නෑ. ධර්මය ගැන හිත පහදින්නෙ නෑ. පින්වත් මහණෙනි, භික්ෂුව තුළ ධර්මය ගැන ඇති සැකකිරීම, විශ්වාසය නැතිකම, අවබෝධයක් නැතිකම, පැහැදීමක් නැතිකම තිබෙනතාක් ඔහුට වරදින් මිදෙන්න හිත නැමෙන්නෙ නෑ. අකුසල් දුරුකරලා කුසල් වඩන්න හිත නැමෙන්නෙ නෑ. හැම තිස්සේම වීරියෙන් වාසය කරන්න හිත නැමෙන්නේ නෑ. ඉතින් වරදින් මිදෙන්න ඔහුගේ සිත නැමෙන්නෙ නැත්තෙ යමක් නිසා ද, අකුසල් දුරුකරලා කුසල් දියුණු කරන්න ඔහුගේ සිත නැමෙන්නෙ නැත්තෙ යමක් නිසා ද, නිතර ම වීරිය වඩන්න ඔහුගේ හිත නැමෙන්නෙ නැත්තෙ යමක් නිසා ද, ඒ තමයි ධර්මය කෙරෙහි සැක කිරීම නැමැති 'හුල'. ප්‍රහාණය නොවී තිබෙන සිතේ ඇනුන දෙවෙනි 'හුල' කියල කියන්නේ මෙයටයි.

3. සිතේ ඇනිච්ච තවත් හුලක් ගැන කියනවා නම්, පින්වත් මහණෙනි, භික්ෂුව සංඝයා (මාර්ගඵලලාභී පැවිදි ශ්‍රාවකයින්) කෙරෙහි සැකකරනවා. විශ්වාස කරන්නෙ නෑ. අවබෝධයක් නෑ. පැහැදීමක් නෑ. පින්වත් මහණෙනි, ඒ භික්ෂුව තුළ සංඝයා ගැන සැක කිරීමක් තියෙන කොට, අවිශ්වාසයක් තියෙන කොට, අවබෝධය නැතිකම තියෙන කොට, පැහැදීම නැතිකම තියෙන කොට ඒ භික්ෂුවට වරදින් මිදෙන්න හිත නැමෙන්නෙ නෑ. අකුසල් දුරුකරලා කුසල් වඩන්න හිත නැමෙන්නෙ නෑ. හැමතිස්සෙ ම වීරියෙන් වාසය කරන්න හිත නැමෙන්නෙ නෑ. ඉතින් වරදින් මිදෙන්න ඔහුගේ සිත නැමෙන්නෙ නැත්තෙ යමක් නිසා ද, අකුසල් දුරුකරලා කුසල් දියුණු කරන්න ඔහුගේ සිත නැමෙන්නෙ නැත්තෙ යමක් නිසා ද, නිතර ම වීරිය වඩන්න ඔහුගේ හිත නැමෙන්නෙ නැත්තෙ යමක් නිසා ද, ඒ තමයි මාර්ගඵලලාභී ශ්‍රාවක සංඝයා කෙරෙහි සැක කිරීම නැමැති 'හුල'. ප්‍රහාණය නොවී තිබෙන සිතේ ඇනුන තුන්වෙනි 'හුල' කියල කියන්නේ මෙයටයි.

4. සිතේ ඇනිච්ච තවත් හුලක් ගැන කියනවා නම්, පින්වත් මහණෙනි, භික්ෂුව නිවන් දකින වැඩපිළිවෙල සැක කරනවා. විශ්වාස කරන්නෙ නෑ. අවබෝධයක් නෑ. පැහැදීමක් නෑ. පින්වත් මහණෙනි, ඒ භික්ෂුව තුළ නිවන් දකින වැඩපිළිවෙළ ගැන සැක කිරීමක් තියෙන කොට, අවිශ්වාසයක් තියෙන

කොට, අවබෝධය නැතිකම තියෙන කොට, පැහැදීමක් නැතිකම තියෙන කොට ඒ භික්ෂුවට වරදින් මිදෙන්න හිත නැමෙන්නෙ නෑ. අකුසල් දුරු කරලා, කුසල් දියුණු කරන්න හිත නැමෙන්නෙ නෑ. හැමතිස්සෙ ම වීරියෙන් වාසය කරන්න හිත නැමෙන්නෙ නෑ. ඉතින් වරදින් මිදෙන්න ඔහුගේ සිත නැමෙන්නෙ නැත්තෙ යමක් නිසා ද, අකුසල් දුරුකරලා කුසල් දියුණු කරන්න ඔහුගේ සිත නැමෙන්නෙ නැත්තෙ යමක් නිසා ද, නිතර ම වීරිය වඩන්න ඔහුගේ හිත නැමෙන්නෙ නැත්තෙ යමක් නිසා ද, ඒ තමයි නිවන් අවබෝධය පිණිස හික්මෙන වැඩපිළිවෙල කෙරෙහි සැක කිරීම නැමැති 'හුල'. ප්‍රහාණය නොවී තිබෙන සිතේ ඇනුන සිව්වෙනි 'හුල' කියල කියන්නේ මෙයටයි.

5. සිතේ ඇනුන තවත් හුලක් ගැන කියනවා නම්, පින්වත් මහණෙනි, භික්ෂුව සබ්‍රහ්මචාරීන් වහන්සේලා (තමන් සමග එකට පිළිවෙත් පුරන සහෝදර ස්වාමීන් වහන්සේලා) ගැන කිපෙනවා. අසතුටු වෙනවා. ගැටෙනවා. තරහ හුලක් ඇති කරගන්නවා. පින්වත් මහණෙනි, ඒ භික්ෂුව තුළ සබ්‍රහ්මචාරීන් වහන්සේලා ගැන කෝපය තියෙන කොට, නොසතුටු සිතක් තියෙන කොට, ගැටුණු සිතක් තියෙන කොට, තරහ හුලක් තියෙන කොට, ඒ භික්ෂුවට වරදින් මිදෙන්න හිත නැමෙන්නෙ නෑ. අකුසල් දුරු කරල, කුසල් දියුණු කරන්න හිත නැමෙන්නෙ නෑ. හැමතිස්සෙ ම වීරියෙන් වාසය කරන්න හිත නැමෙන්නෙ නෑ. ඉතින් වරදින් මිදෙන්න ඔහුගේ සිත නැමෙන්නෙ නැත්තෙ යමක් නිසා ද, අකුසල් දුරුකරලා කුසල් දියුණු කරන්න ඔහුගේ සිත නැමෙන්නෙ නැත්තෙ යමක් නිසා ද, නිතර ම වීරිය වඩන්න ඔහුගේ හිත නැමෙන්නෙ නැත්තෙ යමක් නිසා ද, ඒ තමයි සබ්‍රහ්මචාරීන් වහන්සේලා කෙරෙහි කෝපයෙන් සිටීම නැමැති 'හුල'. ප්‍රහාණය නොවී තිබෙන සිතේ ඇනුන පස්වෙනි 'හුල' කියල කියන්නේ මෙයටයි.

භික්ෂුවගේ සිතේ ප්‍රහාණය වෙලා නැති සිතේ ඇනුන හුල් පහ කියල කියන්නේ මෙන්න මේවාටයි.

ඒ වගේ ම භික්ෂුව තුළ තියෙනවා සම්පූර්ණයෙන් ම නැති වෙලා නැති සිතකට බැඳෙන බන්ධන පහක්. මොනවද ඒ බන්ධන පහ?

1. පින්වත් මහණෙනි, භික්ෂුවක් ඉන්නවා. ඔහු කාමයන් ගැන රාගය නැති කරපු කෙනෙක් නොවෙයි. ආශාව නැති කරපු කෙනෙක් නොවෙයි. ඇල්ම නැති කරපු කෙනෙක් නොවෙයි. පිපාසය නැති කරපු කෙනෙක් නොවෙයි. සිතේ දැවිල්ල නැති කරපු කෙනෙක් නොවෙයි. තණ්හාව නැති කරපු කෙනෙක් නොවෙයි. ඉතින් පින්වත් මහණෙනි, භික්ෂුව කාමයන් ගැන,

රාගය නැති නොකළ නිසා ම, ආශාව නැති නොකළ නිසා ම, ඇල්ම නැති නොකළ නිසා ම, පිපාසය නැති නොකළ නිසා ම, සිතේ දැවිල්ල නැති නොකළ නිසා ම, තණ්හාව නැති නොකළ නිසා ම, ඒ භික්ෂුවට වරදින් මිදෙන්න හිත නැමෙන්නෙ නෑ. අකුසල් දුරු කරල, කුසල් දියුණු කරන්න හිත නැමෙන්නෙ නෑ. හැමතිස්සෙ ම වීරියෙන් වාසය කරන්න හිත නැමෙන්නෙ නෑ. ඉතින් වරදින් මිදෙන්න ඔහුගේ සිත නැමෙන්නෙ නැත්තෙ යමක් නිසා ද, අකුසල් දුරුකරලා කුසල් දියුණු කරන්න ඔහුගේ සිත නැමෙන්නෙ නැත්තෙ යමක් නිසා ද, නිතර ම වීරිය වඩන්න ඔහුගේ හිත නැමෙන්නෙ නැත්තෙ යමක් නිසා ද, ඒ තමයි කාමයන් කෙරෙහි රාගය තිබීම නම් වූ බන්ධනය. මෙසේ භික්ෂුවගේ සිතින් සම්පූර්ණයෙන් ම ඉවත් නොකළ පළවෙනි බන්ධනය කියල කියන්නෙ 'කාමයන් කෙරෙහි රාගය තිබීම' යි.

2. සිතේ බැඳිලා තියෙන තවත් බන්ධනයක් ගැන කියනවා නම්, පින්වත් මහණෙනි, භික්ෂුවක් ඉන්නවා. ඔහු කය ගැන රාගය නැති කරපු කෙනෙක් නොවෙයි. ආශාව නැති කරපු කෙනෙක් නොවෙයි. ඇල්ම නැති කරපු කෙනෙක් නොවෙයි. පිපාසය නැති කරපු කෙනෙක් නොවෙයි. සිතේ දැවිල්ල නැති කරපු කෙනෙක් නොවෙයි. තණ්හාව නැති කරපු කෙනෙක් නොවෙයි. ඉතින් පින්වත් මහණෙනි, භික්ෂුව කය ගැන, රාගය නැති නොකළ නිසා ම, ආශාව නැති නොකළ නිසා ම, ඇල්ම නැති නොකළ නිසා ම, පිපාසය නැති නොකළ නිසා ම, සිතේ දැවිල්ල නැති නොකළ නිසා ම, තණ්හාව නැති නොකළ නිසා ම, ඒ භික්ෂුවට වරදින් මිදෙන්න හිත නැමෙන්නෙ නෑ. අකුසල් දුරු කරල, කුසල් දියුණු කරන්න හිත නැමෙන්නෙ නෑ. හැමතිස්සෙ ම වීරියෙන් වාසය කරන්න හිත නැමෙන්නෙ නෑ. ඉතින් වරදින් මිදෙන්න ඔහුගේ සිත නැමෙන්නෙ නැත්තෙ යමක් නිසා ද, අකුසල් දුරුකරලා කුසල් දියුණු කරන්න ඔහුගේ සිත නැමෙන්නෙ නැත්තෙ යමක් නිසා ද, නිතර ම වීරිය වඩන්න ඔහුගේ හිත නැමෙන්නෙ නැත්තෙ යමක් නිසා ද, ඒ තමයි කය කෙරෙහි රාගය තිබීම නම් වූ බන්ධනය. මෙසේ භික්ෂුවගේ සිතින් සම්පූර්ණයෙන් ම ඉවත් නොකළ දෙවෙනි බන්ධනය කියල කියන්නෙ 'කය කෙරෙහි රාගය තිබීම' යි.

3. සිතේ බැඳිලා තියෙන තවත් බන්ධනයක් ගැන කියනවා නම්, පින්වත් මහණෙනි, භික්ෂුවක් ඉන්නවා. ඔහු රූපය ගැන රාගය නැති කරපු කෙනෙක් නොවෙයි. ආශාව දුරු කරපු කෙනෙක් නොවෙයි. ඇල්ම නැති කරපු කෙනෙක් නොවෙයි. පිපාසය නැති කරපු කෙනෙක් නොවෙයි. සිතේ දැවිල්ල නැතිකරපු කෙනෙක් නොවෙයි. තණ්හාව නැති කරපු කෙනෙක් නොවෙයි. ඉතින් පින්වත් මහණෙනි, භික්ෂුව රූපය ගැන, රාගය නැති නොකළ නිසා ම, ආශාව නැති නොකළ නිසා ම, ඇල්ම නැති නොකළ නිසා ම, පිපාසය නැති නොකළ නිසා

ම, සිතේ දැවිල්ල නැති නොකළ නිසා ම, තණ්හාව නැති නොකළ නිසා ම, ඒ භික්ෂුවට වරදින් මිදෙන්න හිත නැමෙන්නෙ නෑ. අකුසල් දුරු කරල, කුසල් දියුණු කරන්න හිත නැමෙන්නෙ නෑ. හැමතිස්සෙ ම වීරියෙන් වාසය කරන්න හිත නැමෙන්නෙ නෑ. ඉතින් වරදින් මිදෙන්න ඔහුගේ සිත නැමෙන්නෙ නැත්තෙ යමක් නිසා ද, අකුසල් දුරුකරලා කුසල් දියුණු කරන්න ඔහුගේ සිත නැමෙන්නෙ නැත්තෙ යමක් නිසා ද, නිතර ම වීරිය වඩන්න ඔහුගේ හිත නැමෙන්නෙ නැත්තෙ යමක් නිසා ද, ඒ තමයි රූපය කෙරෙහි රාගය තිබීම නම් වූ බන්ධනය. මෙසේ භික්ෂුවගේ සිතින් සම්පූර්ණයෙන් ම ඉවත් නොකළ තුන්වෙනි බන්ධනය කියල කියන්නෙ 'රූපය කෙරෙහි රාගය තිබීම' යි.

4. සිතේ බැඳිලා තියෙන තවත් බන්ධනයක් ගැන කියනවා නම්, පින්වත් මහණෙනි, භික්ෂුවක් ඉන්නවා. ඔහු හොඳ හැටි බඩ කට පිරෙනකම් වළඳනවා. ඊට පස්සේ ඇඳ පුටුවල පෙරළීගෙන ඉන්න සැපයට අහුවෙලා, එහාට මෙයාට පෙරලි පෙරලි හාන්සි වෙන සැපයට අහුවෙලා, නින්දෙන් ලැබෙන සැපයට අහුවෙලා වාසය කරනවා. පින්වත් මහණෙනි, ඉතින් භික්ෂුව හොඳ හැටියට බඩ පිරෙනකම් වළඳලා, ඇඳ පුටුවල පෙරළීගෙන ඉන්න සැපයට අහුවෙලා, එහාට මෙහාට ඇඟපත පෙරල පෙරලා හාන්සි වෙන සැපයට අහුවෙලා, නින්දෙන් ලැබෙන සැපයට අහුවෙලා වාසය කළොත්, ඒ භික්ෂුවට වරදින් මිදෙන්න හිත නැමෙන්නෙ නෑ. අකුසල් දුරු කරල, කුසල් දියුණු කරන්න හිත නැමෙන්නෙ නෑ. හැමතිස්සෙ ම වීරියෙන් වාසය කරන්න හිත නැමෙන්නෙ නෑ. ඉතින් වරදින් මිදෙන්න ඔහුගේ සිත නැමෙන්නෙ නැත්තෙ යමක් නිසා ද, අකුසල් දුරුකරලා කුසල් දියුණු කරන්න ඔහුගේ සිත නැමෙන්නෙ නැත්තෙ යමක් නිසා ද, නිතර ම වීරිය වඩන්න ඔහුගේ හිත නැමෙන්නෙ නැත්තෙ යමක් නිසා ද, ඒ තමයි හොඳට වළඳලා පෙරලි පෙරලි නිදියගන්න තියෙන ආශාව නම් වූ බන්ධනය. මෙසේ භික්ෂුවගේ සිතින් සම්පූර්ණයෙන් ම ඉවත් නොකළ සිව්වෙනි බන්ධනය කියල කියන්නෙ 'හොඳට වළඳලා පෙරලි පෙරලි නිදිය ගන්න තියෙන ආශාව තිබීම' යි.

5. සිතේ බැඳිලා තියෙන තවත් බන්ධනයක් ගැන කියනවා නම්, පින්වත් මහණෙනි, භික්ෂුවක් ඉන්නවා. ඔහු මහණ ජීවිතය ගෙවන්නේ යම්කිසි දිව්‍ය ලෝකයක උපදින්න සිත පිහිටුවාගෙනයි. 'මම මේ සීලයෙන් හරි, මේ ව්‍රතයෙන් හරි, මේ තපසින් හරි, මේ බඹසරින් හරි, දෙවියෙක් වෙන්න ඕන. එක්කො කවර දෙවි කෙනෙක් හරි වෙන්න ඕන' කියලා. ඉතින් පින්වත් මහණෙනි, භික්ෂුවක් මහණ ජීවිතය ගෙවන්නෙ යම්කිසි දිව්‍ය ලෝකයක උපදින්න හිත පිහිටුවාගෙන නම්, මම මේ සීලයෙන් හරි, මේ ව්‍රතයෙන් හරි, මේ තපසින් හරි, මේ බඹසරින් හරි, දෙවියෙක් වෙනවා. කොයි විදිහෙ දෙවියෙක් හරි වෙනවා'

කියල. එතකොට ඒ භික්ෂුවට වරදින් මිදෙන්න හිත නැමෙන්නෙ නෑ. අකුසල් දුරු කරල, කුසල් දියුණු කරන්න හිත නැමෙන්නෙ නෑ. හැමතිස්සෙ ම වීරියෙන් වාසය කරන්න හිත නැමෙන්නෙ නෑ. ඉතින් වරදින් මිදෙන්න ඔහුගේ සිත නැමෙන්නෙ නැත්තෙ යමක් නිසා ද, අකුසල් දුරුකරලා කුසල් දියුණු කරන්න ඔහුගේ සිත නැමෙන්නෙ නැත්තෙ යමක් නිසා ද, නිතර ම වීරිය වඩන්න ඔහුගේ හිත නැමෙන්නෙ නැත්තෙ යමක් නිසා ද, ඒ තමයි දෙව්ලොව උපත පතාගෙන බඹසර හැසිරීම නම් වූ බන්ධනය. මෙසේ භික්ෂුවගේ සිතින් සම්පූර්ණයෙන් ම ඉවත් නොකළ පස්වෙනි බන්ධනය කියල කියන්නෙ 'දෙව්ලොව උපත පතාගෙන බඹසර හැසිරීම' යි.

ඒ භික්ෂුවගේ හිතේ සම්පූර්ණයෙන් ම නැති නොකරපු, සිතක බැඳුන බන්ධන පහ කියල කියන්නෙ ඕවට තමයි.

පින්වත් මහණෙනි, යම්කිසි භික්ෂුවකට මේ හිතේ ඇණුන හුල් පහ ප්‍රහාණය වෙලා නැත්නම්, සිතේ බැඳෙන බන්ධන පහ මුලිනුපුටා නැත්නම්, ඒ භික්ෂුව ඇත්තෙන් ම මේ බුද්ධ ශාසනයේ දියුණුවක් කරා ගුණදහම් වැඩීමක් කරා ලොකු දියුණුවක් කරා යනවා කියන එක සිද්ධ වෙන දෙයක් නොවෙයි.

නමුත් පින්වත් මහණෙනි, යම්කිසි භික්ෂුවකට මේ සිතේ ඇනුන හුල් පහ ප්‍රහාණය වෙලා ගියොත් සිතේ බැඳෙන බන්ධන පහත් මුලිනුපුටා දැම්මොත්, ඒ භික්ෂුව ඇත්තෙන් ම මේ බුද්ධ ශාසනයේ දියුණුව කරා ම ගුණ දහම් වැඩීමක් කරා ම ලොකු දියුණුවක් කරා ම යනවා කියන එක සිද්ධ වෙන්න පුළුවන් දෙයක්.

භික්ෂුවක් තුළ ප්‍රහාණ වෙලා ගිය සිතක ඇනුන හුල් පහ මොනවාද?

1. පින්වත් මහණෙනි, භික්ෂුව ශාස්තෘන් වහන්සේව සැක කරන්නෙ නෑ. අවිශ්වාස කරන්නෙ නෑ. අවබෝධයක් තියෙනවා. පැහැදීමක් තියෙනවා. ඒ භික්ෂුව ශාස්තෘන් වහන්සේ ගැන සැක නොකරන කොට, අවිශ්වාස නොකරන කොට, අවබෝධයක් තියෙන කොට, පැහැදීමක් තියෙන කොට, වරදින් මිදීම පිණිස ඒ භික්ෂුව ගේ සිත නැමෙනවා. අකුසල් දුරු කරලා කුසල් දියුණු කර ගැනීම පිණිස සිත නැමෙනවා. හැම තිස්සේ ම වීරියෙන් වාසය කරන්න සිත නැමෙනවා. ඉතින් වරදින් මිදෙන්න සිත නැමෙන එක, අකුසල් දුරු කරල කුසල් දියුණු කරන්න සිත නැමෙන එක, නිතර ම වීරිය වඩන්න සිත නැමෙන එක තියෙනවා නම් අන්න ඒක වුනේ ශාස්තෘන් වහන්සේ කෙරෙහි සැක නොකිරීම නිසයි. මේ විදිහට භික්ෂුව තුළ සිතේ ඇනී තිබුණු පළවෙනි හුල වන 'ශාස්තෘන් වහන්සේ කෙරෙහි සැකය' ප්‍රහාණය වුනා වෙනවා.

2. සිතේ ඇනිච්ච හුල නැතිවීම ගැන තවදුරටත් කියනවා නම්, පින්වත් මහණෙනි, භික්ෂුව ධර්මය ගැන සැක කරන්නෙ නෑ. අවිශ්වාස කරන්නෙ නෑ. අවබෝධයක් තියෙනවා. පැහැදීමක් තියෙනවා. ඒ භික්ෂුව ධර්මය ගැන සැක නොකරන කොට, අවිශ්වාස නොකරන කොට, අවබෝධයක් තියෙන කොට, පැහැදීමක් තියෙන කොට, වරදින් මිදීම පිණිස ඒ භික්ෂුවගේ සිත නැමෙනවා. අකුසල් දුරු කරලා කුසල් දියුණු කර ගැනීම පිණිස සිත නැමෙනවා. හැම තිස්සේ ම වීරියෙන් වාසය කරන්න සිත නැමෙනවා. ඉතින් වරදින් මිදෙන්න සිත නැමෙන එක, අකුසල් දුරු කරල කුසල් දියුණු කරන්න සිත නැමෙන එක, නිතර ම වීරිය වඩන්න සිත නැමෙන එක තියෙනවා නම් අන්න ඒක වුනේ ධර්මය කෙරෙහි සැක නොකිරීම නිසයි. මේ විදිහට භික්ෂුව තුළ සිතේ ඇනී තිබුණු දෙවෙනි හුල වන 'ධර්මය කෙරෙහි සැකය' ප්‍රහාණය වුනා වෙනවා.

3. සිතේ ඇනිච්ච හුල නැති වී යාම ගැන තවදුරටත් කියනවා නම්, පින්වත් මහණෙනි, භික්ෂුව සංඝයා (මාර්ගඵල ලාභී පැවිදි ශ්‍රාවකයන්) ගැන සැක කරන්නෙ නෑ. අවිශ්වාස කරන්නෙ නෑ. අවබෝධයක් තියෙනවා. පැහැදීමක් තියෙනවා. ඒ භික්ෂුව මගඵලලාභී භික්ෂුසංඝයා ගැන සැක නොකරන කොට, අවිශ්වාස නොකරන කොට, අවබෝධයක් තියෙන කොට, පැහැදීමක් තියෙන කොට, වරදින් මිදීම පිණිස ඒ භික්ෂුවගේ සිත නැමෙනවා. අකුසල් දුරු කරලා කුසල් දියුණු කරගැනීම පිණිස සිත නැමෙනවා. හැම තිස්සේ ම වීරියෙන් වාසය කරන්න සිත නැමෙනවා. ඉතින් වරදින් මිදෙන්න සිත නැමෙන එක, අකුසල් දුරු කරල කුසල් දියුණු කරන්න සිත නැමෙන එක, නිතර ම වීරිය වඩන්න සිත නැමෙන එක තියෙනවා නම් අන්න ඒක වුනේ මගඵලලාභී භික්ෂුසංඝයා කෙරෙහි සැක නොකිරීම නිසයි. මේ විදිහට භික්ෂුව තුළ සිතේ ඇනී තිබුණු තුන්වෙනි හුල වන 'මගඵලලාභී භික්ෂුසංඝයා කෙරෙහි සැකය' ප්‍රහාණය වුනා වෙනවා.

4. සිතේ ඇනිච්ච හුල නැති වීම ගැන තවදුරටත් කියනවා නම්, පින්වත් මහණෙනි, භික්ෂුව නිවන් දකින වැඩපිළිවෙළ ගැන සැක කරන්නෙ නෑ. අවිශ්වාස කරන්නෙ නෑ. අවබෝධයක් තියෙනවා. පැහැදීමක් තියෙනවා. ඒ භික්ෂුව නිවන් දකින වැඩපිළිවෙල ගැන සැක නොකරන කොට, අවිශ්වාස නොකරන කොට, අවබෝධයක් තියෙන කොට, පැහැදීමක් තියෙන කොට, වරදින් මිදීම පිණිස ඒ භික්ෂුවගේ සිත නැමෙනවා. අකුසල් දුරු කරලා කුසල් දියුණු කරගැනීම පිණිස සිත නැමෙනවා. හැම තිස්සේ ම වීරියෙන් වාසය කරන්න සිත නැමෙනවා. ඉතින් වරදින් මිදෙන්න සිත නැමෙන එක, අකුසල් දුරු කරල කුසල් දියුණු කරන්න සිත නැමෙන එක, නිතර ම වීරිය වඩන්න

සිත නැමෙන එක තියෙනවා නම් අන්න ඒක වුනේ නිවන් දකින වැඩපිළිවෙල කෙරෙහි සැක නොකිරීම නිසයි. මේ විදිහට භික්ෂුව තුළ සිතේ ඇනී තිබුණු සිව්වෙනි හුල වන 'නිවන් දකින වැඩපිළිවෙල කෙරෙහි සැකය' ප්‍රහාණය වුනා වෙනවා.

5. සිතේ ඇනිච්ච හුල නැතිවීම ගැන තවදුරටත් කියනවා නම්, පින්වත් මහණෙනි, භික්ෂුව සබ්‍රහ්මචාරීන් වහන්සේලා ගැන කිපෙන්නෙ නෑ. සතුටු වෙනව. ගැටෙන්නෙ නෑ. තරහ හුලක් ඇති කරගන්නෙ නෑ. පින්වත් මහණෙනි, ඒ භික්ෂුව තුළ සබ්‍රහ්චාරීන් වහන්සේලා ගැන කෝපය නැත්නම්, සතුටු සිතක් නම් තියෙන්නෙ, ගැටුණු සිතක් නැත්නම්, තරහ හුලක් නැත්නම්, වරදින් මිදීම පිණිස ඒ භික්ෂුවගේ සිත නැමෙනවා. අකුසල් දුරු කරලා කුසල් දියුණු කර ගැනීම පිණිස සිත නැමෙනවා. හැම තිස්සේ ම වීරියෙන් වාසය කරන්න සිත නැමෙනවා. ඉතින් වරදින් මිදෙන්න සිත නැමෙන එක, අකුසල් දුරු කරල කුසල් දියුණු කරන්න සිත නැමෙන එක, නිතර ම වීරිය වඩන්න සිත නැමෙන එක තියෙනවා නම් අන්න ඒක වුනේ සබ්‍රහ්මචාරීන් වහන්සේලා කෙරෙහි කෝප නොකිරීම නිසයි. මේ විදිහට භික්ෂුව තුළ සිතේ ඇනී තිබුණු පස්වෙනි හුල වන 'සබ්‍රහ්මචාරීන් වහන්සේලා කෙරෙහි කිපී සිටීම' ප්‍රහාණය වුනා වෙනවා.

ඔහුගේ සිතේ ඇනුණ හුල් පහ ප්‍රහාණය වුනා කියන්නෙ ඔන්න ඕකටයි.

ඒ වගේම ඔහුගේ සිත බැඳී තිබුණ බන්ධන පහ මුලින් ම උපුටා දැම්මා කියල කියන්නෙ මොකක්ද?

1. පින්වත් මහණෙනි, භික්ෂුවක් ඉන්නවා. ඔහු කාමයන් ගැන රාගය නැති කරපු කෙනෙක්. ආශාව නැති කරපු කෙනෙක්. ඇල්ම නැති කරපු කෙනෙක්. පිපාසය නැති කරපු කෙනෙක්. සිතේ දැවිල්ල නැති කරපු කෙනෙක්. තණ්හාව නැති කරපු කෙනෙක්. ඉතින් පින්වත් මහණෙනි, භික්ෂුව කාමයන් ගැන රාගය නැති කළ නිසා ම, ආශාව නැති කළ නිසා ම, ඇල්ම නැති කළ නිසා ම පිපාසය නැති කළ නිසා ම, සිතේ දැවිල්ල නැති කළ නිසා ම, තණ්හාව නැති කළ නිසා ම, වරදින් මිදෙන්න සිත නැමෙනවා. අකුසල් දුරුකරලා කුසල් දියුණු කරන්න හිත නැමෙනවා. හැම තිස්සෙම වීරියෙන් වාසය කරන්න සිත නැමෙනවා. ඉතින් වරදින් මිදෙන්න හිත නැමෙන එක, අකුසල් දුරු කරලා කුසල් දියුණු කරන්න සිත නැමෙන එක, නිතර ම වීරිය වඩන්න සිත නැමෙන එක තියෙනවා නම්, අන්න ඒක වුනේ කාමයන් ගැන තිබුන රාගය නැතිවීම නිසයි. මේ විදිහටයි භික්ෂුවගේ සිත බැඳී තිබුන පළවෙනි බන්ධනය වන 'කාමයන් ගැන තිබුණ රාගය' මුලිනුපුටා දැම්මා වෙන්නෙ.

2. සිතේ බැඳී තිබුණ බන්ධනය මුලිනුපුටා දැමීම ගැන තවදුරටත් කියනවා නම් පින්වත් මහණෙනි, භික්ෂුවක් ඉන්නවා. ඔහු කය ගැන රාගය නැති කරපු කෙනෙක්. ආශාව නැති කරපු කෙනෙක්. ඇල්ම නැති කරපු කෙනෙක්. පිපාසය නැති කරපු කෙනෙක්. සිතේ දැවිල්ල නැති කරපු කෙනෙක්. තණ්හාව නැතිකරපු කෙනෙක්. ඉතින් පින්වත් මහණෙනි, භික්ෂුව කය ගැන රාගය නැති කළ නිසා ම, ආශාව නැති කළ නිසා ම, ඇල්ම නැති කළ නිසා ම, පිපාසය නැති කළ නිසා ම, සිතේ දැවිල්ල නැති කළ නිසා ම, තණ්හාව නැති කළ නිසා ම, වරදින් මිදෙන්න සිත නැමෙනවා. අකුසල් දුරු කරලා කුසල් වඩන්න හිත නැමෙනවා. හැම තිස්සෙම වීරියෙන් වාසය කරන්න සිත නැමෙනවා. ඉතින් වරදින් මිදෙන්න හිත නැමෙන එක, අකුසල් දුරු කරලා කුසල් දියුණු කරන්න සිත නැමෙන එක, නිතර ම වීරිය වඩන්න සිත නැමෙන එක තියෙනවා නම්, අන්න ඒක වුනේ කය ගැන තිබුන රාගය නැතිවීම නිසයි. මේ විදිහටයි භික්ෂුවගේ සිත බැඳී තිබුන දෙවෙනි බන්ධනය වන 'කය ගැන තිබුන රාගය' මුලිනුපුටා දැම්මා වෙන්නෙ.

3. සිතේ බැඳී තිබුණු බන්ධනය මුලිනුපුටා දැමීම ගැන තවදුරටත් කියනවා නම්, පින්වත් මහණෙනි, භික්ෂුවක් ඉන්නවා. ඔහු රූපය ගැන රාගය නැති කරපු කෙනෙක්. ආශාව නැති කරපු කෙනෙක්. ඇල්ම නැති කරපු කෙනෙක්. පිපාසය නැති කරපු කෙනෙක්. සිතේ දැවිල්ල නැති කරපු කෙනෙක්. තණ්හාව නැති කරපු කෙනෙක්. ඉතින් පින්වත් මහණෙනි, භික්ෂුව රූපය ගැන රාගය නැති කළ නිසා ම, ආශාව නැති කළ නිසා ම, ඇල්ම නැති කළ නිසා ම, පිපාසය නැති කළ නිසා ම, සිතේ දැවිල්ල නැති කළ නිසා ම, තණ්හාව නැති කළ නිසා ම, වරදින් මිදෙන්න සිත නැමෙනවා. අකුසල් දුරුකරලා කුසල් වඩන්න හිත නැමෙනවා. හැම තිස්සෙම වීරියෙන් වාසය කරන්න සිත නැමෙනවා. ඉතින් වරදින් මිදෙන්න හිත නැමෙන එක, අකුසල් දුරු කරලා කුසල් දියුණු කරන්න සිත නැමෙන එක, නිතර ම වීරිය වඩන්න සිත නැමෙන එක තියෙනවා නම්, අන්න ඒක වුනේ රූපය ගැන තිබුන රාගය නැතිවීම නිසයි. මේ විදිහටයි භික්ෂුවගේ සිත බැඳී තිබුන තුන්වෙනි බන්ධනය වන 'රූපය ගැන තිබුන රාගය' මුලිනුපුටා දැම්මා වෙන්නෙ.

4. සිතේ බැඳී තිබුණු බන්ධනය මුලිනුපුටා දැමීම ගැන තවදුරටත් කියනවා නම්, පින්වත් මහණෙනි, භික්ෂුවක් ඉන්නවා. ඔහු හොඳ හැටි බඩ කට පිරෙනකම් ම වළඳන්නෙ නෑ. ඇඳ පුටුවල පෙරළීගෙන ඉන්න සැපයට අහුවෙලා නෑ. එහාට මෙහාට ඇඟපත පෙරළ පෙරළ හාන්සි වෙලා ඉන්න සැපයට අහුවෙලත් නෑ. නින්දෙන් ලැබෙන සැපයට අහුවෙන්නෙත් නෑ. පින්වත් මහණෙනි, ඉතින් භික්ෂුව හොඳ හැටි බඩකට පිරෙනකම් ම වළඳන්නෙ නැති නිසා ම, ඇඳ පුටුවල

පෙරළීගෙන ඉන්න සැපයට අහු වෙලා ඉන්නෙ නැති නිසා ම, එහාට මෙහාට ඇඟ පත පෙරළ පෙරළ ඉන්න සැපයට අහුවෙන්නෙ නැති නිසා ම, නින්දෙන් ලැබෙන සැපයට අහුවෙලා නැති නිසා ම ඒ භික්ෂුවට වරදින් මිදෙන්න සිත නැමෙනවා. අකුසල් දුරුකරලා කුසල් වඩන්න සිත නැමෙනවා. හැම තිස්සෙම වීරියෙන් වාසය කරන්න සිත නැමෙනවා. ඉතින් වරදින් මිදෙන්න හිත නැමෙන එක, අකුසල් දුරු කරලා කුසල් දියුණු කරන්න සිත නැමෙන එක, නිතර ම වීරිය වඩන්න සිත නැමෙන එක තියෙනවා නම්, අන්න ඒක වුනේ හොඳට වළඳලා බුදියගෙන ඉන්න ආශා කිරීම නැතිවීම නිසයි. මේ විදිහටයි භික්ෂුවගේ සිත බැඳී තිබුන සිව්වෙනි බන්ධනය වන 'හොඳට වළඳලා බුදියගෙන ඉන්න ආශා කිරීම' මුලිනුපුටා දැම්මා වෙන්නෙ.

5. සිතේ බැඳී තිබුණු බන්ධනය මුලිනුපුටා දැමීම ගැන තවදුරටත් කියනවා නම්, පින්වත් මහණෙනි, භික්ෂුවක් ඉන්නවා. ඔහු බුදු සසුනේ මහණදම් පුරන්නේ දිව්‍ය ලෝකයක උපදින්න සිතාගෙන නොවෙයි. 'මම මේ සීලයෙන් හරි, මේ ව්‍රතයෙන් හරි, මේ තපසින් හරි, මේ බඹසරින් හරි, දෙවියෙක් වෙන්න ඕන. එක්කො කවර දෙවිකෙනෙක් හරි වෙන්න ඕන' කියල හිතන්නෙ නෑ. ඉතින් පින්වත් මහණෙනි, ඒ භික්ෂුව තුළ දිව්‍ය ලෝකෙක උපදින්න ඕන කියල අධිෂ්ඨානයක් නැති නිසා ම, 'මම මේ සීලයෙන් හරි, ව්‍රතයෙන් හරි, මේ තපසින් හරි, මේ බඹසරින් හරි, දෙවියෙක් වෙනවා, කොයි විදිහේ දෙවියෙක් හරි වෙනවා' කියල හිතන්නෙ නැති නිසා ම, වරදින් මිදෙන්න ඒ භික්ෂුවගේ සිත නැමෙනවා. අකුසල් දුරුකරලා කුසල් වඩන්න සිත නැමෙනවා. හැම තිස්සෙම වීරියෙන් වාසය කරන්න සිත නැමෙනවා. ඉතින් වරදින් මිදෙන්න හිත නැමෙන එක, අකුසල් දුරු කරලා කුසල් දියුණු කරන්න සිත නැමෙන එක, නිතර ම වීරිය වඩන්න සිත නැමෙන එක තියෙනවා නම්, අන්න ඒක වුනේ දෙව්ලොව උපත පිණිස මහණදම් පිරීමේ අවශ්‍යතාව නැතිවීම නිසයි. මේ විදිහටයි භික්ෂුවගේ සිත බැඳී තිබුණ පස්වෙනි බන්ධනය වන 'දෙව්ලොව උපතට ආශාවෙන් මහණදම් පිරීම' මුලිනුපුටා දැම්මා වෙන්නෙ.

පින්වත් මහණෙනි, යම්කිසි භික්ෂුවකට හිතේ ඇනිච්ච මේ හුල් පහ නැති වුනොත්, සිත බැඳුන මේ බන්ධන පහ මුලින් ම සිඳිල ගියොත්, ඒ භික්ෂුව ඇත්තෙන් ම මේ බුද්ධ ශාසනයේ දියුණුවක් කරා, ගුණදහම් වැඩීමක් කරා, ලොකු දියුණුවක් කරා යනවා කියන එක සිදුවෙන්න පුළුවන් දෙයක්. අන්න ඒ භික්ෂුව ධර්මයේ හැසිරෙන්න බලවත් කැමැත්තක් ඇති කරගන්නවා. ඒ නිසා ම සමාධිය දියුණු කරගන්නවා. ඒ නිසා ම වීර්යය දියුණු කරගන්නවා. ඒකට තමයි 'ඡන්ද ඉර්ධිපාදය' වඩනවා කියන්නෙ. ඒ වගේ ම භික්ෂුව ධර්මයේ හැසිරෙන්න බලවත් වීරිය ඇති කරගන්නවා. ඒ නිසා ම සමාධිය ඇති කරගන්නවා. ඒ

නිසා ම වීරිය ඇති කරගන්නවා. ඒකට කියන්නෙ 'වීර්ය ඉර්ධිපාදය' වඩනවා කියලයි. ඒ වගේ ම භික්ෂුව ධර්මයේ හැසිරෙන්න බලවත් ලෙස අධිෂ්ඨානයක් ඇති කරගන්නවා. ඒ නිසා ම සමාධිය දියුණු කරගන්නවා. ඒ නිසා ම වීරිය ඇති කරගන්නවා. ඒකට කියන්නෙ 'චිත්ත ඉර්ධිපාදය' වඩනවා කියලයි. ඒ වගේ ම භික්ෂුව ධර්මයේ හැසිරෙන්න බලවත් ලෙස නුවණින් විමසීම ඇති කරගන්නවා. ඒ නිසා ම සමාධිය දියුණු කරගන්නවා. ඒ නිසා ම වීරිය ඇති කරගන්නවා. ඒකට කියන්නෙ 'වීමංසා ඉර්ධිපාදය' වඩනවා කියලයි. පස් වෙනි එක නම් අධික උත්සාහයෙන් කටයුතු කිරීමයි.

පින්වත් මහණෙනි, මේ විදියට ඒ භික්ෂුව (සිතේ ඇනුනු උල් පහ නැති කිරීමත්, සිත බැඳුණු බන්ධන පහ නැතිකිරීමත්, ඉර්ධිපාද හතරෙන් යුක්ත වීමත් යන අංග දාහතරට) අධික උත්සාහය ඇති කර ගැනීම නැමැති අංගයත් එක්කර ගත් විට අංග පහළොවකින් යුක්ත වුනා ම අවබෝධයෙන් ම අවිද්‍යා කෙලෙස් කඳ සිඳබිඳ දමන්න සුදුස්සෙක් වෙනවා. ආර්ය සත්‍යය අවබෝධ කරගන්න සුදුස්සෙක් වෙනවා. අනුත්තර යෝගක්ඛේම නම් වූ ඒ අමා නිවන සාක්ෂාත් කරගන්න සුදුස්සෙක් වෙනවා.

පින්වත් මහණෙනි, ඒක මේ වගේ දෙයක්. කිකිළියකට බිත්තර අටක් හරි, දහයක් හරි, දොළහක් හරි, තියෙනවා කියල හිතන්න. ඉතින් මේ කිකිළි ඒ බිත්තර ටික හොඳ හැටියට රකිනවා. හොඳ හැටියට උණුසුම් කරනවා. හොඳ හැටියට බලාගන්නවා. නමුත් ඒ කිකිළිට මේ විදිහට හිතෙන්නෙ නෑ. 'අනේ ඇත්තෙන් ම මගේ කුකුල් පැටව් ටික නියපොතු වලින් හරි, හොටෙන් හරි, බිත්තර කටුව පළාගෙන කරදරයක් නැතිව එළියට එනවා නම් කොච්චර දෙයක්ද' කියලා. නමුත් ඒ කුකුළු පැටව් නියපොත්තෙන් හරි, හොටෙන් හරි, බිත්තර කටුව පළාගෙන කරදරයක් නැති එළියට එන්න සුදුසු ම යි. පින්වත් මහණෙනි, අන්න ඒ විදිහම තමයි, ඔය අයුරින් අධික උත්සාහය ඇති කරගැනීම කියන අංගයත් එකතු කරගත්තහම ඔය අංග පහළොවෙන් යුක්ත භික්ෂුව අවබෝධයෙන් ම අවිද්‍යා කෙලෙස් කඳ සිඳබිඳ දමන්න සුදුස්සෙක් වෙනවා. චතුරාර්ය සත්‍යය අවබෝධයට සුදුස්සෙක් වෙනවා. අනුත්තර යෝගක්ඛේම නම් වූ ඒ අමා නිවන සාක්ෂාත් කරන්න සුදුස්සෙක් වෙනවා.

භාග්‍යවතුන් වහන්සේ මේ දේශනාව වදාළා. ඒ භික්ෂූන් වහන්සේලා ඒ ගැන ගොඩක් සතුටු වුනා. භාග්‍යවතුන් වහන්සේ වදාළ මේ දේශනාව ඉතා සතුටින් පිළිගත්තා.

සාදු! සාදු!! සාදු!!!

**සිතේ ඇනුන හුල් ගැන වදාළ දෙසුම නිමා විය.**

# 1.2.7.
# වනපත්ථ සූත්‍රය
## වන සෙනසුන මුල් කොට වදාළ දෙසුම

මා හට අසන්නට ලැබුනේ මේ විදිහටයි. ඒ දිනවල භාග්‍යවත් බුදුරජාණන් වහන්සේ වැඩසිටියේ සැවැත් නුවර ජේතවනය නම් වූ අනේපිඬු සිටුතුමාගේ ආරාමයේ. එදා භාග්‍යවතුන් වහන්සේ "පින්වත් මහණෙනි" යි කියල භික්ෂු සංඝයා ඇමතුවා. "පින්වතුන් වහන්ස" කියල ඒ භික්ෂූන් වහන්සේලාත් භාග්‍යවතුන් වහන්සේට පිළිතුරු දුන්නා. භාග්‍යවතුන් වහන්සේ ඒ මොහොතේ දී මේ දෙසුම වදාළා.

"පින්වත් මහණෙනි, මම ඔබට වන සෙනසුන ගැන කියා දෙන්නයි යන්නෙ. එය හොඳින් අසාගන්න ඕන. නුවණින් තේරුම් ගන්න ඕන. මම කියා දෙන්නම්."

ඒ භික්ෂු පිරිස ද "එසේ ය ස්වාමීනී" යි කියා භාග්‍යවතුන් වහන්සේට පිළිතුරු දුන්නා. ඒ වෙලාවේ දී භාග්‍යවතුන් වහන්සේ මේ දේශනාව වදාළා.

පින්වත් මහණෙනි, මෙහි භික්ෂුව එක්තරා වන සෙනසුනක් ඇසුරු කරගෙන ඉන්නවා. නමුත් ඔහු ඒ වන සෙනසුනේ වාසය කරද්දී පිහිටුවා ගන්න බැරිව තිබුණු සිහිය පිහිටන්නෙ නෑ. අසමාහිතව තිබුණු සිත සමාධිමත් වෙන්නෙත් නෑ. නැති නොවුණු ආශ්‍රවයන් නැතිවෙලා යන්නෙත් නෑ. පත් නොවුණු උතුම් අරහත්වයට පත්වෙන්නෙත් නෑ. පැවිදි ජීවිතයට ඕන කරන සිවුරු, පිණ්ඩපාත, සේනාසන, බෙත්හේත් වුනත් ලබාගන්න තියෙන්නෙත් හරිම අමාරුවෙන්.

පින්වත් මහණෙනි. එතකොට ඒ භික්ෂුව මේ විදිහට නුවණින් මෙනෙහි කරන්න ඕන. 'මම මේ වන සෙනසුනේ නේවාසිකව ඉන්නවා. නමුත්, මම මේ වන සෙනසුනේ හිටියා කියල සතිපට්ඨානයේ නොපිහිටි සිහිය

පිහිටන්නෙත් නැහැ. එකඟ නොවෙච්ච සිත සමාධිමත් වෙන්නෙත් නෑ. නැති නොවුණු ආශ්‍රවයන් නැතිවෙලා යන්නෙත් නෑ. නොපැමිණි උතුම් අරහත්වයට පත්වෙන්නෙත් නෑ. පැවිද්දන්ට ජීවත් වෙන්න ඕන කරන සිවුරු, පිණ්ඩපාත, සේනාසන, ගිලන්පස, බේත්හේත් ආදියත් දුක සේ ම යි ලබාගන්න තියෙන්නෙ.' පින්වත් මහණෙනි, ඒ විදිහට කල්පනා කරන භික්ෂුව විසින් රාත්‍රී කාලයක හෝ දවල් කාලයක හෝ ඒ වන සෙනසුන අතහැරලා යන්න ඕන. සිටිය යුතු නැහැ.

ඒ වගේ ම පින්වත් මහණෙනි, මෙහි භික්ෂුව එක්තරා වන සෙනසුනක් ඇසුරු කරගෙන ඉන්නවා. ඉතින් ඔහු ඒ වන සෙනසුනේ නේවාසිකව සිටියත් සතිපට්ඨානයේ නොපිහිටි සිහිය පිහිටන්නෙත් නැහැ. අසමාහිත සිත සමාධිගත වෙන්නෙත් නැහැ. නැති නොවුණු ආශ්‍රවයන් නැතිවෙලා යන්නෙත් නෑ. නොපැමිණි උතුම් අරහත්වයට පත්වෙන්නෙත් නෑ. නමුත් පැවිද්දන්ට ජීවත් වීමට ඕන කරන සිවුරු, පිණ්ඩපාත, සේනාසන, ගිලන්පස, බේත් හේත් ආදිය නම් පහසුවෙන් ලැබෙනවා. එතකොට ඒ භික්ෂුව මේ විදිහට නුවණින් මෙනෙහි කරන්න ඕන. 'මම මේ වන සෙනසුනේ ඉන්නවා තමයි. නමුත් මම මේ වන සෙනසුනේ හිටියා කියල සතිපට්ඨානයේ නොපිහිටි සිහිය පිහිටියෙත් නැහැ. අසමාහිත සිත සමාධිගත වුනෙත් නැහැ. නැති නොවුණු ආශ්‍රවයන් නැති වෙලා ගියෙත් නෑ. නොපැමිණි උතුම් අරහත්වයට පත්වුනෙත් නෑ. ඒ වුනාට පැවිද්දන්ට ජීවත් වෙන්න ඕන කරන සිවුරු, පිණ්ඩපාත, සේනාසන, ගිලන්පස, බේත්හේත් ආදිය පහසුවෙන් ලැබෙනවා. ඒත් මම නම් සිවුරු නිසා ගිහි ජීවිතේ අතහැරලා මහණ වුනා නොවෙයි. පිණ්ඩපාතෙ නිසා ....(පෙ).... කුටියක් නිසා ....(පෙ).... ගිලන්පස බේත්හේත් නිසා ගිහි ජීවිතේ අතහැරලා මහණ වුනා නොවෙයි. මං මේ වන සෙනසුනේ වාසය කළා කියල, සතිපට්ඨානයේ නොපිහිටි සිහිය පිහිටන්නෙත් නැහැ. අසමාහිත සිත සමාධිගත වෙන්නෙත් නැහැ. නැති නොවුණු ආශ්‍රවයන් නැතිවෙලා යන්නෙත් නෑ කියල. පින්වත් මහණෙනි, ඒ විදිහට නුවණින් සළකලා ඒ භික්ෂුව ඒ වන සෙනසුන අතහැරලා යන්න ඕන. සිටිය යුතු නැහැ.

පින්වත් මහණෙනි, මෙහි භික්ෂුව එක්තරා වන සෙනසුනක වාසය කරනවා. ඉතින් ඒ භික්ෂුව ඒ වන සෙනසුනේ වාසය කරද්දි, සතිපට්ඨානයේ නොපිහිටි සිහියත් පිහිටනවා. අසමාහිත සිත සමාධිමත් වෙනවා. නැති නොවුණු ආශ්‍රවයන් නැතිවෙලාත් යනවා. නොපැමිණි උතුම් අරහත්වයටත් පත්වෙනවා. නමුත් පැවිදි ජීවිතයකට ඕන කරන සිවුරු, පිණ්ඩපාත, සේනාසන, ගිලන්පස, බේත් හේත් ආදිය දුක සේ ම යි හොයාගන්න තිබෙන්නෙ. පින්වත් මහණෙනි,

එතකොට ඒ භික්ෂුව විසින් මේ විදිහට නුවණින් මෙනෙහි කරන්න ඕන. 'මම මේ වන සෙනසුන ඇසුරු කරගෙන ඉන්නවා තමයි. මම මේ වන සෙනසුන ඇසුරු කරගෙන ඉන්න කොට සතිපට්ඨානයේ නොපිහිටි සිහියත් පිහිටනවා. අසමාහිත සිතත් සමාධිගත වෙනවා. නැති නොවුණු ආශ්‍රවත් නැතිවෙලා යනවා. නොපැමිණි උතුම් අරහත්වයටත් පත්වෙනවා. නමුත් පැවිදි කෙනෙකුට ජීවත් වෙන්න උවමනා කරන සිවුරු, පිණ්ඩපාත, සේනාසන, ගිලන්පස, බේත් හේත් ආදිය දුක සේ ම යි ලබාගන්න තියෙන්නෙ. ඇත්තෙන් ම මං සිවුරක් නිසා ගිහි ජීවිතය අත්හැරල මහණ වුනා නොවෙයි. පිණ්ඩපාතයක් නිසා ....(පෙ).... කුටියක් නිසා ....(පෙ).... ගිලන්පස බේත් හේත් නිසා ගිහි ජීවිතේ අතහැරලා මහණ වුනා නොවෙයි. එහෙම වුනත්, මං මේ වන සෙනසුනේ සිටිද්දි, සතිපට්ඨානයේ නොපිහිටි සිහියත් පිහිටනවා. අසමාහිත සිතත් සමාධිමත් වෙනවා. නැති නොවුණු ආශ්‍රවත් නැතිවෙලා යනවා. නොපැමිණි උතුම් අරහත්වයටත් පත්වෙනවා' කියලා. පින්වත් මහණෙනි, ඒ විදිහට සිහි කරන භික්ෂුව ඒ වන සෙනසුනේ ම ඉන්න ඕන. අත්හැර නොයා යුතුයි.

පින්වත් මහණෙනි, මෙහි භික්ෂුව එක්තරා වන සෙනසුනක වාසය කරනවා. ඉතින් ඔහු ඒ වන සෙනසුනේ වාසය කරද්දි සතිපට්ඨානයේ නොපිහිටි සිහියත් පිහිටනවා. අසමාහිත සිතත් සමාධිමත් වෙනවා. නැති නොවුණු ආශ්‍රවයන් නැතිවෙලත් යනවා. නොපැමිණි උතුම් අරහත්වයටත් පත්වෙනවා. ඒ වගේම පැවිදි ජීවිතයකට ඕන කරන සිවුරු, පිණ්ඩපාත, සේනාසන, ගිලන්පස, බේත් හේත් ආදියත් පහසුවෙන් ම ලැබෙනවා. පින්වත් මහණෙනි, එතකොට ඒ භික්ෂුව විසින් මේ විදිහට නුවණින් මෙනෙහි කරන්න ඕන. 'මම මේ වන සෙනසුනේ වාසය කරනවා. ඉතින් මම මේ වන සෙනසුනේ වාසය කරද්දි, සතිපට්ඨානයේ නොපිහිටි සිහියත් පිහිටනවා. අසමාහිත සිතත් සමාධිගත වෙනවා. නැති නොවුණු ආශ්‍රවත් නැතිවෙලා යනවා. නොපැමිණි උතුම් අරහත්වයටත් පත්වෙනවා. ඉතින් ඒ වගේ ම පැවිදි ජීවිතයකට උවමනා කරන සිවුරු, පිණ්ඩපාත, සේනාසන, ගිලන්පස, බේත් හේත් ආදියත් පහසුවෙන් ම ලැබෙනවා.' පින්වත් මහණෙනි, ඒ විදිහට නුවණින් මෙනෙහි භික්ෂුව දිවි තිබෙන තුරාවට ඒ වන සෙනසුනේ ම වාසය කරන්න ඕන. අත්හැර නොයා යුතුයි.

පින්වත් මහණෙනි, මෙහි භික්ෂුව එක්තරා ගමක් ඇසුරු කරගෙන ඉන්නවා ....(පෙ).... එක්තරා පුංචි නගරයක් ඇසුරු කරගෙන ඉන්නවා ....(පෙ).... එක්තරා නගරයක් ඇසුරු කරගෙන ඉන්නවා ....(පෙ).... එක්තරා ජනපදයක් ඇසුරු කරගෙන ඉන්නවා ....(පෙ).... පින්වත් මහණෙනි, මෙහි භික්ෂුව එක්තරා

පුද්ගලයෙකු ඇසුරු කරගෙන ඉන්නවා. ඉතින් ඒ පුද්ගලයාව ඇසුරු කරගෙන ඉන්න විට ඒ භික්ෂුවට සතිපට්ඨානයේ නොපිහිටි සිහිය පිහිටන්නෙත් නැහැ. අසමාහිත සිත සමාධිගත වෙන්නෙත් නැහැ. නැති නොවුණු ආශ්‍රවයන් නැති වන්නෙත් නෑ. නොපැමිණි උතුම් අරහත්වයට පත්වෙන්නෙත් නෑ. ඒ වගේ ම පැවිදි ජීවිතයකට උවමනා කරන සිවුරු, පිණ්ඩපාත, සේනාසන, ගිලන්පස, බෙත්හේත් ආදියත් අපහසුවෙන් ම යි ලැබෙන්නෙ.

ඉතින් පින්වත් මහණෙනි, ඒ භික්ෂුව ඒ ගැන මේ විදිහටයි නුවණින් මෙනෙහි කරන්න ඕන. 'මම මේ පුද්ගලයාව ඇසුරු කරගෙන ඉන්නවා තමයි. නමුත් මම මේ පුද්ගලයාව ඇසුරු කරගෙන හිටියා කියල සතිපට්ඨානයේ නොපිහිටි සිහිය පිහිටන්නෙත් නැහැ. අසමාහිත සිත සමාහිත වෙන්නෙත් නැහැ. නැති නොවුණු ආශ්‍රවයන් නැතිවෙලා යන්නෙත් නෑ. නොපැමිණි උතුම් අරහත්වයට පත්වෙන්නෙත් නෑ. ඒ වගේ ම පැවිදි ජීවිතයට උවමනා කරන සිවුරු, පිණ්ඩපාත, සේනාසන, ගිලන්පස, බෙත්හේත්වත් පහසුවෙන් ලැබෙන්නෙ නෑ. පින්වත් මහණෙනි, ඒ විදිහට නුවණින් සිහි කරන භික්ෂුව විසින් රාත්‍රී කාලයේ හෝ දවල් කාලයේ ඒ පුද්ගලයාට නොකියා ම අත්හැර දාලා යන්න ඕන. ඒ පුද්ගලයා පස්සෙන් නොයා යුතුයි.

පින්වත් මහණෙනි, මෙහි භික්ෂුව එක්තරා පුද්ගලයෙකු ඇසුරු කරගෙන ඉන්නවා. ඉතින් ඔහු ඒ පුද්ගලයා ඇසුරු කරගෙන ඉන්න විට, ඒ භික්ෂුව තුළ සතිපට්ඨානයේ නොපිහිටි සිහිය පිහිටන්නෙත් නැහැ. අසමාහිත සිත සමාධිගත වෙන්නෙත් නැහැ. නැති නොවූ ආශ්‍රවයන් නැති වෙන්නෙත් නෑ. නොපැමිණි උතුම් අරහත්වයට පත්වෙන්නෙත් නෑ. නමුත් පැවිදි ජීවිතයකට උවමනා කරන සිවුරු, පිණ්ඩපාත, සේනාසන, ගිලන්පස, බෙත් හේත් ආදිය පහසුවෙන් ම ලැබෙනවා.

පින්වත් මහණෙනි, එතකොට ඒ භික්ෂුව ඒ ගැන මේ විදිහට නුවණින් මෙනෙහි කරන්න ඕන. 'මම මේ පුද්ගලයාව ඇසුරු කරගෙන ඉන්නවා තමයි. නමුත් මම මේ පුද්ගලයාව ඇසුරු කරගෙන හිටියා කියල සතිපට්ඨානයේ නොපිහිටි සිහිය පිහිටන්නෙත් නැහැ. අසමාහිත සිත සමාහිත වන්නෙත් නැහැ. නැති නොවුණු ආශ්‍රවයන් නැතිවෙලා යන්නෙත් නෑ. නොපැමිණි උතුම් අරහත්වයට පත්වෙන්නෙත් නෑ. ඒ වුනාට පැවිදි ජීවිතයකට උවමනා කරන සිවුරු, පිණ්ඩපාත, සේනාසන, ගිලන්පස, බෙත් හේත් ආදිය පහසුවෙන් ම ලැබෙනවා. ඇත්තෙන් ම මම, මේ සිවුරක් නිසා ගිහි ජීවිතේ අත්හැරලා මහණ වුනා නොවෙයි. පිණ්ඩපාතෙ නිසා ....(පෙ).... ස්ථානයක් ඕනවෙලා ....(පෙ).... ගිලන්පස බෙත්හේත් නිසා ගිහි ජීවිතේ අත්හැරලා මහණ වුනා නොවෙයි.

අනික මම මේ පුද්ගලයාව ඇසුර කරගෙන හිටියා කියල සතිපට්ඨානයේ නොපිහිටි සිහිය පිහිටන්නෙත් නැහැ. අසමාහිත සිත සමාහිත වෙන්නෙත් නැහැ. නැති නොවුණු ආශ්‍රවයන් නැති වෙන්නෙත් නෑ. නොපැමිණි අරහත්වයට පත්වෙන්නෙත් නෑ' කියලා. පින්වත් මහණෙනි, ඒ විදිහට නුවණින් සිහි කරන භික්ෂුව විසින් අර පුද්ගලයාට කියල එතනින් ගියාට කමක් නෑ. ඒ පුද්ගලයා පස්සෙ යන්න ඕන නෑ.

පින්වත් මහණෙනි, මෙහි භික්ෂුව එක්තරා පුද්ගලයෙකු ඇසුරු කරගෙන ඉන්නවා. ඉතින් ඒ පුද්ගලයාව අසුරු කරගෙන ඉන්න විට, ඒ භික්ෂුව තුළ සතිපට්ඨානයේ නොපිහිටි සිහියත් පිහිටනවා. අසමාහිත සිතත් සමාධිගත වෙනවා. නැති නොවුණු ආශ්‍රවයන් නැතිවෙලාත් යනවා. නොපැමිණි උතුම් අරහත්වයටත් පත්වෙනවා. නමුත් පැවිදි ජීවිතයකට ඕන කරන සිවුරු, පිණ්ඩපාත, සේනාසන, ගිලන්පස, බේත් හේත් ආදිය අපහසුවෙන් ම යි ලැබෙන්නෙ.

පින්වත් මහණෙනි, ඒ භික්ෂුව ඒ ගැන නුවණින් සිතන්න ඕන මේ විදිහටයි. 'මම මේ පුද්ගලයාව ඇසුරු කරගෙන සිටිද්දී, සතිපට්ඨානය් නොපිහිටි සිහියත් පිහිටනවා. අසමාහිත සිතත් සමාහිත වෙනවා. නැති නොවුණු ආශ්‍රවත් නැතිවෙලා යනවා. නොපැමිණි උතුම් අරහත්වයටත් පත්වෙනවා. ඒ වුනාට පැවිදි ජීවිතයකට උවමනා කරන සිවුරු, පිණ්ඩපාත, සේනාසන, ගිලන්පස, බේත් හේත් ආදිය අපහසුවෙන් ම යි ලැබෙන්නෙ. ඇත්තෙන්ම මම, සිවුරක් නිසා ගිහි ජීවිතය අත්හැරල මහණ වුනා නොවෙයි. පිණ්ඩපාතෙ නිසා ....(පෙ).... ස්ථානයක් අයිති කරගැනීමට ....(පෙ).... ගිලන්පස බේත්හේත් නිසා ගිහි ජීවිතේ අත්හැරලා මහණ වුනා නොවෙයි. අනික මම මේ පුද්ගලයාව ඇසුරු කරද්දී සතිපට්ඨානයේ නොපිහිටි සිහියත් පිහිටනවා. අසමාහිත සිතත් සමාහිත වෙනවා. නැති නොවුණු ආශ්‍රවත් නැතිවෙලා යනවා. නොපැමිණි උතුම් අරහත්වයටත් පත්වෙනවා.' පින්වත් මහණෙනි, ඒ භික්ෂුව විසින් මේ විදිහට නුවණින් තේරුම් ගෙන ඒ පුද්ගලයා පස්සෙන් ම යන්න ඕන. අත්හැරල දාල යන්න හොඳ නෑ.

පින්වත් මහණෙනි, මෙහි භික්ෂුව එක්තරා පුද්ගලයෙකු ඇසුරු කරගෙන ඉන්නවා. ඉතින් ඒ පුද්ගලයාව ඇසුරු කොට සිටිද්දී, නොපිහිටි සිහියත් පිහිටනවා. එකඟ නොවූ සිතත් එකඟ වෙනවා. නැති නොවුණු ආශ්‍රවයන් නැති වෙලාත් යනවා. නොපැමිණි උතුම් අරහත්වයටත් පත්වෙනවා. ඒ වගේම පැවිදි ජීවිතයකට ඕන කරන සිවුරු, පිණ්ඩපාත, සේනාසන, ගිලන්පස, බේත් හේත් ආදියත් පහසුවෙන් ම ලැබෙනවා. පින්වත් මහණෙනි, එතකොට ඒ භික්ෂුව

විසින් මේ විදිහට නුවණින් මෙනෙහි කරන්න ඕන. 'මම මේ පුද්ගලයාව ඇසුරු කරගෙන සිටිද්දී, සතිපට්ඨානායේ නොපිහිටි සිහියත් පිහිටනවා. එකඟ නොවූ සිතත් එකඟ වෙනවා. නැති නොවුණු ආශ්‍රවත් නැතිවෙලා යනවා. නොපැමිණි උතුම් අරහත්වයටත් පත්වෙනවා. ඉතින් ඒ වගේ ම පැවිදි කෙනෙකුට ජීවත් වෙන්න උවමනා කරන සිවුරු, පිණ්ඩපාත, සේනාසන, ගිලන්පස, බේත් හේත් ආදියත් පහසුවෙන් ම ලැබෙනවා.' ඒ භික්ෂුව විසින් ඒ විදිහට නුවණින් සලකලා දිවි තිබෙන තුරාවට ම අර පුද්ගලයා පස්සෙන් යන්න ඕන. තමන් ව එලවා දැම්මත් දාල යන්න හොඳ නෑ.

භාග්‍යවතුන් වහන්සේ මේ දෙසුම වදාළා. මෙයට සවන් දුන් ඒ භික්ෂු පිරිස මහත් සතුටට පත්වුනා. සාදු නාද දෙමින් භාග්‍යවතුන් වහන්සේ වදාළ මේ දේශනාව ඉතා සතුටින් පිළිගත්තා.

සාදු! සාදු!! සාදු!!!

**වන සෙනසුන ගැන වදාළ දෙසුම නිමා විය.**

# 1.2.8.
# මධුපිණ්ඩික සූත්‍රය
## මී පිඬක් සේ මිහිරි ලෙස වදාළ දෙසුම

මා හට අසන්නට ලැබුනේ මේ විදිහටයි. ඒ දිනවල භාග්‍යවත් බුදුරජාණන් වහන්සේ වැඩසිටියේ ශාක්‍ය ජනපදයේ කපිලවස්තු නගරය අසල නිග්‍රෝධාරාමයේ. එදා භාග්‍යවතුන් වහන්සේ උදේ වරුවෙහි සිවුරු පොරවාගෙන, පාත්‍ර සිවුරු අරගෙන කපිලවස්තු නගරයට පිණ්ඩපාතෙ වැඩියා. කපිලවස්තුවෙහි පිණ්ඩපාතෙ වැඩම කරලා දන් වළඳලා අවසන් වෙලා කපිලවස්තු මහා වනයට දවල් කාලෙ ගතකරන්න වැඩම කළා. මහා වනයේ ඇතුළට ම වැඩම කරලා බෙලි ගසක් සෙවනේ දවල් කාලෙ ගත කළා.

ඒ වෙලාවෙ දණ්ඩපාණී කියන ශාක්‍යවංශිකයාත් ව්‍යායාම පිණිස ඇවිදගෙන යද්දී මහ වනයට ඇතුළු වුනා. මහ වනය ඇතුළට ගිහින් බෙලි ගසක් සෙවණේ වැඩසිටි භාග්‍යවතුන් වහන්සේ ළඟට ගියා. ළඟට ගිහින් භාග්‍යවතුන් වහන්සේ සමඟ පිළිසඳර කතාබහේ යෙදුනා. පිළිසඳර කතාබහේ යෙදී තමන්ගෙ හැරමිටියෙ එල්ලීගෙන පැත්තකින් හිටගත්තා. එහෙම පැත්තකින් හිටිය දණ්ඩපාණී ශාක්‍යයා භාග්‍යවතුන් වහන්සේට මෙහෙම කිව්වා.

"මේ ශ්‍රමණයන් වහන්සේ මොන වගේ මතයක් දරණ කෙනෙක්ද? මොන වගේ දෙයක් කියන කෙනෙක්ද?"

"ආයුෂ්මතුනි, මම මෙන්න මේ වගේ මතයක් දරණ කෙනෙක්. මේ වගේ මතයක් කියන කෙනෙක්. 'දෙවියන් සහිත, මරුන් සහිත, බඹුන් සහිත, ශ්‍රමණබ්‍රාහ්මණයන් සහිත, දෙව් මිනිස් ප්‍රජාවෙන් යුතු ලෝකයේ කා සමඟවත් වාද කරන්න යන්නෙ නැතිව ඉන්නවා නම්, කාමයන් හා එක් නොවී ශ්‍රේෂ්ඨත්වයට පත් වී ඉන්නවා නම්, ඔහු තුළ 'කෙසේද, කෙසේද' කියා දූවන ගතිය නැතුව ඉන්නවා නම්, සැක සංකා සිඳබිඳ සැකයෙන් එතෙරව ඉන්නවා නම්, සෑම භවයක් ගැන ම තණ්හාව නැතිව ඉන්නවා නම්, හඳුනගන්නා

කිසිවකින් කෙලෙස් හැදෙන්නෙ නැතුව ඉන්නවා නම්, ආයුෂ්මතුනි, අන්න එබඳු මතයක් තමයි මම දරන්නේ. එවැනි දෙයක් තමයි මම කියන්නේ."

මෙහෙම වදාළ විට දණ්ඩපාණී ශාක්‍යයා ඔළුව සෙලෙව්වා. දිව එළියට දාලා පැද්දුවා. නළලේ රැළි තුනක් මතු වෙන විදිහට ඇහි බැම උඩට ඉස්සුවා. හැරමිටියේ ම එල්ලිලා යන්න ගියා.

එදා සවස භාවනාවෙන් නැඟිට්ට භාග්‍යවතුන් වහන්සේ ආපසු නිග්‍රෝධාරාමයට වැඩම කළා. පිළියෙල කොට තිබුණු ආසනයේ වැඩසිටියා. වැඩසිටි භාග්‍යවතුන් වහන්සේ භික්ෂු සංඝයා අමතා වදාළා.

"පින්වත් මහණෙනි, අද මම උදේ වරුවේ සිවුරු පොරවාගෙන, පාත්‍ර සිවුරු අරගෙන කපිලවස්තු නගරයට පිණ්ඩපාතෙ වැඩියා. කපිලවස්තුවෙහි පිණ්ඩපාතෙ වැඩලා දන් වළඳලා, දවල් කාලෙ ගතකරන්න මහා වනයට ගියා. මහා වනයෙ ඇතුළට ගිහින් බෙලි ගහක් සෙවණේ දවල් කාලෙ ගත කරන්න හිතල වාඩිවුණා. පින්වත් මහණෙනි, එතකොට දණ්ඩපාණී ශාක්‍යයා ව්‍යායාම පිණිස ඇවිදගෙන එහෙට මෙහෙට යන ගමන් මහා වනයටත් ආවා. මහා වනය ඇතුළට ඇවිදින් බෙලි ගස් සෙවණේ සිටිය මා ළඟට ආවා. මාත් එක්ක පිළිසඳර කතා බස් කළා. තමන්ගෙ හැරමිටියේ එල්ලීගෙන පැත්තකින් හිටගත්තා. පින්වත් මහණෙනි, පැත්තකින් සිටි දණ්ඩපාණී ශාක්‍යයා මට මෙහෙම කිව්වා. 'මේ ශ්‍රමණයන් වහන්සේ මොන වගේ මතයක් දරණ කෙනෙක්ද? මොන වගේ දෙයක් කියන කෙනෙක්ද?' කියලා.

පින්වත් මහණෙනි, එහෙම කිව්ව දණ්ඩපාණී ශාක්‍යයාට මම මෙහෙම පිළිතුරු දුන්නා. 'ආයුෂ්මතුනි, මම මෙන්න මේ වගේ මතයක් දරණ කෙනෙක්. මේ වගේ මතයක් කියන කෙනෙක්. 'දෙවියන් සහිත, මරුන් සහිත, බඹුන් සහිත, ශ්‍රමණබ්‍රාහ්මණයන් සහිත, දෙව් මිනිස් ප්‍රජාවෙන් යුතු ලෝකයේ කා සමඟවත් වාද කරන්න යන්නෙ නැතිව ඉන්නවා නම්, කාමයන් හා එක් නොවී ශ්‍රේෂ්ඨත්වයට පත් වී ඉන්නවා නම්, ඔහු තුළ 'කෙසේද, කෙසේද' කියා දුවන ගතිය නැතුව ඉන්නවා නම්, සැක සංකා සිඳබිඳ සැකයෙන් එතෙරව ඉන්නවා නම්, සෑම භවයක් ගැන ම තණ්හාව නැතිව ඉන්නවා නම්, හඳුනගන්නා කිසිවකින් කෙලෙස් හැදෙන්නෙ නැතුව ඉන්නවා නම්, ආයුෂ්මතුනි, අන්න එබඳු මතයක් තමයි මම දරන්නේ. එවැනි දෙයක් තමයි මම කියන්නේ' කියල.

පින්වත් මහණෙනි, මම එහෙම කිව්වා ම දණ්ඩපාණී ශාක්‍යයා ඔළුව සෙලෙව්වා. දිව එළියට දාලා පැද්දුවා. නළලේ රැළි තුනක් මතු වෙන විදිහට ඇහි බැම උඩට ඉස්සුවා. හැරමිටියේ ම එල්ලිලා යන්න ගියා."

එවිට එක්තරා භික්ෂුවක් භාග්‍යවතුන් වහන්සේගෙන් මෙහෙම විමසුවා. "ස්වාමීනී, භාග්‍යවතුන් වහන්සේ මොන වගේ මතයක් දරමින් ද දෙවියන් සහිත, මරුන් සහිත, බඹුන් සහිත, ශ්‍රමණබ්‍රාහ්මණයන් සහිත, දෙව් මිනිස් ප්‍රජාවෙන් යුතු මේ ලෝකයේ කා සමඟවත් වාද නොකර වැඩසිටින්නෙ. ස්වාමීනී, ශ්‍රේෂ්ඨත්වයට පත්වුණු කෙනෙක් හැටියට භාග්‍යවතුන් වහන්සේ කාමයන් හා එක් නොවී වැඩසිටින්නෙ කොහොමද? ඒ වගේ ම 'කෙසේද, කෙසේද' කියා දුවන්නෙ නැති ව සැක සංකා සිඳල දාල හැම භවයක් ගැන ම තණ්හාව නැති කර දාල හඳුනාගන්න කිසි දේකින් කෙලෙස් හැදෙන්නෙ නැති විදිහට වැඩසිටින්නෙ කොහොමද?"

"පින්වත් භික්ෂුව, යමක් මුල් කරගෙන කෙනෙක් තුළ කෙලෙස් හැදෙන සඤ්ඤාවන් සිතේ කැරකි කැරකි තියෙනවා නම්, ඒවා කෙරෙහි ඇත්තෙන් ම සතුටින් පිළිගත යුතු බවක්, ගුණ කියයුතු බවක්, එහි බැසගත යුතු බවක් නැත්නම්, මේකමයි රාග අනුසයේ අවසන් වීම. මේකමයි පටිඝ අනුසයේ අවසන් වීම. මේකමයි දිට්ඨි අනුසයේ අවසන් වීම. මේකමයි විචිකිච්ඡා අනුසයේ අවසන් වීම. මේකමයි මාන අනුසයේ අවසන් වීම. මේකමයි භවරාග අනුසයේ අවසන් වීම. මේකමයි අවිද්‍යා අනුසයේ අවසන් වීම. මේකමයි දඬුමුගුරු ගැනීමේ, අවිආයුධ ගැනීමේ, කෝලාහල කරගැනීමේ, වාද විවාද කරගැනීමේ, 'තෝ තමයි, තෝ තමයි' කිය කියා රණ්ඩු ඇල්ලීමේ, කේලාම් කීමේ, බොරු කීමේ අවසන් වීම. ඔතන ම තමයි මේ පාපී අකුසල් ඔක්කොම ඉතිරි නැතිව නිරුද්ධ වෙලා අවසන් වෙලා යන තැන."

භාග්‍යවතුන් වහන්සේ මෙය වදාළා. මෙකරුණ වදාළ සුගතයන් වහන්සේ අසුනින් නැගිට කුටියට වැඩම කොට වදාළා.

භාග්‍යවතුන් වහන්සේ වැඩමකළ නොබෝ වේලාවකින් ඒ භික්ෂූන්ට මේ අදහස ඇතිවුණා.

"ප්‍රිය ආයුෂ්මතුනි, අපගේ භාග්‍යවතුන් වහන්සේ සංක්ෂේපයෙන් මාතෘකාවක් ධර්මය දෙසා වදාරා, එහි අර්ථය විස්තර වශයෙන් බෙදා නොදක්වා කුටියට වැඩම කළා. ඒ කියන්නේ 'පින්වත් භික්ෂුව, යමක් මුල් කරගෙන කෙනෙක් තුළ කෙලෙස් හැදෙන සඤ්ඤාවන් සිතේ කැරකි කැරකි තියෙනවා නම්, ඒවා කෙරෙහි ඇත්තෙන් ම සතුටින් පිළිගත යුතු බවක්, ගුණ කියයුතු බවක්, එහි බැසගත යුතු බවක් නැත්නම්, මේකමයි රාග අනුසයේ අවසන් වීම. මේකමයි පටිඝ අනුසයේ අවසන් වීම. මේකමයි දිට්ඨි අනුසයේ අවසන් වීම. මේකමයි විචිකිච්ඡා අනුසයේ අවසන් වීම. මේකමයි මාන අනුසයේ අවසන්

වීම. මේකමයි භවරාග අනුසයේ අවසන් වීම. මේකමයි අවිද්‍යා අනුසයේ අවසන් වීම. මේකමයි දඬුමුගුරු ගැනීමේ, අවිආයුධ ගැනීමේ, කෝලාහල කරගැනීමේ, වාද විවාද කරගැනීමේ, 'තෝ තමයි, තෝ තමයි' කිය කියා රණ්ඩු ඇල්ලීමේ, කේළාම් කීමේ, බොරු කීමේ අවසන් වීම. ඔතන ම තමයි මේ පාපී අකුසල් ඔක්කොම ඉතිරි නැතිව නිරුද්ධ වෙලා අවසන් වෙලා යන තැන' කියලා. ඉතින් භාග්‍යවතුන් වහන්සේ සංක්ෂේපයෙන් මාතෘකාවක් වශයෙන් වදාළ, අර්ථ විස්තර වශයෙන් නොබෙදා වදාළ මේ උතුම් ධර්මයේ අර්ථ විස්තර වශයෙන් බෙදා දැක්විය හැක්කේ කාටද?"

එතකොට ඒ භික්ෂූන්ට මේ අදහස ඇතිවුනා. 'මේ ආයුෂ්මත් මහාකච්චානයන් වහන්සේ ගැන ශාස්තෘන් වහන්සේ පවා වර්ණනා කරලා තියෙනවා. බුද්ධිමත් සබ්‍රහ්මචාරීන් වහන්සේලාත් ගෞරවයෙන් පිළිගන්නවා. ඉතින් ආයුෂ්මත් මහාකච්චානයන් වහන්සේ භාග්‍යවතුන් වහන්සේ සංක්ෂේපයෙන් මාතෘකාවක් වශයෙන් වදාළ, අර්ථ විස්තර වශයෙන් නොබෙදා වදාළ මේ ධර්මය අර්ථ වශයෙන් විස්තර කරල දෙන්න සමර්ථ ම යි. එහෙම නම් අපි මහාකච්චානයන් වහන්සේ ළඟට යන එක තමයි හොඳ. ගිහින් ආයුෂ්මත් මහාකච්චානයන් වහන්සේගෙන් මේ ධර්මයේ අර්ථ අසාගන්නා එක තමයි හොඳ' කියලා.

ඉතින් ඒ භික්ෂු පිරිස ආයුෂ්මත් මහාකච්චානයන් වහන්සේ ළඟට ගියා. ගිහින් ආයුෂ්මත් මහාකච්චානයන් වහන්සේ සමග පිළිසඳර කතාබහේ යෙදුනා. පිළිසඳර කතාවෙන් පස්සෙ එකත්පස්ව වාඩිවුනා. එකත්පස්ව වාඩිවුණු ඒ භික්ෂු පිරිස, ආයුෂ්මත් මහාකච්චානයන් වහන්සේට මෙහෙම කිව්වා.

"ප්‍රිය ආයුෂ්මත් මහාකච්චානයන් වහන්ස, අප ගේ භාග්‍යවතුන් වහන්සේ අද සංක්ෂේපයෙන් මාතෘකාවක් වශයෙන් ධර්මය දේශනා කරලා, විස්තරාර්ථ වශයෙන් බෙදා දක්වන්නේ නැතිව, ආසනයෙන් නැගිට කුටියට වැඩියා. මෙයයි ඒ දහම් කරුණ. එනම් 'පින්වත් භික්ෂුව, යමක් මුල් කරගෙන කෙනෙක් තුළ කෙලෙස් හැදෙන සඤ්ඤාවන් සිතේ කැරකි කැරකි තියෙනවා නම්, ඒවා කෙරෙහි ඇත්තෙන් ම සතුටින් පිළිගත යුතු බවක්, ගුණ කිව යුතු බවක්, එහි බැසගත යුතු බවක් නැත්නම්, මේකමයි රාග අනුසයේ අවසන් වීම. ....(පෙ).... ඔතන ම තමයි මේ පාපී අකුසල් ඔක්කොම ඉතිරි නැතිව නිරුද්ධ වෙලා අවසන් වෙලා යන තැන' කියලා.

ප්‍රිය ආයුෂ්මත් මහාකච්චානයන් වහන්ස, භාග්‍යවතුන් වහන්සේ වැඩි නොබෝ වේලාවකින් අපිට මෙහෙම හිතුනා. 'ප්‍රිය ආයුෂ්මතුනි, අපගේ භාග්‍යවතුන් වහන්සේ සංක්ෂේපයෙන් මාතෘකාවක් ධර්මය දෙසා වදාරා, එහි

අර්ථය විස්තර වශයෙන් බෙදා නොදක්වා කුටියට වැඩම කළා. ඒ කියන්නේ 'පින්වත් භික්ෂුව, යමක් මුල් කරගෙන කෙනෙක් තුළ කෙලෙස් හැදෙන සඤ්ඤාවන් සිතේ කැරකි කැරකි තියෙනවා නම්, ඒවා කෙරෙහි ඇත්තෙන් ම සතුටින් පිළිගත යුතු බවක්, ගුණ කියයුතු බවක්, එහි බැසගත යුතු බවක් නැත්නම්, මේකමයි රාග අනුසයේ අවසන් වීම. මේකමයි පටිඝ අනුසයේ අවසන් වීම. මේකමයි දිට්ඨි අනුසයේ අවසන් වීම. මේකමයි විචිකිච්ඡා අනුසයේ අවසන් වීම. මේකමයි මාන අනුසයේ අවසන් වීම. මේකමයි භවරාග අනුසයේ අවසන් වීම. මේකමයි අවිද්‍යා අනුසයේ අවසන් වීම. මේකමයි දඬුමුගුරු ගැනීමේ, අවිආයුධ ගැනීමේ, කෝලාහල කරගැනීමේ, වාද විවාද කරගැනීමේ, 'තෝ තමයි, තෝ තමයි' කිය කියා රණ්ඩු ඇල්ලීමේ, කේළාම් කීමේ, බොරු කීමේ අවසන් වීම. ප්‍රිය ආයුෂ්මතුන් වහන්ස, එතකොට අපිට මේ අදහස ඇතිවුනා. මේ ආයුෂ්මත් මහාකච්චානයන් වහන්සේ ගැන ශාස්තෘන් වහන්සේ පවා වර්ණනා කරලා තියෙනවා. බුද්ධිමත් සබ්‍රහ්මචාරීන් වහන්සේලාත් ගෞරවයෙන් පිළිගන්නවා. ඉතින් ආයුෂ්මත් මහාකච්චානයන් වහන්සේ භාග්‍යවතුන් වහන්සේ සංක්ෂේපයෙන් මාතෘකාවක් වශයෙන් වදාළ, අර්ථ විස්තර වශයෙන් නොබෙදා වදාළ මේ ධර්මය අර්ථ වශයෙන් විස්තර කරල දෙන්න සමර්ථම යි. එහෙම නම් අපි මහාකච්චානයන් වහන්සේ ළඟට යන එක තමයි හොඳ. ගිහින් ආයුෂ්මත් මහාකච්චානයන් වහන්සේගෙන් මේ ධර්මයේ අර්ථ අසාගන්නා එක තමයි හොඳ' කියලා. ප්‍රිය ආයුෂ්මත් මහාකච්චානයන් වහන්ස, මේ ධර්මය බෙදා විස්තරකොට දෙනු මැනවි."

"ප්‍රිය ආයුෂ්තුනි, ඕක මේ වගේ දෙයක්. අරටුවකින් ප්‍රයෝජන ඇති, අරටුවක් සොයන, අරටුවක් සොයමින් ඇවිදින මිනිසෙක් ඉන්නවා. ඉතින් ඔහු හොඳට අරටුව තියෙන ගහක් ළඟට ගිහිල්ලත් ඒ ගහේ අරටුව අත්හරිනවා. මුලුත් අත්හරිනවා. කඳත් අත්හරිනවා. කොළ අතුවල අරටුව හොයනවා. අන්න ඒ වගේ වැඩක් කියලයි මට මේ ගැන හිතෙන්නෙ. ආයුෂ්මතුන් වහන්සේලාට ශාස්තෘන් වහන්සේව මුණ ගැහිලත්, ඒ භාග්‍යවතුන් වහන්සේගෙන් විමසා දැනගන්නෙ නැතිව අපෙන් මේ උතුම් ධර්මයේ අර්ථ විමසා දැනගන්න හිතුවා නෙව. මේකත් ඒ වගේ ම දෙයක් නෙව ද?

ප්‍රිය ආයුෂ්මතුනි, ඒ භාග්‍යවතුන් වහන්සේ දැනගත යුතු දේ දන්නා සේක. දැකගත යුතු දේ දක්නා සේක. දහම් ඇසින් උපන් සේක. නැණ මඬලින් උපන් සේක. දහම තුළින් උපන් සේක. පරම ශ්‍රේෂ්ඨත්වයෙන් උපන් සේක. කිව යුතු ධර්මය මැනවින් පවසන සේක. දම්සක් පවත්වන සේක. දහම් අරුත් මතු කර දෙන සේක. අමා නිවන දන් දෙන සේක. ධර්මයට ස්වාමී වන සේක. තථාගත වන සේක. ඉතින් ඒ භාග්‍යවතුන් වහන්සේගෙන් ම මේ උතුම් ධර්මයේ අර්ථ

විමසා දැනගන්න කල් තිබුනා නොවේ ද? අපගේ භාග්‍යවතුන් වහන්සේ පිළිතුරු දෙන්නෙ යම් අයුරකින් ද ඒ විදිහට ම මතක තබාගන්න ඕන."

"ඒක ඇත්ත, ප්‍රිය ආයුෂ්මත් කච්චානයන් වහන්ස. ඒකාන්තයෙන් ම ඒ භාග්‍යවතුන් වහන්සේ දැනගත යුතු දේ දන්නා සේක් ම යි. දැකගත යුතු දේ දක්නා සේක් ම යි. දහම් ඇසින් උපන් සේක් ම යි. නැණ මඬලින් උපන් සේක් ම යි. දහම තුළින් උපන් සේක් ම යි. පරම ශ්‍රේෂ්ඨත්වයෙන් උපන් සේක් ම යි. කිව යුතු ධර්මය මැනවින් පවසන සේක් ම යි. දම්සක් පවත්වන සේක් ම යි. දහම් අරුත් මතු කර දෙන සේක් ම යි. අමා නිවන දන් දෙන සේක් ම යි. ධර්මයට ස්වාමී වන සේක් ම යි. තථාගත වන සේක් ම යි. භාග්‍යවතුන් වහන්සේගෙන් ම මේ උතුම් ධර්මයේ අර්ථ විමසා දැනගන්න කල් තිබුනා. භාග්‍යවතුන් වහන්සේගෙන් මේ ධර්මයේ අර්ථ ඇසුවා නම් භාග්‍යවතුන් වහන්සේ අපට පිළිතුරු දෙනවාම යි. අපත් ඒ විදිහට මතක තබාගන්නවාමයි.

නමුත් ආයුෂ්මත් මහාකච්චානයන් වහන්සේ ගැන ශාස්තෘන් වහන්සේ පවා වර්ණනා කරලා තියනවා නෙව. බුද්ධිමත් සබ්‍රහ්මචාරීන් වහන්සේලාත් ගෞරවයෙන් පිළිගන්නවා. ආයුෂ්මත් මහාකච්චානයන් වහන්සේත් භාග්‍යවතුන් වහන්සේ විසින් සංක්ෂේපයෙන් මාතෘකාවක් වශයෙන් වදාරණ ලද, අර්ථ වශයෙන් විස්තර කොට බෙදා නොදක්වා වදාරණ ලද, මේ උතුම් ධර්මය අර්ථ වශයෙන් විස්තර කරල දෙන්න සමර්ථයි. ඉතින් ආයුෂ්මත් මහා කච්චානයන් වහන්සේට අපහසුවක් නැත්නම් මේ කරුණු බෙදා විස්තර කොට දෙනු මැනවි."

"එසේ නම් ප්‍රිය ආයුෂ්මතුනි, මනාකොට අසන්න. නුවණින් තේරුම් ගන්න. මම කියා දෙන්නම්."

"එසේ ය, ප්‍රිය ආයුෂ්මතුනි," යි කියා ඒ භික්ෂූන් වහන්සේලාත් ආයුෂ්මත් මහාකච්චානයන් වහන්සේට පිළිතුරු දුන්නා. ආයුෂ්මත් මහාකච්චානයන් වහන්සේ මේ විදිහට විස්තර කළා.

" ප්‍රිය ආයුෂ්මතුනි, භාග්‍යවතුන් වහන්සේ යම් ධර්මයක් සංක්ෂේපයෙන් මාතෘකාවක් වශයෙන් වදාරා, අර්ථ වශයෙන් විස්තර කොට බෙදා නොදක්වා, කුටියට වැඩම කළ සේක්ද, ඒ කියන්නේ 'පින්වත් භික්ෂුව, යමක් මුල් කරගෙන කෙනෙක් තුළ කෙලෙස් හැදෙන සඤ්ඤාවන් සිතේ කැරකි කැරකි තියෙනවා නම්, ඒවා කෙරෙහි ඇත්තෙන් ම සතුටින් පිළිගත යුතු බවක්, ගුණ කියයුතු බවක්, එහි බැසගත යුතු බවක් නැත්නම්, මේකමයි රාග අනුසයේ අවසන් වීම. ....(පෙ).... ඔතන ම තමයි මේ පාපී අකුසල් ඔක්කොම ඉතිරි නැතිව නිරුද්ධ වෙලා අවසන් වෙලා යන තැන' කියලා.

ඉතින් ප්‍රිය ආයුෂ්මතුනි, භාග්‍යවතුන් වහන්සේ සංක්ෂේපයෙන් මාතෘකා වශයෙන් වදාළ, අර්ථ වශයෙන් බෙදා නොවදාළ ඒ ධර්මය විස්තර වශයෙන් මම මේ විදිහට අර්ථ දන්නවා.

ප්‍රිය ආයුෂ්මතුනි, ඇසත් රූපත් හේතු කොටගෙනයි චක්ඛු විඤ්ඤාණය උපදින්නේ. ඒ තුනේ එකතු වීම තමයි ස්පර්ශය. ස්පර්ශය හේතු කොටගෙනයි විඳීම් ඇතිවෙන්නෙ. විඳින්නෙ යමක්ද, ඒක තමයි හඳුනගන්නෙ. හඳුනගන්නේ යමක්ද, ඒ ගැන තමයි විතර්ක කරන්නෙ. විතර්ක කරන්නේ යමක් ද, ඒ ගැන තමයි කෙලෙස් උපදින විදිහට කල්පනා කරන්නෙ. කෙලෙස් උපදින විදිහට කල්පනා කරන්නේ යමක්ද, එය මුල් කරගෙනයි අතීත, අනාගත, වර්තමානයට අයත් ඇසින් දකින රූප පිළිබඳව කෙලෙස් සහිත කල්පනා, විපරීත වූ සඤ්ඤා ආදිය පුරුෂයාව යටකර දමන්නේ.

ප්‍රිය ආයුෂ්මතුනි, කනත්, ශබ්දත් හේතු කොටගෙනයි සෝත විඤ්ඤාණය උපදින්නෙ ....(පෙ).... ප්‍රිය ආයුෂ්මතුනි, නාසයත් ගඳසුවඳත් හේතු කොට ගෙනයි ඝාන විඤ්ඤාණය උපදින්නෙ ....(පෙ).... දිවත් රසයත් හේතු කොටගෙනයි ජිව්හා විඤ්ඤාණය උපදින්නෙ ....(පෙ).... කයත් පහසත් හේතු කොටගෙනයි කාය විඤ්ඤාණය උපදින්නෙ ....(පෙ).... මනසත් මනසට සිතෙන අරමුණුත් හේතු කොටගෙනයි මනෝ විඤ්ඤාණය උපදින්නෙ. ඒ තුනේ එකතු වීම තමයි ස්පර්ශය. ස්පර්ශය හේතු කොටගෙනයි විඳීම් ඇතිවෙන්නෙ. විඳින්නෙ යමක් ද, ඒක තමයි හඳුනගන්නෙ. හඳුනගන්නේ යමක් ද, ඒ ගැන තමයි විතර්ක කරන්නෙ. විතර්ක කරන්නේ යමක් ද, ඒ ගැන තමයි කෙලෙස් උපදින විදිහට කල්පනා කරන්නෙ. කෙලෙස් උපදින විදිහට කල්පනා කරන්නේ යමක්ද, එය මුල් කරගෙනයි අතීත, අනාගත, වර්තමානයට අයත් මනසින් දැනගන්නා අරමුණු පිළිබඳව කෙලෙස් සහිත කල්පනා, විපරීත වූ සඤ්ඤා ආදිය පුරුෂයාව යටකර දමන්නේ.

ප්‍රිය ආයුෂ්මතුනි, ඇසකුත් තියෙනවා නම්, රූපත් තියෙනවා නම්, චක්ඛු විඤ්ඤාණයකුත් තියෙනවා නම් ඔහු ස්පර්ශය කියා දෙයක් පණවන්නේ ය යන කරුණ සිදුවිය හැකි දෙයක්. ස්පර්ශය කියා දෙයක පැණවීමක් තියෙනවා නම් විඳීම කියා දෙයක් පණවන්නේ ය යන කරුණත් සිදුවිය හැකි දෙයක්. විඳීම කියා දෙයක පැණවීමක් තියෙනවා නම් සඤ්ඤාවක් කියා දෙයක් පණවන්නේ ය යන කරුණත් සිදුවිය හැකි දෙයක්. සඤ්ඤාව කියා දෙයක පැණවීමක් තියෙනවා නම් විතර්ක කියා දෙයක් පණවන්නේ ය යන කරුණත් සිදුවිය හැකි දෙයක්. විතර්ක කියා දෙයක පැණවීමක් තියෙනවා නම් කෙලෙස් සහිත කල්පනාවලින් යුතු සඤ්ඤාවන්වල හැසිරීමක් පණවන්නේ ය යන්න සිදුවිය හැකි දෙයක්.

ප්‍රිය ආයුෂ්මතුනි, ඒ වගේ ම කනකුත් තියෙනවා නම්, ශබ්දත් තියෙනවා නම්, කනේ විඤ්ඤාණයකුත් තියෙනවා නම් ....(පෙ).... නාසයකුත් තියෙනවා නම්, ගඳ සුවඳත් තියෙනවා නම්, නාසයේ විඤ්ඤාණයකුත් තියෙනවා නම් ....(පෙ).... දිවකුත් තියෙනවා නම්, රසත් තියෙනවා නම්, දිවේ විඤ්ඤාණයකුත් තියෙනවා නම් ....(පෙ).... කයකුත් තියෙනවා නම්, පහසකුත් තියෙනවා නම්, කයේ විඤ්ඤාණයකුත් තියෙනවා නම් ....(පෙ).... මනසකුත් තියෙනවා නම්, අරමුණුත් තියෙනවා නම්, මනසේ විඤ්ඤාණයකුත් තියෙනවා නම් ඔහු ස්පර්ශය කියා දෙයක් පණවන්නේ ය යන කරුණ සිදුවිය හැකි දෙයක්. ස්පර්ශය කියා දෙයක පැණවීමක් තියෙනවා නම් විඳීම කියා දෙයක් පණවන්නේ ය යන කරුණත් සිදුවිය හැකි දෙයක්. විඳීම කියා දෙයක පැණවීමක් තියෙනවා නම් සඤ්ඤාවක් කියා දෙයක් පණවන්නේ ය යන කරුණත් සිදුවිය හැකි දෙයක්. සඤ්ඤාව කියා දෙයක පැණවීමක් තියෙනවා නම් විතර්ක කියා දෙයක් පණවන්නේ ය යන කරුණත් සිදුවිය හැකි දෙයක්. විතර්ක කියා දෙයක පැණවීමක් තියෙනවා නම් කෙලෙස් සහිත කල්පනාවලින් යුතු සඤ්ඤාවන්වල හැසිරීමක් පණවන්නේ ය යන්න සිදුවිය හැකි දෙයක්.

එමෙන් ම ප්‍රිය ආයුෂ්මතුනි, ඒකාන්තයෙන් ම ඇසක් නැත්නම්, රූපත් නැත්නම්, ඇසේ විඤ්ඤාණයකුත් නැත්නම් ඔහු ස්පර්ශය කියා දෙයක් පණවන්නේ ය යන කරුණ සිදු නොවිය හැකි දෙයක්. ස්පර්ශය කියා දෙයක පැණවීමක් නැත්නම් විඳීම කියා දෙයක් පණවන්නේ ය යන කරුණත් සිදු නොවිය හැකි දෙයක්. විඳීම කියා දෙයක පැණවීමක් නැත්නම් සඤ්ඤාවක් කියා දෙයක් පණවන්නේ ය යන කරුණත් සිදු නොවිය හැකි දෙයක්. සඤ්ඤාව කියා දෙයක පැණවීමක් නැත්නම් විතර්ක කියා දෙයක් පණවන්නේ ය යන කරුණත් සිදු නොවිය හැකි දෙයක්. විතර්ක කියා දෙයක පැණවීමක් නැත්නම් කෙලෙස් සහිත කල්පනාවලින් යුතු සඤ්ඤාවන්වල හැසිරීමක් පණවන්නේ ය යන්න සිදු නොවිය හැකි දෙයක්.

ඇත්තෙන් ම ප්‍රිය ආයුෂ්මතුනි, ඒකාන්තයෙන් ම කනක් නැත්නම්, ශබ්දත් නැත්නම්, කනේ විඤ්ඤාණයත් නැත්නම් ....(පෙ).... නාසයක් නැත්නම්, ගඳ සුවඳත් නැත්නම්, නාසයේ විඤ්ඤාණයත් නැත්නම් ....(පෙ).... දිවක් නැත්නම්, රසත් නැත්නම්, දිවේ විඤ්ඤාණයත් නැත්නම් ....(පෙ).... කයක් නැත්නම්, පහසත් නැත්නම්, කයේ විඤ්ඤාණයත් නැත්නම් ....(පෙ).... මනසක් නැත්නම්, අරමුණුත් නැත්නම්, මනසේ විඤ්ඤාණයත් නැත්නම් ඔහු ස්පර්ශය කියා දෙයක් පණවන්නේ ය යන කරුණ සිදු නොවිය හැකි දෙයක්. ස්පර්ශය කියා දෙයක පැණවීමක් නැත්නම් විඳීම කියා දෙයක් පණවන්නේ ය යන කරුණත් සිදු

නොවිය හැකි දෙයක්. විඳීම කියා දෙයක පැණවීමක් නැත්නම් සඤ්ඤාවක් කියා දෙයක් පණවන්නේ ය යන කරුණත් සිදු නොවිය හැකි දෙයක්. සඤ්ඤාව කියා දෙයක පැණවීමක් නැත්නම් විතර්ක කියා දෙයක් පණවන්නේ ය යන කරුණත් සිදු නොවිය හැකි දෙයක්. විතර්ක කියා දෙයක පැණවීමක් නැත්නම් කෙලෙස් සහිත කල්පනාවලින් යුතු සඤ්ඤාවන්වල හැසිරීමක් පණවන්නේ ය යන්න සිදු නොවිය හැකි දෙයක්.

ප්‍රිය ආයුෂ්මතුනි, භාග්‍යවතුන් වහන්සේ යම් ධර්මයක් සංක්ෂේපයෙන් මාතෘකාවක් වශයෙන් වදාරා, අර්ථ වශයෙන් බෙදා නොදක්වා කුටියට වැඩමකොට වදාළ සේක්ද; එනම් 'පින්වත් භික්ෂුව, යමක් මුල් කරගෙන කෙනෙක් තුළ කෙලෙස් හැදෙන සඤ්ඤාවන් සිතේ කැරකි කැරකි තියෙනවා නම්, ඒවා කෙරෙහි ඇත්තෙන් ම සතුටින් පිළිගත යුතු බවක්, ගුණ කියයුතු බවක්, එහි බැසගත යුතු බවක් නැත්නම්, මේකමයි රාග අනුසයේ අවසන් වීම. ....(පෙ).... ඔතන ම තමයි මේ පාපී අකුසල් ඔක්කොම ඉතිරි නැතිව නිරුද්ධ වෙලා අවසන් වෙලා යන තැන' කියලා.

ඉතින් ප්‍රිය ආයුෂ්මතුනි, භාග්‍යවතුන් වහන්සේ සංක්ෂේපයෙන් මාතෘකා වශයෙන් වදාළ, අර්ථ වශයෙන් බෙදා නොවදාළ ඒ ධර්මය විස්තර වශයෙන් මම ඔය විදිහටයි අර්ථ දන්නේ. ඉතින් ප්‍රිය ආයුෂ්මතුනි, ඔබ කැමති නම් භාග්‍යවතුන් වහන්සේ ළඟට ගිහින් ඔය කරුණ අසන්න. භාග්‍යවතුන් වහන්සේ ඔබට කියා දෙන ආකාරයට ම මතක තබාගන්න."

එතකොට ඒ භික්ෂු පිරිස ආයුෂ්මත් මහාකච්චානයන් වහන්සේගේ ඒ ධර්ම විස්තරය සතුටින් පිළිගෙන, අනුමෝදන්ව, භාග්‍යවතුන් වහන්සේ කරා නැවත පැමිණුනා. භාග්‍යවතුන් වහන්සේට වන්දනා කොට එකත්පස්ව වාඩි වුණා. එකත්පස්ව වාඩිවුණු ඒ භික්ෂු පිරිස භාග්‍යවතුන් වහන්සේට මෙහෙම කිව්වා.

"ස්වාමීනී, භාග්‍යවතුන් වහන්ස, භාග්‍යවතුන් වහන්සේ විසින් සංක්ෂේපයෙන් මාතෘකාවක් වශයෙන් යම් ධර්මයක් අපට වදාරා අර්ථ වශයෙන් බෙදා නොවදාරා විහාරයට වැඩි සේක් ද; එනම්,'පින්වත් භික්ෂුව, යමක් මුල් කරගෙන කෙනෙක් තුළ කෙලෙස් හැදෙන සඤ්ඤාවන් සිතේ කැරකි කැරකි තියෙනවා නම්, ඒවා කෙරෙහි ඇත්තෙන් ම සතුටින් පිළිගත යුතු බවක්, ගුණ කිව යුතු බවක්, එහි බැසගත යුතු බවක් නැත්නම්, මේකමයි රාග අනුසයේ අවසන් වීම. ....(පෙ).... ඔතන ම තමයි මේ පාපී අකුසල් ඔක්කොම ඉතිරි නැතිව නිරුද්ධ වෙලා අවසන් වෙලා යන තැන' කියලා.

ඉතින් භාග්‍යවතුන් වහන්සේ කුටියට වැඩම කොට ස්වල්ප වේලාවකින් අපට මෙහෙම හිතුණා. භාග්‍යවතුන් වහන්සේ සංක්ෂේපයෙන් මාතෘකාවක් වශයෙන් වදාළ මේ ධර්මය විස්තර වශයෙන් වදාරන්නෙ නැතුවයි කුටියට වැඩියේ. එනම් 'පින්වත් භික්ෂුව, යමක් මුල් කරගෙන කෙනෙක් තුළ කෙලෙස් හැදෙන සඤ්ඤාවන් සිතේ කැරකි කැරකි තියෙනවා නම්, ඒවා කෙරෙහි ඇත්තෙන් ම සතුටින් පිළිගත යුතු බවක්, ගුණ කිව යුතු බවක්, එහි බැසගත යුතු බවක් නැත්නම්, මේකමයි රාග අනුසයේ අවසන් වීම. ....(පෙ).... ඔතන ම තමයි මේ පාපී අකුසල් ඔක්කොම ඉතිරි නැතිව නිරුද්ධ වෙලා අවසන් වෙලා යන තැන' කියලා. ඉතින් ඒ භාග්‍යවතුන් වහන්සේ සංක්ෂේපයෙන් මාතෘකා වශයෙන් වදාළ, විස්තර වශයෙන් අර්ථ නොබෙදා වදාළ මේ ධර්මය විස්තර වශයෙන් දැනගන්නේ කාගෙන්ද කියල.

එතකොට ස්වාමීනී, අපට මේ අදහස ඇතිවුනා. 'මේ ආයුෂ්මත් මහා කච්චානයන් වහන්සේව ශාස්තෘන් වහන්සේ පවා වර්ණනා කරලා තියනවා. බුද්ධිමත් සබ්‍රහ්මචාරීන් වහන්සේලාත් ගෞරවයෙන් සළකනවා. ආයුෂ්මත් මහා කච්චානයන් වහන්සේ නම්, භාග්‍යවතුන් වහන්සේ විසින් සංක්ෂේපයෙන් මාතෘකාවක් වශයෙන් වදාළ, විස්තර වශයෙන් අර්ථ බෙදා නොදක්වා වදාළ මේ ධර්මය ගැන අර්ථ වශයෙන් කියා දෙන්න සමර්ථයි' කියලා.

ඉතින් අපි ආයුෂ්මත් මහාකච්චානයන් වහන්සේ ළඟට යනවා නම්, ගිහින් ආයුෂ්මත් මහාකච්චානයන් වහන්සේගෙන් මේ ධර්මයේ අර්ථ විස්තර අසා දැනගන්නවා නම් කොයිතරම් හොඳද? කියලා.

ඉතින් ස්වාමීනී, අපි ආයුෂ්මත් මහාකච්චානයන් වහන්සේ ළඟට ගියා. ගිහින් ආයුෂ්මත් මහාකච්චානයන් වහන්සේට ඔය කරුණු සැලකළා. එතකොට ස්වාමීනී, ආයුෂ්මත් මහාකච්චානයන් විසින් අපට මෙන්න මේ ආකාරයෙන්, මෙන්න මේ පදවලින්, මෙන්න මේ වචනවලින් අර්ථය බෙදල කියල දුන්නා."

"පින්වත් මහණෙනි, ඔය මහාකච්චානයන් හරිම නුවණැති කෙනෙක්. පින්වත් මහණෙනි, ඔය මහාකච්චානයන් මහා ප්‍රඥාවන්තයෙක්. පින්වත් මහණෙනි, ඔබ ඔය කාරණය මගෙන් ඇහුවා නම්, මම පිළිතුරු දෙන්නෙත් ඔය විදිහට ම තමයි. පින්වත් මහාකච්චානයන් වහන්සේ විසින් යම් ආකාරයකින් ද ඔබට කියා දුන්නෙ, ඒක තමයි ඒ ධර්මයේ අර්ථය. ඒ නිසා ඔය විදිහට ම මතක තියාගන්න."

එසේ වදාළ විට ආයුෂ්මත් ආනන්දයන් වහන්සේ භාග්‍යවතුන් වහන්සේට මෙහෙම කිව්වා.

"ස්වාමීනී, ඔය දේශනාව මේ වගේ දෙයක් කියලයි මට හිතෙන්නෙ. බඩගින්නෙන් හොඳට ම දුර්වල වෙච්ච මනුස්සයෙකුට මී පැණි පිරිච්ච රසවත් මී වදයක් ලැබෙනවා. ඉතින් ඔහු ඒ රසවත් මී වදයේ කොයි පැත්තකින් රස වින්දත් එයාට ලැබෙන්නෙ මිහිරි රසයක් ම යි. අන්න ඒ වගේ ම යි ස්වාමීනී, හිතන්න පුළුවන් භික්ෂුවකට මේ උතුම් ධර්මයේ අර්ථ කොයි පැත්තෙන් හෝ ප්‍රඥාවෙන් විමසා බැලුවොත් ඔහුට සතුටක් ම යි ලැබෙන්නෙ. චිත්ත ප්‍රසාදයක් ම යි ලැබෙන්නෙ. ස්වාමීනී, මේ ධර්ම දේශනාවේ නම මොකක්ද?"

"එහෙනම් ප්‍රිය ආනන්දයෙනි, ඔබ මේ ධර්මය මතක තියාගන්න 'මධුපිණ්ඩික දෙසුම' කියන නමින්."

භාග්‍යවතුන් වහන්සේ මෙය වදාළා. ආයුෂ්මත් ආනන්දයන් වහන්සේ භාග්‍යවතුන් වහන්සේ වදාළ මේ උතුම් දේශනාව ගැන ගොඩාක් සතුටු වුනා. මේ උතුම් දේශනාව සාදු නාද නංවමින් සතුටින් පිළිගත්තා.

**සාදු! සාදු!! සාදු!!!**

**මී පිඬුවක් සේ මිහිරි ලෙස වදාළ දෙසුම නිමා විය.**

# 1.2.9.
# ද්වේධාවිතක්ක සූත්‍රය
## සිතුවිලි දෙකොටසකට වෙන් කොට බැලීම ගැන වදාළ දෙසුම

මා හට අසන්නට ලැබුනේ මේ විදිහටයි. ඒ දිනවල භාග්‍යවතුන් වහන්සේ වැඩසිටියේ සැවැත් නුවර ජේතවනය නම් වූ අනේපිඬු සිටුතුමාගේ ආරාමයේ. එදා භාග්‍යවතුන් වහන්සේ "පින්වත් මහණෙනි" යි කියල, භික්ෂු සංඝයා ඇමතුවා. "පින්වතුන් වහන්ස" කියල ඒ භික්ෂූන් වහන්සේලාත් භාග්‍යවතුන් වහන්සේට පිළිතුරු දුන්නා. භාග්‍යවතුන් වහන්සේ මේ දේශනාව වදාළේ ඒ මොහොතේ දීය.

පින්වත් මහණෙනි, මම ඒ කාලයේ සම්බුද්ධත්වයට පත්වෙලා හිටියේ නෑ. බෝධිසත්ව අවදියේදී ම යි මට මේ අදහස් ඇතිවුනේ. ඉතින් මම මෙහෙම හිතුවා. 'එහෙම නම් මම මේ සිතට එන විතර්කයන් දෙපැත්තකට වෙන් කර කර විමස විමසා බලමින් ඉන්න එක තමයි හොඳ' කියලා. ඉතින් පින්වත් මහණෙනි, මම මෙහෙම කළා. යම් කාම විතර්කයක් ඇද්ද, යම් ව්‍යාපාද විතර්කයක් ඇද්ද, යම් හිංසා විතර්කයක් ඇද්ද, මේවා එක පැත්තකට දැම්මා. ඊට පස්සේ කාමයෙන් වෙන්වීමේ යම් නෙක්ඛම්ම විතර්කයක් ඇද්ද, ව්‍යාපාද රහිත යම් විතර්කයක් ඇද්ද, යම් අහිංසා විතර්කයක් ඇද්ද, ඒවා තව පැත්තකට දැම්මා. ඔය විදිහට පැති දෙකකට දැම්මා.

ඉතින් පින්වත් මහණෙනි, ඔය විදිහට සිතුවිලි වෙන් කර කර බලමින් කෙලෙස් තවන වීරියෙන්, ජීවිත පරිත්‍යාගයෙන්, අප්‍රමාදීව සිටිද්දී පවා මා තුළ කාම විතර්ක හටගන්නවා. එතකොට මම මේ විදිහටයි දැනගන්නෙ. ඔන්න දැන් මේ සිතේ කාම විතර්කයක් ඇතිවුනා. ඇත්තෙන් ම මේ විතර්කය මට පීඩා පිණිස පවතින දෙයක්. අන් උදවියටත් පීඩාව සලසන දෙයක්. දෙපැත්තට ම පීඩාව සලසන දෙයක්. ප්‍රඥාව විනාශ කරන දෙයක්. දුක පැත්තෙ තියෙන දෙයක්. නිවන සඳහා හේතු නොවන දෙයක්. පින්වත් මහණෙනි, ඒ කාම විතර්කය 'තමාට පීඩා පිණිස පවතින දෙයක් ය' කියල නුවණින් විමසද්දී ඒ

කාම විතර්කය නැති වෙලා යනවා. 'අනුන්ටත් පීඩා පිණිස පවතින දෙයක් නෙව මේ කාම විතර්කය' කියල නුවණින් විමසද්දී ඒක නැති වෙලා යනවා. 'මේ කාම විතර්කය දෙපැත්තට ම පීඩා පිණිස පවතිනවා' කියල නුවණින් විමසද්දී ඒක නැති වෙලා යනවා. මේ කාම විතර්කයෙන් ප්‍රඥාව විනාශ වෙලා යනවා. දුක පැත්තට ම ඇද වැටෙනවා. නිවන පිණිස පවතින්නෙ නෑ කියල නුවණින් විමසද්දී ඒක නැති වෙලා යනවා. පින්වත් මහණෙනි, මම ඒ විදිහට උපනූපන් සෑම කාම සිතුවිල්ලක් ම දුරින් ම දුරු කළා. බැහැර කළා. නැත්තට ම නැති කළා.

ඉතින් පින්වත් මහණෙනි, ඔය විදිහට සිතුවිලි වෙන් කර කර බලමින් කෙලෙස් තවන වීරියෙන්, ජීවිත පරිත්‍යාගයෙන්, අප්‍රමාදීව සිටිද්දී පවා මා තුළ ව්‍යාපාද විතර්ක හටගන්නවා. ....(පෙ).... විහිංසා විතර්ක හටගන්නවා. එතකොට මම මේ විදිහටයි දැනගන්නෙ. ඔන්න දැන් මේ සිතේ විහිංසා විතර්කයක් ඇතිවුණා. ඇත්තෙන් ම මේ විතර්කය මට පීඩා පිණිස පවතින දෙයක්. අන් උදවියටත් පීඩාව සලසන දෙයක්. දෙපැත්තට ම පීඩාව සලසන දෙයක්. ප්‍රඥාව විනාශ කරන දෙයක්. දුක පැත්තෙ තියෙන දෙයක්. නිවන සඳහා හේතු නොවන දෙයක්. පින්වත් මහණෙනි, ඒ විහිංසා විතර්කය 'තමාට පීඩා පිණිස පවතින දෙයක් ය' කියල නුවණින් විමසද්දී ඒ විහිංසා විතර්කය නැතිවෙලා යනවා. 'අනුන්ටත් පීඩා පිණිස පවතින දෙයක් නෙව මේ විහිංසා විතර්කය' කියල නුවණින් විමසද්දී ඒක නැතිවෙලා යනවා. 'මේ විහිංසා විතර්කය දෙපැත්තට ම පීඩා පිණිස පවතිනවා' කියල නුවණින් විමසද්දී ඒක නැතිවෙලා යනවා. මේ විහිංසා විතර්කයෙන් ප්‍රඥාව විනාශ වෙලා යනවා. දුක පැත්තට ම ඇද වැටෙනවා. නිවන පිණිස පවතින්නෙ නෑ කියල නුවණින් විමසද්දී ඒක නැති වෙලා යනවා. පින්වත් මහණෙනි, මම ඒ විදිහට උපනූපන් සෑම විහිංසා සිතුවිල්ලක් ම දුරින් ම දුරු කළා. බැහැර කළා. නැත්තට ම නැති කළා.

පින්වත් මහණෙනි, හිතේ ස්වභාවය මේකයි. බහුල වශයෙන් යම් ම දෙයක් සිතනවා නම්, කල්පනා කරනවා නම්, හිත හිතා ඉන්නවා නම් ඒ පැත්තට ම යි සිත නැමිලා තියෙන්නෙ. පින්වත් මහණෙනි, ඉතින් භික්ෂුවක් සිත සිතා ඉන්නෙ, බහුල වශයෙන් කල්පනා කර කර ඉන්නෙ කාම විතර්ක නම්, කාමයෙන් වෙන්වීමේ සිතුවිලි ඇතිවෙන්නෙ නෑ. බහුල වශයෙන් ඇති වෙන්නෙ කාම විතර්ක ම යි. එතකොට ඔහුගේ සිත නැමිල තියෙන්නෙ කාම විතර්කවලට ම යි.

පින්වත් මහණෙනි, භික්ෂුව හිත හිතා ඉන්නෙ, බහුල වශයෙන් කල්පනා කර කර ඉන්නෙ ව්‍යාපාද විතර්ක නම්, මෛත්‍රී විතර්ක ඇතිවෙන්නෙ නෑ. බහුල

වශයෙන් ඇතිවෙන්නෙ ව්‍යාපාද විතර්ක ම යි. ව්‍යාපාද විතර්ක සිතන්නට ම යි ඔහුගෙ සිත නැමෙන්නෙ. පින්වත් මහණෙනි, භික්ෂුවක් හිත හිත ඉන්නෙ, බහුල වශයෙන් කල්පනා කර කර ඉන්නෙ, විහිංසා විතර්ක නම්, අහිංසා විතර්ක ඇතිවෙන්නෙ නෑ. විහිංසා විතර්ක ම යි බහුල වශයෙන් ඇතිවෙන්නෙ. හිංසා සිතුවිලි සිතන්න ම යි සිත නැමෙන්නෙ.

පින්වත් මහණෙනි, ඒක මෙන්න මේ වගේ දෙයක්. වැස්ස කාලෙ ඉවර වුණා කියල හිතමු. දැන් ඔන්න අවසාන පායන මාසෙ ආවා. හැමතැනම සරුවට ගොයම් හැදිලා. ඉතින් ගොපල්ලා ගවයන් රකින්නෙ මෙහෙමයි. ගොයම මැද්දෙන් පාර දිගේ ගවයාව දක්කගෙන යන කොට, උං නිකම් ම ගොයමට හැරෙනවා. එතකොට උංට කෙවිටෙන් ගහනවා. උං ආයෙමත් හැරෙනවා. තවත් රිදෙන්න ගහනවා. එතකොට උං දඟලන කොට ඉස්සරහට පැනලා, එහාට මෙහාට දුවල ගොයමට හැරෙන උගේ ගමන වළක්වනවා. ගොපල්ලා එච්චර මහන්සියක් ගන්නෙ ඇයි? පින්වත් මහණෙනි, හරකුන්ට ගොයම් කන්න ඉඩ දුන්නොත්, ඒකෙන් දඬුවම් ලැබෙන බව, හිරේ විලංගුවෙ වැටෙන බව, දඩ ගහන බව, ගර්හා ලැබෙන බව, මහා කරදර ගොඩක පැටලෙන්න සිදුවෙන බව ඒ ගොපල්ලා දන්නවා.

පින්වත් මහණෙනි, ඔන්න ඔය විදිහට ම මේ අකුසල්වල ආදීනව, මේවායේ ලාමක බව, මේවායින් ජීවිතය කෙලෙසන හැටි මම දැක්කා. කුසල් දහම්වල අනුසස්, කෙලෙසුන්ගෙන් නිදහස් වීමේ අනුසස් මම දැක්කා.

ඉතින් පින්වත් මහණෙනි, ඔය විදිහට සිතුවිලි වෙන් කර කර බලමින් කෙලෙස් තවන වීරියෙන්, ජීවිත පරිත්‍යාගයෙන්, අප්‍රමාදීව සිටිද්දී මා තුළ කාමයෙන් නිදහස් වීමේ නෙක්ඛම්ම විතර්ක හටගන්නවා. එතකොට මම මේ විදිහටයි දැනගන්නෙ. ඔන්න දැන් මේ සිතේ නෙක්ඛම්ම විතර්කයක් ඇතිවුනා. ඇත්තෙන් ම මේ විතර්කය මට පීඩා පිණිස පවතින දෙයක් නොවෙයි. අන් උදවියට පීඩාව සලසන දෙයකුත් නොවෙයි. දෙපැත්තට ම පීඩාව සලසන දෙයකුත් නොවෙයි. ප්‍රඥාව වැඩෙන දෙයක්. දුක නැති පැත්තෙ තියෙන දෙයක්. නිවන සඳහා හේතු වන දෙයක්. මුළු රාත්‍රියක් වුනත් පින්වත් මහණෙනි, නෙක්ඛම්ම විතර්ක සිත සිතා ඉන්න විට, කල්පනා කර කර ඉන්න විට, ඒ හේතුවෙන් කිසිම භයක් දකින්නෙ නෑ. දවල් දවස පුරාමත් පින්වත් මහණෙනි, නෙක්ඛම්ම විතර්ක සිත සිතා ඉන්න විට, ඒ ගැන කල්පනා කර කර ඉන්න විට, ඒ හේතුවෙන් කිසිම භයක් දකින්නෙ නෑ. ඔය විදිහට දිවා රාත්‍රී පුරා ම නෙක්ඛම්ම විතර්ක සිත සිතා ඉන්න විට, ඒ ගැන කල්පනා කර කර ඉන්න විට, ඒ හේතුවෙන් කිසිම භයක් දකින්නෙ නෑ.

නමුත් පින්වත් මහණෙනි, එක දිගට ම ඒක ම සිත සිතා ඉන්න කොට, ඒක ම කල්පනා කර කර ඉන්න කොට ඇඟට හරි ම මහන්සියි. ඇඟේ මහන්සි වැඩිකමට සිත සන්සුන් වෙන්නෙ නෑ. එතකොට සිත සමාධියෙන් ඈත්වෙනවා. පින්වත් මහණෙනි, ඒ වෙලාවට මම මං තුළ ම හිත රඳවා ගන්නවා. හොඳ හැටියට පිහිටුවා ගන්නවා. එකඟ කරගන්නවා. සමාධිමත් කරගන්නවා. ඇයි මං එහෙම කරන්නෙ? මගේ සිත විසිරෙන්න දෙන්නෙ නෑ කියලයි.

පින්වත් මහණෙනි, ඔය විදිහට සිතුවිලි වෙන් කර කර බලමින් කෙලෙස් තවන වීරියෙන්, ජීවිත පරිත්‍යාගයෙන්, අප්‍රමාදීව සිටිද්දී මා තුළ අව්‍යාපාද විතර්ක හටගන්නවා. ....(පෙ).... අහිංසා විතර්ක හටගන්නවා. එතකොට මම මේ විදිහටයි දැනගන්නෙ. ඔන්න දැන් මේ සිතේ අහිංසා විතර්කයක් ඇතිවුනා. ඇත්තෙන් ම මේ විතර්කය මට පීඩා පිණිස පවතින දෙයක් නොවෙයි. අන් උදවියට පීඩාව සලසන දෙයකුත් නොවෙයි. දෙපැත්තට ම පීඩාව සලසන දෙයකුත් නොවෙයි. ප්‍රඥාව වැඩෙන දෙයක්. දුක නැති පැත්තෙ තියෙන දෙයක්. නිවන සඳහා හේතු වන දෙයක්. මුළු රාත්‍රියක් වුනත් පින්වත් මහණෙනි, අහිංසා විතර්ක සිත සිතා ඉන්න විට, කල්පනා කර කර ඉන්න විට, ඒ හේතුවෙන් කිසිම භයක් දකින්නෙ නෑ. දවල් දවස පුරාමත් පින්වත් මහණෙනි, අහිංසා විතර්ක සිත සිතා ඉන්න විට, ඒ ගැන කල්පනා කර කර ඉන්න විට, ඒ හේතුවෙන් කිසිම භයක් දකින්නෙ නෑ. ඔය විදිහට දිවා රාත්‍රී පුරා ම අහිංසා විතර්ක සිත සිතා ඉන්න විට, ඒ ගැන කල්පනා කර කර ඉන්න විට, ඒ හේතුවෙන් කිසිම භයක් දකින්නෙ නෑ.

නමුත් පින්වත් මහණෙනි, එක දිගට ම ඒක ම සිත සිතා ඉන්න කොට, ඒක ම කල්පනා කර කර ඉන්න කොට ඇඟට හරිම මහන්සියි. ඇඟේ මහන්සි වැඩිකමට සිත සන්සුන් වෙන්නෙ නෑ. එතකොට සිත සමාධියෙන් ඈත්වෙනවා. පින්වත් මහණෙනි, ඒ වෙලාවට මම මං තුළ ම හිත රඳවා ගන්නවා. හොඳ හැටියට පිහිටුවා ගන්නවා. එකඟ කරගන්නවා. සමාධිමත් කරගන්නවා. ඇයි මං එහෙම කරන්නෙ? මගේ සිත විසිරෙන්න දෙන්නෙ නෑ කියලයි.

පින්වත් මහණෙනි, හිතේ ස්වභාවය මේකයි. බහුල වශයෙන් යම් ම දෙයක් සිතනවා නම්, කල්පනා කරනවා නම්, හිත හිතා ඉන්නවා නම් ඒ පැත්තට ම යි සිත නැමිලා තියෙන්නෙ. පින්වත් මහණෙනි, ඉතින් භික්ෂුවක් සිත සිතා ඉන්නෙ, බහුල වශයෙන් කල්පනා කර කර ඉන්නෙ නෙක්ඛම්ම විතර්ක නම්, කාම විතර්ක ඇතිවෙන්නෙ නෑ. බහුල වශයෙන් ඇතිවෙන්නෙ නෙක්ඛම්ම විතර්ක ම යි. එතකොට ඔහුගේ සිත නැමිල තියෙන්නෙ නෙක්ඛම්ම විතර්කවලට ම යි.

පින්වත් මහණෙනි, භික්ෂුව හිත හිතා ඉන්නෙ, බහුල වශයෙන් කල්පනා කර කර ඉන්නෙ අව්‍යාපාද විතර්ක නම්, ව්‍යාපාද විතර්ක ඇතිවෙන්නෙ නෑ. බහුල වශයෙන් ඇතිවෙන්නෙ අව්‍යාපාද විතර්ක ම යි. අව්‍යාපාද විතර්ක සිතන්නට ම යි ඔහුගෙ සිත නැමෙන්නෙ. පින්වත් මහණෙනි, භික්ෂුවක් හිත හිත ඉන්නෙ, බහුල වශයෙන් කල්පනා කර කර ඉන්නෙ, අහිංසා විතර්ක නම්, විහිංසා විතර්ක ඇතිවෙන්නෙ නෑ. අහිංසා විතර්ක ම යි බහුල වශයෙන් ඇති වෙන්නෙ. අහිංසා සිතුවිලි සිතන්න ම යි සිත නැමෙන්නෙ.

පින්වත් මහණෙනි, ඒක මෙන්න මේ වගේ දෙයක්. පායන කාලෙ අන්තිම මාසෙ ආවා කියල හිතමු. ගමේ හැම අස්වැන්න ම එකතු කරලයි තියෙන්නෙ. එතකොට ගොපල්ලා ගවයන් රකින්නෙ මෙහෙමයි. ගහක් මුලට ගිහින් හරි, එළිමහනෙ ඉඳගෙන හරි මෙච්චරයි හිතන්න තියෙන්නෙ. 'මේ මේ ඉසව්වේ හරක් ඉන්නවා' කියල. පින්වත් මහණෙනි, අන්න ඒ වගේ ම යි 'මේක සමථයයි. මේක විදර්ශනාවයි' කියල සිහි කරන එක විතරයි කරන්න තියෙන්නෙ.

පින්වත් මහණෙනි. මට පුදුම වීරියක් තිබුනෙ. සිත හැකිලුනේ නෑ. හොඳට සිහිය පිහිටලා තිබුනා. සිහි මුලා වුනේ නෑ. කය සැහැල්លු වෙලා තිබුනා. මහන්සියක් දැනුනේ නෑ. හිත එකඟ වෙලා, සමාහිත වෙලා තිබුනා. පින්වත් මහණෙනි, මම එතකොට කාමයන්ගෙන් වෙන්ව, අකුසල්වලින් වෙන්ව, විතර්ක විචාර සහිත (නීවරණ සන්සිඳීම නිසා ඇතිවුණු) විවේකයෙන් හටගත් ප්‍රීතිය, සැපය ඇති පළවෙනි ධ්‍යානය ඇති කරගෙන වාසය කළා. ඊට පස්සෙ විතර්ක, විචාර සංසිඳවලා මං තුළ ම ඉතා පැහැදිලි ප්‍රසන්න බවක් ඇති කරගෙන සිතේ එකඟ බව ඇති කරගෙන විතර්ක විචාර නැති සමාධියෙන් ඇතිවුණු ප්‍රීතිය සැපය ඇති දෙවෙනි ධ්‍යානයත් ඇති කරගෙන වාසය කළා. ඊට පස්සෙ ඒ ප්‍රීතියට ඇලෙන්නෙ නැතිව සිහි නුවණින් යුක්තව කයින් සැප විඳින ගමන් උපේක්ෂාවෙන් යුතුව වාසය කළා. ආර්යයන් වහන්සේලා ඒ ධ්‍යානයට කියන්නෙ 'උපේක්ෂාව තියෙන සිහිය තියෙන හොඳ සුවයෙන් ඉන්න ධ්‍යානය' කියලයි. අන්න ඒ තුන්වන ධ්‍යානයත් ඇති කරගෙන වාසය කළා. ඊට පස්සෙ ඒ සැපය නැතුව, දුකත් නැතිව, මානසික සැප දුක කලින් ම අත්හැරලා දුක් සැප නැති, උපේක්ෂාව තියෙන, පාරිශුද්ධ සිහිය තියෙන හතර වෙනි ධ්‍යානයත් ඇති කරගෙන වාසය කළා.

පින්වත් මහණෙනි, ඔය විදිහට හිත සමාහිත වුනා ම, පිරිසිදු වුනා ම, හිත බබලන කොට උපක්ලේශ නැති වුනා ම, හිත සියුම් වුනා ම, අවබෝධයට යෝග්‍ය පරිදි බලවත් වුනා ම නොවෙනස්ව තිබුනා ම කිසි දේකින් නොසැලෙන විදිහට සකස් වුනා ම පෙර ගත කරපු සංසාර ගත ජීවිත දකින්න මං සිත

යොමු කළා. ඉතින් නොයෙක් ආකාරයෙන් පෙර ජීවිත ගත කරපු හැටි මට සිහි කරන්න පුළුවන් වුනා. ඒ කියන්නෙ එක ජීවිතයක්, ජීවිත දෙකක්, ජීවිත තුනක්, ජීවිත හතරක්, ජීවිත පහක්, ජීවිත දහයක්, ජීවිත විස්සක්, ජීවිත තිහක්, ජීවිත හතළිහක්, ජීවිත පනහක්, ජීවිත සීයක්, ජීවිත දාහක්, ජීවිත ලක්ෂයක්, නොයෙක් සංවට්ට කල්ප, නොයෙක් විවට්ට කල්ප, නොයෙක් සංවට්ට විවට්ට කල්ප සිහි කරන්න පුළුවන් වුනා. 'ඒ කාලෙ මගේ නම මේකයි. ජාතිය මේකයි. මේ වගේ හැඩ රුව, මේව තමයි කෑවෙ බීවෙ. මේ විදිහටයි දුක් සැප වින්දෙ. මේ විදිහටයි මැරිල ගියේ. එතනින් චුත වෙච්ච මං ඊට පස්සෙ අසවල් තැන උපන්නා. එහෙදි ලැබුණු නම මේකයි. ගෝත්‍රය මේකයි. හැඩරුව මෙහෙමයි. කෑවේ බීවේ මෙව්වා. මේ විදිහටයි දුක් සැප වින්දෙ. මේ විදිහටයි මැරිල ගියෙ. එතනින් චුත වෙලා, අසවල් තැන උපන්නා' කියල ඔය විදිහට කරුණු සහිතව, විස්තර ඇතිව නොයෙක් ආකාරයට පෙර ජීවිත ගත කරපු හැටි සිහි කරන්න පුළුවන් වුණා. පින්වත් මහණෙනි, එදා රාත්‍රී පළවෙනි යාමයෙහි ඔය විදිහට මේ පළවෙනි විද්‍යාව වන පුබ්බේනිවාසානුස්සති ඥානය මා තුළ ඇති වුනා. අවිද්‍යාව දුරු වුනා. විද්‍යාව ඉපදුනා. අඳුර දුරු වුනා. ආලෝකය උදා වුනා. කෙලෙස් තවන වීරිය තියෙන, ජීවිත පරිත්‍යාගයෙන්, අප්‍රමාදීව ධර්මයේ හැසිරෙන කෙනෙකුට සිද්ධ වෙන්න ඕන දේ තමයි සිද්ධ වුනේ.

පින්වත් මහණෙනි, ඔය විදිහට හිත සමාහිත වුනා ම, පිරිසිදු වුනා ම, හිත බබලන කොට උපක්ලේශ නැති වුනා ම හිත සියුම් වුනා ම, අවබෝධයට යෝග්‍ය පරිදි බලවත් වුනා ම, නොවෙනස්ව තිබුනා ම, කිසිදේකින් නොසැලෙන විදිහට සකස් වුණා ම, සත්වයන් චුතවෙන උපදින හැටි දකින්න මම හිත යොමු කළා. මම මිනිස් හැකියාව ඉක්මවා ගිය පිරිසිදු දිවැස් නුවණ ලබාගත්තා. සත්වයන් චුතවෙන හැටි, උපදින හැටි කර්මානුරූපව උසස්, පහත්, ලස්සන, කැත, සුගති, දුගතිවල උපදින සත්වයින්ව දැකගන්න පුළුවන් වුනා. 'අනේ! ඒකාන්තයෙන් ම මේ භවත් සත්වයන් කයින් දුසිරිතයෙහි යෙදිලා, වචනයෙන් දුසිරිතයෙහි යෙදිලා, මනසින් දුසිරිතයෙහි යෙදිලා, ආර්යයන් වහන්සේලාට නින්දා කරල, මිථ්‍යා දෘෂ්ටික වෙලා, මිථ්‍යා දෘෂ්ටිකව ජීවත් වෙලා, මරණයට පත් වුනාට පස්සෙ අපාය නම් වූ, දුගතිය නම් වූ, නිරයේ ඉපදුනා නෙව ද' කියලා. ඒ වගේ ම, 'ඒකාන්තයෙන් ම මේ භවත් සත්වයෝ නම් කයින් සුසිරිත් කරලා, වචනයෙන් සුසිරිත් කරලා, මනසින් සුසිරිත් කරලා, ආර්යයන් වහන්සේලාට නින්දා නොකොට, සම්මා දිට්ඨිය ඇති කරගෙන, සම්මා දිට්ඨියෙන් යුක්තව ජීවත් වෙලා, මරණින් මතු සුගතිය නම් වූ ස්වර්ග ලෝකයේ ඉපදිලා ඉන්නවා' කියල. ඔය විදිහට මිනිස් හැකියාව ඉක්මවා ගිය පිරිසිදු දිවැස් නුවණ ලබාගෙන, චුතවෙන උපදින සත්වයන් ගැන උසස්, පහත්, ලස්සන, කැත, සුගති, දුගතිවල

කර්මානුරූපව උපදින සත්වයන් ගැන මං දැනගන්නවා. පින්වත් මහණෙනි, එදා රාත්‍රියේ මධ්‍යම යාමයේ දෙවෙනි විද්‍යාව වන චුතූපපාත ඤාණය මං ලබාගත්තා. අවිද්‍යාව නැතිවුනා. විද්‍යාව ඉපදුනා. අඳුර දුරුවුනා. ආලෝකය උදාවුනා. කෙලෙස් තවන වීරියෙන් යුක්තව, ජීවිත පරිත්‍යාගයෙන් යුක්තව, අප්‍රමාදීව ධර්මයේ හැසිරෙන කෙනෙකුට සිද්ධ වෙන්න ඕන දේ තමයි සිද්ධ වුනේ.

පින්වත් මහණෙනි, ඔය විදිහට හිත සමාහිත වුනා ම, පිරිසිදු වුනා ම, හිත බබලන කොට උපක්ලේශ නැතිවුනා ම, හිත සියුම් වුනා ම, අවබෝධයට යෝග්‍ය පරිදි බලවත් වුනා ම, නොවෙනස් ව තිබුනා ම, කිසිදේකින් නොසැලෙන විදිහට සකස් වුනා ම ආශ්‍රවයන් නැති කිරීමේ නුවණ ලබන්න මං සිත යොමු කළා. 'මේක තමයි දුක' කියල යථාර්ථයෙන් ම මම අවබෝධ කළා. 'මේක තමයි දුකේ හටගැනීම' කියල යථාර්ථයෙන් ම මම අවබෝධ කළා. 'මේක තමයි දුක් නිරුද්ධ වීම' කියල යථාර්ථයෙන් ම මම අවබෝධ කළා. 'මේක තමයි දුක් නිරුද්ධ වන්නා වූ ප්‍රතිපදාව' කියල යථාර්ථයෙන් ම මම අවබෝධ කළා. 'මේ තමයි ආශ්‍රව' කියල යථාර්ථයෙන් ම මම අවබෝධ කළා. 'මේ තමයි ආශ්‍රවයන්ගේ හටගැනීම' කියල යථාර්ථයෙන් ම මම අවබෝධ කළා. 'මේ තමයි ආශ්‍රවයන්ගේ නිරෝධය' කියල යථාර්ථයෙන් ම මම අවබෝධ කළා. 'මේ තමයි ආශ්‍රව නිරුද්ධ වන්නා වූ ප්‍රතිපදාව' කියල යථාර්ථයෙන් ම මම අවබෝධ කළා. ඉතින් මම ඔය විදිහට දැනගනිද්දී, ඔය විදිහට දැකගනිද්දී මගේ සිත කාම ආශ්‍රවයෙනුත් නිදහස් වුනා. භව ආශ්‍රවයෙනුත් නිදහස් වුනා. අවිද්‍යා ආශ්‍රවයෙනුත් නිදහස් වුනා. ආශ්‍රවයන්ගෙන් සිත නිදහස් වුනා ම 'නිදහස් වුණා' කියල අවබෝධඥානයක් ඇති වුනා. ඉපදීම නැතිවුනා. උතුම් නිවන් මග සම්පූර්ණ කරගත්තා. නිවන පිණිස කළ යුතු දේ කරල ඉවර වුනා. නිවන පිණිස කළ යුතු වෙන දෙයක් නැති බව මට අවබෝධ වුනා. පින්වත් මහණෙනි, එදා රාත්‍රියේ අවසන් යාමයෙහි තුන්වෙනි විද්‍යාව වන ආසවක්ඛය ඤාණය මම ලබාගත්තා. අවිද්‍යාව නැතිවුනා. විද්‍යාව ඉපදුනා. අඳුර දුරුවුනා. ආලෝකය උදාවුනා. කෙලෙස් තවන වීරියෙන් යුතුව, ජීවිත පරිත්‍යාගයෙන් යුතුව, අප්‍රමාදීව ධර්මයේ හැසිරෙන කෙනෙකුට සිද්ධ වෙන්න ඕන දේ තමයි සිදුවුනේ.

පින්වත් මහණෙනි, ඒක මෙන්න මේ වගේ දෙයක්. මහා වනාන්තරේක වන ලැහැබක මහත් වූ බෑවුමකට ආසන්න වෙන්න යාන්තමට වතුර තියෙන මඩ වගුරක් තියෙනවා. ඔය මඩ වගුර ඇසුරු කරගෙන විශාල මුව රංචුවක් වාසය කරනවා. ඔය මුව රංචුවට විපතක් කරන්න කැමති, අයහපතක් කරන්න

කැමති, භය ඇති කරවන්න කැමති පුරුෂයෙක් උපදිනවා. ඒ තැනැත්තා මුවන්ට යන්න තිබෙන ඉතා යහපත්, ප්‍රීතියෙන් ගමන් කරන්න පුළුවන්, බිය නැති යම් මාර්ගයක් ඇද්ද, ඒක වහල දානවා. වැරදි පාරක් විවෘත කරනවා. ඊට පස්සෙ ඒ වැරදි පාර තමයි මුවන්ට යන්න තියෙන්නෙ කියන මුලාව ඇතිකිරීම පිණිස මුවෙක් වගේ පඹයෙකුත්, මුව දෙනක් වගේ පඹයෙකුත් හිටෝනවා. ඉතින් මහණෙනි, අර විශාල මුව රංචුව මේකට රැවටෙනවා. කලක් යන කොට මුව පිරිස විපතට පත්වීම නිසා අඩුවෙලා යනවා.

නමුත් පින්වත් මහණෙනි, ඒ මුළු මහත් මුව රංචුවට ම ආදරය කරන, යහපත කැමති, සැනසීම කැමති පුරුෂයෙකුත් උපදිනවා. අන්න ඒ පුරුෂයා මුවන්ට යන්න තිබෙන යහපත්, භය නැති, ප්‍රීතිමත් මාර්ගය විවෘත කරනවා. භයානක මාර්ගය වහල දානවා. මුවාගේ වෙස් ගත් පඹයාත්, මුවදෙනගේ වෙස් ගත් පඹයාත් වනසල දානවා. පින්වත් මහණෙනි, කලක් යන කොට අර මුව රංචුව හොඳට සැපට වැඩිලා, විශාල මුව රංචුවක් බවට පත්වෙනවා.

පින්වත් මහණෙනි, මම ඔය කිව්වෙ උපමාවක්, ඔය උපමාවෙන් ගන්න තියෙන අර්ථය මේකයි. මහත් බෑවුමක තිබෙන යාන්තමට වතුර ඇති මඩවගුර කියන්නෙ මේ කාමයන්ට කියන නමක්. පින්වත් මහණෙනි, විශාල මුව රංචුව කියල කියන්නේ මේ සත්වයන්ට කියන නමක්. අයහපත කරන්න කැමති, විපත් කරන්න කැමති, භය ඇති කරන්න කැමති පුරුෂයා ය කියල කියන්නෙ පවිටු මාරයාට කියන නමක්. භයානක මාර්ගය කියල කියන්නෙ අංග අටකින් යුතු මිථ්‍යා මාර්ගයට කියන නමක්. ඒ කිව්වේ මිථ්‍යා දෘෂ්ටිය, මිථ්‍යා සංකල්ප, මිථ්‍යා වාචා, මිථ්‍යා කම්මන්ත, මිථ්‍යා ආජීව, මිථ්‍යා වායාම, මිථ්‍යා සති, මිථ්‍යා සමාධි යන මේවාටයි. මුවාගේ වෙස් ගත් පඹයා කියල කියන්නේ නන්දි රාගයට කියන නමක්. මුවදෙනගේ වෙස්ගත් පඹයා කියල කියන්නේ අවිද්‍යාවට කියන නමක්. අර විශාල මුව රංචුවට ආදරය කරන, ඔවුන්ගේ යහපත කැමති, භය රහිත බව සළසනු කැමති පුරුෂයා ය කියල කියන්නේ අරහත් සම්මා සම්බුදු වූ තථාගතයන් වහන්සේට කියන නමක්. ප්‍රීතියෙන් යන්න පුළුවන් වන සැප සේ යන, භයක් නැති මාර්ගය කියල කියන්නෙ මේ ආර්ය අෂ්ටාංගික මාර්ගයට කියන නමක්. පින්වත් මහණෙනි, ඒ ආර්ය අෂ්ටාංගික මාර්ගය නම් සම්මා දිට්ඨි, සම්මා සංකප්ප, සම්මා වාචා, සම්මා කම්මන්ත, සම්මා ආජීව, සම්මා වායාම, සම්මා සති, සම්මා සමාධි යන මෙයයි.

පින්වත් මහණෙනි, ඔන්න දැන් ඉතින් මා විසින් කිසි භයක් නැති, ප්‍රීතියෙන් සැපයෙන් යන්න පුළුවන් මාර්ගය විවෘත කරලයි තියෙන්නේ. භයානක මාර්ගය වහල දාලයි තියෙන්නේ. මුවාගේ වෙස්ගත් පඹයාත්,

මුවදෙනගේ වෙස්ගත් පඹයාත් විනාශ කරලයි තියෙන්නේ. පින්වත් මහණෙනි, ශ්‍රාවකයන්ට ආදරවන්ත වූ, අනුකම්පා සහගත වූ, ශාස්තෘන් වහන්සේ නමක් යමක් කළ යුතු නම් මා විසින් එය ඔබට කරලා දීලයි තියෙන්නෙ. පින්වත් මහණෙනි, ඔය තියෙන්නෙ ගස් සෙවණ. ඔය තියෙන්නෙ නිදහස් තැන්. පින්වත් මහණෙනි, සමථ විදර්ශනා වඩන්න! ප්‍රමාද වෙන්න එපා! අන්තිමේදී පසුතැවිලි වෙන්න එපා! මට මේ ගැන ඔබට කියන්න තිබෙන්නෙ ඔච්චරයි!

භාග්‍යවතුන් වහන්සේ මේ දේශනය වදාළා. ඒ භික්ෂූන් වහන්සේලා මේ දේශනාව ගැන ගොඩාක් සතුටු වුනා. භාග්‍යවතුන් වහන්සේ වදාළ මේ දේශනය ඒ භික්ෂූන් වහන්සේලා සතුටින් පිළිගත්තා.

සාදු! සාදු!! සාදු!!!

**සිතුවිලි දෙකොටසකට වෙන් කොට බෙදා බැලීම ගැන වදාළ දෙසුම නිමා විය.**

# 1.2.10.
# විතක්ක සණ්ඨාන සූත්‍රය
## කුසල් සිතිවිලි පිහිටුවා ගැනීම ගැන වදාළ දෙසුම

මා හට අසන්නට ලැබුනේ මේ විදිහටයි. ඒ දවස්වල භාග්‍යවතුන් වහන්සේ වැඩසිටියේ සැවැත් නුවර ජේතවනය නම් වූ අනේපිඬු සිටුතුමාගේ ආරාමයේ. එදා භාග්‍යවතුන් වහන්සේ "පින්වත් මහණෙනි" යි කියල, භික්ෂූන් වහන්සේලා ඇමතුවා. 'පින්වතුන් වහන්ස' කියල ඒ භික්ෂූන් වහන්සේලාත් භාග්‍යවතුන් වහන්සේට පිළිතුරු දුන්නා. ඒ මොහොතේදී තමයි භාග්‍යවතුන් වහන්සේ මේ දේශනාව වදාළේ.

පින්වත් මහණෙනි, සමථ විදර්ශනා භාවනාව දියුණු වේගෙන යන කොට භික්ෂුව විසින් කරුණු පහක් ගැන කලින් කලට සිහි කරන්න ඕන. මොනවාද ඒ පහ?

(1)

පින්වත් මහණෙනි, භික්ෂුවක් යම් අරමුණක් මුල් කරගෙන, යම් කාරණයක් මුල් කරගෙන හිතන්න පටන් ගන්න කොට රාග සහිත වූ ත්, ද්වේෂ සහිත වූ ත්, මෝහ සහිත වූ ත්, පාපී අකුසල් සිතුවිලි උපදිනවා නම් එතකොට ඒ භික්ෂුව කළ යුත්තේ ඒ අරමුණෙන් තමන්ගේ අවධානය ඉවත් කරලා වෙනත් කුසල් අරමුණක් මෙනෙහි කිරීමයි. එතකොට වෙන්නේ ඒ අකුසල් අරමුණින් බැහැරව වෙනත් කුසල් අරමුණක් සිතන්න පටන්ගත්තු නිසා, අර රාග සහිත වූ ත්, ද්වේෂ සහිත වූ ත්, මෝහ සහිත වූ ත් පාපී අකුසල් සිතුවිලි නැති වෙලා යෑමයි. අභාවයට පත්වීමයි. ඒ පාපී සිතුවිලි නැතිවීමෙන් තමන් තුළ ම සිත පිහිටනවා. තැන්පත් වෙනවා. එකඟ වෙනවා. සමාධිමත් වෙනවා.

පින්වත් මහණෙනි, ඒක මෙන්න මේ වගේ දෙයක්. දක්ෂ වඩුවෙක් හරි, ඒ වඩුඋන්නැහේගේ ගෝලයෙක් හරි ඉන්නවා කියල හිතමු. ඉතින් ඔහු සියුම්

ඇණයකින් ගොරෝසු ඇණයක් තද කරනවා. එක්කො බැහැර කරනවා. එහෙම නැත්නම් ඇදල දානවා.

පින්වත් මහණෙනි, ඔන්න ඔය විදිහමයි භික්ෂුවක් යම් අරමුණක් මුල් කරගෙන, යම් කාරණයක් මුල් කරගෙන හිතන්න පටන් ගන්න කොට රාග සහිත වූ ත්, ද්වේෂ සහිත වූ ත්, මෝහ සහිත වූ ත් පාපී අකුසල් සිතුවිලි උපදිනවා නම් එතකොට ඒ භික්ෂුව කළ යුත්තේ ඒ අරමුණෙන් තමන්ගේ අවධානය ඉවත් කරලා වෙනත් කුසල් අරමුණක් මෙනෙහි කිරීමයි. එතකොට වෙන්නේ ඒ අකුසල් අරමුණින් බැහැරව වෙනත් කුසල් අරමුණක් සිතන්න පටන්ගත්තු නිසා, අර රාග සහිත වූ ත්, ද්වේෂ සහිත වූ ත්, මෝහ සහිත වූ ත් පාපී අකුසල් සිතුවිලි නැතිවෙලා යෑමයි. අභාවයට පත්වීමයි. ඒ පාපී සිතුවිලි නැතිවීමෙන් තමන් තුළ ම සිත පිහිටනවා. තැන්පත් වෙනවා. එකඟ වෙනවා. සමාධිමත් වෙනවා.

(2)

පින්වත් මහණෙනි, ඉදින් ඒ භික්ෂුව අකුසල් අරමුණ බැහැර කරමින් වෙනත් කුසල් අරමුණක් සිහි කරද්දී රාග සහිත වූ ත්, ද්වේෂ සහිත වූ ත්, මෝහ සහිත වූ ත් පාපී අකුසල සිතුවිලි ම හටගත්තොත්, ඒ භික්ෂුව විසින් කළ යුත්තේ මේකයි. පාපී අකුසල විතර්කවල භයානක පැත්ත ගැන නුවණින් විමසීමයි. 'මේවා තමයි අකුසල විතර්ක. මේ අකුසල විතර්ක හොඳ දේවල් නම් නොවෙයි. මේ අකුසල විතර්කවලින් අන්තිමේ දී ලැබෙන්නේ දුක් විපාක විතරයි' කියලා. ඉතින් ඒ විදිහට ඒ පාපී විතර්කවල භයානක පැත්ත ගැන නුවණින් විමසද්දී අර රාග සහිත වූ ත්, ද්වේෂ සහිත වූ ත්, මෝහ සහිත වූ ත් පාපී අකුසල විතර්ක නැතිවෙලා යනවා. අභාවයට පත්වෙනවා. ඒ අකුසල විතර්ක නැති වීම නිසා, තමන් තුළ ම සිත පිහිටනවා. තැන්පත් වෙනවා. එකඟ වෙනවා. සමාධිමත් වෙනවා.

පින්වත් මහණෙනි, ඒක මෙන්න මේ වගේ දෙයක්. ලස්සනට සැරසෙන්න කැමති තරුණ දුවක් හෝ පුතෙක් හෝ ඉන්නවා. ඉතින් එයාලගේ බෙල්ලට සර්ප කුණක් හරි, බලු කුණක් හරි, මිනිස් කුණක් හරි වැටුනොත් පිළිකුල් කරනවා, ලැජ්ජා වෙනවා, අප්පිරියා වෙනවා.

පින්වත් මහණෙනි, අන්න ඒ වගේ භික්ෂුව අකුසල් අරමුණ බැහැර කරමින් වෙනත් කුසල් අරමුණක් සිහි කරද්දී රාග සහිත වූ ත්, ද්වේෂ සහිත වූ ත්, මෝහ සහිත වූ ත් පාපී අකුසල සිතුවිලි ම හටගත්තොත්, ඒ භික්ෂුව විසින් කළ යුත්තේ මේකයි. ඒ පාපී අකුසල විතර්කවල භයානක පැත්ත ගැන

නුවණින් විමසීමයි. 'මේවා තමයි අකුසල විතර්ක. මේ අකුසල විතර්ක හොඳ දේවල් නම් නොවෙයි. මේ අකුසල විතර්කවලින් අන්තිමේදී ලැබෙන්නේ දුක් විපාක විතරයි' කියලා. ඉතින් ඒ විදිහට ඒ පාපී විතර්කවල භයානක පැත්ත ගැන නුවණින් විමසද්දී අර රාග සහිත වූ ත්, ද්වේෂ සහිත වූ ත්, මෝහ සහිත වූ ත් පාපී අකුසල විතර්ක නැතිවෙලා යනවා. අභාවයට පත්වෙනවා. ඒ අකුසල විතර්ක නැතිවීම නිසා, තමන් තුළ ම සිත පිහිටනවා. තැන්පත් වෙනවා. එකඟ වෙනවා. සමාධිමත් වෙනවා.

(3)

පින්වත් මහණෙනි, ඉතින් ඒ භික්ෂුව ඒ විදිහට අකුසල් විතර්කවල භයානක පැත්ත නුවණින් විමසද්දිත්, රාග සහිත වූ ත්, ද්වේෂ සහිත වූ ත්, මෝහ සහිත වූ ත් පාපී අකුසල විතර්ක උපන්නොත් එතකොට ඒ භික්ෂුව කළ යුත්තේ මෙයයි. ඒ විතර්ක මෙනෙහි නොකොට, සිහි නොකොට සිටීමයි. ඒ විදිහට අකුසල විතර්ක සිහි නොකර, මෙනෙහි නොකර ඉන්න කොට ඒ රාග සහිත වූ ත්, ද්වේෂ සහිත වූ ත්, මෝහ සහිත වූ ත් පාපී අකුසල විතර්ක නැති වෙලා යනවා. අභාවයට පත්වෙනවා. ඒ පාපී විතර්ක නැතිවීම නිසා, තමන් තුළ ම සිත පිහිටනවා. තැන්පත් වෙනවා. එකඟ වෙනවා. සමාධිමත් වෙනවා.

පින්වත් මහණෙනි, ඒක මෙන්න මේ වගේ දෙයක්. පින්වත් මහණෙනි, ඇස් ඇති පුරුෂයෙක් තමන් ඉදිරියට එන රූප දකින්න අකමැති නම් එයා කරන්නේ ඇස් වහගන්න එක. එහෙම නැත්නම් අහක බලාගන්න එක.

ඔන්න ඔය විදිහම යි පින්වත් මහණෙනි, ඒ භික්ෂුව ඒ විදිහට අකුසල් විතර්කවල භයානක පැත්ත නුවණින් විමසද්දිත්, රාග සහිත වූ ත්, ද්වේෂ සහිත වූ ත්, මෝහ සහිත වූ ත් පාපී අකුසල විතර්ක උපන්නොත් එතකොට ඒ භික්ෂුව කළ යුත්තේ මෙයයි. ඒ විතර්ක මෙනෙහි නොකොට, සිහි නොකොට සිටීමයි. ඒ විදිහට අකුසල විතර්ක සිහි නොකර, මෙනෙහි නොකර ඉන්න කොට ඒ රාග සහිත වූ ත්, ද්වේෂ සහිත වූ ත්, මෝහ සහිත වූ ත් පාපී අකුසල විතර්ක නැතිවෙලා යනවා. අභාවයට පත්වෙනවා. ඒ පාපී විතර්ක නැතිවීම නිසා, තමන් තුළ ම සිත පිහිටනවා. තැන්පත් වෙනවා. එකඟ වෙනවා. සමාධිමත් වෙනවා.

(4)

පින්වත් මහණෙනි, භික්ෂුව ඔය විදිහට ඒ පාපී අකුසල විතර්ක සිහි නොකර සිටිද්දීත්, මෙනෙහි නොකර සිටිද්දීත් රාග සහිත වූ ත්, ද්වේෂ සහිත

වූ ත්, මෝහ සහිත වූ ත් පාපී අකුසල උපන්නොත්, එතකොට ඒ භික්ෂුව කළ යුත්තේ මෙයයි. අර පාපී අකුසල විතර්ක සකස් වෙවී පිහිටන ආකාරය විමසීමයි. ඒ විදිහට සිතේ පාපී අකුසල විතර්ක සකස් වෙන තැන අල්ලගෙන විමසන විට ඒ රාග සහිත වූ ත්, ද්වේෂ සහිත වූ ත්, මෝහ සහිත වූ ත් පාපී අකුසල විතර්ක නැතිවෙලා යනවා. අභාවයට පත්වෙනවා. ඒ පාපී විතර්ක නැතිවීම නිසා, තමන් තුළ ම සිත පිහිටනවා. තැන්පත් වෙනවා. එකඟ වෙනවා. සමාධිමත් වෙනවා.

පින්වත් මහණෙනි, ඒක මේ වගේ දෙයක්. පුරුෂයෙක් වේගයෙන් යනවා කියල හිතමු. එතකොට ඔහුට මෙහෙම හිතෙනවා. 'මං මොකටද වේගෙන් යන්නෙ? නෑ. මං හෙමින් යනවා.' ඉතින් දැන් ඔහු හෙමින් යනවා. එතකොට ඔහු මෙහෙම හිතනවා. 'මං මොකටද හෙමින් යන්නෙ? නෑ. මං නවතිනවා.' එහෙම හිතන ඔහු නවතිනවා. ඊට පස්සෙ ඔහු මෙහෙම හිතනවා. 'මං මොකටද නැවතිලා ඉන්නෙ? මීට වඩා හොඳයි වාඩිවෙන එක.' එතකොට ඔහු වාඩිවෙනවා. ඊට පස්සෙ ඔහු මෙහෙම හිතනවා. 'මං මොකටද වාඩිවෙන්නෙ? මීට වඩා හොඳයි හාන්සිවෙන එක.' එතකොට ඔහු හාන්සි වෙනවා. පින්වත් මහණෙනි, ඒ පුරුෂයා අර අමාරු අමාරු ඉරියව් අත්හැර අත්හැර, ලේසි ලේසි ඉරියව්වලට ආවා.

පින්වත් මහණෙනි, ඔන්න ඔය විදිහට ම භික්ෂුව ඒ පාපී අකුසල විතර්ක සිහි නොකර සිටිද්දීත්, මෙනෙහි නොකර සිටිද්දීත් රාග සහිත වූ ත්, ද්වේෂ සහිත වූ ත්, මෝහ සහිත වූ ත් පාපී අකුසල විතර්ක උපන්නොත්, එතකොට ඒ භික්ෂුව කළ යුත්තේ මෙයයි. අර පාපී අකුසල විතර්ක සකස් වෙවී පිහිටන ආකාරය විමසීමයි. ඒ විදිහට සිතේ පාපී අකුසල විතර්ක සකස් වෙන තැන අල්ලගෙන විමසන විට ඒ රාග සහිත වූ ත්, ද්වේෂ සහිත වූ ත්, මෝහ සහිත වූ ත් පාපී අකුසල විතර්ක නැතිවෙලා යනවා. අභාවයට පත්වෙනවා. ඒ පාපී විතර්ක නැතිවීම නිසා, තමන් තුළ ම සිත පිහිටනවා. තැන්පත් වෙනවා. එකඟ වෙනවා. සමාධිමත් වෙනවා.

(5)

පින්වත් මහණෙනි, භික්ෂුවට ඒ විදිහට අකුසල විතර්කයන් පටන්ගන්න තැන ඉඳල නුවණින් මෙනෙහි කරද්දීත් පාපී අකුසල විතර්ක ඇතිවුනොත්, ඒවා එක්කො රාගයෙන් හැදිච්ච දේවල්. එක්කො ද්වේෂයෙන් හැදිච්ච දේවල්. එක්කො මුළාව නිසා හැදිච්ච දේවල්. එතකොට ඒ භික්ෂුව දත්මිටි කා ගෙන, දිව තල්ලට තද කරගෙන කුසල් සිතින්, ඒ අකුසල් සිතට හොඳ හැටියට නිග්‍රහ කළ

යුතුයි. තදින් මැඬලිය යුතුයි. හොඳට වෙහෙසවිය යුතුයි. එහෙම කරන කොට ඒ කියන්නෙ ඒ භික්ෂුව දත් මිටි කා ගෙන, දිව තල්ලට තද කරගෙන, කුසල් සිතින් ඒ අකුසල් සිතට හොඳ හැටියට නිග්‍රහ කරන කොට, තදින් මැඬලන කොට, හොඳට වෙහෙසවන කොට රාග සහිත වූ, ද්වේෂ සහිත වූ, මෝහ සහිත වූ, ඒ පාපී අකුසල විතර්ක නැතිවෙලා යනවා. අභාවයට පත්වෙනවා. ඒ අකුසල විතර්ක නැති වීමෙන් තමන් තුළ ම සිත පිහිටනවා. තැන්පත් වෙනවා. එකඟ වෙනවා. සමාධිගත වෙනවා.

පින්වත් මහණෙනි, ඒක මෙන්න මේ වගේ දෙයක්. ශක්ති සම්පන්න පුරුෂයෙක් දුර්වල මිනිහෙකුගේ ඔළුවෙන් හරි අල්ලගෙන, ඇඟෙන් හරි අල්ලගෙන, තදින් නිග්‍රහ කරනවා නම්, හොඳ හැටියට මඬිනවා නම්, හොඳ හැටියට වෙහෙසවනවා නම් අන්න ඒ වගේ ම යි.

භික්ෂුවට ඒ විදිහට අකුසල විතර්කයන් පටන්ගන්න තැන ඉදල නුවණින් මෙනෙහි කරද්දීත් පාපී අකුසල විතර්ක ඇතිවුනොත්, ඒවා එක්කො රාගයෙන් හැදිච්ච දේවල්. එක්කො ද්වේෂයෙන් හැදිච්ච දේවල්. එක්කො මුළාව නිසා හැදිච්ච දේවල්. එතකොට ඒ භික්ෂුව දත්මිටි කා ගෙන, දිව තල්ලට තද කරගෙන කුසල් සිතින්, ඒ අකුසල් සිතට හොඳ හැටියට නිග්‍රහ කළ යුතුයි. තදින් මැඬලිය යුතුයි. හොඳට වෙහෙසවිය යුතුයි. එහෙම කරන කොට ඒ කියන්නෙ ඒ භික්ෂුව දත් මිටි කා ගෙන, දිව තල්ලට තද කරගෙන, කුසල් සිතින් ඒ අකුසල් සිතට හොඳ හැටියට නිග්‍රහ කරන කොට, තදින් මැඬලන කොට, හොඳට වෙහෙසවන කොට රාග සහිත වූ, ද්වේෂ සහිත වූ, මෝහ සහිත වූ, ඒ පාපී අකුසල විතර්ක නැතිවෙලා යනවා. අභාවයට පත්වෙනවා. ඒ අකුසල විතර්ක නැතිවීමෙන් තමන් තුළ ම සිත පිහිටනවා. තැන්පත් වෙනවා. එකඟ වෙනවා. සමාධිගත වෙනවා.

පින්වත් මහණෙනි, යම් දවසක භික්ෂුවක් යම් කිසි අරමුණක් සිහිකරන කොට රාග සහිත, ද්වේෂ සහිත, මෝහ සහිත පාපී අකුසල විතර්ක උපදිනවා නම්, ඒ අරමුණින් බැහැර වෙලා කුසල් සහගත අරමුණක සිත පිහිටුවා ගනිද්දී ඒ රාග සහිත, ද්වේෂ සහිත, මෝහ සහිත පාපී අකුසල විතර්ක නැතිවෙලා යනවා. අභාවයට පත්වෙනවා. ඒ පාපී විතර්ක නැති වීම නිසා තමා තුළ ම සිත පිහිටනවා. තැන්පත් වෙනවා. එකඟ වෙනවා. සමාධිමත් වෙනවා.

ඒ පාපී අකුසල විතර්කවල භයානක විපාක නුවණින් විමසද්දීත් රාග සහිත, ද්වේෂ සහිත, මෝහ සහිත පාපී අකුසල විතර්ක නැතිවෙලා යනවා. අභාවයට පත් වෙනවා. ඒ පාපී විතර්ක නැතිවීම නිසා තමා තුළ ම සිත පිහිටනවා. තැන්පත් වෙනවා. එකඟ වෙනවා. සමාධිමත් වෙනවා.

ඒ පාපී අකුසල විතර්ක සිහි නොකොට, මෙනෙහි නොකොට සිටිද්දීත් රාග සහිත, ද්වේෂ සහිත, මෝහ සහිත පාපී අකුසල විතර්ක නැතිවෙලා යනවා. අභාවයට පත්වෙනවා. ඒ පාපී විතර්ක නැතිවීම නිසා තමා තුළ ම සිත පිහිටනවා. තැන්පත් වෙනවා. එකඟ වෙනවා. සමාධිමත් වෙනවා.

ඒ පාපී අකුසල විතර්කවල පටන් ගන්න තැන නුවණින් විමසද්දීත් රාග සහිත, ද්වේෂ සහිත, මෝහ සහිත පාපී අකුසල විතර්ක නැතිවෙලා යනවා. අභාවයට පත්වෙනවා. ඒ පාපී විතර්ක නැතිවීම නිසා තමා තුළ ම සිත පිහිටනවා. තැන්පත් වෙනවා. එකඟ වෙනවා. සමාධිමත් වෙනවා.

දත්මිටි කාගෙන, දිවෙන් තල්ල තද කර ගෙන, කුසල් සිතින් අකුසල් සිතට හොඳට නිග්‍රහ කරන කොට, තදින් මඩින කොට, බලවත්ව වෙහෙස කරවන කොට, රාග සහිත, ද්වේෂ සහිත, මෝහ සහිත පාපී අකුසල විතර්ක නැතිවෙලා යනවා. අභාවයට පත්වෙනවා. ඒ පාපී විතර්ක නැතිවීම නිසා තමා තුළ ම සිත පිහිටනවා. තැන්පත් වෙනවා. එකඟ වෙනවා. සමාධිමත් වෙනවා.

පින්වත් මහණෙනි, මෙන්න මේ භික්ෂුවටයි කියන්නේ 'සිතිවිලි හැසිරෙන මාර්ගයන් වසඟ කරගත්ත කෙනා' කියලා. එතකොට යම් විතර්කයක් කැමති නම්, ඒක විතරයි හිතන්නෙ. යම් විතර්කයක් අකමැති නම්, ඒක විතර්ක කරන්නෙ නෑ. අන්න ඒ භික්ෂුව තණ්හාව නැති කළා, සංයෝජන උදුරලා දැම්මා, මානයේ සැබෑම තත්වය ඉතා හොඳින් අවබෝධ කිරීමෙන්, දුක අවසානයකට පත්කළා කියල කියනවා.

භාග්‍යවතුන් වහන්සේ මෙය වදාළා. ඒ භික්ෂූන් වහන්සේලා මේ දේශනාව අහල ගොඩාක් සතුටු වුනා. භාග්‍යවතුන් වහන්සේ වදාළ මේ දේශනාව සාදු නාද දෙමින් ඉතා සතුටින් පිළිගත්තා.

සාදු! සාදු!! සාදු!!!

**කුසල් සිතුවිලි පිහිටුවා ගැනීම ගැන වදාළ දෙසුම නිමා විය.**

**දෙවෙනි සීහනාද වර්ගයයි.**

# 3. ඕපම්ම වර්ගය

## 1.3.1
## කකචූපම සූත්‍රය
### කියත උපමා කොට වදාළ දෙසුම

**මා** හට අසන්නට ලැබුනේ මේ විදිහටයි. ඒ දිනවල භාග්‍යවතුන් වහන්සේ වැඩසිටියේ සැවැත් නුවර ජේතවනය නම් වූ අනේපිඬු සිටුතුමාගේ ආරාමයේ. ඒ කාලේ ආයුෂ්මත් මෝලියඵග්ගුනයන් වහන්සේ භික්ෂුණීන් සමඟ පමණට වඩා එකතු වෙලා ඉන්නවා. ආයුෂ්මත් මෝලියඵග්ගුනයන් වහන්සේ භික්ෂුණීන් සමඟ පමණට වඩා එකතු වෙලා කල් ගෙවන විට, යම් හෙයකින් යම්කිසි භික්ෂුවක් ආයුෂ්මත් මෝලියඵග්ගුනයන් ඉදිරියේ ඒ භික්ෂුණීන්ට දොස් කිව්වොත්, ආයුෂ්මත් මෝලියඵග්ගුනයන් හට කේන්ති යනවා. නොසතුටු වෙනවා. රණ්ඩු අල්ලනවා. යම් විදිහකින් යම් කිසි භික්ෂුවක් ඒ භික්ෂුණීන් ඉදිරියේ ආයුෂ්මත් මෝලියඵග්ගුන තෙරුන්ට දොස් කිව්වොත්, ඒ භික්ෂුණීන්ටත් කේන්ති යනවා. නොසතුටු වෙනවා. රණ්ඩු අල්ලනවා. ඔන්න ඔය විදිහට ආයුෂ්මත් මෝලියඵග්ගුන භික්ෂුව ඒ භික්ෂුණීන් සමඟ බොහෝම එකතු වෙලා හිටියා.

දවසක් එක්තරා භික්ෂුවක් භාග්‍යවතුන් වහන්සේ ළඟට ගියා. ගිහින් භාග්‍යවතුන් වහන්සේට වන්දනා කොට එකත්පස්ව වාඩිවුනා. එකත්පස්ව වාඩිවුණු ඒ භික්ෂුව භාග්‍යවතුන් වහන්සේට මෙහෙම කිව්වා.

"ස්වාමීනී, ආයුෂ්මත් මෝලියඵග්ගුන තෙරුන් භික්ෂුණීන් සමඟ පමණට වඩා එකතු වෙලා ඉන්නවා. ඉතින් ස්වාමීනී, ආයුෂ්මත් මෝලියඵග්ගුන භික්ෂුව භික්ෂුණීන් සමග පමණට වඩා එකතු වෙලා සිටීම ගැන, යම් විදිහකින් යම් භික්ෂුවක් ආයුෂ්මත් මෝලියඵග්ගුන තෙරුන් ඉදිරියේ ඒ භික්ෂුණීන්ට දොස්

කිව්වොත්, ආයුෂ්මත් මෝලියඵග්ගුන තෙරුන්ට කේන්ති යනවා. නොසතුටු වෙනවා. රණ්ඩු අල්ලනවා. යම් විදිහකින් යම්කිසි භික්ෂුවක් ඒ භික්ෂුණීන් ඉදිරියේ ආයුෂ්මත් මෝලියඵග්ගුනයන් හට ඒ ගැන දොස් කිව්වොත් ඒ භික්ෂුණීන්ටත් කේන්ති යනවා. නොසතුටු සිත් ඇතිවෙනවා. රණ්ඩු අල්ලනවා. ස්වාමීනී, ආයුෂ්මත් මෝලියඵග්ගුන තෙරුන් ඒ භික්ෂුණීන් සමඟ බොහෝ ම එකතු වෙලා කල් ගෙවන්නෙ ඔය විදිහටයි' කියලා.

එතකොට භාග්‍යවතුන් වහන්සේ වෙනත් භික්ෂුවක් ඇමතුවා. "පින්වත් භික්ෂුව, මෙහි එන්න. මෝලියඵග්ගුන භික්ෂුවට මගේ වචනයෙන් අමතන්න. 'ආයුෂ්මත් ඵග්ගුන, ඔබට ශාස්තෘන් වහන්සේ අමතනවා ය' කියලා." "එසේ ය, ස්වාමීනී" කියල ඒ භික්ෂුව භාග්‍යවතුන් වහන්සේට පිළිතුරු දීලා ආයුෂ්මත් මෝලියඵග්ගුන භික්ෂුව වෙත ගියා. ගිහින් ආයුෂ්මත් මෝලියඵග්ගුන භික්ෂුවට මෙහෙම කිව්වා. "ආයුෂ්මත් ඵග්ගුන, අන්න ශාස්තෘන් වහන්සේ ඔබ අමතනවා" කියලා. "එසේය, ආයුෂ්මතුනි" කියල ආයුෂ්මත් මෝලියඵග්ගුන භික්ෂුව අර භික්ෂුවට පිළිතුරු දීලා, භාග්‍යවතුන් වහන්සේ වෙත ගියා. ගිහින් භාග්‍යවතුන් වහන්සේට වන්දනා කරලා, එකත්පස්ව වාඩිවුණා. එකත්පස්ව වාඩිවුණු ආයුෂ්මත් මෝලියඵග්ගුන භික්ෂුවගෙන් භාග්‍යවතුන් වහන්සේ ඇහුවේ මෙහෙමයි.

"පින්වත්, ඵග්ගුන ඔබ භික්ෂුණීන් සමඟ පමණට වඩා එකතු වෙලා ඉන්නවා කියන්නේ හැබෑද? ඔබ ඒ විදියට භික්ෂුණීන් සමඟ පමණට වඩා එකතු වෙලා සිටිද්දි, යම් විදිහකින් යම්කිසි භික්ෂුවක් ඔබ ඉදිරියේ අර භික්ෂුණීන්ට දොස් කිව්වොත්, ඔබට කේන්ති යනවා කියන්නෙ, නොසතුටු සිත් ඇතිවෙනවා කියන්නෙ, රණ්ඩු අල්ලනවා කියන්නේ හැබෑද? යම් විදිහකින් යම්කිසි භික්ෂුවක් අර භික්ෂුණීන් ඉදිරියේ ඔබට දොස් කිව්වොත්, ඒ භික්ෂුණීන්ටත් කේන්ති යනවා කියන්නෙ, නොසතුටු සිත් ඇතිවෙනවා කියන්නෙ, රණ්ඩු අල්ලනවා කියන්නෙ හැබෑද? ඵග්ගුන, ඔබ එතකොට භික්ෂුණීන් සමඟ පමණට වඩා එකතු වෙලා ඉන්නවායි කියන්නේ හැබෑවක්ද?"

"එසේය, ස්වාමීනී."

"පින්වත් ඵග්ගුන, ඔබ ගිහි ජීවිතය අත්හැරල ශ්‍රද්ධාවෙන් ම පැවිදි වෙච්ච කෙනෙක් නේද?"

"එසේය, ස්වාමීනී."

"ඉතින් පින්වත් ඵග්ගුන, ශ්‍රද්ධාවෙන් ගිහි ගෙය අත්හැරලා සසුන්ගත වෙච්ච කුල පුත්‍රයෙක් වන ඔබට භික්ෂුණීන් සමඟ පමණට වඩා එකතු වෙලා

ඉන්නවා කියන එක ගැලපෙන දෙයක් නොවෙයි. ඒ නිසා පින්වත් ඵග්ගුන, යම් විදිහකින් යම්කිසි කෙනෙක් ඔබ ඉදිරියේ ඒ භික්ෂුණීන්ට දොස් කිව්වොත්, පින්වත් ඵග්ගුන, ඔබ තුළ ඒ භික්ෂුණීන් ගැන යම්කිසි බැඳීමක් හෝ බැඳීම් සහිත සිතුවිලි ඇතිවුණොත් ඒවා දුරු කර දමන්න ඕන. පින්වත් ඵග්ගුන, ඔබ ඒ ගැන මේ විදිහටයි හික්මිය යුත්තේ. 'මගේ සිත වෙනස් කරගන්නෙ නෑ, මං පාපී වචන කියන්නෙ නෑ, හිතානුකම්පීව ඉන්නවා, ද්වේෂයෙන් තොරව මෛත්‍රියෙන් ඉන්නවා' කියල. පින්වත් ඵග්ගුන, ඔබ ඔය විදිහටයි හික්මිය යුත්තේ.

පින්වත් ඵග්ගුන, ඔබ ඉදිරියේ යම්කිසි කෙනෙක් ඒ භික්ෂුණීන්ට අතින් පහර දුන්නොත්, ගල්වලින් ගැසුවොත්, පොලුවලින් ගැසුවොත්, ආයුධයකින් පහර දුන්නොත්, එතකොටත් පින්වත් ඵග්ගුන, ඔබ තුළ ඒ භික්ෂුණීන් ගැන යම්කිසි බැඳීමක් ඇතිවුනොත්, බැඳීම් සහිත සිතුවිලි ඇතිවුනොත් ඒවා දුරු කරන්න. එතකොටත් පින්වත් ඵග්ගුන, ඔබ මේ විදිහටයි හික්මිය යුත්තේ. 'මගේ සිත වෙනස් කරගන්නෙ නෑ, මං පාපී වචන කියන්නෙ නෑ, හිතානුකම්පීව ඉන්නවා, ද්වේෂයෙන් තොරව මෛත්‍රියෙන් ඉන්නවා' කියල. පින්වත් ඵග්ගුන, ඔබ ඔය විදිහටයි හික්මිය යුත්තේ.

එමෙන්ම පින්වත් ඵග්ගුන, කවුරුන් හෝ ඔබ ඉදිරියේ ඔබට දොස් කිව්වොත්, එතකොටත් පින්වත් ඵග්ගුන, ඔබ තුළ යම්කිසි බැඳීමක්, යම් බැඳීම් සහගත සිතුවිලි ඇතිවුනොත් ඒවා දුරු කරන්න ඕන. එතකොටත් පින්වත් ඵග්ගුන, ඔබ මේ විදිහටයි හික්මිය යුත්තේ. 'මගේ සිත වෙනස් කරගන්නෙ නෑ, මං පාපී වචන කියන්නෙ නෑ, හිතානුකම්පීව ඉන්නවා, ද්වේෂයෙන් තොරව මෛත්‍රියෙන් ඉන්නවා' කියල. පින්වත් ඵග්ගුන, ඔබ ඔය විදිහටයි හික්මිය යුත්තේ.

එමෙන් ම පින්වත් ඵග්ගුන, කවුරුන් හෝ ඔබට වුනත් අතින් පහර දුන්නොත්, ගල් ගැහුවොත්, පොලුවලින් ගැහුවොත්, ආයුධයකින් පහර දුන්නොත් එතකොටත් පින්වත් ඵග්ගුන, ඔබ ගැන යම්කිසි බැඳීමක්, යම් බැඳීම් සහිත සිතුවිලි ඇතිවුනොත් ඒවා දුරු කරන්න ඕන. එතකොටත් පින්වත් ඵග්ගුන, ඔබ මේ විදිහටයි හික්මිය යුත්තේ. 'මගේ සිත වෙනස් කරගන්නෙ නෑ, මං පාපී වචන කියන්නෙ නෑ, හිතානුකම්පීව ඉන්නවා, ද්වේෂයෙන් තොරව මෛත්‍රියෙන් ඉන්නවා' කියල. පින්වත් ඵග්ගුන, ඔබ ඔය විදිහටයි හික්මිය යුත්තේ."

ඒ වෙලාවේ භාග්‍යවතුන් වහන්සේ භික්ෂුසංඝයා ඇමතුවා. "පින්වත් මහණෙනි, ඇත්තෙන් ම භික්ෂූන් වහන්සේලා මගේ සිත සතුටු කරපු කාලයකුත් තිබුණා. පින්වත් මහණෙනි, මෙහිලා මම භික්ෂූන් අමතලා මෙහෙම කිව්වා.

'පින්වත් මහණෙනි, මම නම් එක වේලක් විතරයි වළඳන්නෙ. එක වේලක් වළඳන මට ලෙඩත් අඩුයි. කරදරත් අඩුයි. ඇඟටත් පහසුයි. ශරීර ශක්තියත් තියෙනවා. ජීවිතයත් පහසුයි. ඉතින් පින්වත් මහණෙනි, මෙහෙ එන්න. ඔබත් එක වේලක් වළඳන්න. එතකොට පින්වත් මහෙණෙනි, එක වේලක් වළඳන ඔබට ම තේරුම් යාවි, ලෙඩ අඩු බව, කරදර අඩු බව, සැහැල්ලු බව, ශරීර ශක්තියත් පහසු ජීවිතයත් ඇතිවෙන බව' කියලා. ඉතින් පින්වත් මහණෙනි, ඒ දවස්වල භික්ෂූන්ට එච්චර අනුශාසනා කරන්න ඕන වුනේ නෑ. පින්වත් මහණෙනි, මම ඒ දවස්වල කරන්නෙ ඒ භික්ෂූන්ට සිහි උපද්දවලා දෙන එක විතරයි.

පින්වත් මහණෙනි, ඒක මෙන්න මේ වගේ දෙයක්. තැනිතලා බිමක හතරමං හන්දියක අශ්ව රථයක් තියෙනවා. ඒ අශ්ව රථයේ හොඳින් හික්මුණු ශ්‍රේෂ්ඨ අශ්වයන්ව යොදල තියෙනවා. ගමනට හොඳට සූදානම් කරලා තියෙන්නෙ. අශ්ව කෙවිටත් සූදානම් කරල තියෙන්නෙ. ඉතින් ඔතනට එනවා අශ්වයන් දමනය කරගෙන ගමන යන්න පුළුවන් දක්ෂ ආචාර්යවරයෙක්. ඔහු ඒ අශ්ව කරත්තයට නගිනවා. වම් අතින් රැහැන් පට අල්ලගන්නවා. දකුණු අතින් කෙවිට ගන්නවා. තමන් යන්න කැමති ඕනෑ ම තැනකට ඒ අශ්ව රථය හසුරුවාගෙන යනවා. පින්වත් මහණෙනි, ඒ කාලෙ භික්ෂූනුත් ඔන්න ඔය වගෙයි. මම ඒ භික්ෂූන්ට හැම තිස්සේ ම අනුශාසනා කළ යුතු නෑ. මම ඒ භික්ෂූන්ට කරන්නෙ සිහිය උපද්දවලා දෙන එක විතරයි.

පින්වත් මහණෙනි, අන්න ඒ නිසා ඔබත් අකුසල් දුරුකරන්න ඕන. කුසල් දහම් දියුණු කරන්න ගොඩාක් මහන්සි වෙන්න ඕන. අන්න එතකොටයි ඔබටත් මේ බුද්ධ ශාසනයේදී දියුණුවක්, විශේෂ දියුණුවක්, මහත් දියුණුවක් ඇති කරගන්න පුළුවන් වෙන්නේ.

පින්වත් මහණෙනි, ඒක මෙන්න මේ වගේ දෙයක්. ගමකට හෝ පුංචි නගරයකට නුදුරින් විශාල සල් වනයක් තියෙනවා කියල හිතන්න. හැබැයි ඒ සල්ගස් පිළිලවලින් වැහිල තියෙන්නෙ. ඔතනට එනවා සල්වනයේ යහපත කැමති, හිත කැමති, යහපත උදාකරනු කැමති යම්කිසි මනුස්සයෙක්. ඔහු ඒ පිළිල හැදිල ඇද වෙච්ච අතු ටික රැහැල ඉවත් කරනවා. සල්වනයේ ඇතුළ හොඳට පිරිසිදු කරනවා. හොඳට වැඩෙන සල් ගස්වලට පෝර දාලා හරිගස්සනවා. පින්වත් මහණෙනි, කලක් යනකොට ඒ සල්වනය හරි අපූරුවට හැදිල හොඳ විශාල වනාන්තරයක් හැදෙනවා. ඔන්න ඔය වගේම යි පින්වත් මහණෙනි, අකුසල් ඉවත් කරන්න ඕන. කුසල් දහම් වඩාගන්න ගොඩාක් මහන්සි වෙන්න ඕන. එතකොට ඔබටත්, මේ බුද්ධ ශාසනයේ දී ම දියුණුවක්, විශේෂ දියුණුවක්, මහත් දියුණුවක් ලබාගන්න පුළුවන් වේවි.

පින්වත් මහණෙනි, ඉස්සර වෙච්ච දෙයක් මේ කියන්න යන්නෙ. සැවැත් නුවර හිටියා වේදේහිකා කියලා ගෘහණියක්. ඉතින් පින්වත් මහණෙනි, ඔය ගෘහණිය ගැන මේ විදිහේ සුන්දර කීර්ති රාවයක් පැතිර තිබුනා. 'වේදේහිකා ගෘහණිය හරිම කීකරු තැනැත්තියක්. වේදේහිකා ගෘහණිය යටහත් පැවතුම් ඇත්තියක්. වේදේහිකා ගෘහණිය උපශාන්ත තැනැත්තියක්' කියල. පින්වත් මහණෙනි, වේදේහිකා ගෘහණියට 'කාළී' කියල දාසියක් හිටියා. ඈ හරිම දක්ෂයි. කම්මැලි නෑ. හැම දෙයක් ම හොයල බලල කරනවා.

පින්වත් මහණෙනි, දවසක් ඔය කාළී දාසියට මෙහෙම හිතුණා. 'මගේ ස්වාමිදියණිය ගැන මේ විදිහේ සුන්දර කීර්ති රාවයක් පැතිරිලා තියෙනවා. 'වේදේහිකා ගෘහණිය හරිම කීකරු තැනැත්තියක්. වේදේහිකා ගෘහණිය යටහත් පැවතුම් ඇත්තියක්. වේදේහිකා ගෘහණිය උපශාන්ත තැනැත්තියක්' කියල. ඇත්තෙන් ම මගේ ස්වාමිදියණියගෙ හිතේ තිබෙන්නා වූ ම කෝපය මතුකරන්නේ නැතිව ඉන්නවාද? එහෙම නැත්නම්, ඇත්තට ම කෝපයක් නැද්ද? එහෙමත් නැත්නම්, මම මේ හොයල බලල හොඳට වැඩපළ කරන නිසා මගේ ස්වාමිදියණිය, තමන් තුළ තිබෙන්නා වූ ම කෝපය මතු නොකර ඉන්නවා ද? නැත්නම් ඇත්තට ම කෝපය නැද්ද? මම මේ ස්වාමිදියණියගේ ස්වභාවය විමසල බලන්න ඕන' කියල. පින්වත් මහණෙනි, ඉතින් ඒ කාළී මෙහෙකාරිය එදා දවල් වෙලා නැගිට්ටා. ඉතින් පින්වත් මහණෙනි, එදා වේදේහිකා ගෘහපතිනිය කාළි මෙහෙකාරියට මෙහෙම කිව්වා.

"ඒයි කෙල්ල කාළි"

"ඇයි ස්වාමිදියණියනි?"

"කෙල්ලෙ, මොකද උඹ දවල් වෙලා නැගිට්ටෙ?"

"ස්වාමි දියණියනි, මොකවත් නෑ."

"එහෙම ද? මේ පව්කාර වැඩකාරී එතකොට මොකවත් නැතුවයි දවල් වෙලා නැගිට්ටේ නේ?" කියල, කෝප වෙලා, නොසතුටු වෙලා, ඇහි බැම හකුලගත්තා.

පින්වත් මහණෙනි, එතකොට කාළී මෙහෙකාරිය මෙහෙම හිතුවා. 'හරි! මගේ ස්වාමිදියණිය තිබෙන්නා වූ ම කෝපය තමයි මතු කරන්නෙ නැතුව ඉන්නෙ. නොතිබෙන දෙයක් නොවෙයි. මං හොඳට හොයල බලල වැඩ කරන නිසා තමයි මගේ ස්වාමිදියණිය තමා තුළ තිබෙන්නා වූ ම කෝපය මතුකරන්නෙ නැතුව ඉන්නෙ. නොතිබිලා නොවෙයි. එහෙම නම්, මම තවදුරටත් මේ ස්වාමි

දියණිය ගැන විමසන එක තමයි හොඳ' කියල. පින්වත් මහණෙනි, කාළී දාසිය එදාත් ගොඩක් දවල් වෙලා නින්දෙන් නැගිට්ටා.

පින්වත් මහණෙනි, වේදේහිකා ගෘහපතිනිය, කාළී දාසියගෙන් මෙහෙම ඇහුවා.

"ඒයි කෙල්ල කාළී"

"ඇයි ස්වාමිදියණියනි?"

"කෙල්ලෙ, උඹ මොකද අද ගොඩක් දවල් වෙලා නැගිට්ටෙ?"

"ස්වාමිදියණියනි, මොකවත් නෑ."

"එහෙමද? එතකොට පාපී වැඩකාරී, උඹ ගොඩාක් දවල් වෙලා නැගිට්ටෙ මොකවත් නැතුව නේද?" කියල, කේන්ති ගත්තා, නොසතුටු වචන පිට කළා.

එතකොට පින්වත් මහණෙනි, කාළී දාසියට මෙහෙම හිතුනා. 'හරි! මගේ ස්වාමිදියණිය තමා තුළ තිබෙන්නා වූ ම කෝපයයි පිට නොකර ඉන්නෙ. නොතිබෙන්නා වූ දෙයක් නොවෙයි. මම මේ හොඳට හොයල බලල වැඩපල කරන නිසයි මගේ ස්වාමිදියණිය තමා තුළ තිබෙන කෝපය මතු නොකරන්නෙ. නොතිබිලා නෙවෙයි. ඒ නිසා මම තවදුරටත් ස්වාමිදියණිය ගැන විමසල බලන එක තමයි හොඳ' කියල.

පින්වත් මහණෙනි, ඉතින් ඒ කාළී දාසිය එදාත් හොඳට ම දවල් වෙනකල් නිදියගෙන ඉඳලයි නැගිට්ටේ. එතකොට පින්වත් මහණෙනි, වේදේහිකා ගෘහණිය කාළී දාසියට මෙහෙම කිව්වා.

"ඒයි කෙල්ල කාළී"

"ඇයි ස්වාමිදියණියනි?"

"කෙල්ලෙ, මොකද උඹ අද හොඳට ම දවල් වෙනකල් ඉඳල නැගිට්ටෙ?"

"මොකවත් නෑ ස්වාමිදියණියනි"

"එහෙම ද පාපී වැඩකාරිය, උඹ මොකවත් නැතුවයි එහෙනම් හොඳට ම දවල් වෙනකල් බුදියගෙන ඉඳලා නැගිට්ටෙ නේ?" කියල කේන්ති ගත්තා, නොසතුටු සිත් ඇති කරගත්තා. අන්තිමේදී දොර පොල්ල අරගෙන දාසියගෙ ඔළුවට ගැහුවා, ඔළුව පැලුනා!

එතකොට පින්වත් මහණෙනි, ඒ කාළී දාසිය ඔළුව පැලිලා ලේ ගලද්දි, ගෙදරින් එළියට පැනල අහල පහළ උදවියට කෑගහල කිව්වා "ස්වාමි දියණිවරුනේ! මෙන්න බලන්න! කීකරු තැනැත්තියගේ වැඩේ. ස්වාමිදියණිවරුනේ! මෙන්න බලන්න! යටහත් පැවතුම් ඇත්තියගේ වැඩේ. ස්වාමිදියණිවරුනේ! මෙන්න බලන්න! උපශාන්ත තැනැත්තියගේ වැඩේ. තමන්ගෙ එක ම දාසිය දවල් වෙලා නැගිට්ටා කියල කේන්ති ගිහින් අසතුටු වෙලා දොර පොල්ලෙන් ඔළුවට ගහල ඔළුව පලන්නෙ කොහොමද?" කියල.

එතකොට පින්වත් මහණෙනි, කලක් යනකොට වේදේහිකා ගෘහපතිනිය ගැන ලාමක අපකීර්තියක් පැතිරිලා ගියා. 'වේදේහිකා ගෘහපතිනිය නපුරුයි. වේදේහිකා ගෘහපතිනිය දරුණුයි. වේදේහිකා ගෘහපතිනිය නොසන්සුන්' කියල. ඔන්න ඔය විදිහම යි පින්වත් මහණෙනි, මෙහි ඇතැම් භික්ෂුවක් තුළ කීකරුකම තියෙන්නෙ, යටහත් පැවතුම් ඇතිකම තියෙන්නෙ, උපශාන්තකම තියෙන්නෙ, තමන් අකමැති වචන අහන්න නොලැබෙනකම් විතරයි. යම් දවසක ඒ භික්ෂුවට තමන් අකමැති වචන අහන්න ලැබෙන කොට තමයි ඒ භික්ෂුවගේ කීකරුකම බලන්න තියෙන්නෙ. යටහත් පැවතුම් බලන්න තියෙන්නෙ. උපශාන්තකම බලන්න තියෙන්නෙ.

පින්වත් මහණෙනි, යම් භික්ෂුවක් සිවුරු, පිණ්ඩපාත, සේනාසන, ගිලන්පස, බේත් හේත් ලැබෙන කොට විතරක් කීකරු වෙනවා නම් එකරුණින් ඒ භික්ෂුව කීකරුයි කියලා, කීකරු බවට පත්වෙනවා කියලා මම කියන්නෙ නෑ. ඇයි එහෙම මම නොකියන්නේ? පින්වත් මහණෙනි, ඒ භික්ෂුවට සිවුරු, පිණ්ඩපාත, සේනාසන, ගිලන්පස, බේත්හේත් නොලැබී ගියොත් අකීකරු වෙනවා, අකීකරු බවට පත්වෙනවා.

පින්වත් මහණෙනි, යම් භික්ෂුවක් ධර්මයට ම සත්කාර කරමින්, ධර්මයට ම ගෞරව කරමින්, ධර්මයට සැළකිලි දක්වමින් කීකරු වෙනවා නම්, කීකරු බවට පත්වෙනවා නම්, අන්න ඒ භික්ෂුවටයි මම කියන්නෙ කීකරුයි කියල, කීකරු බවට පත්වෙනවා කියලා. එමනිසා පින්වත් මහණෙනි, මේ විදිහටයි හික්මිය යුත්තේ. 'ධර්මයට ම සත්කාර කරමින්, ධර්මයට ම ගෞරව කරමින්, ධර්මයට ම සැළකිලි දක්වමින් කීකරුව ඉන්නවා, කීකරු බවට පත්වෙනවා' කියලා.

පින්වත් මහණෙනි, අනුන් විසින් ඔබට කියන වචන ක්‍රම පහකින් අසන්න ලැබෙනවා.

1. කලටත්, අකලටත් අසන්න ලැබෙනවා.

2. සත්‍ය වචනයෙනුත්, අසත්‍ය වචනයෙනුත් අසන්න ලැබෙනවා.

3. මොළොක් වචනයෙනුත්, දරුණු වචනයෙනුත් අසන්න ලැබෙනවා.

4. යහපත ඇති කරන වචනයෙනුත්, අයහපත ඇති කරන වචනයෙනුත් අසන්න ලැබෙනවා.

5. මෙත් සිතින් යුතු වචනත්, ද්වේෂ සහගත වචනත් අසන්න ලැබෙනවා.

මෙසේ පින්වත් මහණෙනි, අනිත් උදවිය ඔබට වචන කියද්දී කිවයුතු වෙලාවටත්, නොකිවයුතු වෙලාවටත් වචන කියාවි. පින්වත් මහණෙනි, අනිත් උදවිය ඔබට වචන කියද්දී සත්‍යයෙනුත්, අසත්‍යයෙනුත් වචන කියාවි. පින්වත් මහණෙනි, අනිත් උදවිය ඔබට වචන කියද්දී මොළොක් ලෙසත්, දරුණු ලෙසත් වචන කියාවි. පින්වත් මහණෙනි, අනිත් උදවිය ඔබට වචන කියද්දී යහපත පිණිසත්, අයහපත පිණිසත් වචන කියාවි. පින්වත් මහණෙනි, අනිත් උදවිය ඔබට වචන කියද්දී මෛත්‍රී සිතිනුත්, ද්වේෂ සිතිනුත් වචන කියාවි.

එතකොටත් පින්වත් මහණෙනි, ඔබ මේ විදිහටයි හික්මිය යුත්තේ. 'මගේ සිත වෙනස් කරගන්නෙ නෑ, මං පාපී වචන කියන්නෙ නෑ, හිතානුකම්පීව ඉන්නවා, ද්වේෂයෙන් තොරව මෛත්‍රියෙන් ඉන්නවා' කියල. 'ඒ පුද්ගලයා කෙරෙහි මෙත් සිත පතුරුවාගෙන අපි වාසය කරනවා. ඒ වගේම ඒ මෛත්‍රියට අරමුණු වූ සකල ලෝකයට ම වෛර නැති, තරහ නැති, විපුල වූ, අප්‍රමාණ පළල් සිතකින් යුතුව මෙත් සිත පතුරුවාගෙන අපි වාසය කරනවා' කියලා. පින්වත් මහණෙනි, ඔබ හික්මිය යුත්තේ ඔය විදිහටයි.

පින්වත් මහණෙනි, ඒක මෙන්න මේ වගේ දෙයක්. ඔන්න එක පුරුෂයෙක් උදල්ලකුයි, කූඩයකුයි අරගෙන එනවා කියල හිතමු. එයා මෙහෙම කියනවා. 'මම මේ මහ පොළොව නොපොළොවක් බවට පත්කරනවා' කියලා. එයා ඒ ඒ තැන හාරනවා. ඒ ඒ තැන පස් විසිරුවල දානවා. ඒ ඒ තැන කෙළ ගහනවා. එයා ඒ ඒ තැන මුත්‍රා කරනවා. 'මේ පොළොව නැති වෙයං, පොළොව නැති වෙයං' කියලා.

පින්වත් මහණෙනි, ඔබ මොකක්ද මේ ගැන හිතන්නෙ? අර මනුස්සයාට පුළුවන් ද, මේ මහ පොළොව, නොපොළොවක් කරන්න?"

"ස්වාමීනි, ඔහුට ඒක කරන්න බෑ."

"ඇයි එහෙම කරන්න බැරි?"

"ස්වාමීනී, මේ මහ පොළොව ගැඹුරුයි. මැනලා ඉවර කරන්න බෑ. ඒ නිසා මහ පොළොව නොපොළොවක් කරන එක ලේසි වැඩක් නොවෙයි. එහෙම කරන්න ගියොත්, ඒ පුද්ගලයාට සිද්ධ වෙන්නෙ කලන්තෙ හැදිලා, වෙහෙසට පත්වෙන එක විතරයි."

පින්වත් මහණෙනි, අනුන් විසින් ඔබට කියන වචන ක්‍රම පහකින් අසන්න ලැබෙනවා.

1. කලටත්, අකලටත් අසන්න ලැබෙනවා.

2. සත්‍ය වචනයෙනුත්, අසත්‍ය වචනයෙනුත් අසන්න ලැබෙනවා.

3. මොළොක් වචනයෙනුත්, දරුණු වචනයෙනුත් අසන්න ලැබෙනවා.

4. යහපත ඇතිකරන වචනයෙනුත්, අයහපත ඇතිකරන වචනයෙනුත් අසන්න ලැබෙනවා.

5. මෙත් සිතින් යුතු වචනත්, ද්වේෂ සහගත වචනත් අසන්න ලැබෙනවා.

මෙසේ පින්වත් මහණෙනි, අනිත් උදවිය ඔබට වචන කියද්දී කිවයුතු වෙලාවටත්, නොකිවයුතු වෙලාවටත් වචන කියාවි. පින්වත් මහණෙනි, අනිත් උදවිය ඔබට වචන කියද්දී සත්‍යයෙනුත්, අසත්‍යයෙනුත් වචන කියාවි. පින්වත් මහණෙනි, අනිත් උදවිය ඔබට වචන කියද්දී මොළොක් ලෙසත්, දරුණු ලෙසත් වචන කියාවි. පින්වත් මහණෙනි, අනිත් උදවිය ඔබට වචන කියද්දී යහපත පිණිසත්, අයහපත පිණිසත් වචන කියාවි. පින්වත් මහණෙනි, අනිත් උදවිය ඔබට වචන කියද්දී මෛත්‍රී සිතිනුත්, ද්වේෂ සිතිනුත් වචන කියාවි.

එතකොටත් පින්වත් මහණෙනි, ඔබ මේ විදිහටයි හික්මිය යුත්තේ. 'මගේ සිත වෙනස් කරගන්නෙ නෑ, මං පාපී වචන කියන්නෙ නෑ, හිතානුකම්පීව ඉන්නවා, ද්වේෂයෙන් තොරව මෛත්‍රියෙන් ඉන්නවා' කියල. 'ඒ පුද්ගලයා කෙරෙහි මෙත් සිත පතුරුවාගෙන අපි වාසය කරනවා. ඒ වගේ ම ඒ මෛත්‍රියට අරමුණු වූ සකල ලෝකයට ම පොළොව හා සමාන සිතින් වෛර නැති, තරහ නැති, විපුල වූ, අප්‍රමාණ පළල් සිතකින් යුතුව මෙත් සිත පතුරුවාගෙන අපි වාසය කරනවා' කියලා. පින්වත් මහණෙනි, ඔබ හික්මිය යුත්තේ ඔය විදිහටයි.

එමෙන්ම පින්වත් මහණෙනි, ඒක මෙන්න මේ වගේ දෙයක්. ඔන්න පුරුෂයෙක් එනවා කියල හිතමු. ඔහු එන්නේ කහ පාට හෝ නිල් පාට හෝ මදටිය පාට හෝ සායම් අරගෙන. ඉතින් ඔහු මෙහෙම කියනවා. 'මං දැන් මේ ආකාසයේ පින්තූර අඳින්නයි හදන්නෙ. රූප පෙන්නන්නයි හදන්නෙ' කියල.

පින්වත් මහණෙනි, ඔබ මේ ගැන කුමක්ද හිතන්නෙ? අර පුරුෂයාට පුළුවන් ද මේ ආකාසයේ පින්තූර අඳින්න? මේ ආකාසයේ පින්තූර ඇඳලා පෙන්නන්න?"

"ස්වාමීනී, ඔහුට ඒක කරන්න බෑ."

"ඇයි එහෙම කරන්න බැරි?"

"ස්වාමීනී, මේ ආකාසය අරූපී දෙයක්. දැකගන්න බැරි දෙයක්. ඒ නිසා ආකාසයේ රූප අඳින එක, රූප ඇඳල පෙන්නන එක ලේසි වැඩක් නොවෙයි. ඒකෙන් සිද්ධ වෙන්නෙ ඒ මනුස්සයාට කලන්තෙ හැදෙන එක. වෙහෙසට පත්වෙන එක විතරයි."

"පින්වත් මහණෙනි, ඔන්න ඔය විදියට ම යි ඔබට අනිත් උදවියගෙන් වචන අසන්න ලැබෙන ක්‍රම පහක් තියෙනවා.

කලටත්, අකලටත් ....(පෙ).... ඒ වගේම ඒ මෛත්‍රියට අරමුණු වූ සකල ලෝකයට ම ආකාසය හා සමාන වූ සිතින් වෛර නැති, තරහ නැති, විපුල වූ, අප්‍රමාණ පළල් සිතකින් යුතුව මෙත් සිත පතුරුවාගෙන අපි වාසය කරනවා' කියලා. පින්වත් මහණෙනි, ඔබ හික්මිය යුත්තේ ඔය විදිහටයි.

පින්වත් මහණෙනි, ඕක මෙන්න මේ වගේ දෙයක්. ඔන්න ඇවිලෙන හුළු අත්තක් අරගෙන මනුස්සයෙක් එනවා. ඉතින් ඔහු මෙහෙම කියනවා. 'මං මේ ඇවිලෙන හුළුඅත්තෙන් ගංගා නදිය රත්කරනවා. හොඳට ම රත්කරනවා' කියලා.

පින්වත් මහණෙනි, ඔබ මේ ගැන මොකක් ද හිතන්නෙ? ඒ මනුස්සයාට ඇවිලෙන හුළුඅත්තෙන් ගංගා නදිය රත්කරන්න පුළුවන්ද? හොඳට ම රත්කරන්න පුළුවන්ද?"

"ස්වාමීනී, ඔහුට ඒක කරන්න බෑ."

"ඇයි ඔහුට ඒක කරන්න බැරි?"

"ස්වාමීනී, ගංගා නදිය කියන්නෙ ගැඹුරු එකක්. මැනල අවසන් කළ නොහැකි එකක්. ඉතින් ඇවිලුණු තණ හුලකින් ගංගා නදිය රත්කරන එක, හොඳට ම රත්කරන එක ලේසි වැඩක් නොවෙයි. ඒක කරන්න ගියොත් ඒ මනුස්සයාට කලන්තෙ හැදිල වෙහෙසට පත්වීම විතරයි සිද්ධ වෙන්නෙ."

"පින්වත් මහණෙනි, ඔන්න ඔය විදිහට ම යි ඔබට අනිත් උදවියගෙන් වචන අසන්න ලැබෙන ක්‍රම පහක් තියෙනවා.

කලටත්, අකලටත් ....(පෙ).... ඒ වගේ ම ඒ මෛත්‍රියට අරමුණු වූ සකල ලෝකයට ම ගංගා නදිය හා සමාන වූ සිතින් වෛර නැති, තරහ නැති, විපුල වූ, අප්‍රමාණ පළල් සිතකින් යුතුව මෙත් සිත පතුරුවාගෙන අපි වාසය කරනවා' කියලා. පින්වත් මහණෙනි, ඔබ හික්මිය යුත්තේ ඔය විදිහටයි.

පින්වත් මහණෙනි, මේක මෙන්න මේ වගේ දෙයක්. බළල් හමෙන් කරපු පසුම්බියක් තියෙනවා. ඒක හොඳට සිනිඳු කරලා තියෙන්නෙ. ගොඩාක් ම හොඳට සිනිඳු කරලා තියෙන්නෙ. හරි ම මෘදුයි. පුළුන් රොදක් වගේ. 'සර සර' ගාන සද්දෙ නෑ. 'බර බර' ගාන සද්දෙ නෑ. ඉතින්, පොල්ලක් හෝ ගලක් හෝ අරගෙන මිනිහෙක් එනවා. ඔහු මෙහෙම කියනවා. 'බළල් හමෙන් කරපු මේ පසුම්බිය හොඳට සිනිඳු කරපු එකක් තමයි. ගොඩක් ම හොඳට සිනිඳු කරපු එකක් තමයි. මෘදු එකක් තමයි. පුළුන් රොදක් වගේ තමයි. 'සර සර' ගාන සද්දෙ නැහැ තමයි. 'බර බර' ගාන සද්දෙත් නැහැ තමයි. හැබැයි මට පුළුවනි මේ පොල්ලෙන් හරි මේ ගලෙන් හරි 'සර සර' ගාන සද්දෙ හදන්න. 'බර බර' ගාන සද්දෙ හදන්න' කියලා.

පින්වත් මහණෙනි, ඔබ ඒ ගැන හිතන්නෙ මොකක්ද? ඒ මනුස්සයාට 'සර සර' ගාන සද්දෙ නැති, 'බර බර' ගාන සද්දෙ නැති, පුළුන් රොදක් වගේ මෘදු වෙච්ච, හොඳට සිනිඳු කරපු, හොඳට ම සිනිඳු කරපු, බළල් හමෙන් කළ පසුම්බියට පොල්ලෙන් හරි ගලෙන් හරි ගහලා 'සර සර' ගාන සද්දෙ ඇතිකරන්න, 'බර බර' ගාන සද්දෙ ඇතිකරන්න පුළුවන්ද?"

"ස්වාමීනී, ඒ මනුස්සයාට ඒක කරන්න බෑ."

"ඇයි ඒක කරන්න බැරි?"

"ස්වාමීනී, බළල් හමෙන් කරපු ඒ පසුම්බිය හොඳට ම සිනිඳු කරලා තියෙන නිසයි. ගොඩාක් හොඳට සිනිඳු කරල තියෙන නිසයි. පුළුන් රොදක් වගේ නිසයි. 'සර සර' ගාන සද්දෙ නැති නිසයි. 'බර බර' ගාන සද්දෙ නැති නිසයි. ඒ නිසා ඒ මනුස්සයාට පොල්ලකින් හරි ගලකින් හරි ගහලා ඒ පසුම්බිය 'සර සර' ගාන විදිහට හදන්න, 'බර බර' ගාන විදිහට හදන්න ලේසි නෑ. එහෙම කරන්න ගියොත් ඒ මනුස්සයාට සිද්ධ වෙන්නෙ කලන්තෙ හැදෙන එක, වෙහෙසට පත්වෙන එක විතරයි."

"පින්වත් මහණෙනි, ඔය ඔය විදිහටමයි අනුන් විසින් ඔබට කියන වචන ක්‍රම පහකින් අසන්න ලැබෙනවා.

1. කලටත්, අකලටත් අසන්න ලැබෙනවා.

2. සත්‍ය වචනයෙනුත්, අසත්‍ය වචනයෙනුත් අසන්න ලැබෙනවා.

3. මොළොක් වචනයෙනුත්, දරුණු වචනයෙනුත් අසන්න ලැබෙනවා.

4. යහපත ඇතිකරන වචනයෙනුත්, අයහපත ඇතිකරන වචනයෙනුත් අසන්න ලැබෙනවා.

5. මෙත් සිතින් යුතු වචනත්, ද්වේෂ සහගත වචනත් අසන්න ලැබෙනවා.

මෙසේ පින්වත් මහණෙනි, අනිත් උදවිය ඔබට වචන කියද්දී කිවයුතු වෙලාවටත්, නොකිවයුතු වෙලාවටත් වචන කියාවි. පින්වත් මහණෙනි, අනිත් උදවිය ඔබට වචන කියද්දී සත්‍යයෙනුත්, අසත්‍යයෙනුත් වචන කියාවි. පින්වත් මහණෙනි, අනිත් උදවිය ඔබට වචන කියද්දී මොළොක් ලෙසත්, දරුණු ලෙසත් වචන කියාවි. පින්වත් මහණෙනි, අනිත් උදවිය ඔබට වචන කියද්දී යහපත පිණිසත්, අයහපත පිණිසත් වචන කියාවි. පින්වත් මහණෙනි, අනිත් උදවිය ඔබට වචන කියද්දී මෛත්‍රී සිතිනුත්, ද්වේෂ සිතිනුත් වචන කියාවි.

එතකොටත් පින්වත් මහණෙනි, ඔබ මේ විදිහටයි හික්මිය යුත්තේ. 'මගේ සිත වෙනස් කරගන්නෙ නෑ, මං පාපී වචන කියන්නෙ නෑ, හිතානුකම්පීව ඉන්නවා, ද්වේෂයෙන් තොරව මෛත්‍රියෙන් ඉන්නවා කියල. ඒ පුද්ගලයා කෙරෙහි මෙත් සිත පතුරුවාගෙන අපි වාසය කරනවා. ඒ වගේම ඒ මෛත්‍රියට අරමුණු වූ සකල ලෝකයට ම බළල් හමෙන් කරපු පසුම්බිය හා සමාන වූ සිතින් වෛර නැති, තරහ නැති, විපුල වූ, අප්‍රමාණ පළල් සිතකින් යුතුව මෙත් සිත පතුරුවාගෙන අපි වාසය කරනවා' කියලා. පින්වත් මහණෙනි, ඔබ හික්මිය යුත්තේ ඔය විදිහටයි.

පින්වත් මහණෙනි, නපුරු හොරු ඇවිදින් දෙපැත්තේ මිට තියෙන කියතකින් මේ ශරීරයේ කොටස් කපනවා නම්, එවැනි අවස්ථාවක පවා යමෙක් සිත කිලිටි කරගත්තොත්, එයා මගේ අනුශාසනාව කරන කෙනෙක් නොවෙයි. එවැනි අවස්ථාවක වුනත් පින්වත් මහණෙනි, ඔබ හික්මිය යුත්තේ මෙන්න මේ විදිහටයි. 'මගේ සිත වෙනස් කරගන්නෙ නෑ, මං පාපී වචන කියන්නෙ නෑ, හිතානුකම්පීව ඉන්නවා, ද්වේෂයෙන් තොරව මෛත්‍රියෙන් ඉන්නවා කියල. ඒ පුද්ගලයා කෙරෙහි මෙත් සිත පතුරුවාගෙන අපි වාසය කරනවා. ඒ වගේ ම ඒ මෛත්‍රියට අරමුණු වූ සකල ලෝකයට ම වෛර නැති, තරහ නැති, විපුල වූ, අප්‍රමාණ පළල් සිතකින් යුතුව මෙත් සිත පතුරුවාගෙන අපි වාසය කරනවා' කියලා. පින්වත් මහණෙනි, ඔබ හික්මිය යුත්තේ ඔය විදිහටයි.

පින්වත් මහණෙනි, ඔබ විසින් මම මේ කියන උපමා කරගෙන කරපු අවවාදය ගැන නිතර සිහි කළොත්, පින්වත් මහණෙනි, යම් වචනයක් අහලා

ඔබට ඉවසගන්න බැරිවෙනවා නම්, එබඳු වූ ස්වල්ප වචනයක් හෝ ගොඩාක් වචන හෝ තියේවි කියලා ඔබට දකින්න පුළුවන්ද?"

"ස්වාමීනී, එහෙම වෙන්නෙ නෑ."

"අන්න ඒ නිසා පින්වත් මහණෙනි, කියත උපමා කරගෙන මේ කියා දුන් අවවාදය ගැන නිරන්තරයෙන් ම සිහිපත් කරන්න. එය ඔබට බොහෝ කාලයක් හිත සුව පිණිස පවතීවි."

භාග්‍යවතුන් වහන්සේ මේ දේශනය වදාළා. ඒ භික්ෂු පිරිස ගොඩාක් සතුටු වුනා. භාග්‍යවතුන් වහන්සේ වදාළ මේ ධර්මය සාදු නාද නංවමින් සතුටු සිතින් පිළිගත්තා.

සාදු! සාදු!! සාදු!!!

**කියත උපමා කොට වදාළ දෙසුම නිමා විය.**

# 1.3.2
# අලගද්දූපම සූත්‍රය
## සර්පයා උපමා කොට වදාළ දෙසුම

මා හට අසන්නට ලැබුනේ මේ විදිහටයි. ඒ දවස්වල භාග්‍යවතුන් වහන්සේ වැඩසිටියේ සැවැත් නුවර ජේතවනය නම් වූ අනේපිඬු සිටුතුමාගේ ආරාමයේ. ඒ දිනවල ම ගිජුළිහිණියන් නසන කුලයේ ඉපදුණු ගද්ධබාධිපුබ්බ අරිට්ඨ කියන භික්ෂුවට මෙන්න මේ විදිහේ භයානක මිථ්‍යා අදහසක් ඇතිවුනා. එනම් 'භාග්‍යවතුන් වහන්සේ විසින් වදාළ ධර්මය මෙන්න මේ විදිහටයි මම දන්නෙ. ඒ කියන්නේ; භාග්‍යවතුන් වහන්සේ විසින් නිවන් අවබෝධයට බාධා පිණිස පවතින අන්තරායදායක දේවල් කියා දීලා තියෙනවා නෙව. එහෙත් ඒ අන්තරායදායක දේවල් අප අතින් සිදුවුනාට කිසි අන්තරායක් වෙන්න ඉඩක් නෑ' කියල. එතකොට බොහෝ භික්ෂූන් වහන්සේලාට මේ අරිට්ඨ භික්ෂුවගේ ඒ භයානක මිථ්‍යා අදහස අසන්න ලැබුනා. 'භාග්‍යවතුන් වහන්සේ විසින් වදාළ ධර්මය මෙන්න මේ විදිහටයි මම දන්නෙ. ඒ කියන්නේ; භාග්‍යවතුන් වහන්සේ විසින් නිවන් අවබෝධයට බාධා පිණිස පවතින අන්තරායදායක දේවල් කියා දීලා තියෙනවා නෙව. එහෙත් ඒ අන්තරායදායක දේවල් කෙනෙකු අතින් සිදුවුනාට කිසි අන්තරායක් වෙන්න ඉඩක් නෑ' කියල.

ඉතින් ඒ භික්ෂූන් වහන්සේලා අරිට්ඨ භික්ෂුව සොයාගෙන ගියා. ගිහින් අරිට්ඨ භික්ෂුවට මේ විදිහට කිව්වා. "ආයුෂ්මත් අරිට්ඨ, මේ කතාව ඇත්තද? ඔබට මෙන්න මේ විදිහේ භයානක මිථ්‍යා අදහසක් ඇතිවෙලා තියෙනවා කියල කියන්නෙ? ඔබ මෙහෙම කියනවලු. 'භාග්‍යවතුන් වහන්සේ විසින් වදාළ ධර්මය මෙන්න මේ විදිහටයි මම දන්නෙ. ඒ කියන්නේ; භාග්‍යවතුන් වහන්සේ විසින් නිවන් අවබෝධයට බාධා පිණිස පවතින අන්තරායදායක දේවල් කියා දීලා තියෙනවා නෙව. එහෙත් ඒ අන්තරායදායක දේවල් කෙනෙකු අතින් සිදුවුනාට කිසි අන්තරායක් වෙන්න ඉඩක් නෑ' කියල?"

"ප්‍රිය ආයුෂ්මතුන් වහන්ස, ඒක ඇත්ත. භාග්‍යවතුන් වහන්සේ විසින් වදාළ ධර්මය මෙන්න මේ විදිහට තමයි මම දන්නෙ. ඒ කියන්නේ; භාග්‍යවතුන් වහන්සේ විසින් නිවන් අවබෝධයට බාධා පිණිස පවතින අන්තරායදායක දේවල් කියා දීලා තියෙනවා නෙව. එහෙත් ඒ අන්තරායදායක දේවල් කෙනෙකු අතින් සිදුවුණාට කිසි අන්තරායක් වෙන්න ඉඩක් නෑ"

එතකොට ඒ භික්ෂූන් වහන්සේලා අරිට්ඨ භික්ෂුව ඒ භයානක මිථ්‍යා දෘෂ්ටියෙන් බේරගන්න හිතලා සදහම් මග පෙන්නා දුන්නා. සදහම් මග මතු කරල දුන්නා. සදහම් මග විස්තර කළා. "ආයුෂ්මත් අරිට්ඨ, ඔය කතාව නම් කියන්න එපා! ඔය කතාව නම් ආයුෂ්මත් අරිට්ඨ ආයෙමත් කියන්න එපා! භාග්‍යවතුන් වහන්සේට අභූතයෙන් චෝදනා කරන්න එපා! භාග්‍යවතුන් වහන්සේට අභූතයෙන් චෝදනා කිරීම හොඳ දෙයක් නම් නෙමෙයි. භාග්‍යවතුන් වහන්සේ කවදාවත් ඔය විදිහට ධර්මය වදාරන්නේ නෑ. ආයුෂ්මත් අරිට්ඨ, භාග්‍යවතුන් වහන්සේ විසින් නොයෙක් ආකාරයෙන් මේ නිවන් මගට අන්තරායකර දේවල් වදාරලා තියෙනවා. ඒවා කෙනෙකු අතින් සිදුවුනොත් එය නිවන් මගට අන්තරායක් ම යි.

භාග්‍යවතුන් වහන්සේ වදාළේ මේ කාමයන් තුළ තියෙන්නෙ ඉතාම අල්ප ආශ්වාදයක් කියලා. මේ කාමයන් තුළ දුක් ගොඩාක් තියෙනවා. කරදර ගොඩාක් තියෙනවා. භයානක විපාක ගොඩාක් තියෙනවා කියලා. ඒ වගේම භාග්‍යවතුන් වහන්සේ වදාළේ මේ කාමයන් ඇට සැකිල්ලක් වගේ කියලා. ....(පෙ).... භාග්‍යවතුන් වහන්සේ මේ කාමයන් ගැන වදාළේ මස් වැදැල්ලක් උපමා කරලයි ....(පෙ).... භාග්‍යවතුන් වහන්සේ මේ කාමයන් ගැන වදාළේ ඇවිලගත් හුළුඅත්තක් උපමා කරලයි ....(පෙ).... භාග්‍යවතුන් වහන්සේ මේ කාමයන් ගැන වදාළේ ගිනි අඟුරු වලක් උපමා කරලයි ....(පෙ).... භාග්‍යවතුන් වහන්සේ මේ කාමයන් ගැන වදාළේ නින්දේ දුටු සිහිනයකට උපමා කරලයි ....(පෙ).... භාග්‍යවතුන් වහන්සේ මේ කාමයන් ගැන වදාළේ ණයට ඉල්ලා ගත් දේකට උපමා කරලයි ....(පෙ).... භාග්‍යවතුන් වහන්සේ මේ කාමයන් ගැන වදාළේ ගහක තියෙන ගෙඩිවලට උපමා කරලයි ....(පෙ).... භාග්‍යවතුන් වහන්සේ මේ කාමයන් ගැන වදාළේ කඩුවකුයි මස් කපන කොටේකුයි උපමා කරලයි ....(පෙ).... භාග්‍යවතුන් වහන්සේ මේ කාමයන් ගැන වදාළේ තියුණු උල් ආයුධයකට උපමා කරලයි ....(පෙ).... භාග්‍යවතුන් වහන්සේ මේ කාමයන් ගැන වදාළේ භයානක සර්පයෙකුගේ ඔළුව පැත්ත උපමා කරලයි. මේ කාමයන් තුළ දුක් ගොඩාක් තියෙනවා. කරදර ගොඩාක් තියෙනවා. භයානක විපාක ගොඩාක් තියෙනවා කියලයි භාග්‍යවතුන් වහන්සේ වදාළේ."

ඉතින් ඔය විදිහට අරිට්ඨ භික්ෂුවට ඒ භික්ෂූන් විසින් සදහම් මග කියද්දිත්, සදහම් මග මතුකොට පෙන්වද්දිත්, සදහම් මග විස්තර කරද්දිත්, ඔහු තමන් ගත්තු භයානක මිථ්‍යා අදහස අත්හරින්නෙ නැතුව දැඩි විදිහට ම අල්ලගෙන ඒක ම කියන්න පටන් ගත්තා.

"ප්‍රිය ආයුෂ්මතුන් වහන්ස, ඔය කොහොම කිව්වත් භාග්‍යවතුන් වහන්සේ වදාළ ධර්මය දන්නෙ මම නෙව. භාග්‍යවතුන් වහන්සේ විසින් නිවන් අවබෝධයට බාධා පිණිස පවතින අන්තරායදායක දේවල් කියා දීලා තියෙන නමුත් ඒ අන්තරායදායක දේවල් කෙනෙකු අතින් සිදුවුණාට කිසි අන්තරායක් වෙන්න ඉඩක් නෑ"

ඉතින් අරිට්ඨ භික්ෂුව ඒ භයානක මිථ්‍යා මතයෙන් නිදහස් කරවන්නට අර භික්ෂූන් වහන්සේලාට බැරිවුනා. අන්තිමේ දී ඒ භික්ෂූන් වහන්සේලා භාග්‍යවතුන් වහන්සේ ළඟට ගියා. ගිහින් භාග්‍යවතුන් වහන්සේට වන්දනා කොට එකත්පස්ව වාඩිවුනා. එකත්පස්ව වාඩිවුණු ඒ භික්ෂූන් වහන්සේලා භාග්‍යවතුන් වහන්සේට මේ කාරණය සැළ කළා.

"ස්වාමීනී භාග්‍යවතුන් වහන්ස, අර ගිජුලිහිණියන් නසන කුලයේ උපන් අරිට්ඨ කියන භික්ෂුවට භයානක මිථ්‍යා දෘෂ්ටියක් ඇති වෙලා තියෙනවා. අරිට්ඨ භික්ෂුව මෙහෙම කියනවා. භාග්‍යවතුන් වහන්සේ විසින් වදාළ ධර්මය මෙන්න මේ විදිහට තමයි මම දන්නෙ. ඒ කියන්නේ; භාග්‍යවතුන් වහන්සේ විසින් නිවන් අවබෝධයට බාධා පිණිස පවතින අන්තරායදායක දේවල් කියා දීලා තියෙනවා නෙව. එහෙත් ඒ අන්තරායදායක දේවල් කෙනෙකු අතින් සිදුවුනාට කිසි අන්තරායක් වෙන්න ඉඩක් නෑ' කියල. ඉතින් ස්වාමීනී, අපටත් ඔය භයානක කතාව ආරංචි වුනා. ඉතින් අපි අරිට්ඨ භික්ෂුව ළඟට ගියා. ගිහින් අරිට්ඨ භික්ෂුවගෙන් මෙහෙම ඇහුවා 'ආයුෂ්මත් අරිට්ඨ, මෙන්න මේ වගේ භයානක මිථ්‍යා දෘෂ්ටියක් ඔබ තුළ ඇතිවෙලා තියෙනවා කියල කියන්නෙ හැබෑද? 'භාග්‍යවතුන් වහන්සේ විසින් වදාළ ධර්මය මෙන්න මේ විදිහට තමයි මම දන්නෙ. ඒ කියන්නේ; භාග්‍යවතුන් වහන්සේ විසින් නිවන් අවබෝධයට බාධා පිණිස පවතින අන්තරායදායක දේවල් කියා දීලා තියෙන නමුත් ඒ අන්තරායදායක දේවල් කෙනෙකු අතින් සිදුවුනාට කිසි අන්තරායක් වෙන්න ඉඩක් නෑ' කියල?

එතකොට ස්වාමීනී, අරිට්ඨ භික්ෂුව අපිට මෙහෙම කිව්ව නෙව. 'ඔව් ! ප්‍රිය ආයුෂ්මතුන් වහන්ස, භාග්‍යවතුන් වහන්සේ වදාළ ධර්මය මම දන්නවා. භාග්‍යවතුන් වහන්සේ විසින් නිවන් අවබෝධයට බාධා පිණිස පවතින

අන්තරායදායක දේවල් කියා දීලා තියෙන නමුත් ඒ අන්තරායදායක දේවල් කෙනෙකු අතින් සිදුවුනාට කිසි අන්තරායක් වෙන්න ඉඩක් නෑ' කියල.

එතකොට ස්වාමීනී, අරිට්ඨ භික්ෂුව ඔය භයානක මිථ්‍යා දෘෂ්ටියෙන් බේරගන්න අපට ඕන වුනා. ඉතින් අපි සදහම් මග කියා දුන්නා. සදහම් මග මතුකරල පෙන්නුවා. සදහම් මග විස්තර කරල දුන්නා. අපි මෙහෙම කිව්වා. 'ආයුෂ්මත් අරිට්ඨ, ඔය කතාව නම් කියන්න එපා! ඔය කතාව නම් ආයුෂ්මත් අරිට්ඨ ආයෙමත් කියන්න එපා! භාග්‍යවතුන් වහන්සේට අභූතයෙන් චෝදනා කරන්න එපා! භාග්‍යවතුන් වහන්සේට ඔය චෝදනා කිරීම හොඳ දෙයක් නම් නෙමෙයි. භාග්‍යවතුන් වහන්සේ කවදාවත් අභූතයෙන් විදිහට ධර්මය වදාරන්නේ නෑ. ආයුෂ්මත් අරිට්ඨ, භාග්‍යවතුන් වහන්සේ විසින් නොයෙක් ආකාරයෙන් මේ නිවන් මගට අන්තරායකර දේවල් වදාරලා තියෙනවා. ඒවා කෙනෙකු අතින් සිදුවුණොත් නිවන් මගට අන්තරායක් ම යි.

භාග්‍යවතුන් වහන්සේ වදාළේ මේ කාමයන් තුළ තියෙන්නෙ ඉතා ම අල්ප ආශ්වාදයක් කියලා. මේ කාමයන් තුළ දුක් ගොඩාක් තියෙනවා. කරදර ගොඩාක් තියෙනවා. භයානක විපාක ගොඩාක් තියෙනවා කියලා. ඒ වගේම භාග්‍යවතුන් වහන්සේ වදාළේ මේ කාමයන් ඇට සැකිල්ලක් වගේ කියලා. ....(පෙ).... භාග්‍යවතුන් වහන්සේ මේ කාමයන් ගැන වදාළේ භයානක සර්පයෙකුගේ ඔළුව පැත්ත උපමා කරලයි. මේ කාමයන් තුළ දුක් ගොඩාක් තියෙනවා. කරදර ගොඩාක් තියෙනවා. භයානක විපාක ගොඩාක් තියෙනවා කියලයි භාග්‍යවතුන් වහන්සේ වදාළේ.

ඉතින් ස්වාමීනී, අපි ඔය විදිහට අරිට්ඨ භික්ෂුවට සදහම් මග කියද්දිත් සදහම් මග මතුකොට පෙන්වද්දිත් සදහම් මග විස්තර කරද්දිත් ඒ අරිට්ඨ භික්ෂුව තමන් ගත්තු භයානක මිථ්‍යා දෘෂ්ටියට ම බැඳිල ඒකම කියවන්න පටන් ගත්තා. 'භාග්‍යවතුන් වහන්සේ වදාළ ධර්මය මම දන්නවා. භාග්‍යවතුන් වහන්සේ විසින් නිවන් අවබෝධයට බාධා පිණිස පවතින අන්තරායදායක දේවල් කියා දීලා තියෙන නමුත් ඒ අන්තරායදායක දේවල් කෙනෙකු අතින් සිදුවුනාට කිසි අන්තරායක් වෙන්න ඉඩක් නෑ' කියල. ඉතින් ස්වාමීනී, ඒ අරිට්ඨ භික්ෂුවට තිබුන ඒ භයානක මිථ්‍යා දෘෂ්ටියෙන් අරිට්ඨ භික්ෂුව බේරගන්න අපට පුළුවන් වුනේ නෑ. ඒ නිසා ම තමයි මේ කාරණය ගැන සැලකරන්නයි අපි භාග්‍යවතුන් වහන්සේ ළඟට ආවේ."

ඊට පස්සේ භාග්‍යවතුන් වහන්සේ එක්තරා භික්ෂුවකට කතා කළා. කතා කරල මෙහෙම වදාළා. "පින්වත් භික්ෂුව, මෙහෙ එන්න. ඔබ දූන් අරිට්ඨ

භික්ෂුව ළඟට යන්න. ගිහිල්ල කියන්න ශාස්තෲන් වහන්සේ ඔබව අමතනවා කියලා."

ඉතින් ඒ භික්ෂුවත් භාග්‍යවතුන් වහන්සේට "එසේය ස්වාමීනී" කියල පිළිතුරු දීලා අරිට්ඨ භික්ෂුව හමුවෙන්න ගියා. ගිහින් අරිට්ඨ භික්ෂුවට මෙහෙම කිව්වා.

"ආයුෂ්මත් අරිට්ඨ, අන්න ශාස්තෲන් වහන්සේ ඔබට කතා කරනවා" කියල.

"හොඳයි ආයුෂ්මතුනි" කියල අරිට්ඨ භික්ෂුව ඒ භික්ෂුවට පිළිතුරු දීලා භාග්‍යවතුන් වහන්සේ වෙත ගියා. ගිහින් භාග්‍යවතුන් වහන්සේට වන්දනා කොට එකත්පස්ව වාඩිවුනා. එකත්පස්ව වාඩිවුණු අරිට්ඨ භික්ෂුවගෙන් භාග්‍යවතුන් වහන්සේ මේ කාරණය විමසුවා.

"හැබෑ ද අරිට්ඨ, ඔබට මේ විදිහේ ලාමක මිථ්‍යා දෘෂ්ටියක් ඇතිවුණා ය කියන්නෙ? 'භාග්‍යවතුන් වහන්සේ විසින් වදාළ ධර්මය මම දන්නවා. භාග්‍යවතුන් වහන්සේ විසින් නිවන් අවබෝධයට බාධා පිණිස පවතින අන්තරායදායක දේවල් කියා දීලා තියෙන නමුත් ඒ අන්තරායදායක දේවල් කෙනෙකු අතින් සිදුවුනාට කිසි අන්තරායක් වෙන්න ඉඩක් නෑ' කියලා?"

"එසේය, ස්වාමීනී. භාග්‍යවතුන් වහන්සේ වදාළ ධර්මය මම දන්නේ ඔය විදිහටයි. නිවන් මගට අන්තරායදායකයි කියල භාග්‍යවතුන් වහන්සේ විසින් යමක් පෙන්වා දීලා තියෙනවා ද, නමුත් ඒ දේවල් කෙනෙකු අතින් සිදුවුනාට කිසි ම අන්තරායක් වෙන්නෙ නෑ."

"හිස් මනුස්සයො, මං ඔය විදිහේ ධර්මයක් කාට නම් කියල තියෙන බවක් ද ඔබ දන්නෙ? හිස් මනුස්සයො, නිවන් මගට අන්තරායකර දේවල් අන්තරායදායක ම යි කියල මං නොයෙක් අයුරින් කියා දීල නැද්ද? මං කියල තියෙන්නෙ මේ කාමයන්ගේ තියෙන ආශ්වාදය චුට්ටයි කියල නේද? ගොඩාක් දුක් තියෙනවා කියල නේද? ගොඩාක් කරදර තියෙනවා කියල නේද? මේ කාමයන් තුළ භයානක විපාක මහගොඩක් තියෙනවා කියල නේද? මම කියල තියෙන්නෙ මේ කාමයන් ඇට සැකිල්ලකට උපමා කරලයි ....(පෙ).... මම කියල තියෙන්නෙ මේ කාමයන් මස් වැදැල්ලකට උපමා කරලයි ....(පෙ).... මම කියල තියෙන්නෙ මේ කාමයන් ගිනි ඇවිලගිය හුළුඅත්තකට උපමා කරලයි ....(පෙ).... මම කියල තියෙන්නෙ මේ කාමයන් ගිනි අඟුරු වළකට උපමා කරලයි ....(පෙ).... මම කියල තියෙන්නෙ මේ කාමයන් නින්දේ දුටු සිහිනයක් වගෙයි කියලයි ....(පෙ).... මම කියල තියෙන්නෙ මේ කාමයන් ණයට ඉල්ලා

ගත්තු දේකට උපමා කරලයි ....(පෙ).... මම කියල තියෙන්නෙ මේ කාමයන් ගස්වල තියෙන ගෙඩිවලට උපමා කරලයි ....(පෙ).... මම කියල තියෙන්නෙ මේ කාමයන් කඩුවටයි මස් කපන කොටේටයි උපමා කරලයි ....(පෙ).... මම කියල තියෙන්නෙ මේ කාමයන් උල් ආයුධයකට උපමා කරලයි ....(පෙ).... මම කියල තියෙන්නෙ මේ කාමයන් භයානක සර්පයෙකුගේ ඔළුව පැත්තට උපමා කරලයි. මේ කාමයන් මහා දුක් ගොඩක්. මහා කරදර ගොඩක්. මේ කාමයන් තුළ භයානක විපාක මහත් රාශියක් තියෙනවා කියලයි. හිස් මනුස්සයො, මං ඒ විදිහට කියල තියෙද්දිත් ඔබ, ඔබ විසින් ම වැරදි විදිහට ධර්මය අල්ලගෙන අපටත් චෝදනා කරනවා නේද? තමන්ගේ ගුණත් හාරල දානවා නේද? බොහෝ පව් රැස්කර ගන්නවා නේද? හිස් මනුස්සයො, ඔබට ඔය කාරණේ බොහෝ කලක් දුක් පීඩා පිණිස හේතු වේවි."

ඊට පස්සෙ භාග්‍යවතුන් වහන්සේ භික්ෂූන් වහන්සේල ඇමතුවා. "පින්වත් මහණෙනි, ඔබ මොකක්ද මේ ගැන හිතන්නේ? මේ අරිට්ඨ භික්ෂුවට මේ බුද්ධ සාසනේ උණුසුමවත් ලැබිල නෑ නේද?"

"ස්වාමීනී, අරිට්ඨ භික්ෂුවට ඒක කොහොම ලැබෙන්නද? ස්වාමීනී, ඒක නැහැ ම යි."

එතකොට අරිට්ඨ භික්ෂුව නිහඬ වුනා. හැකිලුනා. ඇඟ පාත් කරගත්තා. මූණ යටට හරවගත්තා. මොකවත් තේරෙන්නෙ නැතිව කරබාගෙන වාඩිවෙලා හිටියා. ඒ වෙලාවෙ භාග්‍යවතුන් වහන්සේ නිහඬ වෙලා හිටපු, හැකිලිල හිටපු, ඇඟ පාත් කරගෙන හිටපු, මොකවත් තේරෙන්නෙ නැතිව කරබාගෙන වාඩි වෙලා හිටපු අරිට්ඨ භික්ෂුවට මෙහෙම වදාළා.

"හිස් මනුස්සයො, ඔබ මේ තමන්ගේ මිථ්‍යා දෘෂ්ටිය ලෝකෙට පෙන්නලා ප්‍රසිද්ධ වෙන්න නේද හිතුවේ? හොඳයි. මං මේ ගැන භික්ෂූන් ගෙන් ම විමසන්නම්."

ඉතින් භාග්‍යවතුන් වහන්සේ භික්ෂූන් වහන්සේලා අමතා වදාළා.

"පින්වත් මහණෙනි, දැන් මේ අරිට්ඨ භික්ෂුව තමන් වැරදි විදිහට ගත්තු මිථ්‍යා දෘෂ්ටියකින් අපටත් චෝදනා කරනවා. තමන්ගේ ගුණත් හාරල දානවා. බොහෝ පව්ත් රැස් කරගන්නවා. ඒ වගේ ධර්මයක් මම කාටවත් දේශනා කරලා තියෙනවාද?"

"එහෙම නෑ ස්වාමීනී, භාග්‍යවතුන් වහන්සේ විසින් අපට නොයෙක් විදිහට වදාළේ නිවන් මගට අන්තරායකර දේවල් අන්තරායදායක ම යි කියලා.

ඒව පුරුදු කළොත් අනතුරේ වැටෙනවා ම යි කියලා. භාග්‍යවතුන් වහන්සේ වදාළේ කාමයන්ගේ ආශ්වාදය චුට්ටක් ම යි කියලා. කාමයන් කියල කියන්නෙ දුක් ගොඩාක් කියලා. කරදර ගොඩක් කියලා. කාමයන් තුළ භයානක විපාක මහත් රාශියක් තියෙනවා කියලා. භාග්‍යවතුන් වහන්සේ වදාළේ මේ කාමයන් ඇට සැකිල්ලකට උපමා කරලයි ....(පෙ).... භාග්‍යවතුන් වහන්සේ මේ කාමයන් ගැන වදාළේ භයානක සර්පයෙකුගේ ඔළුව පැත්තට උපමා කරලයි. කාමයන් කියල කියන්නෙ දුක් ගොඩක්. කරදර ගොඩක්. කාමයන් තුළ භයානක විපාක මහත් රාශියක් තියෙනවා කියලා."

"ඉතා හොඳයි. පින්වත් මහණෙනි, මං කියා දුන් ධර්මය ඔබ දන්නවා. ඒක ඉතා හොඳයි. මං නොයෙක් ආකාරයෙන් කියා දීල තියෙන්නෙ නිවන් මගට අන්තරායකර දේවල් අන්තරායදායක ම යි කියලා. ඒවා පුරුදු කළොත් අනතුරේ වැටෙනවා ම යි කියලා. මං කියල තියෙන්නෙ මේ කාමයන්ගේ ආශ්වාදය තියෙන්නේ චුට්ටක් ම යි කියලා. මේ කාමයන් කියල කියන්නෙ දුක් ගොඩක් කියලා. කරදර ගොඩක් කියලා. මේ කාමයන් තුළ භයානක විපාක රාශියක් තියෙනවා කියලා. මම කියල තියෙන්නෙ මේ කාමයන් ඇට සැකිල්ලකට උපමා කරලයි ....(පෙ).... ඒ වගේම මේ කාමයන් ගැන මං කියල තියෙන්නෙ භයානක සර්පයෙකුගේ ඔළුව පැත්තට උපමා කරලයි. මේ කාමයන්ගේ දුක් ගොඩක් තියෙනවා. කරදර ගොඩක් තියෙනවා. මේ කාමයන් තුළ භයානක විපාක මහත් රාශියක් තියෙනවා කියලා. මං එහෙම කියල තියෙද්දිත් මේ අරිට්ඨ භික්ෂුව තමන් වරදවා ගත්තු මිථ්‍යා දෘෂ්ටියකින් අපටත් චෝදනා කරනවා. තමන්ගේ ගුණත් හාරලා දානවා. බොහෝ පව්ත් රැස් කරගන්නවා. ඒ හිස් මනුස්සයාට බොහෝ කාලයක් දුක් පීඩා පිණිස ම යි ඒක හේතු වෙන්නෙ.

පින්වත් මහණෙනි, ඒකාන්තයෙන් ඔහු කාමයන්ගෙන් තොරව, කාම සඤ්ඤාවෙන් තොරව, කාම විතර්කවලින් තොරව කාමයන් සේවනය කරනවා ය කියන එක වෙන්න පුළුවන් දෙයක් නොවෙයි.

පින්වත් මහණෙනි, මේ සාසනේට ඇතුළු වෙන ඇතැම් හිස් මිනිස්සු ඉන්නවා. ඔවුන් මේ ධර්මය ඉගෙන ගන්නවා. ඉතින් ඒ හිස් මිනිස්සු සූත්‍ර දේශනා (සුත්තං) ඉගෙන ගන්නවා. ගාථා සහිත දේශනා (ගෙය්‍යං) ඉගෙන ගන්නවා. ගාථා රහිත ධර්ම විස්තර (වෙය්‍යාකරණං) ඉගෙන ගන්නවා. ගාථාවන් (ගාථා) ඉගෙන ගන්නවා. උත්සාහ රහිතව බුදු කෙනෙකුගේ හදවතකින් පැන නැගුණු සදහම් කරුණු (උදාන) ඉගෙන ගන්නවා. මේ මේ අයුරින් පවසන ලදැ'යි බුදු මුවින් පැන නැගුණු සදහම් කරුණු (ඉතිවුත්තක) ඉගෙන ගන්නවා. සසරේ පැමිණි බෝසත්වරයෙකුගේ ගමන ගැන කියවෙන කරුණු (ජාතක) ඉගෙන

ගන්නවා. බුදුවරයෙකුගේ ආශ්චර්ය අද්භූත ජීවිතය ගැන (අබ්භූත ධම්ම) ඉගෙන ගන්නවා. ප්‍රශ්නෝත්තර වශයෙන් කෙරෙන ධර්ම සාකච්ඡා (වේදල්ල) ඉගෙන ගන්නවා. නමුත් ඒ හිස් මිනිසුන් ධර්මය ඉගෙන ගත්තාට, ඒ ධර්මයේ අර්ථ ප්‍රඥාවෙන් විමසන්නේ නෑ. ඒ නිසා ම ඔවුන්ට ධර්මය අවබෝධ වෙන්නෙත් නෑ. අන්තිමේ දී 'අපි මේ විදිහට වාද කරල ජය ගනිමු' කියලා වාද විවාද කිරීමේ අදහසින් ධර්මය ඉගෙන ගන්නවා. එතකොට ධර්මය හැදෑරීමෙන් ජීවිතයට යම් යහපතක් සිදුවෙනවා ද, අන්න ඒ යහපත සිද්ධ වෙන්නෙ නෑ. ඔවුන් ධර්මය වැරදි විදිහට ම අල්ලගත්තු නිසා එය බොහෝ කාලයක් ඒ උදවියට දුක් පීඩා පිණිස පවතිනවා. ඒ මොකද එහෙම වෙන්නෙ? පින්වත් මහණෙනි, ධර්මය වරදවා ගත්තු නිසා ම යි.

පින්වත් මහණෙනි, ඒක මේ වගේ දෙයක්. සර්පයෙකුගෙන් ප්‍රයෝජන තියෙන මනුස්සයෙක් සර්පයෙකුව හොයාගෙන යනවා. ඉතින් ඔහුට විශාල සර්පයෙක්ව දකින්න ලැබෙනවා. ඉතින් ඔහු කිසිම වග විභාගයක් නැතිව ඒ සර්පයාගේ කඳෙන් හරි, වලිගෙන් හරි අල්ල ගන්නවා. එතකොට ඒ සර්පයා කරන්නෙ ආපහු කැරකිලා සර්පයාව අල්ලපු පුද්ගලයාගේ අතට හරි, ඇඟේ කොහාට හරි දෂ්ට කරන එකයි. එතකොට ඒ පුද්ගලයා ඒ හේතුවෙන් මරණයට පත්වෙන්න වුනත් පුළුවන්. මාරාන්තික දුක් වේදනා විඳින්න වුනත් පුළුවන්. ඒකට හේතුව මොකක්ද? ඒ සර්පයාව අල්ල ගත්තේ වැරදි විදිහටයි.

පින්වත් මහණෙනි, ඔන්න ඔය විදිහම යි. බුදු සසුනට ඇතුළු වෙන සමහර හිස් මිනිස්සු ඉන්නවා. ඔවුන් මේ ධර්මය ඉගෙන ගන්නවා. ඔවුන් සූත්‍ර දේශනාත් ඉගෙන ගන්නවා. ගෙය්‍යත් ඉගෙන ගන්නවා. වෙය්‍යාකරණත් ඉගෙන ගන්නවා. ගාථාවනුත් ඉගෙන ගන්නවා. උදානත් ඉගෙන ගන්නවා. ඉතිවුත්තකත් ඉගෙන ගන්නවා. ජාතකත් ඉගෙන ගන්නවා. අබ්භූතධම්මත් ඉගෙන ගන්නවා. වේදල්ලත් ඉගෙන ගන්නවා. ඔවුන් ඒ ධර්මය ඉගෙන ගත්තට ඒ ධර්මයේ අර්ථ නුවණින් විමසන්නෙ නෑ. ඒ නිසා ඔවුන්ට ඒ ධර්මය අවබෝධ වෙන්නෙත් නෑ. අන්තිමේදී ඔවුන් කරන්නෙ 'අපි මේ විදිහට වාදවලින් ජය ගනිමු' කියල වාද විවාද පිණිස ම ඒ ධර්මය පාවිච්චි කරනවා. ධර්මය ඉගෙනීමෙන් යම් යහපතක් ලැබිය යුතු නම්, ඒ යහපත ඔවුන්ට අහිමි වෙනවා. එතකොට ඔවුන් විසින් ඒ ධර්මය වැරදියට ගැනීම හේතුවෙන් බොහෝ කාලයක් ඔවුන්ට එය දුක් පීඩා පිණිස පවතිනවා. ඒකට හේතුව මොකක්ද? පින්වත් මහණෙනි, ධර්මය වරදවා ගත්තු නිසාම යි.

පින්වත් මහණෙනි, මේ සාසනේට ඇතුල් වෙන පින්වත් කුලපුත්‍රයින් ඉන්නවා. ඒ අයත් ධර්මය ඉගෙන ගන්නවා. ඔවුනුත් සූත්‍ර, ගෙය්‍ය, වෙය්‍යාකරණ,

ගාථා, උදාන, ඉතිවුත්තක, ජාතක, අබ්භූතධම්ම, වේදල්ල ඉගෙන ගන්නවා. ඉතින් ඔවුන් ඒ ධර්මය ඉගෙනගෙන ඒ ධර්මයේ අර්ථ නුවණින් විමසන්න පටන් ගන්නවා. එතකොට ඔවුන්ට ඒ ධර්මය අවබෝධ වෙනවා. 'අපි මේ විදිහට වාද කරල ජය ගනිමු' කියල වාද විවාද පිණිස ධර්මය ඉගෙන ගන්නෙ නෑ. ධර්මය ඉගෙන ගත යුත්තේ යම් යහපතක් පිණිස ද, අන්න ඒ යහපත ඔවුන්ට ලැබෙනවා. එතකොට ඔවුන් විසින් ඉතා ම යහපත්ව අල්ලගත්තු ඒ ධර්මය ම ඔවුන්ට බොහෝ කලක් හිත සුව පිණිස හේතුවෙනවා. ඒකට හේතුව මොකක්ද? පින්වත් මහණෙනි, ධර්මය යහපත් විදිහට ගැනීමයි.

පින්වත් මහණෙනි, සර්පයන්ගෙන් ප්‍රයෝජන තියෙන මනුස්සයෙක් ඉන්නවා. ඉතින් ඔහු සර්පයන් හොයා හොයා යනවා. එතකොට ඔහුට විශාල සර්පයෙක්ව මුණගැහෙනවා. ඉතින් ඔහු එළු කුරයක හැඩේ තියෙන දණ්ඩකින් ඒ සර්පයාව තද කරල අල්ලගන්නවා. ඊට පස්සෙ උගේ බෙල්ලෙන් හොඳ හැටියට අල්ල ගන්නවා. එතකොට ඒ සර්පයාත් ඔහුගෙ අතේ හරි, ඇගේ කොහේ හරි වෙලෙනවා. ඒත් ඒ හේතුවෙන් ඒ පුද්ගලයා මරණයට පත්වෙන්නෙ නෑ. මාරාන්තික දුක් විඳින්න සිද්ධ වෙන්නෙ නෑ. ඒකට හේතුව මොකක්ද? පින්වත් මහණෙනි, සර්පයාව නියම විදිහට අල්ලා ගැනීමයි.

පින්වත් මහණෙනි, ඔන්න ඔය විදිහම යි. මේ සාසනේට ඇතුළු වෙන පින්වත් කුලපුත්‍රයින් ධර්මය ඉගෙන ගන්නවා. සූත්‍ර, ගෙය්‍ය, වෙය්‍යාකරණ, ගාථා, උදාන, ඉතිවුත්තක, ජාතක, අබ්භූතධම්ම, වේදල්ල ඉගෙන ගන්නවා. ඉතින් ඔවුන් මේ ධර්මය ඉගෙන ගෙන ඒ ධර්මයේ අර්ථ නුවණින් විමසනවා. එතකොට ඔවුන්ට ඒ ධර්මය අවබෝධ වෙනවා. 'අපි මේ විදිහට වාදවලින් ජය ගනිමු' කියල වාද විවාදවලින් දිනන්න හිතාගෙන ධර්මය ඉගෙන ගන්නෙ නෑ. ධර්මය ඉගෙන ගන්නෙ යම් අර්ථයක් ඇති කරන්න ද, අන්න ඒ යහපත ඔවුන්ට ලැබෙනවා. නියම පිළිවෙලට අල්ලාගත් ඒ ධර්මය ඔවුන්ට බොහෝ කාලයක් හිත සුව පිණිස පවතිනවා. ඒකට හේතුව මොකක්ද? පින්වත් මහණෙනි, ධර්මය නියම පිළිවෙලට අල්ලා ගැනීම ම යි.

පින්වත් මහණෙනි, අන්න ඒ නිසා මං කියා දෙන මේ ධර්මයේ අර්ථ ඔබට වැටහෙනවා නම් ඒ විදිහට ම මතක තියාගන්න. මං කියා දෙන ධර්මයේ අර්ථ ඔබට වැටහෙන්නෙ නැත්නම්, ඔබ එක්කෝ මගෙන් අහන්න ඕන. එහෙම නැත්නම් ධර්මය ගැන දන්න ව්‍යක්ත භික්ෂුවකගෙන් අහන්න ඕන.

පින්වත් මහණෙනි, මං මේ ධර්මය ඔබට කියා දෙන්නෙ පහුරක් උපමා කරගෙනයි. පහුර තියෙන්නෙ එතෙර වෙන්න විතරයි. කරේ තියාගෙන යන්න

නොවෙයි. අන්න ඒ ධර්මය හොඳට අහගන්න. නුවණින් විමසන්න. මම දැන් කියා දෙන්නම්." "එසේ ය, ස්වාමීනී" කියල ඒ භික්ෂූන් වහන්සේලා භාග්‍යවතුන් වහන්සේට පිළිතුරු දුන්නා. ඒ මොහොතේ දී භාග්‍යවතුන් වහන්සේ මේ දේශනාව වදාළා.

"පින්වත් මහණෙනි, ඔන්න එක මිනිහෙක් දුර ගමනක් යන්න පටන් ගත්තා. ඔහොම යනකොට ඔහුට ලොකු ජලාශයක් මුණගැහුනා. තමන් ඉන්න පැත්තත් හරිම භය සහිතයි. සැක සහිතයි. එතෙරට පැනගත්තොත් නම් කිසිම බියක් සැකක් නැතුව ඉන්න පුළුවන්. ඒත් ඔහුට එතෙර වෙන්න නැවක් නෑ. පාලමක් නෑ. ඉතින් ඔහුට මෙහෙම හිතුනා. 'මේක මහා විශාල ජලාශයක් නෙව. ඒ වගේම මං මේ ඉන්න පැත්ත බිය සහිතයි. සැක සහිතයි. නමුත් එතෙරට පැනගත්තොත් නම් කිසිම බියක් සැකක් නැතුව ඉන්න පුළුවන්. ඒ වුනාට මේකෙන් එතෙර වෙන්න නැවක් වත් නෑ නෙව. පාලමක් වත් නෑ නෙව. දැන් මට කරන්න තියෙන්නෙ මෙච්චරයි. මේ දර, කොළ අතු ආදිය එකතු කරල පහුරක් බැඳල ඒ පහුර වතුරට දමල, අත් පාවලින් වීරිය අරගෙන සුවසේ එතෙරට යන එක තමයි' කියලා.

ඉතින් පින්වත් මහණෙනි, ඊට පස්සෙ ඒ මනුස්සයා, දර, කොළ අතු ආදිය එකතු කරල පහුරක් හදල, ඒ පහුර වතුරට දාල, අත් පාවලින් වීරිය අරගෙන සුවසේ එතෙර වුනා. සුවසේ එතෙර වෙච්ච ඒ මනුස්සයාට මෙහෙම හිතුනා. 'මේ පහුර මට සෑහෙන්න උපකාර කළා. මං මේ පහුර නිසා නෙව අත් පාවලින් වීරිය අරගෙන සුවසේ එතෙර වුනේ. දැන් මං කරන්න තියෙන්නෙ මේ පහුර ඔළුවෙ තියාගෙන හරි, කරේ තියාගෙන හරි, මං යන තැනක ගෙනියන එකයි' කියල. පින්වත් මහණෙනි, ඔබ ඒ ගැන මොකක්ද හිතන්නේ? ඒ පුද්ගලයා පහුරට කරපු වැඩේ හරිද?"

"නෑ, ස්වාමීනී"

"පින්වත් මහණෙනි, ඒ පුද්ගලයා පහුරට කළ යුතු වන්නේ මොන වගේ වැඩක්ද? පින්වත් මහණෙනි, ජලාශයෙන් එතෙර වෙලා එගොඩ වෙච්ච ඒ පුද්ගලයා හිතන්න ඕන මෙහෙමයි. 'මට මේ පහුර සෑහෙන්න උපකාර වුනා තමයි. ඉතින් මං මේ පහුර නිසා ම අත් පාවලින් වීරිය අරගෙන සුවසේ එතෙර වුනා තමයි. ඒත් දැන් මට කරන්න තියෙන්නෙ මෙච්චරයි. මේ පහුර එක්කො ගොඩ දාල යනවා. එහෙම නැත්නම් වතුරෙ පා කරල දාල මං මගේ ගමන යනවා' කියල. පින්වත් මහණෙනි, අන්න ඒ පුද්ගලයා තමයි පහුරට කළ යුතු දේ කරන්නෙ.

පින්වත් මහණෙනි, ඔන්න ඔය විදිහම යි. මා විසින් ධර්මය දේශනා කරන ලද්දෙත් පහුර උපමා කරගෙනම යි. එතෙර වීම පිණිසයි. ග්‍රහණය කරගැනීමට නොවෙයි. පින්වත් මහණෙනි, මා විසින් පහුරක් උපමා කරගෙන ඔබට දේශනා කරන ලද ධර්මය අවබෝධ කරගන්නා වූ ඔබ විසින් ඒ ධර්මයත් පවා අත්හළ යුතුයි. එහෙම එකේ අධර්මය අතහැරිය යුතුයි කියන එක ගැන අමුතුවෙන් කියන්න දෙයක් තියෙනවාද?

පින්වත් මහණෙනි, දෘෂ්ටි හටගන්න තැන් හයක් තියෙනවා. මොනවාද ඒ හය? පින්වත් මහණෙනි, අශ්‍රුතවත් පෘථග්ජනයෙක් ඉන්නවා. ඔහු ආර්යයන් වහන්සේලා හඳුන්නේ නෑ. ආර්ය ධර්මයක් තේරුම් ගන්න දක්ෂත් නෑ. ආර්ය ධර්මයක හික්මිලත් නෑ, සත්පුරුෂයින්ව හඳුනන්නෙත් නෑ. සත්පුරුෂ ධර්මයක් තේරුම් ගන්න දක්ෂත් නෑ. සත්පුරුෂ ධර්මයක හික්මිලත් නෑ. ඉතින් ඒ අශ්‍රුතවත් පෘථග්ජනයා.

(1). සතර මහා ධාතුන්ගෙන් හටගත්තු මේ රූපය 'මගේ' කියල, 'මේ මම' කියල, 'මේ මගේ ආත්මය' කියල රැවටෙනවා.

(2). ස්පර්ශයෙන් හටගත්තු මේ වේදනාව 'මගේ' කියල, 'මේ මම' කියල, 'මේ මගේ ආත්මය' කියල රැවටෙනවා.

(3). ස්පර්ශයෙන් හටගත්තු මේ සංඥාව 'මගේ' කියල, 'මේ මම' කියල, 'මේ මගේ ආත්මය' කියල රැවටෙනවා.

(4). ස්පර්ශයෙන් හටගත්තු මේ සංස්කාර 'මගේ' කියල, 'මේ මම' කියල, 'මේ මගේ ආත්මය' කියල රැවටෙනවා.

(5). ඇහෙන් දකින රූප, කනෙන් අහන ශබ්ද, නාසයෙන් දැනගන්න ගඳ සුවඳ, දිවට දැනෙන රස, කයට දැනෙන පහස, මනසට දැනෙන අරමුණු, හිත එන දේවල්, සොයන දේවල්, හිතේ හැසිරෙන දේවල්, 'මගේ' කියල, 'මේ මම' කියල, 'මේ මගේ ආත්මය' කියල රැවටෙනවා.

(6). 'ඒක තමයි ලෝකය. ඒක තමයි ආත්මය. මම පරලොවදී අන්න ඒ ආත්මය ලබාගන්නවා. එතකොට මට නිත්‍ය වෙලා, ස්ථිර වෙලා, සදාකාලික වෙලා, වෙනස් නොවන ස්වභාවයෙන් ඒ විදිහට ම ඉන්න පුළුවනි' කියන දෘෂ්ටිය හටගන්න යම් ආකල්පයක් වේ නම්, ඒක 'මගේ' කියල, 'මේ මම' කියල, 'මේ මගේ ආත්මය' කියල රැවටෙනවා.

පින්වත් මහණෙනි, ශ්‍රැතවත් ආර්ය ශ්‍රාවකයෙක් ඉන්නවා. ඔහු ආර්යයන් වහන්සේලාව හඳුනනවා. ආර්ය ධර්මය තේරුම් ගන්නත් දක්ෂයි. ආර්ය ධර්මයේ

හික්මුන කෙනෙක්. සත්පුරුෂයන්ව හඳුනනවා. සත්පුරුෂ ධර්මය තේරුම් ගන්නත් දක්ෂයි. සත්පුරුෂ ධර්මයේ හික්මිලයි ඉන්නෙ.

ඒ ශ්‍රැතවත් ආර්ය ශ්‍රාවකයා,

(1). සතර මහා ධාතුන්ගෙන් හටගත්තු රූපය 'මගේ නොවේ' කියල, 'මේ මම නොවේ' කියල, 'මේ මගේ ආත්මය නොවේ' කියල අවබෝධයෙන් ම දකිනවා.

(2). ස්පර්ශයෙන් හටගත්තු වේදනාව 'මගේ නොවේ' කියල, 'මේ මම නොවේ' කියල, 'මේ මගේ ආත්මය නොවේ' කියල අවබෝධයෙන් ම දකිනවා.

(3). ස්පර්ශයෙන් හටගත්තු සංඥාව 'මගේ නොවේ' කියල, 'මේ මම නොවේ' කියල, 'මේ මගේ ආත්මය නොවේ' කියල අවබෝධයෙන් ම දකිනවා.

(4). ස්පර්ශයෙන් හටගත්තු සංස්කාර 'මගේ නොවේ' කියල, 'මේ මම නොවේ' කියල, 'මේ මගේ ආත්මය නොවේ' කියල අවබෝධයෙන් ම දකිනවා.

(5). ඇහෙන් දකින රූප, කනෙන් අහන ශබ්ද, නාසයෙන් දැනගන්න ගඳ සුවඳ, දිවට දැනෙන රස, කයට දැනෙන පහස, මනසට දැනෙන අරමුණු, හිතට එන දේවල්, සොයන දේවල්, හිතේ හැසිරෙන දේවල්, 'මගේ නොවේ' කියල, 'මේ මම නොවේ' කියල, 'මේ මගේ ආත්මය නොවේ' කියල අවබෝධයෙන් ම දකිනවා.

(6). 'ඒක තමයි ලෝකය. ඒක තමයි ආත්මය. මම පරලොවදී අන්න ඒ ආත්මය ලබාගන්නවා. එතකොට මට නිත්‍ය වෙලා, ස්ථිර වෙලා, සදාකාලික වෙලා, වෙනස් නොවන ස්වභාවයෙන් ඒ විදිහට ම ඉන්න පුළුවනි' කියන දෘෂ්ටියත් 'මගේ නොවේ' කියල, 'මේ මම නොවේ' කියල, 'මේ මගේ ආත්මය නොවේ' කියල අවබෝධයෙන් ම දකිනවා.

ඒ ආර්ය ශ්‍රාවකයා ඔය විදිහට අවබෝධයෙන් ම දකින කොට ඒ දේවල් නැතිවෙලා යද්දි තැති ගැනීමක් ඇති වෙන්නෙ නෑ.

එතකොට එක හික්ෂුවක් භාග්‍යවතුන් වහන්සේගෙන් මෙහෙම විමසුවා.

"ස්වාමීනී, බාහිර දේවල් අහිමි වෙද්දිත් තැති ගැනීමක් ඇතිවෙනවාද?"

"පින්වත් හික්ෂුව, ඔව්! තැතිගැනීමක් ඇතිවෙනවා" කියල භාග්‍යවතුන් වහන්සේ ප්‍රකාශ කළා. "පින්වත් හික්ෂුව, එතකොට සමහර කෙනෙකුට මෙහෙම

වෙනවා. බාහිර දෙයක් නැති වුනා ම 'මට ඒක තිබුනා. අනේ! මට ඒක අහිමි වුනා. මට යමක් තිබුනා නම්, දැන් මට ඒ දේ ලැබෙන්නෙ නෑ' කියල එයා ශෝක කරනවා. කලන්තෙ හැදෙනවා. වැළපෙනවා. පපුවට ගහගන්නවා. සිහි විකල් කරගන්නවා. පින්වත් භික්ෂුව, ඔන්න ඔය විදිහටයි බාහිර දෙයක් අහිමි වුණාම තැති ගන්නෙ."

"එතකොට ස්වාමීනී, බාහිර දෙයක් අහිමි වුනා ම තැතිගැනීම ඇති නොවීමකුත් තියෙනවාද?"

"ඔව් පින්වත් භික්ෂුව, තැතිගැනීම ඇති නොවීමකුත් තියෙනවා. පින්වත් භික්ෂුව, මේ අදහස නැති කෙනෙක් ඉන්න පුළුවනි. 'අනේ! මට ඒක තිබුනා. දැන් මට ඒ දේ අහිමි වුනා. මට යමක් තිබුනා නම් දැන් මට ඒ දේ ලැබෙන්නෙ නෑ' කියල. ඔය අදහස නැත්නම් යම් දෙයක් නැති වුනාට එයා ශෝක වෙන්නෙ නෑ. කලන්තෙ හැදෙන්නෙ නෑ. වැළපෙන්නෙ නෑ. පපුවට ගහගන්නෙ නෑ. සිහි විකල් වෙන්නෙ නෑ. පින්වත් භික්ෂුව, බාහිර දේ අහිමි වෙද්දි තැති ගැනීමක් නැතුව ඉන්නෙ මෙහෙමයි."

"ස්වාමීනී, තමන්ගේ ජීවිතයට අයිති දෙයක් අහිමි වුණොත් තැති ගැනීමක් ඇතිවෙනවාද?"

"ඔව් පින්වත් භික්ෂුව, තැතිගැනීමක් ඇතිවෙනවා. පින්වත් භික්ෂුව, කෙනෙකුට මේ විදිහේ දෘෂ්ටියක් ඇතිවෙනවා. 'ඒක තමයි ලෝකය. ඒක තමයි ආත්මය. මං මැරිල ගිහින් ඒ ලෝකෙ උපදිනවා. ඒ ලෝකෙ නිත්‍යයි. ස්ථිරයි. සදාකාලිකයි. වෙනස් නොවන ස්වභාවයෙන් යුක්තයි. මං එහෙ ගිහිල්ලා ඒ විදිහට ම ඉන්නවා' කියල.

ඉතින් ඔහුට තථාගතයන් වහන්සේ නමකගෙන් හරි, තථාගත ශ්‍රාවකයෙකු ගෙන් හරි, ධර්මය අහන්න ලැබෙනවා. හැම දෘෂ්ටියක් ම, දෘෂ්ටි හැදෙන හැම තැනක් ම, දෘෂ්ටි බැසගන්න හැම තැනක් ම, සිතේ ඇතුළේ දෘෂ්ටි හැදෙන හැම දෙයක් ම, නැත්තට ම නැති කිරීම පිණිසයි ඒ ධර්මය දේශනා කරන්නෙ. සියලු සංස්කාර සංසිඳවීම පිණිසයි, සියලු කෙලෙස් දුරුකිරීම පිණිසයි, තණ්හාව නැති කිරීම පිණිසයි, විරාගය පිණිසය, තණ්හාව නිරුද්ධ කිරීම පිණිසයි, නිවන පිණිසයි, ඒ ධර්මය දේශනා කරන්නෙ. එතකොට අර පුද්ගලයා ඒ ධර්මය අහන කොට කලබල වෙනවා. 'අයියෝ! නිවන් දක්කම මරණින් පස්සෙ උපදින්නෙ නැතිලු, විනාශ වෙලා යනවලු. ආයෙ හටගන්නෙ නැතිලු. අනේ අපොයි!' කිය කියා එයා ශෝක කරනවා. කලන්තෙ හැදෙනවා. වැළපෙනවා. පපුවට ගහගන්නවා. සිහිවිකල් වෙනවා. පින්වත් භික්ෂුව, ඔන්න ඔය විදිහටයි තමන්ගේ ජීවිතේ දෙයක් අහිමි වෙන කොට තැතිගැනීම ඇතිවෙන්නේ.

"එතකොට ස්වාමීනී, තමන්ගේ ජීවිතේ පිළිබඳ යමක් අහිමි වුනොත්, තැතිගැනීම් ඇති නොවීමකුත් තියෙනවාද?"

"ඔව් පින්වත් භික්ෂුව, තැති ගැනීම් ඇති නොවීමකුත් තියෙනවා. පින්වත් භික්ෂුව, කෙනෙකුට මේ අදහස ඇතිවෙන්නෙ නෑ. 'ඒක තමයි ලෝකය. ඒක තමයි ආත්මය. මං මැරුණාට පස්සෙ එහෙ උපදිනවා. ඒ ලෝකෙ නිත්‍යයි. ඒ ලෝකෙ ස්ථිරයි. ඒ ලෝකෙ සදාකාලිකයි. මං එහේ ගිහිල්ලා ඒ විදිහට ම ඉන්නවා' කියන ඔය අදහස නෑ. ඔහුටත් තථාගතයන් වහන්සේ නමකගෙන් හරි, තථාගත ශ්‍රාවකයෙකුගෙන් හරි ධර්මය අහන්න ලැබෙනවා. හැම දෘෂ්ටියක් ම නැතිවෙන, දෘෂ්ටි හැදෙන හැම තැනක් ම නැතිවෙන, දෘෂ්ටි මතුවෙන හැම තැනක්ම නැතිවෙන, සිත ඇතුළේ හැදෙන හැම දෘෂ්ටියක් ම නැති වෙන ධර්මයක් තමයි අහන්න ලැබෙන්නෙ. සියලු සංස්කාර සංසිඳෙන, සියලු කෙලෙස් දුරු වෙන, තණ්හාව නැතිවෙන, නො ඇල්ම ඇතිවෙන, තණ්හාව නිරුද්ධ වෙන, නිවන පිණිස ම හේතුවන ධර්මයක් තමයි අහන්න ලැබෙන්නෙ. ඔහු තුළ මේ අදහස ඇතිවෙන්නෙ නෑ. 'අයියෝ! නිවන් දැක්කොත් මරණින් පස්සෙ උපදින්නෙ නැතිලු. විනාශ වෙලා යනවලු. ආයෙ හටගන්නෙ නැතිලු. අනේ අපොයි!' කිය කියා එයා නම් ශෝක කරන්නෙ නෑ. කලන්තෙ හදා ගන්නෙ නෑ. වැළපෙන්නෙ නෑ. පපුවට ගහගන්නෙ නෑ. සිහි විකල් කරගන්නෙ නෑ. ඔන්න ඔය විදිහටයි තමන්ගේ ජීවිතේ දෙයක් අහිමි වෙන කොට තැති ගැනීම ඇතිවෙන්නෙ නැත්තෙ.

පින්වත් මහණෙනි, යම්කිසි දෙයක් අල්ලගත්තා ම ඒ අල්ලගත්තු දේ නිත්‍ය දෙයක් නම්, ස්ථිර දෙයක් නම්, සදාකාලික දෙයක් නම්, වෙනස් නොවන ධර්මතාවයකින් යුක්ත නම්, ඒ විදිහට ම තියෙන දෙයක් නම්, ඒක අල්ලගත්තට කමක් නෑ. නමුත් මහණෙනි, එබඳු වූ අල්ලගන්න දෙයක් නිත්‍ය වෙලා තියෙන, ස්ථිර වෙලා තියෙන, සදාකාලික වෙලා තියෙන, වෙනස් නොවී තියෙන, ඒ විදිහට ම තියෙන දෙයක් ඔබ දැකල තියෙනවාද?"

"ස්වාමීනී, අපි නම් ඒ විදිහේ දෙයක් දැකලා නෑ."

"ඒක හරි පින්වත් මහණෙනි, යම්කිසි දෙයක් අල්ලගත්ත ම, ඒ අල්ලගත්තු දෙය නිත්‍ය වෙලා තියෙනවා නම්, ස්ථිර වෙලා තියෙනවා නම්, සදාකාලික වෙලා තියෙනවා නම්, වෙනස් නොවී තියෙනවා නම් එබඳු දෙයක් මම දැකලත් නෑ.

"පින්වත් මහණෙනි, 'මේක මගේ', 'මේ මම', 'මේ මගේ ආත්මය' කියල ග්‍රහණය වෙන අත්තවාද උපාදානයට බැඳිල ගියොත් ඒ අත්තවාද උපාදානයට

බැඳී ඉන්නතාක් කල් ම ශෝක ඇතිවෙන්නෙ නැත්නම්, වැළපීමක් ඇතිවෙන්න නැත්නම්, දුක් දොම්නස්, සුසුම් හෙළීම් ඇතිවෙන්නෙ නැත්නම් එබඳු වූ අත්තවාද උපාදානයකට බැඳිල ගියාට කමක් නෑ.

නමුත් පින්වත් මහණෙනි, යම් අත්තවාද උපාදානයකට බැඳිලා ගියාම ශෝක වැළපීම්, දුක් දොම්නස්, උපායාස හටගන්නෙ නැත්නම්, එබඳු වූ අත්තවාද උපාදානයක් ගැන ඔබට දකින්න ලැබෙනවාද?"

"ස්වාමීනී, එබඳු උපාදානයක් නම් අපි දකින්නෙ නෑ."

"ඒක හරි පින්වත් මහණෙනි, මම පවා යම් අත්තවාද උපාදානයකට බැඳිල ගියොත්, ශෝක වැළපීම්, දුක් දොම්නස් උපායාස හට නොගන්නවා නම් එබඳු වූ අත්තවාද උපාදානයක් දකින්නෙ නෑ.

පින්වත් මහණෙනි, යම්කිසි දෘෂ්ටි බන්ධනයක් ඇසුරු කරගෙන සිටිද්දී ඒ දෘෂ්ටි බන්ධනය ඇසුරු කිරීම හේතුවෙන් ශෝක වැළපීම්, දුක් දොම්නස්, උපායාස හටගන්නෙ නැත්නම්, එබඳු දෘෂ්ටියක් ඇසුරු කළාට කමක් නෑ. නමුත් පින්වත් මහණෙනි, යම්කිසි දෘෂ්ටි බන්ධනයක් ඇසුරු කරද්දී ශෝක වැළපීම්, දුක් දොම්නස්, උපායාස ඇති නොවෙනවා නම් එබඳු දෘෂ්ටි බන්ධනයක් ඔබ දැකලා තියෙනවාද?"

"ස්වාමීනී, අපි එබඳු දෙයක් නම් දැකල නෑ."

"ඒක හරි පින්වත් මහණෙනි, මම පවා එබඳු වූ දෘෂ්ටි බන්ධනයක් දැකල නෑ. ඒ කියන්නෙ යම්කිසි දෘෂ්ටි බන්ධනයක් ඇසුරු කළා ම ඒ හේතුවෙන් ශෝක වැළපීම්, දුක් දොම්නස්, උපායාස හට නොගන්නවා නම්, එබඳු දෘෂ්ටි බන්ධනයක් මම දකින්නෙත් නෑ.

පින්වත් මහණෙනි, ආත්මයක් තිබුනොත් නේද 'ඒ ආත්මයට අයත් දෙයක් මට තියෙනවා ය' යන අදහස ඇතිවෙන්නෙ?"

"එහෙමයි, ස්වාමීනී"

"ඒ වගේ ම පින්වත් මහණෙනි, ආත්මයකට අයත් දෙයක් තිබුනොත් නේද 'මට ආත්මයක් තියෙනවා ය' යන අදහස ඇතිවෙන්නෙ?"

"එහෙමයි, ස්වාමීනී."

"නමුත් පින්වත් මහණෙනි, සත්‍ය වශයෙන් ම, ස්ථිර වශයෙන් ම එබඳු ආත්මයක් නැත්නම්, ආත්මයකට අයිති දේකුත් නැත්නම්, 'ඒක තමයි ලෝකය.

ඒක තමයි ආත්මය. මං මරණින් පස්සෙ ඒ ලෝකෙට යනවා. ඒ ලෝකෙ නිත්‍යයි. ස්ථිරයි. සදාකාලිකයි. වෙනස් වෙන්නෙ නෑ. ඒ විදිහටම තියෙනවා' කියලා යම් දෘෂ්ටියක් ඇද්ද, පින්වත් මහණෙනි, ඉතින් ඔය දෘෂ්ටිය මුළුමනින් ම පරිපූර්ණ වූ මෝඩකමක් නොවෙයිද?"

"ස්වාමීනී, ඒක මෝඩකමක් නොවෙන්නේ කොහොමද? ඒක මුළුමනින් ම පරිපූර්ණ වූ මෝඩකමක්මයි"

"පින්වත් මහණෙනි, මේ ගැන කුමක්ද ඔබ හිතන්නේ? රූපය නිත්‍ය දෙයක්ද? අනිත්‍ය දෙයක්ද?"

"ස්වාමීනී, රූපය අනිත්‍යයි"

"යමක් අනිත්‍ය නම් ඒක දුකක්ද? නැත්නම් සැපක්ද?"

"ස්වාමීනී, දුකයි"

"යම් දෙයක් අනිත්‍ය නම්, දුක නම්, වෙනස් වන ස්වභාවයෙන් යුතු නම් 'මේක මගේ, මේ මම, මේ මගේ ආත්මය' කියල රැවටෙන එක හරිද?"

"ස්වාමීනී, ඒක හරි නැහැ."

"පින්වත් මහණෙනි, එහෙම නම් මේ ගැන ඔබ මොකක් ද හිතන්නෙ? වේදනාව නිත්‍ය දෙයක්ද? අනිත්‍ය දෙයක්ද?"

"ස්වාමීනී, අනිත්‍යයි."

"යම් දෙයක් අනිත්‍ය නම් ඒක දුකක්ද? සැපක්ද?"

"දුකයි ස්වාමීනී."

"යම් දෙයක් අනිත්‍ය නම්, දුක නම්, වෙනස් වන ස්වභාවයෙන් යුතු නම්, 'මේක මගේ, මේ මම, මේ මගේ ආත්මය' කියල රැවටෙන එක හරිද?"

"ස්වාමීනී, ඒක හරි නැහැ."

"පින්වත් මහණෙනි, මේ ගැන කුමක් ද ඔබ හිතන්නෙ? සඤ්ඤාව නිත්‍ය දෙයක්ද? අනිත්‍ය දෙයක්ද?"

"ස්වාමීනී, අනිත්‍යයි."

"යමක් අනිත්‍ය නම් ඒක දුකක්ද? නැත්නම් සැපක්ද?"

"ස්වාමීනී, දුකයි."

"යම් දෙයක් අනිත්‍ය නම්, දුක නම්, වෙනස් වන ස්වභාවයෙන් යුතු නම් 'මේක මගේ, මේ මම, මේ මගේ ආත්මය' කියල රැවටෙන එක හරි ද?"

"ස්වාමීනී, ඒක හරි නැහැ."

"පින්වත් මහණෙනි, මේ ගැන ඔබ මොකක් ද හිතන්නෙ? සංස්කාර කියන්නෙ නිත්‍ය දේවල්ද? අනිත්‍ය දේවල්ද?"

"ස්වාමීනී, අනිත්‍යයි"

"යම් දෙයක් අනිත්‍ය නම් ඒවා දුකක්ද? සැපක්ද?"

"ස්වාමීනී, දුකයි"

"යම් දෙයක් අනිත්‍ය නම්, දුක නම්, වෙනස් වන ස්වභාවයෙන් යුතු නම් 'මේක මගේ, මේ මම, මේ මගේ ආත්මය' කියල රැවටෙන එක හරිද?"

"ස්වාමීනී, ඒක හරි නැහැ."

"පින්වත් මහණෙනි, මේ ගැන ඔබ මොකක් ද හිතන්නෙ? විඤ්ඤාණය කියන්නෙ නිත්‍ය දෙයක්ද? අනිත්‍ය දෙයක්ද?"

"ස්වාමීනී, අනිත්‍යයි"

"යම් දෙයක් අනිත්‍ය නම් ඒක දුකක්ද? සැපක්ද?"

"ස්වාමීනී, දුකයි"

"යම් දෙයක් අනිත්‍ය නම්, දුක නම්, වෙනස් වන ස්වභාවයෙන් යුතු නම් 'මේක මගේ, මේ මම, මේ මගේ ආත්මය' කියල රැවටෙන එක හරිද?"

"ස්වාමීනී, ඒක හරි නැහැ."

"ඒ නිසා පින්වත් මහණෙනි, අතීත, අනාගත, වර්තමාන, තමාගේ යැයි සළකන, බාහිර යැයි සළකන, ගොරෝසු වේවා, සියුම් වේවා, ළාමක වේවා, උතුම් වේවා යම්කිසි රූපයක් ඇද්ද, දුර වේවා, ළඟ වේවා යම් රූපයක් ඇද්ද, ඒ සෑම රූපයක් ම 'මේක මගේ නොවේ. මේ මම නොවේ. මේ මගේ ආත්මය නොවේ' කියල ඔන්න ඔය විදිහට දියුණු කරපු ප්‍රඥාවෙන් යථාර්ථය දකින්න ඕන. ඒ වගේම යම්කිසි වේදනාවක් ....(පෙ).... යම්කිසි සඤ්ඤාවක් ....(පෙ).... යම්කිසි සංස්කාර ....(පෙ).... අතීත, අනාගත, වර්තමාන, තමාගේ යැයි සළකන,

බාහිර යැයි සළකන, ගොරෝසු වේවා, සියුම් වේවා, ළාමක වේවා, උතුම් වේවා යම්කිසි විඤ්ඤාණයක් ඇද්ද, දුර වේවා, ළඟ වේවා යම් විඤ්ඤාණයක් ඇද්ද, ඒ සෑම විඤ්ඤාණයක්ම 'මේක මගේ නොවේ. මේ මම නොවේ. මේ මගේ ආත්මය නොවේ' කියල ඔන්න ඔය විදිහට දියුණු කරපු ප්‍රඥාවෙන් යථාර්ථය දකින්න ඕන.

පින්වත් මහණෙනි, ශ්‍රැතවත් ආර්ය ශ්‍රාවකයා ඔන්න ඔය විදිහට යථාර්ථය දකින කොට රූපය ගැන අවබෝධයෙන් ම කළකිරෙනවා. වේදනාව ගැනත් අවබෝධයෙන් ම කළකිරෙනවා. සඤ්ඤාව ගැනත් අවබෝධයෙන් ම කළකිරෙනවා. සංස්කාර ගැනත් අවබෝධයෙන් ම කළකිරෙනවා. විඤ්ඤාණය ගැනත් අවබෝධයෙන් ම කළකිරෙනවා. ඒ කළකිරීම නිසා ඒ කෙරෙහි ඇල්ම නැතුව යනවා. ඒ ඇල්ම නැතිවීම නිසා එයින් නිදහස් වෙනවා. පංච උපාදානස්කන්ධයෙන් නිදහස් වුනා ම 'මං දැන් දුකෙන් නිදහස් වුනා' කියන අවබෝධය ඇතිවෙනවා. 'ඉපදීම නැති වුනා. නිවන් මග සම්පූර්ණ කරගත්තා. කළ යුත්ත කරල අවසන් කළා. ආයෙමත් මට නිවන් පිණිස කළ යුතු දෙයක් නැහැ' යි කියල අවබෝධය ඇතිවෙනවා.

පින්වත් මහණෙනි, ඔන්න ඔය භික්ෂුවට තමයි කියන්නෙ 'අවිද්‍යාව නැමැති දොර අගුල් කඩා දාපු කෙනා ය' කියල. 'කර්මය නැමැති දිය අගල සුනුවිසුණු කරල දාපු කෙනා ය' කියල. 'තෘෂ්ණාව නැමැති ගල් කණුව ගලවපු කෙනා ය' කියල. 'සංසාරයේ අගුල බිඳපු කෙනා ය' කියල. 'ආර්ය තත්වයට පත්වුණු කෙනා ය' කියල. 'මාන්නය නැමැති කොඩිය බිම දාපු කෙනා ය' කියල. 'කෙලෙස් බර වීසිකරපු කෙනා ය' කියල. 'කෙලෙස්වලින් වෙන් වූ කෙනා ය' කියල.

(1)

පින්වත් මහණෙනි, ඒ භික්ෂුවට 'අවිද්‍යාව නැමැති දොර අගුළු කඩා දාපු කෙනා ය' කියල කියන්නෙ ඇයි? පින්වත් මහණෙනි, ඒ භික්ෂුවගේ අවිද්‍යාව නෑ. මුල් එක්කම නැතිවෙලා. කරටිය කැඩිච්ච තල් ගහක් වගේ වෙලා. අභාවයට පත්වෙලා. ආයෙ කවදාවත් හට නොගන්න තත්වයට පත්වෙලා. අන්න ඒ නිසයි ඒ භික්ෂුවට 'අවිද්‍යාව නැමැති දොර අගුළු කඩා දාපු කෙනා ය' කියල කියන්නෙ.

(2)

පින්වත් මහණෙනි, 'කර්මය නැමැති දිය අගල සුනුවිසුණු කරපු කෙනා ය' කියල කියන්නෙ ඇයි? පින්වත් මහණෙනි, ඒ භික්ෂුවට ආයෙමත් භවයක්

හැදිල ඉපදෙන සසර නෑ. මුලින් ම උදුරල තියෙන්නෙ. කරටිය කැඩිච්ච තල් ගහක් වගේ වෙලා තියෙන්නෙ. අභාවයට පත්වෙලා තියෙන්නෙ. ආයෙ කවදාවත් හට නොගන්න ස්වභාවයට පත් වෙලා තියෙන්නෙ. අන්න ඒ නිසයි ඒ භික්ෂුවට 'දිය අගල සුනුවිසුණු කළ කෙනා ය' කියල කියන්නෙ.

(3)

පින්වත් මහණෙනි, ඒ භික්ෂුවට 'තෘෂ්ණාව නැමැති ගල් කණුව උදුරල දාපු කෙනා ය' කියල කියන්නෙ ඇයි? පින්වත් මහණෙනි, ඒ භික්ෂුවට තෘෂ්ණාව නෑ. මුලින් ම උදුරල දාලයි තියෙන්නෙ. කරටිය කැඩිච්ච තල් ගහක් වගේ වෙලා තියෙන්නෙ. අභාවයට පත්වෙලා තියෙන්නෙ. ආයෙ කවදාවත් හට නොගන්න ස්වභාවයට පත්වෙලා තියෙන්නෙ. පින්වත් මහණෙනි, අන්න ඒ නිසයි ඒ භික්ෂුවට 'තෘෂ්ණාව නැමැති ගල්කණුව උදුරල දාපු කෙනා ය' කියල කියන්නෙ.

(4)

පින්වත් මහණෙනි, ඒ භික්ෂුවට 'සංසාරයේ අගුල බිඳපු කෙනා ය' කියල කියන්නෙ ඇයි? පින්වත් මහණෙනි, ඒ භික්ෂුව තුළ කාම භවයේ බැඳ තබන ඕරම්භාගීය සංයෝජන පහ නෑ. ඒවා මුලින් ම උදුරල දාලයි තියෙන්නෙ. තල් ගහේ කරටිය කැඩුණු වගේ වෙලා තියෙන්නෙ. අභාවයට පත් වෙලා තියෙන්නෙ. ආයෙ කවදාවත් හට නොගන්න ස්වභාවයට පත්වෙලා තියෙන්නෙ. පින්වත් මහණෙනි, අන්න ඒ භික්ෂුවට තමයි 'සසර දොර අගුළු කඩපු කෙනා ය' කියල කියන්නෙ.

(5)

පින්වත් මහණෙනි, ඒ භික්ෂුවට 'ආර්ය තත්වයට පත්වුන කෙනා, මාන්නය නැමැති කොඩිය බිම දැමූ කෙනා, කෙලෙස් බර විසි කරපු කෙනා, කෙලෙස් වලින් වෙන්වුන කෙනා' කියල කියන්නෙ ඇයි? පින්වත් මහණෙනි, ඒ භික්ෂුවට 'මම වෙමි' කියන මාන්නය නෑ. මුලින් ම උදුරල දාලයි තියෙන්නෙ. කරටිය කැඩිච්ච තල් ගහක් වගේ වෙලා තියෙන්නෙ. අභාවයට පත්වෙලා තියෙන්නෙ. ආයෙ කවදාවත් හට නොගන්න තත්වයට පත්වෙලා තියෙන්නෙ. පින්වත් මහණෙනි, අන්න ඒ භික්ෂුවට තමයි 'ආර්ය තත්වයට පත්වුන කෙනා, මාන්නය නැමැති කොඩිය බිම දැමූ කෙනා, කෙලෙස් බර විසි කරපු කෙනා, කෙලෙස් වලින් වෙන්වුන කෙනා ය' කියල කියන්නෙ.

පින්වත් මහණෙනි, ඔය විදිහට දුකින් නිදහස් වුණු සිත් ඇති භික්ෂුව ගැන සක් දෙවිඳුන් සහිත බ්‍රහ්මයා සහිත ප්‍රජාපතී සහිත දෙවියන්ටවත් අවබෝධ කරගන්න අමාරුයි, ඒ රහතන් වහන්සේගේ විඤ්ඤාණය දූන් පවතින්නේ මේ මේ අරමුණු ආශ්‍රය කරගෙන කියලා. ඒකට හේතුව මොකක්ද? පින්වත් මහණෙනි, රහතන් වහන්සේ මේ ජීවිතයේ දී ම සියල්ල ඉක්මවා ගියා කියලයි කියන්න තියෙන්නෙ.

පින්වත් මහණෙනි, මං ඔය විදිහේ අදහස් දරද්දී, මං ඔය විදිහේ ධර්මයක් කියද්දී සමහර ශ්‍රමණ බ්‍රාහ්මණවරු මට අසත්‍යයෙන්, බොරුවෙන්, අභූතයෙන් චෝදනා කරනවා. 'ශ්‍රමණ ගෞතමයන් සත්වයන්ව නැති කරනවාලු. ඉන්නා වූ සත්වයන්ගේ වැනසීම, අභාවය ගැන කියා දෙනවාලු' පින්වත් මහණෙනි, මම සත්වයන් විනාශ කරන කෙනෙක් නොවෙයි. ඒ නිසා මම සත්වයන්ගේ විනාශය කියන්න යන්නෙ නෑ. මං එහෙම කටයුතු කරද්දිත් ඒ පින්වත් ශ්‍රමණ බ්‍රාහ්මණයන් අසත්‍ය දෙයින්, බොරුවෙන්, අභූතයෙන් මට චෝදනා කරනවා. 'ශ්‍රමණ ගෞතමයන් සත්වයන් විනාශ කරනවාලු. ඉන්නා වූ සත්වයන්ගේ නැතිවීම කියනවාලු. වැනසීම කියනවාලු. හට නො ගැනීම කියනවාලු.'

නමුත් පින්වත් මහණෙනි, මං ඉස්සරත්, දැනුත්, මේ දුක ගැන විතරයි කියන්නෙ. දුකේ නිරුද්ධ වීම ගැන විතරයි කියන්නෙ. මහණෙනි, ඔය එක එක්කෙනා තථාගතයන් වහන්සේට බනිනවා. නින්දා කරනවා. නපුරු වචන කියනවා. වෙහෙසවනවා. රණ්ඩුවලට පැටලෙන්න එනවා. නමුත් පින්වත් මහණෙනි, ඒ උදවිය ගැන තථාගතයන් වහන්සේගේ සිතේ තරහක් ඇතිවෙන්නෙ නෑ. අසතුටක් ඇතිවෙන්නෙ නෑ. පීඩාවක් ඇතිවෙන්නෙ නෑ.

ඒ වගේ ම පින්වත් මහණෙනි, ඔය එක එක්කෙනා තථාගතයන් වහන්සේට හොඳට සළකනවා. ගෞරව කරනවා. බුහුමන් දක්වනවා. පුද පූජා පවත්වනවා. ඒ වෙලාවට තථාගතයන් වහන්සේගේ සිතේ අමුතු සතුටක් ඇතිවෙන්නෙ නෑ. සොම්නසක් ඇතිවෙන්නෙ නෑ. සිත පිනා යන්නෙ නෑ. පින්වත් මහණෙනි, ඔය එක එක්කෙනා තථාගතයන් වහන්සේට සළකන කොට ගෞරව කරන කොට, බුහුමන් දක්වන කොට, පුද පූජා පවත්වන කොට, පින්වත් මහණෙනි, තථාගතයන් වහන්සේට මෙහෙමයි හිතෙන්නෙ. 'අවිද්‍යා තණ්හා නැතිවෙන ආකාරයට පිරිසිඳ දැකගත්තු යම් ධර්මයක් ඇද්ද, අන්න ඒකටයි ඔය විදිහේ සත්කාර සම්මාන කරන්නෙ' කියලා.

පින්වත් මහණෙනි, ඒ නිසා ඔබත් ඔය එක එක්කෙනා ඔබට නින්දා කළාට, අපහාස කළාට, දොස් කිව්වාට, වෙහෙසෙව්වාට, රණ්ඩුවලට පැටලෙන්න ආවාට ඒ ගැන තරහ ගන්න එපා. කෝප වෙන්න එපා. චිත්ත

පීඩා ඇති කරගන්න එපා. ඒ වගේම පින්වත් මහණෙනි, ඔය එක එක්කෙනා සත්කාර කළාට, ගෞරව කළාට, බුහුමන් දැක්වුවාට, පුද පූජා කළාට, ඔබත් ඒ ගැන අමුතුවෙන් සතුටු වෙන්න ඕන නෑ. සොම්නස් වෙන්න ඕන නෑ. සිත පිනා යන්න ඕන නෑ. ඒ නිසා පින්වත් මහණෙනි, ඔය එක එක්කෙනා ඔබට ම සත්කාර කරන කොට, ගරු කරන කොට, බුහුමන් දක්වන කොට, පුදපූජාවන් කරන කොට, මෙන්න මේ විදිහටයි හිතන්න ඕන. 'මේ අවිද්‍යාව තණ්හාව නැතිවෙන විදිහට මං කලින් යමක් පිරිසිඳ දැක්කා ද, අන්න ඒ ධර්මයටයි ඔය ඔක්කොම සැළකිලි තියෙන්නෙ' කියලා.

පින්වත් මහණෙනි, එම නිසා යමක් ඔබට අයිති නැත්නම්, ඒ අයිති නැති දේ අතහරින්න. ඒක ඔබට ප්‍රහාණය වුණු විට බොහෝ කාලයක් හිත සුව පිණිස පවතීවි. පින්වත් මහණෙනි, ඔබට අයිති නැති දේ මොකක්ද? පින්වත් මහණෙනි, ඔබට රූපය අයිති නෑ. ඒ නිසා රූපය ගැන ඇති ආශාව අත්හරින්න. ඒ කෙරෙහි ඇති ආශාව ප්‍රහීණ වූ විට ඔබට ඒක බොහෝ කලක් හිත සුව පිණිස පවතීවි. පින්වත් මහණෙනි, ඔබට වේදනාව අයිති නෑ. ඒ නිසා වේදනාව ගැන ඇති ආශාව අත්හරින්න. ඒ කෙරෙහි ඇති ආශාව ප්‍රහීණ වූ විට ඔබට ඒක බොහෝ කලක් හිත සුව පිණිස පවතීවි. පින්වත් මහණෙනි, ඔබට සඤ්ඤාව අයිති නෑ. ඒ නිසා සඤ්ඤාව ගැන තියෙන ආශාව අත්හරින්න. ඒ කෙරෙහි ඇති ආශාව ප්‍රහීණ වූ විට ඔබට ඒක බොහෝ කලක් හිත සුව පිණිස පවතීවි. පින්වත් මහණෙනි, ඔබට සංස්කාර අයිති නෑ. ඒ නිසා සංස්කාර ගැන ඇති ආශාව අත්හරින්න. ඒ කෙරෙහි ඇති ආශාව ප්‍රහීණ වූ විට ඔබට ඒක බොහෝ කලක් හිත සුව පිණිස පවතීවි. පින්වත් මහණෙනි, ඔබට විඤ්ඤාණය අයිති නෑ. ඒ නිසා විඤ්ඤාණය ගැන තියෙන ආශාව අත්හරින්න. ඒ කෙරෙහි ඇති ආශාව ප්‍රහීණ වූ විට ඔබට ඒක බොහෝ කලක් හිත සුව පිණිස පවතීවි.

පින්වත් මහණෙනි, ඔබට මේ ගැන මොකක්ද හිතෙන්නෙ? මේ ජේතවනයේ තියෙන දර, කොළ, අතු ආදිය මිනිස්සු ඇවිල්ල අරගෙන ගියොත් ඒවාට ගිනි තිබ්බොත්, ඒවාට කැමති දෙයක් කළොත්, ඔබට මේ විදිහට හිතෙනවාද? 'අයියෝ! මේ මිනිස්සු අපිව අරගෙන යනවා. අපිව ගිනි තියනවා. එයාලට ඕන ඕන දේවල් කරනවා නෙව' කියලා."

"නෑ, ස්වාමීනී"

"ඒකට හේතුව මොකක්ද?"

"ස්වාමීනී, අපට ඒවා තමා ය කියල හරි තමන්ට අයත් දේවල් ය කියල හරි හිතෙන්නෙ නැති නිසයි."

"අන්න ඒ වගේ පින්වත් මහණෙනි, යමක් ඔබට අයිති නැත්නම්, ඒ අයිති නැති දේ අතහරින්න. ඒක ඔබට ප්‍රහාණය වුන විට බොහෝ කාලයක් හිත සුව පිණිස පවතීවි. පින්වත් මහණෙනි, ඔබට අයිති නැති දේ මොකක්ද? පින්වත් මහණෙනි, ඔබට රූපය අයිති නෑ. ඒ නිසා රූපය ගැන ඇති ආශාව අත්හරින්න. ඒ කෙරෙහි ඇති ආශාව ප්‍රහීණ වූ විට ඔබට ඒක බොහෝ කලක් හිත සුව පිණිස පවතීවි. පින්වත් මහණෙනි, ඔබට වේදනාව අයිති නෑ. ඒ නිසා වේදනාව ගැන ඇති ආශාව අත්හරින්න. ඒ කෙරෙහි ඇති ආශාව ප්‍රහීණ වූ විට ඔබට ඒක බොහෝ කලක් හිත සුව පිණිස පවතීවි. පින්වත් මහණෙනි, ඔබට සඤ්ඤාව අයිති නෑ. ඒ නිසා සඤ්ඤාව ගැන තියෙන ආශාව අත්හරින්න. ඒ කෙරෙහි ඇති ආශාව ප්‍රහීණ වූ විට ඔබට ඒක බොහෝ කලක් හිත සුව පිණිස පවතීවි. පින්වත් මහණෙනි, ඔබට සංස්කාර අයිති නෑ. ඒ නිසා සංස්කාර ගැන ඇති ආශාව අත්හරින්න. ඒ කෙරෙහි ඇති ආශාව ප්‍රහීණ වූ විට ඔබට ඒක බොහෝ කලක් හිත සුව පිණිස පවතීවි. පින්වත් මහණෙනි, ඔබට විඤ්ඤාණය අයිති නෑ. ඒ නිසා විඤ්ඤාණය ගැන තියෙන ආශාව අත්හරින්න. ඒ කෙරෙහි ඇති ආශාව ප්‍රහීණ වූ විට ඔබට ඒක බොහෝ කලක් හිත සුව පිණිස පවතීවි.

පින්වත් මහණෙනි, ඔන්න ඔය විදිහට මං ඉතා ම යහපත් ලෙසයි මේ ධර්මය දේශනා කරල තියෙන්නෙ. උඩට මතු කරලයි තියෙන්නෙ. විවෘත කරලයි තියෙන්නෙ. පැහැදිලිව කියා දීලයි තියෙන්නෙ. අවිද්‍යා වැරහැලි ඉරල දාලයි තියෙන්නෙ. ඉතින් පින්වත් මහණෙනි, මං ඔය විදිහට ඉතා යහපත් ලෙසට දේශනා කරපු, මතුකොට දක්වපු, විවෘත කරපු, කියා දීපු, අවිද්‍යා වැරහැලි ඉරල දාපු, මේ ධර්මය තුළ භික්ෂූන් වහන්සේලා ඉන්නවා. ඔවුන් රහතන් වහන්සේලා. ආශ්‍රවයන් ක්ෂය වෙලා තියෙන්නෙ. බඹසර වාසය නිමා කරලයි තියෙන්නෙ. කළ යුතු දේ කරලයි තියෙන්නෙ. කෙලෙස් බර වීසි කරලයි තියෙන්නෙ. ක්‍රමානුකූලව උතුම් අර්ථයට පැමිණිලා තියෙන්නෙ. භව බන්ධන නැතිවෙලා තියෙන්නෙ. අවබෝධය තුළින් ම දුකින් නිදහස් වෙලයි ඉන්නෙ. ඔවුන්ගේ සසර සැරිසැරීමක් නැහැ.

පින්වත් මහණෙනි, ඔන්න ඔය විදිහට මං ඉතා ම යහපත් ලෙසයි මේ ධර්මය දේශනා කරල තියෙන්නෙ. උඩට මතු කරලයි තියෙන්නෙ. විවෘත කරලයි තියෙන්නෙ. පැහැදිලිව කියා දීලයි තියෙන්නෙ. අවිද්‍යා වැරහැලි ඉරල දාලයි තියෙන්නෙ. ඉතින් පින්වත් මහණෙනි, මං ඔය විදිහට ඉතා යහපත් ලෙසට දේශනා කරපු, මතුකොට දක්වපු, විවෘත කරපු, කියා දීපු, අවිද්‍යා වැරහැලි ඉරල දාපු, ධර්මය තුළ ඕරම්භාගිය සංයෝජන පහ ප්‍රහාණය කරපු භික්ෂූන් වහන්සේලා ඉන්නවා. ඒ අය 'අනාගාමී' යි. ඒ සියලු දෙනා ම ඕපපාතිකව

සුද්ධාවාස බඹලොව ඉපිද පිරිනිවන් පානවා. ආයෙ කවදාවත් ඒ ලෝකෙන් චුතවෙලා මෙහෙ එන්නෙ නෑ.

පින්වත් මහණෙනි, ඔන්න ඔය විදිහට මං ඉතා ම යහපත් ලෙසයි මේ ධර්මය දේශනා කරල තියෙන්නෙ. උඩට මතු කරල තියෙන්නෙ. විවෘත කරල තියෙන්නෙ. පැහැදිලිව කියා දීල තියෙන්නෙ. අවිද්‍යා වැරහැලි ඉරල දාලයි තියෙන්නෙ. ඉතින් පින්වත් මහණෙනි, මං ඔය විදිහට ඉතා යහපත් ලෙසට ම දේශනා කරපු, මතුකොට දක්වපු, විවෘත කරපු, කියා දීපු, අවිද්‍යා වැරහැලි ඉරල දාපු, මේ ධර්මය තුළ සංයෝජන තුනක් ප්‍රහාණය වෙච්ච රාග, ද්වේෂ, මෝහ තුනී වෙච්ච භික්ෂූන් වහන්සේලා ඉන්නවා. ඒ හැම දෙනාම සකදාගාමී වෙලයි ඉන්නෙ. මේ ලෝකයට එක වතාවක් විතරක් ඇවිල්ලා සියලු දුක් අවසන් කරනවා.

පින්වත් මහණෙනි, ඔන්න ඔය විදිහට මං ඉතා ම යහපත් ලෙසයි මේ ධර්මය දේශනා කරල තියෙන්නෙ. උඩට මතු කරලයි තියෙන්නෙ. විවෘත කරලයි තියෙන්නෙ. පැහැදිලිව කියා දීලයි තියෙන්නෙ. අවිද්‍යා වැරහැලි ඉරල දාලයි තියෙන්නෙ. ඉතින් පින්වත් මහණෙනි, මං ඔය විදිහට ඉතා යහපත් ලෙසට දේශනා කරපු, මතුකොට දක්වපු, විවෘත කරපු, කියා දීපු, අවිද්‍යා වැරහැලි ඉරල දාපු, මේ ධර්මය තුළ සංයෝජන තුනක් ප්‍රහාණය වෙච්ච භික්ෂූන් වහන්සේලා ඉන්නවා. ඒ සියලු දෙනාම 'සෝතාපන්න' වෙලයි ඉන්නෙ. කවදාවත් සතර අපායට වැටෙන්නෙ නෑ. ස්ථිර වශයෙන් ම නිවන් අවබෝධ කරනවා.

පින්වත් මහණෙනි, ඔන්න ඔය විදිහට මං ඉතා ම යහපත් ලෙසයි මේ ධර්මය දේශනා කරල තියෙන්නෙ. උඩට මතු කරලයි තියෙන්නෙ. විවෘත කරලයි තියෙන්නෙ. පැහැදිලිව කියා දීලයි තියෙන්නෙ. අවිද්‍යා වැරහැලි ඉරල දාලයි තියෙන්නෙ. ඉතින් පින්වත් මහණෙනි, මම ඉතා යහපත් ලෙසට දේශනා කරපු, මතුකොට දක්වපු, විවෘත කරපු, කියා දීපු, අවිද්‍යා වැරහැලි ඉරල දාපු, මේ ධර්මය තුළ 'ධම්මානුසාරී, සද්ධානුසාරී' භික්ෂූන් වහන්සේලා ඉන්නවා. ඒ සියලු දෙනාම නිවන් අවබෝධ කරනවා.

පින්වත් මහණෙනි, ඔන්න ඔය විදිහට මං ඉතා ම යහපත් ලෙසයි මේ ධර්මය දේශනා කරල තියෙන්නෙ. උඩට මතු කරලයි තියෙන්නෙ. විවෘත කරලයි තියෙන්නෙ. පැහැදිලිව කියා දීලයි තියෙන්නෙ. අවිද්‍යා වැරහැලි ඉරල දාලයි තියෙන්නෙ. ඉතින් පින්වත් මහණෙනි, මං ඔය විදිහට ඉතා යහපත් ලෙසට දේශනා කරපු, මතුකොට දක්වපු, විවෘත කරපු, කියා දීපු, අවිද්‍යා වැරහැලි ඉරල දාපු, මේ ධර්මය තුළට පැමිණිච්ච යම් කෙනෙක් මා කෙරෙහි ශ්‍රද්ධා

මාත්‍රයක් ඇති කරගත්තොත්, ප්‍රේම මාත්‍රයක් ඇති කරගත්තොත් ඒ සියලු දෙනා ම සුගතියේ උපදිනවා."

භාග්‍යවතුන් වහන්සේ මේ දේශනාව වදාළා. මෙයට සවන් දුන් භික්ෂූන් වහන්සේලා ගොඩාක් සතුටු වුණා. භාග්‍යවතුන් වහන්සේ වදාළ මේ දේශනාව සාදු නාද නංවමින් ඉතා සතුටින් පිළිගත්තා.

සාදු! සාදු!! සාදු!!!

**සර්පයා උපමා කොට වදාළ දෙසුම නිමා විය.**

# 1.3.3
# වම්මික සූත්‍රය
## තුඹසක් මුල් කොට ගෙන වදාළ දෙසුම

මා හට අසන්නට ලැබුනේ මේ විදිහටයි. ඒ දිනවල භාග්‍යවතුන් වහන්සේ වැඩසිටියේ සැවැත් නුවර ජේතවනය නම් වූ අනේපිඬු සිටුතුමාගේ ආරාමයේ. එදා ආයුෂ්මත් කුමාරකස්සපයන් වහන්සේ අන්ධවනයේ වැඩසිටියා. එහිදී එක්තරා දෙවි කෙනෙක් මැදියම් රැයේ මුළු අන්ධවනය ම මහා එළියකින් ආලෝකමත් කරගෙන ආයුෂ්මත් කුමාරකස්සපයන් වහන්සේ ළඟට පැමිණියා. පැමිණ එකත්පස්ව සිටගත්තා. එකත්පස්ව සිටගත් ඒ දෙවියා ආයුෂ්මත් කුමාරකස්සපයන් වහන්සේට මෙන්න මෙහෙම කිව්වා.

"පින්වත් භික්ෂුව, පින්වත් භික්ෂුව, මේ තුඹස රෑ තිස්සෙ දුම් දමනවා. දවල්ට ගිනි ගන්නවා. එතකොට බමුණෙක් මෙහෙම කියනවා. 'ඒයි! ඥාණවන්තයා, ආයුධයක් අරන් ඇවිත් තුඹස හාරපන්' කියලා. ඉතින් ඒ ඥාණවන්තයා ආයුධයක් අරන් ඇවිදින් තුඹස හාරද්දී අගුලක් අහුවුනා. 'ස්වාමීනී, අගුලක් තියෙනවා නෙ!' එතකොට බ්‍රාහ්මණයා මෙහෙම කියනවා. 'ඔය අගුල ඔසවා අයින් කරපන්. ඒයි! ඥාණවන්තයා ආයුධයෙන් තවත් හාරපන්' කියලා. ඉතින් ඒ නුවණැත්තා ආයෙමත් හාරගෙන යද්දී ගෙම්බෙක් හම්බ වුනා. 'ස්වාමීනී, මෙන්න ගෙම්බෙක්!' එතකොට බ්‍රාහ්මණයා මෙහෙම කිව්වා. 'ඔය ගෙම්බාව උස්සල ගොඩට ගනින්. ඒයි! ඥාණවන්තයා, ආයුධයෙන් තවත් හාරපන්' කියලා. ඉතින් ඒ නුවණැත්තා ආයෙමත් හාරගෙන හාරගෙන යද්දී දෙමං හන්දියක් හම්බ වුනා. 'ස්වාමීනී, මෙන්න දෙමං හන්දියක්!' එතකොට බ්‍රාහ්මණයා කියනවා 'ඔය දෙමං හන්දියත් උස්සල අයින් කරපන්. ඒයි! ඥාණවන්තයා, ආයුධයෙන් තවත් හාරපන්' කියලා. ඉතින් ඒ නුවණැත්තා ආයෙමත් හාරගෙන හාරගෙන යද්දී හිස් භාජනයක් හම්බ වුනා. 'ස්වාමීනී, මෙන්න හිස් බඳුනක්!' එතකොට ඒ බ්‍රාහ්මණයා මෙහෙම කිව්වා. 'ඔය හිස් භාජනයත් උස්සල පැත්තකින් තියපන්.

ඒයි! ඤාණවන්තයා, ආයුධයෙන් තවත් හාරපන්' කියලා. ඉතින් ඒ නුවණැත්තා ආයෙමත් හාරගෙන යද්දි ඉබ්බෙක් හම්බ වුනා. 'ස්වාමීනී, මෙන්න ඉබ්බෙක්!' එතකොට බ්‍රාහ්මණයා මෙහෙම කිව්වා. 'ඔය ඉබ්බාවත් උස්සල පැත්තකින් තියපන්. ඒයි! ඤාණවන්තයා, ආයෙමත් ආයුධයෙන් හාරපන්' කියලා. ඉතින් ඒ නුවණැත්තා ආයෙමත් ආයුධයෙන් හාරගෙන යද්දි කඩුවකුයි, මස් කපන කොටේකුයි හම්බ වුනා. 'මෙන්න ස්වාමීනී කුඩුවකුයි, මස් කපන කොටේකුයි හම්බ වුනා.' එතකොට ඒ බ්‍රාහ්මණයා මෙහෙම කිව්වා. 'ඔය කඩුවයි, මස් කපන කොටෙයි උස්සල පැත්තකින් තියපන්. ඒයි! ඤාණවන්තයා, ආයෙමත් ආයුධයෙන් හාරපන්' කියලා. ඉතින් ඒ නුවණැත්තා ආයෙමත් ආයුධයෙන් හාරගෙන යද්දි මස් වැදැල්ලක් දැක්කා. 'මෙන්න ස්වාමීනී, මස් වැදැල්ලක්!' එතකොට ඒ බ්‍රාහ්මණයා මෙහෙම කිව්වා. 'ඔය මස් වැදැල්ලත් උස්සල පැත්තකින් තියපන්. ඒයි! ඤාණවන්තයා, ආයෙමත් ආයුධයෙන් හාරපන්' කියලා. ඉතින් ඒ නුවණැත්තා ආයෙමත් ආයුධයෙන් හාරගෙන යද්දි නාගරාජයෙක් හම්බ වුනා. 'මෙන්න ස්වාමීනී, නාගරාජයෙක්!' එතකොට ඒ බ්‍රාහ්මණයා මෙහෙම කිව්වා. 'ඕව්! ඔය නාගරාජයා ඔහොම හිටපුවාවෙ. ඔය නාගරාජයා එක්ක හැප්පෙන්න යන්න එපා! නාගරාජයාට වන්දනා කරපන්!' කියලා.

පින්වත් භික්ෂුව, දැන් ඔබ ඔය ප්‍රශ්න ටික අරගෙන භාග්‍යවතුන් වහන්සේ ළඟට යන්න ඕන. භාග්‍යවතුන් වහන්සේගෙන් අහන්න ඕන. භාග්‍යවතුන් වහන්සේ ඔබට ඕක ලස්සනට තෝරල දේවි. අන්න ඒ විදිහට මතක තියා ගන්නත් ඕන. පින්වත් භික්ෂුව, මම නම් දකින්නේ නෑ මේ දෙවියන් සහිත, මරුන් සහිත, බඹුන් සහිත, ශ්‍රමණ බ්‍රාහ්මණයන් සහිත දෙව් මිනිස් ප්‍රජාවෙන් යුතු ලෝකයේ තථාගතයන් වහන්සේගෙන් හරි තථාගත ශ්‍රාවකයෙකුගෙන් හරි අහල මිසක් ඔය ප්‍රශ්නවලට හිත සතුටු වන ආකාරයේ පිළිතුරු දෙන්න වෙන කෙනෙක් ඉන්නවා ය කියලා." ඒ දෙවියා ඔය විදිහට කිව්වා. එහෙම කියල එතන ම නොපෙනී ගියා.

ඊට පස්සේ ආයුෂ්මත් කුමාරකස්සපයන් වහන්සේ ඒ රාත්‍රිය ගෙවිල ගියාට පස්සෙ භාග්‍යවතුන් වහන්සේ ළඟට ගියා. ගිහින් භාග්‍යවතුන් වහන්සේට වන්දනා කරල එකත්පස්ව වාඩිවුනා. එකත්පස්ව වාඩිවුණු ආයුෂ්මත් කුමාර කස්සපයන් වහන්සේ භාග්‍යවතුන් වහන්සේට මෙය පැවසුවා.

"ස්වාමීනී, භාග්‍යවතුන් වහන්ස, ඊයේ මැදියම් යාමයේ මුළු අන්ධවනය ම ඒකාලෝක කරගෙන එක්තරා දෙවියෙක් මා ළඟට ආවා. ඇවිදින් පැත්තකින් හිටගත්තා. ස්වාමීනී, පැත්තකින් හිටගත්තු ඒ දෙවියා මට මේ විදිහට යමක් කිව්වා.

"පින්වත් භික්ෂුව, පින්වත් භික්ෂුව, මේ තුඹස රෑ තිස්සෙ දුම් දමනවා. දවල්ට ගිනි ගන්නවා. එතකොට බමුණෙක් මෙහෙම කියනවා. 'ඒයි! සුමේධ ඥාණවන්තයා, ආයුධයක් අරන් ඇවිත් තුඹස හාරපන්' කියලා. ඉතින් ඒ ඥාණවන්තයා ආයුධයක් අරන් ඇවිදින් තුඹස හාරද්දී අගුලක් අහුවුනා. 'ස්වාමීනී, අගුලක් තියෙනවා නෙ!' එතකොට බ්‍රාහ්මණයා මෙහෙම කියනවා. 'ඔය අගුල ඔසවා අයින් කරපන්. ඒයි! ඥාණවන්තයා ආයුධයෙන් තවත් හාරපන්' කියල. ඉතින් ඒ නුවණැත්තා ආයෙමත් හාරගෙන යද්දී ගෙම්බෙක් හම්බ වුනා. 'ස්වාමීනී, මෙන්න ගෙම්බෙක්!' එතකොට බ්‍රාහ්මණයා මෙහෙම කිව්වා. 'ඔය ගෙම්බාව උස්සල ගොඩට ගනින්. ඒයි! ඥාණවන්තයා, ආයුධයෙන් තවත් හාරපන්' කියලා. ඉතින් ඒ නුවණැත්තා ආයෙමත් හාරගෙන හාරගෙන යද්දී දෙමං හන්දියක් හම්බ වුනා. 'ස්වාමීනී, මෙන්න දෙමං හන්දියක්!' එතකොට බ්‍රාහ්මණයා කියනවා 'ඔය දෙමං හන්දියත් උස්සල අයින් කරපන්. ඒයි! ඥාණවන්තයා, ආයුධයෙන් තවත් හාරපන්' කියලා. ඉතින් ඒ නුවණැත්තා ආයෙමත් හාරගෙන හාරගෙන යද්දී හිස් භාජනයක් හම්බ වුනා. 'ස්වාමීනී, මෙන්න හිස් බඳුනක්!' එතකොට ඒ බ්‍රාහ්මණයා මෙහෙම කිව්වා. 'ඔය හිස් භාජනයත් උස්සල පැත්තකින් තියපන්. ඒයි! ඥාණවන්තයා, ආයුධයෙන් තවත් හාරපන්' කියලා. ඉතින් ඒ නුවණැත්තා ආයෙමත් හාරගෙන යද්දි ඉබ්බෙක් හම්බ වුනා. 'ස්වාමීනී, මෙන්න ඉබ්බෙක්!' එතකොට බ්‍රාහ්මණයා මෙහෙම කිව්වා. 'ඔය ඉබ්බාවත් උස්සල පැත්තකින් තියපන්. ඒයි! ඥාණවන්තයා, ආයෙමත් ආයුධයෙන් හාරපන්' කියලා. ඉතින් ඒ නුවණැත්තා ආයෙමත් ආයුධයෙන් හාරගෙන යද්දි කඩුවකුයි, මස් කපන කොටේකුයි හම්බ වුනා. 'මෙන්න ස්වාමීනී කුඩුවකුයි, මස් කපන කොටේකුයි හම්බ වුනා.' එතකොට ඒ බ්‍රාහ්මණයා මෙහෙම කිව්වා. 'ඔය කඩුවයි, මස් කපන කොටෙයි උස්සල පැත්තකින් තියපන්. ඒයි! ඥාණවන්තයා, ආයෙමත් ආයුධයෙන් හාරපන්' කියලා. ඉතින් ඒ නුවණැත්තා ආයෙමත් ආයුධයෙන් හාරගෙන යද්දි මස් වැදැල්ලක් දැක්කා. 'මෙන්න ස්වාමීනී, මස් වැදැල්ලක්!' එතකොට ඒ බ්‍රාහ්මණයා මෙහෙම කිව්වා. 'ඔය මස් වැදැල්ලත් උස්සල පැත්තකින් තියපන්. ඒයි! ඥාණවන්තයා, ආයෙමත් ආයුධයෙන් හාරපන්' කියලා. ඉතින් ඒ නුවණැත්තා ආයෙමත් ආයුධයෙන් හාරගෙන යද්දි නාගරාජයෙක් හම්බ වුනා. 'මෙන්න ස්වාමීනී, නාගරාජයෙක්!' එතකොට ඒ බ්‍රාහ්මණයා මෙහෙම කිව්වා. 'ඔව්! ඔය නාගරාජයා ඔහොම හිටපුවාවෙ. ඔය නාගරාජයා එක්ක හැප්පෙන්න යන්න එපා! නාගරාජයාට වන්දනා කරපන්!' කියලා.

පින්වත් භික්ෂුව, දැන් ඔබ ඔය ප්‍රශ්න ටික අරගෙන භාග්‍යවතුන් වහන්සේ ළඟට යන්න ඕන. භාග්‍යවතුන් වහන්සේගෙන් අහන්න ඕන. භාග්‍යවතුන් වහන්සේ ඔබට ඕක ලස්සනට තෝරල දේවි. අන්න ඒ විදිහට මතක තියා

ගන්නත් ඕන. පින්වත් භික්ෂුව, මම නම් දකින්නේ නෑ මේ දෙවියන් සහිත, මරුන් සහිත, බඹුන් සහිත, ශ්‍රමණ බ්‍රාහ්මණයන් සහිත දෙව් මිනිස් ප්‍රජාවෙන් යුතු ලෝකයේ තථාගතයන් වහන්සේගෙන් හරි තථාගත ශ්‍රාවකයෙකුගෙන් හරි අහල මිසක් ඔය ප්‍රශ්නවලට හිත සතුටු වන ආකාරයේ පිළිතුරු දෙන්න වෙන කෙනෙක් ඉන්නවා ය කියලා.' ස්වාමීනී, ඒ දෙවියා ඔය විදිහට කිව්වා. එහෙම කියල එතන ම නොපෙනී ගියා.

ස්වාමීනී, තුඹස කියන්නේ මොකක්ද? රෑ තිස්සෙ දුම් දාන්නෙ මොනවාද? දවල් කාලෙට ගිනි ගන්නෙ මොනවාද? බ්‍රාහ්මණයා කියන්නෙ කවුද? ඥාණවන්තයා කියන්නෙ කවුද? ආයුධය කියන්නෙ මොකක්ද? හාරනවා කියන්නෙ මොකක්ද? අගුල මොකක්ද? ගෙම්බා කවුද? දෙමං හන්දිය මොකක්ද? හිස් භාජනේ මොකක්ද? ඉබ්බා කවුද? කඩුවයි මස් කපන කොටෙයි කියන්නෙ මොකක්ද? මස් වැදැල්ල කියන්නෙ මොකක්ද? නාග රාජයා කියන්නෙ කවුද?"

"පින්වත් භික්ෂුව, 'තුඹස' කියල කියන්නෙ මේ ශරීරෙට කියන තවත් නමක්. මව්පියන් නිසා හටගත්ත, බත් මාළුපිනිවලින් හැදෙන වැඩෙන, අනිත්‍ය වූ, ඉලීම් පිරිමැදීම් කරන, බිඳී යන ස්වභාවයට අයිති මේ සිරුරටයි තුඹස කියල කියන්නෙ.

පින්වත් භික්ෂුව, රෑ තිස්සෙ හිත හිතා ඉන්නවා කල්පනා කර කර ඉන්නවා දවල් කාලෙ කරන්න ඕන දේවල් ගැන. ඒකට තමයි 'රෑ තිස්සෙ දුම් දානවා' කියල කියන්නෙ.

පින්වත් භික්ෂුව, රෑ තිස්සෙ හිත හිතා ඉඳලා කල්පනා කර කර ඉඳලා දවල් කාලෙදි සිතින්, කයින්, වචනයෙන් කටයුතු කරනවා. ඕකට තමයි කියන්නෙ 'දවල් කාලෙ ගිනි ගන්නවා' කියලා.

පින්වත් භික්ෂුව, 'බ්‍රාහ්මණයා' කියල කියන්නෙ අරහත් සම්මා සම්බුදු තථාගතයන් වහන්සේට කියන නමක්.

පින්වත් භික්ෂුව, 'ඥාණවන්තයා' කියල කියන්නෙ නිවන් මගෙහි හික්මෙන භික්ෂුවට කියන නමක්.

පින්වත් භික්ෂුව, 'ආයුධය' කියල කියන්නෙ ලෝකෝත්තර ප්‍රඥාවට කියන නමක්.

පින්වත් භික්ෂුව, 'හාරනවා' කියල කියන්නෙ පටන් ගත්තු වීරියට කියන නමක්.

පින්වත් භික්ෂුව, 'අගුල' කියල කියන්නෙ අවිද්‍යාවට කියන නමක්. අගුල උස්සල අයින් කරන්න කියල කියන්නෙ අවිද්‍යාව දුරු කරන්න කියන එක. 'ඒයි! ඤාණවන්තයා, ආයුධයෙන් තවත් හාරපන්' කියල කියපු කතාවෙ තේරුම ඔන්න ඕකයි.

පින්වත් භික්ෂුව, 'ගෙම්බා' කියල කියන්නෙ බලවත් ක්‍රෝධයට කියන නමක්. ගෙම්බව උස්සල අයින් කරන්න කියල කියන්නෙ බලවත් ක්‍රෝධය අයින් කරන්න කියන එක. 'ඒයි! ඤාණවන්තයා, ආයුධයෙන් තවත් හාරපන්' කියල කියපු කතාවෙ තේරුම ඔන්න ඕකයි.

පින්වත් භික්ෂුව, 'දෙමං හන්දිය' කියල කියන්නෙ සැකයට කියන නමක්. දෙමං හන්දිය උස්සල අයින් කරන්න කියල කිව්වෙ සැකය අතහරින්න කියන එකයි. 'ඒයි! ඤාණවන්තයා, ආයුධයෙන් තවත් හාරපන්' කියල කියපු කතාවෙ තේරුම ඔන්න ඕකයි.

පින්වත් භික්ෂුව, 'හිස් භාජනය' කියල කියන්නෙ චිත්ත දියුණුවට බාධා කරන කරුණු පහට (පංච නීවරණ) කියන නමක්. කාම අරමුණුවලට ඇති ආශාව, තරහ ඇතිවීම, නිදිමත හා අලස බව, හිතේ විසිරීමත් පසුතැවිල්ලත්, සැකය යන මේවාටයි චිත්ත දියුණුවට බාධක වූ කරුණු පහ කියල කියන්නෙ. හිස් භාජනය උස්සල අයින් කරන්න කියල කියන්නෙ පංච නීවරණ අතහරින්න කියන එකයි. 'ඒයි! ඤාණවන්තයා, ආයුධයෙන් තවත් හාරපන්' කියල කියපු කතාවෙ තේරුම ඔන්න ඕකයි.

පින්වත් භික්ෂුව, 'ඉබ්බා' කියල කියන්නෙ උපාදානස්කන්ධ පහට කියන නමක්. එනම්, රූප උපාදානස්කන්ධය, වේදනා උපාදානස්කන්ධය, සඤ්ඤා උපාදානස්කන්ධය, සංඛාර උපාදානස්කන්ධය, විඤ්ඤාණ උපාදානස්කන්ධය කියන මේවායි. ඉබ්බාව උස්සල අයින් කරන්න කියල කිව්වේ උපාදානස්කන්ධ පහ අතහරින්න කියන එකයි. 'ඒයි! ඤාණවන්තයා, ආයුධයෙන් තවත් හාරපන්' කියල කියපු කතාවෙ තේරුම ඔන්න ඕකයි.

පින්වත් භික්ෂුව, 'කඩුවයි මස් කපන කොටෙයි' කියල කියන්නෙ මේ කාම ගුණ පහට කියන නමක්. ඇසින් දකින රූප තියෙනවා ඉතා ලස්සන, ප්‍රියමනාප, සිත්කළු, කෙලෙස් හටගන්නා, කනෙන් අහන ශබ්ද ....(පෙ).... නාසයෙන් දැනෙන ගඳ සුවඳ ....(පෙ).... දිවට දැනෙන රස ....(පෙ).... කයට දැනෙන පහස තියෙනවා ඉතා ලස්සන, ප්‍රියමනාප, සිත්කළු, කෙලෙස් හටගන්නා. ඒවාටයි කාම ගුණ කියන්නෙ. කඩුවයි මස් කපන කොටෙයි අයින් කරල තියන්න කියන්නෙ පංච කාම ගුණයන් අතහරින්න කියන එකයි. 'ඒයි!

ඤාණවන්තයා, ආයුධයෙන් තවත් හාරපන්' කියල කියපු කතාවෙ තේරුම ඔන්න ඕකයි.

පින්වත් භික්ෂුව, 'මස් වැදූල්ල' කියල කියන්නෙ ආශ්වාදයෙන් ඇලීමට කියන නමක්. මස් වැදූල්ල උස්සල අයින් කරන්න කියල කිව්වෙ නන්දිරාගය අතහරින්න කියන එකයි. 'ඒයි! ඤාණවන්තයා, ආයුධයෙන් තවත් හාරපන්' කියල කියපු කතාවෙ තේරුම ඔන්න ඕකයි.

පින්වත් භික්ෂුව, 'නාගරාජයා' කියල කියන්නෙ ආශ්‍රවයන් ක්ෂය කළ රහතන් වහන්සේට කියන නමක්. 'ඔව්! ඔය නාගරාජයා ඔහොම හිටපුවාවෙ! නාගරාජයා එක්ක හැප්පෙන්න යන්න එපා! නාග රාජයාට වන්දනා කරන්න! කියල කියපු කතාවේ තේරුම ඕකයි."

භාග්‍යවතුන් වහන්සේ යි මෙම දෙසුම වදාළේ. ආයුෂ්මත් කුමාර කස්සපයන් වහන්සේ ගොඩාක් සතුටු වුනා. භාග්‍යවතුන් වහන්සේ වදාළ මෙම දෙසුම ඉතා සතුටින් පිළිගත්තා.

**සාදු! සාදු!! සාදු!!!**

**තුඹසක් මුල්කොට ගෙන වදාළ දෙසුම නිමා විය.**

# 1.3.4
# රථවිනීත සූත්‍රය
## පුහුණු වෙච්ච වාහනය උපමා කොට වදාළ දෙසුම

**මා** හට අසන්නට ලැබුනේ මේ විදිහටයි. ඒ දිනවල භාග්‍යවතුන් වහන්සේ වැඩසිටියේ රජගහ නුවර කලන්දක නිවාපය කියන වේළුවනාරාමයේ. ජාතිභූමි කියන ගමෙන් පැවිදි වූ බොහෝ භික්ෂූන් වහන්සේලා ඒ ජාතිභූමි කියන ගමේ වස් වැසුවා. වස් පවාරණය කරලා එදා භාග්‍යවතුන් වහන්සේව බැහැදකින්න පැමිණුන දවසයි. භාග්‍යවතුන් වහන්සේ වෙත පැමිණුන ඒ භික්ෂූන් වහන්සේලා උන්වහන්සේට වන්දනා කර එකත්පස්ව වාඩිවුනා. එකත්පස්ව වාඩිවුන ඒ භික්ෂූන් වහන්සේලාට භාග්‍යවතුන් වහන්සේ මෙහෙම වදාළා.

"පින්වත් මහණෙනි, ඔය ජාතිභූමි කියන ගමෙන් පැවිදි වෙච්ච, ජාතිභූමි ගමේ වස් වසපු සබ්‍රහ්මචාරී භික්ෂූන් අතර මහත් සම්භාවනාවට පාත්‍ර වෙච්ච භික්ෂුවක් ඉන්නවා. ඒ භික්ෂුව මෙන්න මේ විදිහටයි සම්භාවනාවට පාත්‍ර වෙලා තියෙන්නෙ. 'තමාත් අල්පේච්ඡයි. ඒ වගේම භික්ෂූන්ටත් අල්පේච්ඡ බවේ ගුණ කියනවා. තමාත් ලද දෙයින් සතුටු වන කෙනෙක්. ඒ වගේම භික්ෂූන්ටත් ලද දෙයින් සතුටු වීමේ ගුණ කියනවා. තමාත් හුදකලා විවේකයෙන් සතුටු වෙන කෙනෙක්. ඒ වගේම භික්ෂූන්ටත් හුදකලා විවේකයේ සතුට ගැන කියනවා. තමාත් පිරිස හා එක් නොවී වසන කෙනෙක්. ඒ වගේම භික්ෂූන්ටත් පිරිස හා එක් නොවීමේ ගුණ කියනවා. තමාත් පටන් ගත්ත වීරිය තියෙන කෙනෙක්. ඒ වගේම භික්ෂූන්ටත් පටන් ගත්තු වීරිය ගැන ගුණ කියනවා. තමාත් සිල්වත් කෙනෙක්. ඒ වගේම භික්ෂූන්ටත් සීල සම්පත්තියේ ගුණ කියන කෙනෙක්. තමාත් සමාධිමත් සිත් ඇති කෙනෙක්. ඒ වගේම භික්ෂූන්ටත් සමාධි සම්පත්තියේ ගුණ කියන කෙනෙක්. තමාත් ප්‍රඥාවන්ත කෙනෙක්. ඒ වගේම භික්ෂූන්ටත් ප්‍රඥා සම්පත්තියේ ගුණ කියන කෙනෙක්. තමාත් දුකෙන් නිදහස් වෙච්ච කෙනෙක්.

ඒ වගේම භික්ෂූන්ටත් විමුක්ති සම්පත්තිය ගැන ගුණ කියන කෙනෙක්. තමාත් දුකින් නිදහස් වූ බවට ඤාණ දර්ශනය ලබපු කෙනෙක්. ඒ වගේ ම භික්ෂූන්ටත් දුකින් නිදහස් වීමේ ඤාණ දර්ශන සම්පත්තිය ගැන ගුණ කියන කෙනෙක්. ඔන්න ඔය කරුණුවලින් භික්ෂූන්ට අවවාද කරන කෙනෙක්. දස කථාවෙන් අවබෝධය ඇති කරවන කෙනෙක්. සදහම් කරුණු හොඳින් දක්වන කෙනෙක්. ඒ දස කථාවේ සමාදන් කරවන කෙනෙක්. එහි උනන්දු කරවන කෙනෙක්. එහි වඩාත් උනන්දු කරවන කෙනෙක්' කියලා. සබ්‍රහ්මචාරීන් වහන්සේලා අතර ඔය විදිහට සම්භාවනාවට පත්වෙච්ච ඒ භික්ෂුව කවුද?"

"ස්වාමීනි, මන්තාණි බ්‍රාහ්මණතුමියගේ පුත්‍රරත්නය වන ආයුෂ්මත් පුණ්ණ කියල තෙරුන් වහන්සේ නමක් ඉන්නවා. ජාතිභූමියෙන් පැවිදි වෙච්ච ජාතිභූමියේ වාසය කරන සබ්‍රහ්මචාරී භික්ෂූන් අතර උන්වහන්සේව ඔය විදිහට මහත් සම්භාවනාවට ලක්වෙලා තියෙනවා. 'තමාත් අල්පේච්ඡයි. ඒ වගේම භික්ෂූන්ටත් අල්පේච්ඡ බවේ ගුණ කියනවා. තමාත් ලද දෙයින් සතුටු වන කෙනෙක්. ඒ වගේම භික්ෂූන්ටත් ලද දෙයින් සතුටු වීමේ ගුණ කියනවා. තමාත් හුදකලා විවේකයෙන් සතුටු වෙන කෙනෙක්. ඒ වගේම භික්ෂූන්ටත් හුදකලා විවේකයේ සතුට ගැන කියනවා. තමාත් පිරිස හා එක් නොවී වසන කෙනෙක්. ඒ වගේම භික්ෂූන්ටත් පිරිස හා එක් නොවීමේ ගුණ කියනවා. තමාත් පටන් ගත්ත වීරිය තියෙන කෙනෙක්. ඒ වගේම භික්ෂූන්ටත් පටන් ගත්තු වීරිය ගැන ගුණ කියනවා. තමාත් සිල්වත් කෙනෙක්. ඒ වගේම භික්ෂූන්ටත් සීල සම්පත්තියේ ගුණ කියන කෙනෙක්. තමාත් සමාධිමත් සිත් ඇති කෙනෙක්. ඒ වගේම භික්ෂූන්ටත් සමාධි සම්පත්තියේ ගුණ කියන කෙනෙක්. තමාත් ප්‍රඥාවන්ත කෙනෙක්. ඒ වගේම භික්ෂූන්ටත් ප්‍රඥා සම්පත්තියේ ගුණ කියන කෙනෙක්. තමාත් දුකෙන් නිදහස් වෙච්ච කෙනෙක්. ඒ වගේම භික්ෂූන්ටත් විමුක්ති සම්පත්තිය ගැන ගුණ කියන කෙනෙක්. තමාත් දුකින් නිදහස් වූ බවට ඤාණ දර්ශනය ලබපු කෙනෙක්. ඒ වගේම භික්ෂූන්ටත් දුකින් නිදහස් වීමේ ඤාණ දර්ශන සම්පත්තිය ගැන ගුණ කියන කෙනෙක්. ඔන්න ඔය කරුණුවලින් භික්ෂූන්ට අවවාද කරන කෙනෙක්. දස කථාවෙන් අවබෝධය ඇතිකරවන කෙනෙක්. සදහම් කරුණු හොඳින් දක්වන කෙනෙක්. ඒ දස කථාවේ සමාදන් කරවන කෙනෙක්. එහි උනන්දු කරවන කෙනෙක්. එහි වඩාත් උනන්දු කරවනවා' කියල උන්වහන්සේව ම තමයි මහත් සම්භාවනාවට පත් වෙලා තියෙන්නෙ."

ඒ වෙලාවේ ආයුෂ්මත් සාරිපුත්තයන් වහන්සේ භාග්‍යවතුන් වහන්සේ සමීපයේ වාඩිවෙලා හිටියා. ඉතින් ආයුෂ්මත් සාරිපුත්තයන් වහන්සේට මේ

විදිහට හිතුණා. 'ආයුෂ්මත් මන්තාණිපුත්ත පුණ්ණයන් වහන්සේට කොච්චර ලාභයක්ද? ආයුෂ්මත් මන්තාණිපුත්ත පුණ්ණයන් වහන්සේට කොයිතරම් හොඳ ලාභයක්ද? නුවණැති සබ්‍රහ්මචාරීන් වහන්සේලා ශාස්තෲන් වහන්සේ ඉදිරියේ ආයුෂ්මත් පුණ්ණයන් වහන්සේගේ ගුණ වර්ණනාව කතා කරනවානෙ. ශාස්තෲන් වහන්සේත් ඒක අනුමෝදන් වෙනවානෙ. අපටත් කවදා හරි දවසක ආයුෂ්මත් මන්තාණිපුත්ත පුණ්ණයන් ඇසුරු කරන්න ලැබෙනවා නම් කොච්චර දෙයක්ද! කතා බස් කරන්න ලැබෙනවා නම් කොච්චර දෙයක්ද!' කියලා.

ඉතින් ඊටපස්සේ භාග්‍යවතුන් වහන්සේ රජගහනුවර කැමති තාක් කල් වාසය කරලා සැවැත් නුවර බලා චාරිකාවේ වැඩියා. අනුපිළිවෙලින් චාරිකාවේ වඩිමින් සැවැත් නුවරට ම වැඩම කළා. සැවැත් නුවරදී භාග්‍යවතුන් වහන්සේ වැඩසිටියේ ජේතවනය නම් වූ අනේපිඬු සිටුතුමාගේ ආරාමයේ. ආයුෂ්මත් මන්තාණිපුත්ත පුණ්ණයන් වහන්සේට මේ කාරණය ආරංචි වුනා. 'භාග්‍යවතුන් වහන්සේ සැවැත් නුවරට වැඩියා. දැන් සැවැත් නුවර ජේතවනයේ අනේපිඬු සිටුතුමාගේ ආරාමයේ වැඩඉන්නවා' කියල.

ඉතින් ආයුෂ්මත් මන්තාණිපුත්ත පුණ්ණයන් වහන්සේ තම කුටිය පිළිවෙලකට සකස් කරලා, පාත්තර සිවුරු අරගෙන සැවැත් නුවර බලා චාරිකාවෙ පිටත් වුණා. පිළිවෙලින් චාරිකාවේ වැඩමවල සැවැත් නුවරටත් පැමිණුනා. සැවැත් නුවර ජේතවනයේ අනේපිඬු සිටුතුමාගේ ආරාමයේ වැඩසිටිය භාග්‍යවතුන් වහන්සේව බැහැදකින්න ගියා. භාග්‍යවතුන් වහන්සේට වන්දනා කරල එකත්පස්ව වාඩිවුනා. එතකොට භාග්‍යවතුන් වහන්සේ ඒ එකත්පස්ව වාඩිවුණු මන්තාණිපුත්ත පුණ්ණයන්ට ධර්ම කථාවෙන් කරුණු දක්වුවා. සමාදන් කෙරෙව්වා. උනන්දු කෙරෙව්වා. සතුටු කළා. ආයුෂ්මත් මන්තාණිපුත්ත පුණ්ණයන් වහන්සේත් භාග්‍යවතුන් වහන්සේ වෙතින් ධර්ම කථාවෙන් කරුණු දැනගෙන, සමාදන් වෙලා, උනන්දු වෙලා, සතුටු වෙලා භාග්‍යවතුන් වහන්සේ වදාළ ධර්මය සතුටින් පිළිගත්තා. අනුමෝදන් වුණා. ආසනයෙන් නැගිටලා භාග්‍යවතුන් වහන්සේට වන්දනා කළා. පැදකුණු කළා. ඊට පස්සේ දවල් කාලෙ ගතකරන්න අන්ධ වනයට ගියා.

එතකොට එක්තරා භික්ෂුවක් ආයුෂ්මත් සාරිපුත්තයන් වහන්සේව හොයාගෙන ගියා. ගිහින් ආයුෂ්මත් සාරිපුත්තයන් වහන්සේට මේ කාරණය කිව්වා.

"ප්‍රිය ආයුෂ්මත් සාරිපුත්ත, මන්තාණිපුත්ත පුණ්ණ නම් භික්ෂුව ගැන ඔබවහන්සේ නිතරම ගුණ කිව්වා නේද? අන්න ඒ ස්වාමීන් වහන්සේ භාග්‍යවතුන්

වහන්සේ වෙතින් ධර්ම කථා අහල කරුණු ඉගෙන ගෙන, සමාදන් වෙලා, උත්සාහවත් වෙලා, සතුටු වෙලා, භාග්‍යවතුන් වහන්සේ වදාළ ධර්මය සතුටින් පිළිගත්තා. අනුමෝදන් වුනා. ඊට පස්සේ අසුනෙන් නැගිටලා භාග්‍යවතුන් වහන්සේට වන්දනා කළා. පැදකුණු කළා. ඊට පස්සෙ දවල් කාලෙ ගතකරන්න අන්ධ වනයට වැඩියා" කියල.

එතකොට ආයුෂ්මත් සාරිපුත්තයන් වහන්සේ හනි හනිකට පත්කඩයත් අරගෙන ආයුෂ්මත් මන්තාණිපුත්ත පුණ්ණයන් වහන්සේ පිටිපස්සෙන් උන්වහන්සේගේ හිස පෙනි පෙනී වැඩම කළා. ආයුෂ්මත් මන්තාණිපුත්ත පුණ්ණයන් වහන්සේත් අන්ධ වනය ඇතුළට ම වැඩියා. එක්තරා රුක් සෙවණක දවල් කාලය ගෙවන්න වාඩිවුනා. එතකොට ආයුෂ්මත් සාරිපුත්තයන් වහන්සේත් අන්ධ වනය ඇතුළට ම වැඩියා. එක්තරා රුක් සෙවණක දවල් කාලය ගත කරන්න වාඩිවුනා. ඉතින් හවස් වුනාට පස්සෙ ආයුෂ්මත් සාරිපුත්තයන් වහන්සේ භාවනාවෙන් නැගිට්ටා. ආයුෂ්මත් මන්තාණිපුත්ත පුණ්ණයන් වහන්සේ ළඟට ගියා. ගිහින් ආයුෂ්මත් මන්තාණිපුත්ත පුණ්ණයන් වහන්සේ සමඟ සතුටු සාමීචි කතා බහේ යෙදුනා. ඊට පස්සෙ පැත්තකින් වාඩිවුනා. ඒ වෙලාවේ ආයුෂ්මත් සාරිපුත්තයන් වහන්සේ ආයුෂ්මත් මන්තාණිපුත්ත පුණ්ණයන් වහන්සේගෙන් මෙන්න මෙහෙම ඇහුවා.

"ප්‍රිය ආයුෂ්මතුන් වහන්ස, ඔබ භාග්‍යවතුන් වහන්සේගේ ශාසනයේ බඹසර රකින කෙනෙක්ද?"

"එහෙමයි, ආයුෂ්මතුන් වහන්ස."

"ඉතින් ආයුෂ්මතුන් වහන්සේ සීල විසුද්ධිය ඉලක්ක කරගෙන ද භාග්‍යවතුන් වහන්සේ ළඟ බඹසර වසන්නෙ?"

"එහෙමත් නෑ. ප්‍රිය ආයුෂ්මතුන් වහන්ස."

"එහෙම නම් ප්‍රිය ආයුෂ්මතුන් වහන්ස, චිත්ත විසුද්ධිය ඉලක්ක කරගෙන ද භාග්‍යවතුන් වහන්සේ ළඟ බඹසර වසන්නෙ?"

"එහෙමත් නෑ. ප්‍රිය ආයුෂ්මතුන් වහන්ස."

"එහෙම නම් ප්‍රිය ආයුෂ්මතුන් වහන්ස, දිට්ඨි විසුද්ධිය ඉලක්ක කරගෙන ද භාග්‍යවතුන් වහන්සේ ළඟ බඹසර වසන්නෙ?"

"එහෙමත් නෑ. ප්‍රිය ආයුෂ්මතුන් වහන්ස."

"එහෙම නම් ප්‍රිය ආයුෂ්මතුන් වහන්ස, කංඛාවිතරණ විසුද්ධිය ඉලක්ක කරගෙන ද භාග්‍යවතුන් වහන්සේ ළඟ බඹසර වසන්නෙ?"

"එහෙමත් නෑ. ප්‍රිය ආයුෂ්මතුන් වහන්ස."

"එහෙම නම් ප්‍රිය ආයුෂ්මතුන් වහන්ස, මග්ගාමග්ගඥාණදස්සන විසුද්ධිය ඉලක්ක කරගෙන ද භාග්‍යවතුන් වහන්සේ ළඟ බඹසර වසන්නෙ?"

"එහෙමත් නෑ. ප්‍රිය ආයුෂ්මතුන් වහන්ස."

"එහෙම නම් ප්‍රිය ආයුෂ්මතුන් වහන්ස, පටිපදා ඥාණදස්සන විසුද්ධිය ඉලක්ක කරගෙන ද භාග්‍යවතුන් වහන්සේ ළඟ බඹසර වසන්නෙ?"

"එහෙමත් නෑ. ප්‍රිය ආයුෂ්මතුන් වහන්ස."

"එහෙම නම් ප්‍රිය ආයුෂ්මතුන් වහන්ස, ඥාණදස්සන විසුද්ධිය ඉලක්ක කරගෙන ද භාග්‍යවතුන් වහන්සේ ළඟ බඹසර වසන්නෙ?"

"එහෙමත් නෑ. ප්‍රිය ආයුෂ්මතුන් වහන්ස."

"ප්‍රිය ආයුෂ්මතුන් වහන්ස, මං ඔබෙන් ඇසුවා 'සීල විසුද්ධිය ඉලක්ක කරගෙන ද ඔබ භාග්‍යවතුන් වහන්සේ ළඟ බඹසර වසන්නෙ?' කියල. එතකොට ඔබ කියනවා 'එහෙම නෑ. ආයුෂ්මතුනි' කියල. ඊටපස්සෙ මං ඔබෙන් ඇහුවා 'එහෙම නම් ප්‍රිය ආයුෂ්මතුනි, චිත්ත විසුද්ධිය ඉලක්ක කරගෙන ද ඔබ භාග්‍යවතුන් වහන්සේ ළඟ බඹසර හැසිරෙන්නෙ?' කියල. ඒකට ඔබ පිළිතුරු දුන්නෙත් 'එහෙම නෑ. ප්‍රිය ආයුෂ්මතුනි' කියල. ඊටපස්සෙ මං ඔබෙන් ඇහුවා 'එහෙම නම් ප්‍රිය ආයුෂ්මතුනි, දිට්ඨි විසුද්ධිය ....(පෙ).... කංඛාවිතරණ විසුද්ධිය ....(පෙ).... මග්ගාමග්ග ඥාණදස්සන විසුද්ධිය ....(පෙ).... පටිපදා ඥාණදස්සන විසුද්ධිය ....(පෙ).... එහෙම නම් ප්‍රිය ආයුෂ්මතුනි, ඥාණදස්සන විසුද්ධිය ඉලක්ක කරගෙන ද භාග්‍යවතුන් වහන්සේ ළඟ බඹසර හැසිරෙන්නෙ? කියල. එතකොටත් ඔබ පිළිතුරු දුන්නෙ 'එහෙම නෑ. ආයුෂ්මතුනි' කියලයි. එහෙම නම් ප්‍රිය ආයුෂ්මතුනි, ඔබ භාග්‍යවතුන් වහන්සේ ළඟ බඹසර හැසිරෙන්නේ කුමක් ඉලක්ක කරගෙනද?"

"ප්‍රිය ආයුෂ්මතුන් වහන්ස, මම භාග්‍යවතුන් වහන්සේ ළඟ බඹසර හැසිරෙන්නේ උපාදාන රහිතව පිරිනිවන් පෑමටයි."

"ඉතින් ආයුෂ්මතුනි, එතකොට උපාදාන රහිතව පිරිනිවන් පෑම කියල කියන්නේ සීල විසුද්ධියටද?"

"නෑ, ප්‍රිය ආයුෂ්මතුන් වහන්ස."

"එහෙම නම් ප්‍රිය ආයුෂ්මතුන් වහන්ස, උපාදාන රහිතව පිරිනිවන් පෑම කියල කියන්නේ චිත්ත විසුද්ධියටද?"

"නෑ, ප්‍රිය ආයුෂ්මතුන් වහන්ස."

"එහෙම නම් ප්‍රිය ආයුෂ්මතුන් වහන්ස, උපාදාන රහිතව පිරිනිවන් පෑම කියල කියන්නේ දිට්ඨි විසුද්ධියටද?"

"නෑ, ප්‍රිය ආයුෂ්මතුන් වහන්ස."

"එහෙම නම් ප්‍රිය ආයුෂ්මතුන් වහන්ස, උපාදාන රහිතව පිරිනිවන් පෑම කියල කියන්නේ කංඛාවිතරණ විසුද්ධියටද?"

"නෑ, ප්‍රිය ආයුෂ්මතුන් වහන්ස."

"එහෙම නම් ප්‍රිය ආයුෂ්මතුන් වහන්ස, උපාදාන රහිතව පිරිනිවන් පෑම කියල කියන්නේ මග්ගාමග්ග ඤාණදස්සන විසුද්ධියටද?"

"නෑ, ප්‍රිය ආයුෂ්මතුන් වහන්ස."

"එහෙම නම් ප්‍රිය ආයුෂ්මතුන් වහන්ස, උපාදාන රහිතව පිරිනිවන් පෑම කියල කියන්නේ පටිපදා ඤාණදස්සන විසුද්ධියටද?"

"නෑ, ප්‍රිය ආයුෂ්මතුන් වහන්ස."

"එහෙම නම් ප්‍රිය ආයුෂ්මතුන් වහන්ස, උපාදාන රහිතව පිරිනිවන් පෑම කියල කියන්නේ ඤාණදස්සන විසුද්ධියටද?"

"නෑ, ප්‍රිය ආයුෂ්මතුන් වහන්ස."

"එහෙම නම් ප්‍රිය ආයුෂ්මතුන් වහන්ස, උපාදාන රහිතව පිරිනිවන් පෑම කියල කියන්නේ මේවායින් තොර වූ දෙයක් ද?"

"නෑ, ප්‍රිය ආයුෂ්මතුන් වහන්ස."

"ප්‍රිය ආයුෂ්මතුන් වහන්ස, 'උපාදාන රහිතව පිරිනිවන් පෑම කියල කියන්නේ සීල විසුද්ධියටද?' කියල මං ඔබෙන් ඇසූ විට, 'නෑ. ආයුෂ්මතුනි' කියල පිළිතුරු දුන්නා. ඊට පස්සෙ ප්‍රිය ආයුෂ්මතුන් වහන්ස, 'උපාදාන රහිතව පිරිනිවන් පෑම කියල කියන්නේ චිත්ත විසුද්ධියටද?' කියල මං ඔබෙන් ඇසූ විට, 'නෑ. ආයුෂ්මතුනි' කියල පිළිතුරු දුන්නා. ඊට පස්සෙ ප්‍රිය ආයුෂ්මතුන් වහන්ස, 'උපාදාන රහිතව පිරිනිවන් පෑම කියල කියන්නේ දිට්ඨි විසුද්ධියටද?' කියල මං ඔබෙන් ඇසූ විට, 'නෑ. ආයුෂ්මතුනි' කියල පිළිතුරු දුන්නා. ඊට පස්සෙ

ප්‍රිය ආයුෂ්මතුන් වහන්ස, 'උපාදාන රහිතව පිරිනිවන් පෑම කියල කියන්නේ කංඛාවිතරණ විසුද්ධියටද?' කියල මං ඔබෙන් ඇසූ විට, 'නෑ. ආයුෂ්මතුනි' කියල පිළිතුරු දුන්නා. ඊට පස්සෙ ප්‍රිය ආයුෂ්මතුන් වහන්ස, 'උපාදාන රහිතව පිරිනිවන් පෑම කියල කියන්නේ මග්ගාමග්ග ඤාණදස්සන විසුද්ධියටද?' ....(පෙ).... පටිපදා ඤාණදස්සන විසුද්ධියටද? ....(පෙ).... ඤාණදස්සන විසුද්ධියට ද?' කියල මං ඔබෙන් ඇසූ විට, 'නෑ. ආයුෂ්මතුනි' කියල පිළිතුරු දුන්නා. ඊට පස්සෙ ප්‍රිය ආයුෂ්මතුන් වහන්ස, 'උපාදාන රහිතව පිරිනිවන් පෑම කියල කියන්නේ මේ ධර්මයන්ගෙන් තොර වූ දෙයකටද?' කියල මං ඔබෙන් ඇසූ විට, 'නෑ. ආයුෂ්මතුනි' කියල පිළිතුරු දුන්නා. ඇත්තෙන් ම ප්‍රිය ආයුෂ්මතුනි, ඔය කතාව තේරුම් ගත යුත්තෙ කොහොමද?"

"ප්‍රිය ආයුෂ්මතුනි, භාග්‍යවතුන් වහන්සේ උපාදාන රහිතව පිරිනිවන් පෑම වශයෙන් සීල විසුද්ධිය පණවා වදාළ සේක් නම්, උපාදාන රහිතව පිරිනිවන් පාන්නේ උපාදාන සහිත කෙනෙක් ම යි. ප්‍රිය ආයුෂ්මතුනි, භාග්‍යවතුන් වහන්සේ උපාදාන රහිතව පිරිනිවන් පෑම වශයෙන් චිත්ත විසුද්ධිය පණවා වදාළ සේක් නම්, උපාදාන රහිතව පිරිනිවන් පාන්නේ උපාදාන සහිත කෙනෙක් ම යි. ප්‍රිය ආයුෂ්මතුනි, භාග්‍යවතුන් වහන්සේ උපාදාන රහිතව පිරිනිවන් පෑම වශයෙන් දිට්ඨි විසුද්ධිය පණවා වදාළ සේක් නම්, උපාදාන රහිතව පිරිනිවන් පාන්නේ උපාදාන සහිත කෙනෙක් ම යි. ප්‍රිය ආයුෂ්මතුනි, භාග්‍යවතුන් වහන්සේ උපාදාන රහිතව පිරිනිවන් පෑම වශයෙන් කංඛාවිතරණ විසුද්ධිය පණවා වදාළ සේක් නම්, උපාදාන රහිතව පිරිනිවන් පාන්නේ උපාදාන සහිත කෙනෙක් ම යි. ප්‍රිය ආයුෂ්මතුනි, භාග්‍යවතුන් වහන්සේ උපාදාන රහිතව පිරිනිවන් පෑම වශයෙන් මග්ගාමග්ග ඤාණදස්සන විසුද්ධිය පණවා වදාළ සේක් නම්, උපාදාන රහිතව පිරිනිවන් පාන්නේ උපාදාන සහිත කෙනෙක් ම යි. ප්‍රිය ආයුෂ්මතුනි, භාග්‍යවතුන් වහන්සේ උපාදාන රහිතව පිරිනිවන් පෑම වශයෙන් පටිපදා ඤාණදස්සන විසුද්ධිය පණවා වදාළ සේක් නම්, උපාදාන රහිතව පිරිනිවන් පාන්නේ උපාදාන සහිත කෙනෙක් ම යි. ප්‍රිය ආයුෂ්මතුනි, භාග්‍යවතුන් වහන්සේ උපාදාන රහිතව පිරිනිවන් පෑම වශයෙන් ඤාණදස්සන විසුද්ධිය පණවා වදාළ සේක් නම්, උපාදාන රහිතව පිරිනිවන් පාන්නේ උපාදාන සහිත කෙනෙක් ම යි. ප්‍රිය ආයුෂ්මතුනි, මේ ධර්මයන්ගෙන් තොරව උපාදාන රහිතව පිරිනිවන් පානවා නම් පෘථග්ජනයෙකුටත් පිරිනිවන් පාන්ට පුළුවනි. ප්‍රිය ආයුෂ්මතුනි, පෘථග්ජනයා මේ ධර්මයන්ගෙන් තොරයි.

ප්‍රිය ආයුෂ්මතුනි, මං මේ ගැන ඔබට උපමාවක් කියා දෙන්නම්. බුද්ධිමත් කෙනෙකුට උපමා වලිනුත් අර්ථ අවබෝධ කරන්න පුළුවනි. ප්‍රිය ආයුෂ්මතුනි, ඒක මෙන්න මේ වගේ දෙයක්. සැවැත් නුවර ඉන්න පසේනදී කොසොල්

රජ්ජුරුවන්ට සාකේත නුවරට යන්න හදිසි ගමනක් යෙදෙනවා. ඉතින් ඒ ගමන වෙනුවෙන් සැවැත් නුවරත්, සාකේත නුවරත් අතර හොඳට පුහුණු කරපු වාහන හතක් සූදානම් කරනවා. ඉතින් ප්‍රිය ආයුෂ්මතුනි, කොසොල් රජ්ජුරුවො සැවැත් නුවර ඇතුළු නුවර දොරෙන් පිටත් වෙලා පළවෙනි පුහුණු වෙච්ච වාහනයට නගිනවා. ඒ පුහුණු වෙච්ච පළවෙනි වාහනෙන් ගිහිල්ලා, පුහුණු වෙච්ච දෙවෙනි වාහනයට නගිනවා. පුහුණු වෙච්ච දෙවෙනි වාහනයෙන් ගිහිල්ලා, පුහුණු වෙච්ච තුන්වෙනි වාහනයට නගිනවා. පුහුණු වෙච්ච තුන්වෙනි වාහනයෙන් ගිහිල්ලා, පුහුණු වෙච්ච හතරවෙනි වාහනයට නගිනවා. පුහුණු වෙච්ච හතරවෙනි වාහනෙන් ගිහිල්ලා පුහුණු වෙච්ච පස්වෙනි වාහනේට නගිනවා. පුහුණු වෙච්ච පස්වෙනි වාහනෙන් ගිහිල්ලා පුහුණු වෙච්ච හයවෙනි වාහනයට නගිනවා. පුහුණු වෙච්ච හයවෙනි වාහනෙන් ගිහිල්ල පුහුණු වෙච්ච හත්වෙනි වාහනයට නගිනවා. පුහුණු වෙච්ච හත්වෙනි වාහනයෙන් ගිහිල්ලා සාකේත නුවර ඇතුල් නගරයෙ දොරටුව ළඟට එනවා.

ඇතුල් නගරයෙ දොරටුව ළඟට ආපු රජ්ජුරුවන් ගෙන් යහළු මිත්‍රයන් නෑදෑයින් මෙහෙම අහනවා. 'මහරජතුමනි, ඔබ සැවැත් නුවර ඉඳල සාකේත නුවර ඇතුල් නගරෙ දොරටුව ළඟට ආවෙ මේ පුහුණු වෙච්ච වාහනයෙන් ද?' කියලා. එහෙම ඇහුවොත් ප්‍රිය ආයුෂ්මතුන් වහන්ස, පසේනදී කොසොල් රජ්ජුරුවො නියම විදිහට උත්තර දෙනවා නම් කොයි ආකාරයට උත්තර දෙයි ද?"

"ප්‍රිය ආයුෂ්මතුනි, කොසොල් රජ්ජුරුවො නියම විදිහට උත්තර දෙනවා නම්, මෙන්න මේ විදිහටයි උත්තර දෙන්න ඕන. 'මං සැවැත් නුවර ඉන්න කොට සාකේතයට එන්න හදිසි කාරණයක් යෙදුනා. ඉතින් සැවැතටත් සාකේතයටත් අතර පුහුණු වෙච්ච වාහන හතක් පිළියෙල කරල තිබුනා. මං සැවැතේ ඇතුළු නගරෙ දොරටුවෙන් නික්මිලා පුහුණු වෙච්ච පළවෙනි වාහනයට නැග්ගා. ඒ පළවෙනි වාහනෙන් දෙවෙනි වාහනේ ළඟට ආවා. පුහුණු වෙච්ච පළවෙනි වාහනය අත්හැරියා. පුහුණු වෙච්ච දෙවෙනි වාහනේට නැග්ගා. ඒ වාහනෙන් පුහුණු වෙච්ච තුන්වෙනි වාහනය ළඟට ආවා. පුහුණු වෙච්ච දෙවෙනි වාහනේ අත්හැරියා. පුහුණු වෙච්ච තුන්වෙනි වාහනේට නැග්ගා. ඒ වාහනෙන් පුහුණු වෙච්ච හතරවෙනි වාහනේ ළඟට ගියා. අර පුහුණු වෙච්ච තුන්වෙනි වාහනය අත්හැරියා. පුහුණු වෙච්ච හතරවෙනි වාහනේට නැග්ගා. ඒ වාහනෙන් පුහුණු වෙච්ච පස්වෙනි වාහනේ ළඟට ගියා. පුහුණු වෙච්ච හතරවෙනි වාහනේ අත්හැරියා. පුහුණු වෙච්ච පස්වෙනි වාහනේ නැග්ගා. පුහුණු වෙච්ච පස්වෙනි වාහනෙන් පුහුණු වෙච්ච හයවෙනි වාහනේ ළඟට ගියා. පුහුණු වෙච්ච පස්වෙනි වාහනේ අත්හැරියා. පුහුණු වෙච්ච හයවෙනි වාහනේට නැග්ගා.

පුහුණු වෙච්ච හයවෙනි වාහනෙන් පුහුණු වෙච්ච හත්වෙනි වාහනේ ළඟට ගියා. පුහුණු වෙච්ච හයවෙනි වාහනේ අත්හැරියා. පුහුණු වෙච්ච හත්වෙනි වාහනේට නැග්ගා. ඒ පුහුණු වෙච්ච හත්වෙනි වාහනෙන් තමයි සාකේතයේ ඇතුල් නගරයේ දොරටුව ළඟට ආවේ' කියලා. ප්‍රිය ආයුෂ්මතුනි, පසේනදී කොසොල් රජ්ජුරුවො නියම විදිහට උත්තර දෙනවා නම්, ඔය විදිහට තමයි උත්තර දෙන්නෙ."

ප්‍රිය ආයුෂ්මතුනි, ඔන්න ඔය විදිහමයි. සීල විසුද්ධිය තියෙන්නෙ චිත්ත විසුද්ධිය ලබාගැනීම පිණිස ම යි. චිත්ත විසුද්ධිය තියෙන්නෙ දිට්ඨි විසුද්ධිය ලබාගැනීම පිණිස ම යි. දිට්ඨි විසුද්ධිය තියෙන්නෙ කංඛාවිතරණ විසුද්ධිය ලබාගැනීම පිණිස ම යි. කංඛාවිතරණ විසුද්ධිය තියෙන්නෙ මග්ගාමග්ග ඤාණදස්සන විසුද්ධිය ලබාගැනීම පිණිස ම යි. මග්ගාමග්ග ඤාණදස්සන විසුද්ධිය තියෙන්නෙ පටිපදා ඤාණදස්සන විසුද්ධිය ලබාගැනීම පිණිස ම යි. පටිපදා ඤාණදස්සන විසුද්ධිය තියෙන්නෙ ඤාණදස්සන විසුද්ධිය ලබා ගැනීම පිණිස ම යි. ඤාණදස්සන විසුද්ධිය තියෙන්නෙ උපාදාන රහිතව පිරිනිවන් පෑම පිණිස ම යි. ප්‍රිය ආයුෂ්මතුන් වහන්ස, මං භාග්‍යවතුන් වහන්සේ ළඟ බඹසර හැසිරෙන්නේ මේ උපාදාන රහිතව පිරිනිවන් පෑම ඉලක්ක කරගෙන ම යි."

එතකොට ආයුෂ්මත් සාරිපුත්තයන් වහන්සේ ආයුෂ්මත් මන්තාණිපුත්ත පුණ්ණයන් වහන්සේ ගෙන් මෙන්න මෙහෙම ඇහුවා.

"ආයුෂ්මතුන් වහන්සේගේ නම මොකක්ද? සබ්‍රහ්මචාරීන් වහන්සේලා ආයුෂ්මතුන්ව දන්නෙ මොන නමින්ද?" කියලා.

"ප්‍රිය ආයුෂ්මතුනි, මගේ නම පුණ්ණ. නමුත් සබ්‍රහ්මචාරීන් වහන්සේලා මාව හඳුන්වන්නෙ මන්තාණිපුත්ත යන නමින්."

"ප්‍රිය ආයුෂ්මතුන් වහන්ස, ඇත්තෙන් ම අසිරිමත්! ආයුෂ්මතුන් වහන්ස, ඇත්තෙන් ම අද්භූතයි! ශ්‍රැතවත් ශ්‍රාවකයෙකු විසින් ඉතා හොඳින් ශාස්තෘ ශාසනය දැනගෙන තියෙන්නෙ යම් අයුරකින් නම්, අන්න ඒ අයුරින් ආයුෂ්මත් මන්තාණිපුත්ත පුණ්ණයන් වහන්සේ ඉතා ගාම්භීර ප්‍රශ්න බොහොම අගේට විසඳලා දුන්නා. යම් කෙනෙකුට ආයුෂ්මත් මන්තාණිපුත්ත පුණ්ණයන්ව දකින්න ලැබෙනවා නම්, ඇසුරු කරන්න ලැබෙනවා නම් ඒ සබ්‍රහ්මචාරීන් වහන්සේලාට ඒක ලාභයක්. මහත් වූ ලාභයක්. ආයුෂ්මත් මන්තාණිපුත්ත පුණ්ණයන්ව දුහුල් සළු පොටක් හිස් මුදුනින් පිළිගන්නවා වගේ සබ්‍රහ්මචාරීන් වහන්සේලා ආයුෂ්මතුන්ව ඉහළින් පිළිඅරගෙන බැහැදකිනවා නම් ඒ සබ්‍රහ්මචාරීන්

වහන්සේලාට ඒකත් ලාභයක්. ඇසුරු කරන එකත් ලාභයක්. අපටත් ඉතා හොඳ ලාභයක්. අපටත් යහපත් ලැබීමක්. ආයුෂ්මත් මන්තාණිපුත්ත පුණ්ණයන් දැකගන්න අපටත් ලැබුනා. ඇසුරු කරන්න අපටත් ලැබුනා.

එතකොට ආයුෂ්මත් මන්තාණිපුත්ත පුණ්ණයන් වහන්සේ ආයුෂ්මත් සාරිපුත්තයන් වහන්සේගෙන් මෙහෙම ඇහුවා.

"ඔය ආයුෂ්මතුන්ගේ නම මොකක්ද? සබ්‍රහ්මචාරීන් වහන්සේලා ආයුෂ්මතුන්ව හඳුන්වන්නෙ මොන නමින්ද?" කියලා.

"ප්‍රිය ආයුෂ්මතුන් වහන්ස, මගේ නම උපතිස්ස, සබ්‍රහ්මචාරීන් වහන්සේලා මාව හඳුන්වන්නෙ 'සාරිපුත්ත' යන නමින්."

"ඒකාන්තයෙන් ම ශාස්තෘන් වහන්සේ නමක් හා සමානව වැඩසිටින පින්වත් ශ්‍රාවකයන් වහන්සේ නමක් සමඟ නෙව මං මේ සාකච්ඡා කරල තියෙන්නෙ. ඇත්තෙන් ම මං මේ කතා කළේ ආයුෂ්මත් සාරිපුත්තයන් වහන්සේ සමඟ කියල දන්නෙ නෑ. යම් විදිහකින් මට ඒ බව දැනගන්න ලැබුණා නම් මේ වැඩඉන්නෙ ආයුෂ්මත් සාරිපුත්තයන් වහන්සේ කියල, මට මෙච්චර දෙයක්වත් වැටහෙන එකක් නෑ. ප්‍රිය ආයුෂ්මතුන් වහන්ස, ආශ්චර්යයි! ප්‍රිය ආයුෂ්මතුන් වහන්ස, අද්භූතයි! ශ්‍රැතවත් ශ්‍රාවකයෙකු විසින් ඉතා හොඳින් ශාස්තෘ ශාසනය දැනගෙන තියෙන්නේ යම් අයුරකින් නම්, අන්න ඒ අයුරින් ආයුෂ්මත් සාරිපුත්තයන් වහන්සේ ඉතා ගාම්භීර ප්‍රශ්න බොහෝම අගේට විමසුවා. සබ්‍රහ්මචාරීන් වහන්සේලාට මේක හරි ලාභයක්. සබ්‍රහ්චාරීන් වහන්සේලාට ඉතාම හොඳ ලාභයක්. සාරිපුත්තයන් වහන්සේව ඒ ඇත්තන්ට දැකගන්න ලැබෙනවා. ඇසුරු කරන්නත් ලැබෙනවා. දුහුල් සළු පොටක් හිස් මුදුනින් පිළිගන්නවා වගේ සබ්‍රහ්මචාරීන් වහන්සේලා ආයුෂ්මත් සාරිපුත්තයන් වහන්සේව හිස් මුදුනින් පිළිගන්නවා. උන්වහන්සේලාට ආයුෂ්මත් සාරිපුත්තයන් වහන්සේව දැකගන්න ලැබෙනවා. ඇසුරු කරන්න ලැබෙනවා. ඒක ඒ ඇත්තන්ට ලාභයක්. ඒක ඉතාම හොඳ ලාභයක්. අපටත් ලාභයක්. අපටත් ඉතාම හොඳ ලාභයක්. අපටත් ආයුෂ්මත් සාරිපුත්තයන් වහන්සේව දැකගන්න ලැබුනා. ඇසුරු කරන්න ලැබුනා."

ඉතින් ඔය විදිහට ඒ අතිශයින් ම ශ්‍රේෂ්ඨ වූ මහරහතන් වහන්සේලා දෙනම ඔවුනොවුන්ගේ සුන්දර කතා බහ ඉතා සතුටින් අනුමෝදන් වුනා.

සාදු! සාදු!! සාදු!!!

**පුහුණු වෙච්ච වාහනය උපමා කොට වදාළ දෙසුම නිමා විය.**

# 1.3.5
# නිවාප සූත්‍රය
## නිල් තණකොළ කොරටුව උපමා කොට වදාළ දෙසුම

**මා** හට අසන්නට ලැබුනේ මේ විදිහටයි. ඒ දවස්වල භාග්‍යවතුන් වහන්සේ වැඩසිටියේ සැවැත් නුවර ජේතවනය නම් වූ අනේපිඬු සිටුතුමාගේ ආරාමයේ. එදා භාග්‍යවතුන් වහන්සේ "පින්වත් මහණෙනි" කියා භික්ෂුසංඝයා ඇමතුවා. ඒ භික්ෂූන් වහන්සේලාත් "පින්වතුන් වහන්ස" කියල භාග්‍යවතුන් වහන්සේට පිළිතුරු දුන්නා. ඒ වෙලාවේදී භාග්‍යවතුන් වහන්සේ මේ දේශනාව වදාළා.

පින්වත් මහණෙනි, 'අනේ මේ මුවන් රංචුව මං වවාපු නිල් තණ කොරටුවට වැදිලා හොඳට ගොදුරු කාලා උස මහතට පෙනුමට හැදෙනවා නම්, බොහෝ කලක් සැපසේ ඉන්නවා නම් කොයිතරම් හොඳද?' යන අදහසින් වැද්දෙක් මුවන් උදෙසා තණ කොරටු වවන්නේ නෑ. පින්වත් මහණෙනි, වැද්දෙක් මුවන් උදෙසා තණ කොරටුවක් වවන්නේ මෙන්න මේ අදහසිනුයි. 'දැන් මගේ මේ තණ කොරටුවට මුව රංචුව ඒවි. ආවට පස්සෙ මේ තණකොළ දැක්ක ගමන් එවුන්ට ඔක්කොම අමතක වේවි. කාගෙන, කාගෙන යාවි. හොඳට කාල මත් වේවි. මුසපත් වේවි. ආපහු යන්න අමතක වේවි. එතකොට උන් ආපහු පැනගන්න ප්‍රමාද වෙන කොට ඒ මුව රංචුවට මං කැමති දෙයක් කරනවා' කියලයි.

පින්වත් මහණෙනි, ඔන්න ඒ මුව රංචු අතරින් ඉස්සෙල්ල ම මුව රංචුවක් ආවා. ඒ තණබිම දැකලා තණ කොරටුවට ඇතුල් වුනා. මුව වැද්දා වගා කරපු ඒ තණකොළ කාගෙන, කාගෙන යන්න පටන් ගත්තා. උන් ඒ තණකොළ රසයට මුසපත් වුනා. ඒ තණකොළ ම කකා හිටියා මිසක් ආපහු පැනගන්න මතක් වුනේ නෑ. ආපහු පැනගන්න ප්‍රමාද වෙද්දී තමුන්ගේ තණකොළ කොරටුවේ කොටු වෙච්ච මුව රංචුවට ඕනෑම දෙයක් කරන්න අර මුව වැද්දාට පුළුවන්

වුනා. පින්වත් මහණෙනි, ඔය විදිහට ඒ මුව වැද්දාගේ බල පරාක්‍රමයෙන් මිදෙන්න පළවෙනි මුව රංචුවට බැරිව ගියා.

පින්වත් මහණෙනි, ඊළඟට දෙවෙනි මුව රංචුව මේ විදිහට හිතුවා. 'අපට ඉස්සෙල්ල ආපු මුව රංචුව මුව වැද්දාගේ මේ තණකොළ කොරටුවට රිංගල කාගෙන කාගෙන යන්න පටන් ගත්තා නෙව. ඊට පස්සෙ අපේ මුවෝ ඒකට මුසපත් වුනා. ආපහු පැනගන්න කල්පනාව නැතුව ගියා. ප්‍රමාද වුනා. මේ නිල් තණ කොරටුවට රිංගපු ඒ මුව රංචුවට කැමති දෙයක් කරන්න මුව වැද්දට පුළුවන් වුනා. ඒ ඉස්සෙල්ල ම ආපු මුව රංචුවට මුව වැද්දාගේ බල පරාක්‍රමයෙන් මිදෙන්න බැරි වුනා. ඒ නිසා අපි කවුරුත් ඒ නිල් තණ කොරටුව පැත්තටවත් යන්න හොඳ නෑ. ඔය බය වෙවී කන තණකොළේ මොකටද? අපි වනාන්තරේ ඇතුළට ම යමු. එහෙට වෙලා ඉම්මු' කියල.

ඊට පස්සෙ ඒ මුව රංචුව අර තණකොළ කොරටුව පැත්තටවත් ගියේ නෑ. බය වෙලා කන තණකොළෙන් වැළකුනා. කැලේ ඇතුළට ම ගිහින් වාසය කළා. නමුත් ඔන්න පායන කාලයක් ආවා. කැලේ වතුර හිඳිල ගියා. තණකොළ මැරිල ගියා. මුව රංචුව කෙට්ටු වෙලා ගියා. ඇඟපත දුර්වල වෙලා ගියා. බල වීරිය හීන වුනා. ආයෙමත් ටිකෙන් ටික මුව වැද්දාගේ තණකොළ කොරටුව පැත්තට අර මුව රංචුව සේන්දු වුනා. තණකොළ කොරටුවට වැදිල කාගෙන කාගෙන යන්න පටන් ගත්තා. තණකොළ රසයට මුසපත් වුනා. පැනල යන්න අමතක වුනා. ප්‍රමාදයට පත්වුනා. ඒ ප්‍රමාද වෙච්ච මුව රංචුවට ඕන දෙයක් කරන්න පුළුවන්කම මුව වැද්දට ලැබුනා. පින්වත් මහණෙනි, ඔය විදිහට දෙවෙනි මුව රංචුවටත් මුව වැද්දගේ බල පරාක්‍රමයෙන් මිදෙන්න බැරි වුනා.

ඊළඟට පින්වත් මහණෙනි, තුන්වෙනි මුව රංචුව මේ විදිහට හිතන්න පටන් ගත්තා. 'ඉස්සෙල්ලම ආපු මුව රංචුව මුව වැද්දාගේ නිල් තණ කොරටුවට රිංගුවා. තණකොළ කාගෙන කාගෙන ගියා. ඒකට මුසපත් වුනා. ආපහු පැනල යන්න අමතක වුණා. ප්‍රමාද වුණා. ඒ ප්‍රමාදය නිසා මුව වැද්දට පුළුවන් වුනා තමන් කැමති දෙයක් ඒ මුවන්ට කරන්න. වැද්දාගේ තණකොළ කොරටුවේ කොටු වෙච්ච ඒ මුව රංචුවට මුව වැද්දගේ බල පරාක්‍රමයෙන් නිදහස් වෙන්න බැරි වුනා.

ඊට පස්සෙ දෙවෙනි මුව රංචුව ඇවිල්ල හිතන්න පටන් ගත්තා. 'පළවෙනි මුව රංචුව මුව වැද්දාගේ මේ තණකොළ කොරටුවට රිංගලා කාගෙන කාගෙන ගියා. ඒ තණකොළවලට මුසපත් වුනා. ආපහු පැනල යන්න අමතක වුනා. ප්‍රමාදයට පත්වුනා. ඒ ප්‍රමාද වෙච්ච මුව රංචුවට කැමති දෙයක් කරන්න මුව වැද්දට බලය ලැබුනා. ඒ විදිහට මුව වැද්දාගේ බල පරාක්‍රමයෙන් මිදෙන්න

පළවෙනි මුව රංචුවට බැරි වුනා. ඒ වුණාට අපි නම් ඔය තණකොළ කොරටුව පැත්තෙවත් යන්නෙ නෑ. බයෙන් බයෙන් කන තණකොළේ මොකටද? අපි වනාන්තරේ ඇතුළට ම යමු' කියල. ඉතින් ඒ දෙවෙනි මුව රංචුව තණකොළ කොරටුව අතහැරියා. වනාන්තරේ ඇතුළට ම ගිහින් හිටියා. ඔන්න පායන කාලෙ ආවා. අන්තිම මාසෙ වෙන කොට වතුර හිඳිල ගියා. තණකොළ මැරිල ගියා. මුව රංචුව කෙට්ටු වෙලා ගියා. බල වීරිය නැතිවෙලා ගියා. ආයෙමත් ටිකෙන් ටික මුව වැද්දාගේ තණකොළ කොරටුවට සේන්දු වුනා. පැනපු ගමන් තණකොළ ටික කාගෙන කාගෙන ගියා. ඒ තණකොළ රසයට සිහිවිකල් වුනා. ආපහු පැනගන්න අමතක වුනා. ප්‍රමාද වුනා. ප්‍රමාද වෙච්ච මුව රංචුවට ඕන දෙයක් කරන්න මුව වැද්දාට බලය ලැබුනා. මේ විදිහට දෙවෙනි මුව රංචුවත් මුව වැද්දාගේ බල පරාක්‍රමයෙන් නිදහස් වුනේ නෑ.

ඉතින්, අපි ඒකට වෙන වැඩක් කරමු. මුව වැද්දාගේ තණ කොරටුව කිට්ටුවෙන් ම අපිට ලගින්න තැනක් හදාගනිමු. තණකොළ කොරටුවට රිංගන්නෙ නැතුව, සිහිවිකල් කරගන්නෙ නැතුව තිල් තණ කමු. ඒ විදිහට තිල් තණ කන කොට අපි ඒකෙන් මත්වෙන්නෙ නෑ. පැනල යන්න අමතක වෙලා ප්‍රමාද වෙන්නෙ නෑ. එතකොට අප්‍රමාදී වෙන අපිට ඕන දෙයක් කරන්න මුව වැද්දාට බලය ලැබෙන්නෙ නෑ' කියල.

ඊට පස්සෙ ඒ මුව රංචුව ඒ තණකොළ කොරටුව කිට්ටුවෙන් ම ලගින්න තැනක් හදාගත්තා. ඒක ඇසුරු කරගෙන ම හිටියා. මුව වැද්දාගේ තණකොළ කොරටුවට ඇතුල් වෙන්නෙ නැතුව, සිහිවිකල් කරගන්නෙ නැතුව තණකොළ කෑවා. ඒ විදිහට තණකොළ කාපු නිසා මත්වුනේ නෑ. මත් නොවෙච්ච නිසා ප්‍රමාද වුනේ නෑ. ප්‍රමාද නොවෙච්ච නිසා ඒ මුව රංචුවට කැමති දෙයක් කරන්න මුව වැද්දාට බැරුව ගියා.

පින්වත් මහණෙනි, එතකොට මුව වැද්දටත්, මුව වැදි පිරිසටත් මෙහෙම හිතුණා. 'මේ තුන් වැනි මුව කල්ලිය නම් හරි තක්කඩියි නෙව. මහ කට්ටයි නෙව. මේ තුන්වැනි මුව කල්ලියට ඉර්ධි බල තියෙනවාද මන්දා. මේ තුන්වෙනි මුව රංචුව යක්කු ගොඩක්ද? මුං අපේ තණකොළ කොරටුවෙන් තණකොළත් කනවා. උන් එන තැන හොයන්නත් බෑ. යන තැන් හොයන්නත් බෑ. අපි මෙහෙම කරමු. මේ තණකොළ කොරටුව වටකරලා ඇතින් ලොකුවට දඬු වැටක් බඳිමු. එතකොට ඔය තුන්වෙනි රංචුව ලගින තැන අපට දැනගන්න පුළුවනි. එතකොට අපිට උන්දලා ඩැහැගන්න පුළුවනි' කියලා. ඉතින් ඒ වැද්දන් තිල් තණ කොරටුව වටකරලා ලොකු පලාතක් ම කොටුවෙන විදිහට වැට ගැහුවා. මුව වැද්දත් මුව වැදි පිරිසත් අර මුව රංචුව නැවතිච්ච තැන

අල්ලගත්තා. පින්වත් මහණෙනි, ඔන්න ඔය විදිහට තුන්වෙනි මුව රංචුවටත් මුව වැද්දාගේ බල පරාක්‍රමයෙන් මිදෙන්න බැරුව ගියා.

එතකොට පින්වත් මහණෙනි, හතරවෙනි මුව රංචුව ඇවිල්ලා මේ විදිහට හිතන්ට පටන් ගත්තා. 'මුව වැද්දාගේ මේ තණකොළ කොරටුවට පළ වෙනි මුව රංචුව රිංගුවා. තණකොළ කාගෙන කාගෙන ගියා. ඒකෙ රසයට සිහිවිකල් වෙලා ගියා. කොරටුවෙන් පැනගන්න අමතක වුනා. ප්‍රමාදයට පත් වුනා. ප්‍රමාදයට පත්වුණු ඒ මුව රංචුවට ඕන දෙයක් කරන්න ඒ මුව වැද්දට බලය ලැබුනා. ඉතින් පළවෙනි රංචුවට මුව වැද්දාගේ බල පරාක්‍රමයෙන් නිදහස් වෙන්න බැරි වුනා.

ඊළඟට දෙවෙනි මුව රංචුව හිතුවේ මේ විදිහටයි. 'පළවෙනි මුව රංචුව මුව වැද්දාගේ තණකොළ කොරටුවට පැනල කාගෙන කාගෙන ගියා. තණකොළ රසයට උන්ගේ සිහි විකල් වුනා. මත්වෙලා ගියා. පැනල යන්න අමතක වුනා. ප්‍රමාද වුනා. ප්‍රමාද වෙච්ච ඒ මුව රංචුවට ඕන දෙයක් කරන්න මුව වැද්දට බලය ලැබුනා. අන්න ඒ නිසා මුව වැද්දගේ බල පරාක්‍රමයෙන් බේරෙන්න පළවෙනි මුව රංචුවට බැරුව ගියා. ඉතින් අපි නම් තණකොළ කොරටුවට එන්නෙ නෑ' කියල දෙවෙනි මුව රංචුව හිතට ගත්තා. 'බයෙන් ඉඳගෙන කන තණකොළේ මොකටද?' කියල හිතල වැළකුනා. 'වනාන්තරේ ඇතුළට ම ගිහින් ජීවත් වෙමු' කියල ඔවුන් සම්පූර්ණයෙන් ම තණකොළ කොරටුවලින් තණකොළ කෑමෙන් වැළකුනා. බයෙන් බයෙන් තණකොළ කන එකෙන් වැළකුනා. කැලේ ඇතුළට ම ගිහිල්ල ජීවත් වුනා. ඔන්න පායන කාලෙ ආවා. අන්තිම මාසෙ වෙනකොට වතුර හිඳිල ගියා. තණකොළ මැරිල ගියා. මුව රංචුව කෙට්ටු වුනා. බල වීරිය හිඳිල ගියා. අන්තිමේදී ටිකෙන් ටික මුව වැද්දාගේ කොරටුවට ඇදුනා. තණකොළ කාගෙන කාගෙන ගියා. උන්ගේ සිහියත් විකල් වුනා. මත්වුනා. පැනල යන්න අමතක වුනා. ප්‍රමාද වුනා. ප්‍රමාදයට පත්වුණු ඒ මුව රංචුවට ඕනම දෙයක් කරන්න මුව වැද්දාට බලය ලැබුනා. ඔන්න ඔය විදිහටයි දෙවෙනි මුව රංචුවටත් මුව වැද්දාගේ බල පරාක්‍රමයෙන් බේරෙන්න බැරුව ගියේ.'

තුන්වෙනි මුව රංචුව මෙහෙම හිතුවා. 'පළවෙනි මුව රංචුව මුව වැද්දාගේ තණ කොරටුව දැක්ක ගමන් ඒකට පැනල කාගෙන කාගෙන ගියා. ඒ රසයෙන් මුසපත් වුනා. මත්වෙලා ගියා. පැනල යන්න අමතක වුණා. ප්‍රමාදයට පත්වුණා. ප්‍රමාදයට පත්වුණු ඒ රංචුවට ඕනම දෙයක් කරන්න ඒ මුව වැද්දාට බලය ලැබුනා. අන්තිමේදී ඔන්න ඔය විදිහටයි ඒ මුව රංචුවට මුව වැද්දාගේ බල පරාක්‍රමයෙන් බේරෙන්න බැරුව ගියේ. ඉතින් දෙවෙනි

මුව රංචුව මේ කාරණාව තේරුම් ගත්තා. 'ඔන්න පළවෙනි මුව රංචුව මුව වැද්දාගේ තණකොළ කොරටුවට රිංගල කාගෙන කාගෙන ගියා. සිහිවිකල් වුණා. ඒ තණකොළ රසයට මත්වුනා. එතනින් පැනගන්න කල්පනාව නැතුව ගියා. ප්‍රමාද වුනා. ඒ ප්‍රමාද වෙච්ච මුව රංචුවට ඕනම දෙයක් කරන්න මුව වැද්දාට බලය ලැබුනා. අන්තිමේදී මුව වැද්දාගේ බල පරාක්‍රමයෙන් ගැලවෙන්න පළවෙනි මුව රංචුවට බැරුව ගියා. හැබැයි අපි නම් තණකොළ කොරටුවලින් තණකොළ කන එකෙන් සම්පූර්ණයෙන් ම වළකිනවා. බයෙන් බයෙන් කන තණකොළෙන් ඇති වැඩේ මොකක්ද? අපි වනාන්තරේ ඇතුළට ම ගිහිල්ල වාසය කරමු' එහෙම හිතල දෙවෙනි මුව රංචුව තණකොළ කොරටුවලින් තණකොළ කන එක සම්පූර්ණයෙන් ම නැවැත්තුවා. බයෙන් බයෙන් තණකොළ කන එකෙන් සම්පූර්ණයෙන් ම වැළකුනා. ඔන්න පායන කාලෙ ආවා. වතුර හිඳිල ගියා. තණකොළ වේලිලා ගියා. මුව රංචුව කෙට්ටු වෙලා ගියා. බල වීරිය හීන වෙලා ගියා. අන්තිමේදී එවුන් ටිකෙන් ටික මුව වැද්දාගේ තණකොළ කොරටුවට සේන්දු වුනා. කොරටුවට පැනපු ගමන් සිහි විකලෙන් තණකොළ කාගෙන කාගෙන ගියා. තණකොළ රසයට මත්වුනා. එතනින් පැනල යන්න අමතක වුණා. ප්‍රමාදයට පත්වුනා. ඒ ප්‍රමාද වෙච්ච මුව රංචුවට ඕනම දෙයක් කරන්න මුව වැද්දට බලය ලැබුනා. අන්තිමේදී ඒ මුව රංචුවටත් මුව වැද්දාගේ බල පරාක්‍රමයෙන් බේරෙන්න බැරුව ගියා."

තුන්වෙනි මුව රංචුව කල්පනා කළා වෙනස් විදිහකට. අපි මේ මුව වැද්දාගේ තණ කොරටුවට ළඟ පාතින් ම ඉන්න තැනක් හදාගනිමු. අපි එතන පදිංචි වෙමු. තණකොළ කොරටුව ඇතුළට පනින්නෙ නැතුව, සිහිවිකල් කරගන්නෙ නැතුව තණකොළ කමු. එතකොට අපි මත්වෙන්නෙ නෑ. මත් නොවෙන නිසා ප්‍රමාද වෙන්නෙ නෑ. අප්‍රමාදී වෙන නිසා අපට ඕන දෙයක් කරන්න මුව වැද්දාට පුළුවන් වෙන්නෙ නෑ කියල. ඉතින් ඒ තුන්වෙනි මුව රංචුව ඒ විදිහට කතාවෙලා තණ කොරටුව කිට්ටුව පාතින් නවතින්න තැනක් හදාගත්තා. තණකොළ කොරටුවට රිංගුවෙ නෑ. තණකොළ කාල සිහිවිකල් වුනේ නෑ. මත්වුනේ නෑ. මත් නොවුණු නිසා ප්‍රමාද වුනේ නෑ. ප්‍රමාද නොවුණු නිසා මුව වැද්දාට ඕන දෙයක් කරන්න බලය ලැබුනෙ නෑ. එතකොට මුව වැද්දයි, මුව වැදි පිරිසයි මෙහෙම හිතුවා. 'මේ මුව රංචුව නම් තක්කඩි රැලක් නෙව. මහ කට්ටයො නෙව. මේ තුන්වෙනි මුව කල්ලියට ඉර්ධි බල තියෙනවාද මන්දා. මේ තුන්වෙනි මුව රංචුව යක්කු ගොඩක්ද? මුං අපේ තණකොළ කොරටුවෙන් තණකොළ කනවා. ඒ වුනාට උන් එන තැන හොයාගන්නත් බෑ. යන තැන හොයාගන්නත් බෑ. අපි මෙහෙම කරමු. මේ තණකොළ කොරටුව වටකරලා ඇතින් ලොකුවට දඬු වැටක් බඳිමු. එතකොට ඔය තුන් වෙනි

රංචුව ලගින තැන අපට දැනගන්න පුළුවනි. එතකොට අපිට උන්වත් ඩැහැග න්න පුළුවනි' කියල. ඉතින් ඒ වැද්දන් නිල් තණ කොරටුව වටකරලා ලොකු පලාතක් ම කොටු වෙන විදිහට වැට ගැහුවා. මුව වැද්දත් මුව වැදි පිරිසත් අර මුව රංචුව නැවතිච්ච තැන අල්ලගත්තා. ඔන්න ඔය විදිහට තුන් වෙනි මුව රංචුවටත් මුව වැද්දාගේ බල පරාක්‍රමයෙන් මිදෙන්න බැරුව ගියා.

අපි එහෙම නම් මෙහෙම කරමු. මුව වැද්දටත් මුව වැදි පිරිසටත් යන්න බැරි තැන් තියෙනවා. අපි අන්න ඒ වගේ තැනක පදිංචි වෙමු. අපි ඒ වගේ තැනක පදිංචි වෙලා මුව වැද්දාගේ තණකොළ කොරටුවට පනින්නෙ නැතිව, සිහිවිකල් කරගන්නෙ නැතුව තණකොළ කමු. එතකොට අපි මත්වෙන්නෙ නෑ. මත් නොවෙන නිසා ප්‍රමාද වෙන්නෙ නෑ. අප්‍රමාදී වෙන නිසා අපට ඕන දෙයක් කරන්න මුව වැද්දාට බලය නැතිවෙලා යනවා' කියල.

ඉතින් එහෙම හිතලා, හතරවෙනි මුව රංචුව මුව වැද්දටවත්, මුව වැදි පිරිසටත් යන්න බැරි තැනක පදිංචි වුනා. ඒ වගේ තැනක පදිංචි වෙලා මුව වැද්දාගේ තණකොළ කොරටුවට රිංගන්නෙ නැතුව, සිහිවිකල් කරගන්නෙ නැතුව තණකොළ කෑවා. ඒ හතරවෙනි මුව රංචුව ඒ විදිහට තණකොළ කන නිසා මත්වුනේ නෑ. මත් නොවුණු නිසා ප්‍රමාද වුනේ නෑ. ප්‍රමාද වුනේ නැති නිසා මුව වැද්දාට ඕන දෙයක් කරන්න බැරුව ගියා.

එතකොට පින්වත් මහණෙනි, මුව වැද්දටත් මුව වැදි පිරිසටත් මෙහෙම හිතුනා. 'මේ හතරවෙනි මුව කල්ලියත් හරි තක්කඩි නෙව. මහ කට්ටයි නෙව. මේ හතරවෙනි මුව කල්ලියට ඉර්ධි බලයක් තියෙනවාද මන්දා. මේ මුව රංචුව යක්කු ගොඩක්ද? මුං අපේ තණකොළ කොරටුවෙන් තණකොළ කනවා. උන් එන තැන හොයාගන්නත් බෑ. යන තැන හොයාගන්නත් බෑ. අපි මේ තණකොළ කොරටුව වටකරලා ඈතින් ලොකුවට දඬු වැටක් බඳිමු. එතකොට ඔය හතර වෙනි මුව රංචුව ලගින තැන අපිට දැනගන්න පුළුවනි. එතකොට අපිට උන්වත් ඩැහැගන්න පුළුවනි' කියලා. ඉතින් ඔවුන් ඒ නිල් තණ කොරටුව වට කරල ලොකු පළාතක් ම කොටු වෙන විදිහට වැට ගැහුවා. නමුත් මුව වැද්දාටවත්, මුව වැදි පිරිසටවත් හතරවෙනි මුව රංචුව නැවතිලා ඉන්න තැන සොයා ගන්න බැරුව ගියා.

එතකොට පින්වත් මහණෙනි, මුව වැද්දටත්, මුව වැදි පිරිසටත්, මෙහෙම හිතුනා. 'ඉතින් අපි මේ හතරවෙනි මුව රංචුව පස්සෙ පන්නන්න ගියොත් ඒ මුව රංචුව පස්සෙන් ම අනිත් මුව රංචුවත් පැනල යනවා. ඒ මුව රංචුව පස්සෙන් ඊළඟ මුව රංචුවත් පැනල යාවි. එතකොට අපේ මේ තණකොළ කොරටුව

මුව රංචු අත්හැරල දමාවි නෙව. ඒ නිසා අපි මේ හතරවෙනි මුව රංචුව ගැන මධ්‍යස්ථ වෙන එක තමයි හොඳ' කියලා. ඉතින් පින්වත් මහණෙනි, ඒ මුව වැද්දත්, මුව වැදි පිරිසත් හතර වෙනි මුව රංචුව ගැන මධ්‍යස්ථ වුනා. පින්වත් මහණෙනි, ඔන්න ඔය විදිහට හතරවෙනි රංචුව විතරක් මුව වැද්දාගේ බල පරාක්‍රමයෙන් නිදහස් වුනා.

පින්වත් මහණෙනි, මං මේ අර්ථයක් මතු කරල පෙන්නන්නයි මේ උපමාවක් ගත්තෙ. මෙන්න මේකයි ඒකෙ අර්ථය. පින්වත් මහණෙනි, නිල් තණකොළ කොරටුව කියල කියන්නෙ පංචකාම ගුණයන්ට කියන නමක්. පින්වත් මහණෙනි, මුව වැද්දා කියල කියන්නෙ පාපී මාරයාට කියන නමක්. පින්වත් මහණෙනි, මුව වැදි පිරිස කියන්නෙ මාර පිරිසට කියන නමක්. පින්වත් මහණෙනි, මුව රංචුව කියල කියන්නෙ ශ්‍රමණ බ්‍රාහ්මණයින්ට කියන නමක්.

පින්වත් මහණෙනි, පළවෙනි ශ්‍රමණ බ්‍රාහ්මණ පිරිස මාරයා ගේ නිල් තණකොළ කොරටුව වන පංචකාම ගුණයන්ට රිංග ගන්නවා. සිහිවිකල් කරගන්නවා. පංච කාම ගුණ නැමැති තණකොළ කනවා. නිල් තණකොළ කොරටුවට රිංගාගෙන සිහිවිකල්ව බොජුන් අනුභව කරන ශ්‍රමණ බ්‍රාහ්මණයින් ඒකෙන් මත්වෙනවා. ඒකෙන් පැනල යන්න මතක නැතිවෙනවා. ප්‍රමාද වෙනවා. ප්‍රමාද වුනාට පස්සෙ පංච කාමයට අහුවෙච්ච ඒ ශ්‍රමණ බ්‍රාහ්මණයින්ට ඕන දෙයක් කරන්න මාරයාට බලය ලැබෙනවා. පින්වත් මහණෙනි, ඔය විදිහට පළවෙනි ශ්‍රමණ පිරිසට මාරයාගේ බල පරාක්‍රමයෙන් බේරෙන්න බැරුව යනවා. පින්වත් මහණෙනි, ඔවුන් හරියට අර පළවෙනි මුව රංචුව වගෙයි. මං ඒ ශ්‍රමණ බ්‍රාහ්මණ පිරිස උපමා කරන්නෙ මේ පළවෙනි මුව රංචුවටයි.

එතකොට පින්වත් මහණෙනි, දෙවෙනි ශ්‍රමණ බ්‍රාහ්මණ පිරිස මෙහෙම හිතනවා. 'මේ පළවෙනි ශ්‍රමණ බ්‍රාහ්මණ පිරිස මාරයාගේ නිල් තණකොළ කොරටුව වන පංචකාම ගුණයන්ට අහුවුනා. ඒ පංචකාම ගුණ තුළට ම වැදිල සිහිවිකල් වුනා. පංචකාම භෝජන අනුභව කරන්ට පටන් ගත්තා. ඔවුන් ඒකෙන් මුසපත් වුනා. මත්වෙලා ගියා. ප්‍රමාදයට පත්වුනා. පංචකාම ගුණයට අහුවෙච්ච ඒ ශ්‍රමණ බ්‍රාහ්මණයින්ට ඕනම දෙයක් කරන්න මාරයාට බලය ලැබුනා. අන්තිමේදී ඒ පළවෙනි ශ්‍රමණ බ්‍රාහ්මණ පිරිසට මාරයා ගේ බල පරාක්‍රමයෙන් බේරෙන්න බැරුව ගියා. අපි ඕකට මෙහෙම දෙයක් කරමු. මේ ලෝකාමිසයෙන් සම්පූර්ණයෙන් ම වළකිමු. මේ බියජනක පංචකාම පරිභෝගය මොකටද? අපි වනාන්තරවල ඇතුළට ම ගිහිල්ල ඉමු' කියල.

ඒ දෙවෙනි ශ්‍රමණ බ්‍රාහ්මණ පිරිස පංචකාම නම් වූ මාරයාගේ තණකොළ කොරටුවෙන් සම්පූර්ණයෙන් ම වැළකුනා. බිය ජනක පංච කාමයෙන් වැළකිලා

වනාන්තරේ ඇතුළට ම ගිහින් වාසය කළා. ඔවුන් කොළ වර්ග විතරක් අනුභව කළා. අමු හාල් අනුභව කළා. තණ හාල් අනුභව කළා. ගස් පොතු කහට අනුභව කළා. ලාටු අනුභව කළා. පිටි වර්ග අනුභව කළා. බත් පෙණ අනුභව කළා. පුන්නක්කු අනුභව කළා. තණකොළ අනුභව කළා. ගොම අනුභව කළා. අල මුල් වර්ග අනුභව කළා. ගස්වලින් වැටෙන ගෙඩි අනුභව කළා. නමුත් පායන කාලෙ අන්තිම මාසෙ වෙන කොට වනාන්තරේ වතුර හිඳිල ගියා. තණකොළ මැරිල ගියා. ඒ ශ්‍රමණ බ්‍රාහ්මණ පිරිස කෙට්ටු වෙලා ගියා. බල වීරිය හීන වෙලා ගියා. බල වීරිය හීන වෙලා ගිය නිසා භාවනාව වැඩුනෙ නෑ. භාවනාව නොවැඩුණු නිසා ආයෙමත් ටිකෙන් ටික මාරයාගේ පංචකාම ගුණයන්ගේ පැත්තට ම සේන්දු වුනා. ඔවුන් මාරයාගේ නිල් තණකොළ කොරටුවට වැදුනා. සිහිවිකල් කරගෙන පංචකාම ගුණ අනුභව කළා. ඒකෙන් මත්වුනා. ප්‍රමාදයට පත්වුනා. ඒ ප්‍රමාද වෙච්ච ශ්‍රමණ බ්‍රාහ්මණයින්ට ඕනම දෙයක් කරන්ට මාරයාට බලය ලැබුනා. ඔන්න ඔය විදිහට ම පින්වත් මහණෙනි, දෙවෙනි ශ්‍රමණ බ්‍රාහ්මණ පිරිසටත් මාරයාගේ බල පරාක්‍රමයෙන් බේරෙන්න බැරුව ගියා. පින්වත් මහණෙනි, ඔය දෙවෙනි ශ්‍රමණ බ්‍රාහ්මණ පිරිස දෙවෙනි මුව රංචුව වගේ. මං ඒ දෙවෙනි ශ්‍රමණ බ්‍රාහ්මණ පිරිස උපමා කරන්නෙ ඒ දෙවෙනි මුව රංචුවටයි.

පින්වත් මහණෙනි, තුන්වෙනි ශ්‍රමණ-බ්‍රාහ්මණ පිරිස මෙහෙමයි හිතුවෙ. 'පළවෙනි ශ්‍රමණ බ්‍රාහ්මණ පිරිස මාරයාගේ නිල් තණකොළ කොරටුව වන පංචකාම ගුණයන්ට අහුවුණා ....(පෙ).... ඔය විදිහට ඒ පළවෙනි ශ්‍රමණ බ්‍රාහ්මණයින්ට මාරයාගේ බල පරාක්‍රමයෙන් බේරෙන්න බැරුව ගියා. දෙවන ශ්‍රමණ බ්‍රාහ්මණ පිරිස මෙහෙමයි හිතුවෙ. මේ පළවෙනි ශ්‍රමණ බ්‍රාහ්මණ පිරිස මාරයාගේ නිල් තණකොළ කොරටුවට රිංගලා ....(පෙ).... ඔය විදිහට ඒ පළවෙනි ශ්‍රමණ බ්‍රාහ්මණ පිරිසට මාරයාගේ බලපරාක්‍රමයෙන් බේරෙන්න බැරුව ගියා. ඉතින් අපි නම් ඔය පංචකාම ගුණ කියන ලෝකාමිසයෙන් සම්පූර්ණයෙන් ම වළකිනවා. ඔය බියජනක පංචකාම ගුණයෙන් වැළකිලා වනාන්තරේ ඇතුළට ම ගිහිල්ල ඉන්නවා කියල. ඉතින් ඒ දෙවෙනි ශ්‍රමණ බ්‍රාහ්මණ පිරිස නිල් තණකොළ කොරටුව වන ලෝකාමිසයෙන් සම්පූර්ණයෙන් ම වැළකුනා. වනාන්තරේ ඇතුළට ම ගිහින් වාසය කළා. ඔවුන් කොළ වර්ග විතරක් අනුභව කළා. අමු හාල් අනුභව කළා. තණ හාල් අනුභව කළා. ගස්පොතු කහට අනුභව කළා. ලාටු පිටි වර්ග අනුභව කළා. පිටි වර්ග අනුභව කළා. බත් පෙණ අනුභව කළා. පුන්නක්කු අනුභව කළා. තණකොළ අනුභව කළා. ගොම අනුභව කළා. අල මුල් වර්ග අනුභව කළා. ගස්වලින් වැටෙන ගෙඩි අනුභව කළා. නමුත් පායන කාලෙ අන්තිම මාසෙ වෙන කොට වනාන්තරේ වතුර හිඳිල ගියා. තණකොළ මැරිල ගියා. ඒ ශ්‍රමණ බ්‍රාහ්මණ පිරිස කෙට්ටු වෙලා ගියා. බල

වීරිය හීන වෙලා ගියා. බල වීරිය හීන වෙලා ගිය නිසා භාවනාව වැඩුනෙ නෑ. භාවනාව වැඩුනෙ නැති නිසා ආයෙමත් ටිකෙන් ටික මාරයාගේ පංචකාම ගුණයට ම සේන්දු වුනා. ඔවුන් මාරයාගේ නිල් තණකොළ කොරටුවට වැදුනා. සිහිවිකල් කරගෙන පංචකාම ගුණ අනුභව කළා. ඒකෙන් මත්වුනා. ප්‍රමාදයට පත්වුනා. ඒ ප්‍රමාද වෙච්ච ශ්‍රමණ බ්‍රාහ්මණයින්ට ඕනම දෙයක් කරන්න මාරයාට පුළුවන් වුනා. අන්න ඒ විදිහට දෙවෙනි ශ්‍රමණ බ්‍රාහ්මණ පිරිසටත් මාරයාගේ බල පරාක්‍රමයෙන් බේරෙන්න බැරුව ගියා.

ඒ නිසා අපි මෙහෙම කරමු. අපි මේ මාරයා ගේ නිල් තණ කොරටුව වන පංචකාම ගුණයට අතේ දුරින් ඉන්න තැනක් පිළියෙල කර ගනිමු. එහෙම ටිකක් ඈතින් ඉඳගෙන පංචකාම ගුණයට රිංගන්නෙ නැතුව සිහි මුළා වෙන්නෙ නැතුව ලෝකාමිස භෝජන අනුභව කරමු. එතකොට අපි මත්වෙන්නෙ නෑ. මත් නොවෙනකොට අපි ප්‍රමාද වෙන්නෙ නෑ. අප්‍රමාදීව වෙනකොට අපට ඕන ම දෙයක් කරන්න මාරයාට බලය ලැබෙන්නෙ නෑ' කියල.

ඉතින් ඒ තුන් වෙනි ශ්‍රමණ බ්‍රාහ්මණ පිරිස ඔය විදිහට හිතල මාරයාගේ තණකොළ කොරටුව වන පංචකාම ලෝකාමිසයට නුදුරින් නවාතැන් ගත්තා. එහෙම නැවතිල ලෝකාමිසයට රිංගන්නෙ නැතුව, සිහිවිකල් කරගන්නෙ නැතුව ලෝකාමිස භෝජන අනුභව කළා. ඒ නිසා ඔවුන් මත්වුණේ නෑ. මත් නොවුණු නිසා ප්‍රමාද වුණේ නෑ. මාරයාට ඕනම දෙයක් කරන්න බලය නැතුව ගියා. නමුත් ඔවුන් මේ විදිහේ දෘෂ්ටිවලට අහුවෙලා ගියා. 'මේ ලෝකය සදාකාලිකයි. ලෝකය සදාකාලික නෑ. ලෝකයේ කෙළවරක් තියෙනවා, ලෝකයේ කෙළවරක් නෑ, ජීවයත් ශරීරයත් දෙකම එකයි, ජීවය වෙනින් එකක්, ශරීරය වෙනින් එකක්, තථාගතයන් වහන්සේ මරණින් මත්තේ ඉන්නවා. තථාගතයන් වහන්සේ මරණින් මත්තේ නෑ. තථාගතයන් වහන්සේ මරණින් මත්තේ ඉන්නවා, නෑ. තථාගතයන් වහන්සේ මරණින් මත්තේ ඉන්නෙත් නෑ, නැත්තෙත් නෑ.' මේ විදිහේ මතවාදවලට බැඳිච්ච තුන්වෙනි ශ්‍රමණ බ්‍රාහ්මණ පිරිසට මාරයාගේ බල පරාක්‍රමයෙන් බේරෙන්න බැරුව ගියා. පින්වත් මහණෙනි, ඒ ශ්‍රමණ බ්‍රාහ්මණ පිරිස අර තුන්වෙනි මුව රංචුව වගෙයි. ඒ තුන්වෙනි ශ්‍රමණ බ්‍රාහ්මණ පිරිස තුන්වෙනි මුව රංචුවට තමයි උපමා කරන්න තියෙන්නෙ.

පින්වත් මහණෙනි, හතරවෙනි ශ්‍රමණ බ්‍රාහ්මණ පිරිසට මේ විදිහට හිතුණා 'පළවෙනි ශ්‍රමණ බ්‍රාහ්මණ පිරිස මාරයාගේ නිල් තණකොළ කොරටුවට අහුවුනා ....(පෙ).... ඔය විදිහට ඒ පළවෙනි ශ්‍රමණ බ්‍රාහ්මණ පිරිසට මාරයාගේ බල පරාක්‍රමයෙන් බේරෙන්න බැරි වුනා. දෙවෙනි ශ්‍රමණ බ්‍රාහ්මණ පිරිස මේ විදිහට හිතුවා. මේ පළවෙනි ශ්‍රමණ බ්‍රාහ්මණ පිරිස මාරයාගේ නිල් තණකොළ

කොරටුව වන පංචකාම ගුණයන්ට අහුවුනා ....(පෙ).... ඔන්න ඔය විදිහට ඒ පළවෙනි ශ්‍රමණ බ්‍රාහ්මණ පිරිසට මාරයාගේ බල පරාක්‍රමයෙන් නිදහස් වෙන්න බැරි වුනා. ඉතින් ඒ නිසා අපි නම් ඔය පංචකාම ගුණ ලෝකාමිසයෙන් සම්පූර්ණයෙන් ම වළකිනවා ....(පෙ).... අන්තිමේ දී ඒ දෙවෙනි ශ්‍රමණබ්‍රාහ්මණ පිරිසටත් මාරයාගේ බල පරාක්‍රමයෙන් බේරෙන්න බැරුව ගියා. ඊළඟට තුන් වෙනි ශ්‍රමණ බ්‍රාහ්මණ පිරිසට මෙහෙමයි හිතුනෙ. පළවෙනි ශ්‍රමණ බ්‍රාහ්මණ පිරිස මාරයාගේ තණකොළ කොරටුවට වැදුනා ....(පෙ).... අන්තිමේදී ඒ පළවෙනි ශ්‍රමණ බ්‍රාහ්මණ පිරිසටත් මාරයාගේ බල පරාක්‍රමයෙන් නිදහස් වෙන්න බැරුව ගියා. ඒ වගේම දෙවෙනි ශ්‍රමණ බ්‍රාහ්මණ පිරිස මෙහෙම හිතුවා. පළවෙනි ශ්‍රමණ බ්‍රාහ්මණ පිරිස මාරයාගේ තණකොළ කොරටුවට අහු වුනා ....(පෙ).... අන්තිමේදී ඔවුන්ට මාරයාගේ බල පරාක්‍රමයෙන් බේරෙන්න බැරුව ගියා. ඉතින් අපි මේ ලෝකාමිස භෝජන අනුභවයෙන් සම්පූර්ණයෙන් ම වළකිනවා ....(පෙ).... අන්තිමේදී ඒ දෙවෙනි ශ්‍රමණ බ්‍රාහ්මණ පිරිසටත් මාරයාගේ බලපරාක්‍රමයෙන් බේරෙන්න බැරුව ගියා. ඉතින් අපට කරන්ට තියෙන්නෙ මෙච්චරයි. අපි මේ මාරයාගේ නිල් තණ කොරටුව වන පංචකාම ගුණ කියන ලෝකාමිසයට නුදුරින් ජීවත් වෙමු. ඒ ලෝකාමිසයට අහුවෙන්නෙ නැතුව, සිහිවිකල් කරගන්නෙ නැතුව බොජුන් අනුභව කරමු. එතකොට අපි මත්වෙන්නෙ නෑ. මත් නොවෙන කොට ප්‍රමාද වෙන්නෙ නෑ. අප්‍රමාදී වෙන කොට අපට ඕන දෙයක් කරන්න මාරයාට බලය ලැබෙන්නෙ නෑ. ඔවුන් එහෙම හිතල මාරයාගේ නිල් තණ කොරටුව වන පංචකාම ගුණ ලෝකාමිසයට නුදුරින් ජීවත් වුණා. ලෝකාමිසයට අහුවෙන්නෙ නැතුව, සිහිවිකල් කරගන්නෙ නැතුව, පංචකාම භෝජන අනුභව කළා. ඇත්තෙන් ම ඔවුන් පංච කාම භෝජනයෙන් මත්වුණේ නෑ. ඒ නිසා අප්‍රමාදී වුණා. අප්‍රමාදී වීම නිසා මාරයාට ඕන දෙයක් කරන්න බලය නැතුව ගියා. නමුත් ඔවුන් මෙන්න මේ වගේ දෘෂ්ටිවලට බැඳිල ගියා. 'ලෝකය සදාකාලිකයි ....(පෙ).... තථාගතයන් වහන්සේ මරණින් මත්තේ ඉන්නෙත් නෑ. නැත්තෙත් නෑ' කියලා. අන්තිමේදී ඒ තුන් වෙනි ශ්‍රමණ බ්‍රාහ්මණ පිරිසටත් මාරයාගේ බල පරාක්‍රමයෙන් බේරෙන්න බැරුව ගියා.

ඒ නිසා අපි මෙහෙම කරමු. මාරයාට ගමන් කරන්න බැරි, මාර පිරිසට ගමන් කරන්න බැරි තැනක පදිංචි වෙමු. එහෙම තැනක පදිංචි වෙලා මාරයාගේ නිල් තණ කොරටුව වන පංචකාම ගුණ ලෝකාමිසයට රිංගන්නෙ නැතුව, සිහිවිකල් කරගන්නෙ නැතුව ලෝකාමිස භෝජන අනුභව කරමු. එතකොට අපි මත්වෙන්නෙ නෑ. මත් නොවෙන කොට ප්‍රමාද වෙන්නෙ නෑ. අප්‍රමාදී වෙන කොට අපට ඕන දෙයක් කරන්න මාරයාට බලය ලැබෙන්නෙ නෑ' කියල.

ඉතින් ඒ හතරවෙනි ශ්‍රමණ බ්‍රාහ්මණ පිරිස මාරයාට යන්න බැරි තැනක, මාර පිරිසට යන්න බැරි තැනක පදිංචි වුනා. එතන පදිංචි වෙලා මාරයාගේ නිල් තණ කොරටුව වන පංචකාම ගුණ ලෝකාමිසයට අහුවෙන්නෙ නැතුව, සිහිවිකල් කරගන්නෙ නැතුව, පංචකාම භෝජන අනුභව කළා. ඒ නිසා මත් වුනේ නෑ. මත් නොවුණු නිසා අප්‍රමාදී වුනා. අප්‍රමාදී වුණු නිසා මාරයාට ඕන දෙයක් කරන්න බැරුව ගියා. ඔන්න ඔය විදිහට පින්වත් මහණෙනි, හතර වෙනි ශ්‍රමණ බ්‍රාහ්මණ පිරිස විතරක් මාරයාගේ බල පරාක්‍රමයෙන් නිදහස් වුනා. පින්වත් මහණෙනි, අන්න ඒ ශ්‍රමණ බ්‍රාහ්මණ පිරිස හතරවෙනි මුව රංචුව වගේ. ඒ ශ්‍රමණ බ්‍රාහ්මණ පිරිස උපමා කරන්න තියෙන්නෙ අර හතරවෙනි මුව රංචුවටයි.

(1). පින්වත් මහණෙනි, මාරයාටත්, මාර පිරිසටත්, යන්න බැරි තැන මොකක්ද? පින්වත් මහණෙනි, මෙහි භික්ෂුව කාමයන්ගෙන් වෙන්ව අකුසල්වලින් වෙන්ව විතර්ක විචාර සහිත මානසික විවේකයෙන් හටගත් ප්‍රීතිසුඛය තියෙන පළවෙනි ධ්‍යානය ලබාගෙන වාසය කරනවා. පින්වත් මහණෙනි, අන්න ඒ භික්ෂුව 'මාරයාව අන්ධ කළා. මාරයාගේ බැල්ම පිහිටන තැන නැති කළා. පවිටු මාරයාට දකගන්න බැරි තැනකට ගියා' කියලයි කියන්න තියෙන්නේ.

(2). පින්වත් මහණෙනි, මේ ගැන තවදුරටත් කියනවා නම්, භික්ෂුව විතර්ක විචාර සංසිඳවලා තම සිත තුළ බලවත් පැහැදීමක් ඇති කරගෙන සිතේ එකඟ බව දියුණු කරල විතර්ක විචාර රහිත සමාධියෙන් හටගත් ප්‍රීතිසුඛය තියෙන දෙවෙනි ධ්‍යානයත් ලබාගෙන වාසය කරනවා. පින්වත් මහණෙනි, අන්න ඒ භික්ෂුව 'මාරයාව අන්ධ කළා. මාරයාගේ බැල්ම පිහිටන තැන නැති කළා. පවිටු මාරයාට දකගන්න බැරි තැනකට ගියා' කියලයි කියන්න තියෙන්නේ.

(3). පින්වත් මහණෙනි, මේ ගැන තවදුරටත් කියනවා නම්, භික්ෂුව ප්‍රීතියට ඇලෙන්නෙ නැතුව උපේක්ෂාවෙන් ඉන්නවා. සිහියෙන් නුවණින් යුක්තව කයෙන් සැපයක් විඳිනවා. ආර්යයන් වහන්සේලා ඒ ධ්‍යානයට කිව්වෙ 'උපේක්ෂාවෙන් යුක්තව සිහියෙන් යුක්තව සැපසේ වාසය කිරීම' කියලයි. ඒ තුන්වෙනි ධ්‍යානයත් ලබාගෙන වාසය කරනවා. පින්වත් මහණෙනි, අන්න ඒ භික්ෂුව 'මාරයාව අන්ධ කළා. මාරයාගේ බැල්ම පිහිටන තැන නැති කළා. පවිටු මාරයාට දකගන්න බැරි තැනකට ගියා' කියලයි කියන්න තියෙන්නේ.

(4). පින්වත් මහණෙනි, මේ ගැන තවදුරටත් කියනවා නම්, භික්ෂුව සැපයත් නැති කරල දුකත් නැති කරල කලින් ම මානසික සැප දුක් දෙක අත්හැරලා, දුක් සැප නැති පාරිශුද්ධ වූ උපේක්ෂාවත්, සිහියත් තියෙන හතරවෙනි ධ්‍යානයත් ලබාගෙන වාසය කරනවා. පින්වත් මහණෙනි, අන්න ඒ භික්ෂුව 'මාරයාව අන්ධ කළා. මාරයාගේ බැල්ම පිහිටන තැන නැති කළා. පවිටු මාරයාට දැකගන්න බැරි තැනකට ගියා' කියලයි කියන්න තියෙන්නේ.

(5). පින්වත් මහණෙනි, මේ ගැන තවදුරටත් කියනවා නම්, භික්ෂුව සියලු ආකාරයෙන්ම රූපය ගැන තියෙන සඤ්ඤාවෙන් නිදහස් වෙලා, මනසේ පිහිටල තියෙන සියලු සඤ්ඤාවෙන් නිදහස් වෙලා, නොයෙක් සඤ්ඤාවන් සිහි නොකරමින් 'ආකාසය අනන්තයි' කියල ආකාසානඤ්චායතන සමාධියත් ලබාගෙන වාසය කරනවා. පින්වත් මහණෙනි, අන්න ඒ භික්ෂුව 'මාරයාව අන්ධ කළා. මාරයාගේ බැල්ම පිහිටන තැන නැති කළා. පවිටු මාරයාට දැකගන්න බැරි තැනකට ගියා' කියලයි කියන්න තියෙන්නේ.

(6). පින්වත් මහණෙනි, මේ ගැන තවදුරටත් කියනවා නම්, භික්ෂුව සියලු ආකාරයෙන්ම ආකාසානඤ්චායතන සමාධිය ඉක්මවා ගිහිල්ලා 'විඤ්ඤාණය අනන්තයි' කියල විඤ්ඤාණඤ්චායතන සමාධියත් ලබාගෙන වාසය කරනවා. පින්වත් මහණෙනි, අන්න ඒ භික්ෂුව 'මාරයාව අන්ධ කළා. මාරයාගේ බැල්ම පිහිටන තැන නැති කළා. පවිටු මාරයාට දැකගන්න බැරි තැනකට ගියා' කියලයි කියන්න තියෙන්නේ.

(7). පින්වත් මහණෙනි, මේ ගැන තවදුරටත් කියනවා නම්, භික්ෂුව සියලු ආකාරයෙන්ම විඤ්ඤාණඤ්චායතන සමාධිය ඉක්මවා ගිහිල්ලා 'කිසිවක් නෑ' කියල ආකිඤ්චඤ්ඤායතන සමාධියත් ලබාගෙන වාසය කරනවා. පින්වත් මහණෙනි, අන්න ඒ භික්ෂුව 'මාරයාව අන්ධ කළා. මාරයාගේ බැල්ම පිහිටන තැන නැති කළා. පවිටු මාරයාට දැකගන්න බැරි තැනකට ගියා' කියලයි කියන්න තියෙන්නේ.

(8). පින්වත් මහණෙනි, මේ ගැන තවදුරටත් කියනවා නම්, භික්ෂුව සියලු ආකාරයෙන්ම ආකිඤ්චඤ්ඤායතන සමාධියත් ඉක්මවා ගිහිල්ල සඤ්ඤාව ඇත්තෙත් නැති නැත්තෙත් නැති නේවසඤ්ඤානාසඤ්ඤායතන සමාධියත් ලබාගෙන වාසය කරනවා. පින්වත් මහණෙනි, අන්න ඒ භික්ෂුව 'මාරයාව අන්ධ කළා. මාරයාගේ බැල්ම පිහිටන තැන නැති

කළා. පවිටු මාරයාට දැකගන්න බැරි තැනකට ගියා' කියලයි කියන්න තියෙන්නේ.

(8). පින්වත් මහණෙනි, මේ ගැන තවදුරටත් කියනවා නම්, භික්ෂුව සියලු ආකාරයෙන්ම නේවසඤ්ඤානාසඤ්ඤායතන සමාධිය ඉක්මවා ගිහිල්ලා සඤ්ඤා, වේදනා නිරුද්ධ වී ගිය 'සඤ්ඤා වේදයිත නිරෝධය' (නිරෝධ සමාපත්තියත්) ලබාගෙන වාසය කරනවා. ප්‍රඥාවෙන් දැකීම නිසා ඔහු ගේ ආශ්‍රවයනුත් නැතිවෙලයි තියෙන්නෙ. පින්වත් මහණෙනි, අන්න ඒ භික්ෂුවත් මාරයාව අන්ධ කළා. මාරයාගේ බැල්ම පිහිටන තැන නැති කළා. පවිටු මාරයාට දැකගන්න බැරි තැනකට ගියා. ඔහුට ලෝකයේ 'විසත්තිකා' නැමැති තණ්හාව ඉක්මවා ගිය කෙනා ය' කියල කියනවා

භාග්‍යවතුන් වහන්සේ මේ දේශනාව වදාළා. ඒ භික්ෂූන් වහන්සේලාත් මේ දේශනාව ගැන ගොඩාක් සතුටු වුනා. සතුටු වෙලා භාග්‍යවතුන් වහන්සේ වදාළ මේ දේශනය ඉතා සතුටින් පිළිගත්තා.

**සාදු! සාදු!! සාදු!!!**

**නිල් තණකොළ කොරටුව උපමා කොට වදාළ දෙසුම නිමා විය.**

# 1.3.6
# අරියපරියේසන සූත්‍රය
## ශ්‍රේෂ්ඨත්වය සොයා කළ පර්යේෂණය ගැන වදාළ දෙසුම

මා හට අසන්නට ලැබුනේ මේ විදිහටයි. ඒ දවස්වල භාග්‍යවතුන් වහන්සේ වැඩසිටියේ සැවැත් නුවර ජේතවනයේ අනේපිඬු සිටුතුමාගේ ආරාමයේ. එදා උදේ වරුවේ භාග්‍යවතුන් වහන්සේ සිවුරු පොරවාගෙන පාත්‍රයත් දෙපට සිවුරත් අරගෙන සැවැත් නුවරට පිණ්ඩපාතෙ වැඩියා. ඒ වෙලාවේ බොහෝ භික්ෂූන් වහන්සේලා ආයුෂ්මත් ආනන්දයන් වහන්සේ ළඟට පැමිණුනා. පැමිණිලා ආයුෂ්මත් ආනන්දයන් වහන්සේට මෙහෙම කිව්වා.

"ආයුෂ්මත් ආනන්දයෙනි, භාග්‍යවතුන් වහන්සේගෙන් අපි ධර්ම කතා අහල සෑහෙන කාලයක් වුනා. ඉතින් ආයුෂ්මත් ආනන්දයෙනි, අපිට ආයෙමත් භාග්‍යවතුන් වහන්සේගෙන් ධර්ම කතාවක් අහන්න ලැබෙනවා නම් කොච්චර දෙයක් ද" කියල. "එහෙනම් ප්‍රිය ආයුෂ්මතුන් වහන්ස, රම්මක බ්‍රාහ්මණයාගේ ආශ්‍රමයට යන්න. එතනදී ඔබට භාග්‍යවතුන් වහන්සේගෙන් ධර්ම කතාවක් අහන්න ලැබේවි." "හොඳයි ප්‍රිය ආයුෂ්මතුනි" කියල ඒ භික්ෂූන් වහන්සේලාත් ආයුෂ්මත් ආනන්දයන් වහන්සේට පිළිතුරු දුන්නා.

ඉතින් එදා භාග්‍යවතුන් වහන්සේ සැවැත් නුවර පිණ්ඩපාතේ වැඩලා, දන් වළඳලා ආයුෂ්මත් ආනන්දයන් වහන්සේ ඇමතුවා. "පින්වත් ආනන්ද, අපි දවල් කාලෙ ගතකරන්න පූර්වාරාමය නම් වූ මිගාරමාතු ප්‍රාසාදයට යමු" කියල. "එහෙමයි ස්වාමීනී" කියල ආයුෂ්මත් ආනන්දයන් වහන්සේ භාග්‍යවතුන් වහන්සේට පිළිතුරු දුන්නා. ඊට පස්සෙ භාග්‍යවතුන් වහන්සේ ආයුෂ්මත් ආනන්දයන් වහන්සේ සමඟ දවල් කාලය ගතකරන්න පූර්වාරාමය නම් වූ මිගාරමාතු ප්‍රාසාදයට පැමිණුනා. භාග්‍යවතුන් වහන්සේ හවස් වරුවෙ භාවනාවෙන් නැගිටලා ආයුෂ්මත් ආනන්දයන් ඇමතුවා. "පින්වත් ආනන්ද, ඇඟපත ටිකක් සෝදගන්න අපි නැගෙනහිර නාන කොටුවට යමු" කියල. "එහෙමයි ස්වාමීනී" කියල ආයුෂ්මත් ආනන්දයන් වහන්සේ භාග්‍යවතුන් වහන්සේට පිළිතුරු දුන්න.

ඊට පස්සෙ භාග්‍යවතුන් වහන්සේ ආයුෂ්මත් ආනන්දයන් වහන්සේ සමඟ ඇඟ පත සෝදගන්න නැගෙනහිර නාන කොටුව බලා වැඩියා. ඉතින් භාග්‍යවතුන් වහන්සේ නැගෙනහිර නාන කොටුවෙන් ඇඟපත සෝදාගෙන ගොඩට ඇවිත් අඳන සිවුර පිටින් ඇඟපත වියළවමින් වැඩසිටියා. එතකොට ආයුෂ්මත් ආනන්දයන් වහන්සේ භාග්‍යවතුන් වහනසේට මෙහෙම කිව්වා. "ස්වාමීනී, මේ රම්මක බ්‍රාහ්මණයාගේ ආශ්‍රමය එච්චර දුර නෑ. ස්වාමීනී, රම්මක බ්‍රාහ්මණයාගේ ආශ්‍රමය රමණීයයි. ස්වාමීනී, රම්මක බ්‍රාහ්මණයගේ ආශ්‍රමය බලන්න ආසයි. ඉතින් ස්වාමීනී, භාග්‍යවතුන් වහන්ස, අප කෙරෙහි අනුකම්පාවෙන් රම්මක බ්‍රාහ්මණයාගේ ආශ්‍රමයට වඩිනවා නම් කොයිතරම් හොඳද?" කියල. භාග්‍යවතුන් වහන්සේ නිහඬව ඉවසා වදාළා. ඉතින් භාග්‍යවතුන් වහන්සේ රම්මක බ්‍රාහ්මණයාගේ ආශ්‍රමයට වැඩියා. ඒ වෙලාවෙ බොහෝ භික්ෂූන් වහන්සේලා රම්මක බ්‍රාහ්මණයාගේ ආශ්‍රමයෙ ධර්මය කතා කර කර රැස්වෙලා හිටියා. භාග්‍යවතුන් වහන්සේ ඒ ධර්ම කතාව අවසන් වෙනකල් දොරකඩ හිටගෙන වැඩසිටියා. ඒ ධර්ම කතාව අවසන් වුනාට පස්සෙ භාග්‍යවතුන් වහන්සේ උගුර පාදල දොරට තට්ටු කොට වදාළා. එතකොට ඒ භික්ෂූන් වහන්සේලා භාග්‍යවතුන් වහන්සේ වෙනුවෙන් දොර හැරියා.

ඊට පස්සේ භාග්‍යවතුන් වහන්සේ රම්මක බ්‍රාහ්මණයාගේ ආශ්‍රමයේ පිළියෙල කර තිබූ ආසනයේ වැඩසිටියා. එහෙම වැඩසිටිය භාග්‍යවතුන් වහන්සේ භික්ෂූන් වහන්සේලාව ඇමතුවා. "පින්වත් මහණෙනි, ඔබලා දැන් මේ වෙලාවෙ මොකක්ද කතා කර කර හිටියේ? ඒ අඩාල වුනේ මොන වගේ කතාවක් ද?"

"ස්වාමීනී, භාග්‍යවතුන් වහන්සේ ගැනම යි අපි ධර්ම කතා කර කර හිටියේ. ඒ කතාව තමයි නැවතුනේ. එතකොට ම භාග්‍යවතුන් වහන්සේ වැඩම කළා."

"බොහෝ ම හොඳයි. පින්වත් මහණෙනි, ගිහි ගේ අත්හැරල ශ්‍රද්ධාවෙන්ම පැවිදි වෙච්ච ඔබ වැනි කුලපුත්‍රයන්ට ගැලපෙන්නේ ඒ වගේ කතා තමයි. ඔබ ධර්මය ගැන කතා කර කර සිටීම තමයි හොඳ. පින්වත් මහණෙනි, ඔබලා එකට රැස්වෙච්ච වෙලාවට කරුණු දෙකක් කරන්න ඕන. එක්කො ධර්ම කතාවක යෙදෙන්න ඕන. එහෙම නැත්නම් නිහඬව උතුම් භාවනාවක යෙදෙන්න ඕන.

පින්වත් මහණෙනි, පර්යේෂණ කරන දේවල් දෙකොටසක් තියෙනවා. ඒවා තමයි; ශ්‍රේෂ්ඨත්වය සොයා පර්යේෂණ කරනවා. ශ්‍රේෂ්ඨ නොවන දෙයටත් පර්යේෂණ කරනවා.

පින්වත් මහණෙනි, ශ්‍රේෂ්ඨ නොවන දේ සොයා පර්යේෂණ කිරීම කියන්නෙ මොකක්ද? පින්වත් මහණෙනි, මෙහිලා ඇතැමෙක් තමාත් ඉපදෙන ස්වභාවයෙන් ඉඳගෙන, ඉපදීමට අයත් දෙයක් වෙනුවෙන් පර්යේෂණ කරනවා. තමාත් ජරාවට පත්වෙවී ඉඳගෙන, ජරාවට අයත් දෙයක් වෙනුවෙන් පර්යේෂණ කරනවා. තමාත් රෝග පීඩාවලට පත්වෙන ස්වභාවයෙන් ඉඳගෙන, රෝග පීඩාවලට අයත් දෙයක් වෙනුවෙන් පර්යේෂණ කරනවා. තමාත් මරණයට පත් වෙන ස්වභාවයෙන් ඉඳගෙන, මරණයට අයත් දෙයක් වෙනුවෙන් පර්යේෂණ කරනවා. තමාත් ශෝක වන ස්වභාවයෙන් ඉඳගෙන, ශෝකයට අයත් දෙයක් වෙනුවෙන් පර්යේෂණ කරනවා. තමාත් කෙලෙසී යන ස්වභාවයෙන් ඉඳගෙන, කෙලෙස්වලට අයත් දෙයක් වෙනුවෙන් පර්යේෂණ කරනවා.

පින්වත් මහණෙනි, ඉපදෙන ස්වභාවයට අයිති දේ කියන්නෙ මොනවාද? පින්වත් මහණෙනි, අඹු දරුවන් ඉපදෙන ස්වභාවයට අයිතියි. දාසි දාස්සන් ඉපදෙන ස්වභාවයට අයිතියි. එළු බැටළුවන් ඉපදෙන ස්වභාවයට අයිතියි. ඌරන් කුකුළන් ඉපදෙන ස්වභාවයට අයිතියි. ඇතුන්, ගවයන්, අසුන්, වෙළඹුන් ඉපදෙන ස්වභාවයට අයිතියි. රන් රිදී මිල මුදල් ඉපදෙන ස්වභාවයට අයිතියි. මේ පංච කාම ගුණයන් ඉපදෙන ස්වභාවයට අයිතියි. ඔය දේවල්වලට ගිජු වෙලා සිහිවිකල් කරගෙන ඒකෙ බැසගෙන ඉන්න උදවිය, තමාත් ඉපදෙන ස්වභාවයෙන් ඉඳගෙන ඉපදීමට අයිති දෙයක් ම සොයනවා.

පින්වත් මහණෙනි, දිරන ස්වභාවයට අයිති දේ කියන්නෙ මොනවාද? පින්වත් මහණෙනි, අඹු දරුවන් දිරන ස්වභාවයට අයිතියි. දාසි දාස්සන් දිරන ස්වභාවයට අයිතියි. එළු බැටළුවන් දිරන ස්වභාවයට අයිතියි. ඌරන් කුකුළන් දිරන ස්වභාවයට අයිතියි. ඇතුන්, ගවයන්, අසුන්, වෙළඹුන් දිරන ස්වභාවයට අයිතියි. රන්, රිදී, මිල මුදල් දිරන ස්වභාවයට අයිතියි. මේ පංච කාම ගුණයන් ම දිරන ස්වභාවයට අයිතියි. ඔය දේවල්වලට ගිජු වුණු, සිහිවිකල් වුණු, එහි ම බැසගත්තු උදවිය තමාත් ජරාවට පත්වෙන ස්වභාවයෙන් ඉඳගෙන ජරාවට අයිති දෙයක් ම සොයනවා.

පින්වත් මහණෙනි, රෝගී වන ස්වභාවයට අයිති දේ කියන්නෙ මොනවාද? පින්වත් මහණෙනි, අඹු දරුවන් රෝගී වන ස්වභාවයට අයිතියි. දාසි දාස්සන් රෝගී වන ස්වභාවයට අයිතියි. එළු බැටළුවන් රෝගී වන ස්වභාවයට අයිතියි. ඌරන් කුකුළන් රෝගී වන ස්වභාවයට අයිතියි. ඇතුන්, ගවයන්, අසුන්, වෙළඹුන් රෝගී වන ස්වභාවයට අයිතියි. මේ පංච කාම ගුණයන් ම රෝගී වන ස්වභාවයට අයිතියි. ඔය දේවල්වලට ගිජු වුණු, සිහිවිකල් වුණු, එහි ම බැසගත්තු උදවිය තමාත් රෝගයන්ට පත්වෙන ස්වභාවයෙන් ම ඉඳගෙන රෝග පීඩාවන්ට අයිති දෙයක් ම සොයනවා.

පින්වත් මහණෙනි, මැරී යන ස්වභාවයට අයිති දේවල් මොනවාද? පින්වත් මහණෙනි, අඹු දරුවන් මැරී යන ස්වභාවයට අයිතියි. දාසි දාස්සන් මැරී යන ස්වභාවයට අයිතියි. එළු බැටළුවන් මැරී යන ස්වභාවයට අයිතියි. ඌරන් කුකුළන් මැරී යන ස්වභාවයට අයිතියි. ඇතුන්, ගවයන්, අසුන්, වෙළඹුන් මැරී යන ස්වභාවයට අයිතියි. පින්වත් මහණෙනි, මේ පංච කාමයන් ම මැරී යන ස්වභාවයට අයිතියි. ඔය දේවල්වලට ගිජු වෙලා, මුළා වෙලා, එහි ම බැසගෙන ඉන්න උදවිය තමාත් මැරී යන ස්වභාවයෙන් ඉඳගෙන මැරී යන ස්වභාවයෙන් යුතු දෙයක් ම සොයනවා.

පින්වත් මහණෙනි, ශෝකය ඇතිකරන දේ කියන්නෙ මොනවාද? පින්වත් මහණෙනි, අඹු දරුවන් ශෝකය හදන දෙයක්. දාසි දාස්සන් ශෝකය හදන දෙයක්. එළු බැටළුවන් ශෝකය හදන දෙයක්. ඌරන් කුකුළන් ශෝකය හදන දෙයක්. ඇතුන්, ගවයන්, අසුන්, වෙළඹුන් ශෝකය හදන දේවල්. පින්වත් මහණෙනි, මේ පංච කාම ගුණයන් ශෝකය හදන ස්වභාවයෙන් යුක්තයි. ඔය දේවල්වලට ගිජු වෙලා, සිහිවිකල් වෙලා, ඒකෙම බැසගෙන ඉන්න උදවිය තමාත් ශෝකය හැදෙන ස්වභාවයෙන් ම ඉඳගෙන ශෝකය හැදෙන දෙයක් ම සොයනවා.

පින්වත් මහණෙනි, කෙලෙසී යන ස්වභාවයට අයිති දේ කියන්නෙ මොනවා ද? පින්වත් මහණෙනි, අඹු දරුවන් කෙලෙසී යන ස්වභාවයට අයිතියි. දාසි දාස්සන් කෙලෙසී යන ස්වභාවයට අයිතියි. එළු බැටළුවන් කෙලෙසී යන ස්වභාවයට අයිතියි. ඌරන් කුකුළන් කෙලෙසී යන ස්වභාවයට අයිතියි. ඇතුන්, ගවයන්, අසුන්, වෙළඹුන් කෙලෙසී යන ස්වභාවයට අයිතියි. රන්, රිදී, මිල මුදල් කෙලෙසී යන ස්වභාවයට අයිතියි. මේ පංච කාම ගුණයන් ම කෙලෙසී යන ස්වභාවයට අයිතියි. පින්වත් මහණෙනි, ඔය දේවල්වලට ගිජු වෙලා, සිහිවිකල් වෙලා, ඒකෙම බැසගෙන ඉන්න උදවිය තමාත් කෙලෙසී යන ස්වභාවයෙන් ඉඳගෙන කෙලෙසී යන දෙයක් ම සොයනවා. පින්වත් මහණෙනි, ඕක තමයි ශ්‍රේෂ්ඨ නොවන දේ සෙවීම.

පින්වත් මහණෙනි, ශ්‍රේෂ්ඨත්වය සොයා පර්යේෂණ කිරීම කියල කියන්නෙ මොකක්ද? පින්වත් මහණෙනි, සමහර කෙනෙක් තමා ඉපදෙන ස්වභාවයෙන් ඉඳගෙන, ඉපදෙන ස්වභාවයේ ආදීනව තේරුම් ගන්නවා. ඉපදීමක් නැති, අනුත්තර වූ, හැමදෙයින් ම නිදහස් වූ නිවන සොයාගෙන යනවා. තමාත් ජරාවට පත්වන ස්වභාවයෙන් ඉඳගෙන ජරාවට පත්වෙන දේ ගැන ආදීනව අවබෝධ කරල, ජරාවක් නැති, අනුත්තර වූ, හැම දුකින් ම නිදහස් වූ නිවන සොයාගෙන යනවා. තමාත් රෝගී වන ස්වභාවයෙන් ඉඳගෙන

රෝගීවන ස්වභාවයට අයිති දේ ගැන ආදීනව තේරුම් අරගෙන රෝග රහිත වූ, අනුත්තර වූ, හැම දුකින් ම නිදහස් වූ, නිවන සොයාගෙන යනවා. තමාත් මැරෙන ස්වභාවයෙන් ඉඳගෙන මැරෙන ස්වභාවයට අයිති දේ ගැන ආදීනව තේරුම් අරගෙන මරණ රහිත වූ, අනුත්තර වූ, දුකෙන් නිදහස් වීම වූ නිවන සොයාගෙන යනවා. තමාත් ශෝක වන ස්වභාවයෙන් යුතුව ඉඳගෙන ශෝකය හැදෙන දේ ගැන ආදීනව තේරුම් අරගෙන ශෝක රහිත වූ, අනුත්තර වූ, හැම දුකින් ම නිදහස් වූ නිවන සොයාගෙන යනවා. තමාත් කෙලෙසී යන ස්වභාවයෙන් ඉඳගෙන කෙලෙසී යන දේ ගැන ආදීනව තේරුම් අරගෙන කෙලෙස් රහිත වූ, අනුත්තර වූ, හැම දුකෙන් නිදහස් වූ නිවන සොයාගෙන යනවා. පින්වත් මහණෙනි, මේක තමයි ශ්‍රේෂ්ඨත්වය සොයා පර්යේෂණ කිරීම.

පින්වත් මහණෙනි, මම පවා සම්බුද්ධත්වයට පත්වෙන්න කලින් බෝධිසත්ව ජීවිතයක් ගෙවද්දී තමාත් ඉපදෙන ස්වභාවයෙන් ඉඳගෙන ඉපදෙන ස්වභාවයට අයිති දෙයක්මයි සෙව්වෙ. තමාත් ජරාවට පත්වන ස්වභාවයෙන් ඉඳගෙන ජරාවට පත්වෙන දෙයක්ම යි සෙව්වෙ. තමාත් ලෙඩ වෙන ස්වභාවයෙන් ඉඳගෙන ලෙඩ වන ස්වභාවයට අයිති දෙයක්ම යි සෙව්වෙ. තමාත් මැරෙන ස්වභාවයෙන් ඉඳගෙන මරණයට අයිති දෙයක්ම යි සෙව්වෙ. තමාත් ශෝක වන ස්වභාවයෙන් ඉඳගෙන ශෝකයට අයිති දෙයක්ම යි සෙව්වෙ. තමාත් කෙලෙසී යන ස්වභාවයෙන් ඉඳගෙන කෙලෙසී යන දෙයක්ම යි සෙව්වෙ.

පින්වත් මහණෙනි, එතකොට මං මෙහෙම හිතන්න පටන් ගත්තා. ඇත්තෙන් ම මමත් ඉපදෙන ස්වභාවයෙන් ඉඳගෙන, ඉපදෙන ස්වභාවයට අයිති දෙයක් සොයන්නෙ මොකටද? මමත් ජරාවට පත්වෙන ස්වභාවයෙන් ඉඳගෙන ජරාවට පත්වෙන දෙයක් සොයන්නෙ මොකටද? මමත් ලෙඩවෙන ස්වභාවයෙන් ඉඳගෙන ලෙඩවෙන ස්වභාවයට අයිති දෙයක් ම සොයන්නෙ මොකටද? මමත් මැරී යන ස්වභාවයෙන් ඉඳගෙන මැරී යන දෙයක් ම සොයන්නෙ මොකටද? මමත් ශෝක වෙන ස්වභාවයෙන් ම ඉඳගෙන ශෝක වෙන දෙයක් ම සොයන්නෙ මොකටද? මමත් කිලුටු වෙන ස්වභාවයෙන් ම ඉඳගෙන කෙලෙසන දෙයක් ම සොයන්නෙ මොකටද? ඒ නිසා ඉපදෙන ස්වභාවයෙන් ඉන්න මම, ඉපදෙන ස්වභාවය ගැන ආදීනව අවබෝධ කරගෙන ඉපදීමක් නැති, අනුත්තර වූ, දුකින් නිදහස් වීම වූ නිවන සොයාගෙන යනවා. ජරාවට පත්වෙමින් ඉන්න මම, ජරාවට පත්වෙන දේවල් ගැන ආදීනව අවබෝධ කරගෙන ජරා රහිත වූ, අනුත්තර වූ, දුකින් නිදහස් වීම නම් වූ නිවන සොයා ගෙන යනවා. ලෙඩවෙන ස්වභාවයෙන් ඉන්න මම, ලෙඩවෙන ස්වභාවයට අයිති දේ ගැන ආදීනව අවබෝධ කරගෙන ලෙඩ රහිත වූ අනුත්තර වූ දුකින්

නිදහස් වීම නම් වූ නිවන සොයා ගෙන යනවා. මැරෙන ස්වභාවයෙන් ඉන්න මම, මරණයට අයිති දේවල් ගැන ආදීනව තේරුම් අරගෙන මරණ රහිත වූ, අනුත්තර වූ, දුකින් නිදහස් වීම වූ නිවන සොයාගෙන යනවා. ශෝක වෙන ස්වභාවයෙන් ඉන්න මම, ශෝකයට අයිති දේ ගැන ආදීනව අවබෝධ කරගෙන ශෝක රහිත වූ, අනුත්තර වූ, දුකින් නිදහස් වීම නම් වූ නිවන සොයාගෙන යනවා. කෙලෙසෙන ස්වභාවයෙන් ඉන්න මම, කෙලෙසීමට අයිති දේ ගැන ආදීනව තේරුම් අරගෙන නිකෙලෙස් වූ, අනුත්තර වූ, දුකින් නිදහස් වීම වූ නිවන සොයාගෙන යනවා.

ඉතින් පින්වත් මහණෙනි, පස්සෙ කාලෙදී හොඳ තරුණ වයසෙදී කළු කෙහෙ තියෙන කාලෙ සොඳුරු යොවුන් වයසෙදී ජීවිතේ පළමු වයසෙදී මව්පියන් අකමැතිව සිටිද්දි, ඔවුන් කඳුළු පිරි මුහුණින් හඬා වැටෙද්දී මං කෙස් රැවුල් බාගෙන කහට වස්ත්‍ර පොරෝගෙන ගිහි ගෙයින් නික්මිලා පැවිදි වුනා. පැවිදි වුනාට පස්සෙ මං කුසල් මොනවාද? කියල හොයන කෙනෙක් වුනා. අනුත්තර වූ අමා නිවන සොයන කෙනෙක් වුනා. මං ආළාර කාලාම ළඟටත් ගියා. ගිහින් ආළාර කාලාමට මෙහෙම කිව්වා. "ආයුෂ්මත් කාලාම, මං කැමතියි මේ ධර්ම විනයෙ බඹසර හැසිරෙන්න" කියලා.

එතකොට පින්වත් මහණෙනි, ආළාර කාලාම මට මෙහෙම කිව්වා. "ප්‍රිය ආයුෂ්මතුනි, එහෙම නම් මේ ධර්මයේ බඹසර හැසිරෙන්න. බුද්ධිමත් කෙනෙකුට සුළු කලකදී මේ ධර්මය තමා තුළින් ම තේරුම් අරගෙන සාක්ෂාත් කරල ඉන්න පුළුවනි" කියල. පින්වත් මහණෙනි, මං ඉතා සුළු කලකින් වහාම ඒ ධර්මය ඉගෙන ගත්තා. පින්වත් මහණෙනි, මං ඔවුන් තොල් සොලවා යමක් කියන පමණින් ම ඒක තේරුම් ගත්තා. ඔවුන්ගේ ධර්ම ක්‍රමය තේරුම් ගත්තා. ඒ දේ දන්න කෙනෙක්, දකින කෙනෙක් බවට පත්වුනා. අනිත් උදවියත් මං ගැන එහෙම කිව්වා.

එතකොට පින්වත් මහණෙනි, මට මෙහෙම හිතුනා. 'ඔය ආළාර කාලාම මේ ධර්මය කියන්නෙ හුදෙක් ශ්‍රද්ධාවකින් පමණක් ම නොවෙයි. තමන් ම අවබෝධ කරල, සාක්ෂාත් කරල ඉඳගෙනයි ඔය කියන්නෙ. ඇත්තෙන් ම ආළාර කාලාම මේ ධර්මය දැනගෙන, දැකගෙන ඉන්න කෙනෙක්.' ඉතින් පින්වත් මහණෙනි, මං ආළාර කාලාම ළඟට ගියා. ගිහින් ආළාර කාලාම ගෙන් මෙහෙම ඇහුවා. "ආයුෂ්මත් කාලාම, ඔබේ අවබෝධය තුළින් ම සාක්ෂාත් කරගෙන තියෙන මේ ධර්මය කොච්චර දුරට කියන්න පුළුවන්ද?" කියල. පින්වත් මහණෙනි, ආළාර කාලාම මට 'ආකිඤ්චඤ්ඤායතන සමාධිය' ගැන කිව්වා.

එතකොට මට මෙහෙම හිතුනා. 'ඉතින් ආළාර කාලාමට විතරක් නෙවෙයි ශ්‍රද්ධාව තියෙන්නෙ. මටත් ශ්‍රද්ධාව තියෙනවා නෙව. ආළාර කාලාමට විතරක් නෙවෙයි වීරිය තියෙන්නෙ. මටත් වීරිය තියෙනවා නෙව. ආළාර කාලාමට විතරක් නෙවෙයි සිහිය තියෙන්නෙ. මටත් සිහිය තියෙනවා නෙව. ආළාර කාලාමට විතරක් නෙවෙයි සමාධිය තියෙන්නෙ. මටත් සමාධිය තියෙනවා නෙව. ආළාර කාලාමට විතරක් නෙවෙයි ප්‍රඥාව තියෙන්නෙ. මටත් ප්‍රඥාව තියෙනවා නෙව. ඉතින් එහෙනම් මමත් ආළාර කාලාම තමන්ගේ නුවණින් සාක්ෂාත් කරල ඉඳගෙන කියන දේ සාක්ෂාත් කරන්න වීරිය ගන්න ඕන' කියල. පින්වත් මහණෙනි, ටික දවසකින් ම ඉතා ඉක්මනින් ම මමත් ඒ ධර්මය අවබෝධ කරගෙන ඒ ධර්මයට පැමිණ වාසය කළා.

එතකොට පින්වත් මහණෙනි, මං ආළාර කාලාම ළඟට ගියා. ගිහින් මං මෙහෙම කිව්වා. "ආයුෂ්මත් කාලාම, අවබෝධයෙන් ම සාක්ෂාත් කරගෙන ඔබ ඔය කියන ධර්මය ඔච්චරයිද?"

"ප්‍රිය අයුෂ්මතුනි, මං අවබෝධයෙන් ම සාක්ෂාත් කරගෙන කියන ධර්මය ඔච්චර තමයි."

"ඉතින් ආයුෂ්මතුනි, දැන් ඔය ධර්මය මමත් අවබෝධයෙන් සාක්ෂාත් කරගෙන ඉන්නවා නෙව."

"අනේ ඇත්තට ම ආයුෂ්මතුනි, ඕක අපිට ලාභයක්. ආයුෂ්මතුනි, ඕක අපිට හරි ලාභයක්. ආයුෂ්මතුන් වගේ සබ්‍රහ්මචාරීන් කෙනෙක් අපටත් දැකගන්න ලැබුනා. යම් දෙයක් මං අවබෝධ කරගෙන සාක්ෂාත් කරගෙන ඉන්නවා නම්, ඒ දේ ඔබත් අවබෝධ කරගෙන සාක්ෂාත් කරගෙනයි ඉන්නෙ. යම් ධර්මයක් ඔබ අවබෝධ කරගෙන, සාක්ෂාත් කරගෙන ඉන්නවා නම්, ඒ ධර්මය මමත් අවබෝධ කරගෙන සාක්ෂාත් කරගෙනයි ඉන්නෙ. එහෙම නම් ඉතින් යම් ධර්මයක් මම දන්නවා නම් ඒ ධර්මය ඔබත් දන්නවා. යම් ධර්මයක් ඔබ දන්නවා නම්, ඒ ධර්මය මමත් දන්නවා. මම යම් විදිහක නම් ඔබත් ඒ විදිහයි. ඔබ යම් විදිහක නම් මමත් ඒ විදිහයි. ඉතින් ප්‍රිය ආයුෂ්මතුනි, දැන් එන්න. අපි දෙන්න එකතු වෙලා මේ පිරිස බලා හදාගෙන ඉම්මු."

ඉතින් පින්වත් මහණෙනි, මගේ ගුරුවරයාව සිටි ආළාර කාලාම, ගෝලයා වෙලා හිටි මාව තමන් හා සමාන තැනක තිබ්බා. උතුම් පුද පූජාවල් කළා. ඒත් පින්වත් මහණෙනි, මං හිතන්න පටන් ගත්තා. 'මේ ධර්මය නම් අවබෝධයෙන් ම කලකිරීමට හේතුවෙන්නෙ නෑ. නො ඇල්ම පිණිස හේතු වෙන්නෙ නෑ. දුක් නැති වෙන්න හේතුවෙන්නෙ නෑ. කෙලෙස් සංසිඳීම පිණිස හේතුවෙන්නෙ නෑ. විශේෂ ඥානයට හේතුවෙන්නෙ නෑ. ආර්ය සත්‍යය

අවබෝධයට හේතුවෙන්නෙ නෑ. නිවනට හේතුවෙන්නෙ නෑ. මේ ධර්මය හේතු වෙන්නෙ ආකිඤ්චඤ්ඤායතන ලෝකෙ උපදින්න විතරයි' කියලා. පින්වත් මහණෙනි, ඉතින් ඒ ධර්මයේ මා සොයන දේ නැති බව දැන ඒ ධර්මය ගැන කලකිරුනා. එතන දාල ගියා.

පිනවත් මහණෙනි, මං ආයෙමත් කුසල් කියන්නෙ මොකක්ද? කියල හොයන්න පටන් ගත්තා. අනුත්තර වූ අමා නිවන හොයන්න පටන් ගත්තා. රාමපුත්‍ර උද්දක ළඟට ගියා. ගිහින් රාමපුත්‍ර උද්දකට මෙහෙම කිව්වා. "ප්‍රිය ආයුෂ්මතුනි, මං කැමතියි මේ ධර්ම විනයේ බඹසර හැසිරෙන්න" කියලා. එතකොට පින්වත් මහණෙනි, රාමපුත්‍ර උද්දක මට මෙහෙම කිව්වා. "හොඳයි ආයුෂ්මතුනි, බඹසර හැසිරෙන්න. බුද්ධිමත් කෙනෙකුට ඉතා කෙටි කලකින් මේ ධර්මය ඉගෙන ගෙන, සාක්ෂාත් කරල වාසය කරන්න පුළුවනි" කියලා. පින්වත් මහණෙනි, මං ඉතා සුළු කලකින්, ඉතා ඉක්මනින් ඒ ධර්මය ඉගෙන ගත්තා. පින්වත් මහණෙනි, ඒ ධර්මය තොල් සොලවා කියූ පමණින් ම මං අවබෝධ කරගත්තා. එහි වැඩිහිටියෙක් බවට පත්වුනා. ඒ ධර්මය දන්න කෙනෙක් දකින කෙනෙක් වුනා. අනිත් උදවියත් මං ගැන එහෙම කිව්වා.

එතකොට පින්වත් මහණෙනි, මට මෙහෙම හිතුනා. 'පින්වත් රාමයන් මේ ධර්මය හුදෙක් ශ්‍රද්ධා මාත්‍රයෙන් නොවෙයි කියල තියෙන්නේ. තමන්ගේ ම ඤාණයෙන් සාක්ෂාත් කරල ඉඳගෙනයි කියල තියෙන්නේ. ඇත්තෙන් ම පින්වත් රාමයන් මේ ධර්මය දැනගෙන, දැකගෙන හිටපු කෙනෙක්.' ඉතින් පින්වත් මහණෙනි, මං රාමපුත්‍ර උද්දක ළඟට ගියා. ගිහින් මෙහෙම ඇහුවා. "ප්‍රිය ආයුෂ්මතුනි, පින්වත් රාමයන් මේ ධර්මය තමන්ගේ නුවණින් සාක්ෂාත් කරල කියල දුන්නේ කොච්චර දුරකටද?" එතකොට පින්වත් මහණෙනි, රාමපුත්‍ර උද්දක මට 'නේවසඤ්ඤානාසඤ්ඤායතන' සමාධිය ගැන පැවසුවා.

පින්වත් මහණෙනි, මං ඒ ගැන මෙහෙමයි හිතුවෙ. 'ශ්‍රද්ධාව තිබුනෙ රාමට විතරක් නොවෙයි. මටත් ශ්‍රද්ධාව තියෙනවා. වීරිය තිබුනෙ රාමට විතරක් නොවෙයි. මටත් වීරිය තියෙනවා. සිහිය තිබුනෙ රාමට විතරක් නොවෙයි. මටත් සිහිය තියෙනවා. සමාධිය තිබුනෙ රාමට විතරක් නොවෙයි. මටත් සමාධිය තියෙනවා. ප්‍රඥාව තිබුණෙ රාමට විතරක් නොවෙයි. මටත් ප්‍රඥාව තියෙනවා. එහෙනම් මමත්, පින්වත් රාමයන් යම් දෙයක් අවබෝධ කරගෙන, සාක්ෂාත් කරගෙන වාසය කළා නම් ඒ දේ අවබෝධ කරගන්න වීරිය කරනවා. ඒ දේ සාක්ෂාත් කරන්න වීරිය ගන්නවා' කියල. ඉතින් පින්වත් මහණෙනි, ඉතා සුළු කලකින්, ඉතා ඉක්මනින් මමත් ඒ ධර්මය අවබෝධ කරගෙන, සාක්ෂාත් කරගෙන ඒ ධර්මයට පැමිණ වාසය කළා.

පින්වත් මහණෙනි, මං දවසක් රාමපුත්‍ර උද්දක ළඟට ගියා. ගිහින් රාමපුත්‍ර උද්දකට මෙහෙම කිව්වා. "ප්‍රිය ආයුෂ්මතුනි, ඔබේ පියා වන පින්වත් රාමයන් තමන්ගේ ම නුවණින් මේ ධර්මය සාක්ෂාත් කරගෙන වාසය කළේ ඔච්චරකින්ද?"

"ප්‍රිය ආයුෂ්මතුනි, ඔව්! අපේ පියා වන පින්වත් රාමයන් තමන්ගේ නුවණින් සාක්ෂාත් කරගෙන වාසය කරපු ධර්මය ඔච්චර තමයි."

"ප්‍රිය ආයුෂ්මතුනි, ඒ (ඔබේ පියා වන පින්වත් රාමයන් සාක්ෂාත් කළ) ඔය ධර්මය මමත් ඔච්චරකින් අවබෝධයෙන් ම සාක්ෂාත් කරගෙනයි ඉන්නෙ."

"ප්‍රිය ආයුෂ්මතුනි, අපිට මහ ලාභයක් නෙව. අපට උතුම් ලාභයක් නෙව. අපිටත් ආයුෂ්මතුන් වගේ සබ්‍රහ්මචාරීන් කෙනෙක් දැකගන්න ලැබුන නෙව. ඉතින් යම් ධර්මයක් අපේ පියා වන පින්වත් රාමයන් අවබෝධයෙන් සාක්ෂාත් කරගෙන වාසය කළා නම් ඒ ධර්මය ඔබත් අවබෝධයෙන් සාක්ෂාත් කරගෙන වාසය කරනවා නෙව. ඔබ යම් ධර්මයක් සාක්ෂාත් කරගෙන වාසය කරනවා නම් ඒ ධර්මය පින්වත් රාමයන් සාක්ෂාත් කරගෙන වාසය කළා. යම් ධර්මයක් රාම දැනගෙන හිටියා නම්, ඒ ධර්මය ඔබත් දන්නවා. යම් ධර්මයක් ඔබ දැනගෙන ඉන්නවා නම්, ඒ ධර්මය රාමයන් දැනගත්තා. ඒ නිසා රාම යම් බඳු නම් ඔබත් එබඳුමයි. ඔබ යම් බඳු නම් රාමත් එබඳුමයි. ඒ නිසා පින්වත් ආයුෂ්මතුනි, දැන් එන්න. ඔබ මේ පිරිස බලා හදාගන්න." මේ විදිහට පින්වත් මහණෙනි, රාමපුත්‍ර උද්දක මා හා සමානව සබ්‍රහ්මචාරීව සිටියදී මාව ආචාර්ය තනතුරේ තැබුවා. මට උතුම් පුද පූජාවල් කළා. නමුත් පින්වත් මහණෙනි, මං හිතන්න පටන් ගත්තා. 'මේ ධර්මය නම් අවබෝධයෙන් කලකිරීමට හේතුවෙන්නෙ නෑ. නොඇල්ම පිණිස හේතුවෙන්නෙ නෑ. දුක් නැතිවෙන්න හේතුවෙන්නෙ නෑ. කෙලෙස් සංසිඳීම පිණිස හේතුවෙන්නෙ නෑ. විශේෂ ඥානයට හේතුවෙන්නෙ නෑ. ආර්ය සත්‍යය අවබෝධය පිණිස හේතුවෙන්නෙ නෑ. නිවනට හේතුවෙන්නෙ නෑ. මේ ධර්මය හේතුවෙන්නෙ නේවසඤ්ඤානාසඤ්ඤායතන ලෝකයේ උපදින්න විතරයි' කියල පින්වත් මහණෙනි, ඔය විදිහට ඒ ධර්මයේ මා සොයන දෙය නැතිබව තේරුම් අරගෙන, ඒ ධර්මය ගැන කලකිරිලා එතනින් නික්මිල ගියා.

ඉතින් පින්වත් මහණෙනි, මං ආයෙමත් කුසල් කියන්නෙ මොනවද? කියල හොයන කෙනෙක් වුනා. ඒ අමා නිවන සොයා ගෙන යන කෙනෙක් වුනා. මං මගධ ජනපදයෙ ඇවිදගෙන ඇවිදගෙන ගියා. එහෙම යද්දි තමයි උරුවේලාවේ සේනානිගම නම් නියම්ගම හම්බ වුනේ. මං එහෙ නැවතුනා. ඒ භූමිය මං දැකපු රමණීය තැනක්. ඒ වන ගැබ ඇත්තෙන් ම ලස්සනයි. සුදු වැලි තලාව තියෙන රමණීය ගං ඉවුරු මැදින් නදිය ගලා බසිනවා.

පිණ්ඩපාතෙ කරගන්න ගමත් ළඟින් ම තිබුනා. පින්වත් මහණෙනි, මට එතකොට මේ විදිහටයි හිතුනෙ 'ඇත්තෙන් ම මේ පළාත රමණීයයි. මේ වන ගැබත් ලස්සනයි. සුදු වැලිතලා තියෙන ගං ඉවුරෙන් යුතු නදියත් ලස්සනට ගලනවා. පිණ්ඩපාතෙ කරගන්න ගමත් මේ ළඟමයි. ඇත්තෙන් ම වීරියෙන් භාවනා කරන පින්වතෙකුට මෙතන සුදුසු ම තැනක්' කියලා. ඉතින් පින්වත් මහණෙනි, මං එහෙ නැවතුනා. භාවනා කරන්න මෙතන තමයි සුදුසු කියල හිතුනා. එතනම වාඩිවුනා.

පින්වත් මහණෙනි, මමත් ඉපදෙන ස්වභාවයෙන් ඉඳගෙන, ඉපදෙන ස්වභාවයට අයිති දේ ගැන ආදීනව තේරුම් අරගෙන, ඉපදීම නැති අනුත්තර වූ දුකෙන් නිදහස් වීම වූ නිවන සොයාගෙන ගියා. දැන් මම ඉපදීම රහිත වූ, අනුත්තර වූ, දුකින් නිදහස් වීම නම් වූ ඒ අමා නිවන අවබෝධ කරගත්තා. ඒ මම තමාත් ජරාවට පත්වන ස්වභාවයෙන් ඉඳගෙන ජරාවට පත්වන දේවල් ගැන ආදීනව අවබෝධ කරල, ජරා රහිත වූ, අනුත්තර වූ, දුකෙන් නිදහස් වීම නම් වූ ඒ අමා නිවන සොයාගෙන ගියා. ඉතින් මම ජරා රහිත වූ, අනුත්තර වූ, දුකින් නිදහස් වීම නම් වූ ඒ අමා නිවන අවබෝධ කළා. ඒ මම රෝගී වන ස්වභාවයෙන් ඉඳගෙන රෝගී වන දේවල්වල ආදීනව අවබෝධ කරල, රෝග රහිත වූ, අනුත්තර වූ, දුකින් නිදහස් වීම නම් වූ ඒ අමා නිවන සොයාගෙන ගියා. ඉතින් මම රෝග රහිත වූ, අනුත්තර වූ, දුකින් නිදහස් වීම නම් වූ ඒ අමා නිවන අවබෝධ කළා. ඒ මම මැරෙන ස්වභාවයෙන් ඉඳගෙන මරණයට අයිති දේ ගැන ආදීනව අවබෝධ කරල, මරණ රහිත වූ, අනුත්තර වූ, දුකින් නිදහස් වීම නම් වූ ඒ අමා නිවන සොයාගෙන ගියා. ඉතින් මම මරණ රහිත වූ, අනුත්තර වූ, දුකින් නිදහස් වීම නම් වූ ඒ අමා නිවන අවබෝධ කළා. ඒ මම ශෝක වන ස්වභාවයෙන් ඉඳගෙන ශෝක වන දේවල් ගැන ආදීනව අවබෝධ කරල, ශෝක රහිත වූ, අනුත්තර වූ, දුකින් නිදහස් වීම නම් වූ ඒ අමා නිවන සොයාගෙන ගියා. ඉතින් මම ශෝක රහිත වූ, අනුත්තර වූ, දුකින් නිදහස් වීම නම් වූ ඒ අමා නිවන අවබෝධ කළා. ඒ මම කෙලෙසෙන ස්වභාවයෙන් ඉඳගෙන කෙලෙසී යන දේවල් ගැන ආදීනව අවබෝධ කරල, නිකෙලෙස් වූ, අනුත්තර වූ, දුකෙන් නිදහස් වීම නම් වූ ඒ අමා නිවන සොයාගෙන ගියා. ඉතින් මම නිකෙලෙස් වූ අනුත්තර වූ දුකෙන් නිදහස් වීම නම් වූ ඒ අමා නිවන අවබෝධ කළා. පින්වත් මහණෙනි, 'මගේ චිත්ත විමුක්තිය වෙනස් වෙන්නෙ නෑ. මේ මගේ අන්තිම උපත. දැන් ආයෙමත් පුනර්භවයක් නැහැ' කියල මා තුළ ඤාණ දර්ශනය ඇතිවුනා.

පින්වත් මහණෙනි, ඒ ගැන මට මෙන්න මේ විදිහට හිතුනා. 'මං අවබෝධ කරපු මේ ධර්මය හරි ම ගැඹුරුයි. දකින එක ලේසි නෑ. අවබෝධ

කරන එක ලේසි නෑ. හරි ශාන්තයි. හරි ප්‍රණීතයි. තර්ක කරල තේරුම් ගන්න අමාරුයි. හරිම සියුම්. බුද්ධිමතුන්ට අවබෝධ කරගන්න පුළුවනි. නමුත් මේ ලෝක සත්වයා ආශාව තුළ ඉන්නෙ. ආශාවට ඇලිල ඉන්නෙ. ආශාවෙන් සතුටු වෙවී ඉන්නෙ. ඉතින් ආශාව තුළ ඉන්න, ආශාවට ඇලිල ඉන්න, ආශාවෙන් සතුටු වෙවී ඉන්න මේ ලෝක සත්වයාට නම් හේතුඵල ධර්මය වන පටිච්චසමුප්පාද ධර්මය අවබෝධ කිරීම ලේසි දෙයක් නොවෙයි. ඒ වගේම මේ සියලු සංස්කාරයන් සංසිඳවන, සියලු කෙලෙස් දුරු කරන, තණ්හාව ක්ෂය කරන, තණ්හාවේ නොඇලෙන, තණ්හාව නැති කරන ඒ අමා නිවන අවබෝධ කිරීම නම් ලේසි දෙයක් නොවෙයි. ඉතින් මම මේ ධර්මය දේශනා කරන්න පටන් ගත්තොත් අනිත් අය අවබෝධ කරන්නෙත් නැත්නම් මට ඒක මහන්සියක් විතරයි. මට ඒක වෙහෙසක් විතරයි කියලා. එතකොට ම පින්වත් මහණෙනි, මං කවදාවත් ම අහල නැති මේ අසිරිමත් ගාථාවන් මට වැටහුනා.

> "ගොඩාක් මහන්සි වෙලයි මං මේ ධර්මය අවබෝධ කළේ. මේ ධර්මය අනුන්ට කීමෙන් ප්‍රයෝජන වෙන එකක් නෑ. රාග, ද්වේෂවලින් පෙළෙන ඒ ජනතාව මේ ධර්මය අවබෝධ කරනවා කියන එක ලේසි දෙයක් නොවෙයි.
>
> මේ ධර්මය උඩුගම් බලා යන එකක්. සියුම් එකක්. ගැඹුරු එකක්. දැකීමට දුෂ්කර එකක්. ඉතා සියුම් එකක්. අවිද්‍යා අන්ධකාරයෙන් වැසුණු, රාගයෙන් ඇලුණු මේ සත්වයෝ මේ ධර්මය අවබෝධ කරන්නෙ නෑ."

පින්වත් මහණෙනි, ඔය විදිහට මං නුවණ මෙහෙයවන කොට උත්සාහ අඩු පැත්තට ම යි හිත නැමෙන්නෙ. ධර්ම දේශනාවට හිත නැමෙන්නෙ නෑ. එතකොට පින්වත් මහණෙනි, සහම්පතී මහාබ්‍රහ්මයාට ඔහුගේ සිතින් මං හිතපු දේ දැකගන්න ලැබුනා. එතකොට ඔහුට මෙහෙම හිතුනා. "අයියෝ පින්වත්නි, ලෝක සත්වයා නැසිල යාවි! අයියෝ පින්වත්නි, ලෝක සත්වයා වැනසිලා යාවි! මේ ලෝකයේ පහළ වුණු තථාගත වූ අරහත් වූ සම්මා සම්බුදුරජාණන් වහන්සේගේ සිත අල්ප උත්සාහයට නැමිල ගියා. ධර්ම දේශනාවට නැමෙන්නෙ නෑ" කියලා. ඉතින් පින්වත් මහණෙනි, ඒ සහම්පතී බ්‍රහ්මයා ශක්තිමත් මනුස්සයෙක් හකුලපු අතක් දිගහරිනවා වගේ, දිග ඇරපු අතක් හකුලනවා වගේ බඹලොවින් අතුරුදහන් වෙලා මං ඉදිරියේ පහළ වුනා.

පින්වත් මහණෙනි, ඒ සහම්පතී මහාබ්‍රහ්මයා උතුරු සළුව ඒකාංශ කොට පොරවාගෙන වන්දනා කරගෙන මට මෙහෙම කිව්වා. "ස්වාමීනි භාග්‍යවතුන් වහන්ස, දහම් දෙසන සේක්වා! ස්වාමීනී, සුගතයන් වහන්ස, දහම් දෙසන

සේක්වා! මේ ලෝකයේ කෙලෙස් අඩු සත්වයන් ඉන්නවා. ධර්මය අසන්න නොලැබුනොත් ඒ අය පිරිහිලා යාවි. ධර්මය අසන්න ලැබුනොත් අවබෝධ කරාවි" කියලා.

පින්වත් මහණෙනි, සහම්පතී බ්‍රහ්මයා ඔය විදිහට කියලා, ආයෙමත් මේ ගාථාවනුත් කිව්වා.

"ඉස්සර මගධ ජනපදයේ කෙලෙස් සහිත උදවිය විසින් හිතපු අපිරිසිදු ධර්මයක් පහළ වෙලා තිබුනෙ. දැන් මේ අමා නිවන් දොරටුව විවෘත කරන සේක්වා! නිර්මල ප්‍රඥා ඇති බුදුරජාණන් වහන්සේගේ ධර්මය නුවණැත්තෝ අසත්වා!

ගල් පර්වතයක් මුදුනට නැගගත්තු කෙනෙක් හාත්පස සිටින ජනතාව දිහා බලනවා වගේ මහා ප්‍රාඥ වූ හාත්පස දකින නුවණැස ඇත්තා වූ බුදු රජාණන් වහන්ස! සද්ධර්මයෙන් කරන ලද ප්‍රාසාදයට නැගලා,

ශෝක රහිත සිතින්, ඉපදීම්වලින් ජරාවලින් පෙළෙන ශෝකයෙහි ගිලුණු ජනතාව දෙස බලන සේක්වා!

මාර යුද්ධය ජයගත් මහා වීරයන් වහන්ස, නැගී සිටින සේක්වා! උතුම් ගැල්කරුවාණන් වහන්ස, ණය නැති උතුමාණන් වහන්ස, ලොව පුරා සැරිසරන සේක්වා! භාග්‍යවතුන් වහන්ස, සදහම් දෙසන සේක්වා! අවබෝධය කරන අය ඇතිවෙනවා ම යි."

පින්වත් මහණෙනි, ඒ මහා බ්‍රහ්මයාගේ අදහස මට අවබෝධ වුනා. සත්වයන් කෙරෙහි කරුණාවක් ම ඇතිවුනා. බුදු ඇසින් මං ලෝකය දිහා බැලුවා. පින්වත් මහණෙනි, මං බුදු ඇසින් ලෝකය දිහා බලන කොට මං ලෝක සත්වයන්ව දැක්කා. සමහරුන්ට කෙලෙස් අඩුයි. සමහරුන්ට කෙලෙස් ගොඩක් තියෙනවා. සමහරුන්ගෙ ශ්‍රද්ධාදී ඉන්ද්‍රියයන් හරි තියුණුයි. සමහරුන්ගේ ශ්‍රද්ධාදී ඉන්ද්‍රියයන් දියුණු මදි. සමහරුන්ගේ ස්වභාවය යහපත්. සමහරුන්ගේ ස්වභාවය අයහපත්. සමහරුන්ට ඉතා පහසුවෙන් අවබෝධ කරවන්න පුළුවනි. සමහරුන්ට අවබෝධ කරවන එක ලේසි නෑ. සමහරුන් තුළ පරලොවටත්, වැරදිවලටත් භය තියෙනවා. සමහරුන් පරලොවටත්, වැරදිවලටත් භය නෑ.

පින්වත් මහණෙනි, මේ ලෝක සත්වයා ගේ ස්වභාවය මහනෙල් විලක් වගෙයි. නෙළුම් විලක් වගෙයි. සුදු නෙළුම් විලක් වගෙයි. ඒ විල්වල වතුරෙ හැදෙන සමහර මහනෙල්, නෙළුම්, සුදු නෙළුම් තියෙනවා. ඒවා තවම

මෝරගෙන එනවා. තවම වතුර ඇතුළෙ වැඩෙනවා. ඒ වගේම සමහර මහනෙල්, නෙළුම්, සුදු නෙළුම් තියෙනවා. වතුරෙ හැදිලා, වතුරෙ වැඩිලා, වතුරෙ ම ගැවි ගැවි තියෙනවා. ඒ වගේම සමහර මහනෙල්, නෙළුම්, සුදු නෙළුම් තියෙනවා. ඒවා වතුරෙ ම හැදිලා, වතුරෙ ම වැඩිලා, වතුරෙන් උඩට ඇවිල්ලා වතුරෙ නොගැවී තියෙනවා. පින්වත් මහණෙනි, ඔන්න ඔය විදිහටයි මං මේ ලෝක සත්වයා දිහා බුදු ඇසින් බැලුවෙ. බලන කොට මං ලෝක සත්වයන්ගේ ස්වභාවය අඳුනගත්තා. සමහරු ඉන්නවා කෙලෙස් අඩුයි. සමහරුන්ට කෙලෙස් ගොඩක් තියෙනවා. සමහරුන්ගේ ශ්‍රද්ධාදී ඉන්ද්‍රියන් තියුණුයි. සමහරුන්ගේ ශ්‍රද්ධාදී ඉන්ද්‍රියයන් දියුණු මදි. සමහරුන් යහපත්. සමහරු අයහපත්. සමහරුන්ට පහසුවෙන් අවබෝධ කරවන්න පුළුවනි. සමහරුන්ට අවබෝධ කරවන එක ලේසි නෑ. සමහරු පරලොවටත්, වැරදිවලටත් භයයි. සමහරුන් පරලොවටත්, වැරදිවලටත් භය නෑ. ඉතින් පින්වත් මහණෙනි, එතකොට මම සහම්පතී බ්‍රහ්මයාට ගාථාවකින් පිළිතුරු දුන්නා.

> "ලොවේ බුද්ධිමතුන් හට අමා නිවනේ ද්වාරය ඔන්න මං විවෘත කළා. සදහම් අසනු කැමැත්තෝ ශ්‍රද්ධාවට පැමිණෙත්වා! පින්වත් බ්‍රහ්මය, මං මේ ප්‍රණීත වූ ධර්මය, මට මැනවින් ප්‍රගුණ වූ ධර්මය මිනිසුන්ට මෙතෙක් ප්‍රකාශ නො කළේ එය වෙහෙසක් ය යන අදහස නිසයි."

පින්වත් මහණෙනි, එතකොට සහම්පතී බ්‍රහ්මයා "භාග්‍යවතුන් වහන්සේ ධර්මය දේශනා කරන්න ඉඩ ප්‍රස්ථා ඇති කළ සේක" කියල මට වන්දනා කරල පැදකුණු කරල එතනම නොපෙනී ගියා.

පින්වත් මහණෙනි, එතකොට මං මෙහෙම හිතුවා. 'කාටද මං ඉස්සෙල්ල ම ධර්මය දේශනා කරන්නෙ, කවුද මේ ධර්මය ඉක්මනින් ම අවබෝධ කරන්නෙ?' කියලා. පින්වත් මහණෙනි, ඒ වෙලාවෙ මට මෙහෙම හිතුනා. 'මේ ආළාර කාලාම බුද්ධිමත්. ව්‍යක්තයි. ප්‍රඥාවන්තයි. බොහෝ කලක් කෙලෙස් අඩුවෙන් හිටපු කෙනෙක්. මං ආළාර කාලාමට තමයි ඉස්සෙල්ලා ම ධර්මය දේශනා කරන්නෙ. එතකොට ඔහු මේ ධර්මය ඉක්මනින් ම අවබෝධ කරගනීවි කියලා. පින්වත් මහණෙනි, ඒ මොහොතේ දෙවිවරු මා ළඟට ඇවිත් මෙහෙම කිව්වා. "ස්වාමීනී, හත් දවසකට කලින් ආළාර කාලාම මරණයට පත්වුනා" කියලා. හත් දවසකට කලින් ආළාර කාලාම මරණයට පත්වුණු බවට මටත් අවබෝධ ඥානයක් ඇතිවුනා. පින්වත් මහණෙනි, එතකොට මට ඔහු ගැන මෙහෙම හිතුනා. 'අනේ! ආළාර කාලාම මහා අවාසනාවන්ත කෙනෙක්. ඇත්තෙන් ම ඔහු මේ ධර්මය ඇහුවා නම් වහා ම අවබෝධ කරගන්නවා.'

පින්වත් මහණෙනි, එතකොට මට මෙහෙම හිතුනා. 'දැන් කාටද මම ඉස්සෙල්ලාම ධර්මය දේශනා කරන්නෙ, කවුද මේ ධර්මය ඉක්මනින් ම අවබෝධ කරන්නේ?' පින්වත් මහණෙනි, එතකොට මට මෙහෙම හිතුනා. 'මේ රාමපුත්‍ර උද්දක බුද්ධිමත්. ව්‍යක්තයි. ප්‍රඥාවන්තයි. බොහෝ කාලයක් කෙලෙස් අඩුවෙන් හිටපු කෙනෙක්. මං රාමපුත්‍ර උද්දකට තමයි ඉස්සෙල්ලා ම ධර්මය දේශනා කරන්නෙ. එතකොට ඔහු වහාම මේ ධර්මය අවබෝධ කරගනීවි.' පින්වත් මහණෙනි, ඒ මොහොතේ දෙවිවරු මා ළඟට ඇවිත් මෙහෙම කිව්වා. "ස්වාමීනී, ඊයේ රෑ රාමපුත්‍ර උද්දක මරණයට පත්වුනා" කියල. පින්වත් මහණෙනි, ඊයේ රෑ රාමපුත්‍ර උද්දක මියගිය බව මටත් අවබෝධ වුනා. මට ඔහු ගැන මෙහෙමයි හිතුනේ. 'අනේ! රාමපුත්‍ර උද්දක මහා අවාසනාවන්තයෙක්. ඇත්තෙන් ම ඔහු මේ ධර්මය ඇහුවා නම් වහාම අවබෝධ කරගන්නවා කියල.

පින්වත් මහණෙනි, ඊට පස්සෙ මං මෙහෙම හිතුවා. 'දැන් කාටද මම ඉස්සෙල්ලාම ධර්මය දේශනා කරන්නෙ? කවුද මේ ධර්මය ඉක්මනින් ම අවබෝධ කරන්නෙ?' පින්වත් මහණෙනි, එතකොට මට මෙහෙම හිතුනා. 'මේ පස්වග භික්ෂූන් වහන්සේලා මට ගොඩාක් උපකාර කරල තියෙනවා. මං මහත් වෙහෙසක් ගෙන භාවනා කරද්දි මට උපස්ථාන කරල තියෙනවා. එහෙම නම් මං පස්වග භික්ෂූන්ට තමයි ඉස්සෙල්ලාම ධර්මය දේශනා කරන්නෙ.' එතකොට මං මෙහෙම හිතුවා. 'මේ දවස්වල ඒ පස්වග භික්ෂූන් වහන්සේලා කොහෙද ඉන්නෙ?' පින්වත් මහණෙනි, ඉතින් මම මිනිසුන්ගේ දර්ශන පථය ඉක්මවා ගිය පිරිසිදු දිවැසින් දැක්කා ඒ පස්වග භික්ෂූන් වහන්සේලා ඉන්නේ බරණැස මිගදාය නම් වූ ඉසිපතනයේ කියලා.

පින්වත් මහණෙනි, මං උරුවෙල් ජනපදයෙ කැමති තාක් කල් ඉඳල බරණැස බලා පිටත් වුණා. පින්වත් මහණෙනි, උපක කියන තාපසයෙක් මාව දැක්කා. මං ඒ වෙලාවෙ හිටියෙ ගයාවටත් බෝධියටත් අතර. ඉතින් මාව දැකල ඔහු මෙහෙම කිව්වා. "ප්‍රිය ආයුෂ්මතුන් වහන්ස, ඔබේ මූණ කට හරිම ප්‍රසන්නයි. ඔබේ හමේ පාටත් පිරිසිදුයි. බබලනවා. ඇත්තෙන්ම ඔබ කවුරුන් උදෙසා ද මහණ වුණේ? ඔබේ ශාස්තෘන් වහන්සේ කවුද? ඔබ කැමති කාගේ ධර්මයට ද?" කියල. එතකොට පින්වත් මහණෙනි, මං ඒ උපක තවුසාට ගාථාවලින් කියල දුන්නා.

"මම සියලු අකුසල් මැඩලූ කෙනෙක්. මම සියලු දෙයම අවබෝධ කරපු කෙනෙක්. මම හැමදේකට ම නොඇලුන කෙනෙක්. හැම කෙලෙස් ම අත්හැරපු කෙනෙක්. තණ්හාව ක්ෂය කරල විමුක්තියට පත්වෙච්ච කෙනෙක්. මා තුළ ඇතිවුන අවබෝධ

ඥානයෙන් මේ සියල්ල දැනගත් මං කවර ගුරුවරයෙක් නම් සොයන්නද?

මට ගුරුවරයෙක් නෑ. මට සමාන කෙනෙකුත් නෑ. මේ දෙවියන් සහිත ලෝකයේ මට සමාන කෙනෙක් සොයාගන්නත් නෑ.

මම අරහත්වයට පත් වූ කෙනෙක්. මම තමයි ලෝකයේ අනුත්තර වූ ශාස්තෲන් වහන්සේ. එකම සම්මා සම්බුදුවරයාණන් මම ම යි. මම සිහිල් වෙලා නිවිල ගිය කෙනෙක්.

මම මේ කසී රටේ බරණැස් නුවරට ධර්ම චක්‍රය පවත්වන්න යන ගමන්. අවිද්‍යාවෙන් අන්ධ වූ ලෝකය තුළ අමා බෙරය ගසන්න යන ගමන්."

"ප්‍රිය ආයුෂ්මතුනි, එතකොට ඔබ ඔය කියන්නෙ 'අනන්ත ජින' කෙනෙක් ගැනද?"

"ඔව්. ආශ්‍රවයන් ක්ෂය කරල අමා නිවනට පත්වෙච්ච මං වගේ අයට තමයි 'ජින' කියල කියන්නෙ. මං පාපී දේවල් ජයගත්තා. ඒ නිසා පින්වත් උපක මම තමයි 'ජින' කියන්නෙ."

පින්වත් මහණෙනි, මං මෙහෙම කිව්වා ම උපක තවුසා, "ප්‍රිය ආයුෂ්මතුනි, එහෙම වෙන්නත් පුළුවන් තමයි" කියල ඔළුවත් හොලවල වෙන මගකින් යන්න ගියා.

ඉතින් පින්වත් මහණෙනි, මං අනුපිළිවෙලින් දිගටම බරණැස මිගදායෙ ඉසිපතනයට ආවා. පස්වග භික්ෂූන් වහන්සේලා වෙත මං ගියා. පස්වග භික්ෂූන් වහන්සේලා මාව දුරදිම දැක්කා. දැකල ඔවුනොවුන් මෙහෙම කතා වුනා. "ප්‍රිය ආයුෂ්මතුනි, අන්න ශ්‍රමණ ගෞතමයන් වහන්සේ එනවා. දැන් ඔහු සිව්පසය බහුල කෙනෙක්. භාවනාව කණපිට හරෝගත්තු කෙනෙක්. සිව්පසයේ බහුල බවට පත්වුන කෙනෙක්. අපි එයාට වඳින්න ඕන නෑ. උපස්ථාන කරන්න ඕන නෑ. එයාගේ පාත්‍ර සිවුරු පිළිගන්න ඕන නෑ. අපි ආසනයක් විතරක් පිළියෙල කරමු. කැමති නම් ඉතින් වාඩිවෙන්නෙ නැතැයි" කියලා. නමුත් පින්වත් මහණෙනි, මං ළංවෙද්දී කතා බස් කරගත්තු කතිකාවතට අනුව ඒ පස්වග භික්ෂූන් වහන්සේලාට ඉන්න බැරිව ගියා. එක් කෙනෙක් ඉස්සරහට ඇවිත් පාත්‍ර සිවුරු පිළිගත්තා. තව කෙනෙක් ආසනයක් පිළියෙල කළා. තව කෙනෙක් පා දොවන්න පැන් පිළියෙල කළා. නමුත් ඔවුන් මට කතා කළේ 'ආයුෂ්මතුනි' කියලයි.

පින්වත් මහණෙනි, මං එතකොට ඒ පස්වග භික්ෂූන් වහන්සේලාට මෙහෙම කිව්වා. "පින්වත් මහණෙනි, තථාගතයන් වහන්සේට නමින්වත් 'ආයුෂ්මතුනි' කියලවත් අමතන්ට එපා. තථාගතයන් වහන්සේ අරහත් කෙනෙක්. සම්මා සම්බුදුවරයෙක්. පින්වත් මහණෙනි, හොඳට අහගන්න. මට අමෘතය හම්බ වුණා. මං ඔබට කියා දෙන්නම්. මං ධර්මය දේශනා කරන්නම්. මං කියා දෙන විදිහට ම පිළිපැද්දොත් පින්වත් කුලපුත්‍රයින් ගිහි ජීවිත අත්හැරලා මහණ වෙන්නෙ යම් කරුණකට ද, ඉතා සුළු කලකින් අන්න ඒ අනුත්තර වූ බඹසර ජීවිතය සම්පූර්ණ කරගෙන මේ ජීවිතයේදී තමන්ගේ ම නුවණින් උතුම් අරහත්වයට පත්වෙන්න පුළුවනි" කියලා.

පින්වත් මහණෙනි, මං එහෙම කිව්ව ම පස්වග භික්ෂූන් වහන්සේලා මට මෙහෙම කිව්වා. "ආයුෂ්මත් ගෞතමයන් වහන්ස, ඔබ අච්චර දුෂ්කර ක්‍රියාවල යෙදිලත්, අච්චර දුෂ්කර ඉරියව්වල යෙදිලත් මිනිස් ස්වභාවය ඉක්මවා ගිය ආර්ය ඤාණදර්ශන විශේෂයක් අවබෝධ කරගන්න ඔබට බැරුව ගියා නෙව. ඉතින් එහෙම එකේ දැන් ඔය සිව්පසය බහුල කරගෙන, භාවනාව කණපිට හරවගෙන, සිව්පසයෙ බහුල බවට පෙරලිල ඉඳගෙන, දැන් මිනිස් ස්වභාව ඉක්මවා ගිය ආර්ය ඤාණදර්ශන විශේෂයක් කොහොම නම් අවබෝධ කරන්නද?" එහෙම කිව්වා ම පින්වත් මහණෙනි, මං පස්වග භික්ෂූන් වහන්සේලාට මෙහෙම කිව්වා. "නෑ. පින්වත් මහණෙනි, තථාගතයන් වහන්සේ සිව්පසය බහුල කරගන්තෙ නෑ. භාවනාව කණපිට හරවගත්තෙ නෑ. සිව්පසයේ බහුල බවට පෙරලුනේ නෑ. පින්වත් මහණෙනි, තථාගතයන් වහන්සේ අරහත් කෙනෙක්. සම්මා සම්බුදුවරයෙක්. පින්වත් මහණෙනි, හොඳට අහගෙන ඉන්න. මට අමෘතය හම්බ වුනා. මං ඔබට කියා දෙන්නම්. මම ධර්මය දේශනා කරන්නම්. මං කියා දෙන විදිහට ම පිළිපැද්දොත්, පින්වත් කුලපුත්‍රයින් ගිහි ජීවිත අත්හැරලා මහණ වෙන්නෙ යම් කරුණකට ද, ඉතා සුළු කලකින් අන්න ඒ අනුත්තර වූ බඹසර ජීවිතය සම්පූර්ණ කරගෙන මේ ජීවිතයේදී තමන්ගේ ම නුවණින් උතුම් අරහත්වයට පත්වෙන්න පුළුවනි."

පින්වත් මහණෙනි, එතකොට දෙවෙනි වතාවටත් පස්වග භික්ෂූන් වහන්සේලා මට මෙහෙම කිව්වා. "ආයුෂ්මත් ගෞතමයන් වහන්ස, අච්චර දුෂ්කර ක්‍රියාවල යෙදිලත්, අච්චර දුෂ්කර ඉරියව්වල යෙදිලත්, මිනිස් ස්වභාවය ඉක්මවා ගිය ආර්ය ඤාණදර්ශන විශේෂයක් අවබෝධ කරන්න ඔබට බැරුව ගියා නෙව. ඉතින් එහෙම එකේ දැන් ඔය සිව්පසය බහුල කරගෙන, භාවනාව කණපිට හරවගෙන, සිව්පසයේ බහුල බවට පෙරළිල ඉඳගෙන දැන් මිනිස් ස්වභාවය ඉක්මවා ගිය ආර්ය ඤාණදර්ශනය විශේෂයක් කොහොම නම් අවබෝධ කරන්නද?"

පින්වත් මහණෙනි, මම දෙවෙනි වතාවටත් පස්වග භික්ෂූන් වහන්සේලාට මෙහෙම කිව්වා. "නෑ පින්වත් මහණෙනි, තථාගතයන් වහන්සේ සිව්පසය බහුල කරගත්තෙ නෑ. භාවනාව කණපිට හරවගත්තෙ නෑ. සිව්පසයේ බහුල බවට පෙරලුනේ නෑ. පින්වත් මහණෙනි, තථාගතයන් වහන්සේ අරහත් කෙනෙක්. සම්මා සම්බුදුවරයෙක්. පින්වත් මහණෙනි, හොඳට අහගෙන ඉන්න. මට අමෘතය හම්බ වුනා. මං කියා දෙන්නම්, මං ධර්මය දේශනා කරන්නම්. මං කියා දෙන විදිහට ම පිළිපැද්දොත්, පින්වත් කුලපුත්‍රයින් ගිහි ජීවිතය අත්හැරලා මහණ වෙන්නෙ යම් කරුණකට ද, ඉතා සුළු කලකින් අන්න ඒ අනුත්තර බඹසර ජීවිතේ සම්පූර්ණ කරගෙන, මේ ජීවිතයේදී තමන්ගේ ම නුවණින් උතුම් අරහත්වයට පත්වෙන්න පුළුවනි."

තුන්වෙනි වතාවටත් පින්වත් මහණෙනි, පස්වග භික්ෂූන් වහන්සේලා මට මෙහෙම කිව්වා. "ආයුෂ්මත් ගෞතමයන් වහන්ස, අච්චර දුෂ්කර ක්‍රියාවල යෙදිලත් අච්චර දුෂ්කර ඉරියව්වල යෙදිලත් මිනිස් ස්වභාවය ඉක්මවා ගිය ආර්ය ඥාණදර්ශන විශේෂයක් අවබෝධ කරගන්න ඔබට බැරුව ගියා නෙව. ඉතින් එහෙම එකේ දැන් ඔය සිව්පසය බහුල කරගෙන, භාවනාව කණපිට හරවගෙන, සිව්පසයේ බහුල බවට පෙරලිලා ඉඳගෙන, දැන් මිනිස් ස්වභාවය ඉක්මවා ගිය ආර්ය ඥාණ දර්ශන විශේෂයක් කොහොම නම් අවබෝධ කරගන්නද?"

පින්වත් මහණෙනි, එතකොට මං පස්වග භික්ෂූන් වහන්සේලාට මෙහෙම කිව්වා. "පින්වත් මහණෙනි, මං මීට කලින් කවදාවත් ඔබට මේ විදිහේ කතාවක් කළ බවක් දන්නවාද?" "ස්වාමීනී, එහෙම දෙයක් වදාළේ නෑ." "පින්වත් මහණෙනි, තථාගතයන් වහන්සේ සිව්පසය බහුල කරගත්තෙ නෑ. භාවනාව කණපිට හරවගත්තෙ නෑ. සිව්පසය බහුල බවට පෙරලුනේ නෑ. පින්වත් මහණෙනි, තථාගතයන් වහන්සේ අරහත් කෙනෙක්. සම්මා සම්බුදුවරයෙක්. පින්වත් මහණෙනි, හොඳට අහගෙන ඉන්න. මට අමෘතය හම්බ වුනා. මං කියා දෙන්නම්. මං ධර්මය දේශනා කරන්නම්. මං කියා දෙන විදිහට ම පිළිපැද්දොත්, පින්වත් කුලපුත්‍රයින් ගිහි ජීවිතේ අත්හැරලා මහණ වෙන්නෙ යම් කරුණකට ද ඉතා සුළු කලකින් අන්න ඒ අනුත්තර වූ බඹසර ජීවිතේ සම්පූර්ණ කරගෙන මේ ජීවිතේදී තමන්ගේ ම නුවණින් උතුම් අරහත්වයට පත්වෙන්ට පුළුවනි.

පින්වත් මහණෙනි, අන්තිමේ දී පස්වග භික්ෂූන් වහන්සේලාට මේ කාරණය අවබෝධ කරවන්න මට පුළුවන් වුනා. ඊට පස්සෙ මං භික්ෂූන් දෙනමකට උපදෙස් දෙනවා. භික්ෂූන් තුන් නමක් පිණ්ඩපාතෙ වඩිනවා. ඒ තුන් නම පිණ්ඩපාතෙ වැඩල ගේන දානෙන් තමයි අපි හය දෙනෙක් ම යැපුනේ. ඊට පස්සෙ මං ඒ තුන් නමට උපදෙස් දෙනවා. අනිත් දෙනම පිණ්ඩපාතෙ

වඩිනවා. ඒ දෙනම පිණ්ඩපාතෙ වැඩල ගේන දානෙන් තමයි අපි හය දෙනෙක් ම යැපුනේ.

පින්වත් මහණෙනි, මං පස්වග භික්ෂූන් වහන්සේලාට ඔය විදිහට උපදෙස් දෙන කොට, ඔය විදිහට අනුශාසනා කරන කොට, තමාත් ඉපදෙන ස්වභාවයෙන් ඉඳගෙන ඉපදෙන ස්වභාවයට අයිති දේවල් ගැන ආදීනව අවබෝධ කරල ඉපදීම රහිත වූ, අනුත්තර වූ, දුකින් නිදහස් වීම නම් වූ ඒ අමා නිවන සොයන්න පටන් ගත්තා. ඒ පිරිසත් ඉපදීම් රහිත වූ, අනුත්තර වූ, දුකින් නිදහස් වූ ඒ අමා නිවන අවබෝධ කළා. තමාත් ජරාවට පත්වන ස්වභාවයෙන් ඉඳගෙන ජරාවට පත්වෙන දේවල් ගැන ආදීනව අවබෝධ කරගෙන ජරා රහිත වූ, අනුත්තර වූ, දුකින් නිදහස් වීම නම් වූ ඒ අමා නිවන සොයන්න පටන් ගත්තා. අන්තිමේ දී ඒ පිරිස ත් ජරා රහිත වූ, අනුත්තර වූ, දුකින් නිදහස් වීම වූ ඒ අමා නිවන අවබෝධ කළා. තමාත් ලෙඩ වන ස්වභාවයෙන් ඉඳගෙන ලෙඩ වෙන ස්වභාවයට අයිති දේ ගැන ආදීනව අවබෝධ කරල ව්‍යාධි රහිත වූ, අනුත්තර වූ, දුකින් නිදහස් වීම වූ අමා නිවන සොයන්න පටන් ගත්තා. අන්තිමේ දි ඒ පිරිසත් ව්‍යාධි රහිත, අනුත්තර වූ, දුකින් නිදහස් වීම වූ ඒ අමා නිවන අවබෝධ කළා. තමාත් මැරී යන ස්වභාවයෙන් ඉඳගෙන මැරී යන ස්වභාවයට අයිති දේ ගැන ආදීනව අවබෝධ කරල මරණ රහිත වූ, අනුත්තර වූ, දුකින් නිදහස් වීම වූ අමා නිවන සොයන්න පටන් ගත්තා. අන්තිමේදී ඒ පිරිසත් මරණ රහිත වූ, අනුත්තර වූ, දුකින් නිදහස් වීම වූ ඒ අමා නිවන අවබෝධ කළා. තමාත් ශෝක වන ස්වභාවයෙන් ඉඳගෙන ශෝක වෙන දේවල් ගැන ආදීනව අවබෝධ කරල, ශෝක රහිත වූ, අනුත්තර වූ, දුකින් නිදහස් වීම වූ ඒ අමා නිවන සොයන්න පටන් ගත්තා. අන්තිමේදී ඒ පිරිසත් ශෝක රහිත වූ, අනුත්තර වූ දුකින් නිදහස් වීම නම් වූ ඒ අමා නිවන අවබෝධ කළා. තමාත් කෙලෙසෙන ස්වභාවයෙන් ඉඳගෙන කෙලෙසී යන දේවල් ගැන ආදීනව අවබෝධ කරගෙන කෙලෙස් රහිත වූ, අනුත්තර වූ, දුකින් නිදහස් වීම වූ ඒ අමා නිවන සොයන්න පටන් ගත්තා. අන්තිමේදී ඒ පිරිසත් කෙලෙස් රහිත වූ, අනුත්තර වූ, දුකින් නිදහස් වූ ඒ අමා නිවන අවබෝධ කළා. ඒ භික්ෂූන්ටත් 'අපගේ චිත්ත විමුක්තිය වෙනස් වෙන්නෙ නෑ. මේ තමයි අන්තිම ඉපදීම.ආයෙත් නම් පුනර්භවයක් නැතැයි' කියල ඤාණදර්ශනය ඇතිවුනා.

පින්වත් මහණෙනි, කාමගුණ පහක් තියෙනවා. මොනවද ඒ කාමගුණ පහ? ඇසින් දකින ඉතා යහපත්, සිත්කළු, ප්‍රියමනාප, කැමැත්ත ඇතිවෙන, කෙලෙස් හටගන්න රූප තියෙනවා. කනෙන් අහන ශබ්ද තියෙනවා ....(පෙ).... නාසයට දැනෙන ගඳ සුවඳ තියෙනවා ....(පෙ).... දිවට දැනෙන රස තියෙනවා ....(පෙ).... කයට දැනෙන ඉතා යහපත්, සිත්කළු, ප්‍රියමනාප, කැමැත්ත ඇති

වෙන, කෙලෙස් හටගන්න පහස තියෙනවා. පින්වත් මහණෙනි, මේවට තමයි පංචකාම ගුණ කියන්නෙ.

පින්වත් මහණෙනි, ඉතින් යම්කිසි ශ්‍රමණයන් වේවා, බ්‍රාහ්මණයන් වේවා මේ පංච කාමයන්ට ගිජු වුනොත්, මේවා ගැන සිහිවිකල් වුනොත්, මේවායේ ම බැසගත්තොත්, මේවා ගැන ආදීනව දකින්නෙ නැතුව මෙයින් නිදහස් වීමේ ප්‍රඥාවක් නැතුව, ඔය අරමුණු රස විඳින්න ගියොත් ඒ උදවිය ගැන දැනගන්න තියෙන්නෙ මෙන්න මේ විදිහටයි. 'ඔවුන්ට පාඩු විඳින්න සිද්ධ වුනා. විපතට පත්වුනා. ඔවුන්ට ඕන දෙයක් කරන්න පාපී මාරයාට බලය ලැබුනා' කියලයි.

පින්වත් මහණෙනි, ඒක මේ වගේ දෙයක්. වනාන්තරේ ඇවිදගෙන යන මුවෙක් ඉන්නවා. ඌ තොණ්ඩුවකට අහුවෙලා එතන ම නිදාගෙන ඉන්නවා. ඌ ගැන මෙහෙමයි දැනගන්න ඕන. ඒ මුවාට ඒක පාඩුවක් ම යි. විපතක් ම යි. ඌට ඕන දෙයක් කරන්න වැද්දාට පුළුවනි. වැද්දා එනකොට කැමති තැනකට පැනල දුවන්න ඌට පුළුවන්කමක් නෑ. අන්න ඒ වගේ ම යි පින්වත් මහණෙනි, යම්කිසි ශ්‍රමණයන් වේවා, බ්‍රාහ්මණයන් වේවා මේ පංචකාම ගුණයන්ට ගිජු වුනොත්, සිහිවිකල් වුනොත්, එහි බැසගත්තොත්, ආදීනව නොදැක්කොත්, එයින් නිදහස් වෙන ප්‍රඥාව නැතුව ඒ අරමුණු රස විඳින්න ගියොත් ඔවුන් ගැන දැන ගත යුත්තේත් මේ විදිහටයි. 'ඔවුන්ට පාඩු විඳින්න සිද්ධ වුනා. විපතට පත්වුනා. ඔවුන්ට ඕන දෙයක් කරන්න මාරයාට බලය ලැබුනා' කියලයි.

ඒ වගේ ම පින්වත් මහණෙනි, යම්කිසි ශ්‍රමණයන් වේවා, බ්‍රාහ්මණයන් වේවා ඔය පංචකාම ගුණයන්ට ගිජුවුනේ නැත්නම්, සිහිවිකල් කරගත්තෙ නැත්නම්, එහි බැසගත්තෙ නැත්නම්, ආදීනව දකිමින් එයින් නිදහස් වෙන ප්‍රඥාවෙන් යුතුව, ඒ අරමුණු රස විඳිනවා නම් ඔවුන් ගැන දැනගන්න ඕන මේ විදිහටයි. 'ඔවුන්ට පාඩු සිදුවෙන්නෙ නෑ. විපතට පත්වෙන්නෙ නෑ. ඔවුන්ට ඕන දෙයක් කරන්න මාරයාට බලය ලැබෙන්නෙ නෑ' කියලයි.

පින්වත් මහණෙනි, ඒක මෙන්න මේ වගේ දෙයක්. වනයේ ඇවිදගෙන යන මුවෙක් ඉන්නවා. ඌ තොණ්ඩුවකට බැඳිලා නෑ. නමුත් එතන නිදාගෙන ඉන්නවා. ඒ මුවා ගැන දැනගන්න ඕන මෙහෙමයි. ඌට පාඩුවක් සිද්ධ වෙන්නෙ නෑ. ඌ විපතට පත් වෙන්නෙ නෑ. ඌට ඕන දෙයක් කරන්න වැද්දාට බලය ලැබෙන්නෙ නෑ. වැද්දා එන කොට ම කැමති තැනකට පැනල දුවන්න ඌට පුළුවනි. පින්වත් මහණෙනි, අන්න ඒ විදිහමයි ඇතැම් ශ්‍රමණ බ්‍රාහ්මණයින් මේ පංචකාම ගුණයන්ට ගිජු වෙන්නෙ නෑ. සිහිවිකල් කරගන්නෙ නෑ. එහි බැසගන්නෙ නෑ, ආදීනව දකිමින් එයින් නිදහස් වීමේ ප්‍රඥාවෙන් යුක්තව ම යි ඒ අරමුණු රස විඳින්නෙ. ඔවුන් ගැන මෙහෙමයි දැනගන්න ඕන. 'ඔවුන් පාඩු

සිද්ධ කරගන්නෙ නෑ. විපතට පත්වෙන්නෙ නෑ. ඔවුන්ට ඕන දෙයක් කරන්න පවිටු මාරයාට බලය ලැබෙන්නෙ නෑ' කියලයි.

පින්වත් මහණෙනි, වනයේ ඇවිදගෙන යන මුවෙක් ඉන්නවා. ඒ මුවා කිසි භයක් නැතුව වනයේ ඇවිදිනවා. කිසි භයක් නැතුව වනයේ ඉන්නවා. කිසි භයක් නැතුව වනයේ ලගිනවා. කිසි භයක් නැතුව වනයේ නිදා ගන්නවා. ඒකට හේතුව මොකක්ද? වැද්දාට මුණගැහුනෙ නැති නිසා. පින්වත් මහණෙනි, අන්න ඒ විදිහටයි භික්ෂුව කාමයන්ගෙන් වෙන් වෙලා, අකුසල්වලින් වෙන් වෙලා විතර්ක විචාර සහිත, මානසික විවේකයෙන් හටගත් ප්‍රීතිය සැපය තියෙන පළවෙනි ධ්‍යානය ලබාගෙන ඉන්නවා. පින්වත් මහණෙනි, මේ භික්ෂුවටයි කියන්නෙ 'මාරයා අන්ධ කරපු කෙනා කියලා. මාරයාගේ බැල්ම පිහිටන තැන නැති කළ කෙනා කියලා. පවිටු මාරයා නොදකින තැනකට ගිය කෙනා' කියල.

පින්වත් මහණෙනි, මේ ගැන තවදුරටත් කියනවා නම්, භික්ෂුව විතර්ක විචාර සංසිඳවාගෙන, තම සිත තුළ බලවත් පැහැදීමක් ඇති කරගෙන සිතේ එකඟ බවින් යුතුව විතර්ක විචාර රහිත සමාධියෙන් හටගත් ප්‍රීතිසුඛය තියෙන දෙවෙනි ධ්‍යානය ලබාගෙන ඉන්නවා. පින්වත් මහණෙනි, මේ භික්ෂුවටයි කියන්නෙ 'මාරයා අන්ධ කරපු කෙනා කියලා. මාරයාගේ බැල්ම පිහිටන තැන නැතිකළ කෙනා කියලා. පවිටු මාරයා නොදකින තැනකට ගිය කෙනා' කියල.

පින්වත් මහණෙනි, තවදුරටත් මේ ගැන කියනවා නම්, භික්ෂුව ප්‍රීතියටත් ඇලෙන්නෙ නැතුව උපේක්ෂාවෙන් යුක්තව සිහියෙන් යුක්තව නුවණින් යුක්තව ඉන්නවා. කයෙන් සැපයත් විඳිනවා. ආර්යයන් වහන්සේලා මේ ගැන කියන්නෙ උපේක්ෂාවෙන් යුතුව සිහියෙන් යුතුව සැපසේ වාසය කරනවා කියලයි. අන්න ඒ තුන්වන ධ්‍යානයත් ලබාගෙන ඉන්නවා. පින්වත් මහණෙනි, මේ භික්ෂුවටයි කියන්නෙ 'මාරයා අන්ධ කරපු කෙනා කියලා. මාරයාගේ බැල්ම පිහිටන තැන නැති කළ කෙනා කියලා. පවිටු මාරයා නොදකින තැනකට ගිය කෙනා' කියල.

පින්වත් මහණෙනි, මේ ගැන තවදුරටත් කියනවා නම්, භික්ෂුව සැපයත් නැතුව දුකත් නැතුව කලින් ම මානසික සැප දුක අත්හැරලා, දුක් සැප රහිත පාරිශුද්ධ සිහියත් උපේක්ෂාවත් තියෙන හතරවෙනි ධ්‍යානය ලබාගෙන ඉන්නවා. පින්වත් මහණෙනි, මේ භික්ෂුවටයි කියන්නෙ 'මාරයා අන්ධ කරපු කෙනා කියලා. මාරයාගේ බැල්ම පිහිටන තැන නැති කළ කෙනා කියලා. පවිටු මාරයා නොදකින තැනකට ගිය කෙනා' කියලා.

පින්වත් මහණෙනි, මේ ගැන තවදුරටත් කියනවා නම්, භික්ෂුව රූපය ගැන තියෙන හැම සඤ්ඤාවක් ම ඉක්මවා ගිහින් මානසිකව ඇතිවෙන හැම

සඤ්ඤාවක් ම ඉක්මවා ගිහින්, විවිධාකාර සඤ්ඤාවන් සිහි කරන්නෙ නැතුව, 'අනන්ත වූ ආකාසය' කියල ආකාසානඤ්චායතන සමාධිය ලබාගෙන වාසය කරනවා. පින්වත් මහණෙනි, මේ භික්ෂුවටයි කියන්නෙ 'මාරයා අන්ධ කරපු කෙනා කියලා. මාරයාගේ බැල්ම පිහිටන තැන නැති කළ කෙනා කියලා. පවිටු මාරයා නොදකින තැනකට ගිය කෙනා' කියලා.

පින්වත් මහණෙනි, මේ ගැන තවදුරටත් කියනවා නම්, භික්ෂුව ආකාසානඤ්චායතනය මුළුමනින් ම ඉක්මවා ගිහින් 'අනන්ත වූ විඤ්ඤාණය' කියමින් විඤ්ඤාණඤ්චායතන සමාධිය ලබාගෙන ඉන්නවා ....(පෙ).... විඤ්ඤාණඤ්චායතනයත් හැම විදිහෙන් ම ඉක්මවා ගිහිල්ල 'කිසිවක් නෑ' කියල භාවනාවෙන් ආකිඤ්චඤ්ඤායතනය ලබාගෙන ඉන්නවා ....(පෙ).... ආකිඤ්චඤ්ඤායතන සමාධිය මුළුමනින් ම ඉක්මවාගෙන ගිහිල්ල නේවසඤ්ඤානාසඤ්ඤායතන සමාධිය ලබාගෙන ඉන්නවා. ....(පෙ).... මුළුමනින් ම නේවසඤ්ඤානාසඤ්ඤායතනය ඉක්මවා ගිහිල්ල සඤ්ඤා, විඳීම් නැති නිරෝධ සමාපත්තිය ලබාගෙන ඉන්නවා. ප්‍රඥාවෙන් අවබෝධ කරගෙන ආශ්‍රවත් ප්‍රහාණය කරල දානවා. පින්වත් මහණෙනි, මේ භික්ෂුවටයි කියන්නෙ 'මාරයා අන්ධ කරපු කෙනා කියලා. මාරයාගේ බැල්ම පිහිටන තැන නැති කළ කෙනා කියලා. පවිටු මාරයා නොදකින තැනකට ගිය කෙනා' කියලා. මේ ලෝකයේ 'විසත්තිකා' කියන තෘෂ්ණාවෙන් එතෙර වුනා කියලා. අන්න ඒ භික්ෂුව භයක් නැතුව ඇවිදිනවා. භයක් නැතුව ඉන්නවා. භයක් නැතුව ඉඳගන්නවා. භයක් නැතුව නිදාගන්නවා. ඒකට හේතුව මොකක්ද? පින්වත් මහණෙනි, ඒ භික්ෂුව මාරයාට මුණ ගැහුනෙ නෑ."

භාග්‍යවතුන් වහන්සේ මේ දේශනාව වදාළා. මේ දේශනාවට සවන් දුන් භික්ෂූන් වහන්සේලා ගොඩාක් සතුටු වුනා. භාග්‍යවතුන් වහන්සේ වදාළ මේ දේශනය සාදු නාද නංවමින් ඉතා සතුටින් පිළිගත්තා.

සාදු! සාදු!! සාදු!!!

**ශ්‍රේෂ්ඨත්වය සොයා ගිය ගමන ගැන වදාළ දෙසුම නිමා විය.**

# 1.3.7.
# චූළ හත්ථිපදෝපම සූත්‍රය
## ඇතෙකුගේ පියවර සටහන උපමා කොට වදාළ කුඩා දෙසුම

මා හට අසන්නට ලැබුනේ මේ විදිහටයි. ඒ දවස්වල භාග්‍යවතුන් වහන්සේ වැඩසිටියේ සැවැත් නුවර ජේතවනය නම් වූ අනේපිඬු සිටුතුමාගේ ආරාමයේ. එදා ජානුස්සෝණි බ්‍රාහ්මණයා සුදුම සුදු වෙළඹුන් යෙදූ රථයකින් දවල් කාලෙ සැවැත් නුවර බලා ගමන් කළා.

ජානුස්සෝණි බ්‍රාහ්මණයා දුර සිටම එන පිලෝතික තවුසාව දැක්කා. දැකලා පිලෝතික තවුසාට මෙහෙම කිව්වා.

"පින්වත් වච්ඡායන, මේ මහ දවල් කොහෙ ඉඳල එන ගමන්ද?"

"පින්වත, මම මේ ශ්‍රමණ ගෞතමයන් වහන්සේ ළඟ ඉඳල එන ගමන්."

"පින්වත් වච්ඡායන, මේ ගැන මොකද හිතන්නෙ? ශ්‍රමණ ගෞතමයන් වහන්සේගේ ප්‍රඥා මහිමය ගැන, බුද්ධිමත් බව ගැන මොකක්ද හිතන්නෙ?"

"පින්වත, ශ්‍රමණ ගෞතමයන් වහන්සේගේ ප්‍රඥා මහිමය ගැන දැන ගන්න මම කවුද? යමෙක් දැනගන්නවා නම්, එයත් ඉතින් ඒ විදිහේ ම කෙනෙක් වෙන්න ඕන."

"පින්වත් වච්ඡායන ශ්‍රමණ ගෞතමයන් වහන්සේට මහා උදාර විදිහට ප්‍රශංසා කරනවා නෙව."

"පින්වත, ශ්‍රමණ ගෞතමයන් වහන්සේට ප්‍රශංසා කරන්න මම කවුද? ශ්‍රමණ ගෞතමයන් වහන්සේ ප්‍රශංසා ලබන අය අතරෙත් ප්‍රශංසනීයයි. දෙවි මිනිසුන් අතර ශ්‍රේෂ්ඨයි."

"පින්වත් වච්ඡායන, ශ්‍රමණ ගෞතමයන් වහන්සේ ගැන ඔච්චර පැහැදුනේ මොන වගේ දෙයක් දැකලද?"

"පින්වත, ඒක මේ වගේ දෙයක්. ඇතුන් ඉන්න වනාන්තරයේ ඇත්පිය හඳුනාගැනීමෙහි දක්ෂ මිනිසෙක් ඉන්නවා. ඔහු දවසක් ඒ ඇත් වනයට ඇතුල් වෙනවා. ඔහුට ඒ වනයේදී දකින්න ලැබුනා ලොකු ඇත් පියවර සටහනක්. දිගින්, පළලින් හරි ලොකුයි. ඉතින් ඔහු නිශ්චයකට පැමිණුනා, 'භවත්නි, මේ පිය සටහන අයත් ඇතා ඒකාන්තයෙන්ම මහා හස්තියෙක්' කියලා. පින්වත, අන්න ඒ විදිහමයි මමත් ශ්‍රමණ ගෞතමයන් වහන්සේගේ පියවර සටහන් හතරක් දැක්කා. මමත් ඊට පස්සෙ නිශ්චයකට පැමිණුනා, 'භාග්‍යවතුන් වහන්සේ සම්මා සම්බුද්ධයි. භාග්‍යවතුන් වහන්සේගේ ධර්මය ස්වාක්ඛාතයි. භාග්‍යවතුන් වහන්සේගේ ශ්‍රාවක සඟ පිරිස සුපටිපන්නයි' කියල. මොනවද ඒ පියවර සටහන් හතර?

(1)

පින්වත, මං දැකලා තියෙනවා සමහර ක්ෂත්‍රිය පණ්ඩිතයන්. ඔවුන් හරි දක්ෂයි. වාද විවාද කරනවා අස්ලොමින් විදින දුනුවායන් වගේ. ඔවුන්ගේ ප්‍රඥාවෙන් දෘෂ්ටි බිඳිනවා වගෙයි හැසිරෙන්නෙ. ඔවුන්ට ආරංචි වෙනවා 'අන්න! ශ්‍රමණ ගෞතමයන් වහන්සේ අසවල් ගමට, අසවල් නියම් ගමට වැඩම කරනවලු' කියලා. එතකොට ඔවුන් ප්‍රශ්න ගොතනවා. 'අපි මේ ප්‍රශ්න ශ්‍රමණ ගෞතමයන්ගෙන් අහමු. එතකොට අපට මේ විදිහට උත්තර දේවි. එතකොට අපි වාදෙ පටන් ගම්මු. එතකොට මේ විදිහට විසඳන්න බලාවි. එතකොට අපි මේ විදිහට වාදෙ පටන් ගමු' කියලා.

ඉතින් ඔවුන්ට ආරංචි වෙනවා 'අන්න ශ්‍රමණ ගෞතමයන් වහන්සේ අසවල් ගමට, අසවල් නියම් ගමට වැඩම කරල ඉන්නවා' කියලා. ඔවුන් ශ්‍රමණ ගෞතමයන් වහන්සේව හොයාගෙන යනවා. ශ්‍රමණ ගෞතමයන් වහන්සේ ඔවුන්ට ධර්මය කියා දෙනවා. ධර්මයේ සමාදන් කරවනවා. ධර්මයේ උනන්දු කරවනවා. ධර්මයෙන් සතුටු කරවනවා. ශ්‍රමණ ගෞතමයන් වහන්සේ විසින් ධර්මය කියා දීපු, ධර්මයේ සමාදන් කරවපු, ධර්මයේ උනන්දු කරවපු, ධර්මයෙන් සතුටු කරවපු ඒ උදවිය ශ්‍රමණ ගෞතමයන් වහන්සේගෙන් ප්‍රශ්න අහන්නෙ නෑ. කොහොම නම් වාද හටගන්නද? අන්තිමේදී ඒ අය ශ්‍රමණ ගෞතමයන් වහන්සේගේ ශ්‍රාවකයො බවට පත්වෙනවා. ශ්‍රමණ ගෞතමයන් වහන්සේගේ ඔය පළවෙනි පියවර සටහන මම දැක්කා. අන්න එතකොටයි මං නිශ්චයකට ආවේ 'භාග්‍යවතුන් වහන්සේ සම්මා සම්බුද්ධයි. භාග්‍යවතුන් වහන්සේගේ ධර්මය

ස්වාක්ඛාතයි. භාග්‍යවතුන් වහන්සේගේ ශ්‍රාවක සංඝරත්නය සුපටිපන්නයි' කියලා.

(2)

පින්වත, ඊළඟ පියවර සටහන ගැන කියනවා නම්, මං දැකලා තියෙනවා සමහර බ්‍රාහ්මණ පණ්ඩිතයන්. ඔවුන් හරි දක්ෂයි. වාද විවාද කරනවා අස්ලොමින් විදින දුනුවායන් වගේ. ඔවුන්ගේ ප්‍රඥාවෙන් දෘෂ්ටි බිඳිනවා වගෙයි හැසිරෙන්නෙ. ඔවුන්ට ආරංචි වෙනවා 'අන්න! ශ්‍රමණ ගෞතමයන් වහන්සේ අසවල් ගමට, අසවල් නියම් ගමට වැඩම කරනවලු' කියල. එතකොට ඔවුන් ප්‍රශ්න ගොතනවා. 'අපි මේ ප්‍රශ්නය ශ්‍රමණ ගෞතමයන්ගෙන් අහමු. එතකොට අපට මේ විදිහට උත්තර දේවි. එතකොට අපි වාදෙ පටන් ගම්මු. එතකොට මේ විදිහට විසඳන්න බලාවි. එතකොට අපි මේ විදිහට වාදෙ පටන් ගමු' කියලා.

ඉතින් ඔවුන්ට ආරංචි වෙනවා 'අන්න ශ්‍රමණ ගෞතමයන් වහන්සේ අසවල් ගමට, අසවල් නියම් ගමට වැඩම කරල ඉන්නවා' කියලා. ඔවුන් ශ්‍රමණ ගෞතමයන් වහන්සේව හොයා ගෙන යනවා. ශ්‍රමණ ගෞතමයන් වහන්සේ ඔවුන්ට ධර්මය කියා දෙනවා. ධර්මයේ සමාදන් කරවනවා. ධර්මයේ උනන්දු කරවනවා. ධර්මයෙන් සතුටු කරවනවා. ශ්‍රමණ ගෞතමයන් වහන්සේ විසින් ඔය විදිහට ධර්මය කියා දීපු, ධර්මයේ සමාදන් කරවපු, ධර්මයේ උනන්දු කරවපු, ධර්මයෙන් සතුටු කරවපු ඒ උදවිය ශ්‍රමණ ගෞතමයන් වහන්සේ ගෙන් ප්‍රශ්න අහන්නෙ නෑ. කොහොම නම් වාද හටගන්නද? අන්තිමේදී ඒ අය ශ්‍රමණ ගෞතමයන් වහන්සේගේ ශ්‍රාවකයො බවට පත්වෙනවා. ශ්‍රමණ ගෞතමයන් වහන්සේගේ ඔය දෙවෙනි පියවර සටහන මම දැක්කා. අන්න එතකොටයි මං නිශ්චයකට ආවේ 'භාග්‍යවතුන් වහන්සේ සම්මා සම්බුද්ධයි. භාග්‍යවතුන් වහන්සේගේ ධර්මය ස්වාක්ඛාතයි. භාග්‍යවතුන් වහන්සේගේ ශ්‍රාවක සංඝරත්නය සුපටිපන්නයි' කියලා.

(3)

පින්වත, ඊළඟ පියවර සටහන ගැන කියනවා නම්, මං දැකලා තියෙනවා සමහර ගිහි පණ්ඩිතයන්. ඔවුන් හරි දක්ෂයි. වාද විවාද කරනවා අස්ලොමින් විදින දුනුවායන් වගේ. ඔවුන්ගේ ප්‍රඥාවෙන් දෘෂ්ටි බිඳිනවා වගෙයි හැසිරෙන්නෙ. ඔවුන්ට ආරංචි වෙනවා 'අන්න! ශ්‍රමණ ගෞතමයන් වහන්සේ අසවල් ගමට, අසවල් නියම් ගමට වැඩම කරනවලු' කියල. එතකොට ඔවුන් ප්‍රශ්න ගොතනවා. 'අපි මේ ප්‍රශ්න ශ්‍රමණ ගෞතමයන්ගෙන් අහමු. එතකොට අපට මේ විදිහට උත්තර දේවි. එතකොට අපි වාදෙ පටන් ගම්මු. එතකොට මේ විදිහට විසඳන්න බලාවි. එතකොට අපි මේ විදිහට වාදෙ පටන් ගමු' කියලා.

ඉතින් ඔවුන්ට ආරංචි වෙනවා 'අන්න ශ්‍රමණ ගෞතමයන් වහන්සේ අසවල් ගමට, අසවල් නියම් ගමට වැඩම කරල ඉන්නවා' කියලා. ඔවුන් ශ්‍රමණ ගෞතමයන් වහන්සේව හොයාගෙන යනවා. ශ්‍රමණ ගෞතමයන් වහන්සේ ඔවුන්ට ධර්මය කියා දෙනවා. ධර්මයේ සමාදන් කරවනවා. ධර්මයේ උනන්දු කරවනවා. ධර්මයෙන් සතුටු කරවනවා. ශ්‍රමණ ගෞතමයන් වහන්සේ විසින් ධර්මය කියා දීපු, ධර්මයේ සමාදන් කරවපු, ධර්මයේ උනන්දු කරවපු, ධර්මයෙන් සතුටු කරවපු ඒ උදවිය ශ්‍රමණ ගෞතමයන් වහන්සේගෙන් ප්‍රශ්න අහන්නෙ නෑ. කොහොම නම් වාද හටගන්නද? අන්තිමේදී ඒ අය ශ්‍රමණ ගෞතමයන් වහන්සේගේ ශ්‍රාවකයො බවට පත්වෙනවා. ශ්‍රමණ ගෞතමයන් වහන්සේගේ ඔය තුන්වෙනි පියවර සටහන මම දැක්කා. අන්න එතකොටයි මං නිශ්චයකට ආවේ 'භාග්‍යවතුන් වහන්සේ සම්මා සම්බුද්ධයි. භාග්‍යවතුන් වහන්සේගේ ධර්මය ස්වාක්ඛාතයි. භාග්‍යවතුන් වහන්සේගේ ශ්‍රාවක සඟ පිරිස සුපටිපන්නයි' කියලා.

(4)

පින්වත, තවත් පියවර සටහනක් ගැන කියනවා නම්, මං දැකලා තියෙනවා සමහර ශ්‍රමණ පණ්ඩිතයන්. ඔවුන් හරිම දක්ෂයි. වාද විවාද කරනවා අස්ලොමින් විදින දුනුවායන් වගේ. ඔවුන්ගේ ප්‍රඥාවෙන් දෘෂ්ටි බිඳිනවා වගෙයි හැසිරෙන්නෙ. ඔවුන්ට ආරංචි වෙනවා 'අන්න! ශ්‍රමණ ගෞතමයන් වහන්සේ අසවල් ගමට, අසවල් නියම් ගමට වැඩම කරනවලු' කියලා. එතකොට ඔවුන් ප්‍රශ්න ගොතනවා. 'අපි මේ ප්‍රශ්න ශ්‍රමණ ගෞතමයන්ගෙන් අහමු. එතකොට අපට මේ විදිහට උත්තර දේවි. එතකොට අපි වාදෙ පටන් ගම්මු. එතකොට මේ විදිහට විසඳන්න බලාවි. එතකොට අපි මේ විදිහට වාදෙ පටන් ගමු' කියලා.

ඉතින් ඔවුන්ට ආරංචි වෙනවා 'අන්න ශ්‍රමණ ගෞතමයන් වහන්සේ අසවල් ගමට, අසවල් නියම් ගමට වැඩම කරල ඉන්නවා' කියලා. ඔවුන් ශ්‍රමණ ගෞතමයන් වහන්සේව හොයාගෙන යනවා. ශ්‍රමණ ගෞතමයන් වහන්සේ ඔවුන්ට ධර්මය කියා දෙනවා. ධර්මයේ සමාදන් කරවනවා. ධර්මයේ උනන්දු කරවනවා. ධර්මයෙන් සතුටු කරවනවා. ශ්‍රමණ ගෞතමයන් වහන්සේ විසින් ධර්මය කියා දීපු, ධර්මයේ සමාදන් කරවපු, ධර්මයේ උනන්දු කරවපු, ධර්මයෙන් සතුටු කරවපු ඒ උදවිය ශ්‍රමණ ගෞතමයන් වහන්සේගෙන් ප්‍රශ්න අහන්නෙ නෑ. කොහොම නම් වාද හටගන්නද? ශ්‍රමණ ගෞතමයන් වහන්සේගෙන් බුදු සසුනේ පැවිදි බව ඉල්ලනවා. ඉතින් ශ්‍රමණ ගෞතමයන් වහන්සේ ඒ පින්වතුන්ව පැවිදි කරවනවා. උපසම්පදා කරවනවා. උතුම් පැවිදි බව ලැබූ ඒ පින්වතුන් වහන්සේලා හුදෙකලා වෙනවා. අප්‍රමාදී වෙනවා. සිහියෙන් යුක්ත

වෙනවා. කෙලෙස් තවන වීරියෙන් යුක්ත වෙනවා. නිවන පිණිස සිත යොමු කරනවා. මේ ලෝකයේ පින්වත් කුලපුත්‍රයන් බුදු සසුනක මහණ වෙන්නෙ යම් කරුණක් පිණිස ද, අන්න ඒ අනුත්තර බඹසර සම්පූර්ණ කරගෙන, මේ ජීවිතයේ දී ම තමන්ගේ ම අවබෝධයෙන් උතුම් අරහත්වයට පැමිණිලා වාසය කරනවා. ඊට පස්සේ උන්වහන්සේලා මෙහෙමයි කියන්නෙ. 'අහෝ පින්වත්නි! අපි පුදුම බේරිල්ලක්නෙ බේරුනේ. අහෝ පින්වත්නි! අපි පුදුම බේරිල්ලක්නෙ බේරුණේ. අපි ඉස්සර ඇත්තෙන් ම ශ්‍රමණයො නොවෙයි. නමුත් අපි ශ්‍රමණයො වගේ පෙනී හිටියා. ඉස්සර අපි ඇත්තෙන්ම බ්‍රාහ්මණයොත් නෙමෙයි. නමුත් බ්‍රාහ්මණයො වගේ පෙනී හිටියා. ඉස්සර අපි රහත් නොවීම රහතන් වහන්සේලා හැටියට පෙනී හිටියා. දැන් තමයි අපි නියම ශ්‍රමණයො. දැන් තමයි අපි නියම බ්‍රාහ්මණයො. දැන් තමයි අපි හැබෑම රහතුන් වහන්සේලා' කියලා. පින්වත, ශ්‍රමණ ගෞතමයන් වහන්සේගේ ඔය හතරවෙනි පියවර සටහනත් මම දැක්කා. අන්න එතකොටයි මං නිශ්චයකට ආවේ 'භාග්‍යවතුන් වහන්සේ සම්මා සම්බුද්ධයි. භාග්‍යවතුන් වහන්සේගේ ධර්මය ස්වාක්ඛාතයි. භාග්‍යවතුන් වහන්සේගේ ශ්‍රාවක සංඝරත්නය සුපටිපන්නයි' කියලා.

පින්වත, මම යම් දවසක ශ්‍රමණ ගෞතමයන් වහන්සේගේ ඔය පියවර සටහන් හතර දැක්ක ද, අන්න එතකොටයි මං නිශ්චයකට ආවෙ 'භාග්‍යවතුන් වහන්සේ සම්මා සම්බුද්ධයි. භාග්‍යවතුන් වහන්සේගේ ධර්මය ස්වාක්ඛාතයි. භාග්‍යවතුන් වහන්සේගේ ශ්‍රාවක සංඝරත්නය සුපටිපන්නයි' කියලා."

පිලෝතික තාපසයා ඔය විදිහට කිව්වාම ජානුස්සෝණි බ්‍රාහ්මණයා සුදුම සුදු වෙළඹුන් යෙදූ අශ්ව රථයෙන් බැස්සා. උතුරු සළුව එක් පැත්තකට පොරෝගත්තා. භාග්‍යවතුන් වහන්සේ වැඩසිටින දිශාවට වැඳගත්තා. මහත් සතුටින් තුන් වරක් උදම් ඇනුවා. "ඒ භාග්‍යවත් වූ අරහත් වූ සම්මා සම්බුදු රජාණන් වහන්සේට මාගේ නමස්කාරය වේවා! ඒ භාග්‍යවත් වූ අරහත් වූ සම්මා සම්බුදුරජාණන් වහන්සේට මාගේ නමස්කාරය වේවා! ඒ භාග්‍යවත් වූ අරහත් වූ සම්මා සම්බුදුරජාණන් වහන්සේට මාගේ නමස්කාරය වේවා! අනේ අපටත් කවද හරි දවසක පින්වත් ගෞතමයන් වහන්සේව ඇසුරු කරන්න ලැබෙනවා නම් කොයිතරම් දෙයක්ද? උන්වහන්සේ සමඟ කතා බස් කරන්න ලැබෙනවා නම් කොයිතරම් දෙයක්ද?"

ඊට පස්සෙ ජානුස්සෝණි බ්‍රාහ්මණයා භාග්‍යවතුන් වහන්සේව හොයාගෙන ගියා. ගිහින් භාග්‍යවතුන් වහන්සේ සමඟ සතුටු සාමීචි කතා බහේ යෙදුනා. එකත්පස්ව වාඩිවුනා. එකත්පස්ව වාඩිවුන ජානුස්සෝණි බ්‍රාහ්මණයා පිලෝතික තාපසයත් සමඟ ඇතිවෙච්ච කතා බහ ඔක්කොම භාග්‍යවතුන් වහන්සේට සැළකළා.

එතකොට භාග්‍යවතුන් වහන්සේ ජානුස්සෝණි බ්‍රාහ්මණයාට මෙහෙම වදාළා. "නෑ, පින්වත් බ්‍රාහ්මණය, ඔච්චරකින් ඇත් පියවර සටහනේ උපමාව ගැන සම්පූර්ණ විස්තරයක් ලැබෙන්නෙ නෑ. පින්වත් බ්‍රාහ්මණය, ඔය ඇත් පියවර සටහනේ උපමාව ගැන විස්තර වශයෙන් මෙන්න මේ විදිහටයි කියන්න තියෙන්නෙ. හොඳට අහගෙන ඉන්න. නුවණින් තේරුම් ගන්න. මං කියල දෙන්නම්" කියල. "එහෙමයි, පින්වතුන් වහන්ස" කියල ජාණුස්සෝණි බ්‍රාහ්මණයා භාග්‍යවතුන් වහන්සේට පිළිතුරු දුන්නා. භාග්‍යවතුන් වහන්සේ මේ විදිහට වදාළා.

"පින්වත් බ්‍රාහ්මණය, ඔන්න ඇත් වනයක වාසය කරන මිනිහෙක් ඉන්නවා. එයා ඇත් වනයෙදී ලොකු ඇත් පියවර සටහනක් දකිනවා. ඒක හොඳ දිග පළල තියෙන පියවර සටහනක්. නමුත් ඇතුන් ගැන දැනගන්න දක්ෂ කෙනා ඒ පියවර සටහන දැක්ක පමණින් "පින්වත්නි, මේ නම් මහා ඇතෙක්" කියල නිශ්චයකට පැමිණෙන්නෙ නෑ. ඒකට හේතුව මොකක්ද? පින්වත් බ්‍රාහ්මණය, ඇත් වනයේ ඉන්නවා 'වාමනිකා' කියල මහා පියවර සටහන් තියෙන ඇතින්නියො ජාතියක්. මේ නම් ඔවුන්ගෙ පියවර සටහනක් වෙන්න ඕන කියලා. ඒ පුද්ගලයා තවදුරටත් හොයනවා. තවදුරටත් හොයාගෙන යද්දී ඔහුට ඒ ඇත් වනයේ දිග පළල තියෙන ලොකු ඇත් පියවරක් දකින්න ලැබෙනවා. ගස්වල උසට පිට අතුල්ලපු තැන් දකින්න ලැබෙනවා. නමුත් ඇතුන් ගැන හොයන්න දක්ෂ කෙනා එහෙම දැක්ක පමණින් 'පින්වතුනි, මේ නම් මහා ඇතෙක්නෙ' කියල නිශ්චයකට පැමිණෙන්නෙ නෑ. ඒකට හේතුව මොකක්ද? පින්වත් බ්‍රාහ්මණය, ඇත් වනයෙ ඉන්නවා 'උච්චා කාළාරිකා' කියන ලොකු පියවර සටහන් තියෙන ඇතින්නියො ජාතියක්. මේ නම් ඔවුන්ගෙ පියවර සටහනක් වෙන්න ඕන කියලා. ඒ පුද්ගලය තවදුරටත් හොයනවා. තවදුරටත් හොයාගෙන යද්දී ඔහුට ඒ ඇත් වනයෙ දිග පළල තියෙන තවත් ලොකු ඇත් පියවරක් දකින්න ලැබෙනවා. ගස්වල උසට පිට අතුල්ලපු තැන් දකින්න ලැබෙනවා. දළ දෙකෙන් ඇනපු තැන් දකින්ට ලැබෙනවා. නමුත් ඇතුන් ගැන දැනගන්න දක්ෂ කෙනා ඒ ලකුණු දැක්ක පමණින් 'පින්වත්නි, මේ නම් මහා ඇතෙක්' ය කියල නිශ්චයකට එන්නෙ නෑ. ඒකට හේතුව මොකක්ද? පින්වත් බ්‍රාහ්මණය, ඇත් වනයෙ ඉන්නවා 'උච්චා කණේරුකා' කියල ලොකු පියවර සටහන් තියෙන ඇතින්නියො ජාතියක්. මේ නම් ඔවුන්ගේ පියවර සටහනක් වෙන්න ඕන කියලා. ඒ පුද්ගලයා තවදුරටත් හොයනවා. තවදුරටත් හොයාගෙන යද්දි ඒ ඇත් වනයේ හොඳට දිග පළල තියෙන ලොකු ඇත් පියවරක් දකින්න ලැබෙනවා. ගස්වල උසට පිට අතුල්ලපු තැනුත් දකින්න ලැබෙනවා. දළවලින් ඇනපු තැන් දකින්න ලැබෙනවා. උස ගස්වල අතු රිකිලි කඩපු තැන් දකින්න

ලැබෙනවා. ඒ වගේම ඔහුට ඒ ඇතා ගහක් යට හරි, එළිමහනෙ හරි ඉන්නවා දකින්න ලැබෙනවා. ඒ ඇතා ඇවිදිනවා හරි, හිටගෙන ඉන්නවා හරි, ලගිනවා හරි, හාන්සි වෙනවා හරි දකින්න ලැබෙනවා. ඔහු එතකොටයි නිශ්චයකට එන්නෙ 'මේ තමයි මහා ඇත් රජා' කියලා.

පින්වත් බ්‍රාහ්මණය, ඔය විදිහම යි. මේ ලෝකයේ තථාගතයන් වහන්සේ නමක් පහල වෙනවා. උන්වහන්සේ අරහත්. සම්මා සම්බුද්ධයි. විජ්ජා චරණ සම්පන්නයි. සුගතයි. ලෝකවිදූයි. අනුත්තර පුරිසදම්ම සාරථී. සත්ථා දේව මනුස්සානං. බුද්ධ. භගවා යන ගුණයන්ගෙන් යුතුයි. උන්වහන්සේ මේ දෙවියන් සහිත ලෝකයේ, මරුන් සහිත, බඹුන් සහිත, ශ්‍රමණ බ්‍රාහ්මණයන් සහිත, දෙවි මිනිස් ප්‍රජාව තුළ තමන්ගේ ම ප්‍රඥාවෙන් අවබෝධ කරගෙන කියල දෙනවා. උන්වහන්සේ ධර්මය දේශනා කරනවා. ඒ ධර්මයේ පටන් ගැනීමත් සුන්දරයි. මැදත් සුන්දරයි. අවසානයත් සුන්දරයි. අර්ථ සහිතයි. පැහැදිලි වචනවලින් යුක්තයි. මුළුමනින්ම පරිපූර්ණ වූ පාරිශුද්ධ වූ නිවන් මග කියා දෙනවා.

ගිහි ජීවිතේ ගෙවන පින්වත් කෙනෙකුට ඒ නිවන් මග කියල දෙන ධර්මය අහන්න ලැබෙනවා. ඒ ධර්මය අහල තථාගතයන් වහන්සේ ගැන ශ්‍රද්ධාව ඇතිවෙනවා. ඒ ශ්‍රද්ධාවෙන් යුක්ත ඔහු මේ විදිහට නුවණින් විමසන්න පටන් ගන්නවා. 'ගිහි ජීවිතේ ගෙවන එක හරිම කරදරයි. කෙලෙස් සහිත මාර්ගයක් නෙව. නමුත් පැවිද්ද නම් ආකාසෙ වගෙයි. මේ ගිහි ජීවිතේ ගත කරගෙන නම් ඒකාන්ත පිරිපුන් වූ, ඒකාන්ත පිරිසිදු වූ සුදෝ සුදු වූ මේ උතුම් බඹසර හැසිරෙන එක ලේසි වැඩක් නොවෙයි. ඒ නිසා මට කරන්න තියෙන්නෙ කෙස් රැවුල් බාල, කසාවත් පොරෝගෙන, ගිහි ජීවිතේ අත්හැරලා මහණ වෙන එක තමයි' කියල. ඔහු පස්සෙ දවසක ටිකක් හෝ ගොඩක් හෝ තියෙන වස්තුව අත්හරිනවා. ටිකක් හෝ ගොඩක් හෝ ඉන්න ඤාති පිරිස අත්හරිනවා. කෙස් රැවුල් බානවා. කසාවත් පොරවනවා. ගිහි ජීවිතේ අත්හැරලා මහණ වෙනවා.

ඔය විදිහට උතුම් පැවිදි ජීවිතේ ලැබුවට පස්සේ භික්ෂූන් වහන්සේලා ආරක්ෂා කරන ශික්ෂා පද තමනුත් රකිනවා. ප්‍රාණඝාතය දුරු කරනවා. ප්‍රාණඝාතයෙන් වළකිනවා. දඬු මුගුරු අත්හරිනවා. අවි ආයුධ අත්හරිනවා. ප්‍රාණඝාතය ගැන ලැජ්ජා වෙනවා. සතුන් කෙරෙහි දයාවන්ත වෙනවා. සියලු සතුන් කෙරෙහි හිතානුකම්පී වෙනවා. හොරකම අත්හරිනවා. හොරකමින් වළකිනවා. දුන් දේ විතරක් ගන්නවා. දුන් දේ ගැනීම විතරක් කැමති වෙනවා. සොරකමින් තොර වෙලා පිරිසිදු සිතින් වාසය කරනවා. අබ්‍රහ්මචාරී බව අත්හරිනවා. බ්‍රහ්මචාරී වෙනවා. අයහපත් හැසිරීමෙන් දුරුවෙනවා. ලාමක දෙයක් වන මෛථුනයෙන් වළකිනවා.

බොරු කීම අත්හරිනවා. බොරු කීමෙන් වළකිනවා. සත්‍යවාදී වෙනවා. ඇත්තෙන් ඇත්ත ගලපලා කතා කරනවා. ස්ථිර වචන කියනවා. ඇදහිය යුතු දේ කියනවා. ලෝකයා අවුල් වෙන දේ කියන්නෙ නෑ. කේළම අත්හරිනවා. කේළමින් වළකිනවා. මෙතනින් අහල මේ අය බිඳවන්න එතන එකක් කියන්නෙ නෑ. එතනින් අහල ඒ අය බිඳවන්න මෙතන කියන්නෙ නෑ. බිඳිච්ච අය සමගි කරනවා. සමගි බව ඇති කරවනවා. සමගියට කැමති වෙනවා. සමගියේ ඇලෙනවා. සමගි බවේ සතුටු වෙනවා. සමගිය ඇතිවෙන දේ ම කියනවා. පරුෂ වචනය අත්හරිනවා. පරුෂ වචනයෙන් වළකිනවා. දොස් රහිත දේ කියනවා. කනට මිහිරි දේ කියනවා. සෙනෙහෙබර වචන කියනවා. හෘදයාංගම වචන කියනවා. දන උගත් වචන කියනවා. බොහෝ ජනයා කැමති වන ප්‍රියමනාප වන වචන කියනවා. හිස් දෙඩවිලි අත්හරිනවා. හිස් දෙඩවිල්ලෙන් වළකිනවා. සුදුසු කාලයට කතා කරනවා. ඇත්ත දෙය කතා කරනවා. අර්ථවත් දේ කතා කරනවා. ධර්මය කතා කරනවා. විනය කතා කරනවා. මතක තබා ගන්න වටින දේ කතා කරනවා.

ඒ භික්ෂුව ගස් කොළන් වැනසීමෙන් වළකිනවා. උදේ කාලෙ විතරක් වළඳනවා. රාත්‍රී ආහාරය වූ විකාල භෝජනයෙන් වළකිනවා. නැටුම්, ගැයුම්, වැයුම්, විකාර දර්ශනවලින් වළකිනවා. මල්, සුවඳ විලවුන්වලින් සැරසීමෙන්, හැඩ වැඩවීමෙන් වළකිනවා. සුඛෝපභෝගී වටිනා ආසන පරිහරණයෙන් වළකිනවා. රන්, රිදී, කහවනු ආදිය පිළිගැනීමෙන් වළකිනවා. අමු ධාන්‍ය පිළිගැනීමෙන් වළකිනවා. අමු මස් පිළිගැනීමෙන් වළකිනවා. ස්ත්‍රීන්, කුමරියන් පිළිගැනීමෙන් වළකිනවා. දාසි දස්සන් පිළිගැනීමෙන් වළකිනවා. එළු බැටළුවන් පිළිගැනීමෙන් වළකිනවා. ඌරෝ කුකුල්ලු පිළිගැනීමෙන් වළකිනවා. ඇතුන්, ගවයන්, අසුන්, වෙළඹුන් පිළිගැනීමෙන් වළකිනවා. කුඹුරු, වතුපිටි පිළිගැනීමෙන් වළකිනවා. ගිහියන්ගේ පණිවිඩ ගෙන යාමෙන් වළකිනවා. වෙළඳ ගණුදෙනු වලින් වළකිනවා. හොරට තරාදියෙන් කිරන එක, හොරට මනින එක, ආදියෙන් වළකිනවා. අල්ලස් ගැනීම, වංචා කිරීම, එක වගේ දේ පෙන්නල රැවටීමෙන් වළකිනවා. කට්ටකම්වලින් වළකිනවා. අත් පා කැපීම්, මැරීම්, විලංගු දැමීම්, මං පැහැරීම්, ගම් පැහැරීම්, සාහසිකකම් යන මේවායින් වළකිනවා.

ඒ භික්ෂුව ලද දෙයින් සතුටු වෙනවා. කය පොරවන සිවුරෙනුත්, කුස පිරෙන ප්‍රමාණයේ පිණ්ඩපාතයෙනුත් සතුටු වෙනවා. ඔහු යන තැන පාත්තරෙයි, සිවුරුයි විතරක් ගෙනියනවා. ළිහිණි කුරුල්ලෙක් යන යන තැන පියාපත් බර විතරක් අරගෙන යනවා වගේ. ඔන්න ඔය විදිහටයි භික්ෂුව ලද දෙයින් සතුටු

වෙන්නෙ. කය පොරවන සිවුරෙනුත් කුස පිරෙන පිණ්ඩපාතෙනුත් සතුටු වෙනවා. ඔහු යම් තැනක යනවා නම්, පාත්‍ර සිවුරු විතරක් අරගෙන යනවා. ඔහු මේ විදිහට ශ්‍රේෂ්ඨ වූ සීලයකින් සමන්විත වෙලා නිවැරදි ජීවිතය ගැන තමන් තුළ මහත් සතුටක් ලබනවා.

ඒ භික්ෂුව ඇහෙන් රූප දැකලා, නිමිති ගන්නෙ නෑ. කුඩා සටහනක් වත් ගන්නෙ නෑ. ඇහැ අසංවරව ඉන්න කොට, ආශාව, තරහ වගේ පාපී අකුසල් දේවල් ඇතිවෙලා ප්‍රශ්න හටගන්න දේකට පත්වෙන්නෙ නෑ. තමන් ගේ ඇස සංවර කරගන්නවා. ඇස රකිනවා. ඇසේ සංවරකමට පැමිණෙනවා. කනෙන් ශබ්දයක් අහල ....(පෙ).... නාසයෙන් ගඳ සුවඳ දැනගෙන ....(පෙ).... දිවෙන් රස දැනගෙන ....(පෙ).... කයෙන් පහස දැනගෙන ....(පෙ).... මනසින් අරමුණු දැනගෙන ඒ මනස අසංවරව හිටියොත්, ආශාව, තරහ වගේ පාපී අකුසල් හට අරගෙන ප්‍රශ්න ඇතිවෙනවා නම් එබඳු නිමිති ගන්නෙ නෑ. එබඳු නිමිතිවල කුඩා සටහනක් වත් ගන්නෙ නෑ. මනසේ සංවරයට පැමිණෙනවා. මනස රකිනවා. මනස සංවර කරගන්නවා. ඔහු මේ විදිහට ශ්‍රේෂ්ඨ වූ ඉන්ද්‍රිය සංවරයකින් යුතුව තමන් තුළ පීඩා රහිත වූ මහත් සැපයක් විඳිනවා.

ඔහු ඉදිරියට යන කොට, ආපසු එන කොට හරි කල්පනාවෙන් ම ඉන්නවා. ඉදිරිය බලන කොට, වටපිට බලන කොට ඒ ගැන හරි කල්පනාවකින් ඉන්නවා. අත පය හකුළන කොට, දිගහරින කොට ඒ ගැන කල්පනාවකින් ඉන්නවා. දෙපොට සිවුරු තනිපොට සිවුරු, පාත්තර පරිහරණය කරන කොට ඒ ගැන කල්පනාවෙන් ම ඉන්නවා. යමක් වළඳන කොට, පානය කරන කොට, සපා කන කොට, රස විඳින කොට, ඒ ගැන කල්පනාවෙන් ඉන්නවා. වැසිකිළි කැසිකිළි යන කොටත් ඒ ගැන කල්පනාවෙන් ම ඉන්නවා. යන කොට, ඉන්න කොට, වාඩිවෙන කොට, නිදන කොට, නිදිවරන කොට, කතා කරන කොට, නිශ්ශබ්දව ඉන්න කොට ඒ ගැන කල්පනාවෙන් ම ඉන්නවා.

ඉතින් ඔහු ඔය විදිහට ශ්‍රේෂ්ඨ වූ සීලයකිනුත් යුක්ත වෙලා ශ්‍රේෂ්ඨ වූ ඉන්ද්‍රිය සංවරයකිනුත් යුක්ත වෙලා ශ්‍රේෂ්ඨ වූ සිහිකල්පනාවකිනුත් යුක්ත වෙලා දුර ඈත වන සෙනසුන්වල ඉන්නවා. ආරණ්‍යවල ඉන්නවා. රුක් සෙවණෙ, පර්වතයෙ, දිය ඇලි අසල, ගිරි ගුහා, සොහොන්, වනගොමු, නිදහස් තැන්, පිදුරු ගෙවල් සෙනසුන් හැටියට පාවිච්චි කරනවා.

ඉතින් ඔහු පිණ්ඩපාතය වැළඳුවට පස්සේ පළඟක් බැඳගෙන වාඩිවෙනවා. කය ඍජු කරගන්නවා. භාවනා අරමුණේ සිහිය පිහිටුවා ගන්නවා. ඔහු ජීවිතය නම් වූ ලෝකය ගැන තියෙන ඇල්ම දුරු කරනවා. ආශාවෙන්

තොර වූ සිතින් වාසය කරනවා. ආශාව බැහැර කරමින් සිත පිරිසිදු කරනවා. තරහ අත්හරිනවා. තරහ රහිත සිතින් වාසය කරනවා. සියලු සතුන් කෙරෙහි හිතානුකම්පී වෙනවා. තරහ බැහැර කරමින් සිත පිරිසිදු කරනවා. ථීනමිද්ධය අත්හරිනවා. ථීනමිද්ධයෙන් තොරව ඉන්නවා. හොඳ සිහි කල්පනාවෙන් යුතු ආලෝක සඤ්ඤාව ඇති කරගන්නවා. ථීනමිද්ධය බැහැර කරමින් සිත පිරිසිදු කරනවා. උද්ධච්ච කුක්කුච්ච අත්හරිනවා. හිතේ ඇවිස්සීමකින් තොරව වාසය කරනවා. තමා තුළ ශාන්ත සිතක් ඇති කරගන්නවා. උද්ධච්ච කුක්කුච්ච බැහැර කරමින් සිත පිරිසිදු කරනවා. විචිකිච්ඡාව අත්හරිනවා. විචිකිච්ඡාවෙන් තොරව ඉන්නවා. කුසල් දහම් ගැන 'කෙසේද කෙසේද' කියන සැකය අත්හරිනවා. සැකය බැහැර කරමින් සිත පිරිසිදු කරනවා.

ඔහු මේ නීවරණ පහ අත්හරිනවා. ප්‍රඥාව දුර්වල කරන, සිතේ උපක්ලේශ අත්හරිනවා. කාමයෙන් තොරව, අකුසල් වලින් තොරව, විතර්ක විචාර සහිත, විවේකයෙන් හටගත් ප්‍රීතිය සැපය ඇති පළවෙනි ධ්‍යානය ලබාගෙන වාසය කරනවා. පින්වත් බ්‍රාහ්මණය, ඔන්න ඕකටයි කියන්නෙ තථාගතයන් වහන්සේගේ පියවර සටහන කියලා. තථාගතයන් වහන්සේ පිට අතුල්ලපු තැන කියල. තථාගතයන් වහන්සේ සිහි නුවණ නැමැති දළින් අතු බිඳපු තැන කියලා. නමුත් ආර්ය ශ්‍රාවකයා එහෙම තිබිලත් නිශ්චයකට පැමිණෙන්නෙ නෑ 'භාග්‍යවතුන් වහන්සේ සම්මා සම්බුද්ධයි. භාග්‍යවතුන් වහන්සේගේ ධර්මය ස්වාක්ඛාතයි. භාග්‍යවතුන් වහන්සේගේ ශ්‍රාවක සඟ පිරිස සුපටිපන්නයි' කියලා.

පින්වත් බ්‍රාහ්මණය, මේ ගැන තවදුරටත් කියනවා නම් භික්ෂුව විතර්ක විචාර සංසිඳුවාගෙන, තම සිත තුළ ප්‍රසන්න බව ඇති කරගෙන, සිතේ එකඟ බවින් යුතුව විතර්ක විචාර රහිත සමාධියෙන් හටගත් ප්‍රීතිය සැපය තියෙන දෙවෙනි ධ්‍යානයත් ලබාගෙන වාසය කරනවා. පින්වත් බ්‍රාහ්මණය, ඔන්න ඕකට කියන්නෙත් තථාගතයන් වහන්සේගේ පියවර සටහන කියල. තථාගතයන් වහන්සේ පිට අතුල්ලපු තැන කියල. තථාගතයන් වහන්සේ නුවණ නැමැති දළින් අතු බිඳපු තැන කියල. එහෙම වුනත් ආර්ය ශ්‍රාවකයා නිශ්චයකට පැමිණෙන්නෙ නෑ 'භාග්‍යවතුන් වහන්සේ සම්මා සම්බුද්ධයි. භාග්‍යවතුන් වහන්සේගේ ධර්මය ස්වාක්ඛාතයි. භාග්‍යවතුන් වහන්සේගේ ශ්‍රාවක සඟ පිරිස සුපටිපන්නයි' කියල.

පින්වත් බ්‍රාහ්මණය, මේ ගැන තවදුරටත් කිව්වොත්, භික්ෂුව ප්‍රීතියට ඇලෙන්නෙත් නැතිව උපේක්ෂාවෙන් යුතුව ඉන්නවා. සිහි නුවණින් යුතුව කයෙන් සැපයකුත් විඳිනවා. ආර්යයන් වහන්සේලා ඒ සමාධියට මෙහෙම කියනවා. 'උපේක්ෂාවෙන් යුක්තව සිහියෙන් යුක්තව සැප සේ වාසය කරනවා'

කියලා. ඒ තුන්වෙනි ධ්‍යානයත් ලබාගෙන වාසය කරනවා. පින්වත් බ්‍රාහ්මණය, ඔන්න ඕකට තමයි කියන්නෙ තථාගතයන් වහන්සේගේ පියවර සටහන කියල. තථාගතයන් වහන්සේ පිට අතුල්ලපු තැන කියලා. තථාගතයන් වහන්සේ නුවණ නැමැති දළින් අතු බිඳපු තැන කියලා. එහෙම දෙයක් තිබූ පමණින් ආර්ය ශ්‍රාවකයා නිශ්චයකට පැමිණෙන්නෙ නෑ 'භාග්‍යවතුන් වහන්සේ සම්මා සම්බුද්ධයි. භාග්‍යවතුන් වහන්සේගේ ධර්මය ස්වාක්ඛාතයි. භාග්‍යවතුන් වහන්සේගේ ශ්‍රාවක සඟ පිරිස සුපටිපන්නයි' කියලා.

පින්වත් බ්‍රාහ්මණය, මේ ගැන තවදුරටත් කියනවා නම්, භික්ෂුව සැප දුක නැති කරලා, කලින්ම මානසික සැප දුක් දෙකින් ම වෙන් වෙලා, දුක් සැප රහිත පිරිසිදු උපේක්ෂාවත් සිහියත් තියෙන හතරවෙනි ධ්‍යානය ලබාගෙන වාසය කරනවා. පින්වත් බ්‍රාහ්මණය, ඔන්න ඕකටත් කියන්නෙ තථාගතයන් වහන්සේගේ පියවර සටහන කියල. තථාගතයන් වහන්සේ පිට අතුල්ලපු තැන කියල. තථාගතයන් වහන්සේගේ නුවණ නැමැති දළින් අතු බිඳපු තැන කියලයි. එහෙම ලබාගෙනත් ආර්ය ශ්‍රාවකයා නිශ්චයකට පැමිණෙන්නෙ නෑ 'භාග්‍යවතුන් වහන්සේ සම්මා සම්බුද්ධයි. භාග්‍යවතුන් වහන්සේගේ ධර්මය ස්වාක්ඛාතයි. භාග්‍යවතුන් වහන්සේගේ ශ්‍රාවක සඟ පිරිස සුපටිපන්නයි' කියලා.

ඒ භික්ෂුව ඔය විදිහට සමාධිගත සිතක් ඇතිවුනා ම, සිත පිරිසිදු වුනා ම, සිත බබලන කොට, උපක්ලේශ නැති වුනාම, හිත මෘදු වුනාම, අවබෝධයට සුදුසු වුනාම, නොසෙල්වී තිබුනාම අකම්පිත වුනාම, තමන් කලින් ගත කළ ජීවිත ගැන දැකීමේ නුවණ ලබාගන්න සිත මෙහෙයවනවා. එතකොට ඔහු නොයෙක් ආකාරයේ පෙර ජීවිත ගත කළ හැටි සිහි කරනවා. ඒ කියන්නෙ එක ජීවිතයක්, ජීවිත දෙකක්, ජීවිත තුනක්, ජීවිත හතරක්, ජීවිත පහක්, ජීවිත දහයක්, ජීවිත විස්සක්, ජීවිත තිහක්, ජීවිත හතළිහක්, ජීවිත පනහක්, ජීවිත සීයක්, ජීවිත දාහක්, ජීවිත ලක්ෂයක්, නොයෙක් සංවට්ට කල්ප, නොයෙක් විවට්ට කල්ප, නොයෙක් සංවට්ට විවට්ට කල්ප ගණන් සිහි කරනවා. 'ඒ කාලෙ මගේ නම මේකයි, ගෝත්‍රය මේකයි, හැඩරුව මෙහෙමයි, මේවා තමයි කෑවෙ බිව්වෙ, සැප දුක් වින්දෙ මෙහෙමයි. මෙහෙමයි මැරුනෙ. එතනින් චුත වෙලා අසවල් තැන උපන්නා. ඒ කාලෙ මේ නම තමයි ලැබුනෙ. මේකයි ගෝත්‍රය. හැඩරුව මෙහෙමයි. කෑවෙ බිව්වෙ මේවා. සැප දුක් වින්දෙ මෙහෙමයි. මැරිල ගියෙ මෙහෙමයි. ඒ මං එතනින් චුත වෙලා මෙතන උපන්නා.' ඔය විදිහට කරුණු සහිතව, පැහැදිලි විස්තර ඇතිව, නොයෙක් ආකාරයෙන් තමන් ගත කළ අතීත ජීවිත ගැන සිහි කරනවා. පින්වත් බ්‍රාහ්මණය, ඔන්න ඕකටත් කියන්නෙ තථාගතයන් වහන්සේගේ පියවර සටහන කියල. තථාගතයන් වහන්සේ පිට

අතුල්ලපු තැන කියලා. තථාගතයන් වහන්සේ නුවණ නැමැති දළින් අතු බිඳපු තැන කියලා. නමුත් ආර්ය ශ්‍රාවකයා එහෙම තිබිලත් නිශ්චයකට පැමිණෙන්නෙ නෑ 'භාග්‍යවතුන් වහන්සේ සම්මා සම්බුද්ධයි. භාග්‍යවතුන් වහන්සේගේ ධර්මය ස්වාක්ඛාතයි. භාග්‍යවතුන් වහන්සේගේ ශ්‍රාවක සංඝ පිරිස සුපටිපන්නයි' කියලා.

ඉතින් ඒ භික්ෂුව ඔය විදිහට සමාධිගත සිතක් ඇතිවුනා ම, සිත පිරිසිදු වුනාම, සිත බබලන කොට, උපක්ලේශ නැතිවුනා ම, හිත මෘදු වුනා ම, අවබෝධයට සුදුසු වුනාම, නොසෙල්වී තිබුනාම, අකම්පිත වුනාම, සත්වයන් චුත වෙන, උපදින හැටි දැකීමේ නුවණ ලබාගන්න සිත මෙහෙයවනවා. එතකොට ඔහු සාමාන්‍ය මිනිසුන්ගේ දර්ශන පථය ඉක්මවා ගිය පිරිසිදු දිව්‍ය නුවණින් චුත වෙන උපදින සත්වයන් දකිනවා. උසස් පහත්, ලස්සන කැත, සුගති දුගතිවල කර්මානුරූපව සත්වයන් උපදින හැටි දකිනවා. 'අනේ මේ භවත් සත්වයන් කයින් දුසිරිත් කරලා, වචනින් දුසිරිත් කරලා, මනසින් දුසිරිත් කරලා, ආර්යයන් වහන්සේලාට අපහාස කරලා. මිථ්‍යා දෘෂ්ටික වෙලා, මිථ්‍යා දෘෂ්ටික දේවල්වල යෙදිලා කය බිඳිල මැරුණට පස්සේ අපායෙ ඉපදිලා දුගතියෙ ඉපදිලා විනිපාත කියන නිරයෙ ඉපදිලා. ඒ වගේම මේ භවත් සත්වයන් කයින් සුචරිතයේ යෙදිලා, වචනයෙන් සුචරිතයේ යෙදිලා, මනසින් සුචරිතයේ යෙදිලා, ආර්යයන් වහන්සේලාට අපහාස නොකොට, සම්මා දිට්ඨිය ඇතුව ඉඳලා, සම්මා දිට්ඨියෙන් යුක්ත ක්‍රියාවල යෙදිලා, කය බිඳිල මැරුණට පස්සේ සුගතිය කියන යහපත් ලෝකෙ ඉපදිලා ඉන්නවා' මේ විදිහට සාමාන්‍ය මිනිසුන් ගේ දර්ශන පථය ඉක්මවා ගිය පිරිසිදු දිව්‍ය නුවණින්, සත්වයන් චුත වෙන උපදින හැටි දකිනවා. උසස් පහත්, ලස්සන කැත, සුගති දුගතිවල කර්මානුරූපව සත්වයන් උපදින හැටි දකිනවා. පින්වත් බ්‍රාහ්මණය, ඕකට කියන්නෙත් තථාගතයන් වහන්සේගේ පියවර සටහන කියලා. තථාගතයන් වහන්සේ පිට අතුල්ලපු තැන කියලා. තථාගතයන් වහන්සේ නුවණ කියන දළින් අතු බිඳපු තැන කියලයි. එහෙම නුවණක් ලබාගෙනත් ආර්ය ශ්‍රාවකයා නිශ්චයකට පැමිණෙන්නෙ නෑ 'භාග්‍යවතුන් වහන්සේ සම්මා සම්බුද්ධයි. භාග්‍යවතුන් වහන්සේගේ ධර්මය ස්වාක්ඛාතයි. භාග්‍යවතුන් වහන්සේගේ ශ්‍රාවක සංඝ පිරිස සුපටිපන්නයි' කියලා.

ඉතින් ඒ භික්ෂුව ඔය විදිහට සමාධිගත සිතක් ඇතිවුනාම, සිත පිරිසිදු වුනාම, සිත බබලන කොට, උපක්ලේශ නැතිවුනාම, හිත මෘදු වුනාම, අවබෝධයට සුදුසු වුනාම, නොසෙල් වී තිබුනාම අකම්පිත වුනාම ආශ්‍රව ක්ෂය කළ බවට අවබෝධය ලැබීමේ නුවණ ලබාගන්න සිත මෙහෙයවනවා. ඉතින් ඒ භික්ෂුව 'මේක තමයි දුක' කියල යථාර්ථය අවබෝධ කරනවා. 'මේක තමයි දුකේ හටගැනීම' කියල යථාර්ථය අවබෝධ කරනවා. 'මේ තමයි

දුකේ නැතිවීම' කියල යථාර්ථය අවබෝධ කරනවා. 'මේ තමයි දුක් නැති වීමේ මාර්ගය' කියල යථාර්ථය අවබෝධ කරනවා. 'මේවා තමයි ආශ්‍රව' කියල යථාර්ථය අවබෝධ කරනවා. 'මේක තමයි ආශ්‍රවයන්ගේ හටගැනීම' කියල යථාර්ථය අවබෝධ කරනවා. 'මේක තමයි ආශ්‍රව නැතිවීම' කියල යථාර්ථය අවබෝධ කරනවා. 'මේක තමයි ආශ්‍රව නිරුද්ධ වීමේ මාර්ගය' කියල යථාර්ථය අවබෝධ කරනවා. පින්වත් බ්‍රාහ්මණය, ඔන්න ඕකට කියන්නෙත් තථාගතයන් වහන්සේගේ පියවර සටහන කියලා. තථාගතයන් වහන්සේ පිට අතුල්ලපු තැන කියලා. තථාගතයන් වහන්සේගේ නුවණ නැමැති දළින් අතු බිඳපු තැන කියලයි. එහෙම නුවණක් ලබාගෙනත් ආර්ය ශ්‍රාවකයා නිශ්චයකට පැමිණෙන්නෙ නෑ. නමුත් එක්තරා නිෂ්ඨාවකට පැමිණෙනවා. 'භාග්‍යවතුන් වහන්සේ සම්මා සම්බුද්ධයි. භාග්‍යවතුන් වහන්සේගේ ධර්මය ස්වාක්ඛාතයි. භාග්‍යවතුන් වහන්සේගේ ශ්‍රාවක සඟ පිරිස සුපටිපන්නයි' කියලා.

ඔය විදිහට ඒ භික්ෂුව යථාර්ථය දැනගන්න කොට, යථාර්ථය දැකගන්න කොට, කාම ආශ්‍රවයෙනුත් සිත නිදහස් වෙනවා. භව ආශ්‍රවයෙනුත් සිත නිදහස් වෙනවා. අවිජ්ජා ආශ්‍රවයෙනුත් සිත නිදහස් වෙනවා. ආශ්‍රවයන් ගෙන් සිත නිදහස් වුනාම සියලු දුකින් තමන් නිදහස් වූ බවට අවබෝධය ඇතිවෙනවා. 'ඉපදීම නැතිවුණා. බඹසර වාසය සම්පූර්ණ කළා. කළ යුතු දේ කළා. නිවන පිණිස කළ යුතු වෙන දෙයක් නෑ' කියල දැනගන්නවා. පින්වත් බ්‍රාහ්මණය ඔන්න ඕකට කියන්නෙ තථාගතයන් වහන්සේගේ පියවර සටහන කියලා. තථාගතයන් වහන්සේ පිට අතුල්ලපු තැන කියලා. තථාගතයන් වහන්සේගේ නුවණ නැමැති දළින් අතු බිඳපු තැන කියලා. පින්වත් බ්‍රාහ්මණය, අන්න එතකොටයි ආර්ය ශ්‍රාවකයා නිශ්චයකට පැමිණෙන්නෙ 'භාග්‍යවතුන් වහන්සේ සම්මා සම්බුද්ධයි. භාග්‍යවතුන් වහන්සේගේ ධර්මය ස්වාක්ඛාතයි. භාග්‍යවතුන් වහන්සේගේ ශ්‍රාවක සඟ පිරිස සුපටිපන්නයි' කියලා. පින්වත් බ්‍රාහ්මණය, ඔන්න ඔය විදිහටයි ඇත් පියවර සටහනේ උපමාව විස්තර වශයෙන් අංග සම්පූර්ණ වෙන්නෙ.

එතකොට ජානුස්සෝණි බ්‍රාහ්මණයා භාග්‍යවතුන් වහන්සේට මෙහෙම කිව්වා. "පින්වත් ගෞතමයන් වහන්ස, හරි ම සුන්දරයි! පින්වත් ගෞතමයන් වහන්ස, හරිම සුන්දරයි! යටිකුරු වෙච්ච දෙයක් උඩුකුරු කළා වගේ. වහල තිබිච්ච දෙයක් ඇරල පෙන්නුවා වගේ. මං මුළා වෙච්ච කෙනෙකුට මාර්ගය පෙන්නුවා වගේ. අන්ධකාරයේ දැල් වූ තෙල් පහන් ඔසවගෙන ඇස් ඇති අයට රූප පෙන්නනවා වගේ. ඔය විදිහට පින්වත් ගෞතමයන් වහන්සේ නොයෙක් ආකාරයෙන් ධර්මය ප්‍රකාශ කළා. ඒ මම පින්වත් ගෞතමයන් වහන්සේ සරණ යනවා. ශ්‍රී සද්ධර්මයත් සරණ යනවා. භික්ෂුසංඝයාත් සරණ යනවා.

පින්වත් ගෞතමයන් වහන්සේ අද පටන් මාව දිවි තිබෙන තුරා තිසරණ ගත වූ උපාසකයෙක් හැටියට පිළිගන්නා සේක්වා!"

**සාදු! සාදු!! සාදු!!!**

**ඇතෙකු ගේ පියවර සටහන උපමා කරගෙන වදාළ කුඩා දෙසුම නිමා විය.**

# 1.3.8
# මහා හත්ථිපදෝපම සූත්‍රය
## ඇතෙකු ගේ පියවර සටහන උපමා කොට වදාළ විස්තරාත්මක දෙසුම

**මා** හට අසන්නට ලැබුනේ මේ විදිහටයි. ඒ දවස්වල භාග්‍යවත් බුදුරජාණන් වහන්සේ වැඩසිටියේ සැවැත් නුවර ජේතවනය නම් වූ අනේපිඬු සිටුතුමාගේ ආරාමයේ. එදා ආයුෂ්මත් සාරිපුත්තයන් වහන්සේ "ප්‍රිය ආයුෂ්මත් මහණෙනි" කියල භික්ෂු සංඝයා ඇමතුවා. "ප්‍රිය ආයුෂ්මතුන් වහන්ස" කියල ඒ භික්ෂූන් වහන්සේලා ආයුෂ්මත් සාරිපුත්තයන් වහන්සේට පිළිතුරු දුන්නා. ඒ වෙලාවේ ආයුෂ්මත් සාරිපුත්තයන් වහන්සේ මේ දේශනාව වදාළා.

ප්‍රිය ආයුෂ්මතුනි, ඒක මේ වගේ දෙයක්. පොළවේ ඇවිදගෙන යන පා ඇති සතුන් අතර ඇතෙකුගේ පියවර සටහනක් තුළ අනෙක් සියලුම පා සටහන් දමන්න පුළුවනි. ඒ නිසා හැම පියවර සටහනකට ම වඩා විශාලත්වයෙන් අග්‍ර වන්නේ ඇත් පියවර සටහනයි. ප්‍රිය ආයුෂ්මතුනි, ඔන්න ඔය විදිහමයි, යම්තාක් කුසල් දහම් තියෙනවා නම් ඒ සියල්ල ම චතුරාර්ය සත්‍යයට ඇතුළත් වෙනවා. කුමන චතුරාර්ය සත්‍යයකට ද ඇතුළත් වන්නෙ? දුක්ඛ ආර්ය සත්‍යය තුළටයි, දුක්ඛ සමුදය ආර්ය සත්‍යය තුළටයි. දුක්ඛ නිරෝධ ආර්ය සත්‍යය තුළටයි, දුක්ඛ නිරෝධ ගාමිනී පටිපදා ආර්ය සත්‍යය තුළටයි ඇතුළත් වෙන්නෙ.

ප්‍රිය ආයුෂ්මතුනි, දුක්ඛ ආර්ය සත්‍යය කියන්නේ මොකක්ද? ඉපදීමත් දුකක්. ජරාවට පත්වීමත් දුකක්. මරණයට පත්වීමත් දුකක්. ශෝක, වැළපීම්, දුක් දොම්නස් සුසුම් හෙලීම් ආදියත් දුකක්. ඔය දුක් නොලබා ඉන්න කැමති නමුත් ඒ කැමති දේ නොලැබී යාමත් දුකක්. හැම දෙයක් ම එකට ගොනු කරල කිව්වොත් උපාදානස්කන්ධ පහ ම දුකක්.

ප්‍රිය ආයුෂ්මතුනි, උපාදානස්කන්ධ පහ කියන්නෙ මොනවාද? ඒ තමයි රූප උපාදානස්කන්ධය, වේදනා උපාදානස්කන්ධය, සඤ්ඤා උපාදානස්කන්ධය, සංඛාර උපාදානස්කන්ධය, විඤ්ඤාණ උපාදානස්කන්ධය.

ප්‍රිය ආයුෂ්මතුනි, රූප උපාදානස්කන්ධය කියන්නෙ මොකක්ද? සතර මහා භූතත්, සතර මහා භූතවලින් හටගත්තු දේවලුත් තමයි රූප කියන්නෙ. ප්‍රිය ආයුෂ්මතුනි, මොනවද ඒ මහා භූත හතර? ඒවා තමයි පොළොවට පස් වෙලා යන දේ (පඨවි ධාතුව), දිය වෙලා යන දේ (ආපෝ ධාතුව), උණුසුම් දේ (තේජෝ ධාතුව), හමාගෙන යන දේ (වායෝ ධාතුව).

ප්‍රිය ආයුෂ්මතුනි, පොළොවේ පස්වෙලා යන (පඨවි ධාතු) මොනවාද? තමා තුළත් පඨවි ධාතු තියෙනවා. බාහිරත් පඨවි ධාතු තියෙනවා. ප්‍රිය ආයුෂ්මතුනි, තමා තුළ තිබෙන පඨවි ධාතු මොනවාද? තමන් තුළ පවතින කර්කශ, ගොරෝසු, එකිනෙකට බැඳී තිබෙන පඨවි ධාතු තියෙනවා. ඒවා තමයි, කෙස්, ලොම්, නියපොතු, දත්, සම්, මස්, නහරවැල්, ඇට, ඇට ලොඳ, වකුගඩු, හදවත, අක්මාව, දලබුව, බඩදිව, පෙනහළු, මහා බඩවැල්, කුඩා බඩවැල් බොක්ක, අසූචි යන දේවල්. ඒ වගේ ම තමන් තුළ තවත් කර්කශ දේවල්, ගොරෝසු දේවල්, ශරීරය හා බැඳී තියෙන දේවල් ඇත්නම්, මේවාට කියන්නේ ප්‍රිය ආයුෂ්මතුනි, පඨවි ධාතු කියලයි. ඉතින් මේ තමන් තුළ පොළොවට පස් වී යන යම් දෙයක් ඇද්ද, බාහිරව පොළොවට පස් වී යන යම් දෙයක් ඇද්ද ඕව ඔක්කොම පඨවි ධාතුම යි. මේ පඨවි ධාතු 'මගේ නොවේ. මම නොවෙමි. මගේ ආත්මය නොවේ' කියල දියුණු කරපු ප්‍රඥාවෙන් යථාර්ථයම යි දකින්න ඕන. එතකොට දියුණු කරපු ප්‍රඥාවෙන් යථාර්ථය දැක්ක ම පඨවි ධාතුව ගැන අවබෝධයෙන් ම කලකිරෙනවා, පඨවි ධාතුව ගැන සිත ඇලෙන්නෙ නැතුව යනවා.

ප්‍රිය ආයුෂ්මතුනි, බාහිරව වැගිරෙන දේවල් (මහා වැසි, ගංවතුර, මුහුද ගැලීම් වශයෙන්) ආපෝ ධාතුව කිපෙන අවස්ථාවන් එනවා. එතකොට බාහිර පඨවි ධාතුව (කුඹුරු වතුපිටි, මංමාවත් ආදිය) නොපෙනී යනවා. ප්‍රිය ආයුෂ්මතුනි, එහෙම නම් මෙච්චර විශාල වූ බාහිර පඨවි ධාතුවත් අනිත්‍ය වෙලා යනවා නෙව. ක්ෂය වෙලා යනවා නෙව. වැනසී යන ස්වභාවයට පත්වෙනවා නෙව. වෙනස් වන ස්වභාවයට පත්වෙනවා නෙව. ඉතින් එහෙම එකේ මේ කයේ තියෙන ඩිංගිත්තක් පඨවි ධාතුවට බැඳිල හිට 'මම' කියල, 'මගේ' කියල, 'මම වෙමි' කියල ගන්න පුළුවන්ද? ඔය විදිහට දකිනවා නම් ඒ භික්ෂුවට තෘෂ්ණාවෙන් බැඳීමක් සිද්ධ වෙන්නෙ නෑ.

ප්‍රිය ආයුෂ්මතුනි, එතකොට භික්ෂුවට කවුරු හරි බැන්නොත්, අපහාස කළොත්, දොස් කිව්වොත්, රණ්ඩුවට ආවොත් ඔහු තේරුම් ගන්න ඕන මේ විදිහටයි. ඔන්න මං තුළ දැන් කනේ ස්පර්ශය නිසා හටගත් දුක් වේදනාවක් උපන්නා. ඒක ඇතිවුණේ හේතු සහිතවයි. හේතු රහිතව නොවේ. මොකක් හේතු කරගෙනද? ස්පර්ශය හේතු කරගෙන. ඉතින් ඒ භික්ෂුව ස්පර්ශය අනිත්‍යයි කියල දකිනවා. වේදනාවත් අනිත්‍යයි කියල දකිනවා. සඤ්ඤාවත් අනිත්‍යයි කියල දකිනවා. සංස්කාරත් අනිත්‍යයි කියල දකිනවා. විඤ්ඤාණයත් අනිත්‍යයි කියල දකිනවා. එතකොට ඔහුගෙ සිත ධාතු මනසිකාර භාවනාවේ තමයි බැසගන්නෙ. ඒකෙ ම යි පහදින්නෙ. ඒකෙ ම යි පිහිටන්නෙ. ඒ තුළින් ම යි අවබෝධ වෙන්නෙ.

එතකොට ප්‍රිය ආයුෂ්මතුනි, ඒ භික්ෂුවට තමන් කැමැති නැති, අමනාප වූ දේවල් කවුරු හරි කරන්න පුළුවනි. අතින් ගහන්න පුළුවනි. ගල්වලින් ගහන්න පුළුවනි. දඬු මුගුරුවලින් ගහන්න පුළුවනි. ආයුධවලින් ගහන්න පුළුවනි. ඒ ගැන ඒ භික්ෂුව මේ විදිහට තේරුම් ගන්නවා. 'මේ කය ඒ වගේ දේවල් වදින ස්වභාවයෙන් යුක්ත තමයි. ඒ නිසයි මේ කයට අත් පහරත් වදින්නෙ. ගල් පහරත් වදින්නෙ. දඬුමුගුරු පහරත් වදින්නෙ. ආයුධ පහරත් වදින්නෙ. අපගේ භාග්‍යවතුන් වහන්සේ කියත උපමා කොට වදාළ දේශනාවේදී ඔය ගැන වදාළා නෙව. 'පින්වත් මහණෙනි, ඔබව අල්ලගෙන දරුණු හොරු කට්ටියක් දෙපැත්තෙ මිට තියෙන කියතකින් ඔබේ අත පය කැපුවොත් ඒ වෙලාව හරි ඔබේ හිතේ තරහක් හටගත්තොත් ඔබට මගේ අනුශාසනාව සිහිකරන්න බැරුව යනවා' කියල. ඒ නිසා මම වීරිය පටන් අරගෙන ඉන්නෙ. උත්සාහය හැකිලුණේ නෑ. සිහිය පිහිටල තියෙන්නෙ. සිහි මුළා වෙලා නෑ. කය සැහැල්ලු වෙලා තියෙන්නෙ. බර ගතියක් නෑ. සිත එකඟ වෙලා තියෙන්නෙ. ඒ නිසා මේ ඇඟට අතුල් පහර වැදුනාවේ. ගල් පහර වැදුනාවේ. දඬු මුගුරු පහර වැදුණාවේ. ආයුධ පහර වැදුනාවේ. බුදු සමිඳුන්ගේ සාසනය මං කරගෙන යනවා' කියල.

ප්‍රිය ආයුෂ්මතුනි, ඔය විදිහට භික්ෂුව බුදු සමිඳුන් ගැන සිහිකරන කොට, ඔය විදිහට ශ්‍රී සද්ධර්මය සිහිකරන කොට, ඔය විදිහට ශ්‍රාවක සඟරුවන සිහිකරන කොට, කුසල සහගත උපේක්ෂාවේ සිත පිහිටන්නෙ නැතිවුණොත් භික්ෂුව කලබලයට පත්වෙනවා. සංවේගයට පත්වෙනවා. 'අයියෝ! මට අලාභයක් ම යි. මට ලාභයක් නම් නොවේ. මට නපුරු ලැබීමක් ම යි. හොඳ ලැබීමක් නම් නොවේ. මං මේ විදිහට බුදු සමිඳුන්ව සිහිකරද්දිත්, ශ්‍රී සද්ධර්මය සිහිකරද්දිත්, ශ්‍රාවක සංඝරත්නය සිහිකරද්දිත් කුසල සහගත උපේක්ෂාවේ මගේ සිත පිහිටන්නේ නැහැ නෙව' කියල.

ප්‍රිය ආයුෂ්මතුනි, ඒක මේ වගේ දෙයක්. ලේලිට මාමණ්ඩි දැක්කහම ලැජ්ජා හිතෙනවා. සංවේග වෙනවා. ඒ වගේ ම භික්ෂුවත් ඔය විදිහට බුදු සමිඳුන්ව සිහිකරද්දී, ශ්‍රී සද්ධර්මය සිහිකරද්දී, ශ්‍රාවක සංඝරත්නය සිහිකරද්දී, කුසල සහගත උපේක්ෂාවේ සිත පිහිටන්නෙ නැත්නම්, ඒ භික්ෂුව කලබල වෙනවා. සංවේගයට පත්වෙනවා. 'අයියෝ! මට අලාභයක් ම යි. මට ලාභයක් නම් නොවෙයි. මට නපුරු ලැබීමක් ම යි. හොඳ ලැබීමක් නම් නොවෙයි. මං මේ විදිහට බුදු සමිඳුන්ව සිහිකරද්දිත්, සිරි සදහම් සිහිකරද්දිත්, සඟරුවන සිහිකරද්දිත්, කුසල් සහගත උපේක්ෂාවේ මගේ සිත පිහිටන්නෙ නැහැ නෙව' කියල.

ප්‍රිය ආයුෂ්මතුනි, ඔය විදිහට භික්ෂුව බුදු සමිඳුන්ව සිහි කරද්දී, සිරි සදහම් සිහිකරද්දී, සඟරුවන සිහිකරද්දී කුසල් සහගත උපේක්ෂාවේ සිත පිහිටියොත් ඔහු ඒ ගැන ගොඩාක් සතුටු වෙනවා. ප්‍රිය ආයුෂ්මතුනි, ඔච්චරකිනුත් භික්ෂුව බුද්ධ ශාසනය තුළ ලොකු දෙයක් කළා වෙනවා.

ප්‍රිය ආයුෂ්මතුනි, දිය වී යන දේවල් (ආපෝ ධාතු) මොනවාද? ආපෝ ධාතුව තමා තුළත් තියෙනවා. බාහිරවත් තියෙනවා. ප්‍රිය ආයුෂ්මතුනි, තමා තුළ තියෙන ආපෝ ධාතු මොනවාද? තමන් තුළ යම් වැගිරෙන, දියවෙන දෙයක් වේ නම් අන්න ඒවා තමයි. ඒ කියන්නේ පිත, සෙම, සැරව, ලේ, දහඩිය, තෙල්මන්ද, කඳුළු, වුරුණු තෙල්, කෙළ, සොටු, සඳමිඳුළු, මූත්‍රා යන මේවාටයි. ඒ වගේම තමන් තුළ තව මොකවත් වැගිරෙන දිය වෙන දේවල් ඇත්නම් ඒවා ඔක්කොම ආපෝ ධාතුව ම යි. ඒ වගේම තමන් තුළ තියෙන ආපෝ ධාතුවත්, බාහිර ආපෝ ධාතුවත් දෙකම ආපෝ ධාතු ම යි. ඉතින් ඔය ආපෝ ධාතුව 'මගේ නොවේ. මම නොවෙමි. මගේ ආත්මය නොවේ' කියල දියුණු කරපු ප්‍රඥාවෙන් යථාර්ථය දකින්න ඕන. ඔය විදිහට දියුණු කරපු ප්‍රඥාවෙන් යථාර්ථය දකින කොට ආපෝ ධාතුව ගැන කලකිරෙන්නෙ අවබෝධයෙන් ම යි. එතකොට ආපෝ ධාතුව ගැන සිත ඇලෙන්නෙ නැතුව යනවා.

ප්‍රිය ආයුෂ්මතුනි, බාහිර ආපෝ ධාතුව (වැස්ස, ගංවතුර වගේ දේවල්) කිපෙන අවස්ථාවන් එනවා. එතකොට ගම් යටකරගෙන යනවා. නියම් ගම් යටකරගෙන යනවා. නගර යටකරගෙන යනවා. ජනපදත් යටකරගෙන යනවා. ජනපද ප්‍රදේශත් යටකරගෙන යනවා. ඒ වගේම යි ප්‍රිය ආයුෂ්මතුනි, මහ මුහුදේ යොදුන් සිය ගණන් වතුර හිඳිල යන කාලයක් එනවා. යොදුන් දෙසිය ගණන්, යොදුන් තුන්සිය ගණන්, යොදුන් හාරසිය ගණන්, යොදුන් පන්සිය ගණන්, යොදුන් හයසිය ගණන්, යොදුන් හත්සිය ගණන් වතුර හිඳිල යන කාලයක් එනවා. තල් ගස් හතක උසට වතුර හිඳෙන කාලයක් එනවා. තල් ගස් හයක

උසට, තල් ගස් පහක උසට, තල් ගස් හතරක උසට, තල් ගස් තුනක උසට, තල් ගස් දෙකක උසට, එක ම තල් ගසක උසට මහ මුහුදේ වතුර හිඳෙන කාලයක් එනවා. ඒ වගේම ප්‍රිය ආයුෂ්මතුනි, පුරුෂයන් හත් දෙනෙකුගේ උසට මහ මුහුදේ වතුර හිඳෙන කාලයක් එනවා. හය දෙනෙකුගේ උසට, පස් දෙනෙකුගේ උසට, හතර දෙනෙකුගේ උසට, තුන් දෙනෙකුගේ උසට, දෙදෙනෙකුගේ උසට, එක පුරුෂයෙකුගේ උසට වතුර හිඳෙන කාලයක් එනවා. ඒ වගේ ම යි ප්‍රිය ආයුෂ්මතුනි, මිනිහෙකුගේ බාගයක් දක්වා මුහුදේ වතුර හිඳෙන කාලයක් එනවා. ඉණ දක්වා වතුර හිඳෙන කාලයක් එනවා. දණිස් දක්වා වතුර හිඳෙන කාලයක් එනවා. වළලුකර දක්වා වතුර හිඳෙන කාලයක් එනවා. ඒ වගේම ඇඟිලි පුරුකක් තෙමාගන්න බැරි තරමට මහ මුහුදේ වතුර හිඳිල යනවා නම් එබඳු කාලයකුත් එනවා. ප්‍රිය ආයුෂ්මතුනි, මේ සා විශාල මහ වතුර කන්දරාවක, ආපෝ ධාතුවක අනිත්‍යයයි දකින්නට තියෙන්නෙ. ....(පෙ).... ප්‍රිය ආයුෂ්මතුනි, ඔය විදිහට භික්ෂුව බුදු සමිඳුන්ව සිහිකරද්දිත්, සද්ධර්මය සිහිකරද්දිත්, මහ සඟරුවන සිහිකරද්දිත් කුසල් සහගත උපේක්ෂාවේ සිත පිහිටනවා. එතකොට ඒ භික්ෂුව ඒ ගැන ගොඩාක් සතුටු වෙනවා. ප්‍රිය ආයුෂ්මතුනි, ඔච්චරකිනුත් භික්ෂුව බුද්ධ ශාසනය තුළ ලොකු දෙයක් කරගත්තා වෙනවා.

ප්‍රිය ආයුෂ්මතුනි, උණුසුම් දේවල් (තේජෝ ධාතු) කියන්නෙ මොනවාද? තේජෝ ධාතු තමා තුළත් තියෙනවා. බාහිරවත් තියෙනවා. තමා තුළ තියෙන තේජෝ ධාතු මොනවාද? තමා තුළ යම් රස්නෙ ගතියක්, උණුසුම් ගතියක් තියෙනවා නම්, අන්න ඒවා තමයි. ඒ කියන්නෙ, යම් දෙයකින් රත්වෙන ගතියක් ඇතිවෙනවා නම්, යම් දෙයකින් දිරවනවා නම්, යම් දෙයකින් දාහයක් ඇතිවෙනවා නම්, කාපු බීපු දේවල්, හපපු දේවල්, රස විඳපු දේවල් දිරවල යනවා නම්, තවත් මොනවා හරි රස්නෙ ගතියක්, උණුසුම් ගතියක් තියෙනවා නම්, ප්‍රිය ආයුෂ්මතුනි අන්න ඒවාට තමයි තේජෝ ධාතු කියන්නෙ. තමා තුළ යම් තේජෝ ධාතුවක් ඇද්ද, බාහිර යම් තේජෝ ධාතුවක් ඇද්ද, ඒවා ඔක්කොම තේජෝ ධාතු ම යි. ඒ තේජෝ ධාතුව 'මගේ නොවේ. මම නොවෙමි. මගේ ආත්මය නොවේ' කියල දියුණු කරපු ප්‍රඥාවෙන් යථාර්ථය දකින්න ඕන. ඔය විදිහට දියුණු කරපු ප්‍රඥාවෙන් යථාර්ථය දකිනකොට තේජෝ ධාතුව ගැන කළකිරෙන්නෙ අවබෝධයෙන් ම යි. එතකොට තේජෝ ධාතුවෙ සිත ඇලෙන්නෙ නැතුව යනවා.

ප්‍රිය ආයුෂ්මතුනි, ඔය බාහිර තේජෝ ධාතුවත් (ලැව්ගිනි ආදිය ඇති වීමෙන්) කිපෙන කාලයක් එනවා. එතකොට ගම් පිටින් ගිනිගන්නවා. නියම් ගම් ගිනිගන්නවා. නගර ගිනිගන්නවා. ජනපද ගිනිගන්නවා. ජනපද ප්‍රදේශ ගිනිගන්නවා. අන්තිමේදී හොඳට තෙත් වුණු නිල් තණ බිමකට හරි, මහා මාර්ග

යකට හරි, ගල් කන්දකට හරි, වතුරක් ළඟට හරි, එළිමහන් වැලි තලාවකට හරි ඒ ගින්න ඇවිදින් ඇවිලෙන්නට දෙයක් නැතුව නිවිල යනවා. ඒ වගේම ප්‍රිය ආයුෂ්මතුනි, කුකුල් පිහාටුවලින්, හම් කෑලිවලින් ගින්දර ටිකක් හොයන කාලෙකුත් එනවා. මේ සා විශාල මහා ගින්නක පවා අනිත්‍ය බවක් ම යි දකින්න ලැබෙන්නෙ. ....(පෙ).... ප්‍රිය ආයුෂ්මතුනි, එතකොට භික්ෂුව ඔය විදිහට බුදු සමිඳුන් සිහි කරද්දි, සිරි සදහම් සිහිකරද්දී, මහ සඟරුවන සිහි කරද්දී කුසල් සහගත උපේක්ෂාවේ හිත පිහිටනවා නම් ඔහු ඒ ගැන ගොඩාක් සතුටු වෙනවා. ප්‍රිය ආයුෂ්මතුනි, ඔච්චරකිනුත් ප්‍රිය ආයුෂ්මතුනි, ඒ භික්ෂුව බුද්ධ ශාසනය තුළ ලොකු දෙයක් කරගත්තා වෙනවා.

ප්‍රිය ආයුෂ්මතුනි, වායෝ ධාතුව කියන්නෙ මොකක්ද? තමා තුළත් වායෝ ධාතුව තියෙනවා. බාහිරවත් වායෝ ධාතුව තියෙනවා. ප්‍රිය ආයුෂ්මතුනි, තමා තුළ තියෙන වායෝ ධාතුව මොකක්ද? තමා තුළ තිබෙන යම් වාතයක්, හුළං ගතියක් තියෙනවා නම් අන්න ඒක තමයි. ඒ කියන්නෙ උගුරට ඇවිදින් පිට වෙන වාතය තියෙනවා. අධෝ මාර්ගයෙන් පිටවෙන වාතය තියෙනවා. කුසේ වාතය තියෙනවා. බඩවැල් ආදියේ වාතය තියෙනවා. ඇඟ පුරා එහෙ මෙහෙ යන වාතය තියෙනවා. ආශ්වාස ප්‍රශ්වාස කරන වාතය තියෙනවා. තවත් මොනව හරි තමන් තුළ වාතයක්, හුළං ගතියක් තියෙනවා නම් ඒවට කියන්නෙ තමා තුළ තියෙන වායෝ ධාතුව කියලයි. තමා තුළත්, බාහිරත් යම් වායෝ ධාතුවක් ඇද්ද, ඒවා ඔක්කෝම වායෝ ධාතු ම යි. ඒ වායෝ ධාතුව 'මගේ නොවේ. මම නොවෙමි. මගේ ආත්මය නොවේ' කියල දියුණු කරපු ප්‍රඥාවෙන් යථාර්ථය දකින්න ඕන. ඔය විදිහට දියුණු කරපු ප්‍රඥාවෙන් යථාර්ථය දකින කොට වායෝ ධාතුව ගැන කලකිරෙන්නෙ අවබෝධයෙන් ම යි, එතකොට වායෝ ධාතුව ගැන හිත ඇලෙන්නෙ නෑ.

ප්‍රිය ආයුෂ්මතුනි, බාහිර වායෝ ධාතුව කිපෙන කාලයක් එනවා. එතකොට ඒ හුළඟින් ගම් පිටින් ගහගෙන යනවා. නියම් ගම් පිටින් ගහගෙන යනවා. නගර පිටින් ගහගෙන යනවා. ජනපද පිටින් ගහගෙන යනවා. ජනපද ප්‍රදේශ පිටින් ගහගෙන යනවා. ඒ වගේම ප්‍රිය ආයුෂ්මතුනි, පායන කාලෙ අන්තිම මාසෙ වෙන කොට අවාන් වලිනුත්, වටාපත් වලිනුත් අමුතුවෙන් හුළං හොයන්න වෙනවා. ඒ කාලෙට තණකොළ ගහක කෙළවරවත් හෙලවෙන්නෙ නෑ. ප්‍රිය ආයුෂ්මතුනි, මේ සා මහත් සුළං තියෙන වායෝ ධාතුවේ අනිත්‍ය බවක් දකින්න ලැබෙනවා. වැනසී යන බවක් දකින්න ලැබෙනවා. වෙනස් වන බවක් දකින්න ලැබෙනවා. එහෙම එකේ මේ ශරීරෙක තියෙන හුළං ඩිංගිත්තකට තණ්හාවෙන් බැඳිල හිට 'මම කියල, මගේ කියල, මම වෙමි' කියල ගන්න එක

හරි ද? ඒ භික්ෂුවට ඒ විදිහට ගැනීමක් නම් අවබෝධයක් තුළින් ඇතිවෙන්නෙ නෑ.

ප්‍රිය ආයුෂ්මතුනි, ඒ භික්ෂුවට කවුරු හරි බැන්නොත්, අපහාස කළොත්, දොස් කිව්වොත්, රණ්ඩුවට ආවොත් මේ විදිහට තේරුම් ගන්නවා. ඔන්න දැන් මං තුළ කනේ ස්පර්ශය නිසා හටගත්තු දුක් වේදනාවක් උපන්නා. ඒ දුක් වේදනාව හේතුන් නිසා හටගත්තු එකක්. හේතුන් නැතුව නොවෙයි. මොන හේතුවෙන් ද ඒ දුක් වේදනාව හටගත්තෙ? ස්පර්ශය හේතුවෙන්. ඒ භික්ෂුව ස්පර්ශය අනිත්‍යයි කියල දකිනවා. වේදනාවත් අනිත්‍යයි කියල දකිනවා. සඤ්ඤාවත් අනිත්‍යයි කියල දකිනවා. සංස්කාරත් අනිත්‍යයි කියල දකිනවා. විඤ්ඤාණයත් අනිත්‍යයි කියල දකිනවා. ඒ භික්ෂුවගේ හිත ධාතු මනසිකාර භාවනාවෙ බැසගන්නවා. ඒකෙම හිත පහදිනවා. ඒකෙම හිත පිහිටනවා. ඒකම අවබෝධ වෙනවා.

ප්‍රිය ආයුෂ්මතුනි, භික්ෂුවට කවුරු හරි අයහපත් වූ අකැමැති වූ අමනාප දෙයක් කළොත්, අතින් ගැහුවොත්, ගල්වලින් ගැහුවොත්, දඬු මුගුරුවලින් ගැහුවොත්, ආයුධවලින් ගැහුවොත් මේ විදිහට තේරුම් ගන්නවා. 'මේ ශරීරය ඔය වගේ දේවල් වැදෙන විදිහට හැදිච්ච එකක්. ඒ නිසයි අත්වලින් පහර වදින්නෙ. ගල්වලින් පහර වදින්නෙ. දඬු මුගුරුවලින් පහර වදින්නෙ. ආයුධ වලින් පහර වදින්නෙ. අපගේ භාග්‍යවතුන් වහන්සේ කියත උපමා කොට වදාළ අවවාදයේ දී ඔය ගැන වදාළා නෙව. 'පින්වත් මහණෙනි, දරුණු හොරු කට්ටියක් ඔබව අල්ලගෙන දෙපැත්තෙ මිට තියෙන කියතකින් ඔබේ ඇඟපත කැපුවොත් එතකොට මනසේ ද්වේෂයක් හටගත්තොත්, ඔබට මගේ අනුශාසනාව සිහිකරන්න බැරුව යනවා කියල. ඒ නිසා මං වීරිය පටන් අරගෙන තියෙන්නෙ. මගේ වීරිය සැඟවිලා නෑ. සිහිය පිහිටලා තියෙන්නෙ. සිහි මුලා වෙලා නෑ. කය සැහැල්ලු වෙලා තියෙන්නෙ. කයේ බරක් නෑ. සිත එකඟ වෙලා තියෙන්නෙ. ඒ නිසා මේ ශරීරයට ඕන තරම් අතුල් පහරවල් වැදුනාවේ. ගල් පහරවල් වැදුනාවේ. දඬු මුගුරු පහරවල් වැදුනාවේ. ආයුධ පහරවල් වැදුනාවේ. මං බුද්ධ ශාසනය දිගටම සිහි කරගෙන යනවා.'

ප්‍රිය ආයුෂ්මතුනි, ඉතින් ඒ භික්ෂුව ඔය විදිහට බුදු සමිඳුන් ගැන සිහි කරද්දි, ඔය විදිහට සිරි සදහම් සිහි කරද්දි, මහ සඟරුවන සිහි කරද්දි, කුසල් සහගත උපේක්ෂාවේ සිත පිහිටන්නෙ නැත්නම්, ඒ භික්ෂුව කලබල වෙනවා. සංවේගයට පත්වෙනවා. 'අයියෝ! මට අලාභයක් ම යි. ලාභයක් නම් නොවේ. මට නපුරු ලැබීමක් ම යි. හොඳ ලැබීමක් නම් නොවේ. මං මේ විදිහට බුදු සමිඳුන්ව සිහි කරද්දි, සිරි සදහම් සිහි කරද්දි, සඟරුවන සිහි කරද්දි මගේ සිත කුසල සහගත උපේක්ෂාවේ පිහිටන්නේ නෑ නෙව' කියලා.

ප්‍රිය ආයුෂ්මතුනි, ඒක මේ වගේ දෙයක්. මාමණ්ඩිය දැකල ලේලිය ලැජ්ජා වෙනවා වගේ. සංවේග වෙනවා වගේ. ඔය විදිහට ම ප්‍රිය ආයුෂ්මතුනි, ඒ භික්ෂුවට බුදු සමිඳුන්ව සිහි කරද්දි, සිරි සදහම් සිහි කරද්දි, මහ සඟරුවන සිහි කරද්දි, කුසල් සහගත උපේක්ෂාවේ සිත පිහිටන්නෙ නැත්නම් ඒ භික්ෂුව කලබල වෙනවා. සංවේගයට පත්වෙනවා. 'අයියෝ! මට අලාභයක් ම යි. ලාභයක් නම් නොවෙයි. මට නපුරු ලැබීමක් ම යි. හොඳ ලැබීමක් නම් නොවෙයි. මං මේ විදිහට බුදු සමිඳුන් සිහි කරද්දිත්, සිරි සදහම් සිහි කරද්දිත්, මහ සඟරුවන ද සිහිකරද්දිත්, කුසල් සහගත උපේක්ෂාවේ හිත පිහිටන්නෙ නැහැ නෙව' කියල.

ඒ වගේම ප්‍රිය ආයුෂ්මතුනි, භික්ෂුව ඔය විදිහට බුදු සමිඳුන්ව සිහි කරද්දි, සිරි සදහම් සිහිකරද්දී, මහ සඟරුවන සිහි කරද්දී කුසල් සහගත උපේක්ෂාවේ හිත පිහිටියොත් ඔහු ඒ ගැන ගොඩාක් සතුටු වෙනවා. ප්‍රිය ආයුෂ්මතුනි, ඔච්චරකිනුත් ඒ භික්ෂුව බුද්ධ ශාසනය තුළ ලොකු දෙයක් කළා වෙනවා.

ප්‍රිය ආයුෂ්මතුනි, ලී දඬු එකතු කරල, වැල් එකතු කරල, තණකොළත් මැටිත් එකතු කරල අහුරගත්තු අවකාශයටයි ගේ කියල කියන්නෙ. ඒ වගේම ප්‍රිය ආයුෂ්මතුනි, ඇට එකතු වෙලා, නහර වැල් එකතු වෙලා, මස් එකතු වෙලා, හම එකතු වෙලා ඇහිරිච්ච අවකාශයටයි 'රූපය' කියල කියන්නෙ.

ප්‍රිය ආයුෂ්මතුනි, තමාගේ ඇස බිඳිලත් නැත්නම්, බාහිර රූප ඇස් ඉදිරියේ පෙනෙන්නත් නැත්නම්, ඊට අදාළ මනසිකාරයකුත් නැත්නම්, ඒ තාක්ම ඊට අදාළ විඤ්ඤාණයේ පහළ වීමකුත් වෙන්නෙ නෑ.

ප්‍රිය ආයුෂ්මතුනි, තමාගේ ඇස බිඳිලත් නැත්නම්, බාහිර රූපත් ඇස් ඉදිරියේ තියෙනවා නම්, නමුත් ඊට අදාළ මනසිකාරය නැත්නම් ඒ තාක්ම ඊට අදාළ විඤ්ඤාණයේ පහළ වීමකුත් වෙන්නෙ නෑ.

ප්‍රිය ආයුෂ්මතුනි, තමන්ගේ ඇස බිඳිලත් නැත්නම්, බාහිර රූපත් ඇස් ඉදිරියේ තියෙනවා නම්, ඊට අදාළ මනසිකාරයකුත් තියෙනවා නම්, අන්න එතකොට ඊට අදාළ විඤ්ඤාණයකුත් පහළ වෙනවා. ඒ විදිහට එකතු වුන කෙනෙකුගේ යම් රූපයක් ඇද්ද, ඒක රූප උපාදානස්කන්ධයට ඇතුළත් වෙනවා. ඒ විදිහට එකතු වුන කෙනෙකුගේ යම් විඳීමක් ඇද්ද, ඒක වේදනා උපාදානස්කන්ධයට ඇතුළත් වෙනවා. ඒ විදිහට එකතු වුන කෙනෙකුගේ යම් සඤ්ඤාවක් ඇද්ද, ඒක සඤ්ඤා උපාදානස්කන්ධයට ඇතුළත් වෙනවා. ඒ විදිහට එකතු වුන කෙනෙකුගේ යම් සංස්කාර ඇද්ද, ඒවා සංස්කාර උපාදානස්කන්ධයට ඇතුළත් වෙනවා. ඒ විදිහට එකතු වුන කෙනෙකුගේ යම් විඤ්ඤාණයක් ඇද්ද, ඒක විඤ්ඤාණ උපාදානස්කන්ධයට ඇතුළත් වෙනවා.

එතකොට ඔහු මේ විදිහට තේරුම් ගන්නවා. මේ පංච උපාදානස්කන්ධය එකට එකතු වෙන්නෙ මේ විදිහට නෙව. එකට රැස් වෙන්නෙ මේ විදිහට නෙව. එකට පවතින්නෙ මේ විදිහට නෙව. ඒ නිසා තමයි අපගේ භාග්‍යවතුන් වහන්සේ මේ විදිහට වදාළේ 'යමෙක් පටිච්චසමුප්පාදය දකී නම් ඔහු ධර්මය දකිනවා. යමෙක් ධර්මය දකී නම් ඔහු පටිච්චසමුප්පාදය දකිනවා' කියලා. මේ පංච උපාදානස්කන්ධය කියල කියන්නෙ හේතූන් නිසා හටගත්තු දෙයක්. මේ පංච උපාදානස්කන්ධය ගැන යම් කිසි ආශාවක්, යම් ආලයක්, යම් සෙනෙහසක්, ආශාවෙන් බැසගැනීමක් තියෙනවා නම් ඒක තමයි දුකේ හටගැනීම. මේ පංච උපාදානස්කන්ධය ගැන තියෙන ඡන්ද රාගය දුරු කරගත්තොත්, ඡන්ද රාගය ප්‍රහාණය වුණොත් ඒක තමයි දුක් නැතිවීම. ප්‍රිය ආයුෂ්මතුනි, ඔච්චරකිනුත් ඒ භික්ෂුව බුද්ධ සාසනේ තුළ ලොකු දෙයක් කරගත්තා වෙනවා.

ප්‍රිය ආයුෂ්මතුනි, තමන්ගේ කන බිඳිලත් නැත්නම් ....(පෙ).... නාසය බිඳිලත් නැත්නම් ....(පෙ).... දිව බිඳිලත් නැත්නම් ....(පෙ).... කය බිඳිලත් නැත්නම් ....(පෙ).... තමාගේ මනස බිඳිලත් නැත්නම් බාහිර අරමුණු මනස ඉදිරියට පැමිණිලත් නැත්නම්, ඊට අදාළ මනසිකාරයත් නැත්නම්, ඒ තාක්ම ඊට අදාළ විඤ්ඤාණය පහළ වෙන්නෙ නෑ.

ප්‍රිය ආයුෂ්මතුනි, තමාගේ මනස බිඳිලත් නැත්නම්, බාහිර අරමුණු මනස ඉදිරියට ඇවිල්ල තියෙනවා නම්, නමුත් ඊට අදාළ මනසිකාරය නැත්නම් ඒ තාක්ම ඊට අදාළ විඤ්ඤාණය පහළ වෙන්නෙ නෑ.

ප්‍රිය ආයුෂ්මතුනි, යම් දවසක තමන්ගේ මනස බිඳිලත් නැත්නම්, බාහිර අරමුණුත් මනස ඉදිරියේ තියෙනවා නම්, ඊට අදාළ මනසිකාරයකුත් තියෙනවා නම්, අන්න එතකොටයි ඊට අදාළ විඤ්ඤාණයේ පහළ වීම වෙන්නෙ. ඒ විදිහට එකතුවුන කෙනාගේ යම් රූපයක් ඇත්නම්, ඒක රූප උපාදානස්කන්ධයට ඇතුළත් වෙනවා. ඒ විදිහට එකතු වුන කෙනාගේ යම් විඳීමක් ඇත්නම්, ඒක වේදනා උපාදානස්කන්ධයට ඇතුළත් වෙනවා. ඒ විදිහට එකතු වුන කෙනාගේ යම් හඳුනාගැනීමක් ඇත්නම්, ඒක සඤ්ඤා උපාදානස්කන්ධයට ඇතුළත් වෙනවා. ඒ විදිහට එකතු වුන කෙනාගේ යම් සංස්කාර ඇත්නම්, ඒවා සංස්කාර උපාදානස්කන්ධයට ඇතුළත් වෙනවා. ඒ විදිහට එකතු වෙච්ච කෙනාගේ යම් විඤ්ඤාණයක් ඇත්නම්, ඒක විඤ්ඤාණ උපාදානස්කන්ධයට ඇතුළත් වෙනවා. භාග්‍යවතුන් වහන්සේ ඒ නිසයි ඒ ගැන මෙහෙම වදාළේ, 'යමෙක් පටිච්චසමුප්පාදය දකී නම්, ඔහු ධර්මය දකිනවා. යමෙක් ධර්මය දකිනවා නම් ඔහු පටිච්චසමුප්පාදය දකිනවා' කියලා. මේ පංච උපාදානස්කන්ධය කියන්නෙ පටිච්චසමුප්පාදය තුළ හැදෙන එකක්. ඉතින් මේ පංච උපාදානස්කන්ධය ගැන

ආශාව තිබුනොත්, ආලය තිබුනොත්, සෙනෙහස තිබුනොත්, ආශාවෙන් බැස ගැනීම තිබුනොත් ඒක තමයි දුකේ හටගැනීම. මේ පංච උපාදානස්කන්ධය කෙරෙහි තියෙන ඡන්ද රාගය දුරු වුනොත්, ඡන්ද රාගය ප්‍රහාණය වුනොත් ඒක තමයි දුක් නැතිවීම. ප්‍රිය ආයුෂ්මතුනි, ඔච්චරකිනුත් ඒ භික්ෂුව බුද්ධ ශාසනය තුළ ලොකු දෙයක් කරගත්තා වෙනවා.

ආයුෂ්මත් සාරිපුත්තයන් වහන්සේ මෙය වදාළා. මේ දේශනාවට සවන් දුන් ඒ භික්ෂූන් වහන්සේලා මේ ගැන ගොඩාක් සතුටු වුනා. ආයුෂ්මත් සාරිපුත්තයන් වහන්සේ වදාළ මේ දේශනය සාදු නාද නංවමින් සතුටින් පිළිගත්තා.

සාදු! සාදු!! සාදු!!!

**ඇතෙකු ගේ පියවර සටහන උපමා කොට වදාළ විස්තරාත්මක දෙසුම නිමා විය.**

# 1.3.9
# මහා සාරෝපම සූත්‍රය
## සාරවත් අරටුව උපමා කොට වදාළ විස්තරාත්මක දෙසුම

මා හට අසන්නට ලැබුනේ මේ විදිහටයි. ඒ දිනවල භාග්‍යවතුන් වහන්සේ වැඩසිටියේ රජගහනුවර ගිජ්ඣකූට පර්වතයේ. දේවදත්ත බුදු සසුන අතහැරලා ගිහින් ඒ වෙන කොට වැඩි කලක් ගතවෙලා නෑ. එදා භාග්‍යවතුන් වහන්සේ දේවදත්ත මුල් කරගෙන භික්ෂූන් වහන්සේලා ඇමතුවා.

පින්වත් මහණෙනි, සමහර පින්වත් කුලදරුවන් ඉන්නවා ගිහි ජීවිතේ අතහැරලා මහණ වෙන්නෙ ශ්‍රද්ධාවෙන් ම යි. 'මම මේ ඉපදෙන, ජරා වෙන, මැරෙන, ශෝක වැළපීම් ලැබෙන, කායික මානසික දුක් ලැබෙන දුකට වැටුනා නෙව. දුකට බැසගත්තා නෙව. දුකින් පෙළෙනවා නෙව. මේ හැම දුකක් ම අවසන් කරල දාන්න ලැබුනොත් කොයිතරම් දෙයක්ද?' කියලා.

ඔය විදියට මහණ වෙච්ච කෙනා ලාභ සත්කාර, කීර්ති ප්‍රශංසා ඇති කරගන්නවා. ඒ ලාභ සත්කාර, කීර්ති ප්‍රශංසාවලින් සතුටු වෙලා සම්පූර්ණයෙන් තෘප්තිමත් වෙනවා. ඊට පස්සෙ ඒ ලාභ සත්කාර, කීර්ති ප්‍රශංසා මුල් කරගෙන තමන්ව හුවා දක්වනවා. අනුන්ව හෙළා දකිනවා. 'ලාභ සත්කාර, කීර්ති ප්‍රශංසා ලැබෙන්නෙ මට විතරයි. මේ අනිත් භික්ෂූන් වහන්සේලා ප්‍රසිද්ධ නැහැ නෙව. ආනුභාව සම්පන්න නැහැ නෙව' කියල. ඒ භික්ෂුව ලාභ සත්කාර, කීර්ති ප්‍රශංසාවෙන් මත්වෙනවා. ප්‍රමාද වෙනවා. ප්‍රමාදයට පත්වෙනවා. ඒ ප්‍රමාදය නිසා දුක සේ වාසය කරනවා.

පින්වත් මහණෙනි, අරටුවකින් ප්‍රයෝජන තියෙන, අරටුවක් සොයමින් ඉන්න, අරටුවක් සොයමින් ඇවිදින කෙනෙකුට හොඳ අරටුව තියෙන විශාල ගහක් හම්බ වෙනවා. ඉතින් ඒ පුද්ගලයා අරටුව කියල හිතාගෙන, අරටුව අත්හැරලා, එලය අත්හැරලා, සිවිය අත්හැරලා, පොත්ත අත්හැරලා, කොළ

අතු ටික සිඳල අරගෙන යනවා. එතකොට ඇස් ඇති කෙනෙක් මොහුව දැකල මෙහෙම කියනවා. "අයියෝ! මේ පුද්ගලයා අරටුව දන්නෙත් නෑ. එලේ දන්නෙත් නෑ. සිවිය දන්නෙත් නෑ. පොත්ත දන්නෙත් නෑ. ඔය තැනැත්තාට අරටුවක ඕනකම තිබුනා. අරටුවක් හොය හොයා නෙව හිටියෙ. හොඳ සාරවත් අරටුව තියෙන මහ ගහකුත් හම්බ වුනා. බැලින්නම් අරටුව කියල හිතාගෙන අරටුව අත්හැරලා, එලයත් අත්හැරලා, සිවියත් අත්හැරලා, පොතුත් අත්හැරලා, කොළ අතු ටික කඩාගෙන ගියා නෙව. අරටුවකින් කරන්න ඕන වැඩේ කරගන්න ඔය තැනැත්තාට නම් ලැබෙන්නෙ නෑ" කියල.

පින්වත් මහණෙනි, ඔන්න ඔය විදිහමයි. ඇතැම් කුලදරුවන් ඉන්නවා ගිහි ජීවිතේ අත්හැරලා මහණ වෙන්නෙ ශ්‍රද්ධාවෙන් ම යි. "අනේ, මං මේ ඉපදෙන, ජරා මරණ තියෙන, ශෝක වැළපීම්, දුක් දොම්නස් උපායාස තියෙන සසර දුකට වැටුනා නෙව. දුකට පත්වුනා නෙව. දුකින් පෙළෙනවා නෙව. මටත් මේ හැම දුකක් ම අවසන් කරල දාන්න ඇත්නම් කොයිතරම් දෙයක්ද?' කියල හිතලයි මහණ වෙන්නෙ. මහණ වුනාට පස්සෙ ලාභ සත්කාර, කීර්ති ප්‍රශංසා උපදවා ගන්නවා. ඒ ලාභ සත්කාර, කීර්ති ප්‍රශංසා වලින් සතුටු වෙනවා. 'දැන් ඉතින් ඔක්කොම හරි!' කියල හිතනවා. ඒ ලාභ සත්කාර, කීර්ති ප්‍රශංසා මුල් කරගෙන තමන්ව හුවා දක්වනවා. අනුන්ව හෙළා දකිනවා. 'ලාභ සත්කාර, කීර්ති ප්‍රශංසා ලැබෙන කෙනෙක් මම. මේ අනිත් භික්ෂූන් වහන්සේලා ප්‍රසිද්ධ නෑ. ආනුභාව නෑ' කියලා. ඔහු ඒ ලාභ සත්කාර, කීර්ති ප්‍රශංසාවෙන් මත්වෙනවා. ප්‍රමාද වෙනවා. ප්‍රමාදයට පත්වෙනවා. ඒ ප්‍රමාදය නිසා දුක සේ ඉන්නවා. ඒ භික්ෂුවට කියන්නෙ 'නිවන් මගේ කොළ අතු ටික ගත්තු කෙනා' කියලයි. එයා ගේ ගමන එතනින් ම අවසන් වෙනවා.

පින්වත් මහණෙනි, ඇතැම් කුලදරුවන් ඉන්නවා ගිහි ජීවිතේ අත්හැරලා මහණ වෙන්නෙ ශ්‍රද්ධාවෙන් ම යි. 'ඉපදෙන, ජරාවෙන, මැරෙන, ශෝක වැළපීම්, දුක් දොම්නස්, උපායාස තියෙන සසර දුකටයි මං වැටුනෙ. මං දුකට පත්වෙලයි ඉන්නෙ. මං දුකින් පෙළෙනවා. අනේ මේ හැම දුකක් ම අවසන් කරල දාන්න ලැබුණොත් කොයිතරම් දෙයක්ද?' කියල. ඔය විදිහට මහණ වුනාට පස්සේ එයාට ලාභ සත්කාර කීර්ති ප්‍රශංසා ලැබෙන්න පටන් ගන්නවා. නමුත් එයා ඒ ලාභ සත්කාර, කීර්ති ප්‍රශංසාවලින් සතුටු වෙන්නෙ නෑ. 'දැන් ඉතින් ඔක්කොම හරි!' කියල හිතන්නෙ නෑ. ඒ ලාභ සත්කාර, කීර්ති ප්‍රශංසා මුල් කරගෙන තමන්ව හුවා දක්වන්නෙ නෑ. අනුන්ව හෙළා දකින්නෙ නෑ. ඒ ලාභ සත්කාර, කීර්ති ප්‍රශංසා නිසා මත්වෙන්නෙ නෑ. ප්‍රමාද වෙන්නෙ නෑ. ප්‍රමාදයට පත්වෙන්නෙ නෑ. අප්‍රමාදීව සිල්වත්ව ඉන්නවා. ඔහු ඒ සීලයෙන් සතුටු වෙනවා. 'දැන් ඉතින් ඔක්කොම හරි!' කියල හිතනවා. ඔහු ඒ සීලය මුල්

කරගෙන තමන්ව හුවා දක්වනවා. අනුන්ව හෙළා දකිනවා. 'මම තමයි යහපත් ධර්ම තියෙන සිල්වත් කෙනා. මේ අනිත් භික්ෂූන් වහන්සේලා පාප ධර්ම තියෙන දුස්සීලයෝ නෙව' කියලා. ඔහු ඒ සීල සම්පත්තියෙන් මත්වෙනවා. පමාවෙනවා. ප්‍රමාදයට පත්වෙනවා. ඒ ප්‍රමාදය නිසා දුක සේ වාසය කරනවා.

පින්වත් මහණෙනි, ඒක මේ වගේ දෙයක්. එක්තරා මනුස්සයෙකුට අරටුවක ඕනකමක් ඇති වුනා. අරටුවක් හොය හොයා යන්න පටන් ගත්තා. ඔහුට හොඳ අරටුව තියෙන විශාල ගහක් හම්බ වුනා. නමුත් ඔහු අරටුව කියල හිතාගෙන, අරටුව අත්හැරලා, එලය අත්හැරලා, සිවිය අත්හැරලා, පොතු අරගෙන ගියා. ඇස් ඇති පුද්ගලයෙක් මොහුව දැකල මෙහෙම කියනවා. 'අයියෝ! ඔය තැනැත්තා අරටුව අඳුනන්නෙත් නෑ. එලය අඳුනන්නෙත් නෑ. සිවිය අඳුනන්නෙත් නෑ. පොතු අඳුනන්නෙත් නෑ. කොළ අතු අඳුනන්නෙත් නෑ. ඇත්තෙන් ම ඔය පුද්ගලයාට අරටුවක ඕනකම තිබුනා. අරටුවක් හොය හොයා තමයි හිටියේ. අරටුවක් තියෙන හොඳ ගහකුත් හම්බ වුනා. අන්තිමේ දි බැලින්නම් අරටුව කියල හිතාගෙන ඒ අරටුව ම අත්හැරලා, එලයත් අත්හැරල, සිවියත් අත්හැරලා, පොතු නෙව අරගෙන ගියේ. අරටුවකින් ගන්න ඕන වැඩේ නම් මොහුට ගන්න ලැබෙන්නෙ නෑ' කියලා.

පින්වත් මහණෙනි, ඔය විදිහම යි ඇතැම් කුලදරුවන් ඉන්නවා ගිහි ජීවිතේ අත්හැරලා මහණ වෙන්නෙ ශ්‍රද්ධාවෙන් ම යි. 'ඉපදෙන, ජරා මරණයෙන්, ශෝක වැළපීම්, දුක් දොම්නස්, උපායාසවලින් යුතු සංසාරෙටයි මං වැටිල ඉන්නෙ. මං දුකට වැටිලයි ඉන්නෙ. මං දුකින් පෙළිලයි ඉන්නෙ. මේ හැම දුකක් ම අවසන් කරල දාන්න තියෙනවා නම් කොයිතරම් හොඳ ද?' කියල හිතාගෙනයි ඔහු මහණ වෙන්නෙ. ඊට පස්සෙ ලාභ සත්කාර, කීර්ති ප්‍රශංසා උපදවාගන්නවා. නමුත් ඒ ලාභ සත්කාර, කීර්ති ප්‍රශංසාවෙන් මත්වෙන්නෙ නෑ. ප්‍රමාද වෙන්නෙ නෑ. ප්‍රමාද බවට පත්වෙන්නෙ නෑ. අප්‍රමාදීව සිල්වත් වෙනවා. ඔහු ඒ සීලයෙන් සතුටු වෙනවා. 'දැන් ඉතින් ඔක්කොම හරි!' කියල හිතනවා. ඔහු ඒ සීලයෙන් තමාව හුවා දක්වනවා. අනුන්ව හෙළාදකිනවා. 'මම තමයි යහපත් ධර්ම ඇති සිල්වත් කෙනා. මේ අනිත් භික්ෂූන් වහන්සේලා පාප ධර්ම ඇති දුස්සීල අය නෙව' කියලා. ඔහු ඒ සීලයෙන් මත්වෙනවා. ප්‍රමාද වෙනවා. ප්‍රමාදයට පත්වෙනවා. ඒ ප්‍රමාදය නිසා දුක සේ වාසය කරනවා. පින්වත් මහණෙනි, ඒ භික්ෂුවටයි කියන්නෙ 'නිවන් මගේ පොත්ත ගත්තු කෙනා' කියලා. ඔහුගේ ගමන එතනින් ම අවසන් වෙනවා.

පින්වත් මහණෙනි, ඇතැම් කුලදරුවන් ඉන්නවා ගිහි ජීවිතේ අත්හැරලා මහණ වෙන්නෙ ශ්‍රද්ධාවෙන් ම යි. 'මං ඉපදීමෙන්, ජරා මරණයෙන්, ශෝක

වැළපීම්, දුක් දොම්නස්, සුසුම් හෙළීම්වලින් දුකට පැමිණුනා. මං දුකේ වැටිල ඉන්නෙ. මං දුකින් පෙළෙමින් ඉන්නෙ. මේ හැම දුක්වල ම අවසානයක් දැකගන්න තියෙනවා නම් කොයිතරම් දෙයක්ද?' කියලයි මහණ වෙන්නේ. ඊට පස්සෙ එයා ලාභ සත්කාර, කීර්ති ප්‍රශංසා උපදවා ගන්නවා. නමුත් ඒ ලාභ සත්කාර, කීර්ති ප්‍රශංසාවලින් සතුටු වෙන්නෙ නෑ. 'දැන් ඉතින් ඔක්කොම හරි!' කියල හිතන්නෙ නෑ. ඒ ලාභ සත්කාර, කීර්ති ප්‍රශංසා මුල් කරගෙන තමන්ව හුවා දක්වන්නෙ නෑ. අනුන්ව හෙළා දකින්නෙ නෑ. ඒ ලාභ සත්කාර, කීර්ති ප්‍රශංසා නිසා මත්වෙන්නෙ නෑ. ප්‍රමාද වෙන්නෙ නෑ. ප්‍රමාදයට පත්වෙන්නෙ නෑ. අප්‍රමාදීව සිල්වත් වෙනවා. ඔහු සීල සම්පත්තියෙන් සතුටු වෙනවා. නමුත් 'දැන් ඉතින් ඔක්කොම හරි!' කියල හිතන්නේ නෑ. ඒ සීල සම්පත්තියෙන් මත්වෙන්නෙ නෑ. ප්‍රමාද වෙන්නෙ නෑ. ප්‍රමාදයට පත්වෙන්නෙ නෑ. අප්‍රමාදීව සමාධි සම්පත්තිය ඇති කරගන්නවා. අන්න එතනදී ඔහු සමාධියෙන් සතුටු වෙනවා. 'දැන් ඉතින් ඔක්කොම හරි!' කියල හිතනවා. ඒ සමාධිය මුල් කරගෙන තමන්ව හුවා දක්වනවා. අනුන්ව හෙළා දකිනවා. 'මම තමයි සමාහිත සිතින් ඉන්න කෙනා. අනිත් භික්ෂූන් වහන්සේලාට සමාධියක් නෑ. බ්‍රාන්ත වෙලා ඉන්නවා' කියල. ඒ භික්ෂුව ඒ සමාධි සම්පත්තියෙන් මත්වෙනවා. ප්‍රමාද වෙනවා. ප්‍රමාදයට පත්වෙනවා. ප්‍රමාදයට පත්වෙලා දුක සේ වාසය කරනවා.

පින්වත් මහණෙනි, ඒක මේ වගේ දෙයක්. ඔන්න කෙනෙකුට අරටුවක වැඩක් ගන්න ඕන වුනා. අරටුවක් හොය හොයා ඇවිදින්න පටන් ගත්තා. ඔහොම යද්දි හොඳ අරටුවක් තියෙන විශාල ගහක් හම්බ වුනා. ඉතින් මෙයා අරටුව කියල හිතාගෙන, අරටුව අත්හැරලා, එලය අත්හැරලා, සිවිය ගලෝගෙන ගියා. ඇස් ඇති කෙනෙකුට මොහුව දකින්න ලැබෙනවා. දැකල මෙහෙම කියනවා. 'අයියෝ! මේ තැනැත්තා අරටුව දන්නෙත් නෑ. එලය දන්නෙත් නෑ. සිවිය දන්නෙත් නෑ. පොත්ත දන්නෙත් නෑ. කොළ අතු දන්නෙත් නෑ. මේ පුද්ගලයාට ඕන වුනේ අරටුවයි. අරටුව ම යි හොය හොයා ගියෙත්. අරටුව තියෙන විශාල ගහකුත් හම්බ වුනා. අන්තිමේදී බැලින්නම් මෙයා අරටුව අත්හැරලා, එලය අත්හැරලා, අරටුව කියල හිතාගෙන සිවිය ගලෝගෙන ගියා නෙව. මෙයාට නම් අරටුවෙන් වැඩක් ගන්න ලැබෙන්නෙ නෑ' කියලා.

පින්වත් මහණෙනි, ඇතැම් කුලදරුවන් ඉන්නවා ගිහි ජීවිතේ අත්හැරලා මහණ වෙන්නෙ ශ්‍රද්ධාවෙන් ම යි. 'මං ඉපදීමෙන්, ජරා මරණයෙන්, ශෝක වැළපීම්, දුක් දොම්නස්, සුසුම් හෙළීම්වලින් දුකට පැමිණුනා. මං දුකේ වැටිල ඉන්නෙ. මං දුකින් පෙළෙමින් ඉන්නෙ. මේ හැම දුක්වල ම අවසානයක් දැකගන්න තියෙනවා නම් කොයිතරම් දෙයක්ද?' කියලයි මහණ වෙන්නේ. ඊට

පස්සෙ එයා ලාභ සත්කාර, කීර්ති ප්‍රශංසා උපදවා ගන්නවා. නමුත් ඒ ලාභ සත්කාර, කීර්ති ප්‍රශංසාවලින් සතුටු වෙන්නෙ නෑ. 'දැන් ඉතින් ඔක්කොම හරි!' කියල හිතන්නෙ නෑ. ඒ ලාභ සත්කාර, කීර්ති ප්‍රශංසා මුල් කරගෙන තමන්ව හුවා දක්වන්නෙ නෑ. අනුන්ව හෙළා දකින්නෙ නෑ. ඒ ලාභ සත්කාර, කීර්ති ප්‍රශංසා නිසා මත්වෙන්නෙ නෑ. ප්‍රමාද වෙන්නෙ නෑ. ප්‍රමාදයට පත්වෙන්නෙ නෑ. අප්‍රමාදීව සිල්වත් වෙනවා. ඔහු සීල සම්පත්තියෙන් සතුටු වෙනවා. නමුත් 'දැන් ඉතින් ඔක්කොම හරි!' කියල හිතන්නේ නෑ. ඒ සීල සම්පත්තියෙන් මත් වෙන්නෙ නෑ. ප්‍රමාද වෙන්නෙ නෑ. ප්‍රමාදයට පත්වෙන්නෙ නෑ. අප්‍රමාදීව සමාධි සම්පත්තිය ඇති කරගන්නවා. අන්න එතනදී ඔහු සමාධියෙන් සතුටු වෙනවා. 'දැන් ඉතින් ඔක්කොම හරි!' කියල හිතනවා. ඒ සමාධිය මුල් කරගෙන තමන්ව හුවා දක්වනවා. අනුන්ව හෙළා දකිනවා. 'මම තමයි සමාහිත සිතින් ඉන්න කෙනා. අනිත් භික්ෂූන් වහන්සේලාට සමාධියක් නෑ. බිරාන්ත වෙලා ඉන්නවා' කියල. ඒ භික්ෂුව ඒ සමාධි සම්පත්තියෙන් මත්වෙනවා. ප්‍රමාද වෙනවා. ප්‍රමාදයට පත්වෙනවා. ප්‍රමාදයට පත්වෙලා දුක සේ වාසය කරනවා. පින්වත් මහණෙනි, ඒ භික්ෂුවට කියන්නෙ 'නිවන් මගේ සිවිය ගලෝගත්තු කෙනා' කියලා. එතැනින්ම ඔහුගේ ගමන අවසන් වෙනවා.

පින්වත් මහණෙනි, ඇතැම් කුලදරුවන් ඉන්නවා ගිහි ගේ අත්හැරලා මහණ වෙන්නෙ ශ්‍රද්ධාවෙන් ම යි. 'ඉපදීමෙන්, ජරා මරණයෙන්, ශෝක වැළපීම්, දුක් දොම්නස්, උපායාසවලින් යුතු සසර දුකටයි මං වැටිල ඉන්නේ. දුක තුළටයි මං වැටුණේ. දුකෙන් පෙළෙමින් ඉන්නේ. ඉතින් මේ හැම දුකක් ම අවසන් කරල දාන්න ඇත්නම් කොයිතරම් දෙයක්ද?' කියලයි මහණ වෙන්නේ. මහණ වුනාට පස්සේ ලාභ සත්කාර, කීර්ති ප්‍රශංසා උපදිනවා. හැබැයි ඒ ලාභ සත්කාර, කීර්ති ප්‍රශංසාවලින් සතුටු වෙන්නෙ නෑ. 'දැන් ඉතින් ඔක්කොම හරි!' කියල හිතන්නෙ නෑ. ඒ ලාභ සත්කාර, කීර්ති ප්‍රශංසා මුල් කරගෙන තමන්ව හුවා දක්වන්නෙ නෑ. අනුන්ව හෙළා දකින්නෙ නෑ. ඒ ලාභ සත්කාර, කීර්ති ප්‍රශංසා නිසා මත්වෙන්නෙ නෑ. ප්‍රමාද වෙන්නෙ නෑ. ප්‍රමාදයට පත්වෙන්නෙ නෑ. අප්‍රමාදීව සිල්වත් වෙනවා. ඒ සීල සම්පත්තියෙන් සතුටු වෙනවා. නමුත් 'දැන් ඉතින් ඔක්කොම හරි!' කියල හිතන්නේ නෑ. ඒ සීල සම්පත්තියෙන් මත්වෙන්නෙ නෑ. ප්‍රමාද වෙන්නෙ නෑ. ප්‍රමාදයට පත්වෙන්නෙ නෑ. අප්‍රමාදීව සමාධි සම්පත්තිය ඇති කරගන්නවා. ඔහු ඒ සමාධියෙන් සතුටු වුනත් 'දැන් ඉතින් ඔක්කොම හරි!' කියල හිතන්නෙ නෑ. ඒ සමාධිය සම්පත්තිය මුල් කරගෙන තමාව හුවා දක්වන්නෙ නෑ. අනුන්ව හෙළා දකින්නෙ නෑ. ඒ සමාධිය නිසා මත්වෙන්නෙ නෑ. ප්‍රමාද වෙන්නෙ නෑ. ප්‍රමාදයට පත්වෙන්නෙ නෑ. අප්‍රමාදීව ඤාණදර්ශනය ඇති කරගන්නවා. ඔහු ඒ ඤාණදර්ශනයෙන් සතුටු වෙනවා.

'දැන් ඉතින් ඔක්කොම හරි!' කියල හිතනවා. ඒ ඤාණදර්ශනය මුල්කරගෙන තමා හුවා දක්වනවා. අනුන්ව හෙළා දකිනවා. 'මං යථාර්ථය දැනගෙන, දැක ගෙනයි ඉන්නෙ, ඒ වුනාට මේ අනිත් භික්ෂූන් වහන්සේලා යථාර්ථය නොදැන, නොදැක නෙව ඉන්නෙ' කියල ඔහු ඤාණදර්ශනයෙන් මත්වෙනවා. ප්‍රමාද වෙනවා. ප්‍රමාදයට පත්වෙනවා. ප්‍රමාදයට පත්වීම නිසා දුක සේ වාසය කරනවා.

පින්වත් මහණෙනි, ඒක මේ වගේ දෙයක්. එක්තරා මිනිහෙක් ඉන්නවා. මේ පුද්ගලයාට අරටුවකින් වැඩක් ගන්න ඕන වෙනවා. ඉතින් අරටුවක් සොයන්න පටන් ගන්නවා. ඔහොම යනකොට අරටුව තියෙන හොඳ ගහක් හම්බ වෙනවා. නමුත් මෙයා අරටුව කියල හිතාගෙන අරටුව අත්හැරලා, එලය අරගෙන යනවා. එතකොට ඇස් ඇති කෙනෙක් මොහුව දැකලා මෙහෙම කියනවා. 'අයියෝ! මේ තැනැත්තා අරටුව දන්නෙත් නෑ. එලය දන්නෙත් නෑ. සිවිය දන්නෙත් නෑ. පොතු දන්නෙත් නෑ. කොළ අතු දන්නෙත් නෑ. ඔය තැනැත්තාට අරටුවක් ඕන වෙලා තිබුනා. අරටුවක් හොය හොයා ගියා. අන්තිමේදී හොඳ අරටුවක් තියෙන විශාල ගහකුත් හම්බ වුනා. පස්සෙ බැලින්නම් මෙයා අරටුව කියල හිතාගෙන ඒ අරටුව අත්හැරලා, එලය නෙව අරගෙන ගියේ. මේ තැනැත්තාට නම් අරටුවකින් ලබාගන්න ප්‍රයෝජනේ ලබා ගන්න බැරි වෙලා යනවා' කියල.

පින්වත් මහණෙනි, ඔන්න ඔය විදිහමයි. ඇතැම් කුලදරුවන් ඉන්නවා ගිහි ගේ අත්හැරලා මහණ වෙන්නෙ ශ්‍රද්ධාවෙන් ම යි. 'ඉපදීමෙන්, ජරා මරණයෙන්, ශෝක වැළපීම්, දුක් දොම්නස්, උපායාසවලින් යුතු සසර දුකටයි මං වැටුනේ. දුක තුළටයි මං වැටුනේ. දුකෙන් පෙළෙමින් ඉන්නෙ. ඉතින් මේ හැම දුකක් ම අවසන් කරල දාන්න ඇත්නම් කොයිතරම් දෙයක්ද?' කියලයි මහණ වෙන්නේ. මහණ වුනාට පස්සෙ ලාභ සත්කාර, කීර්ති ප්‍රශංසා උපදවනවා. හැබැයි ඒ ලාභ සත්කාර, කීර්ති ප්‍රශංසාවලින් සතුටු වෙන්නෙ නෑ. 'දැන් ඉතින් ඔක්කොම හරි!' කියල හිතන්නෙ නෑ. ඒ ලාභ සත්කාර, කීර්ති ප්‍රශංසා මුල් කරගෙන තමන්ව හුවා දක්වන්නෙ නෑ. අනුන්ව හෙළා දකින්නෙ නෑ. ඒ ලාභ සත්කාර, කීර්ති ප්‍රශංසා නිසා මත්වෙන්නෙ නෑ. ප්‍රමාද වෙන්නෙ නෑ. ප්‍රමාදයට පත්වෙන්නෙ නෑ. අප්‍රමාදීව සිල්වත් වෙනවා. ඒ සීල සම්පත්තියෙන් සතුටු වෙනවා. නමුත් 'දැන් ඉතින් ඔක්කොම හරි' කියල හිතන්නේ නෑ. ඒ සීල සම්පත්තියෙන් මත්වෙන්නෙ නෑ. ප්‍රමාද වෙන්නෙ නෑ. ප්‍රමාදයට පත්වෙන්නෙ නෑ. අප්‍රමාදීව සමාධි සම්පත්තිය ඇති කරගන්නවා. ඔහු ඒ සමාධියෙන් සතුටු වුනත් 'දැන් ඉතින් ඔක්කොම හරි!' කියල හිතන්නෙ නෑ. ඒ සමාධිය සම්පත්තිය මුල් කරගෙන තමාව හුවා දක්වන්නෙ නෑ. අනුන්ව හෙළා දකින්නෙ නෑ. ඒ සමාධිය නිසා මත්වෙන්නෙ නෑ. ප්‍රමාද වෙන්නෙ නෑ. ප්‍රමාදයට පත්වෙන්නෙ

නෑ. අප්‍රමාදීව ඥාණදර්ශනය ඇති කරගන්නවා. ඔහු ඒ ඥාණදර්ශනයෙන් සතුටු වෙනවා. 'දැන් ඉතින් ඔක්කොම හරි!' කියල හිතනවා. ඒ ඥාණදර්ශනය මුල්කරගෙන තමා හුවා දක්වනවා. අනුන්ව හෙළා දකිනවා. 'මං යථාර්ථය දැනගෙන, දැකගෙනයි ඉන්නෙ, ඒ වුනාට මේ අනිත් භික්ෂූන් වහන්සේලා යථාර්ථය නොදැන, නොදැක නෙව ඉන්නෙ' කියල ඔහු ඥාණදර්ශනයෙන් මත්වෙනවා. ප්‍රමාද වෙනවා. ප්‍රමාදයට පත්වෙනවා. ප්‍රමාදයට පත්වීම නිසා දුක සේ වාසය කරනවා. පින්වත් මහණෙනි, අන්න ඒ භික්ෂුවට කියන්නෙ 'නිවන් මගේ ඵලය ගත්තු කෙනා' කියලා. එයාගේ ගමන එතනින් ම අවසන් වෙනවා.

පින්වත් මහණෙනි, ඇතැම් කුලදරුවන් ඉන්නවා ගිහි ගේ අත්හැරලා මහණ වෙන්නෙ ශ්‍රද්ධාවෙන් ම යි. 'ඉපදීමෙන්, ජරා මරණයෙන්, ශෝක වැළපීම්, දුක් දොම්නස්, උපායාසවලින් යුතු සසර දුකටයි මං වැටිලා ඉන්නෙ. දුක තුළටයි මං වැටුනේ. දුකෙන් පෙළෙමින් ඉන්නේ. ඉතින් මේ හැම දුකක් ම අවසන් කරල දාන්න ඇත්නම් කොයිතරම් දෙයක්ද?' කියලයි මහණ වෙන්නේ. මහණ වුනාට පස්සේ ලාභ සත්කාර, කීර්ති ප්‍රශංසා උපදිනවා. හැබැයි ඒ ලාභ සත්කාර, කීර්ති ප්‍රශංසාවලින් සතුටු වෙන්නෙ නෑ. 'දැන් ඉතින් ඔක්කොම හරි!' කියල හිතන්නෙ නෑ. ඒ ලාභ සත්කාර, කීර්ති ප්‍රශංසා මුල් කරගෙන තමන්ව හුවා දක්වන්නෙ නෑ. අනුන්ව හෙළා දකින්නෙ නෑ. ඒ ලාභ සත්කාර, කීර්ති ප්‍රශංසා නිසා මත්වෙන්නෙ නෑ. ප්‍රමාද වෙන්නෙ නෑ. ප්‍රමාදයට පත්වෙන්නෙ නෑ. අප්‍රමාදීව සිල්වත් වෙනවා. ඒ සීල සම්පත්තියෙන් සතුටු වෙනවා. නමුත් 'දැන් ඉතින් ඔක්කොම හරි!' කියල හිතන්නේ නෑ. ඒ සීල සම්පත්තියෙන් මත්වෙන්නෙ නෑ. ප්‍රමාද වෙන්නෙ නෑ. ප්‍රමාදයට පත්වෙන්නෙ නෑ. අප්‍රමාදීව සමාධි සම්පත්තිය ඇති කරගන්නවා. ඔහු ඒ සමාධියෙන් සතුටු වුනත් 'දැන් ඉතින් ඔක්කොම හරි!' කියල හිතන්නෙ නෑ. ඒ සමාධිය සම්පත්තිය මුල් කරගෙන තමාව හුවා දක්වන්නෙ නෑ. අනුන්ව හෙළා දකින්නෙ නෑ. ඒ සමාධිය නිසා මත්වෙන්නෙ නෑ. ප්‍රමාද වෙන්නෙ නෑ. ප්‍රමාදයට පත්වෙන්නෙ නෑ. අප්‍රමාදීව ඥාණදර්ශනය ඇති කරගන්නවා. ඔහු ඒ ඥාණදර්ශනයෙන් සතුටු වෙනවා. නමුත් 'දැන් ඉතින් ඔක්කොම හරි!' කියල හිතන්නෙ නෑ. ඒ ඥාණදර්ශනය මුල් කරගෙන තමන්ව හුවා දක්වන්නෙ නෑ. අනුන්ව හෙළා දකින්නෙ නෑ. ඒ ඥාණදර්ශනයෙන් මත්වෙන්නෙ නෑ. ප්‍රමාද වෙන්නෙ නෑ. ප්‍රමාද බවට පත්වෙන්නෙ නෑ. අප්‍රමාදීව සියලු කෙලෙසුන් නසා අරහත්වයට පත්වෙනවා. පින්වත් මහණෙනි, ඒ භික්ෂුව අරහත්වයෙන් පිරිහෙනවා කියන දෙය සිද්ධ වෙන දෙයක් නොවෙයි. එබඳු දේකට ඉඩක් ඇත්තෙම නෑ.

පින්වත් මහණෙනි, ඒක මේ වගේ දෙයක්. පුද්ගලයෙක් ඉන්නවා. එයාටත් අරටුවක අවශ්‍යතාවය තියෙනවා. එයත් අරටුවක් හොය හොයා ඇවිදිනවා. එයාටත් අරටුව තියෙන විශාල ගහක් හම්බ වෙනවා. එයා ඒකෙ අරටුව හඳුනාගෙන, අරටුව ම කපාගෙන යනවා. ඇස් ඇති කෙනෙක් එයාව දැකල මෙහෙම කියනවා. "හරියට හරි! මේ ඇත්තා විතරක් අරටුව හඳුනගත්තා. එලය හඳුනගත්තා. සිවිය හඳුනගත්තා. පොත්ත හඳුනගත්තා. කොළ අතු හඳුනගත්තා. ඔය තැනැත්තටත් අරටුවක අවශ්‍යතාවයක් තිබුනා. අරටුවක් හොය හොයාත් ගියා. අරටුව තියෙන ගහකුත් හම්බ වුනා. අරටුව හඳුනගෙන, අරටුව ම කපාගෙන ගියා. අන්න එයාට විතරක් අරටුවකින් ගන්න තියෙන ප්‍රයෝජනේ ගන්ට පුළුවනි" කියල.

පින්වත් මහණෙනි, ඔන්න ඔය විදිහමයි. ඇතැම් කුලදරුවන් ඉන්නවා ගිහි ගේ අත්හැරලා මහණ වෙන්නෙ ශ්‍රද්ධාවෙන් ම යි. 'ඉපදීමෙන්, ජරා මරණයෙන්, ශෝක වැළපීම්, දුක් දොම්නස්, උපායාසවලින් යුතු සසර දුකටයි මං වැටිලා ඉන්නෙ. දුකට වැටිලයි මං ඉන්නේ. දුකෙන් පෙළෙමින් ඉන්නේ. ඉතින් මේ හැම දුකක් ම අවසන් කරල දාන්න ඇත්නම් කොයිතරම් දෙයක්ද?' කියලයි මහණ වෙන්නේ. මහණ වුනාට පස්සේ ලාභ සත්කාර, කීර්ති ප්‍රශංසා උපදිනවා. හැබැයි ඒ ලාභ සත්කාර, කීර්ති ප්‍රශංසාවලින් සතුටු වෙන්නෙ නෑ. 'දැන් ඉතින් ඔක්කොම හරි!' කියල හිතන්නෙ නෑ. ඒ ලාභ සත්කාර, කීර්ති ප්‍රශංසා මුල් කරගෙන තමන්ව හුවා දක්වන්නෙ නෑ. අනුන්ව හෙළා දකින්නෙ නෑ. ඒ ලාභ සත්කාර, කීර්ති ප්‍රශංසා නිසා මත්වෙන්නෙ නෑ. ප්‍රමාද වෙන්නෙ නෑ. ප්‍රමාදයට පත්වෙන්නෙ නෑ. අප්‍රමාදීව සිල්වත් වෙනවා. ඒ සීල සම්පත්තියෙන් සතුටු වෙනවා. නමුත් 'දැන් ඉතින් ඔක්කොම හරි!' කියල හිතන්නේ නෑ. ඒ සීල සම්පත්තියෙන් මත් වෙන්නෙ නෑ. ප්‍රමාද වෙන්නෙ නෑ. ප්‍රමාදයට පත්වෙන්නෙ නෑ. අප්‍රමාදීව සමාධි සම්පත්තිය ඇති කරගන්නවා. ඔහු ඒ සමාධියෙන් සතුටු වුනත් 'දැන් ඉතින් ඔක්කොම හරි!' කියල හිතන්නෙ නෑ. ඒ සමාධිය සම්පත්තිය මුල් කරගෙන තමාව හුවා දක්වන්නෙ නෑ. අනුන්ව හෙළා දකින්නෙ නෑ. ඒ සමාධිය නිසා මත්වෙන්නෙ නෑ. ප්‍රමාද වෙන්නෙ නෑ. ප්‍රමාදයට පත්වෙන්නෙ නෑ. අප්‍රමාදීව ඤාණදර්ශනය ඇති කරගන්නවා. ඔහු ඒ ඤාණදර්ශනයෙන් සතුටු වෙනවා. නමුත් 'දැන් ඉතින් ඔක්කොම හරි!' කියල හිතන්නෙ නෑ. ඒ ඤාණ දර්ශනය මුල් කරගෙන තමන්ව හුවා දක්වන්නෙ නෑ. අනුන්ව හෙළා දකින්නෙ නෑ. ඒ ඤාණදර්ශනයෙන් මත්වෙන්නෙ නෑ. ප්‍රමාද වෙන්නෙ නෑ. ප්‍රමාද බවට පත්වෙන්නෙ නෑ. අප්‍රමාදීව සියලු කෙලෙසුන් නසා අරහත්වයට පත්වෙනවා. පින්වත් මහණෙනි, ඒ භික්ෂුව අරහත්වයෙන් පිරිහෙනවා කියන දෙය සිද්ධ වෙන දෙයක් නොවෙයි. එබඳු දේකට ඉඩක් ඇත්තෙම නෑ.

පින්වත් මහණෙනි, මේ පැවිදි ජීවිතය ලාභ සත්කාර, කීර්ති ප්‍රශංසා ආනිසංස කරගෙන තියෙන දෙයක් නොවෙයි. සීල සම්පත් ආනිශංස කරගෙන තියෙන දෙයක් නොවෙයි. සමාධි සම්පත් ආනිශංස කරගෙන තියෙන දෙයක් නොවෙයි. ඤාණදර්ශනය ආනිශංස කරගෙන තියෙන දෙයක් නොවෙයි. පින්වත් මහණෙනි, කිසිම දේකින් වෙනස් කරන්න බැරි යම් අරහත් ඵල චිත්ත විමුක්තියක් තියෙනවා නම්, අන්න ඒක පිණිස ම යි මේ පැවිදි ජීවිතය තියෙන්නෙ. ඒක ම යි මේ පැවිදි ජීවිතයේ අරටුව. ඒක ම යි මේ පැවිදි ජීවිතයේ සම්පූර්ණත්වයට පත්වීම.

භාග්‍යවතුන් වහන්සේ මෙය වදාළා. භාග්‍යවතුන් වහන්සේ වදාළ මේ දේශනය අසා ඒ භික්ෂූන් වහන්සේලා ගොඩාක් සතුටු වුනා. භාග්‍යවතුන් වහන්සේ වදාළ මේ දේශනය සාදු නාද දෙමින් සතුටින් පිළිගත්තා.

සාදු! සාදු!! සාදු!!!

**සාරවත් අරටුව උපමා කොට වදාළ විස්තරාත්මක දෙසුම නිමා විය.**

# 1.3.10
# චූළ සාරෝපම සූත්‍රය
## සාරවත් අරටුව උපමා කොට වදාළ කුඩා දෙසුම

මා හට අසන්නට ලැබුනේ මේ විදිහටයි. ඒ දවස්වල භාග්‍යවතුන් වහන්සේ වැඩසිටියේ සැවැත් නුවර ජේතවනය නම් වූ අනේපිඬු සිටුතුමාගේ ආරාමයේ. එදා 'පිංගලකොච්ඡ' නම් බ්‍රාහ්මණයා භාග්‍යවතුන් වහන්සේව බැහැදකින්න ආවා. ඇවිදින් භාග්‍යවතුන් වහන්සේත් එක්ක සතුටු සාමීචි කතා කළා. පිළිසඳර කතාවෙන් පස්සෙ, පැත්තකින් වාඩිවුනා. පැත්තකින් වාඩි වුණු පිංගලකොච්ඡ බ්‍රාහ්මණයා භාග්‍යවතුන් වහන්සේට මෙහෙම කිව්වා.

"පින්වත් ගෞතමයන් වහන්ස, ශ්‍රාවක පිරිස් පිරිවරාගෙන ඉන්න ඒ ශ්‍රාවක පිරිසට ආචාර්ය වූ, ප්‍රසිද්ධ වූ, කීර්තිධර, බොහෝ ජනයා යහපත් ය කියල සම්මත කරගෙන ඉන්න ආගමික නායකයො ඉන්නවා. ඔවුන් තමයි, පූරණකස්සප, මක්ඛලී ගෝසාල, අජිත කේසකම්බල, පකුධ කච්චායන, සංජය බේලට්ඨිපුත්ත, නිගණ්ඨ නාතපුත්ත කියන උදවිය. ඔය උදවිය සියලු දෙනා තමන් කියන හැටියට ම අවබෝධ කරගෙන ද ඉන්නෙ? එහෙම නැත්නම් ඔය කාටවත් ම අවබෝධයක් නැද්ද? එහෙමත් නැත්නම් ඒ උදවියගෙන් සමහර කෙනෙක් අවබෝධයෙන් ද ඉන්නෙ? සමහරුන්ට අවබෝධයක් නැද්ද?"

"පින්වත් බ්‍රාහ්මණය, වැඩක් නෑ. ඔය උදවිය සියලු දෙනා තමන් කියන දේ අවබෝධ කරගත්තාද? ඔය කාටවත් ම අවබෝධයක් නැද්ද? එහෙම නැත්නම් සමහරුන්ට විතරක් අවබෝධ වෙලාද? සමහරුන්ට අවබෝධ වෙලා නැද්ද? කියන ඔය ප්‍රශ්නෙ පැත්තකට දාන්න. පින්වත් බ්‍රාහ්මණය, මං ඔබට ධර්මය කියා දෙන්නම්. හොඳට අහගෙන ඉන්න. තේරුම් ගන්න මහන්සි වෙන්න."

"එහෙමයි ස්වාමීනී" කියල පිංගලකොච්ඡ බ්‍රාහ්මණයා භාග්‍යවතුන් වහන්සේට පිළිතුරු දුන්නා. භාග්‍යවතුන් වහන්සේ ඒ මොහොතේදී මේ දේශනාව වදාළා.

පින්වත් බ්‍රාහ්මණය, අරටුවකින් ප්‍රයෝජන තියෙන, අරටුවක් සොයමින් ඉන්න, අරටුවක් සොයමින් ඇවිදින කෙනෙකුට හොඳ අරටුව තියෙන විශාල ගහක් හම්බ වෙනවා. ඉතින් ඒ පුද්ගලයා අරටුව කියල හිතාගෙන, අරටුව අත්හැරලා, එලය අත්හැරලා, සිවිය අත්හැරලා, පොත්ත අත්හැරලා, කොළ අතු ටික සිඳල අරගෙන යනවා. එතකොට ඇස් ඇති කෙනෙක් මොහුව දැකල මෙහෙම කියනවා. "අයියෝ! මේ පුද්ගලයා අරටුව දන්නෙත් නෑ. එලේ දන්නෙත් නෑ. සිවිය දන්නෙත් නෑ. පොත්ත දන්නෙත් නෑ. කොළ අතු දන්නෙත් නෑ. ඔය තැනැත්තාට අරටුවක ඕනකම තිබුනා. අරටුවක් හොය හොයා නෙව හිටියෙ. හොඳ සාරවත් අරටුව තියෙන මහ ගහකුත් හම්බ වුනා. බැලින්නම් අරටුව කියල හිතාගෙන අරටුව අත්හැරලා, එලයත් අත්හැරලා, සිවියත් අත්හැරලා, පොතුත් අත්හැරලා, කොළ අතු ටික කඩාගෙන ගියා නෙව. අරටුවකින් කරන්න ඕන වැඩේ කරගන්න ඔය තැනැත්තාට නම් ලැබෙන්නෙ නෑ" කියල.

ඒ වගේම පින්වත් බ්‍රාහ්මණය, තවත් මනුස්සයෙකුට අරටුවක ඕනකමක් ඇති වුනා. අරටුවක් හොය හොයා යන්න පටන් ගත්තා. ඔහුට හොඳ අරටුව තියෙන විශාල ගහක් හම්බ වුනා. නමුත් ඔහු අරටුව කියල හිතාගෙන, අරටුව අත්හැරලා, එලය අත්හැරලා, සිවිය අත්හැරලා, පොතු අරගෙන ගියා. ඇස් ඇති පුද්ගලයෙක් මොහුව දැකල මෙහෙම කියනවා. 'අයියෝ! ඔය තැනැත්තා අරටුව අඳුනන්නෙත් නෑ. එලය අඳුනන්නෙත් නෑ. සිවිය අඳුනන්නෙත් නෑ. පොතු අඳුනන්නෙත් නෑ. කොළ අතු අඳුනන්නෙත් නෑ. ඇත්තෙන්ම ඔය පුද්ගලයාට අරටුවක ඕනකම තිබුනා. අරටුවක් හොය හොයා තමයි හිටියෙ. අරටුවක් තියෙන හොඳ ගහකුත් හම්බ වුනා. අන්තිමේදී බැලින්නම් අරටුව කියල හිතාගෙන ඒ අරටුවම අත්හැරලා, එලයත් අත්හැරලා, සිවියත් අත්හැරලා, පොතු නෙව අරගෙන ගියේ. අරටුවකින් ගන්න ඕන වැඩේ නම් මොහුට ගන්න ලැබෙන්නෙ නෑ' කියලා.

ඒ වගේ ම පින්වත් බ්‍රාහ්මණය, ඔන්න තවත් කෙනෙකුට අරටුවකින් වැඩක් ගන්න ඕන වුනා. අරටුවක් හොය හොයා ඇවිදින්න පටන් ගත්තා. ඔහොම යද්දී හොඳ අරටුවක් තියෙන විශාල ගහක් හම්බ වුනා. ඉතින් මෙයා අරටුව කියල හිතාගෙන, අරටුව අත්හැරලා, එලය අත්හැරලා, සිවිය ගලෝගෙන ගියා. ඇස් ඇති කෙනෙකුට මොහුව දකින්න ලැබෙනවා. දැකල මෙහෙම කියනවා. 'අයියෝ! මේ තැනැත්තා අරටුව දන්නෙත් නෑ. එලය දන්නෙත් නෑ.

සිවිය දන්නෙත් නෑ. පොත්ත දන්නෙත් නෑ. කොළ අතු දන්නෙත් නෑ. මේ පුද්ගලයාට ඕන වුනේ අරටුවයි. අරටුව ම යි හොය හොයා ගියෙත්. අරටුව තියෙන විශාල ගහකුත් හම්බ වුනා. අන්තිමේදී බැලින්නම් මෙයා අරටුව අත්හැරලා, එලය අත්හැරලා, අරටුව කියල හිතාගෙන සිවිය ගලෝගෙන ගියා නෙව. මෙයාට නම් අරටුවෙන් වැඩක් ගන්න ලැබෙන්නෙ නෑ' කියලා.

පින්වත් බ්‍රාහ්මණය, තවත් පුද්ගලයෙක් ඉන්නවා. මේ පුද්ගලයාටත් අරටුවකින් වැඩක් ගන්න ඕන වෙනවා. ඉතින් අරටුවක් සොයන්න පටන් ගන්නවා. ඔහොම යනකොට අරටුව තියෙන හොඳ ගහක් හම්බ වෙනවා. නමුත් මෙයා අරටුව කියල හිතාගෙන අරටුව අත්හැරලා, එලය අරගෙන යනවා. එතකොට ඇස් ඇති කෙනෙක් මොහුව දැකලා මෙහෙම කියනවා. 'අයියෝ! මේ තැනැත්තා අරටුව දන්නෙත් නෑ. එලය දන්නෙත් නෑ. සිවිය දන්නෙත් නෑ. පොතු දන්නෙත් නෑ. කොළ අතු දන්නෙත් නෑ. ඔය තැනැත්තාට අරටුවක් ඕන වෙලා තිබුනා. අරටුවක් හොය හොයා ගියා. අන්තිමේදී හොඳ අරටුවක් තියෙන විශාල ගහකුත් හම්බ වුනා. පස්සෙ බැලින්නම් මෙයා අරටුව කියල හිතාගෙන ඒ අරටුව අත්හැරලා, එලය නෙව අරගෙන ගියේ. මේ තැනැත්තාට නම් අරටුවකින් ලබාගන්න ප්‍රයෝජනේ ලබාගන්න බැරි වෙලා යනවා' කියල.

ඒ වගේ ම පින්වත් බ්‍රාහ්මණය, තව පුද්ගලයෙක් ඉන්නවා. එයාටත් අරටුවක අවශ්‍යතාවය තියෙනවා. එයත් අරටුවක් හොය හොයා ඇවිදිනවා. එයාටත් අරටුව තියෙන විශාල ගහක් හම්බ වෙනවා. එයා ඒකෙ අරටුව හඳුනාගෙන, අරටුව ම කපාගෙන යනවා. ඇස් ඇති කෙනෙක් එයාව දැකල මෙහෙම කියනවා. "හරියට හරි! මේ ඇත්තා විතරක් අරටුව හඳුනගත්තා. එලය හඳුනගත්තා. සිවිය හඳුනගත්තා. පොත්ත හඳුනගත්තා. කොළ අතු හඳුනගත්තා. ඔය තැනැත්තටත් අරටුවක අවශ්‍යතාවයක් තිබුනා. අරටුවක් හොය හොයාත් ගියා. අරටුව තියෙන ගහකුත් හම්බ වුනා. අරටුව හඳුනගෙන, අරටුව ම කපා ගෙන ගියා. අන්න එයාට විතරක් අරටුවකින් ගන්න තියෙන ප්‍රයෝජනේ ගන්න පුළුවනි" කියලා.

පින්වත් බ්‍රාහ්මණය, ඔන්න ඔය විදිහමයි. සමහර පින්වත් කුලදරුවන් ඉන්නවා ගිහි ජීවිතේ අතහැරලා මහණ වෙන්නෙ ශ්‍රද්ධාවෙන් ම යි. 'මම මේ ඉපදෙන, ජරාවෙන, මැරෙන, ශෝක වැළපීම් ලැබෙන, කායික මානසික දුක් ලැබෙන දුකට වැටුනා නෙව. දුකට බැසගත්තා නෙව. දුකින් පෙළෙනවා නෙව. මේ හැම දුකක් ම අවසන් කරල දාන්න ලැබුනොත් කොයිතරම් දෙයක්ද?' කියලා. ඔය විදිහට මහණ වෙච්ච කෙනා ලාභ සත්කාර, කීර්ති ප්‍රශංසා ඇති කරගන්නවා. ඒ ලාභ සත්කාර, කීර්ති ප්‍රශංසාවලින් සතුටු වෙලා සම්පූර්ණයෙන්

තෘප්තිමත් වෙනවා. ඊට පස්සෙ ඒ ලාභ සත්කාර, කීර්ති ප්‍රශංසා මුල් කරගෙන තමන්ව හුවා දක්වනවා. අනුන්ව හෙළා දකිනවා. "මට විතරයි ලාභ සත්කාර, කීර්ති ප්‍රශංසා ලැබෙන්නෙ. මේ අනිත් භික්ෂූන් වහන්සේලා ප්‍රසිද්ධ නෑ, ආනුභාව සම්පන්නත් නෑ" කියල.

ලාභ සත්කාර, කීර්ති ප්‍රශංසාවෙන් බැහැර වූ උත්තරීතර වූ ඉතා වටිනා ගුණධර්ම ඇති කරගන්න කැමති වෙන්නෙ නෑ. වීරිය ගන්නෙ නෑ. උසස් අදහස් නැතුව නිවන් මග හැල්ලු කරගන්නවා. පින්වත් බ්‍රාහ්මණය, අරටුවෙන් ප්‍රයෝජන ඇති කෙනෙක් අරටුවක් හොය හොයා යනවා. හොඳ අරටුව තියෙන විශාල ගහක් හම්බ වෙනවා. මෙයා ඒ ගහේ අරටුව අත්හැරලා, එලය අත්හැරලා, සිවිය අත්හැරලා, පොත්ත අත්හැරලා කොළ අතු විතරක් අරගෙන යනවා. එයාට අරටුවකින් ගත යුතු ප්‍රයෝජනේ ගන්න ලැබෙන්නෙ නෑ. මේ පුද්ගලයා ගැන පින්වත් බ්‍රාහ්මණය, මට කරන්න තියෙන්නෙ ඔන්න ඔය උපමාව තමයි.

ඒ වගේම පින්වත් බ්‍රාහ්මණය, සමහර පින්වත් උදවිය ඉන්නවා ගිහි ජීවිතේ අත්හැරලා පැවිදි වෙන්නෙ ශ්‍රද්ධාවෙන් ම යි. 'ඉපදීමෙන්, ජරා මරණයෙන්, ශෝක වැළපීම්, දුක්, දොම්නස්, සුසුම් හෙළීම්වලින් යුතු සංසාරයකටයි මං වැටිල ඉන්නෙ. මං දුකට පත්වෙලයි ඉන්නෙ. මං දුකින් පෙළෙන කෙනෙක්. මේ හැම දුකින් ම නිදහස් වෙන්න තියෙන නම් කොයිතරම් දෙයක්ද?' කියල හිතලයි මහණ වෙන්නෙ. මහණ වුනාට පස්සෙ ලාභ සත්කාර, කීර්ති ප්‍රශංසා ඇති කරගන්නවා. නමුත් ඒ ලාභ සත්කාර, කීර්ති ප්‍රශංසා ගැන සතුටු වෙන්නෙ නෑ. "දැන් ඉතින් ඔක්කොම හරි!" කියල හිතාගෙන ඉන්නෙ නෑ. ඔහු ඒ ලාභ සත්කාර, කීර්ති ප්‍රශංසා මුල් කරගෙන තමා හුවා දක්වන්නෙ නෑ. අනුන්ව හෙළා දකින්නෙ නෑ. ලාභ සත්කාර, කීර්ති ප්‍රශංසාවලට වඩා උත්තරීතර වූ වඩාත් උතුම් වූ ගුණ ධර්ම තියෙනවා. ඒ ගුණ ධර්ම ඇතිකරගන්න කැමැත්ත ඇති කරගන්නවා. මහන්සි වෙනවා. බලවත් ඕනකමක් ඇති කරගන්නවා. සාසනේ හැල්ලු කරල ගන්නෙ නෑ. ඔහු සිල්වත් වෙනවා. ඒ සීලයෙන් ගොඩක් සතුටු වෙනවා. 'දැන් ඉතින් ඔක්කොම හරි!' කියල හිතනවා. ඒ සීල සම්පත්තිය මුල් කරගෙන තමන්ව හුවා දක්වනවා. අනුන්ව හෙළා දකිනවා. 'යහපත් ගුණධර්ම ඇති සිල්වත් කෙනෙකුට ඉන්නෙ මං විතරයි. කෝ මේ අනිත් භික්ෂූන් වහන්සේලා පාපධර්ම තියෙන දුස්සීල අය නෙව' කියල. නමුත් සීල සම්පත්තියට වඩා උත්තරීතර වූ වඩා උතුම් වූ ගුණධර්ම තියෙනවා. ඒ ගුණධර්ම ඇතිකර ගන්න කැමති වෙන්නෙ නෑ. වීරිය ගන්නෙ නෑ. පසුබට වෙනවා. සාසනේ ලිහිල් කරල ගන්නවා.

පින්වත් බ්‍රාහ්මණය, ඕකත් හරියට අරටුවෙන් ප්‍රයෝජන තියෙන පුද්ගලයාගේ වැඩේ වගේ. එයා අරටුවක් හොය හොයා ගියා. හොඳ අරටුවක්

තියෙන ලොකු ගහක් හම්බ වුනා. මෙයා ඒ ගහේ අරටුව අත්හැරලා, එලේ අත්හැරලා, සිවිය අත්හැරලා, පොත්ත කපාගෙන ගියේ අරටුව කියල හිතාගෙන. ඉතින් එයාට අරටුවකින් ගන්න තියෙන ප්‍රයෝජනේ ගන්න ලැබෙන්නෙ නෑ. පින්වත් බ්‍රාහ්මණය, මේ පුද්ගලයාටයි මං ඔන්න ඔය උපමාව කියන්නෙ.

පින්වත් බ්‍රාහ්මණය, සමහර පින්වත් උදවිය ඉන්නවා ගිහි ජීවිතේ අත්හැරලා මහණ වෙන්නෙ ශ්‍රද්ධාවෙන් ම යි. 'ඉපදීමෙන්, ජරා මරණයෙන්, ශෝක වැළපීම්, දුක් දොම්නස්, සුසුම් හෙළීම්වලින් යුතු සංසාරයකටයි මං වැටුණේ. මං දුකට පත්වුනා. මං දුකින් පෙළෙන කෙනෙක්. මේ හැම දුකින් ම නිදහස් වෙන්න ඇත්නම් කොයිතරම් හොඳ ද?' කියලයි මහණ වෙන්නෙ. මහණ වුණාට පස්සෙ ලාභ සත්කාර, කීර්ති ප්‍රශංසා ඇති කරගන්නවා. ඔහු ඒ ලාභ සත්කාර, කීර්ති ප්‍රශංසාවෙන් සතුටු වෙන්නෙ නෑ. 'දැන් ඉතින් ඔක්කොම හරි!' කියල හිතන්නෙ නෑ. ඔහු ඒ ලාභ සත්කාර, කීර්ති ප්‍රශංසා හේතු කරගෙන තමන්ව හුවා දක්වන්නෙ නෑ. අනුන්ව හෙලා දකින්නෙ නෑ. ලාභ සත්කාර, කීර්ති ප්‍රශංසාවලට වඩා උත්තරීතර වූ වඩාත් උතුම් වූ ගුණධර්ම ඇති කරගන්න කැමති වෙනවා. වීරිය කරනවා. ඕනකම ඇති කරගන්නවා. සාසනේ ලිහිල් කරගන්නෙ නෑ. ඔහු සිල්වත් වෙනවා. සීලයෙන් සතුටු වෙනවා. නමුත් 'දැන් ඉතින් ඔක්කොම හරි!' කියල හිතන්නෙ නෑ. ඔහු ඒ සීල සම්පත්තියෙන් තමාව හුවා දක්වන්නෙ නෑ. අනුන්ව හෙළා දකින්නෙත් නෑ. ඒ සීල සම්පත්තියටත් වඩා උත්තරීතර වූ වඩාත් උතුම් වූ ගුණධර්ම තියෙනවා. ඒ ගුණ ධර්ම ඇති කරගැනීමට කැමති වෙනවා. වීරිය කරනවා. පසු බසින්නෙ නෑ. සාසනේ ලිහිල් කරන්නෙ නෑ. ඔහු සමාධිය ඇති කරගන්නවා. ඒ සමාධියෙන් සතුටු වෙනවා. 'දැන් ඉතින් ඔක්කොම හරි!' කියල හිතනවා. ඒ සමාධිය මුල් කරගෙන තමන් හුවා දක්වනවා. අනුන්ව හෙළා දකිනවා. 'මම නම් සමාධිමත් සිතක් ඇති කරගත්තා. කෝ මේ අනිත් භික්ෂූන් වහන්සේලාට එකඟ සිතක් නැහැ නෙව. විසිරුණු සිතින් නෙව ඉන්නෙ' කියල. නමුත් සමාධි සම්පත්තියටත් වඩා උත්තරීතර වූ වඩා උතුම් වූ ගුණධර්ම තියෙනවා. ඒ ගුණධර්ම ඇති කරගැනීමට කැමති වෙන්නෙ නෑ, වීරිය කරන්නෙ නෑ. ඕනකමක් ඇති වෙන්නෙ නෑ. සාසනේ ලිහිල් කරගන්නවා.

පින්වත් බ්‍රාහ්මණය, අරටුවක අවශ්‍යතාවයක් තියෙන කෙනෙක් අරටුවක් හොය හොයා යනවා. එයාට හොඳ අරටුවක් තියෙන විශාල ගහක් හම්බ වෙනවා. ඉතින් එයා අරටුව අත්හැරලා, එලය අත්හැරලා, අරටුව කියල හිතාගෙන සිවිය අරගෙන යනවා. ඒ පුද්ගලයාට අරටුවකින් ගත යුතු වැඩේ ගන්න ලැබෙන්නෙ නෑ. අන්න ඒ පුද්ගලයටයි මං ඔය උපමාව කියන්නෙ.

පින්වත් බ්‍රාහ්මණය, සමහර කුලදරුවන් ගිහි ගේ අත්හැරලා මහණ වෙන්නෙ ශ්‍රද්ධාවෙන් ම යි. 'ඉපදීමෙන්, ජරා මරණයෙන්, ශෝක වැළපීම්, දුක් දොම්නස්, සුසුම් හෙළීම්වලින් යුතු සංසාරයකටයි මං වැටිල ඉන්නෙ. මං දුකටයි වැටිල ඉන්නෙ. මං දුකින් පෙළෙන කෙනෙක්. මේ හැම දුකින් ම නිදහස් වෙන්න තියෙනවා නම් කොයිතරම් හොඳ ද?' කියලයි මහණ වෙන්නෙ. මහණ වුනාට පස්සෙ ලාභ සත්කාර, කීර්ති ප්‍රශංසා ලබාගන්නවා. නමුත් ලාභ සත්කාර, කීර්ති ප්‍රශංසාවලින් එයා සතුටු වෙන්නෙ නෑ. 'දැන් ඉතින් ඔක්කොම හරි!' කියල හිතන්නෙ නෑ. ලාභ සත්කාර, කීර්ති ප්‍රශංසා මුල් කරගෙන තමා හුවා දක්වන්නෙ නෑ. අනුන්ව හෙළා දකින්නෙ නෑ. ලාභ සත්කාර, කීර්ති ප්‍රශංසාවලට වඩා උත්තරීතර වූ වඩාත් උතුම් වූ ගුණධර්ම තියෙනවා. ඒ ගුණධර්ම ඇති කරගැනීමට කැමති වෙනවා. වීරිය කරනවා. ඕනකම ඇති කරගන්නවා. සාසනේ ලිහිල් කරගන්නෙ නෑ. ඔහු සිල්වත් වෙනවා. සීල සම්පත්තියෙන් සතුටු වෙනවා. නමුත් 'දැන් ඉතින් ඔක්කොම හරි!' කියල හිතන්නෙ නෑ. ඔහු ඒ සීල සම්පත්තියෙන් තමා හුවා දක්වන්නෙත් නෑ. අනුන් හෙළා දකින්නෙත් නෑ. ඒ සීල සම්පත්තියටත් වඩා උත්තරීතර වූ වඩාත් උතුම් වූ ගුණධර්ම තියෙනවා. ඒවා ඇති කරගැනීමට කැමති වෙනවා. වීරිය කරනවා. හිතේ ඕනකම ඇති වෙනවා. සාසනේ ලිහිල් කරගන්නෙ නෑ. ඔහු සමාධිය ඇති කරගන්නවා. ඒ සමාධියෙන් සතුටු වෙනවා. නමුත් 'දැන් ඉතින් ඔක්කොම හරි!' කියල හිතන්නෙ නෑ. ඒ සමාධිය මුල් කරගෙන තමා හුවාදක්වන්නෙත් නෑ. අනුන්ව හෙළා දකින්නෙත් නෑ. සමාධි සම්පත්තියට වඩා උත්තරීතර වූ වඩාත් උතුම් වූ ගුණධර්ම තියෙනවා. ඒවා ඇති කරගන්න කැමති වෙනවා. වීරිය කරනවා. ඕනකම ඇති කරගන්නවා. සාසනය ලිහිල් කරල ගන්නෙ නෑ. ඔහු ඤාණදර්ශනය ඇති කරගන්නවා. ඔහු ඒ ඤාණදර්ශනයෙන් සතුටු වෙනවා. 'දැන් ඉතින් ඔක්කොම හරි!' කියල හිතනවා. ඔහු ඒ ඤාණදර්ශනය මුල් කරගෙන තමා හුවා දක්වනවා. අනුන් හෙළා දකිනවා. 'මම නම් යථාර්ථය දැනගෙන, දැකගෙන ඉන්නෙ. ඒකට මේ භික්ෂූන් වහන්සේලා! යථාර්ථය දන්නෙත් නෑ. දකින්නෙත් නෑ' කියල. ඤාණදර්ශනයටත් වඩා උත්තරීතර වූ වඩාත් උතුම් වූ ගුණ ධර්ම තියෙනවා. ඒවා ඇති කරගන්න කැමති වෙන්නෙ නෑ. වීරිය කරන්නෙ නෑ. ඕනකම ඇති කරගන්නෙ නෑ. සාසනේ ලිහිල් කරගන්නවා.

පින්වත් බ්‍රාහ්මණය, අරටුවක් වුවමනා කෙනෙක් ඉන්නවා. ඉතින් එයා අරටුවක් හොය හොයා යනවා. අන්තිමේදී හොඳට අරටුව තියෙන ලොකු ගහක් හම්බ වෙනවා. මෙයා ඒ ගහේ අරටුව අත්හැරලා ඵලය කපාගෙන යනවා. ඒ පුද්ගලයාට අරටුවකින් ගත යුතු ප්‍රයෝජනය ගන්න ලැබෙන්නෙ නෑ. පින්වත් බ්‍රාහ්මණය, ඔන්න ඔය උපමාවයි මට ඒ පුද්ගලයා ගැන කියන්න තියෙන්නෙ.

පින්වත් බ්‍රාහ්මණය, සමහර කුලපුත්‍රයන් ඉන්නවා ගිහි ජීවිතේ අත්හැරලා මහණ වෙන්නෙ ශ්‍රද්ධාවෙන් ම යි. 'ඉපදීමෙන්, ජරා මරණයෙන්, ශෝක වැළපීම්, දුක් දොම්නස්, සුසුම් හෙළීම්වලින් යුතු සංසාරයටයි මං වැටුනේ. මං දුකටයි වැටුනේ. මං දුකින් පෙළෙන කෙනෙක්. ඉතින් මේ හැම දුකෙන් ම නිදහස් වෙන්න ඇත්නම් කොයිතරම් දෙයක්ද?' කියලයි මහණ වෙන්නෙ. මහණ වුනාට පස්සෙ ලාභ සත්කාර, කීර්ති ප්‍රශංසා ඇති කරගන්නවා. ඔහු ඒ ලාභ සත්කාර, කීර්ති ප්‍රශංසාවෙන් සතුටු වෙන්නෙ නෑ. 'දැන් ඉතින් ඔක්කොම හරි!' කියල හිතන්නෙ නෑ. එයා ඒ ලාභ සත්කාර, කීර්ති ප්‍රශංසා මුල් කරගෙන තමන්ව හුවා දක්වන්නෙ නෑ. අනුන්ව හෙළා දකින්නෙ නෑ. ලාභ සත්කාර, කීර්ති ප්‍රශංසාවලට වඩා උත්තරීතර වූ වඩා උතුම් වූ ගුණධර්ම ඇති කරගන්න කැමති වෙනවා. වීරිය කරනවා. ඕනකම ඇති කරගන්නවා. සාසනේ ලිහිල් කරගන්නෙ නෑ. ඔහු සිල්වත් වෙනවා. සීලයෙන් සතුටු වෙනවා. නමුත් 'දැන් ඉතින් ඔක්කොම හරි!' කියල හිතන්නෙ නෑ. ඔහු ඒ සීලය නිසා තමන් හුවා දක්වන්නෙ නෑ. අනුන් හෙළා දකින්නෙත් නෑ. සීලයට වඩා උත්තරීතර වූ වඩාත් උතුම් වූ ගුණධර්ම තියෙනවා. ඒ ගුණධර්ම ඇති කරගැනීමට කැමති වෙනවා. වීරිය කරනවා. ඕනකම ඇති කරගන්නවා. සාසනේ ලිහිල් කරගන්නෙ නෑ. ඔහු සමාධියත් ඇති කරගන්නවා. ඒ සමාධි සම්පත්තිය ගැන සතුටු වෙනවා. නමුත් 'දැන් ඉතින් ඔක්කොම හරි!' කියල හිතන්නෙ නෑ. ඔහු ඒ සමාධිය මුල් කරගෙන තමාව හුවා දක්වන්නෙ නෑ. අනුන්ව හෙළා දකින්නෙත් නෑ. සමාධි සම්පත්තියටත් වඩා උත්තරීතර වූ වඩාත් උතුම් වූ ගුණධර්ම තියෙනවා. ඒ ගුණ ධර්ම ඇති කරගැනීමට කැමති වෙනවා. වීරිය කරනවා. ඕනකම ඇති කරගන්නවා. සාසනේ ලිහිල් කරගන්නෙ නෑ. ඔහු ඤාණදර්ශනය ඇති කරගන්නවා. ඔහු ඒ ඤාණදර්ශනයෙන් සතුටු වෙනවා. නමුත් 'දැන් ඉතින් ඔක්කොම හරි!' කියල හිතන්නෙ නෑ. ඒ ඤාණදර්ශනය මුල් කරගෙන තමාව හුවා දක්වන්නෙ නෑ. අනුන්ව හෙළා දකින්නෙ නෑ. ඒ ඤාණදර්ශනයට වඩාත් උත්තරීතර වූ වඩා උතුම් වූ ගුණධර්ම තියෙනවා. ඒවා ඇති කරගැනීමට කැමති වෙනවා. වීරිය කරනවා. ඕනකම ඇති කරගන්නවා. සාසනේ ලිහිල් කරල ගන්නෙ නෑ.

පින්වත් බ්‍රාහ්මණය, ඤාණදර්ශනයට වඩා උත්තරීතර වූ වඩාත් උතුම් වූ දේ මොනවාද?

පින්වත් බ්‍රාහ්මණය, භික්ෂුව කාමයෙන් වෙන්ව, අකුසල්වලින් වෙන්ව, විතර්ක විචාර සහිත, මානසික විවේකයෙන් හටගත් ප්‍රීති සැපය තියෙන පළවෙනි ධ්‍යානය ඇති කරගෙන ඉන්නවා. පින්වත් බ්‍රාහ්මණය, (සියලු කෙලෙසුන් ගෙන් නිදහස් වීමට උපකාරී වන නිසා) මෙය ඤාණදර්ශනයට වඩා උත්තරීතර වූ වඩාත් උතුම් වූ දෙයක්.

පින්වත් බ්‍රාහ්මණය, භික්ෂුව විතර්ක විචාර සංසිඳවාගෙන, තමන් තුළ ප්‍රසන්න බව ඇති කරගෙන, සිතේ එකඟ බව ඇති කරගෙන, විතර්ක විචාර රහිත, සමාධියෙන් හටගත් ප්‍රීති සැපය ඇති දෙවෙනි ධ්‍යානය ඇති කරගෙන ඉන්නවා. පින්වත් බ්‍රාහ්මණය, මේකත් ඤාණදර්ශනයට වඩා උත්තරීතර වූ වඩාත් උතුම් වූ දෙයක්.

පින්වත් බ්‍රාහ්මණය, භික්ෂුව ප්‍රීතියට ඇලෙන්නෙ නැතුව, උපේක්ෂාවෙන් යුතුව ඉන්නවා. හොඳ සිහියෙන් නුවණින් යුක්තව කයෙන් සැපයකුත් විඳිනවා. ඒකට ආර්යයන් වහන්සේලා කියන්නෙ උපේක්ෂාවෙන් යුතු සිහිය ඇති සැප සේ වාසය කිරීම කියල යි. අන්න ඒ තුන් වෙනි ධ්‍යානයත් ඇති කරගෙන ඉන්නවා. පින්වත් බ්‍රාහ්මණය, මේකත් ඤාණදර්ශනයට වඩා උත්තරීතර වූ වඩාත් උතුම් වූ දෙයක්.

පින්වත් බ්‍රාහ්මණය, භික්ෂුව සැප දුක දෙකම නැතුව, කලින් ම මානසික සැප දුකත් නැති කරල, දුක් සැප රහිත පාරිශුද්ධ උපේක්ෂාවත් සිහියත් තියෙන හතරවෙනි ධ්‍යානය ඇති කරගෙන ඉන්නවා. පින්වත් බ්‍රාහ්මණය, මේකත් ඤාණදර්ශනයට වඩා උත්තරීතර වූ වඩාත් උතුම් වූ දෙයක්.

පින්වත් බ්‍රාහ්මණය, භික්ෂුව හැම ආකාරයකින් ම රූප සඤ්ඤාවන් ඉක්මවා ගිහිල්ල, මානසිකව ඇති වන හැම සඤ්ඤාවක් ම ඉක්මවා ගිහිල්ලා විවිධාකාර සඤ්ඤාවන් සිහි නොකොට 'අනන්ත වූ ආකාසය' කියල ආකාසානඤ්චායතන සමාධිය ඇති කරගෙන ඉන්නවා. මේකත් ඤාණදර්ශනයට වඩා උතුම් වූ උත්තරීතර වූ දෙයක්.

පින්වත් බ්‍රාහ්මණය, භික්ෂුව සියලු ආකාරයෙන් ආකාසානඤ්චායතනය ඉක්මවා ගිහින් 'විඤ්ඤාණය අනන්තයි' කියල විඤ්ඤාණඤ්ඤායතන සමාධිය ඇති කරගෙන ඉන්නවා. පින්වත් බ්‍රාහ්මණය, මේකත් ඤාණදර්ශනයට වඩා උතුම් වූ උත්තරීතර වූ දෙයක්.

පින්වත් බ්‍රාහ්මණය, භික්ෂුව සියලු ආකාරයෙන් විඤ්ඤාණඤ්චායතනය ඉක්මවා ගිහින් 'මොකවත් නෑ' කියල ආකිඤ්චඤ්ඤායතන සමාධිය ඇති කරගෙන ඉන්නවා. පින්වත් බ්‍රාහ්මණය, මේකත් ඤාණදර්ශනයට වඩා උතුම් වූ උත්තරීතර වූ දෙයක්.

පින්වත් බ්‍රාහ්මණය, භික්ෂුව සියලු ආකාරයෙන් ආකිඤ්චඤ්ඤායතනය ඉක්මවා ගිහින් නේවසඤ්ඤානාසඤ්ඤායතන සමාධිය ඇතිකරගෙන ඉන්නවා. පින්වත් බ්‍රාහ්මණය, මේකත් ඤාණදර්ශනයට වඩා උත්තරීතර වූ වඩාත් උතුම් වූ දෙයක්.

පින්වත් බ්‍රාහ්මණය, භික්ෂුව සියලු ආකාරයෙන් නේවසඤ්ඤා-නාසඤ්ඤායතනය ඉක්මවා ගිහින් සඤ්ඤා විඳීම් නිරුද්ධ වූ නිරෝධ සමාපත්තිය ඇති කරගෙන ඉන්නවා. ප්‍රඥාවෙන් යථාර්ථය අවබෝධ කරල ආශ්‍රවත් නැතිවෙලා ගිහින් තියෙන්නේ. පින්වත් බ්‍රාහ්මණය, මේකත් ඤාණදර්ශනයට වඩා උත්තරීතර වූ වඩාත් උතුම් වූ දෙයක්.

පින්වත් බ්‍රාහ්මණය, මේ ඔක්කොම ගුණධර්ම ඤාණදර්ශනයට වඩා උත්තරීතරයි. වඩාත් උතුම්. පින්වත් බ්‍රාහ්මණය, අරටුවක් වුවමනා කරන කෙනෙක් ඉන්නවා. ඔහු අරටුවක් හොය හොයා යනවා. ඔහුට හොඳ අරටුව තියෙන විශාල ගහක් හම්බ වෙනවා. ඔහු අරටුව හඳුනාගෙන අරටුව ම කපාගෙන යනවා. ඔහුට නම් අරටුවෙන් ගත යුතු ප්‍රයෝජනේ ගන්න පුළුවන් වෙනවා. පින්වත් බ්‍රාහ්මණය, මං මේ පුද්ගලයාව සමාන කරන්නෙ ඔය උපමාවටයි.

මේ විදිහට පින්වත් බ්‍රාහ්මණය, මේ බුදු සසුනේ පැවිදි ජීවිතය තියෙන්නෙ ලාභ සත්කාර, කීර්ති ප්‍රශංසා ආනිශංස කරගෙන නොවෙයි. සීල සම්පත්තිය ආනිසංස කරගෙන නොවෙයි. සමාධි සම්පත්තිය ආනිශංස කරගෙන නොවෙයි. ඤාණදර්ශනය ආනිශංස කරගෙන නොවෙයි. පින්වත් බ්‍රාහ්මණය කිසිසේත් වෙනස් නොවන යම් අරහත්ඵල චිත්ත විමුක්තියක් වේ නම් අන්න ඒක ඉලක්ක කරගෙනයි මේ නිවන් මග තියෙන්නෙ. පින්වත් බ්‍රාහ්මණය, ඒක තමයි මේ නිවන් මගේ අරටුව. ඒ තමයි මේ නිවන් මගේ කෙළවර.”

එතකොට පිංගලකොච්ඡ බ්‍රාහ්මණය භාග්‍යවතුන් වහන්සේට මෙහෙම කිව්වා. “පින්වත් ගෞතමයන් වහන්ස. හරි ම සුන්දරයි! පින්වත් ගෞතමයන් වහන්ස, හරි ම සුන්දරයි! පින්වත් ගෞතමයන් වහන්ස, යටට හරවා තිබිච්ච දෙයක් උඩු අතට හැරෙව්වා වගේ. වසා තිබුණු දෙයක් විවෘත කළා වගේ. මං මුළා වෙච්ච කෙනෙකුට නියම මාර්ගය පෙන්නුවා වගේ. ඇස් පෙනෙන උදවියට රූප දකින්නට අඳුර බිඳලන තෙල් පහනක් දැල්වූවා වගෙයි. පින්වත් ගෞතමයන් වහන්සේ ඒ වගේම නොයෙක් ආකාරයෙන් ධර්මය කියා දුන්නා. ඒ මම පින්වත් ගෞතමයන් වහන්සේව සරණ යනවා. ශ්‍රී සද්ධර්මයත් සරණ යනවා. භික්ෂු සංඝයාත් සරණ යනවා. පින්වත් ගෞතමයන් වහන්ස, අද පටන් දිවි තිබෙන තුරාවට ම තිසරණ ගත වූ උපාසකයෙක් හැටියට මාව පිළිගන්නා සේක්වා!”

සාදු! සාදු!! සාදු!!!

**සාරවත් අරටුව උපමා කොට වදාළ කුඩා දෙසුම නිමා විය.**

**තුන්වෙනි ඕපම්ම වර්ගය යි.**

# 4. මහා යමක වර්ගය

## 1.4.1
## චූළ ගෝසිංග සූත්‍රය
### ගෝසිංග සල් වනයේ දී වදාළ කුඩා දෙසුම

**මා** හට අසන්නට ලැබුනේ මේ විදිහටයි. ඒ දවස්වල භාග්‍යවතුන් වහන්සේ වැඩසිටියේ නාදිකා ගමේ ගඩොලින් කළ ආවාසයක. ඒ දවස්වලම ආයුෂ්මත් අනුරුද්ධයන් වහන්සේත්, ආයුෂ්මත් නන්දිය ස්වාමීන් වහන්සේත්, ආයුෂ්මත් කිම්බිල ස්වාමීන් වහන්සේත් වාසය කළේ ගෝසිංග නම් වූ සල් වනයක. එදා සවස් වරුවේ භාවනාවෙන් නැගී සිටි භාග්‍යවතුන් වහන්සේ ගෝසිංග සල් වනය කරා වැඩම කළා.

එතකොට ගෝසිංග වනය රැක බලාගන්න පාලකයා භාග්‍යවතුන් වන්සේ වඩිනවා දුර දී ම දැක්කා. දැකල භාග්‍යවතුන් වහන්සේට මෙහෙම කිව්වා. "හා! හා! පින්වත් ශ්‍රමණය, මේ වනයට නම් වඩින්න එපා! මේ වනයේ තමන්ගේ යහපත කැමති ශ්‍රමණයන් වහන්සේලා තුන් නමක් වැඩඉන්නවා. ඉතින් ඔබ වහන්සේ වැඩලා ඒ ඇත්තන්ට කරදර කරන්ට එපා!" කියලා.

ඒ මොහොතෙ ආයුෂ්මත් අනුරුද්ධයන් වහන්සේට ඒ වන පාලකයා භාග්‍යවතුන් වහන්සේ සමඟ ඔය අයුරින් කතා බස් කරනවා ඇහුනා. ඇහිලා ඒ වන පාලකයට මෙහෙම කිව්වා. "පින්වත් වන පාලකතුමනි, අපගේ භාග්‍යවතුන් වහන්සේගේ වැඩම වීම වළක්වන්න එපා! ඔය වැඩම කොට වදාළ භාග්‍යවතුන් වහන්සේ තමයි අපගේ ශාස්තෲන් වහන්සේ!" කියලා.

ඉතින් ආයුෂ්මත් අනුරුද්ධයන් වහන්සේ, ආයුෂ්මත් නන්දිය හා ආයුෂ්මත් කිම්බිල ස්වාමීන් වහන්සේලා වෙත ගියා. ගිහින් ආයුෂ්මත් නන්දිය ස්වාමීන් වහන්සේටත්, ආයුෂ්මත් කිම්බිල ස්වාමීන් වහන්සේටත් මෙහෙම කිව්වා. "ප්‍රිය

ආයුෂ්මතුන් වහන්ස, මෙහෙට වඩින්න. ප්‍රිය ආයුෂ්මතුන් වහන්ස, මෙහෙට වඩින්න. මෙන්න අපගේ ශාස්තෘන් වහන්සේ වන භාග්‍යවතුන් වහන්සේ වැඩම කරල!" කියලා.

ඊට පස්සෙ ආයුෂ්මත් අනුරුද්ධයන් වහන්සේත්, ආයුෂ්මත් නන්දිය, ආයුෂ්මත් කිම්බිල යන ස්වාමීන් වහන්සේලාත්, භාග්‍යවතුන් වහන්සේ පිළිගන්න පෙර ගමන් කළා. එක නමක් භාග්‍යවතුන් වහන්සේගේ පාත්‍ර සිවුරු පිළිගත්තා. එක නමක් වැඩසිටින ආසනය පිළියෙල කළා. තවත් නමක් පා දෝවනය කරන පැන් පිළියෙල කළා. ඉතින් භාග්‍යවතුන් වහන්සේ ඒ ආසනේ වැඩසිටියා. පා දෝවනය කළා. ඊට පස්සෙ ඒ ආයුෂ්මත් තෙරුන් වහන්සේලා භාග්‍යවතුන් වහන්සේට වන්දනා කොට එකත්පස්ව වාඩිවුනා. එකත්පස්ව වාඩිවුණු ආයුෂ්මත් අනුරුද්ධයන් වහන්සේගෙන් භාග්‍යවතුන් වහන්සේ මෙහෙම ඇහුවා.

"ඉතින් පින්වත් අනුරුද්ධ, කොහොම ද සැප සනීප? පහසුවෙන් ඉන්නවා නෙ? පිණ්ඩපාතෙන් කරදරයක් නෑ නේද?"

"භාග්‍යවතුන් වහන්ස, අපි සනීපෙන් ඉන්නවා. භාග්‍යවතුන් වහන්ස, අපි පහසුවෙන් ඉන්නවා. ස්වාමීනි, ඒ වගේම අපට පිණ්ඩපාතෙනුත් කරදරයක් නෑ."

"පින්වත් අනුරුද්ධ, කොහොමද සමඟිය එහෙම? සමගිව සතුටින් වාද විවාද නැතුව ඉන්නවා නේ? එකිනෙකා කිරියි වතුරයි වගේ ප්‍රිය ඇසින් බලමින් වාසය කරනවා නේ?"

"ඇත්තෙන් ම ස්වාමීනි, අපි සමඟියෙන් ඉන්නෙ. අපි සමඟියෙන් සතුටු වෙනවා. වාද විවාද කරගන්නෙ නෑ. කිරියි වතුරයි එකතු වුනා වගේ අපි එකිනෙකා ප්‍රිය ඇසින් බලමින් තමයි වාසය කරන්නෙ."

"පින්වත් අනුරුද්ධ, ඔබ කොයි විදිහටද සමඟිව ඉන්නෙ? සමඟිව සතුටු වෙන්නෙ? වාද විවාද නැතිව ඉන්නෙ? කිරියි වතුරයි එකතු වුනා වගේ එකිනෙකා ප්‍රිය ඇසින් බලමින් ඉන්නෙ?"

"ස්වාමීනි, මට මේ විදිහටයි හිතෙන්නෙ. 'ඇත්තෙන් ම මට ලාභයක්! ඇත්තෙන් ම මට යහපත් ලාභයක්! මේ වගේ උතුම් සබ්‍රහ්මචාරීන් වහන්සේලා සමඟ එකට ජීවත් වෙන්න වාසනාව ලැබුනා නෙව' කියල. ස්වාමීනි, මේ ආයුෂ්මතුන් වහන්සේලා මං ඉදිරියේ වැඩසිටියත් නැතත් මේ ආයුෂ්මතුන් වහන්සේලා කෙරෙහි මෛත්‍රී සහගත වැඩකටයුතුවලින් ම යුක්ත වෙලයි මං

ඉන්නෙ. ඒ වගේ ම මේ ආයුෂ්මතුන් වහන්සේලා මං ඉදිරියේ හිටියත් නැතත් මේ ආයුෂ්මතුන් වහන්සේලා කෙරෙහි මෛත්‍රී සහගත කතා බහෙන් ම යි මං ඉන්නෙ. මේ ආයුෂ්මතුන් වහන්සේලා මං ඉදිරියේ සිටියත් නැතත් මේ ආයුෂ්මතුන් වහන්සේලා කෙරෙහි මෛත්‍රී සහගත අදහස්වලින් ම යි මං ඉන්නෙ. ස්වාමීනි, මට මෙහෙමත් හිතෙනවා. 'මගේ හිත අයින් කරල මේ ආයුෂ්මතුන් වහන්සේලාගේ හිතේ ස්වභාවය මං ඇති කරගන්නවා' කියල. ඉතින් ස්වාමීනි, මං මගේ හිත පැත්තකින් තියෙනවා. මේ ආයුෂ්මතුන් වහන්සේලා හිතන විදිහට ම හිතනවා. එතකොට ස්වාමීනි, අපි වෙනස් වෙන්නෙ සිරුරුවලින් විතරයි. අපි හදවත්වලින් එකයි."

ඊට පස්සෙ ආයුෂ්මත් නන්දිය ස්වාමීන් වහන්සේත් ....(පෙ).... ඊට පස්සෙ ආයුෂ්මත් කිම්බිල ස්වාමීන් වහන්සේත් භාග්‍යවතුන් වහන්සේට මෙහෙම කිව්වා. "ස්වාමීනි, මටත් මේ විදිහටයි හිතෙන්නෙ 'ඇත්තෙන් ම මට ලාභයක්. ඇත්තෙන් ම මට යහපත් ලාභයක්. මේ වගේ උතුම් සබ්‍රහ්මචාරීන් වහන්සේලා සමඟ එකට ජීවත් වෙන්න වාසනාව ලැබුණා නෙව' කියල. මේ ආයුෂ්මතුන් වහන්සේලා මං ඉදිරියේ වැඩහිටියත් නැතත් මේ ආයුෂ්මතුන් වහන්සේලා කෙරෙහි මෛත්‍රී සහගත වැඩකටයුතුවලින් ම යුක්ත වෙලයි මං ඉන්නෙ. ඒ වගේම මේ ආයුෂ්මතුන් වහන්සේලා මං ඉදිරියේ හිටියත් නැතත් මේ ආයුෂ්මතුන් වහන්සේලා කෙරෙහි මෛත්‍රී සහගත කතා බහෙන් ම යි මං ඉන්නෙ. මේ ආයුෂ්මතුන් වහන්සේලා මං ඉදිරියේ හිටියත් නැතත් මේ ආයුෂ්මතුන් වහන්සේලා කෙරෙහි මෛත්‍රී සහගත අදහස්වලින් ම යි මං ඉන්නෙ. ස්වාමීනි, මට මෙහෙමත් හිතෙනවා. 'මගේ හිත අයින් කරල මේ ආයුෂ්මතුන් වහන්සේලාගේ හිතේ ස්වභාවය මං ඇති කරගන්නවා' කියලා. ඉතින් ස්වාමීනි, මං මගේ හිත පැත්තකින් තියනවා. මේ ආයුෂ්මතුන් වහන්සේලා සිතන විදිහට ම සිතනවා. එතකොට ස්වාමීනි, අපි වෙනස් වෙන්නෙ සිරුරුවලින් විතරයි. අපි හදවත්වලින් එකයි."

"ස්වාමීනි, ඔන්න ඔය විදිහටයි අපි සමඟියෙන් ඉන්නෙ. ඔය විදිහටයි අපි සමඟියෙන් සතුටු වෙන්නෙ. ඔය විදිහටයි අපි වාද විවාද නොකර ඉන්නෙ. ඔය විදිහටයි අපි කිරියි වතුරයි එක් වුනා වගේ එකිනෙකා ප්‍රිය ඇසින් බලමින් ඉන්නෙ."

"සාදු! සාදු! පින්වත් අනුරුද්ධ, ඒ වගේ ම පින්වත් අනුරුද්ධ, ඔබ අප්‍රමාදීව නේද ඉන්නෙ? කෙලෙස් තවන වීරියෙන් නේද ඉන්නෙ? දිවි දෙවෙනි කොට ධර්මයේ හැසිරෙනවා නේද?"

"ස්වාමීනි, ඇත්තෙන් ම අපි අප්‍රමාදීව ඉන්නෙ. අපි කෙලෙස් තවන වීරියෙනු යි ඉන්නෙ. අපි දිවි දෙවෙනි කොට ධර්මයේ හැසිරෙනවා."

"පින්වත් අනුරුද්ධ, ඔබ කොයි ආකාරයෙන් ද අප්‍රමාදී වෙලා කෙලෙස් තවන වීරියෙන් යුක්ත වෙලා, දිවි දෙවෙනි කොට ධර්මයේ හැසිරෙන්නෙ?"

"ස්වාමීනි, අප අතරින් කෙනෙක් පිණ්ඩපාතෙ කරගෙන ඉස්සෙල්ල ම වැඩියොත්, එයා තමයි ආසන පිළියෙල කරන්නෙ. වළඳන පැන්, පාවිච්චි කරන පැන් වෙනම තියනවා. ඉතිරි ඉඳුල් දාන භාජනේ වෙනම තියනවා. ඊට පස්සෙ පිණ්ඩපාතෙ වැඩම කරලා, පිණ්ඩපාතෙත් අරගෙන පහුවෙලා එන කෙනා, අනිත් ආයුෂ්මතුන් වහන්සේලා වළඳල ඉතිරි වෙලා තිබුනොත් කැමති නම් වළඳනවා. අකමැති නම් ඒ ඉඳුල් අස් කරනවා. නැත්නම් සතුන් නැති වතුරකට දානවා. ඊට පස්සෙ ආසන ආයෙමත් තැන්පත් කරනවා. වළඳන පැන්, පාවිච්චි කරන පැන් භාජන අයින් කරනවා. ඉඳුල් භාජන සෝදල පැත්තකින් තියෙනවා. දන් ශාලාව අතුගානවා. වළඳන පැන් කළය හිස් වෙලා නම්, පාවිච්චියට ගන්න පැන් කළය හිස් වෙලා නම්, වැසිකිළියට ගෙනියන පැන් කළය හිස් වෙලා නම් ඒවාට පැන් පුරනවා. ඉතින් වතුර කළය බර නම් දෙවෙනි කෙනෙකුට අතින් අඬගහල දෙන්නත් එක්ක උස්සගෙන එනවා. ස්වාමීනි, අපි ඒ වෙනුවෙන්වත් කතා බස් කරන්නෙ නෑ. නමුත් දවස් පහකට වතාවක් මුළු රාත්‍රිය ම ධර්ම සාකච්ඡාවෙන් කල් යවනවා. ස්වාමීනි, ඔන්න ඔය විදිහටයි අපි අප්‍රමාදී වෙලා කෙලෙස් තවන වීරිය ඇතිව දිවි දෙවෙනි කොට ධර්මයේ හැසිරෙන්නෙ."

"සාදු! සාදු! පින්වත් අනුරුද්ධ. ඉතින් පින්වත් අනුරුද්ධ, ඔබ ඒ විදිහට අප්‍රමාදී වෙලා කෙලෙස් තවන වීරියෙන් යුක්තව දිවි දෙවෙනි කොට ධර්මයේ හැසිරෙද්දී, සාමාන්‍ය මිනිස් ස්වභාවය ඉක්මවා ගිය ශ්‍රේෂ්ඨ ඤාණදර්ශන විශේෂයක් ඇති කරගෙන සැපසේ වාසය කිරීමකුත් ලැබුවාද?"

"ස්වාමීනි, එහෙම නොලැබී තියෙන්නෙ කොහොමද? ස්වාමීනි, අපි කැමතිතාක් කාමයෙන් වෙන්ව, අකුසලයෙන් වෙන්ව, විතර්ක විචාර සහිත, මානසික විවේකයෙන් හටගත් ප්‍රීති සැපය ඇති පළවෙනි ධ්‍යානය ඇති කරගෙන ඉන්නවා. ස්වාමීනි, අපි අප්‍රමාදී වෙච්ච නිසා, කෙලෙස් තවන වීරියෙන් ඉන්න නිසා, දිවි දෙවෙනි කොට ධර්මයේ හැසිරෙන නිසා තමයි අපිට සාමාන්‍ය මිනිස් හැකියාව ඉක්මවා ගිය ශ්‍රේෂ්ඨ ඤාණදර්ශන විශේෂයක් වන ඔය සැපසේ වාසය කරන සමාධිය ලබාගන්න පුළුවන් වුනේ."

"සාදු! සාදු! අනුරුද්ධ, ඉතින් අනුරුද්ධ, ඔය සැප සහගත පැවැත්ම ඉක්මවා ගිහින්, ඔය සැප සහගත පැවැත්ම සංසිඳවාගෙන, ඔයිට වඩා දියුණු

කරපු සාමාන්‍ය මිනිස් ස්වභාවය ඉක්මවා ගිය ශ්‍රේෂ්ඨ ඤාණදර්ශනයකින් යුතු සැපසේ සිටීමකුත් ලබාගන්න පුළුවන් වුනාද?"

"ස්වාමීනි, එහෙම නො ලැබී තියෙන්නෙ කොහොමද? ස්වාමීනි, අපි කැමතිතාක් විතර්ක විචාර සංසිඳවලා තමා තුළ ප්‍රසන්න බවක් ඇති කරගෙන, සිතේ එකඟ බව තියෙන, විතර්ක විචාර රහිත සමාධියෙන් හටගත් ප්‍රීතිසැපය තියෙන දෙවන ධ්‍යානයත් ලබාගෙන ඉන්නවා. ස්වාමීනි, අර කලින් සමාධිය ඉක්මවලා, සංසිඳවාගෙන සාමාන්‍ය මිනිස් ස්වභාවය ඉක්මවා ගිය ශ්‍රේෂ්ඨ ඤාණ දර්ශනයක් හැටියට ලබාගත්තු සැප සහගත පැවැත්ම ඔන්න ඕකයි."

"සාදු! සාදු! අනුරුද්ධ, ඉතින් අනුරුද්ධ, ඔය සැප සහගත පැවැත්ම ඉක්මවා ගිහින්, ඔය සැප සහගත පැවැත්ම සංසිඳවාගෙන, සාමාන්‍ය මිනිස් ස්වභාවයට වැඩි, ශ්‍රේෂ්ඨ ඤාණදර්ශනයක් හැටියට ලබාගත්තු තවත් සැප සහගත පැවැත්මක් තියෙනවාද?"

"ස්වාමීනි, එහෙම නොලැබී තියෙන්නෙ කොහොමද? ස්වාමීනි, අපි කැමතිතාක් ප්‍රීතියට ඇලෙන්නෙ නැතිව උපේක්ෂාවෙන් ඉන්නවා. හොඳ සිහි නුවණින් යුක්තව කයෙන් සැපයකුත් විඳිනවා. ආර්යයන් වහන්සේලා ඒකට කිව්වෙ 'උපේක්ෂාවෙන් යුක්ත, සිහියෙන් යුක්ත සැප සේ වාසය කිරීම' කියලයි. ඒ තුන් වෙනි ධ්‍යානයත් අපි ලබාගත්තා. ස්වාමීනි, අර සමාධිය ඉක්මවා ගිහින්, ඒ සමාධිය සංසිඳවාගෙන සාමාන්‍ය මිනිස් ස්වභාවය ඉක්මවා ගිය ශ්‍රේෂ්ඨ ඤාණදර්ශනයක් හැටියට ඔය සමාධි සැපය ලබාගන්න අපට පුළුවන් වුනා."

"සාදු! සාදු! අනුරුද්ධ, ඉතින් අනුරුද්ධ, ඔය සැප සහගත පැවැත්ම ඉක්මවා ගිහින්, ඔය සැපය සංසිඳවාගෙන, ඔය සමාධියට අමතරව මිනිස් ස්වභාවය ඉක්මවා ගිය ශ්‍රේෂ්ඨ ඤාණදර්ශන විශේෂයක් හැටියට සැපසේ වාසය කරන තවත් සමාධි ලැබුවාද?"

"ස්වාමීනි, එහෙම නොලැබී තියෙන්නෙ කොහොමද? ස්වාමීනි, අපිට කැමතිතාක් සැප දුක නැති කරල මානසික සොම්නස් දොම්නස් කලින් ම අත්හැරලා, දුක් සැප රහිත, පිරිසිදු උපේක්ෂාවත් සිහියත් තියෙන හතර වන ධ්‍යානය ඇති කරගන්න පුළුවන් වුනා. ස්වාමීනි, අර කලින් සමාධිය ඉක්මවා ගිහින්, කලින් සමාධිය සංසිඳවාගෙන සාමාන්‍ය මිනිස් ස්වභාවයට වඩා ශ්‍රේෂ්ඨ ඤාණදර්ශන විශේෂයක් හැටියට ඔය සමාධිය ඇති කරගන්න පුළුවන් වුනා."

"සාදු! සාදු! අනුරුද්ධ, ඉතින් අනුරුද්ධ, ඔය සැප සහගත පැවැත්ම ඉක්මවා ගිහින්, ඔය සැප සහගත පැවැත්ම සංසිඳවාගෙන, සාමාන්‍ය මිනිස්

ස්වභාවයට වැඩි, ශ්‍රේෂ්ඨ ඤාණදර්ශනයක් හැටියට ලබාගත්ත තවත් සැප සහගත පැවැත්මක් තියෙනවාද?"

"ස්වාමීනි, එහෙම නොලැබී තියෙන්නෙ කොහොමද? ස්වාමීනි, අපිට කැමතිතාක් සියලු රූප සඤ්ඤා ඉක්මවා ගිහින්, මානසිකව ඇතිවෙන හැම සඤ්ඤාවක් ම ඉක්මවා ගිහින්, විවිධාකාර සඤ්ඤා සිහි කරන්නෙ නැතුව 'අනන්ත වූ ආකාසය' කියල ආකාසානඤ්චායතන සමාධියත් ලබාගන්න පුළුවන් වුනා. ස්වාමීනි, අර සමාධිය ඉක්මවා ගිහින්, ඒ සමාධිය සංසිඳවාගෙන, සාමාන්‍ය මිනිස් ස්වභාවය ඉක්මවා ගිය ශ්‍රේෂ්ඨ වූ ඤාණදර්ශනයක් හැටියට ඔන්න ඔය සමාධි සැපය ලබාගත්තා."

"සාදු! සාදු! අනුරුද්ධ, ඉතින් අනුරුද්ධ, ඔය සැප සහගත පැවැත්මත් ඉක්මවා ගිහින්, ඔය සැප සහගත පැවැත්ම සංසිඳවාගෙන, සාමාන්‍ය මිනිස් ස්වභාවයට වැඩි, ශ්‍රේෂ්ඨ ඤාණදර්ශනයක් හැටියට ලබාගත්තු තවත් සැප සහගත පැවැත්මක් තියෙනවාද?"

"ස්වාමීනි, එහෙම නොලැබී තියෙන්නෙ කොහොමද? ස්වාමීනි, අපි කැමතිතාක් හැම ආකාරයෙන් ම ආකාසානඤ්චායතනය ඉක්මවා ගිහින් 'විඤ්ඤාණය අනන්තයි' කියල විඤ්ඤාණඤ්චායතන සමාධියත් ලබා ගන්න පුළුවන් වුනා ....(පෙ).... හැම ආකාරයෙන් ම විඤ්ඤාණඤ්චායතනය ඉක්මවා ගිහින් 'මොකවත් නෑ' කියල ආකිඤ්චඤ්ඤායතන සමාධියත් ලබා ගන්න පුළුවන් වුනා ....(පෙ).... හැම ආකාරයෙන් ම ආකිඤ්චඤ්ඤායතනය ඉක්මවා ගිහින් නේවසඤ්ඤානාසඤ්ඤායතන සමාධියත් ලබාගන්න පුළුවන් වුනා. ස්වාමීනි, අර කලින් සමාධිය ඉක්මවා, සංසිඳවාගෙන, සාමාන්‍ය මිනිස් ස්වභාවය ඉක්මවා ගිය ශ්‍රේෂ්ඨ වූ ඤාණදර්ශනයක් හැටියට ලබාගත්තු සැප සහගත පැවැත්ම ඔන්න ඕකයි."

"සාදු! සාදු! අනුරුද්ධ, ඉතින් අනුරුද්ධ, ඔය සැප සහගත පැවැත්මත් ඉක්මවා ගිහින්, ඔය සැප සහගත පැවැත්ම සංසිඳවාගෙන, සාමාන්‍ය මිනිස් ස්වභාවයට වැඩි, ශ්‍රේෂ්ඨ ඤාණදර්ශනයක් හැටියට ලබාගත්තු තවත් සැප සහගත පැවැත්මක් තියෙනවාද?"

"ස්වාමීනි, එහෙම නොලැබී තියෙන්නෙ කොහොමද? ස්වාමීනි, අපිට කැමතිතාක් නේවසඤ්ඤානාසඤ්ඤායතනය ඉක්මවා ගිහින්, සඤ්ඤා විඳීම් නිරුද්ධ වෙච්ච නිරෝධ සමාපත්තිය ලබාගන්න පුළුවන් වුනා. ප්‍රඥාවෙන් යථාර්ථය දැකල, ආශ්‍රවයන් ප්‍රහාණය කරගන්නත් පුළුවන් වුනා. ස්වාමීනි, අර සමාධිය ඉක්මවා ගිහින්, ඒ සමාධිය සංසිඳවගෙන, සාමාන්‍ය මිනිස් ස්වභාවයට

වැඩි ශ්‍රේෂ්ඨ ඤාණදර්ශනයක් හැටියට ඔය සමාධි සැපය ලබාගන්න අපට පුළුවන් වුනා. ස්වාමීනි, ඔය සමාධියටත් වඩා ශ්‍රේෂ්ඨ වූ, ඔය සමාධියට වඩා සැපවත් වූ වෙන සැප සහගත පැවැත්මක් අපි දකින්නෙ නෑ."

"සාදු! සාදු! අනුරුද්ධ, ඇත්තෙන් ම අනුරුද්ධ ඔය සමාධියට වඩා උසස් වූ ඔය සමාධියට වඩා සැපවත් වූ වෙනත් සැප සහගත පැවැත්මක් නෑ ම යි."

ඉතින් භාග්‍යවතුන් වහන්සේ ආයුෂ්මත් අනුරුද්ධ, ආයුෂ්මත් නන්දිය, ආයුෂ්මත් කිම්බිල ස්වාමීන් වහන්සේලාව ඔය ධර්ම කතාවෙන් කරුණු දක්වලා, සමාදන් කරවලා, උත්සාහවත් කරවලා, සතුටු කරවලා, ආසනෙන් නැගිටල වැඩියා.

ඊට පස්සෙ ආයුෂ්මත් අනුරුද්ධ, ආයුෂ්මත් නන්දිය, ආයුෂ්මත් කිම්බිල යන ස්වාමීන් වහන්සේලා භාග්‍යවතුන් වහන්සේට පසු ගමන් ගියා. පසු ගමන් ගිහින් ආපසු පැමිණි ආයුෂ්මත් නන්දිය, ආයුෂ්මත් කිම්බිල ස්වාමීන් වහන්සේලා ආයුෂ්මත් අනුරුද්ධ ස්වාමීන් වහන්සේට මෙහෙම කිව්වා.

"ප්‍රිය ආයුෂ්මත් අනුරුද්ධ, දැන් ඔබ භාග්‍යවතුන් වහන්සේ ඉදිරියේ අපගේ ආසවක්ඛය ඤාණය දක්වා ම කරුණු හෙළිදරව් කළා නේද? ඒ වුනාට අපි මේ මේ සමාධි සමාපත්ති ලබල ඉන්නවා කියල ආයුෂ්මත් අනුරුද්ධ සමඟ අපි කතා බස් කරල නැහැ නෙව."

"ඒක ඇත්ත. ආයුෂ්මතුන් වහන්සේලා මේ මේ සමාධි සමාපත්ති ලබාගෙන ඉන්නවා කියල මා එක්ක කිව්වෙ නෑ තමයි. ඉතිං ඒ වුනාට මගේ හිතෙන් ආයුෂ්මතුන්ලාගේ සිත මම දැක්කා නෙව. එතකොට මං දැනගත්තා ආයුෂ්මතුන් වහන්සේලා මේ මේ සමාධි සමාපත්තිවලින් යුක්තයි කියල. අනික මට දෙවිවරුත් කිව්ව නෙ ආයුෂ්මතුන් වහන්සේලා මේ මේ සමාධි සමාපත්තිවලින් යුක්තයි කියලා. අන්න ඒ නිසයි භාග්‍යවතුන් වහන්සේ අසා වදාළ වෙලාවෙ මං ඔක්කොම කිව්වේ."

එදා දීඝපරජන කියල දිව්‍යරාජයෙක් භාග්‍යවතුන් වහන්සේව බැහැදකින්න ගියා. භාග්‍යවතුන් වහන්සේව බැහැදැකලා, වන්දනා කරලා එකත්පස්ව හිටගත්තා. හිටගෙන භාග්‍යවතුන් වහන්සේට මෙහෙම කිව්වා. "ස්වාමීනි, මේ වජ්ජීන්ට ලාභයක් ම යි. මේ වජ්ජීන්ට යහපත් ලාභයක් ම යි. යම් තැනක තථාගත වූ අරහත් වූ සම්මා සම්බුදුරජාණන් වහන්සේ වැඩඉන්නවා නම්, යම් තැනක ආයුෂ්මත් අනුරුද්ධ, ආයුෂ්මත් නන්දිය, ආයුෂ්මත් කිම්බිල යන පින්වත් ස්වාමීන් වහන්සේලා තුන් නම වැඩඉන්නවා නම් ඒ වජ්ජීන්ට ලාභයක් ම යි. යහපත් ලාභයක් ම යි" කියලා.

දීඝපරජන දිව්‍යරාජයාගේ ප්‍රීති ඝෝෂාව අහපු භූමාටු දෙවියොත් 'යම් තැනක අරහත් වූ සම්මා සම්බුදුරජාණන් වහන්සේත්, යම් තැනක ආයුෂ්මත් අනුරුද්ධ, ආයුෂ්මත් නන්දිය, ආයුෂ්මත් කිම්බිල යන ස්වාමීන් වහන්සේලා තුන් නමත් වැඩඉන්නවා නම්, පින්වත්නි, ඒක වජ්ජීන්ට ලාභයක්! ඒක වජ්ජීන්ට යහපත් ලාභයක්!' කියලා ප්‍රීති ඝෝෂා කළා. භූමාටු දෙවියන්ගේ ප්‍රීති ඝෝෂාව අහලා චාතුම්මහාරාජික දෙවියොත් ප්‍රීති ඝෝෂා කළා ....(පෙ).... තාවතිංස දෙවියොත් ප්‍රීති ඝෝෂා කළා ....(පෙ).... යාම දෙවියොත් ප්‍රීති ඝෝෂා කළා ....(පෙ).... තුසිත දෙවියොත් ප්‍රීති ඝෝෂා කළා ....(පෙ).... නිම්මාණරතී දෙවියොත් ප්‍රීති ඝෝෂා කළා ....(පෙ).... පරනිම්මිතවසවර්ති දෙවියොත් ප්‍රීති ඝෝෂා කළා ....(පෙ).... බ්‍රහ්මකායික දෙවියොත් ප්‍රීති ඝෝෂා කළා. 'පින්වත්නි, යම් තැනක අරහත් වූ සම්මා සම්බුදු වූ තථාගතයන් වහන්සේ වැඩඉන්නවා නම්, යම් තැනක ආයුෂ්මත් අනුරුද්ධ, ආයුෂ්මත් නන්දිය, ආයුෂ්මත් කිම්බිල යන ස්වාමීන් වහන්සේලා තුන් නම වැඩසිටිනවා නම් ඒ වජ්ජීන්ට ලාභයක්! යහපත් ලාභයක්!' කියලා. ඒ ක්ෂණයෙහිදී ඒ මොහොතේදී ඒ ආයුෂ්මත් තෙරුන් වහන්සේලාගේ කීර්තිය බ්‍රහ්ම ලෝකය දක්වා පැතිරී ගියා."

"පින්වත් දීඝ, ඒක එහෙම ම යි. පින්වත් දීඝ, ඒක එහෙම ම යි. ඒ වගේ ම ඔය කුලපුත්‍රයන් තුන් දෙනා යම් පවුලකින් ගිහි ගෙදරින් නික්මිලා මහණ වුනා ද, ඒ පවුල්වල උදවිය ඒ දරුවන් ගැන සිත පහදවාගෙන සිහි කරනවා ද, ඒක ඒ පවුල්වලට බොහෝ කාලයක් හිත සුව පිණිස පවතිනවා.

පින්වත් දීඝ, ඒ වගේම යම් පරම්පරාවකින් නික්මිලා, ඔය කුලපුත්‍රයන් තුන් දෙනා මේ මහණ ජීවිතේට පත්වුනා ද, ඒ ඥාති පරපුර මේ දරුවන් ගැන සිත පහදවාගෙන සිහි කරනවා නම්, ඒක ඒ කුල පරම්පරාවට බොහෝ කලක් හිත සුව පිණිස පවතිනවා.

පින්වත් දීඝ, ඒ වගේම මේ කුලපුත්‍රයන් තුන් දෙනා යම් ගමකින් නික්මිලා උතුම් මහණකම ලබාගත්තා ද, ඒ ගම්වාසීන් මේ දරුවන් තුන් දෙනා ගැන හිත පහදවාගෙන සිහි කරනවා නම්, ඒක මේ ගම්වාසීන්ට බොහෝ කාලයක් හිත සුව පිණිස පවතිනවා.

පින්වත් දීඝ, මේ කුලපුත්‍රයන් තුන් දෙනා යම් නියම් ගමකින් නික්මිලා උතුම් මහණ ජීවිතේ ලබාගත්තා ද, ඒ නියම් ගම්වාසීන් මේ පින්වත් දරුවන් තුන් දෙනා ගැන සිත පහදවාගෙන සිහි කරනවා නම්, ඒක ඒ නියම් ගම්වාසීන්ට බොහෝ කලක් හිත සුව පිණිස පවතිනවා.

පින්වත් දීඝ, මේ කුලපුත්‍රයන් තුන් දෙනා යම් නගරයකින් නික්මිලා උතුම් පැවිදි ජීවිතේ ලබාගත්තා ද, ඒ නගරවාසීනුත් මේ පින්වත් දරුවන් තුන්

දෙනා ගැන හිත පහදවාගෙන සිහි කරනවා නම්, ඒක ඒ නගරවාසීන්ට බොහෝ කලක් හිත සුව පිණිස පවතිනවා.

පින්වත් දීඝ, යම් ජනපදයකින් නික්මිලා මේ කුලපුත්‍රයන් තුන් දෙනා මේ උතුම් මහණ ජීවිතේට පත්වුනා ද, ඒ ජනපදවාසීන් මේ පින්වත් දරුවන් තුන් දෙනා ගැන සිත පහදවාගෙන සිහි කරනවා නම්, ඒ ජනපදවාසීන්ට ඒක බොහෝ කලක් හිත සුව පිණිස පවතිනවා.

පින්වත් දීඝ, රජ කුලයේ සියලු දෙනාත්, මේ කුලපුත්‍රයන් තුන් දෙනා ගැන හිත පහදවාගෙන සිහි කළොත් ඒක ඒ රජ කුලේ ඇත්තන්ට බොහෝ කලක් හිත සුව පිණිස පවතිනවා.

පින්වත් දීඝ, බ්‍රාහ්මණ කුලේ උදවියත් මේ කුලපුත්‍රයන් තුන් දෙනා ගැන හිත පහදවාගෙන සිහි කළොත්, ඒ බ්‍රාහ්මණ කුලේ ඇත්තන්ටත් ඒක බොහෝ කලක් හිත සුව පිණිස පවතිනවා.

ඒ වගේ ම පින්වත් දීඝ, වෙළඳ කුලේ උදවිය මේ කුලපුත්‍රයන් තුන් දෙනා ගැන හිත පහදවාගෙන සිහි කළොත්, ඒ වෙළඳ කුලේ ඇත්තන්ටත් ඒක බොහෝ කලක් හිත සුව පිණිස පවතිනවා.

ඒ වගේ ම පින්වත් දීඝ, මෙහෙකාර කුලේ උදවිය මේ කුලපුත්‍රයන් තුන් දෙනා ගැන හිත පහදවාගෙන සිහි කළොත්, ඒ මෙහෙකාර කුලේ ඇත්තන්ටත් ඒක බොහෝ කලක් හිත සුව පිණිස පවතිනවා.

පින්වත් දීඝ, දෙවියන් සහිත ලෝකයා ම, මරුන් සහිත, බඹුන් සහිත, ශ්‍රමණ බ්‍රාහ්මණයන් සහිත දෙව් මිනිස් ප්‍රජාව ම මේ කුලපුත්‍රයන් තුන් දෙනා ගැන සිත පහදවාගෙන සිහි කළොත්, ඒක දෙවියන් සහිත ලෝකයාට ම, මරුන් සහිත, බඹුන් සහිත, ශ්‍රමණ බ්‍රාහ්මණයන් සහිත දෙව් මිනිස් ප්‍රජාවට ම බොහෝ කලක් හිත සුව පිණිස පවතිනවා.

පින්වත් දීඝ, බලන්න මේ කුලපුත්‍රයන් තුන් දෙනා බොහෝ ජනයාට හිත සුව පිණිස ප්‍රතිපත්තියේ යෙදිලයි ඉන්නෙ. බොහෝ ජනයාට සැප පිණිස, ලෝකානුකම්පාව පිණිස, දෙව් මිනිස් ප්‍රජාවගේ හිත සුව පිණිස ප්‍රතිපත්තියේ යෙදිලයි ඉන්නෙ."

භාග්‍යවතුන් වහන්සේ මෙය වදාළා. දීඝපරජන දිව්‍යරාජයා මේ ගැන ගොඩාක් සතුටු වුනා. භාග්‍යවතුන් වහන්සේ වදාළ මේ කරුණු සාදු නාද නංවමින් සතුටින් පිළිගත්තා.

සාදු! සාදු!! සාදු!!!

**ගෝසිංග සල් වනයේදී වදාළ කුඩා දෙසුම නිමා විය.**

# 1.4.2
# මහා ගෝසිංග සූත්‍රය
## ගෝසිංග සල් වනයේ දී වදාළ විස්තරාත්මක දෙසුම

මා හට අසන්නට ලැබුනේ මේ විදිහටයි. ඒ දවස්වල භාග්‍යවතුන් වහන්සේ වැඩසිටියේ ගෝසිංග නම් සල් වනයේ. ආයුෂ්මත් සාරිපුත්තයන් වහන්සේ, ආයුෂ්මත් මහාමොග්ගල්ලානයන් වහන්සේ, ආයුෂ්මත් මහාකස්සපයන් වහන්සේ, ආයුෂ්මත් අනුරුද්ධ, ආයුෂ්මත් රේවත, ආයුෂ්මත් ආනන්ද වැනි ඉතා කීර්තිමත් ස්වාමීන් වහන්සේලාත් භාග්‍යවතුන් වහන්සේ සමඟ වැඩසිටියා.

එදා ආයුෂ්මත් මහාමොග්ගල්ලානයන් වහන්සේ, සවස භාවනාවෙන් නැගිටලා, ආයුෂ්මත් මහාකස්සපයන් වහන්සේ ළඟට වැඩියා. ඊට පස්සෙ ආයුෂ්මත් මහාකස්සපයන් වහන්සේට මෙහෙම කිව්වා. "ප්‍රිය ආයුෂ්මත් කස්සප, අපි ආයුෂ්මත් සාරිපුත්තයන් වහන්සේගෙන් බණ ටිකක් අහන්න යමුද?" කියලා. "හොඳයි, ප්‍රිය ආයුෂ්මතුනි" කියලා ආයුෂ්මත් මහාකස්සපයන් වහන්සේ, ආයුෂ්මත් මහාමොග්ගල්ලානයන් වහන්සේට පිළිතුරු දුන්නා.

ඉතින් ආයුෂ්මත් මහාමොග්ගල්ලානයන් වහන්සේත්, ආයුෂ්මත් මහා කස්සපයන් වහන්සේත්, ආයුෂ්මත් අනුරුද්ධයන් වහන්සේත් බණ ටිකක් අහන්න කියල හිතල ආයුෂ්මත් සාරිපුත්තයන් වහන්සේ ළඟට වැඩියා. ආයුෂ්මත් මහා මොග්ගල්ලාන, ආයුෂ්මත් මහාකස්සප, ආයුෂ්මත් අනුරුද්ධ යන ස්වාමීන් වහන්සේලා බණ ටිකක් අහන්න කියල හිතල ආයුෂ්මත් සාරිපුත්තයන් වහන්සේ ළඟට වඩිනවා ආයුෂ්මත් ආනන්දයන් වහන්සේ දැක්කා. දැකල ආයුෂ්මත් රේවතයන් වහන්සේ ළඟට ගියා. ගිහින් ආයුෂ්මත් රේවතයන් වහන්සේට මෙහෙම කිව්වා. "ප්‍රිය ආයුෂ්මත් රේවත, අන්න අපේ මහෝත්තම ස්වාමීන් වහන්සේලා සාරිපුත්තයන් වහන්සේ ළඟට බණ අහන්න වඩිනවා. ප්‍රිය ආයුෂ්මත් රේවත, ඉතින් ආයුෂ්මත් සාරිපුත්තයන් වහන්සේ ගෙන් බණ ටිකක් අහන්න අපිත් යමු" කියලා. "හොඳයි, ප්‍රිය ආයුෂ්මතුනි" කියලා ආයුෂ්මත්

රේවතයන් වහන්සේ ආයුෂ්මත් ආනන්දයන් වහන්සේට පිළිතුරු දුන්නා. ඉතින් ආයුෂ්මත් රේවතයන් වහන්සේත්, ආයුෂ්මත් ආනන්දයන් වහන්සේත්, ආයුෂ්මත් සාරිපුත්තයන් වහන්සේගෙන් බණ අහන්න පිටත් වුනා.

ආයුෂ්මත් රේවතයන් වහන්සේත්, ආයුෂ්මත් ආනන්දයන් වහන්සේත්, දුරින් ම වඩින හැටි ආයුෂ්මත් සාරිපුත්තයන් වහන්සේ දැක්කා. දැකල ආයුෂ්මත් ආනන්දයන් වහන්සේට මෙහෙම කිව්වා. "හා! වඩින්න. වඩින්න. ප්‍රිය ආයුෂ්මත් ආනන්ද, අපගේ භාග්‍යවතුන් වහන්සේගේ ප්‍රිය උපස්ථායක වූ, භාග්‍යවතුන් වහන්සේගේ ළඟින් ම සිටින ආයුෂ්මත් ආනන්දයන් වහන්සේගේ වැඩමවීම කොච්චර දෙයක්ද? ප්‍රිය ආයුෂ්මත් ආනන්ද, මේ ගෝසිංග සල් වනය හරිම ලස්සනයි. රාත්‍රී කාලයට හරිම සුන්දරයි. මේ සල් ගස් පුරා අතු පතර මල් පිරිල තියෙනවා. ඒ මල් සුවඳ හමාගෙන එන්නෙ දිව්‍ය සුවඳක් වගෙයි. ඉතින් ප්‍රිය ආයුෂ්මත් ආනන්ද, මේ ලස්සන ගෝසිංග සල් වනය තවත් ලස්සන වෙන්නෙ කොයි වගේ භික්ෂුවකගෙන්ද?"

"ප්‍රිය ආයුෂ්මත් සාරිපුත්ත, මේ ගෝසිංග සල් වනය ලස්සන වෙන්නෙ මේ වගේ භික්ෂුවක් නිසා. ඒ කියන්නේ ඒ භික්ෂුව බහුශ්‍රැතයි. ඇසූ දේ දරා ගෙනයි ඉන්නෙ. ඒ ඇසූ ධර්මය රැස් කරගෙනයි ඉන්නෙ. ඒ ධර්මයේ ආරම්භයත් ලස්සනයි. මැදත් ලස්සනයි. අවසානයත් ලස්සනයි. ඒ ධර්මය අර්ථ සහිතයි. ඒ ධර්මය පැහැදිලි වචනවලින් යුක්තයි. ඒ ධර්මයෙන් කියවෙන්නෙ මුළුමනින් ම පිරිපුන් පිරිසිදු නිවන් මගයි. අන්න ඒ ධර්මය ගැන තමයි ඒ භික්ෂුව බහුශ්‍රැත වෙලා ඉන්නෙ. ඒ ධර්මය තමයි දරාගෙන ඉන්නෙ. ඒ ධර්මය තමයි වචනයෙන් පුරුදු කරන්නෙ. ඒ ධර්මය තමයි නුවණින් විමසන්නෙ. ඒ ධර්මය තමයි ප්‍රඥාවෙන් තේරුම් අරගෙන ඉන්නෙ. ඒ භික්ෂුවට පුළුවන් අභ්‍යන්තරගත සියලු කෙලෙස් නැතිවෙන විදිහට, පරිපූර්ණ වශයෙන් යහපත් වචනවලින්, පැටලිලි රහිත වචනවලින්, සිව්පිරිසට ම බණ කියන්න. අන්න ඒ වගේ භික්ෂුවකගෙන් තමයි, ප්‍රිය ආයුෂ්මත් සාරිපුත්ත, මේ ගෝසිංග සල් වනය ලස්සන වෙන්නෙ."

එතකොට ආයුෂ්මත් සාරිපුත්තයන් වහන්සේ ආයුෂ්මත් රේවතයන් වහන්සේට මෙහෙම කියනවා. "ප්‍රිය ආයුෂ්මත් රේවත, ඔන්න දැන් ආයුෂ්මත් ආනන්දයන් තමන්ට වැටහෙන විදිහට උත්තර දුන්නා. ඉතින් අපි දැන් ආයුෂ්මත් රේවතගෙනුත් අහන්න කැමතියි. ප්‍රිය ආයුෂ්මත් රේවත, මේ ගෝසිංග සල් වනය හරිම ලස්සනයි. රාත්‍රී කාලයට ගොඩක් ලස්සනයි. සල් වනයෙ අතුපතර සල් මලින් පිරිල ඉතිරිලා. මල් සුවඳ හමාගෙන එන්නෙ දිව්‍ය සුවඳක් වගෙයි. ඉතින් ප්‍රිය ආයුෂ්මත් රේවත, කොයි වගේ භික්ෂුවක් නිසාද මේ ගෝසිංග සල් වනය වඩාත් ලස්සන වෙන්නෙ?"

"ප්‍රිය ආයුෂ්මත් සාරිපුත්ත, සමාධි සමාපත්තිවලට ඇලුණු භික්ෂුවක් ඉන්නවා. ඔහු සමාධි සමාපත්තිවලට හරිම කැමතියි. තමන් තුළ චිත්ත සමාධියෙන් ම යි ඉන්නෙ. ධ්‍යානවලින් බැහැර වෙන්නෙ නෑ. නිතර විදර්ශනාත් වඩනවා. නිදහස් තැන්වලට ම යි කැමති. ප්‍රිය ආයුෂ්මත් සාරිපුත්ත, ඔන්න ඔය වගේ භික්ෂුවක් නිසාත් මේ ගෝසිංග සල් වනය ලස්සන වෙනවා."

ඊට පස්සෙ ආයුෂ්මත් සාරිපුත්තයන් වහන්සේ, ආයුෂ්මත් අනුරුද්ධයන් වහන්සේට මෙහෙම කියනවා. "ප්‍රිය ආයුෂ්මත් අනුරුද්ධ, ඔන්න දැන් ආයුෂ්මත් රේවතත් තමන්ට වැටහෙන විදිහට උත්තර දුන්නා. දැන් අපි ආයුෂ්මත් අනුරුද්ධයන්ගෙන් අහන්න කැමතියි. ප්‍රිය ආයුෂ්මත් අනුරුද්ධ, මේ ගෝසිංග සල් වනය හරිම ලස්සනයි. රාත්‍රී කාලයට ගොඩක් ලස්සනයි. සල් වනයෙ අතුපතර සල් මලින් පිරිල ඉතිරිලා. මල් සුවඳ හමාගෙන එන්නෙ දිව්‍ය සුවඳක් වගෙයි. ඉතින් ප්‍රිය ආයුෂ්මත් අනුරුද්ධ, කොයි වගේ භික්ෂුවක් නිසා ද මේ ගෝසිංග සල් වනය වඩාත් ලස්සන වෙන්නෙ?"

"ප්‍රිය ආයුෂ්මත් සාරිපුත්ත, දිවැස් තියෙන භික්ෂුවක් ඉන්නවා. ඒ භික්ෂුව සාමාන්‍ය මිනිසුන්ගේ දර්ශන පථය ඉක්මවා ගිය දිවැසින් දහසක් ලෝක ධාතු දකිනවා. ප්‍රිය ආයුෂ්මත් සාරිපුත්ත, උස් ගොඩනැගිල්ලකට ගිය කෙනෙක් එතන ඉඳල දහසක් නිම් වළලු බලනවා වගෙයි. ප්‍රිය ආයුෂ්මත් සාරිපුත්ත, භික්ෂුව මිනිස් දර්ශන පථය ඉක්මවා ගිය දිවැස් නුවණින් දහසක් ලෝක ධාතු දකින්නෙ ඔය විදිහට ම යි. ප්‍රිය ආයුෂ්මත් සාරිපුත්ත, ඔන්න ඔය වගේ භික්ෂුවකගෙන් මේ ගෝසිංග සල් වනය තවත් ලස්සන වෙනවා.

ඊට පස්සෙ ආයුෂ්මත් සාරිපුත්තයන් වහන්සේ ආයුෂ්මත් මහාකස්සපයන් වහන්සේට මෙහෙම කියනවා. "ප්‍රිය ආයුෂ්මත් කස්සප, ඔන්න දැන් ආයුෂ්මත් අනුරුද්ධයන් තමන්ට වැටහෙන විදිහට උත්තර දුන්නා. ඉතින් අපි දැන් ආයුෂ්මත් මහාකස්සපයන්ගෙනුත් අහන්න කැමතියි. ප්‍රිය ආයුෂ්මත් කස්සප, මේ ගෝසිංග සල් වනය හරිම ලස්සනයි. රාත්‍රී කාලයට ගොඩක් ලස්සනයි. සල් වනයෙ අතුපතර සල් මලින් පිරිල ඉතිරිලා. මල් සුවඳ හමාගෙන එන්නෙ දිව්‍ය සුවඳක් වගෙයි. ඉතින් ප්‍රිය ආයුෂ්මත් කස්සප, කොයි වගේ භික්ෂුවක් නිසා ද මේ ගෝසිංග සල් වනය වඩාත් ලස්සන වෙන්නෙ?"

"ප්‍රිය ආයුෂ්මත් සාරිපුත්ත, තමාත් වනාන්තරේ වාසය කරමින් ම වනාන්තරේ වාසය කිරීම ගැන ගුණ කියන භික්ෂුවක් ඉන්නවා. තමන් පිණ්ඩපාතෙනුයි යැපෙන්නෙ. පිණ්ඩපාතෙන් යැපීමේ ගුණත් කියනවා. තමන් පාංශුකූල වස්ත්‍ර ම යි පොරවන්නෙ. පාංශුකූල වස්ත්‍ර පෙරවීම ගැන ගුණත් කියනවා. තමන් තුන් සිවුරෙන් ඉන්නෙ. තුන් සිවුරෙන් සිටීම ගැන ගුණත්

කියනවා. තමන් අල්පේච්ඡවයි ඉන්නෙ. අල්පේච්ඡතාවය ගැන ගුණත් කියනවා. තමන් ලද දෙයන් සතුටු වෙලයි ඉන්නෙ. ලද දෙයින් සතුටු වීමේ ගුණත් කියනවා. තමන් හුදෙකලා විවේකයෙන් ඉන්නෙ. හුදෙකලා විවේකයේ ගුණත් කියනවා. තමන් පිරිස සමඟ නොඇලීයි ඉන්නෙ. පිරිස සමඟ නොඇලීමේ ගුණත් කියනවා. තමන් පටන් ගත් වීරියෙන් ම යි ඉන්නෙ. පටන් ගත් වීරිය ගැන ගුණත් කියනවා. තමන් සිල්වත්ව ඉන්නෙ. සීල සම්පත්තියේ ගුණත් කියනවා. තමන් සමාධිමත්ව ඉන්නෙ. සමාධි සම්පත්තියේ ගුණත් කියනවා. තමන් ප්‍රඥාවෙන් ඉන්නෙ. ප්‍රඥා සම්පත්තියේ ගුණත් කියනවා. තමන් විමුක්ති සිතින් ඉන්නෙ. විමුක්ති සම්පත්තිය ගැන ගුණත් කියනවා. තමන් විමුක්ති ඥාණදර්ශනයෙන් යුක්තවයි ඉන්නෙ. විමුක්ති ඥාණදර්ශන සම්පත්තියේ ගුණත් කියනවා. ප්‍රිය ආයුෂ්මත් සාරිපුත්ත, ඕන්න ඔය විදිහේ භික්ෂුවක ගෙනුත් ගෝසිංග සල් වනය ලස්සන වෙනවා."

ඊට පස්සෙ ආයුෂ්මත් සාරිපුත්තයන් වහන්සේ ආයුෂ්මත් මහා මොග්ගල්ලානයන් වහන්සේට මෙහෙම කියනවා. "ප්‍රිය ආයුෂ්මත් මොග්ගල්ලාන, ඕන්න දැන් ආයුෂ්මත් මහාකස්සපයන් තමන්ට වැටහෙන විදිහට උත්තර දුන්නා. ඉතින් අපි දැන් ආයුෂ්මත් මහාමොග්ගල්ලානයන් ගෙනුත් අහන්න කැමතියි. ප්‍රිය ආයුෂ්මත් මොග්ගල්ලාන, මේ ගෝසිංග සල් වනය හරි ම ලස්සනයි. රාත්‍රී කාලයට ගොඩක් ලස්සනයි. සල් වනයෙ අතුපතර සල් මලින් පිරිල ඉතිරිලා. මල් සුවඳ හමාගෙන එන්නෙ දිව්‍ය සුවඳක් වගෙයි. ඉතින් ප්‍රිය ආයුෂ්මත් මොග්ගල්ලාන, කොයි වගේ භික්ෂුවක් නිසා ද මේ ගෝසිංග සල් වනය වඩාත් ලස්සන වෙන්නෙ?"

"ප්‍රිය ආයුෂ්මත් සාරිපුත්ත, ගැඹුරු ධර්මය කතා කරන භික්ෂූන් වහන්සේලා දෙනමක් ඉන්නවා. උන්වහන්සේලා එකිනෙකාගෙන් ප්‍රශ්න විමසනවා. එකිනෙකාගෙන් අහන ප්‍රශ්න විසඳනවා මිසක් කරුණු හංගන්න යන්නෙ නෑ. එතකොට උන්වහන්සේලාට දිගට ම ධර්ම කතාව කරගෙන යන්න පුළුවනි. ප්‍රිය ආයුෂ්මත් සාරිපුත්ත, ඕන්න ඔය වගේ භික්ෂුවක් නිසා මේ ගෝසිංග සල් වනය වඩාත් ලස්සන වෙනවා."

ඊට පස්සෙ ආයුෂ්මත් මහාමොග්ගල්ලානයන් වහන්සේ ආයුෂ්මත් සාරිපුත්තයන් වහන්සේට මෙහෙම කියනවා. "ප්‍රිය ආයුෂ්මත් සාරිපුත්ත, ඕන්න දැන් අපි ඔක්කොම තම තමන්ට වැටහෙන විදිහට උත්තර දුන්න නෙව. දැන් ඉතින් අපි ආයුෂ්මත් සාරිපුත්තයන් වහන්සේගෙන් අහන්න කැමතියි. ප්‍රිය ආයුෂ්මත් සාරිපුත්ත, මේ ගෝසිංග සල් වනය හරිම ලස්සනයි. රාත්‍රී කාලයට ගොඩක් ලස්සනයි. සල් වනයෙ අතුපතර සල් මලින් පිරිල ඉතිරිලා. මල් සුවඳ

හමාගෙන එන්නෙ දිව්‍ය සුවඳක් වගෙයි. ඉතින් ප්‍රිය ආයුෂ්මත් සාරිපුත්ත, කොයි වගේ භික්ෂුවක් නිසා ද මේ ගෝසිංග සල් වනය වඩාත් ලස්සන වෙන්නෙ?"

"ප්‍රිය ආයුෂ්මත් මොග්ගල්ලාන, ඒ භික්ෂුව විසින් තමන්ගේ සිත තමාගේ වසඟයට පත්කරගෙනයි ඉන්නෙ. සිතේ වසඟයට ඒ භික්ෂුව පත්වෙලා නෑ. උදේ වරුවෙ යම්කිසි සමාධි සමාපත්තියකින් ඉන්න කැමති නම්, උදේ වරුවෙ ඒ සමාධි සමාපත්තියෙන් ඉන්නවා. දවල් කාලෙ යම්කිසි සමාධි සමාපත්තියකින් ඉන්න කැමති නම්, මුළු දවල් කාලයේ ම ඒ සමාධි සමාපත්තියෙන් ඉන්නවා. හවස් වරුවෙ යම්කිසි සමාධි සමාපත්තියකින් ඉන්න කැමති නම්, හවස් වරුවෙ ම ඒ සමාධි සමාපත්තියෙන් ඉන්නවා. ප්‍රිය ආයුෂ්මත් මොග්ගල්ලාන, ඒක මේ වගේ දෙයක්. රජ්ජුරු කෙනෙකුට හෝ රජ්ජුරුවන්ගේ මහඇමතිට හෝ නොයෙක් සළු පිළි පුරෝපු ලොකු අල්මාරියක් තියෙනවා. ඉතින් එයා උදේට පොරවන්න කැමති වෙනවා වෙන සළුවක්. එතකොට උදේ වරුවට ඒ සළුව පොරෝනවා. දවල් කාලෙ වෙන සළුවක් පොරවන්නයි කැමති. එතකොට එයා දවල්ට ඒ සළුව පොරෝනවා. හවස් වරුවෙ වෙන සළුවක් පොරවන්නයි එයා කැමති. එතකොට හවස් වරුවෙ ඒක පොරෝනවා. ප්‍රිය ආයුෂ්මත් මොග්ගල්ලාන, අන්න ඒ විදිහමයි ඒ භික්ෂුව විසින් තමන්ගේ හිත වසඟ කරගෙන ඉන්නේ. හිතේ වසඟයට ඒ භික්ෂුව අහු වෙලා නෑ. ඒ නිසා ඒ භික්ෂුව යම් සමාධි සමාපත්තියකින් උදේ වරුව ගෙවන්න කැමති නම් උදේ වරුව ගෙවන්නෙ ඒ සමාධි සමාපත්තියෙන් ම යි. දවල් වරුවට යම් සමාධි සමාපත්තියකින් ඉන්න කැමති නම් දවල් වරුවෙ ඒ සමාධි සමාපත්තියෙන් ම ඉන්නවා. සවස් වරුවෙ යම් සමාධි සමාපත්තියකින් ඉන්න කැමති නම්, සවස් වරුව පුරාම ඒ සමාධි සමාපත්තියෙන් ම යි ඉන්නෙ. ප්‍රිය ආයුෂ්මත් මොග්ගල්ලාන, ඔන්න ඔය වගේ භික්ෂුවක් නිසාත් ගෝසිංග සල් වනය ලස්සන වෙනවා.

එතකොට ආයුෂ්මත් සාරිපුත්තයන් වහන්සේ ඒ ආයුෂ්මතුන් වහන්සේලාට මෙහෙම කිව්වා. "ප්‍රිය ආයුෂ්මතුන් වහන්ස, දැන් අපි ඔක්කොම තම තමන්ගේ වැටහීම් ගැන කිව්වා නෙව. දැන් ඉතින් අපි භාග්‍යවතුන් වහන්සේව හමුවෙන්න යමු. භාග්‍යවතුන් වහන්සේ බැහැදැකලා උන්වහන්සේට කියමු. ඉන්පසු අපි මේ කරුණ භාග්‍යවතුන් වහන්සේ අපට කියා දෙන විදිහට අපි මතක තියා ගම්මු" කියල. "හොඳයි ආයුෂ්මතුනි" කියල ඒ භික්ෂූන් වහන්සේලා ආයුෂ්මත් සාරිපුත්තයන් වහන්සේට පිළිතුරු දුන්නා.

ඉතින් ඒ ආයුෂ්මත් තෙරුන් වහන්සේලා භාග්‍යවතුන් වහන්සේ බැහැදකින්න වැඩියා. භාග්‍යවතුන් වහන්සේට වන්දනා කරලා එකත්පස්ව

වාඩිවුණා. එකත්පස්ව වාඩිවුන ආයුෂ්මත් සාරිපුත්තයන් වහන්සේ භාග්‍යවතුන් වහන්සේට මෙහෙම කිව්වා. "ස්වාමීනි, මේ ආයුෂ්මත් රේවතත් මේ ආයුෂ්මත් ආනන්දත් මගෙන් බණ අහන්න ඕන කියල මං ළඟට ආවා. ඉතින් ස්වාමීනි, ආයුෂ්මත් රේවතත්, ආයුෂ්මත් ආනන්දත් වඩිනවා මං ඈත තියාම දැක්කා. දැකල මං ආයුෂ්මත් ආනන්දයන්ට මෙහෙම කිව්වා. 'හා! වඩින්න. වඩින්න. ප්‍රිය ආනන්ද, අපගේ භාග්‍යවතුන් වහන්සේගේ ප්‍රිය උපස්ථායක වූ, භාග්‍යවතුන් වහන්සේගේ ළඟින් ම සිටින ආයුෂ්මත් ආනන්දයන් වහන්සේගේ වැඩම වීම කොච්චර දෙයක්ද? ප්‍රිය ආයුෂ්මත් ආනන්ද, මේ ගෝසිංග සල් වනය හරිම ලස්සනයි. රාත්‍රී කාලයට හරිම සුන්දරයි. මේ සල් ගස් පුරා අතු පතර මල් පිරිල තියෙනවා. ඒ මල් සුවඳ හමාගෙන එන්නෙ දිව්‍ය සුවඳක් වගෙයි. ඉතින් ප්‍රිය ආයුෂ්මත් ආනන්දය, මේ ලස්සන ගෝසිංග සල් වනය තවත් ලස්සන වෙන්නෙ කොයි වගේ භික්ෂුවකගෙන්ද?' කියලා.

එතකොට ස්වාමීනි, මේ ආයුෂ්මත් ආනන්ද මට මෙහෙම කිව්වා. 'ප්‍රිය ආයුෂ්මත් සාරිපුත්ත, ඒ භික්ෂුව බහුශ්‍රුතයි. ඇසූ දේ දරාගෙනයි ඉන්නෙ. ඒ ඇසූ ධර්මය රැස් කරගෙනයි ඉන්නෙ. ඒ ධර්මයේ ආරම්භයත් ලස්සනයි. මැදත් ලස්සනයි. අවසානයත් ලස්සනයි. ඒ ධර්මය අර්ථ සහිතයි. ඒ ධර්මය පැහැදිලි වචනවලින් යුක්තයි. ඒ ධර්මයෙන් කියවෙන්නෙ මුළුමනින් ම පිරිසිදු පිරිපුන් නිවන් මග. අන්න ඒ ධර්මය ගැන තමයි ඒ භික්ෂුව බහුශ්‍රැත වෙලා ඉන්නෙ. ඒ ධර්මය තමයි දරාගෙන ඉන්නෙ. ඒ ධර්මය තමයි වචනයෙන් පුරුදු කරල තියෙන්නෙ. ඒ ධර්මය තමයි නුවණින් විමසන්නෙ. ඒ ධර්මය තමයි ප්‍රඥාවෙන් තේරුම් අරගෙන ඉන්නෙ. ඒ භික්ෂුවට පුළුවන්, අභ්‍යන්තරගත සියලු කෙලෙස් නැතිවෙන විදිහට, පරිපූර්ණ වශයෙන්, යහපත් වචනවලින්, පැටලිලි රහිත වචන වලින් සිව්පිරිසට ම බණ කියන්න. අන්න ඒ වගේ භික්ෂුවක ගෙන් තමයි, ප්‍රිය ආයුෂ්මත් සාරිපුත්ත, මේ ගෝසිංග සල් වනය ලස්සන වෙන්නෙ' කියලා.

'සාදු! සාදු! පින්වත් සාරිපුත්ත, අපේ පින්වත් ආනන්ද ඉතින් හරියට ම උත්තරේ දීල තියෙනවා නෙව. පින්වත් සාරිපුත්ත, ඒක ඇත්ත. ඔය ආනන්ද බහුශ්‍රැතයි. ඇසූ දේ දරාගෙනයි ඉන්නෙ. ඒ ඇසූ ධර්මය රැස් කරගෙනයි ඉන්නෙ. ඒ ධර්මයේ ආරම්භයත් ලස්සනයි. මැදත් ලස්සනයි. අවසානයත් ලස්සනයි. ඒ ධර්මය අර්ථ සහිතයි. ඒ ධර්මය පැහැදිලි වචනවලින් යුක්තයි. ඒ ධර්මයෙන් කියවෙන්නෙ මුළුමනින් ම පිරිපුන් පිරිසිදු නිවන් මගයි. අන්න ඒ ධර්මය ගැන තමයි ඒ භික්ෂුව බහුශ්‍රැත වෙලා ඉන්නෙ. ඒ ධර්මය තමයි දරාගෙන ඉන්නෙ. ඒ ධර්මය තමයි වචනයෙන් පුරුදු කරල තියෙන්නෙ. ඒ ධර්මය තමයි නුවණින් විමසන්නෙ. ඒ ධර්මය තමයි ප්‍රඥාවෙන් තේරුම් අරගෙන මේ ආනන්දට පුළුවනි අභ්‍යන්තර ගත සියලු කෙලෙස් නැති වී යන විදිහට,

පරිපූර්ණ වශයෙන්, යහපත් වචනවලින්, පැටලිලි රහිත වචනවලින් සිව්පිරිසට ම බණ කියන්න."

"ඉතින් ස්වාමීනි, ඊට පස්සේ මම ආයුෂ්මත් රේවතට කතා කළා. 'ප්‍රිය ආයුෂ්මත් රේවත, ඔන්න දැන් ආයුෂ්මත් ආනන්දයන් තමන්ට වැටහෙන විදිහට උත්තර දුන්නා. ඉතින් අපි දැන් ආයුෂ්මත් රේවතගෙනුත් අහන්න කැමතියි. ප්‍රිය ආයුෂ්මත් රේවත, මේ ගෝසිංග සල් වනය හරිම ලස්සනයි. රාත්‍රී කාලයට ගොඩක් ලස්සනයි. සල් වනයෙ අතුපතර සල් මලින් පිරිල ඉතිරිලා. මල් සුවඳ හමාගෙන එන්නෙ දිව්‍ය සුවඳක් වගෙයි. ඉතින් ප්‍රිය ආයුෂ්මත් රේවත, කොයි වගේ භික්ෂුවක් නිසා ද මේ ගෝසිංග සල් වනය වඩාත් ලස්සන වෙන්නෙ?'

එතකොට ස්වාමීනි, මේ ආයුෂ්මත් රේවත මට මෙහෙම කිව්වා. 'ප්‍රිය ආයුෂ්මත් සාරිපුත්ත, සමාධි සමාපත්තිවලට ඇලුණු භික්ෂුවක් ඉන්නවා. ඔහු සමාධි සමාපත්තිවලට හරිම කැමතියි. තමන් තුළ චිත්ත සමාධියෙන් ම යි ඉන්නෙ. ධ්‍යානවලින් බැහැර වෙන්නෙ නෑ. නිතර විදර්ශනාත් වඩනවා. නිදහස් තැන්වලට ම යි කැමති. ප්‍රිය ආයුෂ්මත් සාරිපුත්ත, ඔන්න ඔය වගේ භික්ෂුවක් නිසාත් මේ ගෝසිංග සල් වනය ලස්සන වෙනවා' කියලා."

"සාදු! සාදු! පින්වත් සාරිපුත්ත, අපේ රේවත ඉතින් නියම විදිහට ම උත්තරේ දීල තියෙනවා නෙව. පින්වත් සාරිපුත්ත, මේ රේවත සමාධි සමාපත්ති වලට ඇලිල ඉන්නෙ. සමාධි සමාපත්තිවලට කැමතියි. තමා තුළ චිත්ත සමාධියෙන් ම යි ඉන්නෙ. ධ්‍යානවලින් බැහැර වෙන්නෙ නෑ. නිතර විදර්ශනාත් වඩනවා. නිදහස් තැන්වලටයි කැමති."

"ඉතින් ස්වාමීනි, මං ඊට පස්සෙ ආයුෂ්මත් අනුරුද්ධට කතා කළා. 'ප්‍රිය ආයුෂ්මත් අනුරුද්ධ, ඔන්න දැන් ආයුෂ්මත් රේවතත් තමන්ට වැටහෙන විදිහට උත්තර දුන්නා. දැන් අපි ආයුෂ්මත් අනුරුද්ධයන්ගෙන් අහන්න කැමතියි. ප්‍රිය ආයුෂ්මත් අනුරුද්ධ, මේ ගෝසිංග සල් වනය හරිම ලස්සනයි. රාත්‍රී කාලයට ගොඩක් ලස්සනයි. සල් වනයෙ අතුපතර සල් මලින් පිරිල ඉතිරිලා. මල් සුවඳ හමාගෙන එන්නෙ හරියට දිව්‍ය සුවඳක් වගෙයි. ඉතින් ප්‍රිය ආයුෂ්මත් අනුරුද්ධ, කොයි වගේ භික්ෂුවක් නිසා ද මේ ගෝසිංග සල් වනය වඩාත් ලස්සන වෙන්නෙ?'

එතකොට ස්වාමීනි, ආයුෂ්මත් අනුරුද්ධ මට මෙහෙම කිව්වා. 'ප්‍රිය ආයුෂ්මත් සාරිපුත්ත, දිවැස් තියෙන භික්ෂුවක් ඉන්නවා. ඒ භික්ෂුව සාමාන්‍ය මිනිසුන්ගේ දර්ශන පථය ඉක්මවා ගිය දිවැසින් දහසක් ලෝක ධාතු දකිනවා. ප්‍රිය ආයුෂ්මත් සාරිපුත්ත, උස් ගොඩනැගිල්ලකට ගිය කෙනෙක් එතන ඉඳල දහසක් නිම් වළලු බලනවා වගෙයි. ප්‍රිය ආයුෂ්මත් සාරිපුත්ත, භික්ෂුව මිනිස්

දර්ශන පථය ඉක්මවා ගිය දිවැස් නුවණින් දහසක් ලෝක ධාතු දකින්නෙ ඔය විදිහට ම යි. ප්‍රිය ආයුෂ්මත් සාරිපුත්ත, ඔන්න ඔය වගේ භික්ෂුවක ගෙන් මේ ගෝසිංග සල් වනය තවත් ලස්සන වෙනවා' කියල."

"සාදු! සාදු! පින්වත් සාරිපුත්ත, අපේ මේ අනුරුද්ධ හරියට උත්තරේ දීල තියෙනවා නෙව. පින්වත් සාරිපුත්ත, මේ අනුරුද්ධ සාමාන්‍ය මිනිස් හැකියාව ඉක්මවා ගිය දිවැසින් ලෝක ධාතු දාහක් බලන්න පුළුවන්කම තියෙන කෙනෙක්."

"ඉතින් ස්වාමීනි, ඊට පස්සෙ මම ආයුෂ්මත් මහාකස්සපයන් වහන්සේට මෙහෙම කිව්වා. ප්‍රිය ආයුෂ්මත් කස්සප, ඔන්න දැන් ආයුෂ්මත් අනුරුද්ධයන් තමන්ට වැටහෙන විදිහට උත්තර දුන්නා. ඉතින් අපි දැන් ආයුෂ්මත් මහා කස්සපයන්ගෙනුත් අහන්න කැමතියි. ප්‍රිය ආයුෂ්මත් කස්සප, මේ ගෝසිංග සල් වනය හරිම ලස්සනයි. රාත්‍රී කාලයට ගොඩක් ලස්සනයි. සල් වනයේ අතුපතර සල් මලින් පිරිල ඉතිරිලා. මල් සුවඳ හමාගෙන එන්නෙ දිව්‍ය සුවඳක් වගෙයි. ඉතින් ප්‍රිය ආයුෂ්මත් කස්සප, කොයි වගේ භික්ෂුවක් නිසා ද මේ ගෝසිංග සල් වනය වඩාත් ලස්සන වෙන්නෙ?' කියල.

එතකොට ස්වාමීනි, ආයුෂ්මත් මහාකස්සපයන් මට මෙහෙම කිව්වා. 'ප්‍රිය ආයුෂ්මත් සාරිපුත්ත, තමාත් වනාන්තරේ වාසය කරමින් ම වනාන්තරේ වාසය කිරීම ගැන ගුණ කියන භික්ෂුවක් ඉන්නවා. තමන් පිණ්ඩපාතෙනුයි යැපෙන්නෙ. පිණ්ඩපාතෙන් යැපීමේ ගුණත් කියනවා. තමන් පාංශුකූල වස්ත්‍ර ම යි පොරවන්නෙ. පාංශුකූල වස්ත්‍ර පෙරවීම ගැන ගුණත් කියනවා. තමන් තුන් සිවුරෙන් ඉන්නෙ. තුන් සිවුරෙන් සිටීම ගැන ගුණත් කියනවා. තමන් අල්පේච්ඡව යි ඉන්නෙ. අල්පේච්ඡතාවය ගැන ගුණත් කියනවා. තමන් ලද දෙයන් සතුටු වෙලයි ඉන්නෙ. ලද දෙයින් සතුටු වීමේ ගුණත් කියනවා. තමන් හුදකලා විවේකයෙන් ඉන්නෙ. හුදෙකලා විවේකයේ ගුණත් කියනවා. තමන් පිරිස සමඟ නොඇලීයි ඉන්නෙ. පිරිස සමඟ නොඇලීමේ ගුණත් කියනවා. තමන් පටන්ගත් වීරියෙන් ම යි ඉන්නෙ. පටන්ගත් වීරිය ගැන ගුණත් කියනවා. තමන් සිල්වත්ව ඉන්නෙ. සීල සම්පත්තියේ ගුණත් කියනවා. තමන් සමාධිමත්ව ඉන්නෙ. සමාධි සම්පත්තියේ ගුණත් කියනවා. තමන් ප්‍රඥාවෙන් ඉන්නෙ. ප්‍රඥා සම්පත්තියේ ගුණත් කියනවා. තමන් විමුක්ති සිතින් ඉන්නෙ. විමුක්ති සම්පත්තිය ගැන ගුණත් කියනවා. තමන් විමුක්ති ඤාණදර්ශනයෙන් යුක්තවයි ඉන්නෙ. විමුක්ති ඤාණදර්ශන සම්පත්තියේ ගුණත් කියනවා. ප්‍රිය ආයුෂ්මත් සාරිපුත්ත, ඔන්න ඔය විදිහේ භික්ෂුවකගෙනුයි ගෝසිංග සල් වනය ලස්සන වෙන්නෙ' කියල කිව්වා."

"සාදු! සාදු! පින්වත් සාරිපුත්ත, අපේ කස්සප ඉතින් උත්තරයක් දුන්නොත් ආයෙ ඉතින් හරියට ම උත්තර දෙනවා. පින්වත් සාරිපුත්ත, කස්සප ඔහොම තමයි. කස්සප තමාත් වනාන්තරේ ඉන්නවා. වනාන්තරේ වාසය කිරීම ගැන ගුණත් කියනවා. තමාත් පිණ්ඩපාතෙන් යැපෙනවා. පිණ්ඩපාතෙන් යැපීමේ ගුණත් කියනවා. තමාත් පාංශුකූල සිවුරු පොරවනවා. පාංශුකූල සිවුරු පෙරවීම ගැන ගුණත් කියනවා. තමාත් තුන් සිවුරු පොරෝනවා. තුන් සිවුරෙන් සිටීම ගැන ගුණත් කියනවා. තමාත් අල්පේච්ඡව ඉන්නවා. අල්පේච්ඡතාවය ගැන ගුණත් කියනවා. තමාත් ලද දෙයින් සතුටු වෙලා ඉන්නවා. ලද දෙයින් සතුටු වීමේ ගුණත් කියනවා. තමාත් හුදෙකලා විවේකයෙන් ඉන්නවා. හුදෙකලා විවේකයේ ගුණත් කියනවා. තමාත් පිරිස සමඟ නොඇලී ඉන්නවා. පිරිස සමඟ නොඇලී සිටීමේ ගුණත් කියනවා. තමාත් පටන්ගත් වීරියෙන් ම ඉන්නවා. පටන්ගත් වීරිය ගැන ගුණත් කියනවා. තමාත් සිල්වත්ව ඉන්නවා. සීල සම්පත්තියේ ගුණත් කියනවා. තමාත් සමාධිමත්ව ඉන්නවා. සමාධි සම්පත්තියේ ගුණත් කියනවා. තමාත් ප්‍රඥාවෙන් ඉන්නෙ. ප්‍රඥා සම්පත්තියේ ගුණත් කියනවා. තමාත් විමුක්ති සිතින් ඉන්නවා. විමුක්ත සම්පත්තියේ ගුණත් කියනවා. තමාත් විමුක්ති ඤාණදර්ශනයෙන් යුක්තව ඉන්නවා. විමුක්ති ඤාණදර්ශන සම්පත්තියේ ගුණත් කියනවා."

"ඉතින් ස්වාමීනි, මං ඊට පස්සෙ ආයුෂ්මත් මහාමොග්ගල්ලානයන්ට කතා කළා. 'ප්‍රිය ආයුෂ්මත් මොග්ගල්ලාන, ඔන්න දැන් ආයුෂ්මත් මහාකස්සපයන් තමන්ට වැටහෙන විදිහට උත්තර දුන්නා. ඉතින් අපි දැන් ආයුෂ්මත් මහා මොග්ගල්ලානයන්ගෙනුත් අහන්න කැමතියි. ප්‍රිය ආයුෂ්මත් මොග්ගල්ලාන, මේ ගෝසිංග සල් වනය හරිම ලස්සනයි. රාත්‍රී කාලයට ගොඩක් ලස්සනයි. සල් වනයෙ අතුපතර සල් මලින් පිරිල ඉතිරිලා. මල් සුවඳ හමාගෙන එන්නෙ දිව්‍ය සුවඳක් වගෙයි. ඉතින් ප්‍රිය ආයුෂ්මත් මොග්ගල්ලාන, කොයි වගේ භික්ෂුවක් නිසා ද මේ ගෝසිංග සල් වනය වඩාත් ලස්සන වෙන්නෙ?'

එතකොට ස්වාමීනි, ආයුෂ්මත් මහාමොග්ගල්ලානයන් වහන්සේ මට මෙහෙම කිව්වා. 'ප්‍රිය ආයුෂ්මත් සාරිපුත්ත, ගැඹුරු ධර්මය කතා කරන භික්ෂූන් වහන්සේලා දෙනමක් ඉන්නවා. උන්වහන්සේලා එකිනෙකාගෙන් ප්‍රශ්න විමසනවා. එකිනෙකාගෙන් අහන ප්‍රශ්න විසඳනවා මිසක් කරුණු හංගන්න යන්නෙ නෑ. එතකොට උන්වහන්සේලාට දිගට ම ධර්ම කතාව කරගෙන යන්න පුළුවනි. ප්‍රිය ආයුෂ්මත් සාරිපුත්ත, ඔන්න ඔය වගේ භික්ෂුවක් නිසා මේ ගෝසිංග සල් වනය වඩාත් ලස්සන වෙනවා' කියල."

"සාදු! සාදු! පින්වත් සාරිපුත්ත, අපේ මේ මොග්ගල්ලාන හරියට ම උත්තරේ දීල තියෙනවා. පින්වත් සාරිපුත්ත, මොග්ගල්ලාන කියල කියන්නෙ ධර්ම කථිකයෙක් නෙව."

එතකොට ආයුෂ්මත් මහා මොග්ගල්ලානයන් වහන්සේ භාග්‍යවතුන් වහන්සේට මෙහෙම කිව්වා. "ස්වාමීනි, ඒ වෙලාවෙ මං අපේ මේ ආයුෂ්මත් සාරිපුත්තයන්ට මෙහෙම කිව්වා. 'ප්‍රිය ආයුෂ්මත් සාරිපුත්ත, ඔන්න දැන් අපි ඔක්කොම තම තමන්ට වැටහෙන විදිහට උත්තර දුන්නා නෙව. දැන් ඉතින් අපි ආයුෂ්මත් සාරිපුත්තයන් වහන්සේගෙන් අහන්න කැමතියි. ප්‍රිය ආයුෂ්මත් සාරිපුත්ත, මේ ගෝසිංග සල් වනය හරිම ලස්සනයි. රාත්‍රී කාලයට ගොඩාක් ලස්සනයි. සල් වනයේ අතුපතර සල් මලින් පිරිල ඉතිරිලා. මල් සුවඳ හමාගෙන එන්නෙ දිව්‍ය සුවඳක් වගෙයි. ඉතින් ප්‍රිය ආයුෂ්මත් සාරිපුත්ත, කොයි වගේ භික්ෂුවක් නිසා ද මේ ගෝසිංග සල් වනය වඩාත් ලස්සන වෙන්නෙ?'

එතකොට ස්වාමීනි, මේ ආයුෂ්මත් සාරිපුත්තයන් වහන්සේ මට මෙහෙම කිව්වා. 'ප්‍රිය ආයුෂ්මත් මොග්ගල්ලාන, ඒ භික්ෂුව විසින් තමන්ගේ සිත තමාගේ වසඟයට පත් කරගෙනයි ඉන්නෙ. සිතේ වසඟයට ඒ භික්ෂුව පත්වෙලා නෑ. උදේ වරුවෙ යම්කිසි සමාධි සමාපත්තියකින් ඉන්න කැමති නම්, උදේ වරුවෙ ඒ සමාධි සමාපත්තියෙන් ඉන්නවා. දවල් කාලෙ යම්කිසි සමාධි සමාපත්තියකින් ඉන්න කැමති නම්, මුළු දවල් කාලයේ ම ඒ සමාධි සමාපත්තියෙන් ඉන්නවා. හවස් වරුවෙ යම්කිසි සමාධි සමාපත්තියකින් ඉන්න කැමති නම්, හවස් වරුවෙ ම ඒ සමාධි සමාපත්තියෙන් ඉන්නවා. ප්‍රිය ආයුෂ්මත් මොග්ගල්ලාන, ඒක මේ වගේ දෙයක්. රජ්ජුරු කෙනෙකුට හෝ රජ්ජුරුවන්ගේ මහඇමතිට හෝ නොයෙක් සළු පිළි පුරෝපු ලොකු අල්මාරියක් තියෙනවා. ඉතින් එයා උදේට පොරවන්න කැමති වෙනවා වෙන සළුවක්. එතකොට උදේ වරුවට ඒ සළුව පොරෝනවා. දවල් කාලෙ වෙන සළුවක් පොරවන්නයි කැමති. එතකොට එයා දවල්ට ඒ සළුව පොරෝනවා. හවස් වරුවෙ වෙන සළුවක් පොරවන්නයි එයා කැමති. එතකොට හවස් වරුවෙ ඒක පොරෝනවා. ප්‍රිය ආයුෂ්මත් මොග්ගල්ලාන, අන්න ඒ විදිහමයි ඒ භික්ෂුව විසින් තමන්ගේ හිත වසඟ කරගෙන ඉන්නේ. හිතේ වසඟයට ඒ භික්ෂුව අහු වෙලා නෑ. ඒ නිසා ඒ භික්ෂුව යම් සමාධි සමාපත්තියකින් උදේ වරුව ගෙවන්න කැමති නම් උදේ වරුව ගෙවන්නෙ ඒ සමාධි සමාපත්තියෙන් ම යි. දවල් වරුවට යම් සමාධි සමාපත්තියකින් ඉන්න කැමති නම් දවල් වරුවෙ ඒ සමාධි සමාපත්තියෙන් ම ඉන්නවා. සවස් වරුවෙ යම් සමාධි සමාපත්තියකින් ඉන්න කැමති නම්, සවස් වරුව පුරා ම ඒ සමාධි සමාපත්තියෙන් ම යි ඉන්නෙ. ප්‍රිය ආයුෂ්මත්

මොග්ගල්ලාන, ඔන්න ඔය වගේ භික්ෂුවක් නිසාත් ගෝසිංග සල් වනය ලස්සන වෙනවා' කියලා."

"සාදු! සාදු! පින්වත් මොග්ගල්ලාන, සාරිපුත්ත උත්තරයක් දුන්නොත් ඉතින් හරියට ම උත්තර දෙනවා. පින්වත් මොග්ගල්ලාන, ඔය සාරිපුත්ත තමන්ගේ සිත වසඟ කරගෙනයි ඉන්නෙ. හිතේ වසඟයට සාරිපුත්ත අහු වෙලා නෑ. සාරිපුත්ත යම් සමාධි සමාපත්තියකින් උදේ වරුව ගතකරන්න කැමති නම්, උදේ වරුවෙ ම ඒ සමාධි සමාපත්තියෙන් ගතකරන්න පුළුවනි. දවල් වරුවෙ යම් සමාධි සමාපත්තියකින් ගතකරන්න කැමති නම්, දවල් වරුවෙ ම ඒ සමාධි සමාපත්තියෙන් ඉන්න පුළුවනි. හවස් වරුවෙ යම් සමාධි සමාපත්තියකින් ගතකරන්න කැමති නම් සවස් වරුවෙ ම ඒ සමාධි සමාපත්තියෙන් ගතකරන්න පුළුවනි."

එතකොට ආයුෂ්මත් සාරිපුත්තයන් වහන්සේ භාග්‍යවතුන් වහන්සේ ගෙන් මෙහෙම ඇහුවා. "ඉතින් ස්වාමීනි, කවුරු කියාපු එක ද හොඳම එක?"

"පින්වත් සාරිපුත්ත, ඔය හැම කෙනෙක් ම කියල තියෙන්නෙ ඒ ඒ ක්‍රමයෙන් හොඳ ම ඒවා තමයි. එහෙම නම් මගේ අදහසත් අහගන්න 'කොයි වගේ භික්ෂුවකගෙන් ද මේ ගෝසිංග සල් වනය ලස්සන වෙන්නෙ?' කියලා. පින්වත් සාරිපුත්ත, භික්ෂුව පිණ්ඩපාතෙ වැඩල දන් වැළඳුවට පස්සෙ පළඟක් බැඳගෙන වාඩිවෙනවා. කය ඍජු කරගන්නවා. භාවනා අරමුණේ සිහිය පිහිටුවාගන්නවා. 'මම නම් කිසිවකට නොබැඳී ආශ්‍රවයන්ගෙන් හිත නිදහස් වෙලා යනකල් ම මේ පළඟ ලිහන්නෙ නෑ' කියලා. පින්වත් සාරිපුත්ත, ඔන්න ඔය වගේ භික්ෂුවක් නිසාත් ගෝසිංග සල් වනය වඩාත් ලස්සන වෙනවා."

භාග්‍යවතුන් වහන්සේ මේ කරුණ වදාළා. ඒ ආයුෂ්මතුන් වහන්සේලා ඒ ගැන ගොඩාක් සතුටු වුනා. භාග්‍යවතුන් වහන්සේ වදාළ දෙය සාදු නාද නංවමින් සතුටින් පිළිගත්තා.

සාදු! සාදු!! සාදු!!!

**ගෝසිංග සල් වනයේදී වදාළ විස්තරාත්මක දෙසුම නිමා විය.**

# 1.4.3
# මහා ගෝපාලක සූත්‍රය
## ගොපල්ලා මුල් කොට වදාළ විස්තරාත්මක දෙසුම

මා හට අසන්නට ලැබුනේ මේ විදිහටයි. ඒ දවස්වල භාග්‍යවතුන් වහන්සේ වැඩසිටියේ සැවැත් නුවර ජේතවනය නම් වූ අනේපිඬු සිටුතුමාගේ ආරාමයේ. එදා භාග්‍යවතුන් වහන්සේ "පින්වත් මහණෙනි" කියල භික්ෂුසංඝයා ඇමතුවා. ඒ භික්ෂූන් වහන්සේලාත් "පින්වතුන් වහන්ස" කියල භාග්‍යවතුන් වහන්සේට පිළිතුරු දුන්නා. ඒ මොහොතේදී තමයි භාග්‍යවතුන් වහන්සේ මේ දෙසුම වදාළේ.

පින්වත් මහණෙනි, ගොපල්ලෙක් මේ කරුණු එකොළහෙන් යුතු වුණොත්, ඔහු තමන්ගේ ගවපට්ටිය රැකගන්නට දියුණු කරගන්නට සුදුස්සෙක් වෙන්නෙ නෑ. ඒ කරුණු එකොළහ මොනවාද?

පින්වත් මහණෙනි, ගොපල්ලා,

(1). හැඩ රුව වශයෙන් ගවයන්ව හඳුනන්නෙ නෑ.

(2). ගවයන්ගේ ශරීරවල ලකුණු අඳුනගන්න දක්ෂ නෑ.

(3). ගවයන්ගේ සිරුරේ නිල මැස්සන් දමන බිත්තර ඉවත් කරන්න දන්නෙ නැහැ.

(4). ගව සිරුරේ තුවාල සනීප කරන්න දන්නෙ නෑ.

(5). මැසි මදුරුවන් වළකන්න දුම් ගස්සන්නෙ නෑ.

(6). ගවයන් වතුරට බස්සවන තොටුපොළ දන්නෙ නෑ.

(7). ගවයන් වතුර පානය කළ, නොකළ බව දන්නෙ නෑ.

(8). ගවයන් යන පාරවල් දන්නෙ නෑ.

(9). ගවයන්ගෙ තණබිම් සොයන්න දක්ෂ නෑ.

(10). ඉතුරු නොකර ම කිරි දොවනවා.

(11). ගවපට්ටියේ ශ්‍රේෂ්ඨ නායක වූ ලොකු ගවයන්ට විශේෂ සැළකිලි සම්මාන දක්වන්නෙ නෑ.

පින්වත් මහණෙනි, ගොපල්ලෙක් තුළ මේ දුර්වලතා එකොළහ තිබුනොත් ඔහු ගවපට්ටිය පාලනය කරන්න සුදුස්සෙක් වෙන්නෙ නෑ. ගවපට්ටිය දියුණු කරන්න සුදුස්සෙක් වෙන්නෙ නෑ.

ඒ වගේම පින්වත් මහණෙනි, භික්ෂුවත් දුර්වලතා එකොළහකින් සමන්විත වුනොත්, මේ බුද්ධ සාසනේ ඔහුගේ දියුණුවක්, විශේෂ දියුණුවක්, විපුල බවට පත්වීමක් ඇතිවෙන්නෙ නෑ.

මොනවාද ඒ එකොළහ?

පින්වත් මහණෙනි, භික්ෂුව ,

(1). රූප හඳුනන්නෙ නෑ.

(2). විශේෂ ලක්ෂණ තෝරගන්න දක්ෂ නෑ.

(3). නිලමැසි බිත්තර ඉවත් කරන්නෙ නෑ.

(4). තුවාල වහන්නෙ නෑ.

(5). දුම් අල්ලන්නෙ නෑ.

(6). තොටුපොළ දන්නෙ නෑ.

(7). පානය කිරීම දන්නෙ නෑ.

(8). ගමන් කරන මාවත දන්නෙ නෑ.

(9). ගොදුරු බිම තෝරගන්න දක්ෂ නෑ.

(10). ඉතුරු නොකර ම කිරි දොවනවා.

(11). පැවිදි වී බොහෝ කල් ගෙවිච්ච සංඝ පීතෘන් වන, සංඝ නායක වන ධර්මාවබෝධ කළ උතුම් ස්වාමීන් වහන්සේලාට විශේෂ සැළකිළි දක්වන්නෙ නෑ.

(1)

පින්වත් මහණෙනි, භික්ෂුව රූප අඳුනගන්නෙ නැත්තෙ කොහොමද? පින්වත් මහණෙනි, මෙහි භික්ෂුව 'යම්කිසි රූපයක් තියෙනවා නම්, ඒ හැම රූපයක් ම සතර මහා භූතත්, සතර මහා භූතයන් නිසාත් හටගත්තු රූපයන් ම තමයි' කියල යථාර්ථය දන්නෙ නෑ. පින්වත් මහණෙනි, ඔන්න ඕකටයි භික්ෂුව 'රූප හඳුනන්නෙ නෑ' කියල කියන්නෙ.

(2)

පින්වත් මහණෙනි, භික්ෂුව 'ලකුණු හඳුනගන්න දක්ෂ නෑ' කියන්නෙ ඇයි? පින්වත් මහණෙනි, මෙහි භික්ෂුව 'අඥානයාව හඳුනාගන්න ලකුණත් ක්‍රියාව තමයි. නුවණැත්තාව හඳුනාගන්න ලකුණත් ක්‍රියාව තමයි' කියල යථාර්ථය දන්නෙ නෑ. පින්වත් මහණෙනි, ඔන්න ඕකටයි කියන්නෙ භික්ෂුව 'ලකුණු හඳුනගන්න දක්ෂ නෑ' කියලා.

(3)

පින්වත් මහණෙනි, භික්ෂුව 'නිලමැසි බිත්තර ඉවත් කරන්නෙ නෑ' කියන්නෙ ඇයි? පින්වත් මහණෙනි, භික්ෂුව හටගත් කාම සිතුවිලි ඉවසනවා. දුරු කරන්නෙ නෑ. බැහැර කරන්නෙ නෑ. ඉවත් කරන්නෙ නෑ. අභාවයට පත් කරන්නෙ නෑ. හටගත් තරහ සිතුවිලි ....(පෙ).... හටගත් හිංසා සිතුවිලි ....(පෙ).... උපනුපන් පාපී අකුසල් සිතුවිලි ඉවසනවා. දුරු කරන්නෙ නෑ. බැහැර කරන්නෙ නෑ. අත්හරින්නෙ නෑ. අභාවයට පත්කරන්නෙ නෑ. පින්වත් මහණෙනි, ඔන්න ඕකටයි කියන්නෙ භික්ෂුව 'නිලමැසි බිත්තර ඉවත් කරන්නෙ නෑ' කියලා.

(4)

පින්වත් මහණෙනි, භික්ෂුව 'තුවාලෙ වහගන්නෙ නෑ' කියන්නෙ ඇයි? පින්වත් මහණෙනි, මෙහි භික්ෂුව ඇහෙන් රූපයක් දකිනවා. ඒ ඇස නැමැති ඉන්ද්‍රිය අසංවර කරගෙන ඉන්න කොට ඒ රූපය දැකීමෙන් ආශාව, තරහ ආදී පාපී දේවල්වලින් හිතේ අවුල් හැදෙනවා නම්, එබඳු රූපවල නිමිති සටහන් ගන්නවා. කුඩා සටහන් සිතට ගන්නවා. ඒ ඇස සංවර කරගන්නෙ නෑ. ඇස රැකගන්නෙ නෑ. ඇස සංවර කරගන්න පෙළඹෙන්නෙ නෑ. කනෙන් ශබ්දයක් අහල ....(පෙ).... නාසයෙන් ගඳ සුවඳ දැනගෙන ....(පෙ).... දිවෙන් රස දැනගෙන ....(පෙ).... කයෙන් පහස දැනගෙන ....(පෙ).... මනසින් අරමුණු දැනගන්න කොට ඒ මනස අසංවර කරගෙන නම් ඉන්නෙ, ආශාව තරහ ආදී පාපී අකුසල් ඇතිවෙලා අවුල් හටගන්නවා නම්, ඒ අවුල් හැදෙන විදිහේ අරමුණුවල නිමිති

සටහන් ගන්නවා. කුඩා සටහන් ගන්නවා. මනස සංවර කරගන්නෙ නෑ. මනස රැකගන්නෙ නෑ. මනස සංවර කරගන්න පෙළඹෙන්නෙත් නෑ. පින්වත් මහණෙනි, ඔන්න ඕකටයි කියන්නෙ භික්ෂුව 'තුවාල වහගන්නෙ නෑ' කියල.

(5)

පින්වත් මහණෙනි, භික්ෂුව 'දුම් ගස්සන්නෙ නෑ' කියන්නෙ ඇයි? පින්වත් මහණෙනි, භික්ෂුව තමන් අසා දැනගත් පරිදි, පුරුදු පුහුණු කරගත් විදිහට සද්ධර්මය අනුන්ට විස්තර වශයෙන් දේශනා කරන්නෙ නෑ. පින්වත් මහණෙනි, අන්න ඒකට කියන්නෙ 'දුම් ගස්සන්නෙ නෑ' කියලයි.

(6)

පින්වත් මහණෙනි, භික්ෂුව 'තොටුපොල දන්නෙ නෑ' කියන්නෙ ඇයි? පින්වත් මහණෙනි, මේ සාසනේ බහුශ්‍රැත වූ, ධර්මයට පැමිණි, ධර්මධර විනයධර, ධර්ම මාතෘකා දරාගත් භික්ෂූන් වහන්සේලා ඉන්නවා. ඒ භික්ෂුව කලින් කලට උන්වහන්සේලාව බැහැදකින්න යන්නෙ නෑ. 'ස්වාමීනී, මේකෙ තේරුම මොකක්ද? ස්වාමීනී, මේකෙ අර්ථය මොකක්ද?' කියල විමසන්නෙ නෑ. ප්‍රශ්න කරන්නෙ නෑ. එතකොට ඒ ආයුෂ්මතුන් වහන්සේලාත් විවෘත නොවූ දේ විවෘත කරන්නෙ නෑ. මතු නොවුණු දේ මතු කරන්නෙ නෑ. නොයෙක් ආකාරයෙන් සැක ඇතිවෙන ධර්ම කරුණු ගැන සැක දුරු කරන්නෙ නෑ. පින්වත් මහණෙනි, ඔන්න ඕකටයි කියන්නෙ භික්ෂුව 'තොටුපොල දන්නෙ නෑ' කියල.

(7)

පින්වත් මහණෙනි, භික්ෂුව 'පැන් වැළඳීම දන්නෙ නෑ' කියන්නෙ ඇයි? පින්වත් මහණෙනි, තථාගතයන් වහන්සේ වදාළ ධර්ම විනය දේශනා කරන කොට ඒ භික්ෂුවට ඒකෙ අර්ථ තේරෙන්නෙ නෑ. ධර්ම කරුණු වැටහෙන්නෙ නෑ. ඒ ධර්මය තුළින් ප්‍රීතියක් ඇතිවෙන්නෙ නෑ. පින්වත් මහණෙනි, අන්න ඒකටයි කියන්නෙ භික්ෂුව 'පැන් වැළඳීම දන්නේ නෑ' කියල.

(8)

පින්වත් මහණෙනි, භික්ෂුව 'මාවත දන්නෙ නෑ' කියන්නෙ ඇයි? පින්වත් මහණෙනි, භික්ෂුව ආර්ය අෂ්ටාංගික මාර්ගය ඒ ආකාරයෙන් ම දන්නෙ නෑ. පින්වත් මහණෙනි, අන්න ඒකටයි කියන්නෙ භික්ෂුව 'මාවත දන්නෙ නෑ' කියල.

(9)

පින්වත් මහණෙනි, භික්ෂුව 'ගොදුරු බිම තෝරගන්න දක්ෂ නෑ' කියන්නෙ ඇයි? පින්වත් මහණෙනි, භික්ෂුව සතර සතිපට්ඨානය ඒ ආකාරයෙන් ම දන්නෙ නෑ. පින්වත් මහණෙනි, අන්න ඒකටයි කියන්නෙ භික්ෂුව 'ගොදුරු බිම තෝරගන්න දක්ෂ නෑ' කියල.

(10)

පින්වත් මහණෙනි, භික්ෂුව 'ඉතුරු නොකොට කිරි දොවනවා' කියන්නෙ ඇයි? පින්වත් මහණෙනි, භික්ෂුවට ශ්‍රද්ධාවන්ත ගිහි පිරිස් සිවුරු, පිණ්ඩපාත, සෙනසුන්, ගිලන්පස, බෙහෙත් පිරිකර ළඟට ගෙනිහින් දෙනවා. නමුත් ඒවා පිළිගැනීමේදී භික්ෂුව ප්‍රමාණය දන්නෙ නෑ. පින්වත් මහණෙනි, ඔන්න ඕකටයි කියන්නෙ භික්ෂුව 'ඉතුරු නැතිව කිරි දොවනවා' කියල.

(11)

පින්වත් මහණෙනි, භික්ෂුව 'සසුන් ගත වී බොහෝ කල් ගිය, පැවිදි වී බොහෝ කල් ගිය, සංඝ පීතෘ වූ සංඝ නායක වූ ඒ සසුන් මග වැඩූ තෙරුන් වහන්සේලාට විශේෂ සත්කාර, පුද පූජා කරන්නෙ නෑ' කියන්නෙ ඇයි? පින්වත් මහණෙනි, භික්ෂුව සසුන් ගත වී බොහෝ කල් ගිය, පැවිදි වී බොහෝ කල් ගිය සංඝපීතෘ වූ සංඝ නායක වූ ඒ මහතෙරුන් වහන්සේලා තමන් ඉදිරියේ හිටියත් නැතත් උන්වහන්සේලා කෙරෙහි මෛත්‍රී සහගත කටයුතුවලින් යුක්ත වෙන්නෙ නෑ. උන්වහන්සේලා ඉදිරියේ හිටියත් නැතත් උන්වහන්සේලා කෙරෙහි මෛත්‍රී සහගත වචන පවත්වන්නෙ නෑ. උන්වහන්සේලා ඉදිරියේ හිටියත් නැතත් උන්වහන්සේලා කෙරෙහි මෛත්‍රී සහගත සිතින් ඉන්නෙ නෑ. පින්වත් මහණෙනි, ඔන්න ඕකටයි කියන්නෙ භික්ෂුව 'සසුන් ගත වී බොහෝ කල් ගිය, පැවිදි වී බොහෝ කල් ගිය සංඝපීතෘ, සංඝනායක මහතෙරුන් වහන්සේලාට විශේෂ පුද-පූජාවල් කරන්නෙ නෑ' කියල.

පින්වත් මහණෙනි, ඔන්න ඔය දුර්වලතා එකොළහෙන් සමන්විත භික්ෂුව මේ සාසනේ තුළ දියුණුවක් කරා යන්න, අභිවෘද්ධියක් කරා යන්න, විපුල බවක් කරා යන්න සුදුසු වෙන්නෙ නෑ.

පින්වත් මහණෙනි, කුසලතා එකොළහකින් සමන්විත ගොපල්ලා, ගව පට්ටියක් පාලනය කරන්න, දියුණු කරන්න සුදුස්සෙක් වෙනවා. ඒ කුසලතා එකොළහ මොනවා ද?

පින්වත් මහණෙනි, ගොපල්ලා,

(1). ගවයන්ගේ හැඩ රුව දන්නවා.

(2). ගවයන්ගේ විශේෂ ලකුණු දන්නවා.

(3). නිලමැසි බිත්තර ඉවත් කරනවා.

(4). තුවාල වහල දානවා.

(5). දුම් ගස්සනවා.

(6). ගවයන් බස්සවන තොටුපොල දන්නවා.

(7). ගවයන් පැන් බිව් නොබිව් බව දන්නවා.

(8). ගවයන් රැගෙන යා යුතු මාර්ගය දන්නවා.

(9). ගවයන්ගේ ගොදුරු බිම් දන්නවා.

(10). ඉතුරු කරල කිරි දොවනවා.

(11). ගවපට්ටියේ ශ්‍රේෂ්ඨ වූ වැඩිමහළු වූ නායක ගවයන්ට විශේෂ සැළකිලි දක්වනවා.

පින්වත් මහණෙනි, ඔය කුසලතා එකොළහෙන් සමන්විත ගොපල්ලා ගවපට්ටියක් පාලනය කරන්න, දියුණු කරන්න සුදුස්සෙක් වෙනවා. පින්වත් මහණෙනි, ඔන්න ඔය විදිහටම කුසලතා එකොළහකින් සමන්විත වන භික්ෂුවත් මේ සාසනේ තුළ දියුණු වෙනවා. අභිවෘද්ධියට පත්වෙනවා. විපුල බවට පත්වීමට සුදුස්සෙක් වෙනවා. ඒ කුසලතා එකොළහ මොනවාද?

පින්වත් මහණෙනි, භික්ෂුව,

(1). රූපය ගැන දන්නවා.

(2). විශේෂ ලකුණු ගැන දන්නවා.

(3). නිලමැසි බිත්තර ඉවත් කරනවා.

(4). තුවාලෙ වහගන්නවා.

(5). දුම් අල්ලනවා.

(6). තොටුපොළ දන්නවා.

(7). පැන් වැළඳීම දන්නවා.

(8). යා යුතු මාවත දන්නවා.

(9). ඇසුරු කළ යුතු ගොදුරු බිම දන්නවා.

(10). ඉතුරු කරල කිරි දොවනවා.

(11). සසුන් ගත වී බොහෝ කල් ගිය, පැවිදි වී බොහෝ කල් ගිය, සංඝපීතෘ වූ සංඝනායක වූ ඒ මහ තෙරුන් වහන්සේලාට විශේෂ පුද පූජාවන් දක්වනවා.

(1)

පින්වත් මහණෙනි, භික්ෂුව රූපය දැනගන්නෙ කොහොමද? පින්වත් මහණෙනි, භික්ෂුව 'යම්කිසි රූපයක් තියෙනවා නම්, ඒ සියලු රූප සතර මහා භූතත්, සතර මහා භූතයන්ගෙන් හටගත්තු රූපත් ය' කියල යථාර්ථය දැනගන්නවා. පින්වත් මහණෙනි, අන්න ඒ විදිහටයි භික්ෂුව රූපය ගැන දැනගන්නෙ.

(2)

පින්වත් මහණෙනි, භික්ෂුව විශේෂ ලකුණු ගැන දැනගන්නෙ කොහොමද? පින්වත් මහණෙනි, භික්ෂුව 'අඥාන පුද්ගලයා තමන්ගේ ලකුණ හැටියට පෙන්වන්නෙ ක්‍රියාවයි. නුවණැත්තාත් තමන්ගේ ලකුණ හැටියට පෙන්වන්නේ ක්‍රියාව ම යි' කියල ඒ ආකාරයෙන් ම දැනගන්නවා. පින්වත් මහණෙනි, අන්න ඒකට තමයි භික්ෂුව 'විශේෂ ලකුණු ගැන දන්නවා' කියන්නෙ.

(3)

පින්වත් මහණෙනි, භික්ෂුව නිලමැසි බිත්තර ඉවත් කරන්නෙ කොහොමද? පින්වත් මහණෙනි, භික්ෂුව උපන් කාම සිතුවිලි ඉවසන්නෙ නෑ. දුරු කරනවා. අත්හරිනවා. බැහැර කරනවා. අභාවයට පත්කරනවා. උපන් තරහ සිතුවිලි ....(පෙ).... උපන් හිංසා සිතුවිලි ....(පෙ).... උපනුපන් පාපී අකුසල් සිතුවිලි ඉවසන්නෙ නෑ. අතහරිනවා. දුරු කරනවා. බැහැර කරනවා. අභාවයට පත්කරනවා. පින්වත් මහණෙනි, අන්න ඒකටයි කියන්නෙ භික්ෂුව 'නිලමැසි බිත්තර ඉවත් කරනවා' කියලා.

(4)

පින්වත් මහණෙනි, භික්ෂුව තුවාල වහගන්නවා කියන්නෙ මොකක්ද? පින්වත් මහණෙනි, භික්ෂුව, ඇසින් රූපයක් දැක්කට පස්සෙ ඇස අසංවර

නම්, ආශාව තරහ ආදී පාපී අකුසලයන් ඇතිවෙලා හිතේ අවුල් හැදෙනවා. අන්න ඒ අවුල් හැදෙන රූපවල නිමිති සටහන් ගන්නෙ නෑ, කුඩා සටහනක් වත් ගන්නෙ නෑ. ඇස සංවර කරගන්නවා. ඇස රැකගන්නවා. ඇස සංවර කරගැනීමට පැමිණෙනවා. කනෙන් ශබ්දයක් අහලා ....(පෙ).... නාසයෙන් ගඳ සුවඳ ආඝ්‍රාණය කරලා ....(පෙ).... දිවෙන් රස දැනගෙන ....(පෙ).... කයෙන් පහස ලබලා ....(පෙ).... මනසින් අරමුණු හිතල, මනස අසංවර නම් ඒ තුළින් ආශාව තරහ ආදී පාපී අකුසල් හටඅරගෙන හිතේ මහ අවුලක් හැදෙනවා. අන්න ඒ වගේ අවුල් හැදෙන අරමුණුවල නිමිති සටහන් ගන්නෙ නෑ. කුඩා සටහනක්වත් ගන්නෙ නෑ. මනස සංවර කරගන්නවා. මනස රැකගන්නවා. මනසේ සංවරයට පැමිණෙනවා. පින්වත් මහණෙනි, අන්න ඒකට තමයි කියන්නෙ භික්ෂුව 'තුවාලෙ වහගන්නවා' කියල.

(5)

පින්වත් මහණෙනි, භික්ෂුව දුම් ගස්සන්නෙ කොහොමද? පින්වත් මහණෙනි, ඒ භික්ෂුව තමන් අසා දැනගත් පිළිවෙලට පුරුදු පුහුණු කළ පිළිවෙලට ධර්මය විස්තර කරල අනුන්ට කියල දෙනවා. පින්වත් මහණෙනි, අන්න ඒකටයි කියන්නෙ භික්ෂුව 'දුම් ගස්සනවා' කියල.

(6)

පින්වත් මහණෙනි, භික්ෂුව තොටුපොල දැනගන්නෙ කොහොමද? පින්වත් මහණෙනි, මෙහි බහුශ්‍රැත ධර්ම විනය දන්න, ධර්මධර විනයධර මාතෘකා වශයෙන් දරාගෙන සිටින උතුම් ස්වාමීන් වහන්සේලා ඉන්නවා. භික්ෂුව උන්වහන්සේලා ළඟට කලින් කලට යනවා. 'ස්වාමීනී, මේක කොහොමද? ස්වාමීනී, මේකෙ අර්ථය මොකක්ද?' කියල විමසනවා. ප්‍රශ්න කරනවා. එතකොට ඒ ආයුෂ්මතුන් වහන්සේලා වැහිල තියෙන දේ විවෘත කරනවා. මතු නොවුණු දේ මතු කරල පෙන්වනවා. සැක සහිත වූ නොයෙක් දේ ගැන සැක දුරුකරනවා. පින්වත් මහණෙනි, අන්න ඒකටයි කියන්නෙ භික්ෂුව 'තොටුපොල දන්නවා' කියලා.

(7)

පින්වත් මහණෙනි, භික්ෂුව පැන් වැළඳීම දැනගන්නෙ කොහොමද? පින්වත් මහණෙනි, මෙහි භික්ෂුව තථාගතයන් වහන්සේ වදාළ ධර්ම විනය කියාදෙන කොට හොඳට අර්ථ තේරුම් ගන්නවා. ධර්මය තේරුම් ගන්නවා. එතකොට ඒ ධර්මය නිසා ඔහුට මහත් ප්‍රමෝදයක් ඇතිවෙනවා. පින්වත් මහණෙනි, අන්න ඒකට තමයි කියන්නෙ භික්ෂුව 'පැන් වළඳනවා' කියල.

(8)

පින්වත් මහණෙනි, භික්ෂුව යා යුතු මාවත දන්නවා කියන්නෙ මොකක්ද? පින්වත් මහණෙනි, භික්ෂුව ආර්ය අෂ්ටාංගික මාර්ගය ඒ ආකාරයෙන් ම දන්නවා. පින්වත් මහණෙනි, අන්න ඒකට තමයි කියන්නෙ භික්ෂුව 'යා යුතු මග දන්නවා' කියලා.

(9)

පින්වත් මහණෙනි, භික්ෂුව ගොදුරු බිම දන්නවා කියන්නෙ ඇයි? පින්වත් මහණෙනි, භික්ෂුව සතර සතිපට්ඨානය ඒ ආකාරයෙන් ම දන්නවා. පින්වත් මහණෙනි, අන්න ඒකටයි භික්ෂුව 'ගොදුරු බිම දන්නවා' කියල කියන්නෙ.

(10)

පින්වත් මහණෙනි, භික්ෂුව ඉතුරු කරල කිරි දොවනවා කියන්නෙ ඇයි? පින්වත් මහණෙනි, භික්ෂුවට සැදැහැවත් ගිහි පින්වතුන් සිවුරු, පිණ්ඩපාත, සේනාසන, ගිලන්පස ගෙනවිත් පූජා කරනවා. එහිදී ඒවා පිළිගත යුතු ප්‍රමාණය භික්ෂුව දන්නවා. පින්වත් මහණෙනි, අන්න ඒකටයි භික්ෂුව 'ඉතුරු කරල කිරි දොවනවා' කියල කියන්නෙ.

(11)

පින්වත් මහණෙනි, භික්ෂුව සසුන් ගත වී බොහෝ කල් ගිය, සංඝපිතෘ වූ සංඝනායක වූ ඒ මහතෙරුන් වහන්සේලාට ගෞරව සැළකිලි දක්වන්නෙ කොහොම ද? පින්වත් මහණෙනි, මේ සාසනේ පැවිදි වී බොහෝ කල් ගිය සංඝපිතෘ වූ සංඝනායක වූ මහතෙරුන් වහන්සේලා ඉන්නවා. උන්වහන්සේලා තමන් ඉදිරියේ හිටියත් නැතත් භික්ෂුව උන්වහන්සේලා කෙරෙහි මෛත්‍රී සහගත ක්‍රියා වලින් යුක්ත වෙනවා. උන්වහන්සේලා තමන් ඉදිරියේ හිටියත් නැතත් උන්වහන්සේලා කෙරෙහි මෛත්‍රී සහගත වචනවලින් යුක්ත වෙනවා. උන්වහන්සේලා තමන් ඉදිරියේ හිටියත් නැතත් උන්වහන්සේලා කෙරෙහි මෛත්‍රී සහගත සිතින් යුක්ත වෙනවා. පින්වත් මහණෙනි, ඔන්න ඕකටයි කියන්නෙ භික්ෂුව, සසුන් ගත වී බොහෝ කල් ගිය, පැවිදි වී බොහෝ කල් ගිය, සංඝපිතෘ වූ, සංඝනායක වූ, මහ තෙරුන් වහන්සේලාව අතිරේක පුද පූජාවලින් පුදනවා කියල.

පින්වත් මහණෙනි, මේ කුසලතා එකොළහෙන් සමන්විත භික්ෂුව මේ සාසනය තුළ දියුණුවක් ලබන්න, අභිවෘද්ධියක් ලබන්න, විපුල බවක් ලබන්න සුදුස්සෙක් වෙනවා.

භාග්‍යවතුන් වහන්සේ මෙය වදාළා. ඒ භික්ෂූන් වහන්සේලා මේ දේශනාව ගැන ගොඩාක් සතුටු වුනා. භාග්‍යවතුන් වහන්සේ වදාළ මේ දේශනාව සාදු නාද දෙමින් සතුටින් පිළිගත්තා.

**සාදු! සාදු!! සාදු!!!**

**ගොපල්ලා උපමා කොට වදාළ විස්තරාත්මක දෙසුම නිමා විය.**

# 1.4.4.
# චූළ ගෝපාලක සූත්‍රය
## ගොපල්ලා මුල් කොට වදාළ කුඩා දෙසුම

**මා** හට අසන්නට ලැබුනේ මේ විදිහටයි. ඒ දවස්වල භාග්‍යවතුන් වහන්සේ වැඩසිටියේ වජ්ජී දේශයේ උක්කචේලා නගරය අසල ගංගා නම් ගං ඉවුරේ. එදා භාග්‍යවතුන් වහන්සේ "පින්වත් මහණෙනි" කියල භික්ෂුසංඝයා ඇමතුවා. ඒ භික්ෂූන් වහන්සේලාත් "පින්වතුන් වහන්ස" කියල භාග්‍යවතුන් වහන්සේට පිළිතුරු දුන්නා. භාග්‍යවතුන් වහන්සේ මෙය වදාළා.

පින්වත් මහණෙනි, මේක ඉස්සර වෙච්ච දෙයක්. මගධ රටේ මෝඩපහේ ගොපල්ලෙක් හිටියා. මෙයා මොකද කළේ, වැස්ස කාලෙ අන්තිම මාසෙ, සීත කාලෙ පටන් ගන්න කොටම ගංගා නම් නදිය ගැන මෙයාට කිසිම අවබෝධයක් තිබුනෙ නෑ. ඉතින් මෙයා එගොඩ මෙගොඩ ගැන හොයල බැලුවෙ නෑ. ගවයන් බස්සන තොටුපොල ගැන සොයල බැලුවෙ නෑ. ඒ ගඟේ නුසුදුසු තොටුපොලකින් වේදේහයන්ගේ උතුරු ගං ඉවුරට ගවයන්ව පිටත් කෙරෙව්වා. පින්වත් මහණෙනි, එතකොට ගංගා නම් ගඟ මැද්දෙදි, මහා දිය රැල්ලකට මේ ගවයන් අහුවුනා. ඒකෙන්ම ඒ ගවයො ටික විපතට පත්වුනා. පින්වත් මහණෙනි, ඇයි එහෙම වුනේ? ඒ මගධ රටේ ගොපල්ලාට නුවණ නැතිකම නිසයි. ඒ ගොපල්ලා වැස්ස කාලෙ අන්තිම මාසෙ, සීත කාලෙ පටන් ගන්න කොට ගංගා නම් ගඟේ හැටි ගැන කිසි ම අවබෝධයක් නැතුව, එගොඩ මෙගොඩ නොසළකා, වේදේහයින් සතු උතුරු ගං ඉවුරට නුසුදුසු තොටුපොලින් ගවයන් එගොඩට පිටත් කරවපු නිසා.

ඒ වගේ ම පින්වත් මහණෙනි, මේ ලෝකෙ සමහර ශ්‍රමණ බ්‍රාහ්මණයො ඉන්නවා. ඔවුන් මේ ලෝකෙ සත්‍යය දකින්න අදක්ෂයි. ඔවුන් පරලොව සත්‍යය දකින්නත් අදක්ෂයි. ඔවුන් මාරයාට අයත් දේ තේරුම් ගන්නත් අදක්ෂයි. ඔවුන් මාරයාට අයත් නැති දේ තේරුම් ගන්නත් අදක්ෂයි. ඔවුන් මරණයට අයත් දේ

තේරුම් ගන්නත් අදක්ෂයි. ඔවුන් මරණයට අයත් නැති දේ තේරුම් ගන්නත් අදක්ෂයි. එබඳු වූ ආගමික නායකයින් කියන දේවල් ඇසිය යුතුයි, විශ්වාස කළ යුතුයි කියලා කෙනෙකුට හැඟුනොත්, ඒ තුළින් ඔවුන්ට බොහෝ කාලයක් දුක් විඳින්න සිද්ධ වෙනවා.

පින්වත් මහණෙනි, ඉස්සර වෙච්ච තව දෙයක් තියෙනවා. මගධ රටේ ගොපල්ලෙක් හිටියා. උන්නැහේ හරි කල්පනාකාරයා. වැස්ස කාලෙ අන්තිම මාසෙ සීත කාලෙ, ගංගා නම් ගඟ ගැන හොඳට දන්නවා. එගොඩ මෙගොඩ ගැන හොඳට හොයල බැලුවා. වේදේහයන් සතු උතුරු ඉවුරට ඉතාම සුදුසු තොටුපොලෙන්ම ගවයන් එගොඩ කෙරෙව්වා. ඒක කළේ මෙහෙමයි. ඉස්සෙල්ලාම ඒ ගව පට්ටියේ නායක ගවයන්ව, ගවයන්ගේ පියවරු යැයි සැළකිය හැකි ලොකු ගවයන්ව එගොඩ කෙරෙව්වා. ඒ ගවයන් ගංගාවේ සැඩ පහර කපාගෙන සුවසේ එගොඩ වුනා. ඊට පස්සෙ බලවත්, කීකරු ගවයන්ව එගොඩ කෙරෙව්වා. ඒ ගවයනුත් සැඩ පහර කපාගෙන එගොඩ වුනා. ඊට පස්සෙ ගව නාම්බන්වත්, නැම්බියන්වත් එගොඩ කෙරෙව්වා. උනුත් ගඟේ සැඩ පහර කපාගෙන, සුවසේ එගොඩ වුනා. ඊට පස්සෙ දුර්වල වස්සන්ව එගොඩ කෙරෙව්වා. උනුත් ගඟේ සැඩ පහර කපාගෙන සුවසේ එගොඩ වුනා. පින්වත් මහණෙනි, ඕක කලින් සිද්ධ වෙච්ච දෙයක්. එදාම ඉපදිච්ච ළදරු වහුපැටව් හිටියා. උනුත් මව් වැස්සිගෙ ගෙරවිලි හඬ අල්ලගෙන, ගඟ හරහට ගඟේ වතුර පාර කපාගෙන සුව සේ එතෙර වුනා. ඒකට හේතුව මොකක්ද? පින්වත් මහණෙනි, මේ මගධ රටේ ගොපල්ලා බුද්ධිමත් කෙනෙක්. වැස්ස කාලෙ අවසන් වෙන කොට, සීත කාලෙ එන කොට, ගඟේ තත්වය ගැන උන්නැහේ දන්නවා. එගොඩ මෙගොඩ තත්වය ගැන සැළකිලිමත් වෙනවා. ඒ නිසයි වේදේහයන්ගේ උතුරු ගං ඉවුරට සුදුසු තොටුපොලින් ම ගවයන් එගොඩ කෙරෙව්වේ.

පින්වත් මහණෙනි, ඔන්න ඔය විදිහමයි, සමහර ශ්‍රමණ බ්‍රාහ්මණවරුන් ඉන්නවා. ඔවුන් මේ ලෝකෙ යථාර්ථය දකින්න දක්ෂයි. පරලොව යථාර්ථය දකින්න දක්ෂයි. මාරයාට අයත් දේ දකින්න දක්ෂයි. මාරයාට අයත් නැති දේ දකින්න දක්ෂයි. මරණයට අයත් දේ දකින්න දක්ෂයි. මරණයට අයත් නැති දේ දකින්න දක්ෂයි. ඒ ශ්‍රමණ බ්‍රාහ්මණවරුන් දහම් දෙසද්දි, ඒ ධර්මය ඇසිය යුතුයි, විශ්වාස කළ යුතුයි කියල යමෙකුට හිතෙනවා නම්, ඔවුන්ට එය බොහෝ කාලයක් හිත සුව පිණිස පවතිනවා.

පින්වත් මහණෙනි, ගවපට්ටියේ ගවනායක වූ ගවයන්ගේ පියවරුන් වැනි වූ, ශ්‍රේෂ්ඨ ගවයන් ගංගාවේ සැඩ පහර කපාගෙන සුවසේ එගොඩ වුනා

නෙ. අන්න ඒ විදිහමයි පින්වත් මහණෙනි, භික්ෂූන් වහන්සේලා ඉන්නවා. උන්වහන්සේලා රහතන් වහන්සේලා. ආශ්‍රවයන් මොකුත්ම නෑ. බඹසර වාසය සම්පූර්ණ කරලයි ඉන්නෙ. කළ යුතු දේ කරලයි ඉන්නෙ. පිළිවෙලින් පැමිණි උතුම් අර්ථය ලබාගෙන ඉන්නෙ. භව බන්ධන නැති කරල ඉන්නෙ. අවබෝධයෙන්ම දුකෙන් නිදහස් වෙලා ඉන්නෙ. ඒ භික්ෂූන් මාරයාගේ තණ්හා සැඩ පහර කපාගෙන සුව සේ අමා නිවන් තෙරට වැඩියා.

ඒ වගේ ම මහණෙනි, බලවත් ගවයින්, දමනය වුණු ගවයින් ගංගා සැඩ පහර කපාගෙන සුවසේ එගොඩ වුනා නෙ. අන්න ඒ විදිහමයි මෙහි භික්ෂූන් වහන්සේලා ඉන්නවා, ඕරම්භාගීය සංයෝජන පහ ම නැති කරල. ඒ භික්ෂූන් ඕපපාතිකව බඹලොව උපන්නට පස්සේ, එහෙදිම පිරිනිවන් පානවා මිසක් ඒ ලෝකෙන් ආපහු එන්නෙ නෑ. අන්න ඒ භික්ෂූන් වහන්සේලාත් මාරයාගේ තණ්හා සැඩ පහර කපාගෙන සුවසේ අමා නිවන් තෙරට යනවා.

පින්වත් මහණෙනි, වසු නාම්බොත්, නැම්බියොත් ගඟේ වතුර පාර කපාගෙන සුවසේ එගොඩ වෙලා ගියා නේද? අන්න ඒ වගේ ම යි පින්වත් මහණෙනි, භික්ෂූන් වහන්සේලා සංයෝජන තුනක් නැති කරල රාග, ද්වේෂ, මෝහ තුනී කරගෙන සකදාගාමී වෙලා, මේ ලෝකයට එක වතාවක් පමණක් ඇවිදින් සියලු දුක් අවසන් කරනවා. ඒ භික්ෂු පිරිසත් මාරයාගේ කෙලෙස් සැඩ පහර කපාගෙන සුව සේ අමා නිවන් තෙරට යනවා.

පින්වත් මහණෙනි, දුර්වල වස්සොත් ගංගා දියෙහි සැඩ පහර කපාගෙන එගොඩ වෙලා ගියා නේද? අන්න ඒ වගේ ම යි පින්වත් මහණෙනි, භික්ෂූන් වහන්සේලා සංයෝජන තුනක් නැති කරලා, සතර අපායට වැටෙන ස්වභාවය නැති කරලා, සෝතාපන්න වෙලා නියත වශයෙන් ම නිවන් දකින ස්වභාවයෙන් යුක්ත වෙනවා. ඒ භික්ෂූන් වහන්සේලාත් මාරයාගේ කෙලෙස් සැඩ පහර කපාගෙන සුව සේ අමා නිවන් තෙරට යනවා.

පින්වත් මහණෙනි, ඒ වගේම එදා උපන් ඒ වසු පැටියත් මව් දෙනගේ ගෙරවිලි සද්දෙ ඉව කරගෙන ගඟේ සැඩ පහර කපාගෙන සුවසේ එතෙරට ගියා නේද? අන්න ඒ වගේමයි පින්වත් මහණෙනි, ධම්මානුසාරී, සද්ධානුසාරී භික්ෂූන් වහන්සේලාත් මාරයාගේ කෙලෙස් සැඩ පහර කපාගෙන සුවසේ ඒ අමා නිවන් තෙරට ම යනවා.

පින්වත් මහණෙනි, මම මේ ලෝකයේ යථාර්ථය දකින්න දක්ෂ කෙනෙක්. මම පරලොව යථාර්ථය දකින්නත් දක්ෂ කෙනෙක්. මම මාරයාට අයත් දේ හඳුනාගන්න දක්ෂ කෙනෙක්. මම මාරයාට අයත් නොවන දේ දකින්නත් දක්ෂ

කෙනෙක්. මම මරණයට අයත් දේ දකින්නත් දක්ෂ කෙනෙක්. මම මරණයට අයත් නැති දේ දකින්නත් දක්ෂ කෙනෙක්. ඉතින් පින්වත් මහණෙනි, යම්කිසි කෙනෙක් මං කියා දෙන ධර්මය ඇසිය යුතුයි, විශ්වාස කළ යුතුයි කියල හිතනවා නම්, එය ඔවුන්ට බොහෝ කලක් හිත සුව පිණිස ම යි පවතින්නේ.

භාග්‍යවතුන් වහන්සේ මෙය වදාළා. ඊට පස්සේ ශාස්තෘ වූ සුගතයන් වහන්සේ මේ අනිත් ගාථාවන් ද වදාළා.

> "පින්වත් මහණෙනි, සියලු දේ ගැන යථාර්ථය දන්නා වූ තථාගතයන් වහන්සේ විසින් මෙලොවත්, පරලොවත් ගැන පැහැදිලිව කියා දීලා තියෙනවා. මාරයාට හසුකරගන්න පුළුවන් යම් තැනක් ඇද්ද, මාරයාට හසුකරගන්න බැරි යම් තැනක් ඇද්ද, එයත් පැහැදිලිව කියා දීලා තියෙනවා. විශිෂ්ට වූ ප්‍රඥාවෙන් සියලු ලොව අවබෝධ කළ සම්බුදුරජාණන් වහන්සේ විසින් අවබෝධයෙන් ම යි නිවනට පමුණුවන, බිය රහිත වූ, අමා දොරටුව විවර කොට තිබෙන්නේ. පාපී මාරයාගේ තෘෂ්ණාව නැමැති සැඩ පහර සිඳදැම්මා. විනාශ කළා. මානනළ දුරු කලා. ඒ නිසාම පින්වත් මහණෙනි, බොහෝ ප්‍රමුදිත බවින් යුතුව ඉන්න. බිය රහිත නිවනට පැමිණෙන්න."

සාදු! සාදු!! සාදු!!!

**ගොපල්ලා උපමා කොට වදාළ කුඩා දෙසුම නිමා විය.**

# 1.4.5
# චූළ සච්චක සූත්‍රය
## සච්චක නිසා වදාළ කුඩා දෙසුම

මා හට අසන්නට ලැබුනේ මේ විදිහටයි. ඒ දවස්වල භාග්‍යවත් බුදුරජාණන් වහන්සේ වැඩසිටියේ විශාලා මහනුවර මහාවනයේ කූටාගාර ශාලාවේ. ඒ දිනවල විශාලා මහනුවර සච්චක කියල නිගණ්ඨ පුත්‍රයෙක් හිටියා. ඔහු කතා බස් කරන්න බොහොම දක්ෂයි. උගත් කියලත් සම්මතයි. බොහෝ ජනයා අතර මොහු ගැන පැහැදීමක් තියෙනවා. මොහු විශාලා මහනුවරදී පිරිස් මැද මෙහෙම කියනවා,

"ඔය ඉන්නෙ ශ්‍රමණ බ්‍රාහ්මණයින් පිරිස් පිරිවරාගෙන පිරිසට ආචාර්ය වෙලා. ඒ අය රහත් ලු! සම්මා සම්බුද්ධ ලු! නමුත් මං ඒ අයත් එක්ක වාද කරන්න පටන් ගත්තොත්, ඒ උදවිය වෙව්ලලා යන්නෙ නැත්නම්, කම්පා වෙලා යන්නෙ නැත්නම්, සලිත වෙලා යන්නෙ නැත්නම්, කිහිලිවලින් දාඩිය ගලන්නෙ නැත්නම්, එබඳු ශ්‍රමණයෙක්වත්, බ්‍රාහ්මණයෙක්වත් මට නම් පේන්නෙ නෑ. මේ සිත් පිත් නැති කණුවක් එක්ක මං වාද කරන්න පටන් ගත්තොත්, මේ කණුවත් කම්පා වෙනවා. සලිත වෙනවා. වෙව්ලල යනවා. මේ නරයන් ගැන කවර කතා ද?" කියලා.

එදා ආයුෂ්මත් අස්සජි තෙරුන් වහන්සේ උදේ වරුවේ සිවුරු පොරවා ගෙන, පාත්‍ර සිවුරු අරගෙන විශාලා මහනුවරට පිණ්ඩපාතෙ වැඩියා. සච්චක නිගණ්ඨ පුත්‍රයාත් විශාලා මහනුවර ව්‍යායාම පිණිස ඇවිදගෙන යද්දි, අස්සජි තෙරුන්ව දුර දී ම දැක්කා. දැකල අස්සජි තෙරුන් ළඟට ගියා. ගිහින් ආයුෂ්මත් අස්සජි තෙරුන් සමඟ පිළිසඳර කතා බහේ යෙදුනා. ඊට පස්සෙ පැත්තකින් හිටගත්තා. පැත්තකින් හිටගෙන, ආයුෂ්මත් අස්සජි තෙරුන්ගෙන් මේ නිගණ්ඨ පුත්‍ර සච්චකයා මෙහෙම ඇහුවා.

"භා! පින්වත් අස්සජි, ඔය ශ්‍රමණ ගෞතමයනුත් ශ්‍රාවකයන් හික්මවනවා නෙව. ඉතින් ඔය ශ්‍රමණ ගෞතමයන් බොහෝ විට ශ්‍රාවකයන් හික්මවන්නෙ කොයි වගේ අනුශාසනාවලින්ද?"

"පින්වත් අග්ගිවෙස්සන, භාග්‍යවතුන් වහන්සේ ශ්‍රාවකයන් හික්මවන්නෙ මේ විදිහටයි. භාග්‍යවතුන් වහන්සේ බොහෝ විට ශ්‍රාවකයින්ට අනුශාසනා කරන්නෙ මේ විදිහටයි. 'පින්වත් මහණෙනි, රූපය අනිත්‍යයි. වේදනාව අනිත්‍යයි. සඤ්ඤාව අනිත්‍යයි. සංස්කාර අනිත්‍යයි. විඤ්ඤාණය අනිත්‍යයි. පින්වත් මහණෙනි, රූපය අනාත්මයි. වේදනාව අනාත්මයි. සඤ්ඤාව අනාත්මයි. සංස්කාර අනාත්මයි. විඤ්ඤාණය අනාත්මයි. හැම සංස්කාරයක් ම අනිත්‍යයි. හැමදෙයක්ම අනාත්මයි' කියලා. පින්වත් අග්ගිවෙස්සන, ඔන්න ඔය විදිහට තමයි භාග්‍යවතුන් වහන්සේ ශ්‍රාවකයින්ව හික්මවන්නෙ. ශ්‍රාවකයින්ට බහුල වශයෙන් අනුශාසනා කරන්නෙ."

"අපොයි! පින්වත් අස්සජි, අපි මේ නොඇසිය යුතු දෙයක් නෙව ඇහුවේ. අපටත් ශ්‍රමණ ගෞතමයන් ඔහොම කියන කෙනෙක් කියල අහන්න ලැබුනා නෙව. අනේ ඉතින් අපටත් කොයි වෙලාවක හරි පින්වත් ගෞතමයන්ව මුණගැහෙන්නෙ නැතෑ. එතකොට අපටත් කතා බස් කරන්න ලැබෙන්නෙ නැතෑ. එතකොටවත් ඔය පාපී මිථ්‍යා දෘෂ්ටියෙන් ශ්‍රමණ ගෞතමයන්ව නිදහස් කරවන්න ඕන."

ඒ දිනවල ලිච්ඡවී කුමාරවරු පන්සීයක් විතර යම්කිසි කටයුත්තකට රැස්වීම් ශාලාවකට රැස්වෙලා හිටියා. එතකොට නිගණ්ඨ පුත්‍ර සච්චකයා ඒ ලිච්ඡවීන් ළඟට ගියා. ගිහින් මෙහෙම කිව්වා. "පින්වත් ලිච්ඡවීවරුනි, හා! එන්න. පින්වත් ලිච්ඡවීවරුනි, හා! එන්න. අද ශ්‍රමණ ගෞතමයන් එක්ක මගේ ලොකු කතාවක් සිද්ධ වෙනවා නෙව. ඉතින් ශ්‍රමණ ගෞතමයන් තමන් කියාපු මතේ ම හිටියොත්, ඒ කියන්නෙ ශ්‍රමණ ගෞතමයන්ගේ ප්‍රසිද්ධ ශ්‍රාවකයෙක් ඉන්නවා අස්සජි කියල. අන්න ඒ භික්ෂුව මාත් එක්ක කියපු කතාව තුළ ම ශ්‍රමණ ගෞතමයන් හිටියොත්, එහෙනම් මං මෙහෙමයි කරන්නෙ. ඇගේ පතේ හයිය තියෙන මිනිහෙක් දිග ලොම් තියෙන එළුවෙකුගේ ලොම්වලින් තදින් අල්ලල හිට, එහාට මෙහාට හොලෝල, හොලෝල, හොලෝල, පැත්ත දානවා වගේ, අන්න ඒ විදියට ම මං ශ්‍රමණ ගෞතමයන් එක්ක වාදෙන් වාදෙ පටලෝල, හොලෝල, හොලෝල, හොලෝල පැත්ත දානවා.

එහෙම නැත්නම් මෙහෙම කරනවා. සුරා හදන මිනිහෙක් සුරා පෙරන ලොකු පැදුර ගැඹුරු ජලාශයක දාල කොන් දෙකෙන් අල්ලල හිට, එහාට මෙහාට ගසල, ගසල පැත්ත දානවා. අන්න ඒ වගේම මමත් ශ්‍රමණ ගෞතමයන්ව වාදෙන් පටලෝල, ගසල, ගසල, ගසල පැත්ත දානවා.

එහෙම නැත්නම් මෙහෙම කරනවා. බේබද්දෙක් සුරා පෙරන පෙරහන්කඩේ අරගෙන, ඒකෙ කොන යටට හරෝල ගසනවා. උඩට

හරෝල ගසනවා. දෙපැත්තටම හරෝ, හරෝ ගසල දානවා. ඒ වගේම ශ්‍රමණ ගෞතමයන්ව වාදෙන් වාදෙ පටලෝලා, යටට හරෝල ගසනවා. උඩට හරෝල ගසනවා. දෙපැත්තටම හරෝල ගසනවා.

එහෙම නැත්නම්, හැට වයස් පිරිච්ච හස්ති රාජයෙක් ගැඹුරු පොකුණකට බැහැල 'සණධෝවික' කියන පොකුණ කළඹන සෙල්ලම කරනවා වගෙයි. මං ශ්‍රමණ ගෞතමයන් එක්ක අන්න ඒ ජාතියෙ 'සණධෝවික' සෙල්ලමක් තමයි කරන්නෙ. ඒ නිසා පින්වත් ලිච්ඡවීවරුනි, හා!එන්න. පින්වත් ලිච්ඡවීවරුනි, හා! එන්න. අද ශ්‍රමණ ගෞතමයන් එක්ක මගේ ලොකු කතා බහක් ඇතිවෙනවා නෙව."

එතකොට සමහර ලිච්ඡවී කෙනෙක් මෙහෙම කිව්වා. "ඔය ශ්‍රමණ ගෞතමයන් නිගණ්ඨ පුත්‍ර සච්චකත් එක්ක කරන වාදෙ මොකක්ද? නිගණ්ඨ පුත්‍ර සච්චක නෙව, ශ්‍රමණ ගෞතමයන් එක්ක වාද කරන්න තියෙන්නෙ."

එතකොට සමහර ලිච්ඡවීන් මෙහෙම කිව්වා. "මේ නිගණ්ඨ පුත්‍ර සච්චක භාග්‍යවතුන් වහන්සේ සමඟ වාද කරන්න හදන්නෙ, සච්චකයා කවුරු කියල හිතට අරගෙන ද දන්නෙ නෑ. අනික භාග්‍යවතුන් වහන්සේ තමයි ඔය නිගණ්ඨ පුත්‍ර සච්චකයා එක්ක වාද කරන්න ඕන."

ඉතින් නිගණ්ඨ පුත්‍ර සච්චකයා පන්සීයක් ලිච්ඡවී පිරිස පිරිවරාගෙන, මහා වනයේ කූටාගාර ශාලාවට ගියා. ඒ වෙලාවෙ බොහෝ භික්ෂූන් වහන්සේලා එළිමහනෙ සක්මන් කර කර හිටියා. එතකොට නිගණ්ඨ පුත්‍ර සච්චක ඒ භික්ෂූන් ළඟට ගියා. ගිහිල්ලා ඒ භික්ෂූන්ගෙන් මෙහෙම ඇහුවා. "භවත්නි, ඒ භවත් ගෞතමයන් දැන් ඉන්නෙ කොහේද? අපි ඒ භවත් ගෞතමයන්ව මුණගැහෙන්න කැමතියි." "පින්වත් අග්ගිවෙස්සන, භාග්‍යවතුන් වහන්සේ මේ මහ වනය ඇතුලේ එක්තරා රුක් සෙවණක දවල් කාලය ගෙවීම පිණිස වැඩඉන්නවා."

එතකොට නිගණ්ඨ පුත්‍ර සච්චක ඒ විශාල ලිච්ඡවී පිරිසත් එක්ක මහ වනය ඇතුළට ම ගිහින් භාග්‍යවතුන් වහන්සේ ළඟට ගියා. ගිහින් භාග්‍යවතුන් වහන්සේ සමඟ පිළිසඳර කතා කරලා පැත්තකින් වාඩිවුනා. සමහර ලිච්ඡවීන් භාග්‍යවතුන් වහන්සේට වන්දනා කරල පැත්තකින් වාඩිවුනා. සමහර ලිච්ඡවීන් භාග්‍යවතුන් වහන්සේ සමඟ පිළිසඳර කතා බස් කරල පැත්තකින් වාඩිවුනා. සමහර ලිච්ඡවීන් භාග්‍යවතුන් වහන්සේට ආචාර කරලා පැත්තකින් වාඩිවුනා. සමහර ලිච්ඡවීන් තම තමන්ගේ නම් ගොත් කියල පැත්තකින් වාඩිවුනා. සමහර ලිච්ඡවීන් නිශ්ශබ්දව ම පැත්තකින් වාඩිවුනා. එකත්පස් වුන නිගණ්ඨ පුත්‍ර සච්චකයා භාග්‍යවතුන් වහන්සේගෙන් මෙහෙම ඇහුවා. "භවත් ගෞතමයන්

වහන්ස, මට පොඩි කාරණයක් අහන්න තියෙනවා. ඉතින් භවත් ගෞතමයන් වහන්සේ මට අවසර දෙනවා නම් මට ප්‍රශ්නයක් අහන්න පුළුවනි."

"හොඳයි පින්වත් අග්ගිවෙස්සන, ඒ කැමති දේ දැන් අහන්න."

"පින්වත් ගෞතමයන් වහන්සේ ශ්‍රාවකයින්ව හික්මවන්නෙ කොහොමද? පින්වත් ගෞතමයන් වහන්සේ ශ්‍රාවකයින්ට බහුලවම මොන විදිහේ අනුශාසනාවක් ද කරන්නෙ?"

"පින්වත් අග්ගිවෙස්සන, මං ශ්‍රාවකයින්ව හික්මවන්නෙ මෙහෙමයි. මං ශ්‍රාවකයින්ට බහුල වශයෙන් ම අනුශාසනා කරන්නෙ මෙහෙමයි. 'පින්වත් මහණෙනි, රූපය අනිත්‍යයි. වේදනාව අනිත්‍යයි. සඤ්ඤාව අනිත්‍යයි. සංස්කාර අනිත්‍යයි. විඤ්ඤාණය අනිත්‍යයි. පින්වත් මහණෙනි, රූපය අනාත්මයි. වේදනාව අනාත්මයි. සඤ්ඤාව අනාත්මයි. සංස්කාර අනාත්මයි. විඤ්ඤාණය අනාත්මයි. හැම සංස්කාරයක් ම අනිත්‍යයි. හැම දෙයක්ම අනාත්මයි' කියල. පින්වත් අග්ගිවෙස්සන, ඔන්න ඔය විදිහට තමයි මම ශ්‍රාවකයින්ව හික්මවන්නෙ. ඔන්න ඔය විදිහටයි මම ශ්‍රාවකයින්ට බහුල වශයෙන් අනුශාසනා කරන්නෙ."

"භවත් ගෞතමයන් වහන්ස, මට උපමාවක් මතක් වෙනවා."

"පින්වත් අග්ගිවෙස්සන, ඒ උපමාව කියන්න" කියල භාග්‍යවතුන් වහන්සේ වදාළා.

"භවත් ගෞතමයන් වහන්ස, ඒක මේ වගේ දෙයක්. දැන් ඔය පැල වෙලා ලොකු මහත් වෙන ගස් කොළන් තියෙනවා නෙව. ඒ ඔක්කොම ගස් කොළන් මේ පොළොව නිසා, මේ පොළොව පිහිට කරගෙන තමයි ඔය උස මහතට හැදෙන්නෙ. ඒ වගේම භවත් ගෞතමයන් වහන්ස, ඇඟේ පතේ හයිය යොදවලා කරන වැඩතියෙනවා. ඒවා ඔක්කොම කරන්නෙ පොළොව නිසා, පොළොවේ පිහිටලයි. භවත් ගෞතමයන් වහන්ස, අන්න ඒ වගේම තමයි මේ පුද්ගලයා රූපය ආත්මය කරගෙන තමයි ඉන්නෙ. රූපයේ පිහිටල තමයි පින් පව් රැස් කරන්නෙ. මේ පුද්ගලයා වේදනාව ආත්මය කරගෙනයි ඉන්නෙ. වේදනාවේ පිහිටලයි පින් පව් රැස් කරන්නෙ. මේ පුද්ගලයා සඤ්ඤාව ආත්මය කරගෙනයි ඉන්නෙ. සඤ්ඤාවේ පිහිටලයි පින් පව් රැස් කරන්නෙ. මේ පුද්ගලයා සංස්කාර ආත්මය කරගෙනයි ඉන්නෙ. සංස්කාරවල පිහිටලයි පින් පව් රැස් කරන්නෙ. මේ පුද්ගලයා විඤ්ඤාණය ආත්මය කරගෙනයි ඉන්නෙ. විඤ්ඤාණයේ පිහිටලයි පින් පව් රැස් කරන්නෙ."

"පින්වත් අග්ගිවෙස්සන, ඒ කියන්නෙ ඔබ මෙහෙම කියනවා කියන එකද? රූපය මගේ ආත්මයයි. වේදනාව මගේ ආත්මයයි. සඤ්ඤාව මගේ ආත්මයයි. සංස්කාර මගේ ආත්මයයි. විඤ්ඤාණය මගේ ආත්මයයි කියලා"

"භවත් ගෞතමයන් වහන්ස, ඔව්. මං එහෙම තමයි කියන්නෙ. රූපය මගේ ආත්මයයි. වේදනාව මගේ ආත්මයයි. සඤ්ඤාව මගේ ආත්මයයි. සංස්කාර මගේ ආත්මයයි. විඤ්ඤාණය මගේ ආත්මයයි කියලා. අනික මේ මහජනතාවත් එහෙම තමයි කියන්නෙ."

"ඈ! පින්වත් අග්ගිවෙස්සන, මහජනතාව ඔබට මොකක් කරන්නද? එහෙම නෙවෙයි, අග්ගිවෙස්සන, තමන් හදපු වාදෙ තමන්ම නෙව ලිහාගන්න ඕන."

"හරි, භවත් ගෞතමයන් වහන්ස, මම තමයි එහෙම කියන්නෙ. රූපය මගේ ආත්මයයි. වේදනාව මගේ ආත්මයයි. සඤ්ඤාව මගේ ආත්මයයි. සංස්කාර මගේ ආත්මයයි. විඤ්ඤාණය මගේ ආත්මයයි කියලා."

"එහෙනම් පින්වත් අග්ගිවෙස්සන, මං දැන් ඔබෙන් ම යි මේ කාරණය අහන්නෙ. ඔබ කැමති විදිහට උත්තර දෙන්න පුළුවනි. පින්වත් අග්ගිවෙස්සන, මේ ගැන මොකක්ද හිතන්නෙ? ක්ෂත්‍රිය රජවරු ඉන්නවා ඔටුනු පළඳපු, තමන්ගේ රාජ්‍යයේ සම්පූර්ණ බලය පාවිච්චි කරන්න පුළුවන්, පසේනදී කොසොල් රජ්ජුරුවො වගේ, වේදේහි පුත්‍ර අජාසත් මගධ රජ්ජුරුවො වගේ රජවරු. ඉතින් ඒ වගේ රජෙකුට තම රාජ්‍යයේ ඉන්න රටවැසියන් අතර මැරිය යුත්තන් මරවන්න, ධනය නැති කළ යුත්තන්ව දිළිඳු කරවන්න, රටින් පිටුවහල් කළ යුත්තන්ව පිටුවහල් කරවන්න පුළුවන් තරමේ බලයක් පවත්වන්න පුළුවන් නේද?"

"භවත් ගෞතමයන් වහන්ස, ඒක ඇත්ත. ඔටුනු පළඳපු ක්ෂත්‍රිය රජෙකුට, පසේනදී කොසොල් රජ්ජරුවො වගේ, වේදේහි පුත්‍ර අජාසත් මගධ රජ්ජුරුවො වගේ රජෙකුට තමන්ගේ රාජ්‍යයේ රට වැසියන් අතර මැරවිය යුතු අය මරවන්න පුළුවනි. ධන හානි කළ යුතු අයව දිළිඳු කරවන්න පුළුවනි. රටින් පිටුවහල් කළ යුතු අය පිටුවහල් කරවන්න පුළුවනි. ඒ වගේම භවත් ගෞතමයන් වහන්ස, මේ සමූහාණ්ඩු තියෙන වජ්ජීන්ටත්, මල්ලයන්ටත් ඒ විදිහටම තමන්ගේ රාජ්‍යයේ රට වැසියන් අතර මැරවිය යුත්තන් මරවන්නත්, ධන හානි කළ යුත්තන්ගේ ධන හානි කරවන්නත්, රටින් පිටුවහල් කළ යුත්තන්ව රටින් පිටුවහල් කරවන්නත් බලය තියෙනවා. ඉතින් එහෙම එකේ පසේනදී කොසොල් රජ්ජුරුවන්ට වගේ, වේදේහි පුත්‍ර අජාසත් රජ්ජුරුවන්ට වගේ, රජ කුලයේ ඔටුනු පළන්දපු රජෙකුට

කොහොමත් පුළුවන් නෙව. භවත් ගෞතමයන් වහන්ස, ඒ ඇත්තන්ට බලය තියෙනවා. ඒ නිසා බලය පාවිච්චි කිරීම පුළුවන් ම යි."

"එහෙනම් පින්වත් අග්ගිවෙස්සන, මේ ගැන මොකක්ද හිතන්නෙ? දැන් ඔබ මෙහෙම කිව්වා. රූපය මගේ ආත්මයයි කියලා. ඉතින් මාගේ රූපය මෙසේ වේවා! මාගේ රූපය මෙසේ නොවේවා! කියල ඔබට බලයක් පාවිච්චි කරන්න පුළුවන්ද?"

එතකොට නිගණ්ඨපුත්‍ර සච්චක නිශ්ශබ්ද වුනා.

දෙවෙනි වතාවටත් භාග්‍යවතුන් වහන්සේ නිගණ්ඨපුත්‍ර සච්චකට මෙහෙම වදාළා.

"පින්වත් අග්ගිවෙස්සන, මේ ගැන මොකක්ද හිතන්නෙ? දැන් ඔබ මෙහෙම කිව්වා. රූපය මගේ ආත්මයයි කියලා. ඉතින් මාගේ රූපය මෙසේ වේවා! මාගේ රූපය මෙසේ නොවේවා! කියල ඔබට බලයක් පාවිච්චි කරන්න පුළුවන්ද?"

දෙවෙනි වතාවෙත් නිගණ්ඨපුත්‍ර සච්චක නිශ්ශබ්ද වුනා.

එතකොට භාග්‍යවතුන් වහන්සේ නිගණ්ඨපුත්‍ර සච්චකට මෙහෙම වදාළා.

"ඈ! පින්වත් අග්ගිවෙස්සන, දැන් ඔබ කතා කරන්න ඕන. දැන් මේ ඔබට නිශ්ශබ්ද වෙලා ඉන්න කාලෙ නොවෙයි. පින්වත් අග්ගවෙස්සන, තථාගතයන් වහන්සේ නමක් කරුණු සහිතව තුන් වතාවක් ප්‍රශ්න කරද්දී යමෙක් පිළිතුරු දෙන්නෙ නැත්නම්, ඔහුගේ හිස හත් කඩකට පැලෙනවා."

ඒ මොහොතේ වජ්‍රපාණි කියන යක්ෂයා ගින්දර වගේ බබලන, ගිනි ඇවිලෙන, ගිනිදැල් විහිදෙන, අයෝමය යගදාවක් නිගණ්ඨපුත්‍ර සච්චකට උඩින් ඔසවගෙන අහසේ හිටියා. 'ඉතින් මේ නිගණ්ඨපුත්‍ර සච්චක භාග්‍යවතුන් වහන්සේ විසින් තුන් වතාවක් ම කරුණු සහිතව ප්‍රශ්න කරද්දි උත්තර දෙන්නෙ නැත්නම් මං මොහුගේ හිස මෙතනම හත් කඩකට පලනවා' කියලා.

එතකොට වජ්‍රපාණි යක්ෂයාව පේන්නෙ භාග්‍යවතුන් වහන්සේටත්, නිගණ්ඨ ශ්‍රාවක සච්චකටත් විතරයි. ඉතින් නිගණ්ඨපුත්‍ර සච්චක හොඳටම භය වුනා. කම්පා වුනා. ඇගේ මවිල් කෙලින් හිටියා. අන්තිමේදී භාග්‍යවතුන් වහන්සේගෙන්ම ආරක්ෂාව හොයන්ට ගත්තා. භාග්‍යවතුන් වහන්සේගෙන්ම රැකවරණයක් සොයන්න ගත්තා. භාග්‍යවතුන් වහන්සේගෙන්ම සරණක් සොයන්න ගත්තා. භාග්‍යවතුන් වහන්සේගෙන් මෙහෙම ඇහුවා.

"භවත් ගෞතමයන් වහන්සේ ඒ ප්‍රශ්නය ආයෙමත් මගෙන් අසනු මැනවි. මං උත්තර දෙන්නම්" කියල.

"පින්වත් අග්ගිවෙස්සන, මේ ගැන මොකක්ද හිතන්නෙ? දැන් ඔබ මෙහෙම කිව්වා. රූපය මගේ ආත්මයයි කියලා. ඉතින් මාගේ රූපය මෙසේ වේවා! මාගේ රූපය මෙසේ නොවේවා! කියල ඔබට බලයක් පාවිච්චි කරන්න පුළුවන්ද?"

"භවත් ගෞතමයන් වහන්ස, එහෙම කරන්න බෑ."

"හා! හා! පින්වත් අග්ගිවෙස්සන, හොඳ කල්පනාවෙන්. පින්වත් අග්ගිවෙස්සන, හොඳ කල්පනාවෙන් ම යි උත්තර දෙන්න ඕන. ඔබ දැන් කියපු එක, කලින් කියාපු එකට ගැලපෙන්නෙ නෑ. කලින් කියාපු එක දැන් කියපු එකට ගැලපෙන්නෙ නෑ.

පින්වත් අග්ගිවෙස්සන, මේ ගැන ඔබ මොකද හිතන්නෙ? දැන් ඔබ මෙහෙම කිව්ව නෙ. 'වේදනාව මගේ ආත්මයයි' කියලා. ඉතින් එහෙම නම් "මාගේ වේදනාව මෙසේ වේවා! මාගේ වේදනාව මෙසේ නොවේවා! කියල ඒ වේදනාව උදෙසා තමන්ගේ බලයක් පාවිච්චි කරන්න ඔබට පුළුවන්ද?"

"භවත් ගෞතමයන් වහන්ස, එහෙම කරන්න බෑ."

"හා! හා! පින්වත් අග්ගිවෙස්සන, හොඳ කල්පනාවෙන්. පින්වත් අග්ගිවෙස්සන, හොඳ කල්පනාවෙන් ම යි උත්තර දෙන්න ඕන. ඔබ දැන් කියපු එක, කලින් කියාපු එකට ගැලපෙන්නෙ නෑ. කලින් කියාපු එක දැන් කියපු එකට ගැලපෙන්නෙ නෑ.

පින්වත් අග්ගිවෙස්සන, මේ ගැන ඔබ මොකද හිතන්නෙ? දැන් ඔබ මෙහෙම කිව්ව නෙ. 'සඤ්ඤාව මගේ ආත්මයයි' කියල. ඉතින් එහෙම නම් 'මාගේ සඤ්ඤාව මෙසේ වේවා! මාගේ සඤ්ඤාව මෙසේ නොවේවා!' කියල ඒ සඤ්ඤාව උදෙසා තමන්ගේ බලයක් පාවිච්චි කරන්න ඔබට පුළුවන්ද?"

"භවත් ගෞතමයන් වහන්ස, එහෙම කරන්න බෑ."

"හා! හා! පින්වත් අග්ගිවෙස්සන, හොඳ කල්පනාවෙන්. පින්වත් අග්ගිවෙස්සන, හොඳ කල්පනාවෙන් ම යි උත්තර දෙන්න ඕන. ඔබ දැන් කියපු එක, කලින් කියාපු එකට ගැලපෙන්නෙ නෑ. කලින් කියාපු එක දැන් කියපු එකට ගැලපෙන්නෙ නෑ.

පින්වත් අග්ගිවෙස්සන, මේ ගැන ඔබ මොකද හිතන්නෙ? දැන් ඔබ මෙහෙම කිව්ව නෙ 'සංස්කාර මගේ ආත්මයයි' කියල. ඉතින් එහෙම නම් 'මාගේ සංස්කාරයෝ මෙසේ වෙත්වා! මාගේ සංස්කාරයෝ මෙසේ නොවෙත්වා!' කියල ඒ සංස්කාර උදෙසා තමන්ගේ බලයක් පාවිච්චි කරන්න ඔබට පුළුවන්ද?"

"භවත් ගෞතමයන් වහන්ස, එහෙම කරන්න බෑ."

"හා! හා! පින්වත් අග්ගිවෙස්සන, හොඳ කල්පනාවෙන්. පින්වත් අග්ගිවෙස්සන, හොඳ කල්පනාවෙන් ම යි උත්තර දෙන්න ඕන. ඔබ දැන් කියපු එක, කලින් කියාපු එකට ගැලපෙන්නෙ නෑ. කලින් කියාපු එක දැන් කියපු එකට ගැලපෙන්නෙ නෑ.

පින්වත් අග්ගිවෙස්සන, මේ ගැන ඔබ මොකද හිතන්නෙ? දැන් ඔබ මෙහෙම කිව්ව නෙ 'විඤ්ඤාණය මගේ ආත්මයයි' කියලා. ඉතින් එහෙම නම් 'මාගේ විඤ්ඤාණය මෙසේ වේවා! මාගේ විඤ්ඤාණය මෙසේ නොවේවා!' කියල ඒ විඤ්ඤාණය උදෙසා තමන්ගේ බලයක් පාවිච්චි කරන්න ඔබට පුළුවන්ද?"

"භවත් ගෞතමයන් වහන්ස, එහෙම කරන්න බෑ."

"හා! හා! පින්වත් අග්ගිවෙස්සන, හොඳ කල්පනාවෙන්. පින්වත් අග්ගිවෙස්සන, හොඳ කල්පනාවෙන් ම යි උත්තර දෙන්න ඕන. ඔබ දැන් කියපු එක, කලින් කියාපු එකට ගැලපෙන්නෙ නෑ. කලින් කියාපු එක දැන් කියපු එකට ගැලපෙන්නෙ නෑ.

පින්වත් අග්ගිවෙස්සන, මේ ගැන ඔබ මොකද හිතන්නෙ? රූපය නිත්‍ය දෙයක්ද? අනිත්‍ය දෙයක්ද?"

"භවත් ගෞතමයන් වහන්ස, අනිත්‍යයි" "යමක් අනිත්‍ය නම් ඒක දුකක්ද? සැපක්ද?" "පින්වත් ගෞතමයන් වහන්ස, දුකක්."

"යමක් අනිත්‍ය නම්, දුක නම්, වෙනස් වන ස්වභාවයට අයිති නම් 'මේක මගේ, මේ තමයි මම, මේක තමයි මාගේ ආත්මය' කියල සළකන්න සුදුසුද?"

"භවත් ගෞතමයන් වහන්ස, ඒක සුදුසු නෑ."

පින්වත් අග්ගිවෙස්සන, මේ ගැන ඔබ මොකද හිතන්නෙ? වේදනා ....(පෙ).... සඤ්ඤා ....(පෙ).... සංස්කාර ....(පෙ).... විඤ්ඤාණය ....(පෙ).... නිත්‍ය දෙයක්ද? අනිත්‍ය දෙයක්ද?"

"භවත් ගෞතමයන් වහන්ස, අනිත්‍යයි."

"යමක් අනිත්‍ය නම් ඒක දුකක්ද? සැපක්ද?"

"භවත් ගෞතමයන් වහන්ස, දුකක්."

"යමක් අනිත්‍ය නම්, දුක නම්, වෙනස් වන ස්වභාවයට අයිති නම් 'මේක මගේ, මේ තමයි මම, මේක තමයි මාගේ ආත්මය' කියල සළකන්න සුදුසුද?"

"භවත් ගෞතමයන් වහන්ස, ඒක සුදුසු නෑ."

"පින්වත් අග්ගිවෙස්සන, මේ ගැන ඔබ මොකද හිතන්නෙ? යමෙක් දුකට ඇලිල, දුකට පැමිණිල, දුකේ ම බැසගෙන, ඒ දුකම 'මේක මගේ, මේ තමයි මම, මේක තමයි මගේ ආත්මය' කියල දකිනවා නම්, ඒ දැකීම තුළ ඔහුට දුක අවබෝධ කරන්න පුළුවන්ද? දුක අවසන් කරල ඉන්න පුළුවන්ද?"

"භවත් ගෞතමයන් වහන්ස, කොහොම කරන්නද? භවත් ගෞතමයන් වහන්ස, ඒක කරන්න බැහැ ම යි."

"පින්වත් අග්ගිවෙස්සන, මේ ගැන ඔබ මොකද හිතන්නෙ? ඔබත්, එබඳු ම වූ දුකට ඇලිලා, දුකට පැමිණිලා, දුකේ ම බැසගෙන, ඒ දුක ම 'මේක මගේ, මේ තමයි මම, මේක තමයි මගේ ආත්මය' යි කියල දැක්කෙ නැද්ද?"

"අනේ භවත් ගෞතමයන් වහන්ස, නැත්තෙ මොකද? භවත් ගෞතමයන් වහන්ස, මට වුණෙත් ඒකම නෙව."

"පින්වත් අග්ගිවෙස්සන, ඕක මේ වගේ දෙයක්. අරටුවක අවශ්‍යතාවය තියෙන මිනිහෙක් ඉන්නවා. ඉතින් මෙයා අරටුවක් හොය හොයා මුවහත් පොරවක් අරගෙන මහ වනයට යනවා. මෙයාට ඒ වනයෙදී නොපීදුනු, අළුත්, උස, මහත, විශාල කෙහෙල් ගහක් දකින්න ලැබෙනවා. ඉතින් මෙයා ඒ කෙහෙල් ගහ මුලින් ම කපනවා. අගත් කපනවා. පතුරු ගලෝනවා. පතුරු ගලෝ, ගලෝ බලද්දි, එලයවත් හම්බුවෙන්නෙ නෑ. අරටුවක් කොහොම නම් ලබන්නද? අන්න ඒ වගේ පින්වත් අග්ගිවෙස්සන, ඔබ දැන් මාත් එක්ක වාදෙට ඇවිල්ල හිට, මං දැන් කරුණු විමසගෙන, විමසගෙන යන කොට ඔබගේ වාදෙ හරසුන් වෙලා, හිස් වෙලා, පැරදිලා ගියා නෙව. නමුත් පින්වත් අග්ගිවෙස්සන, විශාලා මහනුවරදී නම් ජනතාව මැද්දෙ ඔබ මෙහෙම නේද කිව්වෙ? 'මහා පිරිස් ඉන්න, මහ පිරිස්වලට ආචාර්ය වූ, මම රහත්, මම සම්මා සම්බුදුයි කියාගෙන ශ්‍රමණ බ්‍රාහ්මණවරු ඉන්නවා. ඉතින් ඔය කවුරු හරි එක්ක මං වාදයක් පටන් ගත්තොත් ඒ අය මගේ වාදෙන් කම්පා වෙන්නෙ නැත්නම්, සැලෙන්නෙ

නැත්නම්, වෙව්ලා යන්නෙ නැත්නම්, කිහිලිවලින් දාඩිය ගලන්නෙ නැත්නම්, එබඳු ශ්‍රමණයෙක් හෝ බ්‍රාහ්මණයෙක් හෝ මම නම් දකින්නෙ නෑ. මං මේ හිත් පිත් නැති කුළුණත් එක්ක වාදෙට බැස්සොත්, මං වාද කරගෙන යනකොට මේ කුළුණ පවා කම්පා වෙනවා. සැලෙනවා. වෙව්ලා යනවා. එහෙම එකේ මේ නරයන් ගැන කවර කතාද?' කියලා.

ඒ වුනාට පින්වත් අග්ගිවෙස්සන, දැන් ඔය ඔබේ නළලෙන් වැටෙන දාඩිය උතුරු සළුවටත් වැටිලා, පොළොවටත් වැටෙනවා නේද? පින්වත් අග්ගිවෙස්සන, ඒ වුනාට මේ බලන්න මේ වෙලාවෙ මගේ කයේ කිසිම දාඩියක් නෑ" කියල භාග්‍යවතුන් වහන්සේ ඒ පිරිස ඉදිරියේ සිවුරේ ස්වල්පයක් පාත් කරලා, තම රන්වන් ශරීරය පෙන්නුවා.

එතකොට නිගණ්ඨපුත්‍ර සච්චක නිහඬ වුනා. හැකිලුනා. කඳ යටට හරෝගත්තා. මූණ පාත් කරගත්තා. වැටහීම් රහිතව ඔහේ කරබාගෙන වාඩිවෙලා හිටියා. ඒ වෙලාවෙ දුර්මුඛ කියන ලිච්ඡවී දරුවා, නිහඬව, හැකිළිලා, කඳ පාත් කරගෙන, මූණ යටට හරවගෙන, වැටහීම් රහිතව ඔහේ කරබාගෙන වාඩිවෙලා ඉන්න නිගණ්ඨපුත්‍ර සච්චක දැකලා භාග්‍යවතුන් වහන්සේට මෙහෙම කිව්වා."

"භාග්‍යවතුන් වහන්ස, මට උපමාවක් වැටහෙනවා."

"පින්වත් දුර්මුඛ, හොඳයි එහෙනම් කියන්න" කියල භාග්‍යවතුන් වහන්සේ වදාළා.

"ස්වාමීනි, ඕක මෙන්න මේ වගේ දෙයක්. ඔන්න එක ගමක් ළඟ හරි නියම් ගමක් ළඟ හරි පොකුණක් තිබුනා. ඔය පොකුණෙ කක්කුට්ටෙක් හිටියා. එදා ස්වාමීනි, පොඩි දරු දැරියන් ඒ ගමේ ඉඳලා, ඒ නියම් ගමේ ඉඳලා ඔය පොකුණට ආවා. ඒ ළමයි ඒ පොකුණට බැස්සා. අර කක්කුට්ටව වතුරෙන් උඩට ගත්තා. ගොඩබිමට දැම්මා. ස්වාමීනි, කක්කුට්ටා යම් යම් අන්ඩක් දික් කරන කොට ඒ ළමයි ඒ ඒ අන්ඩ කෝටුවකින් ගහල කඩල දැවා. ස්වාමීනි, අන්තිමේදී ඒ කක්කුට්ටගේ ඔක්කොම අඬු කැඩිල නිසා, ආයෙමත්, කලින් වගේ පොකුණට බහින්න බැරි වුනා. ස්වාමීනි, අන්න ඒ වගේ ම යි. මේ නිගණ්ඨපුත්‍ර සච්චක දෘෂ්ටිවලට අහුවෙලා ඒ දෘෂ්ටිවල ම ගිලිලා, දෘෂ්ටිවල ම එතිලයි හිටියේ. ඒ සියලු දෘෂ්ටි භාග්‍යවතුන් වහන්සේ විසින් කඩල, බිඳල, සුණු විසුණු කරල දැම්මා. ස්වාමීනි, දැන් ඉතින් ආයෙත් නම් මේ නිගණ්ඨපුත්‍ර සච්චක භාග්‍යවතුන් වහන්සේ ළඟට වාද කරන්න නම් එන එකක් නෑ."

එතකොට ම නිගණ්ඨපුත්‍ර සච්චක දුර්මුඛ ලිච්ඡවී දරුවට මෙහෙම කිව්වා. "දුර්මුඛ, ඔහේ කට වහගෙන ඉන්නවා. දුර්මුඛ, ඔහේට හොඳ කටක් තියෙන බව

මං දන්නවා. මං මේ වෙලාවෙ ඔහෙත් එක්ක කතා බහක් නෑ. අපි දැන් කතා බස් කරමින් ඉන්නෙ භවත් ගෞතමයන් වහන්සේත් එක්ක විතරයි. දැන් ඔය අපේත්, වෙනත් ශ්‍රමණ බමුණන්ගේත් වචන පැත්තකින් දාමු. ඒ වචන නිකම් විලාප දෙඩවිලි විතරයි. එහෙනම් භවත් ගෞතමයන් වහන්සේගේ ශ්‍රාවකයෙක් බුද්ධ සාසනේ කටයුතු කරන්නෙ කොයි විදිහටද? අවවාද පිළිපදින්නෙ, සැකයෙන් එතෙර වෙන්නෙ, හොය හොය යන ගතිය නැතිවෙන්නෙ, විශාරද බවට පත්වෙන්නෙ, බාහිර පිහිටකින් තොරව බුදු සසුනේ වාසය කරන්නෙ කොයි ආකාරයෙන්ද?"

"පින්වත් අග්ගිවෙස්සන, මගේ ශ්‍රාවකයා යම්කිසි රූපයක් අතීත, අනාගත, වර්තමානයේ වෙයි ද, තමාගේ වේවා, බාහිර වේවා, ගොරෝසු වේවා, සියුම් වේවා, හීන වේවා, ප්‍රණීත වේවා, දුර හෝ, ළඟ හෝ යම් රූපයක් ඇද්ද, ඒ සියලු රූප 'මගේ නොවෙයි, මම නොවෙමි, මගේ ආත්මය නොවෙයි' කියල ඔය විදිහට දියුණු කරපු ප්‍රඥාවෙන් යථාර්ථය දකිනවා. යම්කිසි වේදනාවක් ....(පෙ).... යම්කිසි සඤ්ඤාවක් ....(පෙ).... යම්කිසි සංස්කාර ....(පෙ).... යම්කිසි විඤ්ඤාණයක් අතීත, අනාගත, වර්තමානයේ වෙයි ද, තමාගේ වේවා, බාහිර වේවා, ගොරෝසු වේවා, සියුම් වේවා, හීන වේවා, ප්‍රණීත වේවා, දුර හෝ, ළඟ හෝ යම් විඤ්ඤාණයක් ඇද්ද, ඒ සියලු විඤ්ඤාණය 'මගේ නොවෙයි, මම නොවෙමි, මගේ ආත්මය නොවෙයි' කියල ඔය විදිහට දියුණු කරපු ප්‍රඥාවෙන් යථාර්ථය දකිනවා. පින්වත් අග්ගිවෙස්සන, ඔච්චරකින් ම මගේ ශ්‍රාවකයා බුදු සසුනේ කටයුතු කරන කෙනෙක් වෙනවා. අවවාද පිළිපදින කෙනෙක් වෙනවා. සැකෙන් එතෙර වෙලා, හැමතැන ම දුවන්නෙ නැතිව, විශාරද බවට පත්වෙලා, බාහිර උපකාර නැතුව බුදු සසුනෙ පිහිටල ඉන්නවා."

"භවත් ගෞතමයන් වහන්ස, එතකොට භික්ෂුව රහතන් වහන්සේ නමක් වෙලා, ආශ්‍රව නැති කරගෙන, සාසනේ සම්පූර්ණ කරලා, කළ යුතු දේ කරලා, කෙලෙස් බර වීසි කරලා, පිළිවෙලින් ශ්‍රේෂ්ඨත්වයට පත්වෙලා, භව බන්ධන නැති කරලා, හොඳ අවබෝධයකින් යුතුව දුකෙන් නිදහස් වෙන්නෙ කොහොමද?"

"පින්වත් අග්ගිවෙස්සන, මගේ ශ්‍රාවකයා යම්කිසි රූපයක් අතීත, අනාගත, වර්තමානයේ වෙයි ද, තමාගේ වේවා, බාහිර වේවා, ගොරෝසු වේවා, සියුම් වේවා, හීන වේවා, ප්‍රණීත වේවා, දුර හෝ, ළඟ හෝ යම් රූපයක් ඇද්ද, ඒ සියලු රූප 'මගේ නොවෙයි, මම නොවෙමි, මගේ ආත්මය නොවෙයි' කියල ඔය විදිහට දියුණු කරපු ප්‍රඥාවෙන් යථාර්ථය දැක, උපාදාන රහිතව කෙලෙස් වලින් නිදහස් වෙනවා. යම්කිසි වේදනාවක් ....(පෙ).... යම්කිසි සඤ්ඤාවක්

....(පෙ).... යම්කිසි සංස්කාර ....(පෙ).... යම්කිසි විඤ්ඤාණයක් අතීත, අනාගත, වර්තමානයේ වෙයි ද, තමාගේ වේවා, බාහිර වේවා, ගොරෝසු වේවා, සියුම් වේවා, හීන වේවා, ප්‍රණීත වේවා, දුර හෝ, ළඟ හෝ යම් විඤ්ඤාණයක් ඇද්ද, ඒ සියලු විඤ්ඤාණ 'මගේ නොවෙයි, මම නොවෙමි, මගේ ආත්මය නොවෙයි' කියල ඔය විදිහට දියුණු කරපු ප්‍රඥාවෙන් යථාර්ථය දැක, උපාදාන රහිතව කෙලෙස් වලින් නිදහස් වෙනවා. පින්වත් අග්ගිවෙස්සන, ඔච්චරකින් ම ඒ භික්ෂුව රහතන් වහන්සේ නමක් වෙනවා. ආශ්‍රව නැති කරලා, නිවන් මග සම්පූර්ණ කරගෙන, කළ යුතු දේ කරලා, කෙලෙස් බර වීසි කරලා, පිළිවෙලින් ශ්‍රේෂ්ඨත්වට පත්වෙලා, භව බන්ධන නැති කරගෙන, අවබෝධයකින් යුතුව දුකෙන් මිදුණු කෙනෙක් බවට පත්වෙනවා.

පින්වත් අග්ගිවෙස්සන, ඔය විදිහට විමුක්ති සිත් ඇති භික්ෂුව අනුත්තරීය කරුණු තුනකින් යුක්ත වෙනවා. ඒ රහතන් වහන්සේලා දැකීමෙනුත් අනුත්තරයි. ප්‍රතිපත්තියෙනුත් අනුත්තරයි. විමුක්තියෙනුත් අනුත්තරයි.

පින්වත් අග්ගිවෙස්සන, ඔය විදිහට විමුක්ති සිත් ඇති භික්ෂුව තථාගතයන් වහන්සේට සත්කාර කරනවා. ගෞරව කරනවා, බුහුමන් කරනවා, පූජා පවත්වනවා.

'ඒ භාග්‍යවතුන් වහන්සේ අවබෝධ කළ සේක. අන් අයට අවබෝධ කරගැනීම පිණිස දහම් දෙසන සේක. ඒ භාග්‍යවතුන් වහන්සේ දමනය වූ සේක. අන් අයට දමනය වීමට දහම් දෙසන සේක. ඒ භාග්‍යවතුන් වහන්සේ සන්සිඳුණු සේක. අන් අයට සන්සිඳීම පිණිස දහම් දෙසන සේක. ඒ භාග්‍යවතුන් වහන්සේ සසරින් එතෙරට වැඩි සේක. අන් අයට ද සසරින් එතෙර වීම පිණිස දහම් දෙසන සේක. ඒ භාග්‍යවතුන් වහන්සේ පිරිනිවුන සේක. අන් අයට පිරිනිවන් පාන්නට දහම් දෙසන සේක' කියලා."

එතකොට නිගණ්ඨපුත්‍ර සච්චක භාග්‍යවතුන් වහන්සේට මෙහෙම කිව්වා. "භවත් ගෞතමයන් වහන්ස, අපි ම යි වැනසුනේ. අපි ම යි හිතුවක්කාර වුනේ. අපි භවත් ගෞතමයන් වහන්සේව වාදෙක පටලෝල හැප්පෙන්න හිතුවා. භවත් ගෞතමයන් වහන්ස, මද කිපුණු ඇතෙක් එක්ක හැප්පිලා කෙනෙකුට සෙතක් වෙන්න පුළුවනි. නමුත් භවත් ගෞතමයන් වහන්සේත් එක්ක හැප්පිලා නම් කෙනෙකුට සෙතක් වෙන්නෙ නෑ. භවත් ගෞතමයන් වහන්ස, ඇවිලෙන ගිනි කඳක් වැළඳගන්න කෙනෙකුට සෙතක් වෙන්න ඉඩ තියෙනවා. නමුත් භවත් ගෞතමයන් වහන්සේත් එක්ක හැප්පිලා නම් කෙනෙකුට සෙතක් වෙන්නෙ නෑ. භවත් ගෞතමයන් වහන්ස, විෂඝෝර සර්පයෙක්ව වැළඳගන්න කෙනෙකුට සෙතක් වෙන්න ඉඩ තියෙනවා. නමුත් භවත් ගෞතමයන් වහන්සේත් එක්ක

හැප්පෙන්න යන කෙනෙකුට නම් සෙතක් වෙන්නෙ නෑ. භවත් ගෞතමයන් වහන්ස, අපි ම යි වැනසුනේ. අපි ම යි හිතුවක්කාර වුනේ. භාවත් ගෞතමයන් වහන්සේව වාදෙක පටලෝගෙන හැප්පෙන්න අපටත් හිතුනා නෙව. භවත් ගෞතමයන් වහන්සේ හෙට දවසේ භික්ෂුසංඝයා සමඟ මගේ දානය පිළිගන්නා සේක්වා." භාග්‍යවතුන් වහන්සේ ඒ ආරාධනාව නිහඬව පිළිගත්තා.

එතකොට නිගණ්ඨපුත්‍ර සච්චක භාග්‍යවතුන් වහන්සේ ආරාධනාව පිළිගත් බව තේරුම් අරගෙන ලිච්ඡවි පිරිස ඇමතුවා. "ඒයි! භවත් ලිච්ඡවිවරුනි, මගේ වචනය අහපල්ලා. මං ශ්‍රමණ ගෞතමයන් වහන්සේටත්, භික්ෂු සංඝයාටත් හෙට දන් වළඳන්න ආරාධනා කළා. ඉතින් උඹලත් ඊට සුදුසු දානෙ කලමනා ටිකක් මට ගෙනත් දීපල්ලා."

එදා රෑ ගෙවුනට පස්සෙ ඒ ලිච්ඡවි පිරිස නිගණ්ඨපුත්‍ර සච්චකට දානෙ භාජන පන්සීයක් සකස් කරල ගෙනැවිත් දුන්නා. එතකොට නිගණ්ඨ පුත්‍ර සච්චක තමන්ගේ ආශ්‍රමයේ ප්‍රණීත විදිහට දන් පැන් පිළියෙල කළා. භාග්‍යවතුන් වහන්සේට වෙලාව දැනුම් දුන්නා. "භවත් ගෞතමයන් වහන්ස, දැන් වෙලාව හරි, දානෙ සූදානම්" කියලා.

ඉතින් එදා භාග්‍යවතුන් වහන්සේ උදේ වරුවෙ සිවුරු පොරෝගෙන, පාත්‍ර සිවුරු අරගෙන භික්ෂුසංඝයාත් සමග නිගණ්ඨපුත්‍ර සච්චකගේ ආශ්‍රමයට වැඩියා. වැඩම කරලා පණවල ලද ආසනවල වැඩහිටියා. එතකොට නිගණ්ඨපුත්‍ර සච්චක බුදු සමිඳුන් ප්‍රමුඛ භික්ෂූන් වහන්සේලාට ප්‍රණීත ලෙස පිළියෙල කරපු දන් පැන් තමන්ගේ අතින් ම පූජා කරගත්තා. භාග්‍යවතුන් වහන්සේ දන් පැන් වළඳලා පාත්‍රයත්, ශ්‍රී හස්තයත් සෝදාගත්තට පස්සේ නිගණ්ඨපුත්‍ර සච්චක කුඩා අසුනක් අරගෙන භාග්‍යවතුන් වහන්සේ අසල පැත්තකින් වාඩිවුනා. පැත්තකින් වාඩිවුණු නිගණ්ඨ පුත්‍ර සච්චක භාග්‍යවතුන් වහන්සේට මෙහෙම කිව්වා.

"භවත් ගෞතමයන් වහන්ස, මේ දානයෙන් යම්කිසි පුණ්‍ය සම්පත්තියක් ඇතිවෙනවා නම් ඒක දායකයන්ට සැප පිණිස වේවා!" කියලා.

"පින්වත් අග්ගිවෙස්සන, ඔබ වැනි රාගය දුරු නොකළ, ද්වේෂය දුරු නොකළ, මෝහය දුරු නොකළ, දන් පිළිගන්නා කෙනෙකු උදෙසා යමක් දුන්න ද, අන්න ඒක අයිති වෙන්නෙ දායකයන්ටයි. නමුත් පින්වත් අග්ගිවෙස්සන, මා වැනි වීතරාගීව, වීතදෝසීව, වීතමෝහීව දන් පිළිගන්නා කෙනෙකුට ඔබ විසින් යම් දානයක් දුන්න ද ඒ පින ඔබට අත්වෙනවා."

**සාදු! සාදු!! සාදු!!!**

**සච්චක නිසා වදාළ කුඩා දෙසුම නිමා විය.**

# 1.4.6.
# මහා සච්චක සූත්‍රය
## සච්චක නිසා වදාළ විස්තරාත්මක දෙසුම

**මා** හට අසන්නට ලැබුනේ මේ විදිහටයි. ඒ දිනවල භාග්‍යවතුන් වහන්සේ වැඩසිටියේ විශාලා මහනුවර මහා වනයේ කූටාගාර ශාලාවේ. එදා උදේ වරුවේ භාග්‍යවතුන් වහන්සේ සිවුරු පොරවාගෙන, පාත්‍ර සිවුරු අරගෙන විශාලා මහනුවර පිණ්ඩපාතෙ වඩින්න සූදානම් වුනා. එතකොට ම වගේ නිගණ්ඨපුත්‍ර සච්චක ව්‍යායාම පිණිස ඇවිද ඇවිද යද්දි මහ වනයේ කූටාගාර ශාලාවටත් ආවා. දුරින් ම එන නිගණ්ඨපුත්‍ර සච්චකව ආයුෂ්මත් ආනන්දයන් වහන්සේ දැක්කා. දැකලා භාග්‍යවතුන් වහන්සේට මෙහෙම කිව්වා.

"ස්වාමීනී, ඔන්න නිගණ්ඨපුත්‍ර සච්චක එනවා. හොඳ කතාකාරයා. මහා පණ්ඩිතයා. බොහෝ ජනයා හොඳයි කියල හිතාගෙන ඉන්නෙ. ස්වාමීනි, ඒ වුනාට ඔය පුද්ගලයා බුදු රජුන්ගේ දොස් කියන්න කැමති කෙනෙක්. සද්ධර්මයේ දොස් කියන්න කැමති කෙනෙක්. සඟරුවනේ දොස් කියන්න කැමති කෙනෙක්. ස්වාමීනී භාග්‍යවතුන් වහන්ස, ඔය පුද්ගලයා කෙරෙහි අනුකම්පාවෙන් මොහොතක් වැඩසිටිනවා නම් කොයිතරම් හොඳ ද?"

ඉතින්, භාග්‍යවතුන් වහන්සේ පණවන ලද ආසනයේ වැඩසිටියා. එතකොට නිගණ්ඨපුත්‍ර සච්චක භාග්‍යවතුන් වහන්සේ ළඟට ආවා. ඇවිදින් භාග්‍යවතුන් වහන්සේ සමඟ පිළිසඳර කතා කළා. පිළිසඳර කතාකරල පැත්තකින් වාඩි වුණා. පැත්තකින් වාඩිවෙච්ච නිගණ්ඨපුත්‍ර සච්චක භාග්‍යවතුන් වහන්සේට මෙහෙම කිව්වා.

"භවත් ගෞතමයන් වහන්ස, ඇතැම් ශ්‍රමණ බ්‍රාහ්මණවරු ඉන්නවා. ඒ අය කාය භාවනාවෙන් යුක්තයි. නමුත් චිත්ත භාවනාවෙන් යුක්ත නෑ. ස්වාමීනි, ඒගොල්ලන්ටත් ශාරීරික දුක් වේදනා ලැබෙනවා. භවත් ගෞතමයන් වහන්ස, මේක සිද්ධ වෙච්ච දෙයක්. ශාරීරික දුක් වේදනාවෙන් පීඩා විඳින කොට කලවා

තද වෙනවා. පපුව පැළෙනවා. කටින් උණු ලේ එනවා. පිස්සු හැදෙනවා. සිහිවිකල් වෙනවා. භවත් ගෞතමයන් වහන්ස, ඒ වෙලාවෙ ඔහුගේ සිත තියෙන්නෙ කයට අනුවයි. කයේ වසඟයට පත්වෙලා. ඇයි එහෙම වෙන්නෙ? සිත දියුණු නොකළ නිසයි.

භවත් ගෞතමයන් වහන්ස, ඇතැම් ශ්‍රමණ බ්‍රාහ්මණවරු ඉන්නවා. ඒ අය චිත්ත භාවනාවේ යෙදී වාසය කරනවා. කාය භාවනාවේ යෙදී වාසය කරන්නෙ නෑ. එතකොට ඔවුන්ට මානසික දුක් පීඩා ලැබෙනවා. භවත් ගෞතමයන් වහන්ස, මේකත් වෙච්ච දෙයක්. මානසික දුක් පීඩා ලැබෙන කොටත් කලවා තද වෙනවා. හදවත පැලෙනවා. කටින් උණු ලේ එනවා. පිස්සු හැදෙනවා. සිහි විකල් වෙනවා. ඒ වෙලාවෙදී භවත් ගෞතමයන් වහන්ස, ඔහුගේ කය පවතින්නෙ සිතට අනුවයි. සිතට වසඟ වෙලයි තියෙන්නෙ. ඒකට හේතුව මොකක්ද? කාය භාවනාව නොකිරීමයි. භවත් ගෞතමයන් වහන්ස, මට මෙන්න මෙහෙම හිතෙනවා. ඇත්තෙන් ම භවත් ගෞතමයන් වහන්සේගේ ශ්‍රාවකයෝ චිත්ත භාවනාවෙන් වාසය කරනවා. නමුත් කාය භාවනාවෙන් වාසය කරන්නෙ නෑ කියලා."

"පින්වත් අග්ගිවෙස්සන, ඔබ කාය භාවනාව හැටියට ඇසුවෙ මොන වගේ දෙයක්ද?"

"භවත් ගෞතමයන් වහන්ස, නන්ද වච්ඡ, කිස සංකිච්ච, මක්ඛලී ගෝසාල කියන මේගොල්ලො නිරුවත් තාපසවරු නෙව. ආචාර ධර්ම අත්හැරපු අය නෙව. දන් වළඳල අත ලෙවකන අය නෙව. 'ස්වාමීනී, එන්න' කිව්වා ම නොඑන සිල් ඇති අය. 'ස්වාමීනී, සිටින්න' කිව්වා ම නොසිටින සිල් ඇති අය. තමන් උදෙසා කළ දානය නොපිළිගන්න අය. බත් මුට්ටියේ කට ළඟින් දෙන දානය නොපිළිගන්නා අය. හැළි මුවින් දෙන දානය නොපිළිගන්නා අය. එළිපත්ත අතරෙ ඉඳගෙන දෙන දානය නොපිළිගන්නා අය. දඬු වැට අතරින් දෙන දානය නොපිළිගන්නා අය. මෝල් ගස් අතරේ ඉඳගෙන දෙන දානය නොපිළිගන්නා අය. දෙන්නෙක් අනුභව කරද්දි දෙන දානය පිළිගන්නෙ නෑ. ගැබිනි මාතාවක් දෙන දානය පිළිගන්නෙ නෑ. කිරි දෙන මවක් දෙන දානය පිළිගන්නෙ නෑ. පුරුෂයන් අතරට ගිය ස්ත්‍රිය දෙන දානය පිළිගන්නෙ නෑ. සම්මාදන් කොට පිසූ දානය පිළිගන්නෙ නෑ. බල්ලෙක් ඉන්න තැන දී දෙන දානය, ඌට නොදී පිළිගන්නෙ නෑ. මැස්සො කැටි ගැහිල ඉන්න තැන්වල සිට දෙන දානය පිළිගන්නෙ නෑ. මාළු වළඳන්නෙ නෑ. මස් වළඳන්නෙ නෑ. සුරා බොන්නෙ නෑ. රා බොන්නෙ නෑ. ථුසෝදක බොන්නෙ නෑ. එක ගෙදරකින් ලැබෙන එක බත් පිඩෙනුත් යැපෙනවා. ගෙවල් දෙකකින් ලැබෙන බත් පිඬු

දෙකකිනුත් යැපෙනවා. ගෙවල් හතකින් ලැබෙන බත් පිඩු හතකින් යැපෙනවා. එක බත් හැන්දකින් යැපෙනවා. බත් හැඳි දෙකකින් යැපෙනවා. බත් හැඳි හතින් යැපෙනවා. එක දවසක් ඇරල දානෙ ගන්නවා. දවස් දෙකක් ඇරල දානෙ ගන්නවා. දවස් හතක් ඇරල දානෙ ගන්නවා. ඔය ආකාරයට සති දෙකක් ඇරල දානෙ ගන්නවා. මේ විදිහට බත් වාර වැළඳීමේ යෙදී ඉන්නවා."

"පින්වත් අග්ගිවෙස්සන, එතකොට ඔවුන් යැපෙන්නෙ එච්චරකින් ම ද?"

"නෑ. භවත් ගෞතමයන් වහන්ස, සමහර දවස්වලට භවත් ගෞතමයන් වහන්ස, ඔවුන් හොඳ හොඳ කෑම ජාති කනවා. හොඳ හොඳ දේවල් අනුභව කරනවා. හොඳ හොඳ දේවල් රස විඳිනවා. හොඳ හොඳ බීම ජාති බොනවා. ඔවුන් මේ කය ශක්තිමත් කරගන්නවා. පුෂ්ටිමත් කරගන්නවා. තෙල් ගතිය වැඩි කරගන්නවා."

"එහෙම නම් පින්වත් අග්ගිවෙස්සන, කලින් තිබුණු දුෂ්කර ක්‍රියාව අත්හැරල, පස්සෙ කන බොන දේවල් දිහා බැලුවා ම ඔවුන්ගේ තියෙන්නේ මේ කයේ, මහත් වීමත්, කෙට්ටු වීමත් විතරයි නෙව. පින්වත් අග්ගිවෙස්සන, ඔබ චිත්ත භාවනාව ගැන අහල තියෙන්නෙ කොහොමද?"

නිගණ්ඨපුත්‍ර සච්චකට චිත්ත භාවනාව ගැන භාග්‍යවතුන් වහන්සේගේ ප්‍රශ්නෙට උත්තර දෙන්න බැරි වුනා.

එතකොට භාග්‍යවතුන් වහන්සේ, නිගණ්ඨපුත්‍ර සච්චකට මෙහෙම කිව්වා. "පින්වත් අග්ගිවෙස්සන, ඔබ දැන් කාය භාවනාව වශයෙන් යමක් කිව්ව නේ ද? ඒක මේ ආර්ය විනය තුළ ධාර්මික කාය භාවනාවක් නම් නොවෙයි. අනික පින්වත් අග්ගිවෙස්සන, ඔබ කාය භාවනාව දන්නෙ නෑ. චිත්ත භාවනාව ගැන කොහොම දැනගන්න ද? පින්වත් අග්ගිවෙස්සන, නොදියුණු කය ගැනත්, නොදියුණු සිත ගැනත්, දියුණු කය ගැනත්, දියුණු සිත ගැනත් මං කියා දෙන්නම්. හොඳට අහගෙන ඉන්න. හොඳින් තේරුම් ගන්න. මං කියා දෙන්නම්."

"එසේ ය, භවත" කියල නිගණ්ඨපුත්‍ර සච්චක භාග්‍යවතුන් වහන්සේට පිළිතුරු දුන්නා.

එතකොට භාග්‍යවතුන් වහන්සේ මෙහෙම වදාළා.

"පින්වත් අග්ගිවෙස්සන, නොදියුණු කයකුයි, නොදියුණු සිතකුයි ඇති වෙන්නෙ කොහොමද? පින්වත් අග්ගිවෙස්සන, අශ්‍රැතවත් පෘථග්ජනයාට සැප වේදනාව උපදිනවා. එතකොට ඔහු ඒ සැප වේදනාවෙන් ලැබෙන ස්පර්ශය

නිසා සැපයට සරාගී වෙනවා. සැප සරාගී බවට පත්වෙනවා. ඔහු ගේ ඒ සැප වේදනාව නැති වෙලා යනවා. සැප වේදනාව නැති වෙලා, දුක් වේදනාව එනවා. දුක් වේදනාවෙන් යුතු ස්පර්ශයක් ලැබෙන කොට, ඔහු ශෝක කරනවා. කලන්තෙ හදාගන්නවා. වැළපෙනවා. පපුවෙ අත්ගහගන්නවා. සිහිවිකල් වෙනවා.

පින්වත් අග්ගිවෙස්සන, ඔහුට ලැබුනු ඒ සැප වේදනාව ඔහුගේ සිත යට කරගෙන ගියේ නොදියුණු කයක් තිබ්බ්ච නිසයි. දුක් වේදනාව විසින් ඔහුගේ සිත යට කරගෙන ගියේ නොදියුණු සිතක් තිබ්බ්ච නිසයි. පින්වත් අග්ගිවෙස්සන, යම් කෙනෙකුට ඔය දෙපැත්තෙන් ම වේදනා ලැබෙද්දී, ඒ කියන්නේ, නොවැඩුණු කය ඇති නිසා සැප වේදනාව සිත යටපත් කර ගැනීමත්, නොවැඩුණු සිත ඇති නිසා දුක් වේදනාව සිත යටපත් කර ගැනීමත් ඇද්ද, පින්වත් අග්ගිවෙස්සන, අභාවිත කයක් තියෙනවා ය. අභාවිත සිතක් තියෙනවා ය කියන්නේ ඕකටයි.

පින්වත් අග්ගිවෙස්සන, දියුණු කයකුයි, දියුණු සිතකුයි තියෙන්නෙ කොහොමද?

පින්වත් අග්ගිවෙස්සන, ශ්‍රැතවත් ආර්ය ශ්‍රාවකයාටත් සැප වේදනාව හටගන්නවා. නමුත් ඔහු සැප වේදනාව විඳින කොට ඒ සැපයට සරාගී වෙන්නෙ නෑ. ඒ සැප ගැන සරාගී බවට පත්වෙන්නෙ නෑ. ඔහුගේ ඒ සැප වේදනාව නිරුද්ධ වෙලා යනවා. සැප වේදනාව නැතිවෙලා දුක් වේදනාව උපදිනවා. ඔහු ඒ දුක් වේදනාව විඳින කොට ශෝක වෙන්නෙ නෑ. කලන්තෙ හදාගන්නෙ නෑ. වැළපෙන්නෙ නෑ. පපුවට අත් ගහගන්නෙ නෑ. සිහිවිකල් කරගන්නෙ නෑ.

පින්වත් අග්ගිවෙස්සන, ඒ විදිහට උපන් සැප වේදනාව විසින් ඔහුගේ සිත යට කරන්නෙ නැත්තෙ දියුණු කරපු කයක් තිබෙන නිසයි. උපන් දුක් වේදනාව විසින් ඔහුගේ සිත යට කරන්නෙ නැත්තෙ දියුණු කරපු සිතක් තියෙන නිසයි. පින්වත් අග්ගිවෙස්සන, යම් කෙනෙකුට ඔය විදිහට දෙපැත්තෙන් ම උපදින වේදනාව, ඒ කියන්නේ උපන් සැප වේදනාව විසින් සිත යට කරන්නෙ නැත්නම් ඔහුට දියුණු කරපු කයක් තියෙනවා. උපන් දුක් වේදනාව විසින් සිත යට කරන්නෙ නැත්නම් දියුණු කරපු සිතක් තියෙනවා. පින්වත් අග්ගිවෙස්සන, ඔය විදිහටයි දියුණු කරපු කයක් ඇති වෙන්නෙත්, දියුණු කරපු සිතක් ඇති වෙන්නෙත්."

"භවත් ගෞතමයන් වහන්ස, මං බොහෝ ම පැහැදුනා. භවත් ගෞතමයන් වහන්සේට දියුණු කරපු කයකුත් තියෙනවා. දියුණු කරපු සිතකුත් තියෙනවා."

"ඒකාන්තයෙන් ම පින්වත් අග්ගිවෙස්සන, ඔබ විසින් කරුණු බලවත්ව ගෙන ඔය වචනය කිව්වේ. නමුත් මං මේ ගැන ඔබට කියන්න කැමතියි. පින්වත් අග්ගිවෙස්සන, මං යම් දවසක කෙස් රැවුල් කපා, කසාවත් හැඳගෙන ගිහි ගෙයින් නික්මිලා මේ පැවිදි ජීවිතේට පත්වුනා ද, එදා ඉඳල සැප වේදනාව විසින් මගේ සිත යටපත් කිරීමක් හෝ, දුක් වේදනාව විසින් මගේ සිත යටපත් කිරීමක් හෝ සිද්ධ වුනේ නෑ."

"හා! එහෙනම් භවත් ගෞතමයන් වහන්සේට යම් සැප වේදනාවක් විසින් සිත යට කරනවා නම් ඒ වගේ සැප වේදනා ඇතිවුනේ නැතුවාවත් ද? යම් දුක් වේදනාවක් විසින් සිත යට කරගෙන යනවා නම් එවැනි දුක් වේදනාවක් ඇතිවුණේ නැතුවාවත්ද?"

"පින්වත් අග්ගිවෙස්සන, මොකද නැත්තෙ? පින්වත් අග්ගිවෙස්සන, මං සම්බුද්ධත්වයට පත්වෙන්න ඉස්සර, සම්මා සම්බුදු නොවූ, බෝසත් වශයෙන් සිටිද්දි ම යි මේ අදහස ඇති වුණේ. 'ගිහි ජීවිතේ ගතකිරීම නම් හරි කරදරයි. කෙලෙස් දූවිලි පිරුණු මාවතක්. නමුත් මේ පැවිද්ද නම් අහස වගේ තැනක්. ගිහි ගෙදර ජීවත් වෙමින් ඒකාන්ත පිරිපුන්, ඒකාන්ත පිරිසිදු, සුදෝසුදු බඹසර සුරකින එක පහසු දෙයක් නොවෙයි. එහෙම නම් මම කෙස් රැවුල් බාලා, කසාවත් පොරවලා, ගිහි ජීවිතේ අත්හැරලා පැවිදි වෙන එක තමයි හොඳ' කියලා. ඉතින් පින්වත් අග්ගිවෙස්සන, මං පස්සෙ කාලෙක තරුණ වයසෙ සිටිද්දි, කළු කෙස් තියෙන සොඳුරු යොවුන් වයසේ සිටිද්දි, ජීවිතේ ප්‍රථම වයසේ සිටිද්දි, මව්පියන් අකමැත්තෙන් කඳුළු සලමින් හඬද්දි, මං කෙස් රැවුල් බාලා, කසාවත් පොරවාගෙන, උතුම් පැවිදි බවට පත්වුනා.

පැවිදි වුණාට පස්සෙ මං 'කුසල් මොනවා ද?' කියල හොයන කෙනෙක් වුණා. අනුත්තර වූ අමා නිවන සොයන කෙනෙක් වුනා. මං ආළාර කාලාම ළඟටත් ගියා. ගිහින් ආළාර කාලාමට මෙහෙම කිව්වා. "ආයුෂ්මත් කාලාම, මං කැමතියි මේ ධර්ම විනයෙ බඹසර හැසිරෙන්න" කියලා.

එතකොට පින්වත් අග්ගිවෙස්සන, ආළාර කාලම මට මෙහෙම කිව්වා. "ප්‍රිය ආයුෂ්මතුනි, එහෙම නම් මේ ධර්මයේ බඹසර හැසිරෙන්න. බුද්ධිමත් කෙනෙකුට සුළු කලක දී මේ ධර්මය තමා තුළින් ම තේරුම් අරගෙන සාක්ෂාත් කරල ඉන්න පුළුවනි" කියලා. පින්වත් අග්ගිවෙස්සන, මං ඉතා සුළු කලකින් වහා ම ඒ ධර්මය ඉගෙන ගත්තා. පින්වත් අග්ගිවෙස්සන, මං ඔවුන් තොල් සොලවා යමක් කියන පමණින් ම ඒක තේරුම් ගත්තා. ඔවුන්ගේ ධර්ම ක්‍රමය තේරුම් ගත්තා. ඒ දේ දන්න කෙනෙක්, දකින කෙනෙක් බවට පත්වුනා. අනිත් උදවියත් මං ගැන එහෙම කිව්වා.

එතකොට පින්වත් අග්ගිවෙස්සන, මට මෙහෙම හිතුනා. 'ඔය ආළාර කාලාම මේ ධර්මය කියන්නෙ හුදෙක් ශ්‍රද්ධාවකින් පමණක් ම නොවෙයි. තමන් ම අවබෝධ කරල, සාක්ෂාත් කරල ඉඳගෙනයි ඔය කියන්නෙ. ඇත්තෙන් ම ආළාර කාලාම මේ ධර්මය දැනගෙන, දැකගෙන ඉන්න කෙනෙක්.' ඉතින් පින්වත් අග්ගිවෙස්සන, මං ආළාර කාලාම ළඟට ගියා. ගිහින් ආළාර කාලාමගෙන් මෙහෙම ඇහුවා. "ආයුෂ්මත් කාලාම, ඔබේ අවබෝධය තුළින් ම සාක්ෂාත් කරගෙන තියෙන මේ ධර්මය කොච්චර දුරට කියන්න පුළුවන්ද?" කියලා. පින්වත් අග්ගිවෙස්සන, ආළාර කාලාම මට 'ආකිඤ්චඤ්ඤායතන සමාධිය' ගැන කිව්වා.

එතකොට මට මෙහෙම හිතුණා. 'ඉතින් ආළාර කාලාමට විතරක් නෙවෙයි ශ්‍රද්ධාව තියෙන්නෙ. මටත් ශ්‍රද්ධාව තියෙනවා නෙව. ආළාර කාලාමට විතරක් නෙවෙයි වීරිය තියෙන්නෙ. මටත් වීරිය තියෙනවා නෙව. ආළාර කාලාමට විතරක් නෙවෙයි සිහිය තියෙන්නෙ. මටත් සිහිය තියෙනවා නෙව. ආළාර කාලාමට විතරක් නෙවෙයි සමාධිය තියෙන්නෙ. මටත් සමාධිය තියෙනවා නෙව. ආළාර කාලාමට විතරක් නෙවෙයි ප්‍රඥාව තියෙන්නෙ. මටත් ප්‍රඥාව තියෙනවා නෙව. ඉතින් එහෙනම් මමත් ආළාර කාලාම තමන්ගේ නුවණින් සාක්ෂාත් කරල ඉඳගෙන කියන දේ සාක්ෂාත් කරන්න වීරිය ගන්න ඕන' කියල. පින්වත් අග්ගිවෙස්සන, ටික දවසකින් ම ඉතා ඉක්මනින් ම මමත් ඒ ධර්මය අවබෝධ කරගෙන ඒ ධර්මයට පැමිණ වාසය කළා.

එතකොට පින්වත් අග්ගිවෙස්සන, මං ආළාර කාලාම ළඟට ගියා. ගිහින් මං මෙහෙම කිව්වා. "ආයුෂ්මත් කාලාම, අවබෝධයෙන් ම සාක්ෂාත් කරගෙන ඔබ ඔය කියන ධර්මය ඔච්චරයිද?"

"ප්‍රිය අයුෂ්මතුනි, මං අවබෝධයෙන් ම සාක්ෂාත් කරගෙන කියන ධර්මය ඔච්චර තමයි."

"ඉතින් ආයුෂ්මතුනි, දැන් ඔය ධර්මය මමත් අවබෝධයෙන් සාක්ෂාත් කරගෙන ඉන්නවා නෙව."

"අනේ ඇත්තට ම ආයුෂ්මතුනි, ඕක ලාභයක්. ආයුෂ්මතුනි, ඕක අපිට හරි ලාභයක්. ආයුෂ්මතුන් වගේ සබ්‍රහ්මචාරීන් කෙනෙක් අපටත් දැකගන්න ලැබුණා. යම් දෙයක් මං අවබෝධ කරගෙන සාක්ෂාත් කරගෙන ඉන්නවා නම්, ඒ දේ ඔබත් අවබෝධ කරගෙන සාක්ෂාත් කරගෙනයි ඉන්නෙ. යම් ධර්මයක් ඔබ අවබෝධ කරගෙන, සාක්ෂාත් කරගෙන ඉන්නවා නම්, ඒ ධර්මය මමත් අවබෝධ කරගෙන සාක්ෂාත් කරගෙනයි ඉන්නෙ. එහෙම නම් ඉතින්

යම් ධර්මයක් මම දන්නවා නම් ඒ ධර්මය ඔබත් දන්නවා. යම් ධර්මයක් ඔබ දන්නවා නම්, ඒ ධර්මය මමත් දන්නවා. මම යම් විදිහක නම් ඔබත් ඒ විදිහයි. ඔබ යම් විදිහක නම් මමත් ඒ විදිහයි. ඉතින් ප්‍රිය ආයුෂ්මතුනි, දැන් එන්න. අපි දෙන්න එකතු වෙලා මේ පිරිස බලා හදාගෙන ඉම්මු."

ඔය විදිහට පින්වත් අග්ගිවෙස්සන, මගේ ගුරුවරයාව සිටි ආළාර කාලාම, ගෝලයා වෙලා හිටි මාව තමන් හා සමාන තැනක තිබ්බා. උතුම් පුද පූජාවල් කළා. ඒත් පින්වත් අග්ගිවෙස්සන, මං හිතන්න පටන් ගත්තා. 'මේ ධර්මය නම් අවබෝධයෙන් ම කළකිරීමට හේතුවෙන්නෙ නෑ. නොඇල්ම පිණිස හේතුවෙන්නෙ නෑ. දුක් නැතිවෙන්න හේතුවෙන්නෙ නෑ. කෙලෙස් සංසිඳීම පිණිස හේතුවෙන්නෙ නෑ. විශේෂ ඥානයට හේතුවෙන්නෙ නෑ. ආර්ය සත්‍යය අවබෝධයට හේතුවෙන්නෙ නෑ. නිවනට හේතුවෙන්නෙ නෑ. මේ ධර්මය හේතු වෙන්නෙ ආකිඤ්චඤ්ඤායතන ලෝකෙ උපදින්න විතරයි' කියලා. පින්වත් අග්ගිවෙස්සන, ඉතින් ඒ ධර්මයේ මා සොයන දේ නැති බව දැන ඒ ධර්මය ගැන කළකිරුණා. එතන දාල ගියා.

පිනවත් අග්ගිවෙස්සන, මං ආයෙමත් 'කුසල් කියන්නෙ මොනවද?' කියල හොයන්න පටන් ගත්තා. අනුත්තර වූ අමා නිවන හොයන්න පටන් ගත්තා. රාමපුත්‍ර උද්දක ළඟට ගියා. ගිහින් රාමපුත්‍ර උද්දකට මෙහෙම කිව්වා. "ප්‍රිය ආයුෂ්මතුනි, මං කැමතියි මේ ධර්ම විනයේ බඹසර හැසිරෙන්න" කියලා. එතකොට පින්වත් අග්ගිවෙස්සන, රාමපුත්‍ර උද්දක මට මෙහෙම කිව්වා. "හොඳයි ආයුෂ්මතුනි, බඹසර හැසිරෙන්න. බුද්ධිමත් කෙනෙකුට ඉතා කෙටි කලකින් මේ ධර්මය තමන්ගේම නුවණින් අවබෝධ කරගෙන, සාක්ෂාත් කරල වාසය කරන්න පුළුවනි" කියලා. පින්වත් අග්ගිවෙස්සන, මං ඉතා සුළු කලකින්, ඉතා ඉක්මනින් ඒ ධර්මය ඉගෙන ගත්තා. පින්වත් අග්ගිවෙස්සන, ඒ ධර්මය තොල් සොලවා කියූ පමණින් ම මං අවබෝධ කරගත්තා. එහි වැඩිහිටියෙක් බවට පත්වුනා. ඒ ධර්මය දන්න කෙනෙක් දකින කෙනෙක් වුනා. අනිත් උදවියත් මං ගැන එහෙම කිව්වා.

එතකොට පින්වත් අග්ගිවෙස්සන, මට මෙහෙම හිතුනා. 'පින්වත් රාමයන් මේ ධර්මය හුදෙක් ශ්‍රද්ධා මාත්‍රයෙන් පවසන ලද්දක් නොවෙයි. තමන්ගේ ම ඥාණයෙන් සාක්ෂාත් කරල ඉඳගෙනයි පවසල තියෙන්නේ. ඇත්තෙන් ම පින්වත් රාමයන් මේ ධර්මය දැනගෙන, දැකගෙන හිටපු කෙනෙක්.' ඉතින් පින්වත් අග්ගිවෙස්සන, මං රාමපුත්‍ර උද්දක ළඟට ගියා. ගිහින් මෙහෙම ඇහුවා. "ප්‍රිය ආයුෂ්මතුනි, පින්වත් රාමයන් මේ ධර්මය තමන්ගේ නුවණින් සාක්ෂාත් කරල කියල දුන්නෙ කොච්චර දුරකටද?" එතකොට පින්වත් අග්ගිවෙස්සන, රාමපුත්‍ර උද්දක මට 'නේවසඤ්ඤානාසඤ්ඤායතන' සමාධිය ගැන පැවසුවා.

පින්වත් අග්ගිවෙස්සන, මං ඒ ගැන මෙහෙමයි හිතුවේ. 'ශ්‍රද්ධාව තිබුනේ රාමට විතරක් නොවෙයි. මටත් ශ්‍රද්ධාව තියෙනවා. වීරිය තිබුනේ රාමට විතරක් නොවෙයි. මටත් වීරිය තියෙනවා. සිහිය තිබුනේ රාමට විතරක් නොවෙයි. මටත් සිහිය තියෙනවා. සමාධිය තිබුනේ රාමට විතරක් නොවෙයි. මටත් සමාධිය තියෙනවා. ප්‍රඥාව තිබුනේ රාමට විතරක් නොවෙයි. මටත් ප්‍රඥාව තියෙනවා. එහෙනම් මමත්, පින්වත් රාමයන් යම් දෙයක් අවබෝධ කරගෙන, සාක්ෂාත් කරගෙන වාසය කළා නම් ඒ දේ අවබෝධ කරගන්න වීරිය කරනවා. ඒ දේ සාක්ෂාත් කරන්න වීරිය ගන්නවා' කියල. ඉතින් පින්වත් අග්ගිවෙස්සන, ඉතා සුළු කලකින්, ඉතා ඉක්මනින් මමත් ඒ ධර්මය අවබෝධ කරගෙන, සාක්ෂාත් කරගෙන ඒ ධර්මයට පැමිණ වාසය කළා.

පින්වත් අග්ගිවෙස්සන, මං දවසක් රාමපුත්‍ර උද්දක ළඟට ගියා. ගිහින් රාමපුත්‍ර උද්දකට මෙහෙම කිව්වා. "ප්‍රිය ආයුෂ්මතුනි, ඔබේ පියා වන පින්වත් රාමයන් තමන්ගේ ම නුවණින් මේ ධර්මය සාක්ෂාත් කරගෙන වාසය කළේ ඔච්චරකින් ද?"

"ප්‍රිය ආයුෂ්මතුනි, ඔව්! අපේ පියා වන පින්වත් රාමයන් තමන්ගේ නුවණින් සාක්ෂාත් කරගෙන වාසය කරපු ධර්මය ඔච්චර තමයි."

"ප්‍රිය ආයුෂ්මතුනි, ඒ (ඔබේ පියා වන පින්වත් රාමයන් සාක්ෂාත් කළ) ඔය ධර්මය මමත් ඔච්චරකින් අවබෝධයෙන් ම සාක්ෂාත් කරගෙනයි ඉන්නෙ."

"ප්‍රිය ආයුෂ්මතුනි, අපිට මහ ලාභයක් නෙව. අපට උතුම් ලාභයක් නෙව. අපිටත් ආයුෂ්මතුන් වගේ සබ්‍රහ්මචාරීන් කෙනෙක් දැකගන්න ලැබුනා නෙව. ඉතින් යම් ධර්මයක් අපේ පියා වන පින්වත් රාමයන් අවබෝධයෙන් සාක්ෂාත් කරගෙන වාසය කළා නම් ඒ ධර්මය ඔබත් අවබෝධයෙන් සාක්ෂාත් කරගෙන වාසය කරනවා නෙව. ඔබ යම් ධර්මයක් අවබෝධයෙන් සාක්ෂාත් කරගෙන වාසය කරනවා නම් ඒ ධර්මය පින්වත් රාමයන් ද අවබෝධයෙන් සාක්ෂාත් කරගෙන වාසය කළා. යම් ධර්මයක් රාම දැනගෙන හිටියා නම්, ඒ ධර්මය ඔබත් දන්නවා. යම් ධර්මයක් ඔබ දැනගෙන ඉන්නවා නම්, ඒ ධර්මය රාමයන් ද දැනගත්තා. ඒ නිසා රාම යම් බඳු නම් ඔබත් එබඳුම යි. ඔබ යම් බඳු නම් රාමත් එබඳුම යි. ඒ නිසා පින්වත් ආයුෂ්මතුනි, දැන් එන්න. ඔබ මේ පිරිස බලා හදාගන්න." මේ විදිහට පින්වත් අග්ගිවෙස්සන, රාමපුත්‍ර උද්දක මා හා සමානව සබ්‍රහ්මචාරීව සිටියදී මාව ආචාර්ය තනතුරේ තැබුවා. මට උතුම් පුද පූජාවල් කළා. නමුත් පින්වත් අග්ගිවෙස්සන, මං හිතන්න පටන් ගත්තා. 'මේ ධර්මය නම් අවබෝධයෙන් කළකිරීමට හේතුවෙන්නෙ නෑ. නොඇල්ම පිණිස හේතුවෙන්නෙ නෑ. ඇල්ම නිරුද්ධ වීම පිණිස හේතුවෙන්නේ නෑ. සංසිඳීම

පිණිස හේතුවෙන්නේ නෑ. විශේෂ ඥානය පිණිස හේතුවෙන්නේ නෑ. ආර්ය සත්‍යය අවබෝධය පිණිස හේතුවෙන්නෙ නෑ. නිවන පිණිස හේතුවෙන්නේ නෑ. මේ ධර්මය හේතුවෙන්නේ නේවසඤ්ඤානාසඤ්ඤායතන ලෝකයේ උපදින්න විතරයි' කියල පින්වත් අග්ගිවෙස්සන, ඔය විදිහට ඒ ධර්මයේ මා සොයන දෙය නැතිබව තේරුම් අරගෙන, ඒ ධර්මය ගැන කළකිරිලා එතනින් නික්මිල ගියා.

ඉතින් පින්වත් අග්ගිවෙස්සන, මං ආයෙමත් 'කුසල් කියන්නෙ මොනවද?' කියල හොයන කෙනෙක් වුනා. ඒ අමා නිවන සොයා ගෙන යන කෙනෙක් වුනා. මං මගධ ජනපදයෙ ඇවිදගෙන ඇවිදගෙන ගියා. එහෙම යද්දි තමයි උරුවෙලාවේ සේනානිගම නම් නියම්ගම හම්බ වුනේ. මං එහේ නැවතුනා. ඒ භූමිය මං දැකපු රමණීය තැනක්. ඒ වන ගැබ ඇත්තෙන් ම ලස්සනයි. සුදු වැලි තලාව තියෙන රමණීය ගං ඉවුරු මැදින් නදිය ගලා බසිනවා. පිණ්ඩපාතෙ කරගන්න ගමත් ළඟින් ම තිබුනා. පින්වත් අග්ගිවෙස්සන, මට එතකොට මේ විදිහටයි හිතුනේ 'ඇත්තෙන් ම මේ පළාත රමණීයයි. මේ වන ගැබත් ලස්සනයි. සුදු වැලිතලා තියනෙ ගං ඉවුරෙන් යුතු නදියත් ලස්සනට ගලනවා. පිණ්ඩපාතෙ කරගන්න ගමත් මේ ළඟමයි. ඇත්තෙන් ම වීරියෙන් භාවනා කරන පින්වතෙකුට මෙතන සුදුසු ම තැනක්' කියලා. ඉතින් පින්වත් අග්ගිවෙස්සන, මං එහේ නැවතුනා. භාවනා කරන්න මෙතන තමයි සුදුසු කියල හිතුනා. එතනම වාඩි වුනා. එතකොට පින්වත් අග්ගිවෙස්සන, මං කවදාවත් අහල නැති මේ ආශ්චර්යමත් උපමා තුන වැටහුනා.

පින්වත් අග්ගිවෙස්සන, වතුරෙ වැටිල තිබුණු, වතුරෙන් තෙත් වෙච්ච දර කෑල්ලක් තියෙනවා. එතකොට කෙනෙක් ඇවිදින්, 'උත්තරාරණී' නම් වූ ගිනි උපදවන උපකරණය අරගෙන 'මං ගිනි උපදවන්න ඕන, රස්නෙ ගතියක් ඇති කරන්න ඕන' කියල හිතනවා. පින්වත් අග්ගිවෙස්සන, ඔබ මොකක්ද ඒ ගැන හිතන්නෙ? අර පුද්ගලයාට, වතුරෙ දාපු, වතුර උරපු තෙත දර කෑල්ලක් අරගෙන උත්තරාරණියත් අරගෙන එක දිගට ඇතිල්ලුවොත්, 'මං ගිනි උපද්දවනවා, රස්නෙ ගතිය හදනවා' කියන ඒක කරන්න පුළුවන් දෙයක් වේවිද?"

"භවත් ගෞතමයන් වහන්ස, ඒක කරන්න බෑ."

"ඒකට හේතුව මොකක් ද?"

"භවත් ගෞතමයන් වහන්ස, ඒ දර කෑල්ල වතුර උරපු තෙත එකක්. ඒ වගේ ම ඒක වතුරෙ දාල තිබිච්ච එකක්. ඒකෙන් ගිනි දල්වන්න ගියොත් ඒ පුද්ගලයා අධික වෙහෙසකට, පීඩාවකට පත්වෙනවා."

"පින්වත් අග්ගිවෙස්සන, අන්න ඒ වගේ ම යි ඇතැම් ශ්‍රමණ බ්‍රාහ්මණවරු කයෙනුත් කාමයෙන් වෙන් වෙලා නොවෙයි ඉන්නෙ. කාමයන් කෙරෙහි ඔවුන් තුළ ලොකු ආශාවක් තියෙනවා. ලොකු ස්නේහයක් තියෙනවා. කාමයන් ගෙන් මුසපත් වෙලා කාම පිපාසයෙන් කාම දැවිල්ලෙන් ඉන්න ගතිය තමන් තුළ නැති වෙලත් නෑ. සංසිඳිලත් නෑ. ඒ පින්වත් ශ්‍රමණ බ්‍රාහ්මණයන් හිතාමතා තියුණු දුක් කම්කටොළු වේදනා වින්දත් අනුත්තර වූ සම්බෝධි ඥානදර්ශනයක් ලබන්න නම් සුදුස්සන් වෙන්නෙ නෑ. ඒ ශ්‍රමණ බ්‍රාහ්මණයන් හිතා මතා තියුණු දුක් කම්කටොළු, දුක් වේදනා නොවින්දත් අනුත්තර වූ සම්බෝධි ඥානදර්ශනයක් ලබන්න නම් සුදුස්සන් වෙන්නෙ නෑ. පින්වත් අග්ගිවෙස්සන, කවදාවත් මං අහල නැති ආශ්චර්ය වූ ඔය පළවෙනි උපමාව මට වැටහුනා.

පින්වත් අග්ගිවෙස්සන, කලින් අහල නැති ආශ්චර්යවත් දෙවෙනි උපමාවකුත් මට වැටහුනා. පින්වත් අග්ගිවෙස්සන, ඒක මෙන්න මේකයි. ඔන්න වතුරෙන් උඩට ගත්තු ගොඩ බිම දාල තිබුණු, තෙත උරාගත්තු ලීයක් තියෙනවා. එතකොට ඔන්න මිනිහෙක් උත්තරාරණී කියන ගිනි උපදවන උපකරණය අරගෙන එනවා. 'මං මේකෙන් ගිනි මොලවන්න ඕන. රස්නෙ හදා ගන්න ඕන' කියල. පින්වත් අග්ගිවෙස්සන, ඔබ මේ ගැන මොකද හිතන්නෙ? ඉතින් ඒ පුද්ගලයාට අර වතුරෙන් උඩට අරන් ගොඩබිම දාලා තිබ්බ තෙත උරාගත්තු ලී කැබැල්ල උත්තරාරණීය අරගෙන ඒකෙ ඇතිල්ලුවා කියල ගිනි මෙලවෙනවාද? රස්නෙ උපදිනවාද?

"භවත් ගෞතමයන් වහන්ස, එහෙම ගිනි උපදවන්න බෑ."

"ඇයි එහෙම ගිනි උපදවන්න බැරි?"

"භවත් ගෞතමයන් වහන්ස, අර ලී කැබැල්ල වතුරෙන් ගොඩට අරගෙන බිම දාලා තිබුනට ඒක වතුර උරාගත්තු තෙත එකක් නෙව. ඉතින් ඒ පුද්ගලයා කොච්චර මහන්සි වුනත් වෙන්නෙ වෙහෙසක් පීඩාවක් විතරයි."

"පින්වත් අග්ගිවෙස්සන, ඔන්න ඔය විදිහමයි. ඇතැම් ශ්‍රමණ බ්‍රාහ්මණවරු ඉන්නවා, කාමයන්ගෙන් වෙන් වෙලා ඉන්නෙ ශරීරයෙන් විතරයි. ඒත් ඔවුන් තුළ කාමාශාවේ අඩුවක් නෑ. කාම ස්නේහයේ අඩුවක් නෑ. කාම මුසපත් වීම, කාම පිපාසය, කාම දැවිල්ල සිතෙන් නැති වෙලා නෑ. හිත ඇතුළෙ ඒක සංසිඳිලා නෑ. ඉතින් ඒ ශ්‍රමණ බ්‍රාහ්මණයන් කොයිතරම් හිතාමතා තියුණු වූ දුක් වේදනා වින්දත්, අනුත්තර වූ සම්බෝධි ඥානදර්ශනය ලබාගන්න ඔවුන් සුදුස්සන් වෙන්නෙ නෑ. ඒ වගේ ම ඒ ශ්‍රමණ බ්‍රාහ්මණයින් හිතාමතා තියුණු වූ, කටුක වූ දුක් වේදනා නොවින්දත්, අනුත්තර වූ සම්බෝධි ඥානදර්ශනය

ලබාගන්න ඔවුන් සුදුස්සන් වෙන්නෙ නෑ. පින්වත් අග්ගිවෙස්සන, මං කවදාවත් අහල නැති ආශ්චර්යවත් වූ මේ දෙවෙනි උපමාව මට වැටහුනා.

පින්වත් අග්ගිවෙස්සන, ඔය විදිහටම මං කවදාවත් අහල නැති ආශ්චර්යවත් වූ තුන්වෙනි උපමාවකුත් මට වැටහුනා. ඒක මේ වගේ එකක්. පින්වත් අග්ගිවෙස්සන, වතුරෙන් ගොඩට ගත්තු තෙත නැති හොඳට වේලිච්ච ලී කැබැල්ලක් තියෙනවා. ඉතින් ගිනි උපදවන උත්තරාරණිය කියන උපකරණය අරගෙන මිනිහෙකුත් එනවා. 'මං ගිනි මොලවන්න ඕන. රස්නෙ ඇති කරගන්න ඕන' කියලා. පින්වත් අග්ගිවෙස්සන, ඔබ මේ ගැන මොකද හිතන්නෙ? ඉතින් අර පුද්ගලයා වතුරෙන් ගොඩට දාපු, හොඳට වේලිච්ච, තෙත හිඳිච්ච අර ලී කැබැල්ල අර උත්තරාරණිය අරගෙන ඒකෙ අතුල්ලන කොට ගිනි මොලවන්න පුළුවන්ද? රස්නෙ ඇති කරගන්න පුළුවන්ද?

"එසේය, භවත් ගෞතමයන් වහන්ස."

"එහෙම ගිනි උපදවන්න එයාට පුළුවන් වුනේ ඇයි?"

"භවත් ගෞතමයන් වහන්ස, ඒ ලී කැබැල්ල තෙත හිඳුන වේලිච්ච එකක්. අනික, ඒක වතුරෙන් ගොඩ අරන් නෙව තිබුනේ."

"පින්වත් අග්ගිවෙස්සන, ඔන්න ඔය විදිහයි, ඇතැම් ශ්‍රමණ බ්‍රාහ්මණවරු ඉන්නවා. ශරීරයෙනුත් කාමයන්ගෙන් වෙන් වෙලා ඉන්නවා. ඒ වගේ ම ඔවුන් තුළ මේ කාමයන් ගැන යම් කිසි කාමාශාවක්, කාම සෙනෙහසක්, කාම මුසපත් වීමක්, කාම පිපාසයක්, කාම දැවිල්ලක් තිබුනා නම් ඒක සිතේ නැතිවෙලා තියෙන්නෙ. ඒක සංසිඳිල තියෙන්නෙ. ඉතින් ඒ පින්වත් ශ්‍රමණ බ්‍රාහ්මණවරු කොයිතරම් හිතාමතා, තියුණු වූ කටුක වූ දුක් වේදනා වින්දත්, ඔවුන්ට අනුත්තර වූ සම්බෝධි ඥානදර්ශනය ලබාගන්න පුළුවන්කම තියෙනවා. ඒ වගේ ම ඒ පින්වත් ශ්‍රමණ බ්‍රාහ්මණයින් හිතාමතා තියුණු වූ, කටුක වූ දුක් වේදනා නො වින්දත්, අනුත්තර වූ සම්බෝධි ඥානදර්ශනය ලබාගන්න ඔවුන්ට පුළුවන්කම තියෙනවා. පින්වත් අග්ගිවෙස්සන, මං කවදාවත් අහල නැති, ආශ්චර්යවත් ඔය තුන්වෙනි උපමාවත් මට වැටහුනා.

පින්වත් අග්ගිවෙස්සන, මං කවදාවත් අහල නැති ආශ්චර්යවත් වූ ඔන්න ඔය උපමා තුන මට වැටහුනා.

පින්වත් අග්ගිවෙස්සන, එතකොට මට මෙහෙම හිතුනා. යටිදතෙන් උඩුදත තද කරල හිට, දිවෙන් තල්ල තද කරගෙන, මං කුසල් සිතින් අකුසල් සිත පෙළන්න ඕන, බලවත්ව පෙළන්න ඕන, බලවත්ව තවන්න ඕන කියලා.

එතකොට පින්වත් අග්ගිවෙස්සන, මං යටිදතෙන් උඩුදත තද කරගෙන හිට, දිවෙන් තල්ල තද කරගෙන කුසල් සිතින් අකුසල් සිත පෙළනවා. බලවත්ව පෙළනවා. තදින් තවනවා. පින්වත් අග්ගිවෙස්සන, මං ඒ විදිහට යටිදතෙන් උඩුදත තද කරගෙන, දිවෙන් තල්ල තද කරගෙන, කුසල් සිතින් අකුසල් සිත පෙළන කොට, තදින් ම පෙළන කොට, තදින් ම තවන කොට මගේ කිහිලිවලින් දාඩිය වැගිරෙන්න පටන් ගත්තා.

පින්වත් අග්ගිවෙස්සන, ඒක හරියට මේ වගේ දෙයක්. බලවත් කෙනෙක් ගොඩාක් දුර්වල මිනිහෙකුගේ හිසෙන් හරි, කදෙන් හරි අල්ලගෙන පෙළනවා නම්, බලවත්ව පෙළනවා නම්, බලවත්ව තවනවා නම්, පින්වත් අග්ගිවෙස්සන, ඔන්න ඔය විදිහට ම මමත්, යටිදතෙන් උඩුදත තද කරල හිට, දිවෙන් තල්ල තද කරලා කුසල් සිතින් අකුසල් සිත පෙළන කොට, බලවත්ව පෙළන කොට, බලවත්ව තවන කොට කිහිලිවලින් දාඩිය ගලන්න පටන් ගත්තා. පින්වත් අග්ගිවෙස්සන, මං පටන් ගත්තු ඒ වීරිය එහෙම්ම ම තිබුනා. සිත හැකිලුනේ නෑ. සිහිය පිහිටල මුළාවක් නැතුව තිබුනා. නමුත් ඒ වගේ දුක් විඳගෙන බලවත්ව වඩන වීරියෙන් කයට පහර වදින කොට මගේ කය වෙහෙසට පත්වෙනවා. කය නොසන්සුන් වෙනවා. පින්වත් අග්ගිවෙස්සන, මට ඔය විදිහේ බරපතල දුක් වේදනා විඳලත්, ඒ වේදනාව විසින් සිත යට කළේ නෑ.

පින්වත් අග්ගිවෙස්සන, එතකොට මට මෙහෙම හිතුනා. එහෙම නම් දැන් මම 'අප්‍රාණක ධ්‍යානය' වඩන්න ඕන කියල. පින්වත් අග්ගිවෙස්සන, ඒ කියන්නෙ, මං කටින්වත්, නහයෙන්වත්, ආශ්වාස ප්‍රශ්වාස කරන්නෙ නැතුව හිටියා. එතකොට පින්වත් අග්ගිවෙස්සන, මගේ කටිනුත්, නාසයෙනුත් ආශ්වාස ප්‍රශ්වාස නොකර ඉන්න කොට කන්වලින් හුළං පිටවෙනවා වගේ මහා සද්දයක් ඇහුණා. ඒක හරියට කම්මල්කරුවෙක්, මයිනහමකින් පිඹින කොට එන සද්දෙ වගේ මහා ලොකු සද්දයක්. පින්වත් අග්ගිවෙස්සන, අන්න ඒ විදියමයි මං කටිනුත්, නාසයෙනුත් හුස්ම ගැනීම හෙළීම නවත්වල දැම්මා ම, කන්වලින් මහා සද්දෙකින් හුළං පිටවුනා. පින්වත් අග්ගිවෙස්සන, ඒත් මගේ පටන් ගත්තු වීරිය එහෙම්ම ම තිබුනා. සිත හැකිලුනේ නෑ. සිහිය පිහිටියා. මුළා වුනේ නෑ. ඒත් ඒ විදිහට දුක් විඳගෙන කරන වීරියෙන් කයට පහර වදින කොට මගේ කයට නම් ලොකු මහන්සියක් දැනුනා. සංසිඳුනේ නෑ. පින්වත් අග්ගිවෙස්සන, ඒ විදිහේ දුක් වේදනාවකින්වත් මේ හිත යටපත් කරන්න බැරි වුනා.

පින්වත් අග්ගිවෙස්සන, එතකොට මං මෙහෙම හිතුවා. 'එහෙනම් මං තව දුරටත් අප්‍රාණක ධ්‍යානය ම වඩනවා' කියලා. පින්වත් අග්ගිවෙස්සන, ඊට පස්සෙ මං තවදුරටත් කටිනුත්, නාසයෙනුත්, කනෙනුත් ආශ්වාස, ප්‍රශ්වාස වැළැක්වුවා.

එතකොට පින්වත් අග්ගිවෙස්සන, කටිනුත්, නාසයෙනුත්, කනෙනුත් ආශ්වාස ප්‍රශ්වාස වළක්වපු නිසා වාතය කිපිලා මගේ හිස් මුදුන පෙළන්න පටන් ගත්තා. පින්වත් අග්ගිවෙස්සන, ඒක මේ වගේ එකක්. ශක්තිමත් මිනිසෙක් තියුණු උලක් අරගෙන ඔළුවට ගහනවා වගේ. පින්වත් අග්ගිවෙස්සන, ඔන්න ඔය විදිහමයි මං කටිනුත්, නාසයෙනුත්, කනෙනුත්, ආශ්වාස ප්‍රශ්වාස වැළැක්වුවා ම වාතය කිපිලා මගේ හිස් මුදුන පෙළන්න පටන් ගත්තා. පින්වත් අග්ගිවෙස්සන, ඒ වුනත්, මගේ පටන් ගත්තු වීරිය එහෙම්ම ම තිබුනා. සිත හැකිලුනේ නෑ. සිහිය පිහිටලා මුළා නොවී තිබුනා. නමුත් ඒ විදිහට දුක් වේදනා දෙන වීරියෙන් කයට පහර වදිද්දි මගේ කයට ලොකු වෙහෙසක් දැනුනා. සංසිඳීමක් ඇති වුනේ නෑ. පින්වත් අග්ගිවෙස්සන, ඔය විදිහේ උපන් දුක් වේදනාවකින්වත් මේ සිත පෙළන්න බැරුව ගියා.

පින්වත් අග්ගිවෙස්සන, එතකොට මට මෙහෙම හිතුනා. මං තවදුරටත් අප්‍රාණක ධ්‍යානය ම වඩන්න ඕන කියල. ඉතින් පින්වත් අග්ගිවෙස්සන, මං තවදුරටත් කටිනුත්, නාසයෙනුත්, කනෙනුත් ආශ්වාස ප්‍රශ්වාස වළක්වාගෙන හිටියා. එතකොට පින්වත් අග්ගිවෙස්සන, මං ඒ විදිහට කටිනුත්, නාසයෙනුත්, කනෙනුත්, ආශ්වාස ප්‍රශ්වාස වළක්වාගෙන ඉන්න කොට පුදුමාකාර විදිහට මට ඔළුවෙ කැක්කුම හටගත්තා. පින්වත් අග්ගිවෙස්සන, ඒක මේ වගේ දෙයක්. ශක්තිමත් මිනිසෙක් ලොකු ලණුවක් අරගෙන ඔළුව තදට හිරවෙන්න ඔතල ඔතල තද කරනවා වගේ. පින්වත් අග්ගිවෙස්සන, ඔන්න ඔය විදිහට ම යි මං කටිනුත්, නාසයෙනුත්, කනෙනුත්, ආශ්වාස ප්‍රශ්වාස වළක්වන කොට පුදුමාකාර විදිහටයි මට හිසේ කැක්කුම ඇතිවුනේ. ඉතින් පින්වත් අග්ගිවෙස්සන, ඒ වුනත් මගේ පටන් ගත්තු වීරිය ඒ විදිහට ම තිබුනා. හැකිලුනේ නෑ. සිහිය පිහිටියා. මුළා වුනේ නෑ. නමුත් ශරීරයට දුක් දෙන වීරියෙන් පහර වැදිච්ච කය වෙහෙසට පත්වුනා. සංසිඳුනේ නෑ. පින්වත් අග්ගිවෙස්සන, ඒ විදිහට ඇතිවුන දුක් වේදනාවලින්වත් මේ සිත යටවුනේ නෑ.

පින්වත් අග්ගිවෙස්සන, මට මේ විදිහට හිතුනා. 'තවදුරටත් අප්‍රාණක ධ්‍යානයම වඩන්න ඕන' කියලා. පින්වත් අග්ගිවෙස්සන, මං තවදුරටත් කටිනුත්, නාසයෙනුත්, කනෙනුත්, ආශ්වාස ප්‍රශ්වාස වළැක්වුවා. පින්වත් අග්ගිවෙස්සන, මං ඒ විදිහට කටිනුත්, නාසයෙනුත්, කනෙනුත්, ආශ්වාස ප්‍රශ්වාස වළක්වන කොට බඩ ඇතුළේ වාතය ඉතා බලවත් විදිහට කැළඹුනා. පින්වත් අග්ගිවෙස්සන, හරක් මරන්න දක්ෂ මිනිහෙක් හරි, ඒ මිනිහගෙ ගෝලයෙක් හරි, තියුණු ආයුධයක් අරගෙන බඩ කපද්දි, යම් වේදනාවක් දැනෙනවා ද, අන්න ඒ වගෙයි පින්වත් අග්ගිවෙස්සන, මම කටිනුත්, නාසයෙනුත්, කනෙනුත්, ආශ්වාස ප්‍රශ්වාස වළක්වන කොට බඩ ඇතුළෙ තියෙන වාතය පුදුමාකාර

විදිහට කැළඹිලා ගියේ. ඒ වුනත් පින්වත් අග්ගිවෙස්සන, මගේ පටන් ගත්තු වීරිය එහෙම්ම ම තිබුනා. හැකිලුනේ නෑ. සිහිය පිහිටියා. මුළා වුනේ නෑ. ඒ විදිහට දුෂ්කර ක්‍රියා කරලා වෙහෙස වෙන කොට, වීරියෙන් පහරකද්දි ශරීරයට ලොකු පීඩාවක් දැනුනා. කය සංසිඳුනෙ නෑ. නමුත්, පින්වත් අග්ගිවෙස්සන, එබඳු වූ දුක් වේදනාවකටවත් මේ සිත යටකරන්න බැරි වුනා.

පින්වත් අග්ගිවෙස්සන, මට මේ විදිහටත් හිතුනා. 'මං තවදුරටත් අප්‍රාණක ධ්‍යානය ම වඩන්න ඕන' කියල. ඉතින් පින්වත් අග්ගිවෙස්සන, මං කටිනුත්, නාසයෙනුත්, කනෙනුත්, ආශ්වාස ප්‍රශ්වාස වැළැක්කුවා. එතකොට පින්වත් අග්ගිවෙස්සන, මං කටිනුත්, නාසයෙනුත්, කනෙනුත්, ආශ්වාස ප්‍රශ්වාස වළක්වලා ඉන්න කොට, මගේ කයේ පුදුමාකාර දාහයක් ඇතිවුනා. පින්වත් අග්ගිවෙස්සන, ඒ දාහෙ මෙන්න මේ වගේ එකක්. ශක්තිමත් මිනිස්සු දෙන්නෙක් ගොඩක් දුර්වල මිනිහෙක්ව අත් පාවලින් අල්ලගෙන, ගිනි අඟුරු වළක දාලා රත් කරනවා වගේ. බලවත්ව රත් කරනවා වගේ. පින්වත් අග්ගිවෙස්සන, ඔන්න ඔය විදිහටම මං කටිනුත්, නාසයෙනුත්, කනෙනුත්, ආශ්වාස ප්‍රශ්වාස වළක්වන කොට මේ කයේ පුදුමාකාර දාහයක් හටගත්තා. නමුත් පින්වත් අග්ගිවෙස්සන, මගේ පටන් ගත්තු වීරිය එහෙම්ම ම තිබුනා. සැඟවුනේ නෑ. සිහිය පිහිටියා. මුළා වුනේ නෑ. අධික දුෂ්කර ක්‍රියාවෙන් ඇති වුණු වීරියෙන් කයට පහර වදිද්දි, කයට ගොඩාක් වෙහෙස දැනුනා. සංසිඳුනේ නෑ. පින්වත් අග්ගිවෙස්සන, එබඳු බලවත් දුක් වේදනාවකින්වත් බැරි වුනා මේ හිත යට කරල දාන්න.

පින්වත් අග්ගිවෙස්සන, එතකොට දෙවිවරු මාව දැකල මෙහෙම කිව්වා. "අයියෝ! ශ්‍රමණ ගෞතමයන් වහන්සේ අපවත් වෙලා." සමහර දෙවිවරු මෙහෙම කිව්වා. "නෑ! ශ්‍රමණ ගෞතමයන් වහන්සේ අපවත් වෙලා නෑ. දැන් අපවත් වෙලා යාවි." සමහර දෙවිවරු මෙහෙම කිව්වා. "නෑ! ශ්‍රමණ ගෞතමයන් වහන්සේ අපවත් වෙලා නෑ. දැන් අපවත් වෙන්නෙත් නෑ. ශ්‍රමණ ගෞතමයන් වහන්සේ රහත්. ඔය රහතන් වහන්සේලා වැඩඉන්න එක්තරා සමාධියක් වෙන්න ඇති" කියලා.

පින්වත් අග්ගිවෙස්සන, ඊටපස්සෙ මට මෙහෙම හිතුනා. "මං සම්පූර්ණයෙන් ම ආහාර වැළඳීම නවත්වල දාන්න ඕන" කියලා. පින්වත් අග්ගිවෙස්සන, එතකොට දෙවිවරු මං ළඟට ඇවිල්ලා මෙහෙම කිව්වා. "අනේ! පින්වත් නිදුකාණන් වහන්ස, ආහාර ගන්න එක සම්පූර්ණයෙන්ම නවත්වලා දාන්න එපා. නිදුකාණන් වහන්ස, ඔබවහන්සේ ආහාර ගන්න එක සම්පූර්ණයෙන් ම නවත්වලා දැම්මොත්, අපට සිද්ධ වෙනවා ඔබවහන්සේගේ රෝම කූපවලින් දිව්‍ය ඕජස් ශරීරයට ඇතුළු කරන්න. ඔබවහන්සේව ජීවත් කරන්න ම යි අපි ඒක කරන්නෙ" කියලා.

පින්වත් අග්ගිවෙස්සන, එතකොට මට මෙහෙම හිතුනා. 'මමත් හැම ආකාරයකින් ම ආහාර නොගන්න බවට ප්‍රතිඥා දුන්නොත්, ඔය අතරෙ ම මේ දෙවිවරු මේ ශරීරයේ රෝමකූපවලින් දිව්‍ය ඕජස් ඇතුල් කළොත්, මට ඒකෙන් ජීවත් වෙන්න සිද්ධ වුනොත් මගේ අධිෂ්ඨානය බොරුවක් වෙනවා.' පින්වත් අග්ගිවෙස්සන, ඔය අදහස අත්හරින්න කියල මං ඒ දෙවිවරුන්ව වැළැක්කුවා.

පින්වත් අග්ගිවෙස්සන, එතකොට මට මෙහෙම හිතුනා. 'මං ආහාර ටික ටික, මිට ගානෙ වගේ දානෙ ගන්න ඕන. මුං ඇට වතුර, කොල්ලු වතුර, කඩල වතුර, මෑ ඇට වතුර වගේ දේවල් ටික ටික ගන්න ඕන' කියලා. පින්වත් අග්ගිවෙස්සන, ඉතින් මම මුං ඇට වතුර ටිකක් හරි, කොල්ලු වතුර ටිකක් හරි, කඩල වතුර ටිකක් හරි, මෑ ඇට වතුර ටිකක් වගේ ආහාර ඩිංගිත්තක් ගන්න පටන් ගත්තා. පින්වත් අග්ගිවෙස්සන, ඔය විදිහට මුං ඇට වතුර ටිකක්, කොල්ලු වතුර ටිකක්, කඩල වතුර ටිකක්, මෑ ඇට වතුර ටිකක් වගේ ආහාර ඩිංගිත්තක් ගන්න පටන් ගත්තා ම මගේ ඇඟ පත හොඳට ම කෙට්ටු වෙන්න පටන් ගත්තා. මගේ අතපය ආසීතික කියන වැල් පුරුක් වගේ වුනා. කළු වැල් පුරුක් වගේ වුනා. ආහාර අඩුකමින් ම යි එහෙම වුනේ. මගේ තට්ටම ඔටුවෙකුගේ පා සටහනක් වගේ වුනා. ආහාර අඩුකම නිසා ම යි එහෙම වුනේ. ඒ වගේ ම මගේ කොඳු ඇට පේළිය වට්ටනාවලී කියන වැල වගේ උස් පහත් වුනා. ආහාර අඩුකමින් ම යි එහෙම වුනේ. ඒ වගේ ම හොඳට ම දිරපු ශාලාවක වහලෙ පරාල තියෙන්නෙත් එහාට මෙහාට උස් පහත් වෙලා. ආහාර අඩුවෙන් ගැනීම කොච්චර ද කිව්වොත් මගේ පපුවෙ ඇට ටික පෙනුනෙත් ඒ වගේ ම යි. ඒ වගේ ම ගැඹුරු ළිඳක් තියෙනවා කියල හිතන්න. ඒ ළිඳ කොච්චර ගැඹුරු ද කිව්වොත් වතුර ටික යාන්තමට දිලිසෙනවා පේනවා. ඔය විදිහට මගේ ඇස් දෙක ඇස්වලේ යටට ම ගිලිල යාන්තමට දිළිසුනා. ආහාරපාන අඩුවෙන් ගත්තු නිසා ම යි ඒ විදිහට වුනේ. මගේ හිසේ හම මැලවිල, රැලි වැටිල ගියේ හරියට අමුවෙන් කඩලා, අව්වට වේලිල, මැලවිලා ගිය ලබු ගෙඩියක් වගෙයි. ආහාර අඩුවෙන් ගත්තු නිසා ම යි එහෙම වුනේ.

ඉතින් පින්වත් අග්ගිවෙස්සන, මං බඩේ හම අතින් පිරිමදින කොට, කොඳු ඇට පේළිය අතට අහුවෙනවා. කොඳු ඇට පේළිය පිරිමදින කොට බඩේ හම තමයි අතට අහුවුනේ. පින්වත් අග්ගිවෙස්සන, ආහාර පාන අඩුවෙන් ගත්තු නිසා ම යි එහෙම වුනේ. බඩේ හමයි, කොඳු ඇට පේළියයි එකට ඇලිලා ගියා. මං වැසිකිළි, කැසිකිළි යන්න හදන කොට එතන ම යටිකුරුව වැටුනා. ආහාර අඩුවෙන් ගත්තු නිසාමයි එහෙම වුනේ. පින්වත් අග්ගිවෙස්සන, මේ ශරීරයේ අත පය මං පිරිමදින කොට, ඇගේ මවිල්වල මුල් දිරලා, ඒ මවිල් ගැලවිලා වැටෙනවා. ආහාර අඩු නිසා ම යි එහෙම වුනේ.

පින්වත් අග්ගිවෙස්සන, මිනිස්සු මාව දැකල මෙහෙම කිව්වා. "ආ! දැන් මේ ශ්‍රමණ ගෞතමයන් වහන්සේ හරි කළුයි." එතකොට තවත් මිනිස්සු මෙහෙම කිව්වා. "නෑ! ශ්‍රමණ ගෞතමයන් වහන්සේ කළු නෑ. ශ්‍රමණ ගෞතමයන් වහන්සේ රත්තරන් පාටයි." එතකොට තවත් මිනිස්සු මෙහෙම කිව්වා. "නෑ! ශ්‍රමණ ගෞතමයන් වහන්සේ තළෙලු පාටයි." පින්වත් අග්ගිවෙස්සන, ඒ සා පිරිසිදුවට බැබලුන මගේ හමේ පාට පවා ආහාර අඩුකමින් පිච්චිලා ගියා.

අග්ගිවෙස්සන, එතකොට මට මෙහෙම හිතුනා. 'අතීතයේ යම්කිසි ශ්‍රමණ බ්‍රාහ්මණයෙක් හිතාමතා ම යම් තියුණු වූ දුක් කම්කටොළු වේදනා වින්දා ද, ඒ විඳින්න තියෙන්නෙත් මෙච්චර තමයි. මීට වඩා වැඩි දෙයක් නෑ. ඒ වගේ ම අනාගතයේ පහළ වන යම්කිසි ශ්‍රමණ බ්‍රාහ්මණ කෙනෙක් හිටියොත් ඒ උදවියත් හිතාමතා ම තියුණු වූ කටුක වූ දුක් වේදනා විඳිනවා නම්, ඒ විඳින්න තියෙන්නෙත් මෙච්චර තමයි. මීට වැඩි දෙයක් නෑ. වර්තමානයේ යම්කිසි ශ්‍රමණ බ්‍රාහ්මණවරු තියුණු වූ, කටුක වූ දුක් හිතා මතා ම විඳිනවා නම්, ඒ විඳින්න තියෙන්නෙත් මෙච්චර තමයි. මීට වැඩි දෙයක් නෑ. නමුත් මේ සා පීඩාකාරී දුෂ්කර ක්‍රියාවක යෙදිලත් මිනිස් ස්වභාවය ඉක්මවා ගිය ශ්‍රේෂ්ඨ වූ ඥානදර්ශන කිසිවක් මට අවබෝධ කරගන්න බැරුව ගියා. සත්‍යාවබෝධයට වෙනත් මාර්ගයක් තියෙනවා වත් ද?' කියලා.

එතකොට පින්වත් අග්ගිවෙස්සන, මට මෙහෙම හිතුනා. 'හරි! මට මතකයි. අපේ පිය රජතුමා කමතේ වැඩකරද්දි, මං සීතල දඹරුක් සෙවණෙ සිටියා මතකයි. මං එදා කාමයන්ගෙන් වෙන්ව, අකුසල්වලින් වෙන්ව, විතර්ක විචාර සහිත, මානසික විවේකයෙන් හටගත් ප්‍රීතිය හා සැපය ඇති පළවෙනි ධ්‍යානය ලබාගෙන වාසය කළා මතකයි. සත්‍යාවබෝධයට මාර්ගය මේකවත් ද? කියලා. පින්වත් අග්ගිවෙස්සන, මං ඔය විදිහට සිහිකරද්දි මෙන්න මේ දැනීම ඇති වුණා 'හරි! මේක ම තමයි මාර්ගය' කියලා

එතකොට පින්වත් අග්ගිවෙස්සන, මට මෙහෙම හිතුනා. 'ඇත්තෙන් ම මං මොකට ද ඒ සැපයට භය වෙන්නෙ. අනික ඒ සැපය කාමයන්ගෙන් වෙන් වූ අකුසලයන්ගෙන් වෙන් වූ සැපයක් නෙව' කියලා.

එතකොට පින්වත් අග්ගිවෙස්සන, මට මෙහෙම හිතුනා. 'ඔව්! මං මේ සැපයට භය වෙන්නෙ නෑ. මේ සැපය කාමයන්ගෙන් වෙන් වූ, අකුසලයන් ගෙන් වෙන් වෙච්ච එකක්. ඊළඟට පින්වත් අග්ගිවෙස්සන, මට මේ විදිහට හිතුනා. මෙහෙම දුර්වල වෙච්ච කයක් තියාගෙන මං ඒ සැපය ලබන එක ලේසි දෙයක් නම් නොවෙයි. මං ටිකෙන් ටික, බත් ව්‍යංජන තියෙන ආහාර ගන්න ඕන. ඉතින් පින්වත් අග්ගිවෙස්සන, මං බත් ව්‍යංජන වලින් යුතු ආහාර

වළඳන්න පටන් ගත්තා. ඒ වෙන කොට පින්වත් අග්ගිවෙස්සන, මට භික්ෂූන් පස් නමක් උපස්ථාන කර කර හිටියා. 'ශ්‍රමණ ගෞතමයන් වහන්සේ යම් ධර්මයක් අවබෝධ කරයි නම් ඒ ධර්මය අපටත් කියා දේවි' කියලා. නමුත් පින්වත් අග්ගිවෙස්සන, මං බත් ව්‍යංජන තියෙන ආහාර වළඳන්න පටන් ගත්තා ම ඒ භික්ෂූන් පස් නම මං ගැන කළකිරුනා. 'වැඩක් නෑ! ශ්‍රමණ ගෞතමයන් වහන්සේ සැප බහුල කරගත්තා. වීරිය කණපිට හැරුනා. සැප බහුල පැත්තට ම කැරකිලා ගියා' කියල මාව අත්හැරලා ගියා.

ඉතින් පින්වත් අග්ගිවෙස්සන, මං ඒ විදිහට බත් ව්‍යංජන ආහාරයට අරගෙන ශරීර ශක්තිය ඇතිවුනා ම කාමයන්ගෙන් වෙන්ව, අකුසල්වලින් වෙන්ව, විතර්ක විචාර සහිත, මානසික විවේකයෙන් හටගත් ප්‍රීතිසැපය ඇති පළවෙනි ධ්‍යානය ඇතිකරගෙන වාසය කළා. පින්වත් අග්ගිවෙස්සන, ඒ විදිහේ සැප වේදනාවක් ලබාගෙනත් ඒ සැප වේදනාවටවත් මේ සිත යටකරන්න බැරිවුනා.

විතර්ක, විචාර සංසිඳුවලා, හිතේ ප්‍රසන්නභාවය ඇතුව, සිතේ එකඟ බවත් ඇතුව, විතර්ක විචාර රහිත සමාධියෙන් හටගත් ප්‍රීති සැපය ඇති දෙවන ධ්‍යානය ලබාගෙන වාසය කළා. පින්වත් අග්ගිවෙස්සන, ඒ සා සැප වේදනාවකට වත් මේ සිත යටකරන්න බැරුව ගියා.

ප්‍රීතියටත් ඇලෙන්නෙ නැතුව උපේක්ෂාවෙන් හිටියා. සිහියෙන්, නුවණින් යුතුව, කයෙනුත් සැපයක් වින්දා. ආර්යයන් වහන්සේලා ඒකට කියන්නෙ උපේක්ෂාවෙන්, සිහියෙන් යුතුව සැපසේ ඉන්නවා කියලයි. ඒ තුන් වෙනි ධ්‍යානයත් ලබාගෙන වාසය කළා. මේ සා සැප වේදනාවකටවත් මේ සිත යට කරගන්න බැරුව ගියා.

සැපයත් ප්‍රහාණය කරලා, දුකත් ප්‍රහාණය කරලා, කලින් ම මානසික සැප දුක් අත්හැරලා, දුක් සැප රහිත පිරිසිදු උපේක්ෂාවත්, සිහියත් ඇති හතර වන ධ්‍යානය ලබාගෙන වාසය කළා. පින්වත් අග්ගිවෙස්සන, මේ සා සැප වේදනාවකටවත් බැරුව ගියා මගේ සිත යට කරන්න.

ඔය විදිහට මේ සිත සමාධිගත වුනාට පස්සෙ පිරිසිදුව බබලන්න වුනාට පස්සෙ, උපක්ලේශ රහිත වුනාට පස්සෙ, මෘදු වුනාට පස්සෙ, අවබෝධයට සුදුසු වුනාට පස්සෙ, ස්ථිරව පිහිටියාට පස්සෙ, අකම්පිත වුනාට පස්සෙ, පෙර විසූ ජීවිත ගැන අවබෝධ කරන්න හිතල, ඒකට සිත යොමු කළා. මං නොයෙක් ආකාරයෙන් පෙර විසූ ජීවිත ගැන දැනගත්තා. ජීවිත එකක්, ජීවිත දෙකක්, ජීවිත තුනක්, ජීවිත හතරක්, ජීවිත පහක්, ජීවිත දහයක්, ජීවිත විස්සක්, ජීවිත

තිහක්, ජීවිත හතළිහක්, ජීවිත පනහක්, ජීවිත සියයක්, ජීවිත දහසක්, ජීවිත ලක්ෂයක්, නොයෙක් සංවට්ට කල්ප, නොයෙක් විවට්ට කල්ප, නොයෙක් සංවට්ට විවට්ට කල්ප සිහි කරන්න පුළුවන් වුනා. 'ඒ කාලෙ මගේ නම මේකයි. මගේ ගෝත්‍රය මේකයි. මෙහෙමයි මගේ හැඩරුව. මම කෑවෙ බීවෙ මේවා. මෙහෙමයි මං සැප වින්දෙ. මෙහෙමයි මැරිල ගියේ. මං එතනින් චුත වෙලා අසවල් තැන උපන්නා. එහෙදි මගෙ නම මේකයි. මගේ ගෝත්‍රය මේකයි. මගේ හැඩරුව මෙහෙමයි. මම කෑවෙ බීවෙ මේවා. මෙහෙමයි මං සැප දුක් වින්දෙ. මං මෙහෙමයි මැරිල ගියේ. මං එතනින් චුත වෙලා, මෙතන උපන්නා' කියල, ඔය විදිහට කරුණු සහිතව, විස්තර සහිතව නොයෙක් ආකාරයෙන් පෙර ගත කළ ජීවිත ගැන සිහි කළා. පින්වත් අග්ගිවෙස්සන, එදා රෑ පළවෙනි යාමයේ දී මට ඔය පළවෙනි විද්‍යාව වන පුබ්බේනිවාසානුස්සති ඤාණය අවබෝධ වුනා. (පෙර ජීවිත ගැන තිබුණු) අවිද්‍යාව දුරු වුනා. විද්‍යාව පහළ වුනා. අඳුර දුරු වුනා. ආලෝකය උදා වුනා. අප්‍රමාදීව කෙලෙස් තවන වීරියෙන් යුක්තව, දිවි දෙවෙනි කොට ධර්මයේ හැසිරෙන කෙනෙකුට ලැබිය යුතු දේ තමයි ඒ ලැබුනේ. පින්වත් අග්ගිවෙස්සන, මේ සා සැපයකට පවා බැරි වුනා මගේ සිත යට කරන්න.

ඉතින් මම ඒ එකඟ වූ සිතින්, පිරිසිදු බබලන සිතින්, උපක්ලේශ රහිත වූ, මෘදු වූ, අවබෝධයට සුදුසු වූ සිතින්, ස්ථිරව පිහිටි අකම්පිත වූ සිතින් යුක්තව සිටිය නිසා සත්වයන්ගේ චුත වීම ඉපදීම ගැන අවබෝධ කරන්න සිත යොමු කළා. එතකොට මට මිනිස් දර්ශන පථය ඉක්මවා ගිය පිරිසිදු දිව්‍යස් නුවණින් සත්වයන් දකින්න පුළුවන් වුනා. හීන, ප්‍රණීත, ලස්සන, කැත, සුගත දුගතිවල කර්මානුරූපව සත්වයන් චුත වන හැටිත්, උපදින හැටිත් දකින්න පුළුවන් වුනා. "අයියෝ! මේ භවත් සත්වයන් කයින් දුසිරිත් කරලා, වචනයෙන් දුසිරිත් කරලා, මනසින් දුසිරිත් කරලා ආර්යයන් වහන්සේලාට උපවාද කරලා, මිථ්‍යා දෘෂ්ටික වෙලා, මිථ්‍යා දෘෂ්ටික ආගම් අදහලා, මිථ්‍යා දෘෂ්ටිකව ජීවත් වෙලා, කය බිඳිල මැරුණට පස්සෙ අපාය, දුගතිය කියන නරකාදියෙ වැටිල දුක් විඳිනවා' කියල. ඒ වගේ ම 'මේ භවත් සත්වයෝ කයින් සුසිරිත් කරලා, වචනයෙන් සුසිරිත් කරලා, මනසින් සුසිරිත් කරලා, ආර්යයන් වහන්සේලාට උපවාද නොකොට, සම්මා දිට්ඨියෙන් යුක්ත වෙලා, සම්මා දිට්ඨියෙන් යුතු දේවල් කරලා, මරණින් පස්සෙ සුගතිය කියන යහපත් ලෝකවල ඉපදිලා ඉන්නවා' කියල. ඒ විදිහට මිනිස් දර්ශන පථය ඉක්මවා ගිය පිරිසිදු දිව්‍යස් නුවණින් මං සත්වයන්ව දැක්කා. හීන ප්‍රණීත, ලස්සන කැත, සුගති දුගතිවල කර්මානුරූපව, සත්වයන් චුත වන හැටිත්, ඉපදෙන හැටිත් මං දැනගත්තා. පින්වත් අග්ගිවෙස්සන, එදා රෑ මධ්‍යම යාමයෙහි මං ඔය දෙවෙනි විද්‍යාව වන චුතුපපාත ඤාණය ලබාගත්තා.

(සත්වයන් චුතවෙන උපදින ආකාරය ගැන තිබුණ) අවිද්‍යාව දුරුවුනා. විද්‍යාව පහළ වුනා. අඳුර දුරුවුනා. ආලෝකය උදාවුනා. අප්‍රමාදීව, කෙලෙස් තවන වීරියෙන් යුතුව, දිවි දෙවෙනි කොට ධර්මයේ හැසිරෙන කෙනෙකුට ලැබිය යුතු අවබෝධය තමයි ඒ ලැබුනේ. පින්වත් අග්ගිවෙස්සන, මේ සා මහත් සැප වේදනාවට වත් බැරිවෙලා ගියා මගේ සිත යටකරල දාන්න.

ඉතින් මම සමාහිත සිතින්, පිරිසිදු සිතින්, බබලන සිතින්, උපක්ලේශ රහිත සිතින්, මෘදු සිතින්, අවබෝධයට යෝග්‍ය වූ සිතින්, ස්ථිරව පිහිටි සිතින්, අකම්පිත වූ සිතින් ඉඳල ආශ්‍රව නැති කරන්න සිත යොමු කළා. ඉතින් මම 'මේක තමයි දුක' කියල යථාර්ථය අවබෝධ කළා. 'මේක තමයි දුකේ හටගැනීම' කියල යථාර්ථය අවබෝධ කළා. 'මේක තමයි දුකේ නිරුද්ධ වීම' කියල යථාර්ථය අවබෝධ කළා. 'මේක තමයි දුක් නිරුද්ධ වන්නා වූ වැඩපිළිවෙල' කියල යථාර්ථය අවබෝධ කළා. 'මේවා තමයි ආශ්‍රව' කියල යථාර්ථය අවබෝධ කළා. 'මේක තමයි ආශ්‍රවයන්ගේ හටගැනීම' කියල යථාර්ථය අවබෝධ කළා. 'මේක තමයි ආශ්‍රවයන්ගේ නිරෝධය' කියල යථාර්ථය අවබෝධ කළා. 'මේක තමයි ආශ්‍රව නිරුද්ධ වන්නා වූ වැඩපිළිවෙල' කියල යථාර්ථය අවබෝධ කළා. ඔය විදිහට යථාර්ථය දැනගන්න කොට, දැකගන්න කොට, කාම ආශ්‍රවයෙනුත් සිත නිදහස් වුනා. භව ආශ්‍රවයෙනුත් සිත නිදහස් වුනා. අවිද්‍යා ආශ්‍රවයෙනුත් සිත නිදහස් වුනා. එහෙම නිදහස් වුනා ම 'කෙලෙසුන්ගෙන් නිදහස් වුනා' කියල ඤාණය ඇතිවුනා. 'ඉපදීම නැතිවුනා. නිවන් මග සම්පූර්ණ කරගත්තා. කළ යුතු දේ කළා. නිවන පිණිස කළ යුතු වෙන දෙයක් නැතෙයි' කියල අවබෝධ වුනා. පින්වත් අග්ගිවෙස්සන, එදා රෑ අවසන් යාමෙ ඔය තුන්වෙනි විද්‍යාව වන ආසවක්ඛය ඤාණය ලැබුවා. (සත්‍යාවබෝධය ගැන තිබුණු) අවිද්‍යාව දුරු වුනා. විද්‍යාව පහළ වුනා. අඳුර දුරුවුනා. ආලෝකය උදාවුනා. අප්‍රමාදීව, කෙලෙස් තවන වීරිය ඇතිව, දිවි දෙවෙනි කොට දහමේ හැසිරෙන කෙනෙකුට ලැබිය යුතු අවබෝධයයි මට ලැබුනේ. පින්වත් අග්ගිවෙස්සන, මේ සා මහත් සැප වේදනාවකටවත් පුළුවන් වුනේ නෑ මගේ සිත යට කරල දාන්න.

පින්වත් අග්ගිවෙස්සන, නොයෙක් සිය ගණන් පිරිසට මං බණ කියල තියෙනවා මට මතකයි. ඒත්, එක එක්කෙනාට මං ගැන හිතෙන්නෙ මෙහෙමයි. 'ශ්‍රමණ ගෞතමයන් වහන්සේ ඔය බණ ටික වදාළේ මං වෙනුවෙන් ම යි' කියලා. පින්වත් අග්ගිවෙස්සන, ඒ ගැන ඔබ දැනගන්න ඕන මේ විදිහට නම් නොවෙයි. ඒ කියන්නේ 'තථාගතයන් වහන්සේ අනුන්ට තමාව අඳුන්නල දෙන්න දහම් දෙසනවා නොවෙයි.' පින්වත් අග්ගිවෙස්සන, ඒ ධර්මය දේශනා කරල අවසන් වෙනවත් එක්ක ම මං කලින් හිටපු සමාධි නිමිත්තට ම සිත

ගන්නවා. ඒකෙම හිත පිහිටවනවා. එකඟ කරනවා. සමාහිත කරනවා. මං ඔය විදිහට තමයි හැම තිස්සෙ ම ඉන්නෙ."

"භවත් ගෞතමයන් වහන්සේගේ ඔය කටයුතු නම්, අරහත් සම්මා සම්බුදුවරයෙකුගේ කටයුතු වගේ තමයි. පින්වත් ගෞතමයන් වහන්සේ සාමාන්‍යයෙන් දවල් කාලෙ සැතපුන බව මතකද?"

"ඔව්, පින්වත් අග්ගිවෙස්සන, මට මතකයි. පායන කාලෙ අන්තිම මාසෙ දි, පිණ්ඩපාතෙ කරගෙන, දානෙ වැළඳුවට පස්සෙ, දෙපොට සිවුර හතරට නමලා සකස් කරගත්ත ආසනේ මත, දකුණු ඇළයට හැරිල, සිහියෙන් නුවණින් ටිකක් සැතපෙනවා මතකයි."

"භවත් ගෞතමයන් වහන්ස, ඇතැම් ශ්‍රමණ බ්‍රාහ්මණවරුන් ඔය නින්ද ගැන කියන්නෙ මුළාවෙන් ඉන්නවා කියල නේද?"

"නෑ. පින්වත් අග්ගිවෙස්සන, ඔච්චරකින් මුළා වුනා කියල හෝ, මුළා වුනේ නෑ කියල හෝ කියන්නෙ නෑ. මුළා වීමත්, මුළා නොවීමත් ගැන පින්වත් අග්ගිවෙස්සන, මං ඔබට කියා දෙන්නම්. හොඳට අහගන්න. හොඳින් තේරුම් ගන්න. මං කියා දෙන්නම්."

"එහෙමයි භවත් ගෞතමයන් වහන්ස" කියලා නිගණ්ඨ පුත්‍ර සච්චක භාග්‍යවතුන් වහන්සේට පිළිතුරු දුන්නා. එතකොට භාග්‍යවතුන් වහන්සේ මෙය වදාළා.

"පින්වත් අග්ගිවෙස්සන, යම්කිසි කෙනෙකුට සිත කිළුටු කරන ආශ්‍රවයන් තියෙනවා නම්, දුක් විපාක ඇති, පීඩා ඇති පුනර්භවය හදන, නැවත නැවත ඉපදීමත්, ජරා මරණත් හදන ඒ ආශ්‍රවයන් ප්‍රහීණ වෙලා නැත්නම්, අන්න ඒකටයි මුළාවෙනවා කියල කියන්නෙ. පින්වත් අග්ගිවෙස්සන, ආශ්‍රවයන් ප්‍රහීණ නොවීම ම යි 'මුළා වීම' කියන්නෙ.

ඒ වගේ ම පින්වත් අග්ගිවෙස්සන, යමෙක් තුළ සිත කිළුටු කරන ආශ්‍රව ඇද්ද, දුක් විපාක ඇති, පීඩා ඇති, පුනර්භවය ලබාදෙන, යළි යළිත් ඉපදීම, ජරා මරණ ලබාදෙන ඒ ආශ්‍රව කෙනෙක් තුළින් ප්‍රහාණය වෙලා ගියොත්, මං අන්න ඒකටයි 'මුළා නොවීම' කියල කියන්නෙ. පින්වත් අග්ගිවෙස්සන, ආශ්‍රවයන්ගේ ප්‍රහාණය ම යි මුළා නොවීම කියල කියන්නෙ.

පින්වත් අග්ගිවෙස්සන, සිත කිළුටු වෙන යම් ආශ්‍රව ඇත්නම්, දුක් විපාක ඇති, පීඩා ලබාදෙන, පුනර්භවයක් ලබාදෙන, යළි යළිත් ඉපදීම, ජරා මරණ ලබාදෙන ඒ ආශ්‍රව තථාගතයන් වහන්සේට ප්‍රහාණය වෙලා තියෙන්නේ. මුලින්

ම සිඳිල තියෙන්නේ. තල් ගසක කරටිය කැඩුනා වගේ වෙලා තියෙන්නේ. අභාවයට පත්වෙලා තියෙන්නේ. ආයෙ කවදාවත් හටගන්නෙ නෑ.

පින්වත් අග්ගිවෙස්සන, ඒක මේ වගේ දෙයක්. තල් ගසක කරටිය කැඩුනාට පස්සෙ ඒක ආයෙත් 'පැල වෙනවා' කියන එක සිද්ධ වෙන දෙයක් නොවෙයි. අන්න ඒ වගේ ම යි පින්වත් අග්ගිවෙස්සන, යම්කිසි සිත කිළුටු කරන ආශ්‍රව ඇත්නම් දුක් විපාක ලබාදෙන, පීඩා ලබාදෙන, පුනර්භවය ලබා දෙන, යළි යළිත් ඉපදීම, ජරා මරණ ලබාදෙන ඒ ආශ්‍රව තථාගතයන් වහන්සේට ප්‍රහාණය වෙලා තියෙන්නේ. මුලින් ම සිඳිල තියෙන්නේ. තල් ගසක කරටිය කැඩුණ වගේ වෙලා තියෙන්නේ. අභාවයට පත්වෙලා තියෙන්නේ. ආයෙ කවදාවත් හටගන්නෙ නෑ."

එතකොට නිගණ්ඨපුත්‍ර සච්චක භාග්‍යවතුන් වහන්සේට මෙහෙම කිව්වා "භවත් ගෞතමයන් වහන්ස, ආශ්චර්යයි! භවත් ගෞතමයන් වහන්ස, අද්භූතයි! භවත් ගෞතමයන් වහන්සේත් සමඟ කරුණු මතු කර කර කතා කරද්දි, භවත් ගෞතමයන් වහන්සේ ඒවා විවිධ ආකාරයෙන් විස්තර කරද්දි, ගෞතමයන් වහන්සේගේ රත්තරන් පාට සම තව තවත් බබලනවා. මුව මඬල තව තවත් ලස්සන වෙනවා. අරහත් සම්මා සම්බුදුවරයෙකුගේ වගේ ම යි.

භවත් ගෞතමයන් වහන්ස, මට මතකයි දවසක් මං පූරණකස්සපත් එක්ක වාදෙට ගියා. වාදෙ පටන් ගත්ත විතරයි ඒක වෙන කරුණකින් වැහුවා නෙව. අදාළ නැති කතාවල් ඇදල ගත්තා. කෝපයත්, ද්වේෂයත්, නොසතුටත් පහළ කළා. නමුත් භවත් ගෞතමයන් වහන්සේගෙන් ඒ විදිහට කරුණු අවුස්ස, අවුස්සා ප්‍රශ්න කරද්දි භවත් ගෞතමයන් වහන්සේ හරි හොඳට ඒවා විස්තර කරල දෙන කොට ඔය රත්තරන් පාට සම තව තවත් බබලනවා. මුව මඬල තව තවත් ලස්සන වෙනවා. අරහත් සම්මා සම්බුදුවරයෙකුගේ වගේ ම යි.

භවත් ගෞතමයන් වහන්ස, මම මක්ඛලී ගෝසාල ළඟටත් ගියා ....(පෙ).... අජිත කේසකම්බලී ළඟටත් ගියා ....(පෙ).... පකුධ කච්චායන ළඟටත් ගියා ....(පෙ).... සංජය බේලට්ඨිපුත්ත ළඟටත් ගියා ....(පෙ).... නිගණ්ඨ නාතපුත්ත ළඟටත් ගිහින් වාද කරන්න පටන් ගත්ත විතර යි කොහොම වාද කරන්න ද? වෙන කරුණකින් වහල දැම්මා නෙව. අදාළ නැති කතාවල් ඇදල ගත්තා. කෝපයත්, ද්වේෂයත්, නොසතුටත් පහළ කළා. නමුත් භවත් ගෞතමයන් වහන්සේගෙන් ඒ විදිහට කරුණු අවුස්ස, අවුස්සා ප්‍රශ්න කරද්දි භවත් ගෞතමයන් වහන්සේ හරි හොඳට ඒවා විස්තර කරල දෙන කොට ඔය රත්තරන් පාට සම තව තවත් බබලනවා. මුව මඬල තව තවත් ලස්සන වෙනවා. අරහත් සම්මා සම්බුදුවරයෙකුගේ වගේ ම යි.

භවත් ගෞතමයන් වහන්ස, අපි එහෙනම් දැන් යන්නම්. අපිට කළ යුතු බොහෝ වැඩ තියෙනවා නෙව."

"පින්වත් අග්ගිවෙස්සන, දැන් යමකට කාලය නම්, ඔබ එය දැනගන්න."

ඊටපස්සෙ නිගණ්ඨපුත්‍ර සච්චක භාග්‍යවතුන් වහන්සේ වදාළ දෙසුම සතුටින් පිළිඅරගෙන අනුමෝදන් වෙලා ආසනයෙන් නැගිටලා පිටත්ව ගියා.

**සාදු! සාදු!! සාදු!!!**

**සච්චක නිසා වදාළ විස්තරාත්මක දෙසුම නිමා විය.**

# 1.4.7.
# චූළ තණ්හාසංඛය සූත්‍රය
## තණ්හාව ගෙවා දැමීම ගැන වදාළ කුඩා දෙසුම

මා හට අසන්නට ලැබුනේ මේ විදිහටයි. ඒ දවස්වල භාග්‍යවතුන් වහන්සේ වැඩසිටියේ සැවැත් නුවර මිගාරමාතු ප්‍රාසාදය නම් වූ පූර්වාරාමයේ. එදා සක් දෙවිඳු භාග්‍යවතුන් වහන්සේව මුණගැසීමට පැමිණියා. පැමිණිලා භාග්‍යවතුන් වහන්සේට වන්දනා කළා. පැත්තකින් හිටගත්තා. ඊට පස්සෙ භාග්‍යවතුන් වහන්සේට මෙහෙම කිව්වා.

"ස්වාමීනි, භික්ෂුවක් තණ්හාව ගෙවල දාල, විමුක්තියට පත්වෙලා ස්ථිර වශයෙන් ම දුක් නිමා කළ, ස්ථිර වශයෙන් ම නිවනට පත් වූ, ස්ථිර වශයෙන් ම බ්‍රහ්මචාරී වූ, ස්ථිර වශයෙන් ම නිවන් මග සම්පූර්ණ කළ, දෙවි මිනිසුන්ට ශ්‍රේෂ්ඨ වූ කෙනෙක් වෙනවා කියල සාරාංශ කරල කිව්වොත් කියන්නෙ කොහොම ද?"

"පින්වත් දෙවිඳ, භික්ෂුවට මේ විදිහට අහන්න ලැබෙනවා. 'කිසිම දෙයක් ගැන තණ්හාවෙන් බැසගන්න සුදුසු නෑ' කියලා. ඉතින් පින්වත් දෙවිඳ, භික්ෂුව ඔය විදිහට ඇහුවට පස්සේ කිසි ම දෙයක් ගැන තණ්හාවෙන් බැසගන්න සුදුසු නෑ කියල, ඔහු ඒ හැම දෙයක් ම අවබෝධ කරනවා. ඔහු ඒ හැම දෙයක් ම අවබෝධ කරලා, ඒ හැම දෙයක් ම විනිවිද යථාර්ථය දකිනවා. ඒ හැම දෙයක් ම විනිවිද යථාර්ථය දැක්කට පස්සේ, ඔහු යම්කිසි වේදනාවක් විඳිනවා නම්, ඒ වේදනාව සැපක් වෙන්න පුළුවනි, දුකක් වෙන්න පුළුවනි. එහෙම නැත්නම් මධ්‍යස්ථ වෙන්නත් පුළුවනි. ඒ හැම වේදනාවක් ගැන ම අනිත්‍ය දකිමින් ඉන්නවා. නොඇල්ම දකිමින් ඉන්නවා. ඇල්ම නිරුද්ධ වීම දකිමින් ඉන්නවා. ඇල්ම දුරුවීම දකිමින් ඉන්නවා. ඔහු ඒ විදිහට හැම වේදනාවක් ගැන ම අනිත්‍ය දකිමින් ඉන්න කොට, නොඇල්ම දකිමින් ඉන්න කොට, ඇල්ම නිරුද්ධ වීම දකිමින් ඉන්න කොට, ඇල්ම දුරු වීම දකිමින් ඉන්න කොට, ලෝකෙ කිසිවකට

බැඳෙන්නෙ නෑ. නොබැඳී ඉන්න කොට, ඇලෙන්නෙ නෑ. නො ඇලී ඉන්න කොට තමන් තුළ ම පිරිනිවන් පෑම ඇතිවෙනවා. 'ඉපදීම නැතිවුනා. බඹසර ජීවිතේ සම්පූර්ණ කළා. කළයුත්ත කළා. නිවන පිණිස කළ යුතු වෙන දෙයක් නැතෙයි' කියල අවබෝධ කරගන්නවා. පින්වත් දෙවිඳ, භික්ෂුවක් තණ්හාව ගෙවා දාල, විමුක්තියට පත්වුනොත්, ස්ථිරව ම දුක් නිමා කළොත්, ස්ථිරව ම නිවනට පත්වුනොත්, ස්ථිරව ම බ්‍රහ්මචාරී වුනොත්, ස්ථිරව ම නිවන් මග අවසන් කළොත්, දෙවි මිනිසුන්ට ශ්‍රේෂ්ඨ වුනොත් අන්න ඒ ගැන සාරාංශ වශයෙන් කියන්න තියෙන්නෙ ඔන්න ඔය විදිහට තමයි."

එතකොට සක්දෙව්රජ භාග්‍යවතුන් වහන්සේ වදාළ දේ ගැන සතුටු වුනා. අනුමෝදන් වුනා. ඊට පස්සෙ භාග්‍යවතුන් වහන්සේට වන්දනා කළා. පැදකුණු කළා. එතන ම නොපෙනී ගියා.

ඒ මොහොතේ දී ආයුෂ්මත් මහාමොග්ගල්ලානයන් වහන්සේ භාග්‍යවතුන් වහන්සේට නුදුරින් වාඩිවෙලයි හිටියේ. ඉතින් ආයුෂ්මත් මහාමොග්ගල්ලානයන් වහන්සේට මෙහෙම හිතුනා. 'ඇත්තෙන් ම ඒ දිව්‍ය රාජයා භාග්‍යවතුන් වහන්සේ වදාළ ධර්මය තේරුම් අරගෙන අනුමෝදන් වුනා ද? නොතේරිලා අනුමෝදන් වුනාද? එහෙම නම් මම ඒ කාරණය ඒ දිව්‍ය රාජයාගෙන් ම දැන ගන්න ඕන. ඒ දිව්‍ය රාජයා භාග්‍යවතුන් වහන්සේ වදාළ ධර්මය තේරුම් අරගෙන අනුමෝදන් වුනා ද, තේරුම් නොගෙන අනුමෝදන් වුනා ද' කියලා. ඉතින් ආයුෂ්මත් මහාමොග්ගල්ලානයන් වහන්සේ බලවත් පුරුෂයෙක් හැකිලූ අතක් දිගහරිනවා වගේ, දික්කල අතක් හකුල ගන්නවා වගේ, ඒ විදිහට ම මිගාරමාතු ප්‍රාසාදය නම් වූ පූර්වාරාමයෙන් අතුරුදහන් වෙලා තව්තිසා දෙවියන් අතර පහළ වුණා.

එතකොට ඒ වෙලාවෙ ශක්‍ර දෙවියන් 'තනි සුදු නෙළුම' (ඒක පුණ්ඩරීක) කියන උයනේ දිව්‍ය වූ පන්සීයක් තූර්ය වාදනයන්ගෙන් සතුටු වෙවී හිටියා. දුරින් ම වඩින ආයුෂ්මත් මහාමොග්ගල්ලානයන් වහන්සේව ශක්‍ර දෙවියො දැක්කා. දැකලා හනිකට ඒ පන්සීයක් තූර්ය වාදන නවත්වලා දැම්මා. ආයුෂ්මත් මහාමොග්ගල්ලානයන් වහන්සේ ළඟට ගියා. ගිහින් ආයුෂ්මත් මහා මොග්ගල්ලානයන් වහන්සේට මෙහෙම කිව්වා, "හා! පින්වත් නිදුකාණන් වූ මොග්ගල්ලානයන් වහන්ස, වඩින සේක්වා! පින්වත් නිදුකාණන් වූ මොග්ගල්ලානයන් වහන්සේට සුභ පැමිණීමක් වේවා! පින්වත් නිදුකාණන් වූ මොග්ගල්ලානයන් වහන්සේ, මේ පැත්තෙ වැඩියෙ කාලෙකින් නෙව. පින්වත් නිදුකාණන් වූ මොග්ගල්ලානයන් වහන්සේ මේ පැණවූ අසුනෙ වැඩඉන්න සේක්වා!"

ඉන්පසු ආයුෂ්මත් මහාමොග්ගල්ලානයන් වහන්සේ ඒ පැණවූ අසුනේ වැඩසිටියා. එතකොට ශක්‍ර දෙවියනුත් එක්තරා කුඩා ආසනයක් අරගෙන මොග්ගල්ලාන තෙරුන් අසලින් ම වාඩිවුනා. එහෙම පැත්තකින් වාඩිවුන සක් දෙවිඳුන් ගෙන් ආයුෂ්මත් මහාමොග්ගල්ලානයන් වහන්සේ මෙහෙම ඇහුවා. "පින්වත් දිව්‍ය රාජය, අපගේ භාග්‍යවතුන් වහන්සේ භික්ෂුවක් තණ්හාව ගෙවල දාලා, විමුක්තියට පත්වන ආකාරය ගැන සාරාංශ වශයෙන් ඔබට වදාළා නේද? අනේ අපිත් ඉතින් හරි කැමතියි ඒ බණ ටික අහගන්න."

"පින්වත් නිදුකාණන් වූ මොග්ගල්ලානයන් වහන්ස, අපට ඉතින් බොහොම වැඩ නෙව. අපට මේ වැඩවල ඉවරයක් නෑ. අනික එහෙන් අපේ වැඩ. එහෙන් තව්තිසා දෙවියන්ගේ වැඩ. ඉතින් පින්වත් නිදුකාණන් වූ මොග්ගල්ලානයන් වහන්ස, අපි කොයිතරම් හොඳට ඇහුවත්, කොයිතරම් හොඳට ඉගෙන ගත්තත්, කොයිතරම් හොඳට නුවණින් මෙනෙහි කළත්, කොයිතරම් හොඳට මතක තියාගත්තත්, කොහෙද මේ වැඩ නිසා හනික අමතක වෙනවා නෙව.

පින්වත් නිදුකාණන් වූ මොග්ගල්ලානයන් වහන්ස, මං පරණ සිද්ධියක් කියන්නම්. ඔන්න සුර අසුර යුද්ධයක් ඇතිවුනා. පින්වත් නිදුකාණන් වූ මොග්ගල්ලානයන් වහන්ස, ඒ යුද්ධයෙන් දෙවියෝ දිනුවා. අසුරයෝ පැරදුනා. ඉතින් පින්වත් නිදුකාණන් වූ මොග්ගල්ලානයන් වහන්ස, මං ඒ යුද්ධෙ දිනල, ජය අරගෙන, ඊට පස්සෙ තමයි 'වෛජයන්ත' කියන ප්‍රාසාදෙ මැව්වේ. පින්වත් නිදුකාණන් වූ මොග්ගල්ලානයන් වහන්ස, හප්පා! ඒක නෙව බලන්න ඕන. තට්ටු සීයක් උසයි. හැම තට්ටුවේ ම මුදුන් වහළ තියෙන ශාලා හත්සීය ගානෙ තියෙනවා. ඒ එක එක ශාලාවට දිව්‍ය අප්සරාවන් හත් දෙනා ගානෙ ඉන්නවා. ඒ දිව්‍ය අප්සරාවන්ට උපස්ථාන කරන දිව්‍ය සේවිකාවන්, එක අප්සරාවකට හත් දෙනා ගානෙ ඉන්නවා. ඉතින් පින්වත් නිදුකාණන් වූ මොග්ගල්ලානයන් වහන්ස, අපේ ඒ ලස්සන වෛජයන්ත ප්‍රාසාදෙ බලන්න යමු ද? ආයුෂ්මත් මහාමොග්ගල්ලානයන් වහන්සේ නිහඬව වැඩසිටිමින් ඒ ආරාධනාව පිළිගත්තා.

ඉතින් ශක්‍ර දෙවියොත්, වෙසමුණි දෙව් රජුත් ආයුෂ්මත් මහා මොග්ගල්ලානයන් වහන්සේ පෙරටු කරගෙන වෛජයන්ත ප්‍රාසාදෙට ගියා. එතකොට ශක්‍ර දෙවියන්ට උපස්ථාන කරන දිව්‍ය අප්සරාවන් මහා මොග්ගල්ලානයන් වහන්සේ වඩිනවා දුර දී ම දැක්කා. දැකලා බියට පත්වුනා. ලැජ්ජාවට පත්වුනා. තම තමන්ගේ කාමරවලට හනි හනිකට රිංග ගත්තා. මාමණ්ඩිය දැකපු ලේලි ලැජ්ජා භය ඇති කරගත්තා වගෙයි. අන්න ඒ විදිහට ම ආයුෂ්මත් මහාමොග්ගල්ලානයන් වහන්සේව දුරින් ම දැක්කට පස්සේ සක්

දෙව්ඳුගේ උපස්ථායක දිව්‍ය අප්සරාවන් බිය වුනා. ලැජ්ජාවට පත්වුනා. හනි හනිකට තම තමන්ගේ කාමරවලට රිංගගත්තා. ඔය අතරෙ ශක්‍ර දෙවියොත්, වෙසමුණි දෙව් රජුත් ආයුෂ්මත් මහාමොග්ගල්ලානයන් වහන්සේට වෛජයන්ත ප්‍රාසාදයේ විසිතුරු පෙන්න පෙන්න ගියා.

"පින්වත් නිදුකාණන් වූ මහාමොග්ගල්ලානයන් වහන්ස, වෛජයන්ත ප්‍රාසාදයේ මේ පැත්ත ලස්සන බලන්නකො. පින්වත් නිදුකාණන් වූ මොග්ගල්ලානයන් වහන්ස, බලන්නකො වෛජයන්ත ප්‍රාසාදයෙ මේ පැත්තෙ ලස්සන. 'ආයුෂ්මත් සක්දෙව් රජුන්ට පෙර පින් කළ නිසා ම යි මෙවැනි දේවල් ලැබෙන්නෙ' කියල දෙවිවරු කියනවා. මනුෂ්‍යයින්ටත් මේ විදිහේ ලස්සන දෙයක් ලැබුනා ම 'ඕක නම් තව්තිසාවෙ දෙවියන්ටත් හොඳයි' කියල කියනවා. ඒ වගේම ඔය පින්වත් දිව්‍ය රාජයාටත් පෙර පිනට ම යි ඔය වගේ දේවල් ලැබෙන්නෙ කියල දෙවිවරු කියනවා."

එතකොට ආයුෂ්මත් මහාමොග්ගල්ලානයන් වහන්සේට මෙහෙම හිතුණා. 'මේ දිව්‍ය රාජයා හරිම මෝඩයි. ප්‍රමාදයෙන් ම යි කල් යවන්නෙ. මං මේ දිව්‍ය රාජයාව සංවේගයට පත්කරන්න ඕන' කියලා. ඉතින් ආයුෂ්මත් මහා මොග්ගල්ලානයන් වහන්සේ ඉර්ධි බලයෙන් තමන්ගේ පාදයේ මහපට ඇඟිල්ලෙන් වෛජයන්ත ප්‍රාසාදෙ කරකෝල දැම්මා. කම්පා කෙරෙව්වා. බලවත්ව කම්පා කෙරෙව්වා. එතකොට ශක්‍ර දෙවියනුත්, වෙසමුණි දිව්‍ය රජුත්, තව්තිසා දෙවියොත් විස්මයට පත්වුණා. "පින්වත්නි, ආශ්චර්යයයි! පින්වත්නි, අද්භූතයි! මේ ශ්‍රමණයන් වහන්සේ එතරම් ම මහා ඉර්ධිමත්. මහානුභාව සම්පන්නයි. මෙවැනි වූ දිව්‍ය භවනක් පවා පාදයේ මහපට ඇඟිල්ලෙන් කරකෝනව නෙව. කම්පා කරනව නෙව. බලවත්ව කම්පා කරනවා නෙව" කියලා.

සංවේගයට පත්වෙලා, තැති අරගෙන, ඇගේ මවිල් කෙලින් කරගෙන ඉන්න සක් දෙව්ඳුව දැකලා ආයුෂ්මත් මහාමොග්ගල්ලානයන් වහන්සේ ඒ සක් දෙව්ඳුගෙන් මෙහෙම ඇහුවා. "ඉතින් පින්වත් දිව්‍ය රාජය, අපගේ භාග්‍යවතුන් වහන්සේ තණ්හාව ගෙවා දාල, විමුක්තියට පත්වෙන හැටි සාරාංශ කරල වදාළ නේද? ඇත්තෙන් ම ඉතින් ඒ බණ ටික අහන්න අපිත් කැමතියි."

"පින්වත් නිදුකාණන් වූ මොග්ගල්ලානයන් වහන්ස, එදා මං භාග්‍යවතුන් වහන්සේ බැහැදකින්න ගියා. ගිහින් භාග්‍යවතුන් වහන්සේට වන්දනා කරල පැත්තකින් හිටගත්තා. ඉතින් පින්වත් මොග්ගල්ලානයන් වහන්ස, පැත්තකින් හිටගත්තු මං භාග්‍යවතුන් වහන්සේගෙන් මෙහෙම ඇහුවා.

'ස්වාමීනි, භික්ෂුවක් තණ්හාව ගෙවා දාල විමුක්තියට පත්වෙච්ච බව, සථිර වශයෙන්ම දුක් නිමා කළ බව, ස්ථිර වශයෙන්ම නිවනට පත් වූ බව, ස්ථිරව ම බ්‍රහ්මචාරී වුන බව, ස්ථිර ව ම නිවන් මග සම්පූර්ණ කළ බව, දෙව් මිනිසුන් අතර ශ්‍රේෂ්ඨ බව සාරාංශ වශයෙන් දැනගන්නෙ කොහොම ද?' කියල. පින්වත් නිදුක් වූ මොග්ගල්ලානයන් වහන්ස, එතකොට භාග්‍යවතුන් වහන්සේ මට මෙහෙම වදාළා.

'පින්වත් දෙවිඳ, භික්ෂුවට මේ විදිහට අහන්න ලැබෙනවා. 'කිසිම දෙයක් ගැන තණ්හාවෙන් බැසගන්න සුදුසු නෑ' කියලා. ඉතින් පින්වත් දෙවිඳ, භික්ෂුව ඔය විදිහට ඇහුවට පස්සේ කිසි ම දෙයක් ගැන තණ්හාවෙන් බැසගන්න සුදුසු නෑ කියල, ඔහු ඒ හැම දෙයක් ම අවබෝධ කරනවා. ඔහු ඒ හැම දෙයක් ම අවබෝධ කරලා, ඒ හැම දෙයක් ම විනිවිද යථාර්ථය දකිනවා. ඒ හැම දෙයක් ම විනිවිද යථාර්ථය දැක්කට පස්සේ, ඔහු යම්කිසි වේදනාවක් විඳිනවා නම්, ඒ වේදනාව සැපක් වෙන්න පුළුවනි, දුකක් වෙන්න පුළුවනි. එහෙම නැත්නම් මධ්‍යස්ථ වෙන්නත් පුළුවනි. ඒ හැම වේදනාවක් ගැන ම අනිත්‍ය දකිමින් ඉන්නවා. නොඇල්ම දකිමින් ඉන්නවා. ඇල්ම නිරුද්ධ වීම දකිමින් ඉන්නවා. ඇල්ම දුරුවීම දකිමින් ඉන්නවා. ඔහු ඒ විදිහට හැම වේදනාවක් ගැන ම අනිත්‍ය දකිමින් ඉන්න කොට, නොඇල්ම දකිමින් ඉන්න කොට, ඇල්ම නිරුද්ධ වීම දකිමින් ඉන්න කොට, ඇල්ම දුරු වීම දකිමින් ඉන්න කොට, ලෝකෙ කිසිවකට බැඳෙන්නෙ නෑ. නොබැඳී ඉන්න කොට, ඇලෙන්නෙ නෑ. නොඇලී ඉන්න කොට තමන් තුළ ම පිරිනිවන් පෑම ඇතිවෙනවා. 'ඉපදීම නැතිවුනා. බඹසර ජීවිතේ සම්පූර්ණ කළා. කළයුත්ත කළා. නිවන පිණිස කළ යුතු වෙන දෙයක් නැතෙයි' කියල අවබෝධ කරගන්නවා. පින්වත් දෙවිඳ, භික්ෂුවක් තණ්හාව ගෙවා දාල, විමුක්තියට පත්වුනොත්, ස්ථිරව ම දුක් නිමා කළොත්, ස්ථිරව ම නිවනට පත්වුනොත්, ස්ථිරව ම බ්‍රහ්මචාරී වුනොත්, ස්ථිරව ම නිවන් මග අවසන් කළොත්, දෙව් මිනිසුන්ට ශ්‍රේෂ්ඨ වුනොත් අන්න ඒ ගැන සාරාංශ වශයෙන් කියන්න තියෙන්නෙ ඔන්න ඔය විදිහට තමයි' කියලා.

පින්වත් නිදුකාණන් වූ මොග්ගල්ලානයන් වහන්ස, භාග්‍යවතුන් වහන්සේ තණ්හාව ගෙවා දැමීමෙන් විමුක්තිය ලබන ආකාරය ගැන සාරාංශ වශයෙන් වදාළේ ඔය විදිහට යි."

ඉතින් එතකොට ආයුෂ්මත් මහාමොග්ගල්ලානයන් වහන්සේ සක් දෙවිඳු ගේ ඒ කියමන සතුටින් පිළිගත්තා. සතුටින් අනුමෝදන් වුනා. ඊට පස්සෙ ශක්තිමත් පුරුෂයෙක් හැකිලූ අතක් දිගහරිනවා වගේ, දිගඇරපු අතක් හකුලනවා වගේ තව්තිසා දෙව් ලොවින් නොපෙනී ගිහින් මිගාරමාතු ප්‍රාසාදය කියන පූර්වාරාමයේ පහළ වුනා.

ආයුෂ්මත් මහාමොග්ගල්ලානයන් වහන්සේ දෙව්ලොවින් වැඩියට පස්සෙ සක් දෙවිඳු ගේ දිව්‍ය අප්සරාවෝ සක් දෙවිඳුන් වට කරගෙන මෙහෙම අහන්න පටන් ගත්තා."නිදුකාණෙනි, අනේ ඒ වැඩියේ ඔබගේ ශාස්තෘ වූ ඒ භාග්‍යවතුන් වහන්සේ නේද?"

"නෑ. ප්‍රියම්බිකාවනි, ඒ භාග්‍යවත් වූ ශාස්තෘන් වහන්සේ නොවෙයි ඒ වැඩියේ. ඒ අපගේ සබ්‍රහ්මචාරීන් වහන්සේ නමක් වන ආයුෂ්මත් මහා මොග්ගල්ලානයන් වහන්සේ."

"නිදුකාණෙනි, ඇත්තෙන් ම ඔබට ලාභයක්. ඔබේ ඒ යහළු සබ්‍රහ්මචාරීන් වහන්සේ ඔය තරම් මහා ඉර්ධිමත් නම්, මහානුභාව සම්පන්න නම්, ඒ භාග්‍යවත් ශාස්තෘන් වහන්සේ කොයිතරම් අසිරිමත් ඇද්ද?"

ආයුෂ්මත් මහාමොග්ගල්ලානයන් වහන්සේ භාග්‍යවතුන් වහන්සේව බැහැදකින්න ගියා. ගිහින් භාග්‍යවතුන් වහන්සේට වන්දනා කරලා, පැත්තකින් වාඩිවුනා. වාඩිවෙලා භාග්‍යවතුන් වහන්සේට මෙහෙම කිව්වා.

"ස්වාමීනි, භාග්‍යවතුන් වහන්ස, කවුරු හරි ඉතා ප්‍රසිද්ධ මහේශාක්‍ය දිව්‍ය රාජයෙකුට තණ්හාව ගෙවල දාල, විමුක්තියට පත්වන හැටි සාරාංශ කොට වදාළ බව භාග්‍යවතුන් වහන්සේට මතකද?"

"ඔව්. පින්වත් මොග්ගල්ලාන, මට මතකයි. සක් දෙවිඳු මගේ ළඟට ආවා. ඇවිදින් මට වැඳල පැත්තකින් හිටගත්තා. පින්වත් මොග්ගල්ලාන, ඊට පස්සෙ ඒ සක් දෙවිඳු මගෙන් මෙහෙම ඇහුවා. 'ස්වාමීනි, භික්ෂුවක් තණ්හාව ගෙවල දාල, විමුක්තියට පත්වුන එක ගැන, ස්ථිර ව ම දුක් කෙළවර කළ බව, ස්ථිර ව ම නිවනට පත්වුන බව, ස්ථිරව ම බ්‍රහ්මචාරී වුන බව, ස්ථිරව ම නිවන් මග අවසන් කළ බව, දෙව් මිනිසුන්ට ශ්‍රේෂ්ඨ බව, සාරංශ වශයෙන් පවසන්නෙ කොහොමද?' කියලා.

එතකොට පින්වත් මොග්ගල්ලාන, මං ඒ සක් දෙවිඳු ට මෙහෙම කිව්වා. 'පින්වත් දෙවිඳ, භික්ෂුවට මේ විදිහට අහන්න ලැබෙනවා. 'කිසිම දෙයක් ගැන තණ්හාවෙන් බැසගන්න සුදුසු නෑ' කියලා. ඉතින් පින්වත් දෙවිඳ, භික්ෂුව ඔය විදිහට ඇහුවට පස්සේ කිසිම දෙයක් ගැන තණ්හාවෙන් බැසගන්න සුදුසු නෑ කියල, ඔහු ඒ හැම දෙයක් ම අවබෝධ කරනවා. ඔහු ඒ හැම දෙයක් ම අවබෝධ කරලා, ඒ හැම දෙයක් ම විනිවිද යථාර්ථය දකිනවා. ඒ හැම දෙයක් ම විනිවිද යථාර්ථය දැක්කට පස්සේ, ඔහු යම්කිසි වේදනාවක් විඳිනවා නම්, ඒ වේදනාව සැපක් වෙන්න පුළුවනි, දුකක් වෙන්න පුළුවනි. එහෙම නැත්නම්

මධ්‍යස්ථ වෙන්නත් පුළුවනි. ඒ හැම වේදනාවක් ගැන ම අනිත්‍ය දකිමින් ඉන්නවා. නොඇල්ම දකිමින් ඉන්නවා. ඇල්ම නිරුද්ධ වීම දකිමින් ඉන්නවා. ඇල්ම දුරුවීම දකිමින් ඉන්නවා. ඔහු ඒ විදිහට හැම වේදනාවක් ගැන ම අනිත්‍ය දකිමින් ඉන්න කොට, නොඇල්ම දකිමින් ඉන්න කොට, ඇල්ම නිරුද්ධ වීම දකිමින් ඉන්න කොට, ඇල්ම දුරු වීම දකිමින් ඉන්න කොට, ලෝකෙ කිසිවකට බැඳෙන්නෙ නෑ. නොබැඳී ඉන්න කොට, ඇලෙන්නෙ නෑ. නොඇලී ඉන්න කොට තමන් තුළ ම පිරිනිවන් පෑම ඇතිවෙනවා. 'ඉපදීම නැතිවුනා. බඹසර ජීවිතේ සම්පූර්ණ කළා. කළයුත්ත කළා. නිවන පිණිස කළ යුතු වෙන දෙයක් නැතෙයි' කියල අවබෝධ කරගන්නවා. පින්වත් දෙවිඳ, භික්ෂුවක් තණ්හාව ගෙවා දාල, විමුක්තියට පත්වුනොත්, ස්ථිරව ම දුක් නිමා කළොත්, ස්ථිරව ම නිවනට පත්වුනොත්, ස්ථිරව ම බ්‍රහ්මචාරී වුනොත්, ස්ථිරව ම නිවන් මග අවසන් කළොත්, දෙවි මිනිසුන්ට ශ්‍රේෂ්ඨ වුනොත් අන්න ඒ ගැන සාරාංශ වශයෙන් කියන්න තියෙන්නෙ ඔන්න ඔය විදිහට තමයි' කියලා.

පින්වත් මොග්ගල්ලාන, මං ඔන්න ඔය විදිහට සක් දෙවිඳුට තණ්හාව ගෙවා දාල, විමුක්තියට පත්වන හැටි කිව්වා මතකයි."

භාග්‍යවතුන් වහන්සේ මෙය වදාළා. ආයුෂ්මත් මහාමොග්ගල්ලානයන් වහන්සේට හරිම සතුටුයි. ආයුෂ්මත් මහාමොග්ගල්ලානයන් වහන්සේ භාග්‍යවතුන් වහන්සේ වදාළ මේ දේශනාව සාදු නාද නංවමින් සතුටින් පිළිගත්තා.

සාදු! සාදු!! සාදු!!!

**තණ්හාව ගෙවා දැමීම ගැන වදාළ කුඩා දෙසුම නිමා විය.**

# 1.4.8.
# මහා තණ්හාසංඛය සූත්‍රය
## තණ්හාව ගෙවා දැමීම ගැන වදාළ විස්තරාත්මක දෙසුම

මා හට අසන්නට ලැබුනේ මේ විදිහටයි. ඒ දවස්වල භාග්‍යවතුන් වහන්සේ වැඩසිටියේ සැවැත් නුවර ජේතවනය නම් වූ අනේපිඬු සිටුතුමාගේ ආරාමයේ. ඒ දවස්වල ම කේවට්ටපුත්‍ර සාති කියන භික්ෂුවට මේ විදිහේ පාපී මිථ්‍යා දෘෂ්ටියක් ඇතිවෙලා තිබුනා. 'භවයෙන් භවයට සැරිසරා යන්නෙ එක ම විඤ්ඤාණයක් මිස වෙන දෙයක් නොවෙයි. භාග්‍යවතුන් වහන්සේ ඒ විදිහට වදාළ ධර්මය මම දන්නවා' කියලා.

ඉතින් බොහෝ භික්ෂූන් වහන්සේලාට මේ කතාව ආරංචි වුනා. කේවට්ට පුත්‍ර සාති කියන භික්ෂුවට මේ විදිහේ පාපී මිථ්‍යා දෘෂ්ටියක් ඇති වෙලා තියෙනවා කියල. 'භවයෙන් භවයට සැරිසරා යන්නෙ එක ම විඤ්ඤාණයක් මිස වෙන දෙයක් නොවෙයි. භාග්‍යවතුන් වහන්සේ ඔය විදිහට දේශනා කරපු ධර්මය මම දන්නවා' කියලා. එතකොට ඒ භික්ෂූන් වහන්සේලා කේවට්ටපුත්‍ර සාති භික්ෂුව ළඟට ගියා. ගිහින් කේවට්ටපුත්‍ර සාති භික්ෂුවගෙන් මෙහෙම ඇහුවා.

"ප්‍රිය ආයුෂ්මත් සාති, ඔබ තුළ මෙවැනි පාපී මිථ්‍යා දෘෂ්ටියක් ඇති වෙලා තියෙනවා කියන්නෙ ඇත්තක් ද? 'භවයෙන් භවයට සැරිසරා යන්නෙ එකම විඤ්ඤාණයක් මිස වෙන දෙයක් නොවෙයි. භාග්‍යවතුන් වහන්සේ ඒ විදිහට වදාළ ධර්මය මම දන්නවා' කියල?"

"ඔව්. ප්‍රිය ආයුෂ්මතුනි, භවයෙන් භවයට සැරිසරා යන්නෙ එක ම විඤ්ඤාණයක් මිස වෙන දෙයක් නොවෙයි කියල භාග්‍යවතුන් වහන්සේ ඒ විදිහට වදාළ ධර්මය මම දන්නවා."

ඊට පස්සෙ ඒ භික්ෂූන් වහන්සේලා කේවට්ටපුත්‍ර සාති භික්ෂුවව ඒ පාපී මිථ්‍යා දෘෂ්ටියෙන් නිදහස් කරන්න හිතාගෙන ප්‍රශ්න කළා. ප්‍රශ්න කර කර දහම් කරුණු කියා දුන්නා. මෙහෙමත් කිව්වා.

"ප්‍රිය ආයුෂ්මතුනි, ඔය විදිහට කියන්න එපා! ඔය විදිහට කියල භාග්‍යවතුන් වහන්සේට අභූතයෙන් චෝදනා කරන්න එපා! භාග්‍යවතුන් වහන්සේට අභූතයෙන් චෝදනා කිරීම හොඳ දෙයක් නම් නෙවෙයි. භාග්‍යවතුන් වහන්සේ කවදාවත් ඔහොම වදාරන්නෙ නෑ. ප්‍රිය ආයුෂ්මත් සාති, (ඇයි මතක නැද්ද?) භාග්‍යවතුන් වහන්සේ නොයෙක් ආකාරයෙන් විඤ්ඤාණය ගැන වදාළේ 'විඤ්ඤාණය පටිච්චසමුප්පන්නයි. (පටිච්චසමුප්පාදය තුළ හටගත්ත එකක්.) කියල නෙ. හේතූන්ගෙන් තොරව විඤ්ඤාණයේ හටගැනීමක් නෑ කියල නෙ'"

ඔය විදිහට කේවට්ටපුත්‍ර සාති භික්ෂුවට ඒ භික්ෂූන් වහන්සේලා කරුණු විමස විමසා පැහැදිලි කරල කියද්දිත්, ඔහු ඒ පාපී මිථ්‍යා දෘෂ්ටිය ම තදින් අල්ලගෙන, ඒකට ම බැඳිල ආයෙත් ඒක ම කියනවා. "ප්‍රිය ආයුෂ්මතුන් වහන්ස, එහෙම කිව්වට, භාග්‍යවතුන් වහන්සේ ඔය විදිහට වදාළ ධර්මය මම නෙව දන්නෙ. භවයෙන් භවයට ගමන් කරන්නෙ එක ම විඤ්ඤාණයක් මිස වෙන මොකවත් නෑ."

ඉතින් කේවට්ටපුත්‍ර සාති භික්ෂුව ඒ පාපී මිථ්‍යා දෘෂ්ටියෙන් ගලව ගන්න ඒ භික්ෂූන් වහන්සේලාට බැරිවුනා. එතකොට ඒ භික්ෂූන් වහන්සේලා භාග්‍යවතුන් වහන්සේ ළඟට ගියා. ගිහින් භාග්‍යවතුන් වහන්සේට වන්දනා කළා. පැත්තකින් වාඩිවුනා. වාඩිවෙලා භාග්‍යවතුන් වහන්සේට මෙහෙම කිව්වා.

"ස්වාමීනී, කේවට්ටපුත්‍ර සාති කියන භික්ෂුවට මේ විදිහේ පාපී මිථ්‍යා දෘෂ්ටියක් ඇති වෙලා තියෙනවා. 'භවයෙන් භවයට සැරිසරා යන්නෙ එකම විඤ්ඤාණයක් මිස වෙන දෙයක් නොවෙයි. භාග්‍යවතුන් වහන්සේ ඒ විදිහට දේශනා කරපු ධර්මයක් තමයි මම දන්නෙ' කියල. ඉතින් ස්වාමීනී, අපටත් ඕක ආරංචි වුනා. කේවට්ටපුත්‍ර සාති භික්ෂුවට ඔය විදිහේ මිථ්‍යා දෘෂ්ටියක් ඇති වෙලා තියෙනවා කියල. ඒ තමයි 'භවයෙන් භවයට ගමන් කරන්නෙ එක ම විඤ්ඤාණයක් මිස වෙන මොනව වත් නොවෙයි. භාග්‍යවතුන් වහන්සේ ඔය විදිහට දේශනා කරපු ධර්මයක් තමයි මම දන්නෙ' කියල.

ඉතින් ස්වාමීනී, අපි කේවට්ටපුත්‍ර සාති භික්ෂුව ළඟට ගිහින් කේවට්ටපුත්‍ර සාති භික්ෂුවගෙන් මෙහෙම ඇහුවා. 'ප්‍රිය ආයුෂ්මත් සාති, ඔබ තුළ මෙවැනි පාපී මිථ්‍යා දෘෂ්ටියක් ඇතිවෙලා තියෙනවා කියන්නෙ ඇත්තක් ද? 'භවයෙන් භවයට සැරිසරා යන්නෙ එකම විඤ්ඤාණයක් මිස වෙන දෙයක් නොවෙයි. භාග්‍යවතුන් වහන්සේ ඔය විදිහට වදාළ ධර්මයක් තමයි මම දන්නෙ' කියල.

ස්වාමීනී, අපි එහෙම ඇහුවා ම, කේවට්ට පුත්‍ර සාති භික්ෂුව අපට මෙහෙම කිව්වා නෙව. 'ඔව්. ප්‍රිය ආයුෂ්මතුනි, භාග්‍යවතුන් වහන්සේ ඔය විදිහට

වදාළ ධර්මයක් තමයි මම දන්නෙ. මේ භවයෙන් භවයට ගමන් කරන්නෙ එක ම විඤ්ඤාණයක් මිස වෙන දෙයක් නොවෙයි' කියලා.

එතකොට ස්වාමීනී අපි කේවට්ට පුත්‍ර සාති භික්ෂුවව ඔය පාපී මිථ්‍යා දෘෂ්ටියෙන් ගලවගන්න හිතාගෙන නොයෙක් ආකාරයෙන් කරුණු කිව්වා. පැහැදිලි කළා. 'හා...... හා...... ප්‍රිය ආයුෂ්මත් සාති, ඔහොම කියන්න එපා! භාග්‍යවතුන් වහන්සේට අභූතයෙන් චෝදනා කරන්න එපා! භාග්‍යවතුන් වහන්සේට අභූතයෙන් චෝදනා කිරීම හොඳ දෙයක් නම් නොවෙයි. භාග්‍යවතුන් වහන්සේ කවදාවත් ඔහොම වදාරන්නෙ නෑ. ප්‍රිය ආයුෂ්මත් සාති, (ඇයි මතක නැද්ද?) භාග්‍යවතුන් වහන්සේ නොයෙක් ආකාරයෙන් විඤ්ඤාණය ගැන වදාළේ 'විඤ්ඤාණය පටිච්චසමුප්පන්නයි කියල නෙ. හේතූන්ගෙන් තොරව විඤ්ඤාණය හටගන්නෙ නැහැ කියල නෙ' ඉතින් ස්වාමීනී, ඔය විදිහට අපි නොයෙක් ආකාරයෙන් කරුණු කියද්දිත්, කරුණු පැහැදිලි කරද්දිත්, කේවට්ට පුත්‍ර සාති භික්ෂුව ඒ පාපී මිථ්‍යා දෘෂ්ටිය ම අල්ලගෙන, ඒකට ම කැරකි කැරකි එනවා. 'ප්‍රිය ආයුෂ්මතුනි, ඔහොම කිව්වට, ඔය විදිහට භාග්‍යවතුන් වහන්සේ වදාළ ධර්මය මං නෙව දන්නෙ. භවයෙන් භවයට ගමන් කරන්නෙ එක ම විඤ්ඤාණයක් මිස වෙන මොකවත් නොවෙයි.' ඉතින් ස්වාමීනි, කේවට්ටපුත්‍ර සාති භික්ෂුවව ඒ පාපී මිථ්‍යා දෘෂ්ටියෙන් ගලවගන්න අපට බැරි වුනා. ඉතින් අපි හිතුවා මේ කාරණාව භාග්‍යවතුන් වහන්සේට දැනුම් දෙන්න ඕන කියලා."

ඒ වෙලාවෙ භාග්‍යවතුන් වහන්සේ එක්තරා භික්ෂුවක් ඇමතුවා. "පින්වත් භික්ෂුව, මෙහෙ එන්න. මගේ වචනයෙන් කේවට්ටපුත්‍ර සාති භික්ෂුව අමතන්න. 'ප්‍රිය ආයුෂ්මතුනි, අන්න ශාස්තෘන් වහන්සේ ඔබට කතා කරනවා' කියල" "එහෙමයි, ස්වාමීනී" කියල ඒ භික්ෂුව භාග්‍යවතුන් වහන්සේට පිළිතුරු දීල කේවට්ටපුත්‍ර සාති භික්ෂුව වෙත ගියා. ගිහින් කේවට්ටපුත්‍ර සාති භික්ෂුවට මෙහෙම කිව්වා. "ප්‍රිය ආයුෂ්මතුනි, අන්න ශාස්තෘන් වහන්සේ ඔබට කතා කරනවා" "හොඳයි ආයුෂ්මතුනි" කියල කේවට්ටපුත්‍ර සාති භික්ෂුව ඒ භික්ෂුවට පිළිතුරු දීල භාග්‍යවතුන් වහන්සේ ළඟට ගියා. ගිහින් භාග්‍යවතුන් වහන්සේට වන්දනා කළා. පැත්තකින් වාඩිවුනා. ඊට පස්සේ භාග්‍යවතුන් වහන්සේ කේවට්ට පුත්‍ර සාති භික්ෂුවගෙන් මෙහෙම ඇහුවා.

"ඈ! සාති, ඔබ තුළ මෙන්න මේ වගේ පාපී මිථ්‍යා දෘෂ්ටියක් ඇතිවුනා කියන්නෙ ඇත්තක් ද? 'මේ විදිහට භාග්‍යවතුන් වහන්සේ දේශනා කරපු ධර්මය මම දන්නවා. භවයෙන් භවයට සැරිසරා යන්නෙ එකම විඤ්ඤාණයක් මිස වෙන දෙයක් නොවෙයි' කියල?"

"ඒක ඇත්ත ස්වාමීනී, භාග්‍යවතුන් වහන්සේ ඔය විදිහට වදාළ ධර්මයක් තමයි මම දන්නෙ. භවයෙන් භවයට සැරිසරා යන්නෙ එකම විඤ්ඤාණයක් මිස වෙන දෙයක් නොවෙයි' කියල."

"ඇ.... ! සාති මොකක්ද ඒ විඤ්ඤාණය?"

"ඉතින් ස්වාමීනී, මේ අපි කතා බස් කරන්නෙ. සැප දුක් විඳින්නෙ. ඒ ඒ ජීවිතවල පින් පව් විපාක විඳින්නෙ. අන්න ඒක තමයි විඤ්ඤාණය."

"හිස් මනුස්සයෙනි, ඔය විදිහේ ධර්මයක් මං කාට නම් කියා දුන්නා කියල ද දන්නෙ? හිස් මනුස්සයෙනි, මං නොයෙක් ආකාරයෙන් කියා දීල තියෙන්නෙ විඤ්ඤාණය පටිච්චසමුප්පන්නයි කියල නේද? හේතූන්ගෙන් තොරව විඤ්ඤාණය හටගන්නෙ නෑ කියල නේ ද? හිස් මනුස්සයෙනි, ඉස්සෙල්ල ම තමන් වැරදි දෘෂ්ටියක් අරගන්නවා. ඊට පස්සෙ අපටත් අභූතයෙන් චෝදනා කරනවා. තමන්ගේ ගුණත් හාරල දානවා. ගොඩාක් පව්ත් රැස් කරගන්නවා. හිස් මනුස්සයෙනි, ඔය වැඩේ නම් ඔබට බොහෝ කාලක් දුක් පීඩා පිණිස ම පවතීවි."

ඊට පස්සේ භාග්‍යවතුන් වහන්සේ භික්ෂුසංඝයා ඇමතුවා. "පින්වත් මහණෙනි, ඔබලා මොකක්ද මේ ගැන හිතන්නෙ? මේ කේවට්ට පුත්‍ර සාති භික්ෂුව බුද්ධ සාසනේ උණුසුමවත් වැදිල තියෙන කෙනෙක් ද?"

"අනේ ස්වාමීනී, කොහොම ලබන්න ද? ස්වාමීනී, එහෙම නෑ ම යි." එතකොට කේවට්ටපුත්‍ර සාති භික්ෂුව නිහඬ වුනා. හැකිලුනා. කඳ පාත් කරගත්තා. මූණ යටට හරෝගත්තා. මොකවත් හිතාගන්න බැරුව, වැටහීම් රහිතව වාඩිවෙලා හිටියා. නිහඬ වෙලා, ඇකිලිලා, කඳ පාත්කරගෙන, මූණ යටට හරෝගෙන, මොකවත් හිතාගන්න බැරුව, වැටහීම් රහිතව ඉන්න කේවට්ටපුත්‍ර සාති භික්ෂුව දිහා බලල, භාග්‍යවතුන් වහන්සේ මෙහෙම ඇහුවා.

"හිස් මනුස්සයෙනි, ඔය විදිහේ පාපී මිථ්‍යා දෘෂ්ටියක් අල්ලගත්තෙ ප්‍රසිද්ධ වෙන්න හිතාගෙන නේද? හොඳයි, මම මේ ගැන භික්ෂූන් ගෙන් අහන්නම්" කියල භාග්‍යවතුන් වහන්සේ භික්ෂුසංඝයා ඇමතුවා.

"පින්වත් මහණෙනි, දැන් මේ කේවට්ටපුත්‍ර සාති භික්ෂුව වැරදි දෘෂ්ටියක් අල්ලගෙන අපටත් අභූතයෙන් චෝදනා කරනවා. තමන්ගේ ගුණත් හාරල දානවා. බොහෝ පව්ත් රැස් කරගන්නවා. ඔය විදිහේ ධර්මයක් මං ඔබට දේශනා කරල තියෙන බව දන්නවාද?"

"නෑ ස්වාමීනී, භාග්‍යවතුන් වහන්සේ අපට නොයෙක් ආකාරයෙන් වදාළේ 'විඤ්ඤාණය පටිච්ච සමුප්පන්නයි කියලා. හේතූන්ගෙන් තොරව විඤ්ඤාණය හටගන්නෙ නෑ' කියලා."

"සාදු! සාදු! පින්වත් මහණෙනි. පින්වත් මහණෙනි, ඔබ මා විසින් දේශනා කළ ධර්මය ඔය විදිහට දැනගෙන ඉන්න එක හොඳයි. මං නොයෙක් ආකාරයෙන් ඔබට කියල තියෙන්නෙ 'විඤ්ඤාණය පටිච්ච සමුප්පන්නයි කියලා. හේතුවකින් තොරව විඤ්ඤාණය හටගන්නෙ නෑ' කියලා. මං එහෙම කියලා තියෙද්දි මේ කේවට්ට පුත්‍ර සාති භික්ෂුව වැරදි දෘෂ්ටියක් අල්ලගෙන අපටත් චෝදනා කරනවා. තමන්ගේ ගුණත් නසා ගන්නවා. බොහෝ පව්ත් රැස් කරගන්නවා. ඔය හිස් මනුස්සයාට ඔය වැඩේ බොහෝ කාලයක් දුක් පීඩා විඳින්න සිද්ධ වෙන එකක්.

පින්වත් මහණෙනි, යම් දෙයක උපකාරයෙන් විඤ්ඤාණයක් ඇති වෙනවා නම්, ඒ නමින් ම යි විඤ්ඤාණය හඳුන්වන්නෙ. ඇසත් රූපත් නිසා විඤ්ඤාණයක් හටගන්නවා. ඒක හඳුන්වන්නෙ චක්ඛු විඤ්ඤාණය කියලයි. කනත් ශබ්දත් නිසා විඤ්ඤාණයක් හටගන්නවා. ඒක හඳුන්වන්නෙ සෝත විඤ්ඤාණය කියලයි. නාසයත් ගඳ සුවඳත් නිසා විඤ්ඤාණයක් හටගන්නවා. ඒක හඳුන්වන්නෙ ඝාන විඤ්ඤාණය කියලයි. දිවත් රසයත් නිසා විඤ්ඤාණයක් හටගන්නවා. ඒක හඳුන්වන්නේ ජිව්හා විඤ්ඤාණය කියලයි. කයත් පහසත් නිසා විඤ්ඤාණයක් හටගන්නවා. ඒක හඳුන්වන්නේ කාය විඤ්ඤාණය කියලයි. මනසත් අරමුණුත් නිසා විඤ්ඤාණයක් හටගන්නවා. ඒක හඳුන්වන්නෙ මනෝ විඤ්ඤාණය කියලයි.

පින්වත් මහණෙනි, ඕක මෙන්න මේ වගේ දෙයක්. ගින්නක් ඇවිලෙන්නෙ යම් දෙයක් උපකාරයෙන් නම්, ඇවිලෙන්න උපකාර වෙච්ච දේ නමින් ඒ ගින්න හඳුන්වනවා. දර නිසා නම් ගින්න ඇවිලෙන්නෙ, ඒකට දර ගින්න කියනවා. ලී කෑලි නිසා නම් ගින්න ඇවිලෙන්නෙ, ඒකට ලී ගින්න කියනවා. තණකොළ නිසා නම් ගින්න ඇවිලෙන්නෙ, ඒකට තණ ගින්න කියනවා. ගොම නිසා නම් ගින්න ඇවිලෙන්නෙ, ඒකට ගොම ගින්න කියනවා. දහයියා නිසා නම් ගින්න ඇවිලෙන්නෙ, ඒකට දහයියා ගින්න කියනවා. රොඩු නිසා නම් ගින්න ඇවිලෙන්නෙ, ඒකට රොඩු ගින්න කියනවා.

පින්වත් මහණෙනි, විඤ්ඤාණය ගැන කියන්න තියෙන්නෙත් ඔච්චර තමයි. විඤ්ඤාණය හටගන්න යම් දෙයක් උපකාර වෙනවා නම්, ඒ නමින් තමයි විඤ්ඤාණය හඳුන්වන්නෙ. ඇසත් රූපත් නිසා විඤ්ඤාණයක් හටගන්නව. ඒක හඳුන්වන්නෙ ඇසේ (චක්ඛු) විඤ්ඤාණය කියලයි. කනත්

ශබ්දත් නිසා විඤ්ඤාණයක් හටගන්නවා. ඒක හඳුන්වන්නෙ කනේ (සෝත) විඤ්ඤාණය කියලයි. නාසයත් ගඳ සුවඳත් නිසා විඤ්ඤාණයක් හටගන්නවා. ඒක හඳුන්වන්නෙ නාසයේ (ඝාන) විඤ්ඤාණය කියලයි. දිවත් රසයත් නිසා විඤ්ඤාණයක් හටගන්නවා. ඒක හඳුන්වන්නෙ දිවේ (ජිව්හා) විඤ්ඤාණය කියලයි. කයත් පහසත් නිසා විඤ්ඤාණයක් හටගන්නවා. ඒක හඳුන්වන්නේ කයේ (කාය) විඤ්ඤාණය කියලයි. මනසත් අරමුණුත් නිසා විඤ්ඤාණයක් හටගන්නවා. ඒක හඳුන්වන්නෙ මනසේ (මනෝ) විඤ්ඤාණය කියලයි.

පින්වත් මහණෙනි, මේ ජීවිතය යනු සකස් වෙච්ච දෙයක් බව දකිනවාද?" "එහෙම යි, ස්වාමීනි"

"පින්වත් මහණෙනි, මේ ජීවිතය හටගන්නෙ ආහාරවලින් බව දකිනවාද?" "එහෙම යි, ස්වාමීනී"

"පින්වත් මහණෙනි, ආහාර නිරුද්ධ වීමෙන් ඒ සකස් වෙච්ච ජීවිතය නිරුද්ධ වන ස්වභාවයෙන් යුක්ත බව දකිනවාද?" "එහෙම යි, ස්වාමීනි"

"පින්වත් මහණෙනි, මේ ජීවිතය සකස් වෙච්ච දෙයක් ද? නැද්ද? කියල සැක කරන කොට උපදින්නෙ විචිකිච්ඡාව නේද?" "එහෙම යි, ස්වාමීනී"

"පින්වත් මහණෙනි, මේ ජීවිතය හටගන්නෙ ආහාර වලින්ද? නැද්ද? කියල සැක කරන කොට උපදින්නෙ විචිකිච්ඡාව නේද?" "එහෙම යි, ස්වාමීනී"

"පින්වත් මහණෙනි, ආහාර නිරුද්ධ වීමෙන් ඒ සකස් වෙච්ච ජීවිතය නිරුද්ධ වන ස්වභාවයෙන් යුක්තයිද? නැද්ද? කියල සැක කරන කොට උපදින්නෙ විචිකිච්ඡාව නේද?" "එහෙම යි, ස්වාමීනී."

"පින්වත් මහණෙනි, මේ ජීවිතය සකස් වෙච්ච දෙයක් කියල දියුණු කරපු ප්‍රඥාවෙන් යථාර්ථය දකින කොට, ඒ ගැන තියෙන විචිකිච්ඡාවත් නැති වෙලා යනවා නේද?" "එහෙම යි, ස්වාමීනි"

"පින්වත් මහණෙනි, මේ ජීවිතය සකස් වෙන්නෙ ආහාර වලින් ය කියල දියුණු කරපු ප්‍රඥාවෙන් යථාර්ථය දකින කොට, ඒ ගැන තියෙන විචිකිච්ඡාවත් නැති වෙලා යනවා නේද?" "එහෙම යි, ස්වාමීනී"

"පින්වත් මහණෙනි, ඒ ආහාර නිරුද්ධ වීමෙන් ඒ සකස් වෙච්ච ජීවිතය නිරුද්ධ වෙලා යන ස්වභාවයෙන් යුක්තයි කියල, දියුණු කරපු ප්‍රඥාවෙන් යථාර්ථය දකින කොට ඒ ගැන තිබුණු විචිකිච්ඡාවත් නැති වෙලා යනවා නේද?" "එහෙම යි, ස්වාමීනී"

"පින්වත් මහණෙනි, මේ ජීවිතය සකස් වෙච්ච දෙයක් කියල, ඒ ගැන ඔබ ඉන්නෙ විචිකිච්ඡාවක් නැතුවද?" "එහෙම යි, ස්වාමීනී"

"පින්වත් මහණෙනි, ඒ ජීවිතය සකස් වෙන්නෙ ආහාර වලින් ය කියල, ඔය විදිහට ඔබ ඒ ගැන විචිකිච්ඡාවක් නැතුවද ඉන්නෙ?" "එහෙම යි, ස්වාමීනී"

"පින්වත් මහණෙනි, ඒ ආහාර නිරුද්ධ වීමෙන්, ඒ සකස් වෙච්ච ජීවිතය නිරුද්ධ වෙලා යන ස්වභාවයෙන් යුක්තයි කියල, ඒ ගැන ඔබ ඉන්නෙ විචිකිච්ඡාක් නැතුවද?" "එහෙම යි, ස්වාමීනී"

"පින්වත් මහණෙනි, මේ ජීවිතය සකස් වෙච්ච දෙයක් බව දියුණු කරපු ප්‍රඥාවෙන් යථාර්ථය මනාකොට දැක්ක ද?" "එහෙම යි, ස්වාමීනී"

"පින්වත් මහණෙනි, මේ ජීවිතය හටගන්නෙ ආහාර වලින් බව දියුණු කරපු ප්‍රඥාවෙන් යථාර්ථය මනාකොට දැක්ක ද?" "එහෙම යි, ස්වාමීනී"

"පින්වත් මහණෙනි, ආහාර නිරුද්ධ වීමෙන් ඒ සකස් වෙච්ච ජීවිතය නිරුද්ධ වන ස්වභාවයෙන් යුක්ත බව දියුණු කරපු ප්‍රඥාවෙන් යථාර්ථය මනාකොට දැක්ක ද?" "එහෙම යි, ස්වාමීනී"

"ඉතින් පින්වත් මහණෙනි, ඔච්චර පැහැදිලි, ඔච්චර පිරිසිදු ඔබේ ඔය සම්මා දිට්ඨියට පවා ඔබ ඇලුනොත්, සෙල්ලමට ගත්තොත්, ධනයක් කරගත්තොත්, මගේ ය කියල අල්ලගත්තොත්, පින්වත් මහණෙනි, මං ඔබට පහුරක් උපමා කොට කියා දුන්න මේ ධර්මය ඔබ අවබෝධ කරගනීවි ද? ග්‍රහණය කරගන්නෙ නැතුව, එතෙර වෙන්න කියා දීපු මේ ධර්මය ඔබ අවබෝධ කර ගනීවි ද?" "නෑ. ස්වාමීනි. අවබෝධ කරගන්නෙ නෑ."

"එහෙනම් පින්වත් මහණෙනි, ඔච්චර පැහැදිලි, ඔච්චර පිරිසිදු සම්මා දිට්ඨියට පවා ඇලෙන්නෙ නැත්නම්, ඔබ ඒක සෙල්ලමට ගන්නෙ නැත්නම්, ඔබ ඒක ධනයක් කරගන්නෙ නැත්නම්, මගේ ය කියල ගන්නෙ නැත්නම්, පින්වත් මහණෙනි, අන්න එතකොට නේද මං ඔබට පහුරක් උපමා කොට කියා දීපු ධර්මය අවබෝධ වෙන්නෙ? අන්න එතකොට නේද ග්‍රහණය කරගන්නෙ නැතුව, එතෙර වෙන්න කියා දීපු ධර්මය අවබෝධ වෙන්නෙ?" "එහෙම යි ස්වාමීනි."

"පින්වත් මහණෙනි, ආහාර වර්ග හතරක් තියෙනවා. ඒ ආහාර වර්ග හතර ම සකස් වෙච්ච සත්වයන් ගේ පැවැත්මට ත්, සකස් වෙන සත්වයන්ට අනුග්‍රහ පිණිසත් උපකාරී වෙනවා. මොනවද ඒ ආහාර වර්ග හතර? ගොරෝසු හෝ සියුම් හෝ කබලිංකාර ආහාරය පළමුවැන්නයි. දෙවෙනි ආහාරය

ස්පර්ශයයි. තුන්වෙනි ආහාරය මනෝ සංචේතනාවයි. හතරවෙනි ආහාරය විඤ්ඤාණයයි.

පින්වත් මහණෙනි, මේ ආහාර හතර පවතින්නේ කුමක් මුල් කර ගෙනද? කුමක් හේතු කරගෙනද? කුමක් උපත කරගෙනද? කුමක් ප්‍රභව කරගෙනද? මේ ආහාර හතර පවතින්නේ තණ්හාව මුල් කරගෙනයි. තණ්හාව හේතු කරගෙ නයි. තණ්හාව උපත කරගෙනයි. තණ්හාව ප්‍රභව කරගෙනයි.

පින්වත් මහණෙනි, මේ තණ්හාව පවතින්නේ කුමක් මුල් කරගෙනද? කුමක් හේතු කරගෙනද? කුමක් උපත කරගෙනද? කුමක් ප්‍රභව කරගෙනද? මේ තණ්හාව පවතින්නේ විඳීම මුල් කරගෙනයි. විඳීම හේතු කරගෙනයි. විඳීම උපත කරගෙනයි. විඳීම ප්‍රභව කරගෙනයි.

පින්වත් මහණෙනි, මේ විඳීම පවතින්නේ කුමක් මුල් කරගෙනද? කුමක් හේතු කරගෙනද? කුමක් උපත කරගෙනද? කුමක් ප්‍රභව කරගෙනද? මේ විඳීම පවතින්නේ ස්පර්ශය මුල් කරගෙනයි. ස්පර්ශය හේතු කරගෙනයි. ස්පර්ශය උපත කරගෙනයි. ස්පර්ශය ප්‍රභව කරගෙනයි.

පින්වත් මහණෙනි, මේ ස්පර්ශය පවතින්නේ කුමක් මුල් කරගෙනද? කුමක් හේතු කරගෙනද? කුමක් උපත කරගෙනද? කුමක් ප්‍රභව කරගෙනද? මේ ස්පර්ශය පවතින්නේ ආයතන හය මුල් කරගෙනයි. ආයතන හය හේතු කරගෙනයි. ආයතන හය උපත කරගෙනයි. ආයතන හය ප්‍රභව කරගෙනයි.

පින්වත් මහණෙනි, මේ ආයතන හය පවතින්නේ කුමක් මුල් කරගෙන ද? කුමක් හේතු කරගෙන ද? කුමක් උපත කරගෙන ද? කුමක් ප්‍රභව කරගෙන ද? මේ ආයතන හය පවතින්නේ නාමරූප මුල් කරගෙනයි. නාමරූප හේතු කරගෙනයි. නාමරූප උපත කරගෙනයි. නාමරූප ප්‍රභව කරගෙනයි.

පින්වත් මහණෙනි, මේ නාමරූප පවතින්නේ කුමක් මුල් කරගෙන ද? කුමක් හේතු කරගෙන ද? කුමක් උපත කරගෙන ද? කුමක් ප්‍රභව කරගෙන ද? මේ නාමරූප පවතින්නේ විඤ්ඤාණය මුල් කරගෙනයි. විඤ්ඤාණය හේතු කරගෙනයි. විඤ්ඤාණය උපත කරගෙනයි. විඤ්ඤාණය ප්‍රභව කරගෙනයි.

පින්වත් මහණෙනි, මේ විඤ්ඤාණය පවතින්නේ කුමක් මුල් කරගෙන ද? කුමක් හේතු කරගෙන ද? කුමක් උපත කරගෙන ද? කුමක් ප්‍රභව කරගෙන ද? මේ විඤ්ඤාණය පවතින්නේ සංස්කාර මුල් කරගෙනයි. සංස්කාර හේතු කරගෙනයි. සංස්කාර උපත කරගෙනයි. සංස්කාර ප්‍රභව කරගෙනයි.

පින්වත් මහණෙනි, මේ සංස්කාර පවතින්නේ කුමක් මුල් කරගෙන ද? කුමක් හේතු කරගෙන ද? කුමක් උපත කරගෙන ද? කුමක් ප්‍රභව කරගෙන ද? මේ සංස්කාර පවතින්නේ අවිද්‍යාව මුල් කරගෙනයි. අවිද්‍යාව හේතු කර ගෙනයි. අවිද්‍යාව උපත කරගෙනයි. අවිද්‍යාව ප්‍රභව කරගෙනයි.

පින්වත් මහණෙනි, ඔන්න ඔය විදිහට අවිද්‍යාව හේතු කරගෙන සංස්කාර ඇතිවෙනවා. සංස්කාර හේතු කරගෙන විඤ්ඤාණය ඇතිවෙනවා. විඤ්ඤාණය නිසා නාමරූප ඇතිවෙනවා. නාමරූප නිසා ආයතන හය ඇතිවෙනවා. ආයතන හය නිසා ස්පර්ශය ඇතිවෙනවා. ස්පර්ශය නිසා විඳීම ඇතිවෙනවා. විඳීම නිසා තණ්හාව ඇතිවෙනවා. තණ්හාව නිසා බැඳීම ඇතිවෙනවා. බැඳීම නිසා භවය ඇතිවෙනවා. භවය නිසා ඉපදීම ඇතිවෙනවා. උපත නිසා ජරා, මරණ, සෝක, වැළපීම්, දුක්, දොම්නස්, සුසුම් හෙලීම් හටගන්නවා. ඔන්න ඔය විදිහටයි මේ මුළු මහත් දුක ම හටගන්නෙ.

(1)

'ඉපදීම නිසා ජරා මරණ ඇතිවෙනවා' කියල ඔන්න මං දැන් ප්‍රකාශයක් කළා. පින්වත් මහණෙනි, ඉපදීම නිසා ද ජරා මරණ හටගන්නෙ? වෙන විදිහකින් ද? ඔබ ඒ ගැන කොහොම ද හිතන්නෙ?" "ස්වාමීනී, ඉපදීම නිසයි ජරා මරණ ඇතිවෙන්නේ. අපට හිතෙන්නෙත් ඒ විදිහට ම යි. ඉපදීම නිසා ජරා මරණ ඇතිවෙනවා කියලා."

(2)

'භවය නිසා ඉපදීම ඇතිවෙනවා' කියල මං දැන් ප්‍රකාශයක් කළා. පින්වත් මහණෙනි, භවය නිසා ද ඉපදීම ඇති වෙන්නෙ? වෙන විදිහකින් ද? ඔබට ඒ ගැන කොහොම ද හිතන්නෙ?" "ස්වාමීනී, භවය නිසයි ඉපදීම ඇතිවෙන්නේ. අපට හිතෙන්නෙත් ඒ විදිහට ම යි. භවය නිසා ඉපදීම ඇතිවෙනවා කියලා.

(3)

'බැඳීම (උපාදාන) නිසා භවය ඇතිවෙනවා' කියල මං ප්‍රකාශයක් කළා. පින්වත් මහණෙනි, උපාදාන නිසා ද භවය හටගන්නෙ? වෙන විදිහකින් ද? ඒ ගැන ඔබට හිතෙන්නෙ කොහොම ද?" "ස්වාමීනි, උපාදාන නිසයි භවය ඇතිවෙන්නේ. අපට හිතෙන්නෙත් ඒ විදිහට ම යි. උපාදාන නිසා භවය ඇති වෙනවා කියල.

(4)

"'තණ්හාව නිසා උපාදාන ඇතිවෙනවා' කියල මං ප්‍රකාශයක් කළා.

පින්වත් මහණෙනි, තණ්හාව නිසා ද උපාදාන ඇතිවෙන්නෙ? වෙන විදිහකින් ද? ඒ ගැන ඔබ කොහොම ද හිතන්නෙ?" "ස්වාමීනි, තණ්හාව නිසයි උපාදාන ඇතිවෙන්නේ. අපට හිතෙන්නෙත් ඒ විදිහට ම යි. තණ්හාව නිසා උපාදාන ඇතිවෙනවා කියල."

(5)

'විඳීම නිසා තණ්හාව ඇති වෙනවා' කියල මං ප්‍රකාශයක් කළා. පින්වත් මහණෙනි, වේදනාව නිසා ද තණ්හාව ඇතිවෙන්නෙ? නැත්නම් වෙන විදිහකින් ද? ඔබට ඒ ගැන කොහොම ද හිතන්නෙ?" "ස්වාමීනි, විඳීම නිසයි තණ්හාව ඇතිවෙන්නේ. ඒ ගැන අපට හිතෙන්නෙත් ඒ විදිහට ම යි. විඳීම නිසා තණ්හාව ඇතිවෙනවා කියල."

(6)

'ස්පර්ශය නිසා විඳීම ඇතිවෙනවා' කියල මං ප්‍රකාශයක් කළා. පින්වත් මහණෙනි, ස්පර්ශය නිසා ද විඳීම ඇතිවෙන්නෙ? නැත්නම් වෙන විදිහකින් ද? ඒ ගැන ඔබට කොහොම ද හිතන්නෙ?" "ස්වාමීනී, ස්පර්ශය නිසයි විඳීම ඇතිවෙන්නේ. ඒ ගැන අපට හිතෙන්නෙත් ඒ විදිහට ම යි. ස්පර්ශය නිසා විඳීම ඇතිවෙනවා කියල."

(7)

'ආයතන හය නිසා ස්පර්ශය ඇතිවෙනවා' කියල මං දැන් ප්‍රකාශයක් කළා. පින්වත් මහණෙනි, ආයතන හය නිසා ද ස්පර්ශය හටගන්නෙ? නැත්නම් වෙන විදිහකින් ද? ඒ ගැන ඔබට කොහොම ද හිතන්නෙ?" "ස්වාමීනි, ආයතන හය නිසයි ස්පර්ශය ඇතිවෙන්නේ. ඒ ගැන අපට හිතෙන්නෙත් ඒ විදිහට ම යි. ආයතන හය නිසා ස්පර්ශය ඇතිවෙනවා කියල."

(8)

'නාමරූප නිසා ආයතන හය ඇතිවෙනවා' මං ප්‍රකාශයක් කළා. පින්වත් මහණෙනි, නාමරූප නිසා ද ආයතන හය හටගන්නෙ? නැත්නම් වෙන විදිහකින් ද? ඒ ගැන ඔබට කොහොම ද හිතන්නෙ?" "ස්වාමීනි, නාමරූප නිසයි ආයතන හය ඇතිවෙන්නේ. අපට හිතෙන්නෙත් ඒ විදිහට ම යි. නාමරූප නිසා ආයතන හය ඇතිවෙනවා කියල."

(9)

'විඤ්ඤාණය නිසා නාමරූප ඇතිවෙනවා' කියල මං ප්‍රකාශයක් කළා. පින්වත් මහණෙනි, විඤ්ඤාණය නිසා ද නාමරූප හැදෙන්නෙ? නැත්නම් වෙන

විදිහකින් ද? ඔබට ඒ ගැන කොහොම ද හිතන්නෙ?" "ස්වාමීනි, විඤ්ඤාණය නිසයි නාමරූප ඇතිවෙන්නේ. අපට හිතෙන්නෙත් ඒ විදිහට ම යි. විඤ්ඤාණය නිසා නාමරූප ඇතිවෙනවා කියල."

(9)

සංස්කාර නිසා විඤ්ඤාණය හැදෙනවා කියල මං ප්‍රකාශයක් කළා. පින්වත් මහණෙනි, සංස්කාර නිසා ද විඤ්ඤාණය හැදෙන්නෙ? වෙන විදිහකින් ද? ඔබට ඒ ගැන කොහොම ද හිතන්නෙ?" "ස්වාමීනි, සංස්කාර නිසයි විඤ්ඤාණය ඇතිවෙන්නේ. අපට හිතෙන්නෙත් ඒ විදිහට ම යි. සංස්කාර නිසා විඤ්ඤාණය ඇතිවෙනවා කියල."

(11)

'අවිද්‍යාව නිසා සංස්කාර ඇතිවෙනවා' කියල මං ප්‍රකාශයක් කළා. පින්වත් මහණෙනි, අවිද්‍යාව නිසා ද සංස්කාර හැදෙන්නෙ? නැත්නම් වෙන විදිහකින් ද? ඒ ගැන ඔබ කොහොම ද හිතන්නෙ?" "ස්වාමීනි, අවිද්‍යාව නිසයි සංස්කාර ඇතිවෙන්නේ. ඒ ගැන අපට හිතෙන්නෙත් ඒ විදිහට ම යි. අවිද්‍යාව නිසා සංස්කාර ඇතිවෙනවා කියල."

"සාදු! සාදු! පින්වත් මහණෙනි. පින්වත් මහණෙනි, මේ ගැන ඔබ කියන්නෙත් ඔය විදිහටයි. මමත් කියන්නෙ ඔය විදිහට ම යි. 'මෙය තිබුනොත් තමයි මෙය තියෙන්නෙ. මෙය ඉපදුනොත් තමයි මෙය උපදින්නෙ' කියල. ඒ කියන්නෙ, අවිද්‍යාව නිසා සංස්කාර ඇතිවෙනවා. සංස්කාර නිසා විඤ්ඤාණය ඇතිවෙනවා. විඤ්ඤාණය නිසා නාමරූප ඇතිවෙනවා. නාමරූප නිසා ආයතන හය ඇතිවෙනවා. ආයතන හය නිසා ස්පර්ශය ඇතිවෙනවා. ස්පර්ශය නිසා විඳීම ඇතිවෙනවා. විඳීම නිසා ඇලීම ඇතිවෙනවා. ඇලීම නිසා බැඳීම ඇතිවෙනවා. බැඳීම නිසා භවය ඇතිවෙනවා. භවය නිසා උපදිනවා. ඉපදීම හේතුවෙන් ජරා, මරණ, සෝක, වැළපීම්, දුක්, දොම්නස්, සුසුම් හෙලීම් ඇතිවෙනවා. ඔන්න ඔය විදිහටයි මේ මුළු මහත් දුක ම හටගන්නේ.

ඒ අවිද්‍යාව ම ඉතිරි නැතුව නොඇල්මෙන් නිරුද්ධ වීමෙන් සංස්කාර නිරුද්ධ වෙලා යනවා. සංස්කාර නිරුද්ධ වීමෙන් විඤ්ඤාණය නිරුද්ධ වෙනවා. විඤ්ඤාණය නිරුද්ධ වීමෙන් නාමරූප නිරුද්ධ වෙනවා. නාමරූප නිරුද්ධ වීමෙන් ආයතන හය නිරුද්ධ වෙනවා. ආයතන හය නිරුද්ධ වීමෙන් ස්පර්ශය නිරුද්ධ වෙනවා. ස්පර්ශය නිරුද්ධ වීමෙන් විඳීම නිරුද්ධ වෙනවා. විඳීම නිරුද්ධ වීමෙන් ඇලීම නිරුද්ධ වෙනවා. ඇලීම නිරුද්ධ වීමෙන් බැඳීම නිරුද්ධ වෙනවා. බැඳීම නිරුද්ධ වීමෙන් භවය නිරුද්ධ වෙනවා. භවය නිරුද්ධ

වීමෙන් ඉපදීම නිරුද්ධ වෙනවා. ඉපදීම නිරුද්ධ වීමෙන් ජරා මරණ, ශෝක, වැළපීම්, දුක්, දොම්නස්, සුසුම් හෙළීම් නිරුද්ධ වෙනවා. ඔන්න ඔය විදිහටයි මුළු මහත් දුක ම නිරුද්ධ වෙන්නෙ.

'ඉපදීම නිරුද්ධ වීමෙන් ජරා මරණ නිරුද්ධ වෙනවා' කියල මං ප්‍රකාශයක් කළා. පින්වත් මහණෙනි, ඉපදීම නිරුද්ධ වීමෙන් ද ජරා මරණ නිරුද්ධ වෙන්නෙ? එහෙම නැත්නම් වෙන විදිහකින් ද? ඔබට මේ ගැන කොහොමද හිතෙන්නෙ?" "ස්වාමීනී, ඉපදීම නිරුද්ධ වීමෙන් ම යි ජරා මරණ නිරුද්ධ වන්නෙ. ඒ ගැන අපට හිතෙන්නෙත් ඒ විදිහට ම යි. ඉපදීම නිරුද්ධ වීමෙන් ජරා මරණ නිරුද්ධ වෙනවා කියල."

'භවය නිරුද්ධ වීමෙන් ඉපදීම නිරුද්ධ වෙනවා' කියල මං ප්‍රකාශයක් කළා. පින්වත් මහණෙනි, භවය නිරුද්ධ වීමෙන් ද ඉපදීම නිරුද්ධ වෙන්නෙ? එහෙම නැත්නම් වෙන විදිහකින් ද? ඔබට මේ ගැන කොහොමද හිතෙන්නෙ?" "ස්වාමීනී, භවය නිරුද්ධ වීමෙන් ම යි ඉපදීම නිරුද්ධ වන්නෙ. ඒ ගැන අපට හිතෙන්නෙත් ඒ විදිහට ම යි. භවය නිරුද්ධ වීමෙන් ඉපදීම නිරුද්ධ වෙනවා කියල."

"උපාදාන නිරුද්ධ වීමෙන් භවය නිරුද්ධ වෙනවා' කියල මං ප්‍රකාශයක් කළා. පින්වත් මහණෙනි, උපාදාන නිරුද්ධ වීමෙන් ද භවය නිරුද්ධ වෙන්නෙ? එහෙම නැත්නම් වෙන විදිහකින් ද? ඔබට මේ ගැන කොහොමද හිතෙන්නෙ?" "ස්වාමීනී, උපාදාන නිරුද්ධ වීමෙන් ම යි භවය නිරුද්ධ වන්නෙ. ඒ ගැන අපට හිතෙන්නෙත් ඒ විදිහට ම යි. උපාදාන නිරුද්ධ වීමෙන් භවය නිරුද්ධ වෙනවා කියල."

"තණ්හාව නිරුද්ධ වීමෙන් උපාදාන නිරුද්ධ වෙනවා' කියල මං ප්‍රකාශයක් කළා. පින්වත් මහණෙනි, තණ්හාව නිරුද්ධ වීමෙන් ද උපාදාන නිරුද්ධ වෙන්නෙ? එහෙම නැත්නම් වෙන විදිහකින් ද? ඔබට මේ ගැන කොහොමද හිතෙන්නෙ?" "ස්වාමීනී, තණ්හාව නිරුද්ධ වීමෙන් ම යි උපාදාන නිරුද්ධ වන්නෙ. ඒ ගැන අපට හිතෙන්නෙත් ඒ විදිහට ම යි. තණ්හාව නිරුද්ධ වීමෙන් උපාදාන නිරුද්ධ වෙනවා කියල."

"වේදනාව නිරුද්ධ වීමෙන් තණ්හාව නිරුද්ධ වෙනවා' කියල මං ප්‍රකාශයක් කළා. පින්වත් මහණෙනි, වේදනාව නිරුද්ධ වීමෙන් ද තණ්හාව නිරුද්ධ වෙන්නෙ? එහෙම නැත්නම් වෙන විදිහකින් ද? ඔබට මේ ගැන කොහොමද හිතෙන්නෙ?" "ස්වාමීනී, වේදනාව නිරුද්ධ වීමෙන් ම යි තණ්හාව නිරුද්ධ වන්නෙ. ඒ ගැන අපට හිතෙන්නෙත් ඒ විදිහට ම යි. වේදනාව නිරුද්ධ වීමෙන් තණ්හාව නිරුද්ධ වෙනවා කියල."

"ස්පර්ශය නිරුද්ධ වීමෙන් වේදනාව නිරුද්ධ වෙනවා' කියල මං ප්‍රකාශයක් කළා. පින්වත් මහණෙනි, ස්පර්ශය නිරුද්ධ වීමෙන් ද වේදනාව නිරුද්ධ වෙන්නෙ? එහෙම නැත්නම් වෙන විදිහකින් ද? ඔබට මේ ගැන කොහොමද හිතෙන්නෙ?" "ස්වාමීනී, ස්පර්ශය නිරුද්ධ වීමෙන් ම යි වේදනාව නිරුද්ධ වන්නෙ. ඒ ගැන අපට හිතෙන්නෙත් ඒ විදිහට ම යි. ස්පර්ශය නිරුද්ධ වීමෙන් වේදනාව නිරුද්ධ වෙනවා කියල."

"ආයතන හය නිරුද්ධ වීමෙන් ස්පර්ශය නිරුද්ධ වෙනවා' කියල මං ප්‍රකාශයක් කළා. පින්වත් මහණෙනි, ආයතන හය නිරුද්ධ වීමෙන් ද ස්පර්ශය නිරුද්ධ වෙන්නෙ? එහෙම නැත්නම් වෙන විදිහකින් ද? ඔබට මේ ගැන කොහොමද හිතෙන්නෙ?" "ස්වාමීනී, ආයතන හය නිරුද්ධ වීමෙන් ම යි ස්පර්ශය නිරුද්ධ වන්නෙ. ඒ ගැන අපට හිතෙන්නෙත් ඒ විදිහට ම යි. ආයතන හය නිරුද්ධ වීමෙන් ස්පර්ශය නිරුද්ධ වෙනවා කියල."

"නාමරූප නිරුද්ධ වීමෙන් ආයතන හය නිරුද්ධ වෙනවා' කියල මං ප්‍රකාශයක් කළා. පින්වත් මහණෙනි, නාමරූප නිරුද්ධ වීමෙන් ද ආයතන හය නිරුද්ධ වෙන්නෙ? එහෙම නැත්නම් වෙන විදිහකින් ද? ඔබට මේ ගැන කොහොමද හිතෙන්නෙ?" "ස්වාමීනී, නාමරූප නිරුද්ධ වීමෙන් ම යි ආයතන හය නිරුද්ධ වන්නෙ. ඒ ගැන අපට හිතෙන්නෙත් ඒ විදිහට ම යි. නාමරූප නිරුද්ධ වීමෙන් ආයතන හය නිරුද්ධ වෙනවා කියල."

"විඤ්ඤාණය නිරුද්ධ වීමෙන් නාමරූප නිරුද්ධ වෙනවා' කියල මං ප්‍රකාශයක් කළා. පින්වත් මහණෙනි, විඤ්ඤාණය නිරුද්ධ වීමෙන් ද නාමරූප නිරුද්ධ වෙන්නෙ? එහෙම නැත්නම් වෙන විදිහකින් ද? ඔබට මේ ගැන කොහොමද හිතෙන්නෙ?" "ස්වාමීනී, විඤ්ඤාණය නිරුද්ධ වීමෙන් ම යි නාමරූප නිරුද්ධ වන්නෙ. ඒ ගැන අපට හිතෙන්නෙත් ඒ විදිහට ම යි. විඤ්ඤාණය නිරුද්ධ වීමෙන් නාමරූප නිරුද්ධ වෙනවා කියල."

"සංස්කාර නිරුද්ධ වීමෙන් විඤ්ඤාණය නිරුද්ධ වෙනවා' කියල මං ප්‍රකාශයක් කළා. පින්වත් මහණෙනි, සංස්කාර නිරුද්ධ වීමෙන් ද විඤ්ඤාණය නිරුද්ධ වෙන්නෙ? එහෙම නැත්නම් වෙන විදිහකින් ද? ඔබට මේ ගැන කොහොමද හිතෙන්නෙ?" "ස්වාමීනී, සංස්කාර නිරුද්ධ වීමෙන් ම යි විඤ්ඤාණය නිරුද්ධ වන්නෙ. ඒ ගැන අපට හිතෙන්නෙත් ඒ විදිහට ම යි. සංස්කාර නිරුද්ධ වීමෙන් විඤ්ඤාණය නිරුද්ධ වෙනව කියල."

"අවිද්‍යාව නිරුද්ධ වීමෙන් සංස්කාර නිරුද්ධ වෙනවා' කියල මං ප්‍රකාශයක් කළා. පින්වත් මහණෙනි, අවිද්‍යාව නිරුද්ධ වීමෙන් ද සංස්කාර

නිරුද්ධ වෙන්නෙ? එහෙම නැත්නම් වෙන විදිහකින් ද? ඔබට මේ ගැන කොහොමද හිතෙන්නෙ?" "ස්වාමීනී, අවිද්‍යාව නිරුද්ධ වීමෙන් ම යි සංස්කාර නිරුද්ධ වන්නෙ. ඒ ගැන අපට හිතෙන්නෙත් ඒ විදිහට ම යි. අවිද්‍යාව නිරුද්ධ වීමෙන් සංස්කාර නිරුද්ධ වෙනවා කියල."

"සාදු! සාදු! පින්වත් මහණෙනි, මේ ගැන පින්වත් මහණෙනි, ඔබත් කියන්නෙ ඔය විදිහට ම යි. මමත් කියන්නෙ ඔය විදිහට ම යි. ඔය විදිහට 'මෙය නැත්නම් මෙය නෑ. මෙය නිරුද්ධ වුනොත් මෙය නිරුද්ධ වෙනවා.' ඒ අවිද්‍යාව ම ඉතිරි නැතුව නොඇල්මෙන් නිරුද්ධ වීමෙන් සංස්කාර නිරුද්ධ වෙලා යනවා. සංස්කාර නිරුද්ධ වීමෙන් විඤ්ඤාණය නිරුද්ධ වෙනවා. විඤ්ඤාණය නිරුද්ධ වීමෙන් නාමරූප නිරුද්ධ වෙනවා. නාමරූප නිරුද්ධ වීමෙන් ආයතන හය නිරුද්ධ වෙනවා. ආයතන හය නිරුද්ධ වීමෙන් ස්පර්ශය නිරුද්ධ වෙනවා. ස්පර්ශය නිරුද්ධ වීමෙන් විඳීම නිරුද්ධ වෙනවා. විඳීම නිරුද්ධ වීමෙන් ඇලීම නිරුද්ධ වෙනවා. ඇලීම නිරුද්ධ වීමෙන් බැඳීම නිරුද්ධ වෙනවා. බැඳීම නිරුද්ධ වීමෙන් භවය නිරුද්ධ වෙනවා. භවය නිරුද්ධ වීමෙන් ඉපදීම නිරුද්ධ වෙනවා. ඉපදීම නිරුද්ධ වීමෙන් ජරා මරණ, ශෝක, වැළපීම්, දුක්, දොම්නස්, සුසුම් හෙළීම් නිරුද්ධ වෙනවා. ඔන්න ඔය විදිහටයි මුළු මහත් දුක ම නිරුද්ධ වෙන්නෙ.

පින්වත් මහණෙනි, ඔබ ඔය විදිහට යථාර්ථය දන්නවා නම්, යථාර්ථය දකිනවා නම්, ජීවිතේ ආරම්භක කෙළවරක් හොයාගෙන පැටලි පැටලි යාවි ද? 'ඇත්තෙන් ම අපි අතීතෙ හිටිය ද? අපි අතීතෙ හිටියෙ නැද්ද? අපි අතීතේ කවුරු වෙලා සිටින්න ඇද්ද? අපි අතීතේ කොයි විදිහට සිටින්න ඇද්ද? අපි අතීතේ කවුරු වෙලා ඉඳලා කවුරු වෙලා සිටින්න ඇද්ද?' කියල." "ස්වාමීනී, එහෙම වෙන්නෙ නෑ."

"පින්වත් මහණෙනි, ඔබ ඔය විදිහට යථාර්ථය දන්නවා නම්, යථාර්ථය දකිනවා නම්, අනාගත කෙළවරක් හොයාගෙන පැටලි පැටලි යාවි ද? 'ඇත්තට ම අපි අනාගතේ ඉඳීවි ද? අපි අනාගතේ ඉන්න එකක් නැද්ද? අපි අනාගතේ කවුරු වෙලා ඉඳීවි ද? අපි අනාගතේ කොයි විදිහට ඉඳීවි ද? අපි අනාගතේ කවුරු වෙලා ඉඳලා කවුරු වෙලා ඉඳීවි ද?' කියල." "ස්වාමීනී, එහෙම වෙන්නෙ නෑ."

"පින්වත් මහණෙනි, ඔබ ඔය විදිහට යථාර්ථය දන්නවා නම්, යථාර්ථය දකිනවා නම්, දැන් මේ වර්තමාන කාලයේ තමා ගැන 'කොහොමද කොහොමද කියල සැක ඇතිවේවි ද? මං ඉන්නවා ද? මං නැද්ද? මං කවුද? මං කොහොම

කෙනෙක් ද? මේ සත්වයා ආවෙ කොහෙන් ද? මේ සත්වයා කොහේ යාවි ද?' කියල." "ස්වාමීනී, එහෙම වෙන්නෙ නෑ."

"පින්වත් මහණෙනි, ඔය විදිහට යථාර්ථය දන්න කොට, යථාර්ථය දකින කොට, ඔබ මෙහෙමත් කියනවා ද? 'ශාස්තෘන් වහන්සේ තමයි අපේ ගුරුවරයා. ඉතින් ශාස්තෘ ගෞරවය තියාගන්න ඕන නිසයි අපි මේ විදිහට කියන්නෙ' කියල?" "නෑ. ස්වාමීනී, එහෙම නෑ."

"එහෙම නම් පින්වත් මහණෙනි, ඔය විදිහට යථාර්ථය දන්න කොට, ඔය විදිහට යථාර්ථය දකින කොට ඔබ මෙහෙමත් කියාවි ද? 'ශ්‍රමණයන් වහන්සේ තමයි අපිට ඔහොම කිව්වෙ. ඉතින් අපි ශ්‍රමණයන් වහන්සේ එහෙම කියන නිසයි මෙහෙම කියන්නෙ' කියල?" "ස්වාමීනී, එහෙම නෑ."

"පින්වත් මහණෙනි, ඔබ ඔය විදිහට යථාර්ථය දන්නවා නම්, යථාර්ථය දකිනවා නම්, වෙන ආගමක් ගැන හිතාවි ද?" "ස්වාමීනී, එහෙම වෙන්නෙ නෑ."

"පින්වත් මහණෙනි, ඔබ ඔය විදිහට යථාර්ථය දන්නවා නම්, යථාර්ථය දකිනවා නම්, ඔය බොහෝ ශ්‍රමණ බ්‍රාහ්මණයන්ගේ ආගම්වල තියෙන කුතුහලය ඇති කරවන මංගල සම්මත හිස් දේවල් සාරවත් දේවල් කියල හිතාගෙන ඒ පස්සෙ දුවාවි ද?" "ස්වාමීනී, එහෙම කරන්නෙ නෑ."

"පින්වත් මහණෙනි, ඔබ විසින් ම දැනගත්තු, ඔබේ ම නුවණින් දැකගත්තු, ඔබේ ම නුවණින් අවබෝධ කරගත්තු දෙයක් නේ ද ඔය කියන්නෙ?" "එහෙමයි ස්වාමීනී."

"සාදු! සාදු! පින්වත් මහණෙනි, මා විසින් දේශනා කළ මේ ජීවිතයේ දී ම දකින ධර්මයටයි ඔබ ඔය ඇවිල්ලා තියෙන්නෙ. ඕන ම කාලෙක දකින්න පුළුවන්, ඇවිත් බලන්න කියල කියන්න පුළුවන්, තමන් තුළින් දකින්න කියල කියන්න පුළුවන්, බුද්ධිමත් කෙනෙකුට මේ ජීවිතයේ දී ම දකින්න පුළුවන් ධර්මයකටයි ඔබ ඔය ඇවිල්ල තියෙන්නෙ. පින්වත් මහණෙනි, 'මේ ධර්මය සන්දිට්ඨිකයි. මේ ධර්මය අකාලිකයි. මේ ධර්මය ඒහි පස්සිකයි. මේ ධර්මය ඕපනයිකයි. මේ ධර්මය පච්චත්තං වේදිතබ්බෝ විඤ්ඤූහී කියන ගුණයෙන් යුක්තයි' කියල මං යම් ප්‍රකාශයක් කළා ද, මේ කාරණය උදෙසා තමයි ඒක කිව්වෙ.

පින්වත් මහණෙනි, කරුණු තුනක් එකට සම්බන්ධ වීමෙන් ගැබ් ගැනීමක් ඇතිවෙනවා. මව් පිය දෙදෙනා කායිකව එකතු වෙන්න ඕන. නමුත් මව ඔසප්

නොවෙයි නම්, ගන්ධබ්බයෙක් ඇවිල්ලත් නැත්නම්, ඒ තාක් ම ගැබ් ගන්නෙ නෑ. මව් පිය දෙදෙනා කායිකව එකතු වෙන්න ඕන. මව ඔසප් වෙන කෙනෙක් වෙන්නත් ඕන. නමුත් ගන්ධබ්බයා ඇවිල්ලත් නැත්නම්, ඒ තාක් ම ගැබ් ගන්නෙ නෑ. පින්වත් මහණෙනි, යම් දවසක මව් පිය දෙදෙනා කායිකව එකතු වුනොත්, මව ඔසප් වෙන කෙනෙක් වුණොත්, ගන්ධබ්බයෙකුත් ආවොත්, ඔන්න ඔය කරුණු තුනේ එකතු වීමෙන් තමයි ගැබ් ගැනීමක් වෙන්නෙ.

පින්වත් මහණෙනි, ඒ අම්මා තම දරු ගැබ මාස නවයක් හෝ දහයක් හෝ මහත් පරිස්සමෙන් ගරු සරු ඇතුව රැකගන්නවා. පින්වත් මහණෙනි, ඊට පස්සෙ ඒ අම්මා ඒ මාස නවය හරි දහය හරි ගෙවුනට පස්සේ මහත් පරිස්සමෙන්, ගරු සරු ඇතිව දරුවා බිහි කරනවා. ඒ තම කුසින් උපන් දරුවාව ඒ අම්මා තමන්ගේ රුධිරයෙන් පෝෂණය කරනවා. පින්වත් මහණෙනි, මේ බුදු සසුනට අනුව රුධිරය කියල කියන්නෙ මව්කිරිවලටයි.

ඊට පස්සෙ පින්වත් මහණෙනි, ඒ පොඩි දරුවා හැදෙන වැඩෙන කොට, ඉඳුරන් මෝරන කොට, නොයෙක් සෙල්ලම් බඩු අරගෙන සෙල්ලම් කරනවා. පුංචි නගුල්, පොඩි කළගෙඩි, පොඩි බඹර, හුළං පෙති, පුංචි කරත්ත, පුංචි දුනු ඊතල, අරගෙන සෙල්ලම් කරනවා.

පින්වත් මහණෙනි, ඉතින් ඒ දරුවා තරුණ වෙනවා. ඉඳුරන් මෝරනවා. ඊට පස්සේ පංච කාම ගුණයෙන් සතුටු වෙවී, ඒවා පිරිවරාගෙන ඉන්නවා. ඇසින් දකින රූප තියෙනවා යහපත්, සුන්දර, සිත් ඇදගන්න, ප්‍රිය මනාප, ආශාව ඇති වෙන, කෙලෙස් හටගන්න. ඒ රූපවලින් තමන්ව පිනවනවා. කනෙන් අහන ශබ්ද තියෙනවා ....(පෙ).... නාසයට දැනෙන ගඳ සුවඳ තියෙනවා ....(පෙ).... දිවට දැනෙන රස තියෙනවා ....(පෙ).... කයට දැනෙන පහස තියෙනවා යහපත්, සුන්දර, සිත් ඇදගන්න, ප්‍රිය මනාප, ආසාව ඇති වෙන, කෙලෙස් හටගන්න. ඒ පහසින් තමන්ව පිනවනවා.

එතකොට ඔහු ප්‍රිය මනාප රූපයක් දැක්කා ම ඒ රූපයට ඇලෙනවා. අප්‍රිය රූපයක් දැක්කා ම ඒ රූපයට ගැටෙනවා. කය ගැන සිහියෙන් තොරවයි ඉන්නෙ. පටු සිතිනුයි ඉන්නෙ. පාපී අකුසල් ඉතුරු නැතුව නිරුද්ධ වෙන යම් චිත්ත විමුක්තියක්, ප්‍රඥා විමුක්තියක් ඇද්ද, ඒ ගැන කිසි ම අවබෝධයක් නෑ. මේ විදිහට ඇලීමටත්, ගැටීමත් මැදි වෙලා ඉන්න කොට, එයා මොකක් හරි විඳීමක් විඳිනවා. එක්කො සැපක් විඳිනවා. එක්කො දුකක් විඳිනවා. එක්කො මධ්‍යස්ථ විඳීමක් විඳිනවා. ඔහු ඒ විඳීම සතුටින් පිළිගන්නවා. ඒක අගය කරනවා. ඒකෙ හිත බැසගන්නවා. ඔහු ඒ විඳීම සතුටින් පිළිගන්න කොට, අගය කරන

කොට, ඒකෙ බැසගන්න කොට, ආශාව උපදිනවා. විඳීම් ගැන යම් ආශාවක් තිබුණොත්, ඒක තමයි එතන තියෙන උපාදානය. එතකොට ඔහුට ඒ උපාදානය නිසා භවය ඇතිවෙනවා. භවය නිසා ඉපදෙනවා. ඉපදෙන නිසා ජරා මරණ, සෝක වැළපීම්, දුක් දොම්නස්, සුසුම් හෙලීම් ඇතිවෙනවා. ඔන්න ඔය විදිහටයි මේ මුළු මහත් දුක් රැස ම හටගන්නෙ.

කනෙන් ශබ්ද අහලා ....(පෙ).... නාසයෙන් ආඝ්‍රාණය කරලා ....(පෙ).... දිවෙන් රස විඳලා ....(පෙ).... කයෙන් පහස ලබලා ....(පෙ).... මනසින් අරමුණු සිතලා, ප්‍රිය මනාප අරමුණේ ඇලෙනවා. අප්‍රිය අරමුණුවල ගැටෙනවා. කය ගැන සිහියෙන් තොරවයි ඉන්නෙ. පටු සිතිනුයි ඉන්නෙ. පාපී අකුසල් ඉතුරු නැතුව නිරුද්ධ වෙන යම් චිත්ත විමුක්තියක්, ප්‍රඥා විමුක්තියක් ඇද්ද, ඒ ගැන කිසිම අවබෝධයක් නෑ. මේ විදිහට ඇලීමටත්, ගැටීමත් මැදි වෙලා ඉන්න කොට, එයා මොකක් හරි විඳීමක් විඳිනවා. එක්කො සැපක් විඳිනවා. එක්කො දුකක් විඳිනවා. එක්කො මධ්‍යස්ථ විඳීමක් විඳිනවා. ඔහු ඒ විඳීම සතුටින් පිළිගන්නවා. ඒක අගය කරනවා. ඒකෙ හිත බැසගන්නවා. ඔහු ඒ විඳීම සතුටින් පිළිගන්න කොට, අගය කරන කොට, ඒකෙ බැසගන්න කොට, ආශාව උපදිනවා. විඳීම් ගැන යම් ආශාවක් තිබුනොත්, ඒක තමයි එතන තියෙන උපාදානය. එතකොට ඔහුට ඒ උපාදානය නිසා භවය ඇතිවෙනවා. භවය නිසා ඉපදෙනවා. ඉපදෙන නිසා ජරා, මරණ, සෝක, වැළපීම්, දුක් දොම්නස්, සුසුම් හෙලීම් ඇතිවෙනවා. ඔන්න ඔය විදිහටයි මේ මුළු මහත් දුක් රැස ම හටගන්නෙ.

පින්වත් මහණෙනි, ඔය අතරෙ අරහත් වූ සම්මා සම්බුද්ධ වූ, විජ්ජාචරණ සම්පන්න වූ, සුගත වූ, ලෝකවිදූ වූ, අනුත්තරෝ පුරිසදම්ම සාරථී වූ, සත්ථා දේවමනුස්සානං වූ, බුද්ධ වූ, භගවත් වූ තථාගතයන් වහන්සේ නමක් ලෝකයේ පහළ වෙනවා. ඒ තථාගතයන් වහන්සේ දෙවියන් සහිත, මරුන් සහිත, බඹුන් සහිත, ශ්‍රමණ බ්‍රාහ්මණයන් සහිත, දෙව් මිනිස් ප්‍රජාවෙන් යුතු මේ ලෝකය තමන්ගේ ම නුවණින් අවබෝධ කරල, ලෝකෙට හෙළිදරව් කරනවා. ඒ තථාගතයන් වහන්සේ දහම් දෙසනවා. ඒ ධර්මයේ පටන් ගැනීමත් සුන්දරයි. මැදත් සුන්දරයි. අවසානයත් සුන්දරයි. ඒ ධර්මය අර්ථවත්. පැහැදිලි වචන වලින් යුක්තයි. මුළුමනින් ම පිරිපුන් පිරිසිදු නිවන් මගයි කියවෙන්නෙ.

එතකොට ගෘහපතියෙකුට හෝ ගෘහපති පුත්‍රයෙකුට හෝ කුමක් හෝ කුලයක ඉපදුණු කෙනෙකුට ඒ ධර්මය අහන්න ලැබෙනවා. ඔහු ඒ ධර්මය ඇහුවට පස්සේ තථාගතයන් වහන්සේ ගැන පැහැදීමක් ඇතිවෙනවා. ඔහු ඒ ශ්‍රද්ධා ලාභයෙන් යුක්ත වෙලා මේ විදිහට හිතන්න පටන් ගන්නවා. 'මේ ගිහි ජීවිතේ හරිම කරදරයි. කෙලෙස් උපදින මගක්. නමුත් මේ පැවිද්ද නම් අහස

වගේ තැනක්. මෙච්චර පරිපූර්ණ, මුළුමනින් ම පිරිසිදු, සුදෝ සුදු නිවන් මග, ගිහියෙක් වශයෙන් හැසිරෙන එක ලේසි වැඩක් නෙවෙයි. ඒ නිසා මං කෙස් රැවුල් බාල, කසාවත් පොරෝගෙන, ගිහි ජීවිතේ අත්හැරලා, මහණ වෙන එක තමයි හොඳ' කියල. ඉතින් ඔහු පස්සෙ කාලෙක, තියෙන සම්පත් ටික හරි අත්හැරලා, ඉන්න ඥාතීන් ටික හරි අත්හැරලා, තියෙන සම්පත් ගොඩ හරි අතහැරලා, කෙස් රැවුල් බාලා, කසාවත් පොරෝගෙන ගිහි ජීවිතේ අත්හැරලා මහණ වෙනවා.

ඔය විදිහට උතුම් පැවිදි ජීවිතේ ලැබුවට පස්සේ භික්ෂූන් වහන්සේලා ආරක්ෂා කරන ශික්ෂා පද තමනුත් රකිනවා. ප්‍රාණඝාතය දුරු කරනවා. ප්‍රාණඝාතයෙන් වළකිනවා. දඬු මුගුරු අත්හරිනවා. අවි ආයුධ අත්හරිනවා. ප්‍රාණඝාතය ගැන ලැජ්ජා වෙනවා. සතුන් කෙරෙහි දයාවන්ත වෙනවා. සියලු සතුන් කෙරෙහි හිතානුකම්පී වෙනවා. හොරකම අත්හරිනවා. හොරකමින් වළකිනවා. දුන් දේ විතරක් ගන්නවා. දුන් දේ ගැනීම විතරක් කැමති වෙනවා. සොරකමින් තොර වෙලා පිරිසිදු සිතින් වාසය කරනවා. අබ්‍රහ්මචාරී බව අත්හරිනවා. බ්‍රහ්මචාරී වෙනවා. අයහපත් හැසිරීමෙන් දුරුවෙනවා. ලාමක දෙයක් වන මෛථුනයෙන් වළකිනවා.

බොරු කීම අත්හරිනවා. බොරු කීමෙන් වළකිනවා. සත්‍යවාදී වෙනවා. ඇත්තෙන් ඇත්ත ගලපලා කතා කරනවා. ස්ථිර වචන කියනවා. ඇදහිය යුතු දේ කියනවා. ලෝකයා අවුල් වෙන දේ කියන්නෙ නෑ. කේළම අත්හරිනවා. කේළමින් වළකිනවා. මෙතනින් අහල මේ අය බිඳවන්න එතන කියන්නෙ නෑ. එතනින් අහල ඒ අය බිඳවන්න මෙතන කියන්නෙ නෑ. බිඳච්ච අය සමඟි කරනවා. සමඟි බව ඇති කරවනවා. සමඟියට කැමති වෙනවා. සමඟියේ ඇලෙනවා. සමඟි බවේ සතුටු වෙනවා. සමඟිය ඇති වෙන දේ ම කියනවා. පරුෂ වචනය අත්හරිනවා. පරුෂ වචනයෙන් වළකිනවා. දොස් රහිත දේ කියනවා. කනට මිහිරි දේ කියනවා. සෙනෙහෙබර වචන කියනවා. හෘදයාංගම වචන කියනවා. දන උගත් වචන කියනවා. බොහෝ ජනයා කැමති වන ප්‍රියමනාප වන වචන කියනවා. හිස් දෙඩවිලි අත්හරිනවා. හිස් දෙඩවිල්ලෙන් වළකිනවා. සුදුසු කාලයට කතා කරනවා. ඇත්ත දෙය කතා කරනවා. අර්ථවත් දේ කතා කරනවා. ධර්මය කතා කරනවා. විනය කතා කරනවා. මතක තබා ගන්න වටින දේ කතා කරනවා.

ඒ භික්ෂුව ගස් කොළන් වැනසීමෙන් වළකිනවා. උදේ කාලෙ විතරක් වළඳනවා. රාත්‍රී ආහාරය වූ විකාල භෝජනයෙන් වළකිනවා. නැටුම්, ගැයුම්, වැයුම්, විකාර දර්ශනවලින් වළකිනවා. මල්, සුවඳ විලවුන්වලින් සැරසීමෙන්,

හැඩ වැඩවීමෙන් වළකිනවා. සුඛෝපභෝගී වටිනා ආසන පරිහරණයෙන් වළකිනවා. රන්, රිදී, කහවනු ආදිය පිළිගැනීමෙන් වළකිනවා. අමු ධාන්‍ය පිළිගැනීමෙන් වළකිනවා. අමු මස් පිළිගැනීමෙන් වළකිනවා. ස්ත්‍රීන්, කුමරියන් පිළිගැනීමෙන් වළකිනවා. දාසි දස්සන් පිළිගැනීමෙන් වළකිනවා. එළු බැටළුවන් පිළිගැනීමෙන් වළකිනවා. ඌරෝ කුකුල්ලු පිළිගැනීමෙන් වළකිනවා. ඇතුන්, ගවයන්, අසුන්, වෙළඹුන් පිළිගැනීමෙන් වළකිනවා. කුඹුරු, වතුපිටි පිළිගැනීමෙන් වළකිනවා. ගිහියන්ගේ පණිවිඩ ගෙන යාමෙන් වළකිනවා. වෙළඳ ගණුදෙනු වලින් වළකිනවා. හොරට තරාදියෙන් කිරන එක, හොරට මනින එක, ආදියෙන් වළකිනවා. අල්ලස් ගැනීම, වංචා කිරීම, එක වගේ දේ පෙන්නල රැවටීමෙන් වළකිනවා. කට්ටකම්වලින් වළකිනවා. අත් පා කැපීම්, මැරීම්, විලංගු දැමීම්, මං පැහැරීම්, ගම් පැහැරීම්, සාහසිකකම් යන මේවායින් වළකිනවා.

ඒ භික්ෂුව ලද දෙයින් සතුටු වෙනවා. කය පොරවන සිවුරෙනුත්, කුස පිරෙන ප්‍රමාණයේ පිණ්ඩපාතයෙනුත් සතුටු වෙනවා. ඔහු යන තැන පාත්තරෙයි, සිවුරුයි විතරක් ගෙනියනවා. ළිහිණි කුරුල්ලෙක් යන යන තැන පියාපත් බර විතරක් අරගෙන යනවා වගේ. ඔන්න ඔය විදිහටයි භික්ෂුව ලද දෙයින් සතුටු වෙන්නෙ. කය පොරවන සිවුරෙනුත් කුස පිරෙන පිණ්ඩපාතෙනුත් සතුටු වෙනවා. ඔහු යම් තැනක යනවා නම්, පාත්‍ර සිවුරු විතරක් අරගෙන යනවා. ඔහු මේ විදිහට ශ්‍රේෂ්ඨ වූ සීලයකින් සමන්විත වෙලා නිවැරදි ජීවිතය ගැන තමන් තුළ මහත් සතුටක් ලබනවා.

ඒ භික්ෂුව ඇහෙන් රූප දැකලා, නිමිති ගන්නෙ නෑ. කුඩා සටහනක් වත් ගන්නෙ නෑ. ඇහැ අසංවරව ඉන්න කොට, ආශාව, තරහ වගේ පාපී අකුසල් ඇතිවෙලා ප්‍රශ්න හටගන්න දේකට පත්වෙන්නෙ නෑ. තමන්ගේ ඇස සංවර කරගන්නවා. ඇස රකිනවා. ඇසේ සංවරකමට පැමිණෙනවා. කනෙන් ශබ්දයක් අහල ....(පෙ).... නාසයෙන් ගඳ සුවඳ දැනගෙන ....(පෙ).... දිවෙන් රස දැනගෙන ....(පෙ).... කයෙන් පහස දැනගෙන ....(පෙ).... මනසින් අරමුණු දැනගෙන ඒ මනස අසංවරව හිටියොත්, ආශාව, තරහ වගේ පාපී අකුසල් හට අරගෙන ප්‍රශ්න ඇති වෙනවා නම් එබඳු නිමිති ගන්නෙ නෑ. එබඳු නිමිතිවල කුඩා සටහනක් වත් ගන්නෙ නෑ. මනසේ සංවරයට පැමිණෙනවා. මනස රකිනවා. මනස සංවර කරගන්නවා. ඔහු මේ විදිහට ශ්‍රේෂ්ඨ වූ ඉන්ද්‍රිය සංවරයකින් යුතුව තමන් තුළ පීඩා රහිත වූ මහත් සැපයක් විඳිනවා.

ඔහු ඉදිරියට යන කොට, ආපසු එන කොට හරි කල්පනාවෙන් ම ඉන්නවා. ඉදිරිය බලන කොට, වටපිට බලන කොට ඒ ගැන හරි කල්පනාවකින්

ඉන්නවා. අත පය හකුළන කොට, දිගහරින කොට ඒ ගැන කල්පනාවකින් ඉන්නවා. දෙපොට සිවුරු තනිපොට සිවුරු, පාත්තර පරිහරණය කරන කොට ඒ ගැන කල්පනාවෙන් ම ඉන්නවා. යමක් වළඳන කොට, පානය කරන කොට, සපා කන කොට, රස විඳින කොට, ඒ ගැන කල්පනාවෙන් ඉන්නවා. වැසිකිළි කැසිකිළි යන කොටත් ඒ ගැන කල්පනාවෙන් ම ඉන්නවා. යන කොට, ඉන්න කොට, වාඩිවෙන කොට, නිදන කොට, නිදිවරන කොට, කතා කරන කොට, නිශ්ශබ්දව ඉන්න කොට ඒ ගැන කල්පනාවෙන් ම ඉන්නවා.

ඉතින් ඔහු ඔය විදිහට ශ්‍රේෂ්ඨ වූ සීලයකිනුත් යුක්ත වෙලා ශ්‍රේෂ්ඨ වූ ඉන්ද්‍රිය සංවරයකිනුත් යුක්ත වෙලා ශ්‍රේෂ්ඨ වූ සිහිකල්පනාවකිනුත් යුක්ත වෙලා දුර ඈත වන සෙනසුන්වල ඉන්නවා. ආරණ්‍යවල ඉන්නවා. රුක් සෙවණේ, පර්වතයෙ, දිය ඇලි අසල, ගිරි ගුහා, සොහොන්, වනගොමු, නිදහස් තැන්, පිදුරු ගෙවල් සෙනසුන් හැටියට පාවිච්චි කරනවා.

ඉතින් ඔහු පිණ්ඩපාතය වැළඳුවට පස්සේ පළඟක් බැඳගෙන වාඩිවෙනවා. කය ඍජු කරගන්නවා. භාවනා අරමුනේ සිහිය පිහිටුවා ගන්නවා. ඔහු ජීවිතේ නම් වූ ලෝකය ගැන තියෙන ඇල්ම දුරු කරනවා. ආශාවෙන් තොර වූ සිතින් වාසය කරනවා. ආශාව බැහැර කරමින් සිත පිරිසිදු කරනවා. තරහ අත්හරිනවා. තරහ රහිත සිතින් වාසය කරනවා. සියලු සතුන් කෙරෙහි හිතානුකම්පී වෙනවා. තරහ බැහැර කරමින් සිත පිරිසිදු කරනවා. ථීනමිද්ධය අත්හරිනවා. ථීනමිද්ධයෙන් තොරව ඉන්නවා. හොඳ සිහි කල්පනාවෙන් යුතු ආලෝක සඤ්ඤාව ඇති කරගන්නවා. ථීනමිද්ධය බැහැර කරමින් සිත පිරිසිදු කරනවා. උද්ධච්ච කුක්කුච්ච අත්හරිනවා. හිතේ ඇවිස්සීමකින් තොරව වාසය කරනවා. තමා තුළ ශාන්ත සිතක් ඇති කරගන්නවා. උද්ධච්ච කුක්කුච්ච බැහැර කරමින් සිත පිරිසිදු කරනවා. විචිකිච්ඡාව අත්හරිනවා. විචිකිච්ඡාවෙන් තොරව ඉන්නවා. කුසල් දහම් ගැන 'කෙසේ ද, කෙසේ ද' කියන සැකය අත්හරිනවා. සැකය බැහැර කරමින් සිත පිරිසිදු කරනවා.

ඒ භික්ෂුව මේ පංච නීවරණ අත්හැරලා, ප්‍රඥාව දුර්වල කරන සිතේ උපක්ලේශවලින් මිදිල, කාමයෙන් වෙන්ව, අකුසල් වලින් වෙන්ව, විතර්ක, විචාර සහිත වූ මානසික විවේකයෙන් හටගත්, ප්‍රීතිසුඛය ඇති පළවෙනි ධ්‍යානය උපදවාගෙන වාසය කරනවා. පින්වත් මහණෙනි, ඒ වගේම භික්ෂුව විතර්ක, විචාර සංසිඳුවාගෙන, තමා තුළ ප්‍රසන්න භාවයක් ඇති කරගෙන, සිතේ එකඟ බවින් යුතුව විතර්ක විචාර රහිත, සමාධියෙන් හටගත් ප්‍රීතිසුඛය තියෙන දෙවෙනි ධ්‍යානයත් ලබාගෙන ඉන්නවා. ප්‍රීතියට ඇලෙන්නෙ නැතුව උපේක්ෂාවෙන් ....(පෙ).... තුන් වෙනි ධ්‍යානයත් ලබාගෙන ඉන්නවා. සැප දුක් නැති කරලා ....(පෙ).... හතර වෙනි ධ්‍යානයත් ලබාගෙන ඉන්නවා.

ඒ භික්ෂුව ඇහින් රූපයක් දැකල ප්‍රිය මනාප රූපය ගැන ඇලෙන්නෙ නෑ. අප්‍රිය රූපය ගැන ගැටෙන්නෙ නෑ. කය පිළිබඳව සිහිය පිහිටුවාගෙන ඉන්නවා. ප්‍රමාණ රහිත සිතින් ඉන්නවා. පාපී අකුසල් ඉතිරි නැතිව නැති වෙන්නෙ යම් තැනක ද, අන්න ඒ ප්‍රඥා විමුක්තියත්, චිත්ත විමුක්තියත් ගැන අවබෝධයෙන් ම දන්නවා. මේ විදිහට ඒ භික්ෂුව ඇලීමෙන්, ගැටීමෙන් දුරු වෙලා ඉන්න කොට, යම්කිසි විඳීමක් විඳිනවා නම්, සැපක් හෝ වේවා, දුකක් හෝ වේවා, මධ්‍යස්ථ විඳීමක් හෝ වේවා, ඔහු ඒ විඳීම සතුටින් පිළිගන්නෙ නෑ. අගය කරන්නෙ නෑ. එහි බැසගන්නෙ නෑ. ඔහු ඒ විඳීම සතුටින් නොපිළිගන්න කොට, අගය නොකරන කොට, ඒකෙ නොබැසගන්න කොට, විඳීම් කෙරෙහි යම් ආශාවක් තිබුණා නම්, ඒක නිරුද්ධ වෙලා යනවා. ඔහුට ආශාව නිරුද්ධ වීමෙන්, උපාදාන නිරුද්ධ වෙනවා. උපාදාන නිරුද්ධ වීමෙන් භවය නිරුද්ධ වෙනවා. භවය නිරුද්ධ වීමෙන් ඉපදීම නිරුද්ධ වෙනවා. ඉපදීම නිරුද්ධ වීමෙන් ජරා, මරණ, ශෝක, වැළපීම්, දුක්, දොම්නස්, සුසුම් හෙළීම් නිරුද්ධ වෙනවා. ඔය ආකාරයෙන් මුළු මහත් දුක් රැසම නිරුද්ධ වෙලා යනවා.

කනෙන් ශබ්දයක් අහලා ....(පෙ).... නාසයෙන් ගඳ සුවඳ ආඝ්‍රාණය කරලා ....(පෙ).... දිවෙන් රස විඳලා ....(පෙ).... කයෙන් පහස ලබලා ....(පෙ).... මනසින් අරමුණු දැනගෙන ප්‍රිය මනාප අරමුණු ගැන ඇලෙන්නෙ නෑ. අප්‍රිය අරමුණු ගැන ගැටෙන්නෙත් නෑ. කය පිළිබඳව සිහිය පිහිටුවාගෙන ඉන්නවා. ප්‍රමාණ රහිත සිතින් ඉන්නවා. පාපී අකුසල් ඉතිරි නැතිව නැති වෙන්නෙ යම් තැනක ද, අන්න ඒ ප්‍රඥා විමුක්තියත්, චිත්ත විමුක්තියත් ගැන අවබෝධයෙන් ම දන්නවා. මේ විදිහට ඒ භික්ෂුව ඇලීමෙන්, ගැටීමෙන් දුරු වෙලා ඉන්න කොට, යම්කිසි විඳීමක් විඳිනවා නම්, සැපක් හෝ වේවා, දුකක් හෝ වේවා, මධ්‍යස්ථ විඳීමක් හෝ වේවා, ඔහු ඒ විඳීම සතුටින් පිළිගන්නෙ නෑ. අගය කරන්නෙ නෑ. එහි බැසගන්නෙ නෑ. ඔහු ඒ විඳීම සතුටින් නොපිළිගන්න කොට, අගය නොකරන කොට, ඒකෙ නොබැසගන්න කොට, විඳීම් කෙරෙහි යම් ආශාවක් තිබුනා නම්, ඒක නිරුද්ධ වෙලා යනවා. ඔහුට ආශාව නිරුද්ධ වීමෙන්, උපාදාන නිරුද්ධ වෙනවා. උපාදාන නිරුද්ධ වීමෙන් භවය නිරුද්ධ වෙනවා. භවය නිරුද්ධ වීමෙන් ඉපදීම නිරුද්ධ වෙනවා. ඉපදීම නිරුද්ධ වීමෙන් ජරා, මරණ, ශෝක, වැළපීම්, දුක්, දොම්නස්, සුසුම් හෙළීම් නිරුද්ධ වෙනවා. ඔය ආකාරයෙන් මුළු මහත් දුක් රැස ම නිරුද්ධ වෙලා යනවා.

පින්වත් මහණෙනි, දැන් මේ කියා දීපු ධර්මය, 'තණ්හාව ගෙවා දමල විමුක්තියට පත්වීම' ගැන සාරාංශ වශයෙන් කියා දීපු දෙසුමක් හැටියට මතක තබාගන්න. කේවට්ටපුත්‍ර සාති භික්ෂුව නම්, මේ මහා තණ්හා ජාලයට, තණ්හා බන්ධනයට පැටලි පැටලි යනවා.

භාග්‍යවතුන් වහන්සේ මේ උතුම් දේශනය වදාළා. ඒ දේශනය ගැන ඒ ස්වාමීන් වහන්සේලා ගොඩක් සතුටු වුනා. භාග්‍යවතුන් වහන්සේ වදාළ මේ දේශනය සතුටින් පිළිගත්තා.

සාදු! සාදු!! සාදු!!!

**තණ්හාව ගෙවා දැමීම ගැන වදාළ විස්තරාත්මක දෙසුම නිමා විය.**

## 1.4.9
## මහා අස්සපුර සූත්‍රය
### අස්සපුර නම් කුඩා නගරයේදී වදාළ විස්තරාත්මක දෙසුම

මා හට අසන්නට ලැබුනේ මේ විදිහටයි. ඒ දවස්වල භාග්‍යවතුන් වහන්සේ වැඩසිටියේ අංග ජනපදයේ, අංග ජනපදවාසීන්ගේ අස්සපුර කියන කුඩා නගරයේ. එදා භාග්‍යවතුන් වහන්සේ "පින්වත් මහණෙනි" කියල භික්ෂුසංඝයා ඇමතුවා. "පින්වතුන් වහන්ස" කියල ඒ භික්ෂූන් වහන්සේලා භාග්‍යවතුන් වහන්සේට පිළිතුරු දුන්නා. භාග්‍යවතුන් වහන්සේ ඒ මොහොතේදී තමයි මේ දේශනාව වදාළේ.

පින්වත් මහණෙනි, මහජනතාව ඔබව හඳුනන්නෙ ශ්‍රමණයන් හැටියටයි. ඔබත් කවුද කියල ඇහුවා ම උත්තර දෙන්නෙ 'අපි ශ්‍රමණයො' කියලයි. ඔය විදිහට ශ්‍රමණ නාමයෙන් හඳුන්වන, ශ්‍රමණ බව පවසන ඔබ මෙහෙම හිතන්න ඕන. 'ශ්‍රමණ බවට පත්වෙන, බ්‍රාහ්මණ බවට පත්වෙන ගුණ ධර්ම තියෙනවා. අපි ඒ ගුණ ධර්ම ඇතුව ඉන්නවා. එතකොට අපට 'ශ්‍රමණයන්' කියල කීමත් ඇත්තක් වෙනවා. ශ්‍රමණයන් බවට අපි කරන ප්‍රකාශයත් ඇත්තක් වෙනවා. ඒ වගේම අපි යමෙකු ගේ සිවුරු, පිණ්ඩපාත, සේනාසන, බෙහෙත් පිරිකර වළඳනවා නම්, අප කෙරෙහි ඒ කරන පුද පූජාවල් මහත්ඵල, මහානිසංස වෙනවා. අපේ මහණකමත් වඳ රහිත වෙනවා. ඵල සහිත වෙනවා. දියුණුවට පත්වෙනවා' කියල, ඔන්න ඔය විදිහටයි පින්වත් මහණෙනි, හික්මිය යුත්තේ.

පින්වත් මහණෙනි, ශ්‍රමණ බව ඇතිකරන, බ්‍රාහ්මණ බව ඇතිකරන ගුණ ධර්ම මොනවාද?

පින්වත් මහණෙනි, 'පවට ලැජ්ජාවත්, භයත් යන දෙකින් යුක්ත වෙනවා' කියල ඔබ හික්මිය යුතුයි.

එතකොට පින්වත් මහණෙනි, ඔබට මෙහෙම හිතෙන්න පුළුවනි. 'අපි දැන් පවට ලැජ්ජා භයෙන් යුතුව ඉන්නවා. අපට ඔය ඇති. ඔය ටික කර ගත්තහම මදෑ. මහණකමේ ඵලයත් ලබාගත්තා නෙව. අපට ඉතින් ඔයිට වඩා දෙයක් කරන්නත් නැහැ නෙව' කියල සෑහීමට පත්වෙනවාද?

පින්වත් මහණෙනි, ඔබට මේ කාරණය සැළකොට කියමි. පින්වත් මහණෙනි, ඔබට මේ කාරණය තවදුරටත් ඉස්මතු කොට කියමි. මහණකම දියුණු වෙන උතුම් කටයුතු ඉදිරියට තිබෙද්දී, ඔබේ ශ්‍රමණ ජීවිතයේ දියුණුව ඔච්චරකින් ඉවර කරගන්න එපා! පින්වත් මහණෙනි, ශ්‍රමණ ජීවිතේ දියුණු කරගන්න තියෙන තව දේවල් මොනවාද? 'අපි පිරිසිදු කායික හැසිරීම්වලින් යුක්ත වෙනවා. පැහැදිලි හැසිරීම්වලින් යුක්ත වෙනවා. විවෘත වෙනවා. අඩුපාඩු නැතුව ඉන්නවා. සංවරව ඉන්නවා. එහෙම පිරිසිදු කායික හැසිරීම් වලින් යුක්තව ඉඳීම නිසා, තමාව හුවා දක්වන්නෙ නෑ. අනුන්ව හෙළා දකින්නෙත් නෑ' කියල පින්වත් මහණෙනි, ඔබ මේ විදිහට හික්මිය යුතුයි.

පින්වත් මහණෙනි, ඔබට මෙහෙම හිතෙන්න පුළුවනි. 'අපි දැන් පවට ලැජ්ජා භයෙන් යුතුව ඉන්නවා. අපගේ කායික පැවැත්මත් පිරිසිදුයි. අපට ඔය ඇති. ඔය ටික කරගත්තා ම මදෑ. මේකත් මහණකමෙන් ලබාගත්තු ඵලයක් නෙව. අපට ඉතින් ඔයිට වඩා දෙයක් කරන්නත් නැහැ නෙව' කියල සෑහීමකට පත්වෙනවාද?

පින්වත් මහණෙනි, ඔබට මේ කාරණය සැළකොට කියමි. පින්වත් මහණෙනි, ඔබට මේ කාරණය තවදුරටත් ඉස්මතු කොට කියමි. මහණකම දියුණු වෙන උතුම් කටයුතු ඉදිරියට තිබෙද්දී, ඔබේ ශ්‍රමණ ජීවිතයේ දියුණුව ඔච්චරකින් ඉවර කරගන්න එපා! පින්වත් මහණෙනි, ශ්‍රමණ ජීවිතේ දියුණු කරගන්න තියෙන තව දේවල් මොනවාද? 'අපි පිරිසිදු වචන කතා බහෙන් යුක්ත වෙනවා. යහපත් වචන කතා කරනවා. විවෘත වෙනවා. අඩුපාඩු නැතිව ඉන්නවා. සංවරව ඉන්නවා. පිරිසිදු වචන කතාබහ නිසා තමාව හුවා දක්වන්නෙත් නෑ. අනුන්ව හෙළා දකින්නෙත් නෑ' කියල පින්වත් මහණෙනි ඔබ මේ විදිහට හික්මිය යුතුයි.

පින්වත් මහණෙනි, ඔබට මෙහෙම හිතෙන්න පුළුවනි. 'අපි දැන් පවට ලැජ්ජා භයෙන් යුතුව ඉන්නවා. ඒ වගේම අපගේ කායික පැවැත්මත් පිරිසිදුයි. අපේ කතාබහත් පිරිසිදුයි. අපට ඔය ඇති. ඔය ටික කරගත්තා ම මදෑ. මේකත් මහණකමෙන් ලබාගත්තු ඵලයක් නෙව. අපට ඉතින් ඔයිට වඩා දෙයක් කරන්නත් නැහැ නෙව' කියල සෑහීමකට පත්වෙනවාද?

පින්වත් මහණෙනි, ඔබට මේ කාරණය සැළකොට කියමි. පින්වත් මහණෙනි, ඔබට මේ කාරණය තවදුරටත් ඉස්මතු කොට කියමි. මහණකම දියුණු වෙන උතුම් කටයුතු ඉදිරියට තිබෙද්දී, ඔබේ ශ්‍රමණ ජීවිතයේ දියුණුව ඔච්චරකින් ඉවර කරගන්න එපා! පින්වත් මහණෙනි, ශ්‍රමණ ජීවිතේ දියුණු කරගන්න තියෙන තව දේවල් මොනවාද? 'අපි පිරිසිදු සිතුවිලිවලින් යුක්ත වෙනවා. පැහැදිලි සිතුවිලිවලින් යුක්ත වෙනවා. විවෘත වෙනවා. අඩු පාඩු නැතුව ඉන්නවා. සංවරව ඉන්නවා. එහෙම පිරිසිදු සිතුවිලි වලින් යුක්ත වීම නිසා, තමාව හුවා දක්වන්නෙ නෑ. අනුන්ව හෙළා දකින්නෙත් නෑ' කියල පින්වත් මහණෙනි, ඔබ මේ විදිහට හික්මිය යුතුයි.

පින්වත් මහණෙනි, ඔබට මෙහෙම හිතෙන්න පුළුවනි. 'අපි දැන් පවට ලැජ්ජා භයෙන් යුක්තව ඉන්නවා. අපගේ කායික පැවැත්මත් පිරිසිදුයි. අපේ කතාබහත් පිරිසිදුයි. අපේ අදහසුත් පිරිසිදුයි. අපට ඔය ඇති. ඔය ටික කරගත්තාම මදෑ. මේකත් මහණකමෙන් ලබාගත්තු ඵලයක් නෙව. අපට ඉතින් ඔයිට වඩා දෙයක් කරන්නත් නැහැ නෙව' කියල සෑහීමකට පත්වෙනවාද?

පින්වත් මහණෙනි, ඔබට මේ කාරණය සැළකොට කියමි. පින්වත් මහණෙනි, ඔබට මේ කාරණය තවදුරටත් ඉස්මතු කොට කියමි. මහණකම දියුණුවෙන උතුම් කටයුතු ඉදිරියට තිබෙද්දී, ඔබේ ශ්‍රමණ ජීවිතයේ දියුණුව ඔච්චරකින් ඉවර කරගන්න එපා! පින්වත් මහණෙනි, ශ්‍රමණ ජීවිතේ දියුණු කරගන්න තියෙන තව දේවල් මොනවාද? 'අපි පිරිසිදු ජීවිත පැවැත්මෙන් යුක්ත වෙනවා. පැහැදිලි දිවි පැවැත්මෙන් යුක්ත වෙනවා. විවෘත වෙනවා. අඩු පාඩු නැතුව ඉන්නවා. සංවරව ඉන්නවා. ඒ පිරිසිදු ජීවිත පැවැත්ම නිසා තමාව හුවා දක්වන්නෙ නෑ. අනුන්ව හෙළා දකින්නෙත් නෑ' කියල පින්වත් මහණෙනි, ඔබ මේ විදිහට හික්මිය යුතුයි.

පින්වත් මහණෙනි, එතකොට ඔබට මෙහෙම හිතෙන්න පුළුවනි. 'අපි දැන් පවට ලැජ්ජා භය ඇතිව ඉන්නවා. අපේ කායික පැවැත්මත් පිරිසිදුයි. අපේ කතා බහත් පිරිසිදුයි. අපේ සිතුවිලිත් පිරිසිදුයි. අපේ ජීවිත පැවැත්මත් පිරිසිදුයි. අපට ඔය ඇති. ඔය ටික කරගත්තා ම මදෑ. මේකත් මහණකමෙන් ලබාගත්තු ඵලයක් නෙව. අපට ඉතින් ඔයිට වඩා දෙයක් කරන්නත් නැහැ නෙව' කියල සෑහීමකට පත්වෙනවාද?

පින්වත් මහණෙනි, ඔබට මේ කාරණය සැළකොට කියමි. පින්වත් මහණෙනි, ඔබට මේ කාරණය තවදුරටත් ඉස්මතු කොට කියමි. මහණකම දියුණු වෙන උතුම් කටයුතු ඉදිරියට තිබෙද්දී, ඔබේ ශ්‍රමණ ජීවිතයේ දියුණුව ඔච්චරකින් ඉවර කරගන්න එපා! පින්වත් මහණෙනි, ශ්‍රමණ ජීවිතේ දියුණු කරගන්න තියෙන

තව දේවල් මොනවාද? 'අපි ඉන්ද්‍රිය සංවර කරගෙන ඉන්නවා. ඇහෙන් රූප දැකල නිමිති සටහන් ගන්නෙ නෑ. කුඩා සටහනක් වත් ගන්නෙ නෑ. ඇස අසංවර කරගෙන ඉන්න කොට, ඇලීම් ගැටීම් ආදී අකුසල් හටඅරගෙන ප්‍රශ්න ඇතිවෙනවා නම්, ඒ ඇස සංවර කරගන්න පිළිපදිනවා. ඇස රැකගන්නවා. ඇසේ සංවර බවට පත්වෙනවා. කනෙන් ශබ්දයක් අහලා ....(පෙ).... නාසයෙන් ගඳ-සුවඳ ආඝ්‍රාණය කරලා ....(පෙ).... දිවෙන් රස දැනගෙන ....(පෙ).... කයෙන් පහස ලබලා ....(පෙ).... මනසින් අරමුණු දැනගෙන නිමිති සටහන් ගන්නෙ නෑ. කුඩා සටහනක් වත් ගන්නෙ නෑ. මනස අසංවර කරගෙන ඉන්නකොට ඇලීම්, ගැටීම් ආදී පාපී අකුසල් ඇතිවෙලා අවුල් හැදෙන නිසා, අන්න ඒ මනස සංවර කරන්ට පිළිපදිනවා. මනස රැකගන්නවා. මනසේ සංවරයට පත්වෙනවා' කියල පින්වත් මහණෙනි, ඔබ මේ විදිහට හික්මිය යුතුයි.

එතකොට පින්වත් මහණෙනි, ඔබට මෙහෙම හිතෙන්න පුළුවනි. 'අපි දැන් පවට ලැජ්ජා භයෙන් යුතුව ඉන්නවා. පිරිසිදු කායික හැසිරීම්වලින් යුක්තව ඉන්නවා. පිරිසිදු කතා බහෙන් යුක්තව ඉන්නවා. පිරිසිදු සිතුවිලි වලින් යුක්තව ඉන්නවා. පිරිසිදු ජීවිතයක් ගෙවනවා. ඉන්ද්‍රියයන් පවා සංවර කරගෙන ඉන්නවා. අපට ඔය ඇති. ඔය ටික කරගත්තා ම මදෑ. මහණකමේ ඵලයක් ලබාගත්තා නෙව. අපට ඉතින් ඔයිට වඩා දෙයක් කරන්නත් නැහැ නෙව' කියල සෑහීමකට පත්වෙනවාද?

පින්වත් මහණෙනි, ඔබට මේ කාරණය සැළකොට කියමි. පින්වත් මහණෙනි, ඔබට මේ කාරණය තවදුරටත් ඉස්මතු කොට කියමි. මහණකම දියුණු වෙන උතුම් කටයුතු ඉදිරියට තිබෙද්දී, ඔබේ ශ්‍රමණ ජීවිතයේ දියුණුව ඔච්චරකින් ඉවර කරගන්න එපා! පින්වත් මහණෙනි, ශ්‍රමණ ජීවිතේ දියුණු කරගන්න තියෙන තව දේවල් මොනවාද? 'අපි අවබෝධයෙන් යුතුව ම දානෙ වළඳනවා. නුවණින් සලකාගෙන ම ආහාර ගන්නවා. ඒ කියන්නෙ මේ ආහාර ගන්නෙ ශරීර ශක්තිය දියුණු කරගන්න නොවෙයි. සෙල්ලම් කරන්න නොවෙයි. ඇඟපත ලස්සන කරගන්න නොවෙයි. අඩු තැන් පුරෝගෙන සැරසෙන්න නොවෙයි. මේ කය පවත්වාගන්න විතරයි. ජීවත් වෙන්න විතරයි. වෙහෙස සංසිඳවාගන්න විතරයි. නිවන් මගට අනුග්‍රහ පිණිස විතරයි. ඔය විදිහට මං කලින් හටගත් බඩගිනි වේදනා නැතිකරල දානවා. අලුතින් බඩගිනි වේදනා උපදවන්නෙ නෑ. නිවැරදි ජීවිතයත්, පහසුවෙන් කල් ගතකිරීමත් ඇති කරගන්නවා' කියල. පින්වත් මහණෙනි, ඔය විදිහට ඔබ හික්මිය යුතුයි.

පින්වත් මහණෙනි, ඔබට මෙහෙම හිතෙන්න පුළුවනි. 'අපි දැන් පවට ලැජ්ජා භයෙන් යුතුව ඉන්නවා. අපේ කායික පැවැත්මත් පිරිසිදුයි. අපේ කතා

බහත් පිරිසිදුයි. අපේ සිතුවිලිත් පිරිසිදුයි. අපේ ජීවිත පැවැත්මත් පිරිසිදුයි. ඉන්ද්‍රියයන් පවා සංවර කරගෙන ඉන්නෙ. අවබෝධයෙන් ම යි දානෙ ගන්නෙත්. ඉතින් අපට ඔය ඇති. ඔය ටික කරගත්තාම මදෑ. මේකත් මහණකමෙන් ලබාගත්තු ඵලයක් නෙව. අපට ඉතින් ඔයිට වඩා දෙයක් කරන්නත් නෑ නෙව' කියල සෑහීමකට පත්වෙනවා ද?

පින්වත් මහණෙනි, ඔබට මේ කාරණය සැළකොට කියමි. පින්වත් මහණෙනි, ඔබට මේ කාරණය තවදුරටත් ඉස්මතු කොට කියමි. මහණකම දියුණු වෙන උතුම් කටයුතු ඉදිරියට තිබෙද්දී, ඔබේ ශ්‍රමණ ජීවිතයේ දියුණුව ඔච්චරකින් ඉවර කරගන්න එපා! පින්වත් මහණෙනි, ශ්‍රමණ ජීවිතේ දියුණු කරගන්න තියෙන තව දේවල් මොනවාද? 'අපි නිදි වරාගෙන භාවනා කරන්න ඕන. දවල් කාලෙ සක්මන් භාවනාවෙනුත්, වාඩිවෙලා කරන භාවනාවෙනුත් නීවරණයන්ගෙන් සිත පිරිසිදු කරන්න ඕන. රාත්‍රී කාලෙ පළවෙනි යාමය ඉක්ම යන කල් සක්මන් භාවනාවෙනුත්, වාඩිවෙලා කරන භාවනාවෙනුත්, නීවරණයන්ගෙන් සිත පිරිසිදු කරගන්න ඕන. මධ්‍යම රාත්‍රියට දකුණු පැත්තට හැරිල දකුණු පය මත වම් පය ටිකක් පස්සට තබාගෙන සිහි නුවණින් යුතුව සිංහ සෙය්‍යාවෙන් සැතපෙනවා. එතකොට සැතපෙන්නෙ පාන්දර නැගිටිනවා කියල හිතලා. ඉතින් පාන්දර ජාමෙට නැගිටලා සක්මන් භාවනාවෙත් යෙදෙන්න ඕන. වාඩිවෙලා කරන භාවනාවෙත් යෙදෙන්න ඕන. නීවරණවලිනුත් සිත පිරිසිදු කරන්න ඕන' කියල පින්වත් මහණෙනි, ඔබ ඔය විදිහට හික්මිය යුතුයි.

පින්වත් මහණෙනි, එතකොට ඔබට මෙහෙම හිතෙන්න පුළුවනි. 'අපි දැන් පවට ලැජ්ජා භය ඇතිව ඉන්නවා. අපේ කායික පැවැත්මත් පිරිසිදුයි. අපේ කතාබහත් පිරිසිදුයි. අපේ සිතුවිලිත් පිරිසිදුයි. අපේ ජීවිත පැවැත්මත් පිරිසිදුයි. ඉන්ද්‍රියයන් පවා සංවර කරගෙනයි ඉන්නෙ. අවබෝධයෙන් ම යි දානෙ වළඳන්නෙ. නිදි වරාගෙන බණ භාවනාත් කරනවා. ඉතින් අපට ඔය ඇති. ඔය ටික කරගත්තාම මදෑ. මේකත් මහණකමෙන් ලබාගත්තු ඵලයක් නෙව. අපට ඉතින් ඔයිට වඩා දෙයක් කරගන්නත් නැහැ නෙව' කියල සෑහීමකට පත් වෙනවාද?

පින්වත් මහණෙනි, ඔබට මේ කාරණය සැළකොට කියමි. පින්වත් මහණෙනි, ඔබට මේ කාරණය තවදුරටත් ඉස්මතු කොට කියමි. මහණකම දියුණු වෙන උතුම් කටයුතු ඉදිරියට තිබෙද්දී, ඔබේ ශ්‍රමණ ජීවිතයේ දියුණුව ඔච්චරකින් ඉවර කරගන්න එපා! පින්වත් මහණෙනි, ශ්‍රමණ ජීවිතේ දියුණු කරගන්න තියෙන තව දේවල් මොනවාද? 'අපි හොඳ සිහි නුවණින් යුක්ත වෙන්න ඕන. ඉස්සරහට යන කොට, ආපස්සට එන කොට හොඳ සිහි

කල්පනාවෙන් ම යි කරන්න ඕන. ඉස්සරහ බලන කොට, වටපිට බලන කොට හොඳ කල්පනාවෙන් ම යි කරන්න ඕන. අත් පා හකුලන කොට, දිගහරින කොට හොඳ කල්පනාවෙන් ම යි කරන්න ඕන. දෙපොට සිවුරු, පාත්‍ර සිවුරු දරන කොට, හොඳ කල්පනාවෙන් ම යි කරන්න ඕන. දන්පැන් වළඳන කොට, සපා වළඳන කොට හොඳ කල්පනාවෙන් ම යි කරන්න ඕන. වැසිකිළි කැසිකිළි කිස කරන කොට, හොඳ කල්පනාවෙන් ම යි කරන්න ඕන. යනකොට, ඉන්නකොට, හිඳිනකොට, නිදනකොට, නිදිවරන කොට, කතා බස් කරන කොට, නිහඬව ඉන්න කොට හොඳ කල්පනාවෙන් ම යි කරන්න ඕන' කියල. පින්වත් මහණෙනි, ඔන්න ඔය විදිහටයි ඔබ හික්මිය යුත්තේ.

පින්වත් මහණෙනි, එතකොට ඔබට මෙහෙම හිතෙන්න පුළුවනි. 'අපි දැන් පවට ලැජ්ජා, භය ඇතිව ඉන්නවා. අපේ කායික පැවැත්මත් පිරිසිඳුයි. අපේ කතා බහත් පිරිසිඳුයි. අපේ අදහසුත් පිරිසිඳුයි. අපේ ජීවිත පැවැත්මත් පිරිසිඳුයි. ඉන්ද්‍රියයන් පවා සංවර කරගෙනයි ඉන්නෙ. අවබෝධයෙන් ම යි දානෙ වළඳන්නෙ. නිදිවරාගෙන භාවනාත් කරනවා. සිහි නුවණිනුත් යුක්ත වුණා නෙව. ඉතින් අපට ඔය ඇති. ඔය ටික කරගත්තා ම මදෑ. මේකත් මහණකමෙන් ලබාගත්ත ඵලයක් නෙව. අපට ඉතින් ඔයිට වඩා දෙයක් කරගන්න නැහැ නෙව' කියල සෑහීමකට පත්වෙනවාද?

පින්වත් මහණෙනි, ඔබට මේ කාරණය සැළකොට කියමි. පින්වත් මහණෙනි, ඔබට මේ කාරණය තවදුරටත් ඉස්මතු කොට කියමි. මහණකම දියුණු වෙන උතුම් කටයුතු ඉදිරියට තිබෙද්දී, ඔබේ ශ්‍රමණ ජීවිතයේ දියුණුව ඔච්චරකින් ඉවර කරගන්න එපා! පින්වත් මහණෙනි, ශ්‍රමණ ජීවිතේ දියුණු කරගන්න තියෙන තව දේවල් මොනවාද? පින්වත් මහණෙනි, භික්ෂුව හුදෙකලා වන සෙනසුන් ඇසුරු කරනවා. ඒ කියන්නෙ අරණ්‍ය, රුක් සෙවණ, කඳු, දිය ඇලි, ගල් ලෙන්, සොහොන් පිටි, වනගැබ, එළිමහන, පිදුරු ගෙවල් ආදියයි. ඒ භික්ෂුව පිණ්ඩපාතෙ කරගෙන දානෙ ටික වළඳලා පළඟක් බැඳගෙන වාඩි වෙනවා. කය සෘජු කරගන්නවා. භාවනා අරමුණේ සිහිය පිහිටුවා ගන්නවා. ඔහු මේ ජීවිතේ නම් වූ ලෝකය ගැන ඇති ඇල්ම දුරු කරලා, ඇලීම් රහිත සිතින් වාසය කරනවා. ආශාව බැහැර කරමින් සිත පිරිසිඳු කරනවා. තරහ අත්හරිනවා. තරහ රහිත සිතින් වාසය කරනවා. සියලු සත්වයන් කෙරෙහි හිතානුකම්පී වෙනවා. තරහෙන් සිත වළක්වා පිරිසිඳු කරනවා. ථීනමිද්ධය අත්හරිනවා. ථීනමිද්ධයෙන් තොරව ඉන්නවා. හොඳ සිහි නුවණින් යුක්තව ආලෝක සඤ්ඤාවෙන් ඉන්නවා. ථීනමිද්ධය කෙරෙන් සිත පිරිසිඳු කරනවා. උද්ධච්ච කුක්කුච්චය අත්හරිනවා. කැළඹීම් රහිතව ඉන්නවා. තමා තුළ සිත සංසිඳවා ගන්නවා. උද්ධච්ච කුක්කුච්චය කෙරෙන් සිත නිදහස් කරගන්නවා.

විචිකිච්ඡාව අත්හරිනවා. විචිකිච්ඡාවෙන් එතෙර වෙනවා. කුසල් දහම් ගැන සැක රහිත වෙනවා. සැකය කෙරෙන් සිත පිරිසිදු කරනවා' කියලා.

පින්වත් මහණෙනි, ඒක මේ වගේ දෙයක්. ඔන්න කවුරු හරි ණයක් ගන්නවා. ඒ ණය මුදලින් ව්‍යාපාරයක් පටන් ගන්නවා. ඔහුගේ ඒ ව්‍යාපාරය සාර්ථක වෙනවා. ඉතින් ඔහු ඒ ආදායමෙන් කලින් ගත්තු ණය මුදල ගෙවල දානවා. ඔහුට අඹුදරුවන් පෝෂණය කිරීම සඳහා තව මුදලුත් ඉතුරු වෙනවා. එතකොට ඔහුට මෙහෙම හිතෙනවා. 'මං ඉස්සර ණය ගත්තා. ව්‍යාපාරවල යෙදෙව්වා. ඒ ව්‍යාපාර සාර්ථක වුනා. ඒ ආදායමෙන් කලින් ගත්තු ණය මුදල ගෙව්වා. දැන් මට අඹු දරුවන්ට සලකන්නත් ආදායම් තියෙනවා' කියලා. එතකොට ඒ කාරණේ මුල් කරගෙන ඔහුගේ සිත පිනා යනවා. මහා සතුටක් ඇතිවෙනවා.

පින්වත් මහණෙනි, ඕක මේ වගේ දෙයක්. ඔන්න ලෙඩ වෙච්ච පුද්ගලයෙක් ඉන්නවා. එයා ලෙඩ වෙලා අසාධ්‍ය වෙලා ඉන්නෙ. මොකවත් කන්න බොන්නත් බෑ. ඇගේ පතේ කිසි හයියකුත් නෑ. ඔහොම ඉඳල පස්සෙ කාලෙක, ඒ ලෙඩේ සනීප වෙනවා. කන්න බොන්න පුළුවන් වෙනවා. ඇගේ පතේ හයි හත්තිය ඇතිවෙනවා. එතකොට ඔහුට මෙහෙම හිතෙනවා. 'මං ඉස්සර ලෙඩ වෙලා, දුකට පත්වෙලා, අසාධ්‍ය වෙලා හිටියා. ඒ කාලෙ මට කෑම බීම අප්පිරියයි. ඇගේ පතේ කිසි හයියක් තිබුනෙ නෑ. නමුත් දැන් මට ඒ ලෙඩේ සනීපයි. හොඳට බත් කන්නත් පුළුවනි. ඇගේ පතේ දැන් හයිය තියෙනවා' කියල. එතකොට ඔහුට ඒ ගැන හිතන කොට හිත පිනා යනවා. මහත් සතුටක් ඇතිවෙනවා.

පින්වත් මහණෙනි, ඕක මේ වගේ දෙයක්. පින්වත් මහණෙනි, ඔන්න එක පුද්ගලයෙක් හිරේ විලංගුවෙ වැටෙනවා. එයා පස්සෙ කාලෙ සුවසේ ම ඒ හිරෙන් නිදහස් වෙනවා. ඔහුගේ සැප සම්පත් නැති වුනෙත් නෑ. එතකොට ඔහුට මෙහෙම හිතෙනවා. 'මං හිරේ විලංගුවෙ වැටිල හිටියේ. නමුත් දැන් මං සුවසේ ඒකෙන් නිදහස් වුනා. මගේ සම්පත් මොකුත් නැතිවෙලත් නෑ' කියල. ඔහු ඒ ගැන හිතන කොට සිත පිනා යනවා. මහත් සතුටක් ඇතිවෙනවා.

පින්වත් මහණෙනි, ඒක මේ වගේ දෙයක්. එක්තරා පුද්ගලයෙක් ඉන්නවා. ඔහු අනුන්ට යටත් වෙච්ච, පරාදීන වෙච්ච දාසයෙක්. ඔහුට කැමති තැනක යන්න පුළුවන්කමක් නෑ. ඒත් පස්සෙ කාලෙකදී ඔහු ඒ දාස භාවයෙන් නිදහස් වෙනවා. ස්වාධීන වෙනවා. හිතු මනාපෙට යන කෙනෙක් වෙනවා. ඔහුට මෙහෙම හිතෙනවා. 'මං ඉස්සර දාසයෙක් වෙලා හිටියා. කිසි ම නිදහසක් තිබුනෙ නෑ. පරාදීන වෙලා හිටියා. නිදහසේ යන්න බැරුව ගියා. නමුත් දැන්

මං ඒ වහල් බවෙන් නිදහස් වෙලා ඉන්නවා. නිදහසේ යන්න පුළුවන් වුනා. දැන් හිතුමනාපෙට ඕන තැනක යන්න පුළුවනි' කියල. එතකොට ඒ පුද්ගලයාට ඒ ගැන හිතන කොට සිත පිනා යනවා. ලොකු සතුටක් ඇතිවෙනවා.

පින්වත් මහණෙනි, ඒක මේ වගේ දෙයක්. ඔන්න එක පුද්ගලයෙක් අතේ සල්ලි බාගෙ ඇතිව, කෑම් බීම් ඇතුව කාන්තාර ගමනක යෙදෙනවා. ඔහු ඒ කාන්තාරයෙන් සුවසේ එතෙර වෙනවා. ඔහුගේ කිසි සම්පතක් ඉවර වුනේ නෑ. එතකොට ඔහුට මෙහෙම හිතෙනවා. 'මං අතේ මිටේ සල්ලි තියාගෙනයි, කෑම් බීම් ඇතුවයි කාන්තාර ගමනට බැස්සේ. දැන් මං ඒ කාන්තාර ගමනෙන් සුවසේ එතෙර වුනා. මගේ කිසිම සම්පතක් වියදම් වුනෙත් නෑ' කියලා. ඔහු එහෙම හිතන කොට සිත පිනා යනවා. ලොකු සතුටක් ඇතිවෙනවා.

පින්වත් මහණෙනි, ඔන්න ඔය විදිහම යි භික්ෂුවක් සිතින් නැති නො වුන පංච නීවරණ දකින්නෙ ණයක් හැටියටයි. අසනීපයක් හැටියටයි. හිර ගෙයක් හැටියටයි. වහල් බවක් හැටියටයි. කාන්තාර මාර්ගයක් හැටියටයි. ඒ වගේම පින්වත් මහණෙනි, භික්ෂුව මේ පංච නීවරණ තම සිතින් නැති වූ විට දකින්නේ ණය නැති බවක් හැටියටයි. ආරෝග්‍ය හැටියටයි. හිරෙන් නිදහස් වීමක් හැටියටයි. දාස බවෙන් නිදහස් වීමක් හැටියටයි. ක්ෂේම භූමියක් හැටියටයි.

ඉතින් ඒ භික්ෂුව සිත කිලුටු කරන, ප්‍රඥාව දුර්වල කරන, ඒ පංච නීවරණ අත්හරිනවා. කාමයෙන් වෙන්ව, අකුසල්වලින් වෙන්ව, විතර්ක, විචාර සහිත, මානසික විවේකයෙන් හටගත්, ප්‍රීති සුඛ ඇති පළවෙනි ධ්‍යානය ලබාගෙන වාසය කරනවා. ඔහු මේ කය ම මානසික විවේකයෙන් හටගත් ප්‍රීතියෙන් සැපයෙන් තෙත් කරනවා. කය පුරා ම ප්‍රීති සැපයෙන් තෙත් කරනවා. ප්‍රීති සැපයෙන් කය පුරෝගන්නවා. කය පුරා පතුරෝනවා. ඔහුගේ කයේ විවේකයෙන් හටගත්තු ප්‍රීති සුඛය නොපැතිරුන තැනක් නෑ.

පින්වත් මහණෙනි, ඒක මේ වගේ දෙයක්. නැහැවීම පිණිස සුවඳ සබන් හදන කෙනෙක් ඉන්නවා. එහෙම නැත්නම්, එයාගේ ගෝලයෙක් ඉන්නවා. ඉතින් මෙයා නෑමට ගන්නා සුවඳ කුඩු අරගෙන භාජනේකට දානවා. ඊට පස්සෙ වතුර ඉහ, ඉහ ඒ සුවඳ කුඩු පිඩු කරනවා. එතකොට ඒ සුවඳ කුඩු පිණ්ඩය වතුරෙන් හොඳට තෙත් වුනත් දිය වෙලා වැක්කෙරෙන්නෙත් නැතුව ලොකු ගුලි හැටියට ම තියෙනවා. පින්වත් මහණෙනි, ඔන්න ඔය විදිහම යි, භික්ෂුව මේ කයත් මානසික විවේකයෙන් හටගත් ප්‍රීතියෙනුයි, සැපයෙනුයි තෙත් කරනවා. පුරෝනවා. ඇඟ පුරා ම පතුරෝනවා. එතකොට ඒ භික්ෂුවගේ ශරීරයේ මානසික විවේකයෙන් හටගත් ප්‍රීති සුඛය නොපැතිරුණු තැනක් නෑ.

පින්වත් මහණෙනි, භික්ෂුව විතර්ක විචාර සංසිඳවලා, තමන් තුළ චිත්ත ප්‍රසාදය ඇතිකරගෙන, සිත වඩාත් එකඟ කරගෙන, විතර්ක විචාර නැති සමාධියෙන් හටගත් ප්‍රීති සුඛය තියෙන දෙවෙනි ධ්‍යානයට පැමිණ වාසය කරනවා. ඔහු මේ කය ඒ සමාධියෙන් හටගත් ප්‍රීති සැපයෙන් තෙත් කරනවා. හැම තැන ම තෙමනවා. පුරෝනවා. ඇඟ පුරා ම පතුරෝනවා. ඔහුගේ ශරීරයේ ඒ සමාධියෙන් හටගත්තු ප්‍රීති සැපය නොපැතිරුණු තැනක් නෑ.

පින්වත් මහණෙනි, ඒක මේ වගේ දෙයක්. සීතල දිය රැල්ලෙන් සිසිල් වන ජලාශයක් තියෙනවා. මේ ජලාශයේ නැගෙනහිර පැත්තෙනුත් ජලය එන මගක් නෑ. දකුණු පැත්තෙනුත් වතුර එන මගක් නෑ. බටහිර පැත්තෙන් වතුර එන මගක් නෑ. උතුරු පැත්තෙන් වතුර එන මගක් නෑ. ඒ වගේම වැස්සත් නෑ. නමුත් ඒ ජලාශය තුළින් ම මතුවන උල්පත් වලින් ඒ ජලාශය තව තවත් සීතලෙන් තෙමෙනවා. හැම තැන ම තෙමෙනවා. සීතලෙන් පිරෙනවා. හැම තැන ම පිරෙනවා. ඒ ජලාශය තුළ සීතලෙන් තෙත් නොවුණු කිසි තැනක් නෑ. පින්වත් මහණෙනි, ඔන්න ඔය විදිහම යි, භික්ෂුව මේ කය ම සමාධියෙන් හටගත් ප්‍රීති සුඛයෙන් තෙත් කරනවා. හැම තැනම තෙත් කරනවා. පුරෝනවා. හැම තැනම පතුරෝනවා. ඔහුගේ ශරීරයේ ඒ සමාධියෙන් හටගත් ප්‍රීති සැපය නො පැතිරුණු තැනක් නෑ.

පින්වත් මහණෙනි, භික්ෂුව ප්‍රීතියටත් ඇලෙන්නෙ නැතුව උපේක්ෂාවෙන් ඉන්නවා. සිහියෙන්, නුවණින් යුතුව, කයෙනුත් සැපයක් විඳිනවා. ආර්යයන් වහන්සේලා ඒකට කියන්නෙ උපේක්ෂාවෙන්, සිහියෙන් යුතුව සැපසේ ඉන්නවා කියලයි. ඒ තුන්වෙනි ධ්‍යානයත් ලබාගෙන වාසය කරනවා. ඔහු මේ කය ඒ ප්‍රීති රහිත සුඛයෙන් තෙත් කරනවා. හැම තැන ම තෙමනවා. පුරෝනවා. ඇඟ පුරා ම පතුරෝනවා. ඔහුගේ ශරීරයේ ඒ ප්‍රීති රහිත සුඛය නොපැතිරුණු තැනක් නෑ.

පින්වත් මහණෙනි, ඒක මේ වගේ දෙයක්, මහනෙල් විලක හරි, නෙළුම් විලක හරි, සුදුනෙළුම් විලක හරි මහනෙල් පිපෙනවා. නෙළුම් පිපෙනවා. සුදුනෙළුම් පිපෙනවා. ඒවායින් සමහර මල් වතුරෙ ම ඉපදිල, වතුරෙ ම වැඩෙනවා. නමුත් වතුරෙන් උඩට ඇවිල්ලා නෑ. එතකොට මුල පටන් අග දක්වා ම සීතල වතුරෙන් ඒ මහනෙල්, නෙළුම්, සුදුනෙළුම් තෙමිල තියෙන්නෙ. හැම තැන ම තෙමිල තියෙන්නෙ. සීතල වතුර පැතිරිලා තියෙන්නෙ. හැම තැන ම පැතිරිලා තියෙන්නෙ. ඒ මහනෙල් මල හෝ නෙළුම හෝ සුදුනෙළුම හෝ සීතල වතුරෙන් තෙත් නොවුණු කිසි තැනක් නෑ. ඒ වගේ ම යි මෙහි භික්ෂුව ප්‍රීති රහිත සුඛයෙන් මේ ශරීරය තෙත් කරනවා. හැම තැන ම තෙත්

කරනවා. පුරෝනවා. හැම තැන ම පුරෝනවා. හැම තැන ම පතුරෝනවා. ඔහුගේ ශරීරයේ ඒ ප්‍රීති රහිත සුඛයෙන් නොතෙමුන තැනක් නෑ.

පින්වත් මහණෙනි, භික්ෂුව සැපයත් දුරු කරලා, දුකත් දුරු කරලා, කලින් ම මානසික සැප දුක නැති කරලා, දුක් සැප රහිත පිරිසිදු සිහියත්, උපේක්ෂාවත් තියෙන හතර වෙනි ධ්‍යානයට පැමිණ වාසය කරනවා. ඔහුගේ ශරීරයේ ඒ පිරිසිදු සිත නොපැතිරුණු තැනක් නෑ.

පින්වත් මහණෙනි, ඒක මේ වගේ දෙයක්. යම්කිසි කෙනෙක් සුදු වස්ත්‍රයකින් හිසේ ඉඳන් පොරෝගෙන වාඩිවෙලා ඉන්නවා. එතකොට ඔහුගේ ශරීරයේ ඒ සුදු වස්ත්‍රයෙන් නොවැසුණු කිසි තැනක් නෑ. පින්වත් මහණෙනි, අන්න ඒ විදිහම යි භික්ෂුව මේ කය ම පිරිසිදු සිතින් පතුරුවාගෙන ඉන්නෙ. ඔහු ගේ කයේ ඒ පිරිසිදු සිත නොපැතිරුණු තැනක් නෑ.

ඉතින් ඒ භික්ෂුව ඔය විදිහට සිත සමාධිගත වුනා ම, පිරිසිදු වුනා ම, බබලන කොට, ළාමක ආශාවන්ට වැටෙන මානසිකත්වය දුරුවුනාට පස්සෙ, උපක්ලේශ නැතිවුනා ම, මෘදු වුනා ම, අවබෝධයට සකස් වුනා ම, ස්ථිරව පිහිටියා ම, අකම්පිතව පිහිටියා ම, පෙර ගත කළ ජීවිත දැකීමේ ඥානය ලැබීමට සිත මෙහෙයවනවා. ඊට පස්සෙ ඔහු නොයෙක් ආකාරයෙන් තමන් පෙර ගත කළ ජීවිත ගැන සිහිකරනවා. එක ජීවිතයක්, ජීවිත දෙකක්. ජීවිත තුනක්, ජීවිත හතරක්, ජීවිත පහක්, ජීවිත දහයක්, ජීවිත විස්සක්, ජීවිත තිහක්, ජීවිත හතලිහක්, ජීවිත පනහක්, ජීවිත සියයක්, ජීවිත දහසක්, ජීවිත ලක්ෂයක්, නොයෙක් සංවට්ට කල්ප, නොයෙක් විවට්ට කල්ප සිහිකරනවා. නොයෙක් සංවට්ට විවට්ට කල්ප සිහිකරනවා. 'මට එහෙදි මෙන්න මේ නම තමයි තිබුනෙ. මේ ගෝත්‍ර නම තමයි තිබුනෙ. මෙහෙමයි හැඩරුව. මේවයි කෑවෙ බිව්වෙ. මෙහෙමයි දුක් සැප වින්දේ. මෙහෙමයි මැරිල ගියේ. මං එතනින් චුත වෙලා අසවල් තැන උපන්නා. එහෙදි මගේ නම මේකයි. මගේ ගෝත්‍ර නම මේකයි. හැඩරුව මෙහෙමයි. කෑවෙ බීවෙ මෙහෙමයි. සැප දුක් වින්දෙ මෙහෙමයි. මැරිල ගියේ මෙහෙමයි. මං එතනින් චුතවෙලා මෙතන උපන්නා" කියල කරුණු සහිතව විස්තර සහිතව නොයෙක් ආකාරයෙන් පෙර ගත කළ ජීවිත සිහිකරනවා.

පින්වත් මහණෙනි, ඒක මේ වගේ දෙයක්. කෙනෙක් තමන්ගේ ගමෙන් වෙන ගමකට යනවා. ඒ ගමෙන් තව ගමකට යනවා. ඒ ගමෙන් ආපහු හැරිල, තමන්ගේ ගමට එනවා. ඇවිදින් මේ විදිහට හිතනවා. 'මං මේ ගමෙන් අසවල් ගමට ගියා. ගිහින් මේ විදිහටයි එහේ හිටියේ. මේ විදිහටයි ඉඳගත්තේ. මේ විදිහටයි කතා බස් කළේ. මේ විදිහටයි නිහඬව හිටියේ. ඒ ගමෙන් අසවල්

ගමටත් ගියා. එහෙදි මේ විදිහටයි හිටියේ. මේ විදිහටයි ඉඳගත්තේ. මේ විදිහටයි කතා බස් කළේ. මේ විදිහටයි නිහඬව හිටියේ. ඊට පස්සෙ මං ඒ ගමෙන් ආපහු මගේ ගමට ආවා' කියලා. පින්වත් මහණෙනි, ඔන්න ඔය විදිහට භික්ෂුව නොයෙක් ආකාරයෙන් පෙර ගත කළ ජීවිත සිහි කරනවා. එක ජීවිතයක්, ජීවිත දෙකක් ....(පෙ).... මේ විදිහට කරුණු සහිතව විස්තර සහිතව නොයෙක් ආකාරයෙන් පෙර ගත කළ ජීවිත සිහි කරනවා.

ඔය විදිහට භික්ෂුව සිත සමාධිගත වුනා ම, පිරිසිදු වුනා ම, බබලන කොට, ලාමක ආශාවන්ට වැටෙන මානසිකත්වය දුරුවුනා ම, උපක්ලේශ නැතිවුනා ම, මෘදුවුනා ම, අවබෝධයට සුදුසු විදිහට සකස් වුනා ම, ස්ථිරව පිහිටියා ම, අකම්පිතව පිහිටියා ම, සත්වයන් චුත වෙන උපදින ආකාරය දැකීමේ නුවණ ලබන්න සිත මෙහෙයවනවා. ඉතින් ඔහු මිනිස් දර්ශන පථය ඉක්මවා ගිය පිරිසිදු දිව්‍යැස් නුවණින් සත්වයන්ව දකිනවා. උසස්, පහත්, ලස්සන, කැත, සුගති, දුගතිවල කර්මානුරූපව චුත වෙන, උපදින සත්වයින් දකිනවා. 'අනේ මේ භවත් සත්වයන් කයින් දුසිරිත් කරලා, වචනයෙන් දුසිරිත් කරලා, සිතින් දුසිරිත් කරලා, ආර්යයන් වහන්සේලාට ගරහලා, මිථ්‍යා දෘෂ්ටික වෙලා, මිථ්‍යා දෘෂ්ටික ක්‍රියාවල යෙදිලා, අන්තිමේදී මැරිල ගිහින් අපාය කියන, දුගතිය කියන නිරයෙ වැටිලා නෙව. නමුත් මේ භවත් සත්වයන් කයින් සුසිරිත් කරලා, වචනයෙන් සුසිරිත් කරලා, මනසින් සුසිරිත් කරලා, ආර්ය උපවාද නොකර, සම්මා දිට්ඨිය ඇතුව, සම්මා දිට්ඨියෙන් යුතුව වැඩ කරලා, මැරුණට පස්සෙ සුගතියේ ඉපදිලා ඉන්නවා' කියල මිනිස් දර්ශන පථය ඉක්මවා ගිය පිරිසිදු දිව්‍යැස් නුවණින් සත්වයන් දකිනවා. උසස්, පහත්, ලස්සන, කැත, සුගති, දුගතිවල කර්මානුරූපව චුත වන, උපදින සත්වයන් දකිනවා.

පින්වත් මහණෙනි, ඒක මේ වගේ දෙයක්. දොරවල් සහිත ගෙවල් දෙකක් තියෙනවා. ඒ මැද මනුස්සයෙක් හිටගෙන ඉන්නවා. ඔහුට පේනවා ඒ ගෙදරට යන උදවිය. පිටවෙන උදවිය. එහෙ මෙහෙ හැසිරෙන උදවිය. පින්වත් මහණෙනි, අන්න ඒ විදිහම යි භික්ෂුව සාමාන්‍ය මිනිස් දර්ශන පථය ඉක්මවා ගිය පිරිසිදු දිව්‍යැස් නුවණින් සත්වයන්ව දකිනවා .....(පෙ).... උසස්, පහත්, ලස්සන, කැත, සුගති, දුගතිවල කර්මානුරූපව, චුත වෙන, උපදින සත්වයන් දකිනවා.

භික්ෂුව ඔය විදිහට සිත සමාධිගත වුනා ම, පිරිසිදු වුනා ම, බබලන කොට, ලාමක ආශාවන්ට වැටෙන මානසිකත්වය නැති වුනා ම, මෘදු වුනා ම, අවබෝධයට සුදුසු විදිහට සකස් වුනා ම, ස්ථිරව පිහිටියා ම, අකම්පිත වුනා ම, ආශ්‍රවයන් ක්ෂය කිරීමේ නුවණ ලැබීමට සිත මෙහෙයවනවා. ඉතින් ඔහු 'මේක

තමයි දුක' කියල යථාර්ථය දැනගන්නවා. 'මේක තමයි දුකේ හටගැනීම' කියල යථාර්ථය දැනගන්නවා. 'මේක තමයි දුකේ නැතිවීම' කියල යථාර්ථය දැන ගන්නවා. 'මේක තමයි දුක නැතිවීමේ මාර්ගය' කියල යථාර්ථය දැනගන්නවා. 'මේවා තමයි ආශ්‍රව' කියල යථාර්ථය දැනගන්නවා. 'මේ තමයි ආශ්‍රවයන්ගේ හටගැනීම' කියල යථාර්ථය දැනගන්නවා. 'මේ තමයි ආශ්‍රව නැතිවීම' කියල යථාර්ථය දැනගන්නවා. 'මේ තමයි ආශ්‍රව නැතිවීමේ මාර්ගය' කියල යථාර්ථය දැනගන්නවා. මේ විදිහට ඒ භික්ෂුව යථාර්ථය දැනගන්න කොට, යථාර්ථය දැකගන්න කොට, කාමාශ්‍රවයෙනුත් හිත නිදහස් වෙනවා. භවආශ්‍රවයෙනුත් හිත නිදහස් වෙනවා. අවිද්‍යා ආශ්‍රවයෙනුත් හිත නිදහස් වෙනවා. හිත කෙලෙසුන් ගෙන් නිදහස් වුනා ම නිදහස් වුණු බවට ඤාණය ඇතිවෙනවා. 'ඉපදීම නැති වුනා. නිවන් මග සම්පූර්ණ කරගත්තා. කළ යුතු දේ කළා. නිවන පිණිස කළ යුතු වෙන දෙයක් නැතැ'යි අවබෝධයෙන් ම දැනගන්නවා.

පින්වත් මහණෙනි, ඒක මේ වගේ දෙයක්. කඳු මුදුනක ජලාශයක් තියෙනවා. ඒකෙ තියෙන්නෙ හොඳට පෑදුණු, කැළඹීම් නැති පිරිසිදු වතුරයි. ඒ විල්තෙරට ඇස් ඇති කෙනෙක් එනවා. ඇවිදින් ඒ විල්තෙර ඉඳගෙන, විල දිහා බලනවා. එතකොට විලේ ඉන්න සිප්පි බෙල්ලන්, හක් බෙල්ලන්, මාළු රංචු පීන පීන යනවා දකින්න ලැබෙනවා. එතකොට ඔහුට මෙහෙම හිතෙනවා. 'මේ ජලාශයේ සිප්පි බෙල්ලන්, හක් බෙල්ලන්, මාළු රංචු පීනනවා දකින්න ලැබෙනවා. වතුර ඇතුලෙ තියෙන ගල් බොරළු පවා දකින්න ලැබෙනවා' කියල.

පින්වත් මහණෙනි, ඔන්න ඔය විදිහටයි, භික්ෂුවත්, 'මේක තමයි දුක' කියල යථාර්ථය දැනගන්නවා. 'මේක තමයි දුකේ හටගැනීම' කියල යථාර්ථය දැනගන්නවා. 'මේක තමයි දුකේ නැතිවීම' කියල යථාර්ථය දැනගන්නවා. 'මේක තමයි දුක නැතිවීමේ මාර්ගය' කියල යථාර්ථය දැනගන්නවා. 'මේවා තමයි ආශ්‍රව' කියල යථාර්ථය දැනගන්නවා. 'මේ තමයි ආශ්‍රවයන්ගේ හටගැනීම' කියල යථාර්ථය දැනගන්නවා. 'මේ තමයි ආශ්‍රව නැතිවීම' කියල යථාර්ථය දැනගන්නවා. 'මේ තමයි ආශ්‍රව නැතිවීමේ මාර්ගය' කියල යථාර්ථය දැන ගන්නවා. මේ විදිහට ඒ භික්ෂුව යථාර්ථය දැනගන්න කොට, යථාර්ථය දැක ගන්න කොට, කාමාශ්‍රවයෙනුත් හිත නිදහස් වෙනවා. භවආශ්‍රවයෙනුත් හිත නිදහස් වෙනවා. අවිද්‍යා ආශ්‍රවයෙනුත් හිත නිදහස් වෙනවා. හිත කෙලෙසුන් ගෙන් නිදහස් වුනා ම නිදහස් වුණු බවට ඤාණය ඇතිවෙනවා. 'ඉපදීම නැති වුනා. නිවන් මග සම්පූර්ණ කරගත්තා. කළ යුතු දේ කළා. නිවන පිණිස කළ යුතු වෙන දෙයක් නැතැ'යි අවබෝධයෙන් ම දැනගන්නවා.

පින්වත් මහණෙනි, මේ භික්ෂුවටයි 'ශ්‍රමණයා' කියන්නෙ. මේ භික්ෂුවටයි 'බ්‍රාහ්මණයා' කියන්නෙ. මේ භික්ෂුවටයි 'කෙලෙස් සේදූ කෙනා' කියන්නෙ. මේ භික්ෂුවටයි 'දහමේ පරතෙර පත් කෙනා' කියන්නෙ. මේ භික්ෂුවටයි 'කෙලෙස් අත්හළ කෙනා' කියන්නෙ. මේ භික්ෂුවටයි 'ආර්ය' කියන්නෙ. මේ භික්ෂුවටයි 'රහතන් වහන්සේ' කියන්නෙ.

පින්වත් මහණෙනි, භික්ෂුව ශ්‍රමණයෙක් වන්නේ කොහොමද? ඔහු සිත කෙලෙසන, පුනර්භවය ඇති කරන, පීඩා සහිත, දුක් විපාක ඇති, යළි යළිත් ඉපදීම්, ජරා මරණ ලබාදෙන පාපී අකුසල් සමනය කළ නිසයි පින්වත් මහණෙනි, ඒ භික්ෂුවට 'ශ්‍රමණයා' කියල කියන්නෙ.

පින්වත් මහණෙනි, භික්ෂුව බ්‍රාහ්මණයෙක් වන්නෙ කොහොමද? සිත කිළුටු කරන, පුනර්භවය ඇති කරන, පීඩා සහිත, දුක් විපාක ඇති, යළි යළිත් ඉපදීම්, ජරා මරණ ලබා දෙන පාපී අකුසල් බැහැර කළ නිසා පින්වත් මහණෙනි, ඒ භික්ෂුවට 'බ්‍රාහ්මණයා' කියල කියනවා.

පින්වත් මහණෙනි, භික්ෂුව කොහොම ද කෙලෙස් සේදූ තැනැත්තෙක් වන්නෙ? සිත කෙලෙසන, පුනර්භවය ඇති කරවන, පීඩා සහිත, දුක් විපාක ඇති, යළි යළිත් ඉපදීම්, ජරා මරණ ලබාදෙන පාපී අකුසල් සෝදා හළ නිසා පින්වත් මහණෙනි, ඒ භික්ෂුවට 'කෙලෙස් සේදූ තැනැත්තා' කියල කියනවා.

පින්වත් මහණෙනි, භික්ෂුව දහමේ පරතෙර පත් කෙනෙක් වෙන්නෙ කොහොමද? සිත කෙලෙසන, පුනර්භවය ඇති කරන, පීඩා සහිත, දුක් විපාක ඇති, යළි යළිත් ඉපදීම්, ජරා මරණ ලබාදෙන පාපී අකුසල් මුළුමනින් ම අවබෝධ කළ නිසා, පින්වත් මහණෙනි, ඒ භික්ෂුවට 'දහමේ පරතෙර පත් කෙනා' කියල කියනවා.

පින්වත් මහණෙනි, භික්ෂුව කෙලෙස් අත්හළ කෙනෙක් වෙන්නෙ කොහොමද? සිත කෙලෙසන, පුනර්භවය ඇති කරන, පීඩා සහිත, දුක් විපාක ඇති, යළි යළිත් ඉපදීම් ජරා මරණ ලබාදෙන පාපී අකුසල් අත්හැර දැමූ නිසා, පින්වත් මහණෙනි, ඒ භික්ෂුවට 'කෙලෙස් අත්හළ කෙනා' කියල කියනවා.

පින්වත් මහණෙනි, භික්ෂුව 'ආර්ය' වන්නෙ කොහොමද? සිත කෙලෙසන, පුනර්භවය ඇති කරන, පීඩා සහිත, දුක් විපාක ඇති, යළි යළිත් ඉපදීම්, ජරා මරණ ලබා දෙන පාපී අකුසල් දුරු කළ නිසා, පින්වත් මහණෙනි, ඒ භික්ෂුවට 'ආර්ය' කියල කියනවා.

පින්වත් මහණෙනි, භික්ෂුව 'රහතන් වහන්සේ' වන්නෙ කොහොමද? පින්වත් මහණෙනි, සිත කිළුටු කරන, පුනර්භවය ඇති කරන, පීඩා සහිත, දුක්

විපාක ලබාදෙන, යළි යළිත් ඉපදීම්, ජරා මරණ ලබාදෙන පාපී අකුසල් දුරු කළ නිසා, ඒ භික්ෂුවට 'රහතන් වහන්සේ' කියල කියනවා.

භාග්‍යවතුන් වහන්සේ මේ දේශනය වදාළා. එයට සවන්දුන් භික්ෂූන් වහන්සේලා ගොඩාක් සතුටු වුනා. භාග්‍යවතුන් වහන්සේ වදාළ මේ දේශනය සාදු නාද නංවමින් සතුටින් පිළිගත්තා.

සාදු! සාදු!! සාදු!!!

**අස්සපුර නම් කුඩා නගරයේ දී වදාළ විස්තරාත්මක දෙසුම නිමා විය.**

# 1.4.10.
# චූළ අස්සපුර සූත්‍රය
## අස්සපුර නම් කුඩා නගරයේ දී වදාළ කුඩා දෙසුම

මා හට අසන්නට ලැබුනේ මේ විදිහටයි. ඒ දිනවල භාග්‍යවතුන් වහන්සේ වැඩසිටියේ අංග ජනපදයේ, අංග ජනපදවාසීන්ගේ අස්සපුර කියන කුඩා නගරයේ. එදා භාග්‍යවතුන් වහන්සේ, "පින්වත් මහණෙනි" කියල භික්ෂු සංඝයා ඇමතුවා. "පින්වතුන් වහන්ස" කියල ඒ භික්ෂූන් වහන්සේලා භාග්‍යවතුන් වහන්සේට පිළිතුරු දුන්නා. භාග්‍යවතුන් වහන්සේ ඒ මොහොතේදී තමයි මේ දේශනාව වදාළේ.

පින්වත් මහණෙනි, මහජනතාව ඔබව හඳුනන්නෙ ශ්‍රමණයන් හැටියට. ඔබත් කවුද කියල ඇහුවා ම, උත්තර දෙන්නෙ 'අපි ශ්‍රමණයො' කියලයි. ඔය විදිහට ශ්‍රමණ නාමයෙන් හඳුන්වන, ශ්‍රමණ බව පවසන ඔබ මෙහෙම හිතන්න ඕන. 'ශ්‍රමණයන්ට ගැලපෙන යම් ගුණ ධර්ම තියෙනවා ද, අපි ඒ ප්‍රතිපත්තියෙන් යුක්තව ඉන්නවා. එතකොට අපට ශ්‍රමණයන් ය කියල කීවොත් ඒක ඇත්තක් වෙනවා. ශ්‍රමණයන් බවට අපි කරන ප්‍රකාශයත් ඇත්තක් වෙනවා. ඒ වගේම අපි යමෙකුගේ සිවුරු, පිණ්ඩපාත, සේනාසන, බෙහෙත් පිරිකර වළඳනවා නම්, අප කෙරෙහි ඒ කරන පුද පූජාවල් මහත්ඵල මහානිසංසත් වෙනවා. අපේ මහණකමත් වඳ රහිත වෙනවා. ඵල සහිත වෙනවා. දියුණුවට පත්වෙනවා කියල, පින්වත් මහණෙනි, ඔන්න ඔය විදිහට යි හික්මිය යුත්තේ.

පින්වත් මහණෙනි, භික්ෂුවක් ශ්‍රමණයන්ට ගැලපෙන උතුම් ප්‍රතිපත්තියේ ඉන්නෙ කොහොමද? පින්වත් මහණෙනි, ලෝභයෙන් යුතුව සිටි භික්ෂුවකට ඒ ලෝභය ප්‍රහීණ වුනේ නැත්නම්, ද්වේෂයෙන් යුතු භික්ෂුවකට ඒ ද්වේෂය ප්‍රහීණ වුනේ නැත්නම්, ක්‍රෝධයෙන් යුක්ත භික්ෂුවකට ඒ ක්‍රෝධය ප්‍රහීණ වුනේ නැත්නම්, බද්ධ වෛරයෙන් යුතු භික්ෂුවකට ඒ බද්ධ වෛරය ප්‍රහීණ වුනේ නැත්නම්, ගුණමකු භික්ෂුවකට ඒ ගුණමකු බව ප්‍රහීණ වුනේ නැත්නම්, එකට

එක කරන භික්ෂුවකට ඒ එකට එක කිරීම ප්‍රහීණ වුනේ නැත්නම්, ඉරිසියාව තියෙන භික්ෂුවකට ඒ ඉරිසියාව ප්‍රහීණ වුනේ නැත්නම්, මසුරු භික්ෂුවකට ඒ මසුරු බව ප්‍රහීණ වුනේ නැත්නම්, කපටි භික්ෂුවකට ඒ කපටිකම ප්‍රහීණ වුනේ නැත්නම්, මායාකාරී භික්ෂුවකට ඒ මායාවල් ප්‍රහීණ වුනේ නැත්නම්, පාපී ආශාවන් තියෙන භික්ෂුවකට ඒ පාපී ආශාවන් ප්‍රහීණ වුනේ නැත්නම්, මිසදිටු භික්ෂුවකට ඒ මිථ්‍යා දෘෂ්ටිය ප්‍රහීණ වුනේ නැත්නම්, පින්වත් මහණෙනි, ඒ භික්ෂුව මේ ශ්‍රමණ මළකඩවලින්, මේ ශ්‍රමණ දොස්වලින්, මේ ශ්‍රමණ කසළවලින් යුක්ත නම්, අපායෙ උපදින, දුගතියෙ ගිහින් දුක් විඳින අකුසල් ප්‍රහාණය වෙලා නැත්නම්, ඒ භික්ෂුව ශ්‍රමණ ගුණ ධර්මවලින් යුක්ත නෑ කියලයි කියන්න තියෙන්නෙ.

පින්වත් මහණෙනි, ඒක මේ වගේ දෙයක්. 'මටජ' කියල ආයුධයක් තියෙනවා. ඒ ආයුධයේ දෙපැත්තෙ ම හොඳට මුවහත තියෙනවා. ගල ගාලා මුවහත් කරල තියෙනවා. අන්න ඒ ආයුධය සඟල සිවුරකින් හොඳ හැටියට ඔතල තිබ්බා වගේ පින්වත් මහණෙනි, මේ භික්ෂුවගේ මහණකමත් අන්න ඒ වගේ කියලයි කියන්න තියෙන්නෙ.

පින්වත් මහණෙනි, සඟල සිවුරු පොරෝගත්තු කෙනෙකුට ඒ සඟල සිවුරු දැරූ පමණින් ශ්‍රමණ ජීවිතයක ප්‍රතිඵල ලැබෙනවා කියල මම කියන්නෙ නෑ. පින්වත් මහණෙනි, නිරුවත් පැවිද්දෙකුට නිරුවත් වූ පමණින් ඒ ශ්‍රමණ ජීවිතේ ප්‍රතිඵල ලැබෙනවා කියල මං කියන්නෙ නෑ. පින්වත් මහණෙනි, දූවිලි තවරා ගත් පැවිද්දෙකුට ඒ දූවිලි තවරා ගත් පමණින් ශ්‍රමණ ජීවිතයක ප්‍රතිඵල ලැබෙනවා කියල මං කියන්නෙ නෑ. පින්වත් මහණෙනි, දවසට දෙතුන් පාරක් වතුරෙ ගිලෙන පැවිද්දෙකුට වතුරේ ගිලීම් පමණින් ශ්‍රමණ ජීවිතයක ප්‍රතිඵල ලැබෙනවා කියල මං කියන්නෙ නෑ. පින්වත් මහණෙනි, රුක් සෙවණෙ වාසය කරන පැවිද්දෙකුට ගහක් යට සිටි පමණින් ශ්‍රමණ ජීවිතයක ප්‍රතිඵල ලැබෙනවා කියල මං කියන්නෙ නෑ. පින්වත් මහණෙනි, එළිමහනේ වාසය කරන පැවිද්දෙකුට එළිමහනේ සිටි පමණින් ශ්‍රමණ ජීවිතයක ප්‍රතිඵල ලැබෙනවා කියල මං කියන්නෙ නෑ. පින්වත් මහණෙනි, හැම තිස්සේ ම උඩුකුරුව සිටීමේ සිල් ඇති පැවිද්දෙකුට ඒ උඩුකුරුව සිටීම් පමණකින් ශ්‍රමණ ජීවිතයක ප්‍රතිඵල ලැබෙනවා කියල මං කියන්නෙ නෑ. පින්වත් මහණෙනි, වාර වශයෙන් ආහාර ගැනීමෙන් පිරිසිදු බව ලැබෙනවා කියල හිතන පැවිද්දෙකුට ඒ වාර වශයෙන් ගත්ත භෝජනයෙන් ශ්‍රමණ ජීවිතයක ප්‍රතිඵල ලැබෙනවා කියල මං කියන්නෙ නෑ. මන්තර හදාරන පැවිද්දෙකුට ඒ මන්තර හැදෑරීම් මාත්‍රයකින් මහණකමේ ප්‍රතිඵල ලබන්න පුළුවන් කියල මම කියන්නෙ නෑ. ජටා මඩුලු දරන පැවිද්දෙකුට

ඒ ජටා මඩුලු දැරීම් පමණකින් ශ්‍රමණ ජීවිතේ ප්‍රතිඵල ලබන්න පුළුවන් කියල මං කියන්නෙ නෑ.

පින්වත් මහණෙනි, සඟල සිවුරු පොරෝගත්තු ගමන්, ඒ සඟල සිවුරු පොරෝගත්තු පමණින් ලෝභී පුද්ගලයාගේ ලෝභය නැතිවෙනවා නම්, ද්වේෂ සහිත පුද්ගලයාගේ ද්වේෂය නැතිවෙනවා නම්, ක්‍රෝධ කරන පුද්ගලයාගේ ක්‍රෝධය නැතිවෙනවා නම්, බද්ධ වෛර තියෙන පුද්ගලයාගේ බද්ධ වෛරය නැතිවෙනවා නම්, ගුණමකු පුද්ගලයාගේ ගුණමකු බව නැතිවෙනවා නම්, එකටෙක කරන පුද්ගලයාගේ එකටෙක කිරීම නැතිවෙනවා නම්, ඉරිසියා කරන පුද්ගලයාගේ ඒ ඉරිසියාව නැතිවෙනවා නම්, මසුරු පුද්ගලයාගේ මසුරු බව නැතිවෙනවා නම්, කපටි පුද්ගලයාගේ කපටි බව නැතිවෙනවා නම්, මායා ඇති පුද්ගලයාගේ මායා නැතිවෙනවා නම්, පාපී ආශා තියෙන පුද්ගලයාගේ ඒ පාපී ආශාවල් නැතිවෙනවා නම්, මිසදිටු පුද්ගලයාගේ ඒ මිථ්‍යා දෘෂ්ටි නැතිවෙනවා නම්, කරන්න තියෙන්නෙ සුළු දෙයයි. ඔහුගේ යහළු මිතුරනුත්, නෑදැයොත් ඔහු උපන් හැටියේ ම සිවුරක් පොරෝන එකයි කරන්න තියෙන්නෙ. සිවුරු පෙරවිල්ලේ සමාදන් කරවන එකයි කරන්න තියෙන්නෙ. 'පින්වත් දරුව, මෙහෙ වරෙන්, හනිකට මේ සිවුර පොරෝ ගනින්. මේ සිවුර පොරෝගත්තු ගමන්, සිවුර පොරෝගත්තු පමණකින් ම, ලෝභය ඇතිව ඉන්න නුඹේ ලෝභය නැතිවෙලා යාවි. තරහ ඇතිව ඉන්න නුඹේ තරහ නැතිවෙලා යාවි. ක්‍රෝධ ඇතිව ඉන්න නුඹේ ක්‍රෝධය නැතිවෙලා යාවි. බද්ධ වෛර ඇතිව ඉන්න නුඹේ බද්ධ වෛරය නැතිවෙලා යාවි. ගුණමකු නුඹේ ගුණමකු බව නැති වෙලා යාවි. එකටෙක කරන නුඹේ එකටෙක කිරීම නැතිවෙලා යාවි. ඉරිසියා කරන නුඹේ ඉරිසියාව නැතිවෙලා යාවි. මසුරුකම් කරන නුඹේ මසුරුකම් නැතිවෙලා යාවි. කපටිකම් කරන නුඹේ කපටිකම් නැතිවෙලා යාවි. මායා කරන්නා වූ නුඹේ ඒ මායාව නැතිවෙලා යාවි. පව්ටු ආශාව ඇති නුඹේ ඒ පව්ටු ආශාව නැතිවෙලා යාවි. මිසදිටු නුඹේ ඒ මිසදිටු බව නැතිවෙලා යාවි' කියලා.

පින්වත් මහණෙනි, මං දැකල තියෙනවා සිවුරු පොරෝගෙන ඉන්න අය ලෝභ සිත් ඇතුව ඉන්නවා. තරහ සිතින් ඉන්නවා. ක්‍රෝධයෙන් ඉන්නවා. බද්ධ වෛරයෙන් ඉන්නවා. ගුණමකුව ඉන්නවා. එකටෙක කරනවා. ඉරිසියා කරනවා. මසුරුවෙලා ඉන්නවා. කපටිකම් කරනවා. මායා කරනවා. පව්ටු ආශාවෙන් ඉන්නවා. මිසදිටුව ඉන්නවා. අන්න ඒ නිසයි මං කියන්නෙ, සිවුරු පොරෝගත්තු කෙනා ගේ ඒ සිවුරු පෙරවීම් පමණකින් ඒ ශ්‍රමණ ජීවිතේ ප්‍රතිඵල ලබන්න බෑ කියල.

පින්වත් මහණෙනි, නිරුවත් පැවිද්දෙකුට ....(පෙ).... පින්වත් මහණෙනි, දූවිලි ඇඟ තවරා ගත් පැවිද්දෙකුට ....(පෙ).... පින්වත් මහණෙනි,

නිතර දියේ ගිලෙන පැවිද්දෙකුට ....(පෙ).... පින්වත් මහණෙනි, රුක් සෙවණේ ඉන්න පැවිද්දෙකුට ....(පෙ).... පින්වත් මහණෙනි, එළිමහනේ ඉන්න පැවිද්දෙකුට ....(පෙ).... පින්වත් මහණෙනි, උඩුබැල්ලෙන් ඉන්න පැවිද්දෙකුට ....(පෙ).... පින්වත් මහණෙනි, වාර බෙදාගෙන බත් කන පැවිද්දෙකුට ....(පෙ).... පින්වත් මහණෙනි, මන්තර හදාරන පැවිද්දෙකුට ....(පෙ).... පින්වත් මහණෙනි, ජටා මඩුලු දරන පැවිද්දෙකුට ඒ ජටා මඩුලු දැරීම් මාත්‍රයකින් ලෝභී පුද්ගලයාගේ ලෝභය නැති වෙනවා නම්, තරහ සිත් ඇති පුද්ගලයාගේ තරහ නැතිවෙනවා නම්, ක්‍රෝධ කරන පුද්ගලයාගේ ක්‍රෝධය නැතිවෙනවා නම්, බද්ධ වෛර තියෙන පුද්ගලයාගේ බද්ධ වෛර නැතිවෙනවා නම්, ගුණමකු පුද්ගලයාගේ ගුණමකු බව නැතිවෙනවා නම්, එකටෙක කරන පුද්ගලයාගේ එකටෙක කිරීම නැතිවෙනවා නම්, ඉරිසියා කරන පුද්ගලයාගේ ඉරිසියාව නැතිවෙනවා නම්, මසුරුකම් කරන පුද්ගලයාගේ මසුරුකම් නැතිවෙනවා නම්, කපටියාගේ කපටිකම් නැතිවෙනවා නම්, මායාකාරී කෙනාගේ මායාවන් නැතිවෙනවා නම්, පව්ටු ආශා ඇති පුද්ගලයාගේ පව්ටු ආශා නැතිවෙනවා නම්, මිසදිටු පුද්ගලයාගේ මිසදිටුකම නැතිවෙනවා නම්, සුළු දෙයක් නෙ කරන්න තියෙන්නෙ. ඔහුගේ යහළු මිත්‍රයන්, නෑදෑයින් එකතු වෙලා, ඔහු උපන් හැටියෙ ම ජටිලයෙක් කරන එකයි කරන්න තියෙන්නෙ. ජටිල බව සමාදන් කරවන එකයි කරන්න තියෙන්නෙ. 'පින්වත් දරුව, මෙහෙ වරෙන්, නුඹ ජටිලයෙක් වෙයන්. ජටා මඩුලු බැඳගනින්. එතකොට ජටා මඩුලු බැඳීම් මාත්‍රයෙන් ලෝභ සහිත සිත් ඇති නුඹේ ලෝභය නැතිවෙලා යාවි. තරහ සිත් ඇති නුඹේ තරහ නැතිවෙලා යාවි. ක්‍රෝධ සිත් ඇති නුඹේ ක්‍රෝධය නැතිවෙලා යාවි. බද්ධ වෛරය ඇති නුඹේ බද්ධ වෛරය නැතිවෙලා යාවි. ගුණමකු නුඹේ ගුණමකු කම නැතිවෙලා යාවි. එකටෙක කරන නුඹේ එකටෙක කිරීම නැතිවෙලා යාවි. ඉරිසියා කරන නුඹේ ඉරිසියාව නැතිවෙලා යාවි. මසුරු නුඹේ මසුරුකම නැති වෙලා යාවි. කපටි නුඹේ කපටිකම නැතිවෙලා යාවි. මායාකාරී නුඹේ මායා නැතිවෙලා යාවි. පව්ටු ආශා ඇති නුඹේ පව්ටු ආශා නැති වෙලා යාවි. මිසදිටු නුඹේ මිසදිටු බව නැතිවෙලා යාවි' කියල.

පින්වත් මහණෙනි, මං දැකල තියෙනවා, සමහර ජටිලයො ඉන්නවා, ඔවුන් ලෝභ සිතින් යුක්තයි. තරහ සිතින් යුක්තයි. ක්‍රෝධ කරනවා. බද්ධ වෛර කරනවා. ගුණමකුයි. එකටෙක කරනවා. ඉරිසියා කරනවා. මසුරුකම් කරනවා. කපටියි. මායාකාරීයි. පාපී ආශාවෙන් යුක්තයි. මිසදිටුයි. අන්න ඒ නිසයි මං කියන්නෙ ජටිලයෙක් වෙලා, ජටා මඩුලු දැරීම් මාත්‍රයෙන් ශ්‍රමණ ජීවිතයක ඵල ලබන්න බෑ කියල.

පින්වත් මහණෙනි, භික්ෂුව කොහොමද ශ්‍රමණයන්ට අනුකූල වූ ගුණධර්මයන්ගෙන් යුක්ත වන්නේ? පින්වත් මහණෙනි, ලෝභ සිත් ඇති භික්ෂුවගේ ලෝභය නැතිවෙලා නම්, තරහ සිත් ඇති භික්ෂුවගේ ඒ තරහ නැතිවෙලා නම්, ක්‍රෝධ සිත් ඇති භික්ෂුවගේ ඒ ක්‍රෝධය නැතිවෙලා නම්, බද්ධ වෛර ඇති භික්ෂුවගේ ඒ බද්ධ වෛරය නැතිවෙලා නම්, ගුණමකු භික්ෂුවගේ ඒ ගුණමකු බව නැතිවෙලා නම්, එකටෙක කරන භික්ෂුවගේ ඒ එකටෙක කිරීම නැතිවෙලා නම්, ඉරිසියා කරන භික්ෂුවගේ ඒ ඉරිසියාව නැතිවෙලා නම්, මසුරුකම් කරන භික්ෂුවගේ ඒ මසුරුකම් නැතිවෙලා නම්, කපටි භික්ෂුවගේ ඒ කපටිකම් නැතිවෙලා නම්, මායාකාරී භික්ෂුවගේ ඒ මායාව නැතිවෙලා නම්, පවිටු ආශා ඇති භික්ෂුවගේ ඒ පවිටු ආශා නැතිවෙලා නම්, මිසදිටු භික්ෂුවගේ ඒ මිසදිටු බව නැතිවෙලා නම්, පින්වත් මහණෙනි, ඔන්න ඔය ශ්‍රමණ මළකඩ, ශ්‍රමණ දොස්, ශ්‍රමණ කසල, අපායේ උපදින, දුගතියේ දුක් විඳින ඔය පාපී අකුසල් නැතිකිරීමෙන් ශ්‍රමණ ධර්මවලින් යුක්ත ප්‍රතිපදාවෙන් ඉන්නවා කියල මං ඒ භික්ෂුව ගැන කියනවා.

මේ පාපී අකුසල්වලින් නිදහස් වෙලා, තමන් පිරිසිදුව ඉන්නවා කියල ඒ භික්ෂුව දකිනවා. එතකොට මේ පාපී අකුසල්වලින් පිරිසිදු වූ තමාව පෙනෙන කොට හිත පිනා යනවා. හිත පිනා යන කොට ප්‍රීතිය ඇතිවෙනවා. සිත ප්‍රීතිමත් වෙන කොට කය සැහැල්ලු වෙනවා. කය සැහැල්ලු වෙන කොට සැපක් ඇතිවෙනවා. ඒ සැපවත් කෙනාගේ සිත සමාධිමත් වෙනවා.

ඔහු මෛත්‍රී සහගත සිතින් එක් දිශාවකට පතුරුවා ඉන්නවා. ඒ වගේම දෙවෙනි දිශාවටත්, ඒ වගේම තුන් වෙනි දිශාවටත්, ඒ වගේම හතර වෙනි දිශාවටත් පතුරවනවා. ඒ වගේම උඩ යට හරහට, හැම තැනම, හැම විලසට ම, හැම ලොවකට ම විපුල වූ, සමාධිමත් වූ, ප්‍රමාණ රහිත වූ, අවෛරී වූ, පීඩා රහිත වූ, මෙත් සිත පතුරුවා ගෙන වාසය කරනවා. ඒ වගේම කරුණා සහගත සිතින් එක් දිශාවකට පතුරුවා වාසය කරනවා. ඒ වගේම දෙවෙනි, තුන්වෙනි, හතරවෙනි දිශාවන්වලටත් පතුරුවා වාසය කරනවා. මෙසේ උඩ යට, හරහට හැම තැනට ම, හැම විලසට ම, හැම ලොවට ම විපුල වූ, සමාධිමත් වූ, ප්‍රමාණ රහිත වූ, අවෛරී වූ, පීඩා රහිත වූ, කරුණා සහගත සිත පතුරුවා වාසය කරනවා. මුදිතා සහගත සිතින් එක් දිශාවක් පතුරුවා වාසය කරනවා. ඒ වගේම දෙවෙනි, තුන්වෙනි, හතරවෙනි දිශාවන්ටත් මුදිතාව පතුරුවා ගෙන වාසය කරනවා. ඒ විදිහට ම උඩ යට, හරහට, හැම තැනට ම, හැම විලස ම, හැම ලොවට ම, විපුල වූ, සමාධිමත් සිතින්, ප්‍රමාණ රහිත කොට, අවෛරී වූ, පීඩා රහිත වූ මුදිතා ව පතුරුවා වාසය කරනවා. උපේක්ෂා සහගත සිතිනුත්

එක් දිශාවක් පතුරුවා වාසය කරනවා. ඒ වගේ ම දෙවෙනි, තුන්වෙනි, හතර වෙනි දිශාවන්ටත් පතුරුවා වාසය කරනවා. ඔය විදිහට උඩ යට, හරහට, හැම තැනටම, හැම විලසටම, හැම ලොවටම, විපුල වූ, සමාධිමත් වූ, ප්‍රමාණ රහිත වූ, අවෛරී වූ, පීඩා රහිත වූ උපේක්ෂාව පතුරුවා වාසය කරනවා.

පින්වත් මහණෙනි, ඒක මේ වගේ දෙයක්. සීතල වතුර තියෙන, පැදුණු වතුර තියෙන, මිහිරි වතුර තියෙන, පොකුණක් තියෙනවා. ඒ පොකුණ වටේට මඩ නැති ලස්සන ඉවුරක් තියෙනවා. ඉතින් ඔය පොකුණට නැගෙනහිර දිශාවෙන් කෙනෙක් එනවා. පැවිල්ලට අහු වෙලා, හොඳට ම පිපාසෙන්, කලන්තෙන්, හොඳට ම පීඩා වෙලා අමාරුවෙනුයි එන්නෙ. ඔහු ඒ පොකුණෙන් තමන්ගේ වතුර පිපාසය දුරු කරගන්නවා. පැවිල්ලෙන් ඇතිවුන පීඩාව දුරු කර ගන්නවා. ඒ වගේම බටහිර පැත්තෙනුත් කෙනෙක් එනවා ....(පෙ).... උතුරු පැත්තෙනුත් කෙනෙක් එනවා ....(පෙ).... දකුණු පැත්තෙනුත් කෙනෙක් එනවා ....(පෙ).... කොයි යම් ම දිශාවකින් හෝ පැවිල්ලට අහුවෙලා, පැවිල්ලෙන් පීඩා විඳින, කලන්තෙ හැදිල, වතුර පිපාසෙන් ඉන්න කෙනෙක් ආවොත් ඔහු ඒ පොකුණෙන් වතුර පිපාසය නැතිකර ගන්නවා. පැවිල්ලෙන් ඇතිවුන පීඩාව නැතිකර ගන්නවා.

පින්වත් මහණෙනි, ඔන්න ඔය විදිහ ම යි, රජ පවුලකින් වේවා, ගිහි ජීවිතෙන් නික්මිලා යමෙක් පැවිදි වුණා නම්, ඔහු තථාගතයන් වහන්සේ වදාළ ධර්ම විනයට පැමිණිලා, ඔය විදිහට මෛත්‍රී, කරුණා, මුදිතා, උපේක්ෂා වඩල තමන් තුළ සංසිඳීමක් ඇති කරගන්නවා. තමන් තුළ ඇතිවන ඒ සංසිඳීමෙන් ශ්‍රමණ සාමීචිපටිපදාවට පැමිණුනා කියලයි කියන්න තියෙන්නෙ. බ්‍රාහ්මණ පවුලකින් වේවා ....(පෙ).... වෙළඳ පවුලකින් වේවා ....(පෙ).... කම්කරු පවුලකින් වේවා ....(පෙ).... කවර හෝ කුලයකින් වේවා, ගිහි ජීවිතේ අත්හැරලා මහණ වෙනවා නම්, ඔහු තථාගතයන් වහන්සේ වදාළ ධර්ම විනයට පැමිණිලා, ඔය විදියට මෛත්‍රී, කරුණා, මුදිතා, උපේක්ෂා වඩලා, තමන් තුළ සංසිඳීමක් ඇති කරගන්නවා. තමන් තුළ සංසිඳීම ඇතිවීමෙන්, ශ්‍රමණ සාමීචිපටිපදාවට පැමිණුනා කියලයි කියන්න තියෙන්නෙ.

රජ පවුලෙන් හෝ වේවා, ගිහි ජීවිතේ අත්හැරලා පැවිදි වුනොත්, ඔහුත් ආශ්‍රවයන් ක්‍ෂය කරල, ආශ්‍රව රහිත වූ චිත්ත විමුක්තියත්, ප්‍රඥා විමුක්තියත් මේ ජීවිතේ දී ම තමන්ගේ ම නුවණින් දැනගෙන, සාක්‍ෂාත් කරගෙන එයට පැමිණිලා ඉන්නවා නම් ඒ ආශ්‍රවයන් ක්ෂය කිරීමෙන් ම යි ශ්‍රමණයෙක් වුනේ. බ්‍රාහ්මණ පවුලකින් වේවා ....(පෙ).... වෙළඳ පවුලකින් වේවා ....(පෙ).... පහත් කුලයකින් වේවා ....(පෙ).... කවර හෝ කුලයක වේවා කෙනෙක් ගිහි ජීවිතේ

අත්හැරලා පැවිදි වෙනවා නම්, ඔහුත් ආශ්‍රවයන් ක්ෂය කරල, ආශ්‍රව රහිත වූ චිත්ත විමුක්තිය ත්, ප්‍රඥා විමුක්තියත් මේ ජීවිතේදී ම තමන්ගේ ම ඥානයෙන් දැනගෙන, සාක්ෂාත් කරගෙන එයට පැමිණ වාසය කරනවා. එතකොට ආශ්‍රවයන් ක්ෂය කිරීමෙන් ම තමයි ශ්‍රමණයෙක් වන්නේ.

භාග්‍යවතුන් වහන්සේ මෙය වදාළ සේක. ඒ භික්ෂූන් වහන්සේලා භාග්‍යවතුන් වහන්සේ වදාළ මේ දෙසුම සාදු නාද දෙමින් සතුටින් පිළිගත්තා.

සාදු! සාදු!! සාදු!!!

**අස්සපුර නම් කුඩා නගරයේ දී වදාළ කුඩා දෙසුම නිමා විය.**

**හතරවෙනි මහා යමක වර්ගය යි.**

# 5. චූළ යමක වර්ගය

## 1.5.1

## සාලෙය්‍යක සූත්‍රය

### සාලා නම් ගමේ වැසියන්ට වදාළ දෙසුම

**මා** හට අසන්නට ලැබුනේ මේ විදිහටයි. ඒ දිනවල භාග්‍යවතුන් වහන්සේ බොහෝ භික්ෂූන් වහන්සේලා පිරිවරාගෙන කොසොල් ජනපදයේ චාරිකාවේ වැඩියා. එහෙම චාරිකාවේ වඩිද්දී, කොසොල් ජනපදවාසීන්ගේ 'සාලා' නම් බ්‍රාහ්මණ ගමටත් වැඩියා.

එතකොට ඒ සාලා ගමේ බමුණන්ටත්, අනෙකුත් ගෘහමූලිකයන්ටත්, මේ කාරණාව ආරංචි වුනා. පින්වත්නි, ශාක්‍ය නම් රාජ වංශයෙන් නික්මී පැවිදි වුණු, ශාක්‍ය පුත්‍ර වූ ශ්‍රමණ ගෞතමයන් වහන්සේ බොහෝ භික්ෂූන් පිරිවරාගෙන කොසොල් ජනපදයේ චාරිකාවේ වඩිද්දී, 'සාලා' ගමටත් වැඩම කරලා ඉන්නවාලු. ඒ පින්වත් ගෞතමයන් වහන්සේ ගැන මෙවැනි කල්‍යාණ කීර්ති රාවයක් පැතිරිලා තියෙනවා. ඒ භාග්‍යවතුන් වහන්සේ රාග, ද්වේෂ, මෝහ නැති පරම පිවිතුරු සිතකින් යුතු සේක (**අරහං**). බාහිර උපකාරයකින් තොරව, තම බුද්ධි මහිමයෙන් ම චතුරාර්ය සත්‍යය අවබෝධ කරගත් සේක (**සම්මා සම්බුද්ධෝ**). ඉතා පිරිසිදු අවබෝධ ඥානයෙනුත්, ඊට අනුකූල වූ දිවි පැවැත්මෙනුත් යුතු සේක (**විජ්ජාචරණ සම්පන්නෝ**). සුන්දර නිවන් මග සොයාගෙන ඒ සුන්දර නිවනට පැමිණි සේක (**සුගතෝ**). සකල ලෝක ධාතුව ම පරිපූර්ණ වශයෙන් ම අවබෝධ කළ සේක (**ලෝකවිදූ**). දෙව් මිනිසුන් දමනය කිරීමෙහි අතිශයින් ම දක්ෂ වන සේක (**අනුත්තරෝ පුරිසදම්ම සාරථී**). දෙව් මිනිස් ප්‍රජාවට නිවැරදි නායකත්වය සපයන ශාස්තෲන් වහන්සේ වන සේක (**සත්ථා දේවමනුස්සානං**). අවබෝධ කරගත් චතුරාර්ය සත්‍යය ධර්මය අන්‍යයන්ටත් අවබෝධ කරවන සේක (**බුද්ධෝ**). මේ සියලු ගුණ දැරීමට තරම් භාග්‍යවන්ත වන සේක (**භගවා**). උන්වහන්සේ කියා දෙන්නේ මේ දෙවියන්

සහිත, මරුන් සහිත, බඹුන් සහිත, ශ්‍රමණ බ්‍රාහ්මණයන් සහිත, දෙව් මිනිස් ප්‍රජාව සහිත ලෝකය තම නුවණින් ම ප්‍රත්‍යක්ෂව අවබෝධ කරගෙනයි. උන්වහන්සේ මුලත් සුන්දර, මැදත් සුන්දර, අවසානයත් සුන්දර, අර්ථ සහිත, පැහැදිලි වචනවලින් යුක්තව දහම් දෙසනවා. මුළුමනින් ම පිරිසිදු, පිරිපුන් නිවන් මග කියා දෙනවා. එබඳු රහතන් වහන්සේ නමක් දැකගන්න ලැබෙනවා නම් කොයිතරම් දෙයක් ද?

ඉතින් ඒ සාලා ගමේ බමුණු ගෘහපතියන් භාග්‍යවතුන් වහන්සේව සොයාගෙන ගියා. ගිහින් සමහරු භාග්‍යවතුන් වහන්සේට වන්දනා කරලා පැත්තකින් වාඩිවුනා. තව සමහරු භාග්‍යවතුන් වහන්සේ සමඟ පිළිසඳර කතා කරල පැත්තකින් වාඩිවුනා. තව සමහරු භාග්‍යවතුන් වහන්සේට ආචාර කරල පැත්තකින් වාඩිවුනා. තවත් සමහරු තම තමන් ව, නම් ගම්වලින් හඳුන්වා දීලා පැත්තකින් වාඩිවුනා. සමහරු නිශ්ශබ්දව ම පැත්තකින් වාඩිවුනා. මේ විදිහට පැත්තකින් වාඩිවුණු ඒ සාලා ගමේ බමුණු ගෘහපතියන් භාග්‍යවතුන් වහන්සේගෙන් මේ කාරණය විමසුවා.

"භවත් ගෞතමයන් වහන්ස, මේ ලෝකෙ සමහර සත්වයින් කය බිඳිල මළාට පස්සෙ, අපාය දුගතිය කියන විනිපාත වූ නිරයේ උපදිනවා නම් ඒකට හේතුව මොකක්ද? ඒකට උපකාර වුනේ මොකක්ද? ඒ වගේ ම භවත් ගෞතමයන් වහන්ස, මේ ලෝකෙ තවත් සත්වයින් කය බිඳිල මළාට පස්සෙ, සැප ඇති සුගතියෙ උපදිනවා නම් ඒකට හේතුව මොකක්ද? ඒකට උපකාර වුනේ මොකක්ද? "

"පින්වත් ගෘහපතිවරුනි, මේ ලෝකෙ යම් සත්වයෙක් කය බිඳිල මළාට පස්සෙ, අපාය දුගතිය කියන විනිපාත වූ නිරයේ උපදිනවා නම් ඒකට හේතුව අධර්මයේ හැසිරීමයි. වැරදි හැසිරීමයි. එමෙන් ම පින්වත් ගෘහපතිවරුනි, මෙලොව යම් සත්වයෙක් කය බිඳිල මළාට පස්සෙ, සැප ඇති සුගතියේ උපදිනවා නම් ඒකට හේතුව ධර්මයේ හැසිරීමයි. යහපතේ හැසිරීමයි."

"අනේ! භවත් ගෞතමයන් වහන්ස, අපට විස්තර වශයෙන් නැතිව සාරාංශ වශයෙන් ඔය වදාළ කාරණේ අර්ථ තේරෙන්නෙ නෑ. භවත් ගෞතමයන් වහන්සේ අපට ඔය ධර්මය කියා දෙන සේක්වා! එතකොට භවත් ගෞතමයන් වහන්සේ විසින් විස්තර වශයෙන් නොවදාළ, සාරාංශ වශයෙන් වදාළ ඔය ධර්මය අපටත් විස්තර වශයෙන් තේරුම් ගන්න ලැබීම කොයිතරම් දෙයක්ද?"

"එහෙනම් පින්වත් ගෘහපතිවරුනි, හොඳට අහගෙන ඉන්න. නුවණින් තේරුම් ගන්න. කියා දෙන්නම්."

"එසේය, පින්වතුන් වහන්ස" කියල සාලා ගමේ බමුණු ගෘහපතිවරු භාග්‍යවතුන් වහන්සේට පිළිතුරු දුන්නා. භාග්‍යවතුන් වහන්සේ මේ දේශනාව වදාළා.

"පින්වත් ගෘහපතිවරුනි, අධර්මයේ හැසිරීමත්, වැරදි හැසිරීමත් කය මුල් කරගෙන තුන් විදිහකින් සිදුවෙනවා. අධර්මයේ හැසිරීමත්, වැරදි හැසිරීමත් වචනය මුල් කරගෙන හතර ආකාරයකින් සිදුවෙනවා. අධර්මයේ හැසිරීම ත්, වැරදි හැසිරීමත් මනස මුල් කරගෙන තුන් ආකාරයකින් සිදුවෙනවා.

පින්වත් ගෘහපතිවරුනි, අධර්මයේ හැසිරීමත්, වැරදි හැසිරීමත් කය මුල් කරගෙන තුන් විදිහකින් සිදුවෙන්නෙ කොහොමද?

(1) පින්වත් ගෘහපතිවරුනි, මෙලොව කෙනෙක් පාණාතිපාතී වෙනවා. ඒකෙ තේරුම මේකයි. ඔහු නපුරු කෙනෙක්. ලේ තැවරුණු අත් ඇත්තෙක්. සතුන් කපා කොටා මැරීමෙහි යෙදී ඉන්නවා. සත්වයින් කෙරෙහි දයාව රහිතව ඉන්නවා.

(2) ඔහු සොරකම් කරනවා. අනුන් සතු, අනුන්ගේ සම්පත්, ගමක හෝ කැලේක හෝ තියෙනවා නම් ඒ නුදුන් දේ සොර සිතින් අරගන්නවා.

(3) ඔහු කාමේසු මිච්ඡාචාරී වෙනවා. ඒකෙ තේරුම මේකයි. මව් විසින් රකින, පියා විසින් රකින, මව්පියන් විසින් රකින, සහෝදරයා විසින් රකින, සහෝදරිය විසින් රකින, නෑයන් විසින් රකින, තම ගෝත්‍රය විසින් රකින, ධර්මයෙන් රකින, එමෙන් ම ස්වාමියෙක් සිටින, එමෙන් ම විවාහ ගිවිසගත්, එමෙන් ම අඩු තරමින් මල් මාලාවක් දමා හෝ, විවාහයක් පිණිස යම් ස්ත්‍රියක්ව වෙන් කොට තිබේ නම්, එබඳු ස්ත්‍රීන් කෙරෙහි ඔවුන් ගේ චරිතය කෙලෙසන අයුරින් වැඩ කරනවා.

පින්වත් ගෘහපතිවරුනි, කය මුල් කරගෙන තුන් විදිහකින් අධර්මයේ හැසිරෙන්නේ, වැරදි විදිහට හැසිරෙන්නේ ඔය විදිහටයි.

පින්වත් ගෘහපතිවරුනි, වචනය මුල් කරගෙන හතර ආකාරයකින් අධර්මයේ හැසිරෙන්නේ, වැරදි ලෙස හැසිරෙන්නේ කොහොමද?

(1) පින්වත් ගෘහපතිවරුනි, බොරු කියන කෙනෙක් ඉන්නවා. සභාවක් මැද හෝ, පිරිසක් මැද හෝ, ඥාතීන් මැද හෝ, සේනා මැද හෝ, රජය ඉදිරියට ගෙන, විනිසුරුවන් සාක්ෂි විමසන කොට 'ඒයි පුරුෂය, දැන් නුඹ දන්නවා නම් කිව යුතුයි' කී විට ඔහු නොදැන ම තමන් දන්නවා යැයි කියයි නම්, දැන දැනත් තමන් නොදන්නවා යැයි කියයි නම්, නොදැකත්

තමන් දකිනවා යැයි කියයි නම්, දැක දැකත් තමන් නොදකිනවා යැයි කියයි නම් ඔය විදිහට තමන් නිසා හෝ, අනුන් නිසා හෝ, යම්කිසි අල්ලසක් නිසා හෝ දැන දැන බොරු කියයි නම් එයයි.

(2) ඔහු කේළාම් කියයි. මෙතනින් අහගෙන ගිහින්, මෙතන බිඳවන්න එතන කියනවා. එතනින් අහගෙන ඇවිත් එතන බිඳවන්න මෙතන කියනවා. ඔය විදිහට සමගි අය බිඳවනවා. බිඳුන අය වෙන් කරනවා. කල්ලි හදන්න කැමති වෙනවා. කල්ලි හැදීමේ ඇලෙනවා. කල්ලි හැදෙන අයුරින් අර්බුදකාරීව කතා කරනවා නම් එයයි.

(3) ඔහු පරුෂ වචන කියනවා. ප්‍රශ්න ඇතිවෙන වචන, කර්කශ, අනුන්ට අසතුටු, අනුන් කෝප ගැන්වෙන, ක්‍රෝධය ඇතිවෙන, සමාධිය නැති කරන වචන කීමක් ඇද්ද එයයි.

(4) ඔහු හිස් වචන කියන කෙනෙක්. අයුතු වෙලාවේ කියන, නොවූ දෙයක් කියන, අනර්ථ වූ දෙයක් කියන, අධර්මයක් කියන, අවිනයක් කියන, හිතේ තැන්පත් කර නොගත යුතු දේවල් කියන කෙනෙක්. ඒ වගේම කරුණු රහිතව සීමාවක් නැතිව අනර්ථය ඇතිවෙන හිස් කතා කතා කරනවා.

පින්වත් ගෘහපතිවරුනි, වචනය මුල් කරගෙන හතර ආකාරයකින් අධර්මයේ හැසිරෙන්නේ, වැරදි ලෙස හැසිරෙන්නේ ඔය විදිහටයි.

පින්වත් ගෘහපතිවරුනි, මනස මුල් කරගෙන තුන් ආකාරයකින් අධර්මයේ හැසිරෙන්නේ, වැරදි විදිහට හැසිරෙන්නේ කොහොමද?

(1) පින්වත් ගෘහපතිවරුනි, කෙනෙක් ලෝභ සහිත වෙනවා. අනුන් සතු, අනුන්ගේ යම් සම්පතක් ඇද්ද, ඒ දෙස ලෝභ සිතින් බලනවා. 'අනේ! අර අනුන් සතු දේවල් මට ලැබෙනවා නම් කොයිතරම් දෙයක් ද' කියලා.

(2) ඔහු තරහ සිත් ඇති කෙනෙක්. දුෂ්ට සිතුවිලිවලින් යුක්ත වෙනවා. 'මෙවුන් මරල දාන්න ඕන. මෙවුන් වඳ කරල දාන්න ඕන. මෙවුන් වැනසිලා යන්න ඕන. මෙවුන්ට නම් ජීවත් වෙන්න සිද්ධ වෙන්න එපා' කියල හිතනවා.

(3) මිථ්‍යා අදහස් වලින් යුක්ත වෙයි. වැරදි දැක්මෙන් යුක්ත වෙයි. දානයේ විපාක නැත. පුද පූජාවන්වල විපාක නැත. ඇප උපස්ථානවල විපාක නැත. හොඳ නරක කර්මවල විපාක නැත. මෙලොවක් නැත. පරලොවක් නැත. මව් කියා විශේෂ කෙනෙක් නැත. පියා කියා විශේෂ කෙනෙක්

නැත. ඕපපාතිකව උපදින සතුන් නැත. ලෝකයේ යහපත් මාර්ගයේ ගමන් කරල මෙලොවත්, පරලොවත් ස්වකීය ප්‍රඥාවෙන් සාක්ෂාත් කොට කරුණු පවසන ශ්‍රමණ බ්‍රාහ්මණයන් නැත කියල හිතනවා.

පින්වත් ගෘහපතිවරුනි, මනස මුල් කරගෙන ඔන්න ඔය විදිහටයි තුන් ආකාරයකට අධර්මයේ හැසිරීමත්, වැරදි විදිහට හැසිරීමත් සිදුවන්නේ.

පින්වත් ගෘහපතිවරුනි, ඔය විදිහට අධර්මයේ හැසිරීම නම් වූ, වැරදි විදිහට හැසිරීම නම් වූ හේතුව නිසයි මේ ලෝකයේ ඇතැම් සත්වයන් කය බිඳිල මළාට පස්සෙ, අපාය, දුගතිය, විනිපාත කියන නිරයේ උපදින්නෙ.

පින්වත් ගෘහපතිවරුනි, කය මුල් කරගෙන තුන් ආකාරයකින් ධර්මයේ හැසිරීම, යහපතේ හැසිරීම සිදුවෙනවා. වචනය මුල් කරගෙන හතර ආකාරයකින් ධර්මයේ හැසිරීම, යහපතේ හැසිරීම සිදුවෙනවා. මනස මුල් කරගෙන තුන් ආකාරයකින් යහපතේ හැසිරීම, ධර්මයේ හැසිරීම සිදුවෙනවා.

පින්වත් ගෘහපතිවරුනි, කය මුල් කරගෙන තුන් ආකාරයකින් ධර්මයේ හැසිරීම, යහපතේ හැසිරීම සිදුවෙන්නෙ කොහොමද?

(1) කෙනෙක් පාණාතිපාතය අත්හැරලා, ප්‍රාණඝාතයෙන් වැළකී වාසය කරනවා. ඔහු දඬු මුගුරු අත්හැරදාල ඉන්නෙ. අවි ආයුධ අත්හැරදාල ඉන්නෙ. සතුන් මරන්න ලැජ්ජයි. සියලු සතුන් කෙරෙහි දයාවෙන් හිතානුකම්පාවෙන් ඉන්නවා.

(2) ඔහු හොරකම් කරන්නෙ නෑ. හොරකමින් වළකිනවා. අනුන් සතු, අනුන්ගේ සම්පත්, ගමේ හෝ කැලේ හෝ තියෙනවා නම්, ඒ කිසි දෙයක්, සොර සිතින් ගන්නෙ නෑ. නුදුන් දේ ගන්නෙ නෑ.

(3) ඔහු කාමයෙහි වරදවා හැසිරීමෙන් වෙන් වෙනවා. කාමයෙහි වරදවා හැසිරීමෙන් වැළකිලා ඉන්නවා. මව් විසින් රකින, පියා විසින් රකින, මව් පියන් විසින් රකින, සහෝදරයා විසින් රකින, සහෝදරිය විසින් රකින, නෑයන් විසින් රකින, තම ගෝත්‍රය විසින් රකින, ධර්මය විසින් රකින ස්ත්‍රීන් ඉන්නවා. ඒ වගේම ස්වාමියෙක් සිටින ස්ත්‍රීන් ඉන්නවා. විවාහ ගිවිස ගත් ස්ත්‍රීන් ඉන්නවා. අඩු ගානෙ මල් මාලයක් දමා හෝ, විවාහයට සම්මත කරපු ස්ත්‍රීන් ඉන්නවා. එබඳු ස්ත්‍රීන් ගේ චරිතය කෙලෙසන්නෙ නෑ.

පින්වත් ගෘහපතිවරුනි, ඔය විදිහට කය මුල් කරගෙන ඔහු කරුණු තුනකින් ධර්මයේ හැසිරෙනවා. යහපතේ හැසිරෙනවා.

පින්වත් ගෘහපතිවරුනි, වචනය මුල් කරගෙන හතර ආකාරයකින් ධර්මයේ හැසිරෙන්නෙ, යහපතේ හැසිරෙන්නෙ කොහොමද?

(1) පින්වත් ගෘහපතිවරුනි, කෙනෙක් බොරු කීම අත්හරිනවා. බොරු කීමෙන් වළකිනවා. සභාවක් මැද හෝ, පිරිස මැද හෝ, ඥාතීන් මැද හෝ, සේනා මැද හෝ, රජය ඉදිරියේ හෝ, විනිසුරුවන් සාක්ෂි විමසන කොට 'ඒයි පුරුෂය, මේ ගැන ඔබ දන්නවා නම් දැන් කියන්න ඕන' කියලා. ඔහු දන්නෙ නැති දේ දන්නෙ නෑ කියනවා. දන්න දේ දන්නවා කියනවා. නොදකින දේ දකින්නෙ නෑ කියනවා. දකින දේ දකිනවා කියනවා. ඔය විදිහට තමන් නිසාවත්, අනුන් නිසාවත්, යම්කිසි අල්ලසක් නිසාවත් දැන දැන බොරුවක් කියන්නෙ නෑ.

(2) ඔහු කේළාම් කියන්නෙ නෑ. මෙතනින් අහගෙන ගිහින්, මෙතන බිඳවන්න එතන කියන්නෙ නෑ. එතනින් අහගෙන ඇවිත් එතන බිඳවන්න මෙතන කියන්නෙ නෑ. ඔය විදිහට බිඳුණු අය සමගි කරනවා. සමගියට අනුබල දෙනවා. සමගියෙන් සතුටු වෙනවා. සමගියට කැමති වෙනවා. සමගිය ම ඇති වන දේ කියනවා.

(3) ඔහු පරුෂ වචන අත්හරිනවා. පරුෂ වචනයෙන් වළකිනවා. කනට මිහිරි වූ සෙනෙහස වඩන හෘදයාංගම වූ වැදගත් වචන, බොහෝ ජනයා කැමති, බොහෝ ජනයා ප්‍රිය මනාප වචන කතා කරනවා.

(4) ඔහු හිස් වචනය දුරු කරනවා. හිස් වචනයෙන් වළකිනවා. සුදුසු කාලයට කතා කරනවා. සිදු වූ දේ ම කියනවා. අර්ථවත් දේවල් ම කියනවා. ධර්මය ම කියනවා. විනය ම කියනවා. මතකයේ තබා ගත යුතු වටිනා දේ කියනවා. ඔය විදිහට පමණ දැනගෙන අර්ථවත් වූ යහපත් වචන කතා කරනවා.

පින්වත් ගෘහපතිවරුනි, වචනය මුල් කරගෙන හතර ආකාරයකින් ධර්මයේ හැසිරෙන්නේ, යහපතේ හැසිරෙන්නේ ඔය විදිහටයි.

පින්වත් ගෘහපතිවරුනි, මනස මුල් කරගෙන තුන් ආකාරයකින් ධර්මයේ හැසිරෙන්නෙ, යහපතේ හැසිරෙන්නෙ කොහොමද?

(1) පින්වත් ගෘහපතිවරුනි, මෙහි කෙනෙක් ලෝභ රහිතව ඉන්නවා. අනුන් සතු සම්පත්වලට ලෝභ කරන්නේ නෑ. 'අනේ! අර අනුන් සතු දේවල් මට ලැබෙනවා නම් කොච්චර දෙයක් ද' කියල හිතන්නෙ නෑ.

(2) ඔහු තරහ නැති සිතින් ඉන්නෙ. දුෂ්ට නැති සිතුවිලිවලින් ඉන්නවා. 'මේ සත්වයෝ වෛර නැත්තෝ වෙත්වා! තරහ නැත්තෝ වෙත්වා! දුක් පීඩා නැත්තෝ වෙත්වා! සුවසේ ජීවත් වෙත්වා!' කියලා.

(3) සම්මා දිට්ඨියෙන් යුතුව ඉන්නවා. සැබෑම දැක්මෙන් යුතුව ඉන්නවා. දන් දීමෙහි විපාක තියෙනවා. පූජා සත්කාරයේ විපාක තියෙනවා. ඇප උපස්ථානයේ විපාක තියෙනවා. හොඳ නරක කර්මවල විපාක තියෙනවා. මෙලොවක් තියෙනවා. පරලොවක් තියෙනවා. අම්මා කියල විශේෂ කෙනෙක් ඉන්නවා. තාත්තා කියල විශේෂ කෙනෙක් ඉන්නවා. ඕපපාතිකව උපදින සතුන් ඉන්නවා. මේ ලෝකයේ යහපත් මාර්ගයේ ගමන් කරල මෙලොව පරලොව දෙක තමන් ගේ ප්‍රඥාවෙන් සාක්ෂාත් කරලා, කරුණු පවසන ශ්‍රමණ බ්‍රාහ්මණයන් ඉන්නවා.

පින්වත් ගෘහපතිවරුනි, ඔය විදිහට මනස මුල් කරගෙන තුන් ආකාරයකින් ධර්මයේ හැසිරීම, යහපතේ හැසිරීම සිදුවෙනවා.

පින්වත් ගෘහපතිවරුනි, ඔය විදිහට ධර්මයේ හැසිරීම නිසා, යහපතේ හැසිරීම නිසා මෙලොව ඇතැම් කෙනෙක් කය බිඳිල මළාට පස්සෙ, සැප ඇති සුගති ලෝකෙ උපදිනවා.

පින්වත් ගෘහපතිවරුනි, ඒ ධර්මයේ හැසිරෙන, යහපතේ හැසිරෙන කෙනා, මෙහෙම කැමති වුනොත්, 'අනේ! මං මැරුණට පස්සෙ ඉහළ කුලේ රජ පවුලක උපදින්න ඕන' කියල, ඔහු මැරුණට පස්සෙ ඉහළ කුලේ රජ පවුලක උපදින එක සිද්ධ වෙන දෙයක්. ඒකට හේතුව මොකක්ද? ඔහු ධර්මයේ හැසිරුනේ යහපතේ හැසිරුනේ එබඳු දෙයක් ලැබෙන විදිහට නිසයි. පින්වත් ගෘහපතිවරුනි, ඒ වගේ ම ඔහු මෙහෙම කැමති වුනොත්, 'අනේ ! මං මැරුණට පස්සෙ ඉහළ කුලේ බ්‍රාහ්මණ පවුලක උපදින්න ඕන' කියල ....(පෙ).... 'ඉහළ කුලේ ගෘහපති පවුලක උපදින්ට ඕන' කියල, ඔහු මැරුණට පස්සෙ ඉහළ කුලේ ගෘහපති පවුලක උපදින එක සිදු විය හැකි දෙයක්. ඒකට හේතුව මොකක්ද? ඔහු ධර්මයේ හැසිරුනේ, යහපතේ හැසිරුනේ එබඳු උපතක් ලැබිය හැකි විදිහටයි.

පින්වත් ගෘහපතිවරුනි, ධර්මයේ හැසිරෙන, යහපතේ හැසිරෙන කෙනා මෙහෙම කැමති වෙන්නත් පුළුවනි. 'අනේ! මං මැරුණට පස්සෙ චාතුම්මහාරාජික දිව්‍ය ලෝකෙ උපදිනවා නම් හොඳයි' කියල. ඔහු මැරුණට පස්සෙ චාතුම්මහාරාජික දිව්‍ය ලෝකෙ උපදින එක සිද්ධ වෙන දෙයක්. ඒකට හේතුව මොකක්ද? ඔහු ඒ විදිහට ධර්මයේ හැසිරුණු නිසයි. යහපතේ

හැසිරුණු නිසයි. ඒ වගේම පින්වත් ගෘහපතිවරුනි, ධර්මයේ හැසිරෙන, යහපතේ හැසිරෙන කෙනා මෙහෙමත් කැමති වන්නට පුළුවනි. 'අනේ! මං මැරුණට පස්සෙ තව්තිසා දිව්‍ය ලෝකෙ ....(පෙ).... යාම දිව්‍ය ලෝකෙ ....(පෙ).... තුසිත දිව්‍ය ලෝකෙ ....(පෙ).... නිම්මාණරතී දිව්‍ය ලෝකෙ ....(පෙ).... පරනිම්මිතවසවත්ති දිව්‍ය ලෝකෙ උපදින්න තියෙනවා නම් කොයිතරම් දෙයක් ද' කියලා. ඉතින් ඔහු මැරුණට පස්සෙ පරනිම්මිතවසවත්ති දිව්‍ය ලෝකෙ උපත ලබනවා කියන එක සිදුවිය හැකි දෙයක්. ඒකට හේතුව මොකක්ද? ඔහු ඒ විදිහටයි ධර්මයේ හැසිරුනේ. යහපතේ හැසිරුනේ.

පින්වත් ගෘහපතිවරුනි, ධර්මයේ හැසිරෙන, යහපතේ හැසිරෙන කෙනා මෙහෙම කැමති වන්නත් පුළුවනි. 'අනේ! මං මැරුණට පස්සෙ බඹලොව උපදිනවා නම් කොයිතරම් දෙයක් ද' කියල. ඉතින් ඔහු මැරුණට පස්සෙ බඹලොව ඉපදීම සිදුවිය හැකි දෙයක්. ඒකට හේතුව මොකක්ද? ඔහු ඒ විදිහටයි ධර්මයේ හැසිරුනේ. යහපතේ හැසිරුනේ. ඒ වගේම පින්වත් ගෘහපතිවරුනි, ධර්මයේ හැසිරෙන, යහපතේ හැසිරෙන කෙනා මෙහෙම කැමති වන්නත් පුළුවනි. 'අනේ! මං මැරුණට පස්සෙ ආභ නම් බඹලොව ....(පෙ).... පරිත්තාභ නම් බඹලොව ....(පෙ).... අප්පමාණාභ නම් බඹලොව ....(පෙ).... ආභස්සර නම් බඹලොව ....(පෙ).... සුභ නම් බඹලොව ....(පෙ).... පරිත්තසුභ නම් බඹලොව ....(පෙ).... අප්පමාණසුභ නම් බඹලොව ....(පෙ).... සුභකිණ්ණ නම් බඹලොව ....(පෙ).... වේහප්ඵල නම් බඹලොව ....(පෙ).... අවිහ නම් බඹලොව ....(පෙ).... අතප්ප නම් බඹලොව ....(පෙ).... සුදස්ස නම් බඹලොව ....(පෙ).... සුදස්සී නම් බඹලොව ....(පෙ).... අකනිට්ඨක නම් බඹලොව ....(පෙ).... ආකාසානඤ්චායතන නම් බඹලොව ....(පෙ).... විඤ්ඤාණඤ්චායතන නම් බඹලොව ....(පෙ).... ආකිඤ්චඤ්ඤායතන නම් බඹලොව ....(පෙ).... නේවසඤ්ඤානාසඤ්ඤායතන නම් බඹලොව දෙවියන් අතර උපදින්න ලැබෙනවා නම් කොයිතරම් හොඳ ද' කියලා. ඔහු මැරුණට පස්සෙ නේවසඤ්ඤානාසඤ්ඤායතන බඹලොව උපදිනවා එක සිදුවිය හැකි දෙයක්. ඒකට හේතුව මොකක්ද? ඔහු ඒ විදිහටයි ධර්මයේ හැසිරුනේ. යහපතේ හැසිරුනේ.

පින්වත් ගෘහපතිවරුනි, ධර්මයේ හැසිරෙන, යහපතේ හැසිරෙන කෙනා මෙහෙම කැමති වෙන්නටත් පුළුවනි. 'අනේ! මම ආශ්‍රවයන් ක්ෂය කරල, ආශ්‍රව රහිත චිත්ත විමුක්තියත්, ප්‍රඥා විමුක්තියත් මේ ජීවිතයේ දී ම තමන්ගේ ම නුවණින් සාක්ෂාත් කරගෙන වාසය කරන්න ඕන' කියල. ඔහු ආශ්‍රවයන් ක්ෂය කරල, ආශ්‍රව රහිත චිත්ත විමුක්තියත්, ප්‍රඥා විමුක්තියත් මේ ජීවිතයේදී ම තමන් ගේ ම නුවණින් සාක්ෂාත් කරගෙන වාසය කරනවා කියන එක සිද්ධ

වෙන දෙයක්. ඒකට හේතුව මොකක්ද? ඔහු ඒ විදිහටයි ධර්මයේ හැසිරුනේ. යහපතේ හැසිරුනේ."

භාග්‍යවතුන් වහන්සේ ඔය විදිහට වදාළා. එතකොට 'සාලා' ගමේ බමුණු ගෘහපතිවරු භාග්‍යවතුන් වහන්සේට මෙහෙම කිව්වා. "භවත් ගෞතමයන් වහන්ස, හරිම සුන්දරයි! භවත් ගෞතමයන් වහන්ස, හරිම සුන්දරයි! භවත් ගෞතමයන් වහන්ස, යටිකුරු වෙච්ච දෙයක් උඩුකුරු කළා වගේ. වහල තිබුණු දෙයක් ඇරල පෙන්නුවා වගේ. මංමුළා වූවන්ට නියම මග පෙන්වා දෙනවා වගේ. අඳුරේ යන උදවියට රූප දකින්නට තෙල් පහන් දල්වනවා වගෙයි. ඔය විදිහට නොයෙක් ආකාරයෙන් භවත් ගෞතමයන් වහන්සේ ශ්‍රී සද්ධර්මය වදාළා. ඉතින් අපි පින්වත් ගෞතමයන් වහන්සේව සරණ යනවා. ශ්‍රී සද්ධර්මයත් සරණ යනවා. භික්ෂු සංඝයාත් සරණ යනවා. භවත් ගෞතමයන් වහන්සේ, අප ගැන අද පටන් දිවි තිබෙන තුරාවට තෙරුවන් සරණ ගිය උපාසකයින් ලෙස සලකන සේක්වා!"

සාදු! සාදු!! සාදු!!!

**සාලා නම් ගමේ වැසියන්ට වදාළ දෙසුම නිමා විය.**

# 1.5.2
# වේරඤ්ජක සූත්‍රය

## වේරඤ්ජා නම් ගමේ වැසියන්ට වදාළ දෙසුම

මා හට අසන්නට ලැබුනේ මේ විදිහටයි. ඒ දිනවල භාග්‍යවතුන් වහන්සේ වැඩසිටියේ සැවත් නුවර ජේතවනයේ අනේපිඬු සිටුතුමාගේ ආරාමයේ. ඒ කාලේ වේරඤ්ජා ගමේ බ්‍රාහ්මණ ගෘහපතිවරු යම්කිසි කටයුත්තකට සැවැත් නුවරට ඇවිත් හිටියා.

එතකොට ඒ වේරඤ්ජා ගමෙන් පැමිණි බ්‍රාහ්මණ ගෘහපතිවරුන්ට මේ කාරණාව ආරංචි වුනා. "පින්වත්නි, ශාක්‍ය නම් රාජ වංශයෙන් නික්මී පැවිදි වුන, ශාක්‍ය පුත්‍ර වූ ශ්‍රමණ ගෞතමයන් වහන්සේ සැවැත් නුවර ජේතවන නම් අනේපිඬු සිටුතුමාගේ ආරාමයේ වැඩවසනවා. ඒ පින්වත් ගෞතමයන් වහන්සේ ගැන මෙවැනි කල්‍යාණ කීර්ති රාවයක් පැතිරිලා තියෙනවා. ඒ භාග්‍යවතුන් වහන්සේ රාග, ද්වේෂ, මෝහ නැති පරම පිවිතුරු සිතකින් යුතු සේක (අරහං). බාහිර උපකාරයකින් තොරව, තම බුද්ධි මහිමයෙන් ම චතුරාර්ය සත්‍යය අවබෝධ කරගත් සේක (**සම්මා සම්බුද්ධෝ**). ඉතා පිරිසිදු අවබෝධ ඥානයෙනුත්, ඊට අනුකූල වූ දිවි පැවැත්මෙනුත් යුතු සේක (**විජ්ජාචරණ සම්පන්නෝ**). සුන්දර නිවන් මග සොයාගෙන ඒ සුන්දර නිවනට පැමිණි සේක (**සුගතෝ**). සකල ලෝක ධාතුව ම පරිපූර්ණ වශයෙන් ම අවබෝධ කළ සේක (**ලෝකවිදූ**). දෙව් මිනිසුන් දමනය කිරීමෙහි අතිශයින් ම දක්ෂ වන සේක (**අනුත්තරෝ පුරිසදම්ම සාරථී**). දෙව් මිනිස් ප්‍රජාවට නිවැරදි නායකත්වය සපයන ශාස්තෘන් වහන්සේ වන සේක (**සත්ථා දේවමනුස්සානං**). අවබෝධ කරගත් චතුරාර්ය සත්‍යය ධර්මය අන්‍යයන්ටත් අවබෝධ කරවන සේක (**බුද්ධෝ**). මේ සියලු ගුණ දැරීමට තරම් භාග්‍යවන්ත වන සේක (**භගවා**). උන්වහන්සේ කියා දෙන්නේ මේ දෙවියන් සහිත, මරුන් සහිත, බඹුන් සහිත, ශ්‍රමණ බ්‍රාහ්මණයන් සහිත, දෙව් මිනිස් ප්‍රජාව සහිත ලෝකය තම නුවණින් ම

ප්‍රත්‍යක්ෂව අවබෝධ කරගෙනයි. උන්වහන්සේ මුලත් සුන්දර, මැදත් සුන්දර, අවසානයත් සුන්දර, අර්ථ සහිත, පැහැදිලි වචනවලින් යුක්තව දහම් දෙසනවා. මුළුමනින් ම පිරිසිදු, පිරිපුන් නිවන් මග කියා දෙනවා. එබඳු රහතන් වහන්සේ නමක් දැකගන්න ලැබෙනවා නම් කොයිතරම් දෙයක් ද?

ඉතින් ඒ වේරඤ්ජා ගමේ බමුණු ගෘහපතියන් භාග්‍යවතුන් වහන්සේව සොයාගෙන ගියා. ගිහින් සමහරු භාග්‍යවතුන් වහන්සේට වන්දනා කරලා පැත්තකින් වාඩිවුනා. තව සමහරු භාග්‍යවතුන් වහන්සේ සමඟ පිළිසඳර කතා කරල පැත්තකින් වාඩිවුනා. තව සමහරු භාග්‍යවතුන් වහන්සේට ආචාර කරල පැත්තකින් වාඩිවුනා. තවත් සමහරු තම තමන් ව නම් ගම්වලින් හඳුන්වා දීලා පැත්තකින් වාඩිවුනා. සමහරු නිශ්ශබ්දව ම පැත්තකින් වාඩිවුනා. මේ විදිහට පැත්තකින් වාඩිවුණු ඒ වේරඤ්ජා ගමේ බමුණු ගෘහපතියන් භාග්‍යවතුන් වහන්සේගෙන් මේ කාරණය විමසුවා.

"භවත් ගෞතමයන් වහන්ස, මේ ලෝකෙ සමහර සත්වයින් කය බිඳිල මළාට පස්සෙ, අපාය දුගතිය කියන විනිපාත වූ නිරයේ උපදිනවා නම් ඒකට හේතුව මොකක්ද? ඒකට උපකාර වුනේ මොකක්ද? ඒ වගේ ම භවත් ගෞතමයන් වහන්ස, මේ ලෝකෙ තවත් සත්වයින් කය බිඳිල මළාට පස්සෙ, සැප ඇති සුගතියෙ උපදිනවා නම් ඒකට හේතුව මොකක්ද? ඒකට උපකාර වුනේ මොකක්ද? "

"පින්වත් ගෘහපතිවරුනි, මේ ලෝකෙ යම් සත්වයෙක් කය බිඳිල මළාට පස්සෙ, අපාය දුගතිය කියන විනිපාත වූ නිරයේ උපදිනවා නම් ඒකට හේතුව අධර්මයේ හැසිරීමයි. වැරදි හැසිරීමයි. එමෙන් ම පින්වත් ගෘහපතිවරුනි, මෙලොව යම් සත්වයෙක් කය බිඳිල මළාට පස්සෙ, සැප ඇති සුගතියේ උපදිනවා නම් ඒකට හේතුව ධර්මයේ හැසිරීමයි. යහපතේ හැසිරීමයි."

"අනේ! භවත් ගෞතමයන් වහන්ස, අපට විස්තර වශයෙන් නැතිව සාරාංශ වශයෙන් ඔය වදාළ කාරණේ අර්ථ තේරෙන්නෙ නෑ. භවත් ගෞතමයන් වහන්සේ අපට ඔය ධර්මය කියා දෙන සේක්වා! එතකොට භවත් ගෞතමයන් වහන්සේ විසින් විස්තර වශයෙන් නො වදාළ, සාරාංශ වශයෙන් වදාළ ඔය ධර්මය අපටත් විස්තර වශයෙන් තේරුම් ගන්න ලැබීම කොයිතරම් දෙයක්ද?"

"එහෙනම් පින්වත් ගෘහපතිවරුනි, හොඳට අහගෙන ඉන්න. නුවණින් තේරුම් ගන්න. කියා දෙන්නම්."

"එසේය, පින්වතුන් වහන්ස" කියල වේරඤ්ජා ගමේ බමුණු ගෘහපතිවරු

භාග්‍යවතුන් වහන්සේට පිළිතුරු දුන්නා. භාග්‍යවතුන් වහන්සේ මේ දේශනාව වදාළා.

"පින්වත් ගෘහපතිවරුනි, අධර්මයේ හැසිරීමත්, වැරදි හැසිරීමත් කය මුල් කරගෙන තුන් විදිහකින් සිදුවෙනවා. අධර්මයේ හැසිරීමත්, වැරදි හැසිරීමත් වචනය මුල් කරගෙන හතර ආකාරයකින් සිදුවෙනවා. අධර්මයේ හැසිරීම ත්, වැරදි හැසිරීමත් මනස මුල් කරගෙන තුන් ආකාරයකින් සිදුවෙනවා.

පින්වත් ගෘහපතිවරුනි, අධර්මයේ හැසිරීමත්, වැරදි හැසිරීමත් කය මුල් කරගෙන තුන් විදිහකින් සිදුවෙන්නෙ කොහොමද?

(1) පින්වත් ගෘහපතිවරුනි, මෙලොව කෙනෙක් පාණාතිපාතී වෙනවා. ඒකෙ තේරුම මේකයි. ඔහු නපුරු කෙනෙක්. ලේ තැවරුණු අත් ඇතතෙක්. සතුන් කපා කොටා මැරීමෙහි යෙදී ඉන්නවා. සත්වයින් කෙරෙහි දයාව රහිතව ඉන්නවා.

(2) ඔහු සොරකම් කරනවා. අනුන් සතු, අනුන්ගේ සම්පත්, ගමක හෝ කැලේක හෝ තියෙනවා නම් ඒ නුදුන් දේ සොර සිතින් අරගන්නවා.

(3) ඔහු කාමේසු මිච්ඡාචාරී වෙනවා. ඒකෙ තේරුම මේකයි. මව් විසින් රකින, පියා විසින් රකින, මව් පියන් විසින් රකින, සහෝදරයා විසින් රකින, සහෝදරිය විසින් රකින, නෑයන් විසින් රකින, තම ගෝත්‍රය විසින් රකින, ධර්මයෙන් රකින, එමෙන් ම ස්වාමියෙක් සිටින, එමෙන් ම විවාහ ගිවිසගත්, එමෙන් ම අඩු තරමින් මල් මාලාවක් දමා හෝ, විවාහයක් පිණිස යම් ස්ත්‍රියක්ව වෙන් කොට තිබේ නම්, එබඳු ස්ත්‍රීන් කෙරෙහි ඔවුන් ගේ චරිතය කෙලෙසන අයුරින් වැඩ කරනවා.

පින්වත් ගෘහපතිවරුනි, කය මුල් කරගෙන තුන් විදිහකින් අධර්මයේ හැසිරෙන්නේ, වැරදි විදිහට හැසිරෙන්නේ ඔය විදිහටයි.

පින්වත් ගෘහපතිවරුනි, වචනය මුල් කරගෙන හතර ආකාරයකින් අධර්මයේ හැසිරෙන්නේ, වැරදි ලෙස හැසිරෙන්නේ කොහොමද?

(1) පින්වත් ගෘහපතිවරුනි, බොරු කියන කෙනෙක් ඉන්නවා. සභාවක් මැද හෝ, පිරිසක් මැද හෝ, ඥාතීන් මැද හෝ, සේනා මැද හෝ, රජය ඉදිරියට ගෙන, විනිසුරුවන් සාක්ෂි විමසන කොට 'ඒයි පුරුෂය, දැන් නුඹ දන්නවා නම් කිව යුතුයි' කී විට ඔහු නොදැන ම තමන් දන්නවා යැයි කියයි නම්, දැන දැනත් තමන් නොදන්නවා යැයි කියයි

නම්, නොදැකත් තමන් දකිනවා යැයි කියයි නම්, දැක දැකත් තමන් නොදකිනවා යැයි කියයි නම් ඔය විදිහට තමන් නිසා හෝ අනුන් නිසා හෝ යම්කිසි අල්ලසක් නිසා හෝ දැන දැන බොරු කියයි නම් එයයි.

(2) ඔහු කේළාම් කියයි. මෙතනින් අහගෙන ගිහින්, මෙතන බිඳවන්න එතන කියනවා. එතනින් අහගෙන ඇවිත් එතන බිඳවන්න මෙතන කියනවා. ඔය විදිහට සමගි අය බිඳවනවා. බිඳුණු අය වෙන් කරනවා. කල්ලි හදන්න කැමති වෙනවා. කල්ලි හැදීමේ ඇලෙනවා. කල්ලි හැදෙන අයුරින් අර්බුදකාරීව කතා කරනවා නම් එයයි.

(3) ඔහු පරුෂ වචන කියනවා. ප්‍රශ්න ඇතිවෙන වචන, කර්කශ, අනුන්ට අසතුටු, අනුන් කෝප ගැන්වෙන, ක්‍රෝධය ඇතිවෙන, සමාධිය නැති කරන වචන කීමක් ඇද්ද එයයි.

(4) ඔහු හිස් වචන කියන කෙනෙක්. අයුතු වෙලාවේ කියන, නොවූ දෙයක් කියන, අනර්ථ වූ දෙයක් කියන, අධර්මයක් කියන, අවිනයක් කියන, හිතේ තැන්පත් කර නොගත යුතු දේවල් කියන කෙනෙක්. ඒ වගේම කරුණු රහිතව සීමාවක් නැතිව අනර්ථය ඇතිවෙන හිස් කතා කතා කරනවා.

පින්වත් ගෘහපතිවරුනි, වචනය මුල් කරගෙන හතර ආකාරයකින් අධර්මයේ හැසිරෙන්නේ, වැරදි ලෙස හැසිරෙන්නේ ඔය විදිහටයි.

පින්වත් ගෘහපතිවරුනි, මනස මුල් කරගෙන තුන් ආකාරයකින් අධර්මයේ හැසිරෙන්නේ, වැරදි විදිහට හැසිරෙන්නේ කොහොමද?

(1) පින්වත් ගෘහපතිවරුනි, කෙනෙක් ලෝභ සහිත වෙනවා. අනුන් සතු, අනුන්ගේ යම් සම්පතක් ඇද්ද, ඒ දෙස ලෝභ සිතින් බලනවා. 'අනේ! අර අනුන් සතු දේවල් මට ලැබෙනවා නම් කොයිතරම් දෙයක් ද' කියලා.

(2) ඔහු තරහ සිත් ඇති කෙනෙක්. දුෂ්ට සිතුවිලිවලින් යුක්ත වෙනවා. 'මෙවුන් මරල දාන්න ඕන. මෙවුන් වඳ කරල දාන්න ඕන. මෙවුන් වැනසිලා යන්න ඕන. මෙවුන්ට නම් ජීවත් වෙන්න සිද්ධ වෙන්න එපා' කියල හිතනවා.

(3) මිථ්‍යා අදහස් වලින් යුක්ත වෙයි. වැරදි දැක්මෙන් යුක්ත වෙයි. දානයේ විපාක නැත. පුද පූජාවන්වල විපාක නැත. ඇප උපස්ථානවල විපාක නැත. හොඳ නරක කර්මවල විපාක නැත. මෙලොවක් නැත. පරලොවක්

නැත. මව් කියා විශේෂ කෙනෙක් නැත. පියා කියා විශේෂ කෙනෙක් නැත. ඕපපාතිකව උපදින සතුන් නැත. ලෝකයේ යහපත් මාර්ගයේ ගමන් කරල මෙලොවත්, පරලොවත් ස්වකීය ප්‍රඥාවෙන් සාක්ෂාත් කොට කරුණු පවසන ශ්‍රමණ බ්‍රාහ්මණයන් නැත කියල හිතනවා.

පින්වත් ගෘහපතිවරුනි, මනස මුල් කරගෙන ඔන්න ඔය විදිහටයි තුන් ආකාරයකට අධර්මයේ හැසිරීමත්, වැරදි විදිහට හැසිරීමත් සිදුවන්නේ.

පින්වත් ගෘහපතිවරුනි, ඔය විදිහට අධර්මයේ හැසිරීම නම් වූ, වැරදි විදිහට හැසිරීම නම් වූ හේතුව නිසයි මේ ලෝකයේ ඇතැම් සත්වයන් කය බිඳිල මළාට පස්සෙ, අපාය, දුගතිය, විනිපාත කියන නිරයේ උපදින්නෙ.

පින්වත් ගෘහපතිවරුනි, කය මුල් කරගෙන තුන් ආකාරයකින් ධර්මයේ හැසිරීම, යහපතේ හැසිරීම සිදුවෙනවා. වචනය මුල් කරගෙන හතර ආකාරයකින් ධර්මයේ හැසිරීම, යහපතේ හැසිරීම සිදුවෙනවා. මනස මුල් කරගෙන තුන් ආකාරයකින් යහපතේ හැසිරීම, ධර්මයේ හැසිරීම සිදුවෙනවා.

පින්වත් ගෘහපතිවරුනි, කය මුල් කරගෙන තුන් ආකාරයකින් ධර්මයේ හැසිරීම, යහපතේ හැසිරීම සිදුවෙන්නෙ කොහොමද?

(1) කෙනෙක් පාණාතිපාතය අත්හැරලා, ප්‍රාණඝාතයෙන් වැළකී වාසය කරනවා. ඔහු දඬු මුගුරු අත්හැරදාල ඉන්නෙ. අවි ආයුධ අත්හැරදාල ඉන්නෙ. සතුන් මරන්න ලැජ්ජයි. සියලු සතුන් කෙරෙහි දයාවෙන් හිතානුකම්පාවෙන් ඉන්නවා.

(2) ඔහු හොරකම් කරන්නෙ නෑ. හොරකමින් වළකිනවා. අනුන් සතු, අනුන් ගේ සම්පත්, ගමේ හෝ කැලේ හෝ තියෙනවා නම්, ඒ කිසි දෙයක්, සොර සිතින් ගන්නෙ නෑ. නුදුන් දේ ගන්නෙ නෑ.

(3) ඔහු කාමයෙහි වරදවා හැසිරීමෙන් වෙන් වෙනවා. කාමයෙහි වරදවා හැසිරීමෙන් වැළකිලා ඉන්නවා. මව් විසින් රකින, පියා විසින් රකින, මව් පියන් විසින් රකින, සහෝදරයා විසින් රකින, සහෝදරිය විසින් රකින, නෑයන් විසින් රකින, තම ගෝත්‍රය විසින් රකින, ධර්මය විසින් රකින ස්ත්‍රීන් ඉන්නවා. ඒ වගේම ස්වාමියෙක් සිටින ස්ත්‍රීන් ඉන්නවා. විවාහ ගිවිසගත් ස්ත්‍රීන් ඉන්නවා. අඩු ගානෙ මල් මාලයක් දමා හෝ, විවාහයට සම්මත කරපු ස්ත්‍රීන් ඉන්නවා. එබඳු ස්ත්‍රීන්ගේ චරිතය කෙලෙසන්නෙ නෑ.

පින්වත් ගෘහපතිවරුනි, ඔය විදිහට කය මුල් කරගෙන ඔහු කරුණු තුනකින් ධර්මයේ හැසිරෙනවා. යහපතේ හැසිරෙනවා.

පින්වත් ගෘහපතිවරුනි, වචනය මුල් කරගෙන හතර ආකාරයකින් ධර්මයේ හැසිරෙන්නෙ, යහපතේ හැසිරෙන්නෙ කොහොමද?

(1) පින්වත් ගෘහපතිවරුනි, කෙනෙක් බොරු කීම අත්හරිනවා. බොරු කීමෙන් වළකිනවා. සභාවක් මැද හෝ පිරිස මැද හෝ ඥාතීන් මැද හෝ සේනා මැද හෝ රජය ඉදිරියේ හෝ විනිසුරුවන් සාක්ෂි විමසන කොට 'ඒයි පුරුෂය, මේ ගැන ඔබ දන්නවා නම් දැන් කියන්න ඕන' කියලා. ඔහු දන්නෙ නැති දේ දන්නෙ නෑ කියනවා. දන්න දේ දන්නවා කියනවා. නොදකින දේ දකින්නෙ නෑ කියනවා. දකින දේ දකිනවා කියනවා. ඔය විදිහට තමන් නිසාවත්, අනුන් නිසාවත්, යම්කිසි අල්ලසක් නිසාවත් දැන දැන බොරුවක් කියන්නෙ නෑ.

(2) ඔහු කේළාම් කියන්නෙ නෑ. මෙතනින් අහගෙන ගිහින්, මෙතන බිඳවන්න එතන කියන්නෙ නෑ. එතනින් අහගෙන ඇවිත් එතන බිඳවන්න මෙතන කියන්නෙ නෑ. ඔය විදිහට බිඳුණු අය සමගි කරනවා. සමගියට අනුබල දෙනවා. සමගියෙන් සතුටු වෙනවා. සමගියට කැමති වෙනවා. සමගිය ම ඇති වන දේ කියනවා.

(3) ඔහු පරුෂ වචන අත්හරිනවා. පරුෂ වචනයෙන් වළකිනවා. කනට මිහිරි වූ සෙනෙහස වඩන හෘදයාංගම වූ වැදගත් වචන, බොහෝ ජනයා කැමති, බොහෝ ජනයා ප්‍රිය මනාප වචන කතා කරනවා.

(4) ඔහු හිස් වචනය දුරු කරනවා. හිස් වචනයෙන් වළකිනවා. සුදුසු කාලයට කතා කරනවා. සිදු වූ දේ ම කියනවා. අර්ථවත් දේවල් ම කියනවා. ධර්මය ම කියනවා. විනය ම කියනවා. මතකයේ තබාගත යුතු වටිනා දේ කියනවා. ඔය විදිහට පමණ දැනගෙන අර්ථවත් වූ යහපත් වචන කතා කරනවා.

පින්වත් ගෘහපතිවරුනි, වචනය මුල් කරගෙන හතර ආකාරයකින් ධර්මයේ හැසිරෙන්නේ, යහපතේ හැසිරෙන්නේ ඔය විදිහටයි.

පින්වත් ගෘහපතිවරුනි, මනස මුල් කරගෙන තුන් ආකාරයකින් ධර්මයේ හැසිරෙන්නෙ, යහපතේ හැසිරෙන්නෙ කොහොමද?

(1) පින්වත් ගෘහපතිවරුනි, මෙහි කෙනෙක් ලෝභ රහිතව ඉන්නවා. අනුන්

සතු සම්පත්වලට ලෝභ කරන්නේ නෑ. 'අනේ! අර අනුන් සතු දේවල් මට ලැබෙනවා නම් කොච්චර දෙයක් ද' කියල හිතන්නෙ නෑ.

(2) ඔහු තරහ නැති සිතින් ඉන්නෙ. දුෂ්ට නැති සිතුවිලිවලින් ඉන්නවා. 'මේ සත්වයෝ වෛර නැත්තෝ වෙත්වා! තරහ නැත්තෝ වෙත්වා! දුක් පීඩා නැත්තෝ වෙත්වා! සුවසේ ජීවත් වෙත්වා!' කියලා.

(3) සම්මා දිට්ඨියෙන් යුතුව ඉන්නවා. සැබෑම දැක්මෙන් යුතුව ඉන්නවා. දන් දීමෙහි විපාක තියෙනවා. පූජා සත්කාරයේ විපාක තියෙනවා. ඇප උපස්ථානයේ විපාක තියෙනවා. හොඳ නරක කර්මවල විපාක තියෙනවා. මෙලොවක් තියෙනවා. පරලොවක් තියෙනවා. අම්මා කියල විශේෂ කෙනෙක් ඉන්නවා. තාත්තා කියල විශේෂ කෙනෙක් ඉන්නවා. ඕපපාතිකව උපදින සතුන් ඉන්නවා. මේ ලෝකයේ යහපත් මාර්ගයේ ගමන් කරල මෙලොව පරලොව දෙක තමන් ගේ ප්‍රඥාවෙන් සාක්ෂාත් කරලා, කරුණු පවසන ශ්‍රමණ බ්‍රාහ්මණයන් ඉන්නවා.

පින්වත් ගෘහපතිවරුනි, ඔය විදිහට මනස මුල් කරගෙන තුන් ආකාරයකින් ධර්මයේ හැසිරීම, යහපතේ හැසිරීම සිදුවෙනවා.

පින්වත් ගෘහපතිවරුනි, ඔය විදිහට ධර්මයේ හැසිරීම නිසා, යහපතේ හැසිරීම නිසා මෙලොව ඇතැම් කෙනෙක් කය බිඳිල මළාට පස්සෙ, සැප ඇති සුගති ලෝකෙ උපදිනවා.

පින්වත් ගෘහපතිවරුනි, ඒ ධර්මයේ හැසිරෙන, යහපතේ හැසිරෙන කෙනා, මෙහෙම කැමති වුනොත්, 'අනේ! මං මැරුණට පස්සෙ ඉහළ කුලේ රජ පවුලක උපදින්න ඕන' කියල, ඔහු මැරුණට පස්සෙ ඉහළ කුලේ රජ පවුලක උපදින එක සිද්ධ වෙන දෙයක්. ඒකට හේතුව මොකක්ද? ඔහු ධර්මයේ හැසිරුනේ, යහපතේ හැසිරුනේ එබඳු දෙයක් ලැබෙන විදිහට නිසයි. පින්වත් ගෘහපතිවරුනි, ඒ වගේම ඔහු මෙහෙම කැමති වුනොත්, 'අනේ ! මං මැරුණට පස්සෙ ඉහළ කුලේ බ්‍රාහ්මණ පවුලක උපදින්න ඕන' කියල ....(පෙ).... 'ඉහළ කුලේ ගෘහපති පවුලක උපදින්ට ඕන' කියල, ඔහු මැරුණට පස්සෙ ඉහළ කුලේ ගෘහපති පවුලක උපදින එක සිදුවිය හැකි දෙයක්. ඒකට හේතුව මොකක්ද? ඔහු ධර්මයේ හැසිරුනේ, යහපතේ හැසිරුනේ එබඳු උපතක් ලැබිය හැකි විදිහටයි.

පින්වත් ගෘහපතිවරුනි, ධර්මයේ හැසිරෙන, යහපතේ හැසිරෙන කෙනා මෙහෙම කැමති වෙන්නත් පුළුවනි. 'අනේ! මං මැරුණට පස්සෙ චාතුම්මහාරාජික දිව්‍ය ලෝකෙ උපදිනවා නම් හොඳයි' කියල. ඔහු මැරුණට පස්සෙ චාතුම්මහාරාජික දිව්‍ය ලෝකෙ උපදින එක සිද්ධ වෙන දෙයක්.

ඒකට හේතුව මොකක්ද? ඔහු ඒ විදිහට ධර්මයේ හැසිරුණු නිසයි. යහපතේ හැසිරුණු නිසයි. ඒ වගේම පින්වත් ගෘහපතිවරුනි, ධර්මයේ හැසිරෙන, යහපතේ හැසිරෙන කෙනා මෙහෙමත් කැමති වන්නට පුළුවනි. 'අනේ! මං මැරුණට පස්සෙ තව්තිසා දිව්‍ය ලෝකෙ ....(පෙ).... යාම දිව්‍ය ලෝකෙ ....(පෙ).... තුසිත දිව්‍ය ලෝකෙ ....(පෙ).... නිම්මාණරතී දිව්‍ය ලෝකෙ ....(පෙ).... පරනිම්මිතවසවත්ති දිව්‍ය ලෝකෙ උපදින්න තියෙනවා නම් කොයිතරම් දෙයක් ද' කියලා. ඉතින් ඔහු මැරුණට පස්සෙ පරනිම්මිතවසවත්ති දිව්‍ය ලෝකෙ උපත ලබනවා කියන එක සිදුවිය හැකි දෙයක්. ඒකට හේතුව මොකක්ද? ඔහු ඒ විදිහටයි ධර්මයේ හැසිරුනේ. යහපතේ හැසිරුනේ.

පින්වත් ගෘහපතිවරුනි, ධර්මයේ හැසිරෙන, යහපතේ හැසිරෙන කෙනා මෙහෙම කැමති වන්නත් පුළුවනි. 'අනේ! මං මැරුණට පස්සෙ බඹලොව උපදිනවා නම් කොයිතරම් දෙයක් ද' කියල. ඉතින් ඔහු මැරුණට පස්සෙ බඹලොව ඉපදීම සිදුවිය හැකි දෙයක්. ඒකට හේතුව මොකක්ද? ඔහු ඒ විදිහටයි ධර්මයේ හැසිරුනේ. යහපතේ හැසිරුනේ. ඒ වගේ ම පින්වත් ගෘහපතිවරුනි, ධර්මයේ හැසිරෙන, යහපතේ හැසිරෙන කෙනාට මෙහෙම කැමති වන්නත් පුළුවනි. 'අනේ! මං මැරුණට පස්සෙ ආභ නම් බඹලොව ....(පෙ).... පරිත්තාභ නම් බඹලොව ....(පෙ).... අප්පමාණාභ නම් බඹලොව ....(පෙ).... ආභස්සර නම් බඹලොව ....(පෙ).... සුභ නම් බඹලොව ....(පෙ).... පරිත්තසුභ නම් බඹලොව ....(පෙ).... අප්පමාණසුභ නම් බඹලොව ....(පෙ).... සුභකිණ්ණ නම් බඹලොව ....(පෙ).... වේහප්ඵල නම් බඹලොව ....(පෙ).... අවිහ නම් බඹලොව ....(පෙ).... අතප්ප නම් බඹලොව ....(පෙ).... සුදස්ස නම් බඹලොව ....(පෙ).... සුදස්සී නම් බඹලොව ....(පෙ).... අකනිට්ඨක නම් බඹලොව ....(පෙ).... ආකාසානඤ්චායතන නම් බඹලොව ....(පෙ).... විඤ්ඤාණඤ්චායතන නම් බඹලොව ....(පෙ).... ආකිඤ්චඤ්ඤායතන නම් බඹලොව ....(පෙ).... නේවසඤ්ඤානාසඤ්ඤායතන නම් බඹලොව දෙවියන් අතර උපදින්න ලැබෙනවා නම් කොයිතරම් හොඳ ද' කියලා. ඔහු මැරුණට පස්සෙ නේවසඤ්ඤානාසඤ්ඤායතන බඹලොව උපදිනවා කියන එක සිදුවිය හැකි දෙයක්. ඒකට හේතුව මොකක්ද? ඔහු ඒ විදිහටයි ධර්මයේ හැසිරුනේ. යහපතේ හැසිරුනේ.

පින්වත් ගෘහපතිවරුනි, ධර්මයේ හැසිරෙන, යහපතේ හැසිරෙන කෙනා මෙහෙම කැමති වෙන්නටත් පුළුවනි. 'අනේ! මම ආශ්‍රවයන් ක්ෂය කරල, ආශ්‍රව රහිත චිත්ත විමුක්තියත්, ප්‍රඥා විමුක්තියත් මේ ජීවිතයේ දී ම තමන්ගේ ම නුවණින් සාක්ෂාත් කරගෙන වාසය කරන්න ඕන' කියල. ඔහු ආශ්‍රවයන් ක්ෂය කරල, ආශ්‍රව රහිත චිත්ත විමුක්තියත්, ප්‍රඥා විමුක්තියත් මේ ජීවිතයේ දී ම තමන් ගේ ම නුවණින් සාක්ෂාත් කරගෙන වාසය කරනවා කියන එක සිද්ධ

වෙන දෙයක්. ඒකට හේතුව මොකක්ද? ඔහු ඒ විදිහටයි ධර්මයේ හැසිරුනේ. යහපතේ හැසිරුනේ."

භාග්‍යවතුන් වහන්සේ ඔය විදිහට වදාළා. එතකොට වේරඤ්ජා ගමේ බමුණු ගෘහපතිවරු භාග්‍යවතුන් වහන්සේට මෙහෙම කිව්වා. "භවත් ගෞතමයන් වහන්ස, හරිම සුන්දරයි! භවත් ගෞතමයන් වහන්ස, හරිම සුන්දරයි! භවත් ගෞතමයන් වහන්ස, යටිකුරු වෙච්ච දෙයක් උඩුකුරු කළා වගේ. වහල තිබුණු දෙයක් ඇරල පෙන්නුවා වගේ. මංමුළා වූවන්ට නියම මග පෙන්වා දෙනවා වගේ. අඳුරේ යන උදවියට රූප දකින්නට තෙල් පහන් දල්වනවා වගෙයි. ඔය විදිහට නොයෙක් ආකාරයෙන් භවත් ගෞතමයන් වහන්සේ ශ්‍රී සද්ධර්මය වදාළා. ඉතින් අපි පින්වත් ගෞතමයන් වහන්සේව සරණ යනවා. ශ්‍රී සද්ධර්මයත් සරණ යනවා. භික්ෂුසංඝයාත් සරණ යනවා. භවත් ගෞතමයන් වහන්සේ, අප ගැන අද පටන් දිවි තිබෙන තුරාවට තෙරුවන් සරණ ගිය උපාසකයින් ලෙස සලකන සේක්වා!"

සාදු! සාදු!! සාදු!!!

**වේරඤ්ජා නම් ගමේ වැසියන්ට වදාළ දෙසුම නිමා විය.**

# 1.5.3
# මහා වේදල්ල සූත්‍රය
## ප්‍රශ්නෝත්තර සාකච්ඡාවක් වශයෙන් වදාළ විස්තරාත්මක දෙසුම

මා හට අසන්නට ලැබුනේ මේ විදිහටයි. ඒ දවස්වල භාග්‍යවතුන් වහන්සේ වැඩසිටියේ සැවැත් නුවර ජේතවනාරාමයේ අනේපිඬු සිටුතුමාගේ ආරාමයේ. එදා ආයුෂ්මත් මහාකොට්ඨිතයන් වහන්සේ සවස් වරුවේ භාවනාවෙන් නැගිටලා, ආයුෂ්මත් සාරිපුත්තයන් වහන්සේ වෙත පැමිණුනා. පැමිණ ආයුෂ්මත් සාරිපුත්තයන් වහන්සේ සමග පිළිසඳර කතා බහේ යෙදිලා, පැත්තකින් වාඩිවුනා. වාඩිවෙලා ආයුෂ්මත් මහාකොට්ඨිතයන් වහන්සේ ආයුෂ්මත් සාරිපුත්තයන් වහන්සේගෙන් මෙහෙම ඇහුවා.

(ප්‍රශ්නය) "ප්‍රිය ආයුෂ්මතුන් වහන්ස, 'ප්‍රඥා රහිත කෙනා, ප්‍රඥා රහිත කෙනා' කියල කියනවා. ප්‍රිය ආයුෂ්මතුන් වහන්ස, ප්‍රඥා රහිත කෙනා කියල කියන්නෙ කොච්චරකින් ද?"

(පිළිතුර) "ප්‍රිය ආයුෂ්මතුන් වහන්ස, 'අවබෝධයක් නෑ. අවබෝධයක් නෑ' කියන අර්ථයෙනුයි ප්‍රඥා රහිත කෙනා කියල කියන්නෙ. අවබෝධයක් නැත්තෙ මොකක් ගැනද? 'දුක කියන්නෙ මේකයි' කියල අවබෝධයක් නෑ. 'දුකේ හටගැනීම කියන්නෙ මේකයි' කියල අවබෝධයක් නෑ. 'දුකේ නැතිවීම කියන්නෙ මේකයි' කියල අවබෝධයක් නෑ. 'දුක් නැතිවන්නා වූ මාර්ගය මේකයි' කියල අවබෝධයක් නෑ. ප්‍රිය අයුෂ්මතුන් වහන්ස, 'අවබෝධයක් නෑ, අවබෝධයක් නෑ' කියන අර්ථයෙනුයි ප්‍රඥා රහිත කෙනා කියල කියන්නෙ."

"සාදු !සාදු ! ප්‍රිය ආයුෂ්මතුන් වහන්ස" කියල ආයුෂ්මත් මහාකොට්ඨිතයන් වහන්සේ, ආයුෂ්මත් සාරිපුත්තයන් වහන්සේ වදාළ කරුණු සතුටින් පිළිගත්තා. අනුමෝදන් වුනා. ඊට පස්සෙ ආයුෂ්මත් සාරිපුත්තයන් වහන්සේගෙන් ආයෙමත් ප්‍රශ්නයක් ඇහුවා.

(ප්‍රශ්නය) "ප්‍රිය ආයුෂ්මතුන් වහන්ස, 'ප්‍රඥාවන්තයා, ප්‍රඥාවන්තයා' කියල කියනවා. ප්‍රිය ආයුෂ්මතුන් වහන්ස, ප්‍රඥාවන්තයා කියල කියන්නෙ කොච්චරකින් ද?"

(පිළිතුර) "ප්‍රිය ආයුෂ්මතුන් වහන්ස, 'අවබෝධ කරනවා, අවබෝධ කරනවා' කියන අර්ථයෙනුයි ප්‍රඥාවන්තයා කියන්නෙ. අවබෝධ කරන්නෙ මොකක්ද? 'දුක කියන්නෙ මේකයි' කියල අවබෝධ කරනවා. 'මේක තමයි දුකේ හටගැනීම' කියල අවබෝධ කරනවා. 'මේක තමයි දුකේ නැතිවීම' කියල අවබෝධ කරනවා. 'මේක තමයි දුක් නැති වන්නා වූ මාර්ගය' කියල අවබෝධ කරනවා. ප්‍රිය ආයුෂ්මතුන් වහන්ස, 'අවබෝධ කරනවා, අවබෝධ කරනවා' කියන අර්ථයෙනුයි ප්‍රඥාවන්තයා කියන්නෙ."

(ප්‍රශ්නය) "ප්‍රිය ආයුෂ්මතුන් වහන්ස, 'විඤ්ඤාණය, විඤ්ඤාණය' කියල කියනවා. ප්‍රිය ආයුෂ්මතුන් වහන්ස, විඤ්ඤාණය කියන්නෙ කොච්චරකින් ද?"

(පිළිතුර) "ප්‍රිය ආයුෂ්මතුන් වහන්ස, 'දැනගන්නවා, දැනගන්නවා' කියන අර්ථයෙනුයි විඤ්ඤාණය කියන්නෙ. දැනගන්නෙ මොනවාද? සැපයත් දැනගන්නවා. දුකත් දැනගන්නවා. දුක් සැප රහිත බවත් දැනගන්නවා. ප්‍රිය ආයුෂ්මතුන් වහන්ස, 'දැනගන්නවා, දැනගන්නවා' කියන අර්ථයෙනුයි විඤ්ඤාණය කියන්නෙ."

(ප්‍රශ්නය) "ප්‍රිය ආයුෂ්මතුන් වහන්ස, යම් ප්‍රඥාවක් ඇද්ද, යම් විඤ්ඤාණයකුත් ඇද්ද, මේ දේවල් එකට ද පවතින්නෙ? නැත්නම් වෙන් වෙලාද පවතින්නෙ? මේ දේවල් වෙන් වෙන් වශයෙන් හඳුනාගන්න පුළුවන්ද?"

(පිළිතුර) "ප්‍රිය ආයුෂ්මතුන් වහන්ස, යම් ප්‍රඥාවක් ඇද්ද, යම් විඤ්ඤාණයකුත් ඇද්ද, මේ දේවල් තිබෙන්නෙ එකටයි. වෙන් වෙලා නොවෙයි. මේ දේවල් වෙන් වෙන් වශයෙන් බෙදා දක්වන්න පුළුවන්කමක් නෑ. ප්‍රිය ආයුෂ්මතුන් වහන්ස, යමක් අවබෝධ කරයි නම්, ඒක තමයි දැනගන්නෙ. යමක් දැනගනී නම්, ඒක තමයි අවබෝධ කරන්නෙ. ඒ නිසා මේ දේවල් එකටයි පවතින්නෙ. වෙන් වෙලා නොවේ. මේ දේවල් වෙන් වෙන් වශයෙන් බෙදා දක්වන්න පුළුවන්කමක් නෑ."

(ප්‍රශ්නය) "ප්‍රිය ආයුෂ්මතුන් වහන්ස, යම් ප්‍රඥාවක් ඇද්ද, යම් විඤ්ඤාණයකුත් ඇද්ද, මේවා තියෙන්නෙ එකට නමුත්, මේවා තියෙන්නෙ වෙන් නොවී නමුත්, මේ දෙකේ තියෙන වෙනස්කම මොකක් ද?"

(පිළිතුර) "ප්‍රිය ආයුෂ්මතුන් වහන්ස, යම් ප්‍රඥාවක් ඇද්ද, යම් විඤ්ඤාණයකුත් ඇද්ද, මේවා තියෙන්නෙ එකට තමයි. මේවා තියෙන්නෙ වෙන් නොවී තමයි. නමුත් ප්‍රඥාව කියන්නෙ ප්‍රගුණ කළ යුතු දෙයක්. විඤ්ඤාණය කියන්නෙ මුළුමනින් ම අවබෝධ කළ යුතු දෙයක්. ඕක තමයි මේ දෙකේ වෙනස."

(ප්‍රශ්නය) "ප්‍රිය ආයුෂ්මතුන් වහන්ස, 'විඳීම, විඳීම' කියල කියනවා. විඳීම කියල කියන්නෙ කොච්චරකින් ද?"

(පිළිතුර) "ප්‍රිය ආයුෂ්මතුන් වහන්ස, 'විඳිනවා, විඳිනවා' කියන අර්ථයෙනුයි විඳීම කියන්නෙ. මොකක් ද විඳින්නෙ? සැපත් විඳිනවා. දුකත් විඳිනවා. දුක් සැප රහිත බවත් විඳිනවා. ප්‍රිය ආයුෂ්මතුනි 'විඳිනවා, විඳිනවා' කියන අර්ථයෙනුයි විඳීම කියන්නෙ."

(ප්‍රශ්නය) "ප්‍රිය ආයුෂ්මතුන් වහන්ස, 'සඤ්ඤාව සඤ්ඤාව' කියල කියනවා. සඤ්ඤාව කියල කියන්නෙ කොච්චරකින් ද?"

(පිළිතුර) "ප්‍රිය ආයුෂ්මතුන් වහන්ස, 'හඳුනාගන්නවා, හඳුනාගන්නවා' කියන අර්ථයෙනුයි සඤ්ඤාව කියල කියන්නෙ. මොනවා ද හඳුනාගන්නෙ? නිල් පාටත් හඳුනාගන්නවා. කහ පාටත් හඳුනාගන්නවා. රතු පාටත් හඳුනා ගන්නවා. සුදු පාටත් හඳුනාගන්නවා. ප්‍රිය ආයුෂ්මතුන් වහන්ස, 'හඳුනාගන්නවා හඳුනාගන්නවා' කියන අර්ථයෙනුයි සඤ්ඤාව කියන්නෙ."

(ප්‍රශ්නය) "ප්‍රිය ආයුෂ්මතුන් වහන්ස, යම් විඳීමක් ඇද්ද, යම් සඤ්ඤාවක් ඇද්ද, යම් විඤ්ඤාණයක් ඇද්ද, මේවා එකට ද තියෙන්නෙ? නැත්නම් වෙන් වෙලා ද? මේවා වෙන් වෙන් වශයෙන් බෙදා දක්වන්න පුළුවන් ද?"

(පිළිතුර) "ප්‍රිය ආයුෂ්මතුන් වහන්ස, යම් විඳීමක් ඇද්ද, යම් සඤ්ඤාවක් ඇද්ද, යම් විඤ්ඤාණයක් ඇද්ද, මේවා තියෙන්නෙ එකටයි. වෙන් වෙලා නොවෙයි. මේවා වෙන් වෙන් වශයෙන් බෙදා දක්වන්න පුළුවන්කමක් නෑ. ප්‍රිය ආයුෂ්මතුන් වහන්ස, යමක් විඳිනවා නම්, හඳුනගන්නෙ එයයි. යමක් හඳුන ගන්නවා නම්, දැනගන්නෙ එයයි. එම නිසා ඔය දේවල් තියෙන්නෙ එකට මිසක්, වෙන් වෙලා නොවෙයි. අනික, ඔය දේවල් වෙන් වෙන් වශයෙන් බෙදා දක්වන්න පුළුවන්කමක් නෑ."

(ප්‍රශ්නය) "ප්‍රිය ආයුෂ්මතුන් වහන්ස, පංච ඉන්ද්‍රියයන්ගෙන් වෙන්වුණු, පිරිසිදු මනෝ විඤ්ඤාණයෙන් දැනගන්න පුළුවන් වෙන්නෙ මොකක් ද?"

(පිළිතුර) "ප්‍රිය ආයුෂ්මතුන් වහන්ස, පංච ඉන්ද්‍රියයන්ගෙන් වෙන්වුණු පිරිසිදු මනෝ විඤ්ඤාණයෙන් 'ආකාසය අනන්තයි' කියල ආකාසානඤ්චායතනය දැනගන්න පුළුවනි. 'විඤ්ඤාණය අනන්තයි' කියල විඤ්ඤාණඤ්චායතනය දැනගන්න පුළුවනි. 'මොකවත් නෑ' කියල ආකිඤ්චඤ්ඤායතනය දැනගන්න පුළුවනි."

(ප්‍රශ්නය) "ප්‍රිය ආයුෂ්මතුන් වහන්ස, ඒ දැනගන්න දේ අවබෝධ කරන්නෙ මොකෙන් ද?"

(පිළිතුර) "ප්‍රිය ආයුෂ්මතුන් වහන්ස, ඒ දැනගන්න දේ අවබෝධ කරන්නෙ ප්‍රඥා ඇසින්."

(ප්‍රශ්නය) "ප්‍රිය ආයුෂ්මතුන් වහන්ස, ප්‍රඥාවේ ඇති ප්‍රයෝජනය මොකක් ද?"

(පිළිතුර) "ප්‍රිය ආයුෂ්මතුන් වහන්ස, ප්‍රඥාව විශේෂ ඥානය ලබාගැනීම ප්‍රයෝජන කරගෙනයි තියෙන්නෙ. පූර්ණ අවබෝධය ලබාගැනීම ප්‍රයෝජන කරගෙනයි තියෙන්නෙ. අකුසල් ප්‍රහාණය කිරීම ප්‍රයෝජන කරගෙනයි තියෙන්නෙ."

(ප්‍රශ්නය) "ප්‍රිය ආයුෂ්මතුන් වහන්ස, සම්මා දිට්ඨිය ඇතිවෙන්න උපකාර වෙන්නෙ මොනවා ද?"

(පිළිතුර) "ප්‍රිය ආයුෂ්මතුන් වහන්ස, සම්මා දිට්ඨිය ඇතිවෙන්න උපකාර වෙන කරුණු දෙකකි. එනම් චතුරාර්ය සත්‍ය ධර්මය අසන්න ලැබීමත්, (පරතෝ ඝෝෂය) ඊට අනුකූලව නුවණින් විමසීමත් (යෝනිසෝ මනසිකාරය) ය. ප්‍රිය ආයුෂ්මතුන් වහන්ස, සම්මා දිට්ඨිය ඇතිවෙන්න උපකාර වෙන්නෙ ඔය කරුණු දෙකයි."

(ප්‍රශ්නය) "ප්‍රිය ආයුෂ්මතුන් වහන්ස, අංග කීයකින් අනුග්‍රහ ලබන සම්මා දිට්ඨිය ද, චිත්ත විමුක්ති ඵලය ඇතිකරන්නෙ? චිත්ත විමුක්ති ඵලය ආනිශංස කරගන්නෙ? ප්‍රඥා විමුක්ති ඵලය ඇති කරගන්නෙ? ප්‍රඥා විමුක්ති ඵලය ආනිශංස කරගන්නෙ?"

(පිළිතුර) "ප්‍රිය ආයුෂ්මතුන් වහන්ස, කරුණු පහකින් අනුග්‍රහ ලබන සම්මා දිට්ඨිය නිසයි චිත්ත විමුක්ති ඵලය ඇතිවෙන්නෙ. චිත්ත විමුක්ති ඵලය ආනිශංස කරගන්නෙ. ප්‍රඥා විමුක්ති ඵලය ඇතිවෙන්නෙ. ප්‍රඥා විමුක්ති ඵලය ආනිශංස කරගන්නෙ. ප්‍රිය ආයුෂ්මතුන් වහන්ස, සම්මා දිට්ඨියට සීලයෙනුත් අනුග්‍රහ ලැබෙනවා. ධර්ම ඥානයෙනුත් අනුග්‍රහ ලැබෙනවා. සාකච්ඡාවෙනුත්

අනුග්‍රහ ලැබෙනවා. සමථයෙනුත් අනුග්‍රහ ලැබෙනවා. විදර්ශනාවෙනුත් අනුග්‍රහ ලැබෙනවා. ප්‍රිය ආයුෂ්මතුන් වහන්ස, ඔය කරුණු පහෙන් අනුග්‍රහ ලබන සම්මා දිට්ඨියෙනුයි චිත්ත විමුක්ති ඵලය ඇතිවෙන්නෙ. චිත්ත විමුක්ති ඵලය ආනිසංස කරගන්නෙ. ප්‍රඥා විමුක්ති ඵලය ඇතිවෙන්නෙ. ප්‍රඥා විමුක්ති ඵලය ආනිශංස කරගන්නෙ."

(ප්‍රශ්නය) "ප්‍රිය ආයුෂ්මතුන් වහන්ස, භව කීයක් තියෙනවා ද?"

(පිළිතුර) "ප්‍රිය ආයුෂ්මතුන් වහන්ස, භව තුනයි තියෙන්නෙ. කාම භවය, රූප භවය හා අරූප භවයයි."

(ප්‍රශ්නය) "ප්‍රිය ආයුෂ්මතුන් වහන්ස, අනාගතේ ආයෙමත් භවයක් හැදිල උපදින්නෙ කොහොම ද?"

(පිළිතුර) "ප්‍රිය ආයුෂ්මතුන් වහන්ස, අවිද්‍යාවෙන් වැසී ගිය, තණ්හාවෙන් බැඳී ගිය සත්වයන්ගේ ඒ ඒ තැන, ඒ ඒ දෙය සතුටින් පිළිගැනීමක් ඇද්ද, අන්න ඒ නිසයි අනාගතේ ආයෙමත් භවයක් ඇතිවෙලා ඉපදීම සිද්ධ වෙන්නෙ."

(ප්‍රශ්නය) "ප්‍රිය ආයුෂ්මතුන් වහන්ස, අනාගතේ ආයෙමත් භවයක් හැදිල, උපදින ස්වභාවය නැතිවෙන්නෙ කොහොමද?"

(පිළිතුර) "ප්‍රිය ආයුෂ්මතුන් වහන්ස, අවිද්‍යාව කෙරෙහි තියෙන ඇලීම නැතිකිරීමෙන්, විද්‍යාව උපදවා ගැනීමෙන්, තණ්හාව නිරුද්ධ වීමෙන් තමයි අනාගතේ ආයෙමත් භවයක් හැදිල, ඉපදෙන ස්වභාවය නැතිවෙන්නෙ."

(ප්‍රශ්නය) "ප්‍රිය ආයුෂ්මතුන් වහන්ස, ප්‍රථම ධ්‍යානය කියන්නෙ මොකක් ද?"

(පිළිතුර) "ප්‍රිය ආයුෂ්මතුන් වහන්ස, මෙහි භික්ෂුව කාමයෙන් වෙන්ව. අකුසලයෙන් වෙන්ව, විතර්ක සහිත, විචාර සහිත, චිත්ත විවේකයෙන් හටගත්, ප්‍රීතිය, සුඛය ඇති ප්‍රථම ධ්‍යානය ඇති කරගෙන ඉන්නවා. ප්‍රිය ආයුෂ්මතුන් වහන්ස, මේක තමයි ප්‍රථම ධ්‍යානය කියල කියන්නෙ."

(ප්‍රශ්නය) "ප්‍රිය ආයුෂ්මතුන් වහන්ස, ප්‍රථම ධ්‍යානය අංග කීයකින් යුක්තයි ද?"

(පිළිතුර) "ප්‍රිය ආයුෂ්මතුන් වහන්ස, ප්‍රථම ධ්‍යානය අංග පහකින් යුක්තයි. ප්‍රිය ආයුෂ්මතුන් වහන්ස, ප්‍රථම ධ්‍යානයට සමවැදිල ඉන්න භික්ෂුව තුළ විතර්කය තියෙනවා. විචාරය තියෙනවා. ප්‍රීතිය තියෙනවා. සුඛය තියෙනවා. සිතේ එකඟ බව තියෙනවා. ප්‍රිය ආයුෂ්මතුන් වහන්ස, ප්‍රථම ධ්‍යානයේ තියෙන්නෙ ඔය අංග පහ තමයි."

(ප්‍රශ්නය) "ප්‍රිය ආයුෂ්මතුන් වහන්ස, ප්‍රථම ධ්‍යානය තුළ අංග කීයක් නැද්ද? අංග කීයක් තියෙනවා ද?"

(පිළිතුර) "ප්‍රිය ආයුෂ්මතුන් වහන්ස, ප්‍රථම ධ්‍යානය අංග පහකින් තොරයි. අංග පහකින් යුක්තයි. ප්‍රථම ධ්‍යානයට සමවැදෙන භික්ෂුව තුළ කාම අරමුණු ගැන ආශාවක් නෑ. තරහක් නෑ. නිදිමත අලස බව නෑ. හිතේ විසිරීමක් පසුතැවිල්ලක් නෑ, සැකයක් නෑ. නමුත් විතර්කය තියෙනවා. විචාරය තියෙනවා. ප්‍රීතිය තියෙනවා. සුඛය තියෙනවා. හිතේ එකඟ බව තියෙනවා. ප්‍රිය ආයුෂ්මතුන් වහන්ස, ඔය විදියට පළවෙනි ධ්‍යානය අංග පහකින් තොරයි. අංග පහකින් යුක්තයි."

(ප්‍රශ්නය) "ප්‍රිය ආයුෂ්මතුන් වහන්ස, විවිධ අරමුණු ඇති, විවිධ ගොදුරු ඇති, මේ ඉන්ද්‍රිය පහක් තියෙනවා. මේ ඉන්ද්‍රියයන් පහ ඔවුනොවුන්ගේ අරමුණු ගැනීම් කළවම් කරගන්නෙ නෑ. එනම්; ඇස නැමැති ඉන්ද්‍රිය, කන නැමැති ඉන්ද්‍රිය, නාසය නැමැති ඉන්ද්‍රිය, දිව නැමති ඉන්ද්‍රිය, කය නැමැති ඉන්ද්‍රිය. ප්‍රිය ආයුෂ්මතුන් වහන්ස, නොයෙක් අරමුණු ඇති, නොයෙක් ගොදුරු ඇති, එකිනෙකට අදාළ අරමුණු කළවම් නොවෙන, ඔය ඉන්ද්‍රිය පහට පිළිසරණ මොකක් ද? ඔය ඉන්ද්‍රිය පහට ලැබෙන ඒ අරමුණු අත්දකින්නෙ කවුද?"

(පිළිතුර) "ප්‍රිය ආයුෂ්මතුන් වහන්ස, විවිධ අරමුණු ඇති, විවිධ ගොදුරු ඇති, මේ ඉන්ද්‍රියයන් පහක් තියෙනවා. මේ ඉන්ද්‍රියයන් පහ ඔවුනොවුන්ගේ අරමුණු ගැනීම් කළවම් කරගන්නෙ නෑ. එනම්; ඇස නැමැති ඉන්ද්‍රිය, කන නැමැති ඉන්ද්‍රිය, නාසය නැමැති ඉන්ද්‍රිය, දිව නැමති ඉන්ද්‍රිය, කය නැමැති ඉන්ද්‍රිය ප්‍රිය ආයුෂ්මතුන් වහන්ස, නොයෙක් අරමුණු ඇති, නොයෙක් ගොදුරු ඇති, එකිනෙකට අදාළ අරමුණු කළවම් නො වෙන, ඔය ඉන්ද්‍රිය පහට පිළිසරණ වෙන්නේ මනසයි. ඔවුනොවුන් ගේ ඒ අරමුණු විෂය අත්දකින්නේ ද මනස යි."

(ප්‍රශ්නය) "ප්‍රිය ආයුෂ්මතුන් වහන්ස, පංච ඉන්ද්‍රියයන් කියන්නෙ මේවාටයි. එනම්; ඇස නම් වූ ඉන්ද්‍රිය, කන නම් වූ ඉන්ද්‍රිය, නාසය නම් වූ ඉන්ද්‍රිය, දිව නම් වූ ඉන්ද්‍රිය, කය නම් වූ ඉන්ද්‍රියයි. ප්‍රිය ආයුෂ්මතුන් වහන්ස, මේ පංච ඉන්ද්‍රියයන් පවතින්නෙ කුමක උපකාරයෙන් ද?"

(පිළිතුර) "ප්‍රිය ආයුෂ්මතුන් වහන්ස, පංච ඉන්ද්‍රියයන් කියන්නෙ මේවාට යි. එනම්; ඇස නම් වූ ඉන්ද්‍රිය, කන නම් වූ ඉන්ද්‍රිය, නාසය නම් වූ ඉන්ද්‍රිය, දිව නම් වූ ඉන්ද්‍රිය, කය නම් වූ ඉන්ද්‍රියයි. ප්‍රිය ආයුෂ්මතුන් වහන්ස, මේ පංච ඉන්ද්‍රියයන් පවතින්නේ ආයුෂ උපකාරයෙන්."

(ප්‍රශ්නය) "ප්‍රිය ආයුෂ්මතුන් වහන්ස, ආයුෂ පවතින්නේ කුමක උපකාරයෙන් ද?"

(පිළිතුර) "ආයුෂ පවතින්නෙ උණුසුම උපකාරයෙන්."

(ප්‍රශ්නය) "ප්‍රිය ආයුෂ්මතුන් වහන්ස, උණුසුම පවතින්නේ කුමක උපකාරයෙන් ද?"

(පිළිතුර) "උණුසුම පවතින්නෙ ආයුෂ උපකාරයෙන්."

(ප්‍රශ්නය) "ප්‍රිය ආයුෂ්මතුන් වහන්ස, අපි දැන් ආයුෂ්මත් සාරිපුත්තයන් පැවසූ දෙය මේ විදිහට දන්නවා. 'ආයුෂ පවතින්නෙ උණුසුම උපකාරයෙන්' කියලා. ඒ වගේ ම ප්‍රිය ආයුෂ්මතුන් වහන්ස, අපි දැන් ආයුෂ්මත් සාරිපුත්තයන් පැවසූ කරුණ මේ විදිහටත් දන්නවා. 'උණුසුම පවතින්නෙ ආයුෂ උපකාරයෙන්' කියල. ප්‍රිය ආයුෂ්මතුන් වහන්ස, ඔය පැවසූ කරුණ අපි තේරුම් ගත යුත්තේ කොහොම ද?"

(පිළිතුර) "ප්‍රිය ආයුෂ්මතුන් වහන්ස, මං ඕකට උපමාවක් කියන්නම්. උපමාවෙනුත් බුද්ධිමත් කෙනෙක් කරුණු අවබෝධ කරගන්නවා. ප්‍රිය ආයුෂ්මතුන් වහන්ස, තෙල් පහනක් දැල්වෙනවා කියල හිතන්න. ඒකෙ පහන් දැල්ල නිසා එළිය පේනවා. එළිය නිසා පහන් දැල්ල පේනවා. ප්‍රිය ආයුෂ්මතුන් වහන්ස, ඔන්න ඔය විදිහම යි, ආයුෂ තියෙන්නෙ උණුසුම උපකාරයෙනුයි. උණුසුම තියෙන්නෙ ආයුෂ උපකාරයෙනුයි."

(ප්‍රශ්නය) "ප්‍රිය ආයුෂ්මතුන් වහන්ස, ඔය ආයු සංස්කාරයත්, විඳින දේවලුත් දෙක ම එකයි ද? එහෙම නැත්නම් ආයු සංස්කාරය වෙන එකක් ද? විඳින දේවල් වෙන එකක් ද?"

(පිළිතුර) "ප්‍රිය ආයුෂ්මතුන් වහන්ස, ඔය ආයු සංස්කාරයත්, විඳින දේවලුත් එකක් ම නොවෙයි. ප්‍රිය ආයුෂ්මතුන් වහන්ස, බැරිවෙලාවත් ඔය ආයු සංස්කාරත්, විඳින දේවලුත් එකක් වුනා නම් සඤ්ඤා, විඳීම් නිරුද්ධ වූ සමාපත්තියට සමවදින භික්ෂුවගේ නැගිටීමක් නම් සිද්ධ වෙන්නෙ නෑ. ප්‍රිය ආයුෂ්මතුන් වහන්ස, ආයු සංස්කාර වෙන දෙයක් නිසා, විඳින දේවලුත් වෙන දෙයක් නිසා තමයි සඤ්ඤා විඳීම් නිරුද්ධ වූ සමාපත්තියට (නිරෝධ සමාපත්තියට) සමවදින භික්ෂුවට නැගිටින්න පුළුවන් වෙන්නෙ."

(ප්‍රශ්නය) "ප්‍රිය ආයුෂ්මතුන් වහන්ස, යම් දවසක කරුණු කීයක් මේ කයෙන් නැති වුනොත් ද පැත්තකට දාපු හිත් පිත් නැති දරකඩක් වගේ දෙයක් බවට මේ කය පත්වෙන්නෙ?"

(පිළිතුර) "ප්‍රිය ආයුෂ්මතුන් වහන්ස, මේ ශරීරය යම් දවසක කරුණු තුනක් අත්හරිනවා. ඒ ආයුෂත්, උණුසුමත්, විඤ්ඤාණයත් කියන කරුණු තුනයි. එතකොට මේ ශරීරය බැහැර කරල දානවා, හිත් පිත් නැති දරකඩක් වගේ."

(ප්‍රශ්නය) "ප්‍රිය ආයුෂ්මතුන් වහන්ස, මරණයට පත් වූ, කළුරිය කළ මළ කඳක් තියෙනවා. සඤ්ඤා, විඳීම්, නිරුද්ධ වුන සමාපත්තියට සමවැදුණු භික්ෂුවක් ඉන්නවා. මේ දෙකේ තියෙන වෙනස මොකක් ද?"

(පිළිතුර) "ප්‍රිය ආයුෂ්මතුන් වහන්ස, කළුරිය කළ, මැරුණ, මළකඳේ වෙනස මේකයි. ඒකෙ ආශ්වාස ප්‍රශ්වාස නම් වූ කාය සංස්කාර නිරුද්ධ වෙලා නැතිවෙලා තියෙන්නෙ. විතක්ක, විචාර නම් වූ වචී සංස්කාරත් නිරුද්ධ වෙලා නැතිවෙලා තියෙන්නෙ. සඤ්ඤා විඳීම් නම් වූ චිත්ත සංස්කාරත් නිරුද්ධ වෙලා, නැතිවෙලා තියෙන්නෙ. ඒ වගේ ම ආයුෂත් ගෙවිල ඉවරයි. උණුසුමත් සංසිඳිල ඉවරයි. ඉන්ද්‍රියයනුත් බිඳිලා ඉවරයි.

යම් භික්ෂුවක් සඤ්ඤා, විඳීම් නිරුද්ධ වූ සමාපත්තියට සමවදිනවා. එතකොට ඔහු තුළත් කාය සංස්කාර නිරුද්ධ වෙලා යනවා. නැතිවෙලා යනවා. වචී සංස්කාර නිරුද්ධ වෙලා යනවා. නැතිවෙලා යනවා. චිත්ත සංස්කාර නිරුද්ධ වෙලා යනවා. නැතිවෙලා යනවා. නමුත් ආයුෂ ගෙවිල නෑ. උණුසුම සංසිඳිල නෑ. ඉන්ද්‍රියයන් හරිම ප්‍රසන්නයි. ප්‍රිය ආයුෂ්මතුන් වහන්ස, කළුරිය කළ, මරණයට පත් වූ, මළ කඳකත් සඤ්ඤා, වේදනා නිරුද්ධ වන සමාපත්තියට සමවදින භික්ෂුවගේත් ඔන්න ඔය වෙනස දකින්න තියෙනවා."

(ප්‍රශ්නය) "ප්‍රිය ආයුෂ්මතුන් වහන්ස, දුක් සැප රහිත චිත්ත විමුක්තියට සමවදින්න කරුණු කීයක් උපකාර වෙනවා ද?"

(පිළිතුර) ප්‍රිය ආයුෂ්මතුන් වහන්ස, දුක් සැප රහිත චිත්ත විමුක්තියට සමවදින්න කරුණු හතරක් උපකාර වෙනවා. ප්‍රිය ආයුෂ්මතුන් වහන්ස, භික්ෂුව (1) සැප නැතිකරල දානවා. (2) දුකත් නැතිකරල දානවා. (3) කලින් ම සොම්නස් දොම්නස් දෙක අත්හැරලා දානවා. (4) දුක් සැප රහිත පිරිසිදු සිහියත්, උපේක්ෂාවත් තියෙන හතරවෙනි ධ්‍යානය ඇති කරගන්නවා. ප්‍රිය ආයුෂ්මතුන් වහන්ස, දුක් සැප රහිත චිත්ත විමුක්තියට සමවදින්න උපකාර වෙන්නෙ ඔය කරුණුයි."

(ප්‍රශ්නය) "ප්‍රිය ආයුෂ්මතුන් වහන්ස, නිමිති රහිත චිත්ත විමුක්තියට සමවදින්න කරුණු කීයක් උපකාර වෙනවා ද?"

(පිළිතුර) "ප්‍රිය ආයුෂ්මතුන් වහන්ස, අනිමිත්ත චේතෝවිමුක්තියට සමවදින්න කරුණු දෙකක් උපකාර වෙනවා. (1) කිසි නිමිත්තක් සිහිකරන්නෙ

නැතුව ඉන්න ඕන. (2) අනිමිත්ත ධාතුව සිහිකරන්න ඕන. ප්‍රිය ආයුෂ්මතුන් වහන්ස, ඔන්න ඔය කරුණු දෙක තමයි අනිමිත්ත චේතෝවිමුක්තියට සමවදින්න උපකාර වෙන්නෙ."

(ප්‍රශ්නය) "ප්‍රිය ආයුෂ්මතුන් වහන්ස, අනිමිත්ත චේතෝ විමුක්තිය පවත්වන්න කරුණු කීයක් උපකාර වෙනවා ද?"

(පිළිතුර) "ප්‍රිය ආයුෂ්මතුන් වහන්ස, අනිමිත්ත චේතෝවිමුක්තිය පවත්වන්න කරුණු තුනක් උපකාර වෙනවා. (1) සියලු නිමිති සිහි නොකර ඉන්න ඕන. (2) අනිමිත්ත ධාතුව පමණක් සිහිකරන්න ඕන. (3) කලින් ම සමවැදී සිටින කාලය අධිෂ්ඨාන කරගන්න ඕන. ප්‍රිය ආයුෂ්මතුන් වහන්ස, ඔන්න ඔය කරුණු තුන තමයි අනිමිත්ත චේතෝවිමුක්තිය පවත්වන්න උපකාර වෙන්නෙ."

(ප්‍රශ්නය) "ප්‍රිය ආයුෂ්මතුන් වහන්ස, අනිමිත්ත චේතෝවිමුක්තියෙන් නැගිටින්න කරුණු කීයක් උපකාර වෙනවා ද?"

(පිළිතුර) "ප්‍රිය ආයුෂ්මතුන් වහන්ස, අනිමිත්ත චේතෝවිමුක්තියෙන් නැගීසිටින්න කරුණු දෙකක් උපකාරී වෙනවා. (1) සියලු නිමිති සිහිකරන්න ඕන. (2) අනිමිත්ත ධාතුව සිහි නොකරන්න ඕන. ප්‍රිය ආයුෂ්මතුන් වහන්ස, ඔන්න ඔය කරුණු දෙක තමයි අනිමිත්ත චේතෝවිමුක්තියෙන් නැගිටින්න උපකාර වෙන්නෙ."

(ප්‍රශ්නය) "ප්‍රිය ආයුෂ්මතුන් වහන්ස, යම් අප්‍රමාණ චේතෝවිමුක්තියක් ඇද්ද, යම් ආකිඤ්චඤ්ඤා චේතෝවිමුක්තියක් ඇද්ද, යම් සුඤ්ඤත චේතෝවිමුක්තියක් ඇද්ද, යම් අනිමිත්ත චේතෝවිමුක්තියක් ඇද්ද, මේවා අර්ථ වශයෙනුත් වෙනස් ද? පැහැදිලි කිරීමෙනුත් වෙනස් ද? නැත්නම් අර්ථ වශයෙන් එකක් ද? පැහැදිලි කිරීම්වලින් විතරක් වෙනස් ද?"

(පිළිතුර) "ප්‍රිය ආයුෂ්මතුන් වහන්ස, යම් අප්‍රමාණ චේතෝවිමුක්තියක් ඇද්ද, යම් ආකිඤ්චඤ්ඤා චේතෝවිමුක්තියක් ඇද්ද, යම් සුඤ්ඤත චේතෝවිමුක්තියක් ඇද්ද, යම් අනිමිත්ත චේතෝවිමුක්තියක් ඇද්ද, ප්‍රිය ආයුෂ්මතුන් වහන්ස, ඔය දේවල් අර්ථ වශයෙනුත් වෙනස් වන, ප්‍රකාශ කිරීම් වශයෙනුත් වෙනස් වෙන, හැටියට කියන්න පුළුවන් ක්‍රමේකුත් තියෙනවා. ඒ වගේම ප්‍රිය ආයුෂ්මතුන් වහන්ස, ඔය දේවල් අර්ථ වශයෙන් එකක් ම වෙන, ප්‍රකාශ කිරීම් වශයෙන් විවිධාකාර වන විදිහට විස්තර කරන්න පුළුවන් ක්‍රමේකුත් තියෙනවා."

(ප්‍රශ්නය) "ප්‍රිය ආයුෂ්මතුන් වහන්ස, ඔය දේවල් අර්ථ වශයෙනුත් වෙනස්

වන, ප්‍රකාශ කිරීම් වශයෙනුත් වෙනස් වන විදිහට විස්තර කරන්න පුළුවන් ක්‍රමය මොකක් ද?"

(පිළිතුර) "ප්‍රිය ආයුෂ්මතුන් වහන්ස, මෙහි භික්ෂුව මෙත් සිතින් යුතු ව එක් දිශාවකට පතුරුවා වාසය කරනවා. ඒ වගේම දෙවෙනි, තුන්වෙනි, හතර වෙනි දිශාවන්ට ත් පතුරුවා වාසය කරනවා. ඒ විදිහට ම උඩ, යට, හරහට, හැම තැන ම, හැම ලෙස ම, හැම ලොවට විපුල ලෙස සමාධිමත් සිතින් ප්‍රමාණ රහිත කොට වෛර නැති, තරහ නැති මෙත් සිත පතුරුවාගෙන ඉන්නවා. ඒ වගේම කරුණා සහගත සිත ....(පෙ).... මුදිතා සහගත සිත ....(පෙ).... උපේක්ෂා සහගත සිත එක් දිශාවකට පතුරුවාගෙන ඉන්නවා. ඒ වගේම දෙවෙනි, තුන්වෙනි, හතරවෙනි දිශාවන්ට ත් පතුරුවා ගෙන ඉන්නවා. ඒ වගේම උඩ, යට, හරහට, හැම තැන ම, හැම ලෙස ම, හැම ලොවට විපුල වූ සමාධිමත් සිතින් ප්‍රමාණ රහිත කොට වෛර නැති, තරහ නැති උපේක්ෂා සිත පතුරුවාගෙන ඉන්නවා. ප්‍රිය ආයුෂ්මතුන් වහන්ස, ඒකට කියන්නෙ 'අප්පමාණ චේතෝවිමුක්තිය' කියලයි.

ප්‍රිය ආයුෂ්මතුන් වහන්ස, ආකිඤ්චඤ්ඤා චේතෝවිමුක්තිය කියන්නෙ මොකක් ද? ප්‍රිය ආයුෂ්මතුන් වහන්ස, මෙහි භික්ෂුව සියලු ආකාරයෙන් විඤ්ඤාණඤ්චායතනය ඉක්මවා 'මොකවත් නෑ' කියල ආකිඤ්චඤ්ඤායතන සමාධිය ඇති කරගෙන ඉන්නවා. ප්‍රිය ආයුෂ්මතුන් වහන්ස, මේකට තමයි 'ආකිඤ්චඤ්ඤා චේතෝවිමුක්තිය' කියල කියන්නෙ.

ප්‍රිය ආයුෂ්මතුන් වහන්ස, සුඤ්ඤත චේතෝවිමුක්තිය කියන්නෙ මොකක් ද? ප්‍රිය ආයුෂ්මතුන් වහන්ස, භික්ෂුවක් අරණ්‍යකට ගිහිල්ල හරි, රුක් සෙවනකට ගිහිල්ල හරි, නිදහස් තැනකට ගිහිල්ල හරි, මේ විදිහට නුවණින් විමසනවා. 'මේ ජීවිතය ආත්මය කියන දෙයිනුත් හිස් එකක්. ආත්මයකට අයිතියි කියන දේ වලිනුත් හිස් එකක්' කියලා. ප්‍රිය ආයුෂ්මතුන් වහන්ස, ඔන්න ඕකටයි 'සුඤ්ඤත චේතෝවිමුක්තිය' කියන්නෙ.

ප්‍රිය ආයුෂ්මතුන් වහන්ස, අනිමිත්ත චේතෝවිමුක්තිය කියන්නෙ මොකක් ද? ප්‍රිය ආයුෂ්මතුන් වහන්ස, මෙහි භික්ෂුව සියලු නිමිති සිහි නොකර අනිමිත්ත චිත්ත සමාධිය ඇති කරගෙන ඉන්නවා. ප්‍රිය ආයුෂ්මතුන් වහන්ස, මේකට කියන්නෙ 'අනිමිත්ත චේතෝවිමුක්තිය' කියල.

ප්‍රිය ආයුෂ්මතුන් වහන්ස, ඔය දේවල් අර්ථ වශයෙන් වෙනස් වෙන, ප්‍රකාශ කිරීම් වශයෙනුත් වෙනස් වෙන ක්‍රමය ඔන්න ඕක තමයි."

(ප්‍රශ්නය) "ප්‍රිය ආයුෂ්මතුන් වහන්ස, අර්ථ වශයෙන් එකක් ම වෙන, ප්‍රකාශ කිරීම් වශයෙන් පමණක් වෙනස් වන ක්‍රමයක් තියෙනවා නම්, ඒ ක්‍රමේ මොකක් ද?"

(පිළිතුර) "ප්‍රිය ආයුෂ්මතුන් වහන්ස, රාගය කියන්නෙ සසර දුකට ජීවිතය සීමා කරන දෙයක්. ද්වේෂය කියන්නෙ සසර දුකට ජීවිතය සීමා කරන දෙයක්. මෝහය කියන්නෙ සසර දුකට ජීවිතය සීමා කරන දෙයක්. ඒ රාග, ද්වේෂ, මෝහ රහතන් වහන්සේට ප්‍රහාණය වෙලා තියෙන්නෙ. මුලින් ම සිඳිල තියෙන්නෙ. කරටිය කැඩිච්ච තල් ගසක් වගේ වෙලා තියෙන්නෙ. අභාවයට පත්වෙලා තියෙන්නෙ. ආයෙමත් නූපදින ස්වභාවයට පත්වෙලයි තියෙන්නෙ. ඒ නිසා ප්‍රිය ආයුෂ්මතුන් වහන්ස, යම්තාක් අප්‍රමාණ චේතෝ විමුක්තීන් ඇද්ද, ඒ සියල්ලෙන් අග්‍රවෙන්නෙ මේ අරහත් ඵල විමුක්තියයි. ඒ චිත්ත විමුක්තිය කිසිසේත් වෙනස් වෙන්නෙ නෑ. ඒ චිත්ත විමුක්තිය රාගයෙන් හිස් වෙලා තියෙන්නෙ. ද්වේෂයෙන් හිස් වෙලා තියෙන්නෙ. මෝහයෙන් හිස් වෙලා තියෙන්නෙ.

ප්‍රිය ආයුෂ්මතුන් වහන්ස, රාගය කියන්නෙ සසර දුක හැදෙන දෙයක්. ද්වේෂය කියන්නෙ සසර දුක හැදෙන දෙයක්. මෝහය කියන්නෙ සසර දුක හැදෙන දෙයක්. රහත් භික්ෂුවට ඒ රාග, ද්වේෂ, මෝහ නැතිවෙලා තියෙන්නෙ. මුලින් ම සිඳිලයි තියෙන්නෙ. කරටිය කැඩිච්ච තල් ගහක් වගේ වෙලා තියෙන්නෙ. අභාවයට පත්වෙලයි තියෙන්නෙ. ආයෙමත් නූපදින ස්වභාවයට පත්වෙලා තියෙන්නෙ. ඒ නිසා ප්‍රිය ආයුෂ්මතුන් වහන්ස, යම්තාක් ආකිඤ්චඤ්ඤා චේතෝ විමුක්තීන් ඇද්ද, ඒ සියල්ලෙන් අග්‍රවෙන්නෙ, මේ අරහත් ඵල විමුක්තියයි. ඒ චිත්ත විමුක්තිය කිසිසේත් වෙනස් වෙන්නෙ නෑ. ඒ චිත්ත විමුක්තිය රාගයෙන් හිස් වෙලා තියෙන්නෙ. ද්වේෂයෙන් හිස් වෙලා තියෙන්නෙ. මෝහයෙන් හිස් වෙලා තියෙන්නෙ.

ප්‍රිය ආයුෂ්මතුන් වහන්ස, රාගය කියන්නෙ සසර දුකට නිමිති හදන දෙයක්. ද්වේෂය කියන්නෙ සසර දුකට නිමිති හදන දෙයක්. මෝහය කියන්නෙ සසර දුකට නිමිති හදන දෙයක්. රහත් භික්ෂුවට ඒ රාග, ද්වේෂ, මෝහ ප්‍රහාණය වෙලා තියෙන්නෙ. මුලින් ම සිඳිල තියෙන්නෙ. කරටිය කැඩිච්ච තල් ගහක් වගේ වෙලා තියෙන්නෙ. අභාවයට පත්වෙලයි තියෙන්නෙ. ආයෙමත් නූපදින ස්වභාවයට පත්වෙලා තියෙන්නෙ. ඒ නිසා ප්‍රිය ආයුෂ්මතුන් වහන්ස, යම්තාක් අනිමිත්ත චේතෝ විමුක්තීන් ඇද්ද ඒ සියල්ලෙන් අග්‍රවෙන්නෙ මේ අරහත් ඵල විමුක්තියයි. ඒ චිත්ත විමුක්තිය කිසිසේත් වෙනස් වෙන්නෙ නෑ.

ඒ චිත්ත විමුක්තිය රාගයෙන් හිස් වෙලා තියෙන්නෙ. ද්වේෂයෙන් හිස් වෙලා තියෙන්නෙ. මෝහයෙන් හිස් වෙලා තියෙන්නෙ.

ප්‍රිය ආයුෂ්මතුන් වහන්ස, ඔය දේවල් අර්ථ වශයෙන් එකක් ම වෙන, ප්‍රකාශ කිරීම් වශයෙන් විතරක් වෙනස් වන ක්‍රමයක් තියෙනවා කියල කිව්වෙ මේකට තමයි.”

ආයුෂ්මත් සාරිපුත්තයන් වහන්සේ මෙය වදාළා. ආයුෂ්මත් මහා කොට්ඨිතයන් වහන්සේ මේ ගැන ගොඩාක් සතුටු වුනා. ආයුෂ්මත් සාරිපුත්තයන් වහන්සේ වදාළ දේශනාව සාදු නාද නංවමින් ඉතා සතුටින් පිළිගත්තා.

සාදු! සාදු!! සාදු!!!

**ප්‍රශ්නෝත්තර සාකච්ඡාවක් වශයෙන් වදාළ විස්තරාත්මක දෙසුම නිමා විය.**

# 1.5.4
# චූළ වේදල්ල සූත්‍රය
## ප්‍රශ්නෝත්තර සාකච්ඡාවක් වශයෙන් වදාළ කුඩා දෙසුම

**මා** හට අසන්නට ලැබුනේ මේ විදිහටයි. ඒ දවස්වල භාග්‍යවතුන් වහන්සේ වැඩසිටියේ රජගහ නුවර 'කලන්දක නිවාප' නම් වේළුවනාරාමයේ. එදා විසාඛ උපාසකතුමා (ගිහි කල තම බිරිඳ වූ) ධම්මදින්නා භික්ෂුණිය බැහැදකින්න ගියා. ගිහින් ධම්මදින්නා භික්ෂුණියට වන්දනා කළා. පැත්තකින් වාඩි වුනා. ඊට පස්සෙ පැත්තකින් වාඩිවුණු විසාඛ උපාසකතුමා ධම්මදින්නා භික්ෂුණිය ගෙන් මෙහෙම විමසුවා.

(ප්‍රශ්නය) "පින්වත් ආර්යාවනි, 'සක්කාය, සක්කාය' කියන වචනය ධර්මයේ සඳහන් වෙනවා. පින්වත් ආර්යාවනි, මේ 'සක්කාය' කියන වචනයෙන් භාග්‍යවතුන් වහන්සේ වදාළේ කුමක් ගැන ද?"

(පිළිතුර) "ආයුෂ්මත් විසාඛ, මේ 'සක්කාය' කියන වචනයෙන් භාග්‍යවතුන් වහන්සේ වදාළේ පංච උපාදානස්කන්ධය ගැනයි. එනම් රූප උපාදානස්කන්ධය, වේදනා උපාදානස්කන්ධය, සඤ්ඤා උපාදානස්කන්ධය, සංස්කාර උපාදානස්කන්ධය, විඤ්ඤාණ උපාදානස්කන්ධය යන මෙයයි. ආයුෂ්මත් විසාඛ, මේ පංච උපාදානස්කන්ධයටයි භාග්‍යවතුන් වහන්සේ 'සක්කාය' කියල වදාළේ."

"සාදු! සාදු! ආර්යාවනි" කියල විසාඛ උපාසකතුමා ධම්මදින්නා භික්ෂුණිය ගේ සදහම් පිළිතුර සතුටින් පිළිගත්තා. අනුමෝදන් වුනා. යළිත් ධම්මදින්නා භික්ෂුණිය ගෙන් තවදුරටත් විමසුවා.

(ප්‍රශ්නය) "පින්වත් ආර්යාවනි, 'සක්කාය හටගන්නවා, සක්කාය හටගන්නවා' කියල වචනයක් ධර්මයේ සඳහන් වෙනවා. පින්වත් ආර්යාවෙනි, භාග්‍යවතුන් වහන්සේ 'සක්කාය හටගැනීම' යනුවෙන් වදාළේ කුමක් ගැන ද?"

(පිළිතුර) "ආයුෂ්මත් විසාඛ, යළිත් භවයක් හැදෙන (පෝනෝභවිකා) ආශ්වාදයෙන් ඇලෙන (නන්දිරාග සහගතා) ගිය ගිය තැන සතුටින් පිළිගන්නා (තත්‍ර තත්‍රාභිනන්දිනී) යම් තණ්හාවක් ඇද්ද, ඒ කියන්නෙ; කාම තණ්හා, භව තණ්හා, විභව තණ්හා කියන ත්‍රිවිධ තණ්හාවයි. ආයුෂ්මත් විසාඛ, භාග්‍යවතුන් වහන්සේ මේ ත්‍රිවිධ තණ්හාවටයි 'සක්කාය හටගැනීම' යනුවෙන් වදාළේ."

(ප්‍රශ්නය) "පින්වත් ආර්යාවනි, 'සක්කාය නිරුද්ධ වීම, සක්කාය නිරුද්ධ වීම' කියන වචනය ධර්මයේ සඳහන් වෙනවා. 'සක්කාය නිරුද්ධ වීම' යනුවෙන් භාග්‍යවතුන් වහන්සේ වදාළේ කුමක් ගැන ද?"

(පිළිතුර) "ආයුෂ්මත් විසාඛ, ඒ ත්‍රිවිධ තණ්හාවේ ම ඉතිරි නැතුව, නොඇල්මෙන් නිරුද්ධ වීමක් ඇද්ද, අත්හැරීමක් ඇද්ද, දුරු වීමක් ඇද්ද, නිදහස් වීමක් ඇද්ද, ආලය දුරු කිරීමක් ඇද්ද, ආයුෂ්මත් විසාඛ, මේ තණ්හාව නැති කිරීම ම යි භාග්‍යවතුන් වහන්සේ 'සක්කාය නිරුද්ධ වීම' යනුවෙන් වදාළේ."

(ප්‍රශ්නය) "පින්වත් ආර්යාවනි, 'සක්කාය නිරුද්ධ වීමේ වැඩපිළිවෙල, සක්කාය නිරුද්ධ වීමේ වැඩපිළිවෙල' යන වචනය ධර්මයේ සඳහන් වෙනවා. පින්වත් ආර්යාවෙනි, 'සක්කාය නිරුද්ධ වීමේ වැඩපිළිවෙල' යනුවෙන් භාග්‍යවතුන් වහන්සේ වදාළේ කුමක් ගැන ද?"

(පිළිතුර) "ආයුෂ්මත් විසාඛ, 'සක්කාය නිරුද්ධ වීමේ වැඩපිළිවෙල' හැටියට භාග්‍යවතුන් වහන්සේ වදාළේ මේ ආර්ය අෂ්ටාංගික මාර්ග ම යි. ඒ කියන්නෙ, සම්මා දිට්ඨි, සම්මා සංකප්ප, සම්මා වාචා, සම්මා කම්මන්ත, සම්මා ආජීව, සම්මා වායාම, සම්මා සති, සම්මා සමාධි කියන මේවායි."

(ප්‍රශ්නය) "පින්වත් ආර්යාවනි, උපාදාන කියන්නෙ පංච උපාදානස්කන්ධයට ද? එහෙම නැත්නම් උපාදාන කියන්නෙ පංච උපාදානස්කන්ධයෙන් බැහැර දේකට ද?"

(පිළිතුර) "ආයුෂ්මත් විසාඛ, උපාදාන කියන්නෙ පංච උපාදානස්කන්ධයට නොවෙයි. ඒ වගේම උපාදාන කියන්නෙ පංච උපාදානස්කන්ධයෙන් බැහැර දේකටත් නොවෙයි. ආයුෂ්මත් විසාඛ, පංච උපාදානස්කන්ධය ගැන කැමැත්තෙන් ඇලීමක් (ඡන්දරාගෝ) ඇද්ද, ඒක තමයි එතන තියෙන උපාදානය."

(ප්‍රශ්නය) "පින්වත් ආර්යාවනි, සක්කාය දිට්ඨිය ඇතිවෙන්නෙ කොහොමද?"

(පිළිතුර) "ආයුෂ්මත් විසාඛ, අශ්‍රැතවත් පෘථග්ජනයෙක් ඉන්නවා. ආර්යන් වහන්සේලාව හඳුනන්නෙ නෑ. ආර්ය ධර්මයක් තේරුම්ගන්න දක්ෂත් නෑ.

ආර්ය ධර්මයක හික්මෙන්නෙත් නෑ. සත්පුරුෂයන් හඳුනන්නෙත් නෑ. සත්පුරුෂ ධර්මය තේරුම්ගන්න දක්ෂත් නෑ. සත්පුරුෂ ධර්මයක පුහුණු වෙන්නෙත් නෑ.

ඉතින් ඒ අශ්‍රැතවත් පෘථග්ජනයා 'රූපය ආත්මය' කියල මුලාවෙන් දකිනවා. 'ආත්මය රූපවත් ය' කියල මුලාවෙන් දකිනවා. 'රූපය තිබෙන්නෙ ආත්මය තුළ' කියල මුලාවෙන් දකිනවා. 'ආත්මය තිබෙන්නෙ රූපය තුළ' කියල මුළාවෙන් දකිනවා.

'විඳීම ආත්මය' කියල මුලාවෙන් දකිනවා. 'ආත්මය විඳීමෙන් හටගත්ත දෙයක්' කියල මුලාවෙන් දකිනවා. 'විඳීම තියෙන්නෙ ආත්මය තුළයි' කියල මුලාවෙන් දකිනවා. 'විඳීම තුළයි ආත්මය තියෙන්නෙ' කියල මුලාවෙන් දකිනවා.

'සඤ්ඤාව ආත්මය' කියල මුලාවෙන් දකිනවා. 'ආත්මය සඤ්ඤාවෙන් හැදිල තියෙනවා' කියල මුලාවෙන් දකිනවා. 'සඤ්ඤාව තියෙන්නෙ ආත්මය තුළ' කියල මුලාවෙන් දකිනවා. 'ආත්මය තියෙන්නෙ සඤ්ඤාව තුළ' කියල මුලාවෙන් දකිනවා.

'සංස්කාර ආත්මය' කියල මුලාවෙන් දකිනවා. 'සංස්කාරවලින් හටගත් ආත්මයක් තියෙනවා' කියල මුලාවෙන් දකිනවා. 'සංස්කාර තියෙන්නෙ ආත්මය තුළ' කියල මුලාවෙන් දකිනවා. 'ආත්මය තියෙන්නෙ සංස්කාර තුළ' කියල මුලාවෙන් දකිනවා.

'විඤ්ඤාණය ආත්මය' කියල මුලාවෙන් දකිනවා. 'විඤ්ඤාණයෙන් හටගත් ආත්මයක් තියෙනවා' කියල මුලාවෙන් දකිනවා. 'විඤ්ඤාණය තියෙන්නෙ ආත්මය තුළ' කියල මුලාවෙන් දකිනවා. 'ආත්මය තියෙන්නෙ විඤ්ඤාණය තුළ' කියල මුලාවෙන් දකිනවා. ආයුෂ්මත් විසාඛ, ඔන්න ඔය විදියටයි සක්කාය දිට්ඨිය ඇතිවෙන්නෙ."

(ප්‍රශ්නය) "පින්වත් ආර්යාවනි, සක්කාය දිට්ඨිය ඇති නොවන්නෙ කොහොම ද?"

(පිළිතුර) ආයුෂ්මත් විසාඛ, ශ්‍රැතවත් ආර්ය ශ්‍රාවකයෙක් ඉන්නවා. ඔහු ආර්යයන් වහන්සේලාව හඳුනනවා. ආර්ය ධර්මයක් තේරුම්ගන්නත් දක්ෂයි. ආර්ය ධර්මයේ හික්මෙනවා. සත්පුරුෂයන්ව හඳුනනවා. සත්පුරුෂ ධර්මය තේරුම්ගන්නත් දක්ෂයි. සත්පුරුෂ ධර්මයේ හික්මෙනවා.

ඔහු 'රූපය ආත්මය' කියල මුලාවෙන් දකින්නෙ නෑ. 'රූපයෙන් හටගත් ආත්මයක් තියෙනවා' කියල මුලාවෙන් දකින්නෙ නෑ. 'රූපය තිබෙන්නෙ

ආත්මය තුළ' කියල මුලාවෙන් දකින්නෙ නෑ. 'ආත්මය තිබෙන්නෙ රූපය තුළ' කියල මුලාවෙන් දකින්නෙ නෑ.

'විඳීම ආත්මය' කියල මුලාවෙන් දකින්නෙ නෑ. 'විඳීමෙන් හටගත් ආත්මයක් තියෙනවා' කියල මුලාවෙන් දකින්නෙ නෑ. 'ආත්මය තුළයි විඳීම තියෙන්නෙ' කියල මුලාවෙන් දකින්නෙ නෑ. 'විඳීම තුළයි ආත්මය තියෙන්නෙ' කියල මුළාවෙන් දකින්නෙ නෑ.

'සඤ්ඤාව ආත්මය' කියල මුලාවෙන් දකින්නෙ නෑ. 'සඤ්ඤාවෙන් හැදිච්ච ආත්මයක් තියෙනවා' කියල මුලාවෙන් දකින්නෙ නෑ. 'සඤ්ඤාව තියෙන්නෙ ආත්මය තුළ' කියල මුලාවෙන් දකින්නෙ නෑ. 'ආත්මය තියෙන්නෙ සඤ්ඤාව තුළ' කියල මුලාවෙන් දකින්නෙ නෑ.

'සංස්කාර ආත්මයයි' කියල මුලාවෙන් දකින්නෙ නෑ. 'සංස්කාරවලින් හැදිච්ච ආත්මයක් තියෙනවා' කියල මුලාවෙන් දකින්නෙ නෑ. 'සංස්කාර තියෙන්නෙ ආත්මය තුළ' කියල මුලාවෙන් දකින්නෙ නෑ. 'ආත්මය තියෙන්නෙ සංස්කාර තුළ' කියල මුලාවෙන් දකින්නෙ නෑ.

'විඤ්ඤාණය ආත්මයයි' කියල මුලාවෙන් දකින්නෙ නෑ. 'විඤ්ඤාණයෙන් හැදිච්ච ආත්මයක් තියෙනවා' කියල මුලාවෙන් දකින්නෙ නෑ. 'විඤ්ඤාණය තියෙන්නෙ ආත්මය තුළ' කියල මුලාවෙන් දකින්නෙ නෑ. 'ආත්මය තියෙන්නෙ විඤ්ඤාණය තුළ' කියල මුලාවෙන් දකින්නෙ නෑ. ආයුෂ්මත් විසාඛ, ඔන්න ඔය විදිහටයි සක්කාය දිට්ඨිය නැතිව යන්නෙ."

(ප්‍රශ්නය) "පින්වත් ආර්යාවනි, මොකක් ද මේ ආර්ය අෂ්ටාංගික මාර්ගය කියන්නෙ?"

(පිළිතුර) "ආයුෂ්මත් විසාඛ, ආර්ය අෂ්ටාංගික මාර්ගය නම් මේක ම යි. ඒ කියන්නෙ, සම්මා දිට්ඨි, සම්මා සංකප්ප, සම්මා වාචා, සම්මා කම්මන්ත, සම්මා ආජීව, සම්මා වායාම, සම්මා සති, සම්මා සමාධි කියන මේවායි."

(ප්‍රශ්නය) "පින්වත් ආර්යාවනි, ආර්ය අෂ්ටාංගික මාර්ගය සංඛතයක් (හේතුඵල දහමින් සකස් වූ දෙයක්) ද? නැත්නම් අසංඛතයක් (හේතුඵල දහමින් සකස් වූ නොවූ දෙයක්) ද?"

(පිළිතුර) "ආයුෂ්මත් විසාඛ, මේ ආර්ය අෂ්ටාංගික මාර්ගය සංඛතයකි."

(ප්‍රශ්නය) "පින්වත් ආර්යාවනි, මේ ආර්ය අෂ්ටාංගික මාර්ගයෙන් ස්කන්ධ තුන සමන්විත යි ද? එහෙම නැත්නම්, ස්කන්ධ තුන තුළින් ද ආර්ය අෂ්ටාංගික මාර්ගය හැදිල තියෙන්නෙ?"

(පිළිතුර) "ආයුෂ්මත් විසාඛ, ස්කන්ධ තුන හැදිල තියෙන්නෙ ආර්ය අෂ්ටාංගික මාර්ගයෙන් නොවෙයි. ආයුෂ්මත් විසාඛ, ආර්ය අෂ්ටාංගික මාර්ග යයි ස්කන්ධ තුනෙන් හැදිල තියෙන්නෙ. ආයුෂ්මත් විසාඛ, සම්මා වාචා, සම්මා කම්මන්ත, සම්මා ආජීව යන මාර්ගාංග තියෙන්නෙ සීලස්කන්ධයේ. සමාධි ස්කන්ධයට ඇතුළත් වන්නෙ සම්මා වායාම, සම්මා සති, සම්මා සමාධි යන මාර්ගාංගයි. ප්‍රඥා ස්කන්ධයට ඇතුළත් වන්නෙ සම්මා දිට්ඨි, සම්මා සංකප්ප යන මාර්ගාංගයි."

(ප්‍රශ්නය) "පින්වත් ආර්යාවනි, සමාධිය කියන්නෙ මොකක් ද? සමාධියට මුල්වෙන අරමුණු කියන්නෙ මොනවා ද? සමාධි පිරිකර කියන්නෙ මොනවා ද? සමාධිය වඩනවා කියන්නෙ මොකක් ද?"

(පිළිතුර) "ආයුෂ්මත් විසාඛ, කුසල් සිතක යම් එකඟ බවක් ඇද්ද, මේක තමයි සමාධිය. සමාධියට මුල් වෙන අරමුණු කියන්නෙ සතර සතිපට්ඨානයටයි. සමාධි පිරිකර කියල කියන්නෙ සතර සම්‍යක්ප්‍රධාන වීරියටයි. සමාධිය වැඩීම කියල කියන්නෙ ඔය චිත්ත ඒකාග්‍රතාවයත්, සතර සතිපට්ඨානයත්, සතර සම්‍යක්ප්‍රධානයත්, නිතර පුරුදු කිරීමයි. වැඩීමයි. බහුල වශයෙන් වැඩීමයි."

(ප්‍රශ්නය) "පින්වත් ආර්යාවනි, සංස්කාර කොච්චර තියෙනවා ද?"

(පිළිතුර) "ආයුෂ්මත් විසාඛ, සංස්කාර තුනක් තියෙනවා. ඒ කියන්නෙ කාය සංස්කාර, වචී සංස්කාර, චිත්ත සංස්කාර කියන මේවායි."

(ප්‍රශ්නය) "පින්වත් ආර්යාවනි, කාය සංස්කාර කියන්නෙ මොනවා ද? වචී සංස්කාර කියන්නෙ මොනවා ද? චිත්ත සංස්කාර කියන්නෙ මොනවා ද?"

(පිළිතුර) "ආයුෂ්මත් විසාඛ, කාය සංස්කාර කියන්නෙ, ආශ්වාස ප්‍රශ්වාස වලටයි. වචී සංස්කාර කියන්නේ විතර්ක විචාරවලටයි. චිත්ත සංස්කාර කියන්නෙ සඤ්ඤා විඳීම්වලටයි."

(ප්‍රශ්නය) "පින්වත් ආර්යාවනි, ආශ්වාස ප්‍රශ්වාසවලට කාය සංස්කාර කියන්නෙ මොකද? විතර්ක විචාරවලට වචී සංස්කාර කියන්නෙ මොකද? සඤ්ඤා විඳීම්වලට චිත්ත සංස්කාර කියන්නෙ මොකද?"

(පිළිතුර) "ආයුෂ්මත් විසාඛ, ආශ්වාස ප්‍රශ්වාස කායික දෙයක්. ඒවා බැඳිල තියෙන්නෙ කයටයි. ඒ නිසයි ආශ්වාස, ප්‍රශ්වාසවලට කාය සංස්කාර කියන්නෙ. ආයුෂ්මත් විසාඛ, ඉස්සෙල්ල ම කරන්නෙ හිතින් විතර්ක විචාර කරන එක. ඊට පස්සෙ තමයි වචන කතා කරන්නෙ. ඒ නිසයි විතර්ක විචාරවලට

වචී සංස්කාර කියන්නෙ. සඤ්ඤා වේදනා දෙක සිතටයි අයිති. ඒවා සිත හා බැඳිලයි තියෙන්නෙ. ඒ නිසා ම තමයි සඤ්ඤා වේදනාවලට චිත්ත සංස්කාර කියන්නෙ."

(ප්‍රශ්නය) "පින්වත් ආර්යාවනි, සඤ්ඤාවේදයිත නිරෝධ සමාපත්තියට සමවදින්නෙ කොහොම ද?"

(පිළිතුර) "ආයුෂ්මත් විසාඛ, සඤ්ඤාවේදයිත නිරෝධ සමාපත්තියට සමවදින භික්ෂුවට මෙහෙම හිතෙන්නෙ නෑ. 'මම සඤ්ඤාවේදයිත නිරෝධ සමාපත්තියට සමවදින්න ඕන. එහෙම නම් දැන් මම සඤ්ඤාවේදයිත නිරෝධ සමාපත්තියට සමවදිනවා. ඔන්න දැන් මම සඤ්ඤාවේදයිත නිරෝධ සමාපත්තියට සමවැදුනා' කියල. නමුත් ඒ භික්ෂුවගේ හිත කලින් ම ඒ විදිහට දියුණු කරලයි තියෙන්නෙ. ඒ නිසයි නිරෝධ සමාපත්තියට සුදුසු විදිහට සිත සකස් වෙන්නෙ."

(ප්‍රශ්නය) "පින්වත් ආර්යාවනි, සඤ්ඤාවේදයිත නිරෝධ සමාපත්තියට සමවැදුණු භික්ෂුව තුළ ඉස්සෙල්ලා ම නිරුද්ධ වෙන්නෙ මොනවා ද? කාය සංස්කාර ද? වචී සංස්කාර ද? චිත්ත සංස්කාර ද?"

(පිළිතුර) "ආයුෂ්මත් විසාඛ, සඤ්ඤාවේදයිත නිරෝධ සමාපත්තියට සමවදින භික්ෂුව තුළ ඉස්සෙල්ලා ම නිරුද්ධ වෙන්නෙ වචී සංස්කාර, ඊට පස්සෙ නිරුද්ධ වෙන්නෙ කාය සංස්කාර, ඊට පස්සෙ නිරුද්ධ වෙන්නෙ චිත්ත සංස්කාර."

(ප්‍රශ්නය) "පින්වත් ආර්යාවනි, සඤ්ඤාවේදයිත නිරෝධ සමාපත්තියෙන් නැගිටින්නෙ කොහොම ද?"

(පිළිතුර) "ආයුෂ්මත් විසාඛ, සඤ්ඤාවේදයිත නිරෝධ සමාපත්තියෙන් නැගිටින භික්ෂුවට මෙහෙම හිතෙන්නෙ නෑ. 'මං සඤ්ඤාවේදයිත නිරෝධ සමාපත්තියෙන් නැගිටින්න ඕන. එහෙම නම් දැන් මං සඤ්ඤාවේදයිත නිරෝධ සමාපත්තියෙන් නැගිටිනවා. ඔන්න මං සඤ්ඤාවේදයිත නිරෝධ සමාපත්තියෙන් නැගිට්ටා' කියල. නමුත් ඒ භික්ෂුව තුළ නිරෝධ සමාපත්තියෙන් නැගිටින විදිහට කලින් ම සිත දියුණු කරලයි තියෙන්නෙ."

(ප්‍රශ්නය) "පින්වත් ආර්යාවනි, සඤ්ඤාවේදයිත නිරෝධ සමාපත්තියෙන් නැගිටින භික්ෂුවට ඉස්සෙල්ලා ම ඇතිවෙන්නෙ මොනවා ද? කාය සංස්කාර ද? වචී සංස්කාර ද? චිත්ත සංස්කාර ද?"

(පිළිතුර) "ආයුෂ්මත් විසාඛ, සඤ්ඤාවේදයිත නිරෝධ සමාපත්තියෙන් නැගිටින භික්ෂුව තුළ ඉස්සෙල්ලා ම ඇතිවෙන්නෙ චිත්ත සංස්කාර, ඊට පස්සෙ ඇති වෙන්නෙ කාය සංස්කාර, ඊට පස්සෙ ඇති වෙන්නෙ වචී සංස්කාර."

(ප්‍රශ්නය) "පින්වත් ආර්යාවනි, නිරෝධ සමාපත්තියෙන් නැගිට්ට භික්ෂුව ගේ සිතට දැනෙන්නෙ කොයි ආකාරයේ ස්පර්ශයන් ද?"

(පිළිතුර) "ආයුෂ්මත් විසාඛ, නිරෝධ සමාපත්තියෙන් නැගිට්ට භික්ෂුවට තුන් ආකාරයක ස්පර්ශයක් දැනෙනවා. 'සුඤ්ඤතය' ස්පර්ශ වෙනවා. 'අනිමිත්තය' ස්පර්ශ වෙනවා. 'අප්පණිහිතය' ස්පර්ශ වෙනවා."

(ප්‍රශ්නය) "පින්වත් ආර්යාවනි, සඤ්ඤාවේදයිත නිරෝධ සමාපත්තියෙන් නැගිට්ට භික්ෂුවගේ සිත යොමු වෙලා තියෙන්නෙ මොනවාට ද? නැඹුරු වෙලා තියෙන්නෙ මොනවාට ද?"

(පිළිතුර) "ආයුෂ්මත් විසාඛ, සඤ්ඤාවේදයිත නිරෝධ සමාපත්තියෙන් නැගිට්ට භික්ෂුවගේ සිත මානසික විවේකයටයි නැඹුරු වෙලා තියෙන්නෙ. මානසික විවේකයටයි යොමු වෙලා තියෙන්නෙ."

(ප්‍රශ්නය) "පින්වත් ආර්යාවනි, විඳීම් කීයක් තියෙනවා ද?"

(පිළිතුර) "ආයුෂ්මත් විසාඛ, විඳීම් තුනක් තියෙනවා. සැප විඳීම, දුක් විඳීම, දුක් සැප රහිත වීඳීම කියලා."

(ප්‍රශ්නය) "පින්වත් ආර්යාවනි, සැප විඳීම කියන්නෙ මොකක් ද? දුක් විඳීම කියන්නෙ මොකක් ද? දුක් සැප රහිත විඳීම කියල කියන්නෙ මොකක් ද?"

(පිළිතුර) "ආයුෂ්මත් විසාඛ, කායිකව හෝ මානසිකව හෝ යම්කිසි සැපයක්, මිහිරක් විඳිනවා නම් ඒක තමයි සැප විඳීම. ආයුෂ්මත් විසාඛ, කායිකව හෝ මානසිකව හෝ යම්කිසි දුකක්, අමිහිරි බවක් විඳිනවා නම් ඒක තමයි දුක් විඳීම කියන්නෙ. ආයුෂ්මත් විසාඛ, කායිකව හෝ මානසිකව හෝ යම්කිසි මිහිරිත් නැති, අමිහිරිත් නැති, විඳීමක් විඳිනවා නම් ඒක තමයි දුක් සැප රහිත විඳීම."

(ප්‍රශ්නය) "පින්වත් ආර්යාවනි, සැප විඳීමේ තියෙන සැපය මොකක් ද? දුක මොකක් ද? දුක් විඳීමේ තියෙන දුක මොකක් ද? සැපය මොකක් ද? දුක් සැප රහිත විඳීමේ තියෙන සැපය මොකක් ද? දුක මොකක් ද?"

(පිළිතුර) "ආයුෂ්මත් විසාඛ, සැප විඳීම පැවතීම ම යි සැපය. ඒ සැප විඳීම වෙනස් වීමයි දුක. දුක් විඳීමේ පැවතීම ම යි දුක. දුක් විඳීම වෙනස් වීමයි සැපය. දුක් සැප රහිත විඳීම අවබෝධ වීමයි සැපය. ඒක අවබෝධ නොවීමයි දුක."

(ප්‍රශ්නය) "පින්වත් ආර්යාවනි, සැප විඳීමේ දී, සිත තුළ බැසගන්නේ කොයි අනුසයක් ද? දුක් විඳීමේ දී සිත තුළ බැසගන්නේ කොයි අනුසයක් ද? දුක් සැප රහිත (උපේක්ෂා) විඳීමක් විඳීමේ දී සිත තුළ බැසගන්නේ කොයි අනුසයක් ද?"

(පිළිතුර) "ආයුෂ්මත් විසාඛ, සැප විඳීමේ දී සිත තුළ බැසගන්නේ රාග අනුසයයි. දුක් විඳීමේ දී සිත තුළ බැසගන්නෙ පටිඝ අනුසයයි. දුක් සැප රහිත (උපේක්ෂා) විඳීමේ දී හිත තුළ බැසගන්නෙ අවිද්‍යා අනුසයයි."

(ප්‍රශ්නය) "පින්වත් ආර්යාවනි, හැම සැප විඳීමක දී ම සිත තුළ රාගානුසය බැසගන්නවා ද? හැම දුක් විඳීමක දී ම සිත තුළ පටිඝ අනුසය බැසගන්නවා ද? දුක් සැප රහිත හැම විඳීමක දී ම සිත තුළ අවිද්‍යා අනුසය බැසගන්නවා ද?"

(පිළිතුර) "නෑ ආයුෂ්මත් විසාඛ, හැම සැප විඳීමක දී ම සිත තුළ රාගානුසය බැසගන්නෙ නෑ. හැම දුක් විඳීමක දී ම සිත තුළ පටිඝ අනුසය බැසගන්නෙ නෑ. හැම දුක් සැප රහිත විඳීමක දී ම සිත තුළ අවිද්‍යා අනුසය බැසගන්නෙ නෑ."

(ප්‍රශ්නය) "පින්වත් ආර්යාවනි, සැප විඳීමක් තුළින් ඇතිවෙන කොයි දේ ද නැති කරන්න ඕන? දුක් විඳීම තුළින් ඇති වෙන කොයි දේ ද නැති කරන්න ඕන? උපේක්ෂා විඳීම තුළින් ඇතිවෙන කොයි දේ ද නැති කරන්න ඕන?"

(පිළිතුර) "ආයුෂ්මත් විසාඛ, නැතිකරන්න තියෙන්නෙ සැප විඳීම තුළින් ඇතිවෙන රාගානුසයයි. නැති කරන්න තියෙන්නෙ දුක් විඳීම තුළින් ඇතිවෙන පටිඝානුසයයි. නැති කරන්න තියෙන්නෙ උපේක්ෂා විඳීම තුළින් ඇතිවෙන අවිද්‍යානුසයයි."

(ප්‍රශ්නය) "පින්වත් ආර්යාවනි, හැම සැප විඳීමක් තුළ ම ප්‍රහාණය කළ යුතු රාගානුසයක් තියෙනවා ද? හැම දුක් විඳීමක් තුළ ම ප්‍රහාණය කළ යුතු පටිඝානුසයක් තියෙනවා ද? හැම උපේක්ෂා විඳීමක් තුළ ම ප්‍රහාණය කළ යුතු අවිද්‍යා අනුසයක් තියෙනවා ද?"

(පිළිතුර) "නෑ ආයුෂ්මත් විසාඛ, හැම සැප විඳීමක් තුළ ම ප්‍රහාණය කළ යුතු රාගානුසයක් නෑ. හැම දුක් විඳීමක් තුළ ම ප්‍රහාණය කළ යුතු පටිඝානුසයක් නෑ. හැම උපේක්ෂා විඳීමක් තුළ ම ප්‍රහාණය කළ යුතු අවිද්‍යානුසයක් නෑ.

ආයුෂ්මත් විසාඛ, මෙහි භික්ෂුව කාමයන්ගෙන් වෙන් වෙනවා. අකුසල් වලින් වෙන් වෙනවා. විතර්ක සහිත විචාර සහිත මානසික විවේකයෙන් හටගත්ත ප්‍රීති සුඛය තියෙන පළවෙනි ධ්‍යානය ලබාගෙන ඉන්නවා. ඒ තුළ ඉඳල රාගය අත්හරිනවා. එතකොට ඒ ධ්‍යානය තුළ ඇතිවෙන සැපයට රාගානුසය හටගන්නෙ නෑ.

ආයුෂ්මත් විසාඛ, මෙහි භික්ෂුව මේ විදිහට නුවණින් සිහිකරන්න පටන් ගන්නවා. 'පින්වත් ආර්යයන් වහන්සේලා ඒ උතුම් අරහත්වයට පැමිණිල වැඩසිටිනවා නෙව. අනේ! මාත් කවරදාක නම් ඒ අමා නිවන් සුව සාක්ෂාත් කරන්න ද!' මේ විදිහට අනුත්තර වූ විමුක්ති සැප ගැන නුවණින් විමසන කොට, ඒ කෙරෙහි කැමැත්තක් ඇතිවෙනවා. ඒ හේතුවෙන් සිතේ දුකකුත් ඇති වෙනවා. හැබැයි ඒ විමුක්තිය ලබන අදහසේ ඉඳල ම යි පටිඝය දුරු කරන්නෙ. ඒ නිසා අමා නිවන ලබන්න හිතන විට ඇති වන දුක තුළ පටිඝානුසය ඇති වෙන්නෙ නෑ.

ආයුෂ්මත් විසාඛ, භික්ෂුව සැපයත් නැතිකරනවා. දුකත් නැතිකරනවා. කලින් ම මානසික සැප දුක් දෙක දුරුකරනවා. දුක් නැති, සැප නැති, පිරිසිදු උපේක්ෂාවත් සිහියත් ඇති හතර වන ධ්‍යානය උපදවාගෙන වාසය කරනවා. ඒ ධ්‍යානය මුල් කරගෙන ඔහු අවිද්‍යාව දුරු කරනවා. එතකොට ඒ ධ්‍යානය තුළ අවිද්‍යානුසය ඇතිවෙන්නෙ නෑ."

(ප්‍රශ්නය) "පින්වත් ආර්යාවනි, සැප විඳීමට විරුද්ධ දේ මොකක් ද?"

(පිළිතුර) "ආයුෂ්මත් විසාඛ, සැප විඳීමට විරුද්ධ දේ දුක් විඳීමයි."

(ප්‍රශ්නය) "පින්වත් ආර්යාවනි, දුක් විඳීමට විරුද්ධ දේ මොකක් ද?"

(පිළිතුර) "ආයුෂ්මත් විසාඛ, දුක් විඳීමට විරුද්ධ දේ සැප විඳීමයි."

(ප්‍රශ්නය) "පින්වත් ආර්යාවනි, උපේක්ෂා විඳීමට පක්ෂ දේ මොකක් ද?"

(පිළිතුර) "ආයුෂ්මත් විසාඛ, උපේක්ෂා විඳීමට පක්ෂ දේ අවිද්‍යාවයි."

(ප්‍රශ්නය) "පින්වත් ආර්යාවනි, අවිද්‍යාවට විරුද්ධ දේ මොකක් ද?"

(පිළිතුර) "ආයුෂ්මත් විසාඛ, අවිද්‍යාවට විරුද්ධ දේ විද්‍යාවයි."

(ප්‍රශ්නය) "පින්වත් ආර්යාවනි, විද්‍යාවට පක්ෂ දේ මොකක් ද?"

(පිළිතුර) "ආයුෂ්මත් විසාඛ, විද්‍යාවට පක්ෂ දේ විමුක්තියයි."

(ප්‍රශ්නය) "පින්වත් ආර්යාවනි, විමුක්තියට පක්ෂ දේ මොකක් ද?"

(පිළිතුර) "ආයුෂ්මත් විසාඛ, විමුක්තියට පක්ෂ දේ ඒ අමා නිවනයි."

(ප්‍රශ්නය) "පින්වත් ආර්යාවනි, ඒ අමා නිවනට පක්ෂ දේ මොකක් ද?"

"ආයුෂ්මත් විසාඛ, ප්‍රශ්නය ඉක්මවා ගියා. ප්‍රශ්නයේ සීමාව තේරුම් ගන්න ඔබට බැරි වුනා නෙව. ආයුෂ්මත් විසාඛ, මේ බඹසර ජීවිතය ඒ අමා නිවන පිහිට කරගෙනයි තියෙන්නෙ. මේ බඹසර ජීවිතය ඒ අමා නිවනින් ම සමාප්ත වෙනවා. ඉතින් ආයුෂ්මත් විසාඛ, ඔබ කැමති නම් භාග්‍යවතුන් වහන්සේ බැහැදැකලා ඔය කාරණේ අහන්න. භාග්‍යවතුන් වහන්සේ යම් විදිහකින් වදාරන සේක් ද, ඒ විදිහට මතක තබාගන්න."

එතකොට විසාඛ උපාසකතුමා, ධම්මදින්නා භික්ෂුණියගේ ධර්ම කථාවට ගොඩක් සතුටු වුනා. සතුටින් අනුමෝදන් වුනා. අසුනින් නැගිටල ධම්මදින්නා භික්ෂුණියට වන්දනා කළා. පැදකුණු කළා. ඊට පස්සෙ එතුමා භාග්‍යවතුන් වහන්සේව බැහැදකින්න ගියා. ගිහින්, භාග්‍යවතුන් වහන්සේට වන්දනා කරලා පැත්තකින් වාඩිවුනා. පැත්තකින් වාඩිවෙලා, ධම්මදින්නා භික්ෂුණියත් සමග තමන් යම් ධර්ම කතාවක් කළා ද, ඒ මුළු ධර්ම කථාව ම භාග්‍යවතුන් වහන්සේට සැළ කළා.

එතකොට භාග්‍යවතුන් වහන්සේ විසාඛ උපාසකතුමාට මෙහෙම වදාළා. "පින්වත් විසාඛ, ඔය ධම්මදින්නා භික්ෂුණිය හරිම බුද්ධිමත්. පින්වත් විසාඛ, ඔය ධම්මදින්නා භික්ෂුණිය මහා ප්‍රඥාවන්තයි. පින්වත් විසාඛ, ඔබ ඔය කාරණා මගෙන් ඇහුවොත්, මං පිළිතුරු දෙන්නෙත් ඔය විදිහට තමයි. ඔය ධර්ම සාකච්ඡාවේ දී කියවුණු කරුණු හරි. ඒ නිසා ඒක ඔය විදිහට ම මතක තබාගන්න ඕන."

භාග්‍යවතුන් වහන්සේ මෙය වදාළා. විසාඛ උපාසකතුමාත් ඒ ගැන ගොඩාක් සතුටු වුනා. භාග්‍යවතුන් වහන්සේ වදාළ කරුණු සාදු නාද නංවමින් සතුටින් පිළිගත්තා.

සාදු! සාදු!! සාදු!!!

**ප්‍රශ්නෝත්තර සාකච්ඡාවක් වශයෙන් වදාළ කුඩා දෙසුම නිමා විය.**

# 1.5.5
# චූළ ධම්මසමාදාන සූත්‍රය
## යහපත් අයහපත් දේ සමාදන් වීම ගැන වදාළ කුඩා දෙසුම

මා හට අසන්නට ලැබුනේ මේ විදිහටයි. ඒ දවස්වල භාග්‍යවතුන් වහන්සේ වැඩසිටියේ සැවැත් නුවර ජේතවනය නම් වූ අනේපිඬු සිටුතුමාගේ ආරාමයේ. එදා භාග්‍යවතුන් වහන්සේ "පින්වත් මහණෙනි" කියල භික්ෂු සංඝයා ඇමතුවා. "පින්වතුන් වහන්ස" කියල ඒ භික්ෂූන් වහන්සේලා භාග්‍යවතුන් වහන්සේට පිළිතුරු දුන්නා. ඒ මොහොතේදී තමයි භාග්‍යවතුන් වහන්සේ මේ දේශනාව වදාළේ.

පින්වත් මහණෙනි, සමාදන් වෙන දේවල් හතරක් තියෙනවා. ඒ හතර මොනවාද?

(1). පින්වත් මහණෙනි, මෙලොවදී සැප ලැබෙන, පරලොවදී දුක් විපාක ලැබෙන දේවල්වල සමාදන් වීමකුත් තියෙනවා.

(2). මෙලොවදී දුක් ලැබෙන, පරලොවදී ත් දුක් විපාක ලැබෙන දේවල්වල සමාදන් වීමකුත් තියෙනවා.

(3). මෙලොවදී දුක් ලැබෙන, පරලොවදී සැප විපාක ලැබෙන දේවල්වල සමාදන් වීමකුත් තියෙනවා.

(4). මෙලොවදී ත් සැප ලැබෙන, පරලොවදී ත් සැප විපාක ලැබෙන දේවල්වල සමාදන් වීමකුත් තියෙනවා.

පින්වත් මහණෙනි, මෙලොව දී සැප ලැබෙන, පරලොව දී දුක් විපාක විඳින්නට තියෙන දේවල්වල සමාදන් වෙනවා කියන්නෙ මොකක්ද?

පින්වත් මහණෙනි, මෙන්න මේ විදිහේ අදහස් තියෙන, මේ විදිහේ මත දරන සමහර ශ්‍රමණ බ්‍රාහ්මණවරු ඉන්නවා. 'කාම සැප වින්දට කිසි වරදක්

නෑ' කියල. ඊට පස්සෙ ඔවුන් කාම සැපය උදෙසා වරදට පෙළඹෙනවා. ඔවුන් ජටා බැඳි තවුසියන් සමඟ එකතු වෙලා ඉඳුරන් පිනවනවා. ඔවුන් ඊට පස්සෙ මෙහෙමත් කියනවා. 'මේ පින්වත් ශ්‍රමණ බ්‍රාහ්මණයන් කාමයන් පිළිබඳ අනාගත භය දකිමින් මේ කාමයන් අත්හරින්න' කියල මොනවා කියනවාද මන්දා? 'කාමයන් ගැන යථාර්ථය දකින්න' කියල මොනවට කියනවා ද මන්දා? මේ මෘදු ලොම් ඇති අත්වලින් යුතු යොවුන් තාපසියන්ගේ පහස කොයිතරම් අගේ ද?' කියලා ඒ ශ්‍රමණ බමුණන් කාමයේ වරදේ බැඳෙනවා. ඔවුන් කාමයේ වරදේ බැඳිල අන්තිමේදී කය බිඳිල මැරුණට පස්සෙ අපාය, දුගතිය විනිපාත කියන නරකාදියේ උපදිනවා. එහෙදී මහා දරුණු, භයානක දුක් වේදනා විඳින්න පටන්ගන්නවා. එතකොටයි ඔවුන් මෙහෙම කියන්නෙ. 'අනේ! පින්වත් ශ්‍රමණ බමුණන් මේ අනාගත බිය දැකලයි කාමයන් අත්හරින්න කීවේ. කාමයන්ගේ යථාර්ථය අවබෝධ කරන්න කීවේ. මේ අපට කාමයන් හේතු කරගෙන ම කාමයන් මුල් කරගෙන ම භයානක දුක් වේදනා විඳින්න සිද්ධ වුනා නෙව' කියලා.

පින්වත් මහණෙනි, ඒක මෙන්න මේ වගේ දෙයක්. පායන කාලෙ අන්තිම මාසේදී මාළුවා වැලේ ගෙඩි පුපුරනවා. එතකොට පින්වත් මහණෙනි, ඒ මාළුවා ගෙඩියක් එක්තරා සල් ගහක් මුලට වැටුනා. ඉතින් පින්වත් මහණෙනි, ඒ සල් ගහට අධිගෘහිත දේවතාවා හොඳට ම භය වුනා. තැති ගත්තා. ඉතින් පින්වත් මහණෙනි, ඒ සල් රුකේ අධිගෘහිත දේවතාවාගේ යහළු මිතුරන්, නෑදෑයන්, ආරාම දෙවියන්, වන දෙවියන්, රුක් දෙවියන්, ඖෂධ ගස්කොළන් වලට, මහා වෘක්ෂවලට, අධිගෘහිත දෙවිවරු රැස්වෙලා අර දේවතාවාට මෙහෙම කිව්වා. 'පින්වත් දෙවිඳ, භය වෙන්න එපා! භය වෙන්න එපා! ඔය මාළුවා ඇටේ මොණරෙක් හරි ගිල දමාවි. මුවෙක් හරි ඕක කාල දමාවි. ගින්නකට හරි පිච්චිලා යාවි. කැලේ වැඩකරන අය ඕක ගලවල දමාවි. නැත්නම් වේයො හරි කාල දමාවි. එහෙමත් නැත්නම් ඕක පැල වෙන එකක් නෑ' කියලා.

නමුත් පින්වත් මහණෙනි, ඒ මාළුවා ඇටේ මොණරෙක් ගිල්ලෙත් නෑ. මුවෙක් කෑවෙත් නෑ. ගින්නකට අහුවුනෙත් නෑ. කැලේ වැඩකරන කවුරුවත් උදුරල දැම්මෙත් නෑ. වේයො කෑවෙත් නෑ. ඒක පැලවුනා. වැස්ස වහින කොට හොඳට දළු දාල වැඩුනා. සල්ගහ වෙලාගෙන, හොඳට හැඩට කොළ පත් ඇතුව වැඩිල ගියා.

එතකොට පින්වත් මහණෙනි, ඒ සල් රුකට අධිගෘහිත දේවතාවාට මේ විදිහට හිතුනා. 'ඒ මගේ පින්වත් යහළු මිත්‍රයො, නෑදෑයො, ආරාම දෙවිවරු, වන දෙවිවරු, රුක් දෙවිවරු, ඖෂධ ගස් කොළන්වලට අධිගෘහිත දෙවිවරු,

මහා රුක්වලට අධිගෘහිත දෙවිවරු රැස්වෙලා, මේ මාළුවා ඇටේ නිසා ඇති වන කවර ආකාරයේ අනාගත භයක් දැකලා ද මාව මේ විදිහට අස්වැසුවේ? 'පින්වත් දෙවිඳ, භය වෙන්න එපා! භය වෙන්න එපා! ඔය මාළුවා ඇටේ මොණරෙක් හරි ගිල දමාවි. මුවෙක් හරි කාලා දමාවි. ගින්නකට හරි පිච්චිලා යාවි. කැලේ වැඩ කරන අය හරි උදුරල දමාවි. එක්කො වේයො හරි කාල දමාවි. එක්කො පැල වෙන එකක් නෑ' කියල. මේ සල්ගහ වෙලාගෙන උඩට නැගිලා, අතු දිගේ පහළට එල්ලෙන, ළපටි මෘදු ලොම් ඇති මේ මාළුවා වැලේ පහස කොයිතරම් අගේද!' කියලා. ඉතින් ඒ මාළුවා වැල සල් ගහ ඔතාගත්තා. සල්ගහ වෙළාගෙන උඩට නැග්ගා. අතුපතර දිගේ ගිහින් ආයෙ යටට බැස්සා. ආයෙ යටට බැහැල සල් ගහේ ලොකු ලොකු අතු පුපුරුවා හැරියා.

එතකොට පින්වත් මහණෙනි, ඒ සල්රුකේ හිටපු දේවතාවාට මෙහෙම හිතුණා 'අයියෝ! ඒ මාගේ පින්වත් යහළු මිත්‍ර වූ, නෑදෑ වූ, ආරාම දෙවිවරු, වන දෙවිවරු, රුක් දෙවිවරු, ඖෂධ ගස්කොළන්වලට අධිගෘහිත දෙවිවරු, මහා රුක්වලට අධිගෘහිත දෙවිවරු මේ මාළුවා ඇටේ නිසා ඇතිවන මෙන්න මේ අනාගත භය දැකලයි, මාව වටකරගෙන මෙහෙම කිව්වේ. 'පින්වත් දෙවිඳ, භය වෙන්න එපා! භය වෙන්න එපා! ඔය මාළුවා ඇටේ මොණරෙක් හරි ගිල දමාවි. මුවෙක් හරි ඕක කාල දමාවි. එක්කො ඕක ගින්නෙන් හරි පිච්චලා යාවි. එහෙමත් නැත්නම් කැලේ වැඩකරන උදවිය උදුරල දමාවි. වේයො හරි කාල දමාවි. එක්කො පැළවෙන එකක් නෑ' කියල. ඒ වුනාට මං දැන් ඒ මාළුවා ඇටේ නිසා බොහෝ කටුක දුක් දොම්නස් විඳිනවා නෙව' කියලා.

පින්වත් මහණෙනි, ඔන්න ඔය විදිහට ම යි, මේ විදිහේ අදහස් තියෙන, මේ විදිහේ මතවාද තියෙන ශ්‍රමණ බමුණන් ඉන්නවා. 'කාම සැප වින්දට කිසි වරදක් නෑ' කියල. ඊට පස්සෙ ඔවුන් කාම සැපය උදෙසා වරදට පෙළඹෙනවා. ඔවුන් ජටා බැඳි තවුසියන් සමග එකතු වෙලා ඉඳුරන් පිනවනවා. ඔවුන් ඊට පස්සෙ මෙහෙමත් කියනවා. 'මේ පින්වත් ශ්‍රමණ බ්‍රාහ්මණයන් කාමයන් පිළිබඳ අනාගත භය දකිමින් මේ කාමයන් අත්හරින්න' කියල මොනව කියනවාද මන්දා? 'කාමයන් ගැන යථාර්ථය දකින්න' කියල මොනවට කියනවා ද මන්ද? මේ මෘදු ලොම් ඇති අත්වලින් යුතු යොවුන් තාපසියන්ගේ පහස කොයිතරම් අගේ ද?' කියල. ඒ ශ්‍රමණ බමුණන් කාමයේ වරදේ බැඳෙනවා. ඔවුන් කාමයේ වරදේ බැඳිල අන්තිමේ දී කය බිඳිල මැරුණට පස්සෙ අපාය, දුගතිය විනිපාත කියන නරකාදියේ උපදිනවා. එහෙදී මහා දරුණු, භයානක දුක් වේදනා විඳින්න පටන්ගන්නවා. එතකොටයි ඔවුන් මෙහෙම කියන්නෙ. 'අනේ! පින්වත් ශ්‍රමණ බමුණන් මේ අනාගත බිය දැකලයි කාමයන් අත්හරින්න කීවේ. කාමයන්ගේ යථාර්ථය අවබෝධ කරන්න කීවේ. මේ අපට කාමයන් හේතු කරගෙන ම

කාමයන් මුල් කරගෙන ම භයානක දුක් වේදනා විඳින්න සිද්ධ වුනා නෙව' කියල. පින්වත් මහණෙනි, ඔන්න ඕකටයි කියන්නෙ මෙලොව දී සැප ලැබෙන, පරලොව දුක් විපාක ලැබෙන දේවල් සමාදන් වෙනවා කියලා.

පින්වත් මහණෙනි, මෙලොව දී දුක් විඳින, පරලොව දී දුක් විපාක ලැබෙන දේවල්වල සමාදන් වෙනවා කියන්නෙ මොකක් ද?

පින්වත් මහණෙනි, ඇතැම් පුද්ගලයෙක් ඉන්නවා. ඔහුට වස්ත්‍ර නෑ. ආචාර ධර්ම අත්හැරලා ඉන්නෙ. කෑම කාලා අත ලෙවකනවා. ආහාර ටිකක් ලබාගන්න ගියා ම 'ස්වාමීනී වඩින්න' කිව්වා ම එන්නෙ නෑ. 'ස්වාමීනී ඔහොම ඉන්න' කිව්වා ම ඉන්නෙ නෑ. ගෙනත් දීපු දානෙ ගන්නෙ නෑ. තමන් උදෙසා ම කළ දානෙ ගන්නෙ නෑ. බත් හැළියෙ කට ළඟින් දෙන දානෙ ගන්නෙ නෑ. කළේ කට ළඟින් දෙන දේවල් පිළිගන්නෙ නෑ. එළිපත්තෙ ඉඳල දෙන දේ පිළිගන්නෙ නෑ. දඬු වැට අතරින් දෙන දානය පිළිගන්නෙ නෑ. මෝල් ගස් අතර සිට දෙන දානය පිළිගන්නෙ නෑ. දෙන්නෙක් අනුභව කරන කොට දෙන දානය පිළිගන්නෙ නෑ. ගැබිණි මවක් දෙන දානය පිළිගන්නෙ නෑ. දරුවන්ට කිරි දෙන මවක් දෙන දානය පිළිගන්නෙ නෑ. පුරුෂයන් ළඟට ගිය ස්ත්‍රිය දෙන දානය පිළිගන්නෙ නෑ. සම්මාදම් කරල දෙන දානය පිළිගන්නෙ නෑ. යම් තැනක බල්ලෙක් හිටියොත් ඌට නොදී දෙන දානය පිළිගන්නෙ නෑ. මැස්සො කැටි ගැහිල ඉන්න තැන දෙන ආහාර පිළිගන්නෙ නෑ. මාළු පිළිගන්නෙ නෑ. මස් පිළිගන්නෙ නෑ. මත්පැන් පිළිගන්නෙ නෑ. ලෝණසෝවීරක කියන මත්පානය බොන්නෙ නෑ.

ඔහු එක ගේකින් ලැබෙන බත් පිඬුවකින් යැපෙනවා. ගෙවල් දෙකකින් ලැබෙන බත් පිඬු දෙකකින් යැපෙනවා ....(පෙ).... ගෙවල් හතකින් ලැබෙන බත් පිඬු හතකින් යැපෙනවා ....(පෙ).... එක බත් හැන්දකින් යැපෙනවා. බත් හැඳි දෙකකින් යැපෙනවා ....(පෙ).... බත් හැඳි හතකින් යැපෙනවා. දවසක් ඇර දවසක් ආහාර ගන්නවා. දවස් දෙකක් ඇර ආහාර ගන්නවා ....(පෙ).... දවස් හතක් ඇර ආහාර ගන්නවා. මේ විදිහට සති දෙකට ම එක වේලක් ආහාර ගන්නවා. මේ විදිහට දින සීමා කරගෙන ආහාර ගන්නවා.

ඔහු අමු කොළ විතරක් ආහාරයට ගන්නවා. තණහාල් විතරක් අනුභව කරනවා. හාල් විතරක් අනුභව කරනවා. ගස් පොතුවල කහට විතරක් අනුභව කරනවා. ගස්වල ලාටු විතරක් අනුභව කරනවා. සුණුසහල් විතරක් අනුභව කරනවා. බත් ඉව්වහම හැදෙන පෙණ විතරක් අනුභව කරනවා. තල ඇට විතරක් අනුභව කරනවා. තණ කොළ විතරක් අනුභව කරනවා. ගොම විතරක්

අනුභව කරනවා. ගස්වල මුල් විතරක් අනුභව කරනවා. ගෙඩි විතරක් අනුභව කරනවා. ගස් මුලට වැටිච්ච ගෙඩි විතරක් අනුභව කරනවා.

ඔහු හණවැහැරි විතරක් පොරෝනවා. නොයෙක් නූල්වලින් වියපු රෙදිත් පොරෝනවා. මිනී ඔතාපු රෙදිත් පොරෝනවා. ගස්වල පොතුවලින් හදපු රෙදිත් පොරෝනවා. අඳුන් දිවියන්ගේ සමත් පොරෝනවා. අඳුන් මුවාගේ සමත් පොරෝනවා. කුස තණවලින් හදපු ගෝනිත් පොරෝනවා. එළුවන්ගේ සමත් පොරෝනවා. කෙස්වලින් හදපු කබායත් පොරෝනවා. අස් ලොම්වලින් හදපු කබායත් පොරෝනවා. කෙස් රැවුල් උදුරනවා. ආසනවල වාඩි වීම ප්‍රතික්ෂේප කරනවා. උඩුබැල්ලෙන් ඉන්නවා. උක්කුටිකයෙන් ඉන්නවා. කටු ගහපු ලෑලිවල සක්මන් කරනවා. කටු ගහපු ලෑලි උඩ හාන්සි වෙනවා. දවසට තුන් වතාවක් වතුරෙ ගිලිල තපස් රකිනවා.

ඉතින් ඔය විදිහට නොයෙක් ආකාරයෙන් ශරීරය බලවත්ව තැලෙන, පොඩි වෙන, දැවෙන, තැවෙන විදිහට තපස් රකිනවා. අන්තිමේදී කය බිඳිල මළාට පස්සෙ අපාය, දුගතිය, විනිපාත කියන නරකාදියෙ උපදිනවා. පින්වත් මහණෙනි, ඔන්න ඕකටයි කියන්නෙ මෙලොවත් දුක් විඳින, පරලොවත් දුක් විපාක ලැබෙන දේවල් සමාදන් වෙනවා කියල.

පින්වත් මහණෙනි, මෙලොව දී දුක් විඳින නමුත් පරලොවදී සැප විපාක ලැබෙන දේවල්වල සමාදන් වීම කියන්නෙ මොකක්ද?

පින්වත් මහණෙනි, ස්වභාවයෙන් ම තියුණු රාගය තියෙන කෙනෙක් ඉන්නවා. ඔහු නිතර ම රාගය නිසා හැදෙන නොයෙක් දුක් දොම්නස් විඳිනවා. ඒ වගේම ස්වභාවයෙන් ම තියුණු ද්වේෂය තියෙන කෙනෙක් ඉන්නවා. ඔහු නිතර ම ද්වේෂය නිසා හැදෙන දුක් දොම්නස් විඳිනවා. ඒ වගේම ස්වභාවයෙන් ම තියුණු මෝහය තියෙන කෙනෙක් ඉන්නවා. ඔහු නිතර ම මෝහය නිසා හටගත්තු දුක් දොම්නස් විඳිනවා. නමුත් ඔහු දුක් දොම්නස් විඳ විඳ ම, ඒ රාග, ද්වේෂ, මෝහ ප්‍රහාණය කිරීම පිණිස කඳුළු පිරුණු මුහුණින් හඬ හඬා ම පරිපූර්ණ වූ පිරිසිදු වූ නිවන් මග හැසිරෙනවා. ඔහු කය බිඳී මළාට පස්සෙ සැප තියෙන සුගති ලෝකයේ උපදිනවා. පින්වත් මහණෙනි, ඔන්න ඕකට තමයි, මෙලොව දුක් විඳින නමුත් පරලොව සැප විපාක ලැබෙන දේවල් සමාදන් වෙනවා කියල කියන්නෙ.

පින්වත් මහණෙනි, මෙලොවත් සැප විඳින, පරලොවත් සැප විපාක ඇති දේවල් සමාදන් වෙනවා කියන්නෙ මොකක්ද?

පින්වත් මහණෙනි, ඇතැම් කෙනෙක් ස්වභාවයෙන් ම තියුණු රාගයෙන් යුක්ත නෑ. ඔහු නිතර රාගයෙන් හටගත් දුක් දොම්නස් විඳින්නෙත් නෑ. ස්වභාවයෙන් ම තියුණු ද්වේෂ ඇත්තෙත් නෑ. ඔහු නිතර ද්වේෂයෙන් හටගත් දුක් දොම්නස් විඳින්නෙත් නෑ. ඔහු ස්වභාවයෙන් ම තියුණු මෝහය තියෙන කෙනෙකුත් නොවෙයි. ඔහු නිතර ම මෝහයෙන් හටගත් දුක් දොම්නස් විඳින්නෙත් නෑ.

ඔහු කාමයෙන් වෙන්ව අකුසල්වලින් වෙන්ව විතර්ක විචාර සහිත විවේකයෙන් හටගත් ප්‍රීති සැපය තියෙන පළවෙනි ධ්‍යානය ලබාගෙන වාසය කරනවා. විතර්ක විචාර සංසිඳවලා, තමා තුළ ප්‍රසන්න භාවය ඇතිකරගෙන සිතේ එකඟකම බලවත් කරගෙන, විතර්ක විචාර නැති සමාධියෙන් හටගත් ප්‍රීති සැපය තියෙන දෙවෙනි ධ්‍යානයත් ලබාගෙන වාසය කරනවා. ප්‍රීතියට ඇලෙන්නෙත් නැතුව, උපේක්ෂාවෙන් ඉන්නවා. සිහියෙන්, නුවණින්, යුක්තව කයෙන් සැපයකුත් විඳිනවා. ආර්යයන් වහන්සේලා ඒකට කියන්නෙ උපේක්ෂා සහගතව සිහියෙන් යුතුව සනීපෙට ඉන්නවා කියලයි. අන්න ඒ තුන්වෙනි ධ්‍යානයත් ලබාගෙන වාසය කරනවා. සැපත් නැතිකරල, දුකත් නැතිකරල, කලින් ම මානසික සැප දුක් අත්හැරලා, දුක් රහිත, සැප රහිත, පිරිසිදු උපේක්ෂාවත්, සිහියත් ඇති හතරවෙනි ධ්‍යානයත් ලබාගෙන වාසය කරනවා. ඔහු කය බිඳිල මැරුණට පස්සෙ සැප ඇති සුගති ලෝකෙ උපදිනවා. පින්වත් මහණෙනි, ඔන්න ඕකට යි කියන්නෙ මේ ජීවිතේ දී ත් සැප තියෙන, පරලොව දී ත් සැප විපාක ලැබෙන දේවල් සමාදන් වෙනවා කියල.

පින්වත් මහණෙනි, මේවට තමයි යහපත අයහපත සමාදන් වීම් හතර කියල කියන්නෙ.

භාග්‍යවතුන් වහන්සේ මෙය වදාළා. භාග්‍යවතුන් වහන්සේ වදාළ මේ දෙසුම ගැන ඒ භික්ෂූන් වහන්සේලා ගොඩක් සතුටු වුනා. භාග්‍යවතුන් වහන්සේ වදාළ මේ දෙසුම සාදු නාද නංවමින් සතුටින් පිළිගත්තා.

**සාදු! සාදු!! සාදු!!!**

**යහපත අයහපත සමාදන් වීම ගැන වදාළ කුඩා දෙසුම නිමා විය.**

# 1.5.6
# මහා ධම්මසමාදාන සූත්‍රය
## යහපත් අයහපත් දේ සමාදන් වීම ගැන වදාළ විස්තරාත්මක දෙසුම

මා හට අසන්නට ලැබුනේ මේ විදිහටයි. ඒ දිනවල භාග්‍යවත් බුදුරජාණන් වහන්සේ වැඩසිටියේ සැවැත් නුවර ජේතවනය නම් වූ අනේපිඬු සිටුතුමා ගේ ආරාමයේ. එදා භාග්‍යවතුන් වහන්සේ "පින්වත් මහණෙනි" කියල භික්ෂු සංඝයා ඇමතුවා. "පින්වතුන් වහන්ස" කියල ඒ භික්ෂු පිරිස ද භාග්‍යවතුන් වහන්සේට පිළිතුරු දුන්නා. ඒ මොහොතේ දී භාග්‍යවතුන් වහන්සේ මේ දේශනාව වදාළා.

"පින්වත් මහණෙනි, ලෝක සත්වයා තුළ බොහෝ විට තියෙන්නෙ මෙන්න මේ විදිහේ කැමැත්තක්. මේ විදිහේ ආශාවක්. මේ විදිහේ බලාපොරොත්තුවක්. 'අනේ ඇත්තෙන් ම අපේ කරදර කම්කටොළු පීඩාවන් නැතිවෙලා යනවා නම් ප්‍රිය මනාප දේ, යහපත් දේ දියුණු වෙනවා නම්' කියල. ඒ වුනාට පින්වත් මහණෙනි, ලෝක සත්වයා තුළ එබඳු කැමැත්තක් තිබුනත්, එබඳු ආශාවක් තිබුනත්, එබඳු බලාපොරොත්තුවක් තිබුනත් දුක් කරදර, කම්කටොළු තමයි වැඩිවෙන්නෙ. සතුට සැනසිල්ල ම යි නැතිවෙන්නෙ. පින්වත් මහණෙනි, ඔබ ඒකට හේතුව හැටියට දකින්නෙ මොනවා ද?"

"ස්වාමීනී, අපගේ මේ ධර්මය තියෙන්නෙ භාග්‍යවතුන් වහන්සේ මුල් කරගෙනයි. භාග්‍යවතුන් වහන්සේගේ නායකත්වයෙනුයි. භාග්‍යවතුන් වහන්සේ පිළිසරණ කරගෙනයි. ස්වාමීනී, භාග්‍යවතුන් වහන්සේ ම ඔය වදාළ කාරණාවේ අර්ථය අපට කියල දෙනවා නම්, කොයිතරම් හොඳ ද? භාග්‍යවතුන් වහන්සේ ගෙන් අහල, මේ භික්ෂූන් වහන්සේලා මතක තබාගනීවි."

"එහෙම නම් පින්වත් මහණෙනි, හොඳින් අහගෙන ඉන්න ඕන. නුවණින් තේරුම්ගන්න ඕන. මං කියා දෙන්නම්."

"එසේ ය, ස්වාමීනී" කියල ඒ භික්ෂූන් වහන්සේලා භාග්‍යවතුන් වහන්සේට පිළිතුරු දුන්නා.

භාග්‍යවතුන් වහන්සේ මේ දේශනාව වදාළා.

"පින්වත් මහණෙනි, අශ්‍රැතවත් පෘථග්ජනයෙක් ඉන්නවා. ඔහු ආර්යයන් වහන්සේලාව අඳුනන්නෙ නෑ. ආර්ය ධර්මයක් තේරුම්ගන්න දක්ෂත් නෑ. ආර්ය ධර්මයක් පුරුදු වෙන්නෙත් නෑ. ඔහු සත්පුරුෂයන්ව අඳුනන්නෙත් නෑ. සත්පුරුෂ ධර්මයක් තේරුම් ගන්න දක්ෂත් නෑ. සත්පුරුෂ ධර්මයක් පුහුණු වෙන්නෙත් නෑ. ඉතින් ඔහු ඒ නිසා පුරුදු කළ යුතු දේ දන්නෙත් නෑ. පුරුදු නොකළ යුතු දේ දන්නෙත් නෑ. ඇසුරු කළ යුතු දේ දන්නෙත් නෑ. ඇසුරු නොකළ යුතු දේ දන්නෙත් නෑ. ඔහු පුරුදු කළ යුතු දේ නොදන්න නිසා, පුරුදු නොකළ යුතු දේ නොදන්න නිසා, ඇසුරු කළ යුතු දේ නොදන්න නිසා, ඇසුරු නොකළ යුතු දේ නොදන්නා නිසා, පුරුදු නොකළ යුතු දේ පුරුදු කරනවා. පුරුදු කළ යුතු දේ පුරුදු කරන්නෙ නෑ. ඇසුරු නොකළ යුතු දේ ඇසුරු කරනවා. ඇසුරු කළ යුතු දේ ඇසුරු කරන්නෙ නෑ.

එතකොට පුරුදු නොකළ යුතු දේ පුරුදු කරන, පුරුදු කළ යුතු දේ පුරුදු නොකරන, ඇසුරු නොකළ යුතු දේ ඇසුරු කරන, ඇසුරු කළ යුතු දේ ඇසුරු නොකරන ඔහුට සිද්ධ වෙන්නෙ මෙච්චරයි. දුක් කරදර, කම්කටොළු වැඩිවෙනවා. සතුට සොම්නස ඇතිවෙන දේ පිරිහෙනවා. ඒකට හේතුව මොකක්ද? පින්වත් මහණෙනි, අන්ධ බාල පෘථග්ජනයාට සිද්ධ වෙන්නෙ ඔච්චර තමයි.

නමුත් පින්වත් මහණෙනි, ශ්‍රැතවත් ආර්ය ශ්‍රාවකයා මෙහෙම කෙනෙක්. ඔහු ආර්යයන් වහන්සේලාව හඳුනනවා. ආර්ය ධර්මය තේරුම්ගන්න දක්ෂයි. ආර්ය ධර්මයේ හික්මෙනවා. සත්පුරුෂයින්ව හඳුනනවා. සත්පුරුෂ ධර්මය තේරුම් ගන්න දක්ෂයි. සත්පුරුෂ ධර්මයේ හික්මෙනවා. ඔහු පුරුදු කළ යුතු ධර්මයන් දන්නවා. පුරුදු නොකළ යුතු ධර්මයන් ද දන්නවා. ඇසුරු කළ යුතු ධර්මය දන්නවා. ඇසුරු නොකළ යුතු ධර්මයත් දන්නවා. ඔහු පුරුදු කළ යුතු ධර්මය දන්න නිසා, පුරුදු නොකළ යුතු ධර්මයත් දන්න නිසා, ඇසුරු කළ යුතු ධර්මය දන්න නිසා, ඇසුරු නොකළ යුතු ධර්මයත් දන්න නිසා, පුරුදු නොකළ යුතු දේ පුරුදු කරන්නෙ නෑ. පුරුදු කළ යුතු දේ පමණක් පුරුදු කරනවා. ඇසුරු නොකළ යුතු දේ ඇසුරු කරන්නෙ නෑ. අසුරු කළ යුතු දේ පමණක් ඇසුරු කරනවා. එතකොට දුක් කරදර, කම්කටොළු, විපත් නැතිවෙලා යනවා. සැප, සතුට, සොම්නස, යහපත ඇතිවෙනවා. ඒකට හේතුව මොකක්ද?

පින්වත් මහණෙනි, ජීවිතේ ගැන අවබෝධයක් තියෙන ආර්ය ශ්‍රාවකයෙකුට සිදුවිය යුතු යහපත තමයි ඒ සිදුවෙන්නෙ.

පින්වත් මහණෙනි, යහපත අයහපත ඇතිවෙන සමාදන් වීම් හතරක් තියෙනවා. ඒ හතර මොනවාද?

(1). පින්වත් මහණෙනි, මෙලොව දී සැප ලැබෙන, පරලොව දී දුක් විපාක ලැබෙන දේවල්වල සමාදන් වීමකුත් තියෙනවා.

(2). මෙලොව දී දුක් ලැබෙන, පරලොව දී ත් දුක් විපාක ලැබෙන දේවල්වල සමාදන් වීමකුත් තියෙනවා.

(3). මෙලොව දී දුක් ලැබෙන, පරලොව දී සැප විපාක ලැබෙන දේවල්වල සමාදන් වීමකුත් තියෙනවා.

(4). මෙලොව දී ත් සැප ලැබෙන, පරලොව දී ත් සැප විපාක ලැබෙන දේවල්වල සමාදන් වීමකුත් තියෙනවා.

පින්වත් මහණෙනි, දැන් ඔය මෙලොව දී ත් දුක් ලබාදෙන, පරලොව දී ත් දුක් විපාක ලබාදෙන දේවල් සමාදන් වීමක් තියෙනවා නේද? ඒ ගැන අවිද්‍යාව තුළ ඉන්න අශ්‍රැතවත් පෘථග්ජනයාට කිසිම අවබෝධයක් නෑ. මේ දේවල් සමාදන් වීමෙන් මේ ජීවිතේ දී දුක් විඳිනවා. ඊළඟ ජීවිතේ දී ත් දුක් විපාක ලැබෙනවා කියල. ඒ ගැන අවිද්‍යාව තුළ ඉන්න අශ්‍රැතවත් පෘථග්ජනයා කිසිම දෙයක් අවබෝධ නොකරන නිසා ඒක පුරුදු කරනවා. ඒක අත්හරින්නෙ නෑ. ඉතින් ඔහු ඒක පුරුදු කරන කොට, ඒක අත්නොහරින කොට දුක් කරදර, කම්කටොළු, විපත් ඇතිවෙනවා. සැප, සතුට, සොම්නස, යහපත නැතුව යනවා. ඒකට හේතුව මොකක්ද? පින්වත් මහණෙනි, අන්ධ බාල පෘථග්ජනයින්ට සිදුවෙන්නෙ ඔච්චර තමයි.

පින්වත් මහණෙනි, ඒ වගේ ම දැන් ඔය මේ ජීවිතේ දී සැප ලබාදෙන, ඊළඟ ජීවිතේ දී දුක් විපාක ලබාදෙන දේවල් සමාදන් වීමක් තියෙනවා නේද? අවිද්‍යාව තුළ ඉන්න අශ්‍රැතවත් පෘථග්ජනයාට 'මෙන්න මේ දේවල් සමාදන් වීමෙන් වර්තමානයේ සැප ලැබුනත්, ඊළඟ ජීවිතේ දී දුක් විපාක ලැබෙනවා' කියල ඒ ගැන කිසිම අවබෝධයක් නෑ. ඉතින් ඔය විදිහට අවිද්‍යාව තුළ ඉන්න අශ්‍රැතවත් පෘථග්ජනයාට ඒ ගැන කිසි ම අවබෝධයක් නැති නිසා, ඔහු ඒක කරගෙන යනවා. ඒක අත්හරින්නෙ නෑ. ඒක දිගටම කරන කොට, ඒක අත්නොහරින කොට, දුක්, කරදර, කම්කටොළු, විපත් ඇතිවෙනවා. සැප, සතුට, සොම්නස, යහපත නැතිවෙනවා. ඒකට හේතුව මොකක් ද? පින්වත් මහණෙනි, අශ්‍රැතවත් පෘථග්ජනයාට සිදුවිය යුතු දේ තමයි ඒ සිදු වෙන්නෙ.

පින්වත් මහණෙනි, ඒ වගේම ඔය වර්තමානයේ දුක් ලැබෙන, ඊළඟ ජීවිතේ දී සැප විපාක ලැබෙන දේවල් සමාදන් වීමක් තියෙනවා නේද? ඒක ගැන අවිද්‍යාව තුළ ඉන්න අශ්‍රැතවත් පෘථග්ජනයාට 'මේ දේවල් සමාදන් වීමෙන් වර්තමානයේ දුක් ලැබුනත්, ඊළඟ ජීවිතේ දි සැප විපාක ලැබෙනවා නෙව' කියල ඒ ගැන කිසිම අවබෝධයක් නෑ. ඒ විදිහට අවිද්‍යාව තුළ ඉන්න අශ්‍රැතවත් පෘථග්ජනයාට කිසිම අවබෝධයක් නැති නිසා, ඔහු ඒක පුරුදු කරන්නෙ නෑ. ඒක අත්හරිනවා. ඔහු ඒක පුරුදු නොකරන නිසා, අත්හරින නිසා, ඔහු තුළ දුක්, කරදර, කම්කටොළු, විපත් ඇතිවෙනවා. සැප, සතුට, සැනසිල්ල, යහපත නැතුව යනවා. ඒකට හේතුව මොකක්ද? පින්වත් මහණෙනි, අශ්‍රැතවත් පෘථග්ජනයාට සිදුවිය යුතු දේ තමයි ඒ සිදුවෙන්නෙ.

පින්වත් මහණෙනි, දැන් ඔය මේ ජීවිතේ දී ත් සැප ලැබෙන, පරලොව ජීවිතේ දී ත් සැප විපාක ලැබෙන දේවල් සමාදන්වීමක් තියෙනවා නේද? ඒ ගැන අවිද්‍යාව තුළ ඉන්න අශ්‍රැතවත් පෘථග්ජනයාට 'මේ දේවල් සමාදන් වීමෙන් මේ ජීවිතේ දී සැප ලැබෙනවා. පරලොව ජීවිතේ දී ත් සැප විපාක ලැබෙනවා' කියල ඒ ගැන කිසි ම අවබෝධයක් නෑ. ඔය විදිහට අවිද්‍යාව තුළ ඉන්න අශ්‍රැතවත් පෘථග්ජනයාට කිසිම අවබෝධයක් නැති නිසා, ඔහු ඒක පුරුදු කරන්නෙ නෑ. ඒක අත්හරිනවා. ඔහු ඒක පුරුදු නොකරන කොට ඒක අත්හරින කොට දුක්, කරදර, කම්කටොළු, විපත් ඇතිවෙනවා. සැප, සතුට, සැනසිල්ල, යහපත නැතුව යනවා. ඒකට හේතුව මොකක්ද? පින්වත් මහණෙනි, අශ්‍රැතවත් පෘථග්ජනයාට සිදුවිය යුතු දේ තමයි ඒ සිදුවෙන්නෙ.

පින්වත් මහණෙනි, ඒ වගේ ම වර්තමානයේ දුක් ලැබෙන, ඊළඟ ජීවිතේ දී ත් දුක් විපාක ලැබෙන දේවල් සමාදන් වීමක් තියෙනවා නේද? අවබෝධයක් තියෙන ශ්‍රැතවත් ආර්ය ශ්‍රාවකයා 'මේ දේවල් සමාදන් වීමෙන් වර්තමානයේත් දුක් ලැබෙනවා. ඊළඟ ජීවිතේ දී ත් දුක් විපාක ලැබෙනවා' කියල යථාර්ථයෙන් ම දන්නවා. ඔය විදිහට අවබෝධයක් තියෙන ශ්‍රැතවත් ආර්ය ශ්‍රාවකයා යථාර්ථයෙන් ම දන්න නිසා ඒක පුරුදු කරන්නෙ නෑ. ඒ දේවල් අත්හරිනවා. ඒක පුරුදු නොකරන කොට, ඒක අත්හරින කොට, ඔහු තුළ දුක්, කරදර, කම්කටොළු, විපත් නැතිව යනවා. සැප, සතුට, සැනසිල්ල, යහපත ඇතිවෙනවා. ඒකට හේතුව මොකක් ද? ශ්‍රැතවත් ආර්ය ශ්‍රාවකයෙකුට සිදුවිය යුතු යහපත තමයි ඒ සිදුවෙන්නෙ.

පින්වත් මහණෙනි, දැන් ඔය මේ ජීවිතේ දී සැප ලැබෙන, ඊළඟ ජීවිතේ දි දුක් විපාක ලැබෙන දේවල් සමාදන් වීමක් තියෙනවා නේද? අවබෝධයට පැමිණි ශ්‍රැතවත් ආර්ය ශ්‍රාවකයා 'මේ දේවල් සමාදන් වීමෙන් මේ ජීවිතේ දී

සැප ලැබෙන නමුත්, ඊළඟ ජීවිතේ දී දුක් විපාක ලැබෙනවා' කියල යථාර්ථයෙන් ම දැනගන්නවා. ඔය විදිහට අවබෝධයට පැමිණි ශ්‍රැතවත් ආර්ය ශ්‍රාවකයා යථාර්ථයෙන් ම දන්න නිසා ඒක පුරුදු කරන්නෙත් නෑ. ඒක අත්හරිනවා. ඒක පුරුදු නොකරන නිසා, ඒක අත්හරින නිසා ඔහු තුළ දුක්, කරදර, පීඩා, විපත් හටගන්නෙ නෑ. සතුට, සොම්නස, සැනසිල්ල, යහපත ඇතිවෙනවා. ඒකට හේතුව මොකක්ද? පින්වත් මහණෙනි, අවබෝධයට පැමිණි ශ්‍රාවකයෙකුට සිදුවෙන්න ඕන යහපත තමයි ඒ සිදුවුනේ.

පින්වත් මහණෙනි, දැන් ඔය මෙලොව දී දුක් විපාක ලැබෙන නමුත්, ඊළඟ ජීවිතේ දී සැප විපාක ලැබෙන දේවල් සමාදන් වීමක් තියෙනවා නේද? අවබෝධයට පැමිණි ශ්‍රැතවත් ආර්ය ශ්‍රාවකයා 'මේ දේවල් සමාදන් වීමෙන් මෙලොව ජීවිතේ දී දුක ලැබෙන නමුත්, ඊළඟ ජීවිතේ දී සැප ලැබෙනවා' කියල යථාර්ථයෙන් ම දන්නවා. ඔය විදිහට අවබෝධයට පැමිණි ශ්‍රැතවත් ආර්ය ශ්‍රාවකයා යථාර්ථයෙන් ම දන්න නිසා ඒක පුරුදු කරනවා. ඒක අත්හරින්නෙ නෑ. ඒක පුරුදු කරන නිසා, ඒක අත්නොහරින නිසා දුක්, කරදර, කම්කටොළු, විපත් නැතිවෙලා යනවා. සැප, සතුට, සොම්නස, යහපත ඇතිවෙනවා. ඒකට හේතුව මොකක් ද? පින්වත් මහණෙනි, අවබෝධයට පැමිණිච්ච කෙනෙකුට සිදුවෙන්න ඕන යහපත තමයි ඒ සිදුවුනේ.

පින්වත් මහණෙනි, මෙලොව ජීවිතේ දී ත් සැප ලැබෙන, පරලොව ජීවිතේ දී ත් සැප විපාක ලැබෙන දේවල් සමාදන් වීමක් තියෙනවා නේද? අවබෝධයට පැමිණි ශ්‍රැතවත් ආර්ය ශ්‍රාවකයා 'මේ දේවල් සමාදන් වීමෙන් මෙලොව ජීවිතේ දී ත් සැප ලැබෙනවා. ඊළඟ ජීවිතේ දී ත් සැප විපාක ලැබෙනවා' කියල යථාර්ථයෙන් ම දන්නවා. ඉතින් ඔය විදිහට අවබෝධයට පැමිණි ශ්‍රැතවත් ආර්ය ශ්‍රාවකයා යථාර්ථය දන්න නිසා ඒක පුරුදු කරනවා. ඒක අත්හරින්නෙ නෑ. ඒක පුරුදු කරන කොට, ඒක අත් නොහරින කොට, දුක්, කරදර, කම්කටොළු, විපත් නැතිවෙලා යනවා. සැප, සතුට, සොම්නස, යහපත ඇතිවෙනවා. ඒකට හේතුව මොකක්ද? පින්වත් මහණෙනි, අවබෝධයට පැමිණිච්ච කෙනෙකුට සිදුවෙන්න ඕන යහපත තමයි ඒ සිදුවුනේ.

පින්වත් මහණෙනි, මෙලොව ජීවිතේ දී ත් දුක් ලැබෙන, ඊළඟ ජීවිතේ දී ත් දුක් විපාක ලැබෙන දේවල් සමාදන් වෙනවා කියල කියන්නෙ මොකක්ද?

පින්වත් මහණෙනි, කෙනෙක් ඉන්නවා. ඔහු දුකින් දොම්නසින් ම ඉඳගෙන සතුන් මරනවා. ඒ සතුන් මැරීම නිසාත් දුක් දොම්නස් විඳිනවා. ඒ වගේම දුකින් දොම්නසින් ම ඉඳගෙන සොරකම් කරනවා. ඒ සොරකම් කිරීම නිසාත් දුක් දොම්නස් විඳිනවා. ඒ වගේම දුකින් දොම්නසින් ඉඳගෙන වැරදි

කාම සේවනයේ යෙදෙනවා. ඒ වැරදි කාම සේවනය නිසාත් දුක් දොම්නස් විඳිනවා. ඒ වගේම දුකින් දොම්නසින් ඉඳගෙන බොරු කියනවා. ඒ බොරු කීම නිසාත් දුක් දොම්නස් විඳිනවා. ඒ වගේම දුකින් දොම්නසින් ඉඳගෙන කේළාම් කියනවා. ඒ කේළාම් කීම නිසාත් දුක් දොම්නස් විඳිනවා. දුකින් දොම්නසින් ඉඳගෙන ම පරුෂ වචන කියනවා. ඒ පරුෂ වචන කියන නිසාත් දුක් දොම්නස් විඳිනවා. දුකින් දොම්නසින් ඉඳගෙන ම හිස් වචන කියනවා. ඒ හිස් වචන කීම නිසාත් දුක් දොම්නස් විඳිනවා. දුකින් දොම්නසින් ඉඳගෙන ම අනුන්ගේ දේට ආශා කරනවා. අනුන්ගේ දේට ආශා කිරීම නිසාත් දුක් දොම්නස් විඳිනවා. දුකින් දොම්නසින් ඉඳගෙන ම තරහ සිතින් ඉන්නවා. ඒ තරහ නිසාත් දුක් දොම්නස් විඳිනවා. දුකින් දොම්නස් ඉඳගෙන ම මිථ්‍යා දෘෂ්ටික වෙනවා. ඒ මිථ්‍යා දෘෂ්ටිය නිසාත් දුක් දොම්නස් විඳිනවා. ඉතින් ඔහු කය බිඳිලා මළාට පස්සේ අපාය, දුගතිය, විනිපාත කියන නරකාදියෙ උපදිනවා. පින්වත් මහණෙනි, මෙන්න මේකට තමයි කියන්නෙ 'මෙලොවත් දුක් විඳින, පරලොවත් දුක් විපාක ලබාදෙන දේවල් සමාදන් වෙනවා' කියල.

පින්වත් මහණෙනි, මෙ ලොව දී සැප විඳින නමුත්, පරලොව දී දුක් විපාක ලැබෙන දේවල් සමාදන් වෙනවා කියන්නෙ මොකක් ද?

පින්වත් මහණෙනි, තව කෙනෙක් ඉන්නවා. ඔහු සතුටින්, සොම්නසින් සතුන් මරනවා. සතුන් මැරීම නිසාත් සතුටක්, සොම්නසක් ලබනවා. ඒ වගේම සතුටින් සොම්නසින් හොරකම් කරනවා. හොරකම් කිරීම නිසාත් සතුටක් සොම්නසක් ලබනවා. ඒ වගේම සතුටින් සොම්නසින් වැරදි කාම සේවනයේ යෙදෙනවා. වැරදි කාම සේවනයේ යෙදීම නිසාත් සතුටක්, සොම්නසක් ලබනවා. ඒ වගේම සතුටින් සොම්නසින් බොරු කියනවා. බොරු කීම නිසාත් සතුටක් සොම්නසක් ලබනවා. සතුටින් සොම්නසින් යුක්ත ව කෝළාම් කියනවා. කේළාම් කීම නිසාත් සතුටක් සොම්නසක් ලබනවා. සතුටින් සොම්නසින් යුක්ත ව පරුෂ වචන කියනවා. පරුෂ වචන කීම නිසාත් සතුටක් සොම්නසක් ලබනවා. සතුටින් සොම්නසින් හිස් වචන කතා කරනවා. හිස් වචන කීම නිසාත් සතුටක් සොම්නසක් ලබනවා. සතුටින් සොම්නසින් අනුන්ගේ දේට ආශා කරනවා. අනුන්ගේ දේට ආශා කරලත් සතුටක් සොම්නසක් ලබනවා. සතුටින් සොම්නසින් යුක්තව ම තරහ සිත් ඇති කරගන්නවා. තරහ සිත නිසාත් සතුටක් සොම්නසක් ලබනවා. සතුටින් සොම්නසින් යුතුව ම මිථ්‍යා දෘෂ්ටික වෙනවා. මිථ්‍යා දෘෂ්ටිය නිසාත් සතුටක් සොම්නසක් ලබනවා. අන්තිමේ දී ඔහු කය බිඳී මළාට පස්සෙ අපාය, දුගතිය, විනිපාත කියන නරකාදියෙ උපදිනවා. පින්වත් මහණෙනි, මෙන්න මේකට තමයි කියන්නෙ 'මෙලොව සැප ලබන, පරලොව දුක් විපාක ලබාදෙන දේවල් සමාදන් වෙනවා' කියලා.

පින්වත් මහණෙනි, මෙලොව දුක් ලැබෙන නමුත්, පරලොව සැප විපාක ලැබෙන දේවල් සමාදන් වෙනවා කියන්නෙ මොකක් ද?

පින්වත් මහණෙනි, මෙහෙම කෙනෙකුත් ඉන්නවා. ඔහු දුකින් දොම්නසින් යුක්තව සතුන් මැරීමෙන් වළකිනවා. සතුන් මැරීමෙන් වැළකීම නිසාත් දුක් දොම්නස් විඳිනවා. ඒ වගේම දුකින් දොම්නසින් යුක්තව ම සොරකමින් වළකිනවා. සොරකමින් වැළකීම නිසාත් දුක් දොම්නස් විඳිනවා. දුකින් දොම්නසින් යුක්තව ම වැරදි කාම සේවනයෙන් වළකිනවා. වැරදි කාම සේවනයෙන් වැළකීම නිසාත් දුක් දොම්නස් විඳිනවා. දුකින් දොම්නසින් යුක්තව බොරු කීමෙන් වළකිනවා. බොරු කීමෙන් වැළකීම නිසාත් දුක් දොම්නස් විඳිනවා. දුකින් දොම්නසින් යුක්තව ම කේළාම් කීමෙන් වළකිනවා. කේළාම් කීමෙන් වැළකීම නිසාත් දුක් දොම්නස් විඳිනවා. දුකින් දොම්නසින් යුක්තව ම පරුෂ වචන කීමෙන් වළකිනවා. පරුෂ වචන කීමෙන් වැළකීම නිසාත් දුක් දොම්නස් විඳිනවා. දුකින් දොම්නසින් යුක්තව ම හිස් වචන කීමෙන් වළකිනවා. හිස් වචන කීමෙන් වැළකීම නිසාත් දුක් දොම්නස් විඳිනවා. දුකින් දොම්නසින් යුක්තව ම අනුන්ගේ දේට ආශා කිරීමෙන් වළකිනවා. අනුන් සතු දේට ආශා නොකිරීමෙනුත් දුක් දොම්නස් විඳිනවා. දුකින් දොම්නසින් යුක්තව ම තරහ සිතින් වළකිනවා. තරහ නොවීම නිසාත් දුක් දොම්නස් විඳිනවා. දුකින් දොම්නසින් යුක්තව ම සම්මා දිට්ඨියෙන් යුක්තව ඉන්නවා. සම්මා දිට්ඨිය නිසාත් දුක් දොම්නස් විඳිනවා. අන්තිමේ දී ඔහු කය බිඳිල මළාට පස්සෙ සැප ඇති සුගති ලෝකෙ උපදිනවා. පින්වත් මහණෙනි, මෙන්න මේකට තමයි කියන්නෙ 'මෙලොව දී දුක් විඳින නමුත්, පරලොව දී සැප විපාක ලැබෙන දේවල් සමාදන් වෙනවා' කියලා.

පින්වත් මහණෙනි, මෙ ලොව ජීවිතේ දී ත් සැප ලැබෙන, පරලොව ජීවිතේ දී ත් සැප විපාක ලැබෙන දේවල් සමාදන් වෙනවා කියන්නෙ මොකක්ද?

පින්වත් මහණෙනි, මෙහෙම කෙනෙකුත් ඉන්නවා. ඔහු සතුටින් සොම්නසින් යුක්තව ම සතුන් මැරීමෙන් වළකිනවා. සතුන් මැරීමෙන් වැළකීම නිසා සතුටක්, සොම්නසක් විඳිනවා. ඒ වගේ ම සතුටින් සොම්නසින් යුක්තව ම සොරකමින් වළකිනවා. සොරකමින් වැළකීම නිසාත් සතුටක් සොම්නසක් ලබනවා. ඒ වගේම සතුටින් සොම්නසින් යුක්තව ම වැරදි කාම සේවනයෙන් වළකිනවා. වැරදි කාම සේවනයෙන් වැළකීම නිසාත් සතුටක් සොම්නසක් ලබනවා. සතුටින් සොම්නසින් යුක්තව ම බොරු කීමෙන් වළකිනවා. බොරු කීමෙන් වැළකීම නිසාත් සතුටක් සොම්නසක් ලබනවා. සතුටින් සොම්නසින් යුතුව ම කේළාම් කීමෙන් වළකිනවා. කේළාම් කීමෙන් වැළකීම නිසාත් සතුටක්

සොම්නසක් ලබනවා. සතුටින් සොම්නසින් යුතුව ම පරුෂ වචන කීමෙන් වළකිනවා. පරුෂ වචන කීමෙන් වැළකීම නිසාත් සතුටක් සොම්නසක් ලබනවා. සතුටින් සොම්නසින් යුතුව ම හිස් වචන කීමෙන් වළකිනවා. හිස් වචන කීමෙන් වැළකීම නිසාත් සතුටක් සොම්නසක් ලබනවා. සතුටින් සොම්නසින් යුතුව ම අනුන් සතු දේට ආශා කිරීමෙන් වළකිනවා. අනුන් සතු දේට ආශා කිරීමෙන් වැළකීම නිසාත් සතුටක් සොම්නසක් ලබනවා. සතුටින් සොම්නසින් යුක්තව ම තරහ සිතින් තොරව ඉන්නවා. තරහ සිතින් තොරව සිටීම නිසාත් සතුටක් සොම්නසක් ලබනවා. සතුටින් සොම්නසින් යුක්තව ම සම්මා දිට්ඨියෙන් යුක්තව ඉන්නවා. සම්මා දිට්ඨිය නිසාත් සතුටක් සොම්නසක් ලබනවා. ඒ නිසා ඔහු කය බිඳී මැරුණට පස්සෙ සැප ඇති සුගති ලෝකයේ උපදිනවා. පින්වත් මහණෙනි, මෙන්න මේකට තමයි මෙලොව දී ත් සැප විඳින, පරලොව දී ත් සැප විපාක තියෙන දේවල් සමාදන් වෙනවා කියල කියන්නෙ.

පින්වත් මහණෙනි, ඒක මෙන්න මේ වගේ දෙයක්. මාරාන්තික වසක් දාපු තිත්ත ලබු යුෂ පානයක් තියෙනවා. එතනට මිනිහෙක් එනවා. ඔහු ජීවත් වෙන්න කැමතියි. මැරෙන්න අකැමතියි. සැපයට කැමතියි. දුක පිළිකුල් කරනවා. ඔහුට මෙහෙම කියනවා. 'ඒයි මනුස්සයෝ, මෙන්න තියෙනවා මාරාන්තික විෂ දාපු තිත්ත ලබු යුෂ බීමක්. ඔබ කැමති නම් බොන්න පුළුවනි. හැබැයි මේක බොන කොට මේකෙ පාටටවත්, සුවඳටවත්, රසටවත් ආශාවක් නම් හිතෙන්නෙ නෑ. බිව්වට පස්සෙ එක්කො මැරිල යාවි. එක්කො මාරාන්තික දුකකට පත් වේවි' කියල. ඉතින් ඔහු ඒකට ඇහුම්කන් දෙන්නෙ නෑ. ඒක බොනවා. ඒක අත්හරින්නෙ නෑ. ඔහු ඒක බොනකොටත්, ඒකෙ පාටටවත්, සුවඳටවත්, රසට වත් ආශාවක් නම් ඇතිවෙන්නෙ නෑ. බිව්වට පස්සෙ එක්කො ඔහු මැරිල යනවා. එහෙම නැත්නම් මාරාන්තික දුකකට පත්වෙනවා. පින්වත් මහණෙනි, මෙලොව දී ත් දුක් විඳින, පරලොව දී ත් දුක් විපාක විඳින, යම් දේවල් සමාදන් වීමක් ඇද්ද, අන්න ඒ අයහපත් සමාදන් වීම ගැන තමයි ඔය උපමාව කරන්න තියෙන්නෙ.

පින්වත් මහණෙනි, ඒක මෙන්න මේ වගේ දෙයක්. ඉතාම රසවත් බීමක් තියෙන බඳුනක් තියෙනවා. ඒ බීමෙ පාටත් හරිම ලස්සනයි. හරිම සුවඳයි. හරිම රසවත්. ඒත් ඒකට මාරාන්තික වස මිශ්‍ර කරලයි තියෙන්නෙ. ඔතෙන්ට මිනිහෙක් එනවා. ඔහු ජීවත් වෙන්නයි කැමති. මැරෙන්න අකමැතියි. සැපයටයි කැමති. දුක පිළිකුල් කරනවා. එතකොට ඔහුට මෙහෙම කියනවා. 'ඒයි මනුස්සයො, මෙන්න තියෙනවා අපූරු බීමක්. මේකෙ පාටත් ලස්සනයි. හරිම සුවඳයි. හරිම රසවත්. හැබැයි මේකට මාරාන්තික වසක් මිශ්‍ර කරලයි තියෙන්නෙ. කැමති නම් බොන්න පුළුවනි. හැබැයි ඔබ ඒක බොන කොට ඒකෙ පාට ගැනත්,

සුවඳ ගැනත්, රසය ගැනත් ගොඩාක් කැමති වේවි. බිව්වට පස්සෙ ඔබ මැරිල යාවි. එහෙමත් නැත්නම් මාරාන්තික දුක් විඳින්න සිද්ධ වේවි' කියලා. ඔහු ඒකට ඇහුම්කන් දෙන්නෙ නෑ. ඒක බැහැර කරන්නෙ නෑ. ඔහු ඒක බොනවා. එතකොට ඒකෙ පාටටත්, සුවඳටත්, රසයටත් ගොඩක් කැමති වෙනවා. නමුත් බිව්වට පස්සෙ මැරිල යනවා. එහෙම නැත්නම් මාරාන්තික දුකකට පත්වෙනවා. පින්වත් මහණෙනි. මෙලොව සැප තිබෙන නමුත්, පරලොව දුක් විපාක ලැබෙන දේවල් සමාදන් වීමක් ඇද්ද, අන්න ඒ සමාදන් වීම ගැන ඔය උපමාව තමයි මට කරන්න තියෙන්නෙ.

පින්වත් මහණෙනි, ඒක මෙන්න මේ වගේ දෙයක්. අරළු වැනි නොයෙක් බෙහෙත් දාපු ගව මූත්‍රා තියෙනවා. ඔතෙන්ට මිනිහෙක් එනවා. ඔහු පාණ්ඩු රෝගියෙක්. එතකොට ඔහුට මෙහෙම කියනවා. 'පින්වත, මෙන්න තියෙනවා ගව මූත්‍රා බෙහෙතක්. නොයෙක් ඖෂධ වර්ග දාලයි තියෙන්නෙ. ඔබ කැමති නම් බොන්න පුළුවනි. හැබැයි මේක බොන කොට මේකෙ පාට ගැනවත්, සුවඳ ගැනවත්, රස ගැනවත් ඔබ කැමති වෙන එකක් නෑ. හැබැයි බිව්වට පස්සෙ ඔබ සුවපත් වෙයි' කියලා. ඔහු ඒ ගැන නුවණින් හිතල ඒක පානය කරනවා. බැහැර කරන්නෙ නෑ. ඔහු ඒක බොන විට පාට ගැනවත්, සුවඳ ගැනවත්, රස ගැනවත් කැමැත්තක් ඇතිවෙන්නෙ නෑ. නමුත් ඔහු ඒක බිව්වට පස්සෙ සුවපත් වෙනවා. පින්වත් මහණෙනි, මෙලොව දී දුක් ලැබෙන නමුත්, පරලොව සැප විපාක තියෙන දේවල්වල යම් සමාදන් වීමක් ඇද්ද, අන්න ඒ සමාදන් වීම ගැන කරන්න තියෙන්නෙ ඔය උපමාව තමයි.

පින්වත් මහණෙනි, මෙන්න මේ වගේ දෙයක් තියෙනවා. දී කිරි, මී පැණි, ගිතෙල්, පැණි කලවම් කරල හදපු රසවත් බීමක් තියෙනවා. ඔතෙන්ට මිනිහෙක් එනවා. ඔහු ලේ අතීසාරය හැදුණු ලෙඩෙක්. ඔහුට මෙහෙම කියනවා. 'ඒයි පින්වත, මෙන්න තියෙනවා දී කිරිත්, මී පැණිත්, ගිතෙලුත්, කළවම් කරපු රසවත් බීමක්. ඔබ කැමති නම් බොන්න පුළුවනි. ඔබ ඒක පානය කරන කොට ඒකෙ පාට ගැනත්, සුවඳ ගැනත්, රසය ගැනත් ගොඩක් සතුටු වේවි. ඒ වගේ ම ඒක බිව්වට පස්සෙ ඔබ සුවපත් වේවි' කියල. එතකොට ඔහු ඒ ගැන නුවණින් සළකල ඒක පානය කරනවා. ඒක බැහැර කරන්නෙ නෑ. ඔහු ඒක පානය කරන කොට ඒකෙ පාට ගැනත්, සුවඳ ගැනත්, රස ගැනත් ඔහු ගොඩාක් කැමති වෙනවා. ඒ වගේම ඒක පානය කරල ඔහු සුවපත් වෙනවා. පින්වත් මහණෙනි, මෙලොව දී ත් සැප ලැබෙන, පරලොව ජීවිතේ දී ත් සැප විපාක ලැබෙන දේවල් සමාදන් වීමක් ඇද්ද, අන්න ඒ දේවල් සමාදන් වීම උපමා කරන්න තියෙන්නෙ මේකට තමයි.

පින්වත් මහණෙනි, වැස්ස කාලෙ අන්තිම මාසෙ සරත් කාලයේ වළාකුළු නැති ආකාසෙ හිරු මඬල නැග එද්දි, අහස පුරා තිබුණු හැම අඳුරක් ම නැති වෙලා ගිහින් අර හිරු මඬල බබලන්න පටන් ගන්නවා. රස්නෙ පැතිරෙන්න පටන් ගන්නවා. දිළිසෙන්න පටන් ගන්නවා. පින්වත් මහණෙනි, ඔන්න ඔය විදිහම යි, මෙලොව දී ත් සැප විඳින, පරලොව දී ත් සැප විපාක ලැබෙන දේවල්වල සමාදන් වීමක් ඇද්ද, අන්න ඒක, වෙනත් බොහෝ ශ්‍රමණබ්‍රාහ්මණයන්ගේ වාද විවාදවල ඔද තෙද බිඳගෙන බබලන්න පටන් ගන්නවා. රස්නෙ ඇති වෙනවා. දිළිසෙනවා.

භාග්‍යවතුන් වහන්සේ මෙය වදාළා. ඒ භික්ෂූන් වහන්සේලා මේ ගැන ගොඩාක් සතුටු වුණා. භාග්‍යවතුන් වහන්සේ වදාළ මේ දේශනය සාදු නාද නංවමින් ඉතා සතුටින් පිළිගත්තා.

සාදු! සාදු!! සාදු!!!

**යහපත අයහපත සමාදන් වීම ගැන වදාළ විස්තරාත්මක දෙසුම නිමා විය.**

# 1.5.7
# වීමංසක සූත්‍රය
## නුවණින් විමසීම ගැන වදාළ දෙසුම

**මා** හට අසන්නට ලැබුනේ මේ විදිහට යි. ඒ දවස්වල භාග්‍යවතුන් වහන්සේ වැඩසිටියේ සැවැත් නුවර ජේතවනයේ අනේපිඬු සිටුතුමාගේ ආරාමයේ. එදා භාග්‍යවතුන් වහන්සේ "පින්වත් මහණෙනි" කියා, භික්ෂු සංඝයා අමතා වදාළා. ඒ භික්ෂූන් "පින්වතුන් වහන්ස" කියා භාග්‍යවතුන් වහන්සේට පිළිතුරු දුන්නා. ඒ මොහොතේ දී තමයි භාග්‍යවතුන් වහන්සේ මේ දේශනාව වදාළේ.

පින්වත් මහණෙනි, පරසිත් දන්නා නුවණ නැති භික්ෂුවක් ඉන්නවා. නමුත් නුවණින් විමසීමේ හැකියාව තියෙනවා. අන්න ඒ භික්ෂුව විසින් 'මේ සම්මා සම්බුදුවරයෙක් ද? නැද්ද?' කියල දැනගැනීම පිණිස තථාගතයන් වහන්සේ ගැන නුවණින් පරීක්ෂා කරල බලන්න ඕන."

"ස්වාමීනී, භාග්‍යවතුන් වහන්සේ මුල් කරගෙනයි අපගේ ධර්මය තියෙන්නෙ. භාග්‍යවතුන් වහන්සේගේ නායකත්වය මතයි අපගේ ධර්මය තියෙන්නෙ. භාග්‍යවතුන් වහන්සේගේ පිළිසරණ මතයි අපගේ ධර්මය තියෙන්නෙ. එම නිසා ස්වාමීනී, භාග්‍යවතුන් වහන්සේට ම ඔය වදාළ කාරණයේ අර්ථය වැටහෙනවා නම් කොයිතරම් හොඳ ද? එතකොට භාග්‍යවතුන් වහන්සේ ගෙන් අසාගෙන මේ භික්ෂූන්ට මතක තබාගන්න පුළුවනි."

"එහෙම නම් පින්වත් මහණෙනි, හොඳින් සවන් යොමන්න. නුවණින් තේරුම් ගන්න. මම දැන් කියා දෙන්නම්."

"එසේ ය, ස්වාමීනී" කියා ඒ භික්ෂු පිරිස භාග්‍යවතුන් වහන්සේට පිළිතුරු දුන්නා. භාග්‍යවතුන් වහන්සේ මේ දෙසුම වදාළා.

"පින්වත් මහණෙනි, පරසිත් දැනීමේ ඥාණය ලබා නොගත් භික්ෂුවක් ඉන්නවා. නමුත් ඔහු නුවණින් විමසීමේ හැකියාවෙන් යුක්තයි. අන්න ඒ භික්ෂුව විසින් කරුණු දෙකක් ඔස්සේ තථාගතයන් වහන්සේ ගැන නුවණින් පරීක්ෂා කර බලන්න ඕන. ඒ කරුණු දෙක නම්, හොඳට ඇහින් බලන්න ඕන. හොඳට කනෙන් අහන්න ඕන. හොඳට ඇහෙන් බලද්දි, හොඳට කනෙන් අහද්දි, හොඳට පරීක්ෂා කර බලන්න ඕන තථාගතයන් වහන්සේ තුළ කෙලෙස් තියෙනවා ද, නැද්ද කියල. එතකොට ඒ භික්ෂුව මේ විදිහට තේරුම් ගන්නවා. ඇහෙන් හොඳට බලද්දි, කනෙන් හොඳින් අහද්දි දැකගන්න පුළුවන් කෙලෙස් තියෙනවා නම් එබඳු වූ කෙලෙස් කිසිවක් තථාගතයන් වහන්සේ තුළ දැකගන්න නෑ' කියල.

යම් දවසක ඒ භික්ෂුව හොඳින් පරීක්ෂා කර බලද්දි ඔය විදිහට දැනගත්තා නම්, ඒ කියන්නෙ 'ඇහෙන් හොඳට බලද්දි, කනෙන් හොඳට අහද්දි දැකගන්න පුළුවන් වන කෙලෙස් තියෙනවා. නමුත් ඒ කෙලෙස් කිසිවක් තථාගතයන් වහන්සේ තුළ දැකගන්න නෑ' කියල. එතකොට ඒ භික්ෂුව තවදුරටත් හොඳින් පරීක්ෂා කර බලන්න ඕන. ඇසින් හොඳට බලන කොට, කනෙන් හොඳට අහන කොට කලින් කලට අල්ලගන්න පුළුවන් කෙලෙස් තියෙනවා. අන්න ඒ කෙලෙස් තථාගතයන් වහන්සේට තියෙනවා ද නැද්ද කියල. ඒ භික්ෂුව ඒ විදියට නුවණින් පරීක්ෂා කර බලද්දි මෙන්න මේ විදිහටයි දැනගන්නෙ. 'ඇසින් හොඳට බලා සිටිද්දි, කනෙන් හොඳට අසා සිටිද්දි කලින් කලට වෙනස් වන කෙලෙස් සොයාගන්න පුළුවනි. නමුත් එබඳු කෙලෙස් කිසිවක් තථාගතයන් වහන්සේ තුළ දැකගන්න නෑ' කියල.

යම් දවසක ඒ භික්ෂුව ඔය විදිහට හොඳට පරීක්ෂා කරල දැනගත්තා නම්, ඒ කියන්නෙ 'ඇහින්, කනෙන් හොඳින් විමසන කොට කලින් කලට වෙනස් වෙන කෙලෙස් අහුවෙනවා. නමුත් තථාගතයන් වහන්සේ තුළ ඒ කෙලෙස් කිසිවක් නෑ' කියල. එතකොට ඒ භික්ෂුව තවදුරටත් පරීක්ෂා කරල බලන්න ඕන. හොඳට ඇහින් බලන කොට, හොඳට කනෙන් අහන කොට දැනගන්න පුළුවන් ඉතා පිරිසිදු දේවල් තියෙනවා. තථාගතයන් වහනසේට ඒ පිරිසිදු දේවල් තියෙනවා ද නැද්ද? කියල. එතකොට ඒ භික්ෂුව මේ විදිහටයි දැනගන්නෙ. 'හොඳට ඇහින් බලද්දි, හොඳට කනෙන් අහද්දි දැනගන්න පුළුවන් ඉතා පිරිසිදු දේවල් තියෙනවා. අන්න ඒ පාරිශුද්ධ බව තථාගතයන් වහන්සේ ළඟ දකින්න තියෙනවා' කියල.

යම් දවසක ඒ භික්ෂුව නුවණින් පරීක්ෂා කර බලද්දි ඔය විදිහට දැනගත්තා නම්, ඒ කියන්නෙ, 'ඇහින් හොඳට බලද්දි, කනෙන් හොඳට අහද්දි දැනගන්නට

පුළුවන් පිරිසිදු දේවල් තියෙනවා. අන්න ඒ පාරිශුද්ධ දේ තථාගතයන් වහන්සේ ළඟ දකගන්න තියෙනවා' කියල. එතකොට ඒ භික්ෂුව තවදුරටත් හොඳට පරීක්ෂා කරල බලන්න ඕන. 'මේ ආයුෂ්මතුන් (තථාගතයන් වහන්සේ) බොහෝ කාලෙක සිට ද මේ කුසල් දහම් ඇතිව ඉන්නෙ? නැත්නම් ළඟක දි ඉඳල ද?' කියල. එතකොට ඒ භික්ෂුව නුවණින් පරීක්ෂා කරද්දි මෙන්න මෙහෙමයි දනගන්නෙ. 'මේ ආයුෂ්මතුන් (තථාගතයන් වහන්සේ) බොහෝ කලක සිට මේ කුසල් දහම් ඇතුවයි ඉන්නෙ. ළඟක දි ඉඳලා නම් නොවෙයි' කියල.

යම් දවසක ඒ භික්ෂුව නුවණින් පරීක්ෂා කර බලද්දි ඔය විදිහට දනගත්තා නම්, ඒ කියන්නෙ 'බොහෝ කලක සිටයි මේ ආයුෂ්මතුන් මේ කුසල් දහම් ඇතුව ඉන්නෙ. ළඟක දි ඉඳලා නම් නොවෙයි' කියල. එතකොට ඒ භික්ෂුව තවදුරටත් නුවණින් පරීක්ෂා කරල බලන්න ඕන. 'මේ ආයුෂ්මත් භික්ෂුව (තථාගතයන් වහන්සේ) ගොඩක් ප්‍රසිද්ධ වෙලා කීර්තිමත්වයි ඉන්නෙ. නමුත් ඒ තුළින් උන්වහන්සේගේ ජීවිතය තුළ යම්කිසි පිරිහීමක් දකින්න තියෙනවා ද?' කියල.

පින්වත් මහණෙනි, ප්‍රසිද්ධ නොවන තාක්, කීර්තිමත් නොවන තාක් මෙහි ඇතැම් භික්ෂුවකගේ පිරිහීමක් දකින්න ලැබෙන්නේ නෑ. නමුත් පින්වත් මහණෙනි, යම් දවසක ප්‍රසිද්ධියට පත්වුනා ම කීර්තිමත් වුනා ම මෙහි ඇතැම් භික්ෂුවකගේ පිරිහීමක් දකින්න ලැබෙනවා.

එහෙත් ඒ භික්ෂුව තථාගතයන් වහන්සේ ගැන හොඳින් පරීක්ෂා කර බලද්දි මේ විදිහටයි දනගන්නේ, 'මේ ආයුෂ්මත් භික්ෂුව ගොඩාක් ප්‍රසිද්ධ තමයි. කීර්තිමත් තමයි. නමුත් මුන්වහන්සේ තුළ නම් කිසිම පිරිහීමක් දකින්න ලැබෙන්නෙ නෑ' කියල.

යම් දවසක ඒ භික්ෂුව නුවණින් පරීක්ෂා කර බලද්දි ඔය විදිහට දනගත්තා නම් 'මේ ආයුෂ්මත් භික්ෂුව ගොඩාක් ප්‍රසිද්ධ තමයි. කීර්තිමත් තමයි. නමුත් මුන්වහන්සේ තුළ කිසිඳු පිරිහීමක් දකින්න නෑ' කියල. එතකොට ඒ භික්ෂුව තථාගතයන් වහන්සේ ගැන තවදුරටත් පරීක්ෂා කර බලන්න ඕනෑ. 'මේ ආයුෂ්මතුන් ඇත්තෙන් ම බිය රහිත භාවයට පත්වෙලා කාමයෙන් වැළකී සිටින කෙනෙක් ද, බියට පත් වීම නිසා කාමයෙන් වැළකී සිටින කෙනෙක් ද, රාගය ක්ෂය වීම නිසා වීතරාගී බව තුළින් කාමයෙන් වැළකී සිටින කෙනෙක් ද' කියල. එතකොට ඒ භික්ෂුව නුවණින් පරීක්ෂා කර බලද්දි තථාගතයන් වහන්සේ ගැන දනගන්නෙ මේ විදිහටයි. 'මේ ආයුෂ්මතුන් බිය රහිත බවට පත් වී සිටින කෙනෙක්. බිය සහිත කෙනෙක් නොවෙයි. රාගය ක්ෂය වීම නිසා වීතරාගී බව නිසා ම යි කාමයෙන් වැළකී සිටින්නේ' කියල.

පින්වත් මහණෙනි, ඒ භික්ෂුවගෙන් අනිත් උදවිය මෙහෙම අහන්න පුළුවනි. 'ඒ ආයුෂ්මතුන්ගේ මොන ස්වභාවයක් දැකල ද මොන ධර්මතාවයක් දැකල ද ඔය විදිහට කියන්නෙ? ඒ කියන්නෙ, මේ ආයුෂ්මතුන් බිය රහිත බවට පත්වෙලා ඉන්නෙ. බිය සහිතව නොවේ. රාගය ක්ෂය වීම නිසා වීතරාගී බව නිසයි කාමයෙන් වැළකී සිටින්නෙ' කියලා.

එතකොට පින්වත් මහණෙනි, සැබෑ ලෙස ම කියන භික්ෂුව මෙන්න මේ විදිහට යි කියන්නෙ, 'ඒ ආයුෂ්මතුන් භික්ෂුසංඝයා මැද වාසය කරන කොටත්, හුදෙකලාවේ ඉන්න කොටත්, එහි යම් රහතුන් සිටිනවා ද, එහි යම් නොමග ගියවුන් සිටිනවාද, එහි යම් කෙනෙක් පිරිසට අනුශාසනා කරයි ද, යම් කෙනෙක් ලාභ සත්කාර කීර්ති ප්‍රශංසා ආදී ආමිසයට ඇලෙයි ද, යම් කෙනෙක් ඒ ආමිසයෙහි නොගැවී ඉන්නවා ද, ඉතින් මේ ආයුෂ්මතුන් ඒ කරුණින් ඒ භික්ෂුව හෙළා දකින්නෙ නෑ. මම මේ කාරණය භාග්‍යවතුන් වහන්සේගෙන් ම යි ඇසුවෙ. භාග්‍යවතුන් වහන්සේ ගෙන් ම යි දැනගත්තෙ. එනම්, මම ඉන්නෙ බිය රහිත භාවයට පත්වෙලයි. මම ඉන්නෙ බිය සහිත ව නොවෙයි. 'රාගය ක්ෂය වීම නිසා වීතරාගී බව නිසා ම යි මම කාමයෙන් වැළකී සිටින්නෙ' කියලා.

පින්වත් මහණෙනි, ඔය කාරණය ගැන තථාගතයන් වහන්සේගෙන් ම යි තවදුරටත් විමසා සිටින්න ඕන.

(1). ඇසින් හොඳට බලද්දි, කනෙන් හොඳට අහද්දි සොයාගන්න පුළුවන් කෙලෙස් තියෙනවා. ඒ කෙලෙස් තථාගතයන් වහන්සේට තියෙනවා ද? නැද්ද? කියල. ඒ ගැන පිළිතුරු දෙන විට පින්වත් මහණෙනි, තථාගතයන් වහන්සේ මේ විදිහට යි පිළිතුරු දෙන්නෙ. 'ඇසින් හොඳට බලද්දි, කනෙන් හොඳට අහද්දි අල්ලගන්න පුළුවන් කෙලෙස් තියෙනවා තමයි. නමුත් ඒ කෙලෙස් තථාගතයන් වහන්සේ තුළ දැකගන්න නෑ' කියල.

(2). ඇසින් හොඳට බලද්දි, කනෙන් හොඳට අහද්දි කලින් කලට හොයාගන්න පුළුවන් කෙලෙස් තියෙනවා. ඒ කෙලෙස් තථාගතයන් වහන්සේ තුළ දකින්න තියෙනවා ද? නැද්ද? කියලා. එතකොට ඒ ගැන පිළිතුරු දෙන විට පින්වත් මහණෙනි, තථාගතයන් වහන්සේ පිළිතුරු දෙන්නෙ මෙන්න මේ විදිහටයි. 'අසින් හොඳට බලද්දි, කනෙන් හොඳට අහද්දි කලින් කලට හොයාගන්න පුළුවන් කෙලෙස් තියෙනවා තමයි. නමුත් ඒ කෙලෙස් තථාගතයන් වහන්සේ තුළ දැකගන්න නෑ' කියල.

(3). ඇසින් හොඳට බලද්දි, කනෙන් හොඳට අහද්දි දැනගන්න පුළුවන් ඉතා පිරිසිදු දේවල් තියෙනවා. අන්න ඒ පිරිසිදු දේවල් තථාගතයන් වහන්සේ තුළ

දකින්න තියෙනවා ද? නැද්ද? කියල. ඒ ගැන පිළිතුරු දෙන විට පින්වත් මහණෙනි, තථාගතයන් වහන්සේ පිළිතුරු දෙන්නෙ මෙන්න මේ විදිහටයි. 'ඇසින් හොඳින් දකින විට, කනෙන් හොඳට අසන විට සොයාගන්න පුළුවන් ඉතා පිරිසිදු දේවල් තියෙනවා තමයි. අන්න පාරිශුද්ධ දේ තථාගතයන් වහන්සේ තුළ දකින්න ලැබෙනවා. මම මේ පිරිසිදු මාර්ගයෙන් යුක්ත වෙමි. එය ම අරමුණු කොට සිටිමි. නමුත් ඒ ගැන මගේ අමුතු ආශාවක් නෑ' කියල.

පින්වත් මහණෙනි, මේ විදිහට කතා බස් කරන ශාස්තෘන් වහන්සේ නමක් ළඟට ශ්‍රාවකයෙක් බණ අසන්න එන එක සුදුසුයි. එතකොට ශාස්තෘන් වහන්සේ තව තවත් උසස් අයුරින් රසවත් රසවත් විදිහට දහම් දෙසනවා. පින් පව් ගැන මතුකොට පෙන්වා දෙනවා.

පින්වත් මහණෙනි, ශාස්තෘන් වහන්සේ භික්ෂුවට ඒ විදිහට උසස් අයුරින් රසවත් රසවත් විදිහට පින් පව් ගැන විස්තර කරමින් දහම් දෙසන කොට ඒ භික්ෂුවත් ඒ ධර්මය කරුණු විමසමින් අවබෝධ කරගන්නවා. එතකොට ඒ ධර්මය තුළ ඇති ඇතැම් කරුණු ඔහුට හොඳට අවබෝධ වෙනවා. ශාස්තෘන් වහන්සේ ගැන පැහැදීම ඇතිවෙනවා. 'භාග්‍යවතුන් වහන්සේ සම්මා සම්බුද්ධයි. භාග්‍යවතුන් වහන්සේ විසින් මනාකොට දේශනා කළ ශ්‍රී සද්ධර්මය ස්වාක්ඛාතයි. ශ්‍රාවක සඟරුවන ද සුපටිපන්නයි' කියල.

පින්වත් මහණෙනි, එතකොට ඒ භික්ෂුව ගෙන් අනිත් උදවිය මෙහෙම අසන්න පුළුවනි. 'ඒ ආයුෂ්මතුන්ගේ කවර ස්වභාවයක් දැකල ද කවර ධර්මතාවයක් නිසා ද ඔය විදිහට කියන්නෙ, 'භාග්‍යවතුන් වහන්සේ සම්මා සම්බුද්ධයි. භාග්‍යවතුන් වහන්සේ විසින් මනාකොට දේශනා කළ ශ්‍රී සද්ධර්මය ස්වාක්ඛාතයි. ශ්‍රාවක සඟරුවන ද සුපටිපන්නයි' කියලා?'

පින්වත් මහණෙනි, එතකොට සැබෑ ලෙස පිළිතුරු දෙන භික්ෂුවක් පිළිතුරු දෙන්නෙ මේ විදිහටයි. 'ප්‍රිය ආයුෂ්මතුනි, භාග්‍යවතුන් වහන්සේ ළඟට මම බණ අහන්න ගියා. මට භාග්‍යවතුන් වහන්සේ දහම් දෙසුවා. උසස් උසස් විදිහට රසවත් රසවත් විදිහට පින් පව් විස්තර කරමින් දහම් දෙසුවා. ඉතින් ප්‍රිය ආයුෂ්මතුනි, භාග්‍යවතුන් වහන්සේ උසස් උසස් විදිහට රසවත් රසවත් විදිහට පින් පව් විස්තර කරමින් දහම් දෙසුවෙ යම් ආකාරයකින් ද, ඒ ඒ විදිහට මම ඒ ධර්මය තේරුම් ගන්න කොට, ඒ ධර්මයෙන් ඇතැම් කරුණු මට අවබෝධ වුනා. මට ශාස්තෘන් වහන්සේ ගැන පැහැදීමක් ඇති වුනා. 'භාග්‍යවතුන් වහන්සේ සම්මා සම්බුද්ධයි. භාග්‍යවතුන් වහන්සේ විසින් මනාකොට දේශනා කළ ශ්‍රී සද්ධර්මය ස්වාක්ඛාතයි. ශ්‍රාවක සඟරුවන ද සුපටිපන්නයි' කියල.

පින්වත් මහණෙනි, යම්කිසි කෙනෙකුට ඔය විදිහට දූන් මේ විස්තර කරපු අදහස්වලින් වචනවලින් තථාගතයන් වහන්සේ කෙරෙහි ශ්‍රද්ධාවක් පිහිටියා නම් ඒ ශ්‍රද්ධාව මුල් බැසගෙන පිහිටියා නම් පින්වත් මහණෙනි, අන්න ඒ ශ්‍රද්ධාවට කියන්නෙ ආකාරවතී ශ්‍රද්ධාව කියල. ඒ ශ්‍රද්ධාව අවබෝධය මුල් කරගත්තු දෑඩි එකක්. මේ ලෝකයේ ශ්‍රමණයෙකුට හෝ බ්‍රාහ්මණයෙකුට හෝ දෙවියෙකුට හෝ මාරයෙකුට හෝ බ්‍රහ්මයෙකුට හෝ කිසිවෙකුට හෝ ඔහුව ඒ ශ්‍රද්ධාවෙන් බැහැර කරන්න බෑ.

පින්වත් මහණෙනි, තථාගතයන් වහන්සේ ගැන ධර්මයට අනුව පරීක්ෂා කර බලන්නේ ඔය විදිහට යි. ධර්මයට අනුව පරීක්ෂා කර බලද්දි තථාගතයන් වහන්සේව දූකගත හැකි වන්නේ ඔය විදිහටයි.

භාග්‍යවතුන් වහන්සේ මෙය වදාළා. ඒ භික්ෂු පිරිස ගොඩක් සතුටු වුනා. භාග්‍යවතුන් වහන්සේ වදාළ දේශනය සාදු නාද දෙමින් සතුටින් පිළිගත්තා.

**සාදු! සාදු!! සාදු!!!**

**නුවණින් විමසීම ගැන වදාළ දෙසුම නිමා විය.**

# 1.5.8
# කෝසම්බිය සූත්‍රය
## කොසඹෑ නුවර දී වදාළ දෙසුම

**මා** හට අසන්නට ලැබුනේ මේ විදිහටයි. ඒ දිනවල භාග්‍යවතුන් වහන්සේ වැඩසිටියේ කොසඹෑ නුවර ඝෝෂිතාරාමයේ. ඒ දවස්වල කොසඹෑ නුවර භික්ෂූන් අතර රණ්ඩුවක් හටඅරගෙන තිබුනා. දබරයක් හටඅරගෙන තිබුනා. වාදයක් හටඅරගෙන තිබුනා. එකිනෙකාට වචන නැමැති ආයුධවලින් විදගන්නවා. නමුත් එකිනෙකා කරුණු අවබෝධ කරගන්නෙත් නෑ. කරුණු තේරුම් බේරුම් කරගන්නත් සූදානම් නෑ. එකිනෙකාට තේරුම් කරවන්නෙත් නෑ. ඒ සඳහා කවුරුවත් ඉදිරිපත් වන්නෙත් නෑ.

එතකොට එක්තරා භික්ෂුවක් භාග්‍යවතුන් වහන්සේව බැහැදකින්න ගියා. ගිහින් භාග්‍යවතුන් වහන්සේට වන්දනා කරල පැත්තකින් වාඩිවුනා. ඊට පස්සෙ ඒ භික්ෂුව භාග්‍යවතුන් වහන්සේට මෙහෙම කිව්වා. "ස්වාමීනී, කොසඹෑ නුවර භික්ෂු පිරිස අතර රණ්ඩුවක් හටඅරගෙන තියෙනවා. දබරයක් හටඅරගෙන තියෙනවා. වාදයක් හටඅරගෙන තියෙනවා. එකිනෙකා වචන නමැති ආයුධ වලින් විදගන්නවා. එකිනෙකා ප්‍රශ්නය තේරුම් ගන්නෙත් නෑ. ප්‍රශ්නෙ වටහාගන්නෙත් නෑ. එකිනෙකා විසඳගන්න කල්පනා කරන්නෙත් නෑ. ඒකට කිසි කෙනෙක් මැදිහත් වෙන්නෙත් නෑ" කියලා.

එතකොට භාග්‍යවතුන් වහන්සේ එක්තරා භික්ෂුවකට කතා කළා. "පින්වත් භික්ෂුව, මෙහෙ එන්න. ඒ භික්ෂූන් වහන්සේලාට මගේ වචනයෙන් අමතන්න. 'අන්න ආයුෂ්මතුන් වහන්සේලාට ශාස්තෘන් වහන්සේ කතා කරනවා' කියල. "එසේය ස්වාමීනී" කියල ඒ භික්ෂුව භාග්‍යවතුන් වහන්සේට පිළිතුරු දීලා අර භික්ෂූන් වහන්සේලා සිටින තැනට ගියා. ගිහින් ඒ භික්ෂූන්ට මෙහෙම කිව්වා. "ප්‍රිය ආයුෂ්මතුන් වහන්ස, අන්න ඔබලාට ශාස්තෘන් වහන්සේ අමතා වදාළා" කියල. "හොඳයි ආයුෂ්මතුන් වහන්ස" කියල ඒ භික්ෂු පිරිසත් අර

භික්ෂුවට පිළිතුරු දීල, භාග්‍යවතුන් වහන්සේ වෙත ගියා. ගිහින් භාග්‍යවතුන් වහන්සේට වන්දනා කරල පැත්තකින් වාඩිවුනා. ඒ පැත්තකින් වාඩිවුණු භික්ෂූන් වහන්සේලාගෙන් භාග්‍යවතුන් වහන්සේ මෙහෙම ඇහුවා. "පින්වත් මහණෙනි, ඔබලා රණ්ඩු කරගන්නවා කියන්නෙ, දබර කරගන්නවා කියන්නෙ, වාද කරගන්නවා කියන්නෙ ඇත්ත ද? එකිනෙකාට වචන නැමැති ආයුධවලින් විදගන්නවා කියන්නෙ. එකිනෙකා මේ කාරණය තේරුම් ගන්නෙ නෑ කියන්නෙ, තේරුම් ගැනීමකට පෙළඹෙන්නෙත් නෑ කියන්නෙ, එකිනෙකා මේ ගැන විසඳගන්න කල්පනා කරන්නෙ නෑ කියන්නෙ, මැදිහත් වීමකුත් නෑ කියන්නෙ ඇත්තක් ද?"

"එහෙම යි, ස්වාමීනී"

"පින්වත් මහණෙනි, මේ ගැන ඔබ කුමක් ද හිතන්නෙ? ඔබ යම් දවසක රණ්ඩු කරගනිමින්, දබර කරගනිමින්, විවාද කරගනිමින්, එකිනෙකාට වචන නැමති ආයුධවලින් විදගනිමින් හිටියොත්, එතකොට ඒ වෙලාවෙ දී තමන් ඉදිරියේ ඉන්න හෝ ඉදිරියේ නැති හෝ ඒ සබ්‍රහ්මචාරීන් වහන්සේලා ගැන මෛත්‍රී කායකර්ම පිහිටල ද තියෙන්නෙ? ඒ වගේම තමන් ඉදිරියේ ඉන්න හෝ, ඉදිරියේ නැති හෝ ඒ සබ්‍රහ්මචාරීන් වහන්සේලා ගැන ඔබ තුළ මෛත්‍රී වචන පාවිච්චිය පිහිටල ද තියෙන්නෙ? ඒ වගේම ඒ වෙලාවෙ දි තමන් ඉදිරියේ ඉන්න හෝ ඉදිරියේ නැති හෝ ඒ සබ්‍රහ්මචාරීන් වහන්සේලා ගැන ඔබ තුළ මෛත්‍රී සහගත සිතුවිලි පිහිටල තියෙනවා ද?"

"ස්වාමීනී, එහෙම නෑ."

"ඉතින් පින්වත් මහණෙනි, ඔබ යම් දවසක රණ්ඩු කරන කොට, දබර කරන කොට, වාද කරන කොට, එකිනෙකාට වචන නැමැති ආයුධවලින් විදගන්න කොට, ඒ වෙලාවෙ දි තමන් ඉදිරියේ හිටියත් නැතත්, ඒ සබ්‍රහ්මචාරීන් වහන්සේලා ගැන ඔබ තුළ මෛත්‍රී කායික ක්‍රියා ඇතිවෙන්නෙ නැත්නම්, තමන් ඉදිරියේ හිටියත් නැතත්, ඒ සබ්‍රහ්මචාරීන් වහන්සේලා ගැන මෛත්‍රී වචන පාවිච්චිය නැත්නම්, තමන් ඉදිරියේ හිටියත් නැතත්, ඒ සබ්‍රහ්මචාරීන් වහන්සේලා ගැන මෛත්‍රී සිතුවිලි ඇතිවෙන්නෙ නැත්නම්, හිස් මිනිස්සුනේ, අසවල් දෙයක් දනිමින් ද, අසවල් දෙයක් දකිමින් ද, රණ්ඩු කරගන්නෙ? දබර කරගන්නෙ? වාද කරගන්නෙ? එකිනෙකාට වචන නැමැති ආයුධවලින් විදගන්නෙ? ඒ මදිවට එකිනෙකා ඒක තේරුම් ගන්නෙත් නෑ. තේරුම් ගන්න මහන්සි ගන්නෙත් නෑ. එකිනෙකා මේක විසඳගන්න හිතන්නෙත් නෑ. කවුරුත් මැදිහත් වෙන්නෙත් නෑ. හිස් මිනිසුනේ, ඔබ ඔය කරගන්නෙ බොහෝ කාලයක් ඔබට ම අහිත පිණිස, දුක් පිණිස හේතු වන දෙයක්."

ඊට පස්සෙ භාග්‍යවතුන් වහන්සේ භික්ෂුසංඝයා ඇමතුවා. "පින්වත් මහණෙනි, කරුණු හයක් තියෙනවා. ඒවා නිතර ම සිහිකරන්න ඕන. ඒ තුළින් එකිනෙකාට ප්‍රිය මනාප බව ඇතිවෙනවා. ගෞරවය ඇතිකරල දෙනවා. යහපත ඇතිකරල දෙනවා. වාද හටගන්නෙ නෑ. සමගිය ඇතිකරල දෙනවා. එකට ඉන්න මග සළසා දෙනවා. ඒ කරුණු හය මොනවා ද?

පින්වත් මහණෙනි, මෙහි භික්ෂුව තුළ තමන් ඉදිරියේ ඇතත් නැතත්, සබ්‍රහ්මචාරීන් වහන්සේලා ගැන මෛත්‍රී සහගත කායික ක්‍රියා පිහිටල තියෙනවා නම් මෙන්න මේ දේ නිතර ම සිහිකරන්න ඕන දෙයක්. ප්‍රියමනාප බව ඇති කරන දෙයක්. ගෞරවය ඇතිකරන දෙයක්. යහපත පිණිස, විවාද නොකිරීම පිණිස, සමගිය පිණිස එකට සිටීම පිණිස හේතු වන දෙයක්.

ඒ වගේම පින්වත් මහණෙනි, තමන් ඉදිරියේ හිටියත් නැතත්, සබ්‍රහ්මචාරීන් වහන්සේලා ගැන භික්ෂුව තුළ මෛත්‍රී සහගත වචන පාවිච්චිය පිහිටල තියෙනවා නම් මෙන්න මේ කාරණයත් සිහිකළ යුතු දෙයක්. ප්‍රියමනාප බව ඇතිකරන දෙයක්. ගෞරවය ඇතිකරන දෙයක්. යහපත පිණිස, විවාද නොකිරීම පිණිස, සමගිය පිණිස, එකට සිටීම පිණිස හේතු වන දෙයක්.

ඒ වගේම පින්වත් මහණෙනි, තමන් ඉදිරියේ හිටියත් නැතත්, සබ්‍රහ්මචාරීන් වහන්සේලා ගැන භික්ෂුව තුළ මෛත්‍රී සිතුවිලි පිහිටල තියෙනවා නම් මෙන්න මේ කාරණයත් සිහිකළ යුතු දෙයක්. ප්‍රියමනාප බව ඇති කරන දෙයක්. ගෞරවය ඇතිකරන දෙයක්. යහපත පිණිස, විවාද නොකිරීම පිණිස, සමගිය පිණිස, එකට සිටීම පිණිස හේතු වන දෙයක්.

ඒ වගේ ම පින්වත් මහණෙනි, භික්ෂුවකට ධාර්මිකව, දැහැමිව ලැබෙන යම්කිසි දෙයක් තියෙන්න පුළුවනි. අඩු ගණනේ පාත්තරේට ලැබෙන දෙයක් හරි කමක් නෑ. එබඳු ලාභයක් හරි නොබෙදා වළඳන්නෙ නෑ. සිල්වත් සබ්‍රහ්මචාරීන් වහන්සේලාත් සමඟ ම පොදුවේ වළඳනවා. මෙන්න මේ කාරණයත් සිහි කළ යුතු දෙයක්. ප්‍රියමනාප බව ඇති කරවන දෙයක්. ගෞරවය ඇතිකරන දෙයක්. යහපත පිණිස, විවාද නොකිරීම පිණිස, සමගිය පිණිස, එකට සිටීම පිණිස හේතු වන දෙයක්.

ඒ වගේම පින්වත් මහණෙනි, ඒ භික්ෂුව රකින සිල්පද තියෙනවා. ඒව කැඩිල නැහැ. සිදුරු වෙලා නැහැ. පැල්ලම් නැහැ. පළුදු වෙලා නැහැ. පිරිසිදුයි. බුද්ධිමතුන්ගේ ප්‍රශංසාවට ලක්වෙනවා. දෘෂ්ටිවලට බැඳිල නැහැ. සමාධිය පිණිස හේතු වෙනවා. එබඳු සිල් තුළ සබ්‍රහ්මචාරීන් වහන්සේලා ඉදිරියේ ඇතත් නැතත්, සීල සම්පත්තියෙන් සමානව ඉන්නවා. මෙන්න මේ කාරණයත් සිහි

කළ යුතු දෙයක්. ප්‍රියමනාප බව ඇති කරවන දෙයක්. ගෞරවය ඇති කරවන දෙයක්. යහපත පිණිස, විවාද නොකිරීම පිණිස, සමගිය පිණිස, එකට සිටීම පිණිස හේතු වන දෙයක්.

ඒ වගේම පින්වත් මහණෙනි, ආර්ය වූ, නිවන පිණිස ම පවතින්නා වූ මනාකොට දුක් නැති කිරීම පිණිස පවතින්නා වූ, යම් ආකල්පයක් ඇද්ද, එබඳු ආකල්පයකින් යුක්තව සබ්‍රහ්මචාරීන් වහන්සේලා ඉදිරියේ සිටියත් නැතත්, ඒ අදහස්වලින් සමානව ඉන්නවා. මෙන්න මේ කාරණයත් සිහි කළ යුතු දෙයක්. ප්‍රියමනාප බව ඇතිකරවන දෙයක්. ගෞරවය ඇතිකරන දෙයක්. යහපත පිණිස, විවාද නොකිරීම පිණිස, සමගිය පිණිස, එකට සිටීම පිණිස හේතු වන දෙයක්.

පින්වත් මහණෙනි, ඔන්න ඔය කරුණු හය නිතර සිහි කළ යුතුයි. ප්‍රියමනාප බව ඇති කරවනවා. ගෞරවය ඇති කරවනවා. යහපත පිණිස, විවාද නො කිරීම පිණිස, සමගිය පිණිස, එකට සිටීම පිණිස හේතු වෙනවා.

පින්වත් මහණෙනි, නිතර සිහි කළ යුතු (සාරාණීය) වූ ඔය කරුණු හයෙන් අග්‍ර වූ සියලු දේ එක්කරන, හැමට ඉහළින් තියෙන එක ම එක කරුණක් තියෙනවා. ඒක තමයි ආර්ය වූ, නිවන පිණිස පවතින්නා වූ, මනාකොට දුක් අවසන් කිරීම පිණිස පවතින යම් ආකල්පයක් ඇද්ද අන්න එයයි.

පින්වත් මහණෙනි, ඒක මෙන්න මේ වගේ දෙයක්. මුදුන් වහලක් තියෙන ගොඩනැගිල්ලක් තියෙනවා. කැණිමඩල තමයි ඒ ගොඩනැගිල්ලෙ තියෙන අග්‍ර ම දේ. හැම පරාලයක් ම සවිකරන්නෙ ඒකටයි. හැම ලීයක් ම සම්බන්ධ කරන්නේ ඒකටයි. පින්වත් මහණෙනි, අන්න ඒ වගේම මේ සාරාණීය කරුණු හය අතර අග්‍ර වූ දෙයක් තියෙනවා. හැම දෙයක් ම එකතු කරන, එකට ගලපන දෙයක් තියෙනවා. ඒක තමයි ආර්ය වූ, නිවන පිණිස පවතින්නා වූ, මනාකොට දුක් අවසන් කිරීම පිණිස පවතින්නා වූ යම් ආකල්පයක් ඇද්ද, එයයි.

පින්වත් මහණෙනි, ආර්ය වූ නෛර්යාණික වූ යම් ආකල්පයක් ඇද්ද, ඒ ආකල්පය ඔහුව මනාකොට දුක් කෙළවර කිරීමකට ගෙනියන්නෙ කොහොමද?

පින්වත් මහණෙනි, භික්ෂුව අරණ්‍යකට යනවා. එහෙමත් නැත්නම් රුක් සෙවණකට යනවා. එහෙමත් නැත්නම් නිදහස් තැනකට යනවා. ගිහින් මෙහෙම විමසනවා. 'මට යථාර්ථය දැනගන්න බැරි විදිහට, යථාර්ථය දැකගන්න බැරි විදිහට මගේ සිතේ කෙලෙස් ඇවිස්සිලා, ඒවායින් මේ හිත මැඩගෙන තියෙනවා නම්, ඒවා මගේ සිතේ නැතිවෙලා නැත්නම්, ඒවා මගේ සිතේ තියෙනවා ද?" කියල.

පින්වත් මහණෙනි, එතකොට භික්ෂුව තුළ කාමරාගය ඇවිස්සිල ඒකෙන් සිත යටකරල නම් තියෙන්නෙ, ඒ වගේම පින්වත් මහණෙනි, භික්ෂුව තුළ තරහ ඇවිස්සිලා ඒ තරහට සිත යටවෙලා නම් තියෙන්නෙ, ඒ වගේම පින්වත් මහණෙනි, භික්ෂුව තුළ නිදිමතත්, අලස බවත් ඇවිස්සිල ඒකට හිත යටවෙලා තියෙනවා නම්, ඒ වගේම පින්වත් මහණෙනි, භික්ෂුව තුළ හිතේ විසිරීමත්, පසුතැවිල්ලත් ඇවිස්සිලා ඒකට හිත යටවෙලා තියෙනවා නම්, ඒ වගේම පින්වත් මහණෙනි, භික්ෂුව තුළ සැකය ඇවිස්සිලා සැකයෙන් හිත යටවෙලා තියෙනවා නම්, මේ ලෝකෙ එක එක දේවල් ගැන හිත හිතා ඉන්නවා නම්, පරලොව එක එක දේවල් ගැන හිත හිත ඉන්නවා නම්, ඒවායින් හිත යටවෙලා නම්, එතකොටයි පින්වත් මහණෙනි, රණ්ඩු ඇති කරගන්නේ. දබර කරගන්නේ. වාද ඇතිකරගන්නේ. එකිනෙකාටයි වචන නැමැති ආයුධවලින් ඇනගන්නේ. ඒවයින් යටවෙච්ච සිතක් ඇතුව ඉන්නේ.

යම් වෙලාවක භික්ෂුව මේ විදිහට දැනගන්නවා නම්, 'යථාර්ථය දැනගන්න බැරි විදිහට, දැකගන්න බැරි විදිහට, සිතේ කෙලෙස් වලින් යටපත් වීමක් තියෙනවා නම්, නැතිවෙලා නැති එබඳු වූ කෙලෙස් වලින් යටපත් වීමක් මගේ සිතේ නෑ' කියල, ඒ වගේම ආර්ය සත්‍ය අවබෝධය පිණිස මගේ සිත හොඳට පිහිටලා තියෙනවා කියලත් දන්නවා නම්, මෙන්න මේක තමයි ආර්ය වූ, ලෝකෝත්තර වූ, පෘථග්ජනයන්ට සාධාරණ නොවූ පළවෙනි ඤාණය ඇති කරගත්තා කියල කියන්නෙ.

ඒ වගේ ම පින්වත් මහණෙනි, ආර්ය ශ්‍රාවකයා මේ විදිහටත් නුවණින් විමසනවා. 'මං මේ ආකල්පය පුරුදු කරන කොට, යළි යළි පුහුණු කරන කොට, බහුල වශයෙන් කරන කොට, මං තුළ සංසිඳීමක් ඇතිවෙනවා ද? මං තුළ නිවීමක් ඇතිවෙනවා ද?' කියල. එතකොට ඔහු මෙහෙම දැනගන්නවා. 'මං මේ ආකල්පය පුරුදු කරන කොට, යළි යළි පුරුදු කරන කොට, බහුල වශයෙන් පුරුදු කරන කොට, මං තුළ සංසිඳීමක් ඇතිවෙනවා. මං තුළ නිවීමක් ඇතිවෙනවා' කියල. පෘථග්ජනයන්ට සාධාරණ නො වූ, ආර්ය වූ, ලෝකෝත්තර වූ දෙවෙනි ඤාණය ලබාගැනීම කියල කියන්නෙ මෙන්න මේකට යි.

පින්වත් මහණෙනි, ඒ වගේ ම ආර්ය ශ්‍රාවකයා මේ විදිහටත් නුවණින් විමසනවා. 'යම් ආකාර වූ ආකල්පයකින් මම යුක්ත වෙලා ඉන්නවා ද, එබඳු ආකල්පයකින් යුක්ත අය, මේ සාසනයෙන් බාහිර වූ අනිත් ශ්‍රමණබ්‍රාහ්මණයන් අතර ඉන්නවා ද?' කියල. එතකොට ඔහු මෙහෙම දැනගන්නවා. 'මං ජීවිතේ ගැන යම් ආකාර ආකල්පයකින් ඉන්නවා ද, එබඳු ආකල්පයකින් යුක්ත ශ්‍රමණබ්‍රාහ්මණයෝ මේ සාසනෙන් බැහැර නැත' කියල. මෙන්න මේක තමයි

පෘථග්ජනයන්ට සාධාරණ නොවූ, ආර්ය වූ, ලෝකෝත්තර වූ තුන්වෙනි ඤාණය ඇති කරගත්තා' කියල කියන්නෙ.

ඒ වගේම පින්වත් මහණෙනි, ආර්ය ශ්‍රාවකයා මෙන්න මේ විදිහටත් නුවණින් හිතනවා. 'ආර්ය සත්‍යය අවබෝධය කරා යන (දිට්ඨිසම්පන්න) පුද්ගලයා තුළ යම් ආකාරයක ධර්මතාවක් පිහිටලා තියෙනවා නම් මං තුළත් එබඳු ධර්මතාවක් පිහිටලා තියෙනවා ද?' කියලා. පින්වත් මහණෙනි, ආර්ය සත්‍යාවබෝධය කරා යන පුද්ගලයා තුළ පිහිටල තියෙන ධර්මතාවය මොන වගේ එකක් ද? පින්වත් මහණෙනි, ආර්ය සත්‍යාවබෝධය කරා යන පුද්ගලයාගේ ධර්මතාවය මෙන්න මේකයි. එනම්, යම්කිසි වරදකින් අත්මිදීමක් පෙනෙනවා නම් එබඳු වරදකට ඔහු පත්වෙනවා. එතකොට ඔහු වහා ශාස්තෘන් වහන්සේ ඉදිරියේ හෝ බුද්ධිමත් සබ්‍රහ්මචාරීන් වහන්සේලා ඉදිරියේ හෝ ඒ වරද පවසනවා. විවෘත වෙනවා. හෙළි කරනවා. ඒ විදිහට ඒ වරද පවසලා, විවෘත කරලා, හෙළි කරලා ආයෙමත් සංවර බවට පත්වෙනවා.

පින්වත් මහණෙනි, ඒක මේ වගේ දෙයක්. පුංචි ළදරුවෙක් ඉන්නවා. උඩුකුරුව නිදන චූටි දරුවෙක්. ඉතින් මේ දරුවා අතින් හරි, පයින් හරි, ගිනි අඟුරක් අල්ලන්න ගිහින් රස්නෙ වැදුණු වහාම ආපහු අත ඇදල ගන්නවා. පින්වත් මහණෙනි, ඔන්න ඔය විදිහ ම යි, ඔය ස්වභාවය ම යි ආර්ය සත්‍යය අවබෝධය කරා යන පුද්ගලයා තුළ තිබෙන්නෙ. යම් ආකාරයක වරදකින් නැගී සිටීමක් පෙනෙයි නම්, එබඳු වරදකට ඔහු පත්වෙනවා. ඔහු වහාම ශාස්තෘන් වහන්සේ හෝ, බුද්ධිමත් සබ්‍රහ්මචාරීන් වහන්සේලා ඉදිරියේ හෝ ඒ වරද පවසනවා. විවෘත වෙනවා. හෙළි කරනවා. ඒ විදිහට වරද පවසලා, විවෘත බවට පත් වෙලා, හෙළි කරලා, ආයෙමත් සංවර බවට පැමිණෙනවා.

එතකොට ඔහු මෙහෙම දැනගන්නවා. 'ආර්ය සත්‍ය අවබෝධය කරා යන පුද්ගලයා යම්කිසි ස්වභාවයකින් යුක්ත නම්, මම ත් ඒ ස්වභාවයෙන් යුක්ත කෙනෙක් නේද?' කියල. මෙන්න මේක පෘථග්ජනයන්ට සාධාරණ නොවූ, ආර්ය වූ, ලෝකෝත්තර වූ හතරවෙනි ඤාණය ලබාගැනීමයි.

පින්වත් මහණෙනි, ආර්ය ශ්‍රාවකයා මේ විදිහටත් නුවණින් විමසනවා. 'යම් ආකාර ස්වභාවයකින් ආර්ය සත්‍යය අවබෝධය කරා යන පුද්ගලයා සමන්විත නම්, මමත් එබඳු ධර්මතාවයකින් යුක්ත කෙනෙක් ද?' කියලා.

පින්වත් මහණෙනි, කොයි ආකාරයක ධර්මතාවයකින් ද ආර්ය සත්‍ය අවබෝධය කරා යන පුද්ගලයා සමන්විත වන්නෙ? පින්වත් මහණෙනි, මේකත් ආර්ය සත්‍ය අවබෝධය කරා යන පුද්ගලයාගේ ස්වභාවයක්. සබ්‍රහ්මචාරීන්

වහන්සේලාට අවශ්‍ය කෙරෙන කුඩු මහත් කටයුතු යෙදෙනවා. ඒ වෙලාවට ඔහු ඒකට මැදිහත් වෙනවා. එසේ නමුත් ඔහු තුළ සිල්වත් බව දියුණු කරගැනීමට, සමාධිය දියුණු කරගැනීමට, ප්‍රඥාව දියුණු කරගැනීමට ඉතා තියුණු අපේක්ෂාවකින් යුක්තයි. පින්වත් මහණෙනි, ඒක මේ වගේ එකක්. අලුත පැටවෙක් වැදූ එළදෙන තණකොළත් කමින්, වහුපැටියත් බලාගන්නවා වගෙයි. පින්වත් මහණෙනි, ඔන්න ඔය විදිහම යි ඕක ආර්ය සත්‍ය අවබෝධය කරා යන පුද්ගලයා තුළ පිහිටන ස්වභාවයක්. සබ්‍රහ්මචාරීන් වහන්සේලාගේ කුඩු මහත් අවශ්‍යතා ඇති වෙනවා නම්, ඒවාත් ඉෂ්ට කරල දෙන්න ඔහු මැදිහත් වෙනවා. එසේ නමුත් ඔහු තුළ අධි සීලය දියුණු කරගන්න, අධි සමාධිය දියුණු කරගන්න, අධි ප්‍රඥාවත් දියුණු කරගන්න තියුණු අපේක්ෂාවකුත් තියෙනවා.

එතකොට ඔහු මෙහෙම දැනගන්නවා. 'ආර්ය සත්‍යය අවබෝධය කරා යන පුද්ගලයා තුළ යම් ධර්මතාවයක් තිබෙනවා නම් මා තුළත් ඒ ධර්මතාවය පිහිටල තියෙනවා' කියල. මේකත් පෘථග්ජනයන්ට සාධාරණ නොවූ, ආර්ය වූ, ලෝකෝත්තර වූ පස්වෙනි ඤාණය ලබාගැනීමයි.

ඒ වගේ ම පින්වත් මහණෙනි, ආර්ය ශ්‍රාවකයා මේ විදිහටත් නුවණින් සලකනවා. 'ආර්ය සත්‍යය අවබෝධය කරා යන පුද්ගලයා යම් ආකාරයක බලයකින් යුක්ත නම්, මමත් එවැනි බලයකින් යුක්ත කෙනෙක් ද?' කියලා.

පින්වත් මහණෙනි, ආර්ය සත්‍යය අවබෝධය කරා යන පුද්ගලයා කොයි ආකාරයක බලයකින් ද යුක්ත වෙන්නෙ? පින්වත් මහණෙනි, ආර්ය සත්‍ය අවබෝධය කරා යන පුද්ගලයා මෙන්න මේ බලයෙන් යුක්තයි. තථාගතයන් වහන්සේ වදාළ ධර්ම විනය දේශනා කරද්දි, ඒ ධර්ම විනයේ අර්ථ අවබෝධ කිරීමට නුවණ පිහිටුවා ගෙන, මුළු හිත ම එයට යොමු කරගෙන, තමන්ගේ සවන් යුග එයට ම නතු කරගෙන තමයි ඒ ධර්මය අහන්නෙ.

එතකොට ඔහු මෙහෙම දැනගන්නවා. 'ආර්ය සත්‍යය අවබෝධය කරා යන පුද්ගලයා යම් බලයකින් යුක්තයි ද, මමත් එබඳු ම බලයකින් යුක්තයි' කියලා. මෙන්න මේ ඤාණය ත් පෘථග්ජනයන්ට සාධාරණ නොවූ ආර්ය වූ, ලෝකෝත්තර වූ හයවෙනි ඤාණය ලබාගැනීමයි.

ඒ වගේ ම පින්වත් මහණෙනි, ආර්ය ශ්‍රාවකයා මේ විදිහටත් නුවණින් සළකනවා. 'යම් ආකාර බලයකින් ආර්ය සත්‍යය අවබෝධය කරා යන පුද්ගලයා යුක්ත ද, මමත් එබඳු බලයකින් යුක්ත කෙනෙක් ද?' කියලා.

පින්වත් මහණෙනි, ආර්ය සත්‍යය අවබෝධ කරන පුද්ගලයා කොයි විදිහේ බලයකින් යුක්ත කෙනෙක් ද? පින්වත් මහණෙනි, ආර්ය සත්‍යය

අවබෝධය කරා යන පුද්ගලයාගේ බලය මෙන්න මේකයි. 'තථාගතයන් වහන්සේ විසින් වදාළ ධර්ම විනය දේශනා කරද්දි, ඒකෙ අර්ථය වහා තේරුම් ගන්නවා. ධර්මාශ්වාදයක් ලබනවා. ධර්මය හා එක්වුණු ප්‍රමුදිතභාවයකට පත්වෙනවා.'

එතකොට ඔහු මෙහෙම දැනගන්නවා. 'ආර්ය සත්‍යය අවබෝධ කරා යන පුද්ගලයා යම් ආකාර බලයකින් යුක්ත නම්, මමත් ඒ ආකාර බලයකින් යුක්තයි' කියල. මේක තමයි පෘථග්ජනයන්ට සාධාරණ නොවූ, ආර්ය වූ, ලෝකෝත්තර වූ හත්වෙනි ඤාණය සාක්ෂාත් කිරීම කියල කියන්නෙ.

පින්වත් මහණෙනි, ඔය අංග හතෙන් යුක්ත වූ ආර්ය ශ්‍රාවකයාගේ ධර්මතාවන්, සෝතාපත්ති ඵලය සාක්ෂාත් කිරීම පිණිසයි මනාකොට සකස් වෙලා තියෙන්නෙ. ඔය විදිහට, ඔය ධර්මතා හතෙන් සමන්විත ආර්ය ශ්‍රාවකයා සෝතාපත්ති ඵලයෙනුත් යුක්ත වෙනවා.

භාග්‍යවතුන් වහන්සේ මෙය වදාළා. ඒ භික්ෂූන් වහන්සේලා මේ දෙසුම ගැන ගොඩක් සතුටු වුනා. භාග්‍යවතුන් වහන්සේ වදාළ මේ ධර්මය සාදු නාද නංවමින් සතුටින් පිළිගත්තා.

සාදු! සාදු!! සාදු!!!

**කොසඹෑ නුවර දී වදාළ දෙසුම නිමා විය.**

# 1.5.9
# බ්‍රහ්මනිමන්තනික සූත්‍රය
## බ්‍රහ්මයා ගේ ආරාධනාව මුල්කරගෙන වදාළ දෙසුම

මා හට අසන්නට ලැබුනේ මේ විදිහටයි. ඒ දවස්වල භාග්‍යවත් බුදුරජාණන් වහන්සේ වැඩසිටියේ සැවැත් නුවර ජේතවනයේ අනේපිඬු සිටුතුමා ගේ ආරාමයේ. එදා භාග්‍යවතුන් වහන්සේ "පින්වත් මහණෙනි" කියා භික්ෂු සංඝයා ඇමතුවා. ඒ භික්ෂු පිරිස ද "පින්වතුන් වහන්ස" කියා භාග්‍යවතුන් වහන්සේට පිළිතුරු දුන්නා. භාග්‍යවතුන් වහන්සේ මේ දෙසුම වදාළේ ඒ මොහොතේ දී යි.

පින්වත් මහණෙනි, එක දවසක් මම උක්කට්ඨා නගරය අසල සුභග වනාන්තරයේ විශාල සල් රුක් සෙවණක වැඩසිටියා. පින්වත් මහණෙනි, ඒ දවස්වල බක නම් බ්‍රහ්මයාට මෙන්න මේ විදිහේ පාපී දෘෂ්ටියක් ඇතිවෙලා තිබුණා. 'මේ බඹලොව නිත්‍යයි. ස්ථිරයි. මේ බඹලොව සදාකාලිකයි. පරිපූර්ණ එකක් මේක චුත නොවන ස්වභාවයෙන් යුක්තයි. මේ බඹලොව නම් ඉපදීමක් නැහැ. දිරීමක් නැහැ. චුත වීමක් නැහැ. යළි ඉපදීමක් නෑ. මේ බඹලොවින් තොර වෙනත් දුකින් නිදහස් වීමක් නම් නැහැ' කියලා.

පින්වත් මහණෙනි, බක බ්‍රහ්මයාගේ ඔය සිතුවිල්ල මම මගේ සිතින් දැනගත්තා. එහෙම දැනගෙන බලවත් පුරුෂයෙක් හකුලපු අතක් දිගහරිනවා වගේ දිගුකළ අතක් හකුළනවා වගේ අන්න ඒ විදිහට උක්කට්ඨා නුවර සුභග වනාන්තරයේ සල් රුක් සෙවණෙන් මම නොපෙනී ගියා. ඒ බඹලොව පහළ වුනා.

පින්වත් මහණෙනි, බක බ්‍රහ්මයා දුරින් ම වඩින මාව දැක්කා. දැකලා මට මෙහෙම කිව්වා. "දුක් නැති මුනිඳුනි, මෙහි එන්න. ඔබගේ පැමිණීම ඉතා යහපත්. දුක් නැති මුනිඳුනි, ඔබ මෙහි වැඩමකළේ බොහෝ කලකින් නෙව.

දුක් නැති මුනිඳුනි, මේ බඹලොව තමයි නිත්‍ය. මේක තමයි ස්ථිර. මේක සදාකාලිකයි. මේක පරිපූර්ණයි. මේක චුත නොවන ස්වභාවයෙන් යුක්තයි. මෙතන නම් ඉපදීමක් නැහැ. මියයෑමක් නෑ. චුත වීමක් නෑ. යළි ඉපදීමකුත් නෑ. මෙතැනින් බැහැර වූ වෙන දුකෙන් මිදීමකුත් නෑ" කියලා.

පින්වත් මහණෙනි, එහෙම කියපු බක බ්‍රහ්මයට මම මෙහෙම කිව්වා "පින්වත් බක බ්‍රහ්මය, ඇත්තෙන් ම ඔබ ඉන්නේ අවිද්‍යාව තුළ. ඒ නිසා තමයි අනිත්‍ය වෙලා සිටිද්දී ම නිත්‍යයි කියන්නෙ. අස්ථිර වෙලා සිටිද්දී ම ස්ථිරයි කියන්නේ. සදාකාලික වෙලා නොවී සිටිද්දී ම සදාකාලිකයි කියන්නේ. අපරිපූර්ණව සිටිද්දී ම පරිපූර්ණයි කියන්නෙ. චුත වන ස්වභාවයෙන් සිටිද්දී ම චුත නොවෙන ස්වභාවයෙන් යුක්තයි කියන්නෙ. යම් තැනක ඉපදීම තියෙද්දී, දිරීම තියෙද්දී, මියයෑම තියෙද්දී, චුත වීම තියෙද්දී, යළි ඉපදීම තියෙද්දි ම යි මේ විදිහට කියන්නෙ. මෙතන ඉපදීමක් නෑ. දිරීමක් නෑ. මරණයක් නෑ. චුත වීමක් නෑ. යළි ඉපදීමක් නෑ කියල. ඔයිට වඩා දුකින් නිදහස් වීමක් තියෙද්දි ම යි මීට වඩා දුකින් නිදහස් වීමක් නෑ කියල කියන්නෙ.

පින්වත් මහණෙනි, එතකොට පාපී මාරයා එක්තරා බ්‍රහ්මයෙකුට ආවේශ වුනා. ආවේශ වෙලා මට මෙහෙම කිව්වා.

"ඒයි භික්ෂුව, ඒයි භික්ෂුව, මොහුට නින්දා කරන්න එපා! මොහුට නින්දා කරන්න එපා! ඒයි භික්ෂුව, මේ බ්‍රහ්මයා තමයි මහාබ්‍රහ්මයා. සියල්ල මැඩලන කෙනා. කිසිවෙකුට මැඩලිය නොහැකි කෙනා. සියල්ල දකිනා කෙනා. සියලු දෙනා තමන්ගේ වසඟයටගත් කෙනා. ලෝකයේ අධිපතියා. ලෝකයේ කර්තෘවරයා. ලෝකයේ නිර්මාර්තෘවරයා. ලෝකයේ ශ්‍රේෂ්ඨයා. ලෝක ප්‍රජාව බිහිකරන කෙනා. ලෝකය ම වසඟ කළ කෙනා. ඉපදෙන සත්වයාගේ දෙව්පියාණන්.

ඒයි භික්ෂුව, මේ ලෝකයේ නුඹට කලින් ශ්‍රමණ බ්‍රාහ්මණවරු හිටියා. උන්නැහේලත් පඨවි ධාතුවට ගැරහුවා. පඨවි ධාතුව පිළිකුල් කළා. ආපෝ ධාතුවට ගැරහුවා. ආපෝ ධාතුව පිළිකුල් කළා. තේජෝ ධාතුවට ගැරහුවා. තේජෝ ධාතුව පිළිකුල් කළා. වායෝ ධාතුවට ගැරහුවා. වායෝ ධාතුව පිළිකුල් කළා. ඉපදෙන සත්වයන්ට ගැරහුවා. ඉපදෙන සත්වයන්ව පිළිකුල් කළා. දෙවියන්ට ගැරහුවා. දෙවියන්ව පිළිකුල් කළා. ලෝකාධිපති දෙවිඳුන්ට ගැරහුවා. ලෝකාධිපති දෙවිඳුන් ව පිළිකුල් කළා. බ්‍රහ්මයාට ගැරහුවා. බ්‍රහ්මයාව පිළිකුල් කළා. අන්තිමේ දී කය බිඳිල පණ ටික ගියාට පස්සෙ උන්නැහේලා අපායෙ උපන්නා.

ඒහි භික්ෂුව, නුඹට කලින් මේ ලෝකයේ ශ්‍රමණ බ්‍රාහ්මණවරු හිටියා. ඒ උදවිය නම් පඨවි ධාතුවට ප්‍රශංසා කළා. පඨවි ධාතුව සතුටින් පිළිගත්තා. ආපෝ ධාතුවට ප්‍රශංසා කළා. ආපෝ ධාතුව සතුටින් පිළිගත්තා. තේජෝ ධාතුවට ප්‍රශංසා කළා. තේජෝ ධාතුව සතුටින් පිළිගත්තා. වායෝ ධාතුවට ප්‍රශංසා කළා. වායෝ ධාතුව සතුටින් පිළිගත්තා. ඉපදෙන සත්වයන්ට ප්‍රශංසා කළා. ඉපදෙන සත්වයන්ව සතුටින් පිළිගත්තා. දෙවියන්ට ප්‍රශංසා කළා. දෙවියන්ව සතුටින් පිළිගත්තා. ලෝකාධිපති දෙවිඳුන්ට ප්‍රශංසා කළා. ලෝකාධිපති දෙවිඳුන්ව සතුටින් පිළිගත්තා. බ්‍රහ්මයාට ප්‍රශංසා කළා. බ්‍රහ්මයාව සතුටින් පිළිගත්තා. ඒ උදවිය කය බිඳී මරණයට පත්වුනාට පස්සෙ සුන්දර ලෝකයේ ඉපදුනා.

ඒයි භික්ෂුව, ඒ නිසා මම නුඹට මෙහෙම කියනවා. දුක් නැති මුනිඳුනි, මේ බ්‍රහ්මයා නුඹට යම් දෙයක් කිව්වා ද, නුඹ කළ යුත්තේ අන්න ඒ දෙයයි. නුඹ මේ බ්‍රහ්මයා ගේ වචනය ඉක්මවා යන්න ලෑස්ති වෙන්න එපා! ඒයි භික්ෂුව, යම් විදිහකින් නුඹ බ්‍රහ්මයාගේ වචනය ඉක්මවා යන්න ලෑස්ති වුනොත්, ඒක මිනිහෙක් තමාගේ නිවසට වඩින ශ්‍රියා කාන්තාව පොල්ලකින් ගහල එලව ගන්නවා වැනි දෙයක්. ඒ වගේ ම ඒයි භික්ෂුව, මිනිහෙක් භයානක ප්‍රපාතයකට වැටෙද්දී අතින් පයින් පිහිටල එල්ලෙන්න පුළුවන් දේ නැති කර ගන්නවා වැනි දෙයක්. ඒ වගේම ඒයි භික්ෂුව, අන්න ඒ විදිහේ සම්පතක් නුඹට ලැබෙන්නයි හදන්නෙ. දුක් නැති මුනිඳුනි, ඒ නිසා මේ බ්‍රහ්මයා නුඹට යම් දෙයක් කිව්වා ද, නුඹ කළ යුත්තේ අන්න ඒ දෙය යි. මේ බ්‍රහ්මයාගේ වචනය ඉක්මවා යන්න ලෑස්ති වෙන්න එපා! ඒයි භික්ෂුව, නුඹට පේන්නේ නැද්ද මේ බ්‍රහ්ම පිරිස ඉන්න ලස්සන."

පින්වත් මහණෙනි, පාපී මාරයා ඒ බ්‍රහ්ම පිරිස පෙන්න පෙන්නා ඔන්න ඔහොමයි කිව්වේ.

පින්වත් මහණෙනි, මම එතකොට එහෙම කියාපු මාරයාට මෙන්න මේ විදිහට කිව්වා.

"ඒයි, මාරය, මං ඔබව දන්නවා. මං ඔබව දන්නෙ නෑ කියල ඔබ හිතන්න එපා! ඔබ තමයි පාපී මාරයා. මේ බ්‍රහ්මයත් බ්‍රහ්ම පිරිසත්, මේ බ්‍රහ්මපාරිසජ්ජ ලෝකයේ සියලු දෙනා ම ත් ඉන්නෙ ඔබේ අතට අහුවෙලයි. ඒ සියලු දෙනාම ඉන්නේ ඔබේ වසඟයට පත්වෙලයි. පාපී මාරය, ඔබට මෙහෙම හිතෙනවා නේද? 'මොහු ඉන්නෙත් මගේ අතේ, මොහුත් මගේ වසඟයට පත්වුනා' කියලා. නමුත් පවිටු මාරය, මා ඉන්නේ ඔබේ අතට අහුවෙලා නොවෙයි. ඔබේ වසඟයට පත්වෙලත් නොවෙයි."

එහෙම කිව්වා ම පින්වත් මහණෙනි, බක බ්‍රහ්මයා මට මෙහෙම කියනවා. "දුක් රහිත මුනිඳුනි, මං නිත්‍ය දෙයක් ම නේ නිත්‍යයි කීවේ. ස්ථිර දෙයක් ම නේ ස්ථිරයි කීවේ. සදාකාලික වූ දෙයක් ම නේ සදාකාලිකයි කීවේ. පරිපූර්ණ වූ දෙයක් ගැනම නේ පරිපූර්ණ යි කියලා කීවේ. චුත නොවෙන ස්වභාවයෙන් යුතු දෙයක් ගැනම නේ චුත නොවෙනවයි කියලා කීවේ. ඒ වගේම යම් තැනක උපදින්නෙ නැත්නම්, දිරන්නෙ නැත්නම්, මැරෙන්නෙ නැත්නම්, චුතවෙන්නෙ නැත්නම්, යළි උපදින්නෙ ත් නැත්නම් ඒ නිසානෙ මම කිව්වේ මෙතන උපදින්නෙ නෑ. දිරන්නෙ නෑ. මැරෙන්නෙ නෑ. චුත වෙන්නෙ නෑ. යළි ඉපදෙන්නෙ නෑ කියලා. දුකින් නිදහස් වුන තැනක් තවත් නැති නිසයි මං කිව්වේ මීට වඩා දුකින් නිදහස් වුන තැනක් නැතෙයි කියලා.

පින්වත් භික්ෂුව, ඔබට කලිනුත් ලෝකයේ ශ්‍රමණ බ්‍රාහ්මණවරු හිටියා. ඔබ ගේ ආයුෂ කාලය සම්පූර්ණයෙන් ම ගත්තොත් අන්න ඒ වගේ කාලයක් ඔවුන් තපස් රැක්ක ඒ ඍෂිවරු මේ බඹලොවට වඩා දුකින් නිදහස් වුණු තව තැනක් තියෙනවා නම්, දුකින් නිදහස් වුණු තව තැනක තියෙනවා කියල ත් දන්නවා. ඒ වගේම දුකින් නිදහස් වුණු තව තැනක් නැත්නම් දුකින් නිදහස් වුණු වෙනත් තැනක් නැහැ කියල ත් ඔවුන් දන්නවා.

පින්වත් භික්ෂුව, මේ ගැන ඔබට කියන්න තියෙන්නේ මෙච්චරයි. මීට වඩා දුකින් නිදහස් වෙන්න වෙන තැනක් දකින්න ලැස්ති වෙන්න එපා! ඕවා හොයන්න ගියොත් ඔබට කලන්තෙ හැදිලා පීඩා විදින්න වේවි. යම් විදිහකින් පින්වත් භික්ෂුව, ඔබ පඨවි ධාතුවේ බැසගෙන සිටියොත් මා ළඟ ම යි ඉන්නෙ. ඔබ මගේ අරමුණක් හැටියටයි ඉන්නෙ. මා කැමති දෙයක් ඔබ ගැන කරන්න පුළුවන් හැටියටයි ඉන්නෙ. ඒ වගේම පින්වත් භික්ෂුව ආපෝ ධාතුව ....(පෙ).... තේජෝ ධාතුව ....(පෙ).... වායෝ ධාතුව ....(පෙ).... උපන් සත්වයන් ....(පෙ).... දෙවියන් ....(පෙ).... ලෝකාධිපති දෙවියන් ....(පෙ).... බ්‍රහ්මයන් ගැන සිතින් බැසගෙන සිටියොත් ඔබ ඉන්නේ මා ළඟයි. ඔබ ඉන්නෙ මගේ අරමුණක් වශයෙනුයි. ඔබ ගැන මට කැමති දෙයක් කරන්න පුළුවනි."

"පින්වත් බ්‍රහ්මය, මං ඒක දන්නවා, යම් විදිහකින් පඨවි ධාතුවේ මම බැසගෙන සිටියෙත් මං ඉන්නේ ඔබ ළඟ තමයි. ඔබේ අරමුණක් වෙලා තමයි. ඔබට මා ගැන කැමති දෙයක් කරන්න පුළුවන් විදිහට තමයි. යම් විදිහකින් ආපෝ ධාතුව ....(පෙ).... තේජෝ ධාතුව ....(පෙ).... වායෝ ධාතුව ....(පෙ).... උපන් සත්වයා ....(පෙ).... දෙවියන් ....(පෙ).... ලෝකාධිපති දෙවියන් ....(පෙ).... බ්‍රහ්මයා තුළ බැසගෙන සිටියොත් මං ඉන්නෙ ඔබ ළඟ තමයි. ඔබේ අරමුණක් ම තමයි. ඔබට මා ගැන කැමැති දෙයක් කරන්න පුළුවන් තැනක තමයි. නමුත්

පින්වත් බ්‍රහ්මය, මං දන්නවා ඔබේ උපතත්. මං දන්නවා ඔබේ ආනුභාවයත්. බක බ්‍රහ්මයා මේ විදිහේ මහ ඉර්ධිමත් ය කියලා, මහානුභාව සම්පන්නයි කියලා, බක බ්‍රහ්මයා මහේශාක්‍යයි කියලා මං දන්නවා."

"නිදුක් මුනිඳුනි, ඔබ කොහොමද දන්නේ මගේ උපත? ඔබ කොහොමද දන්නෙ මගේ ආනුභාවය? බක බ්‍රහ්මයා මේ විදිහේ ඉර්ධිමත් කියලා, බක බ්‍රහ්මයා මේ විදිහේ මහානුභාවයි කියලා, බක බ්‍රහ්මයා මේ විදිහේ මහේශාක්‍යයි කියලා?"

(එවිට බුදුරජාණන් වහන්සේ මේ ගාථාව වදාළ සේක.)

"දස දිසා එළිය කරමින් සඳ හිරු දෙදෙන හැසිරෙන්නේ යම්තාක් ද, ඒ තාක් සහස්‍ර ලෝක ධාතුවත්, මේ සක්වලත් ඔබගේ වසඟයේ තිබෙන්නේ. ඒ දස දහසක් ලෝක ධාතුවේ සිටින උස් පහත් සත්වයන් ගැන ඔබ දන්නවා. රාගී විරාගී සත්වයන් ගැනත් ඔබ දන්නවා. මේ සත්වයන් ගැනත්, වෙන සත්වයන් ගැනත් චුතිය උපත වශයෙනුත් ඔබ දන්නවා."

පින්වත් බ්‍රහ්මය, ඔන්න ඔය විදිහට මම ඔබේ උපතත් දන්නවා. ඔබේ ආනුභාවයත් දන්නවා. බක බ්‍රහ්මයා මේ විදිහේ මා ඉර්ධිමත්, බක බ්‍රහ්මයා මේ විදිහේ මහානුභාව සම්පන්නයි බක බ්‍රහ්මයා මේ විදිහේ මහේශාක්‍යයයි කියලා.

ඒ වගේම, පින්වත් බ්‍රහ්මය, තව බ්‍රහ්ම ලෝක තුනක් තියෙනවා, ඒ ගැන ඔබ දන්නෙත් නෑ. ඔබට පේන්නෙත් නෑ. නමුත් ඒ ලෝක ගැන මං දන්නවා. මට පේනවා. පින්වත් බ්‍රහ්මය, ආභස්සර නමින් බ්‍රහ්ම ලෝකයක් තියෙනවා. අන්න ඒ ලෝකෙන් චුත වෙලා තමයි ඔබ මේ බ්‍රහ්ම පාරිසජ්ජයේ උපන්නෙ. දැන් බොහෝ කල් ගෙවිල ගිහින් නිසා ඒ ගැන ඔබේ සිහිය මුලාවෙලා තියෙන්නෙ. ඒක නිසා ඔබ ඒක දන්නෙත් නෑ. ඔබට එක පේන්නෙත් නෑ. ඒත් මං ඒක දන්නවා. මට ඒක පේනවා. පින්වත් බ්‍රහ්මය, ඔබ ඔය විදිහට අවබෝධය කරණ කොට ගෙන, මා හා කිසිසේත් සමාන නෑ. පහත් බවක් ගැන කවර කතා ද? අවබෝධයෙන් මම ඉන්නෙ ඔබට වඩා ඉහළින්.

පින්වත් බ්‍රහ්මය, සුභකිණ්හ නමින් බ්‍රහ්ම ලෝකයක් තියෙනවා. වේහප්ඵල නමිනුත් බ්‍රහ්ම ලෝකයක් තියෙනවා. ඔබ ඒ ගැන දන්නෙත් නෑ. ඔබට පේන්නෙත් නෑ. නමුත් මම ඒ ගැන දන්නවා. මට ඒක පේනවා. පින්වත් බ්‍රහ්මය, ඔබ ඔය විදිහට අවබෝධය කරණ කොට ගෙන, මා හා කිසිසේත් සමාන නෑ. පහත් බවක් ගැන කවර කතා ද? අවබෝධයෙන් මම ඉන්නෙ ඔබට වඩා ඉහළින්.

පින්වත් බ්‍රහ්මය, මම පඨවි ධාතුව යථාර්ථයෙන් ම අවබෝධ කරගත්තා. පඨවි ධාතුවේ යම්තාක් සකස් වන තැන් තිබේ ද, එයට හසු නොවන නිවනත් අවබෝධ කරගත්තා. ඒ නිසා පඨවි ධාතුව 'මම' කියල ගන්නෙ නෑ. පඨවි ධාතුව තුළ 'මම ඉන්නවා' කියලා ගන්නෙ නෑ. පඨවි ධාතුවෙන් 'මම චුතවෙනවා' කියලා ගන්නෙත් නෑ. පඨවි ධාතුව 'මගේ' කියල ගන්නෙත් නෑ. පඨවි ධාතුව මම අගය කළේ නෑ. පින්වත් බ්‍රහ්මය, ඔබ ඔය විදිහට අවබෝධය කරණ කොට ගෙන, මා හා කිසිසේත් සමාන නෑ. පහත් බවක් ගැන කවර කතා ද? අවබෝධයෙන් මම ඉන්නෙ ඔබට වඩා ඉහළින්.

පින්වත් බ්‍රහ්මය, ආපෝ ධාතුව ....(පෙ).... තේජෝ ධාතුව ....(පෙ).... වායෝ ධාතුව ....(පෙ).... උපන් සත්වයා ....(පෙ).... දෙවියා ....(පෙ).... ලෝකාධිපති දෙවියන් ....(පෙ).... බ්‍රහ්මයා ....(පෙ).... ආභස්සර දෙවියන් ....(පෙ).... සුභකිණ්හ දෙවියන් ....(පෙ).... වේහප්ඵල දෙවියන් ....(පෙ).... අභිභූ දෙවියන් ....(පෙ).... පින්වත් බ්‍රහ්මය මම සියල්ල ම යථාර්ථයක් වශයෙන් අවබෝධ කළා, ඒ සියල්ලෙන් ම සියලු ආකාරයෙන් ම සකස් වෙන යම්තාක් තැන් තිබේද, ඒ සියල්ලට හසු නොවෙන අමා නිවනත් අවබෝධ කළා. සියල්ල 'මම' කියල ගන්නෙ නෑ. 'සියල්ල තුළ මම ඉන්නවා' කියල ගන්නෙ නෑ. 'සියල්ලෙන් මම චුතවෙනවා' කියලා ගන්නෙ නෑ. 'සියල්ල මගේ' කියලා ගන්නෙ නෑ. සියල්ල අගය කළේ නෑ. පින්වත් බ්‍රහ්මය, ඔබ ඔය විදිහට අවබෝධය කරණ කොට ගෙන, මා හා කිසිසේත් සමාන නෑ. පහත් බවක් ගැන කවර කතා ද? අවබෝධයෙන් මම ඉන්නෙ ඔබට වඩා ඉහළින්."

"නිදුක් මුනිඳුනි, එහෙමද? සියල්ල තුළින් සියලු ආකාරයෙන් සකස් වෙන තැන් වේ ද, එයට හසු නොවන දෙයක් ගැන ඔබ කීවා. ඔය කතාව හිස් දෙයක් නොවේවා! ඔය කතාව බොරුවක් නොවේවා!"

"පින්වත් බ්‍රහ්මය, රහතන් වහන්සේ ගේ විඤ්ඤාණය නිදර්ශන රහිතයි. අන්ත රහිතයි. සියල්ලටමත් වඩා ප්‍රභාෂ්වරයි. ඒ විඤ්ඤාණය පඨවි ධාතුවෙන් හැදෙන පඨවි ධාතුවට අයත් කිසි දෙයකට හසු වෙලා නෑ. ආපෝ ධාතුවෙන් හැදෙන ආපෝ ධාතුවට අයත් කිසිදේකට හසුවෙලා නෑ. තේජෝ ධාතුවෙන් හැදෙන තේජෝ ධාතුවට අයත් කිසි දේකට හසුවෙලා නෑ. වායෝ ධාතුවෙන් හැදෙන වායෝ ධාතුවට අයත් කිසිදේකට හසුවෙලා නෑ. ඉපදුණු සත්වයන්ගේ ඒ ඉපදෙන ස්වභාවයට හසුවෙලා නෑ. දෙවියන්ගේ දිව්‍ය ස්වභාවයට හසුවෙලා නෑ. ලෝකාධිපති දෙවියන්ගේ ලෝකාධිපති ස්වභාවයට හසුවෙලා නෑ. බ්‍රහ්මයාගේ බ්‍රහ්ම ස්වභාවයට හසුවෙලා නෑ. ආභස්සර දෙවියන්ගේ ආභස්සර ස්වභාවයට හසුවෙලා නෑ. සුභකිණ්හ දෙවියන්ගේ සුභකිණ්හ ස්වභාවයට

හසුවෙලා නෑ. වේහප්ඵල දෙවියන්ගේ වේහප්ඵල ස්වභාවයට හසුවෙලා නෑ. අභිභූ දෙවියන්ගේ අභිභූ ස්වභාවයට හසුවෙලා නෑ. සියලු දෙයින් ම සියලු ස්වභාවයට ම හසුවෙලා නෑ."

"එහෙම නම්, නිදුක් මුනිඳුනි, ඔන්න මම දැන් මෙතැනින් අතුරුදහන් වෙනවා."

"පින්වත් බ්‍රහ්මය, පුළුවන් නම් දැන් මෙතනින් අතුරුදහන් වෙන්න."

පින්වත් මහණෙනි, එතකොට බක බ්‍රහ්මයා 'මම දැන් ශ්‍රමණ ගෞතමයන් ළඟින් අතුරුදහන් වෙනවා. මම දැන් ශ්‍රමණ ගෞතමයන් ලඟින් අතුරුදහන් වෙනවා.' කියල හිතනවා හිතනවා, නමුත් ඔහුට මා ඉදිරියෙන් අතුරුදහන් වෙන්න බැරි වුනා. පින්වත් මහණෙනි, එතකොට බක බ්‍රහ්මයාට මං මෙහෙම කිව්වා,

"එහෙම නම් පින්වත් බ්‍රහ්මය, ඔන්න මං දැන් ඔබ ළඟින් අතුරුදහන් වෙනවා" කියල.

"නිදුක් මුනිඳුනි, පුළුවන් නම් දැන් මා ළඟින් අතුරුදහන් වෙන්න."

පින්වත් මහණෙනි. මම ඉර්ධි බලයෙන් මෙබඳු ඉර්ධියක් කළා. 'බ්‍රහ්මයාත්, මේ බ්‍රහ්ම පිරිසත්, බ්‍රහ්ම පාරිසජ්ජ දෙවියොත්, මෙපමණ පිරිසකට දැන් මාව නොපෙනේවා! මාගේ හඬ පමණක් ඇසේවා!' කියල මම අතුරුදහන්ව සිටිමින් ම මේ ගාථාව ප්‍රකාශ කළා.

"මම මේ භවය යථාර්ථයක් වශයෙන් ම බිය ජනක තැනක් බව අවබෝධ කළා. භවය තුළ ම විභවය සොයන අයවත් දැක්කා. ඒ නිසා මං භවය අගය කළේ නෑ. කිසි ම ආකාරයකින් භවය කෙරෙහි තෘෂ්ණාවෙන් බැඳුණේ නෑ."

පින්වත් මහණෙනි, එතකොට ඒ මහා බ්‍රහ්මයාත්, ඒ බ්‍රහ්ම පිරිසත්, දෙවියනුත් විස්මයට පත්වුණා. අතිශයින් ම පුදුමයට පත්වුණා. "පින්වත්නි, ඒකාන්තයෙන් ම ආශ්චර්යයයි! පින්වත්නි, ඇත්තෙන් ම අද්භූතයි! මේ ශ්‍රමණ ගෞතමයන්ගේ ඉර්ධිමත් බව, මහානුභාවය පුදුමයි! කවදාවත් මීට පෙර ශාක්‍ය වංශයෙන් පැවිදි වූ ශාක්‍ය පුත්‍ර වූ ශ්‍රමණ ගෞතමයන් වහන්සේ තරම් මේ සා මහා ඉර්ධිවන්ත, මේ සා මහානුභාව සම්පන්න වෙන ශ්‍රමණයෙක් හෝ බ්‍රාහ්මණයෙක් ගැන අහලාවත් නෑ, දැකලත් නෑ. පින්වත්නි, භවයෙන් සතුටු වන, භවයේ ඇලී වසන, භව පැවැත්මෙන් ම පිනා යන සත්වයන් සිටින ලෝකයේ මුල් සහිතව භවය උදුරා දැම්මා කිව්වෙ ශ්‍රමණ ගෞතමයන් විතරයි.

පින්වත් මහණෙනි, එතකොට පාපී මාරයා එක්තරා බ්‍රහ්මපාරිසජ්ජ දෙවියෙකුට ආවේශ වුනා. ආවේශ වෙලා මට මෙහෙම කිව්වා. "නිදුක් මුනිඳුනි, ඉතින් ඔබ මේ විදිහට දන්නවා නම්, ඉතින් ඔබ ඔවැනි අවබෝධයකින් යුක්ත නම්, ඔබේ පාඩුවේ සිටිය මැනැව! ශ්‍රාවකයන් ළඟට නොයනු මැනැව! පැවිද්දන් ළඟට නොයනු මැනැව! ශ්‍රාවකයන්ට හෝ පැවිද්දන්ට හෝ දහම් නොදෙසනු මැනැව! ශ්‍රාවකයන් ඇතිකරගැනීමට ඔච්චර ආශාව ඇතිකර ගන්න එපා! පැවිද්දන් ගැන ආශාව ඇති කරගන්න එපා!

ඒයි භික්ෂුව, නුඹට කලින් හිටිය ශ්‍රමණ බ්‍රාහ්මණයොත් ලෝකයට කිව්වා අරහත් ය, සම්මා සම්බුද්ධ ය කියලා. ඒ උදවියත් ශ්‍රාවකයන් ළඟට ගියා. පැවිද්දන් ළඟට ගියා. ශ්‍රාවකයන්ට ත් පැවිද්දන්ට ත් දහම් දෙසුවා. ශ්‍රාවකයන් ගැන, පැවිද්දන් ගැන ඇලුණු සිතින් හිටියා. ඒ උදවිය ශ්‍රාවකයින් ළඟට, පැවිද්දන් ළඟට ගිහින් ශ්‍රාවකයින්ට, පැවිද්දන්ට දහම් දෙසල ශ්‍රාවකයන් ගැන, පැවිද්දන් ගැන ඇලුණු සිතින් ඉඳලා පණ ටික ගියාට පස්සෙ අපායෙ උපන්නා.

ඒයි භික්ෂුව, නුඹට කලිනුත් ශ්‍රමණ බ්‍රාහ්මණවරු ලෝකෙ හිටියා. ඒ උදවිය ත් තමන් අරහත් ය, සම්මා සම්බුදුය කියලා හඳුන්වලා දුන්නා. නමුත් ඒ උදවිය නම් ශ්‍රාවකයන් ළඟට ගියේ නෑ. පැවිද්දන් ළඟට ගියේ නෑ. ශ්‍රාවකයන්ට පැවිද්දන්ට දහම් දෙසුවේ නෑ. ශ්‍රාවකයන් ගැන, පැවිද්දන් ගැන ඇලුම් කළේ නෑ. ඉතින් ඔවුන් ශ්‍රාවකයන්ට, පැවිද්දන්ට දහම් නොදෙසූ නිසා, ශ්‍රාවකයන්ට පැවිද්දන්ට ඇලුම් නොකළ නිසා, පණ ටික ගියාට පස්සෙ සුගතියේ උපන්නා. ඒයි භික්ෂුව, ඒ නිසයි මං ඔබට මෙහෙම කියන්නෙ 'නිදුක් මුනිඳුනි, තමන්ගේ පාඩුවේ ඉන්න කියල, මේ ජීවිතයේ දී ධ්‍යාන සැපයෙන් වාසය කරන්න කියල, නිදුක් මුනිඳුනි, අනුන්ට බණ නොකීම කුසලයක්! අනුන්ට අවවාද කරන්න යන්න එපා!"

පින්වත් මහණෙනි, එහෙම කියපු මාරයාට මම මෙහෙම කිව්වා. "ඒයි මාරය, මං නුඹ ගැන දන්නවා. මං නුඹව හඳුනන්නෙ නෑ කියල හිතන්න එපා! අනුකම්පාවෙන් නම් නොවෙයි මට ඔබ ඔහොම කියන්නෙ. ලෝක සත්වයන් ගැන අනුකම්පාවකින් තොරව ම යි ඔහොම කියන්නේ.

පාපී මාරය, ඔබට මෙහෙම නේද හිතුනෙ? 'ශ්‍රමණ ගෞතමයන් වහන්සේ යම් පිරිසකට දහම් දෙසුවොත් ඒ පිරිස මගේ වසඟයෙන් නිදහස් වෙලා යාවි' කියලා.

ඒයි මාරය, සම්මා සම්බුදු නොවූ ශ්‍රමණ බ්‍රාහ්මණවරු නම් තමන් සම්මා සම්බුදුයි කියල ලෝකෙට හඳුන්වලා දෙන්න වුනත් පුළුවනි. නමුත් මම සම්මා සම්බුදුව සිටින නිසා ම යි 'සම්මා සම්බුදු වෙමි' කියා ලොවට හඳුන්වා දෙන්නේ.

ඒයි මාරය, තථාගතයන් වහන්සේ ශ්‍රාවකයින්ට දහම් දෙසුවත් සම්මා සම්බුදු ම යි. ඒයි මාරය, තථාගතයන් වහන්සේ ශ්‍රාවකයින්ට දහම් නොදෙසුවත් සම්මා සම්බුදු ම යි. ඒයි මාරය, තථාගතයන් වහන්සේ ශ්‍රාවකයින් ළගට ගියත් සම්මා සම්බුදු ම යි. ඒයි මාරය, තථාගතයන් වහන්සේ ශ්‍රාවකයින් ළගට නොගියත් සම්මා සම්බුදු ම යි. ඇයි මං එහෙම කියන්නේ? ඒයි මාරය, සිත කිලුටු කරන, පුනර්භවය ලබා දෙන, පීඩා සහිත, දුක් විපාක ඇති, ආයෙමත් ඉපදීම, ජරා මරණ ඇති කර දෙන යම් ආශ්‍රව ඇද්ද, තථාගතයන් වහන්සේ තුළ ඒ ආශ්‍රව ප්‍රහීණයි. මුලින් ම උදුරා දමා තිබෙන්නේ. අරමුණු රහිත කොට තිබෙන්නේ. අභාවයට පත්කොට තිබෙන්නේ. ආයෙ කවදාවත් හට නොගන්නා තත්වයට පත්කරලයි තියෙන්නේ. ඒයි මාරය, ඒක මේ වගේ දෙයක්. කරටිය සම්පූර්ණයෙන් ම කැඩිච්ච තල් ගසක් ගැන හිතන්න. ඒක ආයෙ කවදාවත් දලු දාලා වැඩෙන්නෙ නෑ. ඒයි මාරය, ඔය විදිහම යි. සිත කිලුටු කරන, පුනර්භවය ලබාදෙන, පීඩා සහිත දුක් විපාක ඇති, ආයෙමත් ඉපදීම ජරා මරණ ලැබෙන ආශ්‍රවයන් තථාගතයන් වහන්සේට ප්‍රහාණය වෙලා තිබෙන්නෙ. මුලින් ම සිඳිල තියෙන්නෙ. අභාවයට පත් කරලයි තියෙන්නේ. ආයෙ කවදාවත් හට නොගන්නා ස්වභාවයට පත්වෙලයි තිබෙන්නෙ.

මෙසේ මාරයාගේ නිරුත්තර වීම පිණිස, බ්‍රහ්මයාගේ ආරාධනයට පිළිතුරු පිණිස භාග්‍යවතුන් වහන්සේ වදාළ මේ සද්ධර්මයට 'බ්‍රහ්මනිමන්තනික' යන නම ලැබුනා.

**සාදු! සාදු!! සාදු!!!**

## බ්‍රහ්මයා ගේ ආරාධනය මුල් කරගෙන වදාළ දෙසුම නිමා විය.

# 1.5.10
# මාරතජ්ජනීය සූත්‍රය
## මාරයාට තර්ජනය කිරීම ගැන වදාළ දෙසුම

මා හට අසන්නට ලැබුනේ මේ විදිහටයි. ඒ දිනවල ආයුෂ්මත් මහා මොග්ගල්ලානයන් වහන්සේ වැඩසිටියේ භග්ග ජනපදයේ සුංසුමාගිරි නගරයේ මුවන් ගේ අභයභූමියක් වූ භේසකලාවනයේ. එදා ආයුෂ්මත් මහා මොග්ගල්ලානයන් වහන්සේ සිටියේ එළිමහනේ සක්මන් කරමිනුයි.

ඒ වෙලාවේ පාපී මාරයා ආයුෂ්මත් මහාමොග්ගල්ලානයන් වහන්සේගේ කුස තුළට රිංගුවා. බඩ ඇතුළට පිවිසුනා. එතකොට ආයුෂ්මත් මහා මොග්ගල්ලානයන් වහන්සේට මේ විදිහට හිතුනා. "මොකද අද මේ මගේ කුසට මහා ලොකු බරක් දැනෙන්නෙ. මෑ ඇට පුරෝපු මල්ලක් වගේ" කියලා. ඉතින් ආයුෂ්මත් මහාමොග්ගල්ලානයන් වහන්සේ සක්මනින් ඉවත් වෙලා කුටියට වැඩමවා එහි තිබුණු ආසනයක වාඩිවුනා. ඊට පස්සේ ආයුෂ්මත් මහා මොග්ගල්ලානයන් වහන්සේ තමන්ගේ ශරීරය ගැන නුවණින් විමසා බලන්න පටන් ගත්තා. එතකොට ආයුෂ්මත් මහාමොග්ගල්ලානයන් වහන්සේට තම කුසේ රිංගා සිටින, බඩ ඇතුළට පිවිසුනු පාපී මාරයාව දැකගන්න ලැබුනා. දැකල පාපී මාරයාට උන්වහන්සේ මෙහෙම කිව්වා. "ඒයි මාරය! එළියට පැමිණෙව! ඒයි පාපී මාරය! එළියට පැමිණෙව! තථාගතයන් වහන්සේට පීඩා කරන්න එපා! තථාගත ශ්‍රාවකයන්ටත් පීඩා කරන්න එපා! ඔබට බොහෝ කලක් දුක් විඳින්න සිද්ධවෙන්න දෙන්න එපා!" කියල.

එතකොට පාපී මාරයාට මෙහෙම හිතුනා. "මේ ශ්‍රමණයා මං ගැන දැනගෙන හෝ දැකල නොවෙයි මෙහෙම කියන්නෙ. එනම් 'ඒයි පාපී මාරය! එළියට පැමිණෙව! ඒයි පාපී මාරය! එළියට පැමිණෙව! තථාගතයන් වහන්සේට පීඩා කරන්න එපා! තථාගත ශ්‍රාවකයින් වහන්සේලාටත් පීඩා කරන්න එපා! ඔබට බොහෝ කලක් දුක් විඳින්න සිද්ධවෙන්න ඉඩතියන්න එපා!' කියල. මේ ශ්‍රමණයාගේ ඒ ශාස්තෲන් වහන්සේ පවා මාව ඉක්මනට හඳුනගන්නෙ නෑ. ඉතින් එහෙම එකේ මේ ශ්‍රාවකයෙක් මාව කොහොම අඳුනගන්න ද?" කියල.

ඒ මොහොතේ ආයුෂ්මත් මහා මොග්ගල්ලානයන් වහන්සේ පාපී මාරයාට මෙහෙම කිව්වා. "ඒයි පාපී මාරය! මෙතන ඉන්න ඔබව මං දන්නවා. ඔබ හිතන්න එපා මං නුඹව හඳුනන්නෙ නෑ කියලා. ඔබ තමයි පවිටු මාරයා. පවිටු මාරය, ඔබට මේ විදිහටත් හිතුනා නේද? 'මේ ශ්‍රමණයා මා ගැන දැනගෙන හෝ දැකල හෝ නොවෙයි මෙහෙම කියන්නෙ. එනම් ඒයි! පාපී මාරය, එළියට පැමිණෙව! ඒයි පාපී මාරය! එළියට පැමිණෙව! තථාගතයන් වහන්සේට පීඩා කරන්න එපා! තථාගත ශ්‍රාවකයින් වහන්සේලාටත් පීඩා කරන්න එපා! ඔබට බොහෝ කලක් දුක් විඳින්න සිද්ධවෙන්න ඉඩතියන්න එපා!' කියල. මේ ශ්‍රමණයා ගේ ඒ ශාස්තෲන් වහන්සේ පවා මාව ඉක්මනට අඳුනගන්නෙ නෑ. ඉතින් එහෙම එකේ මේ ශ්‍රාවකයෙක් මාව කොහොම අඳුනගන්න ද?" කියල.

එතකොට පාපී මාරයාට මෙහෙම හිතුනා. "මේ ශ්‍රමණයා නම් මාව දැනගෙන ම යි, මාව දැකගෙන ම යි මෙහෙම කියන්නෙ. එනම්, ඒයි පාපී මාරය! එළියට පැමිණෙව! ඒයි පාපී මාරය! එළියට පැමිණෙව! තථාගතයන් වහන්සේට පීඩා කරන්න එපා! තථාගත ශ්‍රාවකයින්ටත් පීඩා කරන්න එපා! ඔබට බොහෝ කාලයක් දුක් විඳින්න සිද්ධවීමට ඉඩ තියන්න එපා! කියල." ඉන්පසු පාපී මාරයා ආයුෂ්මත් මහාමොග්ගල්ලානයන් වහන්සේගේ මුඛයෙන් එළියට ආවා. කුටියේ දොරකඩ හිටගත්තා.

කුටියේ දොරකඩ හිටගෙන සිටින මාරයාව ආයුෂ්මත් මහා මොග්ගල්ලානයන් වහන්සේ දැක්කා. දැකල පාපී මාරයාට මෙහෙම කිව්වා. "ඒයි පාපී මාරය! ඔතන ඉන්න ඔබවත් මට පේනවා. මට ඔබව පේන්නෙ නෑ කියල හිතන්න එපා! පාපී මාරය, ඔබ දැන් ඔය දොරකඩ නෙව හිටගෙන ඉන්නෙ. ඒයි මාරය! ඉස්සර සිද්ධ වෙච්ච එකක් කියන්නම්.

මමත් හිටියා 'දූසී' කියන මාරයා වෙලා. මගේ සහෝදරියක් හිටිය 'කාළී' කියලා. ඔබ ඇගේ පුතා. ඒ කාලෙ ඔබ මගේ බෑනා. පාපී මාරය, ඒ කාලෙ කකුසඳ නම් වූ භාග්‍යවත් අරහත් සම්මා සම්බුදුරජාණන් වහන්සේ ලෝකයේ පහළ වෙලා හිටියා. ඉතින් පාපී මාරය, ඒ කකුසඳ භාග්‍යවත් අරහත්, සම්මා සම්බුදු රජාණන් වහන්සේට 'විධුර, සංජීව' කියල ශ්‍රාවක දෙනමක් හිටියා. ඒ දෙනම තමයි අග්‍ර ශ්‍රාවකයන්. උන්වහන්සේලා හරිම සුන්දරයි.

ඉතින් පාපී මාරය, ඒ කකුසඳ භාග්‍යවත් අරහත් සම්මා සම්බුදුරජාණන් වහන්සේ ගේ ශ්‍රාවකයින් අතර ධර්ම දේශනාවේ දී ආයුෂ්මත් විධුර නම් වූ ශ්‍රාවකයන් වහන්සේ තරම් දක්ෂ වෙන කවුරුත් හිටියේ නැහැ. ඉතින් මාරය, ඒ නිසාම 'අසමාන දක්ෂතා තිබෙන කෙනා' යන අරුතින් ආයුෂ්මත් 'විධුර' ශ්‍රාවකයන් වහන්සේ හට 'විධුර, විධුර' යන නම ඇතිවුනා.

ඉතින් පාපී මාරය, ආයුෂ්මත් සංජීවයන් වහන්සේ ආරණ්‍යකට වැඩියත්, රුක් සෙවණකට වැඩියත්, පාළු කුටියකට වැඩියත් සුළු උත්සාහයකින් නිරෝධ සමාපත්තියට සමවදින්න පුළුවන්.

පාපී මාරය, ඉස්සර වෙච්ච දෙයක් මම මේ කියන්නෙ. එක දවසක් ආයුෂ්මත් සංජීවයන් වහන්සේ එක්තරා රුක් සෙවණක නිරෝධ සමාපත්තියට සමවැදිල හිටියා. ඉතින් පාපී මාරය, හරක් බලන ගොපල්ලන්ටත් ගොවියන්ටත් පාරේ යන උදවියටත් ඒ රුක් සෙවණේ නිරෝධ සමාපත්තියට සමවැදී වැඩසිටිය ඒ ආයුෂ්මත් සංජීවයන් වහන්සේව දැකගන්නට ලැබුනා. එය දුටු ඔවුන්ට මෙහෙම හිතුනා. "පින්වත්නි. ඇත්තෙන් ම ආශ්චර්යයි! ඇත්තෙන් ම මේක අද්භූත දෙයක්. මේ ශ්‍රමණයන් වහන්සේ වාඩිවෙලා සිටිද්දී ම අපවත් වෙලා. අපි මුන්වහන්සේව ඔය විදිහට ම ආදාහනය කරමු" කියල. පවිටු මාරය, ඒ හරක් බලන ගොපල්ලොත්, ගොවියොත් පාරේ ගිය උදවියත් තණකොළයි, දරයි ගොමයි එකතු කරල ඒවා ආයුෂ්මත් සංජීවයන් වහන්සේගේ ශරීරයට ගොඩගහල ගිනි තියල ගියා.

ඉතින් පාපී මාරය, ආයුෂ්මත් සංජීවයන් වහන්සේ ඒ රාත්‍රිය ඇවෑමෙන් ඒ නිරෝධ සමාපත්තියෙන් නැගිටලා සිවුරෙ අළු ගසා දමල සිවුරු පොරවාගෙන, පාත්‍ර සිවුරු ඇතිව ගමට පිණ්ඩපාතෙ වැඩියා. ඉතින් ගමේ හිටපු අර හරක් බලන ගොපල්ලො, ගොවියො, පාරේ ගිය උදවිය දැක්ක ආයුෂ්මත් සංජීවයන් වහන්සේ පිණ්ඩපාතේ වඩිනවා. දැකල ඔවුන්ට මෙහෙම හිතුනා. "පින්වතුනි, ඇත්තෙන් ම ආශ්චර්යයි! මේක නම් අද්භූත දෙයක්! මේ ශ්‍රමණයන් වහන්සේ වාඩිවෙලා සිටිද්දී ම අපවත් වුනා. නමුත් ආයෙමත් අළුතින් ජීවිතය ලැබිලා" කියල. පවිටු මාරය, ඔන්න ඔය හේතුව නිසා ම ආයුෂ්මත් සංජීවයන් වහන්සේට 'සංජීව, සංජීව' යන නම ලැබුනා.

ඉතින් පවිටු මාරය, ඒ දූසී මාරයාට මෙහෙම හිතුනා. 'මේ යහපත් ස්වභාවයෙන් යුතු සිල්වත් භික්ෂූන්ගේ චුතියත්, උපතත් මට සොයාගන්න බැහැ නෙව. ඉතින් මම මේ ගමේ ගෙවල්වල මිනිස්සුන්ට වැහෙන එක තමයි හොඳ. ඒයි මිනිසුනේ! මෙහෙ වරෙල්ලා! දැන් නුඹලා අර යහපත් ස්වභාවයෙන් යුතු සිල්වත් භික්ෂූන් වහන්සේලාට නින්දා කරපල්ලා! පරිභව කරපල්ලා! බැනපල්ලා! වෙහෙසට පත් කරපල්ලා! නුඹලා ඔය විදිහට නින්දා කරන කොට, පරිභව කරන කොට, බණින කොට ඒ භික්ෂූන්ගේ සිත් වෙනස් වෙලා ගියොත් කොයිතරම් හොඳ ද? එතකොට ඒ දූසී මාරයාට ඔවුන්ව පෙළන්නට සිදුරු සොයාගන්න පුළුවනි' කියලා. ඉතින් ඒ දූසී මාරයා ඒ ගමේ මිනිස්සුන්ට වැහුණා. ආවේශ වුනා. 'ඒයි මෙහෙ වරෙල්ලා! දැන් නුඹලා අර යහපත් ස්වභාවයෙන් යුතු

සීලවන්ත වූ ඒ භික්ෂූන්ට නින්දා කරපල්ලා! පරිභව කරපල්ලා! බැනපල්ලා! වෙහෙසට පත් කරපල්ලා! නුඹලා විසින් ඒ විදිහට නින්දා කරද්දී, පරිභව කරද්දී, බනිද්දී, වෙහෙසට පත් කරද්දී, දූසී මාරයාට ඇතුලු වෙන්න පුළුවන් සිදුරු ලැබෙන විදිහට ඒ භික්ෂූන්ගේ සිත් වෙනස් වෙලා ගියොත් කොයිතරම් හොඳ ද?' කියල.

ඉතින් පාපී මාරය, ඒ බ්‍රාහ්මණ ගෘහපතිවරුන්ට දූසී මාරයා ආවේශ වුණා. යහපත් ස්වභාවයෙන් යුතු වූ සිල්වත් භික්ෂූන්ට ඒ මිනිස්සු නින්දා කරන්න පටන් ගත්තා. පරිභව කරන්න පටන් ගත්තා. බනින් පටන් ගත්තා. වෙහෙසට පත් කරන්න පටන් ගත්තා. "මොවුන් හිස මුඩු කරගත්තු ලාමක ශ්‍රමණයෝ. පව්කාරයෝ. කාලකණ්ණි. දෙවියන්ගේ යටි පතුලෙන් ඉපදිච්ච එවුන්. මහ ලොකුවට "අපිත් භාවනා කරනවා. අපිත් භවනා කරනවා" කිය කියා ඇඟ පාත් කරගෙන මූණ යටට පාත් කරගෙන කම්මැලියො වෙලා හිත හිත ඉන්නවා. කල්පනා කර කර ඉන්නවා. හිතෙන් පැටලි පැටලි ඉන්නවා. ගහක අත්තක ඉන්න බකමූණෙක් මීයෙක්ව අල්ලගන්න කල්පනා කරනවා වගේ, හිතනවා වගේ, හිතෙන් පැටලි පැටලි ඉන්නවා වගේ. මේ හිස මුඩු කරපු එවුන්, මේ පහත් මිනිස්සු, පව්කාරයෝ, කාලකණ්ණි, දෙවියන්ගෙ යටි පතුලෙන් ඉපදිච්ච එවුන්, "අපිත් භාවනා කරනවා. අපිත් භාවනා කරනවා" කිය කියා ඇඟ පාත් කරගෙන මූණ යටට එල්ලගෙන කම්මැලියො වෙලා හිත හිත ඉන්නවා. හිතින් ම පැටලි පැටලි ඉන්නවා. හිවල් තඩියෙක් ගං ඉවුරකට ගිහින් මාළු ඩැහැගන්න හිතාගෙන හිත හිත ඉන්නවා වගේ. සිතින් ම පැටලි පැටලි ඉන්නවා වගේ. මේ හිස මුඩු කරපු එවුන්, මේ පහත් මිනිස්සු, පව්කාරයෝ, කාලකණ්ණි. දෙවියන්ගේ යටි පතුලෙන් ඉපදිච්ච එවුන්. "අපිත් භාවනා කරනවා. අපිත් භාවනා කරනවා" කිය කිය කඳ පාත් කරගෙන, මූණ යටට එල්ලගෙන, කම්මැලියො වෙලා හිත හිත ඉන්නවා. හිතින් ම කල්පනා කර කර ඉන්නවා. බළල් තඩියෙක් ගෙදර මුල්ලක හරි කුණු ගොඩක හරි වක්කඩ අයිනක හරි මීයෙක්ව අල්ලගන්න කුරුමානම් අල්ලමින් හිත හිත ඉන්නවා වගේ. සිතින්ම පැටලි පැටලි ඉන්නවා වගේ. මේ හිස මුඩු කරපු එවුන්, පහත් මිනිස්සු, පව්කාරයෝ, කාලකණ්ණි, දෙවියන් ගේ යටි පතුලෙන් ඉපදිච්ච එවුන්. "අපිත් භාවනා කරනවා. අපිත් භාවනා කරනවා" කිය කියා කඳ පාත්කරගෙන, මූණ යටට එල්ලගෙන කම්මැලියො වෙලා ඔහේ හිත හිත ඉන්නවා. කල්පනා කර කර ඉන්නවා. සිතින් පැටලි පැටලි ඉන්නවා. බූරුවෙක් බර උහුලන්නෙ නැතුව හන්දි ගානෙ, කහල ගොඩවල් ගානෙ, ලැගගෙන හිත හිත ඉන්නවා වගේ, කල්පනා කර කර ඉන්නවා වගේ, හිතින් පැටලි පැටලි ඉන්නවා වගේ, මේ හිස මුඩු කරපු එවුන්. මේ පහත් මිනිස්සු, පව්කාරයෝ, කාලකණ්ණි, දෙවියන්ගේ යටි පතුලෙන් ඉපදිච්ච එවුන්. "අපිත්

භාවනා කරනවා. අපිත් භාවනා කරනවා" කිය කියා කඳ පාත් කරගෙන, මූණ යටට එල්ලගෙන, කම්මැලියො වෙලා ඔහේ හිත හිත ඉන්නවා. කල්පනා කර කර ඉන්නවා. සිතින් පැටලි පැටලි ඉන්නවා" කියලා.

පවිටු මාරය, ඒ දවස්වල මරණයට පත්වෙන මිනිස්සු බොහෝ දෙනෙක් මරණයට පත්වුනාට පස්සෙ සැප රහිත වූ දුගතිය නම් වූ නිරයේ තමයි ඉපදුනේ. ඉතින් පාපී මාරය, ඒ කකුසඳ නම් වූ භාග්‍යවත් අරහත් සම්මා සම්බුදුරජාණන් වහන්සේ භික්ෂූන් ඇමතුවා.

"පින්වත් මහණෙනි, දූසී මාරයා දැන් බ්‍රාහ්මණ ගෘහපතිවරුන්ට ආවේශ වෙලයි ඉන්නෙ. 'ඒයි මෙහෙ වරෙල්ලා! යහපත් ස්වභාවයෙන් යුතු ඔය සීලවන්ත භික්ෂූන්ට නින්දා කරපල්ලා! පරිභව කරපල්ලා! බැනපල්ලා! වෙහෙසට පත් කරපල්ලා! උඹලා විසින් නින්දා කරද්දී, පරිභව කරද්දී, බණිද්දී, වෙහෙසට පත් කරද්දී, දූසී මාරයාට රිංගන්ට පුළුවන් සිදුරු ලැබෙන විදිහට ඒ භික්ෂූන්ගේ සිත් වෙනස් වෙලා ගියොත් කොයිතරම් හොඳ ද' කියලා.

ඒ නිසා පින්වත් මහණෙනි, මෙහෙ එන්න. දැන් ඔබ මෛත්‍රී සහගත සිතුවිලි එක දිශාවකට පතුරුවා වාසය කරන්න ඕන. ඒ විදිහට දෙවෙනි දිශාවටත්, තුන්වෙනි දිශාවටත්, හතරවෙනි දිශාවටත් මෙත් සිත පතුරුවා වාසය කරන්න ඕන. ඒ වගේ ම උඩ යට හරහටත් සියලු ලෝකයේ සියලු තැන ම සිටින සියලු සතුන් වෙත ම මෛත්‍රී සහගත සිතුවිලි බහුල වශයෙන් ම පතුරුවන්ට ඕන. එකඟ වූ සිතින් ප්‍රමාණ රහිත කොට, වෛරයෙන් තොර, තරහින් තොර මෙත් සිතුවිලි පතුරුවා වාසය කරන්න ඕන. කරුණා සහගත සිතුවිලි එක දිශාවකට පතුරුවා ....(පෙ).... මුදිතා සහගත සිතුවිලි එක් දිශාවකට පතුරුවා ....(පෙ).... ඒ වගේම දැන් ඔබ උපේක්ෂා සහගත සිතුවිලි එක දිශාවකට පතුරුවා වාසය කරන්න ඕන. ඒ විදිහට දෙවෙනි දිශාවටත්, තුන්වෙනි දිශාවටත්, හතර වෙනි දිශාවටත් උපේක්ෂා සිත පතුරුවා වාසය කරන්න ඕන. ඒ වගේම උඩ යට හරහටත් සියලු ලෝකයේ සියලු තැනම සිටින සියලු සතුන් වෙතම උපේක්ෂා සහගත සිතුවිලි බහුල වශයෙන් ම පතුරුවන්ට ඕන. එකඟ වූ සිතින් ප්‍රමාණ රහිත කොට, වෛරයෙන් තොර, තරහින් තොර උපේක්ෂා සිතුවිලි පතුරුවා වාසය කරන්න ඕන" කියලා.

ඉතින් පාපී මාරය, ඒ කකුසඳ නම් වූ භාග්‍යවත් අරහත් සම්මා සම්බුදු රජාණන් වහන්සේ විසින් ඔය විදිහට අවවාද කරද්දි, ඔය විදිහට අනුශාසනා කරද්දී, ඒ භික්ෂූන් වහන්සේලා අරණ්‍යයකට වැඩියත්, රුක් මුලකට වැඩියත්, හිස් කුටියකට වැඩියත් මෛත්‍රී සහගත සිතින් එක් දිශාවකට පතුරුවා වාසය කළා. ඒ විදිහට දෙවෙනි දිශාවටත්, තුන්වෙනි දිශාවටත්, හතරවෙනි දිශාවටත්

පතුරුවා වාසය කළා. එසේ උඩ යට හරහට සියලු ලෝකයකට ම සියලු තැනට ම සියලු සත්වයන්ට ම මෛත්‍රී සහගත සිතුවිලි බොහෝ කොට පතුරුවා වාසය කළා. එකඟ වූ සිතින් ප්‍රමාණ රහිත කොට, වෛර නැති, තරහ නැති, මෙත් සිතුවිලි පතුරුවා වාසය කළා. කරුණා සහගත සිතුවිලි ....(පෙ).... මුදිතා සහගත සිතුවිලි ....(පෙ).... උපේක්ෂා සහගත සිතුවිලි ....(පෙ).... සියලු ලෝකයට ම සියලු තැනට ම සියලු සතුන් වෙත උපේක්ෂා සහගත සිතුවිලි බහුල වශයෙන් පතුරුවා වාසය කළා. එකඟ වූ සිතින් ප්‍රමාණ රහිත කොට වෛර නැති, තරහ නැති, උපේක්ෂා සහගත සිතුවිලි පතුරුවා වාසය කළා.

එතකොට පාපී මාරය, ඒ දූසී මාරයාට මෙහෙම හිතුනා. 'මම මේ විදිහට කරලත් මේ යහපත් ස්වභාවයෙන් යුතු සිල්වත් භික්ෂූන්ගේ චුතිය උපත දැනගන්න බැරි වුනා නෙව. ඉතින් එහෙම නම් මම බ්‍රාහ්මණ ගෘහපතිවරුන්ට ආවේශ වෙනවා. 'ඒයි! මෙහෙ වරෙල්ලා! ඔය යහපත් ස්වභාවයෙන් යුතු සීලවන්ත භික්ෂූන්ට සලකපල්ලා! ගෞරව කරපල්ලා! බුහුමන් දක්වපල්ලා! පූජා පවත්වපල්ලා! උඹලා විසින් හොඳට සලකන කොට, ගෞරව කරන කොට, බුහුමන් දක්වන කොට, පූජා පවත්වන කොට දූසී මාරයාට රිංගන්න පුළුවන් සිදුරු හැදෙන විදිහට ඔවුන්ගේ සිත් වෙනස් වෙලා ගියොත් කොයිතරම් හොඳ ද' කියලා.

ඉතින් පාපී මාරය, දූසී මාරයා බ්‍රාහ්මණ ගෘහපතිවරුන්ට ආවේශ වුනා. "ඒයි! මෙහෙ වරෙල්ලා! ඔය යහපත් ස්වභාවයෙන් යුතු සීලවන්ත භික්ෂූන්ට සලකපල්ලා! ගෞරව කරපල්ලා! බුහුමන් කරපල්ලා! පූජා පවත්වපල්ලා! උඹලා විසින් හොඳට සලකන කොට, ගෞරව කරන කොට බුහුමන් දක්වන කොට පූජා පවත්වන කොට දූසී මාරයාට රිංගන්න පුළුවන් සිදුරු හැදෙන විදිහට ඒ භික්ෂූන්ගේ සිත් වෙනස්වෙලා ගියොත් කොයිතරම් හොඳ ද" කියලා දූසී මාරයා ඒ මිනිස්සුන්ට ආවේශ වුනා. යහපත් ස්වභාව ඇති සිල්වත් භික්ෂූන්ට හොඳට සලකන්න පටන් ගත්තා. ගෞරව කරන්න පටන් ගත්තා. බුහුමන් කරන්න පටන් ගත්තා. පූජා පවත්වන්න පටන් ගත්තා.

පවිටු මාරය, එතකොට ඒ දවස් වල මිනිස්සු මරණයට පත්වුනා ම බොහෝ දෙනෙක් මරණින් මත්තෙ සැප ඇති ස්වර්ගයේ ඉපදුනා.

ඒ කකුසඳ නම් වූ භාග්‍යවත් අරහත් සම්මා සම්බුදුරජාණන් වහන්සේ භික්ෂූන් ඇමතුවා. "පින්වත් මහණෙනි, බ්‍රාහ්මණ ගෘහපතිවරුන්ට මාරයා වැහිලා ඉන්නෙ. 'ඒයි! මෙහෙ වරෙල්ලා! යහපත් ස්වභාවයෙන් යුතු සිල්වත් භික්ෂූන්ට හොඳට සලකපල්ලා! ගෞරව කරපල්ලා! බුහුමන් දක්වපල්ලා! පූජා පවත්වපල්ලා! උඹලා විසින් හොඳට සලකන කොට, ගෞරව දක්වන කොට,

බුහුමන් දක්වන කොට, පූජා පවත්වන කොට දූසී මාරයාට රිංගන්ට පුලුවන් සිදුරු හැදෙන විදිහට ඒ භික්ෂූන්ගේ සිත වෙනස් වෙනවා නම් කොයිතරම් හොඳ ද' කියලා.

"පින්වත් මහණෙනි, මෙහෙ එන්න. කය ගැන අසුභ විදිහට බලමින් ඉන්න. ආහාර ගැන පිළිකුල් විදිහට හඳුනගන්න. සියලු ලෝකය ගැන නොඇලෙන විදිහට දකින්න. සියලු සංස්කාර ගැන අනිත්‍යය ම දකින්න" කියලා.

පාපී මාරය, ඒ කකුසඳ නම් භාග්‍යවත් අරහත් සම්මා සම්බුදුරජාණන් වහන්සේ විසින් ඔය විදිහට අවවාද කරද්දී, ඔය විදිහට අනුශාසනා කරද්දී ඒ භික්ෂූන් වහන්සේලාත් අරණ්‍යයකට වැඩියත්, රුක් සෙවණකට වැඩියත්, පාලු කුටියකට වැඩියත්, කය ගැන අසුභ විදිහටම බලමින් වාසය කළා. ආහාරය පිළිකුල් විදිහට හඳුනාගත්තා. කිසි ලෝකයකට නොඇලෙන හැටියට දැකගත්තා. සියලු සංස්කාරයන් අනිත්‍ය වශයෙන් දැකගත්තා.

පාපී මාරය, එදා කකුසඳ නම් භාග්‍යවත් අරහත් සම්මා සම්බුදුරජාණන් වහන්සේ උදේ කාලයේ සිවුරු පොරවාගෙන පාත්‍ර සිවුරු ඇතිව ගමට පිණ්ඩපාතෙ වැඩියා. ආයුෂ්මත් විධුරයන් වහන්සේත් උන්වහන්සේ පිටුපසින් වැඩම කළා. ඒ මොහොතේ දූසී මාරයා එක්තරා ළමයෙකුට ආවේශ වුනා. ගල් කැටයක් අරගෙන ආයුෂ්මත් විධුරයන් වහන්සේගේ හිසට පහරක් එල්ල කළා. උන්වහන්සේගේ හිස තුවාල වුනා. එතකොට ආයුෂ්මත් විධුරයන් වහන්සේ, හිස සිදුරු වෙලා ලේ ගලා යද්දී කකුසඳ නම් භාග්‍යවත් අරහත් සම්මා සම්බුදුරජාණන් වහන්සේ පිටුපසින් වැඩම කළා. එතකොට කකුසඳ නම් භාග්‍යවත් අරහත් සම්මා සම්බුදුරජාණන් වහන්සේ මුළු ශරීරය ම හරවා බැලීම නම් වූ නාගාපලෝකනයෙන් මාරයා දිහා බැලුවා. 'මේ දූසී මාරයා තමන්ගේ පමණ දන්නෙ නෑ' කියල. එහෙම නාගාපලෝකනයෙන් දූසී මාරයා දිහා බලන කොට ම ඔහු මාරබවින් චුත වුනා. මහා නිරයේ උපන්නා.

පවිටු මාරය, ඒ මහා නිරයට නම් තුනක් තියෙනවා. ආයතන හයට ම ලැබෙන, ස්පර්ශයෙන් දුක් විඳින නිසා, 'ඡඵස්සායතනික නිරය' කියනවා. යකඩ හුල්වලින් පපුවට කොටන නිසා 'සංකුසමාහත නිරය' කියල කියනවා. තමන් ම වේදනා උපද්දවා ගන්න නිසා 'පච්චත්තවේදනීය නිරය' කියල කියනවා. ඉතින් පාපී මාරය, එදා නිරය පාලකයො මා ළඟට ඇවිත් මෙහෙම කිව්වා. "සබඳ, යම් දවසක ඔබගේ පපුවට වදින ඔය හුල් පාරවල් එකට හැප්පෙන්න ගත්තොත් එදාට දැනගන්න 'මම නිරයේ ඉපදිලා අවුරුදු දාහක් දුක් වින්දා' කියලා. ඉතින් මම බොහෝ අවුරුදු ගණන්, අවුරුදු සිය ගණන්, අවුරුදු දහස් ගණන් ඒ මහා නිරයේ දුක් වින්දා, ඒ මහා නිරයේ ම උස්සද කියන කොටසේ

දස දහසක් අවුරුදු දුක් වින්දා. ඒ වින්දේ 'වුට්ඨානිම' කියන වේදනාවෙන්. ඒ කාලේ මගේ රූපෙ මේ වගේ එකක්. ඇඟ මනුස්සයෙකුගේ වගේ. ඔළුව මාලුවෙකුගේ වගේ.

(ගාථා)

(1) ඒයි මාරය! 'දූසී' නමින් මාරයෙක් හිටියා. ඉතින් ඒ මාරයා කකුසඳ බුදුරජාණන් වහන්සේටත්, විධුර නමින් සිටි අග්‍ර ශ්‍රාවකයන් වහන්සේටත් පීඩා කළා. අන්තිමේ දී ඒ මාරයා නිරයේ ඉපදිලා අනන්ත දුක් වින්දේ මෙහෙමයි.

(2) කකුසඳ බුදු සමිඳුන්වත් විධුර නම් ශ්‍රාවක මුනිඳුන්වත් පීඩාවට පත් කරපු ඒ දූසී මාරයා නිරයේ ඉපදිලා අනන්ත දුක් වින්දේ මෙහෙමයි. ඒ නිරිසතා හැම තිස්සේ ම යකඩ හුල් සියයකින් පහර කනවා. ඒ හුල් සීයෙන් ම ලැබෙන්නේ වෙන වෙන ම වේදනාවල්.

(3) දැන් ඒ කර්ම විපාක දැනගත් කෙනා බුදු සමිඳුන්ගේ ශ්‍රාවක භික්ෂුවක්. ඒයි මාරය! එබඳු භික්ෂුවක් පීඩාවට පත්කරලා නුඹ දුකට පත්වෙන්න ද හදන්නේ?

(4) මුහුද මැද තියෙනවා කල්පයක් පවතින අතිශයින් ම ලස්සන දිව්‍ය විමාන. ඒවා බබලන මැණික් වගේ. ඒ විමානවල නොයෙක් පාටින් බබලමින් දිව්‍ය අප්සරාවෝ නටනවා.

(5) දැන් ඒ කාරණය දැනගත් කෙනා බුදු සමිඳුන්ගේ ශ්‍රාවක භික්ෂුවක්. ඒයි මාරය! එබඳු භික්ෂුවක් පීඩාවට පත්කරලා නුඹ දුකට පත්වෙන්න ද හදන්නේ?

(6) බුදු සමිඳුන් තමයි මට වදාළේ. ඊට පස්සෙ මං භික්ෂු සංඝයා බලා සිටිද්දී ම මාගේ මේ මහපට ඇඟිල්ලෙන් පූර්වාරාම විහාරය කම්පා කළා.

(7) දැන් ඒ කාරණය දැන් ගත් කෙනා බුදු සමිඳුන්ගේ ශ්‍රාවක භික්ෂුවක්. ඒයි මාරය! එබඳු භික්ෂුවක් පීඩාවට පත්කරලා නුඹ දුකට පත්වෙන්න ද හදන්නේ?

(8) සක්දෙව් රජුගේ වෛජයන්ත ප්‍රාසාදයත් තමන්ගේ ඉර්ධි බලයෙන් මහපට ඇඟිල්ලන් කම්පාකරවලා, ඒ දෙව් පිරිසත් තැතිගැන්නුවා. ඒ වැඩේ කළ භික්ෂුවත් මමයි.

(9) දැන් මේ කාරණය දැනගත් කෙනා බුදු සමිඳුන්ගේ ශ්‍රාවක භික්ෂුවක්. ඒයි මාරය! එබඳු භික්ෂුවක් පීඩාවට පත්කරල නුඹ දුකට පත්වෙන්න ද හදන්නෙ?

(10) වෛජයන්ත ප්‍රාසාදයේ සිටිය සක්දෙව් රජුන්ගෙන් ඒ භික්ෂුව මෙහෙම ඇහුවා. 'ඇවැත්නි, තණ්හාව ගෙවා දමල විමුක්තියට පත්වෙන ආකාරය ඔබ

දන්නවාද?' සක් දෙවිඳුන් තමන් අසා දැනගත් ආකාරයට ම ඒ භික්ෂුවට ඒ දහම පැවසුවා. මම තමයි ඒ භික්ෂුව.

(11) දැන් මේ කාරණය දැනගත් කෙනා බුදුසමිඳුන්ගේ ශ්‍රාවක භික්ෂුවක්. ඒයි මාරය! එබඳු භික්ෂුවක් පීඩාවට පත්කරලා නුඹ දුකට පත්වෙන්න ද හදන්නේ?

(12) සුධර්මා නමින් දිව්‍ය සභාවක් තියෙනවා. ඒ සභාවට මහා බ්‍රහ්මයත් ඇවිත් සිටියා. ඒ භික්ෂුව මහා බ්‍රහ්මයාගෙන් මෙහෙම ඇහුවා. 'පින්වත් දෙවිය, ඔබ තුළ ඉස්සර මිථ්‍යා දෘෂ්ටියක් තිබුනා. ඒ දෘෂ්ටිය ඔබ තුළ තාමත් තියෙනවා ද? ශ්‍රාවක පිරිස පිරිවරා ගෙන බඹලොව සැරිසරන බුදු සමිඳුන්ගේ ආලෝකය දෙස බලන්නැ'යි පැවසූ ඒ භික්ෂුවත් මම තමයි.

(13) එතකොට මහා බ්‍රහ්මයා ඒ භික්ෂුවට මෙහෙම කිව්වා. 'ඇවැත්නි, දැන් මා තුළ අර කලින් තිබූ දෘෂ්ටිය නෑ.

(14) නිත්‍යයි කියලා හරි සදාකාලිකයි කියලා හරි මම අද කියන්නෙ කොහොම ද? ශ්‍රාවක පිරිස පිරිවරාගෙන බඹලොව සැරිසරන බුදු සමිඳුන්ගේ ආලෝකය මං දැන් දකිනවා.

(15) දැන් මේ කාරණය දැනගත් කෙනා බුදු සමිඳුන් ගේ ශ්‍රාවක භික්ෂුවක් ඒයි මාරය! එබඳු භික්ෂුවක් පීඩාවට පත්කරල නුඹ දුකට පත්වෙන්න ද හදන්නෙ?

(16) ධ්‍යාන විමෝක්ෂ බලයෙන් මහාමේරු පර්වත මුදුන ස්පර්ශ කළෙත් භික්ෂුවක්. දඹදිව පූර්ව විදේහ කියන රටේ මිනිසුන් නිදන භූමිය ස්පර්ශ කළෙත් භික්ෂුවක්. මම තමයි ඒ භික්ෂුව.

(17) දැන් මේ කාරණය දැනගත් කෙනා බුදු සමිඳුන්ගේ ශ්‍රාවක භික්ෂුවක්. ඒයි මාරය! එබඳු භික්ෂුවක් පීඩාවට පත්කරලා නුඹ දුකට පත්වෙන්න ද හදන්නෙ?

(18) "මං මේ මෝඩයාව පුච්චල දමනවා" කියලා ගින්න හිතන්නේ නෑ. නමුත් මෝඩ තැනැත්තා ම ඇවිලෙන ගින්නට වැටිලා පිච්චිලා යනවා.

(19) ඒයි මාරය! අන්න ඒ වගේ නුඹත් මේ හැප්පෙන්න හදන්නෙ රහත් භික්ෂුවක් එක්ක. මෝඩයෙක් ගින්නත් එක්ක ගැටෙන්න ගිහින් පිච්චිල යනවා වගේ පිච්චිලා යන්න ද හදන්නේ ?

(20) ඒයි මාරය! එදා දූසී මාරයත් තථාගතයන් වහන්සේ නමකට පීඩා කරල පව් රැස්කර ගත්තා. තමන්ට පව් විපාක දෙන්නෙ නෑ කියලා ද නුඹ හිතන්නෙ?

(21) ඒයි මාරය, නුඹගේ ඔය වැඩ නිසා බොහෝ කලක් විපාක දෙන පව් තමයි

රැස්වෙන්නේ. ඒයි මාරය, ඒ නිසා බුදු සමිඳුන් ගැන ත්, භික්ෂූන් වහන්සේලා ගැන ත් කළකිරලා පව් කරන්ට ආශා කරන්න එපා.

(22) භේසකලා වනයේ දී යි මොග්ගල්ලාන භික්ෂුව ඔය විදියට මාරයාට තර්ජනය කළේ. එතකොට මාරයා ගේ සිත දුකට පත්වුනා. එතන ම අතුරුදහන් වෙලා නොපෙනී ගියා.

සාදු! සාදු!! සාදු!!!

**මාරයාට තර්ජනය කිරීම ගැන වදාළ දෙසුම නිමා විය.**

**පස් වෙනි චූළ යමක වර්ගය යි.**

**මජ්ඣිම නිකාය - මූල පණ්ණාසකය නිමා විය.**

දසබලසේලප්පභවා නිබ්බානමහාසමුද්දපරියන්තා
අට්ඨංග මග්ගසලිලා ජිනවචනනදී චිරං වහතූති

දසබලයන් වහන්සේ නමැති ශෛලමය පර්වතයෙන් පැන නැගී
අමා මහා නිවන නම් වූ මහා සාගරය අවසන් කොට ඇති
ආර්ය අෂ්ටාංගික මාර්ගය නම් වූ සිහිල් දිය දහරින් හෙබි
උතුම් ශ්‍රී මුඛ බුද්ධ වචන ගංගාව (ලෝ සතුන්ගේ සසර දුක නිවාලමින්)
බොහෝ කල් ගලාබස්නා සේක්වා !

(සළායතන සංයුත්තය - උද්දාන ගාථා)

**සාදු! සාදු!! සාදු!!!**

**නමෝ තස්ස භගවතෝ අරහතෝ සම්මාසම්බුද්ධස්ස.**
**ඒ භාග්‍යවත් අරහත් සම්මා සම්බුදුරජාණන් වහන්සේට නමස්කාර වේවා!**

මේ උතුම් ගෞතම බුදු සසුනේ දී ම මේ ආශ්චර්යවත් ශ්‍රී සද්ධර්මය මැනැවින් උගෙන තම තමන් ගේ නුවණ මෙහෙයවා ධර්මයෙහි හැසිරීමෙන් ආර්ය ශ්‍රාවකයන් බවට පත්ව සතර අපා දුකෙන් සදහට ම මිදෙනු කැමැති ලංකාවාසී සැදැහැවත් නුවණැතියන් හට වඩාත් හොඳින් තේරුම් ගැනීම පිණිස මහත් ශ්‍රද්ධාවෙන් යුතුව සිංහල භාෂාවට මජ්ඣිම නිකායෙහි පළමුවෙනි කොටස වන මූල පණ්ණාසකය පරිවර්තනය කිරීමෙන් ලත් සකල විපුල පුණ්‍ය සම්භාර ධර්මයන් පින් කැමැති සියල්ලෝ ම සතුටින් අනුමෝදන් වෙත්වා! අප සියලු දෙනාට ම වහ වහා උතුම් චතුරාර්ය සත්‍ය ධර්මය සත්‍ය ඤාණ වශයෙන් ද, කෘත්‍ය ඤාණ වශයෙන් ද, කෘත ඤාණ වශයෙන් ද අවබෝධ වීම පිණිස ඒකාන්තයෙන් ම මේ පුණ්‍ය වාසනාව උපකාර වේවා!

**සාදු! සාදු!! සාදු!!!**

**නමෝ තස්ස භගවතෝ අරහතෝ සම්මාසම්බුද්ධස්ස.**

www.ingramcontent.com/pod-product-compliance
Lightning Source LLC
Chambersburg PA
CBHW080918180426
43192CB00040B/2443
* 9 7 8 9 5 5 0 6 1 4 0 2 8 *